应用经济计量学
EViews高级讲义

Applied Econometrics: Advanced Lecture Notes on EViews

陈灯塔 / 著

图书在版编目(CIP)数据

应用经济计量学：EViews高级讲义(上、下册)/陈灯塔著.—北京：北京大学出版社，2012.10

ISBN 978-7-301-21222-6

Ⅰ.①应… Ⅱ.①陈… Ⅲ.①计量经济学–应用软件–高等学校–教材 Ⅳ.①F224.0-39

中国版本图书馆CIP数据核字（2012）第215520号

书　　名：	应用经济计量学：EViews高级讲义(上、下册)
著名责任者：	陈灯塔　著
责任编辑：	朱启兵　谢超
标准书号：	ISBN 978-7-301-21222-6/F·3336
出版发行：	北京大学出版社
地　　址：	北京市海淀区成府路205号　100871
网　　址：	http://www.pup.cn
电　　话：	邮购部 62752015　发行部 62750672　编辑部 62752926　出版部 62754962
电子邮箱：	em@pup.cn
印　刷　者：	北京宏伟双华印刷有限公司
经　销　者：	新华书店
	889毫米×1194毫米　16开本　72.5印张　2088千字
	2012年10月第1版　2014年4月第2次印刷
定　　价：	155.00元(上、下册)

未经许可，不得以任何方式复制或抄袭本书之部分或全部内容。
版权所有，侵权必究
举报电话：010-62752024　电子邮箱：fd@pup.pku.edu.cn

献给我的父母和家人

简明目录

第 1 讲　EViews 基础　　　3

第 2 讲　EViews 程序设计　　　47

第 3 讲　回归分析　　　137

第 4 讲　检验和预测　　　177

第 5 讲　ARMA 模型　　　225

第 6 讲　ARCH 模型　　　253

第 7 讲　单位根过程　　　293

第 8 讲　面板数据基础　　　331

第 9 讲　面板数据应用　　　393

第 10 讲　方程组和联立方程　　　459

第 11 讲　VAR 模型　　　499

第 12 讲　状态空间模型　　　565

第 13 讲　情景分析　　　607

第 14 讲　广义矩估计　　　651

第 15 讲　估计方法　　　709

第 16 讲　离散和受限因变量模型　　　785

附录 A　EViews 对象　　　845

附录 B　统计分析　　　913

附录 C　选项设置　　　955

附录 D　EViews 新版本　　　967

目 录

简明目录 i
表格目录 xi
前　言 xiii

I　EViews 编程

第 1 讲　EViews 基础　3

- 1.1　认识 EViews 4
  - 1.1.1　EViews 窗口 4
  - 1.1.2　EViews 是可编程的 . . . 4
  - 1.1.3　启动和退出 5
  - 1.1.4　获取帮助 6
- 1.2　实例体验 7
  - 1.2.1　数据查看 9
  - 1.2.2　回归模型估计 13
  - 1.2.3　修改模型 16
  - 1.2.4　预测 17
  - 1.2.5　进一步的检验 18
  - 1.2.6　结束语 20
- 1.3　工作文件 21
  - 1.3.1　基本概念 21
  - 1.3.2　打开和关闭 21
  - 1.3.3　建立 22
  - 1.3.4　保存 25
- 1.3.5　从外部数据创建 26
- 1.3.6　小结 29
- 1.4　序列对象 30
  - 1.4.1　创建和初始化 30
  - 1.4.2　命名规则 31
  - 1.4.3　查看 32
  - 1.4.4　定格和打印 33
  - 1.4.5　其他操作 34
  - 1.4.6　数据和函数 36
  - 1.4.7　小结 37
- 1.5　对象：数据和方法 38
  - 1.5.1　面向对象 38
  - 1.5.2　EViews 对象 40
  - 1.5.3　群对象 41
  - 1.5.4　命令语法 44
- 1.6　小结 45

第 2 讲　EViews 程序设计　47

- 2.1　表达式和赋值 48
  - 2.1.1　常量 48
  - 2.1.2　变量 48
  - 2.1.3　运算符 52
  - 2.1.4　表达式 54
- 2.1.5　赋值 55
- 2.1.6　超前、滞后和差分 59
- 2.1.7　缺失值 60
- 2.1.8　小结 62
- 2.2　流程控制 63

2.2.1	IF 语句 63	2.5.4	工作页信息 99
2.2.2	FOR 循环 65	2.5.5	工作文件函数 100
2.2.3	WHILE 循环 68	2.5.6	修改工作页 103
2.2.4	跳出循环 69	2.5.7	小结 108
2.2.5	子程序 69	2.6 使用样本对象 110
2.2.6	小结 75	2.6.1	工作样本集 110
2.3 编程和执行 76	2.6.2	样本对象 115
2.3.1	编辑程序 76	2.6.3	样本表达式 117
2.3.2	执行程序 78	2.6.4	小结 120
2.3.3	命令和函数 81	2.7 编程提示 121
2.3.4	小结 82	2.7.1	小提示 121
2.4 字符串和日期 83	2.7.2	系数对象 122
2.4.1	字符串 83	2.7.3	复制 122
2.4.2	日期 87	2.7.4	命令和函数 124
2.4.3	小结 92	2.7.5	通配符 126
2.5 多页工作文件 93	2.8 深入编程 128
2.5.1	建立工作页 93	2.8.1	表格和图形 128
2.5.2	管理工作页 95	2.8.2	自新序列 129
2.5.3	结构化工作页 96	2.9 小结 133

II 时间序列分析

第 3 讲　回归分析　　　　　　　　　　　　　　　137

3.1 普通最小二乘估计 138	3.3.3	多项式分布滞后 155
3.1.1	例子 138	3.4 加权最小二乘估计 159
3.1.2	方程的设定 139	3.4.1	理论回顾 159
3.1.3	多元线性回归 141	3.4.2	例子 160
3.1.4	估计结果 143	3.5 两阶段最小二乘估计 163
3.1.5	方程对象 145	3.5.1	理论回顾 163
3.1.6	小结 147	3.5.2	例子 166
3.2 方差稳健估计 148	3.5.3	其他设定 167
3.2.1	一致估计 148	3.6 非线性最小二乘估计 169
3.2.2	例子 149	3.6.1	理论回顾 169
3.3 解释变量 151	3.6.2	例子 170
3.3.1	哑变量 151	3.6.3	估计中的问题 173
3.3.2	交互项 153	3.7 小结 174

第 4 讲　检验和预测　　　　　　　　　　　　　　　177

4.1 设定和检验基础 178	4.2.1	置信椭圆 182
4.1.1	模型设定 178	4.2.2	Wald 检验 184
4.1.2	假设检验 180	4.2.3	遗漏变量 187
4.2 系数检验 182	4.2.4	冗余变量 188

- 4.2.5 Granger 因果关系 188
- 4.3 残差检验 190
  - 4.3.1 序列相关的 LM 检验 190
  - 4.3.2 残差平方的相关图 191
  - 4.3.3 ARCH LM 检验 192
  - 4.3.4 White 检验 193
- 4.4 稳定性和设定检验 195
  - 4.4.1 Chow 检验 195
  - 4.4.2 Chow 预测检验 196
  - 4.4.3 RESET 检验 197
- 4.5 预测基础 199
  - 4.5.1 预测误差 199
  - 4.5.2 预测评价 200
- 4.5.3 用 EViews 进行预测 201
- 4.6 回归方程预测 206
  - 4.6.1 有滞后因变量的预测 206
  - 4.6.2 有 ARMA 项的预测 207
  - 4.6.3 表达式的预测 208
- 4.7 应用实例 211
  - 4.7.1 递归最小二乘估计 211
  - 4.7.2 结构断点检验 214
  - 4.7.3 Hausman 检验 215
  - 4.7.4 非嵌套模型检验 217
  - 4.7.5 Cox 检验 218
- 4.8 小结 221

第 5 讲 ARMA 模型　　225

- 5.1 线性相关 226
  - 5.1.1 自相关和偏自相关 226
  - 5.1.2 序列相关的检验 228
  - 5.1.3 互相关 231
- 5.2 ARMA 建模 232
  - 5.2.1 自回归 232
- 5.2.2 ARMA 结构 234
- 5.2.3 模型设定 235
- 5.3 估计和诊断 242
  - 5.3.1 估计方法 242
  - 5.3.2 模型诊断 245
- 5.4 小结 250

第 6 讲 ARCH 模型　　253

- 6.1 概览 254
  - 6.1.1 模型设定 254
  - 6.1.2 标准化残差分布 255
  - 6.1.3 对数似然函数 256
- 6.2 GARCH 模型 258
  - 6.2.1 基本形式 258
  - 6.2.2 其他形式 260
- 6.3 应用实例 262
  - 6.3.1 汇率 262
  - 6.3.2 检验和预测 264
  - 6.3.3 扩展模型 268
- 6.4 非对称 GARCH 模型 273
  - 6.4.1 TGARCH 273
  - 6.4.2 EGARCH 275
  - 6.4.3 PGARCH 279
  - 6.4.4 CGARCH 281
  - 6.4.5 GARCH 效应 282
- 6.5 其他 GARCH 模型 284
  - 6.5.1 系数限制模型 284
  - 6.5.2 ARCD 模型 285
  - 6.5.3 多元 GARCH 286
- 6.6 小结 287

第 7 讲 单位根过程　　293

- 7.1 基本概念 294
  - 7.1.1 平稳性 294
  - 7.1.2 随机趋势 297
- 7.2 单位根检验 301
  - 7.2.1 检验方法 301
  - 7.2.2 零频率频谱估计 307
  - 7.2.3 滞后阶数 309
- 7.3 应用实例 310
  - 7.3.1 单位根检验 310
  - 7.3.2 检验方法比较 314
  - 7.3.3 DGP 识别 317
  - 7.3.4 季节性 321
  - 7.3.5 误差修正模型 324
- 7.4 小结 325

III 面板数据分析

第 8 讲 面板数据基础 — 331

- 8.1 线性模型 ... 333
  - 8.1.1 矩阵 ... 333
  - 8.1.2 模型表示 ... 336
  - 8.1.3 简单估计方法 ... 338
- 8.2 固定效应和随机效应 ... 341
  - 8.2.1 固定效应 ... 341
  - 8.2.2 随机效应 ... 344
  - 8.2.3 比较 ... 347
- 8.3 应用实例 ... 349
  - 8.3.1 简单估计 ... 349
  - 8.3.2 固定效应 ... 350
  - 8.3.3 随机效应 ... 351
  - 8.3.4 非平衡面板 ... 353
- 8.4 使用合伙对象 ... 354
  - 8.4.1 创建 ... 355
  - 8.4.2 合伙数据 ... 357
  - 8.4.3 合伙对象 ... 359
  - 8.4.4 数据存取 ... 362
  - 8.4.5 小结 ... 366
- 8.5 双向效应 ... 367
  - 8.5.1 矩阵关系 ... 367
  - 8.5.2 双向效应 ... 369
  - 8.5.3 例子 ... 370
- 8.6 其他模型设定 ... 372
  - 8.6.1 变斜率 ... 372
  - 8.6.2 FGLS ... 375
  - 8.6.3 AR 项 ... 377
  - 8.6.4 工具变量法 ... 378
  - 8.6.5 方程组 ... 382
- 8.7 方差估计和检验 ... 383
  - 8.7.1 系数方差稳健估计 ... 383
  - 8.7.2 检验 ... 385
- 8.8 小结 ... 388

第 9 讲 面板数据应用 — 393

- 9.1 面板工作文件 ... 394
  - 9.1.1 创建 ... 394
  - 9.1.2 面板结构 ... 400
  - 9.1.3 面板工作页函数 ... 404
  - 9.1.4 修改面板工作页 ... 405
  - 9.1.5 小结 ... 408
- 9.2 使用面板数据 ... 409
  - 9.2.1 工作样本集 ... 409
  - 9.2.2 序列对象 ... 412
  - 9.2.3 其他对象 ... 418
  - 9.2.4 小结 ... 419
- 9.3 应用实例 ... 420
  - 9.3.1 基本模型 ... 420
  - 9.3.2 扩展模型 ... 427
  - 9.3.3 系数方差稳健估计 ... 429
  - 9.3.4 检验和预测 ... 431
  - 9.3.5 非线性模型 ... 433
  - 9.3.6 设定和估计 ... 434
- 9.4 面板单位根 ... 437
  - 9.4.1 检验方法 ... 437
  - 9.4.2 应用实例 ... 442
  - 9.4.3 DGP 识别 ... 447
- 9.5 小结 ... 454

IV 多方程模型

第 10 讲 方程组和联立方程 — 459

- 10.1 回归方程组 ... 460
  - 10.1.1 线性模型 ... 460
  - 10.1.2 SOLS 估计 ... 463
  - 10.1.3 FGLS 估计 ... 465
  - 10.1.4 FIML 估计 ... 468
  - 10.1.5 非线性模型 ... 469

10.1.6 系数限制 469
10.2 使用方程组对象 471
    10.2.1 设定 472
    10.2.2 估计 474
    10.2.3 方程组对象 482
    10.2.4 小结 484
10.3 联立方程 485

10.3.1 线性模型 485
10.3.2 识别 486
10.3.3 堆叠形式 489
10.3.4 S2SLS 估计 490
10.3.5 3SLS 估计 492
10.3.6 例子 493
10.4 小结 496

第 11 讲　VAR 模型　499

11.1 VAR 基础 500
    11.1.1 模型 500
    11.1.2 检验 505
    11.1.3 预测 512
    11.1.4 Var 对象 512
11.2 VAR 分析 515
    11.2.1 脉冲响应 515
    11.2.2 方差分解 521
11.3 VEC 模型 525
    11.3.1 协整和误差修正 525
    11.3.2 VEC 设定 526
    11.3.3 例子 527

11.3.4 协整方程识别 531
11.4 协整检验 538
    11.4.1 检验方法 538
    11.4.2 三类 DGP 543
    11.4.3 五种模型 545
    11.4.4 实例分析 547
11.5 SVAR 模型 552
    11.5.1 模型 552
    11.5.2 短期限制 552
    11.5.3 长期限制 557
    11.5.4 估计 558
11.6 小结 560

第 12 讲　状态空间模型　565

12.1 模型设定 566
    12.1.1 基本形式 566
    12.1.2 例子 567
12.2 Kalman 滤波 570
    12.2.1 计算过程 570
    12.2.2 状态空间模型估计 . . 574
    12.2.3 初始化 579
12.3 使用状态空间对象 582

12.3.1 模型设定 582
12.3.2 例子 585
12.3.3 状态空间对象 587
12.4 信号和状态 589
    12.4.1 提取 589
    12.4.2 图形 591
    12.4.3 预测 596
12.5 小结 603

第 13 讲　情景分析　607

13.1 演示 608
    13.1.1 宏观经济模型 608
    13.1.2 评估 610
    13.1.3 样本外预测 612
13.2 基础知识 617
    13.2.1 方程 617
    13.2.2 求解 618
    13.2.3 变量管理 619
13.3 情景分析 620
    13.3.1 例子 620

13.3.2 情景 622
13.3.3 情景比较 624
13.3.4 图形 627
13.4 使用样板对象 628
    13.4.1 设定 628
    13.4.2 查看模型 631
    13.4.3 外加因子 632
    13.4.4 样板对象 634
13.5 模型求解 636
    13.5.1 求解 636

13.5.2 求解选项 638	13.6 小结 645
13.5.3 目标路径控制 641	
13.5.4 模型诊断 643	

V 深入应用

第 14 讲 广义矩估计   651

14.1 单方程 652	14.4 GMM 方法 679
14.1.1 GMM 方法 652	14.4.1 渐近性 679
14.1.2 GMM 与单方程估计 . . 656	14.4.2 正交条件 681
14.1.3 例子 658	14.4.3 最佳工具变量 683
14.1.4 小结 664	14.4.4 例子 683
14.2 方差估计 665	14.5 面板数据 687
14.2.1 核估计 665	14.5.1 GMM 方法 687
14.2.2 例子 667	14.5.2 例子 692
14.3 方程组 670	14.5.3 动态模型 696
14.3.1 GMM 方法 670	14.5.4 DPD 例子 699
14.3.2 GMM 与系统估计 . . . 672	14.6 小结 705
14.3.3 例子 674	

第 15 讲 估计方法   709

15.1 最大似然估计 711	15.2.7 检验 753
15.1.1 最大似然原理 711	15.3 使用对数似然对象 759
15.1.2 估计方法 714	15.3.1 设定 759
15.1.3 检验方法 719	15.3.2 估计 764
15.1.4 参数重构 721	15.3.3 对数似然对象 765
15.2 应用实例 724	15.4 非参数估计 767
15.2.1 AR(1) 724	15.4.1 直方图 767
15.2.2 GARCH(1,1) 729	15.4.2 密度函数估计 771
15.2.3 ARCD 732	15.4.3 核估计 775
15.2.4 多项选择模型 736	15.4.4 近邻法 777
15.2.5 势态转换模型 739	15.4.5 小结 779
15.2.6 Gamma 分布 748	15.5 小结 780

第 16 讲 离散和受限因变量模型   785

16.1 二元选择模型 786	16.2.1 理论回顾 800
16.1.1 理论回顾 786	16.2.2 模型估计 801
16.1.2 应用分析 788	16.2.3 应用分析 804
16.1.3 检验和预测 793	16.2.4 预测 806
16.1.4 模型估计 796	16.3 计数模型 810
16.2 排序选择模型 800	16.3.1 理论回顾 810

        16.3.2 模型估计 812
        16.3.3 应用分析 815
    16.4 截断回归模型 819
        16.4.1 理论回顾 819
        16.4.2 模型估计 821
        16.4.3 检验和预测 825
    16.5 审查回归模型 829
        16.5.1 理论回顾 829
        16.5.2 模型估计 830
        16.5.3 检验和预测 833
    16.6 小结 838

VI 附录

附录A EViews 对象 — 845

    A.1 图形 846
        A.1.1 创建图形 846
        A.1.2 定制图形 848
        A.1.3 图形模板 857
        A.1.4 打印和导出 858
        A.1.5 小结 858
    A.2 表格 860
        A.2.1 创建表格 860
        A.2.2 填表 860
        A.2.3 格式化表格 861
        A.2.4 打印和导出 865
        A.2.5 小结 866
    A.3 矩阵 867
        A.3.1 矩阵对象 867
        A.3.2 视图和过程 869
        A.3.3 表达式 870
        A.3.4 赋值 872
        A.3.5 矩阵操作 876
        A.3.6 矩阵和循环 878
        A.3.7 命令和函数 879
        A.3.8 小结 881
    A.4 序列对象 882
        A.4.1 日期序列 882
        A.4.2 自动序列 882
        A.4.3 自新序列 882
        A.4.4 字符串序列 883
        A.4.5 小结 884
    A.5 值映射 885
        A.5.1 例子 885
        A.5.2 值映射对象 886
        A.5.3 小结 887
    A.6 链接对象 888
        A.6.1 建立和设定 888
        A.6.2 频率转换 889
        A.6.3 配对合并 892
        A.6.4 理解链接 897
        A.6.5 相关操作 899
        A.6.6 面板工作页 900
        A.6.7 小结 903
    A.7 EViews 数据库 904
        A.7.1 基本操作 904
        A.7.2 基本概念 905
        A.7.3 存取 906
        A.7.4 维护 910
        A.7.5 外部数据库 911
        A.7.6 小结 911

附录B 统计分析 — 913

    B.1 基本统计和检验 914
        B.1.1 描述性统计 914
        B.1.2 简单假设检验 918
        B.1.3 经验分布的检验 921
        B.1.4 BDS 检验 922
        B.1.5 小结 924
    B.2 季节调整 925
        B.2.1 移动平均法 925
        B.2.2 X12 法 927
        B.2.3 Tramo/Seats 928
        B.2.4 Tramo/Seats vs. X12 929
        B.2.5 小结 930
    B.3 平滑和滤波 931
        B.3.1 平滑 931

B.3.2 Hodrick-Prescott 滤波器 935
B.3.3 频率滤波 937
B.3.4 小结 938
B.4 多元统计分析 939
    B.4.1 图形 939
    B.4.2 统计表 940
    B.4.3 齐性检验 942
    B.4.4 主成分分析 944
    B.4.5 小结 946
B.5 统计图 947
    B.5.1 经验分布 947
    B.5.2 QQ 图 948
    B.5.3 盒图 951
    B.5.4 小结 952

附录 C　选项设置　　955

C.1 设置 EViews 956
    C.1.1 全局设置 956
    C.1.2 配置文件 957
C.2 估计和求解 959
    C.2.1 估计和求解选项 959
    C.2.2 导数计算 960
    C.2.3 非线性方程组求解 961
C.3 优化算法 963
    C.3.1 二阶导数法 963
    C.3.2 一阶导数法 964
    C.3.3 步长 964

附录 D　EViews 新版本　　967

D.1 版本更新 968
    D.1.1 EViews 6 968
    D.1.2 EViews 7 971
    D.1.3 EViews 7.1 和 7.2 979
    D.1.4 配置文件 982
D.2 EViews 对象 984
    D.2.1 输出管理 984
    D.2.2 字符串 989
D.3 因子分析 992
    D.3.1 理论回顾 992
    D.3.2 应用实例 998
    D.3.3 因子对象 1006
D.4 广义线性模型 1012
    D.4.1 理论回顾 1012
    D.4.2 模型估计 1017
    D.4.3 应用分析 1027
D.5 分位数回归 1030
    D.5.1 理论回顾 1030
    D.5.2 模型估计 1031
    D.5.3 应用分析 1035
D.6 多元 GARCH 1038
    D.6.1 理论回顾 1038
    D.6.2 模型估计 1043
    D.6.3 应用分析 1050
D.7 GMM 方法 1054
    D.7.1 长期方差 1054
    D.7.2 GMM 估计 1057
    D.7.3 工具变量的诊断和检验 1062
D.8 COM 自动化 1066
    D.8.1 COM 服务器 1066
    D.8.2 COM 客户端 1072
D.9 小结 1077

英汉术语对照 1085
索　引 1093

表格目录

1.1	工作文件的频率类型	23
1.2	工作文件可导出的外部文件类型	26
2.1	运算符号的优先顺序	53
2.2	特殊的表达式	55
2.3	含有缺失值的关系运算和逻辑运算	61
2.4	EViews 语言的命令和基础函数	82
2.5	字符串函数	86
2.6	日期函数	89
2.7	工作文件函数	102
3.1	方程对象的成员函数	146
7.1	单位根检验	307
9.1	面板结构平衡方法比较	402
9.2	工作文件函数（面板结构）	405
9.3	面板单位根检验	442
11.1	协整检验	547
12.1	Kalman 滤波的变量	571
15.1	系数约束检验（最大似然估计）	720
15.2	常用的核函数	772
A.1	常用颜色	852
A.2	数值的显示格式	862
A.3	矩阵对象间的赋值	875
A.4	频率转换选项值	891
A.5	缩并选项	895
D.1	核函数(频域)	1055

前　　言

本讲义定位为硕士和博士研究生的自学或教学用书，当然本科高年级学生和经济计量学专业的博士生也能从中受益，我深信本讲义也能为金融、经济和管理学科的教学科研以及业界研究机构提供帮助。

整理本讲义的最大心愿，是提高读者在 EViews 经济计量分析软件上的学习效率，缩短学习时间，减少精力耗费，真正理解并能正确应用需要的经济计量分析工具。从而在进行应用研究时，能专心于所关心的问题本身，洞察其内在逻辑和数量关系，专注于经济含义的深层分析，而不是被困扰在使用 EViews 或者其他经济计量分析软件的细枝末节中。

应用经济计量分析，是经济数据、经济计量方法和软件技术的完美结合。本讲义首次系统地整理了采用 EViews 编程方式进行经济计量分析的相关内容，无论是处理经济数据，还是展示经济计量分析结果，都挥洒自如。本讲义将经济数据和经济计量方法融合在 EViews 软件中，EViews 的用户手册和编程指南变成一个个活生生的例子，执行源代码立刻看到结果，直观清晰，生动形象，其乐无穷。

特　　色

本讲义贯穿了"用"计量的思想，强调经济计量方法的正确使用和应用经济计量研究的可复制性，采用例学的方式，通过精心设计的例子，手把手式地进行讲解。本讲义系统地讲述应用经济计量分析的相关知识，实现经济计量理论与软件的一体化，前后贯通，层次清晰，力求简洁，通俗易懂。

用计量

本讲义着重讲解如何"用"计量，如何应用经济计量理论和方法到金融、经济和管理的研究和日常事务中。若把计量类比做剑，那么本讲义关心的是如何成为剑客，而不是如何成为铸剑的铁匠；若把计量类比做汽车，那么本讲义教您如何成为司机或者赛车手，而不是生产汽车或者保养汽车的技工。"用"计量是有别于"学"计量和"研究"计量的，因此，本讲义对经济计量原理的陈述是简明扼要的，也是应用导向的，只满足于理解模型以及解释软件的结果输出。

本讲义强调"用"计量必须是正确地使用，正确应用计量模型，正确使用计量软件，正确解读软件输出，确保其他研究者能够重现。在经济计量分析软件的使用上，我强烈呼吁采用编程方式进行应用经济计量分析。编程有 N 个好处，最明显的，学会编程将提高效率，例如要制作一万份请帖，每个人每小时手写 100 份，需要 10 个人工作 10 小时。如果采用半自动方式，制作好请帖模板，人工只需填写客人名单，可能只需要两个人填写一个上午。如果采用全自动方式，自动打印出个性化请帖，则只需要提供客人名单即可。如果您是礼仪公司的老板，我相信您肯定首选全自动的方式(如果只需要一份请帖，手写可能最简便)，减少出错，有更多时间发展客户，提高响应速度和服务水平。

编程不仅有效率，而且符合科学研究的规范。编程本身是研究过程的记录，方便错误的查找、日后的升级和优化，更重要的是方便自己和他人进行计算过程重现和结果验证。本讲义将经济计量学的灵魂依附在 EViews 身上，采用编程的例学方式讲解应用经济计量分析，是"用"计量思想的大胆实践。

在众多的经济计量分析软件中，为什么本讲义对 EViews 情有独钟呢？因为她简单、直观且功能强大，在校园的经管类机房中普及率高。无论是时间序列分析，横截面数据分析，还是面板数据分析；无论是经济计量模型的估计，检验，还是预测和仿真，EViews 都是最简单的工作平台。先进的数据管理，美轮美奂的图表展现，高效率的内外部编程接口，使得 EViews 在众多经济计量分析软件中脱颖而出，广为传颂。此外，EViews 的编程能力还没有被广泛认识，当编程方式流行起来的时候，EViews 将释放出百倍的威力，"用"计量将进入新的时代。

例学

对于学习新知识来说，我发现通过例子进行学习是最有效率的，不仅容易理解，而且记忆深刻。因此，本讲义采用例学的方式，注重知识的可视化，先提供感性认识，避免迷茫、假想和猜测。无论是介绍简单的软件输出结果，还是说明复杂的计算过程，本讲义都采用例子解说的方式。

本讲义的全部例子，其数据都可以从本地或者网上取得，结果都可以完全复制。因此，强烈建议把这些例子"描红"似的练习一次。请记住"百闻不如一见，百见不如一做"，其作用是不言而喻的，肯定让您有意外的收获。这些例子的结果输出都能被完全复制，不仅增加学习的成就感，而且极大地增强学习的信心，一些先前感觉高不可攀的模型，恐怕敲破脑壳也理解不了，顷刻间感觉原来也不过如此，一笑了之。毋庸置疑，应用经济计量分析，可以从这例子库中找出相关的简单例子开始[1]，进行修改和增强，逐步完善，最终实现复杂的应用。

系统性

本讲义系统地把握应用经济计量分析的完整过程，全面介绍应用经济计量分析需要的各方面知识，将经济数据和经济计量分析方法融入到 EViews 软件中。

- 经济数据管理是重要基础，经济数据的存储和查询，提取和转换，以及样本范围的确定和设置等，是基本的任务。因此，本讲义完整且深入地介绍了 EViews 工作文件 (workfile)，结构化工作页 (workfile page)，面板结构工作页 (panel page)，样本对象 (Sample object)、链接对象 (Link object) 以及 EViews 数据库。
- 经济计量模型都写成"竖棒[2]"的形式，即写成条件期望、条件方差、条件分布或者条件分位数的模型，研究经济变量之间的数量关系。各类模型的介绍也具有一致性、连贯性和整体性。
- 经济计量理论与 EViews 软件实现紧密结合[3]，本讲义详细介绍 EViews 命令选项与模型设定和估计

---

[1] 程序代码从头开始写，往往感觉很难，无从下手。然而在别人例子的基础上改进，就容易得多。

[2] 这里的"竖棒"指数学表达式条件期望 $E(y|x)$ 中的竖棒。

[3] 在学位论文答辩时，经常发现答辩者把经济计量模型和软件割裂开来，例如刚论证完适合采用随机效应模型，结果却报告固定效应模型估计的软件输出；认为利率没有时间趋势，却报告采用时间趋势的单位根检验结果。此类低级错误年年重演，更可笑的是，风马牛不相及或者自相矛盾地把模型和软件输出摆在一起，还声称是创新。

方法的对应关系，解释结果输出中各个估计量和统计量与模型的内在联系和含义。诚然，理论回顾部分是相对独立的，即便是不使用 Eviews 软件的读者，阅读该部分内容对于理论本身的理解，也是有很大帮助的。

- 深入 EViews 内部，介绍其特定实现和特有技术。例如含有 AR 项的方程，EViews 采用非线性最小二乘估计。当方程含有 MA 项或者 GARCH 项时，初始值默认采用倒推 (backcast) 算法。单方程进行 2SLS 和 GMM 估计时，默认自动加入常数到工具变量列表中 (即误差的期望设定为 0)。

以应用为导向，对数据的操作，对模型的设定，对 EViews 经济计量分析功能的调用，对输出结果的管理，都有机地凝聚在 EViews 的源代码文件中。以编程方式整体综合地考虑问题，使用 EViews 进行应用经济计量分析，是本讲义的特色，也是本讲义的贡献。

清新易懂

很多在校生害怕学习经济计量学，看到计量就头晕，只想逃避。这与众多经济计量学教科书让人感觉像是老巫婆有关，又丑又吓人，晦涩难懂且内心尖酸刻薄，不被讨厌才奇怪了。[4]如果把数学排版做得漂亮点，内在逻辑顺序安排连贯点，例子讲解循循善诱点，我相信经济计量学就能恢复本来的面目，犹如窈窕淑女一般，明眸善睐，楚楚动人，让人忍不住想多看两眼。

为了让经济计量学更加清新易懂，本讲义追求排版的美观性，采用 LaTeX 进行排版；追求内容的层次性，由浅入深，循序渐进；追求阅读的体贴性，索引检索的快捷性，相关链接一目了然。

- 排版赏心悦目：使用 LaTeX 排版
  - 自由使用各种数学符号，数学排版漂亮，并且整个讲义使用统一的符号体系 (参见第 xxiii 页关于数学符号的说明)。
  - 恰当使用列表和表格，特别是浮动体，使得页面整齐美观。
  - 命令和程序代码使用不同样式 (字体、间距和缩进等) 区分开，版面活泼生动。
- 层次清晰：从熟悉的地方出发，层层深入
  - 从简单讲起，诱"敌"深入。例如非参数估计，从大家熟悉的直方图出发，自然而然地进入密度函数核估计，再引导到相对复杂的回归方程的非参数估计。
  - 对于简单且普遍使用的估计方法或者假设检验，如 OLS 估计，先介绍操作，如何用 EViews 进行方程设定和估计，再介绍相关的经济计量理论。对于较复杂的估计方法或者经济计量模型，如最大似然估计，则先回顾相关的经济计量理论，再给出 EViews 的实现方法。
  - 对每个假设检验，都明确地标明零假设是什么。对每个模型，都认真定义数学符号，解释清楚经济含义，说明其假设条件、具体设定和注意事项。
  - 每讲都给出小结，方便复习时回顾和把握要点。
- 方便阅读：作为读者的我有这样的经历，看到脚注文本，却找不到脚注编号在正文中的位置；看到公式编号引用，却需要翻查半天才找到公式所在的页面。出于这些考虑
  - 正文中的脚注编号改为粗体，使其显眼从而易于搜寻。
  - 数学公式引用，当公式引用与出处相距较远时，引用的同时给出页码信息。
- 索引：用心规划并编制了索引，词条中建议优先查阅的出处页码，采用黑体进行强调

---

[4]更有甚者是七拼八凑，生搬硬套，拒人于千里之外，令人不由自主地祈祷让计量见鬼去吧！

贡　献

本讲义的最大贡献[5]是梳理出 EViews 程序语言的脉络，系统地阐述了 EViews 的基础编程，完整地介绍 EViews 经济计量分析功能的编程调用方式，完全使用 EViews 编程方式进行应用经济计量分析。

曾经使用过 EViews 5 及其之前的版本，用来对比自己用 Matlab 等其他语言编写的经济计量分析程序的计算结果，就发现 EViews 不仅有图形用户接口，还有强大的命令行和编程接口。可惜，那个时候 EViews 手册提供的编程帮助是相当有限的，因为 EViews 已经建立起菜单对话框交互式操作的形象，并引以为豪，编程接口被冷落一旁。发展到 EViews 6 才意识到编程接口的重要性，在宣传材料中突出 EViews 具有双接口，不仅提供直观易用的图形界面，而且支持编程。EViews 7 的推出，新增一系列编程特性，编程接口终于羽翼丰满。本讲义的初稿完成于 EViews 5.1 时期 (只有附录 D 是后来增加的)，因此，当时为了搞清楚 EViews 的编程机制，甚至对 EViews 软件做一点点反向工程的工作。一点一滴，对命令一个一个地进行试探和测试，各个击破，日复一日，年复一年，冬去春来，终于打通 EViews 编程的任督二脉，并更加清晰地看到经济计量模型之间的内在联系。正源于此，本讲义对经济计量模型的讲解具有系统性，并能够与 EViews 软件的实现紧密结合。

完全采用编程方式，而不是交互方式，方便经济计量分析结果的复制，这也是本讲义冠以"EViews 高级讲义"的重要原因。除此之外，本讲义中，很多内容是第一手的，首次公开的，例如：

- 工作文件的开始和结束日期的自动调整，导入在线文件等，都是用编程方式挖掘出来的。
- 单位根检验的 DGP 识别。
- Johansen 协整检验中，三类 DGP 与五种模型的对应关系。
- EViews 的选项设置文件 (快速配置 EViews，完全复制本讲义中例子的结果输出)。
- EViews 作为 COM 服务器的实例。

类似地内容在本讲义还很多，不胜枚举 (例如设计了大量小程序文件用于例子演示等)。

最后，有两件事情值得一提，虽然谈不上有什么贡献，但绝对是非常有益的工作：其一是整个讲义形成了统一的数学符号排版规范 (参见第 xxiii 页)，其二是整理出重要词汇的中文翻译，附在第 1085 页的英汉术语对照中。

教学建议

应用经济计量分析不只是经济计量模型和软件的估计命令，还需要懂得数据库管理和数据处理的知识，如数据交换和格式转换，数据清理和分析等。它要求深入思考经济理论，通过经济直觉驾驭经济数据、软件技术和经济计量模型，验证经济理论，分析经济政策，解释经济现象，预测经济前景。

基本要求

本讲义要求先具有一定的经济计量理论基础，如果您跳过了经济计量理论的学习，直接从本讲义入门，那肯定是丈二和尚摸不到头脑。本讲义尝试填补经济计量理论与应用之间的空白地 (是小间隙，也是鸿沟)，在书稿阶段，不少在校研究生反映读起来有豁然开朗的感觉，这让我欢欣鼓舞。我想应该是他

---

[5]耗费了十载光阴，没有半点贡献，也对不起吃掉的那么多粮食和打印用掉的那几箱 A4 纸。尽管十年时间磨厚了脸皮，但仍然坚持认为哪怕只是整理知识的工作，体力付出远远不够，一定要有自己的智力付出！

们先前对经济计量学已经有较深入的学习，加上不断的思考和对照，阅读本讲义时，明白软件操作与模型之间的联系是水到渠成的事情。

- **数学基础**：矩阵知识，要求具有 Wooldridge (2009)[6] 附录 D 中矩阵代数或者相当的程度，熟悉 Greene (2011)[7] 附录 A 的内容当然更好。
- **经济计量学**：Wooldridge (2009) 或者相当的程度，建议不要只看一本经济计量学的书，不同作者的书，阐述的角度和侧重点不同，有助于全面和正确地理解经济计量模型。
- **计算机操作**：掌握 Windows 的基本操作，例如通过键盘的按键组合，或者鼠标的单击、右击、双击和拖动等，完成文件或者文本的选择和复制等操作。特别地，要学会简单的命令行方式运行程序，如命令行方式启动 EViews 程序 (参见第 5 页 §1.1.3 小节)。
- **EViews 软件**：本讲义基于 EViews 5.1，一定要更新到 `EViews51Patch_100807.exe`。请注意，§15.4 节和第 16 讲采用 EViews 7.2，要求更新到 `EViews7Patch_092311.exe` 之后的版本。

教学安排

本讲义的初稿得到不少在校硕士生和博士生的赞许，遗憾的是本讲义没有机会作为课本进行过完整教学。然而，我确信本讲义不仅适合于应用经济计量分析的自学，还适用于研究生的应用经济计量分析课程的课堂和实验室教学。

快速入门：如果想在一天之内快速学会使用 EViews 进行应用经济计量分析，建议先阅读 §1.1 节认识 EViews，然后 §C.1 节设置好 EViews (特别是对软件还不熟悉时，如果使用 EViews 7 还需要浏览 §D.1.4 小节)，以便完全复制本讲义中的结果输出，随即跟着 §1.2 节参观 EViews 进行应用经济计量分析的具体流程，感受其简单和直观性，就可以直接进入需要使用的经济计量模型的相关章节了。

自学建议：自学时，碰到不明白的地方，先动手执行例子，也许就明白了。如果还没有完全搞清楚，请暂且跳过去，难得糊涂一下，很可能在继续阅读时，就突然明白了。请注意本讲义在开始的几讲中，总是给出完整的结果输出，之后为了节省篇幅，往往将结果汇总。

课堂和实验教学：作为研究生的应用经济计量分析课程，如果侧重于宏观和时间序列，应当包含前 7 讲，以及第 11 讲 VAR 模型和附录 D 的相关内容。如果侧重于微观，建议讲授前 4 讲的内容，面板数据分析部分，以及第 16 讲离散和受限因变量模型和附录 D 的部分内容。对于博士生来说要增加深入应用部分，编程方面鼓励除了 EViews 之外，综合使用诸如 R 和 Ox 等其他软件。

自学实践

练武不练功，到头一场空。学习应用经济计量分析，没有动手练习，也将到头一场空。经常地，我感觉已经做足了功课，对某个计量模型完全了如指掌，然而在使用现成的软件估计后，往往有新的认识。当我用该模型仿真一组数据时，还会发现一些灰色地带；如果自己编写估计程序，通常又会有新的感悟。有过这样的经历，对模型进行完整的理论推导后，再也不敢自以为是地宣称已经掌握模型了，只有对模型进行数值仿真和估计之后，才感觉到踏实一些。

---

[6] Wooldridge, Jeffrey M., 2009. *Introductory Econometrics: A Modern Approach*, 4/e. South-Western Cengage Learning, Mason, Ohio

[7] Greene, William H., 2011. *Econometric Analysis*, 7/e. Prentice Hall, Upper Saddle River, New Jersey

尽管如此，到这一步还像是刚拿到驾驶执照，上路后，路况远比训练场地和考试场地复杂，车水马龙，路边的行人需要防范，前面的车可能突然刹车，侧面的车可能会挤压你。也就是说，看完本讲义，准备开始项目研究，将面临更棘手的问题，现实的数据不是模型产生的，潜藏着更多的问题需要面对和处理。只有训练有素，才能沉着应对，兵来将挡，水来土掩，解决实际问题。

实践的过程能加深对理论的理解，也只有对理论的深入理解，才能确保正确的应用，才有可能产生创新性的应用，乃至进行理论创新。多动手，多动脑，熟能生巧，就像开车开"精"了，对车况了如指掌，甚至能动手对汽车进行一番改装！

一定要动手！除了练习本讲义的例子，还建议复制已发表学术论文的结果。越来越多的学术期刊提供已发表论文的数据，甚至还提供源程序，例如 Bill Goffe 维护的经济学家网上资源网站 (RFE: Resources for Economists on the Internet)

http://rfe.org

在 Data / Journal Data and Program Archives 分类下，列出了如下几个著名的学术刊物：
- *American Economic Review*
- *Econometrica*
- *Economic Journal Datasets Online*
- *Federal Reserve Bank of St. Louis Review*
- *Journal of Applied Econometrics*
- *Journal of Business and Economic Statistics*
- *Journal of Money, Credit and Banking*

此外，不少经济计量学家的个人主页也提供数据和/或源程序下载。对于较新的文章，通常都提供电子邮件等联系方式，可以直接与作者取得联系。

开始编程

指点江山的交互方式只能发挥 EViews 不到百分之一的威力。如果已经形成菜单操作的习惯，需要克服心理惰性，下定决心改变，否则，应用的层次难以提升。

EViews 编程方式被长期忽视，本讲义竭尽全力唤醒和推动，以完全释放 EViews 的魅力。根据我简单的不完全测试，对比 EViews 和 Matlab，对于 EViews 直接支持的模型，如 ARCH 模型的估计，EViews 的速度是 Matlab 的百倍以上，并且结果报告更加直观明晰。对于矩阵运算，例如 MGARCH 模型标准化残差的计算，EViews 矩阵计算的编程明显不如 Matlab 自然，但执行速度 EViews 能节省近一半的时间。

选择经济计量分析软件，不能只钟爱某个软件，吊死在一棵树上。每种软件有特长的地方，也必然有不足之处。建议以某一软件为主，混合使用语言，效率优先，取长补短。例如基于 EViews，必要时通过 COM 接口调用 Matlab 和 R，或者以 Matlab 为主，需要时调用 EViews 或者 R。

如果您与本讲义有缘，掌握 EViews 的正确应用，进而领会经济计量学的精髓，学习使用其他软件必将容易许多，一通百通。有必要提醒的是，EViews 的电子文档存在较多错误，不少地方与 EViews 软件自身不同步。例如某些运算规则已经修改，有些命令和函数已经过时，但文档仍然没有更新，通常自己写个简短的测试代码就能明白，如果仍然疑惑，建议到 EViews 论坛寻求帮助。

最后，要牢牢记住，应用经济计量分析，做可复制的研究是基本的要求。

讨论组

本讲义的教学支持采用讨论组 (邮件列表)

https://groups.google.com/group/AE-cdt

方便教学与自学的心得交流，相互帮助，相互学习。欢迎在讨论组中报告和讨论本讲义中的疏漏和错误，鼓励提问寻求帮助，热心解答他人的疑惑，贡献自己的代码和维护讨论组的知识库等。本讨论组完全免费，支持邮件订阅方式，或者 Web 方式，自由地参与、潜水和退出。

内容安排

应用经济计量学的内容不仅包含各种经济计量模型，还包含编程和数据库管理等软件技术。为了方便学习和参考，本讲义分成以下六个部分：EViews 编程，时间序列分析，面板数据分析，多方程模型，深入应用以及附录。本讲义采用例学方式讲解如何"用"计量，至于紧接着的经济分析，仅简单涉及。

EViews 编程

演示 EViews 的例子，介绍重要的基础知识，讲解 EViews 编程。尽管图形、表格和矩阵等 EViews 对象 (object) 是编程的重要组成，由于内容比较宽泛，这部分 EViews 对象和 EViews 数据库的介绍则移到附录 A 中。

第 1 讲 EViews 的入门介绍：先认识 EViews，并通过实例演示 EViews，生动形象地展示编程执行方式进行经济计量分析的完整过程。然后介绍工作文件和序列对象 (Series object) 等基本概念，这是数据管理的基础。最后讨论面向对象方法和 EViews 的核心概念——对象，将 EViews 对象分为数据对象、计量方法对象和公用对象三类，并详细介绍了群对象 (Group object)。

第 2 讲 层层深入地介绍 EViews 编程的核心内容：首先是 EViews 编程语言，介绍表达式和赋值、流程控制，以及程序源代码文件和执行等。其次，结合经济计量分析的特性，介绍字符串和日期、多页工作文件以及样本对象 (Sample object)。最后，给出编程提示，介绍对象的复制和通配符 (wildcard) 的使用，以及表格和图形等对象的灵活应用。

这两讲的内容，以及附录 A 讨论的 EViews 对象和数据库，组成 EViews 编程的基本内容。

时间序列分析

本部分讨论回归分析、检验和预测，还介绍 ARMA 模型、ARCH 模型和单位根检验。

第 3 讲 回归分析：从最小二乘估计开始，讨论如何使用方程对象 (Equation object) 进行方程设定，以及估计结果报告的解读。由于系数估计的精确性是推断的基础，紧接着讨论系数方差的 White 估计和 HAC 稳健估计。随后，讨论哑变量、交互项和滞后解释变量的应用。最后讨论其他估计方法 (风格上都是先简单进行必要的理论回顾，再给出完整例子)，依次介绍了加权最小二乘估计，两阶段最小二乘估计，以及非线性最小二乘估计。

第 4 讲 检验和预测：先回顾方程设定和假设检验的基本概念，如模型选择标准，以及假设检验的零假设和 p 值等基本概念。然后介绍方程估计结果的各种检验，包括系数检验、残差检验、结构变化检验和设定检验。随后讨论方程预测，回顾预测的评价指标，介绍 EViews 中回归方程的动态和静态预测。最后，讲解应用经济计量分析中检验和预测方法的几个综合例子。

第 5 讲 ARMA 模型：这是研究序列相关的基本分析模型，先回顾自相关和偏自相关等基础概念，辨析序列相关与序列依赖(serial dependence)，总结自相关的检验方法，特别指出 DW 统计量的局限性。然后讨论 ARMA 模型的建模方法，分析特征多项式，介绍 EViews 中 ARMA 模型的设定方法。最后，讨论 ARMA 模型的估计方法以及 ARMA 结构的诊断。

第 6 讲 ARCH 模型：先给出 ARCH 模型的一般设定，介绍条件均值方程，条件方差方程，标准化残差的分布和似然函数。然后讨论 GARCH 模型，描述其波动群集和波动持续等特性，并通过金融市场的历史数据，进行应用分析。随后，讨论 EGARCH 等非对称 ARCH 模型，说明它们是如何刻画好消息和坏消息对金融市场的非对称影响的。最后，介绍 ARCD 等其他 ARCH 模型。

第 7 讲 单位根过程：单位根检验是本讲的重点，因此，首先回顾时间序列分析的基本概念，如平稳以及 I(0) 过程的严格定义，并通过仿真分析，展现随机趋势的伪回归现象。然后，结合 EViews 的单位根检验，介绍 ADF 检验和 NP 检验等多种单位根检验方法，通过利率单位根检验的实例，解读 EViews 中各种单位根检验的结果输出。最后，比较不同设定和选项的单位根检验结果，用实例分析季节性的影响，强调单位根检验时 DGP 识别的重要性。

单位根过程是典型的非平稳过程，传统的时间序列分析模型，都要求时间序列是平稳的。因此，在使用上述模型进行时间序列分析时，首先需要确定时间序列的单整阶数，通过单位根检验，判别序列的平稳性。如果都为 I(0) 过程，才可以放心使用；否则，需要对数据进行预处理，如进行差分或计算比率等方法得到平稳序列。如果都为 I(1) 过程，则建议使用 VEC 模型，研究是否存在协整关系。

面板数据分析

面板数据提供更丰富的信息，面板数据的应用发展迅速。本部分先讨论长面板数据(个体少时间序列长)，结合 EViews 的合伙对象(Pool object)，介绍线性面板数据模型。然后讨论一般面板数据的组织和管理，基于面板结构的工作页，演示面板数据模型的应用。

第 8 讲 面板数据基础：介绍面板数据分析的基本模型——线性面板数据模型，先介绍面板数据模型的矩阵形式，讨论固定效应和随机效应，并进行了简单的比较。然后讲解 EViews 的合伙对象，介绍合伙数据(pooled data)，以及堆叠数据(stacked data)转换为合伙数据的方法。随后分析其他一些模型设定，讲述了双向效应和变斜率模型等，最后讨论系数方差稳健估计和面板数据模型的检验。

第 9 讲 面板数据应用：基于面板工作页，首先讨论面板数据的组织和管理，介绍面板工作页的建立、平衡和规则化，以及观测范围的修改等。然后是面板数据的使用，讲述面板数据的基本处理和分析操作，讨论工作样本集的设定、超前和滞后，以及分组统计等。随后用例子讲解面板数据模型的估计、系数方差稳健估计，以及模型的检验和预测等问题，并演示非线性面板数据模型。最后，讨论面板单位根检验，并揭示面板数据中 DGP 的多样性。

实际上，面板数据模型是特殊的方程组模型。建立面板数据模型时，往往需要先在随机效应与固定效应模型之间进行选择，如果 Hausman 检验选取了固定效应模型，则要求进一步使用固定效应检验判别是否适合采用 POLS 估计。

多方程模型

讨论了方程组和联立方程模型，VAR 模型和协整检验，以及状态空间模型。此外，还讨论了模型的联合预测和仿真，进行情景分析。

第 10 讲 方程组和联立方程：先给出回归方程组的设定，介绍系统估计方法，并讨论方程间的系数限制。然后介绍 EViews 的方程组对象 (System object)，用例子讲解方程组的设定和估计，强调方程组估计的初始值问题。最后是联立方程模型，探讨识别问题，讨论 S2SLS 估计和 3SLS 估计方法。

第 11 讲 VAR 模型：讨论多元时间序列分析的重要工具 VAR 模型和协整检验。先回顾 VAR 模型的基本设定，介绍 EViews 的 Var 对象，并讨论脉冲响应分析和方差分解。然后介绍 VEC 模型的设定和估计，着重讨论了协整关系的识别。随后讨论 Johansen 协整检验，分析五种检验模型的选择，并给出实例。最后介绍 SVAR 模型，讨论其结构分解，以及长期和短期限制等。

第 12 讲 状态空间模型：往往用于不可观测变量的建模中。基于 EViews 的状态空间对象 (Sspace object)，介绍 Kalman 滤波的基本步骤，解释滤波、预测和平滑的含义。然后讨论状态空间模型的信号方程、状态方程和干扰结构的设定方法，以及信号和状态的提取、平滑和预测。

第 13 讲 情景分析：体现应用计量之"用"的思想。先通过简单宏观经济模型的例子，演示样板对象 (Model object) 进行联合预测和仿真。然后解释样板对象中变量和方程的分类，动态和随机求解方式，演示情景分析时外生变量演化路径的设置，以及情景比较等。随后讨论样板对象，介绍方程设定和各种柔性设定，以及外加因子 (add factor) 的作用方式。最后介绍模型求解的基本步骤，以及目标路径控制求解 (solve control for target) 和模型诊断。

深入应用

这一部分先介绍估计方法，详细讨论了广义矩估计，最大似然估计和非参数估计。然后是因变量取离散值或者取值范围受限情况下的建模和估计。

第 14 讲 广义矩估计：汇总了 EViews 提供的 GMM 估计。首先是方程对象的单方程 GMM 估计，比较 GMM 估计和其他单方程估计的关系。然后讨论方差矩阵的估计，关注核函数的性质，带宽的选择，以及白化预处理等。随后介绍方程组对象的多方程 GMM 估计，讨论 GMM 估计的一般方法，分析正交条件的常用设定形式，以及最佳工具变量的构造。最后，是面板数据的 GMM 估计，解释 GMM 加权矩阵，讨论线性动态面板数据模型的 Arellano-Bond 估计。

第 15 讲 估计方法：深入分析最大似然估计，简要介绍非参数估计。先介绍最大似然估计的基本原理，采用 GMM 框架分析最大似然估计量的性质，并讨论最大似然估计的传统检验方法。然后结合 EViews 的对数似然对象 (Logl object)，通过精心设计的例子，深入讲解如何基于理论模型，进行对数似然函数的设定、最大似然估计和假设检验的完整过程，分析不同估计方法的区别和联系，并解释对数似然对象的局限性。最后是非参数估计，介绍直方图的基本思想，解释核函数和带宽，给出密度函数核估计，以及非参数模型局部多项式回归的核估计和近邻估计。

第16讲 离散和受限因变量模型：介绍了二元选择模型(因变量只取0和1两个值)、排序选择模型(因变量取值具有内在等级顺序)、计数模型(因变量取值为非负整数)、截断回归模型(只使用因变量取值在一定范围内的样本)和审查回归模型(超出特定范围的因变量取值用边界值替代)。对这些模型分别进行理论回顾，通过例子讲解估计方法，并深入讨论相关的检验和预测方法。

附录内容

附录部分补充介绍 EViews 对象和 EViews 数据库，统计分析功能和 EViews 的选项设置，以及 EViews 版本 6 和 7 的更新信息。

附录 A 介绍 EViews 对象和 EViews 数据库：先介绍图形对象和表格对象，然后介绍 EViews 数据对象，讨论矩阵对象和其他数据对象，如日期序列对象 (date series)，自新序列对象 (auto-updating series) 和字符串序列对象 (Alpha series)，值映射对象 (Valmap object)，以及链接对象 (Link object) 等。最后，对 EViews 数据库进行简要的阐述。

附录 B 介绍 EViews 的统计分析功能：从基本的统计和检验开始，介绍单个序列的描述性统计信息和假设检验。然后介绍时间序列的季节调整，以及平滑和滤波，包括了 X12 方法、指数平滑、Hodrick-Prescott 滤波器和带通滤波器等。随后讨论多元统计分析，介绍齐性检验和主成分分析等。最后介绍经验分布图、QQ 图和盒图等统计图形。

附录 C EViews 的选项设置和含义：给出本讲义采用的 EViews 设置及其配置文件。然后讨论在估计和求解模型时，初始值、迭代控制和收敛准则、导数计算方法以及非线性方程组的求解算法等内容。最后简单介绍 EViews 使用的各种优化算法。

附录 D EViews 5.1 到 7.2 的升级：首先概览了 EViews 6 和 7 两个版本的更新，肯定进步的同时，强调兼容问题是不容忽视的。然后选择性地介绍了 EViews 新版本的特性，分为 EViews 对象、模型估计和 EViews 编程三部分：EViews 对象部分，介绍了管理输出的筒对象 (Spool object)，以及处理字符串的字符串对象 (String object) 和字符串向量对象 (Svector object)。模型估计部分，讨论了线性因子模型、广义线性模型、分位数回归模型、多元 GARCH 模型，以及长期方差估计和升级的单方程 GMM 估计。EViews 编程部分，介绍了日志、对话框、外部接口和插件 (add-in)，详细讨论了 COM 自动化接口，并且都给出了精彩的演示。例如通过 Matlab 使用 EViews COM 服务器，以及 EViews 作为 COM 客户端，调用 Matlab 进行符号计算，调用 R 进行 DSGE 模型的仿真分析，等等。

以上的顺序安排是经过长期思考才最终定型的：EViews 编程部分安排在最前面，是因为只有采用编程方式进行应用经济计量分析才有可能充分发挥 EViews 的功能。显然，编程方式的重要性是再强调也不过分的，如果全部移动到附录，则容易被忽视。因此，EViews 入门和编程的核心内容，作为第一部分，而为了避免头重脚轻，将 EViews 对象和数据库等内容，安置在附录中。

经济计量分析模型方面，可以按数据类型分为横截面数据模型、时间序列模型和面板数据模型，按方程的个数分为单方程模型和多方程模型，按估计方法分为参数模型、半参数模型和非参数模型，以及其他分类方法等。显然，本讲义中时间序列分析、面板数据分析、多方程模型和深入应用四部分，并没有完全参照某一种分类方法，而是结合 EViews 的实现，考虑到经济计量方法的学习顺序和应用的难易程度，才确定下来的整体架构和分类。

附录内容是重要的组成部分，其内容是不可或缺的：EViews 对象和 EViews 数据库 (附录 A) 是编程的基本组成；统计分析 (附录 B) 介绍统计图表以及季节调整等统计预处理；选项设置 (附录 C) 提供配置信息以完全复制本讲义的输出；EViews 新版本 (附录 D) 讨论 EViews 5.1 到 7.2 的升级。

数学符号

LaTeX 排版数学公式无疑是最美观的，简洁而清晰的数学表示促进交流和学习。为此，本讲义对数学公式的排版进行梳理，初步形成如下数学排版规则，努力呈现出直观且一致的数学符号。

体例

使用不同的字体来区分数学符号的类型，例如 $H, \mathbf{H}$ 和 $\mathbb{H}$ 分别表示标量 H、矩阵 $\mathbf{H}$ 和集合 $\mathbb{H}$。

标量：采用普通数学字体，字符为大小写英文字母以及小写希腊字母，如 x, K 和 β 等。如下的符号具有特殊含义。

- 变量：ℓ 表示对数似然值 (log likelihood)。
- 常量：圆周率 π，自然对数的底数 e。

矩阵和向量：用数学黑体 (bold face) 或者数学粗体 (boldsymbol) 表示，向量通常为小写的字母或者希腊字母，而矩阵用大写字母。例如

$$\mathbf{X} = \begin{bmatrix} x_{11} & x_{12} & \cdots & x_{1K} \\ x_{21} & x_{22} & \cdots & x_{2K} \\ \vdots & \vdots & \ddots & \vdots \\ x_{T1} & x_{T2} & \cdots & x_{TK} \end{bmatrix} = \begin{bmatrix} \mathbf{x}'_1 \\ \mathbf{x}'_2 \\ \vdots \\ \mathbf{x}'_T \end{bmatrix}_{T \times K} = \begin{bmatrix} \boldsymbol{x}_1 & \boldsymbol{x}_2 & \cdots & \boldsymbol{x}_K \end{bmatrix}_{T \times K}$$

请区分数学黑体 $\mathbf{x}$ 和数学粗体 $\boldsymbol{x}$ 的不同含义：数学黑体 $\mathbf{x}_t$ 为矩阵 $\mathbf{X}$ 第 t 行的转置，而数学粗体 $\boldsymbol{x}_k$ 则为矩阵 $\mathbf{X}$ 的第 k 列。

- 向量都默认为列向量，故 $\mathbf{x}'$ 和 $\boldsymbol{x}'$ 为行向量，其中撇号 (prime) 表示转置。
- Matlab 表示法：为了节省空间，$[x_1; x_2; \cdots; x_K]$ 表示列向量，而 $[x_1; x_2; \cdots; x_K]'$，$[x_1\ x_2\ \cdots\ x_K]$ 以及 $[x_1, x_2, \cdots, x_K]$ 表示行向量。因此，如果 $\mathbf{A} = [8\ 1\ 6; 3\ 5\ 7; 4\ 9\ 2]$，那么

$$\text{vec}(\mathbf{A}) = [8\ 3\ 4\ 1\ 5\ 9\ 6\ 7\ 2]' \qquad \text{vech}(\mathbf{A}) = [8; 3; 4; 5; 9; 2]$$

其中 $\text{vec}(\mathbf{A})$ 对矩阵 $\mathbf{A}$ 进行向量化，$\text{vech}(\mathbf{A})$ 则按列堆积矩阵 $\mathbf{A}$ 的下三角阵。

- 向量对向量的求导：假设 $\mathbf{y}$ 和 $\mathbf{x}$ 分别为 M 和 K 阶向量，则

$$\frac{\mathrm{d}\mathbf{y}}{\mathrm{d}\mathbf{x}'} = \begin{bmatrix} \frac{\mathrm{d}y_1}{\mathrm{d}x_1} & \frac{\mathrm{d}y_1}{\mathrm{d}x_2} & \cdots & \frac{\mathrm{d}y_1}{\mathrm{d}x_K} \\ \frac{\mathrm{d}y_2}{\mathrm{d}x_1} & \frac{\mathrm{d}y_2}{\mathrm{d}x_2} & \cdots & \frac{\mathrm{d}y_2}{\mathrm{d}x_K} \\ \vdots & \vdots & \ddots & \vdots \\ \frac{\mathrm{d}y_M}{\mathrm{d}x_1} & \frac{\mathrm{d}y_M}{\mathrm{d}x_2} & \cdots & \frac{\mathrm{d}y_M}{\mathrm{d}x_K} \end{bmatrix}_{M \times K}$$

即第 i 行第 j 列的元素为 $\frac{\mathrm{d}y_i}{\mathrm{d}x_j}$。通常，矩阵对矩阵的求导，先对矩阵进行向量化，方便使用向量求导的乘法公式 ($\frac{\mathrm{d}(\mathbf{g}'\mathbf{h})}{\mathrm{d}\mathbf{x}'} = \mathbf{g}'\frac{\mathrm{d}\mathbf{h}}{\mathrm{d}\mathbf{x}'} + \mathbf{h}'\frac{\mathrm{d}\mathbf{g}}{\mathrm{d}\mathbf{x}'}$) 和链导公式 (chain rule)。

- 经济计量分析中，经常考虑排除一个观测或者一个变量。为此，$\mathbf{X}_{/1}$ 表示矩阵去除第一列

$$\mathbf{X}_{/1} = \begin{bmatrix} \boldsymbol{x}_2 & \boldsymbol{x}_3 & \cdots & \boldsymbol{x}_K \end{bmatrix}_{T \times (K-1)}$$

类似地，$\mathbf{X}_{-1}$ 表示矩阵去除第一行。

- 特殊形式

  - 向量 $\mathbf{1}$ 表示元素都为 1 的向量。
  - 矩阵 $\mathbf{I}$ 表示单位矩阵，向量 $\mathbf{i}_k$ 表示单位矩阵 $\mathbf{I}$ 的第 k 列 (基本单位向量)。
  - 元素都为 0 的向量或者矩阵记为 $\mathbf{0}$，因为其作用类似于常数 0。

  请注意，$\mathbf{0}, \mathbf{1}, \mathbf{i}_k$ 和 $\mathbf{I}$ 的阶数是按需的，即在矩阵运算中，其阶数由矩阵运算的相容性确定。

集合：使用数学无衬线体 (sans serif)，例如将参数空间记为 P。一些常用集合有习惯的表示形式。

- 空心体 (blackboard bold，也译为黑板粗体)：实数集 $\mathbb{R}$，有理数集 $\mathbb{Q}$，复数集 $\mathbb{C}$，自然数集 $\mathbb{N}$ 和整数集 $\mathbb{Z}$。本讲义用 $\mathbb{I}$ 表示信息集合。
- 花体 (calligraphic)：波莱尔集 $\mathcal{B}$ (Borel set)。

函数：采用普通数学字体，例如 $F(x)$ 表示累积分布函数。多字符函数名用正体显示，如常用数学函数中的正弦函数 $\sin(x)$。

- 由于经济计量学中函数 $\log(x)$ 表示自然对数 (以 e 为底，经济学通常不使用以 10 为底的常用对数)，故本讲义中 $\log(x)$ 和 $\ln(x)$ 都表示自然对数。
- $N(x)$ 代表标准正态分布的累积密度函数。
- 示性函数 (indicator function)：函数 $\mathit{1}(\cdot)$ 的参数为真时取 1，否则取 0；例如当 $x = 7.2$ 时，函数 $\mathit{1}(x > 0)$ 的值为 1，$\mathit{1}(x \in \mathbb{N})$ 的值为 0。
- 多态性：同一函数名对不同的参数或者返回值类型，其函数功能相应调整，例如函数 $\mathrm{diag}(\cdot)$ 产生对角矩阵或者取出对角向量

$$\mathbf{D} = \mathrm{diag}(\mathbf{d}) = \mathrm{diag}(d_1, d_2, \cdots, d_T) \qquad \mathbf{d} = \mathrm{diag}(\mathbf{D})$$

分别为对角矩阵生成和对角线提取，而 $\mathbf{D} = \mathrm{diag}(\mathbf{V})$ 提取对角线后再产生对角矩阵。

算子：采用数学罗马体 (Roman)，例如微分算子 d (区别 $\mathrm{d}x$ 与 dx，$dx = d \cdot x \neq \mathrm{d}x$)

$$\int_{-\infty}^{+\infty} f(x) \, \mathrm{d}x = 1 \qquad \frac{\mathrm{d}y}{\mathrm{d}x} = x^2$$

而概率 $\mathrm{P}(x < 0)$ 往往也写成 $\mathrm{Pr}(x < 0)$。常用操作符说明如下：

- 差分：经济计量学中，Δ 为差分算子，$\Delta y_t = y_t - y_{t-1}$。
- 滞后：算子 L 表示滞后，即 $\mathrm{L}y_t = y_{t-1}$，故 $\Delta y_t = (1 - \mathrm{L})y_t$。
- 期望：$\mathrm{E}(y)$ 表示 y 的数学期望，$\mathrm{var}(y)$ 为 y 的方差。x 与 y 的协方差记为 $\mathrm{cov}(x, y)$，y 关于 x 的条件期望和条件方差分别记为 $\mathrm{E}(y|x)$ 和 $\mathrm{var}(y|x)$。

约定

经济计量学的教科书大都喜欢使用希腊字母和重音标记，例如用 β 表示系数的真值，将不同估计方法得到的系数估计记为 $\hat{\beta}$、$\tilde{\beta}$ 和 $\breve{\beta}$ 等 (甚至多层重音)。本讲义则尽量少用希腊字母和重音标记，例如系数真值记为 $\mathbf{b}$，用 $\mathbf{b}_{\text{OLS}}$、$\mathbf{b}_{\text{2SLS}}$ 和 $\mathbf{b}_{\text{GMM}}$ 分别表示系数的 OLS 估计、2SLS 估计和 GMM 估计。我认为这种方式清晰直观，从而提高理解和交流效率。

多字符变量：类似于多字符函数名，多字符变量采用数学罗马体，只使用大写字母。多字母变量见名知意，多见于应用研究中，例如

$$\log(\mathrm{M1}_t) = b_1 + b_2 \log(\mathrm{GDP}_t) + b_3 \mathrm{RS}_t + b_4 \Delta \log(\mathrm{PR}_t) + e_t$$

其中 RS 为短期利率。请注意，如果采用普通数学字体，RS 表示 R 与 S 的乘积，即 $R \times S$ 或者 $R \cdot S$。事实上，经济计量的理论教科书并不排斥简短的多字符变量，例如使用 MSE 和 AIC 分别表示均方差和 AIC 信息准则的取值，显然要比分别使用单字符变量 Q 或者 I 更加直观明了 (特别是 Q 和 I 在不同章节有不同含义的时候)。

上下标：上标仅代表次方；下标用来标识观测、个体、方程或者估计方法等，含义比较丰富。

- 多下标：用于标识多个维度。例如

$$\mathbf{x}_{tm} = \begin{bmatrix} x_{tm1} \\ x_{tm2} \\ \vdots \\ x_{tmK_m} \end{bmatrix}_{K_m \times 1} \quad \mathbf{x}_{nt} = \begin{bmatrix} x_{nt1} \\ x_{nt2} \\ \vdots \\ x_{ntK} \end{bmatrix}_{K \times 1}$$

$\mathbf{x}_{tm}$ 用在方程组中，下标 t 代表观测时期，m 代表方程，元素 x_{tmk} 中第 3 个下标标识变量；$\mathbf{x}_{nt}$ 出现在面板数据中，n 代表个体。不仅标量和向量使用多下标，有时候矩阵也使用多下标，例如广义特征根问题 $|\lambda \mathbf{S}_{11} - \mathbf{S}_{10} \mathbf{S}_{00}^{-1} \mathbf{S}_{01}| = 0$ (参见第 538 页式 11.17)。

- 由于前置上下标容易误读成前一变量的上下标 (例如 $R\,_2S$ 代表 $R \cdot _2 S$，容易与 $R_2 \cdot S$ 相混淆)，本讲义不使用前置上下标

正态分布：均值和方差分别为 $\boldsymbol{\mu}$ 和 $\mathbf{V}$ 的正态分布记为 $\mathrm{N}(\boldsymbol{\mu}, \mathbf{V})$。

渐近方差：假设 $\mathbf{b}_T$ (依赖于样本量 T) 为 $\mathbf{b}$ 的估计量，那么我们记

$$\mathrm{var}(\mathbf{b}_T) = \mathbf{V}/T$$

表示渐近方差 $\mathrm{Avar}(\sqrt{T}\mathbf{b}_T) = \lim_{T \to \infty} \mathrm{var}(\sqrt{T}\mathbf{b}_T) = \mathbf{V}$。类似地，渐近分布

$$\mathbf{b}_{\text{OLS}} \stackrel{a}{\sim} \mathrm{N}(\mathbf{b}, \mathbf{V}/T)$$

的实际含义为 $\sqrt{T}(\mathbf{b}_{\text{OLS}} - \mathbf{b}) \stackrel{a}{\sim} \mathrm{N}(0, \mathbf{V})$。

假设检验：$\mathbb{H}$ 表示假设检验中的假设，原假设通常记为 $\mathbb{H}_0$，备择假设为 $\mathbb{H}_1$ 或者 $\mathbb{H}_A$。

报告统计量时也经常一起报告 p 值，本讲义使用的格式为 2.345[0.0231]，表示样本统计量的值为 2.345，相应的 p 值为 0.0231。

多义性

为了使数学公式简洁易懂，本讲义尽量避免使用太多符号，因此数学符号可能存在多重含义。

- 小写字母 e：自然对数函数的底数 (base)，如指数函数 $e^{-x^2/2}$；e 也作为误差项。
- 小写字母 f：$f(x)$ 指代一般函数或者概率密度函数，预测值也经常记为 f。
- 小写字母 p：通常表示滞后阶数，以及假设检验中的 p 值。
- 小写字母 t：代表观测时期，以及 t 统计量或者 t 分布。
- 大写字母 F：表示 F 统计量或者 F 分布，且 $F(x)$ 表示累积分布函数。
- 大写字母 K：代表系数个数，而核函数记为 $K(x)$。
- 大写字母 N：个体数目或者横截面数据的观测数目，标准正态累积分布函数则记为 $N(x)$。
- 撇号 (prime)：矩阵中撇号表示转置，函数中撇号表示导数。例如 $f'(y - \mathbf{x}'\mathbf{b}) \equiv \frac{\partial}{\partial \mathbf{b}} f(y - \mathbf{x}'\mathbf{b})$。
- 时间序列变量和时间序列观测值使用相同的数学符号，例如 y_t 既表示随机变量又表示观测值。只有当两者出现在同一表达式时，才将符号区分开，例如 $\Pr(Y_t \leqslant y_t)$ 或 $\Pr(\tilde{y}_t \leqslant y_t)$ 中，用 Y_t 和 $\tilde{y}_t$ 表示随机变量。
- 统计量及其估计值使用相同符号，例如方差及其估计量都记为 $\mathbf{V}$

$$\mathrm{E}\left(\mathbf{e}_t \mathbf{e}_t'\right) = \mathbf{V} \qquad \mathbf{V} = \frac{1}{T} \sum_{t=1}^{T} \mathbf{e}_t \mathbf{e}_t'$$

有时候需要区分，则 $\mathbf{V}$ 或者 $\mathbf{V}_0$ 表示真值，$\mathbf{V}$ 表示相应的估计值。
- 系数及其估计值采用相同符号，通过下标区分不同的估计方法。

一般来说，数学表达式的含义基于上下文是唯一的。然而，尽管含义是确定的，但可能不够直观，例如 $\mathbf{I} \otimes \mathbf{1}$ 的阶数不能直接看出，就采用 $\mathbf{I}_N \otimes \mathbf{1}_T$ 的形式加以明确，或者辅助以文字说明。此外，对于一些不易区分的数学排版，也需要采用一定的方法使其明晰。例如习惯上，$|x|$ 为标量 x 的绝对值，$|\mathbf{X}|$ 为矩阵 $\mathbf{X}$ 的行列式，显然 $\mathbf{X}$ 的行列式的绝对值就写成 $||\mathbf{X}||$，可惜这与范数 $\|\mathbf{X}\|$ 难以区分 (范数符号中两竖杠的距离较近)，为此，采用 $|\det(\mathbf{X})|$ 表示行列式的绝对值是不错的选择。

历　　程

十年的光阴很长，一个高中生变成一博士；十年的光阴很短，仿佛还在昨天。十年前开始于盛夏，十年后搁笔于晚秋，有道是仲夏苦夜短，天凉好个秋！

缘起

2004 年之前，我对 EViews 是嗤之以鼻的，对 EViews 的了解都是道听途说的，知道她有优秀的图形用户接口，对其编程接口看不上眼，认为她应该只是 "入门级的教学软件"。那个时候，年轻气盛，任何计算都要自己动手编程，也只有自己编程实现了，才有成就感，使用起来才踏实。因此，在编程美感的驱使下，线性规划，回归分析 (OLS 估计、Logit 回归和多项式回归)，数据包络分析 (DEA)，神经网络模型，随机占优，双侧部分矩投资模型，分位数回归，状态空间模型 (Kalman 滤波)，势态转换模型[8]和 ARCH 模型等，都是自己动手，丰衣足食 (理解模型、学习算法、编制程序和整理文档)。

---

[8] 马尔可夫势态转换模型 (该模型对样本和初始值极其敏感) 的编程和文档，花了近三个月的时间 (无休息日，每天工作十小时以上)。曾经发表的一篇论文用到了马尔可夫势态转换模型，匿名审稿人的审稿意见中，质疑我们是如何估计出该模型的，当时真想把几十页的程序文档送给他看看，到底我耗费了多少青春。

后来发现对于一些经济计量模型,如回归分析和 ARCH 模型等,EViews 可以用来比较自己编程的结果(有个参照,更加有信心)。再后来发现 EViews 的现成功能调用比较省事[9],加上随着年龄的增长,事情越来越多,没有那么多的时间和精力,体力也大不如前,因此对混合语言编程[10]的效率和美感追求,改变为效率优先了,尽量使用现成软件,动手编程仅限于自己研究的新方法/算法上。

好记性不如烂笔头,为了下次使用时能以最短的时间恢复到先前的状态,对 EViews 的使用都做了记录,将模型表示与结果输出的对应关系,形成文档。整理日志的过程使我对 EViews 有越来越深入的认识和积累,逐渐熟悉并喜欢其编程接口。特别是学会完全使用编程方式使用 EViews 后,魔鬼的瓶子被打开了,所有的例子以及为熟悉 EViews 而进行的试探都用 prg 代码保存下来,基于 EViews,对经济计量分析模型的文档记录越来越厚。

除了编程把我引向 EViews,另一个重要的缘起就是经济计量学的学习了。由于在看金融的实证文章和书本时,经常对一些经济计量模型不甚理解,例如 1998 年读博士时,曾认真阅读 Campbell et al. (1996)[11] 一书,该书很受推崇,但由于当时我对经济计量模型知之甚少,很多地方似懂非懂。该书的附录介绍 GMM 方法,当时我对 GMM 方法很感兴趣,一直想编程实现(没有完成),学习 GMM 方法时,虽然当时不懂大样本理论,感觉该书第 525 页的式 (A.3.5) 似乎有问题,也下载了一些 GMM 估计的源代码,但理解代码的文献不足,只好束之高阁。后来,学习和研究的过程中阅读了大量的学术论文,不时怀疑文章中经济计量模型是否正确应用,而且实证论文的结果基本上都复制不出来。由于我是从工科转到金融学的,没有系统地学习经济计量学,因此下定决心,自学补习一下经济计量学的内容。机缘巧合,发现基于 EViews 学习经济计量学,很有感觉!每学一个模型或者估计方法,用 EViews 做一遍,对照着结果输出,整天心情都很 HIGH,呵呵。

由于特殊原因,2004 年的教学在 10 月中旬结束,2005 年春季学期没有教学任务,因此,2004 年年底就采用了整理讲义的方式开始自学经济计量学。尽管 2001 年开始似乎已经积累了 EViews 的不少读书笔记,真的要动手整理成讲义的时候,还是发现正确使用 EViews 也不是件容易的事,要明白其输入输出,输出要和模型能对应起来,经济数据、经济计量模型要完全融合在 EViews 中。

正如大部分学车者,在了解汽车各部分的功能和交通规则后,都希望能尽快练车,让汽车动起来。在学习经济计量学时,特别希望能有个例子演算一下,看到结果,不仅模型的陌生恐惧感立刻消失,而且感到格外有信心。鉴于此,本讲义采用例学的方式,尽早让模型动起来,既提高软件的学习效率,促进软件功能的发挥,还推动软件的正确使用。

2005 年暑假前夕本讲义的初稿成形,一位经济学硕士生和一位会计学博士生问我要,近年底时那位学会计的学生告诉我,都看懂了,并且一些概念和结果输出更明白了,这让我备受鼓舞。2005 年 7 月 18–22 日,厦门大学王亚南经济研究院举办了为期 5 天的"2005 全国计量经济学国际培训班",记得当时王美今教授说,今后 5 年经济计量学的发展将比先前的 25 年 (1980 年 7 月的颐和园经济计量学培训讲习班之后) 还要多得多。我想更多人是"用"计量而不是研究计量,应用计量的需求必然迅速膨胀,本讲义强调应用,生正逢时,应该尽快定稿出版,却从来没有想象到道路会有那么多的曲折。

---

[9]学习理解各种 ARCH 模型到程序实现,花了数周的时间。如果采用 EViews,一旦理解模型,其估计则唾手可得。

[10]不管是 C++ 还是 Matlab,不管是 Gauss 还是 R,只要找到相关的源代码供借鉴,读懂后就直接使用或者改造升级,通过硬盘文本文件,实现不同语言间的数据交换。

[11]Campbell, John Y., Andrew W. Lo, and A. Craig MacKinlay, 1996. *The Econometrics of Financial Markets.* Princeton University Press, Princeton, New Jersey. (Second printing with corrections, 1997)

坚持

2005 年年底到 2009 年年初这段时间，可谓流离失所，不到四年时间，换了四个工作单位。本讲义的初稿和相关资料，两度被打包在纸箱里，每次都被尘封一年有余。

2007 年 3 月底，终于整理好办公室，架设好计算机系统，割断包扎了近二十个月的胶带，开箱取出书稿和相关资料，继续书稿的整理工作。完成排版软件从 CTeX 迁移到 TeXLive 2007 后，主要任务是完善书稿，实现 EViews 软件和经济计量方法介绍的完整性和系统性。

- EViews 软件补充或者完善了如下内容：工作页的页面结构，面板结构工作页，链接对象，EViews 数据库，以及 EViews 编程的流程控制和子程序。补充完善了这些内容后，再进行综合考虑，使各组成部分之间成为有机联系的整体。
- 经济计量方法：单位根检验，面板数据模型，VAR 模型，协整检验，Kalman 滤波，GMM 估计，最大似然估计以及非参数估计方法等，系统地进行整理。理论的介绍力求简洁清晰，面向应用，着重指出模型表示与软件输出的对应关系。

同时更新了参考文献[12]，比如例子中如果使用了 *Econometric Analysis* (by William H. Greene) 第四版的数据，统统更新为第五版的。一直到 2009 年元旦，除了授课和睡觉，其他时间全部投入到讲义的整理中。所有例子得到更加充分和完整的阐释，讲义的厚度翻了一倍，从四百多页增加到九百多页。

整理讲义的过程中，才知道写书之艰难。原想 2007 年年底就能完稿，2008 年春夏之交就能印刷出版，没有预料到屡次跳票 (2009 年元旦期间打包时，还有两讲的初稿没有整理)。整理过程进展缓慢的最主要原因是需要核对大量的文献，读文献时又引出新的文献，撇开经济计量方法不说，就单说一些术语的中文翻译吧，由于从小语文没有学好，有时想找个满意的译法，上网搜索半天，打印出相关材料，阅读思考了两三天，改来改去，仍然没有灵感，只好挑个自己喜欢的凑数。

再坚持

"是成是败，看坚持。"

如果早知道整理书稿这么费事，那我肯定不干这种蠢事。然而，既然已经走到这一步，我一定要坚持下去，终于，走上了不归路。一开始，是业余的，积累些读书笔记而已，后来，投入的时间越来越多。从 2007 年春季开始，甚至停止了主业——金融学的科研活动，停止阅读金融方面的学术期刊，停止修改先前未完成的金融论文，转而成天抱着经济计量学的课本和论文。

2010 年 6 月，再次拿出书稿，迁移到虚拟机[13]中，暑假把第一和第二部分顺了一下，然后整改第 15 讲估计方法，到十月初才完成。之后用课余时间修改第 16 讲离散和受限因变量模型，一直到 2011 年元月底才改完，跨度近 4 个月 (期间女儿出生)，都不敢相信 2011 年已经到来。由于 EViews 已经有了两个版本的升级，决定增加附录 D，介绍 EViews 6 和 7 的新功能。进入 2011 春季学期，教学和学生毕业论

---

[12] 2007 年，国内众多出版社出版了 EViews 相关的中文书籍，可惜由于本人的经济计量学知识不足，我没能搞清那些书中模型与软件输出的联系。本想从那些书中汲取点营养，奈何读了个把月，还是跟不上他们的思路，只好老老实实回去啃 EViews 自带的用户指南。

[13] 2009 年暑假，安装学院订阅的 MSDN 提供的 Windows 7 后出现诸多不兼容的地方，日常工作使用的软件不兼容已经够痛苦，Windows 7 竟然拒绝我的打印机，分明是嘲笑我买不起新的打印机。因此，重回 Linux 的怀抱，少数无法迁移的 Windows 应用迁移到虚拟机 VirtualBox 中。

文指导分不出身，端午节次日才又回到讲义的整理上来。又足足花了三个月的时间，9月初才完成附录D，结束正文整理，进入前言和附页 (术语对照和索引[14]等) 的处理。

在这一期间，最黑暗的是2010年下半年，由于多年没有论文发表，没有学术成果，领导们不甘心我的没落，开始轮流找我谈话。有位领导劈头盖脸地指责我这些年科研失败，教学失败，承担的其他任务也都失败，并"语重心长"地教导我整理知识根本没有用，自我毁灭，创造知识发表文章才有生路。有些领导还找同事们四处打听，"陈灯塔看他整天泡在研究室里，是不是迷上游戏了？" 这些声音在耳边回响着，回响着，越来越弱，有个声音却越来越强，坚持，再坚持！

有一位善良的年长教授，是EViews的忠实粉丝，曾在我面前多次夸EViews好用。后来知道我身陷在整理EViews的讲义中不能自拔，碰面就刻意提醒我EViews不好，什么计算精度差，什么国际同行不认可，等等。[15]这些一派胡言诚然是出于好意，没有让我"迷途知返"，反而激发我捍卫EViews的热情。事实上，在讲义中我们将看到，默认设置下，EViews的计算结果比Matlab和Gauss的结果还要好一些，例如第734页报告的ARCD模型估计结果的比较。这些软件都采用同样的算法，软件只是外衣，怎么可能EViews就精度差呢？由于EViews的收敛准则采用比较保守的设置，精度通常要高一些，此外，算法部分是机器本地码执行的，速度远远快于解释执行的Matlab或者Gauss软件。[16]

整理讲义时偶有所得便欣喜若狂，回到现实时却十分无奈。年长者和上级们苦口婆心，"整理讲义不算工分，管它是不是废纸，发些PAPER才有利于你个人发展，看看比你晚三到五年毕业的，现在还没评上正教授的有哪个"，我就是顽固不化。"文章写不出来，书也搞不出来，估计是不行了"，平辈们也开始冷嘲热讽。只有来自底层学生的声音，才让我感到欣慰，"塔哥，看了您的讲义，我疑惑的那几个问题全部找到答案了"，"昨天我照着您的讲义，把程序写出来，分析结果交给主管了"，来自在校生和毕业生的反馈，让我确信整理讲义能帮助更多人，甚至影响一代人，这符合我的兴趣，怎么能放弃呢？特别是在业界工作的毕业生 (非本校的，通过我的学生接触到讲义稿件)，来电邮询问什么时候可以在市面上买到，这些都让我感到并不孤独，还是有人在期待这本讲义的。

就这样坚持着，自己掏钱买硒鼓坚持着，刮风下雨也坚持着。从公房搬进公家出租的周转房，再搬到私人出租的公房，再搬到私人出租的年租房 (盼望廉租房)，一路走来，一路坚持着。终于在中秋月圆之时，完成了书稿的主体部分。望着皎洁的明月，从2001年算，已经10年，从2004年算，也有7年。回想起在未名湖畔看冰雪封湖，在大沙河旁窥水漏见底，在芙蓉湖边望绿水荡漾，在秋中湖岸听水声潺潺，而今又回到到情人谷[17]中，却找寻不回那一份静谧。

---

[14]务必善待本讲义的索引！索引为书籍提供内容检索 (哪怕是可搜索的电子书)，光有目录是不行的。目录是骨架，而索引是灵魂，反映内容 (知识点) 的内在联系。一本书无论是否已经通读，进行主题查找时，首先翻阅的往往是索引。

[15] "EViews是个黑箱子，估计结果不可信，什么样的估计结果都可以炮制出来。"我认为这不能怪EViews。拿菜刀杀人，怪罪菜刀是不对的。哪个商业软件不是黑箱子，白箱子有人买吗？可信性方面，比较不同软件就知道了，不能信口雌黄。什么结果都可以炮制，是的，参见第317页，无论是1%显著水平还是5%，无论是想要单位根还是不想要，都能挖掘出来。这恰好证明EViews是把利剑，功能齐全，灵活支持众多选项。而真正需要谴责的，是用它来挖掘预定结果，按需报告结果的行为。

[16]当然请不要误解，我认为软件没有最好的，只有最适合的，需求是各种各样的，没有哪一个软件能通吃的，有一长必有一短。偏执于某一软件，排斥或者诋毁另一软件，都是缺乏平常心的表现，往往都是在惩罚自己，要么迂腐要么幼稚。

[17]不知何时，谷口立了块大石头，上有显眼三个字："思源谷"。

致　　谢

感谢北京大学深圳研究生院的院长基金，资助购买了 EViews 5.1 个人版软件。

感谢 EViews 的开发人员：Gareth Thomas，Gene Liang (2008 年离开 QMS)，Glenn Sueyoshi 和 Pamela Fuquay。通过电子邮件，他们为我提供了数据，回答了很多问题，检测了我写的不少 `prg` 代码，快速修复我在整理讲义过程中发现的 EViews 中的近百个错误 (bug)。EViews 论坛开通后，他们继续热情解答问题。特别感谢 Gareth Thomas 为我开通了 EViews 7 在虚拟机中的注册，Jason Wong 快速修复筒对象 (Spool object) 的缺陷，让我顺利完成 EViews 输出管理 (第 984 页 §D.2.1 小节) 的整理工作。

感谢如下教授们的帮助，使用电子邮件，William H. Greene 解答了我对他 *Econometric Analysis* 一书中的若干疑惑，Damodar N. Gujarati 讨论了对几个概念的理解，Fumio Hayashi 回复了关于单位根的检验，Roger Koenker 指出了分位数回归的单调性问题，James H. Stock 解释了 VAR 模型的方差分解方法，Jeffrey M. Wooldridge 辨析了无偏等概念。

感谢吴承业教授对我在华侨大学工作期间的关爱，感谢洪永淼教授领导的学术委员会给了我到厦门大学王亚南经济研究院的工作机会。感谢王美今教授的长期关心，感谢史树中教授赠送的 LaTeX 课本以及陆金海学兄赠送 SWP (Scientific WorkPlace) 的三本配套书籍。

在学习 LaTeX 的过程中，感谢 aloft (吴凌云) 等人维护的 CTeX 论坛，以及论坛上朋友们的热情帮助。尽管未曾谋面，他们是 haginile (盖鹤麟)、helene、jjgod (江疆)、mathlabpass (潘洪亮)、milksea、movier (吴凯)、Neals (陈之初)、mytex、reds、uiuc 和 zpxing (邢兆鹏) 等人。感谢 LaTeX 宏包的作者们和陈志杰的电子邮件回复，以及 ZLB (张林波) 开发的索引处理程序 `CCTmkind` 和 hooklee (李树钧) 等开发的书签文件转换程序 `gbk2uni`。

参与本讲义校对的学生中，感谢张海雷博士生从读硕士起到现在，逐讲认真校阅了整部讲义，并帮助提取了近六分之一的索引词条。感谢吴仁水博士生帮助提取了约四分之一的索引词条。感谢王芹和高伟生两位硕士对部分章节的反馈，以及那些愿意保持匿名的学生们。本讲义定稿之后的出版审核期间，对人大经济论坛和经济学家等论坛网友们的关注、建议以及 Email 通讯表示感激，感谢海内外的教授们，特别是王美今、龙小宁和施淑萍等对本讲义前言的批评和建议。

感谢北京大学出版社的张慧卉编辑，感谢她的坚持和不懈努力，使得本讲义得以立项。感谢经济与管理图书事业部主任林君秀和编辑朱启兵、谢超，他们为本书的出版付出了大量心血。

最后，感谢我的父母和兄弟姐妹，感谢我的妻子！

陈灯塔

2011 年于年租房

第 I 部分

EViews 编程

第 1 讲

EViews 基础

本讲是 EViews 的入门介绍,讨论 EViews 编程应用的基础概念

- 认识 EViews,强调 EViews 是可编程的,指出编程方式有若干好处。
- 通过实例演示 EViews,分段讲解和展示 EViews 的编程执行方式进行经济计量分析的完整过程:查看数据、模型估计及其检验、修改模型、预测和进一步检验等内容。
- 介绍工作文件和序列对象等基本概念,讨论工作文件的创建和数据交换,介绍序列对象的创建、初始化和命名规则,讲解定格和打印以及其他操作。
- 解释面向对象方法和 EViews 的核心概念——对象,对 EViews 对象进行归类,体会群对象蕴涵的数据加方法的思想,最后总结 EViews 的命令语法。

§1.1　认识 EViews

在应用经济计量分析中，尽管 EViews 只能运行在 Windows 操作系统的计算机系统上，但已经成为最受欢迎的经济计量软件之一。在高校、政府部门和科研机构，EViews 被广泛地应用于经济数据处理和金融数据分析以及预测和情景分析等方面。EViews 的前身是 1981 年发布的 MicroTSP，而 MicroTSP 是运行于大型主机的经济计量软件 TSP 的微机版本。

§1.1.1　EViews 窗口

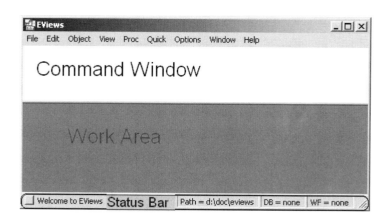

EViews 主窗口的标题栏和菜单与普通的 Windows 程序窗口相同，需要说明的功能区是命令窗口、状态栏和工作区。

命令窗口 (Command Window)：可以在命令窗口直接输入和编辑命令（仅限单行命令），并通过回车键提交给 EViews 执行。也可以修改已有的命令，将插入点移动到要修改的行，修改完后，不管插入点是否在行末，都可以使用回车键执行该行的命令。顺便提醒一下，EViews 命令不区分大小写，即命令 Exit 和 exit 是一样的，本讲义中 EViews 命令通常采用小写。

工作区 (Work Area)：EViews 创建的各种对象窗口将显示在该区域，对这些对象窗口的操作和普通的窗口相同。

状态栏 (Status Bar)：最左边有个小按钮，用来清除状态栏的信息。状态栏右侧的 Path = ...，DB = ... 和 WF = ... 分别显示 EViews 寻找数据和程序时的默认路径、EViews 的默认数据库和当前的工作文件，如 Path = D:\Doc\Eviews 表示默认的工作路径为 D:\Doc\EViews，DB = none 表示 EViews 当前没有默认数据库。[1] 默认的工作路径可以用命令 cd 设置，WF = ... 随着当前活动的 EViews 工作文件而改变，当没有打开工作文件时，状态栏显示 WF = none。

§1.1.2　EViews 是可编程的

用 EViews 进行经济计量分析，最大的优点是直观、可视化！她充分利用了 Windows 的直观方便性，使用者可以使用鼠标"指点江山，激扬文字"——点击菜单和对话框，得到表格或图形方式展示的结果。除了交互式的方法，EViews 还提供了命令方式和功能更强大的批处理语言，也就是说，EViews 有如下三种使用方法。

1) 交互方式

　　　通过选择菜单和填写对话框，即 GUI (Graphical User Interface) 交互方式。

2) 命令方式

---

[1]或者当前默认的数据库名字为 none，更详细的内容请参考 §A.7 节中的第 906 页。

在 EViews 的命令窗口输入和编辑命令，一般用于简单的查看或者调试，也称为命令交互方式 (Interactive command)。

3) 编程方式（批处理方式，自 EViews 6 开始大力加强这方面的功能）

编写 Eviwes 程序然后执行，完成复杂的计算和计量分析工作。批处理方式 (Batch processing) 执行将最大限度地发挥 EViews 的功能。

本讲义最大的贡献在于重点讨论 EViews 的编程应用。采用交互方式或者命令方式虽然直观，但不同版本的菜单和对话框可能改变很大，最大的缺点是研究过程的记录和重现极其不便。采用编程方式，有利于研究的积累和深入。编程有多个好处：

- 记录工作过程，方便错误查找，进行改进和优化，以及日后继续研究时进行调整和增强。
- 重现计算过程，方便自己和他人验证。
- 重复性的工作，可用程序轻松实现而且避免失误，例如以逐个文件的方式导入几千只股票数据。
- 计算结果的整理、美化和存储自动化，例如将几百个序列的单位根检验结果整理成一个表格并保存到外部文本文件中。
- 完成交互方式和命令方式无法完成的任务，只有编程方式才能利用程序变量、循环和分支等控制结构，实现数据的复杂变换或者 Monte Carlo 仿真等计算。
- 最大地享受经济计量分析的乐趣，例如多个情景的分析计算，每个情景耗时几个小时，编程方式无须守护。

§1.1.3 启动和退出

EViews 的启动和退出遵循 Windows 的基本操作，双击其图标即启动 EViews。EViews 的编程方式应用中，最直接的方式是在 Windows 的命令行 (Command Prompt) 窗口[2]里进行，例如

```
C:\EViews\EViews5.exe D:\Doc\prg\Demo.PRG
```

将启动 EViews 并执行程序代码文件 Demo.PRG，其中假设 EViews 安装在 C:\EViews 下。如下命令执行 EViews 的示例程序 joint.prg，作图对比单个和联合置信区域：

```
C:\EViews\EViews5 "C:\EViews\Example Files\graph\joint.prg"
```

若想进一步了解 EViews 的程序文件和运行，请参考 §2.3 节 (第 76 页)。

退出 EViews，有如下几种方法：

- 菜单选择 File/ Exit
- 按键组合 Alt+F4
- 点击右上角的关闭按钮
- 双击窗口左上角的图标
- 在 EViews 的命令窗口输入 exit 并回车

如果有未保存的工作，EViews 在退出之前，会提醒您是否保存。

---

[2]启动命令行窗口的方法为：在 Windows XP 或者 Windows 7 操作系统中，选择

Start/ All Programs/ Accessories/ Command Prompt

另外一种常用的方法是运行 Windows 的 cmd 命令：在 Windows XP 中选择 Start/ Run，然后输入 cmd 并回车打开命令行窗口。如果是 Windows 7 操作系统，则在 Start 菜单的搜索框中输入 cmd 并回车打开命令行窗口。

§1.1.4 获取帮助

尽管介绍 EViews 的书籍越来越多，但是 EViews 软件本身提供的文档和技术支持还是非常重要的。

一、EViews 手册

和软件配套的有两本手册，《用户指南》（*User's Guide*）介绍了交互式使用 EViews 的方法；《命令和编程参考》（*Command and Programming Reference*）则侧重于非交互式（命令和编程方式）方法，提供了命令和函数的必要信息。手册有电子版本，并且在 EViews 的网站上不定期更新。

二、EViews 帮助系统

通过 Help 菜单也可以得到帮助，该帮助系统使用标准的 Windows 帮助系统，也就是说可以查询，有超级链接等，几乎所有的 EViews 文献都可以从这里找到，并且包含了比印刷版本更新的信息。

三、Internet 方式

EViews 软件[3]的网址为

$$\text{http://www.eviews.com}$$

该网站上，最需要关注的是下载区发布的 EViews 程序和文档更新信息。

- EViews 还提供了电子邮件方式的技术支持，Email 地址为 SUPPORT@EVIEWS.COM
- 2008 年 9 月，EViews 用户论坛 (EViews User Forum) 正式开通，网址为

$$\text{http://forums.eviews.com}$$

该论坛迅速成为 EViews 用户的交流中心。
- EViews 7.1 发布后，提供了插件和程序库 (EViews Add-ins and Library Packages) 的发布和下载区。

此外，EViews 还开通了 Twitter 账户 @IHSEViews，网址为：

$$\text{http://www.twitter.com/IHSEViews}$$

---

[3]开发和维护者 Quantitative Micro Software 公司于 2011 年 5 月被 IHS 公司收购。

§1.2 实例体验

为了抢先体验编程方式的良多好处，尽情享受应用计量分析的乐趣，本节采用编程方式，实例演示经济计量应用研究的完整过程：查看了解数据、进行模型估计、修改模型设定、预测以及进一步的检验。而轻松地展现这一进程，记录这一征途的，是如下简短而强大的程序 demo.prg。

```
1   '2007-09-13 22:26
2   'cmd    c:\EViews\EViews5.exe d:\doc\prg\demo.prg
3
4   %wf = @evpath + "\Example Files\data\demo"
5   wfopen %wf
6   'examining the data
7   freeze(tbmSht) m1.sheet
8   freeze(tbmStats) m1.stats    'summary stats
9   graph ga.line m1
10  graph gb.line log(m1)
11  graph gfm.merge ga gb    'merge into one graph
12  delete g?
13  'kernal density and hist of log(m1)
14  group G log(m1) log(gdp) rs dlog(pr)
15  freeze(gk) G(1).kdensity     'V6 -> G(1).distplot kernel
16  freeze(gh) G(1).hist     'hist log(m1)
17  graph gfL.merge gk gh
18  delete g?
19  'groups
20  graph gfa.line G
21  graph gfg.line(m) G 'multiple graphs
22  freeze(tbGsi) G.stats(i)    'individual samples
23  freeze(tbGs) G.stats    'common sample
24  freeze(tbGc) G.cor(i)
25  'Regression
26  smpl 1952Q1 1992Q4
27  equation eq1.ls log(m1) c log(gdp) rs dlog(pr)
28  freeze(tbEq1) eq1.output    'estimation results
29  freeze(gfEq1r) eq1.resids    'resids in graph
30  freeze(tbEq1r) eq1.resids(t)    'in table
31  'specification, test
32  freeze(txEq1) eq1.representations    'specification
33  freeze(tbEq1w) eq1.wald c(4)=2 'wald test
34  freeze(tbEq1a) eq1.auto(1)    'Serial Correlation LM Test
35  'Lags vs AR
36  equation eq2.ls log(m1) c log(gdp) rs dlog(pr) _
37      log(m1(-1)) log(gdp(-1)) rs(-1) dlog(pr(-1))    'one lag
38  freeze(tbEq2) eq2.output
39  equation eq3.ls log(m1) c log(gdp) rs dlog(pr) ar(1)
40  freeze(tbEq3) eq3.output
41  'forecast
42  smpl 1993 1996
43  freeze(gfEq2f) eq2.forecast(g,e) m1_f    'forecast M1
44  freeze(gfEq2d) eq2.forecast(g,e,d) m1_f m1_se    'forecast log(m1)
45  'temporary group
46  group G0 m1_f+2*m1_se m1_f-2*m1_se log(m1)    '95% interval
47  freeze(ga) G0.line
48  freeze(gb) G0.errbar
49  graph gfmf.merge ga gb
50  delete G0 m1_f m1_se g? 'delete temporary objects
51  'additional testing
52  freeze(tbEq2a) eq2.auto(1)    'Serial Correlation LM Test
53  freeze(tbEq2ah) eq2.archtest(1) 'ARCH LM Test
54  'ADF unit root test
55  smpl @all
56  freeze(tbmu) G(1).uroot 'ADF, constant only
57  freeze(tbmut) G(1).uroot(trend) 'ADF {1,t}
```

```
58  'finish computing, beautify the results
59  tbGsi.settextcolor(20) blue 'highlight # of obs
60  table(19,5) tbEq1
61  tbEq1.settextcolor(4) blue   'sample
62  table(36,5) tbEq1r
63  table(28,5) tbEq1a
64  tbEq1a.settextcolor(4) blue 'BG LM test
65  table(23,5) tbEq2
66  tbEq2.settextcolor(4) blue
67  tbEq2.settextcolor(20,3,21,5) blue  'AIC & SIC
68  table(23,5) tbEq3
69  table(4,5) tbEq2a
70  table(24,5) tbEq2ah
71  tbEq2ah.settextcolor(4) blue       'ARCH test
72  table(36,5) tbmu
73  table(12,5) tbmut
74  tbmut.settextcolor(2) blue   'DGP setting
75  gfm.align(2,1,1)
76  gfL.align(2,1,1)
77  gfL.setelem(1) fcolor(yellow)     'fill yellow
78  gfg.align(2,1,1)
79  gfEq2d.legend -display  'remove legned
80  gfmf.align(2,1,1)
81  gfmf.legend -inbox position(0.3,0.2) columns(1) 'modify legend
```

本例子是用户手册第二章的程序增强版本。建议采用 Windows 命令行方式运行

```
c:\EViews\EViews5.exe D:\Doc\prg\Demo.PRG
```

将得到

我们看到，工作文件里面已经包含了方程估计的结果（如滞后回归方程估计结果 tbeq2）、统计和检验结果输出的图形（如核估计和直方图 gfl）和表格（如单位根检验结果 tbmu）等，这里我们已经初步感受到编程方式的威力。

程序开始的第 4 行，用字符串变量指定工作文件为 EViews 例子目录下的 demo.wf1，简单起见，这里直接打开工作文件，事实上，编程方式能够比交互方式更方便地导入外部数据（请参考第 26 页 §1.3.5 节）。从 58 行开始，是美化输出结果部分，如裁剪表格、多图的对齐、图例设置和线型设置等。美化完成以后，还可以加入结果的打印或者自动存储的代码等。

程序的主体部分进行计量分析，下面我们将采用交互命令（多行命令采用程序窗口执行程序片段）的方式，分段进行讲解。首先，由于 EViews 的所有计量分析工作都基于工作文件，我们需要先打开工作文件（假设 EViews 安装在 C 盘的 EViews 目录下）

```
wfopen "C:\EViews\Example Files\data\demo"
```
由于是采用命令窗口输入命令的方法,不能使用字符串变量等程序变量,只能使用字符串常量。我们将看到打开工作文件后的情形为

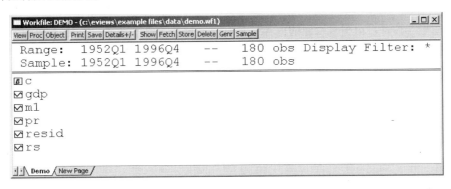

工作文件里的内容很少,其中 c 是 EViews 预定义的系数对象,用来保存系数估计,而序列对象 resid 也是预定义的,用以保存方程的残差估计。其他序列对象代表的变量分别为:gdp 是国内生产总值,m1 是货币供给,pr 是物价指数,rs 是短期利率。

↻ **小提示** ↻:对于多行的命令,建议不要在命令窗口进行操作(不支持程序变量,而且每次只执行单行命令),而是采用程序代码执行方式,用程序窗口来执行代码。例如,选择菜单 File/ New/ Program,打开 EViews 程序编辑窗口,然后复制如下代码

```
%wf = @evpath + "\Example Files\data\demo"
wfopen %wf
```

点击左上角的 Run 按钮,弹出 Run Program 对话框,再单击 OK 按钮执行程序。

§1.2.1 数据查看

可以直接查看序列的观测数据,例如

```
m1.sheet
```

得到序列 m1 的数据表(sheet)视图。进一步地,我们查看 m1 的统计信息,命令为

```
m1.stats
```

结果为

```
Date: 09/16/07   Time: 14:45
Sample: 1952Q1 1996Q4

                         M1

Mean               445.0064
Median             298.3990
Maximum            1219.420
Minimum            126.5370
Std. Dev.          344.8315
Skewness           0.997776
Kurtosis           2.687096

Jarque-Bera        30.60101
Probability        0.000000

Sum                80101.16
Sum Sq. Dev.       21284672

Observations            180
```

报告了前四阶矩、最大最小值、中位数、观测数目和正态分布检验等统计概要。用图形方式查看比数据表更直观

```
m1.line      'graph ga.line m1
line log(m1)
```

分别得到如下图形（注意，单引号后面的内容表示注释，只是给自己看的，EViews 遇到单引号，就把单引号直到该行结束的内容丢弃）

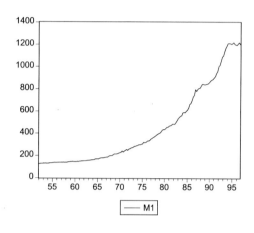
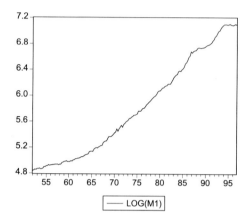

还可以查看序列 m1 的密度函数核估计和直方图，通过如下命令 (请复制到程序编辑窗口并执行)

```
group G log(m1)          'group member as auto-series
freeze(gk) G(1).kdensity   'kernal density of log(m1)
freeze(gh) G(1).hist       'hist log(m1)
gh.setelem(1) fcolor(yellow)   'set fill color
graph gfL.merge gk gh
gfL.align(2,1,1)
```

命令 hist 绘制直方图 (注意将直方图的填充色改为黄色了) 并报告了统计概要，得到如下图形

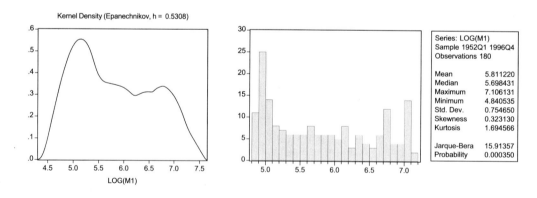

有必要指出的是，时间序列 m1 的观测极其可能不满足同分布的要求，从而图中的密度函数核估计和直方图是没有意义的。

我们进一步建立如下群对象，方便考察多个序列的相互关系

```
group G log(m1) log(gdp) rs dlog(pr)   'delete G first if by cmd
G.line
```

注意这里对群 G 重新定义，得到所有成员序列的数据图形

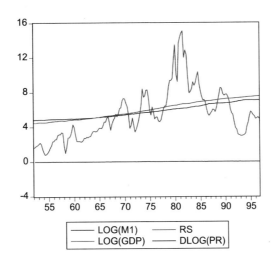

为了看清楚 dlog(pr)，可以用子图分开各个序列，命令为

    G.line(m)

命令中使用了选项 m，得到分开作图的图形如下

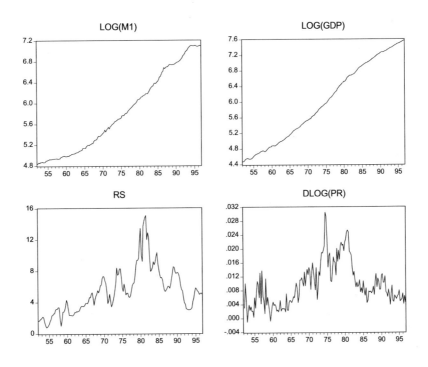

每个成员序列一个子图，序列在各自的取值范围内作图，达到最清晰的展现，此时价格对数差分 dlog(pr) 就没有被"压迫"成直线了。

同样地，同时查看每个成员序列的统计描述也很方便

    G.stats(i)

得到每个成员序列各自的统计概要如下

```
Date: 09/16/07   Time: 14:45
Sample: 1952Q1 1996Q4
```

	LOG(M1)	LOG(GDP)	RS	DLOG(PR)
Mean	5.811220	5.991505	5.412928	0.009645
Median	5.698431	5.925009	5.057500	0.008295
Maximum	7.106131	7.574674	15.08733	0.030557
Minimum	4.840535	4.475915	0.814333	-0.000965
Std. Dev.	0.754650	1.002533	2.908939	0.006206
Skewness	0.323130	0.062361	0.986782	0.909753
Kurtosis	1.694566	1.562971	4.049883	3.466402
Jarque-Bera	15.91357	15.60457	37.47907	26.31399
Probability	0.000350	0.000409	0.000000	0.000002
Sum	1046.020	1078.471	974.3270	1.726530
Sum Sq. Dev.	101.9398	179.9079	1514.685	0.006855
Observations	180	180	180	179

如果命令 stats 不使用选项 i，则查看共同样本（即所有成员序列的同期观测值都非缺失值的共同观测样本）的统计概要

```
G.stats
```

得到各成员序列用 179 个共同样本计算的统计概要如下

```
Date: 09/16/07   Time: 14:45
Sample: 1952Q1 1996Q4
```

	LOG(M1)	LOG(GDP)	RS	DLOG(PR)
Mean	5.816642	5.999972	5.434006	0.009645
Median	5.699232	5.934828	5.064667	0.008295
Maximum	7.106131	7.574674	15.08733	0.030557
Minimum	4.848163	4.478756	0.814333	-0.000965
Std. Dev.	0.753241	0.998870	2.903282	0.006206
Skewness	0.317174	0.057583	0.988676	0.909753
Kurtosis	1.691867	1.562646	4.059376	3.466402
Jarque-Bera	15.76400	15.50774	37.53180	26.31399
Probability	0.000377	0.000429	0.000000	0.000002
Sum	1041.179	1073.995	972.6870	1.726530
Sum Sq. Dev.	100.9923	177.5980	1500.370	0.006855
Observations	179	179	179	179

还可以查看各成员序列间的相关系数

```
G.cor(i)
```

得到相关系数表

Pairwise Correlation Matrix

	LOG(M1)	LOG(GDP)	RS	DLOG(PR)
LOG(M1)	1.000000	0.992115	0.474889	0.191597
LOG(GDP)	0.992115	1.000000	0.559808	0.267920
RS	0.474889	0.559808	1.000000	0.681349
DLOG(PR)	0.191597	0.267920	0.681349	1.000000

通过以上图形和表格方式查看数据及其统计信息，我们对各变量的了解更具体而形象了。

§1.2.2　回归模型估计

用 1952Q1–1992Q4 区间的样本，我们估计如下模型

$$\log(\mathrm{M1}_t) = b_1 + b_2 \log(\mathrm{GDP}_t) + b_3 \mathrm{RS}_t + b_4 \Delta \log(\mathrm{PR}_t) + e_t$$

其中 $\log(\mathrm{M1})$ 是货币供给的对数，$\log(\mathrm{GDP})$ 是国内生产总值的对数，RS 是短期利率，$\Delta \log(\mathrm{PR})$ 是物价指数对数的一阶差分。估计模型的命令为

```
smpl 1952Q1 1992Q4
equation eq1.ls log(m1) c log(gdp) rs dlog(pr)
```

其中 smpl 语句设定估计样本的观测区间，而 equation 语句创建方程对象 eq1 并进行最小二乘估计，其中的 c 代表回归方程的常数项，得到模型估计结果如下：

```
Dependent Variable: LOG(M1)
Method: Least Squares
Date: 09/16/07   Time: 14:45
Sample (adjusted): 1952Q2 1992Q4
Included observations: 163 after adjustments

     Variable       Coefficien   Std. Error   t-Statistic    Prob.

        C            1.312383     0.032199     40.75850     0.0000
     LOG(GDP)        0.772035     0.006537    118.1092      0.0000
        RS          -0.020686     0.002516     -8.221196    0.0000
     DLOG(PR)       -2.572204     0.942556     -2.728967    0.0071

R-squared            0.993274    Mean dependent var     5.692279
Adjusted R-squared   0.993147    S.D. dependent var     0.670253
S.E. of regression   0.055485    Akaike info criterion -2.921176
Sum squared resid    0.489494    Schwarz criterion     -2.845256
Log likelihood     242.0759      F-statistic            7826.904
Durbin-Watson stat   0.140967    Prob(F-statistic)      0.000000
```

由于解释变量有差分项，EViews 将自动调整估计样本区间。我们知道，OLS 方法对残差有较高的要求，查看模型的残差估计是必需的

```
freeze(gfEq1r) eq1.resids
```

产生如下图形

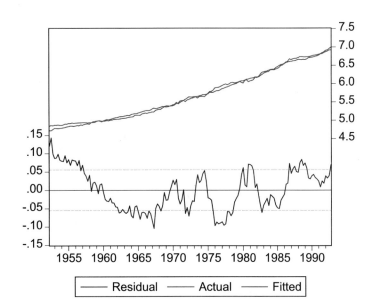

其中两条虚线表示残差的正负一倍标准差[4]，残差图表明，残差不是很随机，可能存在自相关。也许用表格方式查看更具体，命令为

```
eq1.resids(t)
```

即有

```
obs       Actual    Fitted    Residual    Residual Plot
1952Q2    4.84816   4.72755    0.12061
1952Q3    4.86279   4.71937    0.14343
1952Q4    4.85602   4.75720    0.09882
1953Q1    4.87204   4.78521    0.08683
1953Q2    4.87015   4.78201    0.08814
1953Q3    4.87816   4.77967    0.09849
1953Q4    4.86670   4.78447    0.08223
1954Q1    4.86886   4.78938    0.07948
1954Q2    4.87813   4.79940    0.07873
1954Q3    4.90251   4.80812    0.09439
1954Q4    4.89972   4.82463    0.07509
1955Q1    4.91569   4.83190    0.08379
1955Q2    4.91611   4.84805    0.06806
1955Q3    4.92998   4.84728    0.08270
1955Q4    4.92176   4.84095    0.08081
1956Q1    4.92764   4.84774    0.07990
1956Q2    4.92997   4.86276    0.06721
1956Q3    4.93442   4.85305    0.08138
1956Q4    4.93510   4.88173    0.05337
1957Q1    4.93836   4.86992    0.06843
1957Q2    4.93824   4.89199    0.04625
1957Q3    4.94113   4.90270    0.03843
1957Q4    4.93028   4.90562    0.02466
1958Q1    4.93902   4.89781    0.04121
1958Q2    4.93918   4.94194   -0.00276
1958Q3    4.96404   4.94444    0.01960
1958Q4    4.97059   4.94820    0.02239
1959Q1    4.98265   4.97094    0.01171
1959Q2    4.98457   4.99362   -0.00906
1959Q3    4.99312   4.97789    0.01523
1959Q4    4.98006   4.96242    0.01764
1960Q1    4.98154   4.98726   -0.00571
1960Q2    4.98086   5.00568   -0.02482
1960Q3    4.99400   5.02347   -0.02947
```

EViews 还提供了回归结果的文本表示

```
eq1.representations
```

产生如下内容

```
Estimation Command:
=====================
LS LOG(M1) C LOG(GDP) RS DLOG(PR)
Estimation Equation:
=====================
LOG(M1) = C(1) + C(2)*LOG(GDP) + C(3)*RS + C(4)*DLOG(PR)
Substituted Coefficients:
=====================
LOG(M1) = 1.312383474 + 0.7720348992*LOG(GDP) - 0.02068603432*RS - 2.572203714*DLOG(PR)
```

此外，还有假设检验，比如 Wald 检验，检验 $b_4 = 2$ 是否成立，命令为

```
eq1.wald c(4)=2
```

检验结果为

---

[4]请用 gfeq1r.draw(dashline, left, color(red)) eq1.@se 验证。

```
Wald Test:
Equation: EQ1

Test Statistic        Value        df         Probability

F-statistic          23.53081     (1, 159)    0.0000
Chi-square           23.53081      1          0.0000


Null Hypothesis Summary:

Normalized Restriction (= 0)        Value       Std. Err.

-2 + C(4)                          -4.572204    0.942556


Restrictions are linear in coefficients.
```

零假设 $b_4 = 2$ 被强烈地拒绝了，但下结论还需要更加谨慎的考虑，因为 Durbin-Watson 统计量太小了（这里只有参考意义，请参考第 228 页 §5.1.2 小节中 DW 统计量的讨论），表明残差可能存在正的线性相关！残差的序列相关如果没有修正，将影响系数统计推断的正确性。下面我们进行序列相关检验，具体命令如下

```
eq1.auto(1)
```

得到 Breusch-Godfrey LM 检验的结果为

```
Breusch-Godfrey Serial Correlation LM Test:

F-statistic              813.0060     Prob. F(1,158)        0.000000
Obs*R-squared            136.4770     Prob. Chi-Square(1)   0.000000


Test Equation:
Dependent Variable: RESID
Method: Least Squares
Date: 09/16/07   Time: 14:45
Sample: 1952Q2 1992Q4
Included observations: 163
Presample missing value lagged residuals set to zero.

Variable         Coefficien    Std. Error    t-Statistic    Prob.

C               -0.006355      0.013031     -0.487683      0.6265
LOG(GDP)         0.000997      0.002645      0.376929      0.7067
RS              -0.000567      0.001018     -0.556748      0.5785
DLOG(PR)         0.404143      0.381676      1.058864      0.2913
RESID(-1)        0.920306      0.032276     28.51326       0.0000

R-squared              0.837282    Mean dependent var      5.13E-16
Adjusted R-squared     0.833163    S.D. dependent var      0.054969
S.E. of regression     0.022452    Akaike info criterion  -4.724644
Sum squared resid      0.079649    Schwarz criterion      -4.629744
Log likelihood       390.0585      F-statistic            203.2515
Durbin-Watson stat     1.770965    Prob(F-statistic)       0.000000
```

其中 Obs*R-squared 是 Breusch-Godfrey LM 统计量，零假设是无序列相关，被强烈拒绝，表明存在序列相关，下面尝试解决自相关问题。

§1.2.3　修改模型

首先我们考虑到增加滞后一期的解释变量

$$\log(\mathrm{M1}_t) = b_1 + b_2\log(\mathrm{GDP}_t) + b_3\mathrm{RS}_t + b_4\Delta\log(\mathrm{PR}_t) + b_5\log(\mathrm{M1}_{t-1})$$
$$+ b_6\log(\mathrm{GDP}_{t-1}) + b_7\mathrm{RS}_{t-1} + b_8\Delta\log(\mathrm{PR}_{t-1}) + e_t$$

使用的命令为

```
equation eq2.ls log(m1) c log(gdp) rs dlog(pr) log(m1(-1)) _
    log(gdp(-1)) rs(-1) dlog(pr(-1))
```

EViews 程序中，紧接在空格后的下划线出现在行末表示续行，所以在命令窗口输入第一行并回车后，EViews 将等待续行部分的输入，只有输入第二行并回车后[5]，EViews 才进行最小二乘估计。模型的估计结果为

```
Dependent Variable: LOG(M1)
Method: Least Squares
Date: 09/16/07   Time: 14:45
Sample (adjusted): 1952Q3 1992Q4
Included observations: 162 after adjustments
```

Variable	Coefficien	Std. Error	t-Statistic	Prob.
C	0.071297	0.028248	2.523949	0.0126
LOG(GDP)	0.320338	0.118186	2.710453	0.0075
RS	-0.005222	0.001469	-3.554801	0.0005
DLOG(PR)	0.038615	0.341619	0.113036	0.9101
LOG(M1(-1))	0.926640	0.020319	45.60375	0.0000
LOG(GDP(-1))	-0.257364	0.123264	-2.087910	0.0385
RS(-1)	0.002604	0.001574	1.654429	0.1001
DLOG(PR(-1))	-0.071650	0.347403	-0.206246	0.8369

R-squared	0.999604	Mean dependent var	5.697490
Adjusted R-squared	0.999586	S.D. dependent var	0.669011
S.E. of regression	0.013611	Akaike info criterion	-5.707729
Sum squared resid	0.028531	Schwarz criterion	-5.555255
Log likelihood	470.3261	F-statistic	55543.30
Durbin-Watson stat	2.393764	Prob(F-statistic)	0.000000

同样地，EViews 自动调整估计样本集。通常解决序列相关的方法是考虑自回归和（或）移动平均项，我们考虑如下的一阶自回归

$$\log(\mathrm{M1}_t) = b_1 + b_2\log(\mathrm{GDP}_t) + b_3\mathrm{RS}_t + b_4\Delta\log(\mathrm{PR}_t) + u_t$$
$$u_t = au_{t-1} + e_t$$

模型估计的命令为（注意其中的关键字 ar(1) 表示一阶自回归项）

```
equation eq3.ls log(m1) c log(gdp) rs dlog(pr) ar(1)
```

结果为

---

[5]可以去掉第一行最后的下划线，将上面的两行并为一行，一次回车即可。该情况下，建议采用程序窗口来执行代码。

```
Dependent Variable: LOG(M1)
Method: Least Squares
Date: 09/16/07   Time: 14:45
Sample (adjusted): 1952Q3 1992Q4
Included observations: 162 after adjustments
Convergence achieved after 17 iterations

    Variable       Coefficien    Std. Error    t-Statistic    Prob.

       C            1.050283      0.328313      3.199031      0.0017
    LOG(GDP)        0.794937      0.049332     16.11418       0.0000
       RS          -0.007395      0.001457     -5.075131      0.0000
    DLOG(PR)       -0.008018      0.348689     -0.022996      0.9817
    AR(1)           0.968109      0.018189     53.22351       0.0000

R-squared            0.999526    Mean dependent var     5.697490
Adjusted R-squared   0.999514    S.D. dependent var     0.669011
S.E. of regression   0.014751    Akaike info criterion -5.564584
Sum squared resid    0.034164    Schwarz criterion     -5.469288
Log likelihood     455.7313      F-statistic          82748.93
Durbin-Watson stat   2.164286    Prob(F-statistic)      0.000000

Inverted AR Roots        .97
```

滞后模型和自回归模型的拟合效果大致相当,而信息准则表明,滞后模型略好,因为滞后模型的 AIC 值和 SC 值都比较小(这些模型选择准则取值越小越好)。

§1.2.4 预测

下面我们用 1993Q1–1996Q4 区间来演示预测,设定预测样本区间的命令为

```
smpl 1993 1996
```

如果要预测原始货币供给 M1 的时间序列,命令为

```
freeze(gfEq2f) eq2.forecast(g,e) m1_f m1_se
```

下面讨论 log(M1) 的预测,命令为

```
freeze(gfEq2d) eq2.forecast(g,e,d) m1_f m1_se
```

得到如下标出两倍预测标准差的预测图形和预测评估表

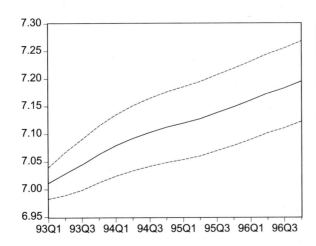

我们查看一下 log(M1) 的实际值是否落在正负两倍标准差的预测区间内,命令如下

```
group G0 m1_f+2*m1_se m1_f-2*m1_se log(m1)     '95% interval
freeze(ga) G0.line
freeze(gb) G0.errbar
```

```
graph gfmf.merge ga gb
delete G0 m1_f m1_se g?    'delete temporary objects
gfmf.align(2,1,1)
gfmf.legend -inbox position(0.3,0.2) columns(1)    'modify legend
```

得到如下图形,显然后期的预测区间没有能够包含实际值。

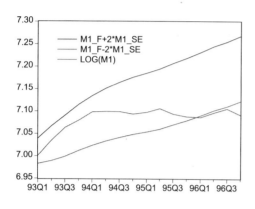
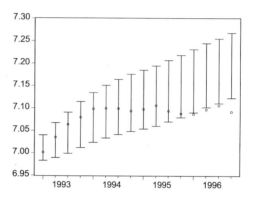

§1.2.5 进一步的检验

对滞后模型进行各种设定检验,发现滞后模型仍然存在问题。先看一下序列相关检验

```
eq2.auto(1)    'Serial Correlation LM Test
```

结果如下(只给出检验结果部分)

```
Breusch-Godfrey Serial Correlation LM Test:

F-statistic              7.880369    Prob. F(1,153)          0.005648
Obs*R-squared            7.935212    Prob. Chi-Square(1)     0.004848
```

拒绝了无序列相关的假设,因此仍然需要克服序列相关的问题。此外,残差图强烈表明残差存在ARCH效应,我们不妨检验一下

```
eq2.archtest(1)    'ARCH LM Test
```

检验结果为

```
ARCH Test:

F-statistic             11.21965    Prob. F(1,159)          0.001011
Obs*R-squared           10.61196    Prob. Chi-Square(1)     0.001124


Test Equation:
Dependent Variable: RESID^2
Method: Least Squares
Date: 09/16/07   Time: 14:45
Sample (adjusted): 1952Q4 1992Q4
Included observations: 161 after adjustments

       Variable         Coefficien    Std. Error    t-Statistic    Prob.

              C          0.000130     3.08E-05       4.226158      0.0000
       RESID^2(-1)       0.256679     0.076630       3.349574      0.0010

R-squared                0.065913    Mean dependent var       0.000176
Adjusted R-squared       0.060038    S.D. dependent var       0.000363
S.E. of regression       0.000352    Akaike info criterion   -13.05391
Sum squared resid        1.97E-05    Schwarz criterion       -13.01563
Log likelihood           1052.840    F-statistic              11.21965
Durbin-Watson stat       1.963368    Prob(F-statistic)        0.001011
```

零假设为不存在条件异方差，显然被拒绝了。关于滞后回归模型，除了序列相关和 ARCH 效应的问题以外，更为头疼的问题是 log(M1) 可能是非平稳的，因为它显示了极强的上升趋势。我们不妨进行单位根检验来看个究竟

```
'run in program window
smpl @all
show G(1).uroot    'ADF, constant only.  G(1)=log(m1)
```

其中 smpl @all 设置当前样本集为全部观测，单位根检验时，将使用所有的观测作为样本，检验报告的第一部分为 ADF 单位根检验的结果，第二部分为 ADF 检验的辅助回归方程

Augmented Dickey-Fuller Unit Root Test on LOG(M1)

Null Hypothesis: LOG(M1) has a unit root
Exogenous: Constant
Lag Length: 4 (Automatic based on SIC, MAXLAG=13)

		t-Statistic	Prob.*
Augmented Dickey-Fuller test statistic		0.665471	0.9911
Test critical values:	1% level	-3.467851	
	5% level	-2.877919	
	10% level	-2.575581	

*MacKinnon (1996) one-sided p-values.

Augmented Dickey-Fuller Test Equation
Dependent Variable: D(LOG(M1))
Method: Least Squares
Date: 09/16/07   Time: 14:45
Sample (adjusted): 1953Q2 1996Q4
Included observations: 175 after adjustments

Variable	Coefficien	Std. Error	t-Statistic	Prob.
LOG(M1(-1))	0.001059	0.001592	0.665471	0.5067
D(LOG(M1(-1)))	-0.089689	0.074565	-1.202823	0.2307
D(LOG(M1(-2)))	0.147853	0.074322	1.989359	0.0483
D(LOG(M1(-3)))	0.125441	0.074538	1.682910	0.0942
D(LOG(M1(-4)))	0.295679	0.074880	3.948692	0.0001
C	0.000378	0.008828	0.042794	0.9659

R-squared	0.151286	Mean dependent var	0.012685
Adjusted R-squared	0.126176	S.D. dependent var	0.015505
S.E. of regression	0.014494	Akaike info criterion	-5.596441
Sum squared resid	0.035504	Schwarz criterion	-5.487934
Log likelihood	495.6886	F-statistic	6.024954
Durbin-Watson stat	2.020760	Prob(F-statistic)	0.000037

零假设为存在单位根，检验结果没有拒绝单位根假设。尽管单位根检验的理论比较复杂，然而我们高兴地看到，EViews 中进行单位根检验是比较简单的 (检验单位根有好几种方法，具体参考第 7 讲的讨论)。下面是带有时间趋势的单位根检验

```
'run in program window
show G(1).uroot(trend)    'ADF {1,t}
```

检验结果为

```
                    Augmented Dickey-Fuller Unit Root Test on LOG(M1)

Null Hypothesis: LOG(M1) has a unit root
Exogenous: Constant, Linear Trend
Lag Length: 4 (Automatic based on SIC, MAXLAG=13)

                                                 t-Statistic     Prob.*

Augmented Dickey-Fuller test statistic           -2.727067       0.2271
Test critical values:    1% level                -4.011352
                         5% level                -3.435708
                        10% level                -3.141907

*MacKinnon (1996) one-sided p-values.
```

很糟糕，确实不能拒绝存在单位根的假设[6]，表明数据非平稳，而传统的统计推断方法都需要时间序列的平稳性假设，因此前面模型估计和预测的结果可能是错误的，我们这里只是操作演示而已。同时我们看到，经济计量分析中设定检验的重要性，以及初步感受到了应用经济计量分析是经济计量理论和方法与经济计量软件的完美结合。

§1.2.6 结束语

本节演示应用经济计量分析的具体过程：先介绍了编程方式，然后使用命令方式，分段讲解编程执行方式下经济计量分析的各个步骤：查看数据、模型估计及其检验、修改模型、预测和进一步检验等内容。通过演示，体验了使用 EViews 进行经济计量分析的完整过程，体会了 EViews 进行经济计量分析的简单、直观和灵活等特性，同时感受了编程方式的威力。如果使用 EViews 7，建议执行 §D.2.1 小节 (第 984 页) 中给出的使用筒 (Spool) 对象进行输出管理的 prg 程序，完成相同的演示内容，进一步体验 EViews 的亲切。

本演示中由于数据是非平稳的[7]，需要进行进一步处理，具体的处理方法我们将在后续相关的章节中进行探讨。否则放进去的是垃圾，拿出来的也是垃圾 (GIGO, Garbage In, Garbage Out)！关于实例的演示，到此告一段落，本讲义余下部分除非特别说明，都采用编写 EViews 程序的批处理执行方式。

最后我们想强调的是 EViews 交互命令和程序代码执行的区别：

- 在 EViews 的命令窗口输入命令的交互命令方式，不能使用程序变量。
- 交互命令方式只能执行单行命令，通过回车键提交执行；而程序代码执行方式可以执行多行代码。
- 交互命令方式打开对话框，程序代码执行方式得到最终结果，例如交互命令 rs.uroot，EViews 将弹出单位根检验的对话框，而程序代码执行方式直接得到检验的结果。

---

[6]进一步的讨论，请参考 §7.3.4 节 (第 321 页)。

[7]事实上，经济计量分析时，时间序列数据往往需要先检验数据的平稳性——通常采用单位根检验。然而，由于单位根检验涉及比较深奥的知识，为了更好地理解，我们将单位根检验推迟到第 7 讲 (第 293 页) 讨论。

§1.3 工作文件

经济计量分析的日常工作往往是复杂而且费时费力的。然而我们发现，用 EViews 进行经济计量分析，不用分心于工作的杂务中，而可以专心于计量分析，在 EViews 下处理数据，既直观又方便，我们轻松地在经济计量分析蜿蜒曲折的路途上愉快地跳跃！由于工作文件是 EViews 进行数据分析的基础，我们就从工作文件始发站启程吧！

§1.3.1 基本概念

打个比方说，**工作文件**（Workfile）像一个筐，EViews 处理和产生的各种东西（称为对象，如方程对象和图形对象）都可以往里面装。简单地说，工作文件是 EViews 各种对象的容器，是 EViews 各种对象的家，每次和 EViews 打交道，我们都需要这个"家"，所以每次使用 EViews，我们需要先新建一个工作文件或者打开已有的工作文件。

每个工作文件至少包含一个**工作页**（Workfile page），工作文件可以有多个工作页，以前版本的 EViews 都是单页的工作文件。就如同子目录也是目录一样，工作页是子工作文件，其实工作页和一个只包含单个工作页的工作文件没有什么本质的区别。讨论多工作页将推迟到 §2.5 节 (第 93 页)，由于单页工作文件是更复杂工作文件的基础，并且是我们最常使用的工作文件，因此我们从单页工作文件开始。

工作文件的主要用处是存取数据集，**数据集**（Dataset）是一个或者多个变量的一组观测值，比如利率、物价指数等从某一时间开始（如 1980 年）到现在的年度记录。对于数据集，很重要的一点是每个观测都有唯一的标识（Identifier，简单记为 ID），比如年度物价指数用年份来标记每一个观察值。观测数据的标识经常也放在数据集里，如果没有含在数据集里，一般可以从其他方式知道，或者使用整数标识符，比如用 1，2，3，4，⋯ 只要知道了标识符，在工作文件里面，就可以方便地处理观测值的滞后和超前等关系。

工作文件是设计用来放置和管理各种 EViews 对象的。数据集并不直接放置在工作文件中，而是存放在数据对象里面，如序列对象和群对象等对象中的。以数据为中心，各种 EViews 对象提供了数据的组织和分析方法，如方程对象用来对数据集进行建模、估计和预测，图形和表格对象分别保存分析结果的图形和表格输出等。

§1.3.2 打开和关闭

在前面第 1.2 节里第 9 页演示的时候我们已经看到如何打开工作文件了。

一、打开工作文件

打开工作文件的一般语法为

```
wfopen workfile_name
```

需要说明的是：

1) 只给出文件名（可以不包含后缀），表示打开当前路径（即缺省路径，显示在状态栏的 path = 下）下的工作文件，例如

```
wfopen tmpWork
```

表示打开缺省目录下面的 tmpWork.wf1 工作文件。

2) 如果要打开的工作文件不在缺省目录下面，请使用完整的路径和文件名，例如

```
wfopen d:\data\tmpWork
wfopen d:\data\tmpWork.wf1
```

都是打开 d:\data\tmpWork.wf1 工作文件，这里我们看到，文件名可以不带后缀名 wf1。

3) 如果工作文件的文件名有空格或者所在的路径含有空格，则必须使用双引号，例如

```
wfopen "E:\Temp\Example Files\data\test"
```

4) EViews 的以前版本打开工作文件时，采用的 load 命令，只是为了兼容而保留，建议勿用。

5) 用 open 命令也可以打开工作文件，但该功能也只是为了兼容旧版本而保留，不再维护了，open 命令仅用来打开文本文件和 EViews 的程序文件。

6) 打开旧版本的工作文件时，一些对象将被修改为新版本。

同时打开多个工作文件时，可以用 wfselect 来设定当前工作文件

```
wfselect tmpWork
```

将工作文件 tmpWork 设置为活动工作文件，此后程序代码的操作将在该工作文件中进行。

二、关闭工作文件

命令 close 可以用来关闭工作文件，例如

```
close tmpWork
```

将关闭工作文件 tmpWork。如果是在命令窗口输入，且工作文件已被修改，EViews 会弹出对话框，提示是否保存工作文件。

值得注意的是，如果程序中打开了多个同名工作文件（来自不同目录），wfselect 选择的是第一个打开的工作文件，close 关闭的顺序也是按打开时的顺序。

§1.3.3 建立

建立工作文件，有多种方法。首先介绍直接定义工作文件结构，然后再输入数据的方法，比如

```
wfcreate(wf=macro) a 1949 2005
```

建立一个工作文件 macro，保存 1949 年到 2005 年的年度数据，其中 wfcreate 是建立工作文件的命令，工作文件名取为 macro（选项 wf=macro），紧接着的 a 表示观测为年度数据，最后是开始和结束年度，限定了工作文件的观测范围（workfile range）。

值得注意的是，新建的工作文件（工作页）并不是空白的，建立工作文件同时建立了序列对象 resid 和系数对象 c，这两个对象分别用来保存方程估计的残差和系数。

一、工作文件名

工作文件 macro 也可以使用如下方式来建立

```
wfcreate macro a 1949 2005
```

对于时间序列数据，建立工作文件的常用语法格式为

```
wfcreate wf_name frequency start_date end_date
```

表 1.1　工作文件的频率类型

选项	说明	选项	说明
a	年度	w	周
s	半年度	d, 5	日（每周 5 天）
q	季度	7	日（每周 7 天）
m	月份	u	无结构

我们这里用"␣"来强调各部分之间需要空格来分隔。请注意：

1) 建立工作文件时，以前的版本曾经使用的 `create` 命令和 `workfile` 命令已经不再维护了，请使用 `wfcreate` 命令。
2) 在工作文件保存到硬盘的时候，如果输入的文件名和工作文件名不相同，那么工作文件名将被改为文件名。例如先 `wfcreate macro a 1949 2005`，然后保存为 macro（`wfsave mac`）。
3) 工作文件名的长度和字符的限制仅受到 Windows 文件名的命名规则的限制而已，例如可以包含空格，长度可以超过 EViews 对象名的 24 个字符的长度限制。

二、频率类型

对于数据集的频率类型，参见表 1.1。事实上，我们这里建立的是规则频率（regular frequency）的工作文件，通常称为规则日期工作文件。所谓规则频率，顾名思义就是观测的时间间隔是有一定规律的，如都为一周或者一个月等。因此，设置工作文件的频率类型，实际上是设置观测的时间间隔，这样 EViews 能够充分利用日历信息。比如当我们把日数据转换为月数据时，EViews 能知道哪月是 31 天，哪月是 30 天，还有大致四年一次的闰年，2 月份从通常的 28 天变为 29 天等。

需要说明的是，股票或者债券的交易数据往往不是规则数据，这是因为股票等金融资产的价格数据并不总是每周的 5 个交易日都有，时常由于节假日或者其他原因导致市场停盘而没有交易数据。

三、开始日期和结束日期

关于开始日期和结束日期，有如下几点供参考：

1) 年度数据，建议使用四位数年份。
2) 半年数据，年度后加 s1 表示上半年，加 s2 表示下半年。例如

    `wfcreate test s 1949s1 2005s2`

    表示样本区间为 1949 年上半年到 2005 年下半年。

3) 季度数据，四个季度表示为 q1 q2 q3 和 q4，例如

    `wfcreate test q 1949q3 2005q1`

    表示样本区间为 1949 年第 3 季度到 2005 年第 1 季度。

4) 月度数据，常用采用如下格式（注意月份使用两位数表示）

    `wfcreate test m 1949m08 2005m12`

    表示样本区间为 1949 年 8 月到 2005 年 12 月。

5) 日数据，日期格式默认为 Month/ Day/ Year（可以用菜单 Options/ Dates & Frequency Conversion... 修改），比如

```
wfcreate test 7 08/11/1949 12/04/2005
```

表示样本区间为 1949 年 8 月 11 日到 2005 年 12 月 4 日，有 20570 个观测。如果日期格式为 Day/ Month/ Year，则样本区间为 1949 年 11 月 8 日到 2005 年 4 月 12 日，有 20245 个观测。因此执行的结果不确定，受日期设置的影响，建议采用不会引起歧义的 ISO 8601 日期格式：`YYYY-MM-DD`，例如

```
wfcreate test d 1949-08-11 2005-12-04
```

这里我们看到，观测值仅有 14692 个，而且样本区间的结束期被调整为 2005 年 12 月 2 日，因为该月的 3 日和 4 日分别为星期六和星期天。这里有一点值得提醒，时间频率选项 d 建立的是五天为一周的工作文件，周五接着下一个周一，没有周末！

6) 对周数据来说，样本的结束时间将根据开始时间进行调整，例如

```
wfcreate test1 w 2005-02-11 2005-12-04
wfcreate test2 w 2005-02-11 2005-12-14
wfcreate test3 w 2005-02-13 2005-12-04
```

三个工作文件的结束日期分别为 12 月的 8 日（周四）、22 日（周四）和 10 日（周六），注意开始日期 2 月的 11 日和 13 日分别为周五和周日，EViews 把结束时间扩充到了完整的一周。

7) 对于非年度频率的工作文件或者工作页，如果给定的开始时间和结束时间不精确，比如月份数据，给定的开始时间是年度，而没有指定月份，EViews 是如何处理的呢？请执行如下命令

```
wfcreate month m 1949 2006
```

我们发现，工作文件的样本范围为 1949m01–2006m12，也就是说，开始时间尽量靠前，而结束时间尽量靠后，使得样本范围最大，根据这个规则，不难理解如下命令的结果

```
wfcreate day5m d 1949m10 2006
```

得到的样本范围开始于 1949 年 10 月 3 日而结束于 2006 年 12 月 29 日，总共 14935 个观测。

四、无结构型

最后，我们讨论一下选项 u 建立的无结构型或者非日期型，常见的用途有：

- 横截面数据，其观测的标识通常用自然数表示，而个体的代码或者标识往往也作为序列对象保存在工作文件中。
- 仿真计算时，也经常采用无结构的工作文件，例如

```
wfcreate testb u 5000
```

产生的样本观测的标识为 1 到 5000。

- 如果要创建无规则日期的时间序列，可以先建立无结构型，再进行结构化，例如

```
pagestruct @date(id)
```

其中 `id` 是表示非规则日期的整数，注意其中的 `@date` 函数是必需的，关于工作页的结构化，我们将在讲述多工作页的 §2.5 节 (第 93 页) 中讨论。

- 无结构型还可以被结构化成面板数据结构的工作文件（将在第 394 页 §9.1 节中讨论）。

§1.3.4 保存

工作文件通常保存成 EViews 的格式，为了方便数据交换，EViews 支持导出工作文件的数据到常用的外部文件格式中。

一、EViews 格式

以上建立的工作文件只是在内存里面，如果要把建立的工作文件保存到硬盘，可以使用 wfsave 命令，例如，建立完工作文件 test 后

```
wfsave(2,c) test
```

工作文件将被保存到当前目录下的 test.wf1 文件中，wfsave 的参数 2 表示数据采用双精度保存（有效位数约为 16 位），参数 c 表示以压缩的方式保存工作文件，工作文件的大小往往变小很多，硬盘空间的节省很可观。若干说明如下：

1) 如果采用压缩方式，则以前版本的 EViews 将不能打开，如果想让以前的 EViews 使用，就不要使用 c 选项，即

   ```
   wfsave(2) test
   ```

   或者采用 EViews 默认的设置，命令如下

   ```
   wfsave test
   ```

   即什么选项都不加。这样保存的工作文件虽然以前的版本能够打开，但是 EViews 版本 5 及其以后的新对象，以前的版本仍然无法认识，会将这些不认识的对象删除。如果混合版本使用工作文件，一定要注意备份工作文件。建议尽量避免混合版本，计量理论、方法和软件发展更新很快，旧版本的计量方法和检验方法可能已过时。

2) 如果保存的目录有同名文件，EViews 缺省下会备份重名的工作文件，将其后缀改名为 "~f1"。

3) 可以保存到其他目录，比如

   ```
   wfsave(2,c) D:\Doc\test
   ```

   表示将工作文件保存到 D:\Doc 目录下。如果保存的路径含有空格，需要用双引号括起来，例如

   ```
   wfsave "E:\Temp\Example Files\data\test"
   ```

4) 可以保存不同的文件名，并且工作文件的名字会被修改，比如下面的例子，工作文件名由 test 被改为 tmpTest：

   ```
   wfcreate test u 500
   wfsave D:\Doc\tmpTest
   ```

   但这种做法不鼓励。

5) save 命令用来保存工作文件的功能已经不再维护，请停止使用 save 命令来保存工作文件。save 命令专门用来保存图形对象为 WMF、EMF 或者 EPS 文件，以及保存表格对象为 RTF，HTML 和 CSV 等格式的文件。

表 1.2 工作文件可导出的外部文件类型

选项	说明	选项	说明
`access`	Access 数据库	`dos`	MicroTSP 工作文件
`a,tsd`	AremosTSD 文件	`mac`	MicroTSP Mac 版本
`binary`	二进制文件	`r,rats`	Rats 文件
`evdb`	Eviews 数据库文件	`l,trl`	Rats portable 文件
`excel`	Excel 电子表格文件	`sasxport`	SAS 转换文件
`gauss`	Gauss 数据文件	`spss`	SPSS 文件
`g,give`	GiveWin/PcGive 文件	`spssport`	SPSS portable 文件
`html`	HTML 网页文件	`stata`	Stata 文件
`odbc`	ODBC 数据库	`txt,text`	txt csv 文本文件
`dsn`	数据源定义	`t,tsp`	TSP portable 文件
`msquery`	SQL 查询		

二、外部文件格式

命令 `wfsave` 也可以把 EViews 的工作文件保存为其他格式的文件（多页工作文件只导出活动工作页），实现数据的导出，比如

```
wfopen ".\Example Files\data\demo"
wfsave(t=text) test.csv
```

将把工作文件 demo 的序列对象（注意，只保存序列对象）保存在当前工作目录下，文件格式为逗号分隔的 csv 文件。EViews 工作文件还可以导出到外部类型，具体请参考表 1.2。说明如下：

- 导出数据时，我建议首选逗号分隔的 csv 文本文件格式，当导出到其他应用软件的数据文件格式时，同时导出一个 csv 文件往往方便查阅。
- `wfsave` 命令导出到文本 csv 文件时只导出序列对象，不能控制导出数据的精度，如果要控制数值格式，可以建立群并定格成表格对象，进行格式设置后再从表格对象导出。
- 用 `write` 命令来导出系数向量或者矩阵对象。
- 用 `save` 命令来导出工作文件中的图形或者表格对象，比如将表格对象保存成逗号分隔的 csv 文件、制表符分隔的 txt 文件、超文本的标准 html 文件和丰富文本格式的 rtf 文件等；而图形对象可以保存成 Windows 下的矢量图形格式 emf 或 wmf 文件，还可以保存成通用的 eps 文件，方便数据的交换。更多的内容，请参考附录 A 中有关图形对象导出的 §A.1.4 小节 (第 858 页) 和有关表格对象导出的 §A.2.4 小节 (第 865 页) 的讨论。

§1.3.5 从外部数据创建

我们得到的数据往往不是 EViews 格式的，不过这不成问题，EViews 可以从外部数据直接建立工作文件，例如从 Excel 文件建立工作文件：

```
wfopen(page=test,wf=myDemo) ".\Example Files\data\demo.xls" _
       range="DEMO"
```

将建立名字为 myDemo 的工作文件（`wf=myDemo`），导入了 Excel 文件 `demo.xls` 中 demo 工作表（`range="DEMO"`）里的数据，存放在 test 工作文件页（`page=test`）中。我们发现 EViews 非常精明能干，识别了工作表中的数据（第一行为变量名，第一列是样本观测时间），并符合预期地将样本区间设定为 1952Q1 到 1996Q4！实际上，§1.2 节 (第 9 页) 演示的初始工作文件 `demo.wf1` 就是由导入 Excel 文件的方法建立起来的。

除了能直接导入 Excel 文件，`wfopen` 命令还可以导入通用格式的 html、文本格式、二进制格式和 SQL 数据格式，以及大部分的计量或者统计软件的专用格式文件，如 Gauss, PcGive, Rats, SAS, SPSS, Stata 和 TSP 等格式。和表 1.2 支持导出类型相比，`wfopen` 命令可以导入的外部数据少了 EViews 的数据库（有专用的 `dbopen` 命令），但多了导入 SAS 程序文件的支持。

一、本地文件

先讨论文件在本地的情况：

1) 导入 Excel 文件时，如果 Excel 工作表名有空格，参数 `range` 的值需要用双引号，例如

```
wfopen d:\Doc\data.xls range="sheet 2008!B3:C20"
```

注意其中的单元格范围表示，此外不要写成 `range="sheet 2008"!B3:C20`

2) 导入文本或者二进制文件，例如先从 David F. Hendry 教授的网站下载 dynects.zip 文件，解开得到文本文件 P.UKM

```
wfopen(page=deflator, wf=Hendry) "D:\Doc\Eviews\Hendry\P.UKM" _
    rectype=streamed na=-9999.99 names = (p)
```

命令里没有设置文件类型，EViews 将不认识的类型当成文本文件（`t=txt`）处理，专用参数 `rectype=streamed` 表示按行读入数据，忽略换行符，通用参数 `na=-9999.99` 表示源文件中用 −9999.99 代表缺失值。由于 Fortran 语言在计算上的悠久历史和重要地位，EViews 提供了 Fortran 标准规则的语法格式，例如

```
wfopen(t=text,rectype=fixed) data.txt skip=1,format=(F5,X1,A2)
```

将采用文本格式（`t=text`）打开 `data.txt` 文件[8]，先跳过前三行（`skip=1`）的内容，然后读入前 5 个字符作为固定精度的数值（F5），跳过 1 个字符（X1），紧接着读入字符串 2 个字符（A2）。其中参数 `format` 也可以写成 `fformat`，即前面加了字母 f 代表 fortran，以区别 C 语言 `printf/scanf` 格式设定的方式，例如

```
wfopen(type=text,rectype=fixed) data.txt cformat="%6.2f%2s"
```

注意这里用双引号来给出格式字符串。使用格式描述 `cformat` 和 `fformat` 导入数据时，产生的序列名为 `series01 series02` 等方式连续编号，要指定序列名的话，需要 `names` 参数，对于固定格式的数据文件，EViews 提供了如下方式来读入数据并同时指定序列名

---

[8] 该文本文件的内容只有如下三行：
```
123.55cn
246.88us
369.21sg
```

```
         wfopen(type=text,rectype=fixed) data.txt _
                 rformat="GDP 1-6 Country $ 7-8"
```

表示读入前 6 个字符的数值作为序列 GDP，然后读入第 7–8 两列的字符作为国家代码，而其中的美元符号表示序列 Country 为字符串序列，注意这里格式设置 rformat 的内容包含在双引号里，而格式设置 format 中则使用括号。[9]

3) 读入其他专用统计、计量软件的数据是很便捷的，如

```
         wfopen(type=stata) data.DTA
         wfopen(t=gauss) data.dat
```

分别导入 Stata 和 Gauss 的数据文件。EViews 的手册提到可以直接读入 SAS 的程序代码中的数据输入，但我测试发现，不支持 SAS 的 cards 和 datalines 等语句，所以当前的做法是将 SAS 程序源代码适当处理后，只保留数据主体，当成文本文件来导入。

二、在线数据

EViews 可以直接读入在线数据，不需要先将数据下载到本地，省去了本地文件的维护和寻找。

1) 导入 html 文件（网页数据），可以直接在线导入，例如

```
         wfopen(type=html) "http://finance.yahoo.com/q/hp?s=%5EIXIC"
```

直接从 yahoo 财经站点读入 NASDAQ 综合指数（NASDAQ Composite, IXIC），其中调整收盘价的序列名称（有不符合 EViews 序列名的字符，那些字符被替换成下划线）为 Adj_Close_，当然，我们可以用参数 names 指定序列名称

```
         wfopen(type=html) "http://finance.yahoo.com/q/hp?s=%5EIXIC" _
                 names =(Date Open High Low Close Volume AdjClose)
```

导入 html 文件时，可以用 table = Table03 形式的参数来指定要导入的 html 表格，html 文件用 <table> </table> 标记对来标识表格，实际上指定起来是很困难的，幸好一般不需要指定，EViews 自动选择最大的表格导入。

2) 不同于参数 range 只能在导入 excel 文件时使用，参数 names 是通用参数，在导入各类数据时都可以用，通用参数给数据导入带来极大的方便，如下面导入汇率数据的例子（使用了字符串变量）

```
         %url = "http://www.tradingroom.com.au/apps/mkt/forex.ac"
         wfopen(type=html) %url colhead=1, namepos=first
```

其中通用参数 colhead 表示表头占据的行数，而 namepos 表示变量名从表头的哪一行取，对于 html 文件，可以通过查看 html 代码调整取值，导入想要的数据。通用参数还有 na 设置缺失值的文本表示，firstobs 和 lastobs 等设置观测的范围。

3) 事实上，在线数据不局限于 html 格式，例如

```
         wfopen(t=excel,page=Hedonic) _
             http://www.wiley.co.uk/wileychi/baltagi/supp/Hedonic.xls
```

将导入 Excel 文件，而如下语句

---

[9]这种语法不一致是 EViews 的一大缺点，此外再看分隔符号，同一命令里，format 的选项值用逗号分隔，rformat 的则用空格分隔，而 names 的选项值用逗号分隔或者空格分隔都可以，让人无所适从。因此编程时，电子版本的手册是必不可少的。

```
%w="http://www.stern.nyu.edu/%7Ewgreene/Text/tables/TableF1-1.txt"
wfopen(page=Greene) %w names =(cn y)
```

将导入文本文件数据，源数据中第一个变量为消费，将被命名为 cn。由于源数据文件中用 C 表示消费，而 EViews 已经内建了系数向量 C，命令中如果没有 names =(cn y)，为了避免冲突，EViews 将消费的序列对象名改为 C01。

4) 对于企业版的 EViews，还提供了 SQL 命令查询数据库的功能，例如

```
wfopen(type=odbc) "mySQL server" _
    "select * from students where cid=10" @keep id p*
```

将向 mySQL server 数据库服务器提交 SQL 查询，取得班级 cid 为 10 的学生数据，并将学生 id 和以 p 开头的字段导入到工作文件中。

§1.3.6 小结

我们将工作文件的几个命令总结一下：

1) wfcreate: 直接建立 EViews 工作文件，需要指定工作文件的观测范围。

    (a) 时间序列的工作文件可以直接指定观测频率，选项请参考表 1.1，如月数据用选项 m；

    (b) 横截面数据的工作文件使用选项 u 来建立；

    (c) 面板数据的工作文件将在 §9.1 节 (第 394 页) 讨论。

2) wfopen: 打开 EViews 工作文件，或者从外部文件（支持在线数据）创建工作文件。

3) wfsave: 保存工作文件，支持压缩格式（选项 c）以减少文件大小，或者将工作文件中的数据保存为外部文件。

4) wfselect: 打开多个工作文件时，用来指定当前工作文件（以及当前工作页）。

5) wfstats: 显示工作文件的基本信息和每个工作页的概要信息，如工作页结构和对象的汇总信息等。例子请参考 §2.5.4 节 (第 99 页)。

6) close: 关闭工作文件。

本节是工作文件的基础知识，关于工作文件的专用函数，改变工作文件（工作页）的观测范围，结构化工作页和排序等内容，将在讲述多工作页的 §2.5 节 (第 93 页) 中讨论。

§1.4 序列对象

对象是设计 EViews 软件的核心概念，**对象**（Object）集成了各种信息资料和操作方法。使用 EViews 进行经济计量分析时，几乎找不到不与对象打交道的时刻。我们知道，工作文件是放置各种 EViews 对象的大染缸，其中的序列对象用来存储观测数据，因此，序列对象是最重要的对象。由于和各种 EViews 对象打交道的方法类似，本节以最常用的序列对象为例子，讲解序列对象的命名规则和基本操作，以便对各种 EViews 对象有形象的认识。

序列对象（Series）是某个变量的一组观测，对于每个观测，一般都有一个日期相对应。本讲义中提到的序列对象，狭义的理解为数值序列，广义的理解为泛指各种序列对象，包含数值序列对象、字符串序列对象（Alpha）和链接对象（Link）等。

§1.4.1 创建和初始化

对象离不开对象容器，因此创建对象前需要先确保已打开工作文件，否则没有对象的容身之处。

一、创建

使用 `series` 命令来创建数值序列对象，例如

```
series sIncome
```

创建了 sIncome 序列对象，创建对象的一般语法为 (请先打开 demo 范例工作文件)

```
series serName
genr x = log(gdp)
frml y = log(gdp)
```

其中 `genr` 创建序列 x 并初始化为表达式 `log(gdp)` 的当前值，而 `frml` 创建自新序列（auto-updating series），自新序列实际上是对所定义的表达式进行命名，即可以理解为我们将 `log(gdp)` 称为 y，如果序列 gdp 的值改变，不会改变序列 x 的值，但序列 y 的值会跟着改变，关于自新序列请参考 §A.4 节的讨论。定义序列时，有几点需要注意：

1) 序列名不区分大小写（其实 EViews 的各种对象名都不区分大小写），比如

```
series sIncome
series sincomE
```

都产生 SINCOME 序列对象，EViews 的表格和图形的标签将对象名显示为大写字母。如果要建立一个序列对象，建议序列名加个 s 或者 ser 前缀，比如 sIncome 或者 serIncome，当程序里面的对象很多的时候，很容易区分出 sIncome 是个序列对象。尽管 EViews 不区分对象名的大小写，程序里面保留大小写，阅读起来比较方便。

2) 定义序列后，对序列的的操作不需要 `series` 关键字，如

```
sIncome = 0
```

表示把序列 sIncome 的所有观测值设置为 0。

3) 一行只能定义一个序列

```
series sTax sIncome
series sTax, sIncome
```

都引起语法错误，要修改成两次定义

```
series sTax
series sIncome
```

4) 命令 `genr` 和 `frml` 还可以用来产生字符串序列，如

```
genr asx = "A"
```

5) 每个工作文件（工作页）建立时，同时建立了序列对象 `resid`，用来保存方程估计的残差，并且序列 `resid` 不能删除或者改名。

二、初始化观测值

用 `series` 新建的序列如果没有初始化，将被赋值 `na`。初始化方法有：

1) 定义完成后，用表达式初始化，如 `sIncome = 0`
2) 定义序列的同时可以进行初始化，例如（`demo` 范例工作文件中）

```
series logGDP = log(GDP)
```

该命令相当于如下两行

```
series logGDP
logGDP = log(GDP)
```

或者

```
genr logGDP = log(GDP)
```

3) 也可以用序列对象的 `fill` 命令来实现初始化，例如下面完整的程序片段

```
wfcreate u 3
series x
x.fill 123, 234, 321
```

注意 `fill` 命令格式要求数值间用逗号分隔，如果数据量较少，这是一种不错的方式

4) 序列对象赋值时，只影响当前样本集内的观测值，我们将在赋值（第 55 页 §2.1.5 节）和样本对象（第 110 页 §2.6 节）中进一步讨论。

§1.4.2 命名规则

EViews 对象的命名规则为：

1) 对象名只能以字母或者下划线开头，不能以数字开头，如 `7z_ID` 等名字是非法的
2) 对象名由下划线、字母和数字组成，不能有空格
3) 对象名不区分大小写，但在标签和图形的图例中，保留命名时的大小写
4) 对象名不能是以下的名字：`ABS`, `ACOS`, `AND`, `AR`, `ASIN`, `C`, `CON`, `CNORM`, `COEF`, `COS`, `D`, `DLOG`, `DNORM`, `ELSE`, `ENDIF`, `EXP`, `LOG`, `LOGIT`, `LPT1`, `LPT2`, `MA`, `NA`, `NOT`, `NRND`, `OR`, `PDL`, `RESID`, `RND`, `SAR`, `SIN`, `SMA`, `SQR` 以及 `THEN`。这些名字在 EViews 里有特殊用途，比如 `NA` 表示缺失数据 (missing data) 或者非数 (Not a Number，零除零产生非数)。如下名字是合法的

```
series if = 0    'not reserve keyword
series for = 3
```

32 EViews 基础

但请不要使用这些关键词来作为对象名，因为 `if` 和 `for` 是 EViews 程序语句中条件分支和循环的关键字，避免混淆。

5) 对象名最长为 24 个字符，超过的字符将被截断，例如

```
series abcdefghijklmnopqrstuvwxyz1234567890
```

超过 24 个字符，EViews 并没有提示任何信息，序列名只保留前 24 个字符，即

```
abcdefghijklmnopqrstuvwxyz1234567890 = 0
```

将产生对象名非法的错误提示，而应该只使用前 24 个字符的序列名

```
abcdefghijklmnopqrstuvwx = 1
```

6) 序列对象名建议不要超过 16 个字符，因为在 EViews 中，很多操作产生新序列对象时，在原来名字的基础上，添加前缀或者后缀为新序列对象命名。[10] 例如序列对象的 `resample` 命令

```
sTax.resample
```

将新建序列对象 sTax_B，保存 sTax 的随机抽样结果

练习：如下出错的原因是什么？
```
wfcreate u 8
series abcdefghijklmnopqrstuvwxyz = 0
```

§1.4.3 查看

EViews 的各种对象都提供查看其数据的视图，**视图**（Views）是展示对象数据的表格或者图形。在实例体验的 §1.2.1 小节 (第 9 页) 中查看数据时，我们就充分体验了查看序列对象观测数据的灵活和多样性。用电子表格（spreadsheet）的方式来查看序列对象，方法如下：

```
rs.sheet
```

将打开表格形式的视图，也可以用图形方式

```
rs.line
```

请注意这里的语法格式：用句点分隔对象名和对象的命令。其他说明：

- 以前的版本使用的命令 `plot` 来画线，只是兼容问题而保留下来，新的程序请改用 `line` 来实现。
- 电子表格显示时，可以设置显示的格式，例如

```
rs.setformat f.2
```

序列 rs 的表格视图中数值只显示到小数点后两位数字（四舍五入），有关显示格式设置选项请参考表 A.2 (第 862 页)。

还可以查看一些基本的统计信息，比如

```
rs.stats
```

将得到一张基本的统计信息表。进一步地可以考察分布的形状

```
rs.hist       'descriptive statistics and histogram
rs.kdensity   'kernel density estimate
```

---

[10]请参考第 363 页拆堆得到多个拆分序列，第 627 页情景分析产生的内生变量的均值、标准差和置信区间上下界等序列。当然在这些操作中，可以给定前后缀乃至设定命名的方式。

也可以进行时间序列方面的分析，比如

```
rs.correl
```

将得到序列 rs 的时间序列相关图（correlogram），具体结果参见图 5.1 (第 227 页)。有必要提醒的是，EViews 中的相关图是表格对象，不是图形对象。

序列对象的统计分析视图的更具体介绍请参考 §B.1 节 (第 914 页)，而时间序列分析相关的视图将在本讲义的时间序列分析部分深入讨论。

§1.4.4 定格和打印

前一小节查看数据时，对象视图改变后，先前的视图就被替换了，为了分析和对比，可以将视图保存下来吗？此外，产生某些视图时可能包含大量的数据处理，需要较长的计算时间，再次查看又需要冗长的等待。对于这些问题，EViews 提供了很好的解决方案，定格视图或者打印。

一、定格

对象的视图可以被定格下来，例如

```
freeze(tb01)  rs.sheet
freeze(gf01)  rs.hist
```

分别将序列 rs 的电子表格视图和直方图定格成表格对象 tb01 和图形对象 gf01。说明如下：

- 定格是对象视图的"快照"，将对象的当前视图定格后得到表格或图形对象，之后源对象的修改或者当前样本集的改变，都不会影响先前定格产生的对象
- 定格得到的图形或者表格一般用来演示或者报告，可以进一步修改以美化
- 定格和复制的区别为，复制是对象一模一样的副本，而定格是对象视图的快照

二、打印

比如将刚才 RS 序列的电子表格视图（表格对象）打印，命令为

```
print rs.sheet
print tb01
```

都是将 RS 序列的数据打印出来。

EViews 的 print 命令打印输出时，允许重定向表格输出到文本文件，比如

```
output(t) d:\doc\results.txt    'Redirect output to txt
print rs.sheet    'print table
output off    'turns off output redirection
```

我们将在 d:\doc 目录下得到一个文本文件 results.txt，里面包含序列 RS 的电子表格的内容。重定向输出到文本文件时，图形输出还是送往打印机。更进一步地，我们可以把一系列的输出，包含图形输出，重定向到 RTF 文件中，比如

```
output(r) d:\doc\results    'Redirect output to rtf
print rs.sheet    'print table
rs.line(p)    'print graph
output off    'turns off output redirection
```

将在 d:\doc 目录下产生一个 RTF 文件 results.rtf，包含有序列 RS 的数据和图形。

编程方式下，pon 和 poff 命令提供了更多的方便，完整的例子代码如下：

```
 1  '2007-12-03 22:42
 2  'automatic printing, and redirect output to rtf file
 3  %wf = @evpath + "\Example Files\data\demo"
 4  wfopen %wf     'open the workfile
 5  output(r,c) testout 'send all outputs to rtf, with command logging
 6  pon            'Turn on automatic printing
 7  'some table or graph views
 8  pr.stats       'statistics of price index
 9  rs.line        'short term interest rates
10  poff           'Turn off automatic printing
11  output off     'turns off output redirection
```

最左边的行号，是为了解说的方便特意添加上去的，输入程序时，请不要输入行号。第 6 行的命令 pon 启动自动输出功能，即所有 EViews 显示的文本、表格和图形都进行自动打印，实际上是每个产生输出的命令，将自动添加 p 选项（支持 p 选项的命令里有 p 参数时，将打印命令的结果）。我们看到，使用命令 pon 启动自动打印后，程序中不需要使用 print rs.line 或者 rs.line(p)，简单地使用 rs.line 就可以了。特别需要强调的内容：

- pon 和 poff 只有在程序里面起作用，交互命令方式（从命令窗口输入）没有效果。
- 编程运行方式下，命令 pon 和重定向命令 output 选项 c 联合使用，将输出以及产生输出的命令同时输出到文件 testout.rtf 中，方便结果的记录和查看。
- 这种自动打印并重新定向输出的方式非常有用，特别是在进行长时间计算的时候，把一些结果直接输出到 RTF 文件中，等计算完成再查看结果，计算期间不必等待和值守 (不妨去听场音乐会)。

定格 freeze 和打印 print 是 EViews 的**命令动作** (Command Actions)，前一小节查看数据中，视图的默认动作为显示 show，而过程的默认动作为执行 do，因此

    rs.sheet

EViews 隐含加入了 show 命令

    show rs.sheet

当然，默认的动作可以修改，例如

    print rs.sheet

将实现对表格视图的打印。

§1.4.5 其他操作

对象的其他操作常用的有复制、更名、删除、修改标签和保存等。

一、复制、改名和删除

这里用简单的例子来说明：

1) 复制（复制）对象，例如

        copy gdp gdpUS

    将序列 GDP 复制了一个备份 GDPUS。

2) 更名对象，例如

        rename gdp gdpUS

将序列 GDP 的名字改为 GDPUS。请注意，复制操作完成后，工作文件里有两个序列对象，而更名操作后只有一个序列对象。

3) 不需要的对象如果要删除，命令为

```
delete gdp
```

如果该命令是在程序里面，则序列 GDP 被静悄悄地删除。如果是在命令窗口输入，将弹出对话框，确认是否删除。删除了可能就找不回来了，所以删除操作要小心！

复制、改名和删除命令支持通配符，比如

```
delete tmp*
```

将删除 tmp 开头的对象。关于通配符的详细讨论，请参考 §2.7.5 小节 (第 126 页)。

二、修改标签

对象的标签 (label) 视图里面，可以看到如下域：

- 对象名（Name）
- 显示名（Display Name）
- 最近修改时间（Last Update）
- 描述（Description）
- 数据源（Source）
- 计量单位（Units）
- 备注（Remark）

这些域为我们搜索对象提供了极大的方便。标签中除了"最近修改时间"不能直接更改以外，其他域都可以修改，例如

```
gdp.label GDP of USA
gdp.label(u) USD Billion
gdp.label(r) Update the data ASAP
```

将序列 GDP 的描述改为"GDP of USA"，数据的记录单位改为"十亿美元"，并且添加了备注："数据请尽快更新"。

三、保存

序列对象可以保存在工作文件、外部文件和 EViews 数据库里面。

1) 保存到工作文件比较简单

```
wfsave test
```

将当前的工作文件保存为 test.wf1。需要说明的是，所有已命名的对象都会被保存下来。

2) 下面的命令将序列 GDP 保存到外部文件中

```
wfsave(t=text) test.csv @keep gdp
wfsave(type=excel) test.xls @keep gdp    'excel file
```

分别将序列 GDP 序列保存到 csv 文件 test.csv 和 Excel 文件 test.xls 的 test 工作表中，注意因为命令中含有 @keep gdp，外部文件只包含序列 GDP。

(a) `wfsave` 命令导出序列对象数据的精度不受序列对象显示格式的限制。

(b) 保存为外部文件（参见第 26 页表 1.2）的功能是非常重要的，一些 EViews 无法处理的模型或者处理效率比较低的情况下，就可以保存为外部文件，共享给其他程序使用。

3) 将对象保存到 EViews 数据库中，如果使用

```
store(i) gdp m1
```

将产生 gdp.db 和 m1.db 两个独立的 EViews 数据库文件，其实这两个文件都是文本格式的。如果要保存到新版本的 EViews 数据库文件，方法如下

```
db d:\doc\usa
store(d=usa) gdp m1
```

其中的 `db d:\doc\usa` 命令的作用是打开 usa 数据库，如果数据库 usa 不存在，将被建立并打开，`store` 命令把序列 GDP 和 M1 保存到数据库中。需要说明的是，命令 `db` 创建的是新版本的数据库文件 usa.edb，还有其他许多辅助文件。新版本的数据库文件不再是文本格式了，可以保存多个对象，旧版本的数据库每个文件为一个数据库，只能保存一个对象。关于 EViews 数据库，我们安排在 §A.7 节 (第 904 页) 专门讨论。

§1.4.6 数据和函数

如何取得或者修改序列对象里的单个观测数据呢？下面是相关的例子。

1) 要得到某个观测的值，可以有几种方式，例如

```
scalar v1 = pr(2)
scalar v2 = @elem(pr, @otod(2))
scalar v3 = @elem(pr, "1952q2")
```

以上三种方式都是将序列 PR 的第二个观测值保存到标量对象里面。命令 `scalar` 用来定义标量对象，函数 `@elem` 取得序列在给定时期的观测值，而函数 `@otod` 将观测编号转换为日期字符串。

2) 改变序列某一观测赋值，方法如下

```
pr(2) = 10
```

将改变序列 pr 的第 2 个（基于工作页观测范围）观测值为 10。此外，还可以设定当前样本集只包含要修改的那个观测期，再赋值

```
smpl @first+1 @first+1
pr = 10
```

样本集设置请参考 §2.6 节 (第 110 页)，序列对象赋值的详细内容请参考 §2.1.5 节 (第 55 页)。

此外，还有很多使用序列对象的函数，如求绝对值 `abs` 和自然对数 `log` 等基本数学函数，均值 `@mean` 和标准差 `@stdev` 等统计函数，以及每期百分比变化率 `@pc` 等时间序列函数，了解和熟悉这些函数是 EViews 编程的基础，这些函数在 EViews 函数指南 (Function Reference) 里有专门的分类和汇总。

请注意，序列对象表达式 `pr(2)` 通常表示 PR 的二阶超前 (lead) 序列，这种表达方式参见 §2.1.6 节 (第 59 页)。然而，将这种表达方式作为 PR 的第二个观测值，而不是解释为超前/滞后 (lead/lag) 序列，仅在如下情况下适用。

- 出现在赋值语句的左边
- 出现在矩阵对象（包含标量、向量和矩阵等，参见第 867 页 §A.3 节）赋值语句的右边，例如

    vector(8) vv = pr(2)

则 8×1 向量 vv 中每个元素的值都等于 PR 的第二个观测值。

§1.4.7 小结

对序列对象的了解，有助于理解其他 EViews 对象。

1) 创建序列对象

    (a) series 命令创建数值序列对象。

    (b) genr 用表达式创建序列对象并赋值。

    (c) frml 创建自新序列对象。

2) 视图，用来查看序列对象的数据

    (a) 表格，从比较基本的统计概要 stats，到复杂一些的假设检验 teststat，一直到相对复杂的单位根检验 uroot，将在后续章节中逐步深入讨论。

    (b) 图形，如 bar 得到序列观测数据的柱形图(条形图)。

3) 过程

    过程往往修改对象数据或者产生新的对象，如 fill 填充观测值到序列对象里面，其他复杂一些的过程如季节调整 seas、指数平滑 smooth 等请参考附录 B (第 913 页) 中的讨论。

4) 数据和函数

    取得或者修改序列对象里的观测数据，或者以序列对象作为函数的输入进行计算。

下面是对各种对象都适用的内容，对象命名和操作：

1) 熟悉 EViews 对象的命名规则是必须的，请参考第 31 页的具体规则。
2) 对象的创建，对象视图和过程都是用对象命令实现的，如创建数值序列对象的 series 命令。
3) 对象标签为我们搜索对象提供了特别的方便，使用 label 命令修改标签的各个域。
4) 命令 copy, rename 和 delete 分别进行复制，更名和删除操作，这三个对象实用命令 (Object Utility Commands) 方便管理 EViews 对象。
5) 定格 freeze 和打印 print 是 EViews 的动作命令 (Command Actions)，事实上，每个对象命令都有相应的动作，默认视图的动作为显示 show，而过程的动作为执行 do。

§1.5 对象：数据和方法

应用经济计量分析就是经济数据和经济计量分析方法的有机结合，实现上离不开经济计量分析软件。EViews 用序列对象和群对象等数据对象以及样本对象来存储和管理数据，用方程对象和似然对象等计量方法对象来实现计量分析方法，构建了优秀的经济计量分析平台。

前一节与序列对象的接触，初步感受了面向对象方法的优越性。本节我们将在更广阔的视野下，概览面向对象方法，然后再回到正路上，继续介绍常用的 EViews 对象。

§1.5.1 面向对象

为什么我们将活字印刷称为伟大的发明呢？表面上，活字印刷仅仅是从制作刻版到制作活字的工艺改变，技术上并没有什么实质性的进步，为什么如此值得称道？在活字印刷术之前，版面要修改某个字，必须重新刻版；要加字，必须重刻；要增大间距，必须重刻；最后，该刻版是专用的，印制其他书刊必须重新刻版。当有了活字印刷，这一切都不再困扰：

1) 要改某个字，只需更改待改之字，此为维护方便；
2) 若要加字，只需另刻字加入即可，这是扩展容易；
3) 字的排列可横可竖，间距可密可疏，此时只需将活字移动就可满足排列需求，是为灵活性好；
4) 最后，不同于刻版，这些字并非一次性的，不只是专用于某次印刷的，完全可以在后来的印刷中重复使用，此乃可复用。

因此活字印刷发明之创举，不只是技术的进步，实际上是思想的飞跃，是面向对象的系统性思维。

一、面向对象方法

通俗地说，面向对象方法认为任何事物都是对象，每一个对象都有自己的运动规律和内部结构，可以通过定义一组"方法"来说明该对象的功能，对象间的相互联系是通过传递"消息"来完成的。面向对象方法的主要特征为：

- 抽象（Abstraction）

  就是结合"归纳和演绎"方法，或者说"抽象和具体"的思维方式，比如说电脑是由主板、CPU 加上其他配件组成的，而忽略不同类型的 CPU，不同厂商的主板的区别，这就是抽象的电脑概念。对象的抽象得到类（Class）的概念，而对象又被理解成类的实例，如办公室的电脑是具体的对象。

- 继承性（Inheritance）

  比如笔记本电脑，具有电脑的属性和功能，并且更加具体化，是对电脑类的继承和扩展。

- 封装性（Encapsulation）

  封装把对象的设计者和使用者分开，使用者不必知晓行为实现的细节，只须知晓如何使用——用设计者提供的接口实现消息的传入传出，调用对象的功能。

- 多态性（Polymorphism）

  同一消息为不同的对象接收时可产生完全不同的行动。例如乘法，两个数值序列对象相乘是对应观测的乘积，而两个相容矩阵相乘采用矩阵乘法。再例如加法，两个数值对象相加采用数学的加法，而两个字符串相加则是串接。

- 消息传递机制（Message Passing）

  一个对象通过接受消息、处理消息、传出消息或使用其他类的方法来实现一定功能。

面向对象的基础概念是对象，对象是一个实体，它有自己的属性和行为。每个对象相对独立又相互联系，面向对象的系统思想与生俱来，众多对象通过某种方式，有机组成另一个层次的对象。这种整体和局部的关系，对应到排版印刷，就是版面和活字的关系。

面向对象的思想精髓，也就是人们通常所说的以数据为中心，通过方法操纵数据。把这样的思想应用到程序设计上，就有如下公式：

$$对象 = 数据 + 方法$$

面向对象程序设计使得程序代码的可维护性（maintainability）、可扩展性（extensibility）、可复用性（reusability）和灵活性（flexibility）得到了空前的提高，软件的可靠性有了更好的保障。

此时，对照活字印刷发明，不难发现，以活字（数据，方法为排版）为中心，而不是以印刷（功能）为中心，面向对象的思想，成就了活字印刷发明之伟大。

二、回到 EViews

当然，作为用户，我们关心的是应用程序的功能接口和易用性。显然 EViews 做得极其出色：由于她应用了面向对象的思想，当需要用最小二乘法进行估计时，不管是时间序列数据、横截面数据还是面板数据，不管是单方程还是方程组，我们都只需要使用 ls 命令即轻松实现（这是多态性的好处）。面向对象（Object oriented）设计是 EViews 的基础特色如下。

- 数据

  EViews 把各种各样的信息保存在对象里面，每种对象包含了某些特定方面的信息。有的对象主要包含数值信息，比如序列对象 (Series) 就是某个变量的一组观察。有的对象则包含了某一方面的相关信息，比如方程对象 (Equation) 如果已经成功估计，不仅包含了方程的设定，相关的估计样本信息，还包括已估计的系数，以及已估系数的协方差矩阵和各种相关的统计量等。

- 方法

  每个对象都有视图（Views）和过程（Procedure），用来显示和加工处理对象的数据。这种把数据和处理方法集成在一起的方式（即封装）大大简化了我们的工作，比如方程对象，由于包含了方程相关的数据和方法，只需要一个方程对象，就可以尝试改变模型的设定，以及进行估计、检验和预测等操作。对于方程对象，EViews 提供的对象方法有：

  1) 方法，指经济计量分析的估计方法，如最小二乘法，广义矩法（GMM）；
  2) 视图，例如估计结果的报告，设定检验和系数的假设检验；
  3) 过程，比如用已估计的方程进行预测，并新建序列对象以保存预测结果。

对象视图是以各种各样的方式查看对象数据的表格或者图形窗口，每个对象每次只能显示一种视图。请注意，改变视图只是改变数据显示的格式或者图表方式，或者报告不同分析方法的结果，改变视图通常不会修改对象的数据。虽然过程也经常将结果用图形或表格显示出来，但它与视图不同，大多数过程会修改对象本身的数据或者其他对象的数据，此外，很多过程还将创建新的对象。

§1.5.2 EViews 对象

清晰起见，我把 EViews 的对象[11]归类汇总如下。

1) 数据对象

- 系数对象 (Coef)：保存方程或者方程组的系数估计，请参考 §2.7.2 节 (第 122 页)。系数对象可以当成向量使用。
- 群对象 (Group)：群对象包含了若干个序列对象，群对象提供了对其成员序列同时操作的能力，请参考 §1.5.3 节 (第 41 页)。
- 链接对象 (Link)：链接到其他工作页的数值序列或者字符串序列，进行数据合并，日期匹配，或者频率转换等。链接对象建立后，往往直接当成序列对象使用，因此可以归入序列对象中，请参考 §A.6 节 (第 888 页)。
- 矩阵对象 (Matrix)：包含系数对象 (Coef)、普通矩阵对象 (Matrix)、对称矩阵对象 (Sym)、向量对象 (Vector)、行向量对象 (Rowvector) 和标量对象 (Scalar)，请参考 §A.3 节 (第 867 页)。
- 序列对象 (Series)：包含数值序列对象（第 30 页 §1.4 节）、字符串序列对象 (Alpha)、日期序列对象 (Date Series)、自动序列对象 (Auto-series) 和自新序列对象 (Auto-Updating Series)，请参考 §A.4 节 (第 882 页)。
- 值映射对象 (Valmap)：将不易理解记忆的数值、代号或者编码映射为直观的说明文字，请参考 §A.5 节 (第 885 页)。

2) 计量方法对象

- 方程对象[12] (Equation)：单方程的设定、估计、检验和预测，参见 §3.1.5 节 (第 145 页)。
- 对数似然对象 (Logl)：对设定的似然函数，进行最大似然估计，请参考第 15 讲 (第 709 页) 中关于最大似然估计的讨论。
- 样板对象 (Model)：情景分析、多方程求解和预测，请参考第 13 讲 (第 607 页) "情景分析"。
- 合伙对象 (Pool)：组织横截面个体较少而时间序列较长的面板数据，进行面板数据计量分析，请参考第 8 讲 (第 331 页) "面板数据基础"。
- 状态空间对象 (Sspace)：用 Kalman 滤波进行状态空间模型的估计和预测，请参考第 12 讲 (第 565 页) "状态空间模型"。

---

[11]EViews 6 和 EViews 7 新增加的对象，请参考 §D.2 节 (第 984 页)。

[12]单方程是经济计量学研究的主要内容，因此，讨论和使用方程对象将分布到本讲义的如下各讲中：
- 第 3 讲 (第 137 页)，回归分析
- 第 4 讲 (第 177 页)，检验和预测
- 第 5 讲 (第 225 页)，ARMA 模型
- 第 6 讲 (第 253 页)，ARCH 模型
- 第 9 讲 (第 393 页)，面板数据：再讨论
- 第 14 讲 (第 651 页)，广义矩估计
- 第 16 讲 (第 785 页)，离散和受限因变量模型

- 方程组对象 (System)：方程组的设定、估计和检验，请参考第 10 讲 (第 459 页)"方程组和联立方程"以及第 14 讲 (第 651 页)"广义矩估计"。
- 向量自回归对象 (Var)：向量自回归（VAR）和误差修正模型（VEC）的设定、估计和检验，请参考第 11 讲 (第 499 页)"VAR 模型"。

3) 公用对象

- 图形对象 (Graph)：专用于保存对象的图形输出，请参考 §A.1 节 (第 846 页)。
- 样本对象 (Sample)：描述或者保存样本设定信息，请参考 §2.6 节 (第 110 页)。
- 表格对象 (Table)：二维表格，用于保存对象的表格输出，或者将计量分析的结果整理成表格，请参考 §A.2 节 (第 860 页)。
- 文本对象 (Text)：保存或者编辑一段文本信息（编辑功能 EViews 7 才有）。

计量方法对象是本讲义的重点内容，将在讨论相应的计量方法时介绍，其他对象的介绍则作为 EViews 基础知识，在 EViews 的编程、常用统计方法和附录里讨论。

同时处理多个序列时，群对象提供了很大的灵活性。紧接着我们将阐述群对象，并以此加深对对象概念的理解，体会面向对象的思想。

§1.5.3 群对象

群 (group) 对象是一个或者多个序列对象标识或者表达式的集合 (collection)，用于处理多个序列。群对象不仅方便将全体成员作为一个整体进行操作，而且也容易引用个体成员。

一、创建

例如我们在 §1.2.1 小节已经使用群来查看其成员的图形、统计概要和协方差矩阵等，当时用 group 命令创建如下的群对象 G

```
group G log(m1) log(gdp) rs dlog(pr)
```

一个或者多个序列对象（也可以是数学表达式，称为自动序列）形成一个群，群对象并没有包含其序列成员的数据，它只包含序列成员名单而已。群对象及其成员必须在同一工作页中。

1) 群对象里面只是登记了序列对象的名称，并没有包含序列对象的数据，因此如果群对象中某成员序列对象的数据被修改了，群对象引用的数据将是更改后的数据。
2) 如果序列对象属于某个群，但在工作文件中被删除，群对象里面还将保留其标识。如果重建该序列对象，它仍然是群的成员。
3) 当序列对象属于某个群时，如果序列对象名被更改，群对象里面的相应标识也将自动更新。也就是说，群中的序列对象更名后，依旧保持成员地位。
4) 创建群对象时，可以使用通配符（有关通配符请参考第 126 页 §2.7.5 小节），例如

```
wfcreate grpDemo u 8
genr x = @obsid
genr y = x+rnd
genr z = x*y
genr x2 = x+2
genr x3 = x-3
group gx x* z
```

群 gx 的成员为 x x2 x3 和 z，群对象还可以包含已有的群，例如

```
group g1 y gx    'add group member to group
```

群 g1 的成员为 y x x2 x3 和 z。

5) group 命令也可以用来重新定义群对象，例如重新定义群 g1 的成员为 x y 和 z

```
group g1 x y z
```

二、视图

群的视图用来查看多个序列的数据和分析结果，有表格和图形两种视图。

1) 表格视图用来查看数据、显示统计分析和时间序列分析及其检验结果，其中

   (a) 统计分析的表格视图将进行多元统计分析，从简单的协方差矩阵 (cov)，到复杂的主成分分析 (pcomp) 等，详情请参考 §B.4 节 (第 939 页)；

   (b) 时间序列分析方面的视图将在本讲义的时间序列分析部分具体讨论，其中的协整检验 (coint) 将在第 11 讲讨论 (第 499 页)。

2) 图形视图则提供了变量关系的可视化和统计分析图等，如散点图 (scat) 和分位数—分位数图 (qqplot) 等，统计图请参考 §B.5 节 (第 947 页) 的讨论。

三、过程

群对象的过程用来修改数据的显示格式，修改群对象和产生新对象等，例如：

1) 设置群对象电子表格视图的显示格式

```
g1.setformat(@all) g.5
```

电子表格视图中，所有（@all）数值最多只显示 5 位有效数字（g.5）。显示格式设置选项请参考表 A.2 (第 862 页)。

2) 修改群的成员

```
group g2 x z
g2.add x3 y
g2.drop x
```

先建立群 g2，其成员为 x 和 z，然后用 add 添加成员 x3 和 y，用 drop 将成员 x 剔除，最后群 g2 里的成员为 z x3 和 y。

3) 重新抽样产生新的序列和群

```
group g3 x y
g3.resample(name=gs) *_s
```

先建立群对象 g3，然后用 resample 进行随机抽样，抽样结果分别保存在序列对象 x_s 和 y_s 中（命名模式 *_s 表示新序列名为原序列名后加 _s），并且将新建立的序列对象作为群 gs 的成员（name=gs），resample 往往用在仿真计算中。

4) 复制群对象的数据到矩阵对象里

```
stom(g3,mat3)    'wf: grpDemo
```

将群 g3 的观测数据复制到矩阵对象 mat3 中，得到 8×2 矩阵。

四、函数

群对象的信息，可以用如下成员函数（简称为函数）取得：

- `@count`：返回群对象里成员的个数。
- `@seriesname(i)`：得到第 i 个成员序列名的字符串。
- `@comobs`，`@minobs` 和 `@maxobs`：分别返回群对象中当前样本集里各个成员中非缺失值样本的共同、最少和最多观测数。

我们用如下程序片段来演示（使用了程序变量和循环，第一次阅读可以先跳过去）

```
g3.add z/x3
!n = g3.@count
table tb3
for !i = 1 to !n
    tb3(!i,1) = g3.@seriesname(!i)
next
tb3(1,2) = g3.@comobs     '7
tb3(2,2) = g3.@minobs     '7
tb3(3,2) = g3.@maxobs     '8
```

表格 tb3 第一列保存了成员序列对象的名字，分别为 x y 和 z/x3，这里由于 x3 的第 3 个观测为 0，自动序列 z/x3 的第 3 个观测值为 na，因此表格 tb3 第二列的值分别为 7, 7 和 8。

☺ **小提示** ☺：对象的成员函数，EViews 称之为数据成员 (data member)，使用这些函数的语法格式与视图或者过程的命令语法相同，例如群对象 g3 的函数 @count，调用方式为 g3.@count。

五、例子

下面几个简单的例子，演示群对象的应用。

1) 群对象的下标方式用来存取群对象的成员序列，例如

```
%wf = @evpath + "\Example Files\data\demo"
wfopen %wf
group G log(gdp) rs dlog(pr)
genr realGDP = G(1)-log(pr)
G(2) = G(2)/100
```

由于 G(2) 表示短期利率投资 rs，序列 rs 的值缩小为原来的百分之一。

2) 批处理方式下，无法直接定格自动序列的视图，解决的方法是使用群对象的自动序列成员

```
freeze(gh) G(3).hist    'hist log(pr)
```

实际上，我们在 §1.2.1 小节 (第 9 页) 已经采用了这种方法。

3) 群对象作为回归方程的一组解释变量，例如

```
equation eq01.ls log(m1) c G
```

相当于群里的各个成员序列（变量）作为解释变量

```
equation eq01.ls log(m1) c log(gdp) rs dlog(pr)
```

到此，我们对 EViews 的群对象已经有了初步印象。现在我们来回顾一下面向对象的思想，对象等于数据加上相应的方法，以数据为中心而不是以服务（功能）为中心。群对象以多个变量的观测数据为

中心，其相应的方法有协方差矩阵估计、主成分分析、协整分析和随机抽样等。尽管本小节没有深入讨论这些方法，而是简单介绍对象的建立、维护和使用，我们已经深深地感受到，在 EViews 软件中，面向对象思想自然而然地运用，不知不觉地渗透到经济计量分析的各个环节中，使得软件的学习和使用更加得心应手，EViews 的面向对象设计将极大地促进我们对 EViews 经济计量软件的掌握和创新应用。

§1.5.4　命令语法

根据 EViews 的命令和程序参考手册 (Command and Programming Reference: EViews 7, Ch9, P183–189; EViews 5.1, P16–21)，清晰起见，我将 EViews 命令分类如下。

1) 基础命令
   - 动作命令 (Command Actions)：即 `do`, `freeze`, `print` 和 `show`。
   - 全局命令 (Global Commands)：如 `cd`, `exit`, `output`, `param` 和 `smpl` 等。
   - 辅助命令 (Object Container, Data, and File Commands)：创建和管理数据库和工作文件，及其相应的数据和文件操作，如 `dbopen` 和 `wfcreate`，以及 `read` 和 `store` 等。

2) 对象命令
   - 创建对象 (Object Creation Commands)：如 `equation` 和 `group` 等。
   - 实用命令 (Object Utility Commands) 和赋值命令 (Object Assignment Commands)。
   - EViews 对象的各种方法、视图和过程的命令[13]，以及图形和表格的相关命令。

3) 交互命令 (Interactive Use Commands)

   模型估计、检验和数据统计处理，如 `ls`, `chow` 和 `stats` 等。

4) 程序语言命令

   编程命令 (Programming Commands, 参见第 82 页表 2.4) 在 `prg` 程序中使用，EViews 7 新增了外部程序接口命令 (External Interface Commands)。

从 §1.2 节 (第 7 页) 开始，我们已经不知不觉地掌握了 EViews 的命令语法。不难发现，EViews 对象命令的完整语法为

$$\text{action(action\_opt) object\_name.command(options\_list) arg\_list}$$

其中

`action`	四个动作命令之一
`action_opt`	动作命令的选项
`object_name`	对象名
`command`	方法、视图或过程的命令
`options_list`	命令的相关选项
`arg_list`	命令的相关参数

对象命令在 EViews 中是最常用的，其他 EViews 命令的语法类似，和对象命令相比，单纯从语法上看更简单，故不再赘述。

---

[13]随着软件的"长大"，EViews 7 单独给出了对象参考手册 (Object Reference)。

§1.6　小结

关键词

交互方式	命令方式	编程方式
工作文件	规则日期	外部数据
命令语法	定格	重定向打印输出
序列对象	群对象	面向对象
视图	过程	命令语法

要点

1) 编程批处理运行方式的好处：研究过程的记录和重现，减少重复劳动，享受计量分析的乐趣。

2) 学会直接在 Windows 命令行运行 EViews 程序，随时更新 EViews 软件和文档。

3) 通过实例体验，了解 EViews 进行经济计量分析的基本过程，如查看观察数据特性、了解方程的设定和估计、检验和预测等。

4) 掌握工作文件的基本操作，打开 wfopen、建立 wfcreate 和保存 wfsave，记住工作文件相关的命令，学会从外部数据特别是在线数据建立工作文件。

5) 对象命名规则，建议不要超过 16 个字符，详情请参考 §1.4.2 小节 (第 31 页) 的规则。

6) 对象实用命令，复制 copy、更名 rename 和删除 delete。

7) 动作命令，显示 show，执行 do，定格 freeze 和打印 print。

8) 重定向打印输出命令 output，将表格和图形输出重定向到文本文件或者 RTF 文件，方便分析结果的记录 (例如第 33 页中的例子)。

9) 面向对象方法及其特征，面向对象思想的精髓，请结合 EViews 对象进行体会。对象的方法在 EViews 中分为三类，即计量方法、视图和过程。

10) 了解 EViews 的各种对象，参见 §1.5.2 节的 (第 40 页) 汇总，数据对象、计量方法对象和公用对象，熟悉序列对象和群对象等数据对象。

11) 了解 EViews 的各种命令，掌握 EViews 的命令语法。

第 2 讲

EViews 程序设计

只有编程方式，才能充分发挥 EViews 的功能，本讲讨论 EViews 编程，分为如下三部分：

1) 编程基础：介绍 EViews 程序语言，包含了表达式和赋值，流程控制，以及程序源代码文件和执行。程序语言的魔力来自于程序变量和流程控制。
2) 编程提高：EViews 是专门为经济计量分析设计的，结合经济计量分析的特性，该部分介绍了字符串和日期，多页工作文件以及样本对象。
3) 深入编程：编程提示，以及表格和图形等对象的灵活应用。

这三部分层层深入，是 EViews 编程的核心内容，结合第 1 讲介绍的 EViews 基础和附录 A (第 845 页) 讨论的 EViews 对象和数据库，将组成 EViews 编程的基本内容。

§2.1 表达式和赋值

在 EViews 批处理语言中，表达式由常量、变量、函数和运算符（操作符）组成。表达式分为数值表达式、字符串表达式和逻辑表达式等。所有 EViews 对象的数学操作都可以用表达式描述、如设定样本集、设定方程等。本节主要讨论数值型的变量和表达式，以及变量特别是序列对象的赋值。

§2.1.1 常量

EViews 的常量有数值常量和字符串常量两种，数值常量如整数 9、实数（浮点数）3.14，实数还经常用科学计数法表示，比如 $5.38e-3$，表示 $5.38 \times 10^{-3} = 0.00538$。还有一个很特别的常量 NA (Not Available)，在 EViews 里表示缺失值，数值运算时基本上可以当成 IEEE 定义的 NaN (Not a Number)。

字符串常量是包含在双引号（英文的双引号）里面的一组字符，如数字、字母和标点符号等，比如

```
"Hello!"
"3.14159"
"86+10-1234567"
"12/19/2005"
```

关于字符串常量，请注意：

1) 如果双引号也是字符串的一部分，就必须使用两个连续的双引号表示一个双引号，比如

```
"We have a double quote "" chracter here"
```

2) EViews 的字符串常量可以包含非英文语言的字符，如中文字符，但 EViews 的字符串尚不支持 Unicode 编码。

3) 请记住，字符串只是一串字符而已，并没有特殊的含义，如果程序中要把字符串 `"12/19/2005"` 解释为日期进行日期运算，需要用函数进行转换，例如 `@dateval("12/19/2005")` 将字符串转换为日期编码 (date number，参见第 87 页 §2.4.2 节)。

4) 请注意，空串 (`""`, null string) 不是只包含空格的字符串，而是不包含任何字符的字符串。

§2.1.2 变量

EViews 中，最简单的数值变量为标量对象和控制变量，而最具特色的变量是置换变量，具有动态的"宏"替换 (macro substitution) 功能。

一、标量

标量是最简单的变量，它只保存一个数值。用 `scalar` 命令来创建标量对象，例如

```
wfcreate u 4      'create workfile first
scalar a = 9
scalar K = eq1.@ncoef     'number of estimated coefficients
```

标量 a 的值为 9，标量 K 的值为方程 eq1 的系数个数。标量对象是 EViews 最简单的对象，EViews 7 之前的版本中标量对象没有视图和过程，若要查看标量对象 a，双击该变量或者在命令窗口输入

```
show a      'a.sheet only in V7
```

其值显示在状态栏上。对于程序中用到的标量，我通常把它的值保存在表格或者其他数据对象里，方便查看或者复制到其他文档中。EViews 7 提供了电子表格视图 `sheet`。

二、控制变量

EViews 中能使用数值常量的地方，就可以使用控制变量 (control variables)。控制变量的变量名以感叹号开头，后面跟着最多 23 个字符（只能为字母、数字或者下划线）组成，比如

```
!counter = 9
!1 = 0
!pi = 3.1415926
!abcdefghijklmnopqrstuvw = 24    'name max length
```

声明并初始化了 `!counter`，`!1` 等控制变量。

1) 控制变量名必须以感叹号（英文的感叹号）开头，后面可以接数字、字母或者下划线，像 `!1` 是合法的控制变量名。控制变量名最长为 24 个字符。
2) 使用控制变量之前，必须先初始化。控制变量的初始化语句起到了声明变量并初始化的作用。
3) 控制变量初始化后，就可以在表达式中使用，例如逻辑表达式或者数值表达式

```
!counter > 100
series x = !counter+!1
```

4) 控制变量和标量都保存数值，区别是标量可以保存到工作文件中，控制变量只存活在程序的运行过程中，程序运行结束就消失。由于控制变量没有记录到工作文件中，我们只能通过其他 EViews 对象把控制变量的值保存下来，如

```
c(10) = !counter
scalar pi2 = !pi*2
sample smp01 @last-!1 @last
```

将包含控制变量 `!counter`,`!pi` 和 `!1` 的取值的计算结果分别保存到系数对象 `c`，标量对象 `pi2` 和样本对象 `smp01` 中。

三、字符串变量

字符串变量 (string variables) 的取值只能是字符串，字符串变量的名字以百分号开头，比如

```
%pi = "3.1415926"
%title = "Hello!"
```

声明并初始化了 `%pi` 和 `%title` 两个字符串变量。

1) 字符串变量的名字必须以百分号开头，后面跟着最多 23 个字符，这些字符只能为字母、数字或者下划线。
2) 字符串变量名 `%0`,`%1`,`%2`··· 被 EViews 作为程序参数 (program arguments)，具体的使用方法请参考 §2.3 节中的第 79 页内容。
3) 类似于控制变量，字符串变量也必须先初始化方能使用。
4) 字符串变量相加，表示串接字符串

```
%title + " " + %pi    'Hello! 3.1415926
```

得到字符串 `"Hello! 3.1415926"`，注意中间有一个空格。

5) 字符串变量只存活在程序的运行过程中，程序运行结束就消失。字符串变量不保存到工作文件中，但可以保存到 EViews 对象中，例如

```
alpha afa = %title
```

将字符串变量 `%title` 的值存储在新建的字符串序列对象 `afa` 中。一般来说，保存到表格对象中是更好的选择：

```
table tb
tb(1,1) = %title
```

事实上，我们常常在表格的格子里填上说明性的字符串，以方便阅读。

6) 函数 `@str` 将控制变量的数值转成字符串，例如

```
%x = @str(!pi,"g.3")
```

则 `%x = "3.14"`，函数 `@str` 的参数 `"g.3"` 表示取 3 位有效数字。函数 `@val` 则将字符串转换为数值，例如

```
!y = @val(%pi)
!z = @val(%title)
```

则 `!y = 3.1415926`，而 `!z = na`。函数 `@val` 转换字符串时，如果整个字符串不能解释为数值，将返回 na。若需要提取字符串的字串，可以使用 `@left`，`@right` 和 `@mid` 等函数，例如

```
%date = "04/23/97"
scalar day = @val(@mid(%date,4,2))     '23
scalar month = @val(@left(%date,2))    '4
scalar xd = @val(%date)                'na
```

执行结果为 `day=23`, `month=4`, 而 `xd=na`。

7) 字符串变量经常用来表示日期信息，我们将在 §2.4.2 节 (第 87 页) 进一步讨论。

四、置换变量

置换变量 (replacement variables) 是 EViews 的一大特色，她方便动态形成对象名和程序语句，极大地提高了程序的灵活性。置换变量的核心是控制变量或者字符串变量，我们先看例子

```
wfcreate u 4
%s = "age"
series {%s} = 18
```

将创建序列对象 `age`，这里比较特别的地方是用花括号将字符串变量括起来，EViews 将

```
series {%s} = 18
```

解释成

```
series age = 18
```

置换变量的主要用途是作为对象名称的一部分，动态产生对象名，例如

```
!n = 2
equation eq{!n}
```

将建立方程对象 `eq2`，补充说明如下：

1) 简单地说，把字符串变量或者控制变量 (EViews 7 还可以使用字符串对象和标量对象) 放在花括号里，将有特殊的含义，称为置换变量。当字符串变量作为置换变量时，其执行过程可以理解为，EViews 将置换变量的位置用字符串变量的值替代，得到相应的程序语句，然后再执行。例如

```
!m = @mean({%s})
```

将转化为如下程序语句

```
!m = @mean(age)
```

而当控制变量作为置换变量时，则先通过函数 `@str` 转成字符串，并替代置换变量的位置得到程序语句，再执行。因此

```
!f = 3.12
equation eq{!f}
```

将引起语法错误，因为此时 `equation` 语句被解释成

```
equation eq3.12
```

而 `eq3.12` 不是合法的对象名。（为什么？）

2) 置换变量可以作为程序语句的一部分，例如

```
%ars = "ar(1) sar(1)"
equation eq01.ls y c x {%ars}
```

EViews 解释为

```
equation eq01.ls y c x ar(1) sar(1)
```

3) 置换变量可以作为命令或者命令的一部分，例如

```
%object = "series"
{%object} {%s}_{!n} = 60
```

EViews 将上述语句解释为

```
series age_2 = 60
```

即创建序列对象 `age_2`，并将序列值初始化为 60。

4) 控制变量作为置换变量，某些情况下，允许如下形式

```
!n = 5
series z!n = 3    'work, but not good style
```

即没有花括号，建议不要采用这种方式。此外，如下的代码是很糟糕的：

```
!n = 5
series z{!n}
!n = 6
vector z{!n}    'bad style
z{!n}(1) = 1    'series or vector? not obvious
```

将带来混乱。请养成良好的代码习惯，不同对象用不同的前缀分开，例如

```
!n = 5
series sz{!n}
!n = 6
vector vz{!n}
vz{!n}(1) = 1
```

5) EViews 5 中，如下的名字不能使用置换变量

  (a) 对象的成员函数名

  (b) 函数名

  (c) 字符串变量名

  (d) 控制变量名，如 `!{%a}`

尽管 EViews 7 中不存在该问题，我还是建议不要过分地使用置换变量，仅在动态构造对象名或者引用对象，以及形成程序语句时使用置换变量。此外，请不要使用 EViews 4 的语法。

6) 最后，强烈建议置换变量务必使用花括号，以保持编程的一致性，并突出置换变量的"宏"特性。

◌ **小提示** ◌：由于控制变量，字符串变量和置换变量只能存活在程序中，这三类变量称为程序变量。其实 EViews 中的各种矩阵对象和序列对象 (EViews 对象的归类请参见第 40 页 §1.5.2 节)，也都是变量，如矩阵、向量、行向量、系数向量和序列对象等，其值在程序的运行过程中都可以变动，这些对象本身或者它们的单个元素都是变量。

§2.1.3 运算符

和大部分程序语言相同，EViews 将运算符号分为三类：数值运算、关系运算和逻辑运算。

一、数值运算

对于数值型，运算符有四则运算加 (+)、减 (-)、乘 (*) 和除 (/)，还有乘方 (^)。形成表达式时，还可以使用括号来改变运算顺序，例如

```
1 + 2*3 - 4/5
(-9 + 5e-3) / 17.99
5.5^6 - 680.000625
```

这些表达式的值分别为 6.2, −0.5 和 27000.64。关于表达式的计算，需要注意以下几点。

- 加号和减号有时是单目运算符号，在 EViews 中，下面运算的结果都为零

```
5-5
-5+5
5++++-5
5---5
```

虽然最后两行程序符合语法，能正确求值，但最好不用这样写，除非闲得发疯（规则：多个加号等价于一个加号；奇数个减号相当于一个减号，偶数个减号等同于一个加号）。
- 任何包含 NA 的数学运算遵循 IEEE 的非数 NaN 的数学运算传播规则，结果都为 NA。
- 除法中，分母为零时[1]结果为 NA。
- 序列对象的数值运算，是对应元素的运算，而矩阵则遵守矩阵的运算规则。[2]
- 表达式的数值运算从左到右，可以用括号改变运算顺序，操作符的优先顺序[3]从高到低为

  1) 乘方 (^)
  2) 单目加 (+)、单目减 (-)
  3) 乘法 (*)、除法 (/)
  4) 加法 (+)、减法 (-)

  强烈建议使用括号来明确表达式求值的顺序。

---

[1] IEEE 浮点数规范中只有 0/0 才得到 NA，分子非零时，根据分子的正负符号分别得到正负无穷。例如，Matlab 中，-1/0 得到 -Inf。EViews 没有表示无穷大的方法，故除法中，分母为零时结果都为 NA。

[2] 相同运算符号对不同对象有各自的数值运算规则称为运算符号的重载，这是面向对象的多态性的好处。如乘法，两个数值序列对象相乘是对应观测的乘积，而两个相容矩阵相乘采用矩阵乘法。

[3] EViews 5 和 EViews 6 在 2007 年 7 月之前的版本中，单目减号的优先级在乘方之前，即 -1^2 相当于 (-1)^2，等于 1。

表 2.1 运算符号的优先顺序

类别	运算符号	优先级
数值运算		最高
	乘方 ^	
	单目加 +　单目减 -	⇓
	乘法 *　除法 /	
	加法 +　减法 -	⇓
关系运算		
	大于 >　小于 <　等于 =　大于等于 >=　小于等于 <=　不等于 <>	⇓
逻辑运算		
	非 not	⇓
	与 and	
	或 or	最低

二、关系运算

关系运算的操作符号为大于 (>)、小于 (<)、等于 (=)、大于等于 (>=)、小于等于 (<=) 和不等于 (<>)，运算的结果为 1 或 0，表示逻辑值的真或假。

- 关系运算可以出现在数值表达式中、样本设定语句或者 if 语句中。
- 表达式的关系运算从左到右，关系运算符号的优先顺序比数学运算符号的低，例如

    3>2<1+4

    的值为 1，求值过程为 3>2<(1+4) = 3>2<5 = (3>2)<5 = 1<5 = 1。
- EViews 允许 NA 参与关系运算，具体结果请参考表 2.3。
- 字符串的比较在 §2.4.1 节 (第 83 页) 讨论。

三、逻辑运算

逻辑运算符号分别为与 (and)、或 (or) 和非 (not)。逻辑运算结果为真或假，EViews 用 1 和 0 来表示真和假。

- 数值常量或者变量参与逻辑运算时，非零表示真，零表示假，例如 5 or 0 结果为 1。
- 逻辑运算符号中，运算优先顺序 not 最高，然后是 and，最后是 or

    ```
    wfcreate u 4
    scalar F = 0>1
    scalar T = 1>0
    C(1) = not T and F    '0, precedence "not > and"
    C(2) = T or T and F   '1, precedence "and > or"
    ```

    注意这里 C 是 EViews 内建的系数对象。
- EViews 允许 NA 参与逻辑运算，具体参考表 2.3，IEEE 的非数 NaN 是不能参与逻辑运算的。

四、优先顺序

我把运算符号的优先顺序总结为表 2.1，表中优先级别从上到下依次降低，同一行上的运算符号优先级别相同。同一优先级的运算，表达式求值顺序为从左到右，可以用括号来改变优先顺序。

组合各种运算符号，可以得到复杂的表达式。请注意，逻辑运算的优先级别最低，优先级在关系运算之后，例如

```
(x>= 10 and x<100) + 2*(x>=100)
```

则当 $x < 10$ 时得到 0，$10 \leqslant x < 100$ 时得到 1，$x \geqslant 100$ 时得到 2。

最后有个提醒，等号既作为赋值符号，又作为比较运算符号。作为赋值符合时，优先级最低，因此

```
C(3) = 5 or 0
C(4) = 2 = T = F     'T=1    F=0
```

值都为 1，等价的语句为

```
C(3) = (5 or 0)
C(4) = ((2 = T) = F)
```

§2.1.4 表达式

一般的程序语言有如下几类表达式：

1) 数值（数学）表达式

2) 逻辑表达式，由关系运算和逻辑运算组成

3) 字符串表达式

由于 EViews 主要任务是进行经济计量分析和计算，字符串的处理是辅助性的。字符串一般用来记录文本信息或提供说明文本，字符串的表达式除了串接字符串和顺序比较以外，一般都需要字符串函数，参见表 2.5（第 86 页）。此外，样本集的设定是经济计量分析的基础工作，EViews 提供了样本表达式来设定样本集，我们将在 §2.6 节中 (第 110 页) 专门讨论。

一、序列表达式

在 EViews 中，数值表达式由常量、变量、数学运算符号和函数等组成。变量包含程序变量和各种数据对象及其数据成员。由于最重要的数据对象是序列对象，而且设置工作样本集时，也经常使用数据对象进行关系运算和逻辑运算，因此我们把包含序列对象的表达式称为序列表达式（事实上，EViews 主要是基于序列对象进行经济计量分析的各种计算的）。

1) 序列表达式的数值运算、关系运算和逻辑运算，都是对当前样本集内逐个观测值进行的

```
x/z + 2*y - 5
```

结果仍然为一序列，每个观测值为相应的观测标识下，序列 x 的观测值除以序列 z 的观测值，再加上序列 y 观测值的两倍，最后减去常数 5。

2) 很大一部分序列函数，也是逐个观测计算的，例如求绝对值的函数 @abs。

3) 群对象 (第 41 页 §1.5.3 节) 的下标方式引用成员序列，可以用于序列表达式中

```
group G log(gdp) pr
genr sgdpp = G(1) - log(G(2))
```

表 2.2 特殊的表达式

对象	表达式	功能
序列		
	na	标记缺失值
	nrnd	产生标准正态分布随机数序列
	rnd	产生标准均匀分布随机数序列
方程		
	ar	自回归
	@expand	产生哑变量
	ma	移动平均
	pdl	多项式分布滞后
	sar	季节自回归
	sma	季节移动平均

4) 序列表达式可以包含时间序列分析的差分、超前或者滞后序列 (第 59 页 §2.1.6 节)，如

```
d(x) + 1 - y(-1)
```

二、特殊的表达式

表 2.2 是 EViews 提供的特殊表达式。

1) 序列表达式

   (a) `na` 代表缺失值，其运算规则参见 §2.1.7 节 (第 60 页)；

   (b) `nrnd` 和 `rnd` 分别产生标准正态和均匀分布随机数序列，只能使用在序列表达式或者序列对象的赋值语句中。

2) 方程的设定，我们将在第 3 讲 (第 137 页) 和第 5 讲 (第 225 页) 专门讨论

   (a) 表达式 `@expand` 用来产生哑变量，具体请参考 §3.3.1 节 (第 151 页) 的讨论；

   (b) 表达式 `pdl` 用来设定分布滞后模型，详情请参考 §3.3.3 节 (第 155 页) 的讨论；

   (c) ARMA 模型设定时，`ar, sar, ma` 和 `sma` 用来设定方程的自回归和移动平均项，而且 SAR, MA 和 SMA 只能在名单法方程设定中使用，详情请参考 §5.2 节 (第 232 页) 的讨论。

§2.1.5 赋值

赋值运算符 "=" 的作用是将数据赋值给变量，比如

```
c(1) = 3
```

就是把数值 3 赋给系数对象 C 的第一个元素。假设 x 和 y 是序列对象

```
series z = 2*x + y
```

那么，EViews 执行该语句时

- 如果变量 z 还没有定义，将先建立序列对象 z，所有观测值初始化为 NA。然后在当前样本集内，把 z 的每个观测改为表达式对应观测的值，当前样本集之外的观测值不变，仍为 NA。

- 如果序列 z 已经存在,当前样本集内的观测值将被更新,当前样本集外的观测值不受影响。
- 如果先前 z 是其他对象类型,比如向量对象,将出错。

序列对象的赋值,不仅赋值过程隐含了循环,而且 EViews 还提供了隐式赋值机制。此外,需要提醒的是,不同数据对象间进行赋值时,可能存在相容性问题。

一、动态赋值

EViews 在给序列对象赋值时,隐含了循环,例如

```
wfcreate u 4
series x = @obsid
smpl @first+1 @last
x = x + x(-1)
```

序列 x 的值为 1 到 4 的累加和,即 [1, 3, 6, 10]。程序简单说明如下:

1) 第 1 行创建工作文件,只有 4 个观测;
2) 第 2 行定义序列对象 x,并通过工作文件函数 @obsid 将其值初始化为 [1, 2, 3, 4];
3) 第 3 行设定当前样本集为第 2 个观测到最后的观测;
4) 第 4 行赋值语句隐含了循环,其中 x(-1) 表示序列 x 的一阶滞后。

二、隐式赋值

序列对象还有一个很特殊的赋值方式,**隐式赋值** (Implicit Assignment),例如

```
series log(z) = x
```

EViews 将自动转换为 z = exp(x) 的赋值方式。更多的例子如下:

```
series 1/z = x
series sqr(y/z) = 3*x
genr 5 + 6*x + z = y
genr x^z = 9
```

需要强调的几点:

1) 隐式赋值时,关键字 series 或者 genr 不能少。
2) 隐式赋值语句左边的表达式只允许包含如下函数或者操作符:

$$+ - * / \; \hat{}\; \log() \; \exp() \; \text{sqr}() \; d() \; d\log() \; @inv()$$

对于其他的函数或者操作符,EViews 不懂得如何将其转换为普通的赋值形式[4],将报错。

3) 当赋值语句左边的表达式包含多个序列时,则第一个序列(从左到右检测序列对象名)将是被赋值的序列,EViews 称之为目标序列 (destination series)。因此

```
series 5*z - y = x^2
```

等价于

```
series z = (x^2 + y)/5
```

4) 目标系列不能在赋值语句左边的表达式出现多次,比如

```
genr z + 1/z = 8
```

---

[4]Eviews 称之为不可标准化的 (Unable to normalize)。

将出错，因为 EViews 不懂得如何把它转换为普通的赋值形式。

5) 当然，同一序列对象可以出现赋值语句的等号两边，比如

```
genr log(y) = y
```

将进行如下的赋值

```
y = exp(y)
```

即将序列 y 的值改变为原取值的指数函数值，而不是求解方程 $\log(y) = y$。

练习：如下程序片断，序列 z 将是什么样的时间序列？
```
smpl @first @first
series z = 0
smpl @first+1 @last
genr d(z) = nrnd
```
答案：随机游走序列，利用了 EViews 的隐式赋值和动态赋值。

三、相容性

关于赋值时相容性的几点说明：

1) 标量给矩阵或者序列对象赋值，将产生填充效果。比如

```
z = 3*2 + 1
```

如果 z 是矩阵或者向量，z 的所有元素将全部填为数值 7。如果 z 是序列对象，则当前样本集的观测值都被设置为 7。

2) 矩阵对象间相互赋值，可能改变矩阵大小。例如

```
vector(10) v10 = 3
matrix(4,5) m20
m20 = v10        '10x1
```

注意，4×5 矩阵 m20 将变成 10×1 矩阵，编程时最好不要这样做，除非能找到特别好的理由。矩阵对象赋值的更多讨论，请参考 §A.3 节 (第 867 页)。

3) 允许把序列对象直接赋值给向量对象，效果等同于命令 stom

```
wfcreate u 4
genr x = @obsid
vector(3) vx
vx = x       '4x1 vector
vector(5) v5
smpl 1 3
x(2) = na
v5 = x       '2x1 vector
stom(x,v5b)    'v5b, 2x1 vector
```

其中 smpl 1 3 设置当前样本集为前三个观测，EViews 操作序列对象时，只使用当前样本集里的观测。可以看到，向量 vx 由 3×1 的零向量改变成 4×1 的向量 [1; 2; 3; 4]，而向量 v5 由 5×1 的零向量改变成 2×1 的向量 [1; 3]。显然，序列对象直接赋值给向量对象的赋值过程，可以分解为先将当前样本集的观测（剔除缺失值）组成列向量，然后再赋值给向量对象，并且该步骤可能修改目标向量对象的大小。

4) 不允许直接把向量对象赋值给序列对象，因此

```
smpl @all
genr y = 3
y = vx    'error
```

赋值语句 y = vx 将出错，尽管当前样本集为 4 个元素，向量 vx 也是 4 个元素。向量赋值给序列对象可以通过命令 mtos 实现，例如

```
mtos(vx,y)
```

5) EViews 并不把 1×1 矩阵看成是标量

```
scalar a = 3
matrix(1,1) m1 = 1
a = m1    'error
!n = m1   'error
```

因此最后两行的赋值语句都非法，这是非常不方便的，需要用如下方式

```
a = m1(1,1)
```

同样地，EViews 把行向量和列向量的乘积当成 1×1 向量，不当成标量

```
vector(3) v = a
vector(3) r = @transpose(v)    '1x3
a = r*v    'error
```

6) 特殊表达式 nrnd 和 rnd 只能用来给序列对象赋值

```
x = rnd
y = nrnd
```

不能赋值给标量或者矩阵对象，例如

```
a = rnd    'error
```

将导致语法错误，但可以使用产生单个随机数的函数 @rnd 或者 @nrnd (EViews 7 提供了返回随机数矩阵的函数 @mrnd 和 @mnrnd)。例如

```
matrix(2,3) mn = @nrnd
matrix mn7 = @mnrnd(2,3)    'V7
```

注意矩阵 mn 将填充相同的值，因为 @nrnd 返回的是标量。

最后，有必要讨论的是 EViews 中"诡异"的赋值错误。例如

```
wfcreate u 4
genr x = @obsid
genr y = 5
c(1) = @sum(x*y)    'error
```

由于 EViews 的语法解析特性，对 c(1) 的赋值导致错误："矩阵大小不一致"，让人丈二和尚摸不到头脑。解决的方法是建立临时序列对象(尽管有些恼人)，例如

```
genr _ts = x*y
c(2) = @sum(_ts)
delete _ts
```

§2.1.6 超前、滞后和差分

在时间序列分析方面，EViews 有着不可比拟的优势，处理超前 (lead)、滞后 (lag) 和差分 (difference) 是极其方便的。

一、超前和滞后

在序列表达式里面，超前和滞后的表示非常简单，例如

```
gdp(2)
gdp(-3)+6
```

分别表示序列 gdp 的 2 阶超前和 3 阶滞后的值加 6。也就是说，采用下标方式（整数包含在括号里紧跟在序列名之后），正数表示超前，负数代表滞后。不作为单个元素赋值时，EViews 将序列对象的下标方式解释为序列的超前或滞后表达式。

自新序列的下标方式也可以表示超前和滞后

```
group G log(gdp) pr
frml Lgdp = G(1)    'Formula:  log(gdp)
genr Lgdp1 = Lgdp(-1)
```

自新序列 Lgdp 等于表达式 log(gdp)，序列 Lgdp1 初始化为 log(gdp) 的 1 阶滞后。尽管群对象的下标方式可以引用成员序列，但请注意，群对象的双重下标方式不能解释为超前或滞后表达式

```
series spr = G(2)(-1)    'syntax error
```

将引起语法错误。

还可以使用关键字 to 来指定超前或滞后的范围，表示一组超前或滞后序列。例如

```
gdp(0 to -3)
gdp(to -3)
```

都表示序列 gdp 及其 1 到 3 阶滞后，即

```
gdp gdp(-1) gdp(-2) gdp(-3)
```

关键字 to 的形式为 i to j，根据 i 和 j 的相对大小形成步长为 1 的增或者减序列，当 i 或者 j 为零时，可以省略，因此

```
gdp(-3 to)
gdp(-3)
```

含义是不同的。其他说明如下：

1) 关键字 to 的这种用法主要用在方程的设定或者声明群对象中，例如

```
%wf = @evpath + "\Example Files\data\demo"
wfopen %wf
equation eq01.ls gdp c m1(to 3)
equation eq02.ls gdp c m1(to -3)
equation eq03.ls gdp c m1(-3 to 0)
equation eq04.ls gdp c m1(-3 to)
equation eq05.ls gdp c m1(-3 to 2)
equation eq06.ls gdp c m1(2 to -3)
equation eq07.ls gdp c m1(to)    'work, but not good
!i = -1
!j = -3
equation eq08.ls gdp c m1(!i to !j)
group gm m1(to -3)
```

2) 使用关键字 to 的 i to j 形式时，如果 i 和 j 不为整数，EViews 会自动取整，但取整的方式不固定，建议使用函数 @round, @floor, 或者 @ceil 来确保想要的取整方法。

3) 关键字 to 仅用来简化输入序列的一组超前或滞后序列，不能参与运算，如

```
equation eq13.ls gdp c m1(-3 to 0)+2      'illegal
```

是非法的。可以先调整好序列观测值，再用 to 关键字，如

```
genr m12 = m1+2
equation eq13.ls gdp c m12(-3 to 0)
```

二、差分

产生序列的差分也非常方便，如

```
d(gdp)
```

表示序列 gdp 的差分，即

```
gdp - gdp(-1)
```

函数 d 对序列进行差分，还可以使用函数 dlog 进行对数差分，例如

```
dlog(gdp)
```

等价于 d(log(gdp))=log(gdp)-log(gdp(-1))。函数 d 和 dlog 还都可以表示高价差分和季节差分等，更深入的应用请参考第 236 页差分算子的讨论。

§2.1.7 缺失值

大多数情况下，我们不必操心缺失值 NA (Not Available)。EViews 估计方程时，自动将缺失值的观测排除在外，在进行统计计算时，也将缺省值扔到一边。但是有些时候我们不得不直接面对 na，因此需要了解一下 EViews 处理 na 的方式。

一、数值计算

观测由于种种原因不可得，导致缺少某些观测，用缺失值 NA 表示。数学运算也可能产生 NA，例如 1/0。关于缺失值：

- IF 语句和样本对象的 IF 条件表达式如果取值为 NA，则以假论处。
- 缺失值 na 直接参与数值计算时，遵守 IEEE 的 NaN 的计算规则，即 na 在计算过程中传播，结果都为 na，例如

```
wfcreate u 4
genr z = na-1
```

序列 z 的值都为 na。

- 函数 @isna 判断观测值或者数值是否为 na，值为 na 返回 1，否则返回 0。

```
z(3) = 3
genr x = @isna(z)
```

由于序列 z 的值为 [na, na, 3, na]，序列 x 的值为 [1, 1, 0, 1]。

- 函数 @nan 用来修改取值为 na 的观测，例如

表 2.3 含有缺失值的关系运算和逻辑运算

表达式	值	表达式	值
na <> na	0	a <> na	0
na = na	1	a = na	1
na <> 3	1	a <> 3	na
na = 3	0	a = 3	na
not na	na	not a	na
na and 1	na	a and 1	na
na or 1	1	a or 1	1
na and 0	na	a and 0	na
na or 0	na	a or 0	na

注：标量 a 先赋值为 na。

```
genr y = @nan(z,x)
```

赋值过程可以理解为，先赋值 y = z，然后将序列 y 中对应于序列 z 中缺失值的观测改为序列 x 的相应取值。因此，序列 y 的值为 [1, 1, 3, 1]。

二、关系和逻辑运算

在关系运算或者逻辑运算中，取值为 NA 参与运算时有点特殊，编程时需要特别小心。为了方便查阅，表 2.3 给出含有 NA 的关系运算和逻辑运算结果。

- NA 直接参与的关系运算中，大小的比较是没有意义的，只能比较严格的等与不等。NA 直接参与大小比较时，结果总为 NA。比如 NA>=NA 和 na<3 的值都为 NA。由于 EViews 在比较缺失值 na 的等与不等时，把 na 看成是普通数，因此，na = na 为真，na <> na 为假，恰好与遵循 IEEE 规则的 Matlab 语言的结果相反。例如

```
scalar a = na
c(11) = (a=na)     '1
c(12) = (a<>na)    '0
```

c(11) 的值为 1 而 c(12) 的值为 0，这样的比较类似于如下的函数方法

```
c(11) = @eqna(a,na)
c(12) = @neqna(a,na)
```

函数 @eqna 和 @neqna 在进行比较时，把 na 看成是普通数。变量与 na 比较是否相等时，相当于检测观测是否为缺失值；反过来，比较是否不等时，则是辨别观测是否不为缺失值。也就是说，直接与 na 比较等与不等时，所做的工作是区分观测的可不可得。

- NA 没有直接参与关系运算时，如果变量的取值为 na，关系运算结果都为 na。例如

```
c(2) = (a = 3)     'na
c(3) = (a > 3)     'na
scalar b = na
c(13) = (a=b)      'na
c(14) = (a<>b)     'na
```

而在 IEEE 中，NaN 参与的关系运算除比较"不等于"时返回真以外，其他都为假，而不是 NaN。

- IEEE 的 NaN 不能进行逻辑操作！由于缺失值用 na 标记，EViews 允许 na 值参与逻辑操作：只有 or 运算，na or 1 和 a or 1（标量 a 先赋值 na）取值为真，其他都为 na。
- 逻辑判断时 na 值当作假对待

```
if a then      'false
    c(31) = 1
endif

if not a then   'false also
    c(32) = 1
endif
```

EViews 中 na 和 not na 的逻辑值都为假，注意到 not a 的值为 na。因此，对系数 c(31) 和 c(32) 进行赋值的语句都没有执行，c(31) 和 c(32) 的值未改变。

§2.1.8 小结

表达式由常数、变量、函数和操作符组成。表达式是程序语句的基本构成：

1) EViews 的常量包括数值常量和字符串常量，特殊常量 na 表示缺失值。
2) 程序变量包含控制变量和字符串变量，以及置换变量。置换变量是 EViews 程序语言的特色，是控制变量和字符串变量的特殊应用，具有"宏"替换功能。其他数据对象，如 EViews 的标量、向量、矩阵和序列对象，也都是变量。
3) EViews 运算符分为三类：数值运算、关系运算和逻辑运算。运算符的优先顺序请参考表 2.1。
4) EViews 提供了若干特殊表达式，参见表 2.2，主要用在序列表达式和方程的设定中。
5) EViews 的赋值语句要注意相容性问题，如向量对象不能直接赋值给序列对象。序列表达式赋值时，隐含了循环。此外，EViews 支持序列对象的隐式赋值。
6) EViews 为时间序列分析提供了特别的方便，用非常简单的方式实现超前、滞后和差分。在方程的设定或者群对象的定义语句中，可以使用关键字 to 设置超前或滞后的范围。
7) 由于 na 在 EViews 中代表缺失值，不完全是 IEEE 的非数 NaN 的概念，EViews 允许 na 参与逻辑运算。此外，na 参与关系运算与 NaN 的规则也略有区别，请参考表 2.3。

程序语言中，程序语句是程序的基本单位。EViews 中，我把程序语句分为如下几类：

1) 命令语句，如对象的声明语句，对象的视图和过程的命令等。
2) 赋值语句，由表达式和赋值运算符号组成。
3) 流程控制语句，实现程序执行流程的分支和循环等结构，将在下一节讨论。

§2.2 流程控制

顺序结构、选择结构和循环结构是结构化程序设计 (Structured Programming) 的三种基本结构。程序执行时，这三种结构决定着程序语句的执行顺序。流程控制就是控制程序语句的执行顺序：顺序执行、选择执行和循环执行是流程控制的基本方式。顺序执行即按程序代码文件中语句的先后顺序执行；选择执行（分支）是有选择的执行某些语句块；而循环是一定条件下，重复执行某些语句块。[5] EViews 程序是顺序执行的，除非当前执行的语句为分支、循环、跳出循环或者子程序调用语句，才可能引起跳转。本节讨论 EViews 程序语言的如下内容：

1) 选择结构：`if` 语句。
2) 循环结构：`for` 语句和 `while` 语句，以及提前终止循环。
3) 子程序：子程序的定义和调用。

§2.2.1 IF 语句

程序流程中的分支结构，指的是有些语句，只有当某些条件满足的时候才执行。EViews 中用 `IF` 语句来实现这种功能，例如下面例子中的 `if` 语句块仅在当天为周末时才执行。

```
wfcreate u 4
genr x = @obsid
!n = @datepart(@now,"w")    'day of the week
if !n>5 then      'weekend
    x = 0
    genr y = 1
endif
```

语句块里面的语句通常缩进，缩进只是为了方便阅读，不影响程序的执行。关于 `if` 语句：

1) `if` 语句（实际上是 `if` 语句块）以关键字 `if` 开始，到关键字 `endif` 结束，两个关键字必须配对，两个关键字之间的语句行数不限。此外，`endif` 语句必须单独一行。
2) `if` 语句中关键字 `if` 到 `then` 之间的表达式称为 `if` 条件表达式，该表达式可以是逻辑表达式或者是数值表达式。当 `if` 条件表达式为真[6]时，`if` 语句块才被执行。
3) 关键字 `else` 可以将 `if` 语句块分为两子块，例如

```
!z = @nrnd
genr y = 0
if !z>0 then
    y = x +!z
else
    y = 2*x -1
endif
```

当 `if` 条件表达式为真时，执行 `then` 之后到 `else` 之前的语句 (称为 `then` 块)；否则，执行 `else` 之后到 `endif` 前的语句(称为 `else` 块，`if` 语句块中可以没有 `else` 块)。

4) `if` 语句允许嵌套，例如

---

[5]通常并非完全重复，重复执行时，和循环控制条件有关的一个或者多个变量的取值往往随着改变。

[6]EViews 逻辑表达式的值为 1 时代表真，取 0 或者 na 时为假。数值表达式的值为 0 或者 NA 时为假，其他值都为真。请注意 NA 值的数值计算将导致 NA 值，而 NA 值的关系运算和逻辑运算请参考表 2.3 (第 61 页)。

```
            %s = "SG"
            series z
            if !n>0 then
                z = x+y
            else    'if !n>0
                if %s="CN" then
                    y = 2*y+3
                else    'if %s="CN"
                    y = 3*y-1
                endif    'if %s="CN"
                z = 2*x-y
            endif    'if !n>0
```

嵌套时，要注意关键字 if-else-endif 的匹配。此外，缩进和注释使程序结构更加清晰，这是必须坚持的程序风格。

5) 当 if 条件表达式包含字符串的比较时，请注意字符串的比较是区分大小写的，例如

```
            %s = "cn"
            if %s="CN" or %s="IN" then    'false
                c(1) = 1
            endif
```

6) if 条件表达式如果包含矩阵，要注意矩阵关系运算的特殊性，例如

```
            vector(2) va
            va.fill 0,1
            vector(2) vb
            vb.fill 1,0
            if va=vb then
                c(2) = 1
            endif
```

其中 va=vb 只有每个元素对应都相等时才为真，因此结果为假。注意这里的向量 va 和 vb，矩阵关系运算 va<vb 和 va>vb 也都为假。

7) 如果 if 条件表达式为序列表达式，仅当每个观察的取值都为真时，if 条件才为真，例如

```
            wfcreate u 4
            genr x = @obsid
            if x>3 then    'not true
                c(3) = 1
            endif
```

由于 EViews 没有整块注释的方法，程序中可以使用 if 语句达到整块注释的目的，例如

```
        if 0 then    '===
        !n = 3
        if !n>1 and !n<4 then
            smpl @first+!n @last
            equation eq_.ls z c x^!n
            y = y + eq_.c(2)
            delete eq_
        endif
        smpl @all
        endif    'if 0 then    '===
```

即使用 if 0 then 来开始语句块，不要忘记 endif 语句的呼应。这种方式要取消注释也很容易，只要把 if 0 then 改为 if 1 then 就行了。

关键字 if 除了用于分支选择结构中，还可以用在 if 条件语句中。if 条件语句通常用来设置样本集(参见第 110 页 §2.6 节)，请注意 if 条件语句没有 then 关键字，例如

```
smpl if cid = !i      'cid is a numerical series
smpl if y81           'y81 is a dummy series
pagecontract if date<>na    'date is a date series
```

其中的 pagecontract 删除工作页中日期 date 为缺失值的观测，进一步请参考 §2.5 节中第 105 页有关删除观测的讨论。

§2.2.2 FOR 循环

循环结构是程序流程的重要结构，当满足一定条件时，程序块被重复执行。EViews 的 for 循环，循环次数是确定的，循环控制变量不仅可以使用标量或者控制变量，还可以使用字符串变量。

一、数值循环变量

仍然采用例子的方式来讲述

```
wfcreate u 4
for !i = 1 to 9
    genr sz{!i} = !i^2
next
```

将依次创建 9 个序列 sz1 到 sz9，并且分别用 $1, 2^2, 3^2, \cdots, 9^2$ 进行初始化。说明如下：

1) for 循环语句（实际上是语句块）由关键字 for 开始，到关键字 next 结束，两个关键字必须配对，两个关键字间的语句行数不受限制。程序块内的语句缩进不仅美观，而且方便阅读。

2) 循环语句块中以关键字 for 开头的语句称为循环控制语句，该语句由关键字 for 开始，然后是控制变量的初始化，接着是关键字 to，之后是循环的终止值。如果没有给出 step 关键字，默认循环步长为 1，即每循环一次，循环控制变量增加 1，可以显式给出循环步长，例如

```
for !i = 19 to 11 step -2
    genr sz{!i} = !i*2
next
```

循环结束后，控制变量 !i 的值为 9。

3) for 循环的执行过程为，循环控制语句先判断循环控制变量是否越过[7]终止值，如果越过终止值，跳到 next 关键字后的语句执行；如果没有越过终止值，则执行循环体内的语句，一直到 next 关键字。关键字 next 的实际作用是根据步长修改控制变量到下一取值，然后跳回到循环控制语句，再次判断是否进入循环。例如

```
c = 0
for !i = 4 to 1 step 1     'check ending value first
    c(!i) = !i
next
c(6) = !i
```

由于先判断是否进入循环，因此循环内的语句没有被执行。此外，循环控制变量 !i 的值被循环控制语句初始化为 4 后，没有再被改变，其值保存在系数向量 c 的 c(6) 元素中。

---

[7] 即步长为正时，循环控制变量是否大于终止值；步长为负时，循环变量是否小于终止值。

4) 强烈建议不要在循环体内改动循环控制变量的取值，例如

```
for !i = 1 to 25
    vector v{!i}    'v1 v12 v23 created
    !i = !i + 10
next
```

注意到 for 循环执行过程隐式地对循环控制变量进行了修改，结果只建立 v1, v12 和 v23 三个向量对象，循环结束后 !i = 34。

5) for 循环允许嵌套，例如

```
!n = 9
matrix(!n,!n) mx
for !i = 1 to !n
    for !j = 1 to !i
        mx(!i,!j) = !j
    next
next
```

将 9×9 矩阵 mx 的下三角矩阵的第 j 列填充为 j。

循环控制变量通常采用控制变量，如果使用标量对象，必须先声明，例如

```
scalar i
vector(11) v11
for i = 1 to 11
    v11(i) = i
next
```

此外，尽管循环控制变量和步长都允许取浮点数，但我们一般只使用整数。

二、字符串循环变量

有时候要根据字符串的取值，重复执行若干语句，此时可以使用字符串循环变量，例如

```
wfcreate u 100
series x = @obsid
!i = 1
for %x us cn fr   'work without doublequotes
    genr x{%x} = !i*x +nrnd
    !i = !i+2
next
```

先新建包含 100 个观测的工作文件，然后建立序列 x 保存观测编号，再用 for 循环产生序列 xus xcn 和 xfr，说明如下：

1) 循环控制语句中，和采用数值循环变量不同，循环变量的取值用列名单方式给出，跟在字符串循环变量名之后。虽然是字符串，可以不用双引号，当然，使用双引号也可以，即

```
for %x "us" "cn" "fr"   'work
```

而如下的循环控制语句中

```
for %x = us cn fr   'treat "=" as one string value for %x
```

等号被当成循环变量的一次取值，这里将有 4 次循环。

2) 可以同时使用多个字符串作为循环变量，例如

```
for %s %x 10 us 20 cn 50 fr
    smpl %s @last
    equation eq{%x}.ls x{%x} c x
next
c(8) = @val(%s)    'c(8) = 50
```

循环执行过程中，循环变量按两个一组的方式取值，相当于如下语句

```
smpl 10 @last
equation equs.ls xus c x
smpl 20 @last
equation eqcn.ls xcn c x
smpl 50 @last
equation eqfr.ls xfr c x
```

总共建立 3 个方程并进行估计，方程对象的名称分别为 equs, eqcn 和 eqfr。注意完成循环后，字符串循环变量保持最后一组取值，因此 c(8) = 50。

3) 多个字符串作为循环变量和嵌套循环是不同的，对于如下嵌套循环

```
for %s 10 20 50
    for %x us cn fr
        smpl %s @last
        equation eq{%x}{%s}.ls x{%x} c x    '9 eqs
    next
next
```

将建立 9 个方程：eqcn10, eqcn20, eqcn50, equs10, equs20, equs50, eqfr10, eqfr20 和 eqfr50。对比刚才的例子，显然 equs=equs10, eqcn=eqcn20 及 eqfr=eqfr50。

4) 虽然字符串循环变量的 for 循环可以转换为数值循环变量的 for 循环，但是相比之下，采用字符串循环变量的方式不仅直观而且简便。

三、用途

FOR 循环的用途，体现在循环控制变量取值的使用上：

1) 改变工作样本集，例如

```
wfcreate u 120
series x = @obsid*nrnd
!n = @obsrange/2
vector(!n) vm
for !i = 1 to !n
    smpl !i @last
    vm(!i) = @mean(x)
next
smpl @all
```

在全部样本中，从开头逐个减少观测直到只剩下后半部分的观测，查看前一半观测对均值的影响。其中函数 @obsrange 取得工作文件（当前工作页）的全部观测数，函数 @mean 计算当前样本集观测的平均值。

2) 存取序列或者矩阵对象成员

```
vector(!n) v
v(1) = @elem(x,"2")
```

```
    for !i = 2 to !n
        v(!i) = v(!i-1) + @elem(x,@str(2*!i))
    next
```

计算观测编号为偶数的观测值的累加和，保存到向量中。其中函数 @elem 取得序列在给定时期的观测值，注意其第二个参数必须为字符串。

§2.2.3　WHILE 循环

WHILE 循环提供了更灵活的循环控制，仅当满足一定条件时，才执行循环。我们用例子来说明

```
wfcreate u 4
scalar a = 3
while a>1
    a = a - 1
wend
```

得到标量对象 a 的值为 1，说明如下：

1) while 循环语句块由关键字 while 开始，到关键字 wend 结束，两个关键字必须配对，两个关键字间的语句行数（称为循环体）不受限制。循环体的语句缩进不仅美观，而且方便阅读。

2) 循环语句块中以关键字 while 开始的语句称为循环控制语句，关键字 while 后接着表达式。该表达式取值为 0 或者 na 时，直接跳到 wend 语句后面执行；否则，执行循环体内的语句，一直到 wend 语句前一语句，然后回到循环控制语句，重新计算表达式以决定是否再次进入循环。

3) 循环控制语句之前，循环控制语句中表达式包含的变量要进行初始化，初始化是 while 循环语句的组成部分。

4) 在循环体内，一定要修改循环控制语句中表达式包含的变量，否则一旦进入循环体，由于循环条件总为真，将陷入死循环。[8]

5) 循环控制语句的表达式可以包含字符串，要注意字符串的比较是区分大小写的，例如

```
%s = "ABCD"
while %s < "C"
    %s = @mid(%s,2)    'trim the 1st char
wend
```

每次循环，去除字符串变量 %s 的第一个字符，循环结束后，%s = "CD"。

6) 对于第 66 页中循环控制变量在 for 循环体内被修改的例子，如下采用 while 循环实现的版本要清晰许多。

```
!i = 1
while !i < 25
    vector v{!i}    'v1 v12 v23 created
    !i = !i + 11
wend
```

不同于 for 循环对循环控制变量的隐式修改，while 循环需要显式修改。

7) 类似于 for 循环，while 循环允许嵌套。

---

[8]出现死循环时，可以按 F1 键停止程序执行 (不是退出 EViews 本身)。

§2.2.4 跳出循环

循环执行过程中，有时候满足一定条件时想提前终止循环。例如给定300个收益率数据的观测记录，找出第一次出现价格连续三次上涨的时期，程序代码如下

```
wfcreate u 300
rndseed 12357
series z = nrnd
genr zz = z>0
vector v = zz
for !i = 1 to @obsrange-2
    if v(!i)+v(!i+1)+v(!i+2)=3 then
        c(1) = !i 'hit 3 ups begin =23
        exitloop
    endif
next
```

程序中先把收益率为正（即价格上涨）的哑变量保存在向量 v 中，然后从第 1 个观测开始，逐个检查是否出现价格连续 3 次上涨。如果发现三次连续上涨，用 c(1) 记录开始时刻。

在 for 循环或者 while 循环中，exitloop 跳过该语句到循环结束语句之间的语句，不是停止程序执行，而是继续执行循环结束语句 (next 或者 wend) 之后的语句。嵌套循环包含 exitloop 时，退出的是它所属的那层循环，例如

```
!n = 8
!m = n/2
matrix(!n,!n) mx
for !i = 1 to !n
    for !j = 1 to !n
        if !j>!m and !i>!m then
            exitloop
        endif
        mx(!i,!j) = 1
    next
next
```

exitloop 跳出的是循环控制变量为 !j 的内层 for 循环。

§2.2.5 子程序

所有高级语言都有子程序的概念，子程序是一个相对独立的模块，往往包含多个语句，实现一定功能。对于多个语句组成的程序段，采用子程序调用的方式，只需要一个语句，就能执行程序段里的全部代码。要善于利用子程序，以减少重复编写程序段的工作量，子程序的优点有：

- 功能模块化：独立性强，易于开发、维护和升级。
- 灵活性：使用不同的实参进行调用，分析不同的样本或者采用不同的算法。
- 功能扩展：实现 EViews 未内建的数据处理和计量分析方法。

如果不采用子程序的方法，每次重复写或者复制那些语句，并需要相应的调整，容易出错。而且由于代码大量重复，又长又不直观，若发现错误，进行修改时牵动的地方太多。

一、定义子程序

首先给一个简单而完整的例子。

```
    subroutine   init
       tic       'Reset the timer
       rndseed(type=mt) 12357   'Seed the MT random number generator
       %t = @strnow("YYYY-MM-DD_HH-MI-SS")
       output(r,c) %t   'send all outputs to rtf, with cmd logging
       pon              'Turn on automatic printing
    endsub

    wfcreate u 400
    call init
    genr x = nrnd
    x.hist
```

程序的开头先定义了 init 子程序,该子程序完成一些初始工作,依次为:

- tic 启动计时器。
- rndseed 设置随机数发生器为改进的 Mersenne Twister, 以及种子数为 12357。
- 取得当前日期,并格式化为 "YYYY-MM-DD_HH-MI-SS",例如 "2007-12-13_14-25-59"。
- output 语句将所有打印输出转向到 rtf 文件中 (选项 r), 文件名为当前日期。产生打印输出的相应命令本身也被记录到 rtf 文件中 (选项 c)。
- pon 打开自动打印功能。

然后是建立工作文件, 调用该子程序进行初始化, 最后两行是简单的测试代码。说明如下:

1) 子程序由关键字 subroutine 开始, 到关键字 endsub 结束, 两个关键字必须配对, 两个关键字间的语句行数不受限制。子程序内的语句缩进不仅美观, 而且方便阅读。
2) 子程序的名字跟在关键字 subroutine 之后, 子程序可以带参数 (参见下一子小节)。
3) 例子中程序执行时, 第一个被执行的语句是 wfcreate u 400, 定义子程序的程序段被先跳过, 只有子程序被调用的时候才执行。我们把程序文件中除去所有子程序的代码之后, 剩下的语句作为一个整体称为主程序。
4) 子程序的调用使用 call 命令, EViews 要求子程序的定义和调用命令必须在同一程序文件中。[9]
5) 子程序定义的位置是任意的, 可以在调用命令 call 之前或者之后。但子程序定义不能有交叠, 即两个子程序的 subroutine 到 endsub 之间不允许任何重叠。
6) 子程序可以相互调用, 也可以自己递归调用自己。

子程序被调用时, 将执行 subroutine 到 endsub 之间的语句。子程序也可以用关键字 return 提前返回, 例子参见下一子小节中的子程序 find3up。

二、参数传递

没有参数的子程序, 如果没有引用外部的变量, 每次被调用时行为完全相同。子程序通过传入和传出参数与外界交换信息, 参数传递增强了子程序的功能, 并提高了灵活性。例如

```
    wfcreate u 300
    rndseed 12357
    series z1 = nrnd    'return of asset
    scalar a = -1       'begin of 3 ups
    call find3up(z1,a)
```

---

[9]可以使用 include 命令将其他程序源代码 prg 文件包含进来, 具体参见 §2.3 节中的第 77 页。

```
        c(1) = !i    '!i in find3up
    subroutine find3up(series z, scalar a)
        genr zz = z>0
        vector v = zz
        for !i = 1 to @obsrange-2
            if v(!i)+v(!i+1)+v(!i+2)=3 then
                a = !i
                return
            endif
        next
    endsub
```

子程序 find3up 寻找首次价格连续三次上涨的开始时间，是第 69 页例子的子程序版本。定义带有参数的子程序时，子程序名后面小括号里的变量称为"形式参数"（简称"形参"）。每个形参由 EViews 对象名和参数名组成，之间用空格隔开，形参之间则用逗号分隔。调用子程序时，子程序名后面小括号中的表达式称为"实际参数"（简称"实参"）。call find3up(z1,a) 调用子程序后，形参 z 指代实参 z1，子程序内，对 z 的引用和修改实际上被操作的是实参 z1。

EViews 程序中调用带有参数的子程序时，参数的类型必须相容，个数必须相等。

1) 要传入字符串时，对应的形参为 string 类型 (EViews 7 的字符串对象)。例如

```
    subroutine sqser(series z, string %name)    'string type
        series {%name} = z^2
    endsub

    wfcreate u 4
    series y = @obsid
    genr z = y*2
    call sqser(y,"y2")
```

执行该程序，在工作文件中将建立三个序列对象：y, z 和 y2。序列对象 z 的取值是 y 的两倍，而序列对象 y2 的取值是 y 的平方。

工作文件中的序列对象 z 是全局变量 (global variable)，子程序 sqser 中的形参序列对象 z 是局部变量 (local variable)。call sqser(y,"y2") 传递给形参 z 的序列对象为 y，子程序 sqser 中，形参 z 指代实参 y。请注意，全局变量 z 在子程序 sqser 中不可见，被形参 z 覆盖了。

2) 当形参为为标量对象类型时，除了标量对象可以作为实参以外，控制变量、常数或者矩阵元素，乃至标量值的表达式都可以作为实参。例如

```
    wfcreate u 4
    !k = 1
    call arga(5)

    subroutine arga(scalar a)
        c(!k) = a+1
        !k = !k+1
    endsub

    !n = 7
    scalar b = 8
    call arga(!n+b)

    matrix(2,2) mxa
```

```
            mxa.fill 1,3,5,7    'fill by col
            call arga(mxa(2,1))
```

执行该程序后，c(1) = 6, c(2) = 16 和 c(3) = 4。

3) 当实参为 EViews 对象时，子程序中可以引用或者修改外部变量(实参中的变量)

```
            subroutine argMx(matrix mx)
                mx = mx +b
            endsub

            call argMx(mxa)
```

矩阵 mxa 的每个元素将增加 8 (主程序中 b=8)。

4) 当实参为表达式时，子程序内通过形参无法修改实参中变量的取值

```
            call argMx(mxa+1)
```

实参为表达式时，形参 mx 被赋予表达式的值。修改局部变量 mx 的值，不会影响变量 mxa 的值。

5) 实参可以用置换变量

```
            %s = "mxa"
            call argMx({%s})
```

相当于 call argMx(mxa)。

三、局部子程序

前面例子中的子程序，都是 EViews 的全局子程序：

1) 在全局子程序中创建的对象保存到工作文件中。
2) 全局子程序可以直接引用工作文件(当前工作页)里的对象。
3) 全局子程序声明或者修改的程序变量，在主程序和其他全局子程序里可见。

如果将子程序定义成局部的，将有如下限制：

1) 局部子程序中创建的对象，不保存到工作文件中。
2) 局部子程序不能直接使用工作文件的对象(每个工作页内建的系数 C 和残差序列 resid 除外)，只能使用局部子程序内部定义的变量(形参，新建的 EViews 对象或者程序变量)。
3) 外部也不能直接使用局部子程序内的变量(EViews 对象或者程序变量)。

如果子程序创建的对象，无需保存到工作文件中，而是子程序执行完就想随之丢弃，建议使用局部子程序。若要声明局部子程序，需要在关键字 subroutine 之后加上 local 关键字。例如

```
            subroutine local oddVec(vector z)
                !n = @rows(z)
                for !i = 1 to !n step 2
                    z(!i) = -z(!i)
                next
                'c(1) = !k   'error, !k is not defined
            endsub

            wfcreate u 4
            series id = @obsid
            vector v = id
```

```
    !k = 1
    call oddVec(v)
    'c(2) = !n    'error, !n is not defined
```

局部子程序 oddVec 将向量的奇数位置的元素反号。请注意局部子程序的"隔离"性：局部子程序外部定义的变量在局部子程序内不可见，局部子程序内定义的变量在局部子程序外也不可见。因此，主程序定义的程序变量 !k 在局部子程序 oddVec 中不可见；反过来，局部子程序 oddVec 中的程序变量 !n 在主程序中不可见。

如果想要在局部子程序内引用或者修改外部变量，只能通过参数传递来实现。也就是说，局部子程序只能通过参数传递与外部交流，除非通过参数传递这个窗口，局部子程序看不到子程序外面的世界，外面的世界也看不到局部子程序内部的变量。有种情形比较特殊，就是当群对象作为局部子程序的参数时，局部子程序内群对象的序列对象成员是可见的。例如

```
    wfcreate u 4
    genr id = @obsid
    genr x = 2
    group g id x
    call lgSub(g)

    subroutine local lgSub(group g)
        g(2) = log(g(1))
    endsub
```

尽管局部子程序内创建的对象不会被保存下来，但是，局部子程序内建立的工作页（参见第 93 页 §2.5 节），或者对当前工作样本集的改动，都会被保留下来。例如

```
    subroutine local localSub    'run on V7 2010-05-12 build
        pagecreate(page=pt) u 4
        genr x = 1    'V5: keep x
        smpl @first+1 @last-1
        vector v = x
        resid(1) = @sum(v)
        c(1) = @sum(v)
        pageselect p0
        smpl @first+1 @last-1   'V5: no effect
        genr id = @obsid
    endsub

    wfcreate(page=p0) u 8
    call localSub    'V5: produce some unexpected results
```

运行该程序，我们发现：

1) 局部子程序建立的工作页 pt 被保留下来。而序列对象 x 和向量对象 v 则没有被保存。
2) 局部子程序中，工作页内建的系数 c 和残差序列 resid 是可见的。工作页 pt 中，c(1)=2，resid(1)=2。
3) 样本设定命令 smpl 将修改当前样本集，哪怕是在局部子程序内中。工作页 pt 中，工作样本集只包含两个观测；而工作页 p0 中，工作样本集则由调用子程序前的包含全部 8 个观测，修改成只剩下中间的 6 个观测。

局部子程序作为子程序，可以调用其他子程序（全局或者局部），也可以被其他子程序（全局或者局部）调用。具体请参考下一子小节的例子。

四、例子

下面我们用一个综合的例子来结束子程序的介绍(首次阅读可以先跳过):

- 全局子程序 adda 将参数标量对象 b 的值修改为原先值加上当前工作页中标量对象 a 的值。
- 局部子程序 lAddC1 将参数标量对象 a 的值修改为原先值加上当前工作页中系数对象 c(1) 的值。
- 局部子程序 lFun 修改参数标量对象 a 和 b 的值,以局部程序变量 !n 为实参,分别调用了全局子程序 adda 和局部子程序 lAddC1。
- 全局子程序 arg 在当前工作文件中新建工作页 p04。

完整代码如下:

```
wfcreate(wf=wf01,page=p01) u 4
series id = @obsid
scalar a = 1
scalar b = 2
c(1) = 1
call lFun(a,b)

subroutine adda(scalar b)
    b = b +a
endsub

subroutine local lAddC1(scalar a)
    a = a +c(1)
endsub

subroutine local lFun(scalar a, scalar b)
    a = a*10
    !n = a
    call lAddC1(!n)
    call adda(!n)
    vector(b) id = 1
    b = !n + @sum(id)
endsub

wfcreate(wf=wf02,page=p02) u 8
scalar a = -1
scalar b = 3
c(1) = 2
call lFun(a,b)
call arg(a)

subroutine arg(scalar b)
    pagecreate(page=p04) u 4
    c(1) = 1
    'c(2) = b     'error
endsub
```

执行该程序,将创建 wf01 和 wf02 两个工作文件。工作文件 wf01 的工作页 p01 中,标量 a=10, b=23。具体执行过程为:

1) 初始化标量对象 a,b 和系数 c(1),call lFun(a,b) 进入局部子程序 lFun $\Longrightarrow$ a=1, b=2
2) a = a*10 $\Longrightarrow$ a=10 (子程序 lFun 的形参 a 对应 wf01::p01\a,其中 wf01::p01\a 表示工作文件 wf01 的工作页 p01 中的标量对象 a,故 wf01::p01\a=10)

3) `call lAddC1(!n)` $\Longrightarrow$ `!n=11`
4) `call adda(!n)` $\Longrightarrow$ `!n=21` (子程序 `adda` 里，`a` 的当前值为 `wf01::p01\a=10`)
5) `vector(b) id = 1` $\Longrightarrow$ `id=[1;1]`
6) `b = !n + @sum(id)` $\Longrightarrow$ `b=23` (`@sum(id)` 值为 2 表明向量 `id` 曾经存在过)

类似地，工作文件 `wf02` 的工作页 `p02` 中，标量 `a=-10,b=-15`。几点说明如下：

- 子程序是基于程序源代码 `prg` 文件的，程序可能打开了多个工作页 (打开的工作文件有多个工作页或者打开多个工作文件)。在两个工作文件内，分别都调用了局部子程序 `lFun`。
- 局部子程序只能通过参数传递跟外部交流，这里的外部可以是调用它的局部子程序。通过参数传递，局部子程序 `lAddC1` 修改了局部子程序 `lFun` 中的局部变量 `!n`。
- 局部子程序中的变量是局部可见的：例如工作文件 `wf01` 的工作页 `p01` 中 `id` 是序列对象，而局部子程序 `lFun` 中，`id` 是向量对象，两者是独立的。
- 全局子程序中，子程序直接存取的外部对象，是当前工作页的对象。因此，子程序 `adda` 中，变量 `a` 取自当前工作页。
- 子程序中如果改变了当前工作页 (离开了调用子程序时的当前工作页)，形参将不可见 (形参作为对象，依赖于工作文件，并没有游离于子程序被调用时的当前工作页)。例如全局子程序 `arg` 中，语句 `c(2) = b` 将引起"变量未定义"的错误。

§2.2.6 小结

本节介绍 EViews 的流程控制和子程序，关键字的总结请参考表 2.4 (第 82 页)。

1) `if` 语句实现分支的选择执行。
2) 循环结构有两类，`for` 循环和 `while` 循环：
   (a) `for` 循环适合循环次数已知的情况，可以使用标量对象、控制变量和字符串变量作为循环控制变量。字符串变量进行循环控制时，可以使用多个字符串变量；数值型变量作为循环控制变量时，隐式修改循环控制变量。
   (b) `while` 循环更加灵活，但循环前一般需要进行初始化，循环体内要显式修改循环控制语句中表达式包含的变量 (表达式的值才可能改变，否则将导致死循环)。
3) 子程序实现功能的模块化，便于开发和维护。通过参数传递，提高了子程序的灵活性。EViews 的子程序分为全局子程序和局部子程序，两者的区别是变量的可见范围。

§2.3 编程和执行

EViews 是可编程的,我们可以通过编制程序,轻松完成重复性工作,记录研究过程,促进研究的深入和美化结果的展示等。EViews 程序语言的特点有:

- 命令语句是经济计量分析的自然语言,如方程的设定和估计 `eq01.ls y c x`。
- 用对象来组织经济计量分析方法,对象是具有一定功能的相对独立的实体。例如用方程对象,完成方程的设定、估计、检验和预测等。
- 完整的程序语言,如程序变量、流程控制和子程序等。
- 丰富的函数,实现数值计算、统计分析和字符串处理。
- 宏替换机制,动态形成程序语句,极大的提高了程序的灵活性。

§2.3.1 编辑程序

程序文件是文本文件,它包含 EViews 的命令、赋值语句和流程控制语句等程序语句。程序文件不是 EViews 对象,EViews 的程序文件后缀为 `prg`。我们通过执行程序文件,来建立、使用和管理工作文件以及工作文件中的 EViews 对象,完成经济计量分析的工作。

一、程序文件

由于 EViews 的程序源代码 `prg` 文件是文本文件,任何文本编辑器都可以用来打开或者新建、编辑和保存程序文件,只是要注意其文件名的后缀为 `prg`。EViews 程序文件的基本操作有:

1) 新建程序文件:启动 EViews 后,可以在其命令窗口,输入命令

```
program abc
```

EViews 将打开一个程序编辑窗口,并新建程序文件 `abc.prg`,文件处于可编辑状态。

2) 保存:编辑完成后,点击 `Save` 按钮保存,或者通过菜单操作 `File/ Save` 的方式保存。

3) 打开已有的程序文件,可以在 EViews 命令窗口输入命令

```
open abc.prg
```

打开当前工作路径下的程序文件 `abc.prg`。打开文件时,也可以给出完整的路径,如

```
open D:\Doc\prg\Demo.PRG
open "D:\My Doc\prg\Demo.PRG"
```

注意在 EViews 命令窗口用 `open` 命令打开程序文件时,后缀名 `prg` 必须显式给出。打开程序文件的另外方式是通过菜单,即 `File/ Open/ Program ...`,然后在打开文件对话框里操作。

4) 程序文件的执行将在下一小节讨论。

由于 EViews 的程序开发环境很简陋,程序文件编辑器也很粗糙,EViews 6 的编辑器才提供语法加亮。程序的编辑和执行,可以采用其他功能更强大的编辑器,如免费软件 PSPad、Notepad++ 和 SciTE 等,以及功能强大的商业软件如 UltraEdit,这些软件不仅可以设置语法加亮,而且还可以在编辑器内直接启动 EViews 执行当前的 `prg` 文件。

二、编辑

EViews 程序文件是文本文件，编辑文本文件是很基础的工作，这里只是给出几点建议：

1) EViews 程序文件一行只包含一个语句，一行不要写多个语句。
2) EViews 程序文件中，语句太长时，放在一行上，不美观也不方便查看，此时可以使用下划线来续行。当然为了突出某些内容，也可以使用续行，例如

```
wfopen(type=html) "http://finance.yahoo.com/q/hp?s=%5EIXIC" _
         names =(Date Open High Low Close Volume AdjClose)
```

下划线在行末表示续行。当然这里指的是单独的下划线，即下划线之前有分隔符将行内的其他内容分开 (最常用的续行方式是在行末先添加空格，再给出下划线)。

3) 表达式中运算符号两侧的空格是可选的，建议适当地使用空格，增加代码的可读性，例如

```
!t = 1 + 2*3 - 4/5    'Blank spaces improve readability
```

4) 程序语句缩进不影响程序的执行，但语句缩进不仅美观，而且方便阅读。
5) 程序文件中，单引号出现在一行中的任何位置，单引号到行末的内容成为注释 (字符串内除外)，程序执行时，忽略注释的内容。请参考 §1.2 节 (第 7 页) 的例子 demo.prg。
6) 注释是编程的基本要求，其重要性怎么强调都不过分。要牢牢地建立这样的理念——编写没有注释和文档的程序是在浪费生命。

三、多程序文件

当程序文件太长时，可以把程序分成几个文件，然后用 include 命令包含进来。例如，只要先将如下的两行代码保存成 rndseed_mt.prg 文件

```
'Seed the MT random number generator
rndseed(type=mt) 12357
```

然后就可以用 include 命令将该文件包含到其他程序文件中。假设 include01.prg 文件的内容为

```
include rndseed_mt.prg
wfcreate u 4
genr x = rnd
```

将先执行 rndseed_mt.prg 的全部代码，再执行随后的语句。关于 include 语句：

1) include 语句可以出现在程序的任意地方，甚至是子程序的定义内。
2) include 语句插入的程序文件默认为 prg 文件，因此可以省略 prg 后缀。例如

```
include rndseed_mt    'without extension .prg
```

3) 如果被包含的文件不在当前工作路径，需要使用完整的路径，例如

```
include "D:\My Doc\prg\rndseed_mt.PRG"
```

4) 可以嵌套 include，例如 a.prg 中 include b.prg，且 b.prg 中有 include c.prg。
5) include 的重要用途是包含定义子程序的文件：可以把子程序的定义存放在一个或者多个文件中，类似于子程序库，方便分类、管理和使用相关子程序。当需要某个子程序时就无需重复定义，用 include 命令把定义子程序的文件包含进来即可。

§2.3.2 执行程序

先编写 EViews 程序文件，然后以批处理的方式执行，称为程序模式 (program mode) 或者编程方式。编程方式下，EViews 执行的代码不是来自命令窗口，而是来自程序文件。为了交流的方便，本讲义中：

- 启动 (launch, start) EViews 程序，指操作系统启动 EViews 应用程序。
- 执行 (execute, run) EViews 程序，指程序源代码 `prg` 文件在 EViews 里解释执行。

程序文件在 EViews 里是解释执行的，不是编译运行 (即编译成可执行文件，再运行) 的。

一、程序执行

执行 EViews 程序，通常有三种方式：

1) 启动 EViews，在命令窗口输入 `run` 命令，例如

    ```
    run D:\Doc\prg\Demo.PRG
    ```

    将执行 `Demo.PRG` 文件。

2) 打开程序文件到 EViews 程序编辑窗口中，然后点击左上角的 `Run` 按钮，将弹出 `Run Program` 对话框，必要的话填写对话框，点击 `OK` 按钮执行程序。

3) 第三种方式是本讲义推荐的方式，同时启动 EViews 并自动执行程序文件。即在 Windows 的命令行 (Command Prompt) 窗口[10] (不是 EViews 的命令窗口) 里输入命令，例如

    ```
    C:\EViews7\EViews7.exe "D:\Doc\include01.prg"
    ```

    将启动 EViews 并执行 `include01.prg` 文件 (这里假设 EViews 7 安装在 `C:\EViews7` 目录下，并且 `include01.prg` 文件保存在 `D:\Doc` 文件夹中)，更多例子请参考 §1.1.3 节 (第 5 页)。

EViews 命令窗口的 `run` 命令执行方式，可以使用参数覆盖全局选项，例如

```
run(c,q,3) D:\Doc\prg\Demo.PRG
```

表示执行程序时不打开程序文件到程序编辑器中（选项 c），以安静模式执行（选项 q），即执行程序语句时，不在状态栏上显示当前执行的语句，加快程序执行。命令中的参数 3 将停止执行程序前的最大出错次数（该参数在本小节的出错处理里详细讨论）设置为 3，默认为 1 (遇到错误即停止执行)。`run` 命令的选项如下表

选项	含义
整数	停止执行程序前的最大出错次数
c	不打开程序文件到程序编辑器中
q, quiet	安静模式，不在状态栏显示信息
v, verbose	唠叨模式 (verbose mode)，在状态栏显示当前执行的语句
ver4	版本 4 模式，兼容以前的程序文件
ver5	版本 5 模式

EViews 命令窗口的 `run` 命令如果带参数，执行方式为参数给定的方式，忽略全局设置。`run` 命令带参数只影响当次执行，并不修改全局设置。

---

[10] 打开命令行窗口的方法参见第 5 页的脚注 **2**。我是采用外部编辑程序直接启动 EViews 并执行当前的 `prg` 文件的。

在程序编辑窗口里点击 Run 按钮时，执行的是程序编辑窗口里的代码。需要说明的是，该方式下，EViews 并不自动保存程序编辑窗口里的文件。[11]因此，我们可以新建程序编辑窗口，复制或者编辑程序段，通过点击 Run 按钮的执行方式，进行测试和学习。

EViews 执行程序时：

- 命令窗口的 run 命令执行方式不会弹出对话框。但是，如果 prg 文件已经打开在 EViews 程序编辑器中，将执行程序编辑器中的文件 (内存中)，而不是硬盘上的文件。
- 程序文件中，可以使用命令 mode 来改变执行模式，例如

```
mode quiet ver4
```

将程序的执行模式设置为版本 4 的安静模式。在一个程序文件中，可以多次改变执行模式，例如

```
tic
wfcreate u 10000
series x = 0
mode quiet    '30 times fast here
for !i = 1 to 10000
   smpl !i !i
   x = nrnd*log(!i) + (-1)^!i
next
mode verbose
smpl @all
x.line
toc
```

在 EViews 的状态信息栏上，可以看到执行时间大约为 1 秒。如果在循环之前的安静模式改为唠叨模式，程序运行需要约半分钟，可见唠叨模式更新状态信息栏的显示非常费时间。因此我们在全局设置 (第 956 页 §C.1 节) 里，将 EViews 的程序执行模式设置为安静模式。

- 程序文件中，可以使用 stop 来停止程序文件的执行。如果换成 exit 命令，它不仅停止程序文件的执行，还将关闭 EViews 应用程序本身，而且退出 EViews 时，所有打开的工作文件都不保存。

最后，我再强调一下，Windows 的命令行执行方式是最灵活高效的执行方式：

- 只要知道 EViews 的应用程序的完整路径，并提供程序文件的完整路径，可以随时随地执行任意路径里的 prg 程序文件，并传递程序参数 (参见下一子小节)。
- 不喜欢输入命令的话，可以把命令做成快捷方式，点击执行。
- 进一步地还可以使用 DOS 批处理，启动 EViews 并执行程序文件。
- 更进一步地，使用操作系统的 at 等任务安排命令，在给定的日期和时间执行程序。

二、程序参数

程序文件执行时，允许传入参数，称为程序参数，这也是我们在讨论子程序时，把程序文件中剔除子程序定义的部分称为主程序的一个理由。程序参数为特殊的字符串变量，名字为 %0, %1, %2 · · · ，因此我们把程序参数当成字符串变量使用，例如把如下的代码保存成

---

[11]如果打开程序源代码 prg 文件后，进行了编辑修改，当点击 Run 按钮执行时，执行的是程序编辑器内存里的代码，而不是硬盘里的版本。

```
Args.prg
wfcreate u 4
table tb
tb(1,1) = %0 + "+First!"
tb(2,1) = %1
tb(3,1) = %2
```

则可以采用如下几种方式执行该程序

```
c:\EViews\EViews5.exe D:\Doc\prg\Args.prg a00
c:\EViews\EViews5.exe D:\Doc\prg\Args.prg a00 b01
c:\EViews\EViews5.exe D:\Doc\prg\Args.prg a00 b01 c02
```

即程序参数跟在程序文件名后，需要说明的是：

1) 程序参数当成字符串变量使用，第一个程序参数为 %0 而不是 %1。
2) 没有传入的程序参数如果被引用，取值为空串，因此第 2 行的命令执行时，%2=""。
3) 程序参数是字符串变量，可以作为置换变量，例如把下面的代码保存为 myprog.prg

```
%p = @evpath + "\Example Files\data\progdemo"
wfcreate {%0} m 1968m3 1997m6
fetch %p::{%1}
smpl 1968m5 1992m12
equation eq1.ls {%1} c {%1}(-1)
eq1.makeresid {%1}res
smpl 1993m1 1997m6
eq1.forecast {%1}fit
freeze({%1}plot) {%1}fit.line
```

这是改编自 EViews 手册上的例子，可以传入不同的参数执行该程序

```
c:\EViews\EViews5 D:\Doc\prg\myprog myhouse hsf
c:\EViews\EViews5 D:\Doc\prg\myprog mysp500 fspcom
```

注意传入不同的程序参数，尽管进行相同的处理，但分析和预测的变量不同，前者是房屋开工数，后者为标准普尔 500 指数。

三、出错处理

默认的设置下，程序执行碰到任何错误都将停止。可以修改停止执行程序前的最大出错次数，方法是修改 EViews 的全局设置，或者使用命令 run 的参数。假设 error.prg 的内容为：

```
wfcreate u 4
genr x = @obsid
genr z = x-3
c(1) = @errorcount
genr y = x/z      'Division by zero
c(2) = @errorcount
z(1) = inf    'INF is not defined
c(3) = @errorcount
```

启动 EViews，在命令窗口输入

```
run(5) error.prg
```

将产生 errors.log 文件，内容如下

```
Division by zero - Missing data generated in "GENR Y = X/Z"
INF is not defined in "Z(1) = INF"
```

并且系数对象 c 的前三个元素取值分别为 0, 1 和 2。几点说明如下：

1) 函数 @errorcount 返回当前的总出错数。
2) run(5) error.prg 将停止执行程序前的最大出错次数设置为 5，并执行 error.prg 程序。因此，在第一个出错后仍继续执行，直到达到 5 次出错方停止执行。当然，如果出现严重错误无法继续执行程序，尽管还未达到最大出错次数，也将停止执行。
3) EViews 语言的出错处理功能很弱，只提供出错个数的总数，没有真正的出错处理机制（如取得出错类型，以及 try-catch 等）。

四、工作文件

用 EViews 进行经济计量分析，程序中只要使用到 EViews 对象，都必须事先打开工作文件。如果还没有打开工作文件，就在 EViews 命令窗口输入

```
scalar y = 3
```

将出错，EViews 提示要先新建或者打开工作文件。同样地，执行程序 prg 文件时，操作到任意的 EViews 对象之前必须确保已有工作文件打开，否则也将导致错误。程序文件中，最开始的地方往往是建立或者打开工作文件。[12]此外，需要提醒的是：

- 程序 prg 文件没有被限制在某个工作文件中，单个 prg 程序可以处理多个工作文件。例如第 74 页的例子，程序中新建了两个工作文件，并且在打开不同的工作文件时，分别调用同一子程序。
- 执行程序 prg 文件 (特别是子程序) 时，表达式引用到的 EViews 对象必须在当前工作页内。

五、程序变量

在 §2.1.2 节 (第 48 页) 我们讨论了程序变量，即控制变量、字符串变量和置换变量。这里强调一下，程序变量的作用范围，或者其存活期是基于程序 prg 文件的，程序文件执行完毕，就消失。哪怕是在 EViews 窗口先后输入 run 命令，前一个 prg 文件建立的控制变量在后续的 prg 文件里也是不可见的。

程序变量是游离于工作文件的，不被限制在某个工作文件中。不管当前工作页在哪个工作文件，程序变量可以和当前工作页的对象形成表达式。

§2.3.3 命令和函数

EViews 作为编程语言，其命令和基础函数简要总结在表 2.4 中，更详细的讨论请参考 EViews 的文档。下面只是若干提示：

1) 命令 run 也可以出现在程序 prg 文件中，但执行完 run 语句后将停止执行。例如

```
wfcreate u 4
genr x = 0
run rndseed_mt    'prog stop here
genr y = rnd
```

执行完 rndseed_mt.prg 的代码后将停止，工作文件中没有序列 y。EViews 7 提供了 exec 命令，执行外部 prg 文件 (内存或者硬盘中) 时支持传递程序参数，然后继续执行 exec 语句之后的语句 (如果要把文件的内容包含到另一文件中，参见第 77 页里的 include 命令)。

---

[12]工作文件的基本介绍参考 §1.3 节 (第 21 页)，多页工作文件请参考 §2.5 节 (第 93 页)，结构更复杂的面板结构文件请参考 §9.1 节 (第 394 页)。

表 2.4 EViews 语言的命令和基础函数

类别		关键字
基本命令		
	命令窗口	`open program run`
	打印输出	`output pon poff`
	时间	`tic toc`
	执行	`mode include stop exit`
	状态栏	`statusline`
流程控制		
	IF	`if then else endif`
	FOR	`for to step next exitloop`
	WHILE	`while wend exitloop`
	子程序	`call subroutine endsub return`
函数		
	时间	`@date @time @toc`
	路径	`@evpath @runpath @temppath`
	其他	`@errorcount @isobject`

2) 命令 `toc` 将逝去的秒数 (从最近那次计时器被重置开始) 显示在状态栏上，而函数 `@toc` 返回重置计时器到调用该函数时经历的时间秒数。日期函数如 `@date` 和 `@time` 分别返回日期和时间的字符串，具体请参考表 2.6 (第 89 页) 的说明。

3) 函数 `@evpath` 返回 EViews 的安装目录，而函数 `@runpath` 返回当前正在执行的 `prg` 文件路径。函数 `@evpath` 方便使用 EViews 自带的例子文件，例如

```
%wf = @evpath + "\Example Files\data\demo"
wfopen %wf
```

§2.3.4 小结

编程方式使用 EViews 是进行经济计量分析的最佳方式：

1) EViews 程序文件是文本文件，可以使用自己喜欢的文本编辑器进行编辑。
2) 养成良好的编程习惯，程序的注释和文档的重要性，再强调也不过分。
3) 可以把子程序的定义安排在专门的文件里面，需要时用 `include` 命令包含进来。
4) 推荐使用 Windows 运行程序的方法 (命令行或者快捷方式) 来启动 EViews 并自动执行 `prg` 程序。
5) 程序参数方便对不同的数据进行相同的分析。
6) 程序文件中，要新建或者打开工作文件，否则无法存取 EViews 对象。此外，程序变量是基于程序文件的，文件执行完毕就消失。
7) EViews 程序语言的命令和基础函数，请参考表 2.4。

§2.4 字符串和日期

字符串是一串字符，往往代表一定的含义，如标识、电话号码或者日期信息等，可以从字符串提取和转换成各种信息。日期往往用字符串表示，而日期的运算通常基于数值计算，因此我们需要了解 EViews 中日期的数值表示，熟悉 EViews 日期和字符串的相互转换。

§2.4.1 字符串

EViews 字符串有常量和变量，狭义的理解，字符串指字符串常量。而字符串的变量中，最简单的是 EViews 程序变量中的字符串变量，当然字符串序列对象也是字符串的变量。

EViews 的字符串包含英文键盘上的所有字符，当前还不支持 Unicode 字符。EViews 字符串用双引号包含起来，双引号是 EViews 字符串的转义字符，字符串要包含双引号，必须使用连续两个双引号代表一个双引号，例如

```
"single double quote "" and single quote ' in the string"
```

还需要注意的是，单引号在字符串里是普通字符，不是注释的开始。

一、基本运算

字符串的基本操作有串接和字符串比较：

1) 字符串的串接使用加号，例如

```
%s = "EViews" + " " + "Programming"
%t = "1.2" + "304"
```

分别得到

```
%s = "EViews Programming"
%t = "1.2304"
```

注意字符串的"相加"是串接，故第二行的结果不是两个数值 1.2 与 304 的和 305.2。

2) 字符串比较时，字符串顺序基于 Windows 的区域设置，注意 EViews 从版本 5 开始，字符串比较区分大小写。字符串关系运算的操作符号为大于（>）、小于（<）、等于（=）、大于等于（>=）、小于等于（<=）和不等于（<>），例如

```
c(1) = ("a" <> "A")    '1
c(2) = ("a" < "A")     '1
c(3) = ("1" < "a")     '1
```

结果都为 1，只有当字符串完全相同时，字符串才相等。字符串进行比较时，小于体现的是字符串的顺序，排在前面的字符串小于排在后面的字符串，因此字符的顺序大致为数字在小写字母之前，小写字母在大写字母之前。[13]

3) 字符串比较时，如果没有空串参与，总是返回逻辑值 1 和 0。如果两个字符串都是某一字符串从开头开始的子串，那么长的子串排在短的子串后面，例如

---

[13]这三者在 ASCII 编码中，其顺序是数字，然后大写字母，最后是小写字母，数字 1 的 ASCII 码为 49，字母 A 和 a 的编码分别为 65 和 97。

```
            c(4) = ("ab" < "abc")      '1
```

结果为 1。该规则表明，作为普通字符串的空串总排在最前面。

二、空串

不包含任何字符的字符串称为空串 (empty string, null string)，空串在 EViews 中有多种解释：

- 在字符串串接时，解释为空字符串（blank string），不串接任何内容。
- 在分类时，解释为缺失值或者空字符串。
- 字符串比较时，解释为缺失值或者空字符串。

空串或者变量的值为空串参与字符串比较：如果是空串直接参与比较，则把空串当成普通字符串，例如

```
            c(5) = ("" = "")     '1
            %1 = "1"
            c(6) = ("" < %1)     '1
```

比较的结果都为 1。如果空串没有直接参与比较，而是变量的值为空串，则情况复杂一些。[14]根据参与比较两者的变量类型，可分为三种情况；

1) 如果是字符串变量和字符串变量的比较，只有在比较等与不等时把变量值为空串当成缺失值，其他比较当成普通字符串，例如

```
            wfcreate u 4
            %n = ""
            %s = ""
            c(1) = (%s = %n)       'na
            c(2) = (%s <> %n)      'na
            c(3) = (%s > %n)       '0
            c(4) = (%s >= %n)      '1
            c(5) = (%s < %n)       '0
            c(6) = (%s <= %n)      '1
            c(7) = @eqna(%s,%n)    '1
            c(8) = @neqna(%s,%n)   '0

            %n = ""
            %s = "1"
            c(11) = (%s = %n)       'na
            c(12) = (%s <> %n)      'na
            c(13) = (%s > %n)       '1
            c(14) = (%s >= %n)      '1
            c(15) = (%s < %n)       '0
            c(16) = (%s <= %n)      '0
            c(17) = @eqna(%s,%n)    '0
            c(18) = @neqna(%s,%n)   '1
```

注意函数 @eqna 和 @neqna 的参数可以是字符串，而且把空串当成普通字符串进行比较。特别需要注意的是，两字符串变量的值都为空串时，其等与不等比较结果都为 NA。

2) 如果是字符串序列对象和字符串序列对象的比较，与字符串变量和字符串变量比较的规则相同，只有在比较等与不等时把变量值为空串当成缺失值，其他比较当成普通字符串，例如

---

[14]EViews 文档给出的规则为，如果空串没有直接参与比较，而是变量的值为空串，则比较结果都为 NA，相当于把空串当成缺失值进行比较。该规则和测试结果不一致。

```
alpha ax         'init to null
alpha ay
genr aa_eq = (ax=ay)       'all na
genr aa_ne = (ax<>ay)      'all na
genr aa_g = (ax>ay)        'all 0
genr aa_ge = (ax>=ay)      'all 1
genr aa_l = (ax<ay)        'all 0
genr aa_le = (ax<=ay)      'all 1
genr aa_eqna = @eqna(ax,ay)    'all 1
genr aa_neqna = @neqna(ax,ay)  'all 0
group gaa aa_*
```

同样地，函数 @eqna 和 @neqna 总把空串当成普通字符串进行比较。

3) 如果是字符串变量和字符串序列对象的比较，则当字符串变量的值为空串时，当成普通字符串比较；当字符串变量的值为非空串时，字符串序列对象中的空串观测值只有在比较等与不等时当成缺失值，其他比较中当成普通字符串，例如

```
ay = ""
%n = ""
genr a0_eq = (ay=%n)     'all 1
genr a0_ne = (ay<>%n)    'all 0
genr a0_g = (ay>%n)      'all 0
genr a0_ge = (ay>=%n)    'all 1
genr a0_l = (ay<%n)      'all 0
genr a0_le = (ay<=%n)    'all 1
group ga0 a0_*

ay = "1"
%n = ""
genr a2_eq = (ay=%n)     'all 0
genr a2_ne = (ay<>%n)    'all 1
genr a2_g = (ay>%n)      'all 1
genr a2_ge = (ay>=%n)    'all 1
genr a2_l = (ay<%n)      'all 0
genr a2_le = (ay<=%n)    'all 0
group ga2 a2_*

ay = ""
%n = "1"
genr a1_eq = (ay=%n)     'all na
genr a1_ne = (ay<>%n)    'all na
genr a1_g = (ay>%n)      'all 0
genr a1_ge = (ay>=%n)    'all 0
genr a1_l = (ay<%n)      'all 1
genr a1_le = (ay<=%n)    'all 1
group ga1 a1_*
```

三、函数

我们将字符串函数汇总在表 2.5，为了方便，归类如下：

- 基本信息
  - 函数 @len @length @strlen 返回字符串的长度
  - 函数 @isempty 判断是否为空串

表 2.5 字符串函数

类别	函数
信息	@instr @isempty @len @length @strlen
操作	@insert @left @ltrim @mid @replace @right @rtrim @trim
转换	@datestr @dateval @dtoo @lower @otod @str @upper @val
其他	@eqna @neqna @strnow

- 函数 @instr 报告子串的位置

- 字符串操作函数

    - 取出子串，如 @left @mid 和 @right 函数
    - 裁剪字符串两侧的空格，如 @ltrim @rtrim 和 @trim 函数
    - 编辑字符串，如替换字符串的函数 @replace 和插入字符串的 @insert

- 转换

    - 字符串大小写转换，如函数 @lower 和 @upper
    - 字符串和数值的相互转换函数 @str 和 @val
    - 日期字符串和日期编码的相互转换函数 @datestr 和 @dateval
    - 以日期字符串表示的观测日期和整数观测编号的相互转换函数 @dtoo 和 @otod

- 特殊函数

    - 将空串当成普通字符串进行等或者不等比较的函数 @eqna 和 @neqna
    - 函数 @strnow 返回当前时刻的日期字符串

字符串函数的具体讨论请参考 EViews 的文档，下面仅给出几点必要的说明：

1) 与日期相关的函数将在下一一小节的日期函数中讨论。
2) 函数 @len @length 和 @strlen 是相同的，都返回字符串的长度。
3) 空串的长度为零，因此 @isempty(str) 相当于 @len(str) = 0 的值。
4) 函数 @str 有可选的表示数值格式的字符串参数，例如

```
@str(-1234.5607,"ft.3")
@str(-0.123456,"p.1")
```

得到的字符串为 "-1,234.561" 和 "-12.3"，其中数值格式 "ft.3" 中的 "t" 表示整数部分每三位用逗号分隔，而数值格式 "p.1" 表示格式化为百分比格式，百分数的小数位保留 1 位。数值格式请参考表 A.2 (第 862 页)，函数 @str 支持更多的数值格式，如

```
@str(-12.3456,"g$.4")
```

得到的字符串为 "-$12.35"。

5) 函数 @val 在整个字符串不能解释为数值时将返回 na，函数 @val 支持科学计数法，例如

```
@val(".05e-3")    '5e-5
```

结果为 5×10^{-5}。

§2.4.2　日　期

在 EViews 里面，日期的表示是我们日常使用的形式。例如

```
"2007-12-27 18:20:30"
"2001M10"
"Dec 1, 2005"
```

以上日期字符串（date string）我们并不陌生，一看就明白，EViews 都能正确解释。

表示日期时，要避免使用模棱两可的日期字符串，如下日期可能有多种解释

```
"3/4/5"
"2007:1"
```

第一个日期字符串需要明确年月日的顺序，第二个日期字符串，可能表示 2007 年上半年、2007 年第一季度、2007 年第一个月、2007 年的第一周、2007 年的第一个工作日等。请避免使用模棱两可的日期，EViews 对模棱两可的日期的解释是非一致的，结果往往不是我们想要的。

当然，如果想进行相对复杂一点的日期计算，如两个日期相隔多少天、现在到年底有多少个工作日等，需要了解一些概念，如日期编码（date number）和日期格式（date format）等。

一、日期编码

在 EViews 中，日期是用数值编码表示的，称为日期编码（date number），如 733043.75 表示 2008 年 1 月 3 日 18 点整，其中：

- 整数部分表示从公元元年 1 月 1 日开始的天数，范围从 0 到 3652058，即公元 1 年 1 月 1 日到公元 9999 年 12 月 31 日。
- 小数部分表示一天以内的时间，精确到千分之一秒。

因此，日期编码 0.5 表示公元 1 年 1 月 1 日中午 12 点。

日期编码不过是数值，因此加减法表示日期的推后和提前，乘除法则失去日期的含义。此外，在进行日期的关系运算时，实际上是数值的关系运算。

EViews 中，时间指日内的时刻，而日期可能解释为：

1) 时点，日期编码中的日期指的是日历的一个时点或者时刻。
2) 时段或时期，如日期 `"2001M10"` 表示 2001 年的 10 月份，有一个月的时间。
3) 时日，指日历的天，没有具体的时间。时日是长度为 1 天的时段。

这三种解释一般能从上下文区分出来，时日和时段的日期编码为其开始时刻的日期编码，我们将在日期函数的讨论时给出例子。

二、日期格式

日期格式（date format）用来描述日期字符串的格式，日期格式自身是一字符串，表示日期或者时间的字符编码形式，对于 ISO8601 格式的日期 2008-08-18 18:00:00，不同日期格式下的日期字符串为

日期格式	日期字符串
"YYYY"	"2008"
"YYYY[Q]Q"	"2008Q3"
"YYYY-MM-DD"	"2008-08-18"
"mm/dd/yyyy"	"8/18/2008"
"YYYYMon"	"2008Aug"
"YYYY[W]WW"	"2008W33"
"YYYY[D]DDD"	"2008D231"
"YYYY-MM-DD HH:MI"	"2008-08-18 18:00"
"YYYY-MM-DD[T]HH:MI:SS.SSS"	"2008-08-18T18:00:00.000"
"YYYY-MM-DD HH_MI_SS"	"2008-08-18 18_00_00"

更多的例子请参考 EViews 文档中表格对象的 `setformat` 命令的说明，日期格式中，日期和时间的各个组成部分的含义是很浅显的，更多的内容请参考 EViews 文档的日期格式各组成部分（Date Format Components）的介绍。下面是几点补充：

1) 日期格式中，如果数字表示可能出现不同位数，大写字母表示需要前导的零，而小写字母表示不需要前导的零，例如 8 月份，月份格式为 "MM" 时得到 "08"，而 "mm" 格式下为 "8"；再如上午 8 点，24 小时制的 "hh" 和 "HH" 分别对应为 "8" 和 "08"，个人建议使用大写字母的日期格式。

2) 日期格式的年份可以用 "year" 和 "YEAR"，分别等价于 "yyyy" 和 "YYYY"。

3) 日期格式的季度允许使用罗马数字 I 到 IV，格式为 "qr" 或者 "QR"。

4) 日期格式的月份除了两位数字的形式外，还有三个字母的简写形式和完整的月份名的形式，例如 8 月份，在 "MON" 和 "Month" 日期格式下，日期字符串分别为 "AUG" 和 "August"，注意日期字符串里字符大小写和日期格式保持一致。

5) 日期格式 "DD" 是月份中的日期，而 "DDD" 是年内的天数，每年 1 月 1 日的天数重设为 1。

6) 日期格式 "W" 是一周中的日期，编号为 1 到 7，星期一为 1。而 "WW" 是年内的周数，第一周总是从 1 月 1 日开始，7 天一个周期，如 2008 年 1 月 1 日为星期二，1 月 7 日（星期一）的周数还是 1，1 月 8 日的周数才为 2。

7) 日期格式中的分钟和秒数总是有前导的零，分钟的日期格式为 "mi" 不是 "mm"，秒数最高精度为千分之一秒。

8) 日期格式中，字母作为分隔符时，必须放在中括号里。例如 "YYYY-MM-DD[T]HH:MI:SS.SSS" 中的 [T]，用字母 T 来分隔日期和时间。

9) 日期格式中的标点符号直接输出到日期字符串中，如 "YYYY-MM-DD HH_MI_SS" 中的减号，空格和下划线将直接出现在日期字符串中。

三、函数

EViews 提供了丰富的日期处理函数，汇总在表 2.6 中，为了方便，归类如下：

- 日期信息：函数 `@datepart` 提取日期编码的日期或者时间信息
- 日期计算
    - 函数 `@dateadd` 计算偏移一定时间单位的日期数

表 2.6 日期函数

类别	函数
日期信息	@datepart
日期计算	@dateadd @datediff @datefloor
日期转换	@datestr @dateval @makedate @dtoo @otod
特殊日期	@date @now @strnow @time

- 函数 @datediff 计算两个日期间隔的时间单位数，如日数，月数等
- 函数 @datefloor 取得日期在给定的时间单位下的最小日期编码

- 日期转换
  - 日期编码和字符串的相互转换，函数为 @datestr 和 @dateval
  - 普通数值合成日期编码的 @makedate 函数
  - 观测日期的日期字符串和整数观测编号的相互转换函数 @dtoo 和 @otod

- 特殊函数
  - 函数 @date 返回 "mm/dd/yy" 格式的当前日期字符串，不包含时间；函数 @time 返回 "hh:mi" 格式的当前时间
  - 函数 @now 返回当前时刻的日期编码；函数 @strnow 返回当前日期的日期字符串

字符串函数的具体讨论请参考 EViews 文档，这里只是几点提醒：

1) 提取日期信息，函数 @datepart 的两个参数分别为日期编码和待提取信息对应的日期格式组成部分，例如

```
wfcreate u 4
!t = @dateval("2008-01-09 18:00:00")    '733049.75
c(1) = @datepart(!t,"w")   '3
c(2) = @datepart(!t,"ww")  '2
c(3) = @datepart(!t,"hh")  '18
c(4) = @datepart(!t,"yyyy") '2008
```

即 2008 年 1 月 9 日为星期三，在 2008 年的第 2 周内，注意年内周数的计算，是从 1 月 1 日开始，每 7 天一周，不是从周一开始。

2) 日期运算，不只是天数的简单运算，还可以是小时、工作日、周、月份或者季度等。例如

```
c(6) = @dateadd(!t,-20,"mm")  '732439.75 2006-05-09 18:00:00
c(7) = @datediff(!t,c(6),"mm")   '20
c(8) = @datediff(!t,c(6),"ww")   '87
c(9) = @datefloor(!t, "q")   '733041   2008-01-01 00:00:00
c(10) = @datefloor(733049.8, "hh", 7)   '733049.625
```

注意其中函数 @datefloor 返回参数日期在给定时间单位下的最小日期编码，如果还给出时间单位的数目，例如 @datefloor(733049.8,"hh",7)，则以 7 个小时为一个单位进行计算，即日期数为

```
@floor(733049.8*24/7)*7/24    '733049.625   2008-01-09 15:00
```

3) 日期字符串和日期编码的相互转换，例如

```
wfcreate u 6
c.setformat g
!t = @dateval("2008-01-09 18:00:00")
c(1) = !t        '733049.75
alpha aa
aa(1) = @datestr(!t)    '1/9/2008 18:00
```

注意程序中进行转换时，没有给出日期格式参数，函数 @dateval 对日期字符串进行识别，然后再转换，而函数 @datestr 采用默认的日期格式（可以用菜单 Options/ Dates & Frequency Conversion... 修改）将日期编码转换成字符串。建议使用函数 @datestr 时给出日期格式参数，以得到想要的日期字符串，例如

```
aa(2) = @datestr(!t,"yyyy[M]mm")    '2008M1
```

计算日期编码时，@dateval 返回给定时期最早时刻的日期编码。

```
%df = "YYYY-MM-DD HH:MI:SS.SSS"
!t = @dateval("2008q2")
c(2) = !t         '733132
aa(3) = @datestr(!t,%df)      '2008-04-01 00:00:00.000
aa(4) = @datestr(!t,"mm/dd/yyyy")    '4/1/2008
```

如果函数 @dateval 的日期字符串参数只有时间，则返回的日期编码中，整数部分为零（即公元1年1月1日），例如

```
!t = @dateval("18:00","hh:mi")
c(3) = !t        '0.75
aa(5) = @datestr(!t,%df)      '0001-01-01 18:00:00.000
```

4) 有时候我们用普通数代表日期，函数 @makedate 可以将其转化为日期编码，例如

```
!t = @makedate(2008, "yyyy")
c(4) = !t        '733041
aa(6) = @datestr(!t,%df)      '2008-01-01 00:00:00.000
```

函数 @makedate 允许多个数值参数

```
!y = 2008
!m = 1
!d = 9
c(5) = @makedate(!y, !m, !d, "yyyymmdd")
```

该情况下，可以先转换成单个字符串或者单个数值，再转换成日期编码，例如

```
!t = !y*1e4 + !m*100 + !d
c(6) = @makedate(!t, "yyyymmdd")
%s = "/"
%s = @str(!y) +%s+ @str(!m) +%s+ @str(!d)
c(7) = @dateval(%s, "yyyy/mm/dd")
```

5) 观测日期的日期字符串和整数观测编号的相互转换，参考下面的程序片段

```
wfcreate m 2001 2010
alpha ax
%s = @otod(8)
ax(1) = %s       '2001M08
```

```
c(1) = @dtoo(%s)          '8
c(2) = @dtoo("2008q2")    '88
ax(2) = @otod(c(2))       '2008M04
```

注意观测编号是基于工作文件的，此外，EViews 中 2008q2 和 2008-04-01 有相同的日期编码，在月度工作文件中，相当于 2008M04。

日期的几个特殊函数，我们用下面的小程序来认识它们。

```
wfcreate u 3
alpha af
%df = "YYYY-MM-DD HH:MI:SS.SSS"
%ds = @date
%ts = @time
!n = @now
%s = @strnow(%df)
c(1) = !n
c(2) = @dateval(%s)
c(3) = (c(1)=c(2))    '1
af(1) = %s
af(2) = @datestr(!n,%df)
af(3) = %ds + " " + %ts
```

严格的说，函数 @now 和 @strnow 执行的时刻并不同，由于时间精度为千分之一秒，不足以分辨出两行代码的执行时间，因此两者返回"相同"的时刻。

- 函数 @now 返回当前时刻的日期编码，而函数 @strnow 返回当前日期按照参数中给定日期格式的日期字符串。函数 @now 无参数，而函数 @strnow 必须给出日期格式的参数。
- EViews 的基础函数 @date 和函数 @time 无需参数，分别返回固定日期格式的当前日期和时间的字符串。

函数 @date 在序列表达式中作为工作文件函数，将在 §2.5.5 节 (第 100 页) 讨论。

四、其他

这里有几点补充：

1) 时刻和时段：EViews 中，日期通常代表日历的某个时间点，即某一时刻，但有些时候，指的是一个时段，如一天，一个季度等。当把日期解释为时段时，时段的长度由日期给定的形式决定，如 "2008-01-09" 代表的时间范围为 2008-01-09 00:00:00.000 到 2008-01-09 23:59:59.999，即从 0 点开始到最后一个千分之一秒。类似地，在日度工作文件中，"2008q2" 代表的时间范围为 2008-04-01 到 2008-06-30。

2) 日期和时间，当日期字符串只包含时间时，其日期编码的整数部分为零。当日期字符串只包含日子（日历的天），没有或者不关心日内的具体时间，则其小数部分为零，即代表该天的零时。

3) 请尽量避免使用两位数年份：EViews 将两位数的年份解释为 1931-2030，如果要输入公元 18 年，请使用 "0018" 的形式。

4) 日期转换时，总是向下取整，例如

```
wfcreate u 6
alpha af
%df = "YYYY-MM-DD HH:MI:SS.SSS"
```

```
        !t = @dateval("2008-01-09 18:28:38.789", %df)
        %df = "YYYY-MM-DD HH:MI:SS.S"
        af(1) = @datestr(!t,%df)              '2008-01-09 18:28:38.7
        af(2) = @datestr(!t,"YYYY-MM-DD HH:MI")    '2008-01-09 18:28
        af(3) = @datestr(!t,"YYYY-MM")         '2008-01
        af(4) = @datestr(!t,"YYYY[Q]q")        '2008Q1
```

注意如下日期格式

```
        af(5) = @datestr(!t,"YYYY-MM-DD HH:MI:S")    '2008-01-09 18:28:1
        af(6) = @datestr(!t,"YYYY-MM-DD HH:MM")      '2008-01-09 18:01
```

日期格式 "YYYY-MM-DD HH:MI:S" 最后的 "S" 表示半年，不是秒，日期格式 "YYYY-MM-DD HH:MM" 最后的 "MM" 表示月份，不是分钟。

§2.4.3 小结

字符串是程序语言的重要数据类型，EViews 中日期的表示是多种多样的。

1) 字符串

   (a) 基本操作是串接和比较。

   (b) 注意空串的含义，缺失值，或者是空字符串。

   (c) 字符串函数请参考表 2.5。

2) 日期

   (a) 时间指日内的时刻，而日期可能指时点，时段或者时日。

   (b) 日期编码是将数值解释为日期，方便日期的各种运算。

   (c) 日期格式用来描述日期字符串的格式，规范日期的表示。

   (d) 日期函数汇总在表 2.6 中。

§2.5 多页工作文件

当有多个数据集需要分析时,多工作页(workfile page)是明智的选择。多工作页的好处有:

- 同一组变量不同频率的数据,如季度和月份数据,放置在不同的工作页里面。
- 多个汇总层次的横截面数据,如个体观测数据和按各地区汇总的观测数据,不同汇总层次的数据保存在不同工作页里。
- 工作页面之间可以链接,实现不同方式的汇总,如取平均值或者最大值等方式。
- 还有在调试或者测试时,可以在临时的工作页里面进行,如存放中间结果等。

§2.5.1 建立工作页

建立工作页,可以直接建立,也可以从其他工作页复制而得,还可以将外部数据直接导入到新的工作页中。

一、直接建立

从简单的例子开始

```
pagecreate(page=edu) a 2001 2007
```

在当前工作文件中建立年度频率的工作页 edu,并且将其作为当前的工作页。如果当前没有打开工作文件,同时将建立 Untitled 工作文件。事实上,创建工作文件的命令 wfcreate 建立工作文件时,可以同时设定工作页

```
wfcreate(wf=stu,page=edu) a 2001 2007
```

其他说明如下:

1) pagecreate 建立时间序列数据工作页的频率选项请参考表 1.1 (第 23 页),其中选项 u 建立无结构工作页,或者非日期工作页,如横截面数据。

2) 注意如下方式建立的工作页名称为 untitled

```
pagecreate edu a 2001 2007
```

这点和 wfcreate stu a 2001 2007 建立 stu 工作文件的语法有点小区别。因此,程序方式下 pagecreate 请务必用选项 page=pgName 来指定工作页名称,方便页面的管理。

3) 如果建立的页面名重名,EViews 并不提示任何信息,而是悄悄地将新建工作页的名称修改,命名规则为页面名后添加数字 1, 2, 3, $\cdots$,例如,当前有年度数据的工作页 edu,由于疏忽。

```
pagecreate(page=edu) m 2001 2007
```

建立的月度数据页面名为 edu1,写程序时一定要小心。

4) wfcreate 命令新建工作页时,同时新建工作文件,例如

```
wfcreate(wf=wf01, page=T01) u 10
wfcreate(wf=wf01, page=t02) u 20
```

wfcreate 命令不会修改已经存在的工作文件,故工作页 t02 和 T01 分别在两个工作文件里面,尽管这两个工作文件同名。

5) 不能使用表达式来设定开始和结束日期,例如

```
            !k = 2
            pagecreate(page=edu) a 2001+!k 2007    'error
```
将导致错误。可以设置好控制变量的值，再作为参数，例如
```
            !yr = 2001+!k
            pagecreate(page=edu) a !yr 2007
```
也可以先建立工作页，再用 pagestruct 命令修改工作页的观测范围，例如
```
            pagestruct(start=2001+!k)      'here !k = 2
```
更多内容，参考本节第 103 页的讨论。

6) 旧版本的 EViews 打开多工作页的工作文件，只打开第一个工作页。

二、外部数据建立

我们可以直接将外部文件导入到新的工作页中，外部文件可以是在线的，例如
```
        pageload(type=rats) http://www.econ.ku.dk/okokj/data/oil.rat
```
将导入 rats 文件 oil.rat 到工作页 Oil 中。若干说明如下：

1) pageload 的用法和 wfopen 相同，只是将数据导入到新的工作页中，而不是创建新的工作文件。

2) 不要将 pageload 写成 pageopen。

3) 导入时，还可以指定工作页的名称
```
            pageload(type=html,page=IBM) _
                "http://finance.yahoo.com/q/hp?s=IBM" @keep Date Close
```
从 Yahoo! 财经网站下载 NYSE 交易的 IBM 股票的交易信息到工作页 IBM 中，只保存交易日期和收盘价数据。

4) pageload 可以导入 EViews 工作文件的全部页面，如果出现页面名重复，新工作页的命名规则为页面名后添加数字 1, 2, 3, …。

三、工作页复制

新的工作页可以由复制当前工作页得到
```
            pagecopy(page=pp)
```
将当前工作页复制到新的工作页 pp 中，并且将活动工作页设置为新的工作页 pp。若干说明如下：

1) 新的工作页名称用 page=targetPage 的选项指定，不要写成 pagecopy pp。

2) 可以复制工作页到其他工作文件中
```
            pagecopy(page=p01, wf=wf02)
```
将当前工作页复制到 wf02 工作文件的 p01 工作页中。

3) 可以用链接方式复制
```
            pagecopy(bylink, page=pLink)
```
则工作页 pLink 的序列对象都为链接，减少复制时间和内存的占用，同时链接的数据动态更新。采用链接方式复制的页面，必须在相同的工作文件中，而且将数值序列对象和字符串序列对象复制成链接对象。

4) 复制时可以指定复制哪些对象和指定样本集

```
pagecopy(page=pp03, smpl="1990 2000") a* *z
```

只复制以 a 开头和以 z 结尾的对象在指定样本集内的数据，这里我们还看到，不同工作页的对象可以同名。

5) 复制时可能增加标识序列，例如

```
pagecreate(page=a80) a 1980 1989
pagecopy(page=a80p)    'serires obsid added
```

复制时增加了序列对象 obsid 到工作页 a80p 中，保存了观测的标识信息，对于规则日期的工作页，用处不大，但可以作为非规则日期工作页结构化时的标识序列（工作页的结构及其结构化将在 §2.5.3 小节讨论）。

6) 还可以进行随机样本复制

```
pagecopy(page=rnd, rndobs=200, dataonly, nolinks)
```

随机抽取 200 个样本（rndobs=200），复制到新工作页 rnd 中，只复制数据对象（dataonly，即存储数据的数值序列、字符串序列、值映射对象和链接对象），此外，不复制链接对象（nolinks）。

(a) 如果选项 rndobs 指定的数目超过工作页观测样本数，将复制工作页全部观测样本。

(b) 随机复制时，可以用 rndpct=25 的选项来指定随机样本占工作页全部观测样本的百分比，或者 prob=25 来设置每个观测被选中的概率百分比，例如

```
wfcreate(wf=st,page=edu) a 1901 2000
series x = @obsid
pagecopy(page=rnd, rndpct=30, dataonly, nolinks)
```

(c) 随机复制时，不能使用链接方式。

我们将在 §2.5.3 结构化工作页小节讨论工作页的结构，并介绍直接建立结构化的工作页的方法。

§2.5.2 管理工作页

除了少数和工作页面相关的操作，工作页可以当成普通的工作文件对待。工作页专用的操作有设置当前工作页，工作页改名和删除，工作页复制和导出等。

1) 设置活动工作页（active workfile page，也称为当前工作页，current workfile page），例如

```
pageselect pg02
```

将 pg02 设置为当前工作页，往下的程序代码操作将作用到 pg02 工作页中。表达式可以包含各种 EViews 对象，有一点必须注意，表达式使用的对象必须在当前工作页内。

2) 修改工作页的名称

```
pagerename oldname newname
```

注意这里需要给出旧名和新名。

3) 删除工作页

```
pagedelete pg02
```

将工作页 pg02 删除，注意删除后不能恢复（且活动工作页改为工作文件的第一个工作页）。
4) 复制工作页，请参考本节第 94 页中工作页复制的讨论。
5) 保存工作页

```
pagesave d:\data\stk
```

将当前工作页的内容保存到 d:\data\stk.wf1 工作文件中，注意保存的是当前工作页，并且默认保存为 EViews 工作文件。可以将工作页保存为外部文件，用法和 wfsave 命令相同，支持的外部数据格式请参考表 1.2 (第 26 页)。

§2.5.3 结构化工作页

赋予工作文件（工作页）一定的结构是 EViews 5 的创新功能，之前的版本没有这个概念。由于早期的版本对具有频率结构的时间序列数据支持很出色，对横截面数据和面板数据的支持很糟糕，关于各类经济计量分析软件的评价中，直至今天，不少评论都还只强调 EViews 是时间序列分析的优秀软件。[15]事实上，增强对结构数据的支持后，EViews 对横截面数据和面板数据的计量分析，立即走到了最前列。

一、页面结构

数据集往往具有一定的结构信息，如时间序列数据，观测可能是等时间间隔的，也可能不是。再如研究区域经济关系，各地区在空间上是有一定关系的，有的相邻，有的不相邻，这些空间结构信息可能影响我们关心的变量。页面结构最重要的应用是面板数据，面板数据本身就具有一定的结构，其观测变量往往具有截面的维度和时间的维度，关于面板数据结构工作页，将在 §9.1 节 (第 394 页) 讨论。EViews 能够处理的结构化信息有：

- 描述规则日期的信息，如年度、月度和周数据等。
- 日期信息的变量，日期可以是规则的，也可以是不规则的。
- 横截面观测标识的变量，如个体的名称。
- 面板数据的结构信息，如个体和时期的观测标识。

工作页面结构化有什么好处？大概有如下几点：

- 明确观测时间点或者横截面的个体，比如说"2000 年的 GDP"的说法要比"第 22 个观测点的 GDP"给人的感觉更具体和直接，而"比较 IBM 和 SUN 公司的软件服务收入"和"比较第 5 家和第 8 家公司的软件服务收入"，我们觉得用公司简称更直观和简单。
- 便于处理超前和滞后，比如股票价格和气温的观测，股票价格因假日等原因不能象气温那样天天有数据，股票价格分析时，往往只关心交易日，其超前和滞后理解成下一交易日和前一交易日，而气温的超前和滞后是前一天和后一天，这里体现了日期结构上的差异。
- 商业周期和频谱分析需要清楚观测采样的频率，频率信息来自结构化信息。
- 面板数据本身就具有结构，以前版本 EViews 由于没有处理面板结构信息的能力，对面板数据的支持非常有限。现在终于能够支持各种面板数据结构，如非日期结构、平衡和非平衡面板数据等。
- 结构化后，数据按标识的升序排序，方便查找。

---

[15]请参考 http://www.oswego.edu/~economic/econsoftware.htm 里对各种经济计量软件的评价。

二、结构化方法

我们从最简单的结构开始,用例子来阐述基本的方法,将工作页结构化成规则日期结构、个体标识的横截面结构和时间标识的日期结构。

1) 将导入的数据,结构化为规则日期

```
wfopen(type=html) _
    http://www.math.ku.dk/%7Esjo/data/finnish_data.html _
    pagestruct(freq=q,start="1958q2")
```

finnish_data.html 里面的数据实际上是文本文件格式,不是 html 格式,其上有文字信息告诉我们观测范围为 58q2–84q3,我们利用该信息将工作页格式化成季度数据,并且从 1958 年第 2 季度开始。

2) 用标识序列结构化横截面数据

```
wfopen(type=html) http://www.stateabbreviations.us/index.htm _
    colhead=1, namepos=first names=(state abbr pc cap) _
    @keep state pc
pagestruct pc
```

得到美国州名及其简写 pc 序列对象,然后用它来结构化工作页,结构化之前我们说第 9 个州,结构化之后,我们说 FL 州,显然简单易懂些。需要说明的是,结构化后,工作页的观测按标识序列的升序排序,用来结构化的序列将被锁定,不能被修改、更名和删除。

3) 用日期信息序列结构化时间序列数据,这种方式通常是用来建立非规则日期结构。如前一小节从 Yahoo! 财经网站下载的 IBM 股票数据(也许需要先剔除分红数据,方法为 pagecontract if close<>na)

```
pagestruct @date(date)
```

将得到非规则的 Daily5 日期结构工作文件,并且日期按日历排序。注意其中的 @date 表示结构化成日期结构,尽管序列 date 包含了时间信息,命令 pagestruct date 得到的是以序列 date 为标识的非日期结构 (EViews 称其为 undated with ID series, or indexed)。

三、直接建立结构化工作页

我们已经熟悉了用命令 pagestruct 结构化当前工作页的方法,下面讨论用命令 pagecreate 直接建立结构化工作页的方法。

1) 显然建立工作页时直接指定观测频率得到的规则日期结构是最简单的方式,此外

```
pagecreate(page=tmp) u 3 12
```

将新建工作页 tmp,共有 10 个观测,但得到的是整数日期结构的工作文件,注意开始日期的整数要不大于结束日期的整数,且开始日期的整数非负。整数日期结构是特殊的日期结构。

2) 如果建立工作页时命令里的选项 u 后只跟一个整数(代表观测个数),如

```
pagecreate(page=tmp) u 12
```

新建的工作页 tmp 是无结构的,这种方式常在仿真时使用。有一个问题需要说明一下,如下两行会出错

```
pagecreate(page=cre) u 5
wfcreate(wf=test, page=tt) u 5
```

这是 EViews 设计的问题,5 个观测时,改成如下两行才行

```
pagecreate(page=cre) u 1 5
wfcreate(wf=test, page=tt) u 1 5
```

3) 用标识序列建立横截面结构工作页,采用前面得到美国州名简写 pc 序列对象

```
pagecreate(id, page=US) pc
```

将建立以州名简写 pc 序列对象为横截面标识的工作页 US(undated, indexed by pc)。注意命令中的选项 id(也可以写成 byid),表示将给定序列取值的集合排序后作为标识序列,由于集合的元素互不相同,因此标识是唯一的。

4) 用日期信息序列建立时间序列日期结构,采用前面取得的 IBM 股票数据

```
pagecreate(id, page=IBMd) @date(date)
```

将建立非规则的 Daily5 日期结构工作页 IBMd。注意这里建立新的工作页时,并不需要标识序列 date 的每个取值是唯一的,因为新工作页的结构标识是给定序列的值排序和剔除重复值得到的。请和 pagestruct @date(date) 对比,pagestruct 是结构化当前工作页,没有新的工作页产生,而且需要标识序列取值唯一。此外,还可以指定序列的样本集,例如

```
pagecreate(id, page=IBMds,smpl="1 6") @date(date) @srcpage IBM
```

只取出 date 序列的前 6 个观测值(smpl="1 6")来生成标识序列,命令中 @srcpage IBM 表示给定的序列 date 是在工作页 IBM 里面,如果没有指定源工作页,默认为当前工作页。

5) 有时候,可能需要两个序列来共同形成单个序列标识,例如

```
pagecreate(page=tmp) u 3 12
series m = @trend+3        'm = 3 to 12
series y = m +1998         'y = 2001 to 2010
pagecreate(id, page=ym01) @date(y,m)    'integer dates
```

先建立整数日期(integer dates)结构的工作页 tmp,然后建立两个序列 m 和 y 分别代表月份和年份,然后由这两个序列联合作为日期标识,创建新的工作页 ym01,注意命令中 @date(y,m) 的形式,这样得到的工作页结构是整数日期型的。

有时候多个工作页里都包含相同名字的可以作为标识的序列,用这些序列值的并集或者交集做为标识序列是很方便的。

```
pagecreate(page=tmp2) u 1 15
series m=@OBSNUM     'm = 1 to 15
pagecreate(page=tmp3) u 1 6
series m = 2*@trend+1    'm = 1 3 5 7 9 11
pagecreate(id, page=m02) m @srcpage tmp tmp3
pagecreate(idintersect, page=m03) m @srcpage tmp tmp2 tmp3
```

程序说明如下:

- 工作页 m02 的结构化标识 m 是这样产生的:EViews 先得到工作页 tmp 和 tmp3 里序列 m 取值的并集,再将这 11 个不同取值进行升序排序。命令中的选项 id 也可以写成 byid 或 idunion。

- 建立工作页 m03 的过程可以理解为,EViews 先得到工作页 tmp、tmp2 和 tmp3 里序列 m 取值的交集,总共有 5 个不同取值,升序排序后创建结构化标识 m,再对工作页 m03 进行结构化。注意取交集的选项为 idintersect。
- 如果结构化标识取自单一工作页,则选项 id 和 idintersect 的效果相同。
- 从多个工作页的序列合成标识序列,也可以用 smpl 来指定样本集,不过要注意指定的样本集对所有的源工作页面都是有效的才行。
- 需要强调的是,这里新建工作页的标识序列只有一个,但合成标识序列的序列可能不止一个,如工作页 ym01 中标识 @date(y,m) 包含了两个序列。如果不喜欢这种方式,显然可以先创建合成序列 ym,例如

  ```
  genr ym = y*100+m
  ```

  这样也许更清楚。
- 使用两个标识序列可以直接建立面板结构工作页,具体请参考 §9.1 节 (第 394 页)。

四、去除结构

有时候我们需要去除工作页的结构,例如想要对工作页的观测进行排序,或者修改结构化使用的标识序列,需要去除工作页结构以解除锁定,取消页面结构的方法为

```
pagestruct(none)
```

去除工作页结构的同时解除了对标识序列的锁定。注意没有 pageunstruct 命令。

§2.5.4 工作页信息

打开工作文件后,可以用 wfstats 了解工作文件的基本信息和每个工作页的概要信息,例如对于第 107 页建立的包含工作页 p0 和 p_ir 的工作文件

```
wfstats
```

显示如下信息:

```
Workfile Statistics
Date: 11/27/07   Time: 19:38
Name: UNTITLED
Number of pages: 2

Page: p0
  Workfile structure: Unstructured/Undated
  Range: 1 4     --    4 obs
  Object              Count       Data Points
  series                2                   8
  alpha                 1                   4
  coef                  1                 751
  Total                 4                 763

Page: p_ir
  Workfile structure: Annual (irregular)
  Index: DATEID
  Panel dimension: 4
  Range: 1989 1998 (irregular)    --    4 obs
  Object              Count       Data Points
  series                3                  12
  alpha                 1                   4
  coef                  1                 751
  Total                 5                 767
```

最开头是工作文件的概要信息，然后是每个工作页的结构、观测和对象的汇总信息等，这里我们看到，工作页 p_ir 是非规则年度结构的，其标识序列为 dateid。

§2.5.5 工作文件函数

EViews 提供了若干工作文件（工作页）函数，方便取得工作文件相关的信息，如观测编号等。对于日期结构的工作文件，日期序列和趋势序列是很重要的信息。

一、基本信息

例如工作页观测的顺序编号序列，总观测数目和当前样本集的观测数目等。我们仍用例子来讲述

```
wfcreate(page=ann) a 1980 2000
series id = @obsid     'same as @obsnum here
table tb
tb(1,1) = @elem(id,"1989")    '=10, note the double quotes
tb(1,2) = @obsrange    '=21
smpl @first+5 @last-1
tb(1,3) = @obssmpl     '=15
tb(2,3) = @date        '=11/13/07, here not a wf function
```

函数 @obsid（这里等价于 @obsnum）返回工作页的观测编号 (从 1 开始按观测顺序进行编号)，故序列 id 的取值为 1 到 21。函数 @elem 得到序列在给定时期的观测值，函数 @obsrange 返回工作页的总观测数目，而函数 @obssmpl 则取得当前样本集的观测数目。我们把标量赋值到表格中，方便查看，这里的 @date 返回格式为 "mm/dd/yy" 的当前日期字符串，作为 EViews 程序的支持函数，而不是作为工作文件函数。

二、日期序列

在序列表达式中 @date 作为工作文件函数，返回的是当前观测的开始时刻，例如

```
pagecreate(page=mm) m 2000 2007    'monthly
alpha bp = @datestr(@date,"YYYY-MM-DD HH:MI:SS.SSS")
alpha ep = @datestr(@enddate,"YYYY-MM-DD HH:MI:SS.SSS")
```

字符串序列 bp 的第一期观测值，即 2000 年 1 月的观测值为 "2000-01-01 00:00:00.000"，而字符串序列 ep 的第一个观测值为 "2000-01-31 23:59:59.999"，注意这里（月度数据）结束时刻为该月的最后一个千分之一秒。工作文件函数 @date 和 @enddate 结合其他日期函数，可以生成各种日历信息，比如计算每月的工作日，继续刚才的例子

```
series bd = @datediff(@enddate+1, @date, "B")
series id = @obsid
pagecreate(id, page=mmi, smpl="if @mod(id,5)<>0") @date
series bd = @datediff(@enddate+1, @date, "B")
```

月度结构的工作页 mm 里的序列 bd 是每月的工作日，非规则月度结构工作页 mmi 每年少了 5 月和 10 月，其中的序列 bd 也是每月的工作日，注意 @datediff 的第一个参数是 @enddate+1，避免少计算月底最后一天也是工作日的情形。此外需要提醒的是，这里 pagecreate 命令中的 @date 不作为函数，而是作为关键字代表使用源工作页面的日期标识。下面仍然在 mmi 工作页里面，讨论其他工作文件函数

```
alpha ad = @strdate("YYYY-MM-DD")
genr sd = @seas(7)     'here @seas(7) == (@month=7)
genr ip = @isperiod("2000-08-16")
```

函数 `@strdate` 将每个观测所在时期的最早开始时刻按给定的日期格式转换成字符串。函数 `@seas` 生成指定时期的哑变量，在月度数据里 `@seas(7)` 相当于 `(@month=7)` 产生的哑变量，故序列 sd 每年的 7 月取值为 1。函数 `@isperiod` 返回给定时间所在观测期的哑变量，EViews 先将给定的时间转换到观测期的开始时刻。

三、趋势序列

时间趋势是时间序列分析的重要内容，继续前面的例子，仍然在 mmi 工作页里面讨论时间趋势序列

```
genr idt = @trend     'starting from 0
genr idc = @trendc    'starting from 0, by calendar
```

函数 `@trend` 得到的是基于观测的趋势，每个观测的增量为 1，而函数 `@trendc` 生成的趋势是基于日历的，连续两个观测间的增量是期间的日历期数。因此序列 idt 和 idc 在 2000M6 的取值分别为 4 和 5。这两个函数都可以指定基期，基期的趋势值为零，如果没有指定基期，默认以工作页的第一个观测期为基期。

在经济计量分析时，基于观测和基于日历的趋势可能不是我们需要的，比如累计工作日趋势更能反映生产的情况。工作页 mmi 每年少了两个月，假设分别是设备检修和人员培训，如果我们想分析生产时间和产量的关系，需要工作日趋势

```
genr bds = bd    'cumsum of business days, as trend
smpl @first+1 @last
bds = bds(-1)+bd
smpl @all
```

这里我们巧妙地利用了序列对象的动态赋值，实现工作日的累加，得到工作日趋势。

对于每周 5 日的规则日期工作页，函数 `@trendc` 使用的日历不是真实日历，而是认为每周只有 5 天，即周五之后就是周一，例如

```
pagecreate(page=dd) d 2000 2001    'daily
genr idt = @trend    'starting from 0
genr idc = @trendc   'starting from 0, by Daily5 calendar
```

工作页 dd 里两个函数返回值相同。而在 Daily5 的非规则日期结构工作页中

```
pagecreate(page=dd5) d 2000 2001   'Daily5
genr x = @obsid
pagecontract if x<>2
genr idt = @trend
genr idc = @trendc   'starting from 0, by calendar
```

工作页 dd5 里两个函数的返回值不同，因此，只有在 Daily5 规则日期工作页中，函数 `@trendc` 才采用 Daily5 日历，即周一紧接在周五之后。

四、总结及实例

表 2.7 汇总了非面板结构的工作文件函数，注意函数 `@date` 在序列表达式中作为工作文件函数，返回每个观测的开始日期编码，而在字符串表达式中是字符串函数，返回字符串，例如

```
pagecreate(page=a0) a 2001 2004
alpha ax = @str(@date)    'workfile function
ax(1) = @date    'mm/dd/yy, string of the current date
```

表 2.7 工作文件函数

函数	说明
`@date`	每个观测的开始日期编码
`@elem(x,"v")`	序列 x 在的第 v 个观测或 v 时刻的观测
`@enddate`	每个观测的结束日期编码
`@isperiod("v")`	返回哑变量，v 所在的观测期取 1
`@obsid, @obsnum`	返回观测编号，编号从 1 开始
`@obsrange`	当前活动工作页的观测总数
`@obssmpl`	当前样本集的观测数目
`@seas(num)`	产生季节哑变量
`@strdate(fmt)`	当前观测的日期字符串
`@trend([v])`	基于观测点的趋势
`@trendc([v])`	基于日历的趋势

补充说明如下：

1) 对于日期结构的工作页，EViews 还提供了几个有用的日期函数，这些函数是通过包装工作文件函数 `@date` 实现的，如下表所示。

函数	等价方法	说明
`@year`	`@datepart(@date, "YYYY")`	当前观测的开始年份
`@quarter`	`@datepart(@date, "Q")`	当前观测的开始季度
`@month`	`@datepart(@date, "MM")`	当前观测的开始月份
`@weekday`	`@datepart(@date, "W")`	当前观测的开始星期
`@day`	`@datepart(@date, "DD")`	当前观测的开始日期

这些工作文件函数直观而清晰，为处理日期信息提供了方便。此外，有如下关系

$$\text{@strdate(fmt)} = \text{@datestr(@date,fmt)}$$

2) `@elem` 的第二个参数和 `@isperiod` 的参数，即使参数为非日期结构的整数观测编号，也必须放在双引号内，如 `genr ip = @isperiod("3")`。

3) 非面板结构下 `@obsid` 等价于 `@obsnum`。

4) 返回标量的函数为 `@elem`、`@obsrange` 和 `@obssmpl`，其他函数作为工作文件函数都不能赋值给标量，而是给序列对象赋值。

5) `@enddate` 的返回值，EViews 将观测时期的结束时刻定义为该时期包含的最后一个千分之一秒，对于日数据，结束时刻为每日的 23 时 59 分 59.999 秒。

6) `@seas` 根据工作页的频率来计算每年的"季节"数，即每年的周期数，并计算每期的序号，对于季度（每年 4 个季度）和月度（每年 12 个月）数据很好理解，对于周数据要注意，`@seas(7)` 得到的哑变量为每年的第 7 周取值为 1。

一个实战例子，我们要考察节日（非交易日）对金融收益率是否有影响，需要哑变量来指示当前交易日是否为节前或节后的交易日，代码如下

```
%url = "http://finance.yahoo.com/q/hp?s=%5EHSI"
%url = %url + "&a=07&b=01&c=2007&d=09&e=31&f=2007&g=d"
pageload(type=html,page=HSI) %url @drop adj*
pagecontract if date<>na
pagecontract if Volume>0
pagestruct @date(date)
series hd = @datediff(@date(+1), @date, "D")-1    'last obs is na
hd(@obsrange)=0     '2007-11-01 is trading day
genr bh = (hd>0)     'before holidays
genr ah = (hd(-1)>0)     'after holidays
ah(1) = 0    '2007-07-31 is trading day
```

因排版问题，我将提取恒生指数 2007-08-01 到 2007-10-31 期间日交易数据的 URL 拆分成两行来合成。接着直接从 Yahoo! 财经导入在线数据，然后是简单的数据清洗（交易量为零的日期市场停盘），再将工作页以交易日期作为标识结构化为日期结构。最后，产生我们需要的变量，序列 hd 计算了该日到下一交易日的日历天数，序列 bh 是哑变量，指示当日是否在节日（非交易日）之前，而哑变量 ah 则指示当日是否在节后。注意这些变量开始和结束日期的观测值需要根据实际进行调整，也可以在取原始数据时两端多取上若干观测，计算出这些变量后，再取出目标样本集的数据。

§2.5.6　修改工作页

对工作页的基础性修改是结构化工作页，我们已经单独进行讨论。对于工作页内容的修改有：改变工作页观测范围，添加、删除观测数据，排序观测数据等。此外，我们还介绍了非规则日期工作页转化成规则日期工作页的规则化方法。

一、修改观测范围

修改工作页的观测范围的具体方法和工作页的结构有关，修改工作页（工作文件）观测范围的命令为 pagestruct，该命令进行工作页结构化我们已经熟悉，用来修改观测范围的语法更简单。

1) 规则日期结构，可以使用 @first 和 @last 关键字，例如

```
pagestruct(start=@first+3,end=@last+5)
```

将当前工作页的观测范围从开头去掉 3 个，从结尾处添加 5 个观测。去掉的观测无法恢复，添加的观测取值初始化为 na。也可以使用具体日期，例如

```
pagestruct(freq=a,end="2012m6")
```

将当前工作页的结束日期修改为 2012 年 6 月。

2) 非规则日期结构，例如工作页 p_ir（第 107 页）

```
pageselect p_ir
pagestruct(start=@first-3,end=@last-1)  *
```

修改后日期标识序列的取值分别为 1986, 1987, 1988, 1989, 1991 和 1995，共 6 个观测，这里需要注意的是添加观测和删除观测偏移量处理方式的非对称性，添加观测时偏移量是基于工作文件频率的规则日期，而删除观测时偏移量是基于观测编号的，由于工作页为非规则年度结构，不难理解开始

日期添加的观测年度为 1986, 1987 和 1988，而结束日期为 1995，因为 @last-1 指向倒数第二个观测。此外注意命令最后的星号"*"是必须的，代表当前工作页的标识序列。

3) 标识序列结构化的非日期结构，例如我们有如下的非日期结构工作页 uds

```
pagecreate(page=uds) u 8
alpha ida = "a"+ @right(@str(@obsnum+100),2)    'a01 to a08
pagestruct ida
```

如果要修改观测范围，必须先去结构

```
pagestruct(none)      'unstructure
pagestruct(start=@first+2)    'integer dated
```

工作页从开头减少了两个观测，并变成整数日期结构，当然很容易重新结构化成先前的结构。如果要增加观测，需要先去工作页结构，然后修改观测范围，并修改标识序列新增的观测值，最后重新结构化工作页。

4) 无结构，直接用 end 选项修改观测数目，可以使用 @first 和 @last 关键字，例如

```
pagestruct(end=30)
pagestruct(end=@first+29)
```

两者都将观测数目修改为 30。如果用 start 选项，EViews 先将工作页结构化成整数日期（Integer dates），然后再添加或者删除观测，例如

```
pagestruct(start=@first+2)
```

不过命令运行后，工作页的结构变成整数日期结构而非无结构。

如果修改观测范围时采用偏移量的方式，无论是规则日期还是非规则日期，日期结构工作页（非面板）的偏移量计算规则为：偏移量的计算基于观测编号，然而偏移量一旦超出工作页的观测范围，即大于 @last，或者小于 @first 时，偏移量的计算是基于规则日期的。最后，提醒一下：

- 请区分工作页（工作文件）的观测范围（workfile range）和工作页的当前样本集（current samples，也称为活动样本集或者工作样本集），避免混淆；
- 旧版本中修改工作页观测范围的 expand 和 range 命令已经不再维护，请改用 pagestruct 命令。

修改日期结构工作文件的观测范围，如果给出具体日期，EViews 的做法是使观测范围最大，例如

```
pageselect p_ir
pagestruct(start=1990,end=1995) *
```

工作页 p_ir（第 107 页）的观测个数只剩下 2 个，为 1991 和 1995 两年。补充说明如下：

1) 对于规则日期工作页，可以自由修改观测范围，例如

```
pagecreate(page=D0) a 2001 2008
genr id = @obsid
pagestruct(freq=a,start=1985,end=2004)
```

工作页 D0 的观测数目从 8 个增加到 20 个：增加了 1985–2000 年度的 16 个观测，但删除了 2005–2008 年度的 4 个观测。

2) 对于非规则日期工作页，如下方式不能增加观测

```
pageselect p_ir
pagecopy(page=p_ir1)
pagestruct(start=1984) *
```

工作页 p_ir1 没有任何变化,因为使用了工作页当前的标识序列,超出工作页观测范围的日期被 EViews 裁剪掉了。请注意,直接给定具体日期和采用偏移量方式的区别。

3) 对于非规则日期工作页,如下的方式将工作页修改成规则日期的

```
pageselect p_ir
pagecopy(page=p_ir2)
pagestruct(freq=a,start=1984)
```

工作页 p_ir2 变成规则日期工作页,观测范围为 1984–1987 共 4 个年度。请注意,最后一行语句不要写成 (星号代表当前工作页的标识序列)

```
pagestruct(freq=a,start=1984) *
```

修改工作页的观测范围时,如果没有使用非规则工作页的标识序列,命令 pagestruct 的操作过程是先将工作页去结构,再重新结构化。请注意,该过程将非规则工作页转换为规则日期可能不是我们希望的。

二、删除观测

有时候工作文件里面的某些观测不再需要,我们想把他们删除,并紧缩当前工作页,例如

```
pagecontract if income<24000 and sex=1
```

将低收入(income<24000)男性(sex=1)的观测保存下来。注意:

- 删除的观测是样本外(不在样本集内)的观测,样本设定(sample specification)遵从 smpl 的语法。从保留观测的角度看,pagecontract 使用正向清单。
- 删除掉的观测是不可恢复的,可以用 pagecopy 备份原始工作页。
- 区别:pagecontract 删除当前工作页的观测,减少内存占用并方便计算;smpl 设定当前工作页的样本集,并没有删除样本外的观测,样本外的观测不参与计算,但在处理超前和滞后时,可能用到样本外的观测。

三、追加观测

这里讨论的是把其他工作页里的观测追加到当前工作页的方法,下面是简单的演示:

```
pagecreate(page=a0) a 1949 1999
series x = @obsnum
pagecopy(smpl="1980 1989", page=a80)     'serires obsid added
series y = 9
pageappend(smpl="1970 1983 1988 1995",obsid=ido,wfid=idw) a0
```

程序说明如下:

- 先创建工作页 a0,并建立了序列对象 x,初始化其值为观测的 id,即从 1 到 51。然后复制其中 80 年代的观测到 a80 工作页中,复制时 EViews 自动建立了 obsid 序列,保存观测时间标识,而 a80 里的序列 y 是为了演示加进去的。
- 添加观测的过程是先去掉当前工作页的结构,然后增大工作页的观测范围,以容纳待加入的观测,最后将源工作页中样本集指定的观测追加到当前工作页的后面。

- 追加数据时，不监测观测标识是否重复，序列 ido 保存了观测标识（obsid=ido），本例子中 80 年代的观测标识除 1984–1987 以外都重复了两次。一般地，我们需要保存观测标识，以便合并完数据后作为标识序列对工作页进行结构化。
- 序列 idw 是指示序列（wfid=idw），取值为 0 表示观测来自当前工作页，取值为 1 表示观测来自源工作页。
- 当没有明确说明要追加哪些对象时，默认追加序列对象和链接对象。
- 请将序列 x, y, ido 和 idw 作为群打开，对照上述过程查看这些序列的值，理解追加后的结果。
- 添加完后，工作页仍然是无结构的。
- 如果追加的源工作页在其他工作文件中，采用如下方式：

    pageappend wf\pgname

  工作文件和工作页的名字使用反斜杠分隔。

往工作页里面添加观测时，可以将待添加的观测安排在单独的工作页里（如导入外部数据），然后追加到目标工作页中。在追加数据时，pageappend 还提供了选择追加哪些对象的方法：

- 可以在命令后面，跟上要追加的对象名单。
- 选项 match 表示只有当目标工作页（即当前工作页）和源工作页的数值序列对象和字符串序列对象的名称相同时，才追加数据。当有 allobj 选项或者给出对象名单时，不能使用该选项。
- 选项 allobj，表示所有的对象都追加，此时对象可能同名但类型不匹配（如 cn 在当前工作页是序列对象，而源工作页中是方程对象），名字冲突时，EViews 默认的解决方式是将后缀 "_a" 添加到来自源工作页的对象名后，也可以用选项 sufix="_new" 的方法来修改后缀。此外，当给出对象名单时，不能使用 allobj 选项。
- 命令中，这三种选择是相互排斥的，只能选择其中的一种方式，或者采用默认的方式（追加序列对象和链接对象）。

四、排序

可以用一个或者多个序列对工作页进行排序，例如（下面的代码紧接在追加观测的例子程序后）

```
pageselect a80
pagecopy(page=a80a)
sort ido idw
pageselect a80
pagecopy(page=a80d)
sort(d) ido idw
```

工作页 a80a 排序后，同一时期的观测（ido 值相同）按工作页的出处（idw 标示）排序，而工作页 a80d 按降序排序。补充说明如下：

- 只能对无结构的工作页进行排序，有结构的工作页要排序，必须先去结构。
- 按多个序列排序时，排序结果是当第一个序列值相等时，用第二个序列来排序，如果仍然相等，继续用第三个序列来排序，一直进行下去，如果多个序列的值都相等，按观测在工作页中出现的顺序。实现时，实际上是从最后一个序列排序，再按倒数第二个序列排序，直到用第一个序列排序才完成整个过程。

- 默认是按升序排序，也可以用选项 d 改成降序排序。多个序列按同升序或者同降序排序，如果需要序列 ida 按升序排序而序列 idd 按降序排序，显然可以取 idd 的负值，实现同升序排序。

五、日期结构及其规则化

我们想用如下程序片段，来讲解更多的日期结构内容。

```
wfcreate(page=p0) u 4
series y
y.fill 1989,1998,1995,1991
alpha yr = @str(y)
pagecopy(page=p_ir)
pagestruct @date(yr)
```

先建立工作页 p0，其中的字符串序列 yr 包含了日期信息（年份既不连续，又无顺序），总共有 4 个观测。然后复制工作页 p0 得到工作页 p_ir，并以 yr 作为日期标识将工作页结构化，得到了按日历排序的不规则年度结构的工作页。结构化过程中，EViews 用 yr 序列升序排序后的结果创建 dateid 序列，并以它作为结构化的序列标识而锁定。再次提醒，命令 pagestruct @date(yr) 中的 @date 关键字是必不可少的，其作用是将 yr 序列解释为日期。日期结构化方法说明：

1) 将非规则日期结构转化为规则日期结构

```
pageselect p0
pagecopy(page=p_r)
pagestruct(reg) @date(yr)
```

其中的选项 reg 表示结构化成规则年度结构，观测期间为 1989 到 1998，总共 10 个观测。由于是规则日期结构，序列标识是多余的，结构化过程没有创建 dateid 序列。需要说明的是，序列 y 在结构化过程中相应添加了观测，新添加的观测值都设为 na。

2) 结构化时修改观测范围

```
pageselect p0
pagecopy(page=p_ir_s)
pagestruct(start=@first+1) @date(yr)    '1991-
```

非规则年度工作页 p_ir_s 只有 1991 年，1995 年和 1998 年的 3 个年度观测。最后一行的语句等价于

```
pagestruct @date(yr)
pagestruct(start=@first+1) *
```

即先进行结构化操作，再修改观测范围。

3) 规则化的同时，修改工作文件的观测范围，那么规则化优先，然后再调整观测范围

```
pageselect p0
pagecopy(page=p_r_s)
pagestruct(start=@first+1, reg) @date(yr)    '1990-
```

结构化时指定开始日期并要求建立规则日期结构，EViews 先进行日期规则化，再处理偏移量。上述结构化语句等价于

```
pagestruct(reg) @date(yr)        '1989-
pagestruct(start=@first+1)       '1990-
```

因此得到的结构化工作文件的开始日期为 1990 年，有 9 个观测。

4) 标识序列里面含有缺失值时,可以选项 dropna 将对应的观测删除

```
pageselect p0
pagecopy(page=p_n)
yr(4)=""
pagestruct(freq=a,dropna) @date(yr)
```

字符串中,空串被解释为缺失值,因此剔除 na 值后得到的工作页 p_n 只有 3 个观测。

5) 最后,我想说明一下产生日期标识 dateid 序列的问题,结构化时,作为日期标识的序列如果是日期序列(普通数值序列,解释为日期的数值编码,请参考第 882 页 §A.4 节),就不会产生 dateid 序列,例如

```
pageselect p0
pagecopy(page=p_y)
genr year = @makedate(y, "yyyy")    'date series
year.setformat "YYYY"
pagestruct @date(year)    'NO dateid added
```

和 p_ir 工作页对比,这边的 year 等价于那边的 dateid。

用标识序列来结构化成日期结构时,标识序列必须包含日期信息,如日期序列,或者可以解释成日期的数值序列或者字符串序列。如果 EViews 不能识别标识序列的频率信息,将结构化为整数日期(integer dates)结构,可以使用 freq 选项来设定工作页的频率结构。其他补充如下:

- 结构化时,可以采用选项 start 和 end 指定开始和结束日期,选项 reg 将工作页转化成规则日期结构。
- 如果同时进行偏移和规则化操作,则先进行日期规则化,再处理偏移量。
- 关键字 @first 和 @last 分别表示最早和最后的时期,要记住在工作页观测范围内,偏移量的计算基于观测编号,而不是基于规则日期的。
- 如果给定的日期标识序列的值不唯一,将出错。
- pagestruct 还提供了 dropbad 选项处理日期标识序列中无法解释成日期的观测,但能力有限。

§2.5.7 小结

多工作页极大地增强了 EViews 数据组织和分析的能力。工作页函数请参考表 2.7,下面是工作页的命令总结。

1) 建立工作页

   (a) pagecreate 直接建立结构化工作页,建立时可以使用结构标识序列。

   (b) pageload 导入外部数据,或者 EViews 工作文件中的工作页。

   (c) pagecopy 复制建立,复制过程中同时"加工改造"。

2) 结构化工作页:pagestruct 设置工作页的结构,面板结构将在 §9.1 节 (第 394 页) 讨论

   (a) 规则日期结构。

   (b) 日期结构:使用日期标识序列进行结构化,工作页按标识序列排序。

   (c) 横截面结构:使用标识序列进行结构化,工作页按标识序列排序。

   (d) 去除结构。

3) 管理工作页

   (a) `pagecopy` 复制工作页，复制的内容可以选择。

   (b) `pagedelete` 删除工作页。

   (c) `pagerename` 更改工作页名称。

   (d) `pagesave` 保存工作页为工作文件或者外部文件。

   (e) `pageselect` 激活为活动工作页。

4) 修改工作页

   (a) `pageappend` 从其他工作页追加数据。

   (b) `pagecontract` 只保留样本集设定的观测。

   (c) `pagestruct` 修改工作页观测范围，以及非规则日期结构的规则化。

   (d) `sort` 排序工作页。

5) `wfstats`: 显示工作页的结构和汇总信息。

其他说明

1) `pagestruct` 修改工作页观测范围可以认为是结构化的应用。如果采用偏移量来修改工作页的观测范围，对于日期工作页，要注意偏移量的计算方法。如果修改工作页观测范围的同时进行规则化，则规则化操作优先。

2) 从关系数据库提取的数据往往是堆叠（stacked）形式的，组织这类数据的命令为 `pagestack` 和 `pageunstack`，我们将在面板数据结构工作文件里讨论。

3) 可以直接跟工作页名称的命令为 `pageselect`, `pagedelete`, `pagerename` 和 `pageappend`，而 `pagecreate` 和 `pagecopy` 必须用 `page=pgName` 的选项的方式，例如 `pagecopy(page=pp)`。

4) 需要注意的是，`pageappend wf\pgname` 中，给出的工作页是源工作页，目标工作页是当前工作页。而其他命令给出的工作页都是作为目标工作页。

5) EViews 程序中，表达式使用的对象必须在当前工作页中，即当前工作文件的活动工作页中。

§2.6　使用样本对象

进行经济计量分析时，不管是进行假设检验，还是模型的估计和预测，都需要先设定样本集，即使用哪些观测样本进行分析和处理。本节介绍样本集的设定以及保存样本设定信息的样本对象。

§2.6.1　工作样本集

工作样本集[16]（Working samples）是 EViews 的重要概念之一，EViews 只使用工作样本集里的观测进行数据分析和操作，例如序列对象的赋值或者假设检验，以及方程对象的估计和预测等过程中，只有在工作样本集里的观测才参与操作和计算。因此工作样本集也称为**当前样本集** (current samples) 或者活动样本集 (active samples)，有时也称为当前观测集 (current observations)。

新建工作页时，当前样本集初始化为工作页的全部观测，通常，当前样本集为工作页全部观测集的一个子集。用 `smpl` 命令设定当前样本集，例如

```
pagecreate(page=A0) a 1950 2008
smpl 1979 2008
genr sx = 1
```

先建立年度工作文件页 A0，观测范围为 1950–2008 年共 59 个年度，然后设定当前的样本集为 1979–2008 年共 30 个年度观测，随后产生序列对象 `sx`，由于赋值语句只在当前观测集里进行赋值，`sx` 在 1979–2008 年的观测值为 1，其他观测期的观测值为缺失值 `na`。补充说明如下：

- 命令 `smpl` 设置当前观测集，命令是独立的，执行一次 `smpl` 语句设置一次工作样本集，不受先前的工作样本集的影响。
- 样本设定（sample specification）语句的样本表达式可以使用日期对（非日期结构使用观测编号对）及其偏移量，样本 `if` 条件表达式，样本对象等。
- 样本对象保存样本设定信息，方便对工作样本集的修改和重复设定，将在本节的下一小节讨论。
- 样本集设定和工作页结构息息相关，同样的语句对不同结构的工作页的作用不同，哪怕都是日期结构的工作页，频率不同含义也不同，本节讲述非面板结构的工作页的工作样本集设定方法，面板工作页的工作样本集将在 §9.2.1 节 (第 409 页) 讨论。

一、日期对

日期对表示观测的时期范围，日期对中的开始日期和结束日期的解释跟工作页的结构有关

1) 可以使用不同频率的日期表示，例如

```
pagecreate(page=M0) m 1990 2008
smpl 1993 2002q2
```

月度工作页 M0 中，该命令相当于

```
smpl 1993M01 2002M06
```

因为 EViews 的做法是使样本范围最大，根据工作页的频率类型，开始日期尽量靠前，结束日期尽量靠后。个人建议，清晰起见，尽量避免频率的混用。

---

[16]该名词是我杜撰的，EViews 文档中称之为 workfile samples，容易与工作文件的观测范围 workfile range 混淆。

2) 为了方便样本的设定，可以使用关键字 `@all` 表示工作页的全部观测，关键字 `@first` 和 `@last` 分别表示第一和最后一个观测期，例如

```
smpl @all
smpl @first @last
smpl @first 1998
smpl 1993 @last
```

前两个语句设定的样本集都为工作文件的所有观测。

3) 日期格式中年月日的具体形式和顺序，采用 EViews 默认日期设置（Options/ Dates & Frequency Conversion…）的格式，例如

```
smpl 4/5/1998 12/10/2003
```

如果默认日期设置为 Month/ Day/ Year，设定的样本期为

```
smpl 1998m04 2003m12
```

如果日期格式设置为 Day/ Month/ Year，等价于如下的语句

```
smpl 1998m05 2003m10
```

因此执行的结果不确定，受日期设置的影响，建议采用不会引起歧义的 ISO 8601 日期格式：YYYY-MM-DD，例如

```
smpl "1998-04-05" "2003-12-10"
```

不过由于格式中的减号（实际上是 dash，即英文连字符号，或者短划线），日期的表示必须使用双引号，否则在 `smpl` 语句中被解释为偏移量（后文即将讨论偏移量）。

4) 日期对里开始或者结束日期超出工作页样本观测范围的部分，将被截断，例如

```
smpl 1988 2010    '1990M1--2008M12
smpl 1995 2010    '1995M1--2008M12
smpl 1988 2003    '1990M1--2003M12
```

因此，当前样本集最大为整个工作页的所有观测集。日期对的范围要和工作文件页的观测范围有交集，否则出错，例如

```
smpl 2010 2030    'error
```

5) 设定样本集时，可以使用多个日期，但注意日期是配对的，例如

```
pageselect A0
smpl @first 1956 1978 1998 2001 @last
pageselect M0
smpl 1991 1995q3 2003m3 "2003-12-10"
```

页面 A0 中，当前观测为 1950–1956, 1978–1998, 2001–2008 年度的观测，即排除了工作页中 1957–1977 年和 1999–2000 年的观测，当前样本集共有 36 个观测。而页面 M0 中，根据样本范围最大化的原则，当前样本集为 1991M01–1995M09 和 2003M03–2003M12 的月份观测，一共 67 个数据。

6) 整数日期结构工作页中整数表示日期，例如

```
pagecreate u 9 20
smpl 3 10
```

当前样本集只有两个观测，需要注意的是开始日期必须非负，例如

```
            smpl -1 @last    'illegal date
```

这将出错。

7) 非日期结构的工作页（包含用选项 u 建立的无结构工作页和用序列标识结构化的非日期结构工作页）使用观测编号对指定观测范围，要注意开始编号必须非负，例如

```
            wfcreate u 9
            smpl -1 8
```

将出错。而超出范围是允许的

```
            smpl 0 10
```

当前观测集为整个工作页的观测。

8) 用序列标识结构化的非日期结构的工作页中，不要混淆观测编号和观测标识

```
            wfcreate(page=I0) u 9
            series id
            id.fill 1,4,5,7, 13,17,19,10,12
            pagestruct id    'sort workfile implicitly
```

工作页 I0 用整数标识序列 id 结构化成非日期结构，注意

```
            smpl 7 12
```

当前的观测集不是观测标识为 7, 10 和 12 的那 3 个观测，而是观测编号为 7–9 的 3 个观测，相应的观测标识为 13, 17 和 19 (注意到标识序列 id 被排序)。

二、偏移量

样本表达式中的日期可以使用偏移量，我们先来看一下规则日期结构工作文件的情况，例如

```
        pageselect M0
        smpl 1995m01+2 2005m8-3
```

当前样本范围为 1995M03–2005M05 共 123 个月份。说明如下：

1) `smpl` 语句中使用偏移量时，有个概念叫基础观测集（base observations），它是计算偏移量的基础，EViews 首先从 `smpl` 语句中识别出基础日期对，形成基础观测集，然后才通过偏移量调整当前观测集。如 `smpl 1995m01+2 2005m8-3` 语句中，基础观测集为 `smpl 1995m01 2005m8`。

2) 偏移量为正不一定就增加观测，有可能是减少观测，因为偏移量正负表示偏移方向，正偏移表示增大观测期，负偏移则减小。

3) 可以使用关键字 `@first` 和 `@last` 结合偏移量来设定样本集，例如

```
            !n = @obsrange/2
            smpl @last-!n+1 @last
```

当前样本集为工作页的后半部分的观测。

4) 偏移量是一数值表达式，偏移量的取值建议为整数，如果不是整数，EViews 会自动取整，但是取整的方式不固定，建议您使用函数 `@round`, `@floor`, 或者 `@ceil` 来确保是您想要的取整方法。

5) 偏移量的重要用途是设定动态观测窗口，如固定窗宽的移动窗口，或者固定单侧甚至两侧都浮动的变窗宽的观测窗口等，例如

```
for !b=0 to 9
    smpl @first+!b @last
    genr x{!b} = !b
next
```

通过循环变量改变偏移量,然后在不同的样本集里,进行分析和计算等。

6) 样本表达式使用偏移量时,日期表示允许使用不同频率,EViews 先进行频率转换,规则是使样本观测范围最大,然后再进行偏移量的处理,注意偏移量的计算是基于观测编号的

```
smpl 1995+2 2005m8-3
smpl 1995m01+2 "2005-01-03"+4
smpl 1995q1+2 2006q1-3-7
```

以上语句设定的当前样本范围都为 1995M03–2005M05 共 123 个月份。值得一提的是语句中的 q1,在日期对的开始位置,取值为 M01,而在结束位置取值则为 M03,这是由基础日期对的频率转化方法决定的,即开始位置的日期尽量靠前,而结束日期的位置尽量靠后。掌握这个规则,下面的语句不难理解(仍然在 M0 工作页中)

```
smpl 2002+2 2002-2
```

当前样本集为 2002M03–2002M10 共 8 个月份。个人建议,清晰起见,尽量避免频率的混用。

7) 超出工作页样本范围的情况,在年度工作文件页 A0 中讨论比较直观,其观测范围为 1950–2008 年

```
pageselect A0
smpl 1960-11 2000     '1950-2000
smpl 1940+8 2000      '1950-2000
smpl 1940+11 2000     '1951-2000
```

设定的当前样本范围在语句的注释里给出。显然,是计算偏移后的观测集,超出工作页观测范围部分被截断,而在识别基础日期对时,并没有立即进行截断。

非日期结构偏移量的处理类似规则日期结构,只是基础编号对的开始编号必须非负。而不规则日期结构下,偏移量的处理具有非对称性,我们还是用例子来说明,先建立非规则日期年度工作页 IR0

```
wfcreate(page=IR0) u 6
series year
year.fill 1991,1994,1995,1997,2000,2002
year = @makedate(year, "yyyy")
year.setformat "YYYY"
pagestruct(freq=a) @date(year)
```

下面是偏移量的处理例子:

1) 基础观测集包含在工作文件观测范围内,例如

```
smpl 1993m8+1 2002q2-2
```

EViews 先根据工作页的频率识别出基础日期对,由于是年度工作页,上述语句等价为

```
smpl 1993+1 2002-2
```

在工作页内,基础日期对包含的最早和最后年度分别为 1994 和 2002,然后基于观测计算偏移量,从基础观测集的开头去掉 1 个观测,从结束位置去掉 2 个观测,因此最后的观测集只有 1995 和 1997 两个观测。

2) 基础日期越过工作页观测范围，例如

```
smpl 1995+1 2005-5
```

设定的观测集只有 1997 年 1 个观测，因为计算偏移量时，工作页观测范围内按观测计算，超出工作页观测范围外的按规则日期计算，因此计算 2005-5 的偏移时，丢弃的观测为 2005, 2004, 2003, 2002 和 2000 共 5 个，其中工作页观测范围外的 2005, 2004 和 2003 这 3 个观测是规则年度的。又如

```
smpl 1980+12 1999+5
```

当前观测集为 1994 到 2002 的 5 个观测。注意基础日期越过工作页观测范围时，不马上裁剪基础日期，而是计算完偏移量后，才截断工作页观测范围外的观测。

日期结构（非面板）工作文件中命令 smpl 的**偏移量计算规则**为：偏移量的计算基于观测编号，当超出工作页观测范围时，即大于 @last，或者小于 @first 时，偏移量的计算基于规则日期。该规则对于规则日期和非规则日期结构都适用。

三、IF 条件

如果想通过观测值的取值来设定当前样本集，样本表达式可以包含样本的 if 条件表达式

```
%wf = @evpath + "\Example Files\Pindyck\lwage"
wfopen %wf
smpl if sex=1
```

工作文件 lwage 中，哑变量序列 sex 取值为 1 表示女性，因此当前样本集里只有 101 个观测，都是女性的观测。

1) 样本的 if 条件表达式不需要 then 关键字，但 if 关键字不能少，例如

```
smpl sex=1
```

这将出错。

2) 样本的 if 条件表达式里，条件表达式的取值为 0 或者 na 时为假，其他值都为真（注意到 na 值的数值计算将导致 na 值，而 na 值的关系运算和逻辑运算请参考表 2.3（第 61 页）。

3) 样本的 if 条件表达式可以包含逻辑运算，使用函数等

```
smpl if sex and ed>@mean(ed)
```

当前样本集里，性别为女性，且受教育的年限要超过所有样本的平均教育年限，总共有 35 个样本。

4) 样本的 if 条件表达式可以结合日期对（或者样本编号对）使用，表示两者的交集，例如

```
smpl 1 42 if sex and ed>@mean(ed,"@all")
```

设定当前样本集为前 42 个观测中，超过平均教育年限（取自全部样本）的女性，满足该条件有 8 个观测，注意如下语句

```
smpl 1 42 if sex and ed>@mean(ed)
```

工作样本集只有 7 个观测，因为其中的平均教育年限取自前 42 个观测，即该语句等价于

```
smpl 1 42 if sex and ed>@mean(ed,"1 42")
```

因此在样本设定语句中使用的函数如果有可选样本参数，请具体给出，以明确函数使用的样本集。

5) 下面的语句是等价的

```
smpl if sex=1
smpl @all if sex=1
```

也就是说，`smpl if` 语句实际上是 `smpl @all if` 的简写形式。

四、特殊问题

工作样本集的设定和工作页结构息息相关，工作样本集的设定是经济计量分析的基础性工作。

1) 新建工作页时，当前样本集初始化为工作页的全部观测。
2) 复制工作页时，目标工作页的工作样本集重置为全部观测，不管源工作页的工作样本集的设定。
3) 当前工作页结构化后，当前观测集重置为工作页的全部观测，该重置是必须的，例如把无结构的工作页通过日期标识序列结构化为非规则日期结构，样本设定语句中，原先使用的编号对方式需要改成日期对的方式。
4) 序列对象的赋值语句，只对当前观测集里的观测赋值，例如

```
smpl @all
series d3 = 0
smpl @first @first+2
d3 = 1
```

建立了指示前三个观测的哑变量序列 d3。

5) 矩阵计算不受当前样本集的影响。序列直接赋值给向量时，是把当前观测集组成的向量赋值给向量对象，而命令 `stom` 和 `mtos` 可以指定样本集。
6) 整数日期结构是特殊的日期结构，整数日期的开始日期必须非负，有偏移量时，基础日期对的开始日期也必须非负。

§2.6.2 样本对象

样本对象 (Sample object) 通过名字引用样本设定信息，由于设定样本集时使用的样本表达式可能既冗长又复杂，如果需要重复设定和修改，那不仅费时费力而且又容易出错。如果把样本设定信息保存在样本对象里，再通过名字来使用其样本设定，显然既直观又简便。如果经常使用某一特定样本，毫无疑问，样本对象是最佳的选择。

一、创建

用 `sample` 命令声明样本对象，例如（本小节的例子使用 EViews 示例工作文件 lwage）

```
sample ss
```

声明样本对象 ss，并将其样本集设定为工作页的当前样本集。说明如下：

1) 用 `set` 命令来改变样本对象的样本集

```
ss.set if sex=1
```

将样本对象 ss 的样本集更改为女性（sex=1）的样本。

2) 声明对象时，可以同时设定样本

```
sample female if sex=1
```

建立样本对象 female，同时将其样本集设置为女性（sex=1）的样本。

3) 设定样本对象的样本表达式是 smpl 语句的样本表达式，如

```
sample female if sex=1
smpl if sex=1
```

即把 smpl 命令换为 sample smpl_obj_name 即是。

4) 定义样本对象的样本表达式中如果包含程序变量，程序变量的值被冻结成定义样本对象时刻的值，例如

```
!n = 10
sample so10 @first @first+!n
smpl so10    '11   obs
!n = 100
smpl so10    'still 11 obs
```

在使用样本对象 so10 设定的当前样本集，总是为前 11 个观测，不会因为程序变量 !n 的改变而改变，因为样本对象 so10 实际上被定义为

```
sample so10 @first @first+10
```

二、使用

定义样本对象时，并没有改变当前样本集，如果要用样本对象来设定当前样本集，请使用 smpl 命令，例如

```
smpl female
```

等价于

```
smpl if sex=1
```

显然设置样本时，smpl 语句中用名字引用样本设定信息的方式要比直接设定直观很多。说明如下：

1) 命令 set 是更改样本对象的样本设定，使用样本对象来设定当前样本集用 smpl 命令。
2) 如何保存当前样本集呢？可以使用声明样本对象的方法

```
sample so0
```

样本对象 so0 的样本集设置为当前样本集。

3) 使用样本对象来设定当前样本集时，smpl 语句不需要 if 关键字，如果使用 if 关键字，相当于把样本对象当成序列对象使用，例如

```
smpl if female
```

4) 当把样本对象当成序列对象使用时，样本对象包含的观测值为 1，否则为 0，例如

```
sample graduate if ed>14
smpl @all
genr sLef = female*(1-graduate)
```

产生未受过研究生教育女性的哑变量。

5) 样本对象的一个重要用途是构建其他样本对象，例如

```
sample soLef if female and not graduate
```

创建样本对象 soLef，其样本设定为未受过研究生教育的女性，soLef 当成普通序列对象使用时，等同于刚才建立的序列对象 sLef，当然建立序列对象 sLef 的另一种方式为序列赋值方法

```
sample so0    'save current smpl
smpl @all
genr sLef = 0
smpl soLef
sLef = 1
smpl so0    'restore the original smpl setting
```

样本集的设定和工作页结构相关，改变工作页的结构，可能引起样本对象的失效，例如

```
pagecreate(page=t01) u 10
sample s1 1 4
pagestruct(freq=a,start=1980)
smpl s1    'error, outside range
```

当工作页结构化成年度工作页后，用先前建立的样本对象 s1 设定当前样本集将出错，因为样本对象实际上是样本表达式的引用名称而已，工作页结构改变后，样本对象 s1 代表的样本表达式已经不适合。

§2.6.3　样本表达式

样本表达式包含如下三部分：

1) 日期对（非日期结构使用观测编号对）；
2) 偏移量；
3) 样本 if 条件表达式。

例如在示例工作文件 lwage 中

```
smpl @first+10 @last-100 if sex=1
```

当前观测集有 46 个样本。样本表达式的三部分组成中，日期对，偏移量和样本 if 条件表达式本身又是表达式，可能使用到函数及其他对象，因此有必要从表达式的角度考察一下。除非特别声明，本小节的例子使用 EViews 示例工作文件 lwage（工作页结构为整数日期结构）。

一、函数

和样本集相关的函数有：

- 函数 @obssmpl，返回当前样本集的观测数。
- 函数 @obsrange，返回当前工作页的总观测数。
- 而函数 @obsid 和 @obsnum 返回的都是观测编号，从 1 开始的基于工作页的编号。
- 有可选参数为样本表达式或者样本对象名的函数，如函数 @obs(x,s)，返回序列 x 在给定样本集 s 的非缺失值观测数，s 为样本表达式或者样本对象名，如果没有给出参数 s，则采用当前样本集。

下面讨论这些函数在样本表达式中的使用。

1) 日期对（或者基础日期对）的开始日期和结束日期不能使用函数，例如

```
smpl 1 @obsrange      'error
smpl 1 @obsrange-2    'error
```

日期对的开始日期和结束日期只能使用关键字 @all, @first 和 @last, 以及常量或者程序变量, 例如

```
%s = "150"
smpl @first %s
!n = 160
smpl !n @last
```

而且字符串常量可以不需要双引号, 例如

```
pageselect M0
smpl 1993M01 2002M06
smpl "1993M01" "2002M06"
smpl 1993M01 "2002M06"
```

所有语句的效果相同, 注意最后一个 smpl 语句只是示例而已。

2) 偏移量可以使用样本相关的函数, 例如

```
smpl 1 1+@obsrange/2
```

当可能出现非整数时, 建议用函数 @round, @floor, 或者 @ceil 等函数取整后再作为偏移量。有可选参数为样本表达式或者样本对象名的函数, 如果出现在偏移量的表达式中, 可选的参数务必给出, 例如

```
smpl 1 10+@mean(ed)
```

将导致错误, 而给出函数 @mean 使用样本范围则可以

```
smpl 1 10+@mean(ed, "1 20")
```

3) 样本 if 条件表达式可以使用函数, 但结果常常是难以预期的。例如

```
smpl @all
genr id = @obsid
smpl 1 110 if id>(@obssmpl/2)
```

令人费解的是, 设定当前样本集为前 110 个观测, 而如果采用下面的语句

```
smpl @all    '206 obs
!n = @obssmpl/2
smpl 1 110 if id>!n
```

则设定的当前样本集有 7 个观测。建议把函数值保存在程序变量里, 再给样本表达式使用, 例如

```
smpl 1 42 if sex and ed>@mean(ed)
```

写成

```
!m = @mean(ed,"1 42")
smpl 1 42 if sex and ed>!m
```

程序清晰又容易理解。

因此, 建议不要在样本表达式中直接使用和样本相关的函数, 而是先将函数返回值保存在程序变量里, 然后在样本表达式使用相应的程序变量。

练习: 如何得到基于当前样本集的编号? 提示: 使用向量对象。

练习: 下面的样本对象定义包含了 @obs 函数

```
        sample half @first @first+@obs(sex)/2
        smpl half    'error
```
但该样本对象不能用来设定工作页的当前样本,为什么?

二、其他

样本表达式本身求值时,样本表达式包含的序列对象的运算不受当前样本集的限制。例如
```
        smpl 1 10
        smpl if sex=1
```
第二个 `smpl` 语句里样本表达式中 sex=1 进行关系运算时,不被局限在当前样本集的前 10 个观测中,这也是我们强调的 `smpl` 语句独立性的一个方面。其他补充如下:

1) 定义样本对象的样本表达式的程序变量,被冻结成定义样本对象时的值,例子参见建立样本对象时的讨论。

2) 样本表达式中,序列对象下标表示超前和滞后
```
            genr id = @obsid
            sample so14 @first @first+id(4)
            smpl so14
```
当前样本集为前 6 个观测,偏移量 `id(4)` 取为序列 `id` 的 4 阶超前的第一个元素,即 `@elem(id,"5")`,其值为 5。建议改用如下更明确的方式
```
            sample so14 @first @first+@elem(id,"5")
```

3) 样本表达式中,日期对开始和解释日期的加号和减号总被解释为偏移,例如(使用第 113 页建立的非规则日期工作页 `IR0`)
```
            pageselect IR0
            !n = 1998
            smpl @first !n+2
```
当前样本集为工作文件的全部样本,而不是
```
            smpl @first 2000
```

4) 样本表达式中年份请使用四位数字年份格式,建议不使用如下的两位数年份[17]
```
            pageselect A0
            smpl 1 3    '2001--2003
            pageselect IR0
            smpl 1 3    '2001--2003
```
规则年度工作页 `A0` 的当前观测有 3 个,非规则年度工作页 `IR0` 的只有 1 个观测。

5) 注意如下的样本集设定
```
            pageselect A0
            smpl 2000-01-01 2007-01-01
```
当前样本集为 1998–2005 共 8 个观测,注意样本表达式中的加号和减号被解释为偏移操作,如果要解释为 `YYYY-MM-DD` 格式的日期,需要使用双引号。

---

[17]至少有两个理由,其一是两位数字年份格式容易和编号混淆,其二是两位数字年份格式解释为 1931–2030 年份,将来版本的解释可能会不同。

```
smpl "2000-01-01" "2007-01-01"
```
才是将样本集设置为 2000–2007 的 8 个观测，注意与 `wfcreate` 和 `pagecreate` 的区别，创建工作页的选项没有偏移量的概念，YYYY-MM-DD 格式的日期不需要引号。

§2.6.4 小结

EViews 的一个重要概念是当前样本集，在显示或者计算分析时，EViews 只使用当前样本集里的观测。样本对象保存样本设定信息，方便对工作样本集的修改和重复设定。

1) 命令 `smpl` 设置当前观测集，样本设定语句的样本表达式可以使用：
   (a) 日期对（非日期结构使用观测编号对），日期的解释跟工作页的结构有关，EViews 解释日期对的原则是最大化样本范围。
   (b) 基础日期对和偏移量，偏移量的计算基于观测编号，对于日期结构工作页，当超出工作页观测范围时，偏移量的计算基于规则日期。
   (c) 样本 `if` 条件表达式，表达式包含的函数如果有样本参数，要明确函数使用的样本集。
   (d) 样本对象。

2) 用 `sample` 命令声明样本对象，样本对象的定义和设定当前样本集是分开的：
   (a) 更改样本对象的样本设定用 `set` 命令，使用样本对象来设定当前样本集用 `smpl` 命令。
   (b) 样本对象可以作为普通序列对象在序列表达式中使用。
   (c) 样本对象的一个重要用途是构建其他样本对象。

3) 建议不要在 `smpl` 语句中直接使用和样本集相关的函数，而且样本表达式要尽量直观明确。

§2.7 编程提示

1994 年 3 月，EViews 1.0 推出后，以其直观易用迅速风靡全球。然而，交互方式的应用能很好地满足简单应用或者教学的要求，难以满足科研的需要，因此，EViews 的手册在完善交互式应用的基础上，不断加强编程方式使用 EViews 的介绍和推广。

他山之石，可以攻玉，学习编程的最好的方法之一是学习他人的源代码，EViews 提供了不少程序例子，EViews 的"Example Files"目录下的 readme.html 文件全面介绍并链接了各个示例程序（Sample programs）。自己编程时，在别人源代码的基础上进行修改，往往能事半功倍。

编程方式充分发挥 EViews 的经济计量分析功能，由于 EViews 的编程还没有得到广泛应用，本讲义的形成过程中，程序执行方式经常暴露出 EViews 程序解释器的缺陷，因此，编程方式同时也促进了 EViews 程序语言的改进和发展。

§2.7.1 小提示

下面是编程时的若干提示：

1) EViews 中，日期序列的年份范围为公元 1 年到公元 9999 年。EViews 的默认日期显示格式是 Month/Day/Year，不能修改成 `YYYY-MM-DD` 的格式。
2) 工作页的最大观测数目为 400 万个，因此序列对象的观测数目不能超过 400 万个。
3) 不仅表格对象可以进行格式设置，序列、群或者矩阵等对象也都可以进行格式设置，用 `setformat`, `setindent`, `setjust` 和 `setwidth` 等命令设置其表格视图的格式。
4) 序列对象的赋值，隐含了循环。
5) 样本对象可以出现在序列表达式中，当成序列对象使用，取值为 1 和 0。
6) 群对象的成员可以是表达式，因此可以使用下标的方式，引用该表达式，这种方式类似于自新序列，具有自动更新的功能。
7) 对象的视图通常为表格视图或者图形视图，定格后得到表格或者图形对象，对象的少数视图为文本视图，例如方程对象的表述视图（representations view），定格后得到文本对象。
8) 不同工作页里，可以有同名的对象，且对象的类型可以不一样。
9) 表达式可以包含各种 EViews 对象，有一点必须注意，当程序中使用到多个工作页（打开的工作文件有多个工作页或者打开多个工作文件）时，表达式包含的对象必须在当前工作页内。[18]
10) 程序变量，函数和子程序是基于程序文件的，EViews 对象是基于工作页的，因此程序变量游离于工作页，程序执行结束就消失，不被限制在某个工作页中，而函数的参数以及子程序使用到的对象，必须是当前工作页内的对象。
11) EViews 没有块注释，可以用 `if` 语句块实现整块注释。
12) 关于运算速度：在 Options / Program... 菜单下，选择 quiet，加快程序执行速度。
13) 保存对象数据为外部格式时，系数向量、矩阵和合伙对象（Pool）使用命令 `write`，而图形对象和表格对象使用命令 `save`。

---

[18]EViews 还允许在当前工作页里找不到的对象，在注册数据库里查找，需要手动启用该功能。EViews 数据库请参考第 904 页 §A.7 节。

§2.7.2 系数对象

EViews 建立每个工作页时,同时建立了系数对象 C。系数对象 C 的最重要用途是作为方程对象或者对数似然对象等计量方法对象的系数,为这些计量方法对象的估计提供初始值,以及保存系数的估计值。补充说明如下:

1) 计量方法对象中,只有样板对象(Model)和向量自回归对象(Var)不使用系数对象 C。因为样板对象是用来求解方程组,不是用来系数估计的。而 VAR 对象系数太多,例子请参考 Eviews 示例工作文件 lut1.wf1 中的 var1 对象,重新估计后,系数对象 C 不变。
2) 不管工作文件观测数目为多少,系数对象 C 的大小总是为 751 个元素的列向量,且初始化为 0。
3) 系数对象 C 可以当成向量对象使用,系数对象 C 除了无法修改大小、不能改名也不能删除以外,和向量对象没有区别,关于这些矩阵对象,请参考 §A.3 节 (第 867 页)。
4) 学习 EViews 时,往往需要写些小程序进行简单的测试,保存一些计算结果供查看时,可以不保存在标量对象或者表格对象中,直接赋值给系数对象 C。

§2.7.3 复制

命令 copy 进行对象复制时,不仅可以在同一工作页里复制,还可以在同一工作文件的不同工作页间复制,甚至是不同工作文件间(工作文件必须都已经打开)复制,例如

```
wfcreate(wf=wf01,page=p1) u 4
genr z3 = 0
wfcreate(wf=wf03,page=pp) u 6
copy wf01::p1\z3 zz    'raw copy
```

将工作文件 wf01 的 p1 工作页中的序列 z3 复制为当前工作页(工作文件 wf03 的 pp 工作页)的序列 zz,注意工作文件和工作页间的分隔符为两个冒号,这里复制时更改了名字,且序列 zz 比 z3 多出来的观测的值为 na,其他说明如下:

1) 对象复制进行了数据的复制,保存在新建的对象中,而链接对象并不复制数据,只是提供了引用其他工作页序列对象的方法,链接是按需的,且随着源数据动态更新。
2) 与建立链接对象相同,进行对象复制时,可能需要进行频率转换或者数据缩并,此时 copy 命令和 linkto 命令有相同的选项,因此:
   (a) 不同频率工作页间复制,需要进行频率转换,频率转换的选项请参考表 A.4 (第 891 页)。
   (b) 复制命令中,给出了配对标识序列,则进行配对合并方式的复制,合并时的缩并选项请参考表 A.5 (第 895 页)。
3) 如果我们已经熟悉 §A.6 节 (第 888 页) 讨论的链接对象,就可以把不同频率工作页间的复制,或者配对合并方式的复制,理解成先建立链接对象,然后再断开链接。
4) 复制对象时,如果是在数据库和工作文件之间进行,将有更多的情况需要考虑,如对象名的合法性,以及区分对象容器等情况,具体参考 §A.7 节 (第 904 页)。
5) 命令 copy 复制自新序列时,得到普通序列,其值为自新序列的当前值,请参考第 132 页的例子。
6) 链接对象的复制:同工作页,仍然为链接对象,复制到其他工作页或者其他工作文件,转换为普通序列,例如

```
wfcreate(wf=wf01,page=p5) u 4
genr x = 7
pagecreate(page=p6) u 4
rndseed 12357
link x.linkto p5\x
copy x y     'y is link
pageselect p5 'copy to other page(link's source page), unlink
copy p6\y y
pagecreate(page=p7) u 4    'copy to other page, unlink
copy p6\y y
wfcreate(wf=wf05,page=p05) u 4 'copy to other workfile, unlink
copy wf01::p6\y y
```

因此，复制的过程包含了断开链接的过程。

7) 群对象在同一工作文件的工作页间复制时，命令 copy 无选项时只复制群的定义，选项 g=b 复制群定义以及群使用到的所有序列对象（包含通过自新序列间接使用到的序列对象），但不复制包含的自新序列对象

```
wfcreate(wf=wf01,page=p5) u 4
genr x = 7
pagecreate(page=grp) u 4
genr x = 1
genr y = 2
genr z = 3
frml f = 2*x/z
genr sz = x+z
frml f2 = 2*x/sz
link x5.linkto p5\x
group G x log(y)+2 f-y x5
group G2 f2 x5
pagecreate(page=p8) u 4
copy(g=b) grp\G G    'copy link as ser, no copy frml
pagecreate(page=p9) u 4
copy(g=b) grp\G2 G2
```

工作页 p8 有群对象 G，以及序列对象 x x5 y 和 z，其中 x5 由 grp\x5 复制转换为普通序列对象得到，而序列 z 包含在群对象 G 中，是间接通过自新序列 f 实现的，此外复制过程并没有复制自新序列 grp\f 到工作页 p8 中。根据同样的规则，工作页 p9 有群对象 G2，以及 G2 包含的序列对象 x x5 和 sz。

群对象在工作文件页间复制时，和同一工作文件的工作页间复制类似，例如

```
wfcreate(wf=wf02,page=p5) u 4
genr x = 7
pagecreate(page=grp) u 4
genr x = 1
genr y = 2
genr z = 3
frml f = 2*x/z
link x5.linkto p5\x
group G x log(y)+2 f-y x5
wfcreate(wf=wf03,page=pp) u 6
copy(g=b) wf02::grp\G G    'with x x5 y z
```

注意到工作页 wf03::pp 比工作页 wf02::grp 的观测更多，多出来的观测值为 na。

§2.7.4 命令和函数

命令和函数用来实现一定的操作，通常都需要参数，其基本区别为：

1) EViews 命令直接对对象进行操作，参数可以是 EViews 对象或者表达式，命令的语句必须单独一行，不返回任何值，不能作为表达式的组成部分。
2) Eviews 的函数基本上都以 "@" 开头[19]，函数总有返回值，函数的返回值可以给相容的 EViews 对象赋值，函数可以作为表达式的组成部分。

一、命令

使用 EViews 命令时，要注意命令选项的格式要求，以及命令的参数是否允许使用表达式，是否只能使用对象名等，例如

1) EViews 有些命令的参数不能为表达式，只能使用简单的常量或者变量，例如

```
wfopen @evpath + "\Example Files\data\demo"
```

将出错，必须改写成

```
%wf = @evpath + "\Example Files\data\demo"
wfopen %wf
```

注意程序中，如下命令

```
cd @evpath
```

也不行，需要先把函数的返回值赋值给变量

```
%evdir = @evpath
cd %evdir
```

2) EViews 的个别命令，例如 mtos 命令，参数只接受对象名

```
wfcreate u 4
matrix(@obsrange,2) beta
series b1
mtos(@columnextract(beta,1),b1)
```

是不允许的，必须先将函数值赋值给对象，例如

```
vector v = @columnextract(beta,1)
mtos(v,b1)
```

3) 请注意命令的选项设置，例如 rndseed 命令的选项设置

```
rndseed(type=mt) 12357
```

将随机数发生器改为 improved Mersenne Twister 发生器，选项 type 的值不能有双引号，例如

```
rndseed(type="mt") 12357
```

还是使用默认的 type=kn，即 improved Knuth generator 随机数发生器。

此外还要注意选项值的分隔符号，例如 §4.2.1 节（第 182 页）中的命令 cellipse，选项 size 的值用双引号包含所有置信区间值，引号里面用空格分隔，而限制条件的分隔符号为逗号。这是 EViews 的一个缺点，同一命令里选项和参数使用不同的分隔符号，让人无所适从，很容易出错。

---

[19]没有以 "@" 开头的函数不多，往往是最常用的函数，如取绝对值 abs，取自然对数 log，标准正态分布随机数函数 nrnd 等。

二、函数

EViews 提供了丰富的数学函数、字符串和日期函数以及工作文件函数等。几点补充如下：

1) 对于可以使用序列对象作为参数的函数，可以分成两类，返回汇总信息的函数（summary function）和基于单个观测的函数（element function），两者对缺失值的处理有差异，前者通常都将样本内的缺失值排除，比如 @mean 函数，只计算样本内非缺失数据的均值，后者对于缺失值或者未定义的值返回 na，例如 @log 函数。

2) 函数 @date 在字符串表达式中是字符串函数，返回字符串，而在序列表达式中作为工作文件函数，返回每个观测的开始日期编码，因此

```
alpha ax = @date    'error, can not assign num to str
```

把数值赋值给字符串，将出错。注意在非日期的工作页中，工作文件函数 @date 返回负数

```
wfcreate u 4
genr sx = @date   '-0.999999988425926, -0.999999976851852 ...
```

这些数是整数观测编号的特殊编码，否则跟日期编码冲突，可以用如下方式得到观测编号

```
alpha ad = @datestr(@date)    'string: 1 2 3 4
alpha as = @strdate("YYYY")   'string: 1 2 3 4
genr id = @obsid
```

在日期工作文件中，工作文件函数 @date 可以有参数，代表超前或者滞后，例如

```
pagecreate(page=a1) a 2001 2004
genr sx = @date
genr sx1 = @date(+1)    'lead
```

得到序列 sx1 为 sx 的一阶超前。

3) 随机数函数，仿真计算时，要得到相同的随机数序列，必须用 rndseed 命令设置随机发生器[20]的种子。EViews 的 rnd 和 nrnd 函数共用 rndseed 命令设置随机数种子，此外有如下的等价关系

```
nrnd = @nrnd = @rnorm
rnd = @rnd = @runif(0,1)
```

例如

```
rndseed 12357
c(7) = @runif(0,1)
rndseed 12357
c(8) = @rnd    'c(8)=c(7)
```

值得注意的是，rnd 和 nrnd 还可以作为命令，例如

```
matrix(3,3) mn
nrnd(mn)
```

得到 3×3 的正态分布随机矩阵 mn。EViews 7 中，函数 @mrnd 和 @mnrnd 产生随机数矩阵。

4) EViews 的文档没有介绍 @runpath 函数，它返回的是当前执行程序自身所在的目录，比如程序完整路径为

---

[20] EViews 默认的随机数发生器为 type=kn，周期为 2^{129}。而 type=mt 发生器不仅周期最长，达到 $2^{19937} - 1$，而且产生随机数的速度最快。

```
                D:\Doc\prg\path.PRG
```

程序文件 path.PRG 的内容为

```
wfcreate u 2
alpha aa
aa(1) = @runpath    'D:\Doc\prg\
aa(2) = @evpath     'C:\EViews
```

注意运行该程序时，函数 @runpath 返回的路径以反斜杠"\"结束，而函数 @evpath 返回 EViews 的安装目录，没有包含最后的反斜杠"\"。

§2.7.5　通配符

EViews 支持使用通配符 (Wildcards) 进行模式匹配，当需要写一长串的对象名时，通配符特别方便。通配符有两个：一个是星号"*"，可以和任意个（零个或者多个）字符匹配，另一个是问号"?"，用来替代单个的任意字符。当然表达式里面可以同时使用这两个通配符，通配符的主要用途有：

- 存取、复制、改名和删除一系列对象，如命令 copy, delete, fetch, rename 和 store 等，以及工作页命令 pagecopy, pagestack 和 pageunstack 等（注意命令 pagestack 和 pageunstack 中，问号代表标识符）。
- 设定群对象，即用到 group 命令中，例如

    ```
    group grstk sz* sh?  sp500
    ```

    将建立群对象 grstk，其成员为 sz 开头的序列、序列名以 sh 开头且名字只有三个字符的任意序列以及 sp500 序列。
- 交互方式下，设置数据库和工作文件的过滤器，即只显示某些对象。

下面是使用通配符的几点提示：

1) 在复制和改名的操作中，要注意源和目标的表达式中通配符模式的匹配，两者里星号和问号通配符的顺序和数目要一致。因此如下的命令都将出错

    ```
    copy *c?   ?e*
    copy *cd   ?ef
    copy abc?  ?ef?
    ```

2) 星号既作为乘号也作为通配符使用，有时候可能会混淆，EViews 的解释器会先尝试用数学表达式解释，如果行不通，再继续查看是否可以当成通配符表达式。为了避免混淆，可以使用连续的两个星号来代表通配符，强制 EViews 将其当成通配符，将含有乘法的表达式用括号包起来，明确星号的含义为乘法，例如

    ```
    z**2     'treated as wildcard
    (z*2)    'series expressions
    ```

3) 问号作为通配符的同时，也作为合伙对象的横截面标识符，如果问号出现在合伙对象的表达式中，将解释为横截面标识符。此外，命令 pagestack 和 pageunstack 中，问号代表标识符。

下面是简洁明了的一段小程序，来帮助我们理解通配符：

```
1  '2007-09-12 08:34
2  'wildcards
3
4  wfcreate wild u 1 8
5  'patterns
6  series a_f
7  series b_2_f
8  copy    *_*  **c
9  copy ?_*  y?e*
10 'multiplication or wildcard
11 series x
12 series x03
13 series x13
14 group gx x*3
15 group gx3 x**3
```

代码提示：

- 第 8 行产生序列对象 afc 和 b2_fc，该行命令的作用是删除第一个下划线，并在序列名末尾添加字符 c，请注意，命令中源和目标的表达式都有两个星号分别对应，此外，该命令中第一个星号进行匹配时，碰到下划线就停止，即对于序列 b_2_f，第一个星号对应的是"b"而不是"b_2"。
- 第 9 行产生序列对象 yaef 和 ybe2_f，该行命令同时使用了问号和星号。
- 第 14 行产生的群对象 gx 只包含一个自动序列 x*3，而第 15 行产生的群对象 gx3 的成员为 x03 和 x13 两个序列。

§2.8 深入编程

EViews 编程本身是比较简单的,困难的地方是理解经济计量理论和方法,因此计量方法对象及其理论的阐述,是本讲义的主体,我们将分别深入探讨。本节继续前一节的编程提示,讨论深入 EViews 编程(Deepening EViews Programming),进一步释放 EViews 的威力。

§2.8.1 表格和图形

计量分析的可视化,最重要的是结果的展示,EViews 通过表格和图形,直观且具体地给出计量分析结果。计量分析结果的整理和美化,需要灵活使用表格和图形对象。

一、表格

表格的最重要用途是保存计量分析的结果,特别是不同模型或者检验结果汇总成一张表格,简洁明了,方便结果的对比分析和报告。例如第 153 页的表格,若将哑变量的不同设置方式的方程估计结果整理在一起,方程间的系数关系一目了然。其他说明如下:

1) EViews 没有提供调试工具,进行计量分析的编程测试时,可以使用表格保存计算结果,方便查看。

2) EViews 的不少检验只提供表格视图报告结果,要取得检验统计量或者 p 值,只能通过将检验视图定格成表格,再读取表格的方式得到检验值,例如

```
%wf = @evpath + "\Example Files\data\demo"
wfopen %wf
equation eq.ls gdp c m1
freeze(tb) eq.auto(3) 'Breusch-Godfrey Serial Correlation LM Test
c.setformat g
c(6) = tb(4,2)    '168.2429
```

3) 可以通过设置表格的数值格式,改变读取数值的精度

```
t01.setformat(@all) g.20
c(9) = tb(4,2)    '168.242867460524
```

4) 虽然设置表格的显示格式时,可以使用行列范围(参见 §A.2 节的第 861 页)的 R4C2 或者 B4 定位方式,对表格的格子进行读取或者赋值时,只能使用纯数字的行列坐标方式,如 (4,2) 表示第 4 行第 2 列的格子。

   (a) 表格的读取和赋值只能操作单个格子,不能使用格子范围,因此,复制表格的一个区域到另一表格,只能使用循环。

   (b) 单个下标表示 (i,1),即第一列,例如
   ```
   c(10) = tb(6)
   ```
   等价于 c(10)=tb(6,1)。

5) 表格的格子中的内容为数值,则该格子可以看作是数值变量或者字符串变量

```
c(11) = tb(6,1)+1
c(12) = @val(tb(6,1))+1
alpha aa
aa(1) = "S " + tb(6,1)
aa(2) = "V " + @str(tb(6,1))
```

显然，可以不使用函数 @val 和 @str。

6) 重新定义表格对象时，可以改变表格的大小：如果缩小了表格的大小，新范围之外的内容将被删除，例如

```
table(4,5) tb
```

只保留 auto 序列相关检验的检验量部分。扩大表格时，原先的内容被保留，扩大表格的另外方法是直接赋值，例如将 4×5 的表格 tb 扩大为 8×5

```
tb(8,5) = 85
```

7) EViews 不能直接导出群对象的数据，可以先将群对象的表格视图定格成表格对象，进行格式设置后再从表格对象导出。

二、图形

计量经济分析结果的图形输出，往往需要进一步美化，如多图的对齐、图例设置和线型设置等。EViews 的图形命令不是很丰富，例如没有直接画椭圆的命令，没有产生混合图形类型的命令，下面是几个例子：

1) 画椭圆，用 scat 命令实现，请参考 EViews 例子程序 joint.prg，该程序画出了联合置信椭圆。
2) 混合图形类型的图形，例如第 891 页的倍频效果对比图，作为基准的零阶保持方法的结果用柱形图给出，其他方法的结果用线形图，形成鲜明的对照。可惜这类图形无法用命令直接产生，需要用交互方式做最后的修改。

§2.8.2 自新序列

自新序列是命名的序列表达式，其定义表达式包含的序列对象取值改变时，将导致自新序列更新，即重新计算自新序列的定义表达式的值。自新序列的触发式更新，体现了面向对象的消息机制。

我们将通过例子，来阐述自新序列的更新过程，首先，准备如下数据

```
wfcreate(wf=frml, page=rnd) u 4
rndseed 12357
genr u1 = rnd
genr u2 = rnd
genr u3 = rnd
genr u4 = rnd
group gru u?
gru.setformat(@all) f.5
```

产生了 4 组均匀分布的随机抽样，组成群对象 gru，结果为

u1	u2	u3	u4
0.26842	0.56198	0.60850	0.08254
0.06012	0.89959	0.93217	0.40227
0.14693	0.15932	0.21729	0.41685
0.44613	0.28188	0.70398	0.53416

一、程序变量和矩阵对象

程序运行结束后,自新序列保存在工作文件中,而程序变量消逝了,因此,自新序列的定义表达式中如果包含程序变量,EViews 将如何处理呢?

```
pagecreate(page=cv) u 4
rndseed 12357
!j = 7
rndseed 12357
frml fj = !j + rnd    'Formula:  7+ rnd
!j = 9    'fj not update
genr zj = fj +1    'rnd part = u1
```

查看自新序列对象 fj,发现其定义为 "7+ rnd",此外,序列对象 zj 的随机部分等于 u1。总结如下:

1) 自新序列定义表达式中的程序变量被定格在定义时刻的值,因此随后程序变量取值的改变,不会引起自新序列的更新。
2) 自新序列定义的时候,并没对其定义表达式进行求值,自新序列被初次引用的时候将进行求值。
3) 将包含 rnd 的表达式定义为自新序列,每次表达式重新计算,将产生不同的随机数,方便我们跟踪和记录自新序列的更新过程。这里只是进行程序测试,计量分析时不要使用这种方式。

自新序列的定义表达式如果包含矩阵对象,也是将矩阵对象的值定格在定义时刻的取值,例如

```
pagecreate(page=mat) u 4
rndseed 12357
scalar a = 1
c(1) = 8
frml f = c(1)+a+rnd    'Formula:  8+1+rnd
a = a + 1
c(1) = 10
genr z1 = f+9    'rnd part = u1
genr z2 = c(1)+a+rnd    'rnd part = u2
vector(2) v = 2
frml fv = v(2)+rnd    'Formula:  2+rnd
genr z3 = fv+9    'rnd part = u3
```

清晰起见,程序语句的执行结果写在注释里。尽管标量对象,系数对象和向量对象等矩阵对象是保存在工作文件中,但它们取值的改变不会引起自新序列更新。因为定义自新序列时,自新序列的定义表达式中并没有包含这些对象,而是将它们替换成它们在那一时刻的取值。

二、序列对象

自新序列的定义表达式中的序列对象值改变时,将触发自新序列重新求值

```
pagecreate(page=ser) u 4
rndseed 12357
genr x = 10
frml fs = x+rnd
genr z1 = fs-8    'rnd part = u1
genr z1a = fs+2    'rnd part = u1
x = x+1
genr z3 = rnd    'rnd part = u3
genr z2 = fs+10    'rnd part = u2
```

程序语句的执行结果标在注释中,从中可以看到:

1) 序列 z1 由自新序列 fs 来赋值，引用 fs 引起第一次更新，每次 fs 的更新将进行一次随机抽样；
2) 序列 z1a 再次使用自新序列 fs 来赋值，没有导致 fs 的更新；
3) 自新序列 fs 的定义表达式中的序列 x 值改变，引起 fs 第二次更新；
4) 序列 z3 的赋值，导致第三次随机抽样；
5) 序列 z2 使用自新序列 fs 来赋值，没有导致 fs 的更新，其值为 fs 的当前值（第二次更新）。

因此，用自新序列给序列对象赋值，如果自新序列已经被使用过，内存中保留一个备份，将不在重新求值。再看如下的例子，引用自新序列前，定义表达式包含的序列对象值被更新。

```
pagecreate(page=serY) u 4
rndseed 12357
genr y = 1
frml fy = y+rnd
y = y+1
genr z2 = fy+4      'rnd part = u2
genr z3 = rnd       'rnd part = u3
genr z2a = fy +2    'rnd part = u2
```

自新序列 fy 在被使用前，其定义表达式包含的序列对象 y = y+1 赋值修改观测值，引起第一次求值，序列 z2 赋值引用了 fy，引起第二次求值，其值被记住，序列对象 z2a 赋值时，直接赋值，没有对表达式重新求值。

群对象的成员在很多情况下可以当序列对象使用，自新序列的定义表达式也可以包含群对象成员。例如

```
pagecreate(page=grp) u 4
genr x = 1
genr y = 2
group G x y+2*x
genr z = G(1) +3
rndseed 12357
frml fg = G(2)+5+rnd   'Formula:  y+2*x+5+rnd
y = 9    'cause fg to revaluate
genr z2 = fg+1    'rnd part = u2
x = -1
genr z3 = fg+3    'rnd part = u3
```

不难发现，EViews 把群对象的下标引用方式直接替换成相应的成员。这样一来，自新序列的更新和群的定义就没有联系了。

链接对象定义完成后，就可以当成序列对象使用，因此自新序列的定义表达式也可能包含链接对象，链接的源数据的更新，或者链接自身定义的修改，都将导致自新序列重新计算。例如

```
pagecreate(page=p1) u 4
genr x = 7
pagecreate(page=p2) u 4
rndseed 12357
link x.linkto p1\x
frml fx = x+rnd
'genr z1 = fx    'if commented, z2 z3 no change
pageselect p1
x = 3    'cause p2\fx to revaluate
pageselect p2
genr z2 = fx-1    'rnd part = u2
're-define link
```

```
x.linkto(c=obs) p1\x
genr z3 = fx      'rnd part = u3
```

链接对象 p2\x 的源序列 p1\x 的取值改变后，自新序列 p2\fx 更新，链接对象 p2\x 的定义修改后，p2\x 的观测值被修改，也引起自新序列的更新。

三、其他

补充说明几点：

1) 自新序列不能递归定义，因为 EViews 要求 frml 语句中，用到的变量要先定义。
2) 自新序列的定义表达式中，不管同一序列对象出现多少次，序列对象的值改变时，自新序列只更新一次。
3) 群的成员可以是自新序列或者是包含了自新序列的表达式，用群对象的下标方式引用自新序列，和普通表达式引用自新序列没有区别。
4) 命令 copy 复制自新序列时，不管是工作页内复制，还是同一工作文件的工作页间复制或者工作文件间复制，都得到普通序列，其值为自新序列的当前值，例如

```
wfcreate(wf=wf01,page=p3) u 4
genr x = 1
frml fx = x+5
copy fx f1     'f1=6, copy within page
x = x+2
pagecreate(page=p4) u 4
copy p3\fx f2    'f2=8, copy to other page
wfcreate(wf=wf02,page=p3) u 4
copy wf01::p3\fx f3    'f3=8, copy to other workfile
```

尽管在自动序列或者自新序列的定义表达式中可以包含 rnd 函数，但我们强烈建议不要采用这种方式，因为对于复杂一点的情况，如多个自新序列依赖共同的序列对象时，表达式的求值顺序具有不确定性[21]，例如

```
pagecreate(page=ser2) u 4
rndseed 12357
genr x = 10
genr y = 1
frml fx = 2*x+rnd
rndseed 12357   'if commented out, change a lot
frml f2 = x+y+rnd
'rndseed 12357   'if not commented out, change a lot
genr z1 = f2-10    'rnd part = u1
x = x+100
genr z4 = rnd      'rnd part = u4
genr z3 = f2-20    'rnd part = u3
```

注释掉第 2 个 rndseed 语句，或者去掉第 3 个 rndseed 语句注释，结果都不相同。

---

[21] 由于更新过程基于面向对象的消息机制，程序执行是并发的，多线程的。

§2.9 小结

关键词

常量	表达式	赋值
控制变量	字符串变量	置换变量
数值运算	关系运算	逻辑运算
缺失值	序列表达式	动态赋值
隐式赋值	顺序结构	循环结构
分支结构	子程序	参数传递
程序文件	程序执行	执行模式
空串	日期格式	工作页结构
排序	趋势序列	工作样本集
日期对	样本对象	样本表达式
系数对象	随机数发生器	通配符

要点

1) 置换变量是 EViews 的一大特色，具有"宏"替换功能。置换变量方便动态形成对象名和程序语句，极大的提高了程序的灵活性。

2) EViews 用 na 代表缺失值，允许 na 参与逻辑运算，na 参与关系运算与 IEEE 的非数 NaN 的关系运算规则也不同，请参考表 2.3 (第 61 页)。

3) EViews 赋值时有相容性的要求，序列表达式赋值时隐含了循环，且允许序列对象隐式赋值。

4) FOR 循环可以使用标量对象、控制变量和字符串变量作为循环控制变量，可以使用多个字符串变量进行循环控制。当数值型变量作为循环控制变量时，循环控制变量被隐式修改。

5) EViews 编程语言的子程序实现了功能的模块化，扩展了 EViews 的功能。

6) EViews 程序文件是文本文件，程序文件必须有适当的注释和程序文档，这是编程的基本要求。

7) 执行 EViews 程序时，建议采用 Windows 的命令行执行方式——同时启动 EViews 并执行程序 prg 文件，该执行方式是最灵活高效的执行方式。

8) 要熟悉 EViews 的字符串函数 (第 86 页表 2.5) 和日期函数 (第 89 页表 2.6)。

9) 多工作页极大地增强了 EViews 数据组织和分析的能力，要熟悉工作页的建立、管理、结构化和修改等命令，以及工作文件函数 (第 102 页表 2.7)。

10) 赋予工作文件（工作页）一定的结构是 EViews 5 的创新功能，工作页结构主要有规则日期结构、用标识序列结构化的非规则日期结构、横截面结构和面板数据结构 (第 394 页 §9.1 节)。工作页可以去除结构。

11) pagestruct 用来设置工作页的结构，以及修改工作页观测范围。如果采用偏移量来修改工作页的观测范围，对于日期工作页，要注意偏移量的计算方法。如果修改工作页观测范围的同时进行规则化，则规则化操作优先。

12) EViews 程序中，表达式引用到的对象必须在当前工作页中，即当前工作文件的活动工作页中。

13) 当前样本集（工作样本集）是 EViews 的一个重要概念，在显示或者计算分析时，EViews 只使用当前样本集里的观测。

14) 样本对象保存样本设定信息，通过名字引用样本设定信息，方便对工作样本集的修改和重复设定。

15) 复制 EViews 对象，不仅可以在同一工作页里复制，还可以在同一工作文件的不同工作页间复制，甚至是不同工作文件间（工作文件必须都已经打开）复制。进行对象复制时，可能需要进行频率转换或者数据缩并。

16) 命令和函数都能实现一定的操作，通常都需要参数。但命令不返回任何值，不能作为表达式的组成部分，而且命令的语句必须单独一行。

17) EViews 允许使用通配符来匹配名字，以便对一组对象进行操作。

18) 灵活地使用表格和图形对象，有助于经济计量分析及其结果的整理、美化和展示。

19) 自新序列的定义表达式包含的序列对象取值改变时，将导致重新计算定义表达式的值，这种触发式更新，体现了面向对象的消息机制。

EViews 的程序开发环境有待完善，例如没有程序源代码的调试器等。如果想实现 EViews 尚未提供的计量分析方法或者其他复杂的计算处理，用 EViews 程序语言开发是很不方便的，就如同拿螺丝刀来削铅笔，是不明智的。用 EViews 程序语言进行新应用程序开发，是对 EViews 的误解，因为 EViews 是专业的经济计量分析应用软件，通过已实现的被广泛接受和验证的经济计量分析方法进行分析和预测的。本讲义讨论的 EViews 编程，指的是以编程方式调用 EViews 的功能，灵活运用 EViews 提供的检验、估计和预测分析等方法，完成经济计量分析工作。

第 II 部分

时间序列分析

第 3 讲

回归分析

应用经济计量基于经济数据，通过经济理论和直觉，以及制度背景知识等，把经济计量方法和软件技术完美地结合起来。EViews 进行应用计量分析的过程为：

1) 模型的设定和估计；
2) 模型的检验和预测，如系数检验和设定检验等诊断分析，以及进行预测等；
3) 使用估计的结果进一步分析，如情景分析。

我们首先讨论模型的设定和估计，估计结果的解读，以及简单的诊断检验。检验和预测将在下一讲阐述，而情景分析方面的内容，则推迟到深入应用部分的第 13 讲（第 607 页）再讨论。

回归分析是条件均值建模，单方程最小二乘回归分析是最简单的，也是最古老的计量分析方法，得到了最广泛的接受和应用。因此我们从最小二乘估计开始，讨论了如何使用方程对象来进行方程设定以及估计结果报告的解读。由于系数估计的精确性是推断的基础，紧接着我们讨论了系数方差的稳健估计。随后，我们讨论了特殊的解释变量，哑变量和滞后解释变量的模型。最后几节，讨论其他估计方法，即加权最小二乘估计，两阶段最小二乘估计，以及非线性最小二乘估计。这些估计方法都是第 14 讲（第 651 页）讨论的广义矩估计的特例。

本讲讨论时间序列的基本回归方法，有关 ARMA 和 ARCH 模型，将分别在第 5 讲（第 225 页）和第 6 讲（第 253 页）讲述。至于多元时间序列的分析，如 VAR 模型和状态空间模型，将在多方程模型部分中讨论。横截面数据的分析方法，除了第 16 讲（第 785 页）讨论的离散和受限因变量模型以外，通常要比时间序列简单许多，本讲义不做专门讨论。

应用经济计量分析中，往往混用模型、函数和方程的定义，不加以严格区分，例如把模型的设定和估计，说成方程的设定和估计，把回归模型说成回归函数或者回归方程等，本讲义遵守这样的习俗。同时，误差和残差也不加以区分。此外，除非特别说明，向量默认为列向量。

§3.1 普通最小二乘估计

本节通过线性回归模型的普通最小二乘估计，讲述 EViews 的方程对象，讨论方程的设定和估计，解读模型回归分析结果的 EViews 输出。

§3.1.1 例子

我们来估计如下的简单线性回归模型

$$\text{GDP}_t = b_1 + b_2 \text{M1}_t + e_t \tag{3.1}$$

EViews 的程序片段为

```
%wf = @evpath + "\Example Files\data\demo"
wfopen %wf
equation eq01.ls gdp c m1
```

最后一行命令建立了方程对象 eq01，将模型设定为式（3.1），其中的 C 表示常数项，并且使用普通最小二乘法进行估计。查看当前的方程设定

```
freeze(txEq) eq01.representations   'or eq01.spec
```

将方程对象 eq01 的表述视图 (representations view) 定格成文本对象，得到如下文本表示信息

```
Estimation Command:
=====================
LS GDP C M1
Estimation Equation:
=====================
GDP = C(1) + C(2)*M1
Substituted Coefficients:
=====================
GDP = -97.11106476 + 1.645187047*M1
```

然后查看详细的估计结果

```
freeze(tb01) eq01.output    'or eq01.results
```

得到表格

```
Dependent Variable: GDP
Method: Least Squares
Date: 02/24/08   Time: 18:34
Sample: 1952Q1 1996Q4
Included observations: 180
```

Variable	Coefficien	Std. Error	t-Statistic	Prob.
C	-92.24297	6.751931	-13.66172	0.0000
M1	1.628430	0.012006	135.6364	0.0000

R-squared	0.990417	Mean dependent var	632.4190
Adjusted R-squared	0.990364	S.D. dependent var	564.2441
S.E. of regression	55.38936	Akaike info criterion	10.87770
Sum squared resid	546100.6	Schwarz criterion	10.91318
Log likelihood	-976.9931	F-statistic	18397.24
Durbin-Watson stat	0.077568	Prob(F-statistic)	0.000000

结果报告既简洁又明快，表格内容的详细介绍，请参考 §3.1.4 节（第 143 页）。

§3.1.2 方程的设定

方程的设定有两种方法，即名单法（by list）和公式法（by formula，该方法中如果没有给出完整的公式，即等号没有出现时，称为表达式法，by expression）。

一、名单法

名单法就是将因变量和自变量按顺序列出来，例如式（3.1）的设定方法为

```
eq01.ls gdp c m1
```

这里需要注意的是序列对象 C，它专门用来设定回归方程的常数项。序列对象 C 是比较特殊的，它仅在方程的设定中使用，且不保存在工作文件中。因此，我们在工作文件中看到的对象 C，不是序列对象，而是 EViews 预定义的系数对象，它用来保存回归方程的系数估计。例如上面的例子，常数（回归方程的截距项）将保存在 C(1) 中，M1 的系数将保存在 C(2) 中。请不要将方程设定时的特殊序列对象 C 和工作文件中内建的系数对象 C 相混淆。其他说明如下：

1) 名单法进行方程设定时，隐含了误差项 e_t，不需要显式写出误差项。
2) EViews 没有将常数项自动加入回归方程中，需要显式给出。回归方程中常数项的设置，除了使用序列对象 C 以外，还可以自己创建常数序列，或者采用数字 1 作为自动序列，例如

```
eq01.ls gdp 1 m1
```

3) 名单法可以直接使用序列的超前或滞后，例如

```
equation eq01a.ls gdp m1(-1) c m1
equation eq01b.ls gdp c m1(to -4)
equation eq01c.ls gdp c gdp(-1 to -4) m1
```

分别设定 eq01a 的方程为 GDP 对常数、M1 和 M1 的一阶滞后进行回归，eq01b 的方程为 GDP 对常数、M1 和 M1 的一到四阶滞后回归，eq01c 的方程为 GDP 对常数、GDP 的一到四阶滞后和 M1 的回归。方程 eq01a 的系数估计，常数保存在 C(2) 里面，C(3) 和 C(1) 分别保存 M1 和 M1(-1) 的系数估计。

4) 名单法还可以使用自动序列和群对象，例如

```
group gx rs dlog(pr)
equation eq01g.ls log(gdp) c log(m1) gx
```

表示

$$\log(\text{GDP}_t) = b_1 + b_2 \log(\text{M1}_t) + b_3 \text{RS}_t + b_4 \Delta \log(\text{PR}_t) + e_t$$

也就是说，名单法把群对象的成员序列按顺序全部添加到解释变量中。

二、公式法

对于名单法的设置语句

```
eq01.ls gdp c m1
```

EViews 将其解释成

```
eq01.ls gdp = c(1) +c(2)*m1
```

也就是说，可以用公式来表示回归方程，因此

```
equation eq02.ls gdp = c(3) +c(4)*m1
```

也表示的是回归方程式（3.1），此时系数 b_1 和 b_2 的估计值分别保存在 `c(3)` 和 `c(4)` 中。其他说明：

1) 公式法隐含了误差项，因此不需要显式写出误差项 e_t。
2) 采用公式法，等号可以在任何地方，例如

```
eq02.ls gdp -c(4)*m1 = c(3)
```

得到的估计结果跟前面的相同。在公式法中，甚至不出现等号，即**表达式法**，例如

```
eq02.ls gdp-c(4)*m1-c(3)    '(gdp -c(4)*m1 -c(3))
```

此时 EViews 把整个表达式(的负值)当成干扰项，即

$$e_t = -(\text{GDP}_t - c_4 \text{M1}_t - c_3)$$

然后最小化残差平方和。由于没有因变量，一些回归统计量如 R^2 等将没有报告。表达式法设定的方程对象以及等号左边有系数的方程对象不能用于预测，也不能用来建立样板对象。

3) 系数有约束 (restricted) 的模型和非线性模型，只能用公式法设定，例如

$$y_t = (1-b_1)x_t + b_1 x_{t-1} + b_2 + e_t$$

的设置方法为

```
equation eq03.ls y = c(2) +(1-c(1))*x +c(1)*x(-1)
```

4) 使用自己定义的系数向量是公式法特有的，例如

```
coef beta
eq03.ls y = c(2) +(1-beta(1))*x +beta(1)*x(-1)
```

这里我们把回归系数 b_2 保存在 `C(2)` 里面，b_1 保存在 `beta(1)` 里面。

三、两种设定方法的比较

两种设置方法的区别是：名单法简洁明了，但只能用来设定无约束模型，公式法则灵活方便且直接了当，可以使用自定义的系数对象，可以设定约束模型和非线性模型。在估计结果报告中的变量那一栏，名单法显示序列对象名，而公式法显示相应的系数。例如，eq02 是用公式法设定的

```
freeze(tb02) eq02.output
tb02.settextcolor(6,1) blue
```

得到估计结果

```
Dependent Variable: GDP
Method: Least Squares
Date: 02/26/08   Time: 09:51
Sample: 1952Q1 1996Q4
Included observations: 180
GDP = C(3) +C(4)*M1
```

	Coefficient	Std. Error	t-Statistic	Prob.
C(3)	-92.24297	6.751931	-13.66172	0.0000
C(4)	1.628430	0.012006	135.6364	0.0000

R-squared	0.990417	Mean dependent var	632.4190
Adjusted R-squared	0.990364	S.D. dependent var	564.2441
S.E. of regression	55.38936	Akaike info criterion	10.87770
Sum squared resid	546100.6	Schwarz criterion	10.91318
Log likelihood	-976.9931	Durbin-Watson stat	0.077568

请注意，表头中 GDP=C(3)+C(4)*M1 报告了方程设定，但表中没有报告 F 统计量。

并不是所有的方程都可以使用公式法进行设定的，如下情形 EViews 不支持使用公式法：

1) 特殊表达式，例如 §3.3.3 节 (第 155 页) 多项式分布滞后的 PDL, 第 5 讲 (第 225 页) 的移动平均 MA, 季节自回归 SAR 和季节移动平均 SMA 等。
2) ARCH 模型的方差方程，即 arch 命令的方差方程设定，请参考第 6 讲 (第 253 页)。
3) 离散和受限因变量模型的设定，即 binary, censored, count 和 ordered 等命令的方程设定，请参考第 16 讲 (第 785 页)。

§3.1.3 多元线性回归

如果随机变量 y 与随机向量 $\mathbf{x} = [x_1; x_2; \cdots; x_K]$ 满足如下的回归方程（条件均值方程）

$$E(y_t | \mathbf{x}_t) = \mathbf{x}_t' \mathbf{b}$$

其中 y_t 和 $\mathbf{x}_t$ 分别为变量 y 和 $\mathbf{x}$ 在 t 时刻的观测值[1], $K \times 1$ 向量 $\mathbf{b}$ 为系数向量，那么有

$$y_t = \mathbf{x}_t' \mathbf{b} + e_t \qquad E(e_t | \mathbf{x}_t) = 0$$

其中 e_t 称为误差项。在多元线性回归中，模型正确设定的条件是 $E(e_t | \mathbf{x}_t) = 0$，而系数 $\mathbf{b}$ 一致估计的条件弱一些，只需要正交条件 $E(e_t \mathbf{x}_t) = 0$。回归方程中 y 和 $\mathbf{x}$ 有如下称呼：

y	$\mathbf{x}$
Dependent Variable, 因变量	Independent Variables, 自变量
Explained Variable, 被解释变量	Explanatory Variables, 解释变量
Response Variable, 响应变量	Control Variables, 控制变量
Predicted Variable, 被预测变量	Predictor Variables, 预测变量
Regressand, 回归因变量，回归子	Regressors, 回归自变量，回归元

一、数据形式

假设有 T 期观测样本，通常要求 $T > 2K$, 回归方程采用矩阵形式更方便分析

$$\mathbf{y} = \mathbf{X}\mathbf{b} + \mathbf{e} \tag{3.2}$$

其中

$$\mathbf{y} = \begin{bmatrix} y_1 \\ y_2 \\ \vdots \\ y_T \end{bmatrix}_{T \times 1} \quad \mathbf{X} = \begin{bmatrix} x_{11} & x_{12} & \cdots & x_{1K} \\ x_{21} & x_{22} & \cdots & x_{2K} \\ \vdots & \vdots & \ddots & \vdots \\ x_{T1} & x_{T2} & \cdots & x_{TK} \end{bmatrix}_{T \times K} \quad \mathbf{b} = \begin{bmatrix} b_1 \\ b_2 \\ \vdots \\ b_K \end{bmatrix}_{K \times 1} \quad \mathbf{e} = \begin{bmatrix} e_1 \\ e_2 \\ \vdots \\ e_T \end{bmatrix}_{T \times 1}$$

也就是说，$\mathbf{y}$ 为 $T \times 1$ 的向量，包含了因变量的所有观测值，$\mathbf{X}$ 是 $T \times K$ 的矩阵，包含了 K 个自变量的 T 期共 TK 个观测值，$\mathbf{b}$ 是 $K \times 1$ 的系数向量（也常用希腊字母 β 表示），$\mathbf{e}$ 是 $T \times 1$ 的残差向量。

---

[1]清晰起见，本讲义不区分时间序列变量和时间序列观测值的数学符号，也不区分系数及其估计值的符号。只有在两者同时讨论时，才将符号区分开，例如 $\Pr(Y_t \leqslant y_t)$ 或 $\Pr(\tilde{y}_t \leqslant y_t)$ 中，Y_t 和 $\tilde{y}_t$ 表示随机变量，y_t 表示观测值。

如果我们记

$$\mathbf{x}_t = \begin{bmatrix} x_{t1} \\ x_{t2} \\ \vdots \\ x_{tK} \end{bmatrix}_{K \times 1} \quad t = 1, 2, \cdots, T$$

即 $\mathbf{x}_t$ (数学黑体) 为矩阵 $\mathbf{X}$ 第 t 行的转置，表示全部解释变量 $\mathbf{x}$ 第 t 期的观测向量，以及记

$$\boldsymbol{x}_k = \begin{bmatrix} x_{1k} \\ x_{2k} \\ \vdots \\ x_{Tk} \end{bmatrix}_{T \times 1} \quad k = 1, 2, \cdots, K$$

即 $\boldsymbol{x}_k$ (数学粗体) 为矩阵 $\mathbf{X}$ 的第 k 列，代表解释变量 x_k 的全部观测。则有

$$\mathbf{X} = \begin{bmatrix} \mathbf{x}'_1 \\ \mathbf{x}'_2 \\ \vdots \\ \mathbf{x}'_T \end{bmatrix}_{T \times K} = \begin{bmatrix} \boldsymbol{x}_1 & \boldsymbol{x}_2 & \cdots & \boldsymbol{x}_K \end{bmatrix}_{T \times K}$$

注意，在有截距的回归中 $\boldsymbol{x}_1 = \mathbf{1}$。

二、普通最小二乘估计

OLS 的假设条件：

OLS.1：参数线性，即模型为式 (3.2)。

OLS.2：误差的条件均值为零，即严格外生（Strictly Exogenous）假设

$$\mathrm{E}\left(\mathbf{e} \mid \mathbf{X}\right) = 0$$

OLS.3：不存在完全共线性，即 $\mathrm{rank}\left(\mathbf{X}\right) = K$。

OLS.4：误差项条件同方差而且不存在序列相关，即

$$\mathrm{var}\left(\mathbf{e} \mid \mathbf{X}\right) = s^2 \mathbf{I}_T$$

OLS.1 是基础假设，很多教科书没有单独将其列出来。往下其他模型的讨论中，回归方程函数形式的假定不再单独列出来，因为它理应早已被铭记在心中，无须再强调了。

- OLS.2 的严格外生假设排除了滞后因变量。随机抽样假设下，严格外生假设自动满足。
- OLS.3 实际上是识别条件 (identification condition)，否则，对于给定的观测数据 $\mathbf{X}$，无法识别模型 (3.2) 中的全部 K 个系数。
- 满足 OLS.1–3 假设下，OLS 估计是无偏的（有限样本）。OLS.1–4 四个假设也称为 Gauss-Markov 假设，保证了 OLS 估计是最佳线性无偏估计（BLUE, Best Linear Unbiased Esitmator）。
- 采用总体回归方程表示时，OLS.2 假设在时间序列分析中，更常用的假设是同期外生假设（Contemporaneously Exogenous）

$$\mathrm{E}\left(e_t \mid \mathbf{x}_t\right) = 0 \quad t = 1, 2, \cdots, T$$

而 OLS.3 假设为 $\mathrm{rank}\left(\mathrm{E}\left(\mathbf{x}_t \mathbf{x}'_t\right)\right) = K$，此时，OLS 估计是一致估计。

- 如果只是要求得到系数的一致估计，OLS.2 的要求可以降低为正交条件，即 $\mathrm{E}(\mathbf{x}_t e_t) = 0$

在 OLS.1–3 的假定下，有

$$\mathbf{b}_{\mathrm{OLS}} = (\mathbf{X}'\mathbf{X})^{-1}\mathbf{X}'\mathbf{y} \xrightarrow{p} \mathbf{b} \tag{3.3}$$

请注意，除非特别说明，我们要求模型的 DGP (data generating process) 是平稳[2] (stationary) 过程。

§3.1.4 估计结果

EViews 方程对象成功估计后，命令 `output` 得到方程估计结果的表格视图，参见方程（3.1）的估计结果 (第 138 页)，视图分为三部分：

1) 表头：报告了因变量，估计方法，使用的样本，以及完成估计的日期和时间等信息。
2) 系数估计：系数的估计值，标准差及其显著性检验。
3) 回归统计量：如可决系数 R^2 和 AIC 信息准则等。

一、系数估计

系数估计部分报告了：

- `Coefficient`: 回归系数，普通最小二乘（OLS）的回归系数为式（3.3），回归系数是自变量对因变量的边际贡献，如果有常数项，常数项是回归方程的截距，其他项是斜率。
- `Std.Error`: 系数标准差 (系数方差矩阵对角线元素的平方根)，反映系数估计的精确性（统计可靠性），系数标准差越大，系数估计越不精确。$\mathbf{b}_{\mathrm{OLS}}$ 的渐近方差矩阵[3]估计为

$$\mathrm{var}\left(\mathbf{b}_{\mathrm{OLS}}\right) = (\mathbf{X}'\mathbf{X})^{-1} s^2 \tag{3.4}$$

其中 s 为式 (3.6) 计算的回归标准差。

- `t-Statistic`: t 统计量，用来检验系数是否为零，其计算方法为系数估计除以对应的标准差。当正态性只能渐近成立时，EViews 改报告 z 统计量。
- `Prob.`: p 值，也称为边际显著水平。如果 p 值很小，比如小于 5%，那么，5% 显著水平下，我们拒绝原假设。EViews 报告的 t 检验的 p 值，是从自由度为 $T - K$ 的 t 分布得到的

$$p = \mathrm{Pr}\left(|t| > |t_o| \,\big|\, \mathbb{H}_0\right)$$

其中 t_o 为样本统计量，这是双边检验的 p 值，如果要进行单边检验，请将报告的 p 值减半。

二、统计量

通常，报告了如下回归统计量：

- `R-squared`: R^2 统计量，也称为可决系数（coefficient of determination），描述估计样本的范围内，自变量预测因变量的准确性。在有常数项的回归方程中，R^2 统计量可以理解成自变量解释了

---

[2]平稳性的讨论请参考 §7.1.1 小节 (第 294 页)。不平稳的情况有：确定性时间趋势，异方差，结构变化，以及单位根过程等。时间序列分析请参考 Hamilton (1994)。

[3]本讲义把 $\sqrt{T}(\mathbf{b}_{\mathrm{OLS}} - \mathbf{b}) \stackrel{a}{\sim} \mathrm{N}(0, \mathbf{V})$ 写成 $\mathbf{b}_{\mathrm{OLS}} \stackrel{a}{\sim} \mathrm{N}(\mathbf{b}, \mathbf{V}/T)$，并记 $\mathrm{var}(\mathbf{b}_{\mathrm{OLS}}) = \mathbf{V}/T$。

因变量方差的百分比。$R^2 = 1$ 表明完全拟合，完全解释因变量的变动，$R^2 = 0$ 表示自变量无法用来解释因变量。EViews 报告的 R^2 统计量为

$$R^2 = \frac{\mathbf{b}'_{\text{OLS}} \mathbf{X}' \mathbf{D} \mathbf{X} \mathbf{b}_{\text{OLS}}}{\mathbf{y}' \mathbf{D} \mathbf{y}} = 1 - \frac{\mathbf{e}' \mathbf{e}}{\mathbf{y}' \mathbf{D} \mathbf{y}} \tag{3.5}$$

其中 $\mathbf{D}$ 为 $T \times T$ 的离差构造矩阵 (deviation maker matrix)

$$\mathbf{D} = \mathbf{I} - \frac{1}{T} \mathbf{1} \mathbf{1}'$$

这里 $\mathbf{I}$ 表示单位矩阵，$\mathbf{1}$ 表示元素全部为 1 的向量。

注意：R^2 统计量可能取负值，比如回归方程没有常数项时，或者采用两阶段最小二乘估计，或者 ARCH 模型等。R^2 会随着解释变量个数的增加而增大，即使增加的解释变量没有解释能力。

- `Adjusted R-squared`: 调整的 R^2 统计量：一般记为 $\bar{R}^2$，计算方法为

$$\bar{R}^2 = 1 - \left(1 - R^2\right) \frac{T-1}{T-K}$$

显然

$$\bar{R}^2 \leqslant R^2$$

并且可能随着解释变量的增加而减少，$\bar{R}^2$ 有可能取负值。

- `S.E. of regression`: 回归标准差，也就是残差的标准差 s，计算方法为

$$s = \sqrt{\frac{\mathbf{e}' \mathbf{e}}{T - K}} \qquad \mathbf{e} = \mathbf{y} - \mathbf{X} \mathbf{b}_{\text{OLS}} \tag{3.6}$$

$\mathbf{e}' \mathbf{e}$ 为残差平方和

$$\mathbf{e}' \mathbf{e} = (\mathbf{y} - \mathbf{X} \mathbf{b}_{\text{OLS}})' (\mathbf{y} - \mathbf{X} \mathbf{b}_{\text{OLS}}) = \sum_{t=1}^{T} (y_t - \mathbf{x}'_t \mathbf{b}_{\text{OLS}})^2$$

- `Log likelihood`: 对数似然值，EViews 报告了正态对数似然值，计算方法为

$$\ell = -\frac{T}{2} \left(1 + \log(2\pi) + \log(\mathbf{e}'\mathbf{e}/T)\right) \tag{3.7}$$

注意 ℓ 包含了 $-\frac{T}{2} \log(2\pi)$，参见式 (15.7)（第 714 页）。

- `Durbin-Watson stat`: DW 统计量，该统计量考察的是残差的一阶序列相关，计算方法为

$$\text{DW} = \frac{1}{\mathbf{e}'\mathbf{e}} \sum_{t=2}^{T} (e_t - e_{t-1})^2$$

大致上，DW 小于 2 可能存在正相关，大于 2 表示可能存在负相关。检验序列相关更一般的方法有 Ljung-Box Q 检验（命令为 `correl`）和 Breusch-Godfrey LM 检验（命令为 `auto`），具体请参考 §5.1.2 小节（第 228 页）。

- `Mean dependent var` 和 `S.D. dependent var`: 因变量的均值和标准差，计算方法为

$$\bar{y} = \frac{1}{T} \sum_{t=1}^{T} y_t = \frac{1}{T} \mathbf{y}' \mathbf{1} \qquad s_y = \sqrt{\frac{1}{T-1} \mathbf{y}' \mathbf{D} \mathbf{y}}$$

- 信息准则：AIC (`Akaike info criterion`) 的计算方式为

$$\text{AIC} = -2\ell/T + 2K/T$$

其中 ℓ 是式 (3.7) 计算的对数似然值。SC (`Schwarz criterion`) 的计算方式为

$$\text{SC} = -2\ell/T + 2K \log(T)/T$$

这两个准则可以用来进行模型选择，值越小越好，两者有可能冲突。显然 SC 准则比 AIC 准则对解释变量数目的增加进行更严厉的惩罚。

- `F-statistic`: F 统计量，该统计量检验回归方程的所有斜率系数（即除了截距外的其他系数）是否联合为零，对于 OLS，F 统计量的计算方法为

$$F = \frac{R^2/(K-1)}{(1-R^2)/(T-K)} \sim F(K-1, T-K)$$

`Prob(F-statistic)` 报告了相应的 p 值。请注意，F 检验是联合检验，即使 t 检验的每个系数都不显著，F 统计量可能是高度显著的（解释变量间序列相关，就可能导致这样的情况）。

§3.1.5 方程对象

通过方程对象可以进行模型设定，选择估计方法及其相应的选项，查看估计结果，对估计结果进行检验和分析等。

一、方程的估计

编程方式进行方程估计时，需要先设置使用的样本范围 (估计样本)，再选择估计的方法和估计选项，同时进行模型的设定。请注意：

- 进行方程估计时，使用工作页的当前观测集进行估计。
- 估计方法，除了最小二乘方法 `ls` 外，还提供了许多估计方法，例如 §3.5 节 (第 163 页) 的两阶段最小二乘法 `tsls`，第 14 讲 (第 651 页) 的广义矩估计 `gmm` 等。请注意不同的估计方法，往往由不同的命令实现，提供的选项也不尽相同。
- 估计选项，和估计方法有关，方差估计的选项请参考 §3.2 节 (第 148 页)，求解迭代和导数计算选项请参考 §C.2 节 (第 959 页)。

关于方程估计时使用的样本：

1) 需要改变观测集进行估计的话，请在模型估计之前使用 `smpl` 命令设定当前观测集。
2) 如果回归方程里面有滞后变量，EViews 能够自动调整估计的样本集，并报告实际使用的样本。
3) 样本缺失值的处理

   (a) 如果在开头和/或结尾有缺失值，EViews 将调整估计的样本集，将缺失值去除；

   (b) 如果样本的中间有缺失值，使用共同样本（即所有变量的同期观测值都非缺失值的共同观测样本）进行估计；

   (c) 有些估计方法不允许样本中间含有缺失值，比如含有 MA 项的模型或者 ARCH 模型。

二、视图

方程对象的视图主要有：

1) 结果查看，如 `output` 或者 `results` 采用表格视图报告估计结果，`resids` 产生残差估计的图形/表格视图，`coefcov` 报告系数估计的协方差矩阵。
2) 检验，如 `wald` 进行系数约束的 Wald 检验，`white` 进行残差的 White 条件异方差检验等，第 4 讲 (第 177 页) 讨论回归方程的各种检验。

表 3.1　方程对象的成员函数

函数	含义	函数	含义
`@aic`	AIC 信息准则	`@ncoefs, @ncoef`	系数估计的个数
`@dw`	DW 统计量	`@r2`	可决系数
`@f`	F 统计量	`@rbar2`	修正可决系数
`@hq`	Hannan-Quinn 信息准则	`@regobs`	估计样本的个数
`@jstat`	GMM 估计的 J 统计量	`@schwarz, @sc`	SC 信息准则
`@logl`	对数似然函数值	`@sddep`	因变量的标准差
`@meandep`	因变量的均值	`@se`	回归 (残差) 的标准差
		`@ssr`	残差平方和
`@coefcov, @cov`	系数估计的协方差矩阵	`@stderrs`	系数估计的标准差
`@coefs, @coef`	系数估计值向量	`@tstats`	系数估计的 t 值

三、过程

我把方程对象的过程归类如下：

1) 预测，命令为 `fit` 和 `forecast`，在 §4.5 节 (第 199 页) 专门讨论。
2) 建立数据对象，例如 `makeregs` 得到包含解释变量的群对象，`makegrads` 产生群对象以包含模型目标函数的梯度序列，`makeresids` 创建残差序列。
3) 其他，如 `updatecoefs` 更新系数的估计值到相应的系数对象中，以及 `makemodel` 从已估计的方程创建样板对象。

关于回归方程的残差：

- EViews 内建了序列对象 `resid`，用来保存方程的残差估计。序列 `resid` 可以当成普通序列使用，只是不能作为解释变量。
- 每次进行方程估计时，都刷新序列 `resid` 为最新的残差序列，可以将当前方程的残差估计保存到其他序列对象里，例如

    ```
    series res01 = resid
    ```

- 如果 `resid` 已经被覆盖，仍然可以通过方程对象产生残差序列，例如

    ```
    eq01.makeresid res01    'makeresids
    ```

    将 `eq01` 的残差序列保存在序列 `res01` 里面。

四、函数

方程对象成功估计后，可以通过表 3.1 中的成员函数[4]取得各种回归统计量和系数估计。表 3.1 中最后两行的函数返回与系数估计相关的向量或者矩阵，其他函数则返回各种回归统计量 (标量)。对于返回矩阵的函数，可以提取矩阵的单个元素，例如 `@cov(i,j)` 得到系数 b_i 和 b_j 的协方差估计值。对于返回向量的函数，可以提取向量的单个元素，例如 `@coefs(i)` 来取得 b_i 的估计值。

---

[4]EViews 称它们为数据成员 (data member)，由于它们都以 @ 开头，习惯上就称它们为成员函数，简称函数。

函数 @coefcov 和命令 coefcov 的区别是，函数返回矩阵对象，如
> matrix V = eq01.@coefcov

而命令 coefcov 则用表格视图显示系数估计的协方差矩阵。

五、系数

系数估计值的引用：假设回归方程为
> equation eq01.ls y = c(6) +a(2)*x + b(7)*y(-1)

其中 a 和 b 都是系数对象，则有如下的关系（系数对象的特殊用法）
> eq01.@coefs(1) = eq01.C(6)
> eq01.@coefs(2) = eq01.A(2)
> eq01.@coefs(3) = eq01.B(7)

引用截距的估计值如果使用 C(6)，取得的是 C(6) 的当前值，如果 C(6) 已被修改，将导致引用错误的数值。因此建议单个系数估计值的引用采用 eq01.@coefs(1) 或者 eq01.C(6) 的方式，此时，哪怕 C(6) 和 A(2) 的值已被修改，eq01.C(6) 和 eq01.A(2) 依然分别等于截距和 x 的系数估计。

§3.1.6 小结

本节的任务是熟悉 EViews 的回归分析，读懂回归分析结果。

1) 建立方程对象的命令为 equation，例如

> equation eq01

创建方程对象 eq01，命令 equation 声明对象时可以同时进行方程设定和估计。

2) 请区分工作文件中内建的系数对象 C 和方程设定时的特殊序列对象 C。
3) 方程对象需要设置的内容为：方程的设定，估计方法以及选项。
   (a) 方程的设定有名单法和公式法，两种方法都隐含了误差项；
   (b) 估计方法，ls 命令可以进行线性和非线性最小二乘估计。
4) 方程对象建立后，可以进行对象的复制、更名或者删除等操作。
5) 理解 Gauss-Markov 假设，即 OLS.1–4 四个假设的含义。
6) 编程方式进行方程估计时，需要先设置估计样本，再选择估计的方法和估计选项，同时进行模型的设定。估计完成后，
   (a) 视图：用来查看估计和检验结果；
   (b) 过程：进行方程的预测等；
   (c) 函数：提取系数估计和回归统计量。
7) 估计结果分为三部分：表头信息，系数估计和回归统计量。

§3.2 方差稳健估计

回归方程的系数是未知的常数，是非随机的，怎么还需要讨论方差呢？产生这种疑问的原因往往是混淆了总体回归方程 (population regression function, PRF) 和样本回归方程 (sample regression function, SRF)，由于

$$\mathbf{b}_{\text{OLS}} = (\mathbf{X}'\mathbf{X})^{-1}\mathbf{X}'\mathbf{y} = \mathbf{b} + (\mathbf{X}'\mathbf{X})^{-1}\mathbf{X}'\mathbf{e} = \mathbf{b} + \left(\frac{1}{T}\sum_{t=1}^{T}\mathbf{x}_t\mathbf{x}_t'\right)^{-1}\left(\frac{1}{T}\sum_{t=1}^{T}\mathbf{x}_t e_t\right) \tag{3.8}$$

尽管总体回归方程的系数 $\mathbf{b}$ 是非随机的，但系数估计 $\mathbf{b}_{\text{OLS}}$ 是观测样本和误差 e_t 的函数，不同的观测样本，系数估计就不一样，由于 $\mathbf{x}_t$ 和 e_t 是随机的，$\mathbf{b}_{\text{OLS}}$ 必然是随机的，因此就有方差的问题。

§3.2.1 一致估计

传统的回归分析是有限样本的，在 Gauss-Markov 假设下，需要误差的正态性假设，才能得到系数估计的精确分布。但现实问题是，这些要求往往不能满足，误差项 e_t 往往存在条件异方差和自相关，即

$$\text{var}(\mathbf{e}\,|\,\mathbf{X}) = \mathbf{S} = \begin{bmatrix} s_{11} & s_{12} & \cdots & s_{1T} \\ s_{21} & s_{22} & \cdots & s_{2T} \\ \vdots & \vdots & \ddots & \vdots \\ s_{T1} & s_{T2} & \cdots & s_{TT} \end{bmatrix}_{T\times T}$$

此时 OLS 估计是无偏和一致的，但不是有效的，OLS 估计的标准差是错误的，不能用来进行统计推断。如果知道条件方差 $\text{var}(\mathbf{e}\,|\,\mathbf{X})$ 的形式，可以采用 GLS 得到有效估计，具体参见第 159 页式 (3.19)。遗憾的是，绝大多数情况下 $\text{var}(\mathbf{e}\,|\,\mathbf{X})$ 是未知的，从而无法计算 $\text{var}(\mathbf{b}_{\text{OLS}}\,|\,\mathbf{X})$。然而，依靠大样本理论，满足一定条件下，$\mathbf{b}_{\text{OLS}}$ 渐近服从正态分布，可以得到渐近方差矩阵 $\text{var}(\mathbf{b}_{\text{OLS}})$ 的一致估计。[5]

一、White HC 估计

White (1980) 推导了 $\mathbf{g}_t = \mathbf{x}_t e_t$ 存在未知形式的条件异方差的情形下，系数协方差矩阵的一致估计，具体的形式为

$$\frac{T}{T-K}(\mathbf{X}'\mathbf{X})^{-1}\left(\sum_{t=1}^{T}e_t^2\mathbf{x}_t\mathbf{x}_t'\right)(\mathbf{X}'\mathbf{X})^{-1} \tag{3.9}$$

其中 $\mathbf{x}_t$ 为矩阵 $\mathbf{X}$ 第 t 行的转置，e_t 是 OLS 估计的残差。

二、Newey-West HAC 估计

White HC 估计要求序列 $\mathbf{g}_t = \mathbf{x}_t e_t$ 无序列相关，Newey and West (1987) 放松了这一限制，提出了更一般的系数方差估计，能适用于存在未知形式的条件异方差和自相关的情况，Newey-West HAC (heteroskedasticity and autocorrelation consistent, HAC) 估计量为

$$\frac{T}{T-K}(\mathbf{X}'\mathbf{X})^{-1}\mathbf{C}(\mathbf{X}'\mathbf{X})^{-1} \tag{3.10}$$

---

[5]深入的讨论请参考 White (2001, Ch6)。请注意，系数方差矩阵的一致估计是根据式 (3.8) 中 $\mathbf{x}_t e_t = \mathbf{g}_t$ 的相关结构计算的。但实证中，如果发现残差 e_t 存在异方差和/或自相关，往往就对系数方差估计进行修正。

其中

$$\mathbf{C} = \sum_{t=1}^{T} e_t^2 \mathbf{x}_t \mathbf{x}_t' + \sum_{l=1}^{L} \left(1 - \frac{l}{L+1}\right) \sum_{t=l+1}^{T} e_t e_{t-l} \left(\mathbf{x}_t \mathbf{x}_{t-l}' + \mathbf{x}_{t-l} \mathbf{x}_t'\right)$$

其中 L 为滞后截断阶数 (lag truncation)，代表自相关的阶数，EViews 里取

$$L = \left\lfloor 4 \left(T/100\right)^{2/9} \right\rfloor$$

其中 $\lfloor \cdot \rfloor$ 表示向下取整。

§3.2.2 例子

下面的例子取自 Greene (2003, p250) 的例 12.1，估计如下模型

$$\ln\left(\mathrm{M1}_t\right) = b_1 + b_2 \ln\left(\mathrm{GDP}_t\right) + b_3 \ln\left(\mathrm{CPI}_t\right) + e_t$$

EViews 代码为

```
'http://www.stern.nyu.edu/%7Ewgreene/Text/tables/TableF5-1.txt
wfopen(page=Greene51) TableF5-1.txt @keep M1 Realgdp CPI_U
pagestruct(freq=q,start=1950q1)
equation eq01.ls log(m1) c log(Realgdp) log(cpi_u)
graph gf.line resid
gf.axis zeroline
gf.legend -display
```

得到如下残差图形

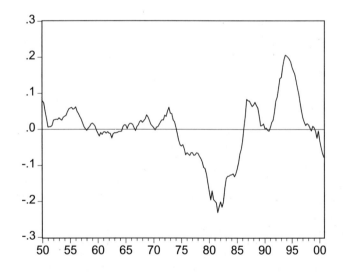

残差具有一定规律，很可能是模型设定的问题。下面我们对估计的标准差进行修正

```
equation eq02.ls(n) log(m1) c log(Realgdp) log(cpi_u)
'equation eq02.ls(cov=hac) log(m1) c log(Realgdp) log(cpi_u)    'V7
```

并将结果整理成表格

```
table(4,4) tb
for !i=1 to 3
    tb(!i+1,2) = eq01.c(!i)    '@coefs(!i)
    tb(!i+1,3) = eq01.@stderrs(!i)
    tb(!i+1,4) = eq02.@stderrs(!i)
next
tb(1,1) = "Variable"
```

```
tb(1,2) = "OLS Estimate"
tb(1,3) = "OLS SE"
tb(1,4) = "Corrected SE"
tb(2,1) = "Constant"
tb(3,1) = "ln Output"
tb(4,1) = "ln CPI"
tb.setformat(2,2,4,4) f.5
```

复制了 Greene (2003, p267) 的表 12.1

Variable	OLS Estimate	OLS SE	Corrected SE
Constant	-1.63306	0.22857	0.31389
ln Output	0.28705	0.04738	0.07286
ln CPI	0.97181	0.03377	0.06127

说明如下：

1) 使用 White HC 估计或者 Newey-West HAC 估计进行修正时，并没有改变系数的点估计，只是修正估计的标准差。

2) EViews 5 中，进行标准差修正的 White HC 估计和 Newey-West HAC 估计的选项分别为 h 和 n。尽管在 EViews 7 的命令 ls 中仍然可以使用，还是请更新为相应选项 cov=white 和 cov=hac（更深入的讨论参见第 1054 页 §D.7.1 小节）。

3) 当进行方差修正时，EViews 的估计结果会告知修正的方法，例如

```
freeze(tb02) eq02.output
tb02.settextcolor(6,1) blue
```

得到估计结果

```
Dependent Variable: LOG(M1)
Method: Least Squares
Date: 02/27/08   Time: 20:48
Sample: 1950Q1 2000Q4
Included observations: 204
Newey-West HAC Standard Errors & Covariance (lag truncation=4)

     Variable       Coefficien   Std. Error   t-Statistic    Prob.
            C       -1.633057     0.313889    -5.202659     0.0000
  LOG(REALGDP)       0.287051     0.072857     3.939924     0.0001
   LOG(CPI_U)        0.971812     0.061274    15.86016      0.0000

R-squared             0.989520    Mean dependent var      5.797855
Adjusted R-squared    0.989415    S.D. dependent var      0.805567
S.E. of regression    0.082878    Akaike info criterion  -2.128286
Sum squared resid     1.380637    Schwarz criterion      -2.079491
Log likelihood      220.0852      F-statistic           9488.775
Durbin-Watson stat    0.024767    Prob(F-statistic)       0.000000
```

注意表头部分，EViews 提醒了标准差和方差修正为 Newey-West HAC 估计，且 $L = 4$。

4) EViews 的加权最小二乘估计不能使用 Newey-West HAC 估计修正协方差矩阵。

5) 存在条件异方差和自相关时，OLS 估计仍然是无偏和一致的，因此，我们仍然可以使用 OLS 估计，不过需要修正系数的方差矩阵，才能进行统计推断。此时如果使用 GMM 估计（第 651 页第 14 讲），往往可以得到更有效的估计。

§3.3 解释变量

当定性变量作为解释变量时[6]，常称为哑变量，其重要用途是检验群体的差异。对于分类数据，EViews 提供了交叉分组生成哑变量的方法，此外，EViews 还提供了专门的表达式，来分析多项式分布滞后模型。

解释变量还可能出现内生性问题，违背 OLS.2 假设，解决的方法请参考 §3.5 节 (第 163 页)。

§3.3.1 哑变量

学生是否拥有笔记本电脑、性别是男还是女，要描述这类定性的信息，只需要 1 和 0 两个数值，描述定性信息的变量称为哑变量（dummy variable，中文也译为虚拟变量）或者 0–1 变量、二值变量（binary variable）等。哑变量在回归分析中起了特殊的作用，当全部解释变量为哑变量时，就是我们熟悉的方差分析（analysis of variance, ANOVA）。

一、单个哑变量

变截距模型可以通过单个哑变量来实现：假设性别哑变量 sex 取 0 代表女性，如下模型中

$$y = b_1 + b_2 \text{sex} + b_3 x + e$$

直接将性别 sex 作为解释变量，注意到

$$\mathrm{E}(y|x, \text{sex} = 0) = b_1 + b_3 x$$
$$\mathrm{E}(y|x, \text{sex} = 1) = b_1 + b_2 + b_3 x$$

表明对于女性和男性，两者的回归直线截距不同。显然，截距之差

$$\mathrm{E}(y|x, \text{sex} = 1) - \mathrm{E}(y|x, \text{sex} = 0) = b_2 \tag{3.11}$$

恰好为系数 b_2，代表性别差距。

习惯上，哑变量的值取为 1，表示属于某一类或者选择某一行动。根据这个惯例，"性别哑变量 sex 取 0 代表女性"实际上是定义了"男性哑变量"。在式（3.11）中，模型根据性别分成两组，女性组作为基准组（base group, or benchmark group）供参照。

二、正交哑变量

EViews 的特殊表达式 @expand 可以对多个序列的观测值进行交叉分组，自动产生每个分组的哑变量，考虑如下两个变量

1) sex：取值为 1 和 0，代表男和女；
2) nation：取为 CN、FR 和 US，代表中国、法国和美国。

则如下的语句

    @expand(sex, nation)

将产生 6 个哑变量，相应的分组方法如下表：

---

[6]定性变量作为因变量将推迟到 §16.1 节 (第 786 页) 才讨论。

Category	sex	nation
1	0	CN
2	0	FR
3	0	US
4	1	CN
5	1	FR
6	1	US

注意排序的顺序。补充说明：

- `@expand(sex)` 将产生两个哑变量，其中对应于男性分组的哑变量，取值上等于序列 sex 的值。
- `@expand(nation)` 将产生三个哑变量，@expand 的参数序列可以是数值序列或字符串序列。
- `@expand` 产生的哑变量组是正交完全组 (即任意两个哑变量的乘积为 0，且所有哑变量的和为 1)。
- `@expand` 的参数序列有多个时，交叉分组 (笛卡儿积，Cartesian product) 得到 N 个组，就产生 N 个哑变量，因此使用 @expand 要特别当心，很容易产生极多的哑变量。
- `@expand` 提供了可选参数 @drop 以丢弃某些哑变量，例如

    `@expand(sex, nation,@drop(1,"FR"))`

    将丢弃 (1,"FR") 分组的哑变量，当方程有截距项时，用来避免哑变量陷阱 (dummy variable trap)。此外，丢弃的分组将成为基准组。

例子：工作文件 lwage 中 (哑变量 sex 取 1 代表女性，nonwh 取 1 代表非白人)

```
%wf = @evpath + "\Example Files\Pindyck\lwage"
wfopen %wf
equation eq01.ls lnwage ed @expand(sex,nonwh)
equation eq02.ls lnwage c ed @expand(sex,nonwh,@dropfirst)
equation eq03.ls lnwage c ed @expand(sex,nonwh,@droplast)
equation eq04.ls lnwage c ed @expand(sex,nonwh,@drop(1,0))
```

方程 eq01 没有常数项参与回归，是因为回归中使用了 @expand 产生的一组正交且完全的哑变量，已经隐含了常数项。方程 eq02 和 eq03 分别去掉第一个和最后一个分组的哑变量，方程 eq04 剔除了 (1,0) 分组的哑变量。方程 eq04 的估计结果为：

```
Dependent Variable: LNWAGE
Method: Least Squares
Date: 02/28/08   Time: 07:25
Sample: 1 206
Included observations: 206

    Variable       Coefficien   Std. Error   t-Statistic   Prob.

         C          0.690036    0.163706    4.215084    0.0000
        ED          0.099213    0.012105    8.195989    0.0000
 SEX=0,NONWH=0      0.256171    0.065692    3.899563    0.0001
 SEX=0,NONWH=1      0.019724    0.129110    0.152766    0.8787
 SEX=1,NONWH=1      0.212812    0.174779    1.217608    0.2248

R-squared             0.300369    Mean dependent var     2.122726
Adjusted R-squared    0.286446    S.D. dependent var     0.528080
S.E. of regression    0.446080    Akaike info criterion  1.247338
Sum squared resid    39.99655    Schwarz criterion       1.328111
Log likelihood      -123.4758    F-statistic            21.57354
Durbin-Watson stat    1.903307    Prob(F-statistic)      0.000000
```

@expand 丢弃的分组为基准组，因此方程 eq04 的基准组为 (1,0) 分组，(0,0) 分组哑变量的系数显著为正，表明白人男性的工资比白人女性高。

我们将这 4 个方程的系数整理成表格，以方便查看系数间的关系

```
table(6,4) tb
vector(4) v
v.fill 1,3,6,5    'absent
for !i=1 to 4
    !k = 0
    for !j = 1 to 6
        if !j <> v(!i) then
            !k = !k +1
            tb(!j,!i) = eq0{!i}.c(!k)    '@coefs(!k)
        endif
    next
next
```

得到如下表格

	eq01	eq02	eq03	eq04
C		0.946207	0.902848	0.690036
ED	0.099213	0.099213	0.099213	0.099213
(0,0)	0.946207		0.043359	0.256171
(0,1)	0.709759	-0.236448	-0.193089	0.019724
(1,0)	0.690036	-0.256171	-0.212812	
(1,1)	0.902848	-0.043359		0.212812

方程 eq01 中，哑变量的系数没有明显的经济含义，但是从表中可以看到，方程 eq01 中哑变量的系数，等于丢弃该哑变量的方程的截距，例如方程 eq02 丢弃了 (0,0) 分组哑变量，其截距项为 0.946207，即方程 eq01 中 (0,0) 分组哑变量的系数。此外，方程 eq02 中 (0,1) 分组哑变量的系数等于方程 eq01 中相应的系数减去方程 eq02 的截距。其他方程与方程 eq01 的系数间有类似地关系。

问题：这 4 个方程中 (0,1) 项的系数显著性差异很大，矛盾吗？提示：基准组不同。

练习：请证明

1) 方程 eq02 的截距等于 eq01 中 (0,0) 项的系数。
2) 方程 eq02 中 (0,1) 项的系数等于方程 eq01 中 (0,1) 项的系数减去方程 eq02 的截距。

§3.3.2 交互项

回归方程中的交互项是两个变量的乘积项作为解释变量，当交互项包含哑变量时，可以轻松地实现回归方程的变斜率或者估计重差（difference in difference）。

一、变斜率

当交互项为哑变量和普通变量时，回归方程中的不同分组将有不同的斜率，例如

$$\text{lnwage} = c_0 + c_1 \text{sex} + c_2 \text{ed} + c_3 \cdot \text{sex} \cdot \text{ed} + e$$

有

$$E(\text{lnwage}|\text{ed}, \text{sex} = 1) = c_0 + c_1 + (c_2 + c_3)\text{ed}$$

$$E(\text{lnwage}|\text{ed}, \text{sex} = 0) = c_0 + c_2\text{ed}$$

显然男性和女性的回归方程间,不仅截距可以不同,而且斜率也允许不同。

允许不同斜率的例子

```
equation eq05.ls lnwage c sex ed ed*sex
```

结果为

```
Dependent Variable: LNWAGE
Method: Least Squares
Date: 02/28/08   Time: 07:25
Sample: 1 206
Included observations: 206

     Variable       Coefficien   Std. Error   t-Statistic   Prob.

        C            0.970723     0.221231     4.387829     0.0000
       SEX          -0.264346     0.328738    -0.804122     0.4223
        ED           0.095039     0.016146     5.886104     0.0000
      ED*SEX         0.004051     0.024479     0.165484     0.8687

R-squared            0.283579    Mean dependent var      2.122726
Adjusted R-squared   0.272939    S.D. dependent var      0.528080
S.E. of regression   0.450283    Akaike info criterion   1.261344
Sum squared resid    40.95639    Schwarz criterion       1.325963
Log likelihood      -125.9184    F-statistic            26.65235
Durbin-Watson stat   1.932069    Prob(F-statistic)       0.000000
```

尽管 sex 项的系数为负,交互项 sex·ed 项的系数为正,但都不显著,表明女性相对于男性,回归直线的截距没有差异,斜率也没有差异。注意,这里联合检验两个系数同时为 0(命令为 `eq05.wald c(2)=c(4)=0`)是被拒绝的。

二、重差

重差(difference in difference)反映的是差距的变化,可以通过交互两个哑变量来估计重差,例如

$$\text{lnwage} = c_0 + c_1\text{nonwh} + c_2\text{sex} + c_3 \cdot \text{sex} \cdot \text{nonwh} + e \tag{3.12}$$

EViews 命令为

```
equation eq06.ls lnwage c sex nonwh sex*nonwh
```

得到结果

```
Dependent Variable: LNWAGE
Method: Least Squares
Date: 02/28/08   Time: 07:25
Sample: 1 206
Included observations: 206

     Variable       Coefficien   Std. Error   t-Statistic   Prob.

        C            2.262137     0.053880    41.98495     0.0000
       SEX          -0.284448     0.075587    -3.763185    0.0002
      NONWH         -0.113795     0.147556    -0.771197    0.4415
    SEX*NONWH        0.342891     0.249645     1.373517    0.1711

R-squared            0.066552    Mean dependent var      2.122726
Adjusted R-squared   0.052689    S.D. dependent var      0.528080
S.E. of regression   0.513980    Akaike info criterion   1.525961
Sum squared resid    53.36340    Schwarz criterion       1.590580
Log likelihood      -153.1740    F-statistic             4.800641
Durbin-Watson stat   1.853169    Prob(F-statistic)       0.002980
```

系数 c_3 不显著，表明收入方面，非白人的性别差异与白人的性别差异是无区别的。

为什么系数 c_3 能刻画重差，即差别的差别呢？考察如下的回归方程

$$\text{lnwage} = (1 - \text{sex})(a_0 + a_1\text{nonwh}) + \text{sex} \cdot (b_0 + b_1\text{nonwh}) + e \tag{3.13}$$

为了简洁，定义

$$\text{E}(y|i,j) \equiv \text{E}(y|\text{sex}=i, \text{nonwh}=j)$$

不难发现

$$a_1 = \text{E}(\text{lnwage}|0,1) - \text{E}(\text{lnwage}|0,0)$$

$$b_1 = \text{E}(\text{lnwage}|1,1) - \text{E}(\text{lnwage}|1,0)$$

即系数 a_1 代表男性收入的人种差异，系数 b_1 代表女性收入的人种差异，对比式（3.13）和式（3.12）有

$$c_3 = b_1 - a_1$$

因此 c_3 代表女性收入的人种差异与男性收入的人种差异的差别。请注意，该差别也等于非白人收入的性别差异与白人收入的性别差异的差别，因为 $c_3 = b_1 - a_1$ 可以改写成

$$c_3 = [\text{E}(\text{lnwage}|1,1) - \text{E}(\text{lnwage}|0,1)] - [\text{E}(\text{lnwage}|1,0) - \text{E}(\text{lnwage}|0,0)]$$

§3.3.3 多项式分布滞后

多项式分布滞后（Polynomial Distributed Lags，PDLs）模型也称作 Almon 滞后模型，是系数限制模型，用多项式来限制滞后变量的系数。

一、理论回顾

假设滞后变量的模型为

$$y_t = d + b_0 x_t + b_1 x_{t-1} + \cdots + b_q x_{t-q} + \mathbf{a}' \mathbf{h}_t + e_t \tag{3.14}$$

其中 $\mathbf{h}_t$ 是其他解释变量，模型（3.14）很可能出现 x_t 和其各阶滞后共线性的情况，难以直接估计。我们可以对系数进行限制来减少系数的数量，例如用相对低阶的 p 阶多项式（$p < q$）来限制系数 $\mathbf{b}$

$$b_m = g_0 + g_1(m-c) + g_2(m-c)^2 + \cdots + g_p(m-c)^p$$

$$= \sum_{n=0}^{p} g_n (m-c)^n \qquad m = 0, 1, 2, \cdots, q \tag{3.15}$$

其中 $c = \lfloor q/2 \rfloor$，即 $q/2$ 的整数部分 (常数 c 是为了避免计算上的数值不稳定问题，不影响对 $\mathbf{b}$ 的估计)。将式（3.15）代入方程（3.14）得

$$y_t = d + g_0 z_{0,t} + g_1 z_{1,t} + \cdots + g_p z_{p,t} + \mathbf{a}' \mathbf{h}_t + e_t \tag{3.16}$$

其中

$$z_{n,t} = \sum_{m=0}^{q} (m-c)^n x_{t-m} \qquad n = 0, 1, 2, \cdots, p$$

称为 PDL 变量，其他说明如下。

1) 式（3.14）的 b_m 和式（3.16）的 g_n 下标都从 0 开始。

2) 式（3.16）可以直接估计，比式（3.14）少了 $q-p$ 个系数，然后通过式（3.15）来复原系数 **b**，事实上，**b** 是 **g** 的线性变换

$$\mathbf{b} = \mathbf{Cg}$$

其中

$$\mathbf{b} = \begin{bmatrix} b_0 \\ b_1 \\ b_2 \\ \vdots \\ b_q \end{bmatrix}_{(q+1)\times 1} \quad \mathbf{C} = \begin{bmatrix} 1 & 0-c & (0-c)^2 & \cdots & (0-c)^p \\ 1 & 1-c & (1-c)^2 & \cdots & (1-c)^p \\ 1 & 2-c & (2-c)^2 & \cdots & (2-c)^p \\ \vdots & \vdots & \vdots & \ddots & \vdots \\ 1 & q-c & (q-c)^2 & \cdots & (q-c)^p \end{bmatrix}_{(q+1)\times(p+1)} \quad \mathbf{g} = \begin{bmatrix} g_0 \\ g_1 \\ g_2 \\ \vdots \\ g_p \end{bmatrix}_{(p+1)\times 1}$$

即 $(q+1)\times(p+1)$ 矩阵 **C** 的元素 $c_{mn} = (m-c)^n$。

3) EViews 估计多项式分布滞后模型时，还可以增加限制，比如近端（near end）限制，要求 x 对 y 的一期超前效应为零，即将 $m=-1$ 代入式（3.15）并令其为零得

$$b_{-1} = g_0 + g_1(-1-c) + g_2(-1-c)^2 + \cdots + g_p(-1-c)^p = 0$$

类似地，远端（far end）限制要求 x 对 y 的效应在 q 期后都消失了，即 $m=q+1$ 代入式（3.15）并令其为零得

$$b_{q+1} = g_0 + g_1(q+1-c) + g_2(q+1-c)^2 + \cdots + g_p(q+1-c)^p = 0$$

增加限制时，可以只限制近端或者远端，也可以同时限制，缺省下，EViews 不附加任何限制。

二、方程设定

EViews 中，设定 PDL 模型采用 `pdl` 表达式。

- `pdl` 的语法为

    ```
    pdl(series_name, q, p [,options])
    ```

    其中 q 为滞后阶数，p 为多项式阶数，可选的选项设定约束类型如下
    - 近端限制，取 1
    - 远端限制，取 2
    - 两端限制，取 3
    - 无附加限制，不设置该选项

- 使用全部 PDL 变量作为工具变量时，要写成 `pdl(*)`
- 方程设定包含 `pdl` 表达式时，只能用名单法，不能使用公式法

三、例子

EViews 可以直接估计分布滞后模型的式（3.16）

```
%wf = @evpath + "\Example Files\data\basics"
wfopen %wf
smpl 1959m01 1989m12
equation eqPDL.ls ip c pdl(m1,12,5)
```

结果为

```
Dependent Variable: IP
Method: Least Squares
Date: 02/28/08   Time: 07:13
Sample (adjusted): 1960M01 1989M12
Included observations: 360 after adjustments
```

Variable	Coefficien	Std. Error	t-Statistic	Prob.
C	40.67311	0.815195	49.89374	0.0000
PDL01	-4.66E-05	0.055566	-0.000839	0.9993
PDL02	-0.015625	0.062884	-0.248479	0.8039
PDL03	-0.000160	0.013909	-0.011485	0.9908
PDL04	0.001862	0.007700	0.241788	0.8091
PDL05	2.58E-05	0.000408	0.063211	0.9496
PDL06	-4.93E-05	0.000180	-0.273611	0.7845

R-squared	0.852371	Mean dependent var		71.72679
Adjusted R-squared	0.849862	S.D. dependent var		19.53063
S.E. of regression	7.567664	Akaike info criterion		6.904899
Sum squared resid	20216.15	Schwarz criterion		6.980462
Log likelihood	-1235.882	F-statistic		339.6882
Durbin-Watson stat	0.008026	Prob(F-statistic)		0.000000

Lag Distribution of M1	i	Coefficien	Std. Error	t-Statisti
	0	0.10270	0.14677	0.69970
	1	0.01159	0.10948	0.10587
	2	-0.00215	0.10139	-0.02123
	3	0.00920	0.06150	0.14955
	4	0.01766	0.07435	0.23756
	5	0.01363	0.06974	0.19547
	6	-4.7E-05	0.05557	-0.00084
	7	-0.01399	0.07080	-0.19764
	8	-0.01821	0.07537	-0.24158
	9	-0.00798	0.06399	-0.12475
	10	0.01017	0.10454	0.09726
	11	0.01260	0.11069	0.11386
	12	-0.04737	0.15693	-0.30182
Sum of Lags		0.08780	0.00297	29.5534

注意，表中的 PDL01 对应的是 g_0，PDL02 对应的是 g_1，依此类推。很可惜，本例中的 PDL 方法对共线性的改善没有多少贡献。表的后半部分给出了系数 **b**，还画出了多项式的估计图。最后一行报告了分布滞后项系数的和，在平稳性的前提下，其含义为 M1 对 IP 的长期效应。

需要说明的是，PDL 模型中，Wald 检验是针对式（3.16）的系数的，例如

```
eqPDL.wald c(6)=0, c(7)=0
```

检验最后两个 PDL 变量的系数（g_4 和 g_5）是否同时为 0，检验结果为

```
Wald Test:
Equation: EQPDL
```

Test Statistic	Value	df	Probability
F-statistic	0.039852	(2, 353)	0.9609
Chi-square	0.079704	2	0.9609

Null Hypothesis Summary:

Normalized Restriction (= 0)	Value	Std. Err.
C(6)	2.58E-05	0.000408
C(7)	-4.93E-05	0.000180

Restrictions are linear in coefficients.

没有拒绝 g_4 和 g_5 同时为零的假设，因此，我们可以用更低阶的多项式来拟合。

作为对照，我们也估计滞后模型

```
equation eqLag.ls ip c m1(to -12)
```

估计结果为

```
Dependent Variable: IP
Method: Least Squares
Date: 02/28/08   Time: 07:13
Sample (adjusted): 1960M01 1989M12
Included observations: 360 after adjustments
```

Variable	Coefficien	Std. Error	t-Statistic	Prob.
C	40.67568	0.823866	49.37171	0.0000
M1	0.129699	0.214574	0.604449	0.5459
M1(-1)	-0.045962	0.376907	-0.121944	0.9030
M1(-2)	0.033183	0.397099	0.083563	0.9335
M1(-3)	0.010621	0.405861	0.026169	0.9791
M1(-4)	0.031425	0.418805	0.075035	0.9402
M1(-5)	-0.048847	0.431728	-0.113143	0.9100
M1(-6)	0.053880	0.440753	0.122245	0.9028
M1(-7)	-0.015240	0.436123	-0.034944	0.9721
M1(-8)	-0.024902	0.423546	-0.058795	0.9531
M1(-9)	-0.028048	0.413540	-0.067825	0.9460
M1(-10)	0.030806	0.407523	0.075593	0.9398
M1(-11)	0.018509	0.389133	0.047564	0.9621
M1(-12)	-0.057373	0.228826	-0.250728	0.8022

R-squared	0.852398	Mean dependent var		71.72679
Adjusted R-squared	0.846852	S.D. dependent var		19.53063
S.E. of regression	7.643137	Akaike info criterion		6.943606
Sum squared resid	20212.47	Schwarz criterion		7.094732
Log likelihood	-1235.849	F-statistic		153.7030
Durbin-Watson stat	0.008255	Prob(F-statistic)		0.000000

可以看到，M1 及其各阶滞后项的系数都不显著，而 F 统计量却异常显著，且 DW 统计量非常小，所有上述症状表明，滞后模型存在高度的共线性问题。

§3.4 加权最小二乘估计

误差项存在条件异方差时，OLS 估计是无偏和一致的，但不是有效的，OLS 系数估计的标准差是不对的，不能用来作推断。如果知道条件异方差的形式，我们仍然可以得到有效估计。

条件异方差检验请参考 §4.3 节（第 190 页）的讨论。更专门地，我们在第 6 讲（第 253 页）专门讨论自回归条件异方差 (ARCH) 模型。

§3.4.1 理论回顾

知道误差的方差矩阵是很少见的，往往只有理论分析的意义。实证分析时，只能先通过某种方法估计出方差矩阵，然后采用可行广义最小二乘法（feasible generalized least squares, FGLS）进行估计。

一、广义最小二乘法

广义最小二乘法（generalized least squares, GLS）实际上是对数据进行变换，使之符合 OLS 的要求。如果 OLS.4 (条件同方差且无自相关) 不能成立，而是

$$\operatorname{var}(\mathbf{e}\mid\mathbf{X}) = \mathrm{E}(\mathbf{ee}'\mid\mathbf{X}) = \mathbf{S}$$

其中 $\mathbf{S}$ 是对称正定矩阵，那么用

$$\mathbf{T} = \mathbf{S}^{-1/2}$$

左乘式 (3.2)（第 141 页）得到数据变换后的形式

$$\mathbf{y}_* = \mathbf{X}_*\mathbf{b} + \mathbf{e}_* \tag{3.17}$$

其中 $\mathbf{y}_* = \mathbf{T}\mathbf{y}$，$\mathbf{X}_* = \mathbf{T}\mathbf{X}$，$\mathbf{e}_* = \mathbf{T}\mathbf{e}$。此时

$$\operatorname{var}(\mathbf{e}_*\mid\mathbf{X}_*) = \mathrm{E}(\mathbf{e}_*\mathbf{e}_*'\mid\mathbf{X}_*) = \mathrm{E}\left(\mathbf{S}^{-1/2}\mathbf{ee}'\mathbf{S}^{-1/2}\mid\mathbf{X}\right) = \mathbf{S}^{-1/2}\mathbf{S}\mathbf{S}^{-1/2} = \mathbf{I}$$

显然式 (3.17) 满足 OLS 要求[7]，因此由式 (3.3)（第 143 页）得 GLS 估计

$$\mathbf{b}_{\mathrm{GLS}} = (\mathbf{X}_*'\mathbf{X}_*)^{-1}\mathbf{X}_*'\mathbf{y}_* = (\mathbf{X}'\mathbf{S}^{-1}\mathbf{X})^{-1}\mathbf{X}'\mathbf{S}^{-1}\mathbf{y} \tag{3.18}$$

$\mathbf{b}_{\mathrm{GLS}}$ 是有效估计，且方差矩阵为

$$\operatorname{var}(\mathbf{b}_{\mathrm{GLS}}) = (\mathbf{X}'\mathbf{S}^{-1}\mathbf{X})^{-1} \tag{3.19}$$

Hayashi (2000, p56) 提到了变换矩阵 $\mathbf{T}$ 的选择[8]并不唯一：

1) Wooldridge (2002, p144–5) 使用 $\mathbf{T} = \mathbf{S}^{-1/2} = \mathbf{C}\mathbf{\Lambda}^{-1/2}\mathbf{C}'$ 作为变换矩阵，其中矩阵 $\mathbf{\Lambda}$ 中对角线上的元素为 $\mathbf{S}$ 的特征根，正交矩阵 $\mathbf{C}$ 的各列是相应的特征向量 ($\mathbf{S} = \mathbf{C}\mathbf{\Lambda}\mathbf{C}'$)；
2) Greene (2003, p207) 采用 $\mathbf{T} = \mathbf{\Lambda}^{-1/2}\mathbf{C}'$；
3) 而 EViews 则选取 $\mathbf{T} = \mathbf{L}^{-1}$，其中矩阵 $\mathbf{L}$ 为 $\mathbf{S}$ 的 Cholesky 分解 ($\mathbf{S} = \mathbf{L}\mathbf{L}'$) 中的下三角矩阵。

这些方法都使得变换后的方差矩阵满足 OLS 的要求，得到相同的 GLS 系数估计，但式 (3.17) 中加权残差 $\mathbf{e}_*$ 的估计是不同的。

---

[7] 若矩阵 $\mathbf{S}$ 已知，则 $\mathrm{E}(\mathbf{e}\mid\mathbf{X}) = 0$ 与 $\mathrm{E}(\mathbf{e}_*\mid\mathbf{X}_*) = 0$ 等价。

[8] 如果 $p > 0$，$p\mathbf{T}$ 也是合适的变换矩阵。

二、可行广义最小二乘法

由于矩阵 $\mathbf{S}$ 一般是不知道的，如果 $\mathbf{S}$ 没有特殊结构，需要估计 $T(T+1)/2$ 个参数，实际上我们只有 T 个观测，显然这是不可能的。

小样本下，必须进行结构限制才能进行估计。

- 时间序列分析时，通常的做法是令

$$\mathbf{S} = s^2 \cdot \begin{bmatrix} 1 & r & r^2 & \cdots & r^{T-1} \\ r & 1 & r & \cdots & r^{T-2} \\ r^2 & r & 1 & \cdots & r^{T-3} \\ \vdots & \vdots & \vdots & \ddots & \vdots \\ r^{T-1} & r^{T-2} & r^{T-3} & \cdots & 1 \end{bmatrix}_{T \times T}$$

此时只有两个参数 s 和 r。

- 横截面数据中，设置 $\mathbf{S}$ 为对角矩阵，此时可以采用加权最小二乘方法。

大样本下，由于 OLS 估计是一致估计（只需要 OLS.1–3），流行的方法是采用 OLS 估计出系数，然后对系数的方差估计采用 §3.2 节（第 148 页）讨论的 White HC 或者 Newey-West HAC 估计进行修正。

三、加权最小二乘法

加权最小二乘方法（Weighted least square，WLS）假设

$$\mathrm{var}(\mathbf{e}|\mathbf{X}) = \mathbf{S} = \mathrm{diag}\left(s_1^2, s_2^2, \cdots, s_T^2\right)$$

取对角矩阵

$$\mathbf{W} \equiv \mathrm{diag}(w_1, w_2, \cdots, w_T) = \mathbf{S}^{-1/2}$$

有 $w_t = 1/s_t$，$\mathbf{W}^2 = \mathbf{S}^{-1}$。由式 (3.18) 得

$$\mathbf{b}_{\mathrm{WLS}} = \left(\mathbf{X}'\mathbf{W}^2\mathbf{X}\right)^{-1}\mathbf{X}'\mathbf{W}^2\mathbf{y} \tag{3.20}$$

且方差矩阵为

$$\mathrm{var}(\mathbf{b}_{\mathrm{WLS}}) = \left(\mathbf{X}'\mathbf{W}^2\mathbf{X}\right)^{-1}$$

显然，加权最小二乘方法的目标函数为（权重 w_t 正比于标准差的倒数 $1/s_t$，允许缩放）

$$S(\mathbf{b}) = \sum_{t=1}^{T}(w_t e_t)^2 = (\mathbf{W}\mathbf{e})'(\mathbf{W}\mathbf{e}) = \mathbf{e}'\mathbf{W}^2\mathbf{e} = (\mathbf{y}-\mathbf{X}\mathbf{b})'\mathbf{W}^2(\mathbf{y}-\mathbf{X}\mathbf{b})$$

§3.4.2 例子

我们采用横截面数据，先进行 OLS 估计

```
%wf = @evpath + "\Example Files\Pindyck\expend"
wfopen %wf
equation eq01.ls pcinc c pcexp
```

得到估计结果为

```
Dependent Variable: PCINC
Method: Least Squares
Date: 02/29/08   Time: 15:07
Sample: 1 50
Included observations: 50
```

Variable	Coefficien	Std. Error	t-Statistic	Prob.
C	3215.879	242.5933	13.25625	0.0000
PCEXP	1.376985	0.291914	4.717091	0.0000

R-squared	0.316735	Mean dependent var		4309.460
Adjusted R-squared	0.302501	S.D. dependent var		604.9146
S.E. of regression	505.2031	Akaike info criterion		15.32698
Sum squared resid	12251047	Schwarz criterion		15.40346
Log likelihood	-381.1744	F-statistic		22.25095
Durbin-Watson stat	1.386800	Prob(F-statistic)		0.000021

通过查看残差图，发现明显的条件异方差 (条件异方差检验请参考第 190 页 §4.3 节)。

一、WLS 估计

选择权重序列为 pop 进行 WLS 估计

```
equation eq02.ls(w=pop) pcinc c pcexp
```

选项 w=pop 设置权重序列为 pop，得到估计结果为

```
Dependent Variable: PCINC
Method: Least Squares
Date: 02/29/08   Time: 15:07
Sample: 1 50
Included observations: 50
Weighting series: POP
```

Variable	Coefficien	Std. Error	t-Statistic	Prob.
C	3222.648	186.9492	17.23810	0.0000
PCEXP	1.789525	0.206614	8.661203	0.0000

Weighted Statistics

R-squared	0.609808	Mean dependent var		4543.847
Adjusted R-squared	0.601679	S.D. dependent var		5364.046
S.E. of regression	456.0546	Akaike info criterion		15.12228
Sum squared resid	9983317.	Schwarz criterion		15.19876
Log likelihood	-376.0570	F-statistic		75.01644
Durbin-Watson stat	1.548844	Prob(F-statistic)		0.000000

Unweighted Statistics

R-squared	-0.023530	Mean dependent var		4309.460
Adjusted R-squared	-0.044854	S.D. dependent var		604.9146
S.E. of regression	618.3321	Sum squared resid		18352061
Durbin-Watson stat	1.111836			

表头的 Weighting series: POP 指出加权序列为序列 pop。请注意，WLS 估计的 R^2 几乎比 OLS 翻了一倍。

我们知道，WLS 是对变换后的数据进行 OLS 估计

```
genr w = pop/@sum(pop)
genr pci = pcinc*w
genr pce = pcexp*w
equation eq82.ls pci w pce
```

对比方程 eq82 与方程 eq02 的系数估计，我们发现两者完全相同。

二、残差

EViews 的 WLS 估计报告了加权和无加权的统计结果，无加权残差为

$$e_t = y_t - \mathbf{x}_t' \mathbf{b}_{\text{WLS}}$$

并将无加权残差写入序列 resid，注意本例子中无加权残差计算的 $R^2 < 0$。加权残差为

$$e_{wt} = w_t e_t$$

如果残差方差的形式正确，加权残差应该条件同方差，而不加权残差表现出条件异方差，而且标准差的倒数和权重序列成正比。

练习：做图查看加权残差是否条件同方差。提示：命令 makeresid 产生无加权残差。

对于 WLS 估计，EViews 还可以计算标准化残差

```
eq02.makeresid r02
eq02.makeresid(s) r02s    'Standardized residuals
graph gfw5.line r02*w/eq82.@se/r02s
```

图形 gfw5 为水平线 (值为 1)，表明标准化残差

$$e_{st} = \frac{w_t e_t}{s} = \frac{e_{wt}}{s}$$

其中 s 为变换后数据 OLS 估计 (方程 eq82) 的回归标准差。

三、权重序列

关于权重序列 w_t 的几点说明：

- 权重正比于误差标准差的倒数，不是正比于方差的倒数。EViews 7 提供了选项 wtype={**istdev**, ivar, stdev, var}，分别设置权重序列正比于误差标准差的倒数 (默认)、方差的倒数、标准差和方差。
- EViews 进行 WLS 估计时，默认先对权重进行缩放，即

$$w_t \leftarrow \frac{w_t}{\frac{1}{T}\sum_{l=1}^{T} w_l}$$

该缩放处理方便加权残差与无加权残差的比较，对系数估计没有影响。EViews 7 提供了选项 wscale={eviews, avg, none} 选择缩放的方式。
- 如果方程含有 ARMA 项，权重将被忽略。
- 离散和受限因变量模型（第 785 页第 16 讲）的估计命令 binary, censored, count 和 ordered 等都不支持加权。
- 如果某个观测点的权重为零，将不影响目标函数，相当于该观测点被剔除。
- EViews 5 允许 $w_t < 0$，EViews 7 剔除 $w_t < 0$ 的观测。

EViews 中，WLS 估计允许用 White HC 估计修正方差估计，例如

```
equation eq03.ls(w=pop,h) pcinc c pcexp
```

但不允许使用 Newey-West HAC 估计进行修正。

§3.5 两阶段最小二乘估计

在经济计量学中，与误差线性相关的变量称为内生变量 (endogenous variable)，与误差不相关的变量称为外生变量 (exogenous variable)，而那些与当前及将来的干扰项不相关的变量称为前定变量 (predetermined variable)。

在应用经济计量中，如下情况往往导致内生变量：

1) 变量的测量误差；
2) 遗漏变量；
3) 联立方程中的变量。

解释变量内生性的检验请参考 §4.7.3 节 (第 215 页) 的讨论。如果解释变量中有内生变量，将违背严格外生假设 (OLS.2 假设)，OLS 和 WLS 估计量都是有偏的，而且是非一致的。如果能找到合适的工具变量，采用两阶段最小二乘法仍然可以得到一致估计。

两阶段最小二乘法 (Two-stage Least Squares, 2SLS) 是工具变量 (Instrumental variable, IV) 方法。工具变量法的思想是使用工具变量来消除解释变量和干扰项的相关性，那么什么是工具变量呢？工具变量有两个要求：一是和解释变量相关，二是和干扰项不相关。

§3.5.1 理论回顾

顾名思义，两阶段最小二乘法就是系数估计时分成两阶段：第一阶段将每个内生变量对工具变量做一次 OLS 估计；第二阶段将所有的内生变量用拟合值代替，对原方程进行 OLS 估计。实际计算时，2SLS 估计并不需要分两步，而是一气呵成，直接得到估计结果。

一、模型

假设

$$y_t = \mathbf{x}_t' \mathbf{b} + e_t \qquad \mathrm{E}(e_t) = 0$$

其中 $K \times 1$ 解释变量 $\mathbf{x}_t$ 含有内生变量，即

$$\mathrm{cov}(\mathbf{x}_t, e_t) \neq 0$$

意味着 $\mathrm{E}(e_t | \mathbf{x}_t) \neq 0$。此外，假设能找到 $Z \times 1$ 工具变量 $\mathbf{z}_t = [z_{t1}; z_{t2}; \cdots; z_{tZ}]$，满足

2SLS.1: 工具变量与误差不相关，即

$$\mathrm{cov}(\mathbf{z}_t, e_t) = \mathrm{E}(\mathbf{z}_t e_t) = 0$$

且工具变量间线性独立（linearly independent），即

$$\mathrm{rank}(\mathrm{E}(\mathbf{z}_t \mathbf{z}_t')) = Z$$

2SLS.2: 识别的秩条件（rank condition），即

$$\mathrm{rank}(\mathrm{E}(\mathbf{z}_t \mathbf{x}_t')) = K$$

假设中并没有规定工具变量的取法，但 2SLS 估计时，解释变量中的外生变量都作为工具变量，注意常数也包含在里面，因为模型中设定了 $\mathrm{E}(e_t) = 0$。

1) 要求工具变量是线性独立的，否则，某个工具变量可以由其他工具变量线性表出，是冗余的。此外，当工具变量线性独立时

$$\mathbf{a} = 0 \iff \mathbf{a}'\mathbf{z}_t = 0 \iff 0 = \mathrm{E}((\mathbf{a}'\mathbf{z}_t)^2) = \mathrm{E}(\mathbf{a}'\mathbf{z}_t\mathbf{z}_t'\mathbf{a}) = \mathbf{a}'\mathrm{E}(\mathbf{z}_t\mathbf{z}_t')\mathbf{a}$$

因此，$\mathrm{E}(\mathbf{z}_t\mathbf{z}_t')$ 是正定矩阵，是满秩的。

2) 回归方程两边乘以 $\mathbf{z}_t$ 再取期望得

$$\mathrm{E}(\mathbf{z}_t y_t) = \mathrm{E}(\mathbf{z}_t \mathbf{x}_t')\mathbf{b} \tag{3.21}$$

表明 $\mathrm{rank}([\mathrm{E}(\mathbf{z}_t\mathbf{x}_t'), \mathrm{E}(\mathbf{z}_t y_t)]) = \mathrm{rank}(\mathrm{E}(\mathbf{z}_t\mathbf{x}_t'))$。因此，如果线性方程组 (3.21) 关于 $\mathbf{b}$ 的解是唯一的，充要条件为 $\mathrm{rank}(\mathrm{E}(\mathbf{z}_t\mathbf{x}_t')) = K$，这就是秩条件。

3) 秩条件的必要条件是阶条件，即 $Z \geq K$，因此，如果解释变量 $\mathbf{x}$ 里面包含有内生变量，必须从模型之外取得工具变量。

二、估计过程

回归方程的样本数据形式为 $\mathbf{y} = \mathbf{Xb} + \mathbf{e}$，记 $Z \times 1$ 向量 $\mathbf{z}_t$ 表示工具变量的第 t 期观测，令

$$\mathbf{Z} = \begin{bmatrix} \mathbf{z}_1' \\ \mathbf{z}_2' \\ \vdots \\ \mathbf{z}_T' \end{bmatrix}_{T \times Z} \qquad \mathbf{Q} = \mathbf{Z}(\mathbf{Z}'\mathbf{Z})^{-1}\mathbf{Z}'$$

即 $T \times Z$ 矩阵 $\mathbf{Z}$ 包含了 Z 个工具变量的 T 期共 TZ 个观测值，$\mathbf{Q}$ 为投影矩阵 (projection matrix)。

假设解释变量和工具变量的组成为

$$\mathbf{x}_t = \begin{bmatrix} \mathbf{x}_{!t} \\ \mathbf{x}_{0t} \end{bmatrix} \qquad \mathbf{z}_t = \begin{bmatrix} \mathbf{x}_{0t} \\ \mathbf{z}_{0t} \end{bmatrix}$$

其中 $\mathbf{x}_{!t}$ 是解释变量中的内生部分，$\mathbf{x}_{0t}$ 是外生解释变量，$\mathbf{z}_{0t}$ 是模型外的工具变量。此时，解释变量和工具变量的数据矩阵可以对应写成

$$\mathbf{X} = \begin{bmatrix} \mathbf{X}_! & \mathbf{X}_0 \end{bmatrix} \qquad \mathbf{Z} = \begin{bmatrix} \mathbf{X}_0 & \mathbf{Z}_0 \end{bmatrix}$$

那么，2SLS 的估计过程为：

1) 第一阶段，内生变量对工具变量进行回归，我们得到

$$\hat{\mathbf{X}}_! = \mathbf{Q}\mathbf{X}_!$$

数据矩阵 $\mathbf{X}$ 中，将 $\mathbf{X}_!$ 对应的部分替换为 $\hat{\mathbf{X}}_!$，得到 $\hat{\mathbf{X}}$，则有

$$\hat{\mathbf{X}} = \begin{bmatrix} \hat{\mathbf{X}}_! & \mathbf{X}_0 \end{bmatrix} = \mathbf{Q}\mathbf{X}$$

2) 第二阶段，$\mathbf{y}$ 对 $\hat{\mathbf{X}}$ 回归，得到系数估计

$$\mathbf{b}_{2SLS} = (\hat{\mathbf{X}}'\hat{\mathbf{X}})^{-1}\hat{\mathbf{X}}'\mathbf{y} = [\mathbf{X}'\mathbf{Q}\mathbf{X}]^{-1}\mathbf{X}'\mathbf{Q}\mathbf{y} \tag{3.22}$$

实际上，第一阶段的回归是**寻找最佳的工具变量组合**，因为内生变量向工具变量的投影，是工具变量组合与内生变量相关程度最高的组合，而投影系数刚好等于 OLS 估计的系数。然后，第二阶段的估计实际上是用 $\hat{\mathbf{X}}$ 作为工具变量的 IV 估计，因为 $\hat{\mathbf{X}}'\hat{\mathbf{X}} = \hat{\mathbf{X}}'\mathbf{X}$，故

$$\mathbf{b}_{IV} = (\hat{\mathbf{X}}'\mathbf{X})^{-1}\hat{\mathbf{X}}'\mathbf{y} = (\hat{\mathbf{X}}'\hat{\mathbf{X}})^{-1}\hat{\mathbf{X}}'\mathbf{y} = \mathbf{b}_{2SLS}$$

此外，从式 (3.22) 我们看到

- 2SLS 估计的目标函数为最小化 $(\mathbf{y} - \mathbf{Xb})' \mathbf{Q} (\mathbf{y} - \mathbf{Xb})$
- 2SLS 估计的计算是一步到位的，不需要分两步实现
- 如果 $\mathbf{Z} = \mathbf{X}$，那么 $\mathbf{b}_{\text{2SLS}} = \mathbf{b}_{\text{OLS}}$

练习：请证明 $\hat{\mathbf{X}} = \mathbf{QX} = \mathbf{Z}(\mathbf{Z'Z})^{-1} \mathbf{Z'X}$。

三、一致估计

在 2SLS 的两个基本假设下，2SLS 估计是一致估计，即

$$\mathbf{b}_{\text{2SLS}} \xrightarrow{p} \mathbf{b}$$

如果进一步假设（**2SLS.3**）

$$\mathrm{E}\left(e_t^2 \mathbf{z}_t \mathbf{z}_t'\right) = s^2 \mathrm{E}\left(\mathbf{z}_t \mathbf{z}_t'\right) \qquad s^2 = \mathrm{E}\left(e_t^2\right)$$

更容易理解但要求更强的 2SLS.3 假设为 $\mathrm{E}\left(e_t^2 \mid \mathbf{z}_t\right) = \mathrm{E}\left(e_t^2\right)$。记

$$\mathbf{C} = \mathrm{E}\left(e_t^2 \mathbf{z}_t \mathbf{z}_t'\right) = s^2 \mathrm{E}\left(\mathbf{z}_t \mathbf{z}_t'\right) \qquad \mathbf{G} = \mathrm{E}\left(\mathbf{z}_t \mathbf{x}_t'\right)$$

由 2SLS.1–3 有

$$\mathbf{b}_{\text{2SLS}} \overset{a}{\sim} \mathrm{N}\left(\mathbf{b},\ \left(\mathbf{G}' \mathbf{C}^{-1} \mathbf{G}\right)^{-1} / T\right)$$

此外，Wooldridge (2002, p96) 的定理 5.3 表明，$\mathbf{b}_{\text{2SLS}}$ 在使用工具变量 $\mathbf{z}_t$ 的线性组合的所有 IV 估计中，是有效的。

定义 2SLS 估计的残差为

$$\mathbf{e} = \mathbf{y} - \mathbf{Xb}_{\text{2SLS}}$$

则 s^2 的一个一致估计（不是无偏估计）为

$$s^2 = \frac{1}{T - K} \mathbf{e}' \mathbf{e}$$

根据类推原理 (analogy principle)，$\mathbf{C}$ 和 $\mathbf{G}$ 的一致估计分别为

$$s^2 \mathbf{Z'Z}/T = s^2 \frac{1}{T} \sum_{t=1}^{T} \mathbf{z}_t \mathbf{z}_t' \xrightarrow{p} s^2 \mathrm{E}\left(\mathbf{z}_t \mathbf{z}_t'\right) = \mathbf{C}$$

$$\mathbf{Z'X}/T = \frac{1}{T} \sum_{t=1}^{T} \mathbf{z}_t \mathbf{x}_t' \xrightarrow{p} \mathrm{E}\left(\mathbf{z}_t \mathbf{x}_t'\right) = \mathbf{G}$$

因此 $\mathbf{b}_{\text{2SLS}}$ 协方差矩阵估计为

$$\left(\mathbf{X'QX}\right)^{-1} s^2 \tag{3.23}$$

四、工具变量

工具变量与内生变量的关系中，工具变量与内生变量相关的说法是不严格的。我们看到，在 2SLS 估计过程中，工具变量包含了模型中的外生变量 $\mathbf{x}_{0t}$ 和模型外的变量 $\mathbf{z}_{0t}$，显然 $\mathbf{x}_{0t}$ 可以跟内生变量 $\mathbf{x}_{!t}$ 不相关。那么，工具变量和内生变量之间到底要求什么样的关系呢？

比较严格的说法是，模型外取得的工具变量，必须在控制了模型所有的外生变量后，与内生变量偏相关 (partially correlated)。下面用简单的例子来说明，假设模型为 (略去时间下标)

$$y = b_1 x_1 + b_2 x_2 + b_3 x_3 + e$$

怀疑 x_3 有内生性。那么，对于工具变量 z，除了要求与残差不相关，即 $\mathrm{cov}(z,e) = 0$，还要求

$$x_3 = a_1 x_1 + a_2 x_2 + a_3 z + v$$

的回归方程中 (确切地说，是线性投影)，$a_3 \neq 0$。也就是说，剔除了 x_3 与模型所有的外生变量 x_1 和 x_2 的相关性后，工具变量 z 与内生变量 x_3 偏相关。补充说明如下。

- 事实上，如果 $a_3 = 0$，那么加入工具变量 z 并没有增加任何信息，2SLS 回归的第二阶段，相当于剔除了解释变量 x_3。(为什么？)
- 如果模型为

$$y = b_1 + b_2 x + e$$

且 $\mathrm{cov}(x,e) \neq 0$，那么内生变量 x 和工具变量 z 的关系中 (x 在 1 和 z 上的投影)

$$x = a_1 + a_2 z + v$$

有

$$a_2 = \frac{\mathrm{cov}(z,x)}{\mathrm{var}(z)} \neq 0 \iff \mathrm{cov}(z,x) \neq 0$$

即工具变量和内生变量相关与 $a_2 \neq 0$ 等价。

五、其他

关于 2SLS，请注意如下问题：

- 当解释变量里有内生变量时，IV 估计总是有偏的。请记住，2SLS 估计量不可能无偏，不要使用太多的工具变量（过度识别）。
- 当工具变量数和解释变量数相等（即 $Z = K$）时，IV 估计量的期望值不存在，这就是为什么 2SLS 都用大样本来分析的原因。
- 即使在大样本下，如果工具变量与误差存在很弱的相关，估计的结果将带来不一致，此时采用 OLS 估计也许更好。
- 2SLS 估计和其他工具变量法的估计的标准差往往很大，造成系数估计都不显著，或者比 OLS 估计的标准差大了许多，特别是在 2SLS 估计所有的系数都不显著时，我们面临的是不精确的一致估计。
- 2SLS 估计是满足 2SLS.3 时 GMM 估计的特例，当违背 2SLS.3 时，使用 GMM 估计将得到更有效的估计。GMM 估计在第 14 讲 (第 651 页) 中讨论。
- 尽管 $\mathrm{E}(e_t|\mathbf{x}_t) \neq 0$，模型用于预测时，则取 $\mathrm{E}(y_t|\mathbf{x}_t) = \mathbf{x}_t' \mathbf{b}_{2\mathrm{SLS}}$（即点预测时令干扰为零）。

§3.5.2 例子

EViews 中，2SLS 估计的命令为 `tsls`，例如 (内生性来源于联立方程模型)

```
%wf = @evpath + "\Example Files\data\cs"
wfopen %wf
smpl @first 1995q1
equation eq01.tsls log(cs) c log(gdp) @ c log(cs(-1)) log(gdp(-1))
```

符号 @ 后面的变量是工具变量，这里取常数和前定变量作为工具变量，即

$$\mathbf{z}_t = [1; \log(\mathrm{CS}_{t-1}); \log(\mathrm{GDP}_{t-1})]$$

估计结果为

```
Dependent Variable: LOG(CS)
Method: Two-Stage Least Squares
Date: 03/01/08   Time: 07:57
Sample (adjusted): 1947Q2 1995Q1
Included observations: 192 after adjustments
Instrument list:  C LOG(CS(-1)) LOG(GDP(-1))
```

Variable	Coefficien	Std. Error	t-Statistic	Prob.
C	-1.209268	0.039151	-30.88699	0.0000
LOG(GDP)	1.094339	0.004924	222.2597	0.0000

R-squared	0.996168	Mean dependent var	7.480286
Adjusted R-squared	0.996148	S.D. dependent var	0.462990
S.E. of regression	0.028735	Sum squared resid	0.156888
Durbin-Watson stat	0.102639	Second-stage SSR	0.152396

表头报告了使用的工具变量。其他说明如下：

- EViews 直接给出 2SLS 估计的最终结果，而不是分两步。
- 方程的设定必须满足识别条件才能使用 2SLS 估计，首先要检查阶条件 (order condition)，也就是说，工具变量的个数不能少于方程系数的个数。显然，阶条件是秩条件 2SLS.2 的必要条件。
- 2SLS 估计过程中，方程右边所有和干扰项不相关的变量都作为工具变量。
- 不管常数是不是在工具变量名单里面，EViews 始终将常数作为工具变量。EViews 7 提供了选项 `nocinst` 禁止自动添加常数到工具变量中。
- 2SLS 的结果中，EViews 报告的统计量都是渐近意义上的，所有的统计量都是用 2SLS 估计的残差计算的，即

$$e_t = y_t - \mathbf{x}_t' \mathbf{b}_{2\mathrm{SLS}}$$

  EViews 称 e_t 为结构化残差 (structural residuals)。请注意，e_t 和第二阶段回归的残差 $y_t - \hat{\mathbf{x}}_t' \mathbf{b}_{2\mathrm{SLS}}$ 是不同的。2SLS 估计的有限样本特性的讨论，请参考 Johnston and DiNardo (1997)。
- 如果没有修正系数的方差估计，标准差估计将采用式 (3.23) 进行计算。
- 不同的方程设定采用不同的工具变量组，对统计量的解释要特别小心，即使回归包含了常数项，2SLS 的 R^2 也可能小于零。

§3.5.3 其他设定

EViews 的 2SLS 估计支持加权，以及 AR 项和 MA 项，深入了解 AR 项和 MA 项的内容请参考第 5 讲 (第 225 页)。

一、加权的 2SLS

加权时，使用 `w=series_name` 选项来设置权重序列，EViews 首先将权重序列乘以所有的观测数据（包含工具变量的），然后再对变换后的数据进行 2SLS 估计。

二、有 AR 项的 2SLS

当方程包含 AR 项时，EViews 将其转换为非线性最小二乘问题，然后采用工具变量法进行估计。例如假设模型为

$$y_t = \mathbf{x}'_{!t}\mathbf{b}_! + \mathbf{x}'_{0t}\mathbf{b}_0 + u_t$$

$$u_t = au_{t-1} + e_t$$

其中 $\mathbf{x}_{!t}$ 是内生变量，$\mathbf{x}_{0t}$ 是外生变量，如果 $\mathbf{z}_{0t}$ 是模型外的工具变量，则工具变量的完整名单为

$$\mathbf{x}_{0t}, \mathbf{z}_{0t}, y_{t-1}, \mathbf{x}_{!,t-1}, \mathbf{x}_{0,t-1}$$

EViews 采用非线性回归方法来求解有 AR 项的模型，第一阶段的估计过程类似于 Cochrane-Orcutt 的迭代过程，因此，如果给出的工具变量只包含 $\mathbf{x}_{0t}$ 和 $\mathbf{z}_{0t}$，没有包括方程变量的滞后项，EViews 将自动加入方程所有变量的滞后项到工具变量里面，并且在结果输出中告知，例如

```
equation eq02.tsls log(cs) c log(gdp) ar(1)
```

尽管估计命令中没有给出工具变量，仍然得到如下估计结果

```
Dependent Variable: LOG(CS)
Method: Two-Stage Least Squares
Date: 03/01/08   Time: 08:44
Sample (adjusted): 1947Q2 1995Q1
Included observations: 192 after adjustments
Convergence achieved after 4 iterations
Instrument list:
Lagged dependent variable & regressors added to instrument list
```

Variable	Coefficien	Std. Error	t-Statistic	Prob.
C	-1.420705	0.203266	-6.989390	0.0000
LOG(GDP)	1.119858	0.025116	44.58783	0.0000
AR(1)	0.930900	0.022267	41.80595	0.0000

R-squared	0.999611	Mean dependent var	7.480286
Adjusted R-squared	0.999607	S.D. dependent var	0.462990
S.E. of regression	0.009175	Sum squared resid	0.015909
Durbin-Watson stat	1.931027	Second-stage SSR	0.010799

```
Inverted AR Roots          .93
```

表头提示了 EViews 自动将滞后因变量和自变量作为工具变量，估计时完整的工具变量为 `c log(cs(-1)) log(gdp(-1))`。

由于 EViews 用非线性回归方法来估计含有 AR 项的模型，估计过程可能失败，此时可以修改估计选项，如初始值，迭代的最大次数和收敛的准则，以及导数的计算方法等。这些选项的进一步了解请参考 §C.2 节 (第 959 页)。

三、有 MA 项的 2SLS

模型含有 MA 项也可以采用 2SLS 方法估计，只需要将 MA 项加入到方程的设定中，并指定工具变量的 $\mathbf{x}_{0t}$ 和 $\mathbf{z}_{0t}$ 部分，其他任务交给 EViews 处理。

§3.6 非线性最小二乘估计

在经济计量分析中，通常根据参数是否是线性的，将模型划分为线性模型和非线性模型。在应用经济计量分析中，非线性模型的估计往往极其富有挑战性。进行非线性模型的最小二乘估计时，数值迭代计算的工作往往费时费力，而且可能提前终止，需要多次尝试。

§3.6.1 理论回顾

非线性模型的估计有其内在的复杂性，统计量的讨论往往只能依靠渐近分布理论，对非线性模型估计较深入的讨论请参考 Wooldridge (2002)。

一、NLS

对于方程
$$y_t = f(\mathbf{x}_t, \mathbf{b}) + e_t$$

其中 $f(\cdot)$ 是一般的函数，$K \times 1$ 向量 $\mathbf{x}_t$ 是解释变量，$P \times 1$ 向量 $\mathbf{b}$ 是系数。注意：

- 计量模型中的线性模型，指的是参数线性 (linear in parameters)，也就是说，函数 f 对任一系数的导数都与系数 $\mathbf{b}$ 无关。
- 如果函数 f 对某一系数的导数是系数 $\mathbf{b}$ 的函数，则我们说该模型是（参数）非线性的。一个非线性模型的例子是
$$y_t = b_1(x_t^{b_2} + z_t^{b_3}) + b_4 + e_t \tag{3.24}$$

对于这类模型，只能使用非线性最小二乘方法 (Nonlinear least square, NLS) 进行估计。

- 线性模型中，$P = K$，但在非线性模型中，可能 $P > K$ 或者 $P < K$。

NLS 是通过选择参数 $\mathbf{b}$ 来最小化残差平方和的，即
$$\min_{\mathbf{b}} \sum_t e_t^2 = \sum_t (y_t - f(\mathbf{x}_t, \mathbf{b}))^2 = (\mathbf{y} - \mathbf{f}(\mathbf{X}, \mathbf{b}))'(\mathbf{y} - \mathbf{f}(\mathbf{X}, \mathbf{b}))$$

其中
$$\mathbf{f}(\mathbf{X}, \mathbf{b}) = \begin{bmatrix} f(\mathbf{x}_1, \mathbf{b}) \\ f(\mathbf{x}_2, \mathbf{b}) \\ \vdots \\ f(\mathbf{x}_T, \mathbf{b}) \end{bmatrix}_{T \times 1}$$

T 为观测的数目，$\mathbf{x}_t$ 是观测矩阵 $\mathbf{X}$ 第 t 行的转置。非线性方程系数估计一般没有解析解，只能求助于数值方法，即基于一阶条件（First-order condition，FOC）
$$\left[\frac{\partial \mathbf{f}(\mathbf{X}, \mathbf{b})}{\partial \mathbf{b}'}\right]' (\mathbf{y} - \mathbf{f}(\mathbf{X}, \mathbf{b})) = 0$$

进行迭代求解。记 NLS 的最优解为 $\mathbf{b}_{\text{NLS}}$，令
$$\mathbf{F} = \left.\frac{\partial \mathbf{f}(\mathbf{X}, \mathbf{b})}{\partial \mathbf{b}'}\right|_{\mathbf{b} = \mathbf{b}_{\text{NLS}}}$$

则系数的方差矩阵估计为
$$\text{var}(\mathbf{b}_{\text{NLS}}) = (\mathbf{F}'\mathbf{F})^{-1} s^2$$

对于线性模型 (3.2) (第 141 页)，有 $\mathbf{F} = \mathbf{X}$，则 $\text{var}(\mathbf{b}_{\text{NLS}}) = (\mathbf{X}'\mathbf{X})^{-1} s^2 = \text{var}(\mathbf{b}_{\text{OLS}})$。

一般地，NLS 的假设为：
- **NLS.1**: 非线性模型

$$\text{E}(y|\mathbf{x}) = f(\mathbf{x}, \mathbf{b}_0) \qquad \mathbf{b}_0 \in \text{P}$$

其中 $\mathbf{b}_0$ 为 $P \times 1$ 参数向量，P 为参数空间 (parameter space，参数允许取值的集合)
- **NLS.2**: 任给 $\mathbf{b} \in \text{P}, \mathbf{b} \neq \mathbf{b}_0$，有 $\text{E}([f(\mathbf{x}, \mathbf{b}_0) - f(\mathbf{x}, \mathbf{b})]^2) > 0$
- **NLS.3**: $\text{var}(y|\mathbf{x}) = \text{var}(e|\mathbf{x}) = s^2$

这些假设中，NLS.1 给出模型的设定，NLS.2 是识别的要求，NLS.3 假设条件同方差。在这些假设下，NLS 估计是一致的

$$\mathbf{b}_{\text{NLS}} \xrightarrow{p} \mathbf{b}_0$$

并且具有渐近正态性

$$\mathbf{b}_{\text{NLS}} \overset{a}{\sim} \text{N}\left(\mathbf{b}_0, \mathbf{H}^{-1} s^2 / T\right)$$

其中 $\mathbf{H}$ 的一致估计为 $\mathbf{F}'\mathbf{F}/T$。更详细的讨论请参考 Wooldridge (2002, Ch12)。

二、N2SLS

当解释变量 $\mathbf{x}_t$ 包含内生变量时，假设此时有 $Z \times 1$ 工具变量 $\mathbf{z}_t$，则非线性的两阶段最小二乘法的目标函数为

$$S(\mathbf{b}) = [\mathbf{y} - \mathbf{f}(\mathbf{X}, \mathbf{b})]' \mathbf{Q} [\mathbf{y} - \mathbf{f}(\mathbf{X}, \mathbf{b})] \qquad \mathbf{Q} = \mathbf{Z}(\mathbf{Z}'\mathbf{Z})^{-1} \mathbf{Z}'$$

其中 $T \times Z$ 矩阵 $\mathbf{Z}$ 包含了 Z 个工具变量的 T 期共 TZ 个观测值。

§3.6.2 例子

EViews 中，非线性最小二乘估计的命令和普通最小二乘估计的命令相同，都为 `ls`。类似地，非线性的 2SLS 估计和 2SLS 估计的命令同为 `tsls`。也就是说，EViews 估计非线性和线性模型的区别主要体现在方程的设定上。

一、NLS 的设定及估计

非线性方程的设定只能使用公式法（参见 §3.1 节的第 139 页），例如模型（3.24）的设定为
```
equation eq01.ls y = c(4) +c(1)*(x^c(2) +z^c(3))
```
其中的干扰项不需要显式写出来，这里方程设定隐含了干扰项。

对于如下的方程设定
```
equation eq02.ls c(1)*(x^c(2) +z^c(3))
equation eq03.ls x +y^c(1) = z*c(2)
```
方程 `eq02` 用表达式法设定，给定的表达式为残差的负值，即

$$e_t = -b_1(x_t^{b_2} + z_t^{b_3})$$

方程 `eq03` 的设定中，等号的左边有系数，EViews 将方程设定解释为

$$e_t = x_t + y_t^{b_1} - b_2 z_t$$

虽然 EViews 能够估计方程对象 eq02 和 eq03，但表达式法设定的方程对象或者等号左边有系数的方程对象不能用于预测，也不能用来建立样板对象 (model object)。

对于如下非线性方程

$$\log(\mathrm{CS}_t) = c_1 + c_2 \frac{\mathrm{GDP}_t^{c_3} - 1}{c_3} + e_t$$

可以用如下代码进行估计

```
%wf = @evpath + "\Example Files\data\cs"
wfopen %wf
smpl @first 1995q1
param c(1) 4 c(2) 0.3 c(3) 0.2
equation eq01.ls(showopts) log(cs) = c(1) +c(2)*(gdp^c(3)-1)/c(3)
```

设定估计样本后，用 param 语句设定初始值。由于在命令 ls 里使用了 showopts 选项，结果输出时将报告 NLS 估计时采用的初始值和估计选项

```
Dependent Variable: LOG(CS)
Method: Least Squares
Date: 03/03/08   Time: 21:16
Sample (adjusted): 1947Q1 1995Q1
Included observations: 193 after adjustments
Estimation settings: tol= 0.00010, derivs=analytic
Initial Values: C(1)=4.00000, C(2)=0.30000, C(3)=0.20000
Convergence achieved after 11 iterations
LOG(CS) = C(1) +C(2)*(GDP^C(3)-1)/C(3)
```

	Coefficient	Std. Error	t-Statistic	Prob.
C(1)	2.769341	0.286679	9.660071	0.0000
C(2)	0.269884	0.043126	6.258033	0.0000
C(3)	0.177070	0.020194	8.768404	0.0000

R-squared	0.997253	Mean dependent var	7.476058
Adjusted R-squared	0.997224	S.D. dependent var	0.465503
S.E. of regression	0.024527	Akaike info criterion	-4.562688
Sum squared resid	0.114296	Schwarz criterion	-4.511973
Log likelihood	443.2994	Durbin-Watson stat	0.134844

我们看到了：

1) 选项 showopts 增加的输出

   (a) 估计选项，容许误差 tol= 0.00010 表示收敛准则为相邻两次系数的相对改变量为 0.0001，derivs=analytic 表示求导的方法为解析法；

   (b) 初始值，把 param 语句设置的初始值报告出来。

2) 迭代次数，如果迭代收敛，Eviews 将报告迭代次数，如果没有收敛，EViews 也会给出提示。

3) 方程设定，表头将方程的设定重复了一次，方便与系数估计的对照。

请记住，EViews 报告的统计量都是渐近意义上的。

此外，需要强调的是 NLS 估计由于采用迭代的方法，需要用 param 语句给出参数的初始值。初始值越靠近真值越好，因此我们可以凭经验进行猜测，也可以先估计一个限制模型以取得初始值。可惜的是，寻找初始值并没有一劳永逸的灵丹妙法，我们往往需要多次的试验，才能找到合适的初始值。

二、导数和梯度

估计非线性方程时,求导方法影响算法的效率和准确性。查看导数的方法为

```
freeze(tb01d) eq01.derivs
tb01d.setwidth(b) 51
```

得到残差关于系数的导数汇总表

```
Derivatives of the equation specification
Equation: EQ01
Method: Least Squares
Specification: RESID = LOG(CS) - (C(1) +C(2)*(GDP^C(3)-1)/C(3))
Computed using analytic derivatives

     Coefficient    Derivative of Specification

        C(1)        -1
        C(2)        -(-1 + gdp^c(3)) / c(3)
        C(3)        -c(2) * (-(-1 + gdp^c(3))/c(3)^2 + gdp^c(3)*log(gdp)/c(3))
```

注意,EViews 报告的是残差关于系数的导数,由于

$$e_t = \log(\mathrm{CS}_t) - \left(c_1 + c_2 \frac{\mathrm{GDP}_t^{c_3} - 1}{c_3}\right)$$

不难验证,e_t 关于系数 c_i 的导数正如 `derivs` 视图报告的。查看梯度的方法为

```
freeze(tb01g) eq01.grads
```

得到 NLS 估计的目标函数 (这里为残差平方和) 在系数估计处的梯度值汇总表

```
Gradients of the objective function at estimated
            parameters
Equation: EQ01
Method: Least Squares
Specification: LOG(CS) = C(1) +C(2)*(GDP^C(3)-1)/C(3)
Computed using analytic derivatives

     Coefficient        Sum          Mean       Newton Dir.

        C(1)         -3.52E-10    -1.83E-12    -9.46E-15
        C(2)         -6.26E-09    -3.25E-11     1.44E-18
        C(3)         -2.06E-08    -1.07E-10    -1.11E-18
```

数值计算上,可以认为梯度为 0。

命令 `derivs` 和 `grads` 提供了选项 t 和 g 以表格或者图形的方式显示导数和梯度。方程对象还提供了 `makederivs` 和 `makegrads` 来建立导数和梯度的序列对象。

三、有 AR 项的 NLS

非线性模型如果含有 AR 项,必须为 AR 项指定系数,例如方程

$$\mathrm{CS}_t = c_1 + \mathrm{GDP}_t^{c_2} + e_t$$

$$e_t = c_3 e_{t-1} + c_4 e_{t-2} + v_t$$

初始值设定和模型估计的命令为

```
param c(1) -400 c(2) 0.8 c(3) 0.2 c(4) 0.01
equation eqAR.ls cs = c(1) +gdp^c(2) +[ar(1)=c(3),ar(2)=c(4)]
```

注意为 AR 项[9]指定系数的方式:包含在方括号中,使用逗号作为分隔符。模型的估计结果为

---

[9]有关 AR 项的更多细节,请参考第 5 讲 (第 225 页)。

```
Dependent Variable: CS
Method: Least Squares
Date: 03/03/08   Time: 21:16
Sample (adjusted): 1947Q3 1995Q1
Included observations: 191 after adjustments
Convergence achieved after 16 iterations
CS = C(1) +GDP^C(2) +[AR(1)=C(3),AR(2)=C(4)]
```

	Coefficient	Std. Error	t-Statistic	Prob.
C(1)	-358.3412	304.7169	-1.175981	0.2411
C(2)	0.879900	0.008955	98.25582	0.0000
C(3)	0.863963	0.073940	11.68463	0.0000
C(4)	0.143435	0.074472	1.926033	0.0556
R-squared	0.999833	Mean dependent var	1968.884
Adjusted R-squared	0.999831	S.D. dependent var	853.0223
S.E. of regression	11.10360	Akaike info criterion	7.673136
Sum squared resid	23055.22	Schwarz criterion	7.741246
Log likelihood	-728.7845	Durbin-Watson stat	1.989010
Inverted AR Roots	1.01	-.14	

Estimated AR process is nonstationary

EViews 估计非线性模型的补充说明：

1) EViews 的 `ls` 和 `tsls` 命令能够估计加权的非线性模型；

2) EViews 还不能估计有 MA 项的非线性模型；

3) 如果对含有 AR 项的 NLS 进行加权，EViews 将权重丢弃。

§3.6.3 估计中的问题

EViews 如果无法顺利完成 NLS 估计任务，比如出现计算溢出，或者未收敛提前退出等情况时，我们要先检查一下模型的设定：

- 检查方程设定是否合理，有没有明显的缺陷等。
- 检查模型是否可以识别，例如

$$y_t = b_1 + b_2 b_3 x_t + e_t$$

模型中 $b_2 b_3$ 作为一个整体可以估计出来，但系数却无法识别。例如系数对 (b_2, b_3) 和 $(2b_2, b_3/2)$ 都满足要求。

EViews 进行非线性最小二乘估计时，优化方法使用 Marquardt 算法 (有关优化方法参考第 963 页 §C.3 节)。此外，初始值的设定是胜败攸关的。

- 如果出现溢出，或者迭代几步就停止，请使用选项 `s=dec` 缩放初始值，或者更改初始值。
- 可以考虑先用比较宽松的收敛准则 (选项 `c=num`)，得到一组解，作为新的初始值，改用比较严格的收敛条件，再进行迭代。

最后，需要澄清的是，当前不少网站上的陈旧信息说 EViews 计算精度差，果真如此吗？不少教授也深信不疑，然而参见 Lilien (2000) 一文大家就能明白，原来是有人发表了失实的软件评测的误导，谨慎的研究者 (careful researchers) 应该再三检查自己的研究结果再发表不迟。

§3.7 小结

关键词

普通最小二乘估计	名单法	公式法
方程对象	White HC 估计	Newey-West HAC 估计
哑变量	交互项	重差 (difference in difference)
多项式分布滞后	加权最小二乘估计	内生变量
外生变量	前定变量	工具变量
两阶段最小二乘估计	非线性最小二乘估计	初始值

命令

创建方程对象的命令为 equation，方程对象需要设置的内容为方程的设定、估计方法以及选项：

1) 方程的设定有名单法和公式法，两种方法都隐含了误差项
2) 估计方法，方程对象提供多种估计方法
   (a) `ls` 命令进行线性和非线性最小二乘估计。
   (b) `tsls` 命令进行线性和非线性两阶段最小二乘估计。
   (c) 其他方法，如 GMM 估计在第 14 讲 (第 651 页) 讨论。
3) 命令 `ls` 和 `tsls` 的选项
   (a) 方差矩阵修正，White HC 估计和 Newey-West HAC 估计的选项分别为 h 和 n (EViews 7 改为 `cov=white` 和 `cov=hac`)。
   (b) 使用 `w=series_name` 选项来设置权重序列。
   (c) NLS 估计时，选项 `c=num` 设置收敛准则，选项 `m=int` 设置最大迭代次数，选项 s 设置初始值，选项 `deriv` 设置求导方法，这些选项更具体的讨论请参考 §C.2 节 (第 959 页)。
   (d) 选项 `showopts` 报告估计方程时采用的初始值和估计选项。

方程对象估计完成后

1) 视图：用来查看估计和检验结果，如 `output` 命令查看估计结果。有关导数和梯度 (命令 `derivs` 和 `grads`) 的补充说明，请参考 EViews 文档的相应附录。
2) 过程：提取信息或者进行预测等，如 `fit` 和 `forecast` 用于预测 (参见第 199 页 §4.5 节)。
3) 函数：提取系数估计和回归统计量 (参见第 146 页表 3.1)，如 `@coefs` 取得系数估计值向量。

其他命令

1) `@expand`：从多个序列的观测值进行交叉分组，自动产生每个分组的哑变量。
2) `pdl`：设定 PDL 模型 (多项式分布滞后模型)。
3) `param`：在非线性模型或者包含 ar 或 ma 项的模型中，设定系数估计的初始值。

要点

1) 方程的设定有两种方法，名单法和公式法，两种方法都隐含了误差项。模型存在系数约束或者非线性时，只能使用公式法设定。

2) 编程方式进行方程估计时，需要先设置估计样本。方程对象的估计命令语句同时进行方程的设定和估计：选择恰当的估计方法后，根据需要设置估计选项，最后给出模型的设定。

3) 鉴于经济数据往往出现条件异方差和自相关等事实，OLS 估计不是有效的。进行推断时，需要用 White HC 估计或者 Newey-West HAC 估计对系数方差矩阵估计进行修正。

4) 哑变量在回归分析中有重要的用途：实现回归方程的变截距和/或变斜率，以及重差估计等。

5) 多项式分布滞后模型用多项式来限制滞后变量的系数，一定程度上避免了滞后解释变量的多重共线性问题。应用经济计量中，多重共线性通常是样本问题。

6) 如果知道条件异方差的形式，WLS 可以得到有效估计。WLS 中的权重序列正比于误差标准差的倒数，EViews 进行 WLS 估计时，先对权重序列进行缩放 (EViews 7 支持选择权重的类型以及缩放的方法)。

7) 2SLS 估计过程中，工具变量包含方程的全部外生变量，工具变量的个数不能少于方程系数的个数 (阶条件)。不管常数是不是在工具变量名单里面，EViews 始终将常数作为工具变量 (EViews 7 可用选项 nocinst 禁止)。

8) 应用经济计量分析中，非线性模型的估计具有极强的挑战性。EViews 进行非线性最小二乘估计时，初始值的设定是胜败攸关的。

参考文献

Greene, William H., 2003. *Econometric Analysis*, 5/e. Prentice Hall, New York

Hamilton, James D., 1994. *Time Series Analysis*. Princeton University Press, Princeton, NJ

Hayashi, Fumio, 2000. *Econometrics*. Princeton University Press, Princeton, NJ

Johnston, Jack and John Enrico DiNardo, 1997. *Econometric Methods*, 4/e. McGraw-Hill, New York

Lilien, David M., 2000. Econometric Software Reliability and Nonlinear Estimation in EViews: Comment. *Journal of Applied Econometrics*, 15(1):107–110

Newey, Whitney K. and Kenneth D. West, 1987. A simple positive semi-definite heteroskedasticity and autocorrelation consistent covariance matrix. *Econometrica*, 55:703–708

White, Halbert, 1980. A Heteroskedasticity-Consistent Covariance Matrix and a Direct Test for Heteroskedasticity. *Econometrica*, 48:817–838

White, Halbert, 2001. *Asymptotic Theory for Econometricians*, Revised. Academic Press, New York

Wooldridge, Jeffrey M., 2002. *Econometric Analysis of Cross Section and Panel Data*. The MIT Press, Cambridge

第4讲

检验和预测

实证研究在收集一定的数据以后，我们就尝试设定计量模型——包含哪些变量、函数的形式等，然后进行估计。可是，设定的模型不一定恰当，也许需要修正，或者需要额外的变量。因此，又可能需要增加新的数据，重新设定模型，这样的过程一直反复，直到找到合理的模型。找到合理的模型后，我们就可以用它来检验经济理论，进行预测或者政策评价。

本讲紧密结合 EViews 方程对象的检验视图和预测过程，讨论方程的各种检验和预测。具体进行阐述时，分为如下几部分：

1) 方程设定和假设检验的基本概念：回顾了模型设定的函数形式选择和模型选择标准，以及假设检验的基本概念，如零假设，显著水平和 p 值等。

2) 方程估计结果的各种检验：

   (a) 系数检验，如系数约束的 Wald 检验。

   (b) 残差检验，检验残差是否存在异方差或者自相关。

   (c) 结构变化检验，如检验结构变化的 Chow 检验和 Chow 预测检验。

   (d) 设定检验，如检验模型是否错误设定的 RESET 检验。

3) 方程预测：回顾预测的基本知识，如预测误差及其标准差，以及预测的评价指标等概念，然后介绍了 EViews 中回归方程的预测。

4) 最后是几个综合了经济计量分析的检验和预测方法的例子，实现 EViews 没有提供的检验。如通过简单编程进行 Hausman 检验和 Cox 检验等。

EViews 中，检验结果用表格视图呈现，并没有提供函数以取得检验统计量和 p 值，解决方法是把检验的表格视图定格成表格对象，再从表格对象读取检验的结果 (参见第 194 页的例子)。

§4.1 设定和检验基础

在应用计量分析中，模型的函数形式设定是分析的起点。本节介绍模型设定的函数形式选择和模型选择标准，然后回顾假设检验的基本概念，如零假设、显著水平和 p 值等。

§4.1.1 模型设定

在应用计量分析中，模型的函数形式是需要设定的，即使是线性模型，变量也往往采取对数或者其他变换形式。此外，在方程的众多设定中，应该选取哪个模型，也是实际应用需要考虑的问题。

一、函数形式

非线性模型的设定，往往来自相关的经济理论，并没有放之四海而皆准的方法。对于变量间的某些非线性关系，往往可以对数据进行变换，如取对数、做乘方或者 Box-Cox 变换等，得到线性模型。对数变换是常用的一种方法，对于较大的数值，如市值、人口以及 GDP 等，在计量模型中，经常以对数形式出现。取对数有如下优点：

- 一些设定下，系数具有直观的经济含义，经济解释更方便，如双对数模型，斜率度量了弹性；
- 如果变量为正，对数值相对于水平值（level value，指原始值）来说，异方差性和偏斜性即使没有完全消除，也将很大程度上被减轻；
- 对数值使变量的范围缩小，降低系数估计对异常值的敏感性。

取对数也存在一定的限制，当变量可能取零或者负值时，就不能取对数。此外，采用对数形式时，对原始变量的预测比较困难。

如果考虑两个变量 y 和 x 间的关系，EViews 的 `linefit` 命令可以先对 y 和 x 进行适当的变换，再做出两者变换后的散点图，并添加上拟合曲线，`linefit` 命令提供了如下数据变换选项：

	选项	y	选项	x
自然对数	yl	$\log(y)$	xl	$\log(x)$
倒数	yi	$1/y$	xi	$1/x$
乘方	yp=r	y^r	xp=r	x^r
Box-Cox	yb=r	$(y^r-1)/r$	xb=r	$(x^r-1)/r$
多项式转换			xd=p	$1, x, x^2, \cdots, x^p$

其中多项式转换选项中，xd 的选项值只能为整数，乘方和 Box-Cox 转换的选项值为实数。

下面是一个简单的例子：对 y 做对数变换，对 x 则进行 Box-Cox 变换

```
%wf = @evpath + "\Example Files\data\demo"
wfopen %wf
group g m1 gdp
g.linefit(yl,xb=-0.5)
'g.scat linefit(yl,xb=-0.5)    'EViews 7
```

产生 $\log(\text{GDP})$ 关于 $\left(\text{M1}^{-0.5}-1\right)/(-0.5) = 2(1-1/\sqrt{\text{M1}})$ 的散点图，并叠加了两者的拟合曲线，得到图形如下

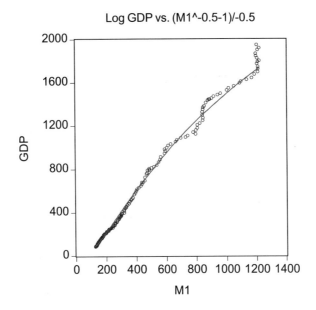

在 EViews 5 中 (EViews 7 重新改写图形系统，linefit 改为 scat 命令的辅助设定)

- linefit 是群对象的命令，不是方程对象的命令，产生的散点图中横轴对应群的第一个成员序列。
- 如果数据不能进行转换，EViews 将返回错误信息，比如取 0 的倒数等，EViews 将停止处理，并报告错误。
- 如果进行多项式变换时给出的阶数 p 比较高，造成了多重共线性，EViews 会丢掉若干高阶项，来解决回归矩阵的奇异问题。
- 可以用选项 s=ser_name 将拟合的序列保存下来 (EViews 7 取消该选项了，只能通过估计相应的方程再提取拟合值)。
- 选项 m=integer 指定稳健迭代的次数，普通最小二乘方法对异常值比较敏感，EViews 采用加权最小二乘方法，来提高回归系数的稳定性。具体方法为最小化加权残差平方和

$$\sum_{t=1}^{T} w_t (y_t - a - bx_t)^2$$

其中 y_t 和 x_t 是转换后的序列，权重 w_t 的计算方法为

$$w_t = \begin{cases} [1-(e_t/6m)^2]^2 & |e_t/6m| < 1 \\ 0 & \text{其他} \end{cases}$$

这里的 e_t 是前一次回归的残差，m 是 $|e_t|$ 的中位数。显然，对较大残差的观测（异常值）给予了较小的权重。

二、模型选择

同一组变量，可以用多个模型描述，但如何进行选择呢？模型的好坏通常考虑如下几个方面。

1) 简约性 (parsimony)：模型尽可能简单。
2) 可识别性：参数的估计值是唯一的。
3) 拟合优度：解释因变量变化的能力。
4) 一致性：和理论或者直觉一致。

5) 预测能力：样本外预测的准确性。

根据以上原则，常用的模型选择标准有。

- 可决系数 R^2，或者调整可决系数 $\bar{R}^2$：反映拟合优度，越大越好。
- AIC 准则（Akaike Information Criterion）：大部分软件报告的 AIC 为 $\log(\mathbf{e}'\mathbf{e}/T)+2K/T$，而 EViews 计算的 AIC 多了常数 $1+\log(2\pi)$，即

$$\text{AIC} = -2\ell/T + 2K/T = 1 + \log(2\pi) + \log(\mathbf{e}'\mathbf{e}/T) + 2K/T$$

  其中 ℓ 是式 (3.7) (第 144 页) 计算的对数似然值。AIC 值越小，模型越好。
- SC 准则（Schwarz Criterion），SC 准则比 AIC 准则对解释变量数目的增加进行更严厉的惩罚，其计算公式为

$$\text{SC} = -2\ell/T + 2K\log(T)/T$$

同 AIC 准则一样，SC 值越小越好。

每个准则有自身的优缺点，一个准则不可能完全占优另一准则，准则间可能有冲突。考虑这些准则时，要和模型的设定检验综合考虑。

§4.1.2 假设检验

在应用计量分析中，模型成功估计后，往往需要进行各种假设检验，例如检验系数的关系是否符合经济含义，检验残差是否符合模型的设定要求等。

一、零假设

零假设（null hypothesis）通常记为 $\mathbb{H}_0$，被假定是真命题，直到被观测数据得出的统计证据所推翻，才转而支持备择假设（alternative hypothesis）。

习惯上，如果没有具体给出零假设，将总体参数为零作为零假设。

二、显著性

统计显著（significance）的含义：当我们说统计是显著的，是指能够拒绝零假设；不显著，指不能拒绝[1]零假设。在假设检验时，我们可能犯两类错误：

I. 零假设为真，但被拒绝了，称为第一类错误（Type I error）；

II. 零假设为假，但没有被拒绝，称为第二类错误（Type II error）。

一般地，我们将犯第一类错误的概率称为显著水平 (significance level)，简称为水平 (level)，学术论文中也常称之为码 (size)，记为

$$\alpha = \Pr\left(\text{Reject } \mathbb{H}_0 \mid \mathbb{H}_0\right)$$

一旦给定显著水平，显然我们要最小化第二类错误的概率，即检验的势 (power, 也译为功效)，定义为

$$1 - \Pr(\text{Type II error})$$

---

[1]请注意，我们说的是"不拒绝"零假设，而不是"接受"零假设，不能拒绝零假设，并不表明零假设为真。例如检验 $b=1$ 和 $b=2$ 两个原假设，可能同时都不能拒绝。诚然，我们不能同时既接受 $b=1$ 又接受 $b=2$，因为这两个假设必定有一个为假。

当零假设为假时，诚然势为 1 是最好的，但是同时要求低的检验水平和这么高的势是不可能的。因此，进行假设检验时，一般是先设定检验的显著水平，然后尽可能最大化检验的势。

三、p 值

p 值[2]是拒绝零假设的最低显著水平，也称为边际显著水平 (marginal significance level)，或者精确显著水平 (exact level of significance) 等。显然，p 值等于不能拒绝零假设的最高显著水平，p 值越低，拒绝零假设的统计证据越充分。

p 值可以看成是一种标准化：因为检验统计量的取值范围可能千差万别，比较检验统计量的临界值就很不方便，而当统一用概率来比较时，就在同一个范围里面，一目了然。

EViews 的每一种检验都会给出一个或者多个检验统计量以及相应的 p 值。p 值的计算是依赖于检验统计量的分布和备择假设的，同一个统计量，不同的备择假设，如单边检验与双边检验，p 值的计算就不同。例如 OLS 估计系数的显著性检验是双边的，其 p 值的计算方法为

$$p = \Pr\left(|t| > |t_o| \,\middle|\, \mathbb{H}_0\right)$$

其中 t_o 为观测到的样本统计量。当备择假设为 $b < 0$ (此时实际的零假设为 $b \geqslant 0$)，进行左侧单边检验，相应的 p 值为

$$p = \Pr\left(t < t_o \,\middle|\, \mathbb{H}_0\right)$$

最后，关于应用计量分析结果中 p 值的报告

- 报告 p 值时一般最多报告 4 位小数，当报告值为 0.0000 时，并不是表示 p 值为零，而是表示 p 值小于万分之一。
- 报告统计量时也经常一起报告 p 值，推荐格式为 2.345[0.0231]，表示样本统计量的值为 2.345，检验的 p 值为 0.0231。

---

[2] p 值的计算和使用的简单介绍请参考 Wooldridge (2003, p762–766)，http://en.wikipedia.org/wiki/P-value 上指出了诸多对 p 值的错误理解。

§4.2 系数检验

回归方程的系数往往具有一定的经济含义，EViews 提供了若干针对系数限制条件的检验。我们将分别讨论联合置信区域、系数约束条的 Wald 检验、模型的冗余变量检验和遗漏变量检验，以及两个变量间的 Granger 因果关系检验。

§4.2.1 置信椭圆

置信椭圆（confidence ellipses）描绘的是系数估计限制条件的两两配对联合置信区域。

一、例子

系数间往往具有相关性，例如

```
%wf = @evpath + "\Example Files\data\demo"
wfopen %wf
smpl 1952Q1 1992Q4
equation eq01.ls log(m1) c log(gdp) rs dlog(pr)
freeze(gf) eq01.cellipse c(1), c(2), c(3)
```

得到如下三个置信椭圆

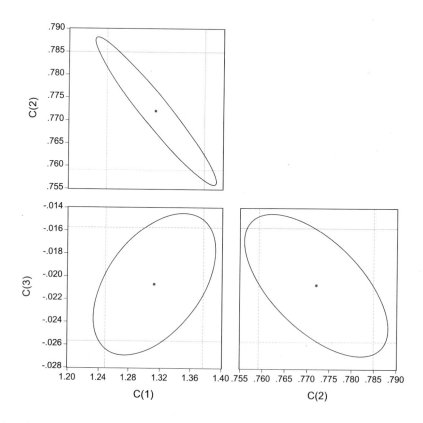

虚线给出了单个系数的置信区间，默认的置信水平 (confidence level) 为 95%。我们看到，联合置信区域的范围超过了单个的置信区间，这是由于相关性造成的。示例中 c(1) 和 c(2) 是高度负相关的，如果两者是独立的，置信椭圆应该是一个圆。再来一个更复杂的例子

```
eq01.cellipse(size="0.99 0.95 0.9") c(1)+2*c(2)=-1.8*c(4), c(2)^c(3)
```

这里有非线性的限制条件，且要求 EViews 分别画出三个置信水平的置信椭圆

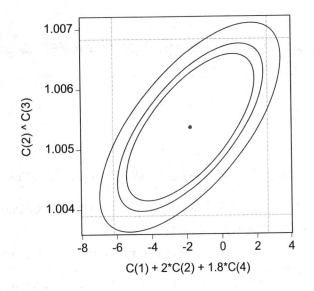

关于 cellipse 命令

- 做置信椭圆时，至少需要两个条件，并且必须用逗号作为分隔符，如果多于两个条件，将得到两两配对的置信椭圆。
- 限制条件往往用表达式给出，被解释为表达式等于零。如果用公式法给出，例如

    c(1)+2*c(2)=-1.8*c(4)

  等价于

    c(1)+2*c(2)+1.8*c(4)

  即 EViews 将等号右边的各项移项到左边。
- 选项 size 可以设定多个置信水平，用双引号包含所有置信水平值。请注意分隔符的差别，限制条件里采用逗号，置信水平值则用空格。
- 其他选项，如选项 ind 设置单个系数的置信区间的作图方式，ind=line 使用虚线，ind=shade 使用阴影区域，ind=none 则不画出单个系数的置信区间。

二、理论回顾

假设有 T 个观测，需要估计 P 个系数，系数估计的两个限制条件为 $f_1(\mathbf{b})$ 和 $f_2(\mathbf{b})$，定义函数 $\mathbf{f}: \mathbb{R}^P \to \mathbb{R}^2$

$$\mathbf{f}(\mathbf{b}) = [f_1(\mathbf{b}), f_2(\mathbf{b})]'$$

则置信水平为 $1-\alpha$ 的联合置信椭圆是

$$(\mathbf{z} - \mathbf{f}(\mathbf{b}))' \mathbf{V}^{-1} (\mathbf{z} - \mathbf{f}(\mathbf{b})) = c_{1-\alpha}$$

其中 $\mathbf{z}$ 是椭圆上的点，$\mathbf{V}$ 是系数的方差矩阵估计，$c_{1-\alpha}$ 是相应分布的置信水平为 $1-\alpha$ 的临界值。如果用最小二乘法进行参数估计，则分布为 $F(2, T-2)$，而如果采用似然函数估计，则分布是 $\chi^2(2)$。

置信椭圆视图中单个系数的置信区间是基于 t 分布（$c_{1-\alpha}$ 取自 F 分布时）或者正态分布（$c_{1-\alpha}$ 取自 χ^2 分布时）的双侧区间。如果有多个置信水平，只标出置信水平最大的区间。

§4.2.2 Wald 检验

Wald 检验是基于无限制模型的，如果零假设对系数的约束是正确的，那么无限制模型和限制模型的估计结果应该相同 (统计上无区别)。

一、例子

我们用如下模型

$$\log(\text{VALUEADD}) = b_1 + b_2 \log(\text{LABOR}) + b_3 \log(\text{CAPITAL}) + e$$

来估计 Cobb-Douglas 生产函数，其中 VALUEADD 是产出，LABOR 和 CAPITAL 分别是投入的劳动力和资本。采用 Greene (2003) 的横截面数据，代码为

```
'http://www.stern.nyu.edu/%7Ewgreene/Text/tables/TableF9-2.txt
wfopen(page=Greene51) TableF9-2.txt
equation eq01.ls log(ValueAdd) c log(Labor) log(Capital)
```

得到估计结果为

```
Dependent Variable: LOG(VALUEADD)
Method: Least Squares
Date: 03/08/08   Time: 15:24
Sample: 1 25
Included observations: 25
```

Variable	Coefficien	Std. Error	t-Statistic	Prob.
C	1.844416	0.233593	7.895857	0.0000
LOG(LABOR)	0.805183	0.126334	6.373466	0.0000
LOG(CAPITAL)	0.245428	0.106857	2.296781	0.0315

R-squared	0.973075	Mean dependent var		5.812092
Adjusted R-squared	0.970627	S.D. dependent var		1.375304
S.E. of regression	0.235706	Akaike info criterion		0.059703
Sum squared resid	1.222260	Schwarz criterion		0.205968
Log likelihood	2.253715	F-statistic		397.5427
Durbin-Watson stat	1.957550	Prob(F-statistic)		0.000000

我们知道，规模报酬不变（constant return to scale）的要求是

$$b_2 + b_3 = 1$$

简单的把估计结果相加，比 1 略大。如果进行 Wald 检验

```
eq01.wald c(2)+c(3)=1
```

得到检验结果为

```
Wald Test:
Equation: EQ01
```

Test Statistic	Value	df	Probability
F-statistic	1.540692	(1, 22)	0.2276
Chi-square	1.540692	1	0.2145

Null Hypothesis Summary:

Normalized Restriction (= 0)	Value	Std. Err.
-1 + C(2) + C(3)	0.050611	0.040774

Restrictions are linear in coefficients.

EViews 报告了 F 统计量（一般只能作参考）和 χ^2 统计量，还报告了标准化后的零假设。从检验结果看，该生产函数是规模报酬不变的。Wald 检验可以检验多个限制条件，例如

```
eq01.wald c(2)=2/3,c(3)=1/3
```

请注意，限制条件之间采用逗号进行分隔。得到检验结果如下

Wald Test:
Equation: EQ01

Test Statistic	Value	df	Probability
F-statistic	0.865866	(2, 22)	0.4345
Chi-square	1.731731	2	0.4207

Null Hypothesis Summary:

Normalized Restriction (= 0)	Value	Std. Err.
-2/3 + C(2)	0.138516	0.126334
-1/3 + C(3)	-0.087905	0.106857

Restrictions are linear in coefficients.

Wald 检验可以检验非线性模型的非线性限制，对于如下的生产函数

$$\log(\text{VALUEADD}) = b_1 + b_2 \log\left(b_3 \text{LABOR}^{b_4} + (1-b_3)\text{CAPITAL}^{b_4}\right) + e$$

如果该生产函数是 CES（constant elasticity of substitution）的，则有

$$b_2 = 1/b_4$$

EViews 下检验很容易

```
equation eq02.ls log(ValueAdd) =c(1) +c(2)*log(c(3)*Labor^c(4) _
    +(1-c(3))*Capital^c(4))
eq02.wald c(2) = 1/c(4)
```

得到检验结果为

Wald Test:
Equation: EQ02

Test Statistic	Value	df	Probability
F-statistic	0.003351	(1, 21)	0.9544
Chi-square	0.003351	1	0.9538

Null Hypothesis Summary:

Normalized Restriction (= 0)	Value	Std. Err.
C(2) - 1/C(4)	0.505863	8.738446

Delta method computed using analytic derivatives.

表格的最后一行，EViews 报告了求导时采用的是解析方法。由于是非线性的限制，F 统计量失效，χ^2 统计量并没有拒绝 CES 的假设。系数的非线性约束，可以使用不同的等价形式，例如 $b_2 = 1/b_4$ 等价于 $b_2 b_4 = 1$。但请注意，Wald 检验对不同形式的检验结果可能不同，例如

```
eq02.wald c(2)*c(4)=1
```

得到检验结果如下

```
Wald Test:
Equation: EQ02

Test Statistic          Value           df        Probability

F-statistic            1.218537        (1, 21)      0.2821
Chi-square             1.218537          1          0.2696

Null Hypothesis Summary:

Normalized Restriction (= 0)           Value        Std. Err.

-1 + C(2)*C(4)                        0.049608      0.044940

Delta method computed using analytic derivatives.
```

虽然限制条件并没有改变，但是检验的结果却有差别，甚至可能得到相反的结论 (见 EViews 7 用户手册 Ch23 的数据 coef_test.wf1)。这是应用 Wald 检验时需要特别注意的问题，Davidson and MacKinnon (1993, 第 13 章) 讨论了该问题，并指出当前还没有一般的解决方法。

二、理论回顾

记一般的非线性回归模型为

$$y_t = f(\mathbf{x}_t, \mathbf{b}) + e_t$$

其中 $f(\cdot)$ 是一般的函数，$\mathbf{x}_t$ 是 $K \times 1$ 解释变量，$\mathbf{b}$ 是 $P \times 1$ 系数向量。对系数的限制，总可以写成

$$\mathbb{H}_0 : \mathbf{r}(\mathbf{b}) = 0$$

其中函数 $\mathbf{r} : \mathbb{R}^P \to \mathbb{R}^Q$，即有 Q 个限制，则 Wald 统计量为

$$W = (\mathbf{r}(\mathbf{b}))' \left(\mathbf{R}\mathbf{V}\mathbf{R}'\right)^{-1} \mathbf{r}(\mathbf{b}) \Big|_{\mathbf{b}=\mathbf{b}_u} \overset{a}{\sim} \chi^2(Q) \tag{4.1}$$

其中 $\mathbf{b}_u$ 是无限制模型的系数估计，$\mathbf{R}$ 是 $Q \times P$ 矩阵

$$\mathbf{R} = \frac{\partial \mathbf{r}(\mathbf{b}_u)}{\partial \mathbf{b}'}$$

而 $\mathbf{V}$ 是 $P \times P$ 的系数协方差矩阵，通常取为

$$\mathbf{V} = s^2 \cdot \left(\sum_t \frac{\partial f(\mathbf{x}_t, \mathbf{b}_u)}{\partial \mathbf{b}} \frac{\partial f(\mathbf{x}_t, \mathbf{b}_u)}{\partial \mathbf{b}'}\right)^{-1}$$

其中 s^2 是无限制模型的残差 e_t 的方差估计，即 $s^2 = (\mathbf{e}'\mathbf{e})/(T - P)$。方差矩阵 $\mathbf{V}$ 还可以采用稳健方差矩阵估计，比如采用 White HC 估计或者 Newey-West HAC 估计等。

对于线性回归模型

$$\mathbf{y} = \mathbf{X}\mathbf{b} + \mathbf{e}$$

的线性限制

$$\mathbb{H}_0 : \mathbf{R}\mathbf{b} = \mathbf{q}$$

其中 $\mathbf{R}$ 和 $\mathbf{q}$ 分别是给定的 $Q \times K$ 矩阵和 $Q \times 1$ 向量，则 Wald 统计量为

$$W = (\mathbf{R}\mathbf{b} - \mathbf{q})' \left(s^2 \mathbf{R}(\mathbf{X}'\mathbf{X})^{-1}\mathbf{R}'\right)^{-1} (\mathbf{R}\mathbf{b} - \mathbf{q}) \overset{a}{\sim} \chi^2(Q)$$

如果进一步假设误差是独立同正态分布的，我们可以得到精确的有限样本分布

$$F = \frac{W}{Q} = \frac{(\mathbf{e}_r'\mathbf{e}_r - \mathbf{e}'\mathbf{e})/Q}{(\mathbf{e}'\mathbf{e})/(T-K)} \sim F(Q, T-K) \tag{4.2}$$

其中 e_r 是有限制模型的残差。请注意：EViews 总是报告 F 统计量（W/Q），但 F 统计量只能是说明性的，或者用来比较而已。因为 F 统计量只有在严格的假设下才是正确的，对于一般的情形，比如非线性模型，有 ARMA 项或者方差矩阵的估计采用稳健估计等情况下，F 统计量将是不正确的。

§4.2.3 遗漏变量

命令 testadd 可以用来检验是否存在遗漏变量，也就是说，对于当前的方程，如果添加一组变量，是否能够对因变量的变动的解释有显著的贡献。testadd 的零假设是增加的那些变量作为一个整体没有显著的贡献，即

$$\mathbb{H}_0 : \text{新加入变量的系数联合为零}$$

下面是一个简单的演示

```
%wf = @evpath + "\Example Files\data\demo"
wfopen %wf
smpl 1953Q1 1992Q4
equation eq1.ls log(m1) c log(gdp)
eq1.testadd rs dlog(pr)
```

得到检验结果为

```
Omitted Variables: RS DLOG(PR)

F-statistic                86.18047    Prob. F(2,156)           0.000000
Log likelihood ratio      119.0812     Prob. Chi-Square(2)      0.000000


Test Equation:
Dependent Variable: LOG(M1)
Method: Least Squares
Date: 03/08/08   Time: 19:08
Sample: 1953Q1 1992Q4
Included observations: 160

     Variable         Coefficien    Std. Error    t-Statistic    Prob.

        C              1.291495      0.031315      41.24258      0.0000
     LOG(GDP)          0.774896      0.006309     122.8199       0.0000
        RS            -0.020089      0.002420      -8.301582     0.0000
     DLOG(PR)         -2.726138      0.907686      -3.003393     0.0031

R-squared              0.993746    Mean dependent var     5.707966
Adjusted R-squared     0.993626    S.D. dependent var     0.666529
S.E. of regression     0.053213    Akaike info criterion -3.004348
Sum squared resid      0.441732    Schwarz criterion     -2.927468
Log likelihood       244.3478      F-statistic         8263.322
Durbin-Watson stat     0.149463    Prob(F-statistic)      0.000000
```

EViews 报告了 F 统计量和对数似然比（likelihood ratio，LR）统计量，还有备择假设下的无限制模型的估计结果。F 统计量仅在线性回归时才是正确的。LR 统计量的计算方法为

$$\text{LR} = 2\left(\ell_u - \ell_r\right) \overset{a}{\sim} \chi^2(Q)$$

其中 ℓ_u 和 ℓ_r 分别表示无限制和有限制模型的对数似然函数最大值，Q 为加入变量的数目。

使用 testadd 命令时，必须注意：

- 遗漏变量检验中，原来的方程和增加变量的方程的估计样本必须一致，如果由于缺失值或者滞后因变量造成估计样本不一致，将无法计算检验统计量。

- `testadd` 只支持用名单法设定的方程，不支持用公式法设定的方程。
- **遗漏变量检验适用于** `ls` 和 `tsls` 估计的线性方程，还有用 `binary`, `ordered`, `censored` 和 `count` 估计的方程，以及 `arch` 的均值方程。

练习：自己计算 LR 统计量。提示：根据 LR 统计量的定义。

§4.2.4 冗余变量

检验冗余变量的命令是 `testdrop`，其实是 `testadd` 的相反过程，原理上是一致的，EViews 报告了相同的统计量，其解释请参考前一小节遗漏变量检验，例子请参考下一小节 Granger 因果关系检验。

§4.2.5 Granger 因果关系

两个变量相关并不一定表明变量之间存在因果关系，比如经济发展和盗窃增加、全球变暖（气温）和中国的经济增长（GDP）等事实，尽管都存在高度相关，但这类相关关系往往被认为是不合常理的或者是毫无意义的。

Granger (1969) 探讨了预测意义上的因果关系，当序列 y_t 能用自身的历史信息 $\mathbb{I}_y$ 预测时，如果增加序列 x_t 的历史信息，能得到更好的预测，即

$$\mathrm{E}(y_t|\mathbb{I}_{x,y}) \neq \mathrm{E}(y_t|\mathbb{I}_y)$$

这种情况定义为 x_t 是 y_t 的 Granger 原因。在这个定义下，经常出现 x_t 和 y_t 互为 Granger 因果的现象。需要注意的是，这里的**因果关系考虑的是历史信息对预测的有用性**，并不是日常所说的因果关系。

EViews 在进行 Granger 因果关系检验时，实际上是运行如下两个回归模型

$$y_t = a_0 + a_1 y_{t-1} + \cdots + a_k y_{t-k} + b_1 x_{t-1} + \cdots + b_k x_{t-k} + v_t$$
$$x_t = a_0 + a_1 x_{t-1} + \cdots + a_k x_{t-k} + b_1 y_{t-1} + \cdots + b_k y_{t-k} + u_t$$

然后分别对两个方程检验联合假设

$$b_1 = b_2 = \cdots = b_k = 0$$

第一个方程的零假设为 x_t 不是 y_t 的 Granger 原因，第二个方程的零假设为 y_t 不是 x_t 的 Granger 原因。

一个简单的例子

```
%wf = @evpath + "\Example Files\data\cs"
wfopen %wf
group g cs gdp
g.cause(4)
```

得到检验结果如下

```
Pairwise Granger Causality Tests
Date: 03/08/08   Time: 19:27
Sample: 1947Q1 1994Q4
Lags: 4

 Null Hypothesis:                      Obs    F-Statistic   Probability

 GDP does not Granger Cause CS         188      1.33235       0.25968
 CS does not Granger Cause GDP                  7.06023       2.7E-05
```

EViews 报告的 F 统计量实际上是 Wald 统计量。检验结果表明，gdp 不是 cs 的 Granger 原因，而明确拒绝了 cs 不是 gdp 的 Granger 原因的零假设。

关于 Granger 因果关系检验：

1) EViews 提供的 Granger 因果关系检验 cause 是群对象的命令，不是方程对象的。
2) 这里检验的因果关系是均值的因果关系（Causality in mean），EViews 没有提供风险的因果关系（Causality in risk）和分布的因果关系（Causality in distribution）的检验。
3) Granger (1969) 当时研究因果关系时，采用的是频谱方法，若转换到时域上进行分析，将包含历史的所有信息，因此 Granger 因果关系检验时，时滞的选取应尽量长。
4) 如果检验 Granger 因果关系时要控制其他外生变量，或者使用似然比检验，可以直接使用方程对象，采用 Wald 检验或者冗余变量检验，例如

```
equation eq01.ls cs c cs(-1 to -4) gdp(-1 to -4) inv
eq01.testdrop gdp(-1 to -4)
```

得到检验结果为

```
Redundant Variables: GDP(-1 TO -4)

F-statistic              1.908324    Prob. F(4,178)        0.111011
Log likelihood ratio     7.894055    Prob. Chi-Square(4)   0.095537


Test Equation:
Dependent Variable: CS
Method: Least Squares
Date: 03/08/08   Time: 22:08
Sample: 1948Q1 1994Q4
Included observations: 188

    Variable       Coefficien    Std. Error    t-Statistic    Prob.

       C           -3.453907     5.343519     -0.646373     0.5189
     CS(-1)         1.100174     0.072720     15.12891      0.0000
     CS(-2)         0.043410     0.109426      0.396710     0.6920
     CS(-3)         0.065783     0.109412      0.601239     0.5484
     CS(-4)        -0.199442     0.073227     -2.723608     0.0071
      INV          -0.023148     0.016633     -1.391745     0.1657

R-squared              0.999737    Mean dependent var     1972.438
Adjusted R-squared     0.999730    S.D. dependent var      842.3520
S.E. of regression    13.83773    Akaike info criterion    8.124069
Sum squared resid   34849.84     Schwarz criterion        8.227359
Log likelihood       -757.6625    F-statistic             138552.8
Durbin-Watson stat     1.951743    Prob(F-statistic)       0.000000
```

在控制了 inv 之后，常用的 5% 显著水平下，仍然没有拒绝 gdp 不是 cs 的 Granger 原因的假设。

§4.3 残差检验

模型估计的残差分析在应用计量分析中起着重要的作用，EViews 提供了如下残差检验：

- 分布的检验：`hist` 命令给出了直方图和正态性检验（参考 §B.1 节的第 914 页）。
- 序列相关检验：方程的估计结果报告了 DW 统计量，命令 `auto` 进行序列相关的 LM 检验，命令 `correl` 给出了相关图和 Ljung-Box Q 统计量。
- 异方差检验：残差平方相关图（`correlsq`），ARCH LM 检验（`archtest`）和 White 异方差检验（`white`）。

产生相关图和 Ljung-Box Q 统计量的命令 `correl` 请参考 §5.1 节中的第 226 页的例子。此外，方程对象的残差图 (其中两条虚线标记正负一个标准差) 可以用来考察残差的变动情况。

§4.3.1 序列相关的 LM 检验

该检验指的是 Breusch-Godfrey LM 检验，属于 LM（Largrange multiplier）类的渐近检验，是序列相关 Ljung-Box Q 检验的另一种选择。DW 统计量只能检验 AR(1) 的情况，LM 检验适合于检验高阶的 ARMA 项的情况，而且不用担心是否有滞后因变量。因此，当怀疑有序列相关时，相对于 DW 统计量，应当优先考虑 LM 检验。给定滞后阶数 L，LM 检验的假设是

$$\mathbb{H}_0: 直到 L 阶滞后都不存在序列相关$$

$$\mathbb{H}_1: e_t \sim \text{ARMA}(p,q) \qquad L = \max(p,q)$$

由于备择假设包含了 ARMA(p,q) 的情况，因此该检验对众多的自相关结构有很好的检验势（power）。

一、例子

检验命令为 `auto`，请参考 §1.2 节中第 15 页的例子。最小二乘和 2SLS 的残差都可以使用 LM 检验，回归方程中，可以包含 AR 和 MA 项，EViews 会自动调整含有 ARMA 项的情况。

二、理论回顾

假设我们已经估计了方程

$$y_t = \mathbf{x}_t' \mathbf{b} + e_t$$

得到残差 e_t，Breusch-Godfrey LM 检验通过如下的辅助回归方程进行

$$e_t = \mathbf{x}_t' \mathbf{d} + \sum_{l=1}^{L} a_l e_{t-l} + v_t$$

根据 Davidson and MacKinnon (1993) 的建议，EViews 将样本前的残差设为零，这种做法比丢弃前面的几个观测的方法，有限样本特性更好。

EViews 报告了两个统计量，一个是 F 统计量，它是所有 L 阶滞后残差作为遗漏变量的联合检验，由于残差并不独立，零假设下，F 统计量的分布还不清楚，EViews 虽然给出了该检验统计量，并没有多少实际意义。EViews 报告的 `Obs*R-squared` 就是 Breusch-Godfrey LM 统计量，即观测数目和辅助回归方程的 R^2 的乘积，在一定条件下，LM 统计量渐近服从 $\chi^2(L)$ 分布。

§4.3.2 残差平方的相关图

残差平方的相关图（correlogram）显示了残差平方的自相关和偏自相关，以及 Ljung-Box Q 统计量。[3]在计算 Q 统计量时，EViews 对包含的 ARMA 项，进行了自由度的修正。

残差平方相关图的命令为 `correlsq`，适用于用最小二乘估计，2SLS 或 NLS 估计的方程。残差平方的相关图可以用来检验 ARCH 效应，如果残差不存在 ARCH 效应，则各阶自相关和偏相关应该为零，Q 统计量应该不显著。例如

```
%wf = @evpath + "\Example Files\data\demo"
wfopen %wf
smpl 1953Q1 1992Q4
equation eq01.ls log(m1) c log(gdp) rs dlog(pr)
freeze(correlsq) eq01.correlsq
```

得到残差平方的相关图

Correlogram of Residuals Squared

Date: 03/09/08   Time: 08:07
Sample: 1953Q1 1992Q4
Included observations: 160

Autocorrelation	Partial Correlation		AC	PAC	Q-Stat	Prob
		1	0.753	0.753	92.359	0.000
		2	0.618	0.119	155.01	0.000
		3	0.524	0.059	200.43	0.000
		4	0.500	0.147	242.03	0.000
		5	0.383	-0.154	266.56	0.000
		6	0.331	0.050	284.94	0.000
		7	0.226	-0.132	293.62	0.000
		8	0.175	-0.007	298.85	0.000
		9	0.074	-0.114	299.78	0.000
		10	0.031	-0.010	299.94	0.000
		11	-0.035	-0.040	300.15	0.000
		12	-0.063	-0.017	300.84	0.000
		13	-0.133	-0.070	303.94	0.000
		14	-0.126	0.058	306.78	0.000
		15	-0.098	0.115	308.50	0.000
		16	-0.093	-0.044	310.05	0.000
		17	-0.152	-0.097	314.23	0.000
		18	-0.176	-0.070	319.85	0.000
		19	-0.179	-0.015	325.74	0.000
		20	-0.176	-0.039	331.50	0.000
		21	-0.190	-0.026	338.24	0.000
		22	-0.213	-0.083	346.74	0.000
		23	-0.243	-0.072	357.90	0.000
		24	-0.230	0.038	367.95	0.000
		25	-0.217	0.011	376.98	0.000
		26	-0.209	-0.011	385.46	0.000
		27	-0.210	-0.019	394.02	0.000
		28	-0.216	-0.044	403.14	0.000
		29	-0.193	0.038	410.55	0.000
		30	-0.158	-0.005	415.53	0.000
		31	-0.134	-0.030	419.12	0.000
		32	-0.149	-0.091	423.61	0.000
		33	-0.092	0.128	425.33	0.000
		34	-0.060	-0.015	426.07	0.000
		35	0.009	0.103	426.09	0.000
		36	0.062	0.063	426.89	0.000

自相关波动性衰减，很多取值显著不为零，而各阶 Q 统计量异常显著，表明存在 ARCH 效应。

---

[3]第 226 页 §5.1.1 节讨论了自相关和偏自相关的定义和计算方法。Ljung-Box Q 统计量请参考第 229 页。

§4.3.3 ARCH LM 检验

Engle (1982) 提出了检验自回归条件异方差（autoregressive conditional heteroskedasticity, ARCH）的方法，ARCH 效应的缘起是金融时间序列中，大的残差前后的残差也比较大，小的残差前后的残差一般也都比较小。存在 ARCH 效应时，虽然 OLS 估计量是一致的，但不是有效的。我们将在第 6 讲 (第 253 页) 专门讨论 ARCH 模型。

ARCH LM 检验适合于最小二乘估计，2SLS 和 NLS 估计残差的检验，该检验的零假设是直到 L 阶滞后，不存在 ARCH 效应

$$\mathbb{H}_0: \text{直到 } L \text{ 阶滞后都不存在 ARCH 效应}$$

其统计量的计算通过辅助回归方程进行

$$e_t^2 = a_0 + \sum_{l=1}^{L} a_l e_{t-l}^2 + v_t$$

注意辅助回归方程中使用的是残差的平方。

继续前一小节的例子
```
eq01.archtest(2)
'eq01.hettest(type=ARCH,lags=2)      'V7
```

得到检验结果为

```
ARCH Test:

F-statistic              107.9368    Prob. F(2,155)           0.000000
Obs*R-squared            91.96671    Prob. Chi-Square(2)      0.000000


Test Equation:
Dependent Variable: RESID^2
Method: Least Squares
Date: 03/09/08   Time: 18:15
Sample (adjusted): 1953Q3 1992Q4
Included observations: 158 after adjustments

     Variable         Coefficien   Std. Error    t-Statistic    Prob.

        C              0.000575     0.000201      2.863365     0.0048
     RESID^2(-1)       0.638874     0.079997      7.986262     0.0000
     RESID^2(-2)       0.136365     0.078817      1.730138     0.0856

R-squared              0.582068    Mean dependent var        0.002684
Adjusted R-squared     0.576675    S.D. dependent var        0.002638
S.E. of regression     0.001717    Akaike info criterion    -9.878028
Sum squared resid      0.000457    Schwarz criterion        -9.819877
Log likelihood         783.3642    F-statistic              107.9368
Durbin-Watson stat     2.008709    Prob(F-statistic)         0.000000
```

EViews 报告了两个统计量，一个是 F 统计量，它是所有 L 阶滞后残差平方作为遗漏变量的联合检验，零假设下，F 统计量的分布还不清楚，EViews 虽然给出了该检验统计量，并没有多少实际意义。EViews 报告的 `Obs*R-squared` 就是 Engle (1982) 的 LM 统计量，即观测数目和辅助回归方程的 R^2 的乘积，在一定的条件下，LM 统计量渐近服从 $\chi^2(L)$ 分布。检验结果断然拒绝了无 ARCH 效应的假设，与残差平方相关图的检验结论一致。检验结果报告的底部，EViews 还给出了辅助回归方程的估计结果。

§4.3.4 White 检验

White (1980) 提出了检验最小二乘回归的残差是否存在条件异方差的方法。White 条件异方差检验也适用于横截面数据。存在条件异方差时，OLS 估计[4]是一致的，但传统方法计算的标准差是错误的，需要使用稳健估计修正标准差，例如 White HC 估计。

一、理论回顾

White 检验的零假设是条件同方差

$$H_0 : 误差项条件同方差$$

备择假设是存在未知形式的条件异方差。检验统计量的计算通过辅助回归方程 (参见式 4.3) 进行，将原方程的残差平方对原方程解释变量及其平方项和交叉项（剔除冗余组合，比如有哑变量的情况，哑变量的平方和哑变量本身相同）进行回归。零假设下，White 统计量渐近服从 $\chi^2(M)$ 分布，其自由度 M 等于辅助回归方程斜率系数的个数 (即不包含截距项)。

二、例子

对于前一小节的回归方程

```
eq01.white
```

得到检验结果如下

```
White Heteroskedasticity Test:

F-statistic           7.399306    Prob. F(6,153)         0.000001
Obs*R-squared         35.98523    Prob. Chi-Square(6)    0.000003


Test Equation:
Dependent Variable: RESID^2
Method: Least Squares
Date: 03/09/08   Time: 08:07
Sample: 1953Q1 1992Q4
Included observations: 160

        Variable        Coefficien   Std. Error    t-Statistic     Prob.

            C             0.016050     0.017278      0.928921     0.3544
         LOG(GDP)        -0.003478     0.006040     -0.575771     0.5656
        (LOG(GDP))^2      0.000312     0.000485      0.643609     0.5208
            RS           -0.001611     0.000402     -4.011786     0.0001
           RS^2           7.98E-05     2.23E-05      3.584881     0.0005
         DLOG(PR)         0.275675     0.124089      2.221586     0.0278
        (DLOG(PR))^2     -6.123039     4.203103     -1.456790     0.1472

R-squared              0.224908    Mean dependent var      0.002761
Adjusted R-squared     0.194512    S.D. dependent var      0.002711
S.E. of regression     0.002433    Akaike info criterion  -9.156632
Sum squared resid      0.000906    Schwarz criterion      -9.022093
Log likelihood         739.5305    F-statistic             7.399306
Durbin-Watson stat     0.582798    Prob(F-statistic)       0.000001
```

EViews 报告了 F 统计量，是辅助回归方程的 F 统计量，零假设下的分布未知，只是为了比较的目的而给出。EViews 报告的 `Obs*R-squared` 就是 White 统计量，即观测数目和辅助回归方程的 R^2 的乘积。我们看到，White 统计量为 35.98[0.0000]，强烈拒绝同方差的假设。

---

[4]如果知道异方差的形式，可以采用 §3.4 节 (第 159 页) 的加权最小二乘估计，得到有效的估计量。

三、辅助回归方程

假设我们估计了如下方程

$$y_t = b_1 + b_2 x_t + b_3 z_t + e_t$$

得到残差 e_t,则辅助回归方程为

$$e_t^2 = a_0 + a_1 x_t + a_2 z_t + a_3 x_t^2 + a_4 z_t^2 + a_5 x_t z_t + v_t \tag{4.3}$$

EViews 进行异方差检验时,默认情况下,辅助回归方程只加入解释变量的平方项,检验命令 `white` 可以使用选项 `c`,进一步添加解释变量的交叉项(如式 4.3 中的 $x_t z_t$)到辅助回归方程中,进行原始的 White 检验。不过,当解释变量比较多时,加入交叉项将造成辅助回归方程右边的变量过多。

EViews 7 下,命令 `white` 和 `hettest` 都可以实现 White 检验

```
freeze(tb_w) eq01.white         '12.66520[0.0054]
c(1) = @val(tb_w(4,2))          'stat
c(2) = @val(tb_w(4,5))          'p value
freeze(tb_hw) eq01.hettest(type=White)     '12.66520[0.0054]
```

结果与 EViews 5 有区别,因为 EViews 7 下检验方程没有包含解释变量的一次项。

↻ **小提示** ↻:如果方程的解释变量除常数外,没有其他外生解释变量,White 检验未定义,方程的残差不能进行 White 检验。

四、设定检验

White (1980) 也把该检验当成是一般的模型设定检验

$$\mathbb{H}_0: 线性模型正确设定(条件同方差等)$$

因为零假设下,要求:

1) 线性模型的方程设定是正确的;
2) 误差条件同方差;
3) 误差与解释变量相互独立(实际上只要求均值独立,$\mathrm{E}(e_t|\mathbf{x}_t) = 0$)。

对以上假定的任何背离,都将造成检验的显著。

§4.4　稳定性和设定检验

实证研究时，我们经常将样本分为两部分，前面的 T_1 个观测用来模型估计，后面的 $T_2 = T - T_1$ 个观测用来评估和检验。将所有的样本用于估计尽管可以找到最适合特定数据集的模型，但将无法检验参数的一致性或者稳定性。对于时间序列，一般用前面的 T_1 个观测来估计，而用后面的 T_2 个观测来评估；对于截面数据，不妨按某个变量排序，然后留下一个子集供检验。

T_1 和 T_2 的相对大小的选择，没有一成不变的准则。发生特定事件时，结构断点[5] (break in structure) 非常明显，如建国、改革开放、战争爆发，还有像新法律实施、汇率机制改变等。但有时候就没有那么明显，只是发现"忽如一夜春风来"或者"一夜白发"的现象，却丝毫没有任何征兆。如果没有断点的事先信息，经验上是将前面的 85% 到 90% 的观测用来估计，其他数据用来检验。

EViews 中，查看各个子样本的模型参数是否稳定可以使用 Chow 检验，检验模型是否正确设定可以使用 RESET 检验。

§4.4.1　Chow 检验

Chow 检验 (Chow Test) 的基本思想是对两个子样本分别估计方程，然后比较两个估计是否存在显著的差异。如果存在显著的差异，表明存在结构的变化（突变）。

一、理论回顾

Chow 检验 (Chow, 1960) 的零假设为不存在结构变化

$$\mathbb{H}_0 : 无结构变化$$

通过比较有限制与无限制残差平方和计算检验统计量。例如在最简单的只有一个断点的情形，无限制情况下，两个子样本同方差，但允许参数不同，即

$$\begin{bmatrix} \mathbf{y}_1 \\ \mathbf{y}_2 \end{bmatrix} = \begin{bmatrix} \mathbf{X}_1 & \mathbf{0} \\ \mathbf{0} & \mathbf{X}_2 \end{bmatrix} \begin{bmatrix} \mathbf{b}_1 \\ \mathbf{b}_2 \end{bmatrix} + \mathbf{e}$$

有限制的情况下，要求 $\mathbf{b}_1 = \mathbf{b}_2 = \mathbf{b}$，上式变为

$$\begin{bmatrix} \mathbf{y}_1 \\ \mathbf{y}_2 \end{bmatrix} = \begin{bmatrix} \mathbf{X}_1 \\ \mathbf{X}_2 \end{bmatrix} \mathbf{b} + \mathbf{r}$$

F 统计量取为

$$F = \frac{(\mathbf{r}'\mathbf{r} - \mathbf{e}'\mathbf{e})/K}{(\mathbf{e}'\mathbf{e})/(T - 2K)} \sim F(K, T - 2K)$$

其中 T 是观测数，K 为有限制方程待估参数的个数。

- 当误差独立同正态分布时，F 统计量的有限样本分布为精确的 F 分布。
- 对数似然比统计量是基于有限制和无限制模型的最大对数似然（高斯）函数值，零假设下，渐近服从 $\chi^2(MK - K)$ 分布，其中 M 是子样本的个数。
- 请注意 Chow 检验假设了两个子样本是同方差的。
- Greene (2003, p130–3) 还给出了只改变系数中的常数项，或者改变系数的一个子集的检验方法。

---

[5]如果存在结构断点，时间序列是非平稳的 (有关平稳性的讨论参见第 294 页 §7.1.1 小节)。

二、例子

EViews 中 Chow 检验的命令为 chow，可以在最小二乘估计或 2SLS 估计的方程中使用

```
%wf = @evpath + "\Example Files\data\cs"
wfopen %wf
equation eq01.ls log(cs) c log(gdp)
eq01.chow 1960
```

得到检验结果

```
Chow Breakpoint Test: 1960Q1

F-statistic              75.62444    Prob. F(2,188)         0.000000
Log likelihood ratio    113.3361     Prob. Chi-Square(2)    0.000000
```

强烈拒绝无结构变化的假设。如果要检验多个断点，需要用空格作为分隔符号，例如

```
eq01.chow 1960 1970
```

得到检验结果如下

```
Chow Breakpoint Test: 1960Q1 1970Q1

F-statistic              56.91155    Prob. F(4,186)         0.000000
Log likelihood ratio    153.4588     Prob. Chi-Square(4)    0.000000
```

仍然拒绝了无结构变化的假设。

进行 Chow 检验时，需要将样本分为两个或者更多的子样本，注意子样本的观测数目要比待估系数个数多，保证各个子样本能够估计。这是 Chow 检验的一个缺点，比如战争与和平时期的模型可能不一样，而战争期间的观测数目很可能不够。

§4.4.2　Chow 预测检验

当 $T_1 < K$ 或者 $T_2 < K$ 时，Chow 检验就无法进行，此时可以使用 Chow 预测检验（Chow Predictive Test），比较全样本和较长子样本的模型是否有区别。

- EViews 报告的 F 统计量的计算方法为（假设 $T_1 > T_2$）
$$F = \frac{(\mathbf{r}'\mathbf{r} - \mathbf{e}_1'\mathbf{e}_1)/T_2}{(\mathbf{e}_1'\mathbf{e}_1)/(T_1 - K)} \sim F(T_2, T_1 - K)$$
其中 $\mathbf{r}$ 是全部样本的有限制模型的残差，$\mathbf{e}_1$ 是用 T_1 个观测（子样本中观测数目较多者）估计的无限制模型的残差。
- 当误差独立同正态分布时，F 统计量的有限样本分布为精确的 F 分布。而对数似然比统计量是基于有限制和无限制模型的最大对数似然（高斯）函数值，零假设下，渐近服从 $\chi^2(T_2)$ 分布。

EViews 中，Chow 预测检验适合于检验最小二乘估计和 2SLS 估计的方程。继续前一小节的例子

```
eq01.chow(f) 1973q1
```

得到检验结果

```
Chow Forecast Test: Forecast from 1973Q1 to 1994Q4
F-statistic              0.708348    Prob. F(88,102)         0.951073
Log likelihood ratio     91.57089    Prob. Chi-Square(88)    0.376107

Test Equation:
Dependent Variable: LOG(CS)
Method: Least Squares
Date: 03/10/08   Time: 09:52
Sample: 1947Q1 1972Q4
Included observations: 104

    Variable       Coefficien   Std. Error   t-Statistic    Prob.
        C          -0.667878    0.087300     -7.650364     0.0000
    LOG(GDP)        1.022407    0.011474     89.10487      0.0000

R-squared            0.987316    Mean dependent var       7.106123
Adjusted R-squared   0.987192    S.D. dependent var       0.278213
S.E. of regression   0.031486    Akaike info criterion   -4.059479
Sum squared resid    0.101122    Schwarz criterion       -4.008625
Log likelihood       213.0929    F-statistic              7939.677
Durbin-Watson stat   0.098421    Prob(F-statistic)        0.000000
```

没有拒绝结构无变化的假设，而同一时点如果进行 Chow 检验

```
eq01.chow 1973q1
```

得到检验结果为

```
Chow Breakpoint Test: 1973Q1
F-statistic              38.39198    Prob. F(2,188)          0.000000
Log likelihood ratio     65.75469    Prob. Chi-Square(2)     0.000000
```

尽管 Chow 预测检验没有拒绝无结构改变的假设，Chow 检验却拒绝了，两个检验的结论是相反的。这个例子表明，Chow 预测检验和 Chow 检验得到的结论可能不一致。（请问此时如何处理？）

§4.4.3 RESET 检验

EViews 提供的 RESET 检验用来检验模型是否错误设定，其检验方程是在原方程加入被解释变量拟合值的高次方项。

一、理论回顾

RESET 检验（Regression specification error test）是 Ramsey (1969) 提出的，可以检验如下错误设定：
- 遗漏变量：比如解释变量 z 没有包含在方程中。
- 内生变量：解释变量与残差相关，比如由测量误差或者滞后因变量造成的。
- 函数形式不正确：比如解释变量 z 的形式应该是 z^2 或者是 $\log z$ 的形式。

以上的错误设定将造成 OLS 估计量的有偏和非一致。传统的正态误差线性回归模型假设

$$\mathbf{y} = \mathbf{Xb} + \mathbf{e} \qquad \mathbf{e} \sim \mathrm{N}\left(0, s^2\mathbf{I}\right)$$

Ramsey (1969) 表明，只要以上任何一个错误设定发生，都将造成误差的均值非零。因此 RESET 的零假设和备择假设为

$$\mathbb{H}_0 : \mathbf{e} \sim \mathrm{N}\left(0, s^2\mathbf{I}\right)$$

$$\mathbb{H}_1 : \mathbf{e} \sim \mathrm{N}\left(\boldsymbol{\mu}, s^2\mathbf{I}\right) \quad \boldsymbol{\mu} \neq 0$$

其检验基于如下的增广回归

$$y = Xb + Zd + v$$

模型错误设定的检验等价于系数限制 $d = 0$ 的检验，即遗漏变量检验。检验过程中至关紧要的问题是 Z 中变量的选择，Ramsey 建议采用因变量的拟合值 f 的各次方项，例如 $[f^2, f^3, f^4, \cdots]'$，拟合值本身（一次项）没有包含进来的原因，是为了避免完全共线性问题。

二、例子

RESET 检验的命令为 reset，RESET 检验只适用于 OLS 估计方程的检验。例如

```
%wf = @evpath + "\Example Files\Pindyck\lwage"
wfopen %wf
equation eq01.ls lnwage c ed sex nonwh
eq01.reset(3)
```

得到检验结果如下

```
Ramsey RESET Test:

F-statistic              2.743225    Prob. F(3,199)         0.044303
Log likelihood ratio     8.347716    Prob. Chi-Square(3)    0.039346


Test Equation:
Dependent Variable: LNWAGE
Method: Least Squares
Date: 03/10/08   Time: 10:18
Sample: 1 206
Included observations: 206

    Variable        Coefficien    Std. Error    t-Statistic    Prob.

        C            46.62481      20.26385      2.300886     0.0224
       ED             9.036863      4.156960      2.173911     0.0309
      SEX           -19.93998       9.182929     -2.171418     0.0311
    NONWH           -7.280539       3.344781     -2.176686     0.0307
   FITTED^2        -73.98566      33.10644      -2.234782     0.0265
   FITTED^3         25.75604      11.22690       2.294135     0.0228
   FITTED^4         -3.272002      1.402764     -2.332539     0.0207

R-squared              0.313833    Mean dependent var      2.122726
Adjusted R-squared     0.293145    S.D. dependent var      0.528080
S.E. of regression     0.443982    Akaike info criterion   1.247322
Sum squared resid     39.22680     Schwarz criterion       1.360405
Log likelihood       -121.4742     F-statistic            15.16949
Durbin-Watson stat     1.978960    Prob(F-statistic)       0.000000
```

EViews 报告了 F 统计量和对数似然比统计量，检验结果拒绝了方程是正确设定的（5% 显著水平下）。由于选项设置了加入的项数为 3，EViews 在检验方程中加入了 f^2、f^3 和 f^4 共三项。请注意，加入拟合值的幂作为解释变量是从平方项开始的。

§4.5 预测基础

预测是应用经济计量分析的基本任务之一，本节先回顾预测的基本知识，如预测误差及其标准差，以及预测的评价指标等概念，然后通过简单的预测实例，讲解 EViews 中方程的预测方法。

§4.5.1 预测误差

以 OLS 估计为例，假设真实模型为

$$y_t = \mathbf{x}_t'\mathbf{b} + e_t \qquad \mathrm{E}(e_t|\mathbf{x}_t) = 0$$

进行点预测时，t 时刻的预测值定义为

$$f_t = \mathrm{E}(y_t|\mathbf{x}_t) = \mathbf{x}_t'\mathbf{b}$$

计算时，未知系数 $\mathbf{b}$ 用估计值 $\mathbf{b}_{\mathrm{OLS}}$ 代替，则

$$f_t = \mathbf{x}_t'\mathbf{b}_{\mathrm{OLS}}$$

由于干扰[6] e_t 用其均值 0 替代，预测通常是有误差的。**预测误差** (forecast error) 定义为

$$r_t = y_t - f_t$$

即实际值与预测值之差。注意到

$$r_t = y_t - f_t = y_t - \mathbf{x}_t'\mathbf{b}_{\mathrm{OLS}} = \mathbf{x}_t'(\mathbf{b} - \mathbf{b}_{\mathrm{OLS}}) + e_t$$

因此，即使模型是正确设定的，预测误差仍然具有不确定性。不确定性来源于干扰的不确定性和系数估计的不确定性。

一、预测标准差

假设回归方程没有滞后因变量或者 ARMA 项，若基于观测 $\mathbf{x}_o$ 要对 y_o 进行预测，则预测误差为

$$r_o = y_o - f_o = \mathbf{x}_o'(\mathbf{b} - \mathbf{b}_{\mathrm{OLS}}) + e_o$$

由于 $\mathrm{var}(\mathbf{e}|\mathbf{X}) = s^2\mathbf{I}$，有

$$\mathrm{var}(r_o|\mathbf{X}, \mathbf{x}_o) = \mathbf{x}_o'\mathrm{var}(\mathbf{b}_{\mathrm{OLS}}|\mathbf{X})\mathbf{x}_o + s^2 = [\mathbf{x}_o'(\mathbf{X}'\mathbf{X})^{-1}\mathbf{x}_o + 1]s^2 \tag{4.4}$$

显然，预测方差包含了干扰和系数的不确定性。进一步地，如果解释变量包含常数，即 $\mathbf{x}_o' = [1\ \mathbf{x}_{2o}']$，记样本矩阵 $\mathbf{X} = [\mathbf{1}\ \mathbf{X}_2]$，则预测方差为

$$\left[(\mathbf{x}_{2o} - \bar{\mathbf{x}}_2)'(\mathbf{X}_2'\mathbf{D}\mathbf{X}_2)^{-1}(\mathbf{x}_{2o} - \bar{\mathbf{x}}_2) + \frac{1}{T} + 1\right]s^2 \tag{4.5}$$

其中

$$\bar{\mathbf{x}}_2 = \frac{1}{T}\mathbf{X}_2'\mathbf{1} = \frac{1}{T}\sum_{t=1}^{T}\mathbf{x}_{2t}$$

是解释变量（不含常数）的平均观测值向量。由于 $\mathbf{D} = \mathbf{I} - \frac{1}{T}\mathbf{1}\mathbf{1}'$ 半正定，$\mathbf{x}_o$ 越远离观测的均值，预测方差越大。

---

[6]在预测时，模型的误差项更经常地被称为干扰项。

线性模型的无偏估计中,在最小预测方差的意义下,采用最小二乘回归的点预测是最优的。如果进一步假设干扰项是正态分布的,预测误差将服从 t 分布,此时可以得到预测的置信区间。

注意到预测标准差与因变量同量纲,因此,我们在讨论预测的不确定性时,往往采用预测标准差进行分析。

练习:请证明式(4.4)和式(4.5)。

二、干扰的不确定性

干扰 e_t 实际上是未知的,预测时用其均值零来代替。尽管干扰的期望值为零,但其单个观测一般非零,因此,干扰的波动越厉害,预测的误差将越大。干扰变动的厉害程度的度量是回归的标准差,干扰的不确定性,往往是预测误差的最大来源(式4.4)。

在动态预测时,干扰的不确定性被滚动放大,因为干扰的期望值不同于其实现值,而滞后因变量或者 ARMA 依赖于滞后的干扰项,因此预测的标准差将随预测区间的延长而增大。

三、系数不确定性

系数估计 $\mathbf{b}_{\mathrm{OLS}}$ 和真实值 $\mathbf{b}$ 的差别具有随机性,系数估计的方差矩阵为

$$\mathrm{var}(\mathbf{b}_{\mathrm{OLS}}|\mathbf{X}) = s^2\left(\mathbf{X}'\mathbf{X}\right)^{-1}$$

度量了系数估计的准确程度。此外,由式(4.5)可以看到,如果解释变量的观测值离均值越远,预测的不确定性越大。

§4.5.2 预测评价

假设预测的样本区间为 $t = l+1, l+2, \cdots, l+h$,并记第 t 期的实际值和预测值分别为 y_t 和 f_t,则常用的预测评价指标如下

统计量	数学定义
均方根误差 (Root mean squared error)	$\mathrm{RMSE} = \sqrt{\frac{1}{h}\sum_{t=l+1}^{l+h}(y_t - f_t)^2}$
平均绝对误差 (Mean absolute error)	$\mathrm{MAE} = \frac{1}{h}\sum_{t=l+1}^{l+h}|y_t - f_t|$
平均百分比绝对误差 (Mean absolute percentage error)	$\mathrm{MAPE} = \frac{100}{h}\sum_{t=l+1}^{l+h}\left|\frac{y_t - f_t}{y_t}\right|$
Theil 系数 (Theil inequality coefficient)	$\mathrm{TIC} = \dfrac{\sqrt{\frac{1}{h}\sum_{t=l+1}^{l+h}(y_t - f_t)^2}}{\sqrt{\frac{1}{h}\sum_{t=l+1}^{l+h}y_t^2} + \sqrt{\frac{1}{h}\sum_{t=l+1}^{l+h}f_t^2}}$

这些评价指标中

- 均方根误差(RMSE)和平均绝对误差(MAE)与变量的量纲有关,适合于同一序列不同预测方法的比较,指标值越小,预测效果越好;
- 平均百分比绝对误差(MAPE)和 Theil 系数(TIC)与量纲无关,TIC 总是介于 0 和 1 之间,数值越小,表示精度越高,当 TIC = 0 时,表示完全拟合。

记 y_t 和 f_t 在预测区间内的均值分别为 $\bar{y}$ 和 $\bar{f}$，则均方差 (mean squared error, MSE) 有如下的分解

$$\frac{1}{h}\sum_{t=l+1}^{l+h}(y_t-f_t)^2 = (\bar{y}-\bar{f})^2 + (s_y-s_f)^2 + 2(1-r)s_y s_f$$

其中 s_y 和 s_f 为标准差（有偏），r 为相关系数，即

$$s_y^2 = \frac{1}{h}\sum_{t=l+1}^{l+h}(y_t-\bar{y})^2$$

$$s_f^2 = \frac{1}{h}\sum_{t=l+1}^{l+h}(f_t-\bar{f})^2$$

$$r = \frac{\frac{1}{h}\sum_{t=l+1}^{l+h}(y_t-\bar{y})(f_t-\bar{f})}{s_y s_f}$$

定义如下比率

比率	数学定义
偏差比率 (Bias proportion)	$\mathrm{BP} = \dfrac{(\bar{y}-\bar{f})^2}{\frac{1}{h}\sum_{t=l+1}^{l+h}(y_t-f_t)^2}$
方差比率 (Variance proportion)	$\mathrm{VP} = \dfrac{(s_y-s_f)^2}{\frac{1}{h}\sum_{t=l+1}^{l+h}(y_t-f_t)^2}$
协方差比率 (Covairance proportion)	$\mathrm{CP} = \dfrac{2(1-r)s_y s_f}{\frac{1}{h}\sum_{t=l+1}^{l+h}(y_t-f_t)^2}$

则有

$$\mathrm{BP} + \mathrm{VP} + \mathrm{CP} = 1$$

偏差比率（BP）告诉我们预测的均值和实际序列均值的距离，而方差比率（VP）描述了预测的变动程度和实际序列变动程度的差别，协方差比率（CP）反映了剩下的非系统性预测误差。

一般地，如果预测的效果比较好，则偏差比率和方差比率应该比较小，而大部分的误差集中在协方差比率上，预测评估的更详细讨论请参考 Pindyck and Rubinfeld (1998, p210–214)。

练习：请证明 TIC 在 0 和 1 之间。此外，当预测值和实际值呈现完全负相关时，即当 $f_t = -by_t$ 时，TIC = 1，其中 $b > 0$。

练习：请证明均方差分解式 $\mathrm{BP} + \mathrm{VP} + \mathrm{CP} = 1$。

§4.5.3 用 EViews 进行预测

在 EViews 中，我们将保存预测值的序列称为预测序列（forecast series），方程对象进行预测时，要先设定好预测的样本区间，预测命令为 `fit` 和 `forecast`，分别进行单步和多步预测。

一、例子

假设宏观经济中的投资方程为

$$I_t = b_1 + b_2(Y_{t-1} - Y_{t-2}) + b_3 Y_t + b_4 R_{t-4} + e_t$$

其中 I_t 是私人部门真实投资，Y_t 是 GDP 减去净出口，R_t 是三个月国库券利率。下面是简单的预测。

```
%wf = @evpath + "\Example Files\data\macromod"
wfopen %wf
smpl 1947 1997
eqi.ls i c y(-1)-y(-2) y r(-4)
smpl 1996 1999
freeze(gff) eqi.fit(g,e) inv i_se
gff.legend -display
```

得到投资的预测序列 inv 和预测标准差 i_se, 以及预测图形和预测评估表。

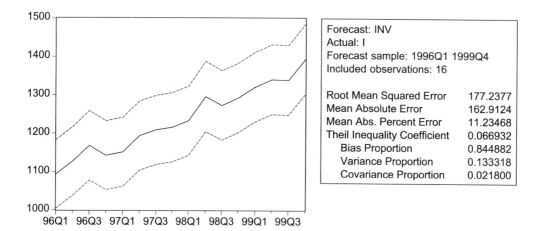

图中虚线为两倍预测标准差。右侧的预测评估表中,我们看到偏差比率很高,达到 84.5%。不妨直接比较预测值和实际值

```
group gi i inv+2*i_se inv-2*i_se inv
freeze(gfi) gi.line
gfi.setelem(2) lpat(dash1)
gfi.setelem(3) lpat(dash1)
gfi.setelem(4) lpat(dash10)
gfi.options linepat
gfi.legend -inbox position(0.2,0.2) columns(1)
```

得到图形为

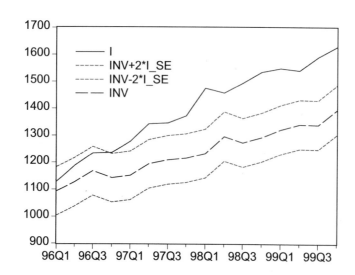

尽管预测抓住了投资的上升趋势,但预测的偏差越来越大,从 1997 年开始,预测的两倍标准差范围(约 95% 置信区间)都没有包含实际投资值。

二、预测区间

预测区间是计算拟合值或者预测值的观测区间：

- 默认的预测区间为当前样本区间，预测区间可以与估计区间有交叠。交叠区间的预测，静态预测值等于拟合值。
- 如果设置的预测区间在估计的样本范围之外，EViews 将进行样本外（out of sample）预测。
- 如果无法计算预测值，将返回 NA 值。EViews 会自动调整预测区间，以尽量避免预测值全部为 NA 的情况。

三、点预测

EViews 的（点）预测值，计算方法受模型本身(均值模型、方差模型[7]或者概率模型[8]，动态模型或者静态模型等) 和预测方式 (单步或者多步预测) 及其选项的影响。

对于如下的简单线性回归模型

```
equation eq01.ls y c x
```

在预测区间内，EViews 使用估计的系数和解释变量 x 的观测值计算预测值

$$f_t = b_1 + b_2 x_t$$

必须确保所有解释变量在预测区间内有完整的观测值，否则，缺失数据的地方得到的预测值为 NA。

四、预测标准差

关于预测标准差的计算：

- `fit` 和 `forecast` 命令可以将预测标准差保存成序列对象。
- 用公式法设定的方程，系数的不确定性被忽略，因此 NLS 估计的方程进行预测时，只考虑干扰的不确定性。
- 方程有 PDL 项时，只考虑干扰的不确定性。
- 面板数据模型中，预测标准差没有考虑 GLS 的加权。

五、静态与动态预测

给定预测区间 $[t+1, t+h]$，计算一组预测值

$$f_{t+1}, f_{t+2}, \cdots, f_{t+h}$$

EViews 提供了静态和动态两种预测方式，分别实现单步和多步预测

1) 静态预测：命令为 `fit`，计算一系列单步预测

$$f_{t+i} = \mathrm{E}\left(y_{t+i} \middle| \mathbb{I}_{t+i-1}, \mathbf{x}_{t+i}\right) \qquad i = 1, 2, \cdots, h$$

更具体地，这组单步预测为

$$\mathrm{E}\left(y_{t+1} \middle| \mathbb{I}_t, \mathbf{x}_{t+1}\right), \mathrm{E}\left(y_{t+2} \middle| \mathbb{I}_{t+1}, \mathbf{x}_{t+2}\right), \cdots, \mathrm{E}\left(y_{t+h} \middle| \mathbb{I}_{t+h-1}, \mathbf{x}_{t+h}\right)$$

其中 $\mathbb{I}_t$ 为 t 时刻的信息集。模型中如果包含滞后因变量，预测时将使用滞后因变量的实际值

---

[7]例如第 6 讲 (第 253 页) 的 ARCH 模型。

[8]例如 §16.2 节 (第 800 页) 的排序选择模型。

2) 动态预测：命令为 forecast，计算一系列多步预测 (逐渐增大步数)
$$f_{t+n} = \mathrm{E}\left(y_{t+n} \mid \mathbb{I}_t, \mathbf{x}_{t+1}, \cdots, \mathbf{x}_{t+n}\right) \qquad n = 1, 2, \cdots, h$$

更具体地，这组多步预测为
$$\mathrm{E}\left(y_{t+1} \mid \mathbb{I}_t, \mathbf{x}_{t+1}\right), \mathrm{E}\left(y_{t+2} \mid \mathbb{I}_t, \mathbf{x}_{t+1}, \mathbf{x}_{t+2}\right), \cdots, \mathrm{E}\left(y_{t+h} \mid \mathbb{I}_t, \mathbf{x}_{t+1}, \mathbf{x}_{t+2}, \cdots, \mathbf{x}_{t+h}\right)$$

显然，只有当方程中含有滞后因变量或者 ARMA 项时，才与静态预测有区别。例如进行动态预测时，如果模型中包含滞后因变量，先前得到的因变量预测值，将被用来作为滞后因变量的值，参与下一步的预测计算 (具体的讨论参见第 206 页 §4.6.1 小节)。

EViews 中，静态预测与动态预测都需要提供外生解释变量在预测区间的观测值，两者的区别体现在滞后因变量和误差项信息的处理方式上。

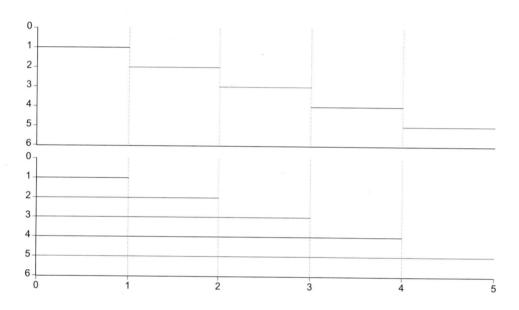

上图为静态预测，下图为动态预测，横坐标表示时间。显然，在处理滞后因变量和误差项的信息时，静态预测使用的信息逐步增加，而动态预测只使用预测开始点的信息，进行多步预测。

六、缺失值的调整

预测时，有两种情况会产生 NA：一是解释变量存在缺失值，二是计算预测值时牵涉到工作页观测范围外的观测，比如 AR 模型的隐含误差项。当模型不存在动态成分时（比如滞后内生变量或者 ARMA 项），预测序列里的 NA 不会影响其后的预测值，而在动态模型中，将来的所有预测值都变为 NA。

为了方便进行预测，必要时 EViews 将移动预测样本的开始点，直到得到非 NA 的预测值。这样，进行预测时，我们就免除了人工调整的麻烦，例如

```
equation eq01.ls y c y(-1) ar(1)
```

如果我们将工作页的整个观测区间作为预测区间，EViews 将调整成从第三个观测开始（注意该模型中，干扰项的预测只能从第三个观测开始）。

七、总结

关于 EViews 中方程的预测：

- 使用 `fit` 或者 `forecast` 命令时，必须给出预测序列名，而预测标准差序列名是可选的。
- 进行样本外预测时，必须给出解释变量在样本外的取值。
- 如果采用静态预测，还必须给出滞后因变量的取值。
- 如果在预测样本区间没有因变量的观测值，EViews 无法计算预测评价。
- 对于预测序列，如果预测时有 f=na 选项，则预测序列在预测样本范围外全部被填充为 NA 值，否则用实际值。请注意：在预测过程中，预测序列将被刷新，先前保存的预测值全部丢失。
- 预测结果的图形或表格视图，可以选择单独输出图形（选项 g）或预测评估表（选项 e），或者带有评估表的图形输出（两选项同时使用），如果只要得到预测评价的表格输出，只使用 e 选项，不要加入 g 选项。
- 含有滞后因变量方程的预测，静态预测和动态预测将有较大的区别，具体请参考 §4.6.1 节 (第 206 页) 的讨论。
- 如果模型包含有 ARMA 项，预测时考虑 ARMA 项；如果加入选项 s，将忽略 ARMA 项，即 AR 和 MA 项都取零值。方程包含有 ARMA 项的预测请参考 §4.6.2 节 (第 207 页) 的讨论。
- EViews 提供了预测表达式中隐含变量的功能，具体请参考 §4.6.3 节 (第 208 页) 的讨论。

使用方程对象估计的单方程模型中，EViews 还支持条件方差以及条件概率的预测。

1) ARCH 模型的条件方差预测，参见 §6.3.2 节 (第 264 页) 中有关条件方差预测的讨论
2) 条件概率预测，如 §16.1 节 (第 786 页) 的二元选择模型

清晰起见，我们把预测命令的选项整理如下：

选项	说明	选项	说明
d	预测整个表达式	i	预测指数项 (参见第 785 页第 16 讲)
e	预测评估表	n	忽略系数不确定性
f	预测区间外填充方法	u	自新序列视为其定义表达式
g	预测结果图形	s	忽略 ARMA 结构

除了用方程对象（单方程）进行预测，EViews 还提供了：

- 指数平滑是简单的预测方法，它不是基于方程对象，而是基于单个序列进行预测的。EViews 进行指数平滑的命令为 `smooth`，详情请参考 §B.3.1 节 (第 931 页) 的讨论。
- 状态空间模型预测时只使用命令 `forecast`，具体请参考 §12.4.3 节 (第 596 页) 的讨论。
- 多方程的联合预测命令为 `solve`，多方程的预测请参考第 13 讲 (第 607 页) 的讨论。

§4.6 回归方程预测

不同的模型设定，不同的预测方法，预测值的计算是不相同的。本节通过含有滞后因变量方程的预测，讲述静态和动态预测的区别，然后讨论 EViews 对含有 ARMA 项方程的预测，最后介绍 EViews 特有的表达式中隐含变量的预测。多方程的预测请参考第 13 讲 (第 607 页)。

§4.6.1 有滞后因变量的预测

当有滞后因变量时，预测变得复杂了一些。对于如下的方程

$$y_t = b_1 + b_2 x_t + b_3 y_{t-1} + e_t \tag{4.6}$$

动态预测和静态预测将有所区别。

一、静态预测

EViews 的静态预测是一系列的单步预测，对于式（4.6）的静态预测

$$f_{t+j} = b_1 + b_2 x_{t+j} + b_3 y_{t+j-1} \quad j = 1, 2, \cdots, h$$

也就是说，静态预测总是使用因变量的滞后观测值，预测使用的信息集不断扩大。静态预测需要预测区间解释变量和因变量的观测值都存在，如果某一期有缺失数据，也只是相关期的预测为缺失值，不会影响随后的预测。

二、动态预测

EViews 的动态预测是一系列的多步预测，对于式（4.6）的预测过程为

1) 第一步预测，滞后因变量取观测值

$$f_{t+1} = b_1 + b_2 x_{t+1} + b_3 y_t$$

2) 往下的预测，滞后因变量取预测值，即

$$f_{t+j} = b_1 + b_2 x_{t+j} + b_3 f_{t+j-1} \quad j = 2, 3, \cdots, h$$

含有滞后因变量的动态预测中，请注意：

- 预测样本区间起点的选择对动态预测至关重要，因为动态预测是以预测开始点的信息为基础的，是真正的多步预测。
- 在预测区间，外生变量必须有取值，解释变量的缺失值，将造成往下所有预测值为 NA。
- 预测样本区间起点前的因变量要有观测值，否则预测值都为 NA。必要时 EViews 试图调整预测样本区间的开始点，以避免全部预测值都为 NA。
- 对于包含了因变量多期滞后的情形，从第二步预测开始，只要有预测值，就使用预测值，不使用因变量的观测值。

三、例子

我们将两种预测方式进行对比

```
%wf = @evpath + "\Example Files\data\cs"
wfopen %wf
smpl 1950 1993
equation eq01.ls cs c log(gdp) cs(-1)

smpl 1994 1995q1
eq01.forecast(g,e) cs_d
eq01.fit(g,e) cs_s

group g cs_d cs_s cs
freeze(gf) g.line
gf.name(1) Dynamic forecast
gf.name(2) Static forecast
gf.name(3) Actual
gf.setelem(3) lwidth(2)
gf.legend -inbox position(0.3,0.3) columns(1)
```

得到两种预测方式的差别

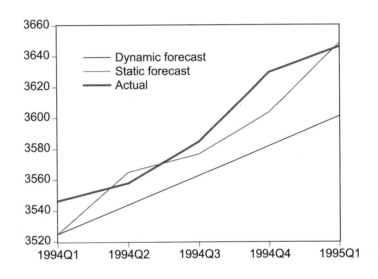

动态预测曲线位于最下方。由于静态预测每次只进行单步预测，使用了最新信息，显然预测误差比动态预测小。对比静态和动态预测，从上面分析我们可以看到：

- 不管怎么样，对于第一步预测，动态和静态预测的结果是相同的，因为此时使用相同的信息集；
- 其他期的预测，当方程存在滞后因变量或者有 ARMA 项时，两种预测方法才有区别。这是因为动态预测使用的信息集 (有关因变量和误差项部分) 没有改变，而静态预测使用的信息集逐步添加最新信息。

§4.6.2 有 ARMA 项的预测

方程有 ARMA 项[9]时，预测更加复杂一些，需要知道 EViews 是如何处理滞后干扰的：

- 默认的选项下，预测时考虑 ARMA 项，通过估计的 ARMA 方程来预测干扰。
- 如果在预测命令中使用选项 s，将忽略 ARMA 项，即 AR 和 MA 项都取零值。

---

[9]详情请参考 §5.2 节 (第 232 页) 的讨论。

一、有 AR 项的预测

我们用 AR(2) 模型的例子来说明

$$y_t = \mathbf{x}'_t \mathbf{b} + u_t$$

$$u_t = a_1 u_{t-1} + a_2 u_{t-2} + e_t$$

简洁起见，系数估计值用同样的符号 $\mathbf{b}$, a_1 和 a_2，记拟合残差（fitted residuals）

$$u_t = y_t - \mathbf{x}'_t \mathbf{b}$$

则静态预测和动态预测的预测值计算如下表

预测值	静态预测	动态预测
f_{t+1}	$\mathbf{x}'_{t+1}\mathbf{b} + a_1 u_t + a_2 u_{t-1}$	$\mathbf{x}'_{t+1}\mathbf{b} + a_1 u_t + a_2 u_{t-1}$
f_{t+2}	$\mathbf{x}'_{t+2}\mathbf{b} + a_1 u_{t+1} + a_2 u_t$	$\mathbf{x}'_{t+2}\mathbf{b} + a_1 r_{t+1} + a_2 u_t$
f_{t+3}	$\mathbf{x}'_{t+3}\mathbf{b} + a_1 u_{t+2} + a_2 u_{t+1}$	$\mathbf{x}'_{t+3}\mathbf{b} + a_1 r_{t+2} + a_2 r_{t+1}$

其中预测残差

$$r_t = f_t - \mathbf{x}'_t \mathbf{b}$$

在往下的预测值计算中，对于滞后干扰项的处理，动态预测总是使用预测残差 r_t，而静态预测总是使用拟合残差 u_t。

二、有 MA 项的预测

一般来说，我们不用操心 EViews 对含有 MA 项方程的预测，放心使用 EViews 的预测结果。如果确实需要了解的话，具体细节请参考 EViews 用户手册（特别是关于样本前新息取值的讨论）。

§4.6.3 表达式的预测

EViews 的一个便利就是能够预测表达式（自动序列）中隐含的变量，这给预测带来更多的灵活性。

一、自动序列

如果表达式能够标准化[10]（normalized），EViews 将预测目标序列，只有提供了选项 d，EViews 才将整个表达式作为整体进行预测。例如

```
%wf = @evpath + "\Example Files\data\cs"
wfopen %wf
smpl 1950 1993
equation eq01.ls d(cs) c log(gdp)

smpl 1994 1994
freeze(gf01i) eq01.forecast(g,e) cs01i
gf01i.legend -display
```

---

[10] 即 EViews 能够找出目标序列，请参考 §2.1.5 中第 56 页关于隐式赋值的讨论。

得到对目标序列 cs 的预测结果为

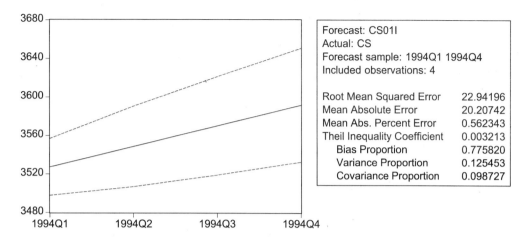

还可以对整个表达式进行预测

```
freeze(gf01d) eq01.forecast(g,e,d) cs01d
gf01d.legend -display
```

则得到 d(cs) 的预测结果为

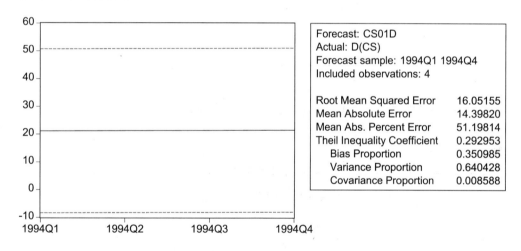

预测评估表中 Actual: D(CS) 提示了是对整个表达式 d(cs) 进行预测。

当表达式含有滞后因变量时，如果能被标准化，直接预测表达式与先预测目标序列再计算表达式的结果可能不同。为什么有这样的差别呢？为了方便讨论，记方程为

$$\Delta y_t = y_t - y_{t-1} = b_1 + b_2 x_t + e_t$$

虽然采用动态预测时，通过方程预测的 y_{t+n} 再计算出 Δy_{t+n} 与直接预测的 Δy_{t+n} 数值上相等。但是如果采用静态预测的话，将有所不相同，因为 EViews 知道方程中的 d(y) 是序列 y 的差分，因此用实际的滞后值来计算 y 的预测。这一点，也许用数学公式来说明更清楚，对于 Δy_{t+2}，直接预测为

$$f_{t+2}^* = b_1 + b_2 x_{t+2}$$

而采用静态预测方法预测隐含变量 y_{t+2} 时，滞后项取实际值

$$f_{t+2} - y_{t+1} = b_1 + b_2 x_{t+2} = f_{t+2}^*$$

因此预测值的差分为

$$\Delta f_{t+2} = f_{t+2} - f_{t+1} = f^*_{t+2} + y_{t+1} - f_{t+1} = f^*_{t+2} + e_{t+1} \neq f^*_{t+2}$$

因为一般情况下干扰 $e_{t+1} \neq 0$。下面是一简单例子

```
eq01.fit cs01
eq01.fit(d) cs01s
graph gff.spike d(cs01)-cs01s
gff.legend -display
```

得到两种方式的区别如下

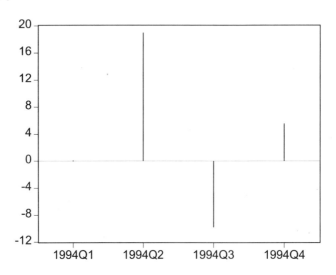

此外，需要特别注意的是，表达式中包含因变量的滞后项时，不要将滞后变量放在前面，例如

```
equation eq01.ls d(y) c x
equation eq02.ls (-y(-1)+y) c x
```

尽管两者的因变量都是 y 的一阶差分，方程估计的结果没有区别。但方程 eq02 不能用于预测，因为其隐含变量为 y(-1)，EViews 不支持因变量的超前或者滞后的预测。

二、自新序列

默认下，EViews 把自新序列（auto-updating series）当成普通序列，如果加入选项 u，则 EViews 把自新序列看成是所指代表达式的自动序列。自新序列当成自动序列对待时，仍然可以用选项 d 来预测整个表达式，而不是目标序列。

三、预测标准差

如果表达式是非线性的，预测目标序列时，fit 或者 forecast 计算的预测标准差序列只是线性近似，例如

```
equation eq01.ls d(y) c x
equation eq02.ls log(y) c x
```

对于 eq01，不管是预测 y 还是预测 d(y)，预测标准差序列总是准确的，因为表达式 d(y) 是线性的。而对于方程 eq02，因变量的表达式 log(y) 是非线性的，只有在预测 log(y) 时，预测标准差序列才是准确的。当方程 eq02 用来预测 y 时，EViews 的预测标准差序列只是线性近似 (但预测图形中两倍标准差的作图使用精确值)。

§4.7 应用实例

作为示例性的应用，我们给出几个结合经济计量学方法和 EViews 编程应用的例子。首先是 EViews 直接支持的递归最小二乘估计，然后介绍简单编程实现的检验，如 Hausman 检验和 Cox 检验等。

§4.7.1 递归最小二乘估计

递归最小二乘（recursive least square）估计是通过不断地增加观测，来重复估计同一个模型。具体地说，如果有 K 个待估系数，先从最前面的 K 个观测得到第一次系数估计，然后增加一个观测，即前面的 $K+1$ 个观测再进行一次估计，重复该过程，直到所有的 T 个观测都参与估计，这样总共得到 $T-K+1$ 次系数估计。

一、递归残差和检验

若 $\mathbf{b}_{t-1}$ 是采用前 $t-1$ 个观测得到的系数估计，记 $\mathbf{x}_t$ 为回归矩阵 $\mathbf{X}$ 的第 t 行的转置，$\mathbf{X}_{t-1}$ 为矩阵 $\mathbf{X}$ 的前 $t-1$ 行的子矩阵，则单步预测误差为 $y_t - \mathbf{x}_t' \mathbf{b}_{t-1}$，相应的标准差（第 199 页式 (4.4)）为

$$s \cdot \sqrt{1 + \mathbf{x}_t' \left(\mathbf{X}_{t-1}' \mathbf{X}_{t-1} \right)^{-1} \mathbf{x}_t}$$

其中 s 为回归标准差，定义递归残差（recursive residual）为

$$r_t = \frac{y_t - \mathbf{x}_t' \mathbf{b}_{t-1}}{\sqrt{1 + \mathbf{x}_t' \left(\mathbf{X}_{t-1}' \mathbf{X}_{t-1} \right)^{-1} \mathbf{x}_t}} \quad t = K+1, K+2, \cdots, T$$

即递归残差是单步预测误差的同方差调整（标准化版本的 s 倍）。如果模型是正确设定的，那么

$$r_t \sim \mathrm{iid}\, \mathrm{N}\left(0, s^2\right)$$

基于递归残差，Brown et al. (1975) 提出了 CUSUM 检验和 CUSUMSQ 检验。

- CUSUM 检验的统计量为

$$C_t = \frac{1}{s} \sum_{l=K+1}^{t} r_l \quad t = K+1, K+2, \cdots, T$$

其中 s 是采用全部观测的回归标准差。如果方程的系数是稳定的，有

$$\mathrm{E}(C_t) = 0$$

如果不稳定，则 C_t 将偏离零均值线，其 5% 显著区域为如下四点定义的梯形

$$(K, \pm 0.948 \sqrt{T-K}) \quad (T, \pm 3 \times 0.948 \sqrt{T-K})$$

如果有 C_t 超出该区域，表明模型在观测区间内不稳定。

- CUSUMSQ 检验的统计量为

$$S_t = \frac{\sum_{l=K+1}^{t} r_l^2}{\sum_{l=K+1}^{T} r_l^2} \quad t = K+1, K+2, \cdots, T$$

系数稳定的零假设下，有

$$\mathrm{E}(S_t) = \frac{t-K}{T-K}$$

显然，$\mathrm{E}(S_t)$ 从 0（$t=K$）线性增长到 1（$t=T$），如果越过该区域，表明系数或者方差不稳定

二、例子

EViews 提供的递归最小二乘回归只适用于 OLS 估计的没有 ARMA 项的方程，命令为 rls，该命令提供了如下功能：

1) 选项 r 显示递归残差图，增加选项 s 将保存递归残差及其标准差序列。
2) 选项 c 显示递归系数估计图，增加选项 s 将保存递归系数估计及其标准差序列。
3) 选项 q 和 v 分别进行 CUSUM 检验和 CUSUMSQ 检验。
4) 选项 o 和 n 分别进行单步预测检验和 N 步预测检验。

下面用例子来分别说明

```
%wf = @evpath + "\Example Files\data\basics"
wfopen %wf
equation eq01.ls dlog(m1) c tb3 log(ppi)
```

得到的方程估计结果为

```
Dependent Variable: DLOG(M1)
Method: Least Squares
Date: 03/13/08   Time: 09:20
Sample (adjusted): 1959M02 1989M12
Included observations: 371 after adjustments
```

Variable	Coefficien	Std. Error	t-Statistic	Prob.
C	-0.010367	0.002432	-4.262258	0.0000
TB3	-0.000399	0.000115	-3.460776	0.0006
LOG(PPI)	0.004357	0.000713	6.115015	0.0000

R-squared	0.095307	Mean dependent var	0.004700
Adjusted R-squared	0.090390	S.D. dependent var	0.004800
S.E. of regression	0.004578	Akaike info criterion	-7.926882
Sum squared resid	0.007714	Schwarz criterion	-7.895215
Log likelihood	1473.437	F-statistic	19.38391
Durbin-Watson stat	1.335198	Prob(F-statistic)	0.000000

尽管可决系数比较小，但估计系数单独或者整体上都很显著。此外，DW 统计量（参考而已）也较小，可能存在残差的序列相关等，模型的设定上，可能有问题。我们先查看一下递归残差

```
freeze(gfr) eq01.rls(r)
```

得到递归残差图

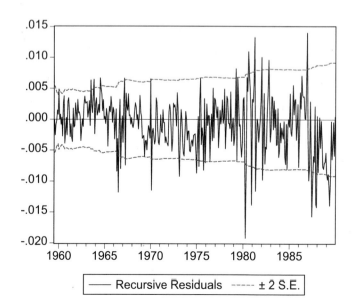

图中虚线为正负两倍标准差，如果递归残差超出两倍标准差地带，表明系数估计存在不稳定性。果真是这样吗？我们接着查看递归系数估计

```
freeze(gfc) eq01.rls(c) c(2) c(3)
gfc.align(2,1,1)
gfc.legend -inbox position(1.6,2.3) columns(1)
```

得到递归系数估计图

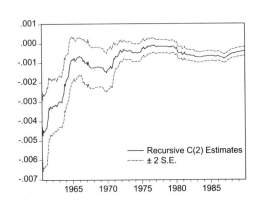 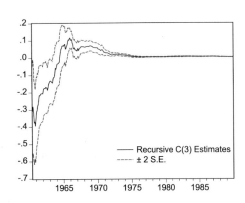

发现系数估计在前期的波动很剧烈，是系数不稳定的有力证据。事实上，我们可以查看 CUSUM 检验和 CUSUMSQ 检验

```
freeze(gfq) eq01.rls(q)
gfq.legend -inbox position(0.3,2.3) columns(1)
freeze(gfv) eq01.rls(v)
gfv.legend -inbox position(0.3,0.3) columns(1)
graph gfs.merge gfq gfv
gfs.align(2,1,1)
```

得到检验结果为

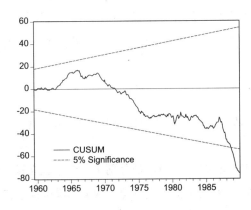 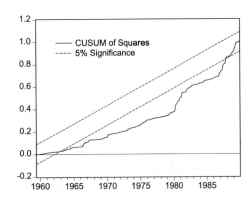

可以看到，CUSUM 检验在最后的部分超出了临界区域，而 CUSUMSQ 检验只有头和尾的极小部分没有超出临界区域，两种检验都表明模型系数存在不稳定性。最后，我们来看一下 EViews 提供的单步和 N 步预测检验（N 步预测检验指的是一系列的 Chow 预测检验）

```
freeze(gfo) eq01.rls(o)
freeze(gfn) eq01.rls(n)
graph gff.merge gfo gfn
gff.align(2,1,1)
gff.legend columns(2)
```

得到检验结果为

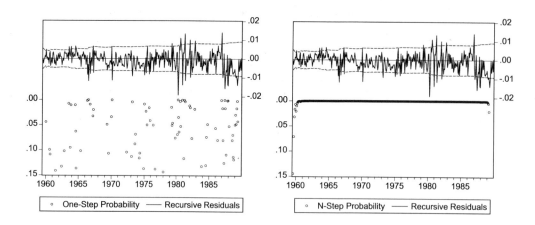

两者在图形的上半部分（右坐标轴）重复了递归残差的图形。对于单步预测检验，下半部分（左坐标轴）标出了显著水平不超过 15% 的点，那些 p 值小于 0.05 的点对应于递归残差图中超出 2 倍标准差范围的观测点。对于 N 步预测，图形的下半部分是一系列的 Chow 预测检验，不同于 §4.4.2 节 (第 196 页) 中的 Chow 预测检验，这里不需要给定断点，自动递增样本区间。图中标出的是 F 检验的 p 值。从这两种预测检验的结果中，我们还是找到了系数不稳定的证据。

§4.7.2 结构断点检验

在 §4.4.1 小节 (第 195 页) 讨论的 Chow 检验中，要求残差的方差在各个子样本间是相同的。如果前面 T_1 个样本的残差方差为 s_1^2，后面第二部分的 T_2 个样本的残差方差为 s_2^2，在这种异方差结构下，Chow 检验就不能使用。

一、理论回顾

异方差检验 (参见 Greene, 2003, p223)：要检验两个子样本的异方差 (假设 $s_1 > s_2$，否则，互换下标即可)，可以使用 Goldfeld-Quandt 检验，该检验通过比较两个子样本回归方程的残差得到 F 统计量，在同方差的零假设下有

$$F = \frac{(\mathbf{e}_1' \mathbf{e}_1)/(T_1 - K)}{(\mathbf{e}_2' \mathbf{e}_2)/(T_2 - K)} \sim F(T_1 - K, T_2 - K)$$

其中 K 是方程系数的个数，$\mathbf{e}_i$ 为第 i 个子样本的残差估计，如果要增强检验的功效（power），Goldfeld and Quandt (1965) 建议丢弃掉部分中间的样本。

不等方差的结构断点检验 (参见 Greene, 2003, p133)：假设 $\mathbf{b}_1$ 和 $\mathbf{b}_2$ 是分别来自两个独立样本的一致且渐进正态参数估计，对应的方差估计分别为 $\mathbf{V}_1$ 和 $\mathbf{V}_2$，在两个估计量有相同均值的零假设下有

$$\mathrm{E}(\mathbf{b}_1 - \mathbf{b}_2) = 0 \qquad \mathrm{var}(\mathbf{b}_1 - \mathbf{b}_2) = \mathbf{V}_1 + \mathbf{V}_2$$

因此，我们构造 Wald 统计量

$$W = (\mathbf{b}_1 - \mathbf{b}_2)'(\mathbf{V}_1 + \mathbf{V}_2)^{-1}(\mathbf{b}_1 - \mathbf{b}_2) \sim \chi^2(K)$$

注意，该 Wald 统计量在小样本下有个不好的特性，犯第一类错误的概率往往比常用的检验水平高，我们应该使用较高的临界值。

二、实例

继续 §4.4.2 节 (第 196 页) 中 Chow 检验的例子,我们先检验是不是存在异方差

```
%wf = @evpath + "\Example Files\data\cs"
wfopen %wf
smpl 1947:1 1972:4
equation eq.ls log(cs) c log(gdp)
coef(2) b1 = eq.@coefs
!K = eq.@ncoef
!df1 = eq.@regobs-!K
!ee1 = eq.@ssr
sym v1=eq.@cov

smpl 1973:1 1994:4
eq.ls log(cs) c log(gdp)
coef(2) b2 = eq.@coefs
!df2 = eq.@regobs-!K
!ee2 = eq.@ssr
sym v2 = eq.@cov

'Goldfeld-Quandt (1965)
scalar F = (!ee1 *!df2)/ (!ee2 *!df1)
scalar fp = 1-@cfdist(F,!df1,!df2)
```

得到 F 检验结果为 5.8584[0.0000],强烈拒绝同方差的假设,因此 Chow 检验不能使用,我们需要计算不等方差的 Wald 检验

```
matrix w = @transpose(b1-b2)*@inverse(v1+v2)*(b1-b2)
scalar wp = 1-@cchisq(w(1,1),!K)
```

得到 Wald 检验结果为 53.124[0.0000],强烈拒绝两个子样本的系数是一样的,表明存在结构突变。

☼ **小提示** ☼:EViews 矩阵计算不是很方便,区分了 1×1 的矩阵和标量,1×1 的矩阵不能当成标量使用,也不能直接赋值给标量对象,矩阵对象间的赋值规则请参考表 A.3 (第 875 页)。

§4.7.3 Hausman 检验

Hausman 检验 (Hausman, 1978) 在经济计量学中有相当广泛的应用,其基本思想是比较两个 $P \times 1$ 的估计量 $\mathbf{b}_E$ 和 $\mathbf{b}_C$,这两个估计量有如下特点:在零假设下,两者都是一致估计,而且 $\mathbf{b}_E$ 相对于 $\mathbf{b}_C$ 更有效,然而在备择假设下,$\mathbf{b}_C$ 仍然是一致估计,而 $\mathbf{b}_E$ 却是非一致估计。

Hausman 检验直接比较系数估计的差别,如果差别比较大的话,将拒绝零假设

$$(\mathbf{b}_C - \mathbf{b}_E)' \left[\text{var}(\mathbf{b}_C) - \text{var}(\mathbf{b}_E)\right]^{-1} (\mathbf{b}_C - \mathbf{b}_E) \stackrel{a}{\sim} \chi^2(P)$$

Hausman 检验更详细的讨论请参考 Greene (2003, p80–83)。下面我们用的 Hausman 检验是 Davidson and MacKinnon (1993) 的版本,采用的是辅助回归方程的方法。

我们担心工业产值 IP 由货币供给 M1 内生决定,如果真的存在内生变量问题,则 OLS 估计不仅是有偏的而且是非一致的

```
%wf = @evpath + "\Example Files\data\basics"
wfopen %wf
smpl @all
equation eq01.ls log(m1) c log(ip) dlog(ppi) tb3 log(m1(-1))
```

得到 OLS 估计结果为

```
Dependent Variable: LOG(M1)
Method: Least Squares
Date: 03/13/08   Time: 17:41
Sample (adjusted): 1959M02 1995M04
Included observations: 435 after adjustments
```

Variable	Coefficien	Std. Error	t-Statistic	Prob.
C	-0.022699	0.004443	-5.108528	0.0000
LOG(IP)	0.011630	0.002585	4.499708	0.0000
DLOG(PPI)	-0.024886	0.042754	-0.582071	0.5608
TB3	-0.000366	9.91E-05	-3.692675	0.0003
LOG(M1(-1))	0.996578	0.001210	823.4440	0.0000

R-squared	0.999953	Mean dependent var	5.844581
Adjusted R-squared	0.999953	S.D. dependent var	0.670596
S.E. of regression	0.004601	Akaike info criterion	-7.913714
Sum squared resid	0.009102	Schwarz criterion	-7.866871
Log likelihood	1726.233	F-statistic	2304897.
Durbin-Watson stat	1.265920	Prob(F-statistic)	0.000000

为了检验是不是存在内生性，我们需要找到与货币供给方程的残差不相关但与工业产值相关的工具变量，工具变量的选择是很关键的。我们假设失业率 urate 和 Moody 的 AAA 级别公司债券收益可以作为工具变量。

辅助回归方法进行 Hausman 检验需要估计两个回归模型：第一个回归是将被怀疑的变量工业产值对其他外生变量和工具变量进行回归，并取得残差。第二个回归中，我们将第一个回归的残差加入到货币供给的回归方程中

```
equation eqA1.ls log(ip) c dlog(ppi) tb3 log(m1(-1)) urate aaa
genr res_A1 = resid
equation eqA2.ls log(m1) c log(ip) dlog(ppi) tb3 log(m1(-1)) res_A1
```

得到 eqA2 的估计结果为

```
Dependent Variable: LOG(M1)
Method: Least Squares
Date: 03/13/08   Time: 17:52
Sample (adjusted): 1959M02 1995M04
Included observations: 435 after adjustments
```

Variable	Coefficien	Std. Error	t-Statistic	Prob.
C	-0.007145	0.007473	-0.956158	0.3395
LOG(IP)	0.001560	0.004672	0.333832	0.7387
DLOG(PPI)	0.020233	0.045935	0.440465	0.6598
TB3	-0.000185	0.000121	-1.527775	0.1273
LOG(M1(-1))	1.001093	0.002123	471.4894	0.0000
RES_A1	0.014428	0.005593	2.579826	0.0102

R-squared	0.999954	Mean dependent var	5.844581
Adjusted R-squared	0.999954	S.D. dependent var	0.670596
S.E. of regression	0.004571	Akaike info criterion	-7.924511
Sum squared resid	0.008963	Schwarz criterion	-7.868300
Log likelihood	1729.581	F-statistic	1868171.
Durbin-Watson stat	1.307838	Prob(F-statistic)	0.000000

如果 OLS 估计是一致的，res_A1 的系数估计应该不显著。然而，5% 显著水平下，res_A1 系数的 t 检验拒绝了 OLS 估计是一致估计的假设（更精确地说，这是一个渐近统计量，应该和标准正态的临界值比较）。

§4.7.4 非嵌套模型检验

有时候我们碰到的情况是这样的

$$\mathbb{H}_1 : \mathrm{CS}_t = a_1 + a_2 \mathrm{GDP}_t + a_3 \mathrm{GDP}_{t-1} + u_t \tag{4.7}$$

$$\mathbb{H}_2 : \mathrm{CS}_t = b_1 + b_2 \mathrm{GDP}_t + b_3 \mathrm{CS}_{t-1} + v_t$$

此时，任何一个模型都不是另一个模型的限制模型，称为非嵌套模型（non-nested model）。Davidson and MacKinnon (1993) 提出的 J 检验可以用来选择非嵌套模型，其基本思想是，如果 $\mathbb{H}_1$ 模型是正确设定的，那么 $\mathbb{H}_2$ 模型的拟合值在 $\mathbb{H}_1$ 模型中应该没有任何解释能力。

例如，我们要检验 $\mathbb{H}_1$ 相对于 $\mathbb{H}_2$ 假设：先估计 $\mathbb{H}_2$ 并取得其拟合值（注意不是取残差），然后将拟合值加入到 $\mathbb{H}_1$ 里面进行估计

```
%wf = @evpath + "\Example Files\data\cs"
wfopen %wf
equation eq02.ls cs c gdp cs(-1)
eq02.fit f02
equation eq12.ls cs c gdp gdp(-1) f02
```

得到 `eq12` 的估计结果为

```
Dependent Variable: CS
Method: Least Squares
Date: 03/13/08   Time: 18:43
Sample (adjusted): 1947Q2 1994Q4
Included observations: 191 after adjustments

     Variable     Coefficien   Std. Error   t-Statistic    Prob.

            C     7.313232     4.391305      1.665389    0.0975
          GDP     0.278749     0.029278      9.520694    0.0000
       GDP(-1)   -0.314540     0.029287    -10.73978    0.0000
          F02     1.048470     0.019684     53.26506    0.0000

R-squared              0.999833   Mean dependent var     1953.966
Adjusted R-squared     0.999830   S.D. dependent var     848.4387
S.E. of regression     11.05357   Akaike info criterion  7.664104
Sum squared resid      22847.93   Schwarz criterion      7.732215
Log likelihood        -727.9220   F-statistic            373074.4
Durbin-Watson stat     2.253186   Prob(F-statistic)      0.000000
```

由于 $\mathbb{H}_2$ 的拟合值显著地进入模型 $\mathbb{H}_1$，我们拒绝 $\mathbb{H}_1$ 的设定。此时，我们不能得到 $\mathbb{H}_2$ 设定是正确的结论，我们还需要相对于 $\mathbb{H}_1$ 来检验 $\mathbb{H}_2$：

```
equation eq01.ls cs c gdp gdp(-1)
eq01.fit f01
equation eq21.ls cs c gdp cs(-1) f01
```

得到 `eq21` 的估计结果为

```
Dependent Variable: CS
Method: Least Squares
Date: 03/13/08   Time: 18:43
Sample (adjusted): 1947Q2 1994Q4
Included observations: 191 after adjustments
```

Variable	Coefficien	Std. Error	t-Statistic	Prob.
C	-1427.716	132.0349	-10.81318	0.0000
GDP	5.170543	0.476803	10.84419	0.0000
CS(-1)	0.977296	0.018348	53.26506	0.0000
F01	-7.292771	0.679043	-10.73978	0.0000
R-squared	0.999833	Mean dependent var		1953.966
Adjusted R-squared	0.999830	S.D. dependent var		848.4387
S.E. of regression	11.05357	Akaike info criterion		7.664104
Sum squared resid	22847.93	Schwarz criterion		7.732215
Log likelihood	-727.9220	F-statistic		373074.4
Durbin-Watson stat	2.253186	Prob(F-statistic)		0.000000

很不幸，我们把 $\mathbb{H}_2$ 也拒绝了。

本例中，两种设定都被拒绝了，表明两个模型中的解释变量都是需要的。有时候，两个模型都无法被拒绝，此时，很可能是当前的数据集提供的信息不足以辨别两个模型。

§4.7.5 Cox 检验

我们想比较两个线性模型

$$\mathbb{H}_1 : \mathbf{y} = \mathbf{Xb} + \mathbf{e}$$

$$\mathbb{H}_2 : \mathbf{y} = \mathbf{Zd} + \mathbf{v}$$

基于似然比，Cox (1962) 提出了一套选择模型的方法。Pesaran and Deaton (1978) 证明了 Cox 检验适合于线性和非线性回归模型，下面的讨论基于 Greene (2003, p155–9)。

一、Cox 正态统计量

清晰起见，记

$$\mathbf{b} = (\mathbf{X}'\mathbf{X})^{-1}\mathbf{X}'\mathbf{y}$$

$$\mathbf{M}_X = \mathbf{I} - \mathbf{X}(\mathbf{X}'\mathbf{X})^{-1}\mathbf{X}'$$

$$\mathbf{M}_Z = \mathbf{I} - \mathbf{Z}(\mathbf{Z}'\mathbf{Z})^{-1}\mathbf{Z}'$$

假定样本观测数目为 T，定义

$$E = \frac{\mathbf{e}'\mathbf{e}}{T} \quad V = \frac{\mathbf{v}'\mathbf{v}}{T} \quad U = E + \frac{1}{T}\mathbf{b}'\mathbf{X}'\mathbf{M}_Z\mathbf{Xb}$$

即 E 是 $\mathbb{H}_1$ 模型的残差平方的均值，V 是 $\mathbb{H}_2$ 模型的残差平方的均值，则检验 $\mathbb{H}_1$ 相对于 $\mathbb{H}_2$ 的 Cox 统计量为

$$C_{12} = \frac{T}{2}\ln\left(\frac{V}{U}\right)$$

标准化得

$$z = \frac{UC_{12}}{\sqrt{E\mathbf{b}'\mathbf{X}'\mathbf{M}_Z\mathbf{M}_X\mathbf{M}_Z\mathbf{Xb}}} \sim \mathrm{N}(0,1)$$

二、计算方法

EViews 的矩阵运算并不方便，幸好计算 Cox 统计量可以避开直接使用矩阵，我们可以用一系列的 OLS 估计来实现：

矩阵运算	OLS 估计
$\mathbf{Xb}$	$\mathbb{H}_1$ 中的拟合值
$\mathbf{M}_Z\mathbf{Xb}$	$\mathbf{Xb}$ 对 $\mathbf{Z}$ 回归的残差
$\mathbf{b}'\mathbf{X}'\mathbf{M}_Z\mathbf{Xb}$	$\mathbf{Xb}$ 对 $\mathbf{Z}$ 回归的残差平方和
$\mathbf{b}'\mathbf{X}'\mathbf{M}_Z\mathbf{M}_X\mathbf{M}_Z\mathbf{Xb}$	$\mathbf{M}_Z\mathbf{Xb}$ 对 $\mathbf{X}$ 回归的残差平方和

计算子程序为

```
subroutine local Cox(series y, group gX, group gZ, vector z)
    equation eqH1.ls y gX
    equation eqH2.ls y gZ
    !T = eqH1.@regobs
    !E = eqH1.@ssr/!T
    !V = eqH2.@ssr/!T

    eqH1.fit Xb
    equation eqZ.ls Xb gZ      'Xb on Z
    genr xz = resid
    !U = !E+ eqZ.@ssr/!T
    !c12 = log(!V/!U)*!T/2

    equation eqX.ls xz gX      'eqZ's resid on X
    z(1) = !c12 *!U/sqr(!E*eqX.@ssr)
    z(2) = @cnorm(-abs(z(1)))*2
endsub
```

程序简单说明：

1) 参数部分

   (a) 序列对象 y 是 $\mathbb{H}_1$ 和 $\mathbb{H}_2$ 模型的被解释变量。

   (b) 群对象 gX 和 gZ 为相应的解释变量。

   (c) 2×1 向量 z 保存统计量估计及其 p 值。

2) 子程序计算过程

   (a) 方程 eqH1 和 eqH2 分别对应 $\mathbb{H}_1$ 和 $\mathbb{H}_2$ 模型。

   (b) 方程对象 eqZ 计算 $\mathbf{Xb}$ 对 $\mathbf{Z}$ 的回归，其残差为 $\mathbf{M}_Z\mathbf{Xb}$，保存在序列对象 xz 中。

   (c) 方程对象 eqX 实现 $\mathbf{M}_Z\mathbf{Xb}$ 对 $\mathbf{X}$ 的回归。

3) 整个计算过程采用局部子程序实现，避免计算过程中产生的临时对象保存到工作文件中。

4) 程序参数的群对象：局部子程序通过参数群对象，可以存取群的成员序列。程序中方程的设定使用了群对象，估计方程时才能取得相应的全局变量的数据。[11]

---

[11]注意，可能是 EViews 的 bug，如果传给该子程序的参数群对象有序列名为 y 的成员，估计方程时，群的成员 y 作为解释变量不是引用全局的序列 y，而是错误地使用了子程序的局部序列 y。

三、例子

模型 (4.7) (第 217 页) 用 J 检验时，两者都被拒绝，下面改用 Cox 检验

```
%wf = @evpath + "\Example Files\data\cs"
wfopen %wf

group gX c gdp gdp(-1)    'regressors
group gZ c gdp cs(-1)
vector(2) vz12
call Cox(cs, gX, gZ, vz12)
vector(2) vz21
call Cox(cs, gZ, gX, vz21)
```

程序中建立回归变量的群对象时，使用了 EViews 的特殊序列对象 c，作为方程的常数项。得到检验结果分别为 -2594.4[0.0000] 和 4.6939[0.0000]，同 J 检验一样，两个模型都被拒绝。

再举一个例子，来自 Greene (2003, p157) 的消费和可支配收入的模型

$$\mathbb{H}_1 : \mathrm{CS}_t = a_1 + a_2 \mathrm{DI}_t + a_3 \mathrm{DI}_{t-1} + e_t$$

$$\mathbb{H}_2 : \mathrm{CS}_t = b_1 + b_2 \mathrm{DI}_t + b_3 \mathrm{CS}_{t-1} + v_t$$

EViews 代码为

```
'http://www.stern.nyu.edu/%7Ewgreene/Text/tables/TableF5-1.txt
wfopen(page=Greene51) TableF5-1.txt @keep realcons realdpi
rename realcons CS
rename realdpi DI
pagestruct(freq=q, start=1950q1)    'starting date

group gX c DI DI(-1)    'regressors
group gZ c DI cs(-1)
vector(2) vz12
call Cox(cs, gX, gZ, vz12)
vector(2) vz21
call Cox(cs, gZ, gX, vz21)
```

检验 $\mathbb{H}_1$ 相对于 $\mathbb{H}_2$ 的 Cox 正态统计量为 -15304[0.0000]，而 $\mathbb{H}_2$ 相对于 $\mathbb{H}_1$ 的结果为 3.4894[0.0005]，强烈拒绝两个模型的设定是正确的。

☺ **小提示** ☺：应用计量，绝对不是点击鼠标就能指点江山的，需要对模型进行经济分析和计量方法分析，并需要一定的程序开发才能完成。这里我们也看到，进行经济计量分析，采用 EViews 是非常方便的，哪怕是 EViews 没有直接提供的检验统计量的计算，通过 EViews 编程往往也只是寥寥无几的数行代码，就能完成任务。

§4.8 小结

关键词

模型设定	模型选择标准	对数变换
Box-Cox 变换	假设检验	显著水平
p 值	置信椭圆	Wald 检验
Granger 因果关系	Breusch-Godfrey LM 检验	ARCH LM 检验
White 条件异方差检验	Chow 检验	Chow 预测检验
RESET 检验	预测标准差	预测评价指标
递归最小二乘估计	Hausman 检验	Cox 检验

命令

本讲主要讨论 EViews 方程对象的检验视图和预测过程，讲述了如下命令：

1) `cellipse` 命令绘制置信椭圆，描绘系数估计限制条件的两两配对联合置信区域。
2) `wald` 命令进行 Wald 检验，可以检验系数的线性和非线性限制。
3) 命令 `testadd` 和 `testdrop` 分别进行遗漏变量检验和冗余变量检验。
4) 残差检验中
   (a) 命令 `auto` 进行序列相关的 Breusch-Godfrey LM 检验。
   (b) 命令 `correl` 给出了相关图和 Ljung-Box Q 统计量，命令 `correlsq` 提供了残差平方相关图。
   (c) 命令 `archtest` 和 `white` 分别进行 ARCH LM 检验和 White 条件异方差检验。
5) 命令 `chow` 实现检验结构变化的 Chow 检验和 Chow 预测检验。
6) RESET 检验的命令为 `reset`，检验模型是否错误设定。
7) 预测命令为 `fit` 和 `forecast`，分别进行单步和多步预测，请参考第 203 页的讨论。
8) 递归最小二乘回归估计的命令为 `rls`，该命令提供了多种功能，具体请参考第 212 页的讨论。

此外，还有群对象的命令

1) 命令 `linefit` 适合双变量函数关系的分析，它可以对数据进行适当的变换，再做出变换后两者的散点图，并添加上拟合曲线。
2) 命令 `cause` 进行两个序列的 Granger 因果关系检验。

要点

1) 每种模型选择准则有自身的优缺点，一个准则不可能完全占优另一准则，准则间可能有冲突。考虑这些准则时，要和模型的设定检验综合考虑。

2) EViews 的 Wald 检验支持线性和非线性限制，可以同时检验多个限制。

3) 进行 Granger 因果关系检验时如果需要控制其他变量，可以使用方程对象的 Wald 检验或者似然比检验。

4) Breusch-Godfrey LM 统计量检验序列相关性，由于备择假设包含了 ARMA(p,q) 的情况，因此该检验对众多的自相关结构有很好的检验势。

5) EViews 进行 White 条件异方差检验时，辅助回归方程只加入解释变量的平方项，可以使用选项 c，进一步添加解释变量的交叉项。White 检验可以当成一般的模型设定检验。

6) 进行 Chow 检验时，需要将样本分为两个或者更多的子样本，注意子样本的观测数目要比待估系数个数多，保证各个子样本能够估计。Chow 预测检验和 Chow 检验得到的结论可能不一致。

7) RESET 检验的检验方程是在原方程加入被解释变量拟合值的高次方项，项数的计算从平方项开始。

8) 假定模型是正确设定的，预测误差仍然具有不确定性，不确定性来源于干扰的不确定性和系数估计的不确定性。

9) 预测评价指标：均方根误差（RMSE）和平均绝对误差（MAE）与变量的量纲有关，适合于同一序列不同预测方法的比较，指标值越小，预测效果越好。平均百分比绝对误差（MAPE）和 Theil 系数（TIC）与量纲无关，数值越小，表示精度越高。

10) 动态和静态预测：静态预测使用的信息逐步增加，而动态预测只使用预测开始点的信息(有关因变量和误差项部分)，进行多步预测。当方程含有动态项（存在滞后因变量或者有 ARMA 项）时，两种预测方法才有区别。

11) EViews 的一个便利就是能够预测表达式（自动序列）中隐含的变量。如果表达式是非线性的，预测目标序列时，计算的预测标准差序列只是线性近似的。

12) 样本外的预测能力是对模型的一种检验，往往可以用来选择和评估模型。

13) 经济计量分析中的一些矩阵运算，有时可以通过模型估计来实现，避开直接的矩阵计算。

14) EViews 没有提供函数以取得检验统计量和 p 值，程序中只能把检验的表格视图定格成表格对象，再从表格对象读取检验的结果 (参见第 194 页的例子)。

参考文献

Brown, R. L., J. Durbin, and J. M. Evans, 1975. Techniques for Testing the Constancy of Regression Relationships Over Time. *Journal of the Royal Statistical Society Series B*, 37:149–192

Chow, Gregory C., 1960. Tests of Equality Between Sets of Coefficients in Two Linear Regressions. *Econometrica*, 28:591–605

Cox, D. R., 1962. Further Results on Tests of Separate Families of Hypotheses. *Journal of the Royal Statistical Society Series B*, 24:406–424

Davidson, Russell and James G. MacKinnon, 1993. *Estimation and Inference in Econometrics*. Oxford University Press, Oxford

Engle, Robert F., 1982. Autoregressive Conditional Heteroskedasticity with Estimates of the Variance of U.K. Inflation. *Econometrica*, 50:987–1008

Goldfeld, Stephen M. and Richard E. Quandt, 1965. Some Tests for Homoscedasticity. *Journal of the American Statistical Association*, 60:539–547

Granger, Clive W. J., 1969. Investigating Causal Relations by Econometric Models and Cross-Spectral Methods. *Econometrica*, 37:424–438

Greene, William H., 2003. *Econometric Analysis*, 5/e. Prentice Hall, New York

Hausman, Jerry A., 1978. Specification Tests in Econometrics. *Econometrica*, 46:1251–1272

Pesaran, M. H. and A. S. Deaton, 1978. Testing Non-Nested Nonlinear Regression Models. *Econometrica*, 46: 677–694

Pindyck, Robert S. and Daniel L. Rubinfeld, 1998. *Econometric Models and Economic Forecasts*, 4/e. McGraw-Hill/Irwin, New York

Ramsey, J. B., 1969. Tests for Specification Errors in Classical Linear Least Squares Regression Analysis. *Journal of the Royal Statistical Society Series B*, 31:350–371

White, Halbert, 1980. A Heteroskedasticity-Consistent Covariance Matrix and a Direct Test for Heteroskedasticity. *Econometrica*, 48:817–838

Wooldridge, Jeffrey M., 2003. *Introductory Econometrics: A Modern Approach*, 2/e. Southwestern/Thomson Learning, Mason, Ohio

第 5 讲

ARMA 模型

序列相关研究的是平稳时间序列的线性相关问题，是时间序列分析的最基本问题。分析回归模型残差序列相关的一般模型为

$$y_t = \mathbf{x}_t'\mathbf{b} + u_t \tag{5.1}$$
$$u_t = \mathbf{z}_{t-1}'\mathbf{g} + e_t$$

其中 $\mathbf{x}_t$ 是解释变量（向量），$\mathbf{z}_{t-1}$ 是在 $t-1$ 时刻已经知道的向量（通常为 u_t 和 e_t 的滞后项），$\mathbf{b}$ 和 $\mathbf{g}$ 是参数向量。u_t 称为干扰项（disturbance term），e_t 称为干扰的新息（innovation）。u_t 也称为无条件残差（unconditional residual）或者结构残差（structural residual），新息 e_t 也称为普通残差，提前一期预测误差（one-period ahead forecast error）或者预报误差（prediction error）。模型（5.1）要求 e_t 为独立白噪声过程，或者弱化为如下假设

$$\mathrm{E}\left(e_t|\mathbb{I}_{t-1}, \mathbf{x}_t\right) = 0 \qquad \mathrm{E}\left(e_t^2|\mathbb{I}_{t-1}, \mathbf{x}_t\right) = \sigma^2 < +\infty$$

其中 $\mathbb{I}_{t-1}$ 为 $t-1$ 时刻的信息集，则有

$$\mathrm{E}\left(y_t|\mathbb{I}_{t-1}, \mathbf{x}_t\right) = \mathbf{x}_t'\mathbf{b} + \mathbf{z}_{t-1}'\mathbf{g}$$

即利用残差的序列相关信息以得到更好的预测。序列相关的理论分析可以参考 Hayashi (2000, p365–85)，此外，Hamilton (1994) 是时间序列分析的经典教科书。

本讲围绕序列相关的基本分析模型——ARMA 模型，先回顾了自相关和偏自相关等基础概念以及自相关的检验方法，然后讨论 ARMA 模型的建模方法及其在 EViews 中的方程设定方法，最后介绍模型的估计方法和 ARMA 结构的诊断。

§5.1 线性相关

序列相关（serial correlation）也常常称为自相关（autocorrelation），描述的是线性的相关关系。[1]请注意，不存在序列相关并不表示没有序列依赖（serial dependence），因为可能存在非线性的依赖关系，如第 6 讲 (第 253 页) 中讨论的 ARCH(1) 过程，虽然不存在序列相关，但存在序列依赖。

本节将回顾线性相关的基本知识，如自相关系数和相关图等概念，然后讨论自相关的检验方法，最后简单介绍了互相关系数的计算。

§5.1.1 自相关和偏自相关

弱平稳过程 y_t 的第 l 阶自协方差（autocovariance）定义为

$$c_l = \text{cov}(y_t, y_{t-l}) \qquad l = 0, \pm 1, \pm 2, \cdots$$

显然 $c_0 = \text{var}(y_t)$ 且 $c_{-l} = c_l$ 具有对称性。定义 l 阶自相关系数（autocorrelation coefficient）为

$$r_l = \frac{c_l}{c_0} \qquad l = 0, \pm 1, \pm 2, \cdots$$

不难发现，$r_0 = 1$ 且 $r_{-l} = r_l$ 具有对称性。由于 r_l 是 l 的函数，r_l 也称为自相关函数。r_l 关于 $l = 0, 1, 2, \cdots$ 的图形称为相关图（correlogram）。

一、相关图

查看利率的序列相关图

```
%wf = @evpath + "\Example Files\data\demo"
wfopen %wf
freeze(tbc) rs.correl
```

结果如图 5.1，第一列为自相关函数图，呈现缓慢衰减的趋势。EViews 中，序列相关图是表格视图而不是图形视图，定格后得到表格对象。

二、自相关系数

序列 y_t 的第 l 阶自相关系数 (AC) 的计算公式[2]为

$$r_l = \frac{\sum_{t=l+1}^{T}(y_t - \bar{y})(y_{t-l} - \bar{y})}{\sum_{t=1}^{T}(y_t - \bar{y})^2} \qquad l = 0, 1, 2, \cdots$$

其中 T 是时间序列的长度，$\bar{y}$ 为样本均值。如果 $r_1 \neq 0$，表示序列存在一阶自相关。如果 r_l 随着 l 的增大，有几何衰减的现象，则序列可能是低阶的自回归过程。如果经过若干期后，r_l 突然降为零，序列很可能是服从移动平均过程。

自相关图中的虚线标出两倍标准差（$\pm 2/\sqrt{T}$）的界限，如果自相关的值落在此范围内，在 5% 的显著水平下，可以认为是无自相关。

---

[1]假设 $z_t \sim \text{iid } N(0,1)$，$y_t = z_t^2$，由于 $\text{cov}(y_t, z_t) = 0$，相关系数为 0，y_t 与 z_t 不相关，但它们存在非线性关系。

[2]EViews 采用的计算版本为

$$r_l = \frac{\frac{1}{T-l}\sum_{t=l+1}^{T}(y_t - \bar{y})(y_{t-l} - \bar{y}_{:l})}{\frac{1}{T}\sum_{t=1}^{T}(y_t - \bar{y})^2} \qquad l = 0, 1, 2, \cdots$$

其中 $\bar{y}_{:l} = \frac{1}{T-l}\sum_{t=l+1}^{T} y_{t-l}$。该方法将得到自相关的一致估计，但有限样本时偏向于零。

图 5.1　相关图

```
Correlogram of RS

Date: 03/17/08   Time: 13:22
Sample: 1952Q1 1996Q4
Included observations: 180
```

Autocorrelation	Partial Correlation		AC	PAC	Q-Stat	Prob
		1	0.959	0.959	168.37	0.000
		2	0.904	-0.204	318.67	0.000
		3	0.865	0.222	457.14	0.000
		4	0.820	-0.209	582.20	0.000
		5	0.768	0.015	692.67	0.000
		6	0.711	-0.166	787.89	0.000
		7	0.658	0.080	869.80	0.000
		8	0.625	0.187	944.27	0.000
		9	0.593	-0.099	1011.7	0.000
		10	0.552	-0.008	1070.3	0.000
		11	0.516	-0.008	1121.9	0.000
		12	0.492	0.084	1169.1	0.000
		13	0.473	0.002	1213.0	0.000
		14	0.455	0.042	1253.9	0.000
		15	0.436	-0.005	1291.6	0.000
		16	0.421	0.028	1327.0	0.000
		17	0.415	0.038	1361.6	0.000
		18	0.409	-0.011	1395.5	0.000
		19	0.394	-0.058	1427.0	0.000
		20	0.382	0.075	1456.9	0.000
		21	0.376	-0.030	1486.0	0.000
		22	0.366	-0.013	1513.7	0.000
		23	0.354	0.024	1539.9	0.000
		24	0.343	0.011	1564.6	0.000
		25	0.332	-0.010	1587.9	0.000
		26	0.321	-0.041	1609.9	0.000
		27	0.304	-0.044	1629.7	0.000
		28	0.288	0.063	1647.6	0.000
		29	0.277	0.002	1664.3	0.000
		30	0.268	0.034	1680.0	0.000
		31	0.258	-0.015	1694.6	0.000
		32	0.244	-0.058	1707.8	0.000
		33	0.225	-0.063	1719.1	0.000
		34	0.208	-0.022	1728.8	0.000
		35	0.190	-0.022	1737.0	0.000
		36	0.177	0.141	1744.1	0.000

三、偏自相关系数

回归方程

$$y_t = a_0 + a_1 y_{t-1} + a_2 y_{t-2} + \cdots + a_{l-1} y_{t-(l-1)} + r_l^* y_{t-l} + v_t \tag{5.2}$$

的系数 r_l^* 称为 y 的 l 阶偏自相关系数 (Partial Autocorrelation Coefficient, PAC)。之所以为"偏"(Partial，意译是部分的意思) 是因为 r_l^* 是 y_t 去掉了前面各期的相关关系后剩下的。

请区分偏自相关系数和偏相关系数：参考 Greene (2003, p28) 的定义，控制了变量 x 后，变量 y 和 z 的偏相关系数（partial correlation coefficient）的计算方法为：

1) 计算 y 对常数和 x 回归的残差 y^*；
2) 计算 z 对常数和 x 回归的残差 z^*；
3) 变量 y 和 z 的偏相关系数 r_{yz}^* 是 y^* 和 z^* 的简单相关系数。

请注意，如果

$$y = a + bx + cz + e$$

中系数 $c \neq 0$，则称 y 和 z 是偏相关 (partially correlated) 的。此外，多元回归的系数也常被称为偏回归系数 (partial regression coefficients)。这些定义一定要分清楚。

如果序列的自相关可以用 l 期之前的自相关全部捕获的话，l 阶偏自相关应该为零。回归方程（5.2）的系数（包含偏自相关系数 r_l^*）和自相关系数 $r_1, r_2, \cdots, r_l$ 有如下关系 ($r_1^* = r_1$)

$$\begin{bmatrix} a_1 \\ a_2 \\ \vdots \\ a_{l-1} \\ r_l^* \end{bmatrix} = \begin{bmatrix} 1 & r_1 & r_2 & \cdots & r_{l-1} \\ r_1 & 1 & r_1 & \cdots & r_{l-2} \\ r_2 & r_1 & 1 & \cdots & r_{l-3} \\ \vdots & \vdots & \vdots & \ddots & \vdots \\ r_{l-1} & r_{l-2} & r_{l-1} & \cdots & 1 \end{bmatrix}^{-1} \begin{bmatrix} r_1 \\ r_2 \\ r_3 \\ \vdots \\ r_l \end{bmatrix}$$

偏自相关图中，也标出两倍标准差的虚线，如果偏自相关的值位于此范围内，在 5% 的显著水平下，可以认为偏自相关系数为零。

§5.1.2 序列相关的检验

方程估计完成后，检验残差是否存在序列相关是很重要的工作。EViews 提供的序列相关检验有 DW 检验，Ljung-Box Q 检验和 Breusch-Godfrey LM 检验。

一、DW 统计量

DW（Durbin-Watson）统计量是 EViews 方程估计的标准输出，DW 统计量检验一阶自相关，即

$$u_t = au_{t-1} + e_t$$

DW 统计量检验的零假设和备择假设分别为

$$\mathbb{H}_0 : a = 0$$
$$\mathbb{H}_A : a \neq 0$$

由于 DW $\approx 2(1-a)$，如果没有序列相关，DW 的值大约在 2 左右，如果正相关，$0 <$ DW < 2，负相关则 $2 <$ DW < 4，正相关比较常见。用 DW 统计量进行检验时，要特别注意：

- 零假设下，DW 统计量的分布依赖于解释变量的观测矩阵，因此 DW 检验一般采用临界区间，而不是通常使用的临界值。
- 如果解释变量包含滞后因变量，则 DW 统计量失效。
- 只能用来检验一阶自相关，对其他阶的自相关无能为力，不能用于高阶自相关的检验。

DW 统计量使用上有诸多限制，因为其要求太苛刻。Gujarati (2003, p467–472) 总结了 DW 统计量的假设前提如下：

1) 回归方程必须包含截距项，没有截距项时，请参考 Farebrother (1980) 的修正。
2) 解释变量 $\mathbf{x}_t$ 是非随机的，或者在重复抽样时取固定值。
3) 解释变量 $\mathbf{x}_t$ 中不能包含滞后因变量。
4) 误差项 u_t 服从 AR(1) 过程。
5) 误差项 u_t 服从正态分布。
6) 观测样本中，不能有缺失值。

违背任何一个条件，都将造成 DW 统计量失效。解释变量是非随机的限制了 DW 统计量在时间序列分析中的应用，因为时间序列通常被看作是随机过程。因此，尽管 Durbin and Watson (1950, 1951, 1971) 发展起来的 DW 统计量在理论研究上影响深远，而且由于其历史比较久远，几乎所有的统计和计量软件都报告 DW 值，但是在应用方面，DW 统计量的实际用处却极其有限。

二、Breusch-Godfrey LM 检验

Breusch-Godfrey LM 检验由 Breusch (1978) 和 Godfrey (1978) 提出，是序列相关的 LM 检验。其零假设为

$$\mathbb{H}_0 : 直到 L 阶滞后都不存在序列相关$$

EViews 中该检验的命令为 `auto`，检验结果报告的 `Obs*R-squared` 就是 Breusch-Godfrey LM 统计量，渐近服从 $\chi^2(L)$ 分布，Breusch-Godfrey LM 统计量更具体的讨论请参考 §4.3.1 小节 (第 190 页)。

三、Ljung-Box Q 统计量

EViews 的 `correl` 命令产生的相关图的最后两列报告的是 Ljung and Box (1978) 的 Q 统计量和 p 值，零假设为

$$\mathbb{H}_0 : 直到 L 阶滞后都不存在自相关$$

检验统计量为

$$Q = T(T+2) \sum_{l=1}^{L} \frac{r_l^2}{T-l} \overset{a}{\sim} \chi^2(L)$$

其中 r_l 为自相关系数。补充说明：

1) Ljung-Box Q 检验也称为混合检验（portmanteau test）。
2) EViews 没有提供单独的 Ljung-Box Q 检验，只能从序列对象或者方程对象的相关图中查看。
3) 方程对象的相关图显示的是残差的相关图以及 Ljung-Box Q 统计量。如果残差没有序列相关，所有的自相关和偏自相关都应该基本为零，所有的 Q 统计量都应该不显著。
4) 如果从 ARMA 模型估计的残差 e_t 计算 Q 统计量，自由度需要调整。方程包含有 AR 或者 MA 项时，EViews 报告的 p 值有调整。Dezhbaksh (1990) 指出，用 Ljung-Box Q 统计量来检验 ARMAX 的残差要特别当心，结果的解释要谨慎。
5) Ljung-Box Q 统计量经常被用来检验序列是否为白噪声，现实应用时，滞后阶数 L 的确定是个问题：如果滞后阶数太少，可能漏掉高阶自相关，如果滞后阶数太大，会影响检验的势（power）。

四、例子

简单的消费方程

$$\text{CS}_t = b_1 + b_2 \text{GDP}_t + b_3 \text{CS}_{t-1} + v_t$$

是滞后模型，直接进行 OLS 估计

```
%wf = @evpath + "\Example Files\data\cs"
wfopen %wf
smpl 1948q3 1988q4
equation eqLag.ls cs c gdp cs(-1)
```

估计结果为

```
Dependent Variable: CS
Method: Least Squares
Date: 03/17/08   Time: 10:52
Sample: 1948Q3 1988Q4
Included observations: 162
```

Variable	Coefficien	Std. Error	t-Statistic	Prob.
C	-9.227624	5.898177	-1.564487	0.1197
GDP	0.038732	0.017205	2.251193	0.0257
CS(-1)	0.952049	0.024484	38.88516	0.0000

R-squared	0.999625	Mean dependent var		1781.675
Adjusted R-squared	0.999621	S.D. dependent var		694.5419
S.E. of regression	13.53003	Akaike info criterion		8.066046
Sum squared resid	29106.82	Schwarz criterion		8.123223
Log likelihood	-650.3497	F-statistic		212047.1
Durbin-Watson stat	1.672255	Prob(F-statistic)		0.000000

乍一看，估计效果似乎挺好的。但是，如果该滞后模型的残差存在序列相关，导致 v_t 与 CS_{t-1} 相关，那么，OLS 估计是有偏且非一致的，同时 OLS 估计是无效的。注意由于有因变量的滞后项在方程的右边，DW 统计量是失效的。下面检验残差是否序列相关

```
eqLag.correl(24)
```

查看 Ljung-Box Q 统计量

```
Correlogram of Residuals
Date: 03/17/08   Time: 10:52
Sample: 1948Q3 1988Q4
Included observations: 162
```

Autocorrelation	Partial Correlation		AC	PAC	Q-Stat	Prob
		1	0.163	0.163	4.3653	0.037
		2	0.202	0.180	11.134	0.004
		3	0.212	0.165	18.631	0.000
		4	0.040	-0.044	18.904	0.001
		5	-0.018	-0.092	18.956	0.002
		6	-0.001	-0.027	18.956	0.004
		7	-0.040	-0.017	19.226	0.008
		8	-0.211	-0.194	26.873	0.001
		9	-0.063	-0.005	27.563	0.001
		10	-0.024	0.072	27.667	0.002
		11	-0.050	0.039	28.111	0.003
		12	-0.077	-0.083	29.151	0.004
		13	-0.087	-0.111	30.516	0.004
		14	-0.219	-0.208	39.147	0.000
		15	-0.047	0.049	39.544	0.001
		16	-0.037	0.039	39.798	0.001
		17	-0.088	-0.026	41.223	0.001
		18	0.013	0.036	41.254	0.001
		19	-0.052	-0.056	41.763	0.002
		20	-0.113	-0.155	44.166	0.001
		21	0.009	-0.019	44.181	0.002
		22	0.144	0.150	48.114	0.001
		23	-0.075	-0.060	49.184	0.001
		24	0.066	0.053	50.032	0.001

自相关和偏自相关在第 8 和第 14 阶有尖峰，各阶的 Q 统计量都显著，表明存在序列相关。如果采用 Breusch-Godfrey LM 检验

```
freeze(tba) eqLag.auto(2)
table(4,5) tba
```

得到检验结果为

```
Breusch-Godfrey Serial Correlation LM Test:
F-statistic         4.883272    Prob. F(2,157)       0.008761
Obs*R-squared       9.487395    Prob. Chi-Square(2)  0.008706
```

Breusch-Godfrey LM 统计量 Obs*R-squared 极其显著，强烈拒绝滞后到二阶无自相关的假设。

§5.1.3 互相关

序列 x_t 和 y_t 的互相关系数（互相关函数）的计算方法为

$$r_{xy}(i) = \frac{c_{xy}(i)}{\sqrt{c_{xx}(0)}\sqrt{c_{yy}(0)}} \qquad i = 0, \pm 1, \pm 2, \cdots$$

其中

$$c_{xy}(i) = \begin{cases} \frac{1}{T}\sum_{t=i+1}^{T}(x_t - \bar{x})(y_{t-i} - \bar{y}) & i = 0, 1, 2, \cdots \\ \frac{1}{T}\sum_{t=1}^{T+i}(x_t - \bar{x})(y_{t-i} - \bar{y}) & i = -1, -2, \cdots \end{cases}$$

请注意，不同于自相关系数，互相关系数不对称，一般

$$r_{xy}(i) \neq r_{xy}(-i)$$

互相关函数的图形称为互相关图（cross correlograms）。EViews 中若要产生互相关图，请使用群对象的命令 cross，例如

```
group gc dlog(cs) dlog(inv)
gc.cross(16)
```

得到互相关图

```
Cross Correlogram of DLOG(CS) and DLOG(INV)

Date: 03/17/08   Time: 13:16
Sample: 1948Q3 1988Q4
Included observations: 162
Correlations are asymptotically consistent approximations

  DLOG(CS),DLOG(INV)(-i)    DLOG(CS),DLOG(INV)(+i)    i      lag      lead
                                                      0    0.1299   0.1299
                                                      1    0.2462   0.4084
                                                      2    0.0227   0.0672
                                                      3   -0.1735   0.0445
                                                      4   -0.1045   0.0553
                                                      5   -0.3302  -0.1601
                                                      6   -0.0327  -0.0421
                                                      7   -0.1145  -0.0705
                                                      8    0.0455  -0.1105
                                                      9    0.0920  -0.0381
                                                     10    0.0238   0.0480
                                                     11    0.0177   0.0266
                                                     12   -0.1435   0.0089
                                                     13   -0.0745  -0.0203
                                                     14   -0.1009  -0.1104
                                                     15   -0.1045  -0.0503
                                                     16    0.0733   0.0302
```

图中的虚线为两倍标准差（$\pm 2/\sqrt{T}$）。请注意，互相关系数并不对称。

§5.2 ARMA 建模

在时间序列回归中，经常遇到的情况是残差的自相关。当残差出现自相关时，先前的残差能够预测当前的残差，我们可以利用这一信息，得到更好的估计。本节从简单常见的自回归模型入手，然后讨论 ARMA 模型的表示和建模方法，最后阐述 ARMA 模型在 EViews 中的设定和表示方法。

§5.2.1 自回归

最常用的序列相关模型是一阶自回归（first-order autoregressive）模型 AR(1)

$$u_t = au_{t-1} + e_t$$

其中 a 是一阶自相关系数 (first-order serial correlation coefficient)。更一般的 p 阶自回归模型 AR(p) 为

$$u_t = a_1 u_{t-1} + a_2 u_{t-2} + \cdots + a_p u_{t-p} + e_t \tag{5.3}$$

显然 AR(p) 模型是式 (5.1) (第 225 页) 中，令

$$\mathbf{z}_{t-1} = [u_{t-1}, u_{t-2}, \cdots, u_{t-p}]'$$

的特例。建模时，通常要求 AR(p) 过程是平稳的，平稳的 AR(p) 过程的自相关逐渐消失，且高于 p 阶的偏自相关为零。

一、例子

继续第 229 页 §5.1.2 节的例子，消费方程残差存在自相关，也许可以用 AR(1) 模型

$$CS_t = b_1 + b_2 GDP_t + u_t \tag{5.4}$$

$$u_t = au_{t-1} + e_t$$

EViews 估计语句为

```
equation eqAR1.ls cs c gdp ar(1)
```

得到估计结果如下

```
Dependent Variable: CS
Method: Least Squares
Date: 03/18/08   Time: 07:19
Sample: 1948Q3 1988Q4
Included observations: 162
Convergence achieved after 12 iterations

    Variable      Coefficien   Std. Error   t-Statistic   Prob.

       C          -100.3566    295.0282     -0.340159    0.7342
      GDP           0.293103     0.029584    9.907451    0.0000
     AR(1)          1.008048     0.002112  477.3624      0.0000

R-squared            0.999761   Mean dependent var    1781.675
Adjusted R-squared   0.999758   S.D. dependent var     694.5419
S.E. of regression  10.80971    Akaike info criterion    7.617112
Sum squared resid  18579.13     Schwarz criterion        7.674289
Log likelihood    -613.9861     F-statistic          332246.7
Durbin-Watson stat   2.304647   Prob(F-statistic)        0.000000

Inverted AR Roots        1.01
       Estimated AR process is nonstationary
```

拟合的结果非常好，不过请注意表尾，EViews 指出估计的 AR(1) 是不平稳的。此外，表头报告了收敛的迭代次数，是因为 EViews 采用 NLS 方法估计含有 AR 项的方程。再看一下高阶自回归模型

$$u_t = a_1 u_{t-1} + a_2 u_{t-2} + a_4 u_{t-4} + e_t$$

注意模型中没有 u_{t-3} 的项，相应的 EViews 命令为

```
equation eqAR3.ls cs c gdp ar(1) ar(4) ar(2)
```

语句中，设定 AR 项的顺序为 ar(1) ar(4) ar(2)，不需要按滞后的顺序进行排序。得到估计结果为

```
Dependent Variable: CS
Method: Least Squares
Date: 03/18/08   Time: 13:20
Sample: 1948Q3 1988Q4
Included observations: 162
Convergence achieved after 15 iterations

   Variable      Coefficien   Std. Error   t-Statistic    Prob.

     C           -117.2307    330.0985    -0.355139     0.7230
     GDP          0.289167     0.030054    9.621637     0.0000
     AR(1)        0.869594     0.081663   10.64860      0.0000
     AR(4)       -0.116160     0.063050   -1.842344     0.0673
     AR(2)        0.253763     0.095233    2.664644     0.0085

R-squared            0.999772    Mean dependent var   1781.675
Adjusted R-squared   0.999766    S.D. dependent var    694.5419
S.E. of regression  10.63161    Akaike info criterion  7.595918
Sum squared resid  17745.88     Schwarz criterion      7.691214
Log likelihood    -610.2693    F-statistic           171737.7
Durbin-Watson stat   2.037379   Prob(F-statistic)      0.000000

Inverted AR Roots        1.01          .5     -.33-.34i    -.33+.34i
       Estimated AR process is nonstationary
```

很多情况下，序列相关是由于遗漏解释变量引起的，添加被遗漏的变量就能消除序列相关。修正序列相关的效率改善和仿真证据请参考 Rao and Griliches (1969)。

二、AR 项估计输出说明

对于含有 AR 项模型，EViews 采用 NLS 方法进行估计。请注意自回归模型中有两种残差：

1) 结构残差（structural residual）

$$u_t = y_t - \mathbf{x}_t' \mathbf{b}$$

也叫做无条件残差 (unconditional residuals)。如果预测时只考虑同期的信息，忽略 ARMA 结构中滞后的残差信息，则预测误差为 u_t。残差 u_t 一般没有关注的必要，EViews 也没有报告该残差。

2) 普通残差 e_t，即新息 (innovation)，也称为提前一期预测误差（one-period ahead forecast errors），它是我们在预测时，同时考虑了同期信息和滞后残差的预测误差。在 AR 模型中，R^2 统计量和 DW 统计量都是基于 e_t 计算的 (使用 `makeresids` 得到的是 e_t 而不是 u_t)。

EViews 还报告了倒数根（inverted root，参见第 235 页的讨论）：在 AR(1) 模型中，系数 a 是无条件残差 u_t 的自相关系数，对于平稳的 AR(1) 过程，$-1 < a < 1$。对于一般的 AR(p) 模型，平稳的条件是特征多项式的倒数根都在单位圆内（如果是复数，其模必须小于 1）。

§5.2.2 ARMA 结构

ARMA（Autoregressive moving average）是 AR 模型的更一般化模型，是式 (5.1)（第 225 页）序列相关分析的基础结构。用滞后多项式来讨论 ARMA 结构是非常方便的。

一、滞后多项式

AR(p) 模型 (第 232 页式 5.3) 用滞后算子 L 表示为

$$a(L)u_t = e_t$$

其中滞后多项式 $a(L)$ 定义为

$$a(L) \equiv 1 - a_1 L - a_2 L^2 - \cdots - a_p L^p = 1 - \sum_{l=1}^{p} a_l L^l$$

移动平均 (moving average) 模型采用预报误差 e_t 的滞后值，来进一步改善预测，MA(q) 的一般形式为

$$u_t = e_t + m_1 e_{t-1} + m_2 e_{t-2} + \cdots + m_q e_{t-q} = e_t + \sum_{j=1}^{q} m_j e_{t-j}$$

用滞后算子表示为

$$u_t = m(L) e_t$$

其中滞后多项式 $m(L)$ 定义为

$$m(L) \equiv 1 + m_1 L + m_2 L^2 + \cdots + m_q L^q = 1 + \sum_{j=1}^{q} m_j L^j$$

结合 AR(p) 和 MA(q)，我们得到 ARMA(p,q) 模型

$$u_t = a_1 u_{t-1} + a_2 u_{t-2} + \cdots + a_p u_{t-p} + e_t$$
$$+ m_1 e_{t-1} + m_2 e_{t-2} + \cdots + m_q e_{t-q}$$

写成滞后算子的形式为

$$a(L) u_t = m(L) e_t \tag{5.5}$$

补充说明：

1) 滞后多项式 $a(L)$ 的次数为 p，系数为 $-a_l$，注意其中的负号；而 $m(L)$ 的次数为 q，系数为 m_j。
2) 滞后算子 L 产生时间位移

$$L^l u_t = u_{t-l}$$

因此

$$L^0 = 1 \qquad Lc = c \qquad Lt = t-1$$

其中 c 为常数，t 为时间变量。Hamilton (1994, p25–36) 详细讨论了滞后算子。
3) 一般的计量分析是用 ARMA 模型分析回归方程的残差。事实上，序列去均值后（必要时先差分）可以直接用 ARMA 建模。
4) 我分别用 a_l 和 m_j 来表示 AR 和 MA 的系数，大部分教科书和研究文献采用希腊字母 ρ_l 和 θ_j。
5) 滞后多项式 $a(L)$ 和 $m(L)$ 中，将滞后算子改成普通变量后，分别称 $a(x)$ 和 $m(x)$ 为 AR(p) 和 MA(q) 的特征多项式 (characteristic polynomial)。

二、倒数根

EViews 报告的倒数根（inverted roots, reciprocal roots）是如下方程的根：
$$a\left(\frac{1}{x}\right) = 0 \qquad m\left(\frac{1}{x}\right) = 0$$

其中 $a(\cdot)$ 和 $m(\cdot)$ 是式 (5.5) 中 ARMA 的特征多项式。

1) EViews 中，AR 项和 SAR 决定 $a(L)$ 滞后多项式，MA 和 SMA 项产生 $m(L)$ 滞后多项式。
2) 如果 AR(p) 的特征方程的倒数根的模超过 1，表明自回归过程是发散的。
3) 如果 MA(q) 的特征方程的倒数根的模超过 1，表明移动平均过程是不可逆的，不可逆将给模型估计结果的解释和应用带来困难。应该采用不同的初始值进行重新估计，或者在估计时，不使用 MA 倒推（backcast）算法，直到找到可逆的[3]（invertable）MA 过程。
4) 如果 MA 过程存在倒数根非常接近 1，则可能是数据过度差分的结果，这样的过程将很难估计和预测，有可能的话，尝试少差分一次看看。

三、ARMA 建模方法

EViews 中 ARMA 的建模方法为：

1) 模型选择：要选择参数比较少（parsimonious，简约）的模型，利用 AIC 或者 SC 等准则，选取滞后的阶数。请注意，AR 或者 MA 的项数足够刻画相关图的特性就行了，滞后阶数并非多多益善。此外，如果怀疑因变量与其他解释变量存在滞后相关，可以检验序列间的互相关。
2) 设定检验：检查新息是否已经消除序列相关，如果还存在序列相关，说明新息还有预测能力，模型需要修订。

Box and Jenkins (1976) 建议先进行模型识别[4]（identification）：识别通过查看相关图，考察残差的自相关和偏自相关函数，选择模型的具体设定。[5] 然而，相关图的模式往往不易识别，随意性较大，当今往往采用信息准则进行模型选择 (参见第 980 页的插件 ARIMASel)。

§5.2.3 模型设定

EViews 能够估计 ARIMAX 模型，也就是式 (5.1)（第 225 页）中允许 y_t 是单整的（即差分平稳）。确切地说，ARIMAX 模型的数学表示为

$$\Delta^d y_t = \mathbf{x}'_t \mathbf{b} + u_t \tag{5.6}$$
$$u_t = a_1 u_{t-1} + a_2 u_{t-2} + \cdots + a_p u_{t-p} + e_t$$
$$+ m_1 e_{t-1} + m_2 e_{t-2} + \cdots + m_q e_{t-q}$$

---

[3]可逆定义为新息 e_t 可以用 $\{u_l, l \leqslant t\}$ 来表示，即可逆时有
$$u_t = m(L) e_t \implies e_t = [m(L)]^{-1} u_t$$
MA 模型一般要求是可逆的，这是出于预测的考虑，因为新息 e_t 不可观测。

[4]ARMA 模型的识别指的是模型设定中滞后阶数的选择，而通常讨论的识别指的是系数的识别，即系数能否被唯一地估计出来，例如联立方程的识别。

[5]如果自相关函数按几何速率衰减，偏自相关函数从滞后一阶开始变为零，则选用 AR(1) 模型是合适的。相反，如果自相关函数从滞后一阶起变为零，而偏自相关函数按几何速度衰减，则应该选用 MA(1) 模型。

其中 $\Delta^d y_t$ 表示 y_t 的 d 次差分，一般 $d = 0, 1, 2$。ARIMAX 模型通常关注的是 ARMA 结构，因此我们仍然使用 ARMA 的称呼。

从式（5.6）可以发现，EViews 的方程设定中，需要设置单整阶数 d 和回归方程的解释变量 $\mathbf{x}_t$，以及 ARMA 结构中的 AR 项和 MA 项。

一、差分算子

为了表达的方便，我们定义

$$d(y_t) \equiv (1-L)\, y_t = y_t - y_{t-1}$$

其中符号 d 称为差分算子，令

$$d(y_t, n) \equiv (1-L)^n y_t \qquad n = 1, 2, 3, \cdots$$

显然 $d(y_t, 1) = (1-L)^1 y_t = d(y_t)$，$d(y_t, n)$ 通常用来生成高阶差分，例如 (注意滞后算子的运算)

$$d(y_t, 2) = (1-L)^2 y_t = (1-2L+L^2)\, y_t = y_t - 2y_{t-1} + y_{t-2}$$

还可以将普通差分和季节差分合在一起，定义

$$d(y_t, n, s) \equiv (1-L)^n (1-L^s)\, y_t \qquad n = 0, 1, 2, \cdots \quad s = 1, 2, \cdots$$

当只有季节差分时

$$d(y_t, 0, s) = (1-L)^0 (1-L^s)\, y_t = (1-L^s)\, y_t = y_t - y_{t-s}$$

补充说明：

1) EViews 中的函数 d 对应差分算子，而且还可以进行扩展，使得 d(y,n,0) = d(y,n) 以及 d(y,0) = d(y)。此外如果 n 或者 s 取非整数值 (请避免这种情况)，将被向下取整。
2) 如果只进行季节差分，请采用 d(y,0,s) 的形式。
3) 如果需要和序列的对数打交道，EViews 还提供了函数 dlog，其一般定义为

$$\mathrm{dlog}(y_t, n, s) \equiv (1-L)^n (1-L^s) \log(y_t)$$

类似于函数 d，还有 dlog(y,n) 和 dlog(y) 的形式。

二、单整阶数

单整阶数（integration order）指的是因变量的差分次数，例如一阶单整模型是对原始序列的一阶差分进行建模。通常说的单整指随机单整，允许确定性的时间趋势，因为确定性趋势可以通过加入确定性时间变量来消除。

当模型含有单整阶数项时，EViews 有两种设置方法，一种是先产生差分的序列，另一种是采用差分项。比如要估计 ARIMA(1,1,1) 模型[6]，可以设置为

```
series dy = d(y)
equation eq01.ls dy c ar(1) ma(1)
```

另一种方式是

```
equation eq02.ls d(y) c ar(1) ma(1)
```

---

[6] 普通 ARMA(p, q) 如果有单整阶数项，就写成 ARIMA(p, d, q)，其中的 d 是差分次数。

我建议使用第二种方法，原因是预测的时候，第二种方法可以选择是预测 y 的差分还是预测 y 本身。而如果采用第一种方法，预测序列 y 则必须自己手工完成。此外，如果 eq02 中解释变量有 y 的滞后项，EViews 能知道并在预测时进行相应的处理。

三、AR 和 MA 项

EViews 使用 AR 和 MA 表达式设定方程中的 AR 和 MA 项

```
equation eq01.ls y c x ar(1) ar(2) ma(1)
```

表示的模型为

$$y_t = c_1 + c_2 x_t + u_t$$

$$u_t = c_3 u_{t-1} + c_4 u_{t-2} + e_t + c_5 e_{t-1}$$

关于 EViews 中 AR 或者 MA 表达式的使用：

1) 可以直接设置高阶项，例如

```
equation eq01.ls y c x ar(4)
```

设置的模型为

$$y_t = c_1 + c_2 x_t + u_t$$

$$u_t = c_3 u_{t-4} + e_t$$

2) 非线性模型允许有 AR 项。使用公式法设定方程时，AR 项的系数采用如下的方式指定：

```
eq01.ls y = c(1)+ [ar(1)=c(3),ar(2)=c(2)]
```

而如下的设定语句，将导致 AR 未定义的错误。

```
eq01.ls y = c(1)+ c(3)*ar(1)
```

3) 模型可以只有 MA 项，例如

```
eq01.ls y c x ma(1) ma(2)
```

得到的模型为

$$y_t = c_1 + c_2 x_t + u_t$$

$$u_t = e_t + c_3 e_{t-1} + c_4 e_{t-2}$$

4) 当前，EViews 不支持 MA 项的公式法设定，因此非线性模型不能有 MA 项。如下的代码将出错

```
eq01.ls y = c(1) +c(2)*x +[ma(1)=c(3)]
```

如下的方式导致 MA 未定义的错误。

```
eq01.ls y = c(1) +c(2)*x +c(3)*ma(1)
```

5) AR 和 MA 表达式中的滞后阶数只能使用正数，零和负数将出错，非整数将被向下取整，如 ar(1.8) 等价于 ar(1)。

6) AR 和 MA 表达式不支持 to 关键字，注意

```
eq01.ls y c x ar(2 to 4)
```

设定的结果等价于

```
eq01.ls y c x ar(2)
```

只有 AR(2) 项，而不是

```
eq01.ls y c x ar(2) ar(3) ar(4)
```

四、季节 ARMA 项

有时候，自相关函数呈现出波浪的形状，也就是常说的季节模式（seasonal pattern），例如

```
%wf = @evpath + "\Example Files\data\hs"
wfopen %wf
smpl 1983 1990
freeze(gf) hs.line
gf.legend -display
```

得到图 5.2，我们看到了很明显的季节性，季节性也体现在自相关函数的周期性中

```
hs.correl
```

得到相关图

```
                    Correlogram of HS

Date: 03/18/08    Time: 07:30
Sample: 1983M01 1990M12
Included observations: 96

   Autocorrelation    Partial Correlation         AC      PAC    Q-Stat   Prob

                                            1    0.755    0.755   56.396  0.000
                                            2    0.479   -0.209   79.397  0.000
                                            3    0.209   -0.170   83.832  0.000
                                            4   -0.037   -0.167   83.975  0.000
                                            5   -0.110    0.185   85.233  0.000
                                            6   -0.126   -0.036   86.901  0.000
                                            7   -0.116   -0.056   88.325  0.000
                                            8   -0.033    0.101   88.441  0.000
                                            9    0.183    0.442   92.051  0.000
                                           10    0.411    0.242  110.55   0.000
                                           11    0.620    0.231  153.10   0.000
                                           12    0.711    0.115  209.71   0.000
                                           13    0.525   -0.278  240.97   0.000
                                           14    0.274   -0.126  249.59   0.000
                                           15    0.038   -0.017  249.76   0.000
                                           16   -0.155   -0.046  252.59   0.000
                                           17   -0.218   -0.034  258.27   0.000
                                           18   -0.215   -0.005  263.85   0.000
                                           19   -0.192   -0.048  268.36   0.000
                                           20   -0.118   -0.149  270.10   0.000
```

当季度或者月度数据表现出明显的季节性变动时，Box and Jenkins (1976) 推荐使用季节自回归（SAR）和季节移动平均项（SMA）。EViews 中，当存在 SAR 项时，滞后算子多项式是 SAR 多项式和 AR 多项式的乘积，例如

```
eq01.ls y c x ar(1) ar(2) sar(4)
```

设定的 ARMA 方程为

$$\left(1 - a_1 L - a_2 L^2\right)\left(1 - h L^4\right) u_t = e_t$$

也就是

$$u_t = a_1 u_{t-1} + a_2 u_{t-2} + h u_{t-4} - h a_1 u_{t-5} - h a_2 u_{t-6} + e_t$$

图 5.2 季节性

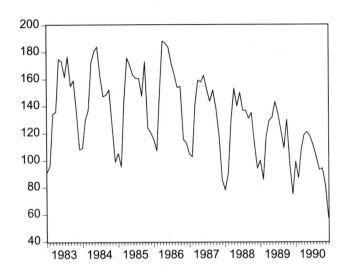

这是一个系数有非线性限制的 AR(6) 模型。类似地，SMA 项也是产生滞后多项式乘积。例如

```
eq01.ls y c x ma(1) ma(2) sma(4)
```

则得到的 ARMA 方程为

$$u_t = \left(1 + m_1 L + m_2 L^2\right)\left(1 + w L^4\right) e_t$$

等价于

$$u_t = e_t + m_1 e_{t-1} + m_2 e_{t-2} + w e_{t-4} + w m_1 e_{t-5} + w m_2 e_{t-6}$$

补充说明：

1) 请注意滞后多项式中 a_l, h, m_j 和 w 前面的符号：a_l 和 h 前面为负号。

2) EViews 中，表达式 SAR 和 SMA 的作用就是产生滞后算子多项式的乘积，多个 SAR 或者 SMA 时，进行连乘。

3) EViews 不允许 SAR 和 SMA 表达式出现在公式法的方程设定中。

五、设定方法小结

EViews 估计的 ARIMAX 模型的设定为式 (5.6)，其中

1) 因变量 y_t 的单整阶数建议用函数 d 或者 dlog 直接设定，例如 d(y) 和 d(y,2) 分别表示 1 阶和 2 阶单整。

2) 设定解释变量 $\mathbf{x}_t$，AR 项和 MA 项。

3) 如果需要使用季节项，注意 SAR 项和 SMA 项产生滞后多项式的乘积。

其他说明：

- 当前，EViews 还不支持 MA, SAR 和 SMA 表达式用于方程对象的公式法设定中。

- EViews 中，用 2SLS 估计的方程可以包含 AR 和 MA 项。但对于 NLS 估计，可以有 AR 项，当前还不支持 MA 项。有 MA 项的非线性模型可以尝试用状态空间模型（第 565 页第 12 讲）进行估计。

- 含有 ARMA 项时，无法使用加权，比如方程含有 AR 项，即使给了权重，也会被忽略掉。可以手工对数据进行加权再估计。

六、例子

利率的 ARMA 模型

```
%wf = @evpath + "\Example Files\data\macromod"
wfopen %wf
smpl 1950 1995
equation eqARMA.ls r c ar(1) sar(4) ma(1) sma(4)
```

得到估计结果为

```
Dependent Variable: R
Method: Least Squares
Date: 03/18/08   Time: 09:47
Sample: 1950Q1 1995Q4
Included observations: 184
Convergence achieved after 32 iterations
Backcast: 1948Q4 1949Q4
```

Variable	Coefficien	Std. Error	t-Statistic	Prob.
C	7.835145	1.287242	6.086769	0.0000
AR(1)	0.868779	0.039566	21.95769	0.0000
SAR(4)	0.940660	0.026313	35.74913	0.0000
MA(1)	0.582278	0.065848	8.842804	0.0000
SMA(4)	-0.960870	0.016933	-56.74495	0.0000
R-squared	0.943168	Mean dependent var		5.217192
Adjusted R-squared	0.941898	S.D. dependent var		2.986670
S.E. of regression	0.719915	Akaike info criterion		2.207432
Sum squared resid	92.77179	Schwarz criterion		2.294794
Log likelihood	-198.0837	F-statistic		742.6629
Durbin-Watson stat	2.236576	Prob(F-statistic)		0.000000
Inverted AR Roots	.98	.8	-.00+.98i	-.00-.98i
	-.98			
Inverted MA Roots	.99	.00+.99	-.00-.99i	-.58
	-.99			

说明如下：

- 由于含有 MA 项，表头报告了估计过程中使用了倒推（backcast）算法（请参考第 244 页）。
- 倒数根的模接近于 1，这是宏观数据常见的现象。
- 模型对样本很敏感，例如使用 smpl 1949 1998，估计结果将有较大的差别。
- 对应于式 (5.6)，模型的估计结果为（取四位有效数字）

$$y_t = 7.835 + u_t$$

及其 ARMA 结构

$$(1 - 0.8688L)(1 - 0.9407L^4) u_t = (1 + 0.5823L)(1 - 0.9609L^4) e_t$$

将 $u_t = y_t - 7.835$ 代入并整理得

$$y_t = 0.06101 + 0.8688 y_{t-1} + 0.9407 y_{t-4} - 0.8172 y_{t-5} \qquad (5.7)$$
$$+ e_t + 0.5823 e_{t-1} - 0.9609 e_{t-4} - 0.5595 e_{t-5}$$

练习：如果直接估计式 (5.7)

```
equation eqMA.ls r c r(-1) r(-4) r(-5) ma(1) ma(4) ma(5)
```

得到结果为

```
Dependent Variable: R
Method: Least Squares
Date: 03/18/08   Time: 10:03
Sample: 1950Q1 1995Q4
Included observations: 184
Convergence achieved after 16 iterations
Backcast: 1948Q4 1949Q4
```

Variable	Coefficien	Std. Error	t-Statistic	Prob.
C	0.222595	0.140512	1.584179	0.1149
R(-1)	0.767732	0.060160	12.76152	0.0000
R(-4)	0.496297	0.159832	3.105120	0.0022
R(-5)	-0.301255	0.159729	-1.886042	0.0609
MA(1)	0.833585	0.047696	17.47689	0.0000
MA(4)	-0.342951	0.170115	-2.015996	0.0453
MA(5)	-0.447949	0.127220	-3.521056	0.0005

R-squared	0.945849	Mean dependent var		5.217192
Adjusted R-squared	0.944013	S.D. dependent var		2.986670
S.E. of regression	0.706693	Akaike info criterion		2.180861
Sum squared resid	88.39655	Schwarz criterion		2.303169
Log likelihood	-193.6392	F-statistic		515.2687
Durbin-Watson stat	2.285337	Prob(F-statistic)		0.000000

| Inverted MA Roots | .82 | .04-.82 | .04+.82i | -.87+.26i |
| | -.87-.26i | | | |

两种估计结果差别较大，请问这是为什么？如何解释？

提示：最重要的是设定上的差别，式（5.7）为非限制模型，可以看到其估计结果中对数似然值比较大。由于不同的方程设定，估计时使用的默认初始值也不同。此外，如果使用倒推算法，又将带来计算上的差异。

练习：计算第 232 页式 (5.4) 的结构残差 u_t，请问其均值为零吗？如何解释？

提示：u_t 是发散过程。

§5.3 估计和诊断

ARMA 模型通常采用 ML (maximum likelihood, 最大似然) 估计或者 NLS (non-linear least-squares, 非线性最小二乘) 估计，两种估计方法一般都只能使用数值计算方法。EViews 中使用 NLS 估计 ARMA 模型[7]，特别提供了 MA 项的倒推算法。此外，模型估计完成后，EViews 还提供了倒数根、干扰的相关图，以及新息的脉冲响应等 ARMA 结构的诊断视图。

§5.3.1 估计方法

在 EViews 中，ARMA 模型的估计采用 NLS 估计，一般都能顺利完成，不需要人工介入。EViews 还是提供了众多估计选项（参考第 959 页 §C.2 节），如修改最大迭代次数和收敛准则，以控制迭代的过程。在计算导数时，选择是解析求导还是数值求导，如果选择数值求导方法，还可以进一步指定是采用精确的方法还是快速的。

一、初始值的设定

EViews 在估计 ARMA 模型时，能够自动选取初始值，因此大部分情况下，我们不必关心初始值的问题。但以下几种情况，我们可能需要设定初始值：

- 有时候还没有收敛，却达到最大迭代次数而停止迭代。
- 我们想用其他初始值，以查看估计值是不是全局最优的。
- 有时候我们对参数有很好的先知先觉，想加快 EViews 的计算过程。

自行设定初始值时，需要了解 EViews 估计 ARMA 模型时的系数约定：

1) 使用内建的系数对象 C，先分配给解释变量，按给出的顺序排列；
2) 然后是方程设定中的所有 AR 项，按给出的顺序排列；
3) 接着依次归类 SAR 项，MA 项和 SMA 项，同一类别中，按出现的顺序排列。

这个规则不用记，我们可以用命令 spec (或 representations) 查看系数的对应关系，例如

```
%wf = @evpath + "\Example Files\data\cs"
wfopen %wf
smpl 1948q3 1988q4
equation eq01.ls cs sma(4) c ar(1) ma(2) gdp ma(1)
eq01.representations
```

得到系数在系数对象 C 中的安排为

```
CS = C(1) + C(2)*GDP + [AR(1)=C(3),MA(2)=C(4),MA(1)=C(5),
     SMA(4)=C(6),BACKCAST=1948Q3]
```

表示的模型为

$$CS_t = c_1 + c_2 GDP_t + u_t$$

$$(1 - c_3 L) u_t = (1 + c_4 L^2 + c_5 L)(1 + c_6 L^4) e_t$$

注意滞后多项式 $a(L)$ 中的系数符号为负号，因此 c_3 前有负号。

---

[7] 如果将 ARMA 模型转换为状态空间模型，则使用 ML 估计。状态空间模型更加灵活，能估计随机参数的 ARMAX 模型，请参考第 565 页第 12 讲的讨论。

练习：请使用系数向量 c 写出如下方程设定的模型，其中的 ARMA 结构用滞后多项式表示。

```
equation eq01.ls y sma(4) c ar(3) ma(2) ar(1) x ma(1) sar(12) sar(4)
```

修改初始值实际上是设置系数向量 c 的值，有如下几种方法：

1) 将初始值设置为默认初始值[8]的百分比，例如选项 s=0.8，表示将初始值设置为默认初始值的 80%。也可以把所有初始值都设置为零。
2) 直接用赋值语句修改系数向量 c，每个赋值语句只能修改一个系数的初始值。
3) 使用 param 命令给定初始值：根据 EViews 中估计 ARMA 模型的系数约定，如下三种设定的系数顺序相同：

```
equation eq01.ls y c x ma(2) ma(1) sma(4) ar(1)
equation eq01.ls y sma(4) c ar(1) ma(2) x ma(1)
equation eq01.ls y c x ar(1) ma(2) ma(1) sma(4)     'recommend
```

我们可以给定初始值为

```
param c(1) 9 c(2) 0.8 c(3) 0.5 c(4) 0.4 c(5) 0.6 c(6) 0.1
```

4) 用其他方程对象的系数估计作为初始值，例如

```
eq00.updatecoefs
```

二、AR 模型的估计

教科书中，AR 模型的估计一般用多步方法，比如 Greene (2003, p273–277) 介绍的 Cochrane-Orcutt 方法、Prais-Winsten 方法、Hatanaka 和 Hildreth-Lu 方法等。这些方法的好处是使用标准线性回归的方法，但如果含有滞后因变量或者高阶 AR 项时，将有问题。EViews 用 NLS 方法估计 AR 模型，明显的优点是方便解决内生变量问题，且很容易扩展到非线性模型。当然 NLS 估计量只能是渐近有效的（渐近等价于极大似然估计）。

例如，估计 AR(1) 模型时，EViews 将线性模型

$$y_t = \mathbf{x}_t' \mathbf{b} + u_t$$

$$u_t = a u_{t-1} + e_t$$

转换为

$$y_t = a y_{t-1} + (\mathbf{x}_t - a \mathbf{x}_{t-1})' \mathbf{b} + e_t$$

然后用 Marquardt 算法进行 NLS 估计，同时估计出 $\mathbf{b}$ 和 a。对于含有 AR(1) 的非线性模型

$$y_t = f(\mathbf{x}_t, \mathbf{b}) + u_t$$

$$u_t = a u_{t-1} + e_t$$

EViews 将其转化为

$$y_t = f(\mathbf{x}_t, \mathbf{b}) + a \cdot (y_{t-1} - f(\mathbf{x}_{t-1}, \mathbf{b})) + e_t$$

然后再进行估计。

对于包含高阶 AR 的方程，其转化方式类似。

---

[8] EViews 估计 ARMA 模型时，默认初始值的设置过程为：先剔除模型的 ARMA 结构，然后将 OLS 或者 2SLS 估计得到的结果作为初始值。

三、MA 项倒推法

有 MA 项时，缺省下 EViews 将采用倒推 (backcast) 算法计算样本前的新息值 (pre-sample innovations，参见 Box and Jenkins, 1976)。例如，估计 MA(q) 模型时

$$y_t = \mathbf{x}_t'\mathbf{b} + u_t$$

$$u_t = e_t + m_1 e_{t-1} + m_2 e_{t-2} + \cdots + m_q e_{t-q}$$

给定初始值 $\mathbf{b}$ 和 $\mathbf{m}$，其倒推过程为：

1) EViews 先得到无条件残差 $u_t, t = 1, 2, 3, \cdots, T$。
2) 使用倒推计算

$$e_t = u_t - (m_1 e_{t+1} + m_2 e_{t+2} + \cdots + m_q e_{t+q}) \quad t = T, T-1, \cdots, 1, 0, -1, \cdots, -(q-1)$$

启动倒推过程时，取样本外的新息为零，即

$$e_{T+1} = e_{T+2} = \cdots = e_{T+q} = 0$$

得到 e_t 的样本前 q 项的值：$e_{-(q-1)}, e_{-(q-2)}, \cdots, e_{-1}, e_0$。

3) 向前迭代得到完整的新息序列，即

$$e_t = u_t - (m_1 e_{t-1} + m_2 e_{t-2} + \cdots + m_q e_{t-q}) \quad t = 1, 2, \cdots, T$$

4) 通过最小化新息的平方和

$$\min \sum_{t=1}^{T} e_t^2 = \min_{\mathbf{b},\mathbf{m}} \sum_{t=1}^{T} (\mathbf{x}_t'\mathbf{b} + m_1 e_{t-1} + m_2 e_{t-2} + \cdots + m_q e_{t-q} - y_t)^2$$

得到新的 $\mathbf{b}$ 和 $\mathbf{m}$。

5) 回到第一步，迭代和优化过程一直重复，直到 $\mathbf{b}$ 和 $\mathbf{m}$ 的值收敛。

关于倒推过程：

- 对比 MA(q) 方程和倒推的公式，系数 m_l 不变，只是将滞后项 $m_l e_{t-l}$ 改成超前项 $m_l e_{t+l}$。
- 如果方程包含 AR 项，在倒推之前，Eviews 采用准差分方法消除序列相关。只要有 AR 项，样本都要进行调整，即估计时的样本从 $t = 1$ 开始调整成从 $t = p+1$ 开始。
- 如果不使用倒推，则 EViews 取样本前（presample）的新息为零，即

$$e_{-(q-1)} = e_{-(q-2)} = \cdots = e_0 = 0$$

然后前向迭代得到整个新息序列。

四、处理估计时的问题

EViews 采用 NLS 方法估计 ARMA 模型，我们仍然强调尝试其他初始值的重要性。除了一般 NLS 估计时需要注意的问题以外，还要注意估计 ARMA 模型时特有的问题：

- 含有 MA 项模型的估计是极其困难的。因此，要尽量避免高阶的 MA 项，包含了许多 MA 项将损失很多自由度，并且会牺牲估计的稳定性和可靠性。
- 如果 MA 过程的倒数根的模接近 1，估计将更加困难。有可能是过度差分引起的，可能的话，请减少差分次数重新估计。
- 最后，没有办法的办法，如果问题老是解决不了，尝试一下禁止倒推算法 (选项 z)。

五、例子

继续第 240 页的例子,对式 (5.7) 尝试修改估计选项:

```
equation eqL5.ls(deriv=aa,z,s=0.8,showopts) r c r(-1) r(-4) r(-5) _
    ma(1) ma(4) ma(5)
```

得到估计结果为

```
Dependent Variable: R
Method: Least Squares
Date: 03/18/08   Time: 13:34
Sample: 1950Q1 1995Q4
Included observations: 184
Estimation settings: tol= 0.00010, derivs=analytic (linear)
MA derivatives use accurate numeric methods
Initial Values: C(1)=1.24832, C(2)=0.79092, C(3)=0.04517, C(4)=
     -0.07272, C(5)=0.00250, C(6)=0.00250, C(7)=0.00250
Convergence achieved after 15 iterations
Backcast: OFF
```

Variable	Coefficien	Std. Error	t-Statistic	Prob.
C	0.217262	0.138038	1.573931	0.1173
R(-1)	0.768765	0.060091	12.79326	0.0000
R(-4)	0.492949	0.162305	3.037181	0.0027
R(-5)	-0.298237	0.162098	-1.839855	0.0675
MA(1)	0.832147	0.047775	17.41794	0.0000
MA(4)	-0.339718	0.172425	-1.970243	0.0504
MA(5)	-0.445047	0.128669	-3.458864	0.0007
R-squared	0.945814	Mean dependent var		5.217192
Adjusted R-squared	0.943977	S.D. dependent var		2.986670
S.E. of regression	0.706918	Akaike info criterion		2.181498
Sum squared resid	88.45284	Schwarz criterion		2.303805
Log likelihood	-193.6978	F-statistic		514.9221
Durbin-Watson stat	2.285435	Prob(F-statistic)		0.000000
Inverted MA Roots	.81	.04-.82	.04+.82i	-.87+.26i
	-.87-.26i			

表头报告了估计的选项设置,初始值,以及估计过程关闭了倒推算法等信息。

§5.3.2 模型诊断

EViews 提供了一些对 ARMA 结构进行诊断检验的视图,如倒数根、干扰的相关图以及新息的脉冲响应分析。此外,还提供了对普通残差 e_t 进行序列相关检验的方程对象视图。

一、倒数根

如果 ARMA 过程是平稳的,要求 AR 特征多项式(characteristic polynomial)的倒数根全部位于单位圆之内。如果 ARMA 过程是可逆的,要求 MA 特征多项式的倒数根全部位于单位圆之内。EViews 中查看倒数根,有图和表两种视图,以第 240 页估计的方程对象 eqARMA 为例:

```
eqARMA.arma(type=root)
```

得到倒数根分布图

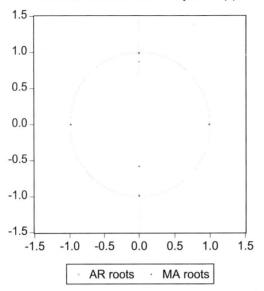

倒数根都很接近单位圆。如果要查看倒数根的表格视图

```
eqARMA.arma(type=root,t)
```

得到如下表格

```
Inverse Roots of AR/MA Polynomial(s)
Specification: R C AR(1) SAR(4) MA(1) SMA(4)
Date: 03/18/08   Time: 10:03
Sample: 1950Q1 1995Q4
Included observations: 184
```

AR Root(s)	Modulus	Cycle
-0.984823	0.984823	
-2.19e-16 ± 0.984823i	0.984823	4.000000
0.984823	0.984823	
0.868779	0.868779	

No root lies outside the unit circle.
ARMA model is stationary.

MA Root(s)	Modulus	Cycle
0.990071	0.990071	
-0.990071	0.990071	
-2.78e-16 ± 0.990071i	0.990071	4.000000
-0.582278	0.582278	

No root lies outside the unit circle.
ARMA model is invertible.

对于复数根，EViews 还报告周期 (cycle)：假设复数根 (总是成对的) 为 $a \pm bi$，$\text{atan}(\cdot)$ 为反正切函数，则周期定义为 $2\pi/\text{atan}(b/a)$。

二、干扰的相关图

结构残差（structural residuals）的相关图，即无条件残差 u_t 的相关图。

```
freeze(gfa) eqARMA.arma(type=acf,hrz=24)
gfa.legend -inbox position(4,0.2) columns(1)
gfa.align(1,1,1)
```

其中选项 hrz=24 设置最大滞后阶数为 24。得到图形为

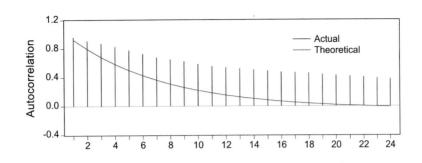

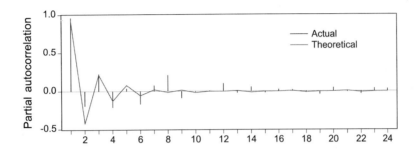

其中的理论值是从模型估计出来的 ARMA 结构计算的。还可以查看表格视图

```
eqARMA.arma(type=acf,t)
```

得到如下表格

```
Actual and ARMA Model Correlogram
Specification: R C AR(1) SAR(4) MA(1) SMA(4)
Date: 03/18/08   Time: 10:03
Sample: 1950Q1 1995Q4
Included observations: 184
```

	Autocorrelation				Partial Autocorrelation		
	Actual	Model	Difference		Actual	Model	Differenc
0	1.000	1.000	0.000	0	1.000	1.000	0.000
1	0.960	0.926	0.034	1	0.960	0.926	0.034
2	0.907	0.797	0.110	2	-0.190	-0.422	0.232
3	0.871	0.684	0.187	3	0.224	0.216	0.008
4	0.828	0.585	0.243	4	-0.208	-0.126	-0.082
5	0.780	0.501	0.279	5	0.034	0.078	-0.044
6	0.727	0.428	0.299	6	-0.167	-0.056	-0.111
7	0.677	0.364	0.313	7	0.073	0.020	0.053
8	0.648	0.308	0.340	8	0.208	-0.015	0.224
9	0.621	0.261	0.360	9	-0.088	0.014	-0.102
10	0.584	0.220	0.364	10	-0.005	-0.019	0.013
11	0.554	0.183	0.370	11	0.003	-0.001	0.004
12	0.535	0.152	0.384	12	0.099	-0.003	0.102
13	0.520	0.125	0.395	13	-0.022	0.006	-0.028
14	0.506	0.103	0.403	14	0.053	-0.014	0.067
15	0.489	0.082	0.407	15	-0.019	-0.004	-0.015
16	0.474	0.064	0.410	16	0.022	-0.001	0.023
17	0.467	0.050	0.418	17	0.016	0.005	0.011
18	0.458	0.037	0.421	18	-0.015	-0.013	-0.002
19	0.441	0.026	0.416	19	-0.039	-0.004	-0.035
20	0.427	0.015	0.412	20	0.043	-0.001	0.044
21	0.417	0.008	0.409	21	-0.005	0.005	-0.010
22	0.403	0.001	0.402	22	-0.033	-0.012	-0.021
23	0.389	-0.005	0.394	23	0.037	-0.004	0.041
24	0.377	-0.011	0.388	24	0.030	-0.001	0.031

请注意，图形视图的滞后从第一期开始，而表格视图的滞后则从第零期开始。

三、脉冲响应

ARMA 结构的脉冲响应（impulse response）反映的是新息 e_t 受到冲击时，系统的响应

```
freeze(gfi) eqARMA.arma(type=imp,hrz=24)
gfi.align(1,1,1)
```

默认冲击强度为 e_t 的一个标准差，选项 `hrz=24` 设置最大时期数。得到图 5.3，其中：

- 脉冲响应是新息受到一次冲击的响应过程，而累积脉冲响应是持续受到相同强度冲击的响应 (也称为阶跃响应，step response)。冲击强度可以使用选项 `imp=` 进行设置。
- 如果 ARMA 过程是稳定的，那么脉冲响应将衰减为零，而阶跃响应将趋近于渐近值（图形中的水平虚线）。
- 如果 ARMA 过程不稳定，脉冲响应是发散的。
- 如果是一个高度持续的 (接近单位根) 稳定过程，当时期数较少时，渐近线可能没有标出。

脉冲响应也提供表格视图

```
eqARMA.arma(type=imp,t)
```

得到如下表格

```
ARMA Impulse Response
Specification: R C AR(1) SAR(4) MA(1) SMA(4)
Date: 03/18/08   Time: 10:03
Sample: 1950Q1 1995Q4
Included observations: 184

 Period    Response    Std.Err.      Accumulated    Std.Err.

    1      0.719915    (0.03753)      0.719915     (0.03753)
    2      1.044639    (0.07204)      1.764554     (0.10337)
    3      0.907561    (0.08136)      2.672115     (0.17612)
    4      0.788470    (0.09805)      3.460585     (0.26243)
    5      0.670457    (0.11178)      4.131042     (0.36283)
    6      0.574008    (0.12154)      4.705049     (0.47411)
    7      0.498686    (0.12671)      5.203735     (0.59239)
    8      0.433248    (0.12884)      5.636984     (0.71414)
    9      0.362711    (0.12876)      5.999695     (0.83658)
   10      0.307147    (0.12639)      6.306841     (0.95717)
   11      0.266843    (0.12125)      6.573684     (1.07384)
   12      0.231828    (0.11539)      6.805511     (1.18546)
   13      0.188533    (0.11065)      6.994044     (1.29193)
   14      0.156297    (0.10476)      7.150342     (1.39229)
   15      0.135788    (0.09665)      7.286130     (1.48561)
   16      0.117970    (0.08892)      7.404099     (1.57170)
   17      0.090380    (0.08474)      7.494479     (1.65254)
   18      0.071469    (0.07943)      7.565948     (1.72701)
   19      0.062090    (0.07138)      7.628038     (1.79463)
   20      0.053943    (0.06411)      7.681981     (1.85585)
   21      0.035473    (0.06259)      7.717454     (1.91274)
   22      0.024185    (0.05924)      7.741639     (1.96480)
   23      0.021012    (0.05214)      7.762651     (2.01123)
   24      0.018254    (0.04590)      7.780905     (2.05253)
   25      0.005144    (0.04749)      7.786049     (2.09123)

   LR      0.000000    (0.00000)      5.724328     (2.87139)
```

表格最后的 LR 行报告了渐近值及其标准差估计。

四、残差相关性检验

如果 ARMA 模型的设定是正确的，那么其残差 e_t 应该接近白噪声，也就是说，残差不应该存在序列相关。否则，模型需要进一步修正。

图 5.3 脉冲响应

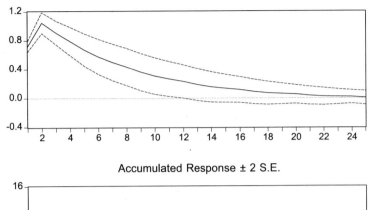

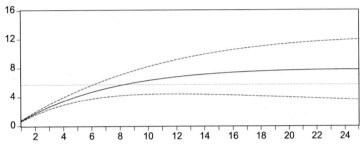

ARMA 模型的方程对象中，相关图报告了残差 e_t 的自相关检验(参见第 228 页 §5.1.2 节)

```
eqARMA.correl(12)
```

得到残差的相关图以及 Ljung-Box Q 如下：

```
                    Correlogram of Residuals

Date: 03/18/08   Time: 10:03
Sample: 1950Q1 1995Q4
Included observations: 184
Q-statistic probabilities adjusted for 4 ARMA term(s)
```

Autocorrelation	Partial Correlation		AC	PAC	Q-Stat	Prob
		1	-0.119	-0.119	2.6385	
		2	-0.119	-0.135	5.3214	
		3	0.216	0.190	14.141	
		4	0.023	0.060	14.241	
		5	0.055	0.119	14.824	0.000
		6	0.162	0.163	19.852	0.000
		7	-0.305	-0.294	37.842	0.000
		8	0.117	0.056	40.488	0.000
		9	0.110	-0.010	42.874	0.000
		10	-0.010	0.135	42.894	0.000
		11	-0.127	-0.145	46.078	0.000
		12	0.068	0.060	46.996	0.000

检验结果表明，残差不是白噪声。由于检验的是 ARMA 模型的残差 e_t，表头报告了 Ljung-Box Q 统计量的自由度进行了相应调整。不妨也看一下 Breusch-Godfrey LM 检验

```
eqARMA.auto(12)
```

检验结果为 42.95[0.0000]，强烈拒绝无自相关的假设，表明模型的设定还需要修改。

§5.4 小结

关键词

序列相关	新息	自协方差
相关图	自相关	偏自相关
DW 检验	Ljung-Box Q 检验	Breusch-Godfrey LM 检验
互相关	AR(p)	MA(q)
ARMA 模型	特征多项式	倒数根
可逆的	倒推算法	脉冲响应

命令

ARMA 模型的估计命令为 `ls` 或者 `tsls`，采用 NLS 估计，选项 `z` 禁止 MA 项的倒推算法。此外

1) `correl` 命令产生相关图，报告自相关和偏自相关系数，并进行 Ljung-Box Q 检验。
2) `auto` 命令进行序列相关的 Breusch-Godfrey LM 检验。
3) 群对象的 `cross` 命令产生互相关图。
4) 表达式 `AR`, `SAR`, `MA` 和 `SMA` 用来设定 ARMA 结构。
5) 命令 `spec` (或 `representations`) 可以查看 ARMA 模型方程设定的系数安排。
6) `arma` 命令对 ARMA 结构进行诊断，提供了特征多项式的倒数根 (`type=root`)、干扰的相关图 (`type=acf`)，以及新息的脉冲响应 (`type=imp`)。

要点

1) 序列相关描述的是线性的相关关系，不存在序列相关并不表示没有序列依赖。
2) EViews 估计的 ARMA 模型的设定为式 (5.6) (第 235 页)，请注意区分结构残差 u_t 和普通残差 e_t。
3) EViews 的方程对象进行设定 ARMA 模型时，单整阶数项的设置，建议使用函数 `d` 或者 `dlog`。此外，要注意滞后多项式中，系数的正负号。
4) 特殊表达式中的 `SAR`, `MA` 和 `SMA` 只能出现在名单法的方程设定中，表达式 `SAR` 和 `SMA` 的作用是产生滞后算子多项式的乘积。
5) EViews 使用 NLS 方法估计 ARMA 模型。如果要自行设定初始值，请注意 EViews 估计 ARMA 模型时的系数安排。
6) 含有 MA 项模型的估计是极其困难的。因此，要尽量避免高阶的 MA 项。
7) ARMA 结构的脉冲响应刻画了新息 e_t 受到冲击时，系统的响应过程。
8) 命令 `correl` 和 `auto` 是序列的视图，也是方程的视图。作为方程的视图时，检验的是方程的残差序列。对于 ARMA 模型的方程对象，则检验普通残差 e_t 是否序列相关。

参考文献

Box, George E. P. and Gwilym M. Jenkins, 1976. *Time Series Analysis: Forecasting and Control*, Revised Edition. Holden-Day, Oakland, CA

Breusch, T. S., 1978. Testing for Autocorrelation in Dynamic Linear Models. *Australian Economic Papers*, 17: 334–355

Dezhbaksh, Hashem, 1990. The Inappropriate Use of Serial Correlation Tests in Dynamic Linear Models. *Review of Economics and Statistics*, 72:126–132

Durbin, J. and G. S. Watson, 1950. Testing for Serial Correlation in Least Squares Regression: I. *Biometrika*, 37: 409–428

Durbin, J. and G. S. Watson, 1951. Testing for Serial Correlation in Least Squares Regression: II. *Biometrika*, 38: 159–177

Durbin, J. and G. S. Watson, 1971. Testing for Serial Correlation in Least Squares Regression: III. *Biometrika*, 58:1–19

Farebrother, R. W., 1980. The Durbin-Watson Test for Serial Correlation when there is no Intercept in the Regression. *Econometrica*, 48:1553–1563

Godfrey, L. G., 1978. Testing Against General Autoregressive and Moving Average Error Models when the Regressors Include Lagged Dependent Variables. *Econometrica*, 46:1293–1301

Greene, William H., 2003. *Econometric Analysis*, 5/e. Prentice Hall, New York

Gujarati, Damodar N., 2003. *Basic Econometrics*, 4/e. McGraw-Hill, New York

Hamilton, James D., 1994. *Time Series Analysis*. Princeton University Press, Princeton, NJ

Hayashi, Fumio, 2000. *Econometrics*. Princeton University Press, Princeton, NJ

Ljung, G.M. and G.E.P. Box, 1978. On a Measure of Lack of Fit in Time Series Models. *Biometrika*, 66:297–303

Rao, P. and Z. Griliches, 1969. Small Sample Properties of Several Two-Stage Regression Methods in the Context of Auto-Correlated Errors. *Journal of the American Statistical Association*, 64:253–272

第 6 讲

ARCH 模型

经济计量学中对条件均值进行建模是最常见的，而对条件方差进行建模，即波动率 (volatility) 模型，直到 20 个世纪 80 年代才开始引起广泛的关注。其中一个重要的原因是计算机技术的进步：随着计算机运算和海量数据吞吐能力的提高，加速了金融交易数据的记录和积累，极大促进了经济计量实证计算和理论分析的发展，特别是金融市场方面计量分析的进步。

资产的定价离不开对风险的准确把握，因此对波动率的建模和预测注定是金融领域业界人士的日常工作和学术界研究的重要课题，例如：

- 分析资产的风险和期权定价。
- 预测的置信区间可能是时变的，要得到更好的预测，需要对误差的方差进行建模分析。
- 更好的处理异方差的情况，得到更有效的估计量。

对于大多数金融资产（如股票和外汇等）的收益率，往往表现出波动群集 (volatility clusting) 的现象，即市场出现大起大落时，随后往往也跌宕起伏，而如果市场风平浪静，其后的表现往往也海不扬波。这种大的波动聚集在一起，小的波动也会集在一起的现象，表明波动率存在相关性。此外，这种相关性是高度持续的，这些模式事实 (stylized facts) 蕴涵了信息对金融市场的影响过程。因此，方差或者标准差（波动率）的模型在金融市场中有广泛的应用。

"数据驱动建模"是现代经济计量方法的重要特征，从金融市场实际运行出发的波动率模型是其中典型的例子。波动率模型分为两大类，ARCH 模型和随机波动率 (stochastic volatility) 模型，本讲讨论 ARCH 模型。本讲中，ARCH 模型泛指 Engle (1982) 提出的 ARCH(p) 模型及其各种扩展模型。本讲从 ARCH 模型的一般设定开始，介绍条件均值方程，条件方差方程，标准化残差的分布和似然函数。然后讨论 GARCH 模型，分析该模型是如何描述波动群集和波动持续的，并结合实际的金融市场数据进行建模分析。随后，讨论非对称 ARCH 模型是如何刻画好消息和坏消息对金融市场的非对称影响的。最后，介绍其他一些有意思的 ARCH 模型。

§6.1 概览

经济计量学界对 ARCH 模型并没有统一的定义，在不同的研究文献和软件实现中，方程的设定形式和/或参数的限制条件等往往存在或多或少的差异。本讲对 ARCH 模型的阐述，将紧密结合 EViews 的具体实现来展开。

ARCH 模型的设定包含了均值方程、方差方程和标准化残差分布的设定。本节介绍 ARCH 模型设定中各部分的具体含义后，讨论了常用的标准化残差分布以及 ARCH 模型的估计方法。

§6.1.1 模型设定

对于（严）平稳的时间序列 $\{y_t\}$，假设

$$y_t = \mu_t + e_t \tag{6.1}$$
$$\mu_t = \mu\left(\mathbb{I}_{t-1}, \mathbf{x}_t\right)$$
$$e_t = \sqrt{h_t} z_t$$
$$h_t = h\left(\mathbb{I}_{t-1}, \mathbf{x}_t\right)$$

其中 $\mathbf{x}_t$ 是外生解释变量，$\mathbb{I}_t$ 为 t 时刻的信息集 ($\mathbb{I}_t = \{y_t, \mathbf{x}_t, \mathbb{I}_{t-1}\}$，初始信息集为 $\mathbb{I}_0$)。$\mu(\cdot)$ 和 $h(\cdot)$ 为定义在信息集 $\mathbb{I}_{t-1}$ 和 $\mathbf{x}_t$ 上的函数，$\{z_t\}$ 是鞅差分序列 (Martingale Difference Sequence, MDS)，即

$$\mathrm{E}\left(z_t | \mathbb{I}_{t-1}, \mathbf{x}_t\right) = 0$$

并且我们将其条件方差标准化，即

$$\mathrm{E}\left(z_t^2 | \mathbb{I}_{t-1}, \mathbf{x}_t\right) = 1$$

模型 (6.1) 中，

- μ_t 描述的是序列的条件均值，因为

$$\begin{aligned}
\mathrm{E}(y_t | \mathbb{I}_{t-1}, \mathbf{x}_t) &= \mathrm{E}(\mu_t + e_t | \mathbb{I}_{t-1}, \mathbf{x}_t) \\
&= \mathrm{E}(\mu_t | \mathbb{I}_{t-1}, \mathbf{x}_t) + \mathrm{E}(e_t | \mathbb{I}_{t-1}, \mathbf{x}_t) \\
&= \mu_t + \mathrm{E}\left(\sqrt{h_t} z_t \big| \mathbb{I}_{t-1}, \mathbf{x}_t\right) \\
&= \mu_t + \sqrt{h_t} \, \mathrm{E}\left(z_t | \mathbb{I}_{t-1}, \mathbf{x}_t\right) \\
&= \mu_t
\end{aligned}$$

在金融时间序列分析时，为了方便，一般就假设为常数。

- h_t 描述的是序列的条件方差

$$\begin{aligned}
\mathrm{var}(y_t | \mathbb{I}_{t-1}, \mathbf{x}_t) &= \mathrm{E}\left((y_t - \mathrm{E}(y_t | \mathbb{I}_{t-1}, \mathbf{x}_t))^2 \big| \mathbb{I}_{t-1}, \mathbf{x}_t\right) \\
&= \mathrm{E}\left((y_t - \mu_t)^2 \big| \mathbb{I}_{t-1}, \mathbf{x}_t\right) \\
&= \mathrm{E}\left(e_t^2 \big| \mathbb{I}_{t-1}, \mathbf{x}_t\right) = \mathrm{E}\left(h_t z_t^2 \big| \mathbb{I}_{t-1}, \mathbf{x}_t\right) \\
&= h_t \, \mathrm{E}\left(z_t^2 \big| \mathbb{I}_{t-1}, \mathbf{x}_t\right) \\
&= h_t
\end{aligned}$$

这是本讲关注的重点，将在后续小节中展开讨论。

- e_t 是普通残差，由于

$$e_t = \sqrt{h\left(\mathbb{I}_{t-1}, \mathbf{x}_t\right)}\, z_t$$

e_t 存在条件异方差。如果条件均值方程 $\mu_t = \mu\left(\mathbb{I}_{t-1}, \mathbf{x}_t\right)$ 包含了 ARMA 结构，模型 (6.1) 的设定中，e_t 对应于模型 (5.1)(第 225 页) 中的 e_t。请注意模型 (5.1) 只涉及条件均值的设定，并且假定 e_t 是条件同方差的。

- z_t 称为标准化误差，因为

$$z_t = \frac{e_t}{\sqrt{h_t}} = \frac{y_t - \mu_t}{\sqrt{h_t}}$$

可以用它进一步来描述高阶条件矩。

标准化残差 z_t 为鞅差分序列时，z_t 允许存在序列依赖，甚至条件分布是时变的，这一类波动率模型称为**弱式 ARCH** (weak ARCH)。[1] 在 §6.5.2 节 (第 285 页) 介绍的 ARCD 模型 (z_t 的条件分布是时变的) 就是典型的弱式 ARCH 模型。如果进一步假设

$$z_t \sim \text{iid}\,(0, 1)$$

即均值和方差分别为 0 和 1 的独立同分布序列 (不要求是正态分布)，z_t 不存在序列依赖，这一类模型称为**强式 ARCH** (strong ARCH)。当前，EViews 的 `arch` 命令只提供强式模型的估计。

§6.1.2 标准化残差分布

在 GARCH 模型的分析中，标准化误差 $z_t \sim \text{iid}\,(0, 1)$，常用的分布有标准正态分布，标准化 t 分布，以及标准化广义误差分布等。

一、正态分布

标准正态分布的密度函数为

$$f(z) = \frac{1}{\sqrt{2\pi}} e^{-z^2/2} \qquad -\infty < z < +\infty$$

均值为 0，方差为 1。

二、t 分布

记 Gamman 函数[2]为 $\Gamma(\cdot)$，则 t 分布的密度函数为

$$y = f(x; v) = \frac{\Gamma\left(\frac{v+1}{2}\right)}{\Gamma\left(\frac{v}{2}\right)} \frac{1}{\sqrt{v\pi}} \left(1 + \frac{x^2}{v}\right)^{-\frac{v+1}{2}}$$

---

[1] Drost and Nijman (1993) 将 ARCH 模型分为三类，弱式、半强式和强式。本讲的弱式和强式分别对应其半强式和强式。

[2] Gamma 函数定义为

$$\Gamma(v) = \int_0^{+\infty} x^{v-1} e^{-x}\, dx \qquad v > 0$$

有迭代公式

$$\Gamma(v+1) = v\Gamma(v)$$

并且

$$\Gamma(1) = 1 \qquad \Gamma\left(\frac{1}{2}\right) = \sqrt{\pi}$$

此外，还可以扩展到 $v < 0$ 的情况。更多的讨论参见 http://en.wikipedia.org/wiki/Gamma_function。

当自由度 $v=1$ 时，t 分布是 Cauchy 分布，均值不存在；当自由度 $v>1$ 时，其均值为零；当自由度 $v>2$ 时，其方差为 $v/(v-2)$；当 $v\to+\infty$ 时，t 分布趋近于正态分布。

将 t 分布标准化，令
$$z = x \cdot \sqrt{\frac{v-2}{v}} \qquad v>2$$
得到
$$f(z;v) = \frac{\Gamma\left(\frac{v+1}{2}\right)}{\Gamma\left(\frac{v}{2}\right)} \frac{1}{\sqrt{(v-2)\pi}} \left(1 + \frac{z^2}{v-2}\right)^{-\frac{v+1}{2}} \qquad -\infty < z < +\infty \tag{6.2}$$
标准化的 t 分布的均值为 0，方差为 1，但要求自由度 $v>2$。

三、广义误差分布

广义误差分布的密度函数为
$$f(x;r) = \frac{r\left(\Gamma(3/r)\right)^{\frac{1}{2}}}{2\left(\Gamma(1/r)\right)^{\frac{3}{2}}} \exp\left(-|x|^r \left(\frac{\Gamma(3/r)}{\Gamma(1/r)}\right)^{\frac{r}{2}}\right) \qquad -\infty < x < +\infty$$
其中描述分布尾部特性的参数 $r>0$。当 $r=2$ 时，广义误差分布是正态分布；当 $r<2$ 则分布厚尾。

将广义误差分布进行标准化，得到密度函数
$$f(z;r) = 2^{-(r+1)/r} \frac{lr}{\Gamma(1/r)} \exp\left(-\frac{1}{2}|lz|^r\right)$$
其中，常数 l 为
$$l = 2^{1/r} \left(\frac{\Gamma(3/r)}{\Gamma(1/r)}\right)^{1/2}$$
标准化的广义误差分布均值为 0，方差为 1。注意到当 $r=2$ 时，$l=1$，$f(z;2)$ 为标准正态分布的概率密度函数。

此外，对于标准化的广义误差分布
$$\mathrm{E}(|z|) = \frac{\Gamma(2/r)}{\sqrt{\Gamma(1/r)\Gamma(3/r)}}$$
其中的特例标准正态 ($r=2$)
$$\mathrm{E}(|z|) = \sqrt{2/\pi}$$

练习：请做出这些分布函数的图形。

§6.1.3 对数似然函数

从模型 (6.1) 的设定我们看到，完整的 ARCH 模型设定包含三部分：
1) 均值方程 $\mu_t = \mu(\mathbb{I}_{t-1}, \mathbf{x}_t)$；
2) 方差方程 $h_t = h(\mathbb{I}_{t-1}, \mathbf{x}_t)$；
3) 标准化残差 z_t 的分布。

ARCH 模型的估计通常采用最大似然估计[3]，似然函数的推导基于标准化残差分布的假设。例如
$$y_t = \mathbf{x}_t' \mathbf{b} + e_t$$
$$e_t = z_t \sqrt{h_t}$$

---

[3]最大似然估计法 (maximum likelihood method) 将在 §15.1 节(第 711 页)深入讨论。

假设
$$z_t \sim \text{iid N}(0,1)$$
则
$$(y_t | \mathbb{I}_{t-1}, \mathbf{x}_t) \sim \text{N}(\mathbf{x}_t' \mathbf{b}, h_t)$$

因为 Y_t 的条件分布为 (用 Y_t 表示随机变量)

$$\begin{aligned} F(y_t | \mathbb{I}_{t-1}, \mathbf{x}_t) &= \Pr(Y_t \leqslant y_t | \mathbb{I}_{t-1}, \mathbf{x}_t) \\ &= \Pr(\mathbf{x}_t' \mathbf{b} + e_t \leqslant y_t | \mathbb{I}_{t-1}, \mathbf{x}_t) \\ &= \Pr\left(\mathbf{x}_t' \mathbf{b} + z_t \sqrt{h_t} \leqslant y_t \Big| \mathbb{I}_{t-1}, \mathbf{x}_t\right) \\ &= \Pr\left(z_t \leqslant \frac{y_t - \mathbf{x}_t' \mathbf{b}}{\sqrt{h_t}} \Big| \mathbb{I}_{t-1}, \mathbf{x}_t\right) \end{aligned}$$

注意到 z_t 独立于 $\{\mathbb{I}_{t-1}, \mathbf{x}_t\}$,有

$$\Pr(z_t \leqslant z | \mathbb{I}_{t-1}, \mathbf{x}_t) = \Pr(z_t \leqslant z)$$

因此

$$F(y_t | \mathbb{I}_{t-1}, \mathbf{x}_t) = \Pr\left(z_t \leqslant \frac{y_t - \mathbf{x}_t' \mathbf{b}}{\sqrt{h_t}}\right) = N\left(\frac{y_t - \mathbf{x}_t' \mathbf{b}}{\sqrt{h_t}}\right)$$

其中 $N(\cdot)$ 是标准正态分布的累积分布函数,求一阶导数得到密度函数

$$f(y_t | \mathbb{I}_{t-1}, \mathbf{x}_t) = \frac{1}{\sqrt{2\pi h_t}} \exp\left(-\frac{(y_t - \mathbf{x}_t' \mathbf{b})^2}{2h_t}\right)$$

显然,观测 t 的对数似然贡献值为

$$\ell_t = -\frac{1}{2}\log(2\pi) - \frac{1}{2}\log(h_t) - \frac{(y_t - \mathbf{x}_t' \mathbf{b})^2}{2h_t} \tag{6.3}$$

其中的 $h_t = h(\mathbb{I}_{t-1}, \mathbf{x}_t)$ 由历史观测计算得到。

对于 t 分布和广义误差分布,同法可得

$$f(y_t | \mathbb{I}_{t-1}, \mathbf{x}_t) = \frac{1}{\sqrt{h_t}} f(z_t; p) \qquad z_t = \frac{y_t - \mathbf{x}_t' \mathbf{b}}{\sqrt{h_t}} \tag{6.4}$$

其中 p 为相应分布的参数 (t 分布的自由度或者广义误差分布的尾部特性参数)。实际上,式 (6.4) 中的 $\frac{1}{\sqrt{h_t}}$ 就是随机变量 z_t 转换为 y_t 时的雅可比 (Jacobian) 项。

由模型设定得到对数似然函数,通过最大似然方法得到系数估计,EViews 的 arch 命令 (本讲的小结汇总了其选项说明) 采用一阶导数的方法 (参见第 963 页 §C.3 节) 进行计算,系数方差矩阵取 BHHH 估计 (参见第 720 页式 15.17)。

§6.2 GARCH 模型

自回归条件异方差 (Autoregressive Conditional Heteroskedasticity, ARCH) 模型描述条件方差的相关性，最早由 Engle (1982) 研究英国的通货膨胀率时提出。随后十几年，由于刻画现实金融市场的需要，ARCH 模型得到了极大的丰富和发展。其中 Bollerslev (1986) 对 Engle (1982) 的模型进行了一般化，提出了 GARCH 模型，Bollerslev et al. (1994) 对 ARCH 模型进行综述。由于 Engle 的开创性研究，他获得了 2003 年度诺贝尔经济学奖。

§6.2.1 基本形式

我们先来回顾最常见的 GARCH(1,1) 模型

$$y_t = \mu_t + e_t$$
$$h_t = \omega + \alpha e_{t-1}^2 + \beta h_{t-1} \tag{6.5}$$

其中 $\omega > 0, \alpha \geqslant 0, \beta \geqslant 0$，且

$$\mu_t = \mathbf{x}_t' \mathbf{b}$$
$$e_t = z_t \sqrt{h_t} \qquad z_t \sim \text{iid N}(0,1)$$

也就是说，均值方程是一回归方程，而标准化误差服从独立的标准正态分布。注意到

$$e_t | \mathbb{I}_{t-1} \sim \text{N}(0, h_t)$$

普通残差 e_t 的条件方差是时变的，即条件异方差。而 e_t 的无条件方差为[4]

$$\sigma^2 \equiv \text{var}(e_t) = \text{E}(\text{var}(e_t|\mathbb{I}_{t-1})) + \text{var}(\text{E}(e_t|\mathbb{I}_{t-1})) = \text{E}(h_t)$$

一、方差方程

条件方差方程 (6.5) 由三部分组成：

1) 常数项：ω，常数项和无条件方差 σ^2 成正比，因为

$$\sigma^2 = \text{E}(h_t) = \text{E}\left(\omega + \alpha e_{t-1}^2 + \beta h_{t-1}\right) = \omega + \alpha \sigma^2 + \beta \sigma^2$$

所以当 $\alpha + \beta < 1$ 时（方差平稳时）

$$\sigma^2 = \frac{\omega}{1 - \alpha - \beta}$$

2) ARCH 项：e_{t-1}^2，反映前一期的新消息；
3) GARCH 项：h_{t-1}，上一期方差的预测。

也就是说，GARCH(1,1) 模型表示方差方程里面有一阶移动平均的 ARCH 项和一阶自回归的 GARCH 项。在金融市场中，可以解释成投资者预测方差时，采用如下三项的加权平均值，第一项是无条件方差（和常数项成正比），第二项是代表前一期观测到的波动率信息的 ARCH 项，第三项是前一期方差的估

---

[4]或者用无条件期望的方法：由于 z_t 和 h_t 相互独立，而且 $\text{E}(e_t) = \text{E}(\text{E}(e_t|\mathbb{I}_{t-1})) = 0$，所以有

$$\sigma^2 \equiv \text{var}(e_t) = \text{E}(e_t^2) = \text{E}(z_t^2 h_t) = \text{E}(z_t^2)\text{E}(h_t) = \text{E}(h_t)$$

计 GARCH 项。如果资产收益出现意料之外的大变动（不管是涨还是跌），投资者将调大下一期的方差估计。因此，GARCH 模型描述了金融市场的波动群集 (volatility clustering) 特征，也就是说，如果资产收益出现大的波动，则随后的波动也比较大，如果市场比较平静，则其附近也相对没有什么动静。

方差方程 (6.5) 描述了波动率的序列相关：

- 弱平稳时 $\alpha + \beta < 1$，有 $\omega = (1 - \alpha - \beta)\sigma^2$，显然方差方程可以改写为

$$h_t - \sigma^2 = \alpha \left(e_{t-1}^2 - \sigma^2\right) + \beta \left(h_{t-1} - \sigma^2\right) \tag{6.6}$$

注意到后两项的期望值为零，可以把无条件方差当成长期成分，或者波动率的基准。通常系数 $\alpha > 0$, $\beta > 0$，方程呈现正反馈的情形，当波动比较大 (相对于无条件方差，$e_{t-1}^2 > \sigma^2$ 或者 $h_{t-1} > \sigma^2$) 时，对下一期条件方差的预测也比较大。相反，当波动率比较小时，正反馈的修正结果使下一期预测也比较小。所以，GARCH(1,1) 刻画了波动群集的现象。

- 对条件方差的方程 (6.5) 进行迭代，有

$$h_t = \frac{\omega}{1 - \beta} + \alpha \sum_{j=1}^{\infty} \beta^{j-1} e_{t-j}^2$$

可以看到，条件方差是残差平方的加权值，并且由于 $0 < \beta < 1$，权重几何衰减。滞后期越长的残差的权重越小，体现了越久远的信息影响越小。

- 定义

$$v_t = e_t^2 - h_t$$

则 $\{v_t\}$ 是鞅差分序列，因为

$$\mathrm{E}\left(v_t | \mathbb{I}_{t-1}\right) = \mathrm{E}\left(e_t^2 | \mathbb{I}_{t-1}\right) - \mathrm{E}\left(h_t | \mathbb{I}_{t-1}\right) = \mathrm{E}\left(h_t z_t^2 | \mathbb{I}_{t-1}\right) - h_t = 0$$

此时，将 $h_t = e_t^2 - v_t$ 代入式 (6.5) 得

$$e_t^2 = \omega + (\alpha + \beta) e_{t-1}^2 + v_t - \beta v_{t-1}$$

因此，GARCH(1,1) 的方差方程实际上是残差平方的 ARMA(1,1) 过程。[5] 对于金融数据，由于残差平方的 AR 项的系数 $\alpha + \beta$ 往往接近于 1，波动具有持续性 (volatility persistence)，反映了消息对市场的冲击将造成比较持久的影响。

二、GARCH(p, q)

GARCH(p, q) 的方差方程为

$$h_t = \omega + \sum_{i=1}^{p} \alpha_i e_{t-i}^2 + \sum_{j=1}^{q} \beta_j h_{t-j} \tag{6.7}$$

注意这里有 p 项[6]的 ARCH 和 q 项的 GARCH，h_t 非负的充分条件 (但不是必要条件) 为

$$\omega > 0 \quad \alpha_i \geqslant 0 \quad \beta_j \geqslant 0$$

---

[5]但 $\mathrm{E}\left(v_t^2 | \mathbb{I}_{t-1}\right) = h_t^2 \mathrm{E}\left((z_t^2 - 1)^2\right) = 2h_t^2$ 是时变的。

[6]这样的设定和 EViews 软件中估计 ARCH 类模型的 `arch` 命令对应。请注意大多数教科书或者学术论文中，ARCH 和 GARCH 项数分别为 q 和 p，即式 (6.7) 中的 p 和 q 互换。

作为特例,就是 Engle (1982) 提出的 ARCH(p) 模型

$$h_t = \omega + \sum_{i=1}^{p} \alpha_i e_{t-i}^2$$

其条件方差方程没有 GARCH 项 h_t 的自回归项。其实,该方差方程是残差平方的自回归方程

$$e_t^2 = \omega + \sum_{i=1}^{p} \alpha_i e_{t-i}^2 + v_t$$

这也是 Engle (1982) 的思想所在,在 AR 模型中,将残差变量用残差的平方代替。而这种灵感来源于他在考察残差平方的自相关函数时,发现残差平方存在强烈的相关性。

§6.2.2 其他形式

我们知道,设定 ARCH 模型时,需要给出三部分的内容:均值方程 μ_t、方差方程 h_t 以及标准化误差 z_t 的分布。模型 (6.5) 中,方差方程 h_t 除了扩展为式 (6.7) 以外,还可以加入外生解释变量,进一步地,方差方程可以修改成非对称的,具体请参考 §6.4 节 (第 273 页)。均值方程也可以有丰富的形式,例如包含 ARMA 结构,甚至包含 GARCH 项。

一、条件方差方程

条件方差的方程 (6.7) 可以加入解释变量,例如

$$h_t = \omega + \sum_{i=1}^{p} \alpha_i e_{t-i}^2 + \sum_{j=1}^{q} \beta_j h_{t-j} + \mathbf{x}_t' \mathbf{d}$$

其中 $\mathbf{x}_t$ 由外生变量或者前定变量组成,经常使用的是哑变量。需要注意的是,为避免出现条件方差 h_t 为负值,变量 $\mathbf{x}_t$ 的取值可能需要进行适当的变换。

二、ARMA-GARCH

均值方程可以有 ARMA 结构,例如 AR(1)-GARCH(1,1) 模型

$$\begin{aligned} y_t &= c_1 + u_t \\ u_t &= c_2 u_{t-1} + e_t \\ e_t &= z_t \sqrt{h_t} \qquad z_t \sim \mathrm{iid\,N}(0,1) \\ h_t &= c_3 + c_4 e_{t-1}^2 + c_5 h_{t-1} \end{aligned} \qquad (6.8)$$

请注意该模型中有三种残差,分别是结构残差 u_t、普通残差 e_t 和标准化残差 z_t。显然,模型 (6.8) 的条件均值方程为

$$\mathrm{E}\,(y_t|\mathbb{I}_{t-1}) = c_1 + c_2 u_{t-1}$$

如果愿意,方差方程也可以设定成

$$h_t = c_3 + c_4 u_{t-1}^2 + c_5 h_{t-1}$$

有必要指出的是,只要 h_t 设定为 $\mathbb{I}_{t-1}$ 的函数,就有 $\mathrm{var}\,(y_t|\mathbb{I}_{t-1}) = h_t$。

请区分模型 (6.8) 与存在自相关和条件异方差的回归模型

$$y_t = c_1 + u_t \qquad (6.9)$$
$$u_t = \sqrt{h_t} v_t$$
$$h_t = c_3 + c_4 u_{t-1}^2 + c_5 h_{t-1}$$
$$v_t = c_2 v_{t-1} + z_t \qquad z_t \sim \text{iid N}(0,1)$$

注意模型 (6.9) 不是弱式波动率模型，因为 v_t 不是 MDS

$$\text{E}(v_t | \mathbb{I}_{t-1}) = c_2 v_{t-1} \neq 0$$

练习：请证明模型 (6.8) 和 (6.9) 的条件方差为各自设定的 h_t。

三、GARCH 效应

模型 (6.8) 相当于在模型 (6.1) 中令

$$\mu_t = c_1 + c_2 u_{t-1}$$

如果我们令

$$\mu_t = \mu(\mathbb{I}_{t-1}, \mathbf{x}_t) = \mathbf{x}_t' \mathbf{b} + g\sqrt{h_t}$$

即均值方程包含了 GARCH 项，就得到 Engle et al. (1987, ELR) 的 ARCH-in-mean（以下称为 GARCH-M）模型。在金融领域，期望收益和风险息息相关，GARCH-M 模型用来描述 GARCH 效应，如果风险变大，人们期望得到更高的回报。EViews 还提供了其他两种 GARCH-M 模型的变种

$$\mu_t = \mathbf{x}_t' \mathbf{b} + g h_t$$
$$\mu_t = \mathbf{x}_t' \mathbf{b} + g \log(h_t)$$

GARCH-M 模型的经济含义：假设市场分为两类交易者，第一类是普通交易者，其行动以传统的金融理论为指导，需求函数为

$$D_1 = \frac{\text{E}(r_t | \mathbb{I}_{t-1}) - r_0}{\sqrt{h(\mathbb{I}_{t-1})}}$$

其中 r_t 为风险资产的收益率，r_0 为无风险资产的收益率，$\sqrt{h(\mathbb{I}_{t-1})}$ 代表风险。而第二类交易者是惯性（反转）交易者，其需求函数为

$$D_2 = \frac{r(\mathbb{I}_{t-1})}{\sqrt{h(\mathbb{I}_{t-1})}}$$

市场均衡时，两类交易者的需求之和标准化为 1。即适当缩放 $h(\mathbb{I}_{t-1})$，使得 $D_1 + D_2 = g$，则有

$$\text{E}(r_t | \mathbb{I}_{t-1}) = r_0 - r(\mathbb{I}_{t-1}) + g\sqrt{h(\mathbb{I}_{t-1})}$$

该式刻画了风险和期望收益的关系，更高的风险，期望收益也更高。因此，如果 GARCH 项进入均值方程，要求 $g > 0$。

§6.3 应用实例

ARCH 模型在金融市场应用最广泛，本节采用实际的金融市场交易数据，如汇率数据和股票指数，演示 GARCH 模型的估计、检验和预测。最后，给出 GARCH 效应等若干扩展模型的例子。

§6.3.1 汇率

Bollerslev and Ghysels (1996) 的汇率数据[7]是研究 GARCH 模型计算的常用测试数据，该数据记录了 1984 年 1 月 2 日到 1991 年 12 月 31 日德国马克对英国英镑的汇率变动 (汇率对数差的 100 倍)，总共有 1974 个观测。

```
pageload(page=DEM2GBP) bollerslev.sec41.dat names = (R,Dn)
freeze(gf) R.line
gf.setelem(1) lwidth(0.25)
gf.legend -display
```

得到汇率变动如图 6.1，表现出强烈的波动群集现象。

一、模型估计

我们采用 GARCH(1,1) 进行估计

```
equation eq01.arch R c
```

得到估计结果为

```
Dependent Variable: R
Method: ML - ARCH (Marquardt) - Normal distribution
Date: 03/20/08   Time: 22:35
Sample: 1 1974
Included observations: 1974
Convergence achieved after 12 iterations
Variance backcast: ON
GARCH = C(2) + C(3)*RESID(-1)^2 + C(4)*GARCH(-1)
```

	Coefficient	Std. Error	z-Statistic	Prob.
C	-0.005413	0.008384	-0.645624	0.5185

Variance Equation				
C	0.009559	0.001194	8.008405	0.0000
RESID(-1)^2	0.142117	0.012794	11.10791	0.0000
GARCH(-1)	0.821583	0.015189	54.09063	0.0000

R-squared	-0.000549	Mean dependent var	-0.016427
Adjusted R-squared	-0.002073	S.D. dependent var	0.470244
S.E. of regression	0.470732	Akaike info criterion	1.121824
Sum squared resid	436.5287	Schwarz criterion	1.133147
Log likelihood	-1103.240	Durbin-Watson stat	1.979455

方差方程中，所有系数都极其显著。式 (6.5) (第 258 页) 的 $\alpha + \beta$ 非常接近于 1，表明意外的冲击具有持久的影响，这也是金融市场的常见特征。从结果报告的表头可以看到，arch 命令的默认设置为：

- 优化迭代方法采用 Marquardt 方法
- 标准化残差的分布为正态分布
- 初始方差采用倒推 (backcast) 的方法计算 (参见 §5.3.1 小节中第 244 页的讨论)

---

[7]可以从 ftp://www.amstat.org/JBES_View/96-2-APR/bollerslev_ghysels/bollerslev.sec41.dat 下载。

图 6.1 马克对英镑的汇率变动

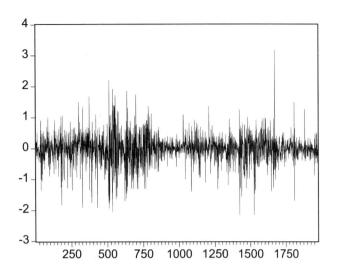

- 方差方程设定为 GARCH(1,1)

以上默认设置都可以修改。EViews 报告了方差方程的具体设定

$$\text{GARCH} = C(2) + C(3)*\text{RESID}(-1)^{\wedge}2 + C(4)*\text{GARCH}(-1)$$

其中 RESID 代表普通残差 e_t，GARCH 代表 h_t。

系数估计部分，EViews 分别报告了均值方程和方差方程的估计结果：估计值、标准差、渐近正态 z 统计量 (不是 t 统计量) 和 p 值。估计结果的最后部分是基于普通残差 e_t 计算的统计量 (对数似然值是基于标准化残差分布计算的)：我们看到，R^2 为负数 (ARCH 模型中的 R^2 没有什么意义)。

二、倒推

如果不使用倒推算法

```
equation eq01z.arch(z) R c
```

得到估计结果为

```
Dependent Variable: R
Method: ML - ARCH (Marquardt) - Normal distribution
Date: 03/20/08   Time: 22:35
Sample: 1 1974
Included observations: 1974
Convergence achieved after 16 iterations
Variance backcast: OFF
GARCH = C(2) + C(3)*RESID(-1)^2 + C(4)*GARCH(-1)
```

	Coefficient	Std. Error	z-Statistic	Prob.
C	-0.006161	0.008434	-0.730405	0.4651
Variance Equation				
C	0.010770	0.001325	8.131172	0.0000
RESID(-1)^2	0.153185	0.013984	10.95455	0.0000
GARCH(-1)	0.805891	0.016574	48.62237	0.0000
R-squared	-0.000477	Mean dependent var		-0.016427
Adjusted R-squared	-0.002000	S.D. dependent var		0.470244
S.E. of regression	0.470715	Akaike info criterion		1.125235
Sum squared resid	436.4972	Schwarz criterion		1.136558
Log likelihood	-1106.607	Durbin-Watson stat		1.979598

图 6.2 S&P500 指数收益

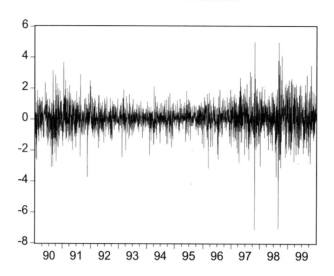

得到的结果就和 Brooks et al. (2001, BBP) 提供的其他软件 (Gauss, Limdep, Matlab, Microfit, SAS, Shazam, RATS 和 TSP) 的计算结果相一致 (基准值为：$\mu = -0.00619041$，$\omega = 0.0107613$，$\alpha = 0.153134$ 和 $\beta = 0.805974$)。这里我们看到：

- 大部分软件采用无条件方差初始化方差方程。
- 不同方法初始化方差方程得到的估计结果有一定的差别。

EViews 认为采用倒推方法 (参见 §5.3.1 小节中第 244 页) 一般能得到更好的估计结果。因此，除非使用选项 z 禁止倒推算法，命令 arch 估计 ARCH 模型时，MA 项和 GARCH 项的初始值采用倒推方法。对于 GARCH 项的初始方差，EViews 先计算普通残差 e_t，然后进行指数平滑

$$h_0 = e_0^2 = l^T s^2 + \frac{1-l}{l} \sum_{i=0}^{T-1} l^{T-i} e_{T-i}^2$$

其中 $l = 0.7$，无条件方差估计值 $s^2 = \frac{1}{T} \sum_{i=1}^{T} e_i^2$。如果关闭倒推选项，则 EViews 将采用无条件方差对方差方程进行初始化，均值方程如果有 MA 项，样本前 (presample) 的残差将以零论处。

§6.3.2 检验和预测

本节基于 S&P500 股票指数的 GARCH(1,1) 模型，讨论 ARCH 模型的检验和预测。S&P500 指数是美国股市最重要的指数，其数据可以从 http://finance.yahoo.com/ 下载 (代码为 ^GSPC)，YAHOO! Finance 网站提供的日数据从 1950 年开始。先获取在线数据

```
%url = "http://ichart.finance.yahoo.com/table.csv?s=%5EGSPC"
wfopen(type=txt,page=SP500) %url delim=comma skip=1, names = _
    (Date,Open,High,Low,Close,Volume,Close2) @keep date close
```

查看 1990–1999 的指数表现

```
rename close sp500
frml rsp = dlog(sp500)*100
smpl 1990 1999
graph gfr.line rsp
qfr.setelem(1) lwidth(0.25)
gfr.legend -display
```

得到 SP500 的指数收益情况如图 6.2。这 10 年，美国的股市整体处于牛市过程，我们看到亚洲 1997 年的金融风暴以及 1998 年的 LTCM 公司倒闭，引起指数两次大跳水，同时，1997 年以后，指数也显示出较强的波动。

一、模型估计

先估计 GARCH(1,1) 模型

```
equation eq01.arch(1,1,h) rsp c
```

得到估计结果为

```
Dependent Variable: RSP
Method: ML - ARCH (Marquardt) - Normal distribution
Date: 03/21/08   Time: 07:30
Sample: 1/02/1990 12/31/1999
Included observations: 2528
Convergence achieved after 14 iterations
Bollerslev-Wooldrige robust standard errors & covariance
Variance backcast: ON
GARCH = C(2) + C(3)*RESID(-1)^2 + C(4)*GARCH(-1)
```

	Coefficient	Std. Error	z-Statistic	Prob.
C	0.059760	0.014320	4.173154	0.0000
Variance Equation				
C	0.005829	0.002296	2.538456	0.0111
RESID(-1)^2	0.053326	0.011476	4.646624	0.0000
GARCH(-1)	0.939945	0.010970	85.68600	0.0000
R-squared	-0.000015	Mean dependent var		0.056365
Adjusted R-squared	-0.001203	S.D. dependent var		0.888849
S.E. of regression	0.889383	Akaike info criterion		2.402864
Sum squared resid	1996.491	Schwarz criterion		2.412097
Log likelihood	-3033.221	Durbin-Watson stat		1.964029

我们看到，GARCH(1,1) 的拟合结果非常好，所有系数都非常显著，方差方程系数的估计值 $\alpha+\beta$ 非常接近于 1，波动表现出非常强的持续性。由于有选项 h，表头报告了方差和标准差估计采用的是 Bollerslev and Wooldridge (1992) 的稳健估计。

二、条件方差

作为 GARCH 模型，可以查看条件方差的拟合图

```
freeze(gfg) eq01.garch(v)
gfg.setelem(1) lwidth(0.25)
gfg.legend -display
```

得到图 6.3：对比指数收益和拟合的条件方差图，我们看到，条件方差的拟合图很好地抓住了收益的波动情况，特别是两次市场大跌造成的异常波动。

如果要产生条件标准差的图形，直接使用命令 garch 即可 (无需选项)。如果要取得条件方差序列，可以用 makegarch 命令。

三、检验

方程对象得到 ARCH 模型的估计后，就可以查看各种残差，以及进行检验：

266 ARCH 模型

图 6.3 S&P500 指数条件方差

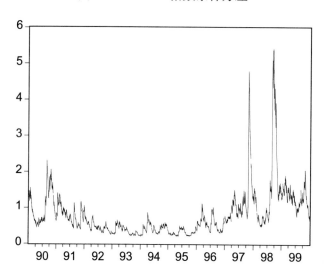

- 残差检验：方法上请参考 §4.3 节 (第 190 页)，但请注意 ARCH 模型的残差检验针对的都是标准化残差。如直方图命令 hist，相关图的命令 correl，以及可以用来检验方差方程是否正确设定的 correlsq 和 archtest 命令等。
- 系数检验：参见 §4.2 节 (第 182 页)，但由于 ARCH 模型采用最大似然法进行估计，Wald 统计量等检验的基本原理请参考表 15.1 (第 720 页) 的讨论。

通常，我们需要关注标准化残差，例如查看其直方图
```
freeze(gfh) eq01.hist
gfh.setelem(1) fcolor(yellow)
```
得到标准化残差直方图如下：

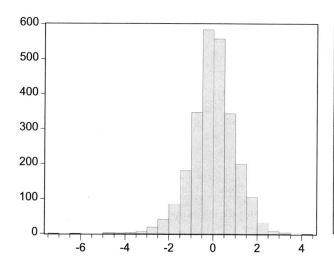

显然比正态分布要尖峰很多。更重要的，标准化残差仍然存在 ARCH 效应吗？
```
freeze(tba) eq01.archtest(4)
table(5,5) tba
```
得到检验结果为

```
ARCH Test:

F-statistic                1.069851      Prob. F(4,2519)        0.369755
Obs*R-squared              4.280625      Prob. Chi-Square(4)    0.369357
```

我们看到，ARCH 效应已经消除了。

对于 GARCH(1,1) 模型，如果系数 $\alpha+\beta=1$，将成为 IGARCH(1,1) 模型。下面我们采用 Wald 检验

```
freeze(tbw) eq01.wald c(3)+c(4)=1
```

得到检验结果为

```
Wald Test:
Equation: EQ01

Test Statistic        Value         df       Probability

F-statistic          2.155040     (1, 2524)     0.1422
Chi-square           2.155040         1         0.1421


Null Hypothesis Summary:

Normalized Restriction (= 0)       Value       Std. Err.

-1 + C(3) + C(4)                 -0.006729      0.004583

Restrictions are linear in coefficients.
```

系数约束 $\alpha+\beta=1$ 没有被拒绝，可以考虑使用 IGARCH(1,1) 模型。系数约束的常用检验还有似然比检验，例如检验均值方程的均值是否为零

```
equation eq01c.arch(1,1,h) rsp
c(1) = 2*(eq01.@logl -eq01c.@logl)    '17.21076
c(2) = 1- @cchisq(c(1),1)             '3.345e-05
```

检验结果为 17.21[0.0000]，与均值方程中系数估计的 z 统计量 4.17[0.0000] 检验结果一致，均值估计是显著的。不过这里需要指出的是，对于准最大似然 (quasi-maximum likelihood, QML) 估计，似然比检验显然是不恰当的，Busch (2005) 给出了标准化残差为对称分布情形下的稳健估计。

四、预测

条件方差的预测相对复杂一些，我们以如下的 GARCH(1,1) 为例

$$y_t = c + e_t \tag{6.10}$$

$$e_t = z_t\sqrt{h_t} \qquad z_t \sim \text{iid}\, N(0,1)$$

$$h_t = \omega + \alpha e_{t-1}^2 + \beta h_{t-1}$$

注意到均值预测

$$\mathrm{E}\left(y_{t+n}\big|\mathbb{I}_t\right) = c \qquad n = 1,2,\cdots$$

以及条件方差的单步预测 (静态预测) 为

$$\mathrm{var}\left(y_{t+1}|\mathbb{I}_t\right) = \mathrm{E}\left(\left[y_{t+1} - \mathrm{E}\left(y_{t+1}|\mathbb{I}_t\right)\right]^2\big|\mathbb{I}_t\right) = \mathrm{E}\left(e_{t+1}^2|\mathbb{I}_t\right) = \mathrm{E}\left(z_{t+1}^2 h_{t+1}\big|\mathbb{I}_t\right)$$

$$= \mathrm{E}\left(z_{t+1}^2|\mathbb{I}_t\right) h_{t+1} = h_{t+1} = \omega + \alpha e_t^2 + \beta h_t$$

对于条件方差的多步预测 (动态预测)，注意到当 $n \geqslant 2$ 时，有

$$\operatorname{var}\left(y_{t+n} \mid \mathbb{I}_t\right) = \mathrm{E}\left(h_{t+n} \mid \mathbb{I}_t\right) \equiv h_{t+n\mid t} \tag{6.11}$$

$$\mathrm{E}\left(e_{t+n-1}^2 \mid \mathbb{I}_t\right) = h_{t+n-1\mid t}$$

$$h_{t+n\mid t} = \omega + (\alpha + \beta) h_{t+n-1\mid t}$$

我们发现

$$\operatorname{var}\left(y_{t+n} \mid \mathbb{I}_t\right) = h_{t+n\mid t} = \frac{1-(\alpha+\beta)^n}{1-(\alpha+\beta)}\omega + (\alpha+\beta)^n h_t + \alpha(\alpha+\beta)^{n-1}\left(e_t^2 - h_t\right) \tag{6.12}$$

显然，当模型为弱平稳时，$\alpha + \beta < 1$，条件方差的动态预测值趋向于无条件方差 $\frac{\omega}{1-(\alpha+\beta)}$。

练习：当 $n \geqslant 2$ 时，请证明式 (6.11) 和 (6.12)。

EViews 中，如果要保存条件方差的预测，`forecast` 命令的语法为

```
forecast  y  y_se  y_cv
```

其中序列对象 `y_cv` 保存预测的条件方差。下面，我们用估计的模型来预测一下 2000 年的情况

```
smpl 2000 2000
freeze(gff) eq01.forecast(g,u) sp_f
gff.align(2,1,1)
gff.legend -inbox position(0.3,0.3)
```

动态预测命令 `forecast` 使用选项 u 预测隐含的指数水平序列，选项 g 产生预测图形

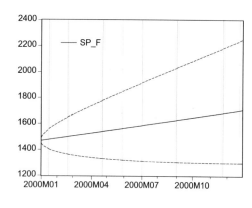
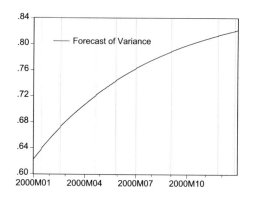

左图[8]是指数水平 sp500 的预测 (有上升趋势，因为预测值的对数差为常数)，右图是指数收益率 rsp (不是指数水平) 的条件方差预测。

§6.3.3 扩展模型

EViews 中的 `arch` 命令能估计灵活的 ARCH 模型设定。例如，方差方程有外生解释变量，均值方程包含 ARMA 项以及 GARCH-M 模型也很容易估计。

---

[8]当图形的数据量比较小时，比如一年的股票数据，约 250 个，Eviews 5 作图时，将停盘的日子 (比如美国独立日 7 月 4 日、圣诞节等) 用竖直线分隔。当数据比较多时，比如两年以上，不再使用竖线分隔，而是断开这些点。Eviews 图形选项的对话框中，Type 选项卡的 Sample breaks 下拉列表中有如下四种选项：pad missing dates, connect adjacent, disconnect adjacent 和 segment with lines，我还没有找到程序方式修改的方法。

一、方差方程中的解释变量

除了不断发生的消息对方差有影响以外，某些变量（如交易的时间间隔）可能对方差也有影响。例如 Bollerslev and Ghysels (1996) 的汇率数据还给出了哑变量，对条件方差有解释能力。

```
equation eq05.arch R c @ Dn
```

得到方差方程带外生变量的估计结果为

```
Dependent Variable: R
Method: ML - ARCH (Marquardt) - Normal distribution
Date: 03/20/08   Time: 22:35
Sample: 1 1974
Included observations: 1974
Convergence achieved after 20 iterations
Variance backcast: ON
GARCH = C(2) + C(3)*RESID(-1)^2 + C(4)*GARCH(-1) + C(5)*DN
```

	Coefficient	Std. Error	z-Statistic	Prob.
C	-0.004842	0.007783	-0.622128	0.5339
Variance Equation				
C	-0.004316	0.001747	-2.471112	0.0135
RESID(-1)^2	0.159613	0.013527	11.79919	0.0000
GARCH(-1)	0.806266	0.014012	57.54064	0.0000
DN	0.062920	0.006302	9.983880	0.0000
R-squared	-0.000607	Mean dependent var		-0.016427
Adjusted R-squared	-0.002640	S.D. dependent var		0.470244
S.E. of regression	0.470865	Akaike info criterion		1.104694
Sum squared resid	436.5541	Schwarz criterion		1.118847
Log likelihood	-1085.332	Durbin-Watson stat		1.979340

在 EViews 中，方差方程的回归项，不需要加常数项 (注意这里方差方程的常数项取负值)。EViews 支持的 ARCH 模型的方差方程都可以加入外生变量或者前定变量，但要注意保证方差的取值为正。

二、均值方程中的 ARMA 项

ARCH 模型中，当均值方程有 ARMA 项时，要注意区分三种不同的残差，例如 (SP500 数据)

```
smpl 1990 1999
equation eq11.arch rsp c ar(1)
```

得到模型 (6.8) 的估计结果参见图 6.4 (第 270 页)，估计结果非常好，所有系数都非常显著。而且 AR 项的倒数根为 0.05，在单位圆里面，模型估计的 AR 过程是平稳的。

模型 (6.8) 中有三种残差，分别是结构残差 u_t，普通残差 e_t 和标准化残差 $z_t = e_t/\sqrt{h_t}$。请注意结果报告中的 RESID(-1) 对应于 e_{t-1}，我们将这三种残差分别保存为序列 rm, ro 和 rs。

```
eq11.makeresids ro      'Ordinary residuals
eq11.makeresids(s) rs   'Standardized residuals
genr rm = rsp -eq11.c(1)   'Structural residuals
freeze(gf1) rm.line
gf1.name(1) Structural residuals
freeze(gf2) ro.line
gf2.name(1) Ordinary residuals
freeze(gf3) rs.line
gf3.name(1) Standardized residuals
graph gf.merge gf1 gf2 gf3
delete gf1 gf2 gf3
gf.options size(8,2)
```

图 6.4 模型 (6.8) 的估计结果

```
Dependent Variable: RSP
Method: ML - ARCH (Marquardt) - Normal distribution
Date: 03/21/08   Time: 07:30
Sample: 1/02/1990 12/31/1999
Included observations: 2528
Convergence achieved after 14 iterations
Variance backcast: ON
GARCH = C(3) + C(4)*RESID(-1)^2 + C(5)*GARCH(-1)
```

	Coefficient	Std. Error	z-Statistic	Prob.
C	0.059988	0.015656	3.831564	0.0001
AR(1)	0.048316	0.021683	2.228297	0.0259
Variance Equation				
C	0.005899	0.001385	4.258246	0.0000
RESID(-1)^2	0.054234	0.005285	10.26195	0.0000
GARCH(-1)	0.938965	0.006224	150.8679	0.0000
R-squared	-0.000626	Mean dependent var		0.056365
Adjusted R-squared	-0.002213	S.D. dependent var		0.888849
S.E. of regression	0.889832	Akaike info criterion		2.401554
Sum squared resid	1997.712	Schwarz criterion		2.413095
Log likelihood	-3030.564	Durbin-Watson stat		2.060220
Inverted AR Roots	.05			

```
gf.setelem(1) lwidth(0.25)
gf.legend -inbox position(0.1,0.1)
gf.align(1,0.5,0.5)
```

得到的三种残差的图形如图 6.5。我们看到，标准化残差 z_t (rs) 看不出有波动群集和异方差的现象，而均值结构残差 u_t (rm) 和普通残差 e_t (ro) 的图形明显可以看到波动群集现象。图中看不出 rm 和 ro 的区别，由于

$$u_t - e_t = c_2 u_{t-1}$$

且 $c_2 = 0.048$，因此 $u_t - e_t$ 约是 u_t 滞后一期的 $1/20$，不妨查看其图形。

图 6.5 模型 (6.8) 的三种残差

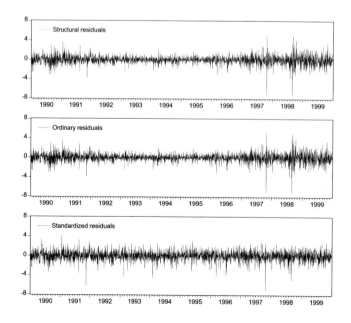

```
graph gfd.line rm-ro
gfd.options size(8,2)
gfd.setelem(1) lwidth(0.25)
gfd.legend -display
```

得到 $u_t - e_t$ 的图形为

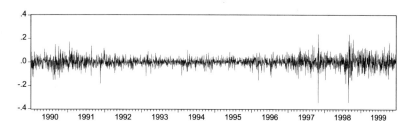

对比 u_t 的图形，结果正如我们所意料的。

练习：验证 eq11 的估计结果输出中，RESID(-1) 是模型 (6.8) 中的普通残差 e_{t-1} 而不是结构残差 u_{t-1}。或者说，eq11 估计的方差方程不是 $h_t = c_3 + c_4 u_{t-1}^2 + c_5 h_{t-1}$。

三、GARCH-M 模型

股票数据中，可能存在 GARCH 效应，我们估计如下的 GARCH-M 模型

$$y_t = \mu + g h_t + e_t$$
$$h_t = \omega + \alpha e_{t-1}^2 + \beta h_{t-1}$$

相应的命令为

```
equation eq02.arch(1,1,h,archm=var) rsp c
```

得到估计结果为

```
Dependent Variable: RSP
Method: ML - ARCH (Marquardt) - Normal distribution
Date: 03/21/08   Time: 07:30
Sample: 1/02/1990 12/31/1999
Included observations: 2528
Convergence achieved after 21 iterations
Bollerslev-Wooldrige robust standard errors & covariance
Variance backcast: ON
GARCH = C(3) + C(4)*RESID(-1)^2 + C(5)*GARCH(-1)
```

	Coefficient	Std. Error	z-Statistic	Prob.
GARCH	0.070250	0.037357	1.880491	0.0600
C	0.022185	0.025366	0.874597	0.3818
Variance Equation				
C	0.006066	0.002299	2.638106	0.0083
RESID(-1)^2	0.054586	0.011701	4.665039	0.0000
GARCH(-1)	0.938418	0.011036	85.03292	0.0000
R-squared	0.001881	Mean dependent var		0.056365
Adjusted R-squared	0.000298	S.D. dependent var		0.888849
S.E. of regression	0.888716	Akaike info criterion		2.402201
Sum squared resid	1992.706	Schwarz criterion		2.413742
Log likelihood	-3031.383	F-statistic		1.188611
Durbin-Watson stat	1.962488	Prob(F-statistic)		0.313719

GARCH 效应的系数估计为 0.070[0.0604]，在显著水平为 10% 时，不能拒绝无 GARCH 效应的假设。

GARCH-M 模型中，EViews 还提供其他两种形式，对数形式和标准差形式

```
equation eq02a.arch(1,1,h,archm=log) rsp c
freeze(tbl) eq02a.output
table(14,5) tbl
equation eq02b.arch(1,1,h,archm=sd) rsp c
freeze(tbs) eq02b.results
table(14,5) tbs
```

得到对数形式的估计结果为

	Coefficient	Std. Error	z-Statistic	Prob.
LOG(GARCH)	0.035528	0.027815	1.277309	0.2015
C	0.087534	0.025134	3.482695	0.0005

以及标准差形式的估计结果为

	Coefficient	Std. Error	z-Statistic	Prob.
@SQRT(GARCH)	0.112969	0.068719	1.643923	0.1002
C	-0.019457	0.051445	-0.378215	0.7053

结果清楚地表明，这两种形式的 GARCH 效应都不存在。因此，在进行实证研究时，下结论必须十分小心，不要一棍子打死，某个具体的模型被拒绝，不要说成是整类的模型被拒绝。比如说对数形式的 GARCH 效应检验被拒绝，不能笼统地说不存在 GARCH 效应。

§6.4 非对称 GARCH 模型

我们已经知道，GARCH 模型能够刻画金融市场的波动群集现象，也能体现市场受冲击时波动的持续性。但是金融市场还存在如下特性：市场突然变化相同的幅度下，跌的情况（坏消息）比涨的情况（好消息）对波动的影响要大一些。为了刻画这种对好坏消息反应的非对称性，人们在 GARCH 模型中加入了非对称项。

§6.4.1 TGARCH

EViews 估计的 Threshold GARCH 模型 (TGARCH) 是 Glosten et al. (1993, GJR) 的模型，因此也称为 GJR-GARCH 模型。

一、方差方程

TGARCH 的方差方程设定[9]为

$$h_t = \omega + \sum_{i=1}^{p} \alpha_i e_{t-i}^2 + \sum_{k=1}^{r} g_k e_{t-k}^2 1\left(e_{t-k} < 0\right) + \sum_{j=1}^{q} \beta_j h_{t-j} \tag{6.13}$$

其中 $1(\cdot)$ 为示性函数 (indicator function)，参数为真时取 1，否则取 0。参数 r 为非对称项数，由选项 `thrsh=r` 设定 (默认 `thrsh=0`)。

在金融市场，该模型刻画了好消息 ($e_{t-i} > 0$) 和坏消息 ($e_{t-i} < 0$) 对方差的不同影响。好消息的影响因子为 α_i，坏消息的影响因子为 $\alpha_i + g_i$，如果 $g_i > 0$，则坏消息将增大波动率，这种现象称为杠杆效应 (leverage effect)。如果 $g_i \neq 0$，则消息的影响是不对称的。

从方差方程 (6.13) 我们看到，TGARCH 模型是 GARCH 模型的扩展。或者说，GARCH 模型是 TGARCH 模型将杠杆项的系数固定为零的限制版本，这种解释为我们采用似然比检验提供了方便。

二、例子

继续使用 §6.3.2 节 (第 264 页) 中 S&P500 数据的例子，先查看 GARCH(1,1) 模型 `eq01` 的标准化残差平方 z_t^2 与标准化残差 z_t 的互相关图。

```
smpl 1990 1999
eq01.makeresids(s) z
group zz z^2 z
freeze(tbc) zz.cross(20)
```

得到互相关图 6.6：z_t^2 与 z_{t-1} 和 z_{t-2} 存在明显的负相关，表明坏消息增大市场波动。

问题：为什么使用标准化残差，而不是使用普通残差？提示：z_t 有独立同分布假设。

那么，TGARCH 模型是否能刻画出该杠杆效应呢？我们估计如下 TGARCH 模型

$$y_t = \mu + e_t$$
$$h_t = \omega + \alpha e_{t-1}^2 + g e_{t-1}^2 1\left(e_{t-1} < 0\right) + \beta h_{t-1}$$

为了体现金融数据的厚尾分布，假设标准化残差为 t 分布，EViews 代码为

---

[9] Zakoian (1994) 的 Threshold GARCH 是用标准差来建模的。

图 6.6 互相关图

```
Cross Correlogram of Z^2 and Z

Date: 03/21/08   Time: 17:37
Sample: 1/02/1990 12/31/1999
Included observations: 2528
Correlations are asymptotically consistent approximations

         Z^2,Z(-i)              Z^2,Z(+i)        i    lag      lead

                                                 0  -0.2308  -0.2308
                                                 1  -0.0781   0.0480
                                                 2  -0.1045  -0.0047
                                                 3  -0.0343  -0.0204
                                                 4   0.0143   0.0284
                                                 5  -0.0204   0.0372
                                                 6  -0.0258  -0.0138
                                                 7  -0.0245   0.0020
                                                 8  -0.0124   0.0125
                                                 9  -0.0001  -0.0079
                                                10  -0.0061   0.0005
                                                11  -0.0132   0.0067
                                                12  -0.0093  -0.0138
                                                13   0.0014  -0.0186
                                                14   0.0149   0.0289
                                                15   0.0088   0.0354
                                                16   0.0019   0.0201
                                                17   0.0191   0.0066
                                                18   0.0113  -0.0128
                                                19  -0.0188  -0.0039
                                                20   0.0057   0.0065
```

```
.equation eq04.arch(1,1,thrsh=1,tdist) rsp c
```

标准化误差分布 t 分布的自由度，尽管可以给定，我们还是将自由度交给 EViews 估计，寻找最合适的自由度。得到估计结果为

```
Dependent Variable: RSP
Method: ML - ARCH (Marquardt) - Student's t distribution
Date: 03/21/08   Time: 17:37
Sample: 1/02/1990 12/31/1999
Included observations: 2528
Convergence achieved after 17 iterations
Variance backcast: ON
GARCH = C(2) + C(3)*RESID(-1)^2 + C(4)*RESID(-1)^2*(RESID(-1)<0) +
        C(5)*GARCH(-1)
```

	Coefficient	Std. Error	z-Statistic	Prob.
C	0.055550	0.013651	4.069216	0.0000
Variance Equation				
C	0.006026	0.001844	3.266786	0.0011
RESID(-1)^2	0.014912	0.010318	1.445256	0.1484
RESID(-1)^2*(RESID(-1)<0)	0.070330	0.014471	4.859977	0.0000
GARCH(-1)	0.942050	0.008981	104.8944	0.0000
T-DIST. DOF	6.595309	0.791613	8.331478	0.0000
R-squared	-0.000001	Mean dependent var		0.056365
Adjusted R-squared	-0.001983	S.D. dependent var		0.888849
S.E. of regression	0.889730	Akaike info criterion		2.341105
Sum squared resid	1996.463	Schwarz criterion		2.354955
Log likelihood	-2953.157	Durbin-Watson stat		1.964056

表头给出了方差方程，这一点非常体贴，系数的对应关系一目了然。我们看到，杠杆效应项的系数 C(4) 异常显著，表明确实存在杠杆效应。

§6.4.2 EGARCH

前面介绍的各种 ARCH 模型，为了确保条件方差大于零，方差方程的系数都需要进行限制，并且这些限制条件往往是比较复杂的，而 EGARCH 模型无需对方差方程的系数进行限制。

一、方差方程

Nelson (1991) 提出了 EGARCH 模型 (Exponential GARCH)，其方差方程[10]为

$$\log(h_t) = \omega + \sum_{i=1}^{p} d_i g(z_{t-i}) + \sum_{j=1}^{q} \beta_j \log(h_{t-j})$$

其中 $d_1 = 1$，函数 $g(x) = \theta x + \gamma(|x| - \mathrm{E}(|x|))$。很多软件实现时，将方差方程修改为

$$\log(h_t) = \omega + \sum_{i=1}^{p} \alpha_i (|z_{t-i}| - \mathrm{E}(|z_{t-i}|)) + \sum_{k=1}^{r} g_k z_{t-k} + \sum_{j=1}^{q} \beta_j \log(h_{t-j})$$

EViews 实现时，方差方程进一步去掉了 $\mathrm{E}(|z_{t-i}|)$ 项

$$\begin{aligned}\log(h_t) &= \omega + \sum_{i=1}^{p} \alpha_i |z_{t-i}| + \sum_{k=1}^{r} g_k z_{t-k} + \sum_{j=1}^{q} \beta_j \log(h_{t-j}) \\ &= \omega + \sum_{i=1}^{p} \alpha_i \frac{|e_{t-i}|}{\sqrt{h_{t-i}}} + \sum_{k=1}^{r} g_k \frac{e_{t-k}}{\sqrt{h_{t-k}}} + \sum_{j=1}^{q} \beta_j \log(h_{t-j})\end{aligned} \quad (6.14)$$

如果标准化残差服从标准正态分布，对于 $p = 1$ 的模型，和其他软件的结果相比，常数项将有 $\alpha_1 \sqrt{2/\pi}$ 的差别，其他系数估计都相同。补充说明：

- 方差方程的左手边是条件方差的自然对数，不用象其他 GARCH 模型那样，担心方差的非负问题。
- 杠杆效应的刻画采用指数形式，而不是二次函数。当确实存在杠杆效应时，在 TGARCH 模型中，$g > 0$，而在 EGARCH 模型中，$g < 0$，请注意这里符号上的区别。
- 命令 arch 中，选项 egarch 估计 EGARCH 模型，非对称项个数 r 用选项 asy=r 来设置 (默认 asy=1，请注意 TGARCH 的 r 选项 thrsh=r 设置)。
- 波动率持续的情况，在 EGARCH 中，完全由系数 β_i 来决定，而在 GARCH 和 TGARCH 中，由 α 和 β 系数共同决定。
- 方差方程中，与众不同的是，EGARCH 采用标准化残差来建模。

二、例子

继续使用 SP500 数据，我们估计如下的 EGARCH 模型：

$$y_t = \mu + e_t$$
$$\log(h_t) = \omega + \alpha \frac{|e_{t-1}|}{\sqrt{h_{t-1}}} + g \frac{e_{t-1}}{\sqrt{h_{t-1}}} + \beta \log(h_{t-1})$$

为了和 TGARCH 模型对照，同样假设标准化残差服从 t 分布。

```
equation eq03.arch(1,1,egarch,tdist) rsp c
```

得到估计结果为

---

[10]Nelson (1991) 的式 (2.3) 是用滞后算子表示的。

```
Dependent Variable: RSP
Method: ML - ARCH (Marquardt) - Student's t distribution
Date: 03/21/08   Time: 17:37
Sample: 1/02/1990 12/31/1999
Included observations: 2528
Convergence achieved after 17 iterations
Variance backcast: ON
LOG(GARCH) = C(2) + C(3)*ABS(RESID(-1)/@SQRT(GARCH(-1))) + C(4)
        *RESID(-1)/@SQRT(GARCH(-1)) + C(5)*LOG(GARCH(-1))
```

	Coefficient	Std. Error	z-Statistic	Prob.
C	0.051326	0.013470	3.810493	0.0001
Variance Equation				
C(2)	-0.091571	0.013891	-6.592257	0.0000
C(3)	0.113684	0.017548	6.478483	0.0000
C(4)	-0.064064	0.011574	-5.534968	0.0000
C(5)	0.988583	0.003360	294.2358	0.0000
T-DIST. DOF	6.703702	0.844704	7.936157	0.0000
R-squared	-0.000032	Mean dependent var		0.056365
Adjusted R-squared	-0.002015	S.D. dependent var		0.888849
S.E. of regression	0.889744	Akaike info criterion		2.338542
Sum squared resid	1996.526	Schwarz criterion		2.352391
Log likelihood	-2949.917	Durbin-Watson stat		1.963994

反映杠杆效应的系数 C(4) 为负，符号刚好与 TGARCH 的 C(4) 相反。由于刻画非对称性的方式不同，系数估计值的大小也有区别。

下面我们看一下标准化残差的分布：

```
eq03.makeresids(s) ze
!N = @obssmpl
do ze.kdensity(!N,b=0.4, o=mz)      'distdata in V7
matrix(!N,3) mz
!v = eq03.c(6)
!v1 = -(!v+1)/2
!v2 = !v-2
vector(!N) v = @columnextract(mz,1)
for !i = 1 to !N
    v(!i) = (1+(v(!i)^2)/!v2)^!v1
next    'standardized t-dist
v = @gamma(-!v1)/@gamma(!v/2)*(!v2*@acos(-1))^(-1/2)*v
colplace(mz,v,3)
freeze(gfdt) mz.xyline
colplace(mz,@dnorm(@columnextract(mz,1)),3)
freeze(gfdn) mz.xyline
graph gfd.merge gfdn gfdt
delete gfdn gfdt
gfd.legend -display
gfd.align(2,1,1)
gfd.scale(b) range(-5,5)
gfd.setelem(2) lwidth(0.25)
```

得到标准化残差 z_t 的分布如图 6.7 中的深色线，分别与正态分布（左图）和标准化 t 分布（右图）进行对比，显然 z_t 的分布与正态分布差别较大，而和标准化 t 分布基本吻合。

下面我们来看看模型的残差是不是还存在 ARCH 效应，先查看 GARCH(1,1) 的情况，

```
eq01.archtest(4)
```

图 6.7　标准化残差的分布

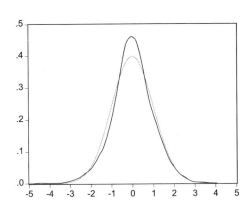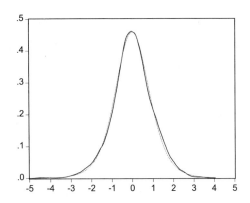

得到 ARCH LM 检验结果为 4.28[0.3694]，表明已经没有 ARCH 效应。接着查看 EGARCH 的情况，

```
eq03.archtest(7)
```

得到检验结果为 2.798[0.9030]，可以更加肯定地认为 ARCH 效应已经消除。

由于方差是不可观测的，我们使用收益的平方作为方差的代理 (proxy)，比较 EGARCH 模型预测的方差和收益的平方，看模型是否能够跟踪市场波动率的变动。

```
smpl 2000 2001
eq03.fit tmp1 tmp2 spx
delete tmp*
graph gff.line rsp^2 spx
gff.setelem(1) lcolor(red) lwidth(0.25)
gff.setelem(2) lcolor(blue)
gff.datelabel format("mm/YY") interval(m,3)
gff.name(1) Squared return
gff.name(2) Forecast variance
gff.legend -inbox position(1.4,0.2) columns(1)
```

得到结果为

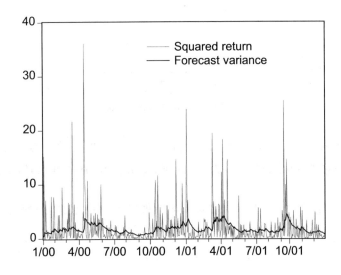

我们看到，尽管模型能反映出市场波动的变化，但显得过于平滑，没能抓住市场的急剧变动。

三、EGARCH 和 TGARCH

尽管 EGARCH 和 TGARCH 模型都能刻画杠杆效应，但它们采用的函数形式不一样。为了更直观地理解两者的差异，下面我们比较 EGARCH 和 TGARCH 模型的消息（标准化残差）反应曲线：

```
smpl 1990 1999
eq03.makegarch he
eq04.makegarch ht
!me = @median(he)
!mt = @median(ht)
!N = 100
smpl @first @first+!N
genr z = -5+@trend*10/!N    'shocks
genr log(sigE) = eq03.c(2) +eq03.c(5)*log(!me) _
    +eq03.c(3)*abs(z) +eq03.c(4)*z
genr sigT = eq04.c(2) +eq04.c(5)*!mt +eq04.c(3)*(z^2*!mt) _
    +eq04.c(4)*(z<0)*(z^2*!mt)
graph ET.xyline z sigE sigT
ET.scale(b) range(-5,5)
ET.name(1) Standardized Residuals
ET.name(2) EGARCH
ET.name(3) TGARCH
ET.legend position(2.4,0.4) -inbox columns(1)
```

得到 EGARCH 和 TGARCH 的消息反应曲线：

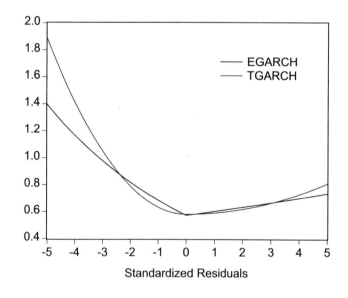

我们看到，两者对坏消息的反应都远远超过对好消息的反应。比较轻微的消息冲击时，EGARCH 比 TGARCH 敏感，但是在强烈的信息冲击下(大于2.5倍的标准差)，TGARCH 的响应要剧烈很多。

很多文献认为汇率不存在杠杆效应，果真如此吗？如果用 TGARCH 模型估计 Bollerslev and Ghysels (1996) 的汇率数据，

```
equation eq02.arch(thrsh=1) R c
```

得到的结果为

```
Dependent Variable: R
Method: ML - ARCH (Marquardt) - Normal distribution
Date: 03/20/08   Time: 22:35
Sample: 1 1974
Included observations: 1974
Convergence achieved after 16 iterations
Variance backcast: ON
GARCH = C(2) + C(3)*RESID(-1)^2 + C(4)*RESID(-1)^2*(RESID(-1)<0) +
      C(5)*GARCH(-1)
```

	Coefficient	Std. Error	z-Statistic	Prob.
C	-0.007025	0.008783	-0.799898	0.4238
Variance Equation				
C	0.009949	0.001230	8.086040	0.0000
RESID(-1)^2	0.131112	0.015642	8.382192	0.0000
RESID(-1)^2*(RESID(-1)<0)	0.024605	0.019952	1.233199	0.2175
GARCH(-1)	0.817716	0.015494	52.77623	0.0000
R-squared	-0.000400	Mean dependent var		-0.016427
Adjusted R-squared	-0.002432	S.D. dependent var		0.470244
S.E. of regression	0.470816	Akaike info criterion		1.122392
Sum squared resid	436.4637	Schwarz criterion		1.136546
Log likelihood	-1102.801	Durbin-Watson stat		1.979750

系数估计 C(4) 不显著，因此没有杠杆效应。但是，如果我们改用 EGARCH 模型：

```
equation eq03.arch(egarch) R c
```

得到的结果为

```
Dependent Variable: R
Method: ML - ARCH (Marquardt) - Normal distribution
Date: 03/20/08   Time: 22:35
Sample: 1 1974
Included observations: 1974
Convergence achieved after 16 iterations
Variance backcast: ON
LOG(GARCH) = C(2) + C(3)*ABS(RESID(-1)/@SQRT(GARCH(-1))) + C(4)
      *RESID(-1)/@SQRT(GARCH(-1)) + C(5)*LOG(GARCH(-1))
```

	Coefficient	Std. Error	z-Statistic	Prob.
C	-0.010565	0.007988	-1.322596	0.1860
Variance Equation				
C(2)	-0.375794	0.026900	-13.96989	0.0000
C(3)	0.321033	0.021351	15.03624	0.0000
C(4)	-0.036892	0.013368	-2.759760	0.0058
C(5)	0.916938	0.008140	112.6502	0.0000
R-squared	-0.000155	Mean dependent var		-0.016427
Adjusted R-squared	-0.002187	S.D. dependent var		0.470244
S.E. of regression	0.470758	Akaike info criterion		1.118403
Sum squared resid	436.3570	Schwarz criterion		1.132557
Log likelihood	-1098.864	Durbin-Watson stat		1.980234

系数估计 C(4) 极其显著，表明汇率市场存在杠杆效应。因此，就象 GARCH 的均值效应一样，杠杆效应在不同形式下，结果是不同的。

§6.4.3 PGARCH

Taylor (1986) 和 Schwert (1989) 采用标准差而不是方差来研究 GARCH 模型，Ding et al. (1993, DGE) 对此进行扩展，提出了 PGARCH (Power GARCH) 模型。

一、方差方程

PGARCH 模型的方差方程为 (参见 Ding et al., 1993, P98, 第 17 式)

$$h_t^{d/2} = \omega + \sum_{i=1}^{p} \alpha_i \left(|e_{t-i}| - g_i e_{t-i}\right)^d + \sum_{j=1}^{q} \beta_j h_{t-j}^{d/2} \tag{6.15}$$

其中 $d > 0$，还需要给定非对称项的个数 $r \leqslant p$ (由选项 asy=r 设定)。其他说明：

- 式 (6.15) 中当 $i > r$ 时，$g_i = 0$；而当 $i = 1, 2, \cdots, r$ 时，$|g_i| < 1$。显然 $g_i \neq 0$ 意味着非对称性。
- 命令 arch 中，选项 parch 估计 PGARCH 模型，系数 d 作为参数进行估计，也可以用户给定 (由选项 parch=d 设定)。
- 如果 $d = 1$，且 $r = 0$，则模型变为 Taylor (1986) 和 Schwert (1989) 的模型。
- 如果 $d = 2$，且 $r = 0$，即所有的 $g_i = 0$，则模型变为标准的 GARCH 模型。

二、例子

继续使用 SP500 数据，我们估计如下的 PGARCH 模型：

$$y_t = \mu + e_t$$
$$h_t^{d/2} = \omega + \alpha \left(|e_{t-1}| - g e_{t-1}\right)^d + \beta h_{t-1}^{d/2}$$

EViews 的估计代码为

```
equation eq05.arch(1,1,parch,ged) rsp c
```

标准化残差的分布设定为广义误差分布，得到估计结果为

```
Dependent Variable: RSP
Method: ML - ARCH (Marquardt) - Generalized error distribution (GED)
Date: 03/21/08   Time: 17:37
Sample: 1/02/1990 12/31/1999
Included observations: 2528
Convergence achieved after 24 iterations
Variance backcast: ON
@SQRT(GARCH)^C(6) = C(2) + C(3)*(ABS(RESID(-1)) - C(4)*RESID(
    -1))^C(6) + C(5)*@SQRT(GARCH(-1))^C(6)
```

	Coefficient	Std. Error	z-Statistic	Prob.
C	0.044722	0.013201	3.387682	0.0007
Variance Equation				
C(2)	0.010333	0.003014	3.428553	0.0006
C(3)	0.061474	0.010226	6.011704	0.0000
C(4)	0.588049	0.145261	4.048225	0.0001
C(5)	0.939934	0.009223	101.9163	0.0000
C(6)	1.084830	0.221132	4.905804	0.0000
GED PARAMETER	1.374440	0.045949	29.91231	0.0000
R-squared	-0.000172	Mean dependent var		0.056365
Adjusted R-squared	-0.002552	S.D. dependent var		0.888849
S.E. of regression	0.889982	Akaike info criterion		2.341149
Sum squared resid	1996.804	Schwarz criterion		2.357306
Log likelihood	-2952.212	Durbin-Watson stat		1.963720

估计结果非常漂亮，非对称项系数 C(4) 显著。幂参数 $d = 1.08$，下面对其进行 Wald 检验。

```
eq05.wald c(6) = 0.8     '1.659[0.1977]
eq05.wald c(6) = 1.4     '2.031[0.1541]
eq05.wald c(6) = 1.6     '5.427[0.0198]
```

检验结果在语句中的注释部分给出，显然幂次数为 0.8 和 1.4 的假设都没有拒绝，表明幂次的取值区间还是比较宽泛的。

§6.4.4 CGARCH

Engle and Lee (1999) 提出了 CGARCH (Component GARCH) 模型，将方差方程分解为短期成分和长期成分两部分。

一、方差方程

EViews 实现的方差方程为[11]

$$h_t = q_t + \alpha \left(e_{t-1}^2 - q_{t-1}\right) + \beta \left(h_{t-1} - q_{t-1}\right) \tag{6.16}$$

$$q_t = \omega + \rho \left(q_{t-1} - \omega\right) + \eta \left(e_{t-1}^2 - h_{t-1}\right) \tag{6.17}$$

对比式 (6.16) 和式 (6.6) (第 259 页) 我们看到，无条件方差 σ^2 的位置被时变的 q_t 取代了。

方程 (6.16) 可以改写成

$$(h_t - q_t) - (\alpha + \beta)(h_{t-1} - q_{t-1}) = \alpha \left(e_{t-1}^2 - h_{t-1}\right)$$

因此，短期成分 (transitory component) $h_t - q_t$ 的多步预测

$$\mathrm{E}\left(h_{t+n} - q_{t+n}\big|\mathbb{I}_t\right) = (\alpha + \beta)^n (h_t - q_t) + \alpha(\alpha + \beta)^{n-1}\left(e_t^2 - h_t\right)$$

按 $\alpha + \beta$ 的几何速度衰减。而方程 (6.17) 中长期成分 (long run component) q_t 的多步预测

$$\mathrm{E}\left(q_{t+n}\big|\mathbb{I}_t\right) = \omega + \rho^n (q_t - \omega) + \rho^{n-1}\eta\left(e_t^2 - h_t\right)$$

依几何衰减 (衰减速度为 ρ) 收敛到 ω。补充说明：

- ρ 的取值经常在 0.99 和 1 之间，因此长期成分的衰减是非常缓慢的。
- 选项 cgarch 估计 CGARCH 模型，该模型中 GARCH 项和 ARCH 项都被固定为一项。
- 长期成分和短期成分的方差方程中，都可以加入其他回归变量。
- 将短期成分和长期成分的两个方程结合起来，我们得到[12]

$$h_t = (1 - \alpha - \beta)(1 - \rho)\omega + (\alpha + \eta)e_{t-1}^2 - (\alpha\eta + \beta\eta + \alpha\rho)e_{t-2}^2$$
$$+ (\rho + \beta - \eta)h_{t-1} + (\alpha\eta + \beta\eta - \beta\rho)h_{t-2}$$

不难发现，这是一个非线性的 GARCH(2,2) 模型。

- CGARCH 模型通过如下的形式来反映非对称性 (选项 thrsh=1)

$$h_t = q_t + (\alpha + g1(e_{t-1} < 0))\left(e_{t-1}^2 - q_{t-1}\right) + \beta(h_{t-1} - q_{t-1})$$

如果 $g \neq 0$，表明在条件方差中，有短期杠杆效应 (transitory leverage effect)。

---

[11] Engle and Lee (1999, Eq 3.2) 定义的长期过程为

$$q_t = \omega + \rho q_{t-1} + \phi\left(e_{t-1}^2 - h_{t-1}\right)$$

他们的 ω 相当于 Eviews 的 $\omega(1 - \rho)$。

[12] 从两个方程消去 q_{t-1} 项，得到 q_t 的非迭代方程，代入式 (6.16)，化简即得。

练习，请证明
$$E(h_{t+n}|\mathbb{I}_t) = E(q_{t+n}|\mathbb{I}_t) = \omega \quad n \to \infty$$

二、例子

继续使用 SP500 数据，采用如下的 CGARCH 模型

$$y_t = \mu + e_t$$
$$q_t = \omega + \rho(q_{t-1} - \omega) + \eta(e_{t-1}^2 - h_{t-1})$$
$$h_t = q_t + (\alpha + g1(e_{t-1} < 0))(e_{t-1}^2 - q_{t-1}) + \beta(h_{t-1} - q_{t-1})$$

EViews 的估计代码为

```
equation eq06.arch(1,1,cgarch,thrsh=1,tdist) rsp c
```

得到的结果为

```
Dependent Variable: RSP
Method: ML - ARCH (Marquardt) - Student's t distribution
Date: 03/21/08   Time: 17:37
Sample: 1/02/1990 12/31/1999
Included observations: 2528
Convergence achieved after 22 iterations
Variance backcast: ON
Q = C(2) + C(3)*(Q(-1) - C(2)) + C(4)*(RESID(-1)^2 - GARCH(-1))
GARCH = Q + (C(5) + C(6)*(RESID(-1)<0))*(RESID(-1)^2 - Q(-1)) +
        C(7)*(GARCH(-1) - Q(-1))
```

	Coefficient	Std. Error	z-Statistic	Prob.
C	0.070791	0.001542	45.91794	0.0000
Variance Equation				
C(2)	0.549981	0.205875	2.671434	0.0076
C(3)	0.997030	0.002049	486.6375	0.0000
C(4)	0.023694	0.006203	3.819797	0.0001
C(5)	-0.047108	0.016112	-2.923750	0.0035
C(6)	0.121632	0.022943	5.301594	0.0000
C(7)	0.902063	0.028577	31.56594	0.0000
T-DIST. DOF	7.009659	0.834412	8.400718	0.0000
R-squared	-0.000264	Mean dependent var		0.056365
Adjusted R-squared	-0.003042	S.D. dependent var		0.888849
S.E. of regression	0.890200	Akaike info criterion		2.336632
Sum squared resid	1996.988	Schwarz criterion		2.355097
Log likelihood	-2945.502	Durbin-Watson stat		1.963540

我们看到，EViews 的输出中，给出了方差方程的长期成分方程和短期成分方程。系数估计 C(6) 极其显著，表明存在杠杆效应 (与 EGARCH, PGARCH 和 TGARCH 等模型的估计结果一致)。

§6.4.5 GARCH 效应

EViews 能估计的 ARCH 模型，都支持考察 GARCH 效应，例如 EGARCH-M 模型

```
equation eq23.arch(1,1,archm=var,egarch,tdist) rsp c
```

得到的估计结果为

```
Dependent Variable: RSP
Method: ML - ARCH (Marquardt) - Student's t distribution
Date: 03/21/08   Time: 17:37
Sample: 1/02/1990 12/31/1999
Included observations: 2528
Convergence achieved after 14 iterations
Variance backcast: ON
LOG(GARCH) = C(3) + C(4)*ABS(RESID(-1)/@SQRT(GARCH(-1))) + C(5)
        *RESID(-1)/@SQRT(GARCH(-1)) + C(6)*LOG(GARCH(-1))
```

	Coefficient	Std. Error	z-Statistic	Prob.
GARCH	0.066094	0.035168	1.879361	0.0602
C	0.016263	0.022803	0.713173	0.4757
Variance Equation			
C(3)	-0.095391	0.013996	-6.815543	0.0000
C(4)	0.115660	0.017729	6.523977	0.0000
C(5)	-0.066042	0.011732	-5.629336	0.0000
C(6)	0.984701	0.004061	242.4560	0.0000
T-DIST. DOF	6.672289	0.841164	7.932207	0.0000
R-squared	0.003009	Mean dependent var	0.056365
Adjusted R-squared	0.000636	S.D. dependent var	0.888849
S.E. of regression	0.888566	Akaike info criterion	2.337987
Sum squared resid	1990.454	Schwarz criterion	2.354144
Log likelihood	-2948.215	F-statistic	1.268143
Durbin-Watson stat	1.956380	Prob(F-statistic)	0.268620

考虑 GARCH 效应时，均值方程的常数项估计变成不显著，GARCH 效应系数估计的 p 值为 0.0602。作为例子，我们估计同时考虑杠杆效应和 GARCH 效应的 CGARCH 模型

```
equation eq26.arch(1,1,cgarch,thrsh=1,archm=var,tdist) rsp c
```

得到的估计结果为

```
Dependent Variable: RSP
Method: ML - ARCH (Marquardt) - Student's t distribution
Date: 03/21/08   Time: 17:37
Sample: 1/02/1990 12/31/1999
Included observations: 2528
Convergence achieved after 14 iterations
Variance backcast: ON
Q = C(3) + C(4)*(Q(-1) - C(3)) + C(5)*(RESID(-1)^2 - GARCH(-1))
GARCH = Q + (C(6) + C(7)*(RESID(-1)<0))*(RESID(-1)^2 - Q(-1)) +
        C(8)*(GARCH(-1) - Q(-1))
```

	Coefficient	Std. Error	z-Statistic	Prob.
GARCH	0.063187	0.034593	1.826554	0.0678
C	0.023824	0.016784	1.419465	0.1558
Variance Equation			
C(3)	0.578302	0.157885	3.662809	0.0002
C(4)	0.993496	0.002863	347.0262	0.0000
C(5)	0.042262	0.007897	5.351620	0.0000
C(6)	-0.086602	0.014147	-6.121594	0.0000
C(7)	0.137661	0.015864	8.677796	0.0000
C(8)	0.880541	0.037979	23.18481	0.0000
T-DIST. DOF	7.152334	0.849936	8.415146	0.0000
R-squared	0.003058	Mean dependent var	0.056365
Adjusted R-squared	-0.000108	S.D. dependent var	0.888849
S.E. of regression	0.888897	Akaike info criterion	2.335175
Sum squared resid	1990.356	Schwarz criterion	2.355949
Log likelihood	-2942.662	F-statistic	0.965912
Durbin-Watson stat	1.954606	Prob(F-statistic)	0.460819

GARCH 效应系数估计的 p 值为 0.0678，略大于 5% 显著水平。

§6.5 其他 GARCH 模型

本节介绍一些金融市场常用的 ARCH 模型，如 IGARCH 模型、ARCD 模型和多元 ARCH 模型等。对于这些模型，EViews 5.1 下的 arch 命令还不能估计。

§6.5.1 系数限制模型

ARCH 模型中，实际应用时可能对系数进行限制，比如 IGARCH(1,1) 模型中，要求 $\alpha + \beta = 1$。又如限制某些低阶 ARCH 项或 GARCH 项的系数为零，如

$$h_t = \omega + \alpha_2 e_{t-2}^2 + \beta_2 h_{t-2}$$

即限制了一阶 ARCH 项和 GARCH 项的系数 $\alpha_1 = \beta_1 = 0$。对于这些 ARCH 模型的估计，EViews 5.1 的 arch 命令无能为力，但可以使用似然函数对象进行估计 (参见第 724 页 §15.2 节的例子)。

一、IGARCH 模型

在 GARCH(1,1) 模型中

$$y_t = \mu_t + e_t$$
$$h_t = \omega + \alpha e_{t-1}^2 + \beta h_{t-1}$$

如果 $\alpha + \beta = 1$，将得到 Engle and Bollerslev (1986) 定义的 IGARCH(1,1) 模型 (Integrated GARCH)。定义

$$v_t = e_t^2 - h_t$$

则 v_t 是鞅差分过程，此时

$$h_t = \omega + h_{t-1} + \alpha v_{t-1}$$

显然，h_t 存在单位根，由于单位根的存在，v_t 的冲击将被永久记忆。Nelson (1990) 证明，当 $\omega > 0$ 时，$\{y_t\}$ 不是弱平稳的。

更一般的 IGARCH(p,q) 模型[13]为

$$h_t = \omega + \sum_{i=1}^{p} \alpha_i e_{t-i}^2 + \sum_{j=1}^{q} \beta_j h_{t-j}$$

其中

$$\sum_{i=1}^{p} \alpha_i + \sum_{j=1}^{q} \beta_j = 1$$

Bougerol and Picard (1992) 证明，一般的 IGARCH(p,q) 模型是严平稳的。

RiskMetrics 采用如下的方法估计金融时间序列 $\{y_t\}$ 的时变方差

$$y_t = c + e_t$$
$$h_t = (1-l) \sum_{i=1}^{\infty} l^{i-1} e_{t-i}^2$$

---

[13] EViews 7 提供了选项 integrated 以估计 IGARCH(p,q) 模型。

其中 $l = 0.94$，实际上是一个 IGARCH(1,1) 过程，因为上式可以改写为

$$h_t = (1-l)\,e_{t-1}^2 + (1-l)\sum_{i=2}^{\infty} l^{i-1} e_{t-i}^2$$

$$= (1-l)\,e_{t-1}^2 + (1-l)\sum_{k=1}^{\infty} l^k e_{t-1-k}^2$$

$$= (1-l)\,e_{t-1}^2 + l h_{t-1}$$

这是一个 $\omega = 0$ 的 IGARCH(1,1) 过程。

Nelson (1990) 证明，当 $\omega = 0$ 时，IGARCH(1,1) 将退化成 $h_t = 0$ 的情况，而现实的应用效果还不错，说明金融数据和理论假设还有一定的偏离。

二、FIGARCH 模型

GARCH(p,q) 模型用滞后算子可以表示成

$$h_t = \omega + \alpha(\mathrm{L})\,e_t^2 + \beta(\mathrm{L})\,h_t$$

其中

$$\alpha(\mathrm{L}) = \sum_{i=1}^{p} \alpha_i \mathrm{L}^i \qquad \beta(\mathrm{L}) = \sum_{i=1}^{q} \beta_i \mathrm{L}^i$$

定义 $v_t = e_t^2 - h_t$，则上式可以表示成 e_t^2 的 ARMA 过程

$$(1 - \alpha(\mathrm{L}) - \beta(\mathrm{L}))\,e_t^2 = \omega + (1 - \beta(\mathrm{L}))\,v_t$$

如果

$$\psi(\mathrm{L}) = \frac{1 - \alpha(\mathrm{L}) - \beta(\mathrm{L})}{1 - \mathrm{L}}$$

则 IGARCH(p,q) 过程为

$$\psi(\mathrm{L})\,(1 - \mathrm{L})\,e_t^2 = \omega + (1 - \beta(\mathrm{L}))\,v_t$$

Baillie et al. (1996) 将其扩展为 FIGARCH 模型 (Fractionally integrated GARCH)，即

$$\psi(\mathrm{L})\,(1 - \mathrm{L})^d\,e_t^2 = \omega + (1 - \beta(\mathrm{L}))\,v_t$$

其中 $0 < d \leqslant 1$，或者写为

$$(1 - \beta(\mathrm{L}))\,h_t = \omega + \left[1 - \beta(\mathrm{L}) - \psi(\mathrm{L})\,(1 - \mathrm{L})^d\right] e_t^2$$

该模型刻画的波动率具有长记忆性。

Baillie et al. (1996) 指出，FIGARCH 过程是严平稳的。

§6.5.2 ARCD 模型

弱式 ARCH 中，标准化残差的分布不再要求独立，模型的估计比强式 ARCH 模型困难许多。Hansen (1994) 的 ARCD 模型 (Autoregressive Conditional Density) 是经典的弱式 ARCH 模型，其标准化误差分布采用非对称 t 分布。该模型的估计请参考 §15.2.3 小节 (第 732 页)。

一、非对称 t 分布

Hansen (1994) 提出了非对称 t 分布 (skew t distribution)

$$f(z; v, l) = bc \left[1 + \frac{1}{v-2} \left(\frac{bz + a}{1 + l \cdot \text{sign}(bz + a)} \right)^2 \right]^{-\frac{v+1}{2}} \quad -\infty < z < +\infty \quad (6.18)$$

其中参数 $2 < v < \infty$,$-1 < l < 1$,并且

$$a = 4lc \frac{v-2}{v-1}$$
$$b = \sqrt{1 + 3l^2 - a^2}$$
$$c = \frac{\Gamma((v+1)/2)}{\sqrt{\pi(v-2)}\,\Gamma(v/2)}$$

符号函数 $\text{sign}(x)$ 定义为

$$\text{sign}(x) = \begin{cases} 1 & x > 0 \\ 0 & x = 0 \\ -1 & x < 0 \end{cases}$$

Hansen (1994) 证明了非对称 t 分布的均值为 0,方差为 1。

练习:请证明在给定的参数范围内,$1 + 3l^2 - a^2 > 0$。提示:定义 $y = bz + a$,则 $\text{E}(y^2) = 1 + 3l^2$,$\text{var}(y) = \text{E}(y^2) - [\text{E}(y)]^2 = b^2$。

二、模型设定

Hansen (1994) 第 724 页表 9 估计的 ARCD 模型的方差方程设定为

$$h_t = \omega + \alpha(e_{t-1}^2 - h_{t-1}) + \beta h_{t-1}$$

在 t 时刻,非对称 t 分布并不独立,其自由度 v_t 采用如下的变换,被限定在 2.1 到 30 之间:

$$\frac{v_t - 2.1}{30 - 2.1} = \frac{1}{1 + \exp\left(-(a_0 + a_1 e_{t-1} + a_2 e_{t-1}^2)\right)}$$

类似地,偏斜参数 (Skew parameter) l_t 的取值限定在 -0.9 和 0.9 之间:

$$\frac{l_t - (-0.9)}{0.9 - (-0.9)} = \frac{1}{1 + \exp\left(-(b_0 + b_1 e_{t-1} + b_2 e_{t-1}^2)\right)}$$

这里我们看到,标准化残差服从非对称 t 分布,自由度和偏斜参数时时刻刻都在改变。这是与强式 ARCH 模型的不同之处,强式 ARCH 模型中,各个时刻的分布相同而且相互独立。

§6.5.3 多元 GARCH

EViews 5 的例子目录中,提供了双变量 GARCH 模型 (bv_garch.prg) 和三变量 GARCH 模型 (tv_garch.prg) 的例子,采用对数似然对象进行估计。EViews 5 没有提供命令以估计多元 GARCH 模型,所幸的是,EViews 7 能顺利估计了,详情请参考 §D.6 节 (第 1038 页)。

§6.6 小结

关键词

波动群集	波动持续	GARCH 模型
ARCH 项	GARCH 项	倒推算法
条件方差预测	GARCH 效应	杠杆效应
TGARCH 模型	EGARCH 模型	PGARCH 模型
CGARCH 模型	IGARCH 模型	FIGARCH 模型
ARCD 模型	强式 ARCH 模型	弱式 ARCH 模型

命令

估计 ARCH 模型时，需要对均值方程、方差方程和标准化残差分别进行设定。注意估计各种 ARCH 模型的命令是 arch，而不是 garch，命令 garch 产生条件方差的图形视图。如下的简单命令

　　arch y

估计最常用的 GARCH(1,1) 模型：标准化残差分布默认为正态分布，均值方程为 $y_t = e_t$。

一、GARCH 模型

命令 arch 的一般的形式为

　　arch(p,q) y c x @ z

估计 GARCH(p,q) 模型，均值方程为 $y_t = c_1 + c_2 x_t + e_t$，方差方程加入回归变量 z。其他说明：

1) p 对应的是 ARCH 项 (e_{t-i}^2)，默认值为 1，$1 \leqslant p \leqslant 9$。
2) q 对应的是 GARCH 项 (h_{t-i})，默认值为 1，$0 \leqslant q \leqslant 9$。
3) 命令 arch(p,0) 估计 ARCH(p) 模型。
4) 均值方程可以使用公式法，如果需要常数项，必须显式给出。
5) 方差方程不能用公式法设定，而是通过选项来设定。如果方差方程需要加入解释变量，将变量放在符号 @ 后面。
6) 估计 ARCH 模型时，不允许样本中间有缺失值。

二、TGARCH 模型

使用选项 thrsh=r 设置 TGARCH 模型 (6.13) 中的参数 r，默认值为 0，最大为 9。例如

　　arch(2,1,thrsh=1) y c

估计 TGARCH 模型，其中 $p=2$，$q=1$，$r=1$。经测试，EViews 允许 $r > p$ 的情况。

三、EGARCH 模型

估计 EGARCH 模型需要使用选项 egarch，选项 asy=r 控制非对称项的个数，对应于式 (6.14) 中的参数 r，默认值为 1，最大值为 9。

四、PGARCH 模型

选项 `parch`(注意不要写成 `pgarch`) 估计 PGARCH 模型：选项 `parch=d` 设置参数 d，选项 `asy=r` 控制非对称项的个数，参数 r 的默认值为 1，最大值为 9。例如

```
arch(1,1,parch) y c x
arch(1,1,parch=1) y c x
```

第一个命令让 EViews 估计幂参数 d，第二个命令指定 $d=1$。

五、CGARCH 模型

CGARCH 模型的估计使用选项 `cgarch`，通过选项 `thrsh` 控制是否存在非对称项。选项 `thrsh` 只能取 0 或 1，默认值为 0，表示估计对称的模型。

CGARCH 模型有两个方差方程，添加解释变量时，长期成分方程 (6.17) 的解释变量跟在第一个 @ 后，短期成分方程 (6.16) 的解释变量在第二个 @ 后。

六、标准化残差的分布

标准化残差的分布默认为标准正态分布。

标准化残差的分布还可以设置为标准化 t 分布或者标准化广义误差分布，选项分别为 `tdist` 和 `ged`。这两种分布都有参数，可以让 EViews 估计最佳参数值，也可以指定参数值，比如 t 分布的自由度取固定常数 6，则选项写成 `tdist=6`。

七、GARCH 效应

GARCH-M 的形式设定，选项为 `archm={sd, var, log}`，分别表示 GARCH 效应的函数形式为标准差、方差和方差的对数。

八、估计选项

估计 ARCH 模型时，默认采用倒推算法计算 MA 项和 GARCH 项的初始值。如果不喜欢倒推方法或者估计过程出现问题，可以使用选项 z 关闭倒推算法。关于估计选项 (详情请参考第 959 页 §C.2 节)：

1) 迭代算法，默认采用 Marquardt 算法，使用选项 b 改为 BHHH 算法 (即 Gauss-Newton 算法)。
2) 系数方差采用 BHHH 估计，选项 h 计算 Bollerslev and Wooldridge (1992) 提供的 Bollerslev-Wooldridge 稳健方差估计 (当标准化残差采用标准正态分布时)。
3) 迭代次数和收敛准则，对应选项 m=int 和 c=num，一般不作修改。
4) 初始值，如果有选项 s，表示初始值从系数向量 C 中取。如果选项为 s=0.25 的形式，表示采用默认初始值的 0.25 倍作为初始值。
5) 求导方法，选项为 `deriv={a, f}`，分别表示精确数值求导和快速数值求导方法 (EViews 7 支持部分的解析导数)。
6) 选项 `showopts` 输出初始值和控制估计过程的设置。

当估计过程碰到问题时，输出初始值和控制估计过程的设置特别有用，例如

```
equation eq12.arch(h,b,showopts) rsp c
```

得到估计结果如下：

```
Dependent Variable: RSP
Method: ML - ARCH (BHHH) - Normal distribution
Date: 03/21/08   Time: 20:50
Sample: 1/02/1990 12/31/1999
Included observations: 2528
Estimation settings: tol= 0.00010, derivs=accurate numeric
        (linear)
Initial Values: C(1)=0.05636, C(2)=0.51333, C(3)=0.15000,
        C(4)=0.60000
Convergence achieved after 14 iterations
Bollerslev-Wooldrige robust standard errors & covariance
Variance backcast: ON
GARCH = C(2) + C(3)*RESID(-1)^2 + C(4)*GARCH(-1)
```

	Coefficient	Std. Error	z-Statistic	Prob.
C	0.059754	0.014320	4.172693	0.0000
Variance Equation				
C	0.005830	0.002297	2.538560	0.0111
RESID(-1)^2	0.053337	0.011478	4.646902	0.0000
GARCH(-1)	0.939934	0.010971	85.67489	0.0000
R-squared	-0.000015	Mean dependent var		0.056365
Adjusted R-squared	-0.001203	S.D. dependent var		0.888849
S.E. of regression	0.889383	Akaike info criterion		2.402864
Sum squared resid	1996.490	Schwarz criterion		2.412097
Log likelihood	-3033.221	Durbin-Watson stat		1.964029

选项 b 启用 BHHH 优化算法，表头还报告了收敛准则、求导方法和初始值等估计过程的控制信息。

九、其他

方程对象的过程命令：产生标准化残差序列、条件方差序列、以及预测条件方差等。

1) makeresid 命令产生普通残差 e_t 和标准化残差 z_t，命令分别为

```
eq01.makeresid e
eq01.makeresid(s) z
```

将普通残差保存在序列 e 中，标准化残差保存在序列 z 中。

2) makegarch 命令产生条件方差 h_t，例如

```
eq01.makegarch cv
line cv^0.5
```

将条件方差保存在序列 cv 里，再作出条件标准差的图形 (参见命令 garch)。由于 $e_t = \sqrt{h_t} z_t$，残差序列和条件方差序列有如下关系：

```
e = z *cv^0.5
```

3) 如果要预测条件方差，forecast 命令的格式为

```
forecast y y_se y_cv
```

其中序列对象 y_cv 保存条件方差的预测。

方程对象的视图命令中，残差检验 (如 archtest) 都是针对标准化残差的。此外，ARCH 模型特有的方程对象命令 garch 产生条件方差/标准差的图形。

要点

1) ARCH 模型能刻画金融市场的众多特性：如波动群集、波动持续、好坏消息反应的非对称性以及风险预测对期望收益的影响等。

2) ARCH 模型的一般设定式 (6.1) (第 254 页) 由三部分组成：条件均值方程的设定、条件方差方程的设定以及标准化残差的设定。

3) ARCH 模型方差方程：EViews 中 arch 命令的 p 和 q 分别代表 ARCH 项 (e_{t-i}^2) 和 GARCH 项 (h_{t-j}) 的个数。方差方程加入回归变量时，不需要设定常数项，并且要注意防止出现条件方差取负值。

4) ARCH 模型通常采用最大似然方法进行估计。系数约束的检验方法请参考表 15.1 (第 720 页)。

5) ARCH 模型的残差检验针对的都是标准化残差。

6) 条件方差的预测是相对复杂的，例如最简单的 GARCH(1,1) 模型 (6.10) (第 267 页)，其条件方差的多步估计为式 (6.12) (第 268 页)。

7) GARCH 效应，随设定的函数形式的不同，估计的结果可能不同。

8) 非对称 ARCH 模型中，由于体现非对称性的函数形式间的差异，相同的信息冲击下，响应的方式和灵敏程度可能存在极大的差异。

参考文献

Baillie, Richard T, Tim Bollerslev, and Hans Ole Mikkelsen, 1996. Fractionally Integrated Generalized Autoregressive Conditional Heteroskedasticity. *Journal of Econometrics*, 74:3–30

Bollerslev, Tim, 1986. Generalized Autoregressive Conditional Heteroskedasticity. *Journal of Econometrics*, 31:307–327

Bollerslev, Tim and Eric Ghysels, 1996. Periodic Autoregressive Conditional Heteroscedasticity. *Journal of Business & Economic Statistics*, 14:139–151

Bollerslev, Tim and Jeffrey M. Wooldridge, 1992. Quasi-Maximum Likelihood Estimation and Inference in Dynamic Models with Time Varying Covariances. *Econometric Reviews*, 11:143–172

Bollerslev, Tim, Robert F. Engle, and Daniel B. Nelson, 1994. ARCH Models. In Engle and McFadden (1994), Chapter 49, pages 2959–3038

Bougerol, Philippe and Nico Picard, 1992. Stationarity of Garch processes and of some nonnegative time series. *Journal of Econometrics*, 52:115–127

Brooks, Chris, Simon P. Burke, and Gita Persand, 2001. Benchmarks and the Accuracy of GARCH Model Estimation. *International Journal of Forecasting*, 17:45–56

Busch, Thomas, 2005. A robust LR test for the GARCH model. *Economics Letters*, 88(3):358–364

Ding, Zhuanxin, Clive W. J. Granger, and Robert F. Engle, 1993. A Long Memory Property of Stock Market Returns and a New Model. *Journal of Empirical Finance*, 1:83–106

Drost, Feike C. and Theo E. Nijman, 1993. Temporal Aggregation of GARCH Processes. *Econometrica*, 61:909–927

Engle, Robert F., 1982. Autoregressive Conditional Heteroskedasticity with Estimates of the Variance of U.K. Inflation. *Econometrica*, 50:987–1008

Engle, Robert F. and Tim Bollerslev, 1986. Modelling the Persistence of Conditional Variance. *Econometric Reviews*, 5:1–50

Engle, Robert F. and Gary G.J. Lee, 1999. A Permanent and Transitory Component Model of Stock Return Volatility. In Engle and White (1999), pages 475–497. Discussion paper avaible at 1993 from: `http://econ.ucsd.edu/papers/dp92.html`

Engle, Robert F. and Daniel L. McFadden, (editors), 1994. *Handbook of Econometrics*, Volume 4. Elsevier Science B.V., Amsterdam

Engle, Robert F. and Halbert White, (editors), 1999. *Cointegration, Causality, and Forecasting: A Festschrift in Honor of Clive W. J. Granger*. Oxford University Press, Oxford

Engle, Robert F., David M. Lilien, and Russell P. Robins, 1987. Estimating Time Varying Risk Premia in the Term Structure: The ARCH-M Model. *Econometrica*, 55:391–407

Glosten, Lawrence R., Ravi Jaganathan, and David Runkle, 1993. On the Relation between the Expected Value and the Volatility of the Normal Excess Return on Stocks. *Journal of Finance*, 48:1779–1801

Hansen, Bruce E., 1994. Autoregressive Conditional Density Estimation. *International Economic Review*, 35:705–730

Nelson, Daniel B., 1990. Stationarity and Persistence in the GARCH(1,1) Model. *Econometric Theory*, 6:318–334

Nelson, Daniel B., 1991. Conditional Heteroskedasticity in Asset Returns: A New Approach. *Econometrica*, 59:347–370

Schwert, G. William, 1989. Stock Volatility and Crash of '87. *Review of Financial Studies*, 3:77–102

Taylor, Stephen, 1986. *Modeling Financial Time Series*. John Wiley & Sons, New York

Zakoian, Jean-Michel, 1994. Threshold Heteroskedastic Models. *Journal of Economic Dynamics and Control*, 18:931–944

第 7 讲

单位根过程

单位根过程是最常见的非平稳过程之一，在现代金融学和经济学的理论和实践中有着广泛应用，单位根过程的基本特点是具有随机趋势。

单位根过程在金融和经济时间序列中大量存在，例如股票指数、GDP 和利率等往往具有随机趋势，GDP 一般还具有时间趋势。为什么会产生单位根过程呢？一个可能的原因是，当前的技术水平是逐步积累起来的，由大量的科学发现和创新累积下来的，技术进步具有一定的随机性。因此，依赖于技术水平的经济变量，显然就会具有随机趋势。此外，各种金融和经济变量间相互影响，随机趋势在经济变量间相互传播，就导致金融和经济变量中大量存在随机趋势。

单位根的存在，破坏了时间序列分析的平稳性假设，传统的中心极限定理不再适用，传统的经济计量学方法力不从心，只能望洋兴叹。因此检验随机过程的平稳性，是时间序列分析的基础工作。20世纪80年代以来，多种单位根检验方法相继提出，使得单位根检验成为检验平稳性的基本手段。在这个过程中，单位根在理论和实践上出现了许多重大突破，使得我们能够直接面对非平稳数据，其中最具代表性的就是处理随机趋势的协整关系 (参见第 538 页 §11.4 节)。

单位根检验是 EViews 序列对象的检验视图，由于单位根理论相对复杂，而应用经济计量分析中，时间序列数据首先需要了解其平稳性，单位根检验必不可少，因此有必要将单位根的内容独立出来，专门讲述。本讲围绕单位根的检验，介绍了如下内容：

- 回顾时间序列分析的基本概念，如平稳和遍历 (ergodicity)，以及 I(0) 过程的严格定义。
- 讨论了随机趋势，并通过仿真分析，展现随机趋势的伪回归现象。
- 结合 EViews 的单位根检验，简单介绍各种单位根检验方法，以及相关统计量的估计方法。
- 通过利率单位根检验的实例，解读 EViews 中各种单位根检验的结果输出。
- 比较不同设定和选项的单位根检验结果，明确单位根检验的有限样本特性。
- 最后，特别强调了 DGP 识别的重要性：检验单位根假设时，DGP 的识别是不容忽视的。

§7.1 基本概念

经济计量分析时，往往认为经济变量服从某一数据生成过程 (Data Generation Process, DGP)，并对该 DGP 过程进行一定假设，例如平稳性是最常用的假设。我们已经熟悉的 OLS 估计、ARMA 模型以及 ARCH 模型，都要求时间序列是平稳的。

本节回顾时间序列分析的基本概念，区分平稳和非平稳过程，明确 I(0) 过程的含义。然后讨论随机趋势，并简单介绍重要的非平稳时间序列——单位根过程，最后仿真分析随机趋势的伪回归现象。

§7.1.1 平稳性

如果时间序列的统计特征随时间改变(如均值和/或方差随时间变化)，时间序列在各个时刻的随机规律是不同的，现在和将来服从不同的随机规律，要把握其整体的随机运动过程往往是不可能的。因此，要对时间序列进行分析，就需要进行一定的假设，如时间序列的数字特征不随时间改变，具有某种稳定性。或者时间序列的数字特征随时间变化时，具有某种规律性，例如依照一定的趋势。

一、平稳和弱平稳

随机过程 $\{y_t\}$ 对于任意的时刻 t，如果给定有限的正整数 n 和可行下标集 $\{t_1, t_2, \cdots, t_n\}$，随机变量组 $(y_{t_1}, y_{t_2}, \cdots, y_{t_n})$ 的联合分布与 $(y_{t_1+t}, y_{t_2+t}, \cdots, y_{t_n+t})$ 的联合分布相同，称随机过程 $\{y_t\}$ 是**平稳的** (stationary)，或者**严平稳的** (strictly stationary)。说明如下：

- 联合分布只依赖于相对时间 $t_1, t_2, \cdots, t_n$，而和时间 t 无关。例如当 $\{y_t\}$ 是平稳的，要求 (y_1, y_7) 和 (y_{12}, y_{18}) 服从相同的分布。
- 平稳过程 $\{y_t\}$ 的均值、方差，以及其他高阶的矩，如果存在，也不随时间 t 变化。
- 平稳过程的函数仍然是平稳的。当 $\{y_t\}$ 是平稳的，则 $\{f(y_t)\}$ 是平稳的，$z_t = y_{t-1}$ 也是平稳的。
- 如果 $\{x_t\}$ 和 $\{y_t\}$ 是平稳的，那么 $\{x_t + y_t\}$ 也是平稳的。
- 独立同分布序列是平稳的，然而，平稳的随机过程要求同分布，并不要求相互独立。例如平稳的 AR(1) 过程并没有相互独立。
- 具有时间趋势的时间序列，如 GDP，均值随时间增长，是非平稳的。
- 如果随机过程去除时间趋势后是平稳的，称为趋势平稳 (trend stationary) 过程。

对于随机过程 $\{y_t\}$，如果

1) 均值 $\mathrm{E}(y_t)$ 为常数，和 t 无关；
2) 自协方差 $\mathrm{cov}(y_t, y_{t-l}) = c_l$ 存在，取有限值并且只和 l 有关，和 t 无关。

则称随机过程 $\{y_t\}$ 是**弱平稳的** (weakly stationary)。说明如下：

- 弱平稳也称为协方差平稳 (covariance stationary)。
- 弱平稳过程不一定是平稳的。因为弱平稳只要求前两阶矩和 t 无关，如果其他高阶矩存在，可能随时间 t 变化，例如式 (7.1)(第 295 页) 定义的 $\{y_t\}$。
- 弱平稳不要求 $\{y_t\}$ 同分布，也不要求 $\{y_t\}$ 相互独立。
- 序列是平稳的，不一定是弱平稳的，例如独立同分布的 Cauchy 过程不是弱平稳过程，因为 Cauchy 分布的均值和方差都不存在。

- 如果平稳随机过程 $\{y_t\}$ 的自协方差是有限的，则 $\{y_t\}$ 是弱平稳的。

定义随机过程
$$y_t = \cos(tu) \qquad t = 1, 2, \cdots \tag{7.1}$$

其中 $u \sim \mathrm{U}(0, 2\pi)$，即 u 服从 0 到 2π 的均匀分布。随机过程 $\{y_t\}$ 具有如下特点：

1) $\{y_t\}$ 是弱平稳的，因为
$$\mathrm{E}(y_t) = 0$$
$$\mathrm{var}(y_t) = \mathrm{E}(y_t^2) = \frac{1}{2}$$
$$\mathrm{cov}(y_t, y_l) = \mathrm{E}(y_t y_l) = 0 \qquad t \neq l$$

2) $\{y_t\}$ 并不相互独立，因为
$$\mathrm{cov}(y_1^2, y_2) = \frac{1}{4}$$

表明 y_1 与 y_2 不独立。

3) $\{y_t\}$ 不是平稳的，注意到
$$\mathrm{cov}(y_2^2, y_3) = 0$$

表明 (y_1, y_2) 和 (y_2, y_3) 的分布并不相同，违背了平稳的要求。

二、白噪声

如果随机过程 $\{y_t\}$ 是弱平稳的，并且
$$\mathrm{E}(y_t) = 0$$
$$\mathrm{cov}(y_t, y_{t-l}) = 0 \qquad l \neq 0$$

那么 $\{y_t\}$ 为**白噪声** (white noise) 过程，即白噪声过程是零均值且无序列相关的弱平稳过程。说明如下：

- 如果 $\{y_t\}$ 是弱平稳的，那么 $\{y_t\}$ 的方差是有限的。
- 均值为零且方差有限的独立同分布序列是特殊的白噪声，称为独立白噪声过程 (independent white noise process)。
- 式 (7.1) 定义的 $\{y_t\}$ (弱平稳却非严平稳过程) 是白噪声，但不是独立白噪声过程。

三、遍历

对于任意的有界函数 $f : \mathbb{R}^{n+1} \to \mathbb{R}$ 和 $g : \mathbb{R}^{m+1} \to \mathbb{R}$，如果平稳过程 $\{y_t\}$ 满足
$$\lim_{l \to \infty} \left| \mathrm{E}\left[f(y_t, \cdots, y_{t+n}) g(y_{t+l}, \cdots, y_{t+m+l}) \right] \right| = \left| \mathrm{E}\left[f(y_t, \cdots, y_{t+n}) \right] \right| \cdot \left| \mathrm{E}\left[g(y_t, \cdots, y_{t+m}) \right] \right|$$

则称平稳过程 $\{y_t\}$ 是**遍历的** (ergodic)。说明如下：

- 直观地，遍历性可以理解为渐近独立性，即相距足够远的两随机变量，几乎是独立的。[1] 因此，平稳过程 $\{y_t\}$ 是遍历的被形象地称为平稳过程 $\{y_t\}$ 是弱依赖的 (weakly dependent)。

---

[1] 如果平稳过程 $\{y_t\}$ 是遍历的，由平稳性得 $(y_t, \cdots, y_{t+m})$ 和 $(y_{t+l}, \cdots, y_{t+m+l})$ 同分布，再由遍历的定义，$(y_t, \cdots, y_{t+n})$ 和 $(y_{t+l}, \cdots, y_{t+m+l})$ 几乎是独立的。令 $n = m = 0$，当 $l \to \infty$ 时，y_t 和 y_{t+l} 趋近于独立，因此 $\{y_t\}$ 是渐近独立的。

- 如果平稳过程 $\{y_t\}$ 是遍历的,我们称 $\{y_t\}$ 是遍历平稳的 (ergodic stationary)。
- 独立白噪声过程是遍历平稳的,平稳的 AR(1) 过程是遍历平稳的。
- 给定可测的函数 $f(\cdot)$,如果 $\{y_t\}$ 是遍历平稳的,那么 $\{f(y_t)\}$ 也是遍历平稳的。

四、I(0) 过程

定义平稳过程 $\{y_t\}$ 的**长期方差** (long run variance) 为

$$\sigma_{\text{LR}}^2 = \lim_{T \to \infty} \text{var}\left(\sqrt{T}\bar{y}\right)$$

其中 $\bar{y} = \frac{1}{T}\sum_{t=1}^{T} y_t$ 为样本均值。显然,平稳白噪声过程的长期方差 $\sigma_{\text{LR}}^2 = \text{var}(y_t)$。如果平稳过程 $\{y_t\}$ 的自协方差 $\text{cov}(y_t, y_{t-l}) = c_l$ 可和[2],即

$$\sum_{l=-\infty}^{\infty} c_l < \infty$$

记 $\{y_t\}$ 的频谱 (spectrum) 在频率为零处的取值为 f_0,那么

$$\sigma_{\text{LR}}^2 = \sum_{l=-\infty}^{\infty} c_l = 2\pi f_0$$

我们将长期方差取有限正值的(严)平稳过程称为 **I(0) 过程**。关于 I(0) 过程:

- 请注意 I(0) 过程要求

$$0 < \sigma_{\text{LR}}^2 < +\infty$$

否则将导致矛盾。[3]

- 独立同分布序列是平稳的,但不一定是 I(0) 过程。例如独立同分布的柯西分布 (Cauchy distribution) 过程,其长期方差为无穷大。
- I(0) 过程不要求均值为零。

如果去除时间趋势的随机过程 $\{y_t\}$ 经过 d 次差分后,得到 I(0) 过程,那么我们称 $\{y_t\}$ 为 I(d) 过程,称 d 为**单整阶数** (order of integration)。

White (2001, Ch5) 给出了多种中心极限定理,适用于不同的 DGP。DGP 可以是平稳的,如独立同分布过程和遍历平稳过程,也可以是非平稳的,允许存在异方差。这些中心极限定理尽管允许 DGP 存在不同程度的序列依赖和异方差,但要求 DGP 满足一定的矩条件(要求存在 $p > 0$,满足 $\text{E}(|y_t|^{2+p}) < +\infty$)。我们通过这些中心极限定理,计算系数估计的渐近分布,然后进行统计推断。如果 DGP 具有单位根之类的随机趋势(参见下一小节),将违背这些中心极限定理的要求,计算的系数方差估计将是错误的,统计推断的结论是不可靠的。

---

[2]平稳过程 $\{y_t\}$ 为长记忆过程 (long memory process),如果 $\sum_{l=-\infty}^{\infty} c_l = \infty$。

[3]若不然,将 I(0) 过程定义为任意的平稳过程,那么对于 $z_t \sim \text{iid N}(0,1)$,则 $\{z_t\}$ 是平稳的,因此 $\{z_t\} \sim \text{I}(0)$。定义

$$y_t = z_t - z_{t-1}$$

则 MA(1) 过程 $\{y_t\}$ 是平稳的 (根据 Hayashi (2000, p367–8) 定理 6.1 的结论 (d)),即有 $\{y_t\} \sim \text{I}(0)$,注意到 $\Delta z_t = y_t$,表明 $\{z_t\} \sim \text{I}(1)$,因此 $\{z_t\}$ 既是 I(0) 又是 I(1) 过程,出现矛盾。其中的问题就出在 $\{y_t\}$ 的长期方差为零,即

$$\sigma_{\text{LR}}^2 = \lim_{T \to \infty} \text{var}\left(\sqrt{T}\bar{y}\right) = \lim_{T \to \infty} \frac{1}{T}\text{var}\left(\sum_{t=1}^{T} y_t\right) = \lim_{T \to \infty} \frac{1}{T}\text{var}(z_T - z_0) = \lim_{T \to \infty} \frac{2}{T} = 0$$

§7.1.2 随机趋势

无论是时间趋势（也称为确定性趋势）还是随机趋势，都将造成时间序列的非平稳。由于时间趋势通过时间变量就可以消除，因此，我们更关心随机趋势 (stochastic trend)。

一、随机游走过程

具有随机趋势的非平稳时间序列中，最典型的例子是随机游走 (random walk) 过程

$$y_t = y_{t-1} + e_t = y_0 + \sum_{l=1}^{t} e_l \qquad e_t \sim \text{iid}\,(0, \sigma^2) \tag{7.2}$$

假设 y_0 非随机，则有

$$\text{E}\,(y_t) = y_0$$
$$\text{var}\,(y_t) = t\sigma^2$$

即序列 y_t 的均值为 y_0，但方差随时间变大。

二、单位根过程

对于 AR(1) 模型

$$y_t = a y_{t-1} + e_t \qquad e_t \sim \text{I}\,(0)$$

如果 $a = 1$，称为单位根 (unit root) 过程。因为此时滞后多项式的根为 1 (单位根)。由于方差是时变的，单位根过程是非平稳的，是 I(1) 过程。

式 (7.2) 定义的随机游走过程是单位根过程。随机游走过程的时间连续化版本，即把求和号改成积分号，就是维纳 (Wiener) 过程。泛函中心极限定理 (functional central limit theorem, FCLT) 确保了该极限过程数学上的严格性，因此，维纳过程是进行单位根理论研究的基础。

三、伪回归

两个变量 y_t 和 x_t 本来没有相关性，但 y_t 对 x_t 回归时，系数估计却异常地显著，这种现象称为伪回归 (spurious regression, or nonsense regression)。如下情况极其容易产生伪回归：

1) 随机过程 x_t, y_t 和 z_t 都是平稳的，x_t 和 y_t 的相关是由于两者都受 z_t 的影响。
2) 随机过程 x_t 和 y_t 都有时间趋势，x_t 和 y_t 的相关是由于时间趋势造成的。
3) 随机过程 x_t 和 y_t 都有随机趋势。
4) 随机过程 x_t 和 y_t 分别具有时间趋势和随机趋势。

前两种情况都是由其他变量的影响，造成 y_t 对 x_t 回归的显著性，只要加入变量 z_t 或者时间变量 t，就能将问题解决，而随机趋势要复杂许多。因此，我们更关心的是随机趋势造成的伪回归。

为了更直观地了解随机趋势导致的伪回归问题，我们给出仿真例子。假设 x_t 和 y_t 是相互独立的随机游走，进行如下回归

$$y_t = b_1 + b_2 x_t + e_t \tag{7.3}$$

由于 x_t 和 y_t 相互独立，理论上系数 b_2 为 0，但如果采用传统的检验方法，$b_2 = 0$ 往往被过度拒绝。此外，尽管 y_t 和 t 毫无瓜葛，但估计随机趋势对时间趋势的回归方程

$$y_t = c_1 + c_2 t + v_t \tag{7.4}$$

估计结果却往往拒绝理论上的 $c_2 = 0$。下面仿真计算时，取初始值 $x_0 = 0, y_0 = 0$

```
!T = 100      '# of obs
!N = 1000     '# of reps
wfcreate(wf=sr,page=sim) u !T
rndseed(type=mt) 12357
genr x = 0
genr y = 0
genr t = @trend
equation eq
vector(!N) vt    't-stat
vector(!N) vr    'R2
for !i = 1 to !N
    smpl @first+1 @last
    genr d(x) = nrnd    'random walk
    genr d(y) = nrnd
    smpl @all
    eq.ls y c x
    vt(!i) = eq.@tstats(2)
    vr(!i) = eq.@r2
next
```

程序简单说明：

1) 样本大小和仿真次数分别为 100 个和 1000 次，由控制变量 `!T` 和 `!N` 设定。
2) `rndseed` 命令设置随机数发生器和种子。
3) 语句 `genr d(x) = nrnd`，通过 EViews 的隐式赋值和动态赋值机制，产生随机游走序列。
4) 将每次回归估计结果中系数 b_2 的 t 统计量和回归的 R^2 分别记录在向量 `vt` 和 `vr` 中。

我们可以查看最后一次仿真得到的 x_t 和 y_t 的图形

```
group g x y
freeze(gfg)    g.line
gfg.legend -inbox position(0.3,0.3) columns(1)
```

得到随机游走图形

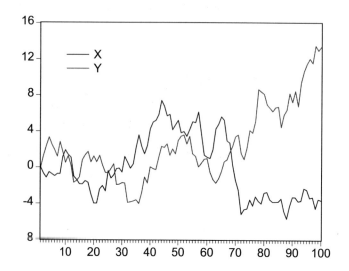

尽管 y_t 似乎有些增长趋势，两者的运动都是杂乱无章的，但是如果将 y_t 对 x_t 回归

```
freeze(tbe) eq.output
```

得到估计结果为

```
Dependent Variable: Y
Method: Least Squares
Date: 03/30/08   Time: 19:35
Sample: 1 100
Included observations: 100
```

Variable	Coefficien	Std. Error	t-Statistic	Prob.
C	2.481054	0.352444	7.039573	0.0000
X	-0.594986	0.102504	-5.804509	0.0000

R-squared	0.255841	Mean dependent var		2.494821
Adjusted R-squared	0.248248	S.D. dependent var		4.064833
S.E. of regression	3.524358	Akaike info criterion		5.377071
Sum squared resid	1217.268	Schwarz criterion		5.429175
Log likelihood	-266.8536	F-statistic		33.69232
Durbin-Watson stat	0.129342	Prob(F-statistic)		0.000000

系数估计却异常显著，此外，请注意 $R^2 >$ DW。究竟系数检验的 t 统计量的分布是什么样子呢？

```
pagecreate(page=stat) u !N
copy sim\vt
mtos(vt,t)
't.distplot kernel theory(dist=tdist,p1=0,p2=1,p3=!N-2)     'V7
do t.kdensity(@obsrange,b=3, o=mt)
series x
series tx
group g x tx
mtos(mt, g)
genr y = @dtdist(x,!N-2)
graph gft.xyline x y tx
gft.setelem(2) lwidth(2)
gft.name(1)
gft.name(2) traditional
gft.name(3) actual t-stat
gft.legend -inbox position(2.6,0.2) columns(1)
copy gft gf
gf.scale(l) range(0,0.1)
gf.scale(b) range(0,30)
gf.draw(dashline,b) 1.98
graph gfa.merge gft gf
gfa.align(2,1,1)
```

改在工作页 stat 进行分析，得到 t 统计量的分布图形(密度函数核估计)为

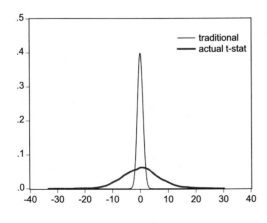
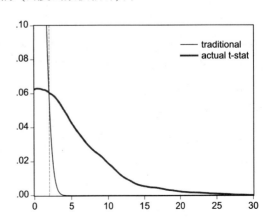

右图是局部放大图，竖直虚线为传统 t 检验的临界值 (双边，5% 显著水平)。我们看到，仿真的临界值约为 15，是传统取值的 7 倍以上，码扭曲 (size distortion) 极其严重，难怪传统的 t 检验会过度拒绝。

理论上，R^2 等于 0。因此，回归的 R^2 应该都接近于 0，实际上又是如何呢？

```
copy sim\vr
mtos(vr,r)
freeze(gfr) r.hist
gfr.setelem(1) fcolor(yellow)
```

得到 R^2 统计量的仿真直方图为

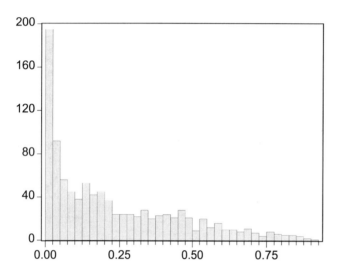

均值为 0.23，还竟然出现 R^2 大于 0.9 的情况。此外，有一半以上的可能，R^2 大于 0.16。

Granger and Newbold (1974) 给出了一个粗略的判断方法，如果 $R^2 >$ DW，则很可能存在伪回归现象。具有随机趋势的时间序列 (如单位根过程) 是不平稳的，违背了必要的矩条件，传统的中心极限定理失效，计算的系数方差估计是错误的，这是造成系数估计显著的原因所在。

思考：前面的仿真分析中，如果对式 (7.3) 的残差进行单位根检验，结果会怎样？

练习：对式 (7.4) 进行仿真分析，即随机游走 y_t 对时间趋势 t 的回归。查看系数 c_2 的 t 统计量和回归的 R^2 统计量的分布。

§7.2 单位根检验

考虑如下的 AR(1) 过程[4]

$$y_t = ay_{t-1} + e_t \tag{7.5a}$$

$$y_t = ay_{t-1} + b_1 + e_t \tag{7.5b}$$

$$y_t = ay_{t-1} + b_1 + b_2 t + e_t \tag{7.5c}$$

可以将式 (7.5) 的三种情况统一写成

$$y_t = ay_{t-1} + \mathbf{d}_t' \mathbf{b} + e_t \qquad t = 2, 3, \cdots, T \tag{7.6}$$

其中 a 和 $\mathbf{b}$ 是待估系数, $e_t \sim \mathrm{I}(0)$ 过程或者进一步假设 e_t 是独立白噪声过程。确定性外生变量 $\mathbf{d}_t$ 的三种设定为 DT0, DT1 和 DT2, 即

名称	$\mathbf{d}_t$	式 (7.6) 的设定	确定性外生变量
DT0	$\mathbf{d}_t = 0$	式 (7.5a)	无
DT1	$\mathbf{d}_t = 1$	式 (7.5b)	常数
DT2	$\mathbf{d}_t = [1; t]$	式 (7.5c)	常数和时间趋势

如果 $|a| \geqslant 1$, 则过程 y_t 是非平稳的, 其方差随时间增长, 并趋向无穷大 ($|a| > 1$ 是不现实的, 只可能是短期现象)。如果 $|a| < 1$, 则序列 y_t 是（趋势）平稳的。

§7.2.1 检验方法

单位根检验时, 一般将 $\{y_t\}_{t=1}^T \sim \mathrm{I}(1)$ 作为零假设, 对应于式 (7.6), 单位根检验的零假设为

$$\mathbb{H}_0 : a = 1$$

而备择假设为平稳过程, 即

$$\mathbb{H}_1 : |a| < 1$$

单位根检验方法中, 除了传统的 ADF 检验和 PP 检验, EViews 还提供了 DF-GLS 检验, ERS 检验和 NP 检验, 这些检验具有码扭曲 (size distortion) 低且势 (power) 高的优点。此外, EViews 还提供了 KPSS 检验, 该检验的零假设为序列是（趋势）平稳的。

一、ADF 检验

标准的 DF 检验是将式 (7.6) 两边都减去 y_{t-1}, 得到

$$\Delta y_t = \alpha y_{t-1} + \mathbf{d}_t' \mathbf{b} + e_t \qquad t = 2, 3, \cdots, T \tag{7.7}$$

其中 $\alpha = a - 1$, 此时的假设检验为

$$\mathbb{H}_0 : \alpha = 0$$

$$\mathbb{H}_1 : -2 < \alpha < 0$$

---

[4]假设 y_t 无时间趋势, 但均值非零, 则式 (7.5b) 是 y_t 去除均值的 AR(1) 过程。类似地, 假设 y_t 包含线性时间趋势, 则式 (7.5c) 是 y_t 去除均值和线性时间趋势的 AR(1) 过程。

然后采用传统的 t 比率

$$t_{\mathrm{DF}} = \frac{\alpha}{s_\alpha}$$

其中 s_α 是系数 α 的标准差。Dickey and Fuller (1979) 指出，零假设下该统计量并不服从 t 分布，他们推导出渐近分布，并给出了仿真的临界值。

参考 Hamilton (1994, p502, 表 17.1)，DF 检验的要点有

DGP	检验方程 (7.7)	t_{DF}
$y_t = y_{t-1} + e_t$	DT0: $\mathbf{d}_t = 0$	$t_{\mathrm{DF}} \sim \mathrm{DF}_n$
$y_t = y_{t-1} + e_t$	DT1: $\mathbf{d}_t = 1$	$t_{\mathrm{DF}} \sim \mathrm{DF}_c$
$y_t = y_{t-1} + c_1 + e_t$	DT2: $\mathbf{d}_t = [1; t]$	$t_{\mathrm{DF}} \sim \mathrm{DF}_{ct}$

表格说明：

1) DF 检验中，假设 $e_t \sim \mathrm{iid}\ \mathrm{N}(0, \sigma^2)$。

2) 单位根检验中，通过检验方程计算统计量，再基于 DGP 推导渐近分布。例如对于 DGP

$$\Delta y_t = e_t \qquad e_t \sim \mathrm{iid}\ \mathrm{N}(0, \sigma^2)$$

当检验方程为 DT0

$$\Delta y_t = \alpha y_{t-1} + e_t$$

统计量 $t_{\mathrm{DF}} \sim \mathrm{DF}_n$。

3) DF 的三种分布 $\mathrm{DF}_n, \mathrm{DF}_c$ 和 DF_{ct}，由 DGP 和检验方程共同决定。

以上简单的 DF 检验只适用于 AR(1) 过程。假设 Δy_t 是 AR(p) 过程，方程 (7.7) 增加 p 项滞后差分，得到如下的 ADF 检验 (Augmented Dickey-Fuller test) 回归方程

$$\Delta y_t = \alpha y_{t-1} + \beta_1 \Delta y_{t-1} + \beta_2 \Delta y_{t-2} + \cdots + \beta_p \Delta y_{t-p} + \mathbf{d}_t' \mathbf{b} + e_t \tag{7.8}$$

ADF 方程中，系数 α 的 t 比率的渐近分布与加入到方程的滞后差分的个数无关。此外，Said and Dickey (1984) 证明，ADF 方程存在 MA 项的情况下，只要滞后差分项足够多，则 ADF 检验具有渐近性。

根据 Hamilton (1994, p528, 表 17.3)，ADF 检验的主要结论为

DGP (7.8)	检验方程 (7.8)	t_{ADF}	选项
$\alpha = 0, \mathbf{d}_t = 0$	DT0: $\mathbf{d}_t = 0$	$t_{\mathrm{ADF}} \sim \mathrm{DF}_n$	none
$\alpha = 0, \mathbf{d}_t = 0$	DT1: $\mathbf{d}_t = 1$	$t_{\mathrm{ADF}} \sim \mathrm{DF}_c$	const
$\alpha = 0, \mathbf{d}_t = 1$	DT2: $\mathbf{d}_t = [1; t]$	$t_{\mathrm{ADF}} \sim \mathrm{DF}_{ct}$	trend

注意前两种情况的 DGP 相同。EViews 中进行 ADF 检验时：

- 检验方程中确定性外生变量有三种选择，none, const 和 trend，分别对应 DT0, DT1 和 DT2 三种设定。有关设定 DT0, DT1 和 DT2 的选择，请参考 §7.3.3 节 (第 317 页) 的讨论。
- 滞后差分的项数 p，可以让 EViews 自动选择。如果自己给定的话，要求足以消除 e_t 的序列相关，将 p 设置为 0 相当于普通的 DF 检验。有关自动选择滞后项数请参考 §7.2.3 节 (第 309 页) 的讨论。
- MacKinnon (1996) 指出，ADF 检验中，基于系数估计的 Z_{ADF} 统计量不可靠。EViews 没有报告 Z_{ADF} 统计量。
- EViews 报告的临界值来源于 MacKinnon (1996)。

二、PP 检验

Phillips and Perron (1988) 提出的单位根检验是非参数检验，允许新息存在异方差和自相关。PP 检验[5]的主要结论有

DGP	检验方程 (7.7)	t_{PP}	选项
$y_t = y_{t-1} + e_t$	DT0: $\mathbf{d}_t = 0$	$t_{PP} \sim DF_n$	none
$y_t = y_{t-1} + e_t$	DT1: $\mathbf{d}_t = 1$	$t_{PP} \sim DF_c$	const
$y_t = y_{t-1} + c_1 + e_t$	DT2: $\mathbf{d}_t = [1;t]$	$t_{PP} \sim DF_{ct}$	trend

这里要求 e_t 满足一定条件[6]，但允许存在异方差和自相关。PP 检验考察方程 (7.7) 的 DF 检验，然后修改 t 比率，去除了异方差和序列相关对检验统计量渐近分布的影响。当检验方程取 DT1 设定时，基于 DGP $y_t = y_{t-1} + e_t$，PP 检验的统计量为

$$t_{PP} = t_{DF}\sqrt{\frac{v}{f_0}} - T\frac{s_\alpha}{s}\frac{f_0 - v}{2\sqrt{f_0}}$$

其中 s_α 是系数 α 的标准差。s 是回归方程 (7.7) 的标准差，而 v 是方程 (7.7) 残差 e_t 的方差一致估计，即 $v = (T - K)s^2/T$，其中 K 是解释变量的个数。还有 f_0 是方程 (7.7) 残差 e_t 的频谱在频率为零处的取值。[7] EViews 中进行 PP 检验时：

- 检验方程中确定性外生变量有三种选择，none, const 和 trend，分别对应 DT0, DT1 和 DT2 三种设定。有关设定 DT0, DT1 和 DT2 的选择，请参考 §7.3.3 节 (第 317 页) 的讨论。
- f_0 的估计有两种选择，核估计和自回归频谱密度估计，具体请参考 §7.2.2 节 (第 307 页) 的讨论。
- t_{PP} 统计量的分布和 ADF 的 t 比率的分布相同，EViews 报告 MacKinnon (1996) 计算的临界值。

三、KPSS 检验

Kwiatkowski et al. (1992, KPSS) 提出的单位根检验和其他的单位根检验的零假设有所不同，其零假设为序列是趋势平稳的。

$$\mathbb{H}_0: \text{序列是趋势平稳的}$$

检验方程为 y_t 直接对 $\mathbf{d}_t$ 回归：

$$y_t = \mathbf{d}'_t\mathbf{b} + r_t \qquad t = 1, 2, \cdots, T \tag{7.9}$$

LM 统计量定义为

$$LM = \frac{1}{f_0 T^2}\sum_{t=1}^{T} S_t^2$$

---

[5] 根据 Hamilton (1994, p514, 表 17.2) 整理，Phillips and Perron (1988) 并没有讨论检验方程为 DT0 的设定。Phillips and Perron (1988) 指出，检验方程为 DT2 设定时 (他们的式 (5))，DGP 取 $\Delta y_t = e_t$ 和 $\Delta y_t = c_1 + e_t$ 的渐近分布是相同的。

[6] 这些条件包括 (存在异方差时，e_t 将不是通常定义的 I(0) 过程)：
 1) 对于任意的 t，$E(e_t) = 0$；
 2) 存在 $\epsilon > 0$，$\sup_t E(|e_t|^{2+\epsilon}) < \infty$；
 3) e_t 的长期方差为有限正值。

完整的约束条件及其讨论请参考 Phillips and Perron (1988, p336-7)。

[7] 发现 EViews 中零频率频谱值 f_0 等于长期方差，而大部分教科书中使用的频谱定义 $2\pi f_0$ 等于长期方差。

其中 f_0 是方程 (7.9) 残差 r_t 的频谱在频率为零处的取值，而 S_t 是累积残差

$$S_t = \sum_{l=1}^{t} r_l \qquad r_t = y_t - \mathbf{d}_t' \mathbf{b}_{\text{OLS}}$$

其中 $\mathbf{b}_{\text{OLS}}$ 是方程 (7.9) 中系数 $\mathbf{b}$ 的估计。KPSS 检验总结如下：

DGP	检验方程 (7.9)	LM	选项
$y_t = c_0 + u_t + v_t$	DT1: $\mathbf{d}_t = 1$	KPSS Eq (14)	`const`
$y_t = c_0 + c_1 t + u_t + v_t$	DT2: $\mathbf{d}_t = [1; t]$	KPSS Eq (18)	`trend`

其中 v_t 是平稳的，随机趋势 u_t 为

$$u_t = u_{t-1} + e_t \qquad e_t \sim \text{iid}\left(0, \sigma^2\right)$$

且 u_0 非随机，注意 y_t 包含了平稳的随机成分 v_t。显然，平稳性的假设为

$$\mathbb{H}_0 : \sigma^2 = 0$$

EViews 中进行 KPSS 检验：

- 检验方程中确定性外生变量只有两种选择，`const` 和 `trend`，即 DT1 和 DT2 设定。
- f_0 的估计有两种选择，核估计和自回归频谱密度估计，具体请参考 §7.2.2 节 (第 307 页) 的讨论。
- EViews 报告的临界值取自 Kwiatkowski et al. (1992)。

四、DF-GLS 检验

对于 ADF 检验方程 (7.8)，Elliott et al. (1996, ERS) 提出了一种简单的修改，将数据去趋势再进行检验，因此检验的回归方程不再需要外生的解释变量。

定义参数为 q 的准差分 (quasi-difference) 为

$$\Delta_q y_t = \begin{cases} y_t & t = 1 \\ y_t - q y_{t-1} & t > 1 \end{cases}$$

在计算 DF-GLS 时，Elliott et al. (1996, ERS) 建议 q 的取值为

$$q = \begin{cases} 1 - 7/T & \mathbf{d}_t = 1 \\ 1 - 13.5/T & \mathbf{d}_t = [1; t] \end{cases}$$

进行 DF-GLS 检验时，先运行如下准差分数据的回归

$$\Delta_q y_t = (\Delta_q \mathbf{d}_t)' \mathbf{b} + r_t \qquad t = 1, 2, \cdots, T \tag{7.10}$$

得到 $\mathbf{b}$ 的估计[8] $\mathbf{b}_q$。然后，计算 GLS 去趋势数据，

$$g_t = y_t - \mathbf{d}_t' \mathbf{b}_q \qquad t = 1, 2, \cdots, T \tag{7.11}$$

最后，用 g_t 进行 ADF 回归，

$$\Delta g_t = \alpha g_{t-1} + a_1 \Delta g_{t-1} + a_2 \Delta g_{t-2} + \cdots + a_p \Delta g_{t-p} + v_t \tag{7.12}$$

请注意式 (7.12) 比式 (7.8) 少了 $\mathbf{d}_t$ 项，因为 g_t 是去趋势的。DF-GLS 检验总结如下：

---

[8]准差分回归 (7.10) 式中，如果准差分参数 $q = 0$，则得到方程 (7.9)，即普通的 OLS 估计。

DGP	检验方程 (7.10) 和 (7.11)	选项
$y_t = c_0 + u_t$	DT1: $\mathbf{d}_t = 1$	const
$y_t = c_0 + c_1 t + u_t$	DT2: $\mathbf{d}_t = [1; t]$	trend

其中随机趋势 u_t 为

$$u_t = u_{t-1} + e_t \qquad e_t = \sum_{l=0}^{\infty} \delta_l v_{t-l} \qquad v_t \sim \text{iid N}(0,1)$$

要求平稳过程 e_t 的频谱密度函数严格为正，且

$$u_0 = 0 \qquad \sum_{l=0}^{\infty} |\delta_l| l < \infty$$

显然，e_t 是线性 I(0) 过程 (参见 Hayashi, 2000, p563, 定义 9.2)。请注意，DF-GLS 检验的 DGP 没有包含平稳的随机成分。EViews 中进行 DF-GLS 检验时：

- 检验方程中确定性外生变量只有两种选择，const 和 trend，即 DT1 和 DT2 设定。
- 滞后差分的项数 p，可以给定具体的值或者让 EViews 自动选择。有关自动选择滞后项数请参考 §7.2.3 节 (第 309 页) 的讨论。
- 检验方程取 DT1 设定时，DF-GLS 的 t 比率服从 Dickey-Fuller 的分布，EViews 报告的临界值取自 MacKinnon (1996) 仅有常数项的情况。
- 检验方程取 DT2 设定时，EViews 报告的临界值从 Elliott et al. (1996, ERS) 的仿真结果中进行插值。

五、ERS 检验

ERS 检验是基于准差分回归式 (7.10) 的残差定义的，记 q 准差分回归的残差估计为

$$r_t = \Delta_q y_t - (\Delta_q \mathbf{d}_t)' \mathbf{b}_q \qquad t = 1, 2, \cdots, T$$

计算残差平方和

$$\text{SSR}_q = \sum_{t=1}^{T} r_t^2$$

则 ERS 的点最优检验统计量 (point optimal test statistic) 定义为

$$(\text{SSR}_q - q \text{SSR}_1)/f_0$$

其中 f_0 是 DF 方程 (7.7) 残差 e_t 的频谱在频率为零处的取值。对应的假设检验为

$$\mathbb{H}_0 : \alpha = 1$$
$$\mathbb{H}_1 : \alpha = q$$

注意，备择假设也是个点假设。ERS 检验总结如下：

DGP	检验方程 (7.10)	选项
$y_t = c_0 + u_t$	DT1: $\mathbf{d}_t = 1$	const
$y_t = c_0 + c_1 t + u_t$	DT2: $\mathbf{d}_t = [1; t]$	trend

进行 ERS 检验时：

- 检验方程中确定性外生变量只有两种选择，const 和 trend，即 DT1 和 DT2 设定。
- f_0 的估计有两种选择，核估计和自回归频谱密度估计，具体请参考 §7.2.2 节 (第 307 页) 的讨论。
- EViews 报告的 ERS 统计量的临界值取自 Elliott et al. (1996, ERS) 的仿真结果，并进行插值处理。

六、NP 检验

基于式 (7.11) 的 GLS 去趋势序列 g_t，Ng and Perron (2001) 构造了四个统计量：

$$\mathrm{MPT} = \begin{cases} \left(c^2 G - c g_T^2/T\right)/f_0 & \mathbf{d}_t = 1 \\ \left(c^2 G + (1-c) g_T^2/T\right)/f_0 & \mathbf{d}_t = [1; t] \end{cases}$$

$$\mathrm{MSB} = \sqrt{G/f_0}$$

$$\mathrm{MZa} = \left(g_T^2/T - f_0\right)/(2G)$$

$$\mathrm{MZt} = \mathrm{MSB} \cdot \mathrm{MZa}$$

其中 f_0 是 DF 检验方程 (7.7) 的残差 e_t 在频率为零处的频谱值，以及

$$c = \begin{cases} -7 & \mathbf{d}_t = 1 \\ -13.5 & \mathbf{d}_t = [1; t] \end{cases}$$

$$G = (T-1)^{-2} \sum_{t=2}^{T} g_t^2$$

EViews 中进行 NP 检验时，同时报告了四个统计量。NP 检验总结如下：

DGP	检验方程 (7.10) 和 (7.11)	选项
$y_t = c_0 + u_t$	DT1: $\mathbf{d}_t = 1$	const
$y_t = c_0 + c_1 t + u_t$	DT2: $\mathbf{d}_t = [1; t]$	trend

其中随机趋势 u_t 为

$$u_t = u_{t-1} + e_t \qquad e_t = \delta(\mathrm{L}) v_t = \sum_{l=0}^{\infty} \delta_l v_{t-l} \qquad v_t \sim \mathrm{iid}\,(0, \sigma^2)$$

此外

$$\mathrm{E}\left(u_1^2\right) < \infty \qquad \sum_{l=0}^{\infty} |\delta_l| l < \infty \qquad \delta(1) = \sum_{l=0}^{\infty} \delta_l > 0$$

即要求 e_t 为线性 I(0) 过程。关于 EViews 中的 NP 检验：

- 检验方程中确定性外生变量只有两种选择，const 和 trend，即 DT1 和 DT2 设定。
- f_0 的估计有两种选择，核估计和自回归频谱密度估计，具体请参考 §7.2.2 节 (第 307 页) 的讨论。
- 统计量的临界值取自 Ng and Perron (2001, 表 1)。

七、总结

EViews 中进行单位根检验的命令为 uroot，清晰起见，表 7.1 总结了单位根检验方法。补充说明：

1) 默认的单位根检验为 ADF 检验。
2) 检验方程中确定性外生变量的选项为 none, const 和 trend，分别对应检验方程中 DT0, DT1 和 DT2 三种设定，其中 const 是所有检验方法的默认选项。
3) ERS 检验的零假设相当于单位根假设，但备择假设为点假设。
4) KPSS 检验的零假设为趋势平稳。
5) NP 检验有 4 个统计量。
6) PP 检验、KPSS 检验、ERS 检验和 NP 检验，允许 DGP 中的 e_t 存在序列相关，PP 检验还允许 e_t 存在异方差。

表 7.1　单位根检验

检验	选项	$\mathbb{H}_0$	$\mathbb{H}_1$	检验方程选项	备注
ADF	adf (默认)	单位根	平稳	none, const 和 trend	滞后项数 p
DF-GLS	dfgls	单位根	平稳	const 和 trend	滞后项数 p
ERS	ers	$\alpha=1$	$\alpha=q$	const 和 trend	频谱估计 f_0
KPSS	kpss	平稳	单位根	const 和 trend	频谱估计 f_0
NP	np	单位根	平稳	const 和 trend	频谱估计 f_0
PP	pp	单位根	平稳	none, const 和 trend	频谱估计 f_0

单位根检验的有限样本特性：

1) 所有单位根检验都不可避免地存在码扭曲 (size distortion)，但对于常见 DGP 的仿真表明，相比而言，NP 检验的码扭曲最小，ADF 检验次之。
2) ADF 检验中，滞后阶数 p 的选择方法影响检验的码和势。
3) PP 检验的有限样本特性不佳，对于 MA 根为较大负值的过程 (许多经济时间序列的特性)，码扭曲极其严重，具体请参考 Schwert (1989) 和 Perron and Ng (1996)。
4) GLS 去趋势可以提高检验的势，因此 NP 检验和 DF-GLS 检验的势高于 ADF 检验的势。

因此，EViews 提供的零假设为单位根的检验中，Ng and Perron (2001) 检验是首选的。此外，零假设为平稳的单位根检验 KPSS 检验也具有较小的码扭曲和较高的势。

单位根检验命令 uroot 是序列对象的视图命令，因此，EViews 报告的临界值适用于观测数据序列的单位根检验，而不适用于估计值序列的情况。例如 Engle and Granger (1987) 的两步法协整检验[9]中，对第一步的回归残差进行单位根检验时，EViews 报告的临界值需要修正，Davidson and MacKinnon (1993, 表 20.2) 给出了部分单位根检验的修正临界值。

§7.2.2　零频率频谱估计

前面讨论的单位根检验中，除了 ADF 和 DF-GLS 检验以外，都需要计算残差的零频率频谱的一致估计 f_0。EViews 提供了两类方法来估计 f_0：核估计 (kernel-based sum-of-covariances estimators) 和自回归频谱密度估计 (autoregressive spectral density estimators)。

一、核估计

零频率频谱 f_0 的核估计是自协方差的加权和，即

$$f_0 = \sum_{l=-(T-1)}^{T-1} c_l K\left(l/h\right)$$

其中 h 是带宽参数，$K(\cdot)$ 是核函数。而 c_l 是残差的 l 阶自协方差，定义为

$$c_l = \frac{1}{T}\sum_{t=l+1}^{T} e_t e_{t-l}$$

其中残差 e_t 的计算方法如下表：

---

[9] 该方法已经被新一代的协整检验——Johansen 协整检验取代，Johansen 协整检验请参考第 538 页 §11.4 节。

单位根检验方法	残差计算方法
ADF，DF-GLS	无
PP，ERS 和 NP	DF 回归方程 (7.7)
KPSS	OLS 回归方程 (7.9)

EViews 当前支持如下三种核函数：

1) Barlett 核函数 (选项 `hac=bt`)

$$K(x) = \begin{cases} 1 - |x| & |x| \leqslant 1 \\ 0 & \text{其他} \end{cases}$$

2) Parzen 核函数 (选项 `hac=pr`)

$$K(x) = \begin{cases} 1 - 6x + 6|x|^3 & |x| \leqslant \frac{1}{2} \\ 2(1-|x|)^3 & \frac{1}{2} < |x| \leqslant 1 \\ 0 & \text{其他} \end{cases}$$

3) Quadratic Spectral 核函数 (选项 `hac=qs`)

$$K(x) = \frac{3}{X^2}\left(\frac{\sin(X)}{X} - \cos(X)\right) \qquad X = \frac{6\pi}{5}x$$

Andrews (1991) 讨论了这些频域核函数[10]的性质。

同其他核估计一样，带宽 h 的选择是极其重要的。EViews 不仅允许用户使用选项 `band=number` 给定固定带宽，还提供了 Newey and West (1994) 和 Andrews (1991) 两种基于数据的带宽自动设定，选项分别为 `band=nw` 和 `band=a`。

二、自回归频谱密度估计

零频率频谱 f_0 的自回归频谱密度估计使用如下的辅助回归方程：

$$\Delta z_t = \alpha z_{t-1} + I \cdot \mathbf{d}_t' \mathbf{b} + a_1 \Delta z_{t-1} + a_2 \Delta z_{t-2} + \cdots + a_p \Delta z_{t-p} + v_t \tag{7.13}$$

其中 I 取值为 0 或者 1，z_t 的计算有如下三种方式：

选项	AR spectral method	式 (7.13) 的设定
`hac=ar`	OLS	$z_t = y_t, I = 1$
`hac=ardt`	OLS 去趋势	$z_t = y_t - \mathbf{d}_t' \mathbf{b}_{\text{OLS}}, I = 0$
`hac=argls`	GLS 去趋势	$z_t = g_t, I = 0$

其中 $\mathbf{b}_{\text{OLS}}$ 是式 (7.10) 的系数 $\mathbf{b}$ 在 $q = 0$ 时的估计，其实就是式 (7.9) 的系数估计。注意，去掉趋势后，式 (7.13) 就没有其他外生变量参与辅助回归了 ($I = 0$)。

从式 (7.13) 估计系数 a_i 以及残差 v_t，然后，计算残差方差的估计 s^2

$$s^2 = \frac{1}{T}\sum v_t^2$$

注意 EViews 使用的是未调整自由度的残差方差估计，可能和其他软件提供的结果有细小的差别。最后，得到零频率频谱估计

$$f_0 = s^2 / (1 - a_1 - a_2 - \cdots - a_p)^2$$

---

[10]请区别于表 15.2 (第 772 页) 讨论的时域核函数。

从辅助方程式 (7.13) 的设置不难看到,滞后差分项数 p 的选择会影响频谱的估计,我们可以通过选项 `lag=integer` 给定固定的值,也可以让 EViews 采用基于信息准则的方法,自动确定滞后差分的项数(参见下一小节)。

三、默认设置

估计零频率频谱 f_0 时,EViews 的默认设置如下:

单位根检验方法	默认选项	残差计算方法
ADF,DF-GLS		无
PP,KPSS	`hac=bt`	核估计,Bartlett 核函数
ERS	`hac=ardt`	自回归频谱方法:OLS 去趋势
NP	`hac=argls`	自回归频谱方法:GLS 去趋势

§7.2.3 滞后阶数

修正序列相关的 ADF 回归 (7.8) 或者 DF-GLS 回归 (7.12) 中,以及零频率频谱 f_0 的自回归频谱密度估计的辅助回归 (7.13) 中,都需要设置滞后差分的项数 p。EViews 自动选择滞后项数 p 时,通过最小化如下的信息准则来选取:

信息准则	选项	计算方法
Akaike (AIC)	`info=aic`	$-2\ell/T + 2P/T$
Schwarz (SIC)	`info=sic`(默认)	$-2\ell/T + 2P\log(T)/T$
Hannan-Quinn (HQ)	`info=hqc`	$-2\ell/T + 2P\log(\log(T))/T$
Modified Akaike (MAIC)	`info=maic`	$-2\ell/T + 2(P+c)/T$
Modified Schwarz (MSIC)	`info=msic`	$-2\ell/T + 2(P+c)\log(T)/T$
Modified Hannan-Quinn (MHQ)	`info=mhqc`	$-2\ell/T + 2(P+c)\log(\log(T))/T$

其中 ℓ 是对数似然值,P 是待估计参数的个数,T 是观测的数目。修正信息准则[11]的修正因子 c 定义为

$$c = \frac{\alpha^2}{s^2}\sum_t z_t^2$$

其中 α 和 s^2 分别为相应方程的系数估计和残差的方差估计,z_t 的取值为:

- ADF 检验中,$z_t = y_t$
- DF-GLS 检验中,$z_t = g_t$,g_t 的定义为式 (7.11) (第 304 页)
- 零频率频谱 f_0 的自回归频谱密度估计时,z_t 的定义同方程 (7.13) (第 308 页) 的设定

通过信息准则选择滞后项数 p 时,还需要提供滞后阶数的上限 $p_{\max}$。如果没有通过选项 `maxlag=integer` 进行设置,EViews 默认的滞后阶数上限取为 (参见 Hayashi, 2000, p594)

$$p_{\max} = \left\lfloor 12\left(T/100\right)^{1/4} \right\rfloor$$

---

[11] Ng and Perron (2001) 提出了修正的信息准则,他们推荐使用 MAIC 准则。

§7.3 应用实例

尽管单位根理论比较复杂，但在 EViews 中，单位根检验却是很简单的。本节通过利率的单位根检验，分别解读 ADF 检验、PP 检验、KPSS 检验、DF-GLS 检验、ERS 检验和 NP 检验的单位根检验结果输出。然后，讨论单位根检验的实际应用问题，强调了检验单位根假设时，DGP 识别的重要性。随后，讨论了单位根检验中的季节性随机趋势。最后，简单介绍了误差修正模型。

§7.3.1 单位根检验

单位根检验的命令为 uroot，是序列对象的视图命令。我们使用 Hayashi (2000, p596, 例 9.2) 的数据，来检验一个月期国库券利率是否存在单位根。

```
'http://fhayashi.fc2web.com/hayashi%20econometrics/ch2/MISHKIN.ASC
wfopen MISHKIN.ASC names=(year month ir ir3 tb tb3 cpi) @keep tb
pagestruct(freq=m,start=1950m2)
smpl 1953m3 1971m7
```

取得在线数据，并设定检验的样本集。

一、ADF 检验

EViews 默认的单位根检验为 ADF 检验

```
tb.uroot
```

得到检验结果的表格视图如下：

Augmented Dickey-Fuller Unit Root Test on TB

Null Hypothesis: TB has a unit root
Exogenous: Constant
Lag Length: 1 (Automatic based on SIC, MAXLAG=14)

		t-Statistic	Prob.*
Augmented Dickey-Fuller test statistic		-1.417410	0.5734
Test critical values:	1% level	-3.459898	
	5% level	-2.874435	
	10% level	-2.573719	

*MacKinnon (1996) one-sided p-values.

Augmented Dickey-Fuller Test Equation
Dependent Variable: D(TB)
Method: Least Squares
Date: 03/29/08   Time: 13:48
Sample: 1953M03 1971M07
Included observations: 221

Variable	Coefficien	Std. Error	t-Statistic	Prob.
TB(-1)	-0.022951	0.016192	-1.417410	0.1578
D(TB(-1))	-0.203330	0.067007	-3.034470	0.0027
C	0.088398	0.056934	1.552626	0.1220

R-squared	0.053856	Mean dependent var	0.013826
Adjusted R-squared	0.045175	S.D. dependent var	0.379758
S.E. of regression	0.371081	Akaike info criterion	0.868688
Sum squared resid	30.01882	Schwarz criterion	0.914817
Log likelihood	-92.99005	F-statistic	6.204410
Durbin-Watson stat	1.976361	Prob(F-statistic)	0.002395

没有拒绝单位根的假设。我们可以从 ADF 检验的表头看到

- EViews 的 ADF 检验的零假设为存在单位根。
- `Exogenous: Constant` 表明默认的检验方程设定为仅有常数项的 DT1 设定。
- 采用 SIC 信息准则计算 ADF 方程 (7.8) (第 302 页) 的滞后差分项数 p。

此外，在检验结果输出的后半部分，EViews 还报告了 ADF 检验方程 (7.8) 的估计结果。

二、PP 检验

PP 检验的选项为 pp

```
tb.uroot(pp,hac=qs)
```

选项 hac=qs 设置了在计算零频率频谱估计 f_0 时，使用 Quadratic Spectral 核函数。得到检验结果为

```
             Phillips-Perron Unit Root Test on TB

Null Hypothesis: TB has a unit root
Exogenous: Constant
Bandwidth: 7.44 (Newey-West using Quadratic Spectral kernel)
```

		Adj. t-Stat	Prob.*
Phillips-Perron test statistic		-1.640118	0.4604
Test critical values:	1% level	-3.459898	
	5% level	-2.874435	
	10% level	-2.573719	

*MacKinnon (1996) one-sided p-values.

Residual variance (no correction)	0.141569
HAC corrected variance (Quadratic Spectral kernel)	0.124317

```
Phillips-Perron Test Equation
Dependent Variable: D(TB)
Method: Least Squares
Date: 03/29/08   Time: 13:48
Sample: 1953M03 1971M07
Included observations: 221
```

Variable	Coefficien	Std. Error	t-Statistic	Prob.
TB(-1)	-0.028766	0.016377	-1.756469	0.0804
C	0.104858	0.057727	1.816435	0.0707

R-squared	0.013892	Mean dependent var	0.013826
Adjusted R-squared	0.009389	S.D. dependent var	0.379758
S.E. of regression	0.377971	Akaike info criterion	0.901009
Sum squared resid	31.28677	Schwarz criterion	0.931762
Log likelihood	-97.56153	F-statistic	3.085182
Durbin-Watson stat	2.363315	Prob(F-statistic)	0.080406

没有拒绝单位根的假设。PP 检验结果的表头指出了计算零频率频谱估计 f_0 使用的核函数和带宽。检验结果输出的中间部分，报告了 DF 检验方程 (7.7) (第 301 页) 残差的方差估计 (Residual variance) 与零频率频谱 f_0 的估计 (HAC corrected variance)。检验结果输出的后半部分，报告了 DF 检验方程 (7.7) 中 DT1 设定的估计结果。

三、KPSS 检验

KPSS 检验的选项为 kpss

```
tb.uroot(kpss)
```

得到如下检验结果:

```
                    KPSS Unit Root Test on TB

Null Hypothesis: TB is stationary
Exogenous: Constant
Bandwidth: 11 (Newey-West using Bartlett kernel)
                                                          LM-Stat.

Kwiatkowski-Phillips-Schmidt-Shin test statistic          1.537310
Asymptotic critical values*:       1% level               0.739000
                                   5% level               0.463000
                                  10% level               0.347000

*Kwiatkowski-Phillips-Schmidt-Shin (1992, Table 1)


Residual variance (no correction)                         2.415060
HAC corrected variance (Bartlett kernel)                 26.11028


KPSS Test Equation
Dependent Variable: TB
Method: Least Squares
Date: 03/29/08   Time: 13:48
Sample: 1953M03 1971M07
Included observations: 221

    Variable       Coefficien    Std. Error    t-Statistic    Prob.

       C            3.178405      0.104774      30.33588      0.0000

R-squared           -0.000000   Mean dependent var       3.178405
Adjusted R-squared  -0.000000   S.D. dependent var       1.557574
S.E. of regression   1.557574   Akaike info criterion    3.728651
Sum squared resid  533.7282     Schwarz criterion        3.744027
Log likelihood    -411.0159     Durbin-Watson stat       0.059462
```

LM 统计量远远超出了 1% 的临界值，强烈拒绝了序列是平稳的假设。检验结果的表头指出了计算零频率频谱估计 f_0 使用的核函数和带宽。检验结果输出的中间部分，报告了检验方程 (7.9) (第 303 页) 残差的方差估计 (Residual variance) 与零频率频谱 f_0 的估计 (HAC corrected variance)。检验结果输出的后半部分，报告了检验方程 (7.9) 仅包含常数项时的估计结果。

有必要指出的是，Sephton (1995) 提供了 KPSS 检验更精确的临界值。

四、DF-GLS 检验

使用选项 dfgls 进行 DF-GLS 检验

```
tb.uroot(dfgls)
```

得到如下检验结果:

```
                    DF-GLS Unit Root Test on TB

Null Hypothesis: TB has a unit root
Exogenous: Constant
Lag Length: 1 (Automatic based on SIC, MAXLAG=14)

                                                         t-Statisti

Elliott-Rothenberg-Stock DF-GLS test statistic           -0.893512
Test critical values:    1% level                        -2.575468
                         5% level                        -1.942269
                        10% level                        -1.615743

*MacKinnon (1996)


DF-GLS Test Equation on GLS Detrended Residuals
Dependent Variable: D(GLSRESID)
Method: Least Squares
Date: 03/29/08   Time: 13:48
Sample: 1953M03 1971M07
Included observations: 221

    Variable         Coefficien    Std. Error    t-Statistic    Prob.

    GLSRESID(-1)     -0.012461     0.013946      -0.893512      0.3726
    D(GLSRESID(-1))  -0.206619     0.067050      -3.081558      0.0023

R-squared             0.046857     Mean dependent var        0.013826
Adjusted R-squared    0.042505     S.D. dependent var        0.379758
S.E. of regression    0.371600     Akaike info criterion     0.867008
Sum squared resid    30.24088      Schwarz criterion         0.897761
Log likelihood      -93.80443      Durbin-Watson stat        1.975844
```

没有拒绝单位根的假设。检验结果输出的后半部分是检验方程 (7.12) (第 304 页) 的估计结果，其中的 GLSRESID 对应式 (7.11) (第 304 页) 定义的 g_t。

五、ERS 检验

ERS 检验的选项为 ers

```
freeze(tbe) tb.uroot(ers)
tbe.setwidth(1) 18.5
```

得到检验结果为：

```
                 ERS Point-Optimal Unit Root Test on TB

Null Hypothesis: TB has a unit root
Exogenous: Constant
Lag length: 1 (Spectral OLS AR based on SIC, MAXLAG=14)
Sample: 1953M03 1971M07
Included observations: 221

                                                          P-Statistic

Elliott-Rothenberg-Stock test statistic                   10.50943
Test critical values:    1% level                          1.918400
                         5% level                          3.179450
                        10% level                          4.345750

*Elliott-Rothenberg-Stock (1996, Table 1)


HAC corrected variance (Spectral OLS autoregression)       0.094702
```

没有拒绝单位根的假设。检验结果输出的最后一行，报告了零频率频谱 f_0 的估计方法和估计值。

六、NP 检验

NP 检验的选项为 np

```
tb.uroot(np)
```

得到如下检验结果：

Ng-Perron Modified Unit Root Tests on TB

```
Null Hypothesis: TB has a unit root
Exogenous: Constant
Lag length: 1 (Spectral GLS-detrended AR based on SIC, MAXLAG=14)
Sample: 1953M03 1971M07
Included observations: 221
```

		MZa	MZt	MSB	MPT
Ng-Perron test statistics		-2.22141	-0.86854	0.39098	9.72621
Asymptotic critical values*	1%	-13.8000	-2.58000	0.17400	1.78000
	5%	-8.10000	-1.98000	0.23300	3.17000
	10%	-5.70000	-1.62000	0.27500	4.45000

*Ng-Perron (2001, Table 1)

HAC corrected variance (Spectral GLS-detrended AR)   0.094865

NP 检验的四个统计量都没有拒绝单位根的零假设。检验结果输出的最后一行，报告了零频率频谱 f_0 的估计方法和估计值。

§7.3.2 检验方法比较

本节基于 EViews 提供的单位根检验方法，讨论以下问题：

1) 单位根检验的设定和选项。

    (a) 确定性外生变量的设定。

    (b) 零频率频谱的估计选项。

    (c) 滞后阶数的选取方法。

2) 选择哪个单位根检验？关心单位根检验的有限样本特性。

一、确定性外生变量

前面演示单位根检验时，确定性外生变量的设定采用默认设定，检验方程为只有常数项的 DT1 设定。作为对比，下面采用 DT2 设定进行检验。

```
vector(6) vi
vector(6) vj
vi.fill 7, 7, 7, 7, 9, 9     'row
vj.fill 4, 4, 5, 5, 5, 3     'column
table(9,4) tb0
table tbu
!n = 0
for %t adf pp dfgls kpss ers np
    delete tbu
    !n = !n +1
    freeze(tbu)    tb.uroot({%t},trend)
```

```
            !i = vi(!n)
            !j = vj(!n)
            tb0(!n,1) = tbu(!i,!j)
            tb0(!n,2) = tbu(!i+1,!j)
            tb0(!n,3) = tbu(!i+2,!j)
            tb0(!n,4) = tbu(!i+3,!j)
        next
        for !n =7 to 9
            !j = !j +1
            tb0(!n,1) = tbu(!i,!j)
            tb0(!n,2) = tbu(!i+1,!j)
            tb0(!n,3) = tbu(!i+2,!j)
            tb0(!n,4) = tbu(!i+3,!j)
        next
```

再进行简单的修饰,得到检验结果汇总如下:

	Test statistics	1% level	5% level	10% level	p value
ADF	-2.993112	-4.000122	-3.430289	-3.138717	0.1365
PP	-3.812525	-4.000122	-3.430289	-3.138717	0.0176
DF-GLS	-2.526311	-3.462100	-2.925800	-2.632650	$>10\%$
KPSS	0.143292	0.216000	0.146000	0.119000	$>5\%$
ERS	7.624820	4.040550	5.655800	6.863150	$>10\%$
MZa	-12.3366	-23.8000	-17.3000	-14.2000	$>10\%$
MZt	-2.48289	-3.42000	-2.91000	-2.62000	$>10\%$
MSB	0.20126	0.14300	0.16800	0.18500	$>10\%$
MPT	7.39064	4.03000	5.48000	6.67000	$>10\%$

后 4 个统计量为 NP 检验的统计量。KPSS 检验统计量稍微小于 5% 的临界值 (p 值略大于 5%),故常用的 5% 显著水平下,没有拒绝平稳假设。而 PP 检验拒绝单位根假设,其他检验没有拒绝单位根假设。

对于利率的单位根检验,检验方程采用 DT2 设定是不合适的,我们将在 §7.3.3 (第 317 页) 通过 DGP 的识别进一步讨论。

二、零频率频谱估计

EViews 的 PP 检验、KPSS 检验、ERS 检验和 NP 检验中,零频率频谱估计有两类方法供选择,核估计和自回归频谱密度估计:

1) 核估计方法中,可以选择核函数和带宽。
2) 自回归频谱估计方法中,需要选择去趋势方法和辅助回归方程滞后项数的选取方法。

这些选项尽管不影响检验的渐近分布,但对于有限样本的影响是明显的。例如,对于 PP 检验,估计 f_0 时,选取 Quadratic Spectral 核函数,并采用 Andrews (1991) 的带宽自动设定

```
    tb.uroot(pp,trend,hac=qs,band=a)
```

得到检验结果如图 7.1 所示,检验的 p 值从 0.0176 改变为 0.0635。

对于估计零频率频谱 f_0 的选项,没有特别理由时,建议不改变默认设置。

图 7.1 PP 单位根检验视图

```
Phillips-Perron Unit Root Test on TB

Null Hypothesis: TB has a unit root
Exogenous: Constant, Linear Trend
Bandwidth: 2.13 (Andrews using Quadratic Spectral kernel)

                                          Adj. t-Stat    Prob.*

Phillips-Perron test statistic             -3.334046     0.0635
Test critical values:    1% level          -4.000122
                         5% level          -3.430289
                        10% level          -3.138717

*MacKinnon (1996) one-sided p-values.


Residual variance (no correction)                        0.135308
HAC corrected variance (Quadratic Spectral kernel)       0.109720


Phillips-Perron Test Equation
Dependent Variable: D(TB)
Method: Least Squares
Date: 05/26/08   Time: 07:07
Sample: 1953M03 1971M07
Included observations: 221

     Variable         Coefficien   Std. Error   t-Statistic    Prob.

      TB(-1)          -0.112954    0.030986    -3.645366      0.0003
        C              0.107839    0.056574     1.906168      0.0579
  @TREND(1953M03)      0.002395    0.000754     3.176149      0.0017

R-squared              0.057506    Mean dependent var        0.013826
Adjusted R-squared     0.048859    S.D. dependent var        0.379758
S.E. of regression     0.370364    Akaike info criterion     0.864823
Sum squared resid     29.90301     Schwarz criterion         0.910952
Log likelihood       -92.56294     F-statistic               6.650566
Durbin-Watson stat     2.272554    Prob(F-statistic)         0.001572
```

三、滞后阶数

尽管选取滞后阶数的不同方法不会影响检验的渐近分布，但由于不同方法往往选取不同的滞后阶数值，有限样本下检验结果是有区别的。滞后阶数的不同选取方法将导致滞后阶数的不同取值，直接影响 ADF 检验和 DF-GLS 检验的结果，或者通过影响零频率频谱 f_0 的估计 (采用自回归频谱估计时)，从而改变检验统计量的取值。以 ADF 检验为例，滞后阶数取 1 到 14 时，

```
!n = 14
vector(!n) vp
for !p = 1 to !n
    if @isobject("tbu") then
        delete tbu
    endif
    freeze(tbu)   tb.uroot(adf,trend,lag=!p)
    vp(!p) = tbu(7,5)
next
vp = vp*100
freeze(gfp) vp.spike
gfp.draw(dashline,left,color(red))   1
gfp.draw(dashline,left,color(green)) 5
gfp.legend -display
```

得到检验的 p 值变动情况如下

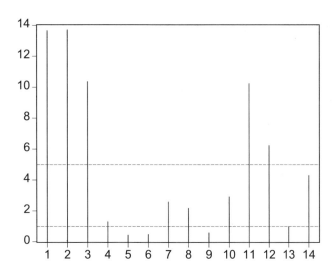

显然，滞后阶数为 5, 6 和 9 时，1% 显著水平下，拒绝单位根假设。

四、有限样本特性

有限样本下，单位根检验存在不同程度的码扭曲问题：

1) ADF 检验的渐近分布与滞后阶数 p 无关，但有限样本下，选取 p 的方法影响检验的码和势。
2) 尽管 PP 检验的理论分析非常漂亮，但有限样本表现较差。
3) 通常，NP 检验[12]的码扭曲最小，又具有较高的势。
4) 当存在自相关时，KPSS 检验倾向于过度拒绝平稳的零假设。

进行单位根检验时，显然码扭曲越小，检验的势越高，是我们所希望的。就 EViews 提供的单位根检验来看[13]，NP 检验在有限样本下的表现整体上是最好的，因此，建议优先考虑 NP 检验。KPSS 检验的零假设为平稳，可以作为 NP 检验的对比或者补充。

§7.3.3 DGP 识别

在 §7.2 (第 301 页) 讨论单位根检验方法时，我们已经知道，单位根检验联合了检验方程和 DGP，即通过检验方程计算检验统计量，再基于 DGP 推导渐近分布。进行理论推导时，某种检验方程设定可以有多种 DGP，分别计算各自的渐近分布。然而，软件实现时，例如 EViews 的单位根检验，检验方程设定是和 DGP 相对应的。因此，EViews 中的单位根检验，检验方程的 DT0, DT1 或者 DT2 设定问题，顺理成章地就转换成 DGP 的识别问题。

尽管我们已经看到，DGP 的识别非常重要，但非常遗憾的是，如何识别单位根过程的 DGP，没有得到应有的关注，经常被忽视。除了 Hamilton (1994, p501) 有简单的讨论，DGP 识别的讨论几乎是空白。

---

[12] Perron and Ng (1996) 检验是 Phillips and Perron (1988) 检验的改进，而 Ng and Perron (2001) 进一步通过 GLS 去趋势提高 Perron and Ng (1996) 检验的势。

[13] 单位根理论和检验仍然在继续发展中，例如 Phillips and Magdalinos (2007) 对一定偏离的单位根过程的渐近理论的研究，以及 Perron and Qu (2007) 对 Ng and Perron (2001) 检验的改进等。

一、DGP 类型

只考虑随机趋势是 I(1) 的情况，区分不同的确定性趋势，定义如下两类 DGP：

$$\text{DGP1} \qquad y_t = c_0 + u_t \tag{7.14a}$$

$$\text{DGP2} \qquad y_t = c_0 + c_1 t + u_t \tag{7.14b}$$

其中随机趋势 u_t 为

$$u_t = u_{t-1} + e_t$$

且 e_t 为线性 I(0) 过程。两类 DGP 的差分形式为

$$\text{DGP1} \qquad \Delta y_t = e_t$$

$$\text{DGP2} \qquad \Delta y_t = c_1 + e_t$$

几点说明如下：

1) DGP1 中，可能 $c_0 = 0$，此时随机过程的均值为零。
2) ADF 检验的 DGP 假设式 (7.14) 中的 e_t 服从 AR(p) 过程，PP 检验、DF-GLS 检验、ERS 检验以及 NP 检验，对 e_t 的要求放松了许多，基本上只要求 e_t 为线性 I(0) 过程。
3) KPSS 检验的 DGP 设定中，还包含了平稳随机成分。

二、识别

应用经济计量分析时，识别 DGP 是单位根检验的基础工作。识别 DGP 的方法有：

- 经济理论和背景知识，如利率一般不会有时间趋势。
- 统计方法，通过一些检验来识别 DGP，如检验差分序列的均值和时间趋势等。

这里只讨论 DGP 识别的统计方法，下面结合利率单位根检验的例子来阐述。先查看利率走势，

```
genr dtb = d(tb)
freeze(gft) tb.line
freeze(gfd) dtb.line
graph gf.merge gft gfd
gf.align(2,1,1)
gf.legend -display
```

得到利率（左图）及其一阶差分（右图）的图形。

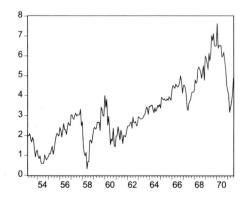 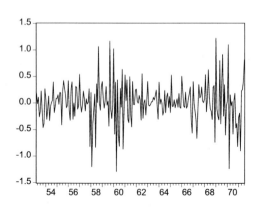

利率呈现随时间上升的趋势[14]，而利率差分有明显的异方差和自相关。

---

[14]回忆第 298 页的仿真随机游走图形，随机趋势也往往呈现上升或者下降趋势。

```
equation eq1c.ls d(tb) c
freeze(tb1h) eq1c.archtest(4)     '16.03[0.0030]
freeze(tb1a) eq1c.auto(1)      '9.908[0.0016]
```

ARCH LM 检验证实了利率差分存在自回归条件异方差，Breusch-Godfrey LM 检验表明存在自相关。如果利率具有时间趋势，利率一阶差分的均值应该不为零。可惜仅适用于同方差的传统 t 检验 (`teststat`) 失效了。情况有些不妙，不过我们可以用 Newey-West HAC 估计进行修正：

```
genr t = @trend
equation eq1tn.ls(n) d(tb) c t
```

得到如下估计结果

```
Dependent Variable: D(TB)
Method: Least Squares
Date: 04/01/08   Time: 07:11
Sample: 1953M03 1971M07
Included observations: 221
Newey-West HAC Standard Errors & Covariance (lag truncation=4)
```

Variable	Coefficien	Std. Error	t-Statistic	Prob.
C	0.007423	0.057946	0.128098	0.8982
T	4.36E-05	0.000409	0.106381	0.9154

R-squared	0.000054	Mean dependent var		0.013826
Adjusted R-squared	-0.004512	S.D. dependent var		0.379758
S.E. of regression	0.380614	Akaike info criterion		0.914945
Sum squared resid	31.72582	Schwarz criterion		0.945697
Log likelihood	-99.10140	F-statistic		0.011780
Durbin-Watson stat	2.398213	Prob(F-statistic)		0.913669

时间趋势的系数不显著，表明利率差分没有时间趋势。截距项也不显著，说明利率差分的均值为零。如果担心时间趋势的影响，可以单独检验利率差分的均值：

```
equation eq1cn.ls(n) d(tb) c
```

得到估计结果为

```
Dependent Variable: D(TB)
Method: Least Squares
Date: 04/01/08   Time: 07:11
Sample: 1953M03 1971M07
Included observations: 221
Newey-West HAC Standard Errors & Covariance (lag truncation=4)
```

Variable	Coefficien	Std. Error	t-Statistic	Prob.
C	0.013826	0.022366	0.618173	0.5371

R-squared	0.000000	Mean dependent var		0.013826
Adjusted R-squared	0.000000	S.D. dependent var		0.379758
S.E. of regression	0.379758	Akaike info criterion		0.905949
Sum squared resid	31.72753	Schwarz criterion		0.921325
Log likelihood	-99.10735	Durbin-Watson stat		2.398085

截距项不显著，表明考虑了异方差和自相关后，不能拒绝利率差分的零均值假设。

以上的检验表明，利率属于 DGP1，没有时间趋势。这是合乎常理的，否则如果利率具有时间趋势，将很难找到合理的经济解释。考虑到备择假设，如果利率是平稳的，显然该平稳过程的均值为正。因此，进行单位根检验时，检验方程选取 DT1 设定是恰当的。

如果有多个序列需要识别，可以采用 §11.4.4 小节 (第 547 页) 中的 `DGPid` 子程序。

三、评论

应用计量分析中的单位根检验，DGP1 和 DT1 相对应，DGP2 和 DT2 联系在一起。DGP 的识别是非常重要的，如果经济方法不能识别，就采用统计方法识别。两类 DGP 的统计识别，可以通过考察差分序列的均值：

1) 如果差分序列的均值非零，则 DGP 为 DGP2，选择 DT2 设定的单位根检验。
2) 如果差分序列的均值为零，则 DGP 为 DGP1：

   (a) 对于 ADF 检验和 PP 检验，如果确信 $c_0 = 0$，则选取 DT0 设定进行检验。

   (b) 单位根零假设下，如果对原始序列的均值是否为零缺乏足够的信息，可以考虑备择假设，即序列用平稳过程来描述，是否均值非零，如果均值非零，对于 ADF 检验和 PP 检验，选择 DT1 设定。

   (c) 对于 DF-GLS 检验，ERS 检验和 NP 检验，只有 DT1 设定的选择。

   (d) 作为补充，直接用 KPSS 检验的 DT1 设定进行检验。

对于高阶的单整过程，类似地，先进行足够的差分，得到平稳过程再进行识别。

在应用计量分析中，单位根检验普遍存在误用的现象，例如采用不恰当的 DGP 识别方法，或者根本就不进行 DGP 识别：

1) 统计方法识别 DGP 时，考察的是平稳的差分序列，而不是序列本身，否则容易出现伪回归。[15]
2) 有人建议通过作图来查看序列是否存在时间趋势，这种做法是不可行的，第 298 页的随机游走仿真图形表明，通过图形是识别不出时间趋势和随机趋势的。
3) 应用计量分析中的单位根检验，有一种不恰当的做法悄然流行，甚至一些教科书还错误地提倡，就是检验单位根时，顺序检验 DT2, DT1 和 DT0 设定，直到拒绝单位根或者检验完 DT0 设定。我认为，这种做法是十分武断的，因为计量软件往往将检验方程设定和 DGP 绑定在一起。

   (a) 如果数据属于 DGP1，检验方程选择 DT2 设定时，统计量的分布是按 DGP2 计算的，将导致检验的码扭曲，并由于引入不相干变量，影响检验的势。

   (b) 哪怕 DT2 设定下，检验统计量基于 DGP1 和 DGP2 计算的渐近分布相同，有限样本下，也可能得出相反的结论。

4) 单位根检验时，随心所欲，或者进行数据挖掘，尝试各种设定，按需报告结果 (需要单位根时就给出存在单位根的检验结果，不需要时则只报告不存在单位根的检验结果)，这种做法是不诚实的。

Harvey et al. (2007) 给出了简单而稳健的趋势识别统计量。如果时间趋势是未知的，Harvey et al. (2009) 建议使用如下联合检验规则，只要 DT1 或者 DT2 设定出现拒绝，就拒绝单位根假设 (使用 EViews 时，我建议采用 NP 检验)。最后，有必要提醒的是小样本问题：小样本下，单位根检验的码扭曲极其严重，对于不足 50 个观测的时间序列的单位根检验，要特别小心。

---

[15] 利率的随机趋势和时间趋势存在伪回归

    equation eq0t.ls(n) tb c t   't = @trend

时间趋势项的系数估计为 0.02086[0.0000]，$R^2 = 0.73 > \text{DW} = 0.22$，$F$ 统计量为 602.3[0.0000]。

§7.3.4 季节性

无论是确定性趋势,还是随机趋势,都可能存在季节性。在 §7.3.3 小节 (第 317 页) 讨论 DGP 识别时,并没有牵涉到季节性问题。EViews 没有提供季节趋势的单位根检验[16],如果时间序列包含季节趋势,直接使用 EViews 进行单位根检验是不合适的。至少,必须先进行季节调整,去除季节趋势后,再进行单位根检验。

一、图形分析

在 §1.2 节 (第 7 页) 演示的最后,遗留的单位根检验问题,现在进一步讨论

```
%wf = @evpath + "\Example Files\data\demo"
wfopen %wf
smpl @all
genr t = @trend
group gm log(m1) dlog(m1,0,4) dlog(m1) dlog(m1,1,4)
smpl 1952Q1 1992Q4

freeze(gfg) gm.line(m)
gfg.axis zeroline
gfg.align(2,1,1)
```

打开工作文件后,先产生时间趋势序列 t,建立群对象 gm,其成员为序列 m1 的对数变换和季节差分以及两者的差分序列。然后设定工作样本集,最后对群对象 gm 的序列分开作图,得到图形如下:

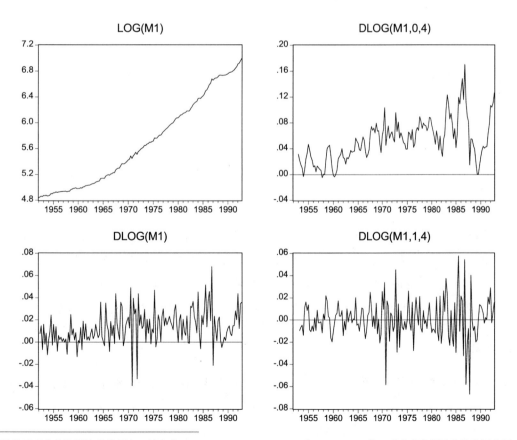

---

[16] 较新的关于季节单位根检验的研究,请参考 Rodrigues and Taylor (2007) 和 Popp (2007) 等。季节单位根检验的使用方面,Harvey and van Dijk (2006) 研究了季度数据的季节单位根检验的精确临界值。

左上图 log(m1) 呈现明显的上升趋势，左下图和右上图分别为去普通趋势和去季节趋势的图形，dlog(m1) 和 dlog(m1,0,4) 似乎都存在上升趋势，右下图是序列 m1 去除普通趋势和季节趋势后的图形，表现出明显的条件异方差和自相关，但已经没有明显的趋势。

二、DGP 识别

下面，我们使用回归方法，识别 dlog(m1) 和 dlog(m1,0,4) 中的趋势。

```
equation eqs1.ls(n) dlog(m1,1,4) c
equation eqs1t.ls(n) dlog(m1,1,4) c t
equation eqs2.ls(n) dlog(m1,2,4) c
equation eq1.ls(n) dlog(m1) c
equation eq1t.ls(n) dlog(m1) c t
equation eq2.ls(n) dlog(m1,2) c
```

为了方便对比，将系数估计结果整理成表格。

```
table(8,3) tbe
!i = 1
for %s s1 s1t s2 1 1t 2
    tbe(!i,1) = "eq"+%s
    !K = eq{%s}.@ncoef
    !T = eq{%s}.@regobs
    for !j = 1 to !K
        tbe(!i,2) = eq{%s}.c(!j)
        tbe(!i,3) = 2*@ctdist(-abs(eq{%s}.@tstats(!j)),!T-!K)
        !i = !i+1
    next
next
tbe.setformat(@all) f.4
```

再进行简单的修饰，得到表格如下(去季节趋势的结果在左半部分):

方程	变量	系数估计	p 值	方程	变量	系数估计	p 值
eqs1	c	0.0006	0.6195	eq1	c	0.0132	0.0000
eqs1t	c	-0.0005	0.8256	eq1t	c	0.0046	0.0096
	t	0.0000	0.6732		t	0.0001	0.0002
eqs2	c	0.0002	0.8520	eq2	c	0.0002	0.8166

方程 eqs1 和 eqs1t 的系数估计都不显著，表明去季节趋势后得到的序列 dlog(m1,0,4) 的上升趋势不是时间趋势，是随机趋势。相比而言，方程 eq1 和 eq1t 的系数估计都极其显著，但这可能是伪回归，这点可以从 eq2 系数估计的不显著得到印证：如果 dlog(m1) 含有时间趋势，方程 eq2 的系数估计应该显著才对。因此，dlog(m1) 应该包含随机趋势，而且很可能是季节性的随机趋势。

三、单位根检验

那么，去季节趋势后得到的序列 dlog(m1,0,4) 平稳吗？由前面的识别结果，选择 DT1 设定进行单位根检验

```
freeze(tbs0) gm(2).uroot(np)
```

得到检验结果为图 7.2 的上半部分：1% 显著水平下，NP 检验的 4 个统计量都没有拒绝单位根假设，但 5% 的显著水平下，统计量 MZa 和 MSB 的检验结果拒绝单位根的零假设。

图 7.2 单位根检验 (有季节性)

```
Ng-Perron Modified Unit Root Tests on DLOG(M1,0,4)

Null Hypothesis: DLOG(M1,0,4) has a unit root
Exogenous: Constant
Lag length: 4 (Spectral GLS-detrended AR based on SIC, MAXLAG=13)
Sample (adjusted): 1953Q1 1992Q4
Included observations: 160 after adjustments
```

		MZa	MZt	MSB	MPT
Ng-Perron test statistics		-9.92744	-1.93345	0.19476	3.57602
Asymptotic critical values*	1%	-13.8000	-2.58000	0.17400	1.78000
	5%	-8.10000	-1.98000	0.23300	3.17000
	10%	-5.70000	-1.62000	0.27500	4.45000

*Ng-Perron (2001, Table 1)

HAC corrected variance (Spectral GLS-detrended AR)   0.000194

```
Ng-Perron Modified Unit Root Tests on DLOG(M1,1,4)

Null Hypothesis: DLOG(M1,1,4) has a unit root
Exogenous: Constant
Lag length: 3 (Spectral GLS-detrended AR based on SIC, MAXLAG=13)
Sample (adjusted): 1953Q2 1992Q4
Included observations: 159 after adjustments
```

		MZa	MZt	MSB	MPT
Ng-Perron test statistics		-68.2819	-5.81439	0.08515	0.42332
Asymptotic critical values*	1%	-13.8000	-2.58000	0.17400	1.78000
	5%	-8.10000	-1.98000	0.23300	3.17000
	10%	-5.70000	-1.62000	0.27500	4.45000

*Ng-Perron (2001, Table 1)

HAC corrected variance (Spectral GLS-detrended AR)   0.000318

对于去除普通趋势和季节趋势后的序列 dlog(m1,1,4)，其平稳性又如何呢？

```
freeze(tbs14) gm(4).uroot(np)
```

得到检验结果为图 7.2 的下半部分：NP 检验的 4 个统计量都强烈拒绝单位根假设，表明 dlog(m1,1,4) 已经平稳。综合以上的分析，我们认为 log(m1) 不仅存在随机趋势，而且存在季节随机趋势。

四、忽略季节性

如果我们不考虑季节趋势，采用如下的命令检验序列 log(m1) 是否存在一阶单整：

```
freeze(tbu1) gm(1).uroot(np,dif=1)    'log(m1)
freeze(tbu1d) gm(3).uroot(np)         'dlog(m1)
```

两种方式[17]得到的 NP 检验的各种统计量的 p 值都在 1% 到 5% 之间。有意思的是，我们进一步检验了更高阶的单整：

```
group gm2 dlog(m1,2)
freeze(tbu2) gm2(1).uroot(np)
freeze(tbu2_1) gm2(1).uroot(np,lag=1)
```

---

[17]在 EViews 5.1 中，命令 uroot 使用选项 dif 不能正确计算 (非面板) 单位根检验，故 tbu1 偏离了正确结果 tbu1d，EViews 6 已经修正了该错误。

图 7.3 单位根检验 (忽略季节性)

```
Ng-Perron Modified Unit Root Tests on DLOG(M1,2)

Null Hypothesis: DLOG(M1,2) has a unit root
Exogenous: Constant
Lag length: 5 (Spectral GLS-detrended AR based on SIC, MAXLAG=13)
Sample (adjusted): 1952Q3 1992Q4
Included observations: 162 after adjustments
```

	MZa	MZt	MSB	MPT
Ng-Perron test statistics	-1.24447	-0.78423	0.63017	19.5392
Asymptotic critical values* 1%	-13.8000	-2.58000	0.17400	1.78000
5%	-8.10000	-1.98000	0.23300	3.17000
10%	-5.70000	-1.62000	0.27500	4.45000

*Ng-Perron (2001, Table 1)

HAC corrected variance (Spectral GLS-detrended AR)	8.48E-06

```
Ng-Perron Modified Unit Root Tests on DLOG(M1,2)

Null Hypothesis: DLOG(M1,2) has a unit root
Exogenous: Constant
Lag length: 1 (Fixed Spectral GLS-detrended AR)
Sample (adjusted): 1952Q3 1992Q4
Included observations: 162 after adjustments
```

	MZa	MZt	MSB	MPT
Ng-Perron test statistics	-67.5739	-5.81203	0.08601	0.36399
Asymptotic critical values* 1%	-13.8000	-2.58000	0.17400	1.78000
5%	-8.10000	-1.98000	0.23300	3.17000
10%	-5.70000	-1.62000	0.27500	4.45000

*Ng-Perron (2001, Table 1)

HAC corrected variance (Spectral GLS-detrended AR)	0.000455

得到检验结果如图 7.3，我们看到检验结果相互对立：对于 log(m1) 的二次差分序列，前者报告仍然存在单位根，而后者却给出了平稳的证据。为什么会这样呢？最重要的原因可能是季节随机趋势的影响，当然，单位根检验时，选项的设置也影响检验的结果。

§7.3.5 误差修正模型

一组 I(1) 过程的某种组合如果变成平稳的，则称他们存在协整关系。如果 I(1) 过程 y_t 和 x_t 是协整的，那么存在 $b \neq 0$ 使得 $y_t - bx_t = e_t \sim \text{I}(0)$。由于协整关系通常蕴涵着均衡关系，$e_t$ 常常被称为均衡误差。如果在平稳变量 Δy_t 和 Δx_t 的回归方程中考虑均衡误差 e_t 的影响，例如式 (11.13) (第 525 页)，就得到误差修正 (error correction) 模型。对于多变量的系统，可能存在多个协整关系，单方程的误差修正模型往往无从下手，系统的解决方法是采用向量误差修正模型，我们将在第 525 页 §11.3 节中深入讨论。

§7.4 小结

关键词

数据生成过程 (DGP)	平稳过程	弱平稳过程
白噪声	遍历	长期方差
单整	随机游走	单位根
ADF 检验	PP 检验	KPSS 检验
DF-GLS 检验	ERS 检验	NP 检验
伪回归	准差分	DGP 识别
码扭曲 (size distortion)	季节性随机趋势	误差修正

命令

EViews 中进行单位根检验的命令为 uroot，是序列对象的视图命令，各种检验方法总结在表 7.1 (第 307 页) 中。其他选项说明：

1) 确定性外生变量的设定对应于第 301 页式 (7.6) 中定义的 DT0, DT1 和 DT2 三种设定：

   (a) 选项 none，取 DT0 设定，$\mathbf{d}_t = 0$, 不包含任何变量。

   (b) 默认选项 const，取 DT1 设定，$\mathbf{d}_t = 1$, 确定性外生变量只有常数。

   (c) 选项 trend，取 DT2 设定，$\mathbf{d}_t = [1; t]$, 确定性外生变量为常数和时间趋势。

2) 零频率频谱估计 (PP 检验、KPSS 检验、ERS 检验和 NP 检验)：

   (a) 核估计：核函数的选项为 hac={bt, pr, qs}，分别为 Bartlett, Parzen 和 Quadratic Spectral 核函数。

   (b) 自回归频谱密度估计：选项为 hac={ar, ardt, argls}，这三种选择分别为 OLS, OLS 去趋势和 GLS 去趋势。

   (c) 默认设置：PP 检验和 KPSS 检验默认 hac=bt，ERS 检验默认 hac=ar，NP 检验默认 hac=argls。

3) 带宽设置 (零频率频谱采用核估计时)：

   (a) 使用选项 band=number 给定固定带宽。

   (b) 带宽自动设定：选项 band={nw, a}，分别为 Newey and West (1994) 和 Andrews (1991) 方法的自动带宽。

4) 滞后差分的项数 (ADF 检验和 DF-GLS 检验，以及自回归频谱密度估计)：

   (a) 选项 lag=integer 给定固定的值。

   (b) 选项 lag=a 让 EViews 基于信息准则自动确定滞后差分的项数，此时可以用 info= 选项指定信息准则，以及选项 maxlag=integer 设置滞后阶数的上限。信息准则请参考 §7.2.3 节 (第 309 页)。

5) 选项 dif=integer，取值只能为 0 (默认), 1 和 2，分别进行序列的水平值、一阶差分和二阶差分的单位根检验，相当于单整阶数的检验。

要点

1) 时间序列分析中，单位根检验成为检验平稳性的基本手段，单位根检验是极其重要的。

2) 辨析时间序列分析的基本概念：第 295 页式 (7.1) 定义的 $\{y_t\}$ 是白噪声，但不是独立白噪声过程；是弱平稳过程，但不是（严）平稳过程。

3) 遍历性也称为弱依赖性，可以理解为渐近独立性，即相距足够远的两随机变量，几乎是独立的。

4) I(0) 过程是长期方差取有限正值的（严）平稳过程。定义 I(d) 过程时，要求先剔除时间趋势，即 I(d) 过程只关注随机趋势。

5) 如果 $R^2 >$ DW，则很可能存在伪回归现象。当变量具有随机趋势时，很可能发生伪回归现象。

6) 单位根检验命令 uroot 是序列对象的视图命令，因此，EViews 报告的临界值适用于观测数据序列的单位根检验，而不适用于估计值序列的情况。

7) EViews 提供了 ADF 检验、PP 检验、KPSS 检验、DF-GLS 检验、ERS 检验和 NP 检验共六种单位根检验，参见表 7.1 (第 307 页)，检验结果都为表格视图。

8) 单位根检验时，一般将 DGP 是 I(1) 作为零假设 (除了 KPSS 检验的零假设为趋势平稳)。

9) 单位根检验通过检验方程计算检验统计量，基于 DGP 推导渐近分布。

10) 检验单位根假设时，可以使用经济方法或者统计方法对 DGP 进行识别。对 DGP 的识别是必不可少的，否则，检验的结论是不可信的。

11) 进行统计识别时，可能需要先进行足够的差分，然后再对差分后的平稳序列进行 DGP 识别。

12) 检验单位根假设时，如果不进行 DGP 识别，建议采用 Harvey et al. (2009) 的联合检验方法，只要 DT1 或者 DT2 设定出现拒绝，就拒绝单位根假设。

13) 高频数据、月度数据或者季度数据，可能存在季节性随机趋势，单位根检验时，要特别小心。

14) 单方程的误差修正模型不适合多变量的情形，建议考虑向量误差修正模型 (第 525 页 §11.3 节)。

参考文献

Andrews, Donald W. K., 1991. Heteroskedasticity and Autocorrelation Consistent Covariance Matrix Estimation. *Econometrica*, 59:817–858

Davidson, Russell and James G. MacKinnon, 1993. *Estimation and Inference in Econometrics.* Oxford University Press, Oxford

Dickey, David A. and Wayne A. Fuller, 1979. Distribution of the Estimators for Autoregressive Time Series with a Unit Root. *Journal of the American Statistical Association*, 74:427–431

Elliott, Graham, Thomas J. Rothenberg, and James H. Stock, 1996. Efficient Tests for an Autoregressive Unit Root. *Econometrica*, 64:813–836

Engle, Robert F. and Clive W. J. Granger, 1987. Co-integration and Error Correction: Representation, Estimation, and Testing. *Econometrica*, 55(2):251–276

Granger, Clive W. J. and Paul Newbold, 1974. Spurious Regressions in Econometrics. *Journal of Econometrics*, 2:111–120

Hamilton, James D., 1994. *Time Series Analysis.* Princeton University Press, Princeton, NJ

Harvey, David I. and Dick van Dijk, 2006. Sample size, lag order and critical values of seasonal unit root tests. *Computational Statistics & Data Analysis*, 50:2734–2751

Harvey, David I., Stephen J. Leybourne, and A.M. Robert Taylor, 2007. A Simple, Robust and Powerful Test of the Trend Hypothesis. *Journal of Econometrics*, 141:1302–1330

Harvey, David I., Stephen J. Leybourne, and A.M. Robert Taylor, 2009. Unit Root Testing in Practice Dealing With Uncertainty over the Trend and Initial Condition. *Econometric Theory*, 25:587–636

Hayashi, Fumio, 2000. *Econometrics.* Princeton University Press, Princeton, NJ

Kwiatkowski, Denis, Peter C. B. Phillips, Peter Schmidt, and Yongcheol Shin, 1992. Testing the Null Hypothesis of Stationary against the Alternative of a Unit Root. *Journal of Econometrics*, 54:159–178

MacKinnon, James G, 1996. Numerical Distribution Functions for Unit Root and Cointegration Tests. *Journal of Applied Econometrics*, 11:601–618

Newey, Whitney K. and Kenneth D. West, 1994. Automatic Lag Selection in Covariance Matrix Estimation. *Review of Economic Studies*, 61:631–653

Ng, Serena and Pierre Perron, 2001. Lag Length Selection and the Construction of Unit Root Tests with Good Size and Power. *Econometrica*, 69:1519–1554

Perron, Pierre and Serena Ng, 1996. Useful Modifications to some Unit Root Tests with Dependent Errors and their Local Asymptotic Properties. *The Review of Economic Studies*, 63:435–463

Perron, Pierre and Zhongjun Qu, 2007. A simple modification to improve the finite sample properties of Ng and Perron's unit root tests. *Economics Letters*, 94:12–19

Phillips, Peter C. B. and Pierre Perron, 1988. Testing for a Unit Root in Time Series Regression. *Biometrika*, 75:335–346

Phillips, Peter C.B. and Tassos Magdalinos, 2007. Limit Theory for Moderate Deviations from a Unit Root. *Journal of Econometrics*, 136:115–130

Popp, Stephan, 2007. Modified Seasonal Unit Root Test with Seasonal Level Shifts at Unknown Time. *Economics Letters*, 97:111–117

Rodrigues, Paulo M.M. and A.M. Robert Taylor, 2007. Efficient tests of the seasonal unit root hypothesis. *Journal of Econometrics*, 141:548–573

Said, Said E. and David A. Dickey, 1984. Testing for Unit Roots in Autoregressive Moving Average Models of Unknown Order. *Biometrika*, 71:599–607

Schwert, G. William, 1989. Tests for Unit Roots: A Monte Carlo Investigation. *Journal of Business & Economic Statistics*, 7:147–159

Sephton, Peter S., 1995. Response surface estimates of the KPSS stationarity test. *Economics Letters*, 47:255–261

White, Halbert, 2001. *Asymptotic Theory for Econometricians*, Revised. Academic Press, New York

第 III 部分

面板数据分析

第 8 讲

面板数据基础

在应用经济计量分析中,如下三类数据是最常用的:
1) 横截面数据,即同一时期,多个个体的观测数据。
2) 时间序列数据,即同一个体,多个时期的观测数据。
3) 面板数据,即同一组个体,多个时期的观测数据。

由于观测是对多个变量同时进行的,横截面数据和时间序列数据为二维数据,而面板数据具有个体、时期和变量的三个维度,是三维数据。例如,下图描绘了 6 个员工的工资 (每半年调整一次) 和工龄的关系

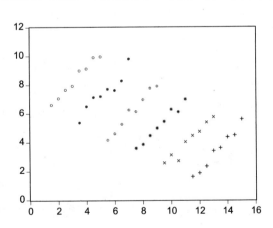

由于面板数据包罗了个体和时期的综合信息,展现给我们的是一个多姿多彩的动感世界。
1) 对于每个员工 (个体) 来说,即单纯时间序列分析,工资和工龄正相关。
2) 对每次调薪 (时期) 来说,即单纯的横截面数据分析,工资和工龄负相关。
3) 如果把所有员工的数据不加区分地合并起来,我们将看到,工资和工龄是负相关的。
4) 如果能够增加 10 年的数据,所有数据整体上可能变成正相关的。

使用面板数据的重要动机是为了**解决遗漏变量问题**。由于个体或者时期的异质性往往无法直接度量,如个人能力、企业的管理水平等,简单地将这些变量归入误差项,将导致遗漏变量问题。如果使用面板数据,就能控制这些异质性,更精确地估计模型。面板数据分析具有如下优势:

- 提供丰富的信息，个体的观测信息比汇总了个体的总量信息，不仅更加详细，而且更加精确。
- 研究动态变化，例如不同时期的收入差距变化。
- 研究单纯的时间序列数据或者横截面数据不能检测的效应，例如危险工作津贴或者辛劳津贴的满意度调查，每个人的满意标准不同，有了面板数据，可以避免不同人(标准)的直接比较。
- 研究更复杂的行为模式，如同时研究规模收益和技术效率。

面板数据具有自身的缺点：

- 数据收集成本高。
- 样本问题，如自选择(self-selection)和损耗(attrition)等问题。

由于面板数据获取途径的不断拓宽和面板数据分析方法本身的优点，面板数据分析在近十几年来得到了快速发展。下面是其简要的发展历程：

- 面板数据分析介绍到经济计量领域，早期的文献有 Kuh (1959) 研究企业的实投资，Mundlak (1961) 和 Hoch (1962) 研究生产函数，Balestra and Nerlove (1966) 研究天然气需求等。
- 迅速传播到各领域中，得到广泛应用。例如 Brown et al. (1983) 和 Boehmer and Megginson (1990) 在金融领域的应用，以及 Beck and Katz (1995) 在政治科学领域的研究。
- 最近向离散因变量、非线性领域和面板协整等方向发展：
  - 离散因变量模型，如 Greene (2004), Zhang and Lee (2004) 和 Magnac (2004) 等。
  - 非线性模型，例如 Hansen (1999) 的门限面板数据模型，Fok et al. (2005) 的平滑过渡自回归 (smooth transition autoregressive, STAR) 面板数据模型。
  - 面板协整，例如 Narayan et al. (2008) 对中国经济的研究。

面板数据分析已经建立起庞大的帝国，其版图还在持续扩张之中。本讲介绍面板数据分析的基本模型——线性面板数据模型，讲述以下几部分内容：

1) 基本模型，先介绍面板数据模型的矩阵形式，然后讨论固定效应模型和随机效应模型，并进行了简单的比较。最后演示了具体的例子。
2) EViews 的合伙对象，介绍合伙数据，以及堆叠数据转换为合伙数据的方法。
3) 其他模型设定，讲述了双向效应模型、变斜率模型、AR 设定、FGLS 估计和 IV 估计方法等。
4) 系数方差稳健估计和面板数据模型的检验。

EViews 完全支持非平衡面板数据。但在理论分析时，简单起见，我们用平衡面板数据来讨论，以突出面板数据分析的思路和特色。估计面板数据模型时，合伙对象只适合于个体数目比较少的情形，并且只能估计线性模型。对于一般的面板数据分析，需要使用 §9.1 节 (第 394 页) 讨论的面板结构工作文件。

第 9 讲讨论面板结构工作文件，非线性面板数据模型的估计和面板单位根检验，而更复杂的动态面板数据模型及其 GMM 估计方法推迟到 §14.5 节 (第 687 页) 讨论。学习面板数据分析，我推荐 Baltagi (2005) 这本教科书，Wooldridge (2002) 和 Hsiao (2003) 也是重要的参考书。

面板数据提供了更完备的信息，丰富了实证分析的内容，相对于单纯的时间序列或者横截面数据，赢在起跑线上。但是请记住，面板数据**不是万能的**。

§8.1 线性模型

线性模型是面板数据分析的基础，尽管 EViews 可以估计非平衡面板数据模型，清晰起见，我们基于最简单的形式，只讨论平衡面板数据的模型[1]，以方便理解面板数据的基本思想。

由于矩阵在模型表示和数据变换中的重要作用，我们先回顾了面板数据模型中常用的矩阵。然后，介绍模型的矩阵表示，根据不可观测效应 (unobserved effect) 的不变性假设，将不可观测效应分为不随时间变化的个体效应，以及不随个体变化的时期效应，并分别给出了模型按个体堆叠和按时期堆叠的矩阵形式。最后，给出了面板数据模型的简单估计方法，包括 POLS、LSDV 和 Between 估计。

§8.1.1 矩阵

为了方便讨论，先定义如下向量

$$\mathbf{c} = \begin{bmatrix} c_1 \\ c_2 \\ \vdots \\ c_N \end{bmatrix}_{N \times 1} \quad \mathbf{d} = \begin{bmatrix} d_1 \\ d_2 \\ \vdots \\ d_T \end{bmatrix}_{T \times 1} \quad \mathbf{y}_n = \begin{bmatrix} y_{n1} \\ y_{n2} \\ \vdots \\ y_{nT} \end{bmatrix}_{T \times 1} \quad \mathbf{y} = \begin{bmatrix} \mathbf{y}_1 \\ \mathbf{y}_2 \\ \vdots \\ \mathbf{y}_N \end{bmatrix}_{NT \times 1} \quad \bar{\mathbf{y}}_{,.} = \begin{bmatrix} \bar{y}_{1.} \\ \bar{y}_{2.} \\ \vdots \\ \bar{y}_{N.} \end{bmatrix}_{N \times 1}$$

其中

$$\bar{y}_{n.} \equiv \frac{1}{T} \sum_{t=1}^{T} y_{nt} = \frac{1}{T} \mathbf{1}' \mathbf{y}_n \quad n = 1, 2, \cdots, N$$

面板数据中，$\bar{\mathbf{y}}_{,.}$ 称为个体均值 (individual means)，即每个个体内，对时期进行平均。

一、特殊矩阵

在矩阵代数中：

1) 习惯上用 $\mathbf{I}_N$ 表示 N 阶单位矩阵，更常见的是不标明单位矩阵 $\mathbf{I}$ 的阶数，其阶数随矩阵运算的相容性而定；
2) 元素全部为 0 的矩阵，其作用和实数中的 0 相同，没有必要区分其维数，习惯上用 $\mathbf{0}$ 表示；
3) 符号 $\mathbf{1}$ 表示元素都为 1 的自适应长度的向量，即向量 $\mathbf{1}$ 的长度是按需的，由矩阵运算的相容性决定。有时候为了清晰，用下标标出其阶数，如 $\mathbf{1}_N$ 和 $\mathbf{1}_{NT}$ 等。

二、均值向量

定义方阵

$$\mathbf{A}_T \equiv \frac{1}{T} \mathbf{1}_T \mathbf{1}_T'$$

其元素都等于 $\frac{1}{T}$，方阵 $\mathbf{A}_T$ 通常用下标 T 表示其阶数。矩阵 $\mathbf{A}_T$ 左乘 $T \times 1$ 向量 $\mathbf{d}$ 得到均值向量，即

$$\mathbf{A}_T \mathbf{d} = \bar{d} \mathbf{1}_T$$

显然 $\mathbf{A}$ 是对称幂等矩阵，即 $\mathbf{A}\mathbf{A} = \mathbf{A} = \mathbf{A}'$。而且

$$\mathbf{A}_T \mathbf{1} = \mathbf{1} \quad \mathbf{A}_{NT} = \mathbf{A}_N \otimes \mathbf{A}_T$$

---

[1] 有关非平衡面板，请参考 Wooldridge (2002, p578–580) 和 Baltagi (2005, p165-184) 的讨论。此外，非平衡面板中多向效应模型的估计请参考 Davis (2002)。

三、离差向量

定义方阵

$$\mathbf{D} \equiv \mathbf{I} - \mathbf{A}$$

称 $\mathbf{D}$ 为离差构造矩阵。矩阵 $\mathbf{D}_T$ 左乘 $T \times 1$ 向量 $\mathbf{d}$ 得到离差（去均值）向量 $\mathbf{d}_*$

$$\mathbf{D}_T \mathbf{d} = \mathbf{d} - \bar{d} \mathbf{1}_T = \mathbf{d}_*$$

显然，向量 $\mathbf{d}$ 的离差平方和为

$$\mathbf{d}' \mathbf{D} \mathbf{d} = \mathbf{d}_*' \mathbf{d}_* = \sum_{t=1}^{T} (d_t - \bar{d})^2$$

矩阵 $\mathbf{D}$ 是对称幂等矩阵，即 $\mathbf{DD} = \mathbf{D} = \mathbf{D}'$。并且有如下性质：

$$\mathbf{D1} = \mathbf{0} \quad \mathbf{DA} = \mathbf{AD} = \mathbf{0} \quad \mathbf{D} + \mathbf{A} = \mathbf{I}$$

四、分块变换

定义矩阵

$$\mathbf{N} \equiv \mathbf{I}_N \otimes \mathbf{1}_T = \begin{bmatrix} \mathbf{1} & & & \\ & \mathbf{1} & & \\ & & \ddots & \\ & & & \mathbf{1} \end{bmatrix}_{NT \times N}$$

则矩阵 $\mathbf{N}$ 左乘 $N \times 1$ 向量 $\mathbf{c}$，将 $\mathbf{c}$ 的每个元素重复 T 次，拉长为 $NT \times 1$ 向量，即

$$\mathbf{Nc} = \begin{bmatrix} \mathbf{1} & & & \\ & \mathbf{1} & & \\ & & \ddots & \\ & & & \mathbf{1} \end{bmatrix} \begin{bmatrix} c_1 \\ c_2 \\ \vdots \\ c_N \end{bmatrix} = \begin{bmatrix} c_1 \mathbf{1} \\ c_2 \mathbf{1} \\ \vdots \\ c_N \mathbf{1} \end{bmatrix}_{NT \times 1} = \mathbf{c} \otimes \mathbf{1}_T$$

而将矩阵 $\mathbf{N}'$ 左乘 $NT \times 1$ 向量 $\mathbf{y}$，进行分块求和，得到 $N \times 1$ 分块均值向量 $\bar{\mathbf{y}}_{,.}$ 的 T 倍

$$\mathbf{N}' \mathbf{y} = \begin{bmatrix} \mathbf{1}_T' & & & \\ & \mathbf{1}_T' & & \\ & & \ddots & \\ & & & \mathbf{1}_T' \end{bmatrix} \begin{bmatrix} \mathbf{y}_1 \\ \mathbf{y}_2 \\ \vdots \\ \mathbf{y}_N \end{bmatrix}_{NT \times 1} = \begin{bmatrix} \mathbf{1}_T' \mathbf{y}_1 \\ \mathbf{1}_T' \mathbf{y}_2 \\ \vdots \\ \mathbf{1}_T' \mathbf{y}_N \end{bmatrix} = T \bar{\mathbf{y}}_{,.}$$

此外，矩阵 $\mathbf{N}$ 有如下关系

$$\mathbf{N} \mathbf{1}_N = \mathbf{1}_{NT} \quad \mathbf{N}' \mathbf{1}_{NT} = T \cdot \mathbf{1}_N \quad \mathbf{N}' \mathbf{N} = T \cdot \mathbf{I}_N \quad \mathbf{N} \mathbf{N}' = T \cdot (\mathbf{I}_N \otimes \mathbf{A}_T)$$

分块平均 (average by block): 定义方阵

$$\mathbf{B} \equiv \frac{1}{T} \mathbf{N} \mathbf{N}' = \mathbf{I}_N \otimes \mathbf{A}_T$$

显然矩阵 $\mathbf{B}$ 是对称幂等矩阵，即 $\mathbf{BB} = \mathbf{B} = \mathbf{B}'$。注意到

$$\mathbf{By} = \begin{bmatrix} \mathbf{A}_T & & & \\ & \mathbf{A}_T & & \\ & & \ddots & \\ & & & \mathbf{A}_T \end{bmatrix} \begin{bmatrix} \mathbf{y}_1 \\ \mathbf{y}_2 \\ \vdots \\ \mathbf{y}_N \end{bmatrix} = \begin{bmatrix} \mathbf{A}_T \mathbf{y}_1 \\ \mathbf{A}_T \mathbf{y}_2 \\ \vdots \\ \mathbf{A}_T \mathbf{y}_N \end{bmatrix} = \begin{bmatrix} \bar{y}_{1.} \mathbf{1}_T \\ \bar{y}_{2.} \mathbf{1}_T \\ \vdots \\ \bar{y}_{N.} \mathbf{1}_T \end{bmatrix}_{NT \times 1} = \bar{\mathbf{y}}_{,.} \otimes \mathbf{1}_T$$

即 $\mathbf{By}$ 将 $\mathbf{y}$ 中的分块 $\mathbf{y}_n$ 替换为相应的分块均值向量 $\bar{y}_{n.}\mathbf{1}_T$。

关于 $NT \times 1$ 向量 $\mathbf{y}$ 的均值 $\bar{y}$，最简单的方法是直接计算，还可以先计算出各（均匀）分块的均值，再对分块均值取平均，即

$$\bar{y} = \frac{1}{NT}\mathbf{1}'_{NT}\mathbf{y} = \frac{1}{NT}\left(\mathbf{1}'_{NT}\mathbf{B}\right)\mathbf{y} \quad \text{by } \mathbf{1}'_{NT} = \mathbf{1}'_{NT}\mathbf{B}$$

$$= \frac{1}{NT}\mathbf{1}'_{NT}(\mathbf{By}) = \frac{1}{NT}\left(\mathbf{1}'_N \otimes \mathbf{1}'_T\right)(\bar{\mathbf{y}}_{,.} \otimes \mathbf{1}_T) = \frac{1}{N}\mathbf{1}'_N \bar{\mathbf{y}}_{,.}$$

分块离差 (deviation by block)：定义方阵

$$\mathbf{E} \equiv \mathbf{I} - \mathbf{B} = \mathbf{I}_N \otimes \mathbf{D}_T$$

显然矩阵 $\mathbf{E}$ 是对称幂等矩阵，即 $\mathbf{EE} = \mathbf{E} = \mathbf{E}'$。注意到

$$\mathbf{Ey} = \begin{bmatrix} \mathbf{D}_T & & & \\ & \mathbf{D}_T & & \\ & & \ddots & \\ & & & \mathbf{D}_T \end{bmatrix} \begin{bmatrix} \mathbf{y}_1 \\ \mathbf{y}_2 \\ \vdots \\ \mathbf{y}_N \end{bmatrix} = \begin{bmatrix} \mathbf{D}_T \mathbf{y}_1 \\ \mathbf{D}_T \mathbf{y}_2 \\ \vdots \\ \mathbf{D}_T \mathbf{y}_N \end{bmatrix} = \begin{bmatrix} \mathbf{y}_{*1} \\ \mathbf{y}_{*2} \\ \vdots \\ \mathbf{y}_{*N} \end{bmatrix}$$

即 $\mathbf{Ey}$ 将 $\mathbf{y}$ 中的分块 $\mathbf{y}_n$ 替换为其离差 $\mathbf{y}_{*n}$，即各分块去除了各自的均值。此外，

$$\mathbf{E1}_{NT} = 0 \qquad \mathbf{EB} = \mathbf{BE} = 0 \qquad \mathbf{EN} = 0$$

定义方阵

$$\mathbf{H} \equiv \mathbf{B} - \mathbf{A}_{NT} = \mathbf{D}_N \otimes \mathbf{A}_T$$

则 $\mathbf{H}$ 是对称幂等矩阵，即 $\mathbf{HH} = \mathbf{H} = \mathbf{H}'$。$\mathbf{Hy}$ 等于 $\mathbf{y}$ 的分块均值变换再剔除 $\mathbf{y}$ 的均值：

$$\mathbf{Hy} = \mathbf{By} - \mathbf{A}_{NT}\mathbf{y} = \begin{bmatrix} (\bar{y}_{1.} - \bar{y})\mathbf{1}_T \\ (\bar{y}_{2.} - \bar{y})\mathbf{1}_T \\ \vdots \\ (\bar{y}_{N.} - \bar{y})\mathbf{1}_T \end{bmatrix} = (\mathbf{D}_N \bar{\mathbf{y}}_{,.}) \otimes \mathbf{1}_T$$

注意到

$$\mathbf{H} = \mathbf{B} - \mathbf{A}_{NT} = \mathbf{D}_{NT} - \mathbf{E} = \frac{1}{T}\mathbf{ND}_N\mathbf{N}' \tag{8.1}$$

五、分块回归

分块回归 (partitioned regression)：如下的线性回归模型将系数分为两部分：

$$\mathbf{y} = [\mathbf{X}_1 \ \mathbf{X}_2]\begin{bmatrix} \mathbf{b}_1 \\ \mathbf{b}_2 \end{bmatrix} + \mathbf{e} = \mathbf{X}_1\mathbf{b}_1 + \mathbf{X}_2\mathbf{b}_2 + \mathbf{e}$$

则模型的 OLS 系数估计为

$$\mathbf{b}_1 = (\mathbf{X}'_1\mathbf{X}_1)^{-1}\mathbf{X}'_1(\mathbf{y} - \mathbf{X}_2\mathbf{b}_2) \tag{8.2}$$

$$\mathbf{b}_2 = (\mathbf{X}'_2\mathbf{M}_1\mathbf{X}_2)^{-1}\mathbf{X}'_2\mathbf{M}_1\mathbf{y}$$

其中

$$\mathbf{M}_1 \equiv \mathbf{I} - \mathbf{X}_1(\mathbf{X}'_1\mathbf{X}_1)^{-1}\mathbf{X}'_1$$

§8.1.2 模型表示

线性面板数据模型的基本设定为

$$y_{nt} = a + \mathbf{x}'_{nt}\mathbf{b} + u_{nt} \qquad n=1,2,\cdots,N \quad t=1,2,\cdots,T \tag{8.3}$$

其中 y_{nt} 是被解释变量 y 在第 n 个个体的第 t 个时期的观测值，$K\times 1$ 维向量 $\mathbf{x}_{nt}$

$$\mathbf{x}_{nt} = \begin{bmatrix} x_{nt1} \\ x_{nt2} \\ \vdots \\ x_{ntK} \end{bmatrix}_{K\times 1}$$

是 K 个解释变量的相应观测，注意下标的顺序为个体、时期和变量。模型 (8.3) 中：

1) 常数项 a 被单独列出来，面板数据模型中，通常更关心 $K\times 1$ 的系数 $\mathbf{b} = [b_1;b_2;\cdots;b_K]$；
2) 总共有 N 个个体，每个个体有 T 个观测，即面板是平衡的；
3) 误差项 u_{nt} 包含不可观测成分，对 u_{nt} 的各种假定，得到各种面板数据分析模型。因此，面板数据模型也称为误差成分模型 (Error Component Model)。

一、个体效应

从简单的模型入手，先讨论个体效应模型，假设不可观测成分[2] c 随个体改变，不随时间变化：

$$u_{nt} = c_n + e_{nt} \qquad n=1,2,\cdots,N \quad t=1,2,\cdots,T \tag{8.4}$$

其中 c_n 被称为个体效应[3] (individual effect)，e_{nt} 是特质误差 (idiosyncratic errors)。模型 (8.3) 写成个体的形式为

$$\mathbf{y}_n = a\mathbf{1}_T + \mathbf{X}_n\mathbf{b} + \mathbf{u}_n \qquad n=1,2,\cdots,N \tag{8.5}$$

其中

$$\mathbf{y}_n = \begin{bmatrix} y_{n1} \\ y_{n2} \\ \vdots \\ y_{nT} \end{bmatrix}_{T\times 1} \quad \mathbf{X}_n = \begin{bmatrix} \mathbf{x}'_{n1} \\ \mathbf{x}'_{n2} \\ \vdots \\ \mathbf{x}'_{nT} \end{bmatrix}_{T\times K} \quad \mathbf{e}_n = \begin{bmatrix} e_{n1} \\ e_{n2} \\ \vdots \\ e_{nT} \end{bmatrix}_{T\times 1} \quad \mathbf{u}_n = \begin{bmatrix} u_{n1} \\ u_{n2} \\ \vdots \\ u_{nT} \end{bmatrix}_{T\times 1} = c_n\mathbf{1}_T + \mathbf{e}_n$$

把全部个体堆叠起来得

$$\mathbf{y} = a\mathbf{1}_{NT} + \mathbf{X}\mathbf{b} + \mathbf{u} \tag{8.6}$$

其中

$$\mathbf{y} = \begin{bmatrix} \mathbf{y}_1 \\ \mathbf{y}_2 \\ \vdots \\ \mathbf{y}_N \end{bmatrix}_{NT\times 1} \quad \mathbf{X} = \begin{bmatrix} \mathbf{X}_1 \\ \mathbf{X}_2 \\ \vdots \\ \mathbf{X}_N \end{bmatrix}_{NT\times K} \quad \mathbf{u} = \begin{bmatrix} \mathbf{u}_1 \\ \mathbf{u}_2 \\ \vdots \\ \mathbf{u}_N \end{bmatrix}_{NT\times 1} = \begin{bmatrix} c_1\mathbf{1}_T \\ c_2\mathbf{1}_T \\ \vdots \\ c_N\mathbf{1}_T \end{bmatrix} + \begin{bmatrix} \mathbf{e}_1 \\ \mathbf{e}_2 \\ \vdots \\ \mathbf{e}_N \end{bmatrix}$$

---

[2]遵循 Chamberlain (1984) 的方法，用 c 来表示不可观测成分。

[3]常见还有如下称呼：个体异质性 (individual heterogeneity)、不可观测成分 (unobserved component) 和不可观测异质性 (unobserved heterogeneity)。

注意到 $\mathbf{Nc} = \mathbf{c} \otimes \mathbf{1}_T$,有

$$\mathbf{u} = \mathbf{Nc} + \mathbf{e}$$

关于堆叠形式的说明:

1) 按个体进行堆叠时,一般情况下,个体顺序是没有关系的。

2) 这里 $\mathbf{X}_n$ 和 $\mathbf{X}$ 的堆叠方式都是"列"堆叠。请注意

$$\mathbf{X}'\mathbf{X} = \sum_{n=1}^{N} \mathbf{X}_n'\mathbf{X}_n = \sum_{n=1}^{N}\sum_{t=1}^{T} \mathbf{x}_{nt}\mathbf{x}_{nt}'$$

3) 定义

$$\bar{\mathbf{x}}_{n.} \equiv \frac{1}{T}\sum_{t=1}^{T} \mathbf{x}_{nt} = \frac{1}{T}\mathbf{X}_n'\mathbf{1} \qquad \bar{\mathbf{X}}_{\cdot\cdot} \equiv \begin{bmatrix} \bar{\mathbf{x}}_{1.}' \\ \bar{\mathbf{x}}_{2.}' \\ \vdots \\ \bar{\mathbf{x}}_{N.}' \end{bmatrix}$$

则有

$$\mathbf{N}'\mathbf{X} = T\bar{\mathbf{X}}_{\cdot\cdot}$$

二、时期效应

类似地,时期效应模型中,假设不可观测成分 d 随时期改变,不随个体变化

$$u_{nt} = d_t + e_{nt} \qquad n = 1, 2, \cdots, N \quad t = 1, 2, \cdots, T \tag{8.7}$$

其中 d_t 被称为时期效应 (period effect),此时模型 (8.3) 中个体 n 的方程为

$$\mathbf{y}_n = a\mathbf{1}_T + \mathbf{X}_n\mathbf{b} + \mathbf{u}_n \qquad n = 1, 2, \cdots, N$$

其中 $\mathbf{y}_n$ 和 $\mathbf{X}_n$ 的定义同式 (8.5),而

$$\mathbf{u}_n = \mathbf{d} + \mathbf{e}_n$$

把全部个体堆叠起来得

$$\mathbf{y} = a\mathbf{1}_{NT} + \mathbf{X}\mathbf{b} + \mathbf{u}$$

其中 $\mathbf{y}$ 和 $\mathbf{X}$ 的定义同式 (8.6),而

$$\mathbf{u} = \mathbf{1}_N \otimes \mathbf{d} + \mathbf{e}$$

定义

$$\mathbf{T} \equiv \mathbf{1}_N \otimes \mathbf{I}_T$$

则有 $\mathbf{Td} = (\mathbf{1}_N \otimes \mathbf{I}_T)(1 \otimes \mathbf{d}) = \mathbf{1}_N \otimes \mathbf{d}$,故

$$\mathbf{u} = \mathbf{Td} + \mathbf{e}$$

三、按时期堆叠

前面讨论个体效应和时期效应时,都是按个体进行堆叠,也可以按时期堆叠,例如时期效应 (8.7) 假定下,模型 (8.3) 在时期 t 的方程形式为

$$\boldsymbol{y}_t = a\mathbf{1}_N + \boldsymbol{X}_t\mathbf{b} + \boldsymbol{u}_t \qquad t = 1, 2, \cdots, T \tag{8.8}$$

其中

$$\boldsymbol{y}_t = \begin{bmatrix} y_{1t} \\ y_{2t} \\ \vdots \\ y_{Nt} \end{bmatrix}_{N \times 1} \quad \boldsymbol{X}_t = \begin{bmatrix} \mathbf{x}'_{1t} \\ \mathbf{x}'_{2t} \\ \vdots \\ \mathbf{x}'_{Nt} \end{bmatrix}_{N \times K} \quad \boldsymbol{e}_t = \begin{bmatrix} e_{1t} \\ e_{2t} \\ \vdots \\ e_{Nt} \end{bmatrix}_{N \times 1} \quad \boldsymbol{u}_t = \begin{bmatrix} u_{1t} \\ u_{2t} \\ \vdots \\ u_{Nt} \end{bmatrix}_{N \times 1} = d_t \mathbf{1}_N + \boldsymbol{e}_t$$

将所有时期堆叠起来，得到

$$\boldsymbol{y} = a\mathbf{1}_{NT} + \boldsymbol{X}\mathbf{b} + \boldsymbol{u} \tag{8.9}$$

其中

$$\boldsymbol{y} = \begin{bmatrix} \boldsymbol{y}_1 \\ \boldsymbol{y}_2 \\ \vdots \\ \boldsymbol{y}_T \end{bmatrix}_{NT \times 1} \quad \boldsymbol{X} = \begin{bmatrix} \boldsymbol{X}_1 \\ \boldsymbol{X}_2 \\ \vdots \\ \boldsymbol{X}_T \end{bmatrix}_{NT \times K} \quad \boldsymbol{e} = \begin{bmatrix} \boldsymbol{e}_1 \\ \boldsymbol{e}_2 \\ \vdots \\ \boldsymbol{e}_T \end{bmatrix}_{NT \times 1} \quad \boldsymbol{u} = \begin{bmatrix} \boldsymbol{u}_1 \\ \boldsymbol{u}_2 \\ \vdots \\ \boldsymbol{u}_T \end{bmatrix}_{NT \times 1} = \mathbf{d} \otimes \mathbf{1}_N + \boldsymbol{e}$$

定义

$$\boldsymbol{T} \equiv \mathbf{I}_T \otimes \mathbf{1}_N$$

则有 $\boldsymbol{T}\mathbf{d} = (\mathbf{I}_T \otimes \mathbf{1}_N)(\mathbf{d} \otimes 1) = \mathbf{d} \otimes \mathbf{1}_N$，故

$$\boldsymbol{u} = \boldsymbol{T}\mathbf{d} + \boldsymbol{e}$$

同样地，个体效应 (8.4) 假定下，模型 (8.3) 按时期堆叠的形式也为式 (8.9)，只是误差项 $\boldsymbol{u}$ 改为

$$\boldsymbol{u} = \boldsymbol{N}\mathbf{c} + \boldsymbol{e}$$

其中

$$\boldsymbol{N} \equiv \mathbf{1}_T \otimes \mathbf{I}_N$$

☼ **小提示** ☼：在面板数据分析时，通常研究个体数目 $N \to \infty$ 的渐近情况。因此，面板数据分析一般采用按个体堆叠的方式。但是，需要指出的是，采用按时期堆叠的方式，得到的估计结果是完全相同的，而且在某些情况下，分析起来更方便。

§8.1.3 简单估计方法

由于面板数据模型 (8.3) (第 336 页) 在设定时将常数项单独出来，系数 b 的估计可以直接从分块回归公式 (8.2) (第 335 页) 中求解出来。然而，我们采用更直观的数据变换方法，给出 POLS、LSDV 和 Between 估计，感受面板数据处理不可观测效应的魔法。

一、POLS

汇拢 OLS (Pooled OLS, POLS) 不区分观测来自哪个个体，将观测数据汇拢起来以增大样本量，直接对式 (8.6) (第 336 页) 进行 OLS 估计。

式 (8.6) 两边左乘 $\mathbf{D}_{NT}$ 去均值消除公共截距 a 得

$$\mathbf{D}_{NT}\boldsymbol{y} = \mathbf{D}_{NT}\boldsymbol{X}\mathbf{b} + \mathbf{D}_{NT}\boldsymbol{u}$$

其 OLS 估计[4]为

$$\mathbf{b}_{\text{POLS}} = \left(\mathbf{X}'\mathbf{D}_{NT}\mathbf{X}\right)^{-1}\mathbf{X}'\mathbf{D}_{NT}\mathbf{y} \tag{8.10}$$

此外

$$a_{\text{POLS}} = \frac{1}{NT}\mathbf{1}'\left(\mathbf{y} - \mathbf{X}\mathbf{b}_{\text{POLS}}\right) = \bar{y} - \bar{\mathbf{x}}'\mathbf{b}_{\text{POLS}}$$

其中

$$\bar{y} = \frac{1}{NT}\mathbf{1}'_{NT}\mathbf{y} \qquad \bar{\mathbf{x}} = \frac{1}{NT}\mathbf{X}'\mathbf{1}$$

如果

$$\mathrm{E}\left(u_{nt}\mathbf{x}_{nt}\right) = 0 \qquad n = 1, 2, \cdots, N \quad t = 1, 2, \cdots, T$$

则 $\mathbf{b}_{\text{POLS}}$ 是一致估计。

二、LSDV

模型 (8.5) (第 336 页) 中，令

$$a_n = a + c_n \qquad n = 1, 2, \cdots, N$$

得到截距随个体变化的模型

$$\mathbf{y}_n = a_n \mathbf{1}_T + \mathbf{X}_n \mathbf{b} + \mathbf{e}_n \qquad n = 1, 2, \cdots, N$$

记 $\mathbf{a} = [a_1; a_2; \cdots; a_N] = a\mathbf{1}_N + \mathbf{c}$，注意到 $\mathbf{N}\mathbf{a} = \mathbf{a} \otimes \mathbf{1}_T$，将全部个体堆叠起来得

$$\mathbf{y} = \mathbf{N}\mathbf{a} + \mathbf{X}\mathbf{b} + \mathbf{e} \tag{8.11}$$

由于矩阵 $\mathbf{N}$ 的每一列相当于定义了一个个体哑变量，因此模型 (8.11) 常被称为 LSDV (least squares dummy variable) 模型。

对式 (8.11) 进行个体内去均值以消除系数 $\mathbf{a}$，即式 (8.11) 两边左乘 $\mathbf{E}$ 进行分块去均值

$$\mathbf{E}\mathbf{y} = \mathbf{E}\mathbf{X}\mathbf{b} + \mathbf{E}\mathbf{e}$$

得到 OLS 估计

$$\mathbf{b}_{\text{LSDV}} = \left(\mathbf{X}'\mathbf{E}\mathbf{X}\right)^{-1}\mathbf{X}'\mathbf{E}\mathbf{y} \tag{8.12}$$

以及

$$\mathbf{a}_{\text{LSDV}} = \left(\mathbf{N}'\mathbf{N}\right)^{-1}\mathbf{N}'\left(\mathbf{y} - \mathbf{X}\mathbf{b}_{\text{LSDV}}\right) = \frac{1}{T}\mathbf{N}'\left(\mathbf{y} - \mathbf{X}\mathbf{b}_{\text{LSDV}}\right) = \bar{\mathbf{y}}_{,\cdot} - \bar{\mathbf{X}}_{,\cdot}\mathbf{b}_{\text{LSDV}}$$

和 Greene (2003, p287) 采用分块回归方法的结果一样。其他说明如下：

- 模型 (8.11) 使用分块回归公式 (8.2)，系数分块为 $\mathbf{b}_1 = \mathbf{a}$ 和 $\mathbf{b}_2 = \mathbf{b}$，则有 $\mathbf{M}_1 = \mathbf{E}$。
- 如果没有其他限制，只能估计出 $\mathbf{a}$，不能估计出 a 和 $\mathbf{c}$。注意 $\mathbf{a}$ 的每个分量为

$$a_n = \bar{y}_{n\cdot} - \bar{\mathbf{x}}'_{n\cdot}\mathbf{b}_{\text{LSDV}} \qquad n = 1, 2, \cdots, N$$

- 面板数据分析中的"欲擒故纵"，LSDV 模型引入了个体的异质性，但在系数估计时，先通过分块去均值，将其消除，然后再"擒"回来。

---

[4]假设模型 (8.6) 满足 OLS 的要求，则 $\mathbf{b}_{\text{POLS}}$ 是模型 (8.6) 的有效估计。

三、组间 (Between) 估计

面板数据模型中，如果对个体均值进行 OLS 估计，称为个体间 (Between individuals) 估计。当然，也可以进行时期均值 (每个时期下对个体的观测进行平均) 的 OLS 估计，称为时期间 (Between periods) 估计。这两种估计统称为组间 (Between) 估计。

下面讨论个体间 (Between individuals) 估计。个体均值对应于式 (8.6) (第 336 页) 的 N 个分块的分块均值，因此，式 (8.6) 两边左乘 $\frac{1}{T}\mathbf{N}'$ 计算分块均值得

$$\bar{\mathbf{y}}_{,\cdot} = a\mathbf{1}_N + \bar{\mathbf{X}}_{,\cdot}\mathbf{b} + \bar{\mathbf{u}}_{,\cdot} \tag{8.13}$$

其中

$$\bar{\mathbf{y}}_{,\cdot} = \frac{1}{T}\mathbf{N}'\mathbf{y} = \begin{bmatrix} \bar{y}_{1\cdot} \\ \bar{y}_{2\cdot} \\ \vdots \\ \bar{y}_{N\cdot} \end{bmatrix}_{N\times 1} \quad \bar{\mathbf{X}}_{,\cdot} = \frac{1}{T}\mathbf{N}'\mathbf{X} = \begin{bmatrix} \bar{\mathbf{x}}'_{1\cdot} \\ \bar{\mathbf{x}}'_{2\cdot} \\ \vdots \\ \bar{\mathbf{x}}'_{N\cdot} \end{bmatrix} \quad \bar{\mathbf{u}}_{,\cdot} = \frac{1}{T}\mathbf{N}'\mathbf{u} = \begin{bmatrix} \bar{u}_{1\cdot} \\ \bar{u}_{2\cdot} \\ \vdots \\ \bar{u}_{N\cdot} \end{bmatrix}$$

式 (8.13) 两边乘以 $\mathbf{D}_N$ 去均值消除公共截距 a 得

$$\mathbf{D}_N\bar{\mathbf{y}}_{,\cdot} = \mathbf{D}_N\bar{\mathbf{X}}_{,\cdot}\mathbf{b} + \mathbf{D}_N\bar{\mathbf{u}}_{,\cdot}$$

则个体间估计为

$$\mathbf{b}_{\mathrm{BI}} = \left(\bar{\mathbf{X}}'_{,\cdot}\mathbf{D}_N\bar{\mathbf{X}}_{,\cdot}\right)^{-1}\bar{\mathbf{X}}'_{,\cdot}\mathbf{D}_N\bar{\mathbf{y}}_{,\cdot} = (\mathbf{X}'\mathbf{N}\mathbf{D}_N\mathbf{N}'\mathbf{X})^{-1}\mathbf{X}'\mathbf{N}\mathbf{D}_N\mathbf{N}'\mathbf{y} = (\mathbf{X}'\mathbf{H}\mathbf{X})^{-1}\mathbf{X}'\mathbf{H}\mathbf{y} \tag{8.14}$$

最后一个等号使用了式 (8.1) 的关系。此外

$$a_{\mathrm{BI}} = \frac{1}{N}\mathbf{1}'\left(\bar{\mathbf{y}}_{,\cdot} - \bar{\mathbf{X}}_{,\cdot}\mathbf{b}_{\mathrm{BI}}\right) = \bar{y} - \bar{\mathbf{x}}'\mathbf{b}_{\mathrm{BI}}$$

注意到式 (8.1) 中 $\mathbf{H} = \mathbf{D}_{NT} - \mathbf{E}$，不难发现，个体间估计为 LSDV 估计和 POLS 估计的矩阵加权

$$\mathbf{b}_{\mathrm{BI}} = \mathbf{W}_1\mathbf{b}_{\mathrm{LSDV}} + (\mathbf{I} - \mathbf{W}_1)\mathbf{b}_{\mathrm{POLS}} \tag{8.15}$$

其中

$$\mathbf{W}_1 = -\left(\mathbf{X}'\mathbf{H}\mathbf{X}\right)^{-1}\mathbf{X}'\mathbf{E}\mathbf{X}$$

$$\mathbf{I} - \mathbf{W}_1 = (\mathbf{X}'\mathbf{H}\mathbf{X})^{-1}\mathbf{X}'\mathbf{D}_{NT}\mathbf{X}$$

当然，由于权重矩阵 $\mathbf{W}_1$ 和 $\mathbf{I} - \mathbf{W}_1$ 都为可逆矩阵，我们可以把 $\mathbf{b}_{\mathrm{LSDV}}$ 和 $\mathbf{b}_{\mathrm{POLS}}$ 分别表示成其他两者的矩阵加权组合。

练习：假设模型 (8.13) 个体间估计的残差为 $\bar{\mathbf{u}}_{,\cdot}$，那么

$$T\bar{\mathbf{u}}'_{,\cdot}\bar{\mathbf{u}}_{,\cdot} = \mathbf{y}'\mathbf{H}\mathbf{y} - \mathbf{y}'\mathbf{H}\mathbf{X}\left(\mathbf{X}'\mathbf{H}\mathbf{X}\right)^{-1}\mathbf{X}'\mathbf{H}\mathbf{y}$$

如果记 $\mathbf{X}_\dagger = [\mathbf{1}_{NT}, \mathbf{X}]$，则

$$T\bar{\mathbf{u}}'_{,\cdot}\bar{\mathbf{u}}_{,\cdot} = \mathbf{y}'\mathbf{B}\mathbf{y} - \mathbf{y}'\mathbf{B}\mathbf{X}_\dagger\left(\mathbf{X}'_\dagger\mathbf{B}\mathbf{X}_\dagger\right)^{-1}\mathbf{X}'_\dagger\mathbf{B}\mathbf{y}$$

§8.2 固定效应和随机效应

传统上，模型 (8.5) 中把不可观测成分 c_n 当成是待估参数时，称为固定效应 (fixed effects) 模型，而把 c_n 当成随机变量归入到误差项处理时，称为随机效应 (random effects) 模型。我们接受 Wooldridge (2002, p247–252) 的观点，认为这样的分类方法是不恰当的。用现代经济计量学的观点，不可观测成分理解为随机变量是更符合实际的，特别是将遗漏变量或者是个体的异质性处理成不可观测成分的时候。

正如 Mundlak (1978) 强调的，问题的关键是不可观测成分 c_n 是否与解释变量 $\mathbf{x}_{nt}$ 相关。固定效应模型不是把 c_n 限定为非随机的，而是允许 c_n 和解释变量相关。如果不可观测成分和解释变量不相关，则采用随机效应模型，否则，选用固定效应模型。本节以个体效应的设定形式讲述固定效应和随机效应模型，并讨论了系数估计的关系以及模型的选择问题。

§8.2.1 固定效应

模型 (8.5)(第 336 页) 中允许 c_n 和解释变量相关，将 c_n 当成待估参数[5]，反映个体的特性：

$$\mathbf{y}_n = a\mathbf{1}_T + \mathbf{X}_n\mathbf{b} + c_n\mathbf{1}_T + \mathbf{e}_n \qquad n=1,2,\cdots,N \tag{8.16}$$

按个体堆叠起来得固定效应模型

$$\mathbf{y} = a\mathbf{1}_{NT} + \mathbf{X}\mathbf{b} + \mathbf{N}\mathbf{c} + \mathbf{e} \tag{8.17}$$

模型 (8.17) 中，系数 a 和 $\mathbf{c}$ 不能识别，通常假定 $\sum_n c_n = \mathbf{c}'\mathbf{1} = 0$ 以识别 a 和 $\mathbf{c}$。

记 $\mathbf{a} = a\mathbf{1}_N + \mathbf{c}$，有

$$\mathbf{N}\mathbf{a} = a\mathbf{1}_{NT} + \mathbf{N}\mathbf{c}$$

此时固定效应模型 (8.17) 和 LSDV 模型 (8.11)(第 339 页) 设定上完全一样。因此固定效应和 LSDV 往往被当成相互替代的名词。

一、系数估计

式 (8.16) 中进行个体内去均值，即式 (8.16) 左乘 $\mathbf{D}$ 得

$$\mathbf{y}_{*n} = \mathbf{X}_{*n}\mathbf{b} + \mathbf{e}_{*n} \qquad n=1,2,\cdots,N \tag{8.18}$$

其中

$$\mathbf{y}_{*n} = \mathbf{D}\mathbf{y}_n \quad \mathbf{X}_{*n} = \mathbf{D}\mathbf{X}_n \quad \mathbf{e}_{*n} = \mathbf{D}\mathbf{e}_n$$

更详细地

$$\mathbf{y}_{*n} = \begin{bmatrix} y_{*n1} \\ y_{*n2} \\ \vdots \\ y_{*nT} \end{bmatrix} = \begin{bmatrix} y_{n1} - \bar{y}_{n.} \\ y_{n2} - \bar{y}_{n.} \\ \vdots \\ y_{nT} - \bar{y}_{n.} \end{bmatrix} \quad \mathbf{X}_{*n} = \begin{bmatrix} \mathbf{x}'_{*n1} \\ \mathbf{x}'_{*n2} \\ \vdots \\ \mathbf{x}'_{*nT} \end{bmatrix} = \begin{bmatrix} \mathbf{x}'_{n1} - \bar{\mathbf{x}}'_{n.} \\ \mathbf{x}'_{n2} - \bar{\mathbf{x}}'_{n.} \\ \vdots \\ \mathbf{x}'_{nT} - \bar{\mathbf{x}}'_{n.} \end{bmatrix} \quad \mathbf{e}_{*n} = \begin{bmatrix} e_{*n1} \\ e_{*n2} \\ \vdots \\ e_{*nT} \end{bmatrix} = \begin{bmatrix} e_{n1} - \bar{e}_{n.} \\ e_{n2} - \bar{e}_{n.} \\ \vdots \\ e_{nT} - \bar{e}_{n.} \end{bmatrix}$$

---

[5]不可观测成分无所谓量纲，因此，c_n 的系数被设定为 1。事实上，c_n 的估计不是系数估计，而是"观测值"的估计。

注意到
$$\mathbf{Ey} = \begin{bmatrix} \mathbf{Dy}_1 \\ \mathbf{Dy}_2 \\ \vdots \\ \mathbf{Dy}_N \end{bmatrix} = \begin{bmatrix} \mathbf{y}_{*1} \\ \mathbf{y}_{*2} \\ \vdots \\ \mathbf{y}_{*N} \end{bmatrix}$$

式 (8.18) 按个体堆叠起来得
$$\mathbf{Ey} = \mathbf{EXb} + \mathbf{Ee}$$

相应的 OLS 估计为
$$\mathbf{b}_{\mathrm{FE}} = (\mathbf{X}'\mathbf{EX})^{-1} \mathbf{X}'\mathbf{Ey} \tag{8.19}$$

由于是在组内消除异质性的，$\mathbf{b}_{\mathrm{FE}}$ 也称为组内估计 (within estimator)。固定效应的假设条件为：

FE.1: $\mathrm{E}(\mathbf{e}_n | \mathbf{X}_n, c_n) = 0 \quad n = 1, 2, \cdots, N$

FE.2: $\mathrm{rank}(\mathrm{E}(\mathbf{X}'_n \mathbf{D} \mathbf{X}_n)) = K \quad n = 1, 2, \cdots, N$

FE.3: $\mathrm{E}(\mathbf{e}_n \mathbf{e}'_n | \mathbf{X}_n, c_n) = s_e^2 \mathbf{I} \quad n = 1, 2, \cdots, N$

假设条件说明：

- FE.1 表明仍然需要严格外生性假设，但允许 $\mathrm{E}(c_n | \mathbf{X}_n)$ 是 $\mathbf{X}_n$ 的任意函数。
- 由 FE.1 看到，如果没有其他假设，$\mathbf{x}_{nt}$ 不能包含时不变 (time-constant) 的变量（比如个体的性别就不能包含进去，除非有变性的行为），否则将无法与时不变的 c_n 区分开。而 FE.2 明确表明 $\mathbf{x}_{nt}$ 不能包含时不变的变量。
- FE.3 假设下，$\mathrm{E}(e_{nt} e_{nl}) = 0, t \neq l$，注意到 $e_{*nt} = e_{nt} - \bar{e}_{n\cdot}$，则
$$\mathrm{E}(e_{*nt}^2) = \mathrm{E}((e_{nt} - \bar{e}_{n\cdot})^2) = \mathrm{E}(e_{nt}^2) + \mathrm{E}(\bar{e}_{n\cdot}^2) - 2\mathrm{E}(e_{nt}\bar{e}_{n\cdot}) = s_e^2 + \frac{s_e^2}{T} - 2\frac{s_e^2}{T} = \frac{T-1}{T} s_e^2$$
对于 $t \neq l$，有
$$\mathrm{E}(e_{*nt} e_{*nl}) = \mathrm{E}((e_{nt} - \bar{e}_{n\cdot})(e_{nl} - \bar{e}_{n\cdot})) = -\frac{s_e^2}{T}$$
因此
$$\mathrm{corr}(e_{*nt}, e_{*nl}) = -\frac{1}{T-1} < 0$$
表明 e_{*nt} 是序列负相关的。
- 当 FE.3 假设不满足时，需要使用 FGLS 估计，请参考 §8.6.2 (第 375 页) 的讨论

不难发现
$$\mathbf{b}_{\mathrm{FE}} = \mathbf{b}_{\mathrm{LSDV}}$$

此外，对比式 (8.10)，$\mathbf{b}_{\mathrm{POLS}}$ 通过整体去均值，而 $\mathbf{b}_{\mathrm{FE}}$ 是分块去均值。固定效应模型 (8.17) 中
$$\mathbf{a}_{\mathrm{FE}} = \frac{1}{T} \mathbf{N}'(\mathbf{y} - \mathbf{X}\mathbf{b}_{\mathrm{FE}}) = \bar{\mathbf{y}}_{,\cdot} - \bar{\mathbf{X}}_{,\cdot} \mathbf{b}_{\mathrm{FE}}$$

因此系数 a 和 $\mathbf{c}$ 的估计为
$$a_{\mathrm{FE}} = \frac{1}{N} \mathbf{1}' \mathbf{a}_{\mathrm{FE}} = \bar{y} - \bar{\mathbf{x}}' \mathbf{b}_{\mathrm{FE}} \tag{8.20}$$
$$\mathbf{c}_{\mathrm{FE}} = \mathbf{a}_{\mathrm{FE}} - a_{\mathrm{FE}} \mathbf{1}_N = \mathbf{D}_N \mathbf{a}_{\mathrm{FE}}$$

在 FE.1 和 FE.2 的假设下，固定效应估计 $\mathbf{b}_{\mathrm{FE}}$ 是无偏估计。再假设 FE.3，则 $\mathbf{b}_{\mathrm{FE}}$ 具有渐近正态性

$$\mathbf{b}_{\mathrm{FE}} \overset{a}{\sim} \mathrm{N}\left(\mathbf{b}, s_e^2 \left[\mathrm{E}\left(\mathbf{X}_n' \mathbf{D} \mathbf{X}_n\right)\right]^{-1}/N\right)$$

渐近方差估计为

$$\mathrm{var}\left(\mathbf{b}_{\mathrm{FE}}\right) = s_e^2 \left(\sum_{n=1}^N \mathbf{X}_n' \mathbf{D} \mathbf{X}_n\right)^{-1} = s_e^2 \left(\mathbf{X}'\mathbf{E}\mathbf{X}\right)^{-1}$$

在 FE.1–3 的假设下，s_e^2 的无偏估计为

$$s_e^2 = \frac{1}{(T-1)N - K} \sum_{n=1}^N \mathbf{e}_{*n}' \mathbf{e}_{*n}$$

其中

$$\mathbf{e}_{*n} = \mathbf{D}\left(\mathbf{y}_n - \mathbf{X}_n \mathbf{b}_{\mathrm{FE}}\right) \qquad n = 1, 2, \cdots, N$$

进一步整理得

$$s_e^2 = \frac{\mathbf{y}'\mathbf{E}\mathbf{y} - \mathbf{y}'\mathbf{E}\mathbf{X}\left(\mathbf{X}'\mathbf{E}\mathbf{X}\right)^{-1}\mathbf{X}'\mathbf{E}\mathbf{y}}{(T-1)N - K} \tag{8.21}$$

练习：请证明，假设固定效应模型估计的残差为 $\mathbf{e}$，记 $\mathbf{e}_* = \mathbf{E}\mathbf{e}$，则

$$\mathbf{e} = \mathbf{e}_* = \mathbf{E}\left(\mathbf{y} - \mathbf{X}\mathbf{b}_{\mathrm{FE}}\right)$$

表明 $\mathbf{e}_{*n} = \mathbf{e}_n$，因此固定效应模型估计的残差平方和为

$$\mathbf{e}'\mathbf{e} = \mathbf{y}'\mathbf{E}\mathbf{y} - \mathbf{y}'\mathbf{E}\mathbf{X}\left(\mathbf{X}'\mathbf{E}\mathbf{X}\right)^{-1}\mathbf{X}'\mathbf{E}\mathbf{y}$$

二、一阶差分变换

估计固定效应模型时，去除个体效应时除了采用个体去均值的方法，还可以采用差分变换。对于个体 n 的方程

$$y_{nt} = a + \mathbf{x}_{nt}'\mathbf{b} + c_n + e_{nt} \qquad t = 1, 2, \cdots, T$$

在时期上进行一阶差分得

$$\Delta y_{nt} = (\Delta \mathbf{x}_{nt})'\mathbf{b} + \Delta e_{nt} \qquad t = 2, 3, \cdots, T$$

其中

$$\Delta y_{nt} = y_{nt} - y_{n,t-1} \quad \Delta \mathbf{x}_{nt} = \mathbf{x}_{nt} - \mathbf{x}_{n,t-1} \quad \Delta e_{nt} = e_{nt} - e_{n,t-1}$$

我们看到，进行一阶差分变换（first-differencing transformation）消除了不可观测效应，当然，每个变量也少掉了一个观测样本。定义

$$\mathbf{K} \equiv \begin{bmatrix} -1 & 1 & & & \\ & -1 & 1 & & \\ & & \ddots & \ddots & \\ & & & -1 & 1 \end{bmatrix}_{(T-1)\times T}$$

一阶差分变换相当于式 (8.16) 两边左乘 $\mathbf{K}$。逐个个体堆叠起来得

$$\begin{bmatrix} \mathbf{K}\mathbf{y}_1 \\ \mathbf{K}\mathbf{y}_2 \\ \vdots \\ \mathbf{K}\mathbf{y}_N \end{bmatrix} = \begin{bmatrix} \mathbf{K}\mathbf{X}_1 \\ \mathbf{K}\mathbf{X}_2 \\ \vdots \\ \mathbf{K}\mathbf{X}_N \end{bmatrix} \mathbf{b} + \begin{bmatrix} \mathbf{K}\mathbf{e}_1 \\ \mathbf{K}\mathbf{e}_2 \\ \vdots \\ \mathbf{K}\mathbf{e}_N \end{bmatrix}$$

则一阶差分变换方法的系数估计为

$$\mathbf{b}_{\mathrm{FD}} = \left(\sum_{n=1}^{N} \mathbf{X}'_n \mathbf{K}' \mathbf{K} \mathbf{X}_n\right)^{-1} \left(\sum_{n=1}^{N} \mathbf{X}'_n \mathbf{K}' \mathbf{K} \mathbf{y}_n\right)$$

§8.2.2 随机效应

当不可观测成分和解释变量不相关时,随机效应模型通过 FGLS 估计,得到系数的有效估计。

一、系数估计

第 336 页式 (8.5) 定义的模型

$$\mathbf{y}_n = a\mathbf{1}_T + \mathbf{X}_n \mathbf{b} + \mathbf{u}_n \qquad n = 1, 2, \cdots, N \tag{8.22}$$
$$\mathbf{u}_n = c_n \mathbf{1} + \mathbf{e}_n$$

将 c_n 当成随机变量,称为误差成分 (error component),把 $\mathbf{u}_n$ 当成复合误差 (composite errors)。按个体堆叠起来得随机效应模型

$$\mathbf{y} = a\mathbf{1}_{NT} + \mathbf{X}\mathbf{b} + \mathbf{u} \tag{8.23}$$

随机效应模型的假设条件为

RE.1:条件期望假设

$$\mathrm{E}\left(\mathbf{e}_n | \mathbf{X}_n, c_n\right) = 0 \qquad n = 1, 2, \cdots, N$$
$$\mathrm{E}\left(c_n | \mathbf{X}_n\right) = \mathrm{E}\left(c_n\right) = 0 \qquad n = 1, 2, \cdots, N$$

RE.2:$\mathrm{rank}\left(\mathrm{E}\left(\mathbf{X}'_n \mathbf{S}^{-1} \mathbf{X}_n\right)\right) = K,\ n = 1, 2, \cdots, N,$ 其中 $\mathbf{S} = \mathrm{E}\left(\mathbf{u}_n \mathbf{u}'_n\right)$ 要求是正定的

RE.3:方差矩阵假设

$$\mathrm{E}\left(\mathbf{e}_n \mathbf{e}'_n | \mathbf{X}_n, c_n\right) = s_e^2 \mathbf{I} \qquad \mathrm{E}\left(c_n^2 | \mathbf{X}_n\right) = s_c^2 \qquad n = 1, 2, \cdots, N$$

假设条件说明:

- 由 RE.1,显然有

$$\mathrm{E}\left(\mathbf{u}_n | \mathbf{X}_n\right) = 0 \qquad n = 1, 2, \cdots, N$$

- 尽管 $\mathrm{E}\left(c_n | \mathbf{X}_n\right) = 0$ 的条件可以放宽到正交条件 $\mathrm{E}\left(c_n \mathbf{x}_{nt}\right) = 0$,但实际上得到的好处不多。
- 标准的随机效应分析中,一般要求 RE.3,则

$$\mathrm{E}(\mathbf{e}_n \mathbf{e}'_n) = s_e^2 \mathbf{I} \qquad \mathrm{E}\left(c_n^2\right) = s_c^2 \qquad \mathrm{E}(e_{nt} c_n) = 0$$

此时 $\mathbf{S}$ 有特殊的结构

$$\mathbf{S} = \mathrm{E}\left(\mathbf{u}_n \mathbf{u}'_n\right) = \mathrm{E}\left(\mathbf{e}_n \mathbf{e}'_n\right) + \mathrm{E}\left(c_n^2\right) \mathbf{1}\mathbf{1}' = s_e^2 \mathbf{I} + s_c^2 \mathbf{1}\mathbf{1}' \tag{8.24}$$

式 (8.24) 的方差矩阵结构常称为随机效应结构 (random effect structure)。定义

$$s_I^2 \equiv T s_c^2 + s_e^2$$

则 $\mathbf{S} = s_e^2 \mathbf{D} + s_I^2 \mathbf{A}$,且

$$\mathbf{S}^{-1} = \mathbf{D}/s_e^2 + \mathbf{A}/s_I^2$$

- RE.3 假设下，定义
$$s_u^2 \equiv \text{var}(u_{nt}) = s_c^2 + s_e^2 \quad n = 1, 2, \cdots, N \quad t = 1, 2, \cdots, T$$

如果 $l \neq t$，注意到 $\text{E}(e_{nt}e_{nl}) = 0$，有
$$\rho = \text{corr}(u_{nt}, u_{nl}) = \frac{s_c^2}{s_u^2} = \frac{s_c^2}{s_c^2 + s_e^2} \geqslant 0 \tag{8.25}$$

可以作为不可观测效应的相对重要性的度量。

随机效应的估计，实际上是采用 FGLS 方法进行估计。注意到
$$\text{var}(\mathbf{u}) = s_I^2 \mathbf{B} + s_e^2 \mathbf{E} = \mathbf{I}_N \otimes \mathbf{S} \implies [\text{var}(\mathbf{u})]^{-1} = \mathbf{I}_N \otimes \mathbf{S}^{-1} = \mathbf{B}/s_I^2 + \mathbf{E}/s_e^2$$

对式 (8.23) 进行 FGLS 估计，得到随机效应模型的系数估计为
$$\mathbf{b}_{\text{RE}} = \left[\mathbf{X}'\left(\mathbf{E}/s_e^2 + \mathbf{H}/s_I^2\right)\mathbf{X}\right]^{-1} \mathbf{X}'\left(\mathbf{E}/s_e^2 + \mathbf{H}/s_I^2\right) \mathbf{y} \tag{8.26}$$

以及
$$a_{\text{RE}} = \bar{y} - \bar{\mathbf{x}}'\mathbf{b}_{\text{RE}}$$

不管 RE.3 是否成立，$\mathbf{b}_{\text{RE}}$ 都是一致估计。在 RE.3 的假设下，在所有要求 $\text{E}(\mathbf{u}_n|\mathbf{X}_n) = 0$ 的一致估计中，$\mathbf{b}_{\text{RE}}$ 是有效估计，并且系数方差估计为
$$\text{var}(\mathbf{b}_{\text{RE}}) = \left[\mathbf{X}'\left(\mathbf{E}/s_e^2 + \mathbf{H}/s_I^2\right)\mathbf{X}\right]^{-1}$$

二、**方差成分** (variance components) **估计**

进行 FGLS 估计时，方差矩阵 $\text{var}(\mathbf{u})$ 需要估计两个参数 s_I^2 和 s_e^2。注意到
$$\text{var}(\mathbf{B}\mathbf{u}) = \mathbf{B}\text{var}(\mathbf{u})\mathbf{B}' = \mathbf{B}\left(s_I^2 \mathbf{B} + s_e^2 \mathbf{E}\right)\mathbf{B} = s_I^2 \mathbf{B}$$
$$\text{var}(\mathbf{E}\mathbf{u}) = \mathbf{E}\text{var}(\mathbf{u})\mathbf{E}' = \mathbf{E}\left(s_I^2 \mathbf{B} + s_e^2 \mathbf{E}\right)\mathbf{E} = s_e^2 \mathbf{E}$$

因此
$$\mathbf{B}\mathbf{u} \sim (0, s_I^2 \mathbf{B}) \qquad \mathbf{E}\mathbf{u} \sim (0, s_e^2 \mathbf{E})$$

则 s_I^2 和 s_e^2 的二次无偏估计 (quadratic unbiased estimator, QUE) 为
$$s_I^2 = \frac{\mathbf{u}'\mathbf{B}\mathbf{u}}{\text{tr}(\mathbf{B})} = \frac{1}{N}\mathbf{u}'\mathbf{B}\mathbf{u} \qquad s_e^2 = \frac{\mathbf{u}'\mathbf{E}\mathbf{u}}{\text{tr}(\mathbf{E})} = \frac{\mathbf{u}'\mathbf{E}\mathbf{u}}{N(T-1)} \tag{8.27}$$

式 (8.27) 中的残差 $\mathbf{u}$ 需要估计，常见的方法有：

1) Wallace and Hussain (1969) 建议使用 POLS 的残差 $\mathbf{u}_{\text{POLS}}$。
2) Amemiya (1971) 发现用 POLS 的残差估计 $\mathbf{u}_{\text{POLS}}$ 来计算式 (8.27) 时，估计量的渐近分布不同于真实分布。Amemiya (1971) 建议使用 LSDV 模型（固定效应）的残差
$$\mathbf{u}_{\text{FE}} = \mathbf{y} - a_{\text{FE}}\mathbf{1}_{NT} - \mathbf{X}\mathbf{b}_{\text{FE}}$$
来计算式 (8.27)。假设 s_c^2 和 s_e^2 的真值分别为 σ_c^2 和 σ_e^2，Amemiya (1971) 方法估计量的渐近分布为
$$\begin{bmatrix} \sqrt{N}\left(s_c^2 - \sigma_c^2\right) \\ \sqrt{NT}\left(s_e^2 - \sigma_e^2\right) \end{bmatrix} \stackrel{a}{\sim} \text{N}\left(0, \begin{bmatrix} 2\sigma_c^4 & \\ & 2\sigma_e^4 \end{bmatrix}\right)$$

其中
$$s_c^2 = \frac{s_I^2 - s_e^2}{T}$$

Wansbeek and Kapteyn (1989) 将 Amemiya (1971) 的方法推广到非平衡面板中，故 EViews 将该方法称为 Wansbeek-Kapteyn 估计。

3) Swamy and Arora (1972) 的方法用固定效应模型的残差计算 s_e^2，即式 (8.21)。而估计 s_I^2 时，使用式 (8.13) Between 估计的残差，注意到
$$\text{var}(\sqrt{T}\bar{u}_{n\cdot}) = s_I^2$$

因此
$$s_I^2 = \frac{T\bar{\mathbf{u}}_{\cdot\cdot}'\bar{\mathbf{u}}_{\cdot\cdot}}{N-K-1} = \frac{\mathbf{y}'\mathbf{H}\mathbf{y} - \mathbf{y}'\mathbf{H}\mathbf{X}(\mathbf{X}'\mathbf{H}\mathbf{X})^{-1}\mathbf{X}'\mathbf{H}\mathbf{y}}{N-K-1}$$

估计方差矩阵 $\text{var}(\mathbf{u})$ 时，除了以上的 QUE 估计，还有如下一些方法：

1) Nerlove (1971) 建议用固定效应的系数估计 $\mathbf{c}_{\text{FE}}$ 来计算 s_c^2
$$s_c^2 = \frac{\mathbf{c}_{\text{FE}}'\mathbf{D}\mathbf{c}_{\text{FE}}}{N-1}$$

而 s_e^2 用式 (8.21) 进行计算，不过没有进行自由度调整，分母为 NT。

2) Wooldridge (2002, p260–261) 给出了 s_u^2 和 s_c^2 的一致估计分别为
$$s_u^2 = s_c^2 + s_e^2 = \frac{1}{NT-K}\sum_{n=1}^{N}\sum_{t=1}^{T}u_{nt}^2$$
$$s_c^2 = \frac{1}{NT(T-1)/2-K}\sum_{n=1}^{N}\sum_{t=1}^{T-1}\sum_{l=t+1}^{T}u_{nt}u_{nl}$$

其中 u_{nt} 为 POLS 估计的残差，这样可以得到系数的 $\sqrt{N}$ 一致估计。

Nerlove (1971) 的方法能保证 s_c^2 的估计非负，而三种 QUE 方法
$$s_c^2 = \frac{s_I^2 - s_e^2}{T}$$

不能保证 s_c^2 的估计非负，Searle (1971) 在生物计量 (biometrics) 方面对 s_c^2 的负值估计问题进行了广泛的讨论。一种可行的方法是出现负值时，取 $s_c^2 = 0$，该做法基于 Maddala and Mount (1973) 大量仿真的结果。尽管 Nerlove (1971) 的方法能保证 s_c^2 的估计非负，但是正如 Baltagi (2005) 指出的，Nerlove (1971) 方法在实证中没有得到广泛的应用。

Wooldridge (2002) 的 s_c^2 估计也不保证非负，如果得到负的结果，表明 e_{nt} 存在序列相关，即违背了 RE.3 假设，当然也有可能是模型的其他假设不正确。此时可以考虑一般的 FGLS 方法，即
$$\mathbf{S} = \frac{1}{N}\sum_{n=1}^{N}\mathbf{u}_n\mathbf{u}_n' \tag{8.28}$$

这里我们看到，方差矩阵 $\mathbf{S}$ 包含了 $(T+1)T/2$ 个参数，而随机效应估计时，方差矩阵的估计只有两个参数，因此，如果 N 没有比 T 大上好几倍，FGLS 方法在有限样本下效果比较差。当 N 很大时，显然 FGLS 方法是可取的，除了式 (8.24) 的最简单随机效应结构和式 (8.28) 的不限制结构，我们可以走中间路线，例如 MaCurdy (1982) 将方差矩阵设定为
$$\mathbf{S} = \text{E}(\mathbf{e}_n\mathbf{e}_n') + s_c^2\mathbf{1}\mathbf{1}'$$

其中假设 e_{nt} 服从参数为 ρ 的一阶自回归过程，整个矩阵只需要估计三个参数。

§8.2.3 比较

估计随机效应模型[6]时采用的 GLS 变换，实际上是进行准去均值，因此，随机效应系数估计是固定效应系数估计和个体间系数估计的矩阵加权。比较了系数估计之后，我们讨论了随机效应模型和固定效应模型的模型选择问题。

一、系数估计的关系

使用 Wansbeek and Kapteyn (1983) 的技巧，对于任意的实数 r，有

$$[\operatorname{var}(\mathbf{u})]^r = s_I^{2r}\mathbf{B} + s_e^{2r}\mathbf{E} = \mathbf{I} \otimes \mathbf{S}^r$$

其中 $\mathbf{S}^r = s_e^{2r}\mathbf{D} + s_I^{2r}\mathbf{A}$，特别地

$$\mathbf{S}^{-1/2} = \mathbf{D}/s_e + \mathbf{A}/s_I$$

定义

$$q \equiv 1 - \frac{s_e}{s_I} < 1 \qquad \mathbf{D}_\star \equiv s_e \mathbf{S}^{-1/2}$$

有

$$\mathbf{D}_\star = s_e \mathbf{S}^{-1/2} = \mathbf{D} + (1-q)\mathbf{A} = \mathbf{I} - q\mathbf{A}$$

注意到

$$\mathbf{D}_\star \mathbf{y}_n = \begin{bmatrix} y_{n1} - q\bar{y}_{n.} \\ y_{n2} - q\bar{y}_{n.} \\ \vdots \\ y_{nT} - q\bar{y}_{n.} \end{bmatrix}$$

显然 $\mathbf{D}_\star$ 的作用仅去掉部分的均值。定义

$$\mathbf{E}_\star \equiv \mathbf{I}_N \otimes \mathbf{D}_\star$$

随机效应模型 (8.23) 两边左乘 $\mathbf{E}_\star$ 得

$$\mathbf{E}_\star \mathbf{y} = a(1-q)\mathbf{1}_{NT} + \mathbf{E}_\star \mathbf{X}\mathbf{b} + \mathbf{E}_\star \mathbf{u} \tag{8.29}$$

由于

$$\operatorname{var}(\mathbf{E}_\star \mathbf{u}) = \mathbf{E}_\star' \operatorname{var}(\mathbf{u})\mathbf{E}_\star = \left(\mathbf{I} \otimes \left(s_e \mathbf{S}^{-1/2}\right)\right)' (\mathbf{I} \otimes \mathbf{S})\left(\mathbf{I} \otimes \left(s_e \mathbf{S}^{-1/2}\right)\right) = s_e^2 \mathbf{I}_{NT}$$

模型 (8.29) 符合 OLS 的要求，因此变换后的方程（8.29）可以使用 OLS 估计：

$$\mathbf{b}_{\mathrm{RE}} = \left(\mathbf{X}'\mathbf{E}_\star \mathbf{D}_{NT} \mathbf{E}_\star \mathbf{X}\right)^{-1} \mathbf{X}'\mathbf{E}_\star \mathbf{D}_{NT} \mathbf{E}_\star \mathbf{y} \tag{8.30}$$

对比式 (8.19)，我们发现式 (8.30) 中[7]随机效应的系数估计是通过准去均值的方法 (quasi-time demeaning)：不象固定效应完全去掉均值，随机效应只去掉部分的均值，由于

$$q = 1 - \frac{1}{\sqrt{1 + (s_c^2/s_e^2)T}} \tag{8.31}$$

---

[6]随机效应模型，更详细的论述请参考 Wansbeek and Kapteyn (1989), Baltagi and Chang (1994), Wooldridge (2002) 和 Baltagi (2005)。

[7]由于 $\mathbf{E}_\star \mathbf{D}_{NT} \mathbf{E}_\star = \mathbf{E} + (1-q)^2 \mathbf{H} = \mathbf{E} + s_e^2 \mathbf{H}/s_L^2$，随机效应的系数估计式 (8.26) 和式 (8.30) 完全相同。

当 $T \to \infty$ 或者 $s_c^2/s_e^2 \to \infty$ 时，$q \to 1$，因此，当 T 比较大，或者方差 s_c^2 相对 s_e^2 较大，我们发现，随机效应模型和固定效应模型得到的估计量相近。

Maddala (1971) 发现随机效应系数估计是固定效应系数估计和个体间系数估计的矩阵加权：

$$\mathbf{b}_{\mathrm{RE}} = \mathbf{W}_2 \mathbf{b}_{\mathrm{FE}} + (\mathbf{I} - \mathbf{W}_2) \mathbf{b}_{\mathrm{BI}}$$

其中

$$\mathbf{W}_2 = \left[\mathbf{X}' \left(\mathbf{E}/s_e^2 + \mathbf{H}/s_I^2 \right) \mathbf{X} \right]^{-1} \mathbf{X}' \mathbf{E} \mathbf{X}/s_e^2$$

$$\mathbf{I} - \mathbf{W}_2 = \left[\mathbf{X}' \left(\mathbf{E}/s_e^2 + \mathbf{H}/s_I^2 \right) \mathbf{X} \right]^{-1} \mathbf{X}' \mathbf{H} \mathbf{X}/s_I^2$$

事实上，随机效应系数估计是固定效应系数估计和 POLS 系数估计的矩阵加权

$$\mathbf{b}_{\mathrm{RE}} = \mathbf{W} \mathbf{b}_{\mathrm{FE}} + (\mathbf{I} - \mathbf{W}) \mathbf{b}_{\mathrm{POLS}} \tag{8.32}$$

由第 340 页式 (8.15) 有

$$\mathbf{W} = \mathbf{W}_2 + (\mathbf{I} - \mathbf{W}_2) \mathbf{W}_1 = \left(1/s_e^2 - 1/s_I^2\right) \left[\mathbf{X}' \left(\mathbf{E}/s_e^2 + \mathbf{H}/s_I^2 \right) \mathbf{X} \right]^{-1} \mathbf{X}' \mathbf{E} \mathbf{X}$$

$$\mathbf{I} - \mathbf{W} = \left[\mathbf{X}' \left(\mathbf{E}/s_e^2 + \mathbf{H}/s_I^2 \right) \mathbf{X} \right]^{-1} \mathbf{X}' \mathbf{D}_{NT} \mathbf{X}/s_I^2$$

注意到权重矩阵可以写成

$$\mathbf{W} = q(2-q) \left[\mathbf{X}' \left(\mathbf{E} + (1-q)^2 \mathbf{H} \right) \mathbf{X} \right]^{-1} \mathbf{X}' \mathbf{E} \mathbf{X}$$

$$\mathbf{I} - \mathbf{W} = (1-q)^2 \left[\mathbf{X}' \left(\mathbf{E} + (1-q)^2 \mathbf{H} \right) \mathbf{X} \right]^{-1} \mathbf{X}' \mathbf{D}_{NT} \mathbf{X}$$

因此由式 (8.31) 和式 (8.32) 得

- $s_c^2 \to 0 \implies q \to 0 \implies \mathbf{W} \to 0 \implies \mathbf{b}_{\mathrm{RE}} \to \mathbf{b}_{\mathrm{POLS}}$
- $T \to \infty$ 或者 $s_c^2/s_e^2 \to \infty \implies q \to 1 \implies \mathbf{I} - \mathbf{W} \to 0 \implies \mathbf{b}_{\mathrm{RE}} \to \mathbf{b}_{\mathrm{FE}}$

二、模型选择

现在我们面临的问题是：选择固定效应模型还是随机效应模型？问题的答案在于不可观测成分和解释变量的相关性。如果 $\mathrm{cov}(c_n, \mathbf{X}_n) = 0$（实际的要求是均值独立，即 $\mathrm{E}(c_n | \mathbf{X}_n) = 0$），那么选择随机效应模型，否则选择固定效应模型。

进行模型选择时，还可以使用 Hausman 检验，具体请参考 §8.7.2 节中第 386 页的讨论和例子。此外，如下几点值得参考：

- 如果不可观测成分和解释变量相关，即 $\mathrm{cov}(c_n, \mathbf{X}_n) \neq 0$，$\mathbf{b}_{\mathrm{RE}}$ 是有偏的。
- 固定效应模型中，不能包含时不变的解释变量，解释变量至少对某些个体是时变的，否则不可识别。
- 固定效应模型估计的系数往往是相当多的。如果随机效应模型的假设能得到满足，$\mathbf{b}_{\mathrm{RE}}$ 是有效的，而且避免了由大量系数估计而造成的自由度损失。
- 当个体从有限样本抽样时，如中国各个省份的教育问题，假设成随机抽样显然是不合理的。
- 当 N 比较小而 T 比较大，两种模型的系数估计差别不大，此时如果考虑计算的方便性，可以选择固定效应模型。
- 当 N 比较大而 T 比较小，两者的估计结果可能差别很大。

§8.3 应用实例

本节介绍如何使用合伙对象估计面板数据模型，并对估计结果进行简单的说明，以便对面板数据分析有直观的了解。

Grunfeld (1958) 的数据是面板数据分析的经典数据集，包含了 10 家公司，从 1935 到 1954 共 20 年的投资、公司价值和市值的面板数据。简洁起见，我们只使用其中 4 家。

```
%wf = @evpath + "\Example Files\data\GRUNFELD"
wfopen %wf
pool p01 GE GM GY IB    'GE, GM, Goodyear, IBM
```

打开工作文件后，`pool` 命令定义的合伙对象 p01 只包含 4 家公司（个体）。合伙对象具有群对象管理序列对象的特点，又具有方程对象进行方程估计的功能。我们将在 §8.4 节 (第 354 页) 专门讨论合伙对象。

§8.3.1 简单估计

最简单的方法是将所有个体的观测汇集起来，进行 POLS 估计。例如

```
p01.ls inv?  c val?  cap?
```

方程设定中问号具有特殊的含义，作为个体标识的通配符，形成合伙序列，代表合伙对象中所有个体的相应观测序列。例如合伙序列 inv? 用来指代 invGE, invGM, invGY 和 invIB 共 4 个序列。合伙对象 p01 的回归方程为

$$\text{INV}_{nt} = a + b_1 \text{VAL}_{nt} + b_2 \text{CAP}_{nt} + e_{nt} \qquad n = 1,2,3,4 \quad t = 1935, 1936, \cdots, 1954$$

估计结果为

```
Dependent Variable: INV?
Method: Pooled Least Squares
Date: 04/21/08   Time: 18:49
Sample: 1935 1954
Included observations: 20
Cross-sections included: 4
Total pool (balanced) observations: 80

    Variable      Coefficien   Std. Error   t-Statistic   Prob.

       C          -94.96952    16.74414     -5.671806    0.0000
       VAL?         0.103362    0.007855    13.15804     0.0000
       CAP?         0.317754    0.034255     9.276143    0.0000

R-squared            0.879624   Mean dependent var    201.9025
Adjusted R-squared   0.876497   S.D. dependent var    283.1003
S.E. of regression  99.48984    Akaike info criterion  12.07477
Sum squared resid  762163.6     Schwarz criterion      12.16409
Log likelihood    -479.9907     F-statistic           281.3308
Durbin-Watson stat   0.213501   Prob(F-statistic)      0.000000
```

表头报告了估计方法和样本信息，其中 Pooled Least Squares 表示使用合伙对象的最小二乘方法。而估计样本信息分别报告了时期数，个体数和总观测数。

面板数据分析的 LSDV 模型的估计也很方便

```
p01.ls inv?  val?  cap?  @cxreg c
```

其中关键字 `@cxreg` 表示系数随个体改变 (EViews 使用个体哑变量实现)。估计的方程为

$$\text{INV}_{nt} = a_n + b_1 \text{VAL}_{nt} + b_2 \text{CAP}_{nt} + e_{nt} \qquad n = 1,2,3,4 \quad t = 1935, 1936, \cdots, 1954$$

估计结果为

```
Dependent Variable: INV?
Method: Pooled Least Squares
Date: 04/21/08   Time: 18:49
Sample: 1935 1954
Included observations: 20
Cross-sections included: 4
Total pool (balanced) observations: 80
```

Variable	Coefficien	Std. Error	t-Statistic	Prob.
VAL?	0.105029	0.014449	7.268912	0.0000
CAP?	0.340073	0.021441	15.86067	0.0000
GE--C	-237.6893	29.06153	-8.178830	0.0000
GM--C	-67.67526	60.00589	-1.127810	0.2630
GY--C	-94.46174	14.63183	-6.455908	0.0000
IB--C	-24.15158	14.33437	-1.684872	0.0962
R-squared	0.959235	Mean dependent var	201.9025	
Adjusted R-squared	0.956481	S.D. dependent var	283.1003	
S.E. of regression	59.05825	Akaike info criterion	11.06696	
Sum squared resid	258102.9	Schwarz criterion	11.24562	
Log likelihood	-436.6786	F-statistic	348.2585	
Durbin-Watson stat	0.630821	Prob(F-statistic)	0.000000	

结果报告的系数估计部分中从 GE--C 到 IB--C 的四个系数估计，就是个体哑变量的系数估计。

Between 估计使用合伙对象不方便实现，通过其他途径实现的例子，请参考 §9.3 节中的第 421 页。

§8.3.2 固定效应

个体固定效应模型的估计使用选项 cx=f，例如

  p01.ls(cx=f) inv? c val? cap?

得到个体固定效应估计结果为

```
Dependent Variable: INV?
Method: Pooled Least Squares
Date: 04/21/08   Time: 18:49
Sample: 1935 1954
Included observations: 20
Cross-sections included: 4
Total pool (balanced) observations: 80
```

Variable	Coefficien	Std. Error	t-Statistic	Prob.
C	-105.9945	24.34366	-4.354090	0.0000
VAL?	0.105029	0.014449	7.268912	0.0000
CAP?	0.340073	0.021441	15.86067	0.0000
Fixed Effects (Cross)				
GE--C	-131.6948			
GM--C	38.31921			
GY--C	11.53273			
IB--C	81.84290			

Effects Specification

Cross-section fixed (dummy variables)

R-squared	0.959235	Mean dependent var	201.9025
Adjusted R-squared	0.956481	S.D. dependent var	283.1003
S.E. of regression	59.05825	Akaike info criterion	11.06696
Sum squared resid	258102.9	Schwarz criterion	11.24562
Log likelihood	-436.6786	F-statistic	348.2585
Durbin-Watson stat	0.630821	Prob(F-statistic)	0.000000

结果报告的系数估计部分中，Fixed Effects (Cross) 部分给出了 $\mathbf{c}_{\mathrm{FE}}$ 的估计值，但没有报告标准差估计。式 (8.20) (第 342 页) 表明 $\mathbf{c}_{\mathrm{FE}} = \mathbf{D}_N \mathbf{a}_{\mathrm{LSDV}}$，因此可以从 LSDV 估计结果计算个体固定效应估计 $\mathbf{c}_{\mathrm{FE}}$ 的方差矩阵。估计结果报告中，R^2 和 F 等统计量的含义，请参考 §9.3 节中第 425 页的讨论。

时期固定效应模型的估计也很方便，使用选项 `per=f`，例如

```
p01.ls(per=f) inv? c val? cap?
```

得到时期固定效应估计结果为

```
Dependent Variable: INV?
Method: Pooled Least Squares
Date: 04/21/08   Time: 22:00
Sample: 1935 1954
Included observations: 20
Cross-sections included: 4
Total pool (balanced) observations: 80
```

Variable	Coefficien	Std. Error	t-Statistic	Prob.
C	-103.4766	19.80295	-5.225313	0.0000
VAL?	0.099284	0.009643	10.29583	0.0000
CAP?	0.360967	0.053943	6.691609	0.0000
Fixed Effects (Period)				
1935--C	61.04593			
1936--C	15.53655			
1937--C	-21.39288			
1938--C	5.360247			
1939--C	-24.54860			
1940--C	8.066736			
1941--C	36.94987			
1942--C	42.18673			
1943--C	13.82361			
1944--C	29.26490			
1945--C	12.76218			
1946--C	43.92899			
1947--C	13.02642			
1948--C	-15.81892			
1949--C	-48.93527			
1950--C	-45.31464			
1951--C	-46.99678			
1952--C	-46.12421			
1953--C	-14.60745			
1954--C	-18.21341			

```
                          Effects Specification
Period fixed (dummy variables)
```

R-squared	0.890435	Mean dependent var	201.9025
Adjusted R-squared	0.850764	S.D. dependent var	283.1003
S.E. of regression	109.3645	Akaike info criterion	12.45567
Sum squared resid	693714.8	Schwarz criterion	13.11072
Log likelihood	-476.2267	F-statistic	22.44593
Durbin-Watson stat	0.143408	Prob(F-statistic)	0.000000

用合伙对象估计固定效应模型时，EViews 实际上是通过哑变量实现的。因此，固定效应模型的估计结果报告中，效应设定 (Effects Specification) 部分特地注明了 (`dummy variables`)。

§8.3.3 随机效应

个体随机效应模型使用选项 `cx=r` 进行估计，例如

```
p01.ls(cx=r) inv? c val? cap?
```

得到个体随机效应估计结果为

```
Dependent Variable: INV?
Method: Pooled EGLS (Cross-section random effects)
Date: 04/21/08   Time: 18:49
Sample: 1935 1954
Included observations: 20
Cross-sections included: 4
Total pool (balanced) observations: 80
Swamy and Arora estimator of component variances
```

Variable	Coefficien	Std. Error	t-Statistic	Prob.
C	-105.2896	75.09613	-1.402064	0.1649
VAL?	0.104641	0.013822	7.570606	0.0000
CAP?	0.340010	0.021382	15.90175	0.0000
Random Effects (Cross)				
GE--C	-130.5040			
GM--C	39.00341			
GY--C	10.88304			
IB--C	80.61752			

Effects Specification			
		S.D.	Rho
Cross-section random		142.7394	0.8538
Idiosyncratic random		59.05825	0.1462

Weighted Statistics			
R-squared	0.864072	Mean dependent var	18.59999
Adjusted R-squared	0.860542	S.D. dependent var	156.3354
S.E. of regression	58.38207	Sum squared resid	262451.9
F-statistic	244.7390	Durbin-Watson stat	0.618326
Prob(F-statistic)	0.000000		

Unweighted Statistics			
R-squared	0.878360	Mean dependent var	201.9025
Sum squared resid	770164.3	Durbin-Watson stat	0.210709

结果报告的说明:

1) 表头报告了估计方法为 Pooled EGLS, 其中的 EGLS (Estimated GLS) 就是通常所说的 FGLS (Feasible GLS)。

   表头的最后一行指出, 方差成分的估计中, 式 (8.27) (第 345 页) 的估计方法为 Swamy and Arora (1972) 的方法。可以使用选项 rancalc=wh 或者 rancalc=wk 修改成 Wallace and Hussain (1969) 或者 Wansbeek and Kapteyn (1989) 的方法。

2) 系数估计中, Random Effects (Cross) 部分给出了随机效应的最佳线性无偏预测 (best linear unbiased predictor, BLUP)[8], 由于模型有截距项, 它们的和为 0。

3) 效应设定部分, 两个随机成分的 S.D. 分别为异质标准差 s_c (Cross-section) 和特质标准差 s_e (Idiosyncratic), Cross-section random 的 Rho 来自第 345 页式 (8.25)。此外, 需要指出的是, EViews 采用了 Wallace and Hussain (1969) 和 Amemiya (1971) 的自由度修正方法, 计算的是 s_c^2 和 s_e^2 的无偏估计, 因此可能和其他软件的计算结果略有差别。

4) 无加权残差为

$$\mathbf{u} = \mathbf{y} - a_{\text{RE}}\mathbf{1} - \mathbf{X}\mathbf{b}_{\text{RE}}$$

而加权残差为 FGLS 的变换矩阵[9]乘以无加权残差。

---

[8] 有关 BLUP 的讨论, 请参考 Baltagi (2005, p42–43)。

[9] 请参考 §3.4 节 (第 159 页) 的讨论, FGLS 估计时, EViews 将残差方差矩阵估计进行 Cholesky 分解, 将得到的下三角矩阵的逆矩阵作为变换矩阵。

5) 注意到 $\rho = 0.8538$，由式 (8.25) 和式 (8.31) 得

$$q = 1 - \frac{1}{\sqrt{1 - T/(1 - 1/\rho)}} = 0.9079$$

准去均值接近去均值，随机效应模型的系数估计和固定效应模型的系数估计相近。

§8.3.4 非平衡面板

在介绍面板数据模型时，我们都采用平衡面板进行介绍，因为平衡面板数据分析是非平衡面板数据分析的基础。更重要的原因是为了提供清晰的思路，以抓住主要问题，避免迷失在纷繁复杂的数学符号中。事实上，EViews 支持非平衡面板数据的估计，例如

```
capGE(3) = na
p01.ls(cx=r,rancalc=wk) inv? c val? cap?
```

得到估计结果为

```
Dependent Variable: INV?
Method: Pooled EGLS (Cross-section random effects)
Date: 04/29/08   Time: 19:00
Sample: 1935 1954
Included observations: 20
Cross-sections included: 4
Total pool (unbalanced) observations: 79
Wansbeek and Kapteyn estimator of component variances
```

Variable	Coefficien	Std. Error	t-Statistic	Prob.
C	-105.6011	48.47638	-2.178402	0.0325
VAL?	0.105350	0.013360	7.885501	0.0000
CAP?	0.338284	0.021791	15.52375	0.0000
Random Effects (Cross)				
GE--C	-127.7172			
GM--C	36.81637			
GY--C	11.29604			
IB--C	79.60484			

Effects Specification				
			S.D.	Rho
Cross-section random			86.07231	0.6773
Idiosyncratic random			59.41061	0.3227

Weighted Statistics			
R-squared	0.864971	Mean dependent var	31.13461
Adjusted R-squared	0.861418	S.D. dependent var	159.9351
S.E. of regression	59.54523	Sum squared resid	269468.2
F-statistic	243.4211	Durbin-Watson stat	0.598100
Prob(F-statistic)	0.000000		

Unweighted Statistics			
R-squared	0.881679	Mean dependent var	203.4810
Sum squared resid	747287.0	Durbin-Watson stat	0.215672

表头的 `Total pool (unbalanced) observations` 标明了面板是非平衡的信息。此外，方差成分的估计采用 Wansbeek and Kapteyn (1989) 的方法。

§8.4 使用合伙对象

面板数据具有个体、时期和变量三个维度，是三维数据。当个体数目不是很多的时候，可以把变量根据个体进行细分，降为二维。例如 Grunfeld 工作文件中

```
%wf = @evpath + "\Example Files\data\GRUNFELD"
wfopen %wf
```

将看到

```
Workfile: GRUNFELD - (c:\eviews\example files\data\grunfeld.wf1)
View Proc Object Print Save Details+/- Show Fetch Store Delete Genr Sample
Range:   1935 1954    --   20 obs      Display Filter: *
Sample:  1935 1954    --   20 obs

c              invch          valar
capar          invdm          valch
capch          invge          valdm
capdm          invgm          valge
capge          invgy          valgm
capgm          invib          valgy
capgy          invuo          valib
capib          invus          valuo
capuo          invwh          valus
capus          pool1          valwh
capwh          resid
invar          sur
```

最后一列的 10 个序列就是公司价值 val 序列的细分，称为个体序列 (individual specific series)。我们发现这些序列名有个共同点，就是前三个字符 val 代表公司价值，然后跟着两个字符表示的公司简称 (个体标识)。采用这种方式组织的面板数据，称为合伙数据 (Pooled data)，此时可以使用 EViews 的合伙对象 (Pool object) 进行面板数据分析。

实际上，合伙对象本身只包含一组个体标识符，例如 Grunfeld 工作页中的合伙对象 pool1，双击打开它，只看到 10 个横截面标识 (个体标识)。在合伙对象中，和变量相对应的是合伙序列 (Pool series)，其名称由变量名和作为个体标识通配符的问号组成，指代变量的全部个体序列中属于当前合伙对象的那部分个体序列。例如在合伙对象 pool1 中使用合伙序列 val?，由于 pool1 包含了所有的个体标识，val? 将指代 val 所有的 10 个个体序列。

需要强调的是，合伙对象扮演了两种不同的角色：

1) 合伙对象通过个体标识集，使用合伙序列，管理个体序列对象。该角色类似于用来管理多个序列对象的群对象。

2) 合伙对象提供了面板数据模型的估计方法，如 OLS 和 2SLS 估计。以及模型估计出来后，可以查看估计结果，进行各种检验。从这点看，合伙对象扮演了方程对象的角色。

本节介绍合伙对象，先介绍合伙对象的建立方法，然后讨论合伙数据，明确个体序列和合伙序列的联系。紧接着，简单介绍了合伙对象的视图、过程和函数。最后，由于面板数据的组织相对复杂，我们专门阐述面板数据的组织方式和合伙数据的存取，深入讲解了如何将堆叠数据转换为非堆叠数据，以及合伙数据的导入和导出方法。

§8.4.1 创建

在普通工作页里面进行面板数据分析，需要使用合伙对象 (Pool Object)。合伙对象的核心是一组个体标识符，又称横截面标识符 (cross-section identifiers)，因此，创建合伙对象的基本工作就是定义个体标识集。使用对象声明命令 pool 创建合伙对象，例如

```
pool p01 GE GM GY IB
```

建立合伙对象 p01，其中个体标识符 GE GM GY IB 分别代表 General Electric, General Motors, Goodyear 和 IBM。因此，合伙对象 p01 包含了 4 家公司。

一、个体标识

由于合伙对象的基本组成是一组个体标识符，因此，个体标识符的选取是非常重要的。

1) 个体标识符用来标识面板数据中的个体，通常使用整数或者是简称。
2) 个体标识符可以不等长，例如

```
pageselect GRUNFELD
copy *ib *ibm
pool p01a GE GM GY IBM
```

这里 IBM 公司的个体标识为 IBM，为三个字母，而其他公司的个体标识仍然为两字母。

3) 由于个体标识将作为序列名的一部分，因此应避免使用太长的个体标识，此外个体标识的字符要符合序列名的命名要求（参见第 31 页 §1.4.2 节）。

二、建立

直接建立合伙对象，有如下几种方式：

```
pool p01 GE GM GY IB
pool p02.define GE GM GY IB
pool p03
p03.define GE GM GY IB
```

均定义了三个相同的合伙对象，建议采用建立 p01 的方式。说明如下：

1) 个体标识用空格进行分隔，不能使用逗号。
2) 合伙对象适合于个体数目不多的情况，不适合于拥有成千上万个个体的面板数据。如果个体数目很多，创建合伙对象本身，显然就不是一件轻松的事情。
3) 注意如下语句。

```
pool p04 p01 CH
```

不是把合伙对象 p01 的个体标识集添加到合伙对象 p04 中，而是直接把 p01 当成个体标识符。请注意这里和群对象的区别

```
group g01 val*
group g02 g01 cap??
```

第二行的语句将群 g01 的成员添加到群 g02 中。

合伙对象建立后，如下命令

```
                    p01.sheet cap?
```

用电子表单的形式查看 p01 中 4 家公司的市值变量 cap，数据按个体标识 GE GM GY IB 的顺序进行堆叠，每个个体内按时间顺序排序。语句中的合伙序列 cap? 指代 capGE, capGM, capGY 和 capIB 共 4 个序列，即合伙对象 p01 用其全部个体标识逐个替换 cap? 中的问号得到的个体序列。

合伙对象建立后，可以对标识集进行修改：

1) 命令 add 添加个体标识，例如

```
                    p03.add CH US UO
```

合伙对象 p03 增加个体标识 CH, US 和 UO。

2) 命令 drop 去除个体标识，例如

```
                    p03.drop GM GY
```

合伙对象 p03 去除个体标识 GM 和 GY。

3) 命令 define 重新定义标识集，例如

```
                    p03.define AR CH DM IB GY
```

注意，原先的个体标识集被清除，替换成新的个体标识集。

三、分组

合伙对象允许对个体标识进行分组，例如

```
        p01.add @group car GM GY
```

把 GM 和 GY 归入 car 组。注意这里使用的是 add 命令，如果写成

```
        p01.define @group car GM GY
```

命令 define 将 @group 当成个体标识符，而不是作为分组的关键字。

合伙对象中如果定义了个体标识的分组，结合合伙对象特有的 @ingrp 函数，能方便地产生个体是否属于某一分组的哑变量。

四、其他

需要提醒的是，合伙对象只是包含一组个体标识符而已，并没有包含序列对象或者相应的观测数据，观测数据和合伙对象是分离的。这将带来如下好处：

1) 可以定义多个合伙对象，每个合伙对象包含不同的个体标识集，也可以为同一个体标识集定义多个合伙对象；
2) 删除合伙对象，不会影响相关的序列对象及其数据。

当然，EViews 为合伙对象提供了专用过程，方便管理合伙对象相关的序列对象和观测数据，如修改合伙序列的数据、建立或者删除合伙序列对象等。

此外，EViews 有一个很体贴的设计，就是将堆叠数据结构的工作页进行拆堆时，自动创建合伙对象，具体请参考第 363 页的讨论。

§8.4.2 合伙数据

合伙数据只是将变量根据个体进行细分，得到个体序列，因此工作页中的序列对象都是 EViews 的普通序列对象，合伙序列的操作可以使用序列对象的各种操作来完成，但这种方式显然很不方便。为了方便合伙序列的各种操作，提高合伙数据的操作效率，EViews 提供了专门的命令。

一、个体序列

为了方便，根据序列的取值是否与个体有关，我们将序列划分为简单序列和个体序列 (individual specific series, or cross-section specific series)：

1) 简单序列的取值不随个体改变，如 GDP 或者金融市场指数等。
2) 个体序列，每个个体取不同的值，如企业的市值。

通过合伙对象管理个体序列时，要求个体序列的命名依照相同的模式。例如同一变量的个体序列的命名采用变量的基本名 (base name) 加上个体标识的方式，在 Grunfeld 工作页中，市值 cap 的个体序列名称就采用这种模式。补充说明如下：

1) 尽管个体标识可以出现在序列名的任意地方，但同一变量的个体序列必须采用相同的命名模式。
2) 个体序列命名时，建议使用容易辨认的命名模式。例如当命名方式为个体标识跟在基本名之后时，如果使用下划线连接基本名和个体标识，将更容易辨认出个体标识。
3) 命名的一致性是绝对的要求，否则不能使用合伙序列。假设 Grunfeld 工作页中市值 cap 的个体序列为 capGE, GMcap, capGY 和 IBcap，将不能使用合伙序列 cap? 或者 ?cap 来指代它们。
4) 不同变量拆分的个体序列可以使用不同的命名模式，不过这样做似乎没有必要。

二、合伙序列

每个合伙序列和一个变量相对应，指代相应变量的所有个体序列中属于当前合伙对象的那部分个体序列。合伙序列的名称比较特殊，由基本名和问号 "?" 组成，其中的问号被当成个体标识的通配符，因此，合伙序列的名字体现了个体序列的命名模式。个体序列要成为合伙序列的一员，需要满足的条件为：

1) 个体序列的名字中个体标识改为问号，刚好为合伙序列的名字。例如

```
copy cap??  cap_??   'wildcard
```

则 cap_GE 是合伙对象 p01 的合伙序列 cap_? 的一员，但不是合伙序列 cap? 的一员。

2) 合伙对象包含该个体序列的个体标识。例如 capGE 是合伙对象 p01 的合伙序列 cap? 的一员，而 capUS 不是，因为 p01 不包含个体标识符 US。

合伙序列是依附于合伙对象的，合伙序列通过合伙对象的个体标识集，定位工作文件上的序列对象。

合伙对象的 genr 命令能方便地生成合伙序列。例如

```
pool p05 GE GM GY
p05.genr bm_?  = val?/cap?
```

由于合伙对象 p05 只包含三个个体，命令 genr 只产生三个个体序列，即 bm_GE, bm_GM 和 bm_GY，并且 p05 的合伙序列 bm_? 就代表这三个序列。因此，上述语句等价于

```
genr bm_GE = valGE/capGE
genr bm_GM = valGM/capGM
genr bm_GY = valGY/capGY
```

也就是说，合伙对象的 genr 命令隐含了循环，逐个使用合伙对象的个体标识，替换合伙序列名字中的问号，引用或者建立相应的序列对象。

利用 genr 命令基于个体标识的隐含循环，可以方便地实现以下操作。

1) 每个时期对个体进行汇总，例如

```
genr sum = 0
p05.genr sum = sum+inv?
```

等价于

```
genr sum = 0
sum = sum+invGE
sum = sum+invGM
sum = sum+invGY
```

这里只是示例而已，合伙对象的 makestats 命令，能更方便地计算各时期的各种统计量。

2) 修改合伙序列的数据，例如

```
p05.genr inv?  = log(inv?)
```

将 p05 合伙序列 inv? 的值修改为对数值，请注意 p05 "管辖" 不到的个体序列不会被修改，例如个体序列 invIB，不会被修改。

3) 产生哑变量，例如

```
p05.add @group car GM GY
p05.genr dc_?  = @ingrp(car)
```

函数 @ingrp 是合伙对象特有的，用来判断个体标识是否属于给定的组。因此上述语句等价于

```
p05.genr dc_?  = 0
dc_GM = 1
dc_GY = 1
```

显然，采用个体标识分组的方式是更好的方式，特别是个体数目较多的情况下。

如果合伙序列缺少某个个体序列，会怎么样呢？使用 sheet 命令查看，会自动创建缺少的个体序列，观测值初始化为 na，例如

```
copy val??  val_??   'wildcard
delete val_GE
p01.sheet val_?   'pool series
```

将自动创建个体序列 val_GE。除了 sheet 命令，其他合伙对象的命令一旦使用到缺少部分个体序列的合伙序列，都将引起错误，例如

```
p01.ls(cx=f) inv?  c cap?  val_?   'error
p01.genr bm01?  = val?/cap?   'error
```

☼ **小提示** ☼：函数 @ingrp 只能使用在合伙对象中。此外，合伙序列名字中的问号是个体标识的通配符。如果在合伙对象之外使用问号，EViews 尝试将问号解释为通配符，只匹配单个字符。

练习：如下的语句将产生哪些序列对象？

```
p05.genr dum_? = 0
p05.genr rt_?  = cap?/capGE
```

三、统计概要

合伙序列的统计概要使用 describe 命令查看，例如

```
p01.describe(m) inv?  cap?
```

其中选项 m 表示先进行个体去均值。得到个体去均值后合伙序列 inv? 和 cap? 的基本统计信息为

```
Date: 04/23/08   Time: 20:25
Sample: 1935 1954
 Common sample
Cross section specific means subtracted

                    INV?          CAP?
Mean              0.000000       0.000000
Median           -0.058210     -23.84250
Maximum          80.30900       1577.865
Minimum         -35.05100      -645.6350
Std. Dev.        17.14278       337.3701
Skewness          2.148337       1.710492
Kurtosis         12.05398        9.003395

Jarque-Bera     334.7863        159.1463
Probability       0.000000       0.000000

Sum               0.000000       0.000000
Sum Sq. Dev.  23216.10         8991666.

Observations       80              80
Cross sections      4               4
```

注意，报告的统计量是基于个体去均值后的数据计算的，因此 mean 和 sum 都为 0。此外，最后一行报告了个体的数目。如果 describe 命令使用选项 c，将计算每个个体的统计信息。而如果使用选项 t，则计算各时期的统计信息。

对于时期的统计信息，还可以使用 makestats 命令将其保存成序列对象，例如

```
p01.makestats inv?  @ mean sd
```

将产生 invmean 和 invsd 两个序列，分别保存各个时期投资 inv 的均值和标准差。

§8.4.3 合伙对象

合伙对象既管理面板数据，又提供面板数据的模型估计。模型估计方面，合伙对象只支持线性面板数据模型的 ls 和 tsls 估计，方程设定只能采用名单法。个体效应和随机效应分别由选项 cx={f, r} 和 per={f, r} 进行设置，选项值 {f, r} 分别代表固定效应和随机效应。

一、视图

合伙对象的视图可以分为如下几部分：

1) 查看数据，或者统计概要：命令分别为 sheet 和 describe。
2) 查看方程估计结果：

   (a) 方程的表述视图，命令为 representations。
   (b) 估计结果输出，命令为 output 或者 results。

(c) 残差，如 residcor, residcov 和 resids。

(d) 系数协方差矩阵，命令为 coefcov。

3) 检验视图，详细讨论请参考 §8.7.2 节 (第 385 页)：

(a) 系数检验，如 cellipse, testadd, testdrop 和 wald。

(b) 固定效应检验 fixedtest 和 **Hausman** 检验 ranhaus。

(c) 面板单位根检验，命令为 uroot，将在 §9.4 节 (第 437 页) 讨论。

使用合伙对象估计的方程，方程的表述视图比较特别

```
p01.ls(cx=f) inv?  c val?  cap?
p01.representations
```

得到方程的表述视图为

```
Estimation Command:
=====================
LS(CX=F)  INV?  C VAL?  CAP?
Estimation Equations:
=====================
INVGE = C(4) + C(1) + C(2)*VALGE + C(3)*CAPGE
INVGM = C(5) + C(1) + C(2)*VALGM + C(3)*CAPGM
INVGY = C(6) + C(1) + C(2)*VALGY + C(3)*CAPGY
INVIB = C(7) + C(1) + C(2)*VALIB + C(3)*CAPIB
```

我们看到，使用合伙对象估计的方程，每个个体都有自己的方程。

命令 resids 查看方程的残差估计，将看到每个个体都有一个残差序列。个体残差序列间的相关矩阵或者协方差矩阵，查看起来也很方便，例如

```
p01.residcor
```

得到个体残差的相关矩阵为

```
              Residual Correlation Matrix

              GE          GM          GY          IB
    GE     1.000000   -0.120122    0.834706    0.683768
    GM    -0.120122    1.000000   -0.244508   -0.147786
    GY     0.834706   -0.244508    1.000000    0.756785
    IB     0.683768   -0.147786    0.756785    1.000000
```

二、过程

合伙对象的过程可以分为：

1) 合伙对象设定，如 add, define 和 drop。
2) 合伙序列的操作，命令为 genr 和 delete。
3) 其他：

(a) 创建相关对象，如 makegroup, makemodel 和 makesystem 等。

(b) 产生残差序列，命令为 makeresids。

(c) 计算各时期的统计信息，命令为 makestats。

(d) 用方程的系数估计更新系数对象，命令为 updatecoefs。

合伙对象只能估计线性模型，如果需要对系数进行限制，或者采用特殊的 GMM 估计方法，可以使用 makesystem 命令创建方程组对象，每个个体得到一个方程，然后进行必要的修改，再使用方程组的估计方法进行估计，方程组请参考第 10 讲 (第 459 页)。合伙对象没有提供预测的方法，如果要进行预测，可以通过 makemodel 建立样板对象，再进行预测，样板对象请参考第 13 讲 (第 607 页)。

三、函数

函数 @ingrp 可以使用在合伙对象的方程设定中，隐含了个体哑变量，方便估计个体分组的变截距模型，例如

```
p01.add @group car GM GY
p01.ls inv? c @ingrp(car) val? @cxreg cap?
```

其中 @cxreg cap? 设定变量 cap 的系数随个体改变 (参考第 372 页 §8.6.1 节)，得到估计结果为

```
Dependent Variable: INV?
Method: Pooled Least Squares
Date: 04/27/08   Time: 16:30
Sample: 1935 1954
Included observations: 20
Cross-sections included: 4
Total pool (balanced) observations: 80
```

Variable	Coefficien	Std. Error	t-Statistic	Prob.
C	-52.83351	18.19225	-2.904177	0.0049
@INGRP(CAR)	64.35942	30.32573	2.122271	0.0372
VAL?	0.077337	0.008158	9.479580	0.0000
GE--CAPGE	0.047569	0.042438	1.120901	0.2660
GM--CAPGM	0.400415	0.021074	19.00000	0.0000
GY--CAPGY	0.020962	0.098670	0.212442	0.8324
IB--CAPIB	0.591894	0.151964	3.894954	0.0002
R-squared	0.965440	Mean dependent var		201.9025
Adjusted R-squared	0.962599	S.D. dependent var		283.1003
S.E. of regression	54.74957	Akaike info criterion		10.92685
Sum squared resid	218818.6	Schwarz criterion		11.13528
Log likelihood	-430.0740	F-statistic		339.8759
Durbin-Watson stat	0.605297	Prob(F-statistic)		0.000000

结果表明，汽车分组的截距差异是显著的 (p 值为 0.0372)。

合伙对象方程估计完成后，可以通过成员函数提取方程的系数估计和回归统计量。合伙对象提供的函数，不仅有对应于方程对象的成员函数 (第 146 页表 3.1)，还有如下和面板数据分析相关的函数：

1) 返回字符串的函数，如函数 @idname(i) 返回合伙对象中第 i 个个体标识，函数 @idnameest(i) 返回参与方程估计的第 i 个个体标识。

2) 返回个体数目，如函数 @ncross 返回合伙对象包含的个体总数，函数 @ncrossest 返回方程估计用到的个体数目。

3) 函数 @effects 返回固定效应或者随机效应的系数估计向量，可以使用 @effects(i) 的形式取得单个系数估计。@residcov 返回残差的方差矩阵。

我们用如下代码片段来演示这些函数：

```
copy val?? val_??
val_IB = na
pool p06 GE GM GY IB
p06.ls(cx=f) inv? c val_? cap?
```

```
    !n = p06.@ncross
    table(!n,4) tb
    for !i = 1 to !n
        tb(!i,1) = p06.@idname(!i)
    next
    tb(1,2) = !n
    !n = p06.@ncrossest
    tb(2,2) = !n
    for !i = 1 to !n
        tb(!i,3) = p06.@idnameest(!i)
        tb(!i,4) = p06.@effects(!i)
    next
```

得到表格 tb 的内容为

@idname		@idnameest	@effects
GE	4	GE	-103.8071
GM	3	GM	60.74047
GY		GY	43.06667
IB			

§8.4.4 数据存取

尽管面板数据是三维数据,但数据的组织一般都采用两维的形式。因此,我们先介绍常用的数据组织形式、堆叠形式和合伙数据形式(非堆叠形式),然后讨论如何将堆叠形式转换为合伙数据的形式,最后介绍数据的导入和导出。

一、数据结构

面板数据是三维数据(个体、时期和变量),转换为两维的方法并不唯一,常用的方法有:

1) 变量按个体进行细分,得到合伙数据,也称为非堆叠数据 (unstacked data),如 GRUNFELD 工作文件采用的方法。

2) 变量的观测按个体和时期进行堆叠,得到堆叠数据 (stacked data) 如下:

fn	year	cap	inv	val		fn	year	cap	inv	val
CH	1935	10.50	40.29	417.50		CH	1935	10.50	40.29	417.50
CH	1940	67.10	69.41	727.80		DM	1935	4.50	2.54	70.91
CH	1950	163.20	100.66	693.50		GE	1935	97.80	33.10	1170.60
DM	1935	4.50	2.54	70.91		US	1935	53.80	209.90	1362.40
DM	1940	4.21	1.81	86.47		CH	1940	67.10	69.41	727.80
DM	1950	8.74	3.42	69.05		DM	1940	4.21	1.81	86.47
GE	1935	97.80	33.10	1170.60		GE	1940	186.60	74.40	2132.20
GE	1940	186.60	74.40	2132.20		US	1940	254.20	261.60	2202.90
GE	1950	647.40	93.50	1610.50		CH	1950	163.20	100.66	693.50
US	1935	53.80	209.90	1362.40		DM	1950	8.74	3.42	69.05
US	1940	254.20	261.60	2202.90		GE	1950	647.40	93.50	1610.50
US	1950	357.80	418.80	1677.40		US	1950	357.80	418.80	1677.40

左表的堆叠形式称为按个体堆叠，即把每个个体的数据先排好顺序，然后逐个个体堆叠起来，组成一个长列。如下代码产生左表中的堆叠数据：

```
%wf = @evpath + "\Example Files\data\GRUNFELD"
wfopen %wf
pagestack(page=G12) pool1    'panel
pagecontract 1935 1935 1940 1940 1950 1950
pagecontract if id01="CH" or id01="DM" or id01="GE" or id01="US"
pagestruct(none)     'remove the panel structure
rename id01 fn
rename id02 year
year.setformat "yyyy"
```

实际上 GRUNFELD 工作文件的 Grunfeld 工作页的数据就是非堆叠的，只是因为观测数较多，不方便演示。所以先将工作页结构化成面板结构 (第 394 页 §9.1 节)，然后只保留 4 家公司的 3 个年度数据共 12 个观测，最后去除了工作页的面板结构，并修改个体标识序列和时期标识序列的名称，得到观测数据按个体堆叠的工作页 G12。关于堆叠数据：

- 堆叠形式有两种，按个体堆叠和按时期堆叠。例如，右表的堆叠形式为按时期堆叠 (将工作页 G12 用 sort year fn 排序后得到)。
- 如果采用按个体堆叠的方式，要求每个个体的观测按时期排序。而如果采用按时期堆叠的方式，要求每个时期使用相同的个体排列顺序。
- 堆叠数据主要来源是数据库，数据库存储数据一般都采用堆叠方式。
- EViews 的面板结构工作页中，数据组织采用按个体堆叠的方式。
- 在 EViews 中，将合伙数据进行堆叠，或者面板工作页去除结构，得到的数据都是按个体堆叠的。

二、拆堆

面板数据通常是堆叠形式的，要转换成合伙数据，需要进行拆堆[10]

```
pageunstack(page=u01) fn year @ inv    'unstacked, pool fn added
pagestruct(freq=a) @date(year)    'dated structure
delete year01
```

拆堆命令 pageunstack 产生整数日期非规则（Integer date irregular）工作页 u01，由于整数日期[11]不直观，我们将工作页 u01 结构化为年度非规则日期结构，并把不需要的序列 year01 删除。

序列对象 inv 在目标工作页 u01 中被拆分成个体序列 invch, invdm, invge 和 invus 四个序列对象，取值如下表：

year	invch	invdm	invge	invus
1935	40.29	2.54	33.10	209.90
1940	69.41	1.81	74.40	261.60
1950	100.66	3.42	93.50	418.80

为了方便，拆堆的目标工作页 u01 中，EViews 自动创建了合伙对象 fn，其个体标识为 CH, DM, GE 和 US。此外，拆堆过程中还产生了群对象 inv，其成员为 inv 的个体序列。

---

[10]合伙数据（非堆叠数据）转换为堆叠数据在 §9.1 节 (第 394 页) 讨论。

[11]拆堆过程中产生了序列 year01，作为工作页 u01 的标识序列。序列 year01 的值为 1, 2 和 4 (取值的具体方法请参考第 399 页式 9.1)。

拆堆时，需要两个标识，第一个称为拆堆标识 (unstacking ID)，用来拆分序列，第二个称为观测标识 (observation ID)。

- 这两个标识必须能够唯一地确定当前工作页的每个观测。
- 通常将个体标识序列作为拆堆标识序列，此时拆堆后，得到的拆分序列是各变量的个体序列。

拆堆命令 pageunstack 的补充说明：

1) 目标工作页创建了以拆堆标识序列名为名字的合伙对象，其个体标识集为拆堆标识的集合。

2) 对于观测标识，必要时，EViews 将创建同名的序列，该序列包含观测标识的相应取值，可作为结构化标识。如果观测标识包含日期信息，EViews 将目标工作页结构化为日期结构，如果是普通序列或者字符串序列，则结构化成横截面结构。如果产生的结构不够直观，我们可以重新结构化。

3) 拆堆过程中，如果原始序列是简单序列的重复堆叠，将不产生相应的群对象和拆分序列，而是直接得到简单序列。否则，将产生对应于原始序列的群对象和一组拆分序列。例如

```
pageselect G12
series x = @obsid
series y = @datepart(year, "YYYY")
pageunstack(page=us01) fn year @ cap x y    'Index:  YEAR01
pagestruct(freq=a) @date(year)
```

我们先在工作页 G12 里面添加序列对象 x 和 y，然后拆堆到工作页 us01。我们看到序列 cap 和 x 被拆分并建立群对象，而堆叠序列 y 拆堆后只是得到简单序列 y。

4) 拆堆时，如果当前工作页有日期信息，可以用 @date 代表当前工作页的日期标识作为观测标识，例如

```
pageselect G12
pagecopy(page=p01)
pagestruct(freq=a) fn @date(year)      'panel p01
pageunstack(page=us01d) fn @date @ cap x    'dateid01 added
copy dateid year
pagestruct(freq=a) @date(year)
```

我们先建立非规则年度面板结构工作页 p01，然后再进行拆堆得到工作页 us01d，拆堆过程中创建了序列 dateid01 作为工作页的结构标识。EViews 将工作页 us01d 结构化为整数日期，不是我们希望的，故重新结构化成非规则日期。

5) 如果没有给定需要拆分的序列，默认为拆分所有序列，例如

```
pageselect G12
pageunstack(page=us03a) fn year @ *
pageselect G12
pageunstack(page=us03) fn year    'equivalent to "@ *"
```

因此，工作页 us03a 和 us03 的内容相同。注意我们可以使用通配符来指定要拆分的序列，不过序列 resid 和拆堆标识序列不会被拆分。

6) 拆堆得到的拆分序列的命名方式可以修改，例如

```
pageselect G12
pageunstack(namepat="?_*",page=us04) fn year @ inv
```

将得到拆分序列 ch_inv, dm_inv, ge_inv 和 us_inv。不难发现，默认的命名模式为 "*?"，即拆分后的序列名称为被拆分序列的名称加上拆堆标识。

7) 通常使用横截面标识作为拆堆标识，当然，只要我们愿意，可以用时期标识作为拆堆标识。例如

    ```
    pageselect G12
    pageunstack(page=us05) year fn @ cap
    ```

    每个年度将得到一个序列，分别为 `cap19350101`,`cap19400101` 和 `cap19500101`。

8) 拆堆时，源工作页数据的堆叠形式，不管是按堆叠标识堆叠还是按观测标识堆叠，都可以直接用 `pageunstack` 命令拆堆。此外，源工作页的结构可以是无结构或者面板结构，如果我们拆堆面板结构工作页，往往是为了使用 EViews 提供的合伙对象，方便某些面板数据模型的估计。

⟳ **小提示** ⟳：命令 `pageunstack` 将源工作页的堆叠序列拆分到目标工作页中，并在目标工作页中建立相应的群对象和合伙对象。拆堆过程不牵涉源工作页的其他对象，例如不会把源工作页的方程对象或者样本对象等复制到目标工作页中。

三、导入导出

合伙对象的命令 `write` 导出合伙数据，例如

    ```
    fn.write(d=c) G12us03.csv cap? inv? val?
    ```

得到的文本文件 `G12us03.csv` 中，数据是按个体堆叠的：

```
"CAP?","INV?","VAL?"
10.5,40.29,417.5
67.1,69.41,727.8
163.2,100.66,693.5
4.5,2.54,70.91
4.21,1.81,86.47
8.74,3.42,69.05
97.8,33.1,1170.6
186.6,74.4,2132.2
647.4,93.5,1610.5
53.8,209.9,1362.4
254.2,261.6,2202.9
357.8,418.8,1677.4
```

如果想导出按时期堆叠的数据，需要使用选项 `byper`。

合伙对象的命令 `read` 用来读入堆叠数据，例如

    ```
    fn.read(skiprow=1) G12us03.csv cap_? y_?
    ```

读入 `G12us03.csv` 文件中的前两个合伙序列，并改名为 `cap_?` 和 `y_?`。

合伙对象的命令 `write` 和 `read` 读写时：

1) 尽管工作文件中，数据是非堆叠的，但外部文本文件的数据组织是堆叠形式的。
2) 命令 `read` 读入数据时，要求外部数据形式上是"平衡"的[12]。
3) 命令 `read` 读入数据时，无论是按个体堆叠，还是按时期堆叠，都要求堆叠数据中，个体观测的顺序和合伙对象的个体标识顺序一致。

尽管合伙对象可以进行合伙数据的导入和导出，但是直接使用工作文件的打开和保存外部文件功能是更方便的。例如

---

[12] 平衡要求每个个体有相同的观测时期集。如果按时期堆叠，每个时期有相同的个体集。平衡是形式上的，数据如果是非平衡的，需要使用缺失值表示缺失的观测。

```
pageload(type=txt,page=tmp2) G12us03.csv skip=1 names=(cap inv val)
genr cid = @crossid
pageunstack(page=ps02) cid @date
```

如果读入的是堆叠数据，需要进行拆堆才能得到合伙数据，故 EViews 把这种方式称为间接方式。这种方式可以灵活处理各种数据组织形式，可以直接读入非堆叠数据，而且如果读入的是堆叠数据，不要求"形式上"是平衡的。

合伙对象可以从 EViews 数据库 (第 904 页 §A.7 节) 读取或者存储合伙数据，命令为 `fetch` 和 `store`，实际上是执行了隐含循环，对合伙序列的个体序列逐个进行 `fetch` 和 `store`。

☼ **小提示** ☼：有一种在政策分析中常用的数据结构，称为混合截面 (pooled cross sections) 数据。这种数据由事件前的一组观测和事件后的一组观测组成，这两组观测里的个体都是随机的，如果有相同的个体，纯属巧合。请注意混合截面数据和面板数据的区别，面板数据跟踪的是同一组个体。

§8.4.5 小结

合伙对象扮演了群对象和方程对象两种角色，具有组织面板数据和进行面板数据分析的功能。

1) 个体标识是合伙数据的核心：

    (a) 变量按个体进行细分，个体标识参与形成个体序列的名称；

    (b) 合伙对象通过个体标识，管理合伙数据，进行面板数据分析。

2) 估计面板数据模型时，合伙对象只适合于个体数目比较少的情形，并且只能估计线性模型。对于一般的面板数据模型的分析和估计，请在面板结构工作文件 (第 394 页 §9.1 节) 中进行。

3) 合伙对象的核心是一组个体标识，创建合伙对象的基本任务是定义个体标识集。使用 `pool` 命令创建合伙对象，通过 `add`, `drop` 和 `define` 命令管理标识集。

4) 合伙对象和观测数据是分离的。

5) 合伙对象的 `genr` 命令，能方便地建立和修改合伙序列。结合合伙对象中个体标识的分组，以及 `@ingrp` 函数，能方便地产生哑变量。函数 `@ingrp` 还可以使用在方程设定中。

6) 合伙序列名字中的问号是作为个体标识的通配符的。

7) 合伙对象的视图、过程和函数的总结，请参考 §8.4.3 节 (第 359 页)。

8) 面板数据的数据组织通常采用堆叠形式，当个体数目不多时，也采用合伙数据形式（非堆叠）。

9) 面板数据的堆叠形式，分为按个体堆叠和按时期堆叠，这两种堆叠形式都要求观测数据按一定的顺序排序。

10) 命令 `pageunstack` 将堆叠数据转换为合伙数据，拆堆过程中自动创建合伙对象。

11) 合伙数据的导入和导出，使用工作文件的打开和保存外部文件功能可能更方便。

§8.5 双向效应

线性面板数据模型 (8.3) (第 336 页) 中，如果不可观测效应同时存在个体效应和时期效应

$$u_{nt} = c_n + d_t + e_{nt} \quad n=1,2,\cdots,N \quad t=1,2,\cdots,T$$

模型 (8.3) 按个体堆叠得到方程

$$\mathbf{y} = a\mathbf{1}_{NT} + \mathbf{X}\mathbf{b} + \mathbf{u} \tag{8.33}$$

其中

$$\mathbf{u} = \mathbf{N}\mathbf{c} + \mathbf{T}\mathbf{d} + \mathbf{e}$$

§8.5.1 矩阵关系

我们知道个体均值定义为每个个体内对时期进行平均，即

$$\bar{y}_{n.} \equiv \frac{1}{T}\sum_{t=1}^{T} y_{nt} \quad \bar{\mathbf{y}}_{,.} = \begin{bmatrix} \bar{y}_{1.} \\ \bar{y}_{2.} \\ \vdots \\ \bar{y}_{N.} \end{bmatrix}_{N\times 1}$$

如果每个时期下对个体的观测进行平均，将得到时期均值，其数学定义如下

$$\bar{y}_{.t} \equiv \frac{1}{N}\sum_{n=1}^{N} y_{nt} \quad \bar{\mathbf{y}}_{.,} = \begin{bmatrix} \bar{y}_{.1} \\ \bar{y}_{.2} \\ \vdots \\ \bar{y}_{.T} \end{bmatrix}_{T\times 1} = \begin{bmatrix} \frac{1}{N}\sum_{n=1}^{N} y_{n1} \\ \frac{1}{N}\sum_{n=1}^{N} y_{n2} \\ \vdots \\ \frac{1}{N}\sum_{n=1}^{N} y_{nT} \end{bmatrix} = \frac{1}{N}\sum_{n=1}^{N} \mathbf{y}_n$$

一、时期均值

对于矩阵

$$\mathbf{T} = \mathbf{1}_N \otimes \mathbf{I}_T = \begin{bmatrix} \mathbf{I}_T \\ \mathbf{I}_T \\ \vdots \\ \mathbf{I}_T \end{bmatrix}_{NT\times T}$$

矩阵 $\mathbf{T}$ 左乘 $T\times 1$ 向量 $\mathbf{d}$，将 $\mathbf{d}$ 重复堆叠 N 次，即

$$\mathbf{T}\mathbf{d} = \begin{bmatrix} \mathbf{I}_T \\ \mathbf{I}_T \\ \vdots \\ \mathbf{I}_T \end{bmatrix}\mathbf{d} = \begin{bmatrix} \mathbf{d} \\ \mathbf{d} \\ \vdots \\ \mathbf{d} \end{bmatrix}_{NT\times 1} = \mathbf{1}_N \otimes \mathbf{d}$$

矩阵 $\mathbf{N}'$ 消除时间下标，而矩阵 $\mathbf{T}'$ 消除个体下标。将矩阵 $\mathbf{T}'$ 左乘 $NT\times 1$ 向量 $\mathbf{y}$，对个体进行求和，得到时期均值向量 $\bar{\mathbf{y}}_{.,}$ 的 N 倍

$$\mathbf{T}'\mathbf{y} = \begin{bmatrix} \mathbf{I}_T & \mathbf{I}_T & \cdots & \mathbf{I}_T \end{bmatrix} \begin{bmatrix} \mathbf{y}_1 \\ \mathbf{y}_2 \\ \vdots \\ \mathbf{y}_N \end{bmatrix} = \sum_{n=1}^{N} \mathbf{y}_n = N\bar{\mathbf{y}}_{.,}$$

此外，矩阵 $\mathbf{T}$ 有如下关系：

$$\mathbf{T}\mathbf{1}_T = \mathbf{1}_{NT} \qquad \mathbf{T}'\mathbf{1}_{NT} = N \cdot \mathbf{1}_T \qquad \mathbf{T}'\mathbf{T} = N \cdot \mathbf{I}_T \qquad \mathbf{T}\mathbf{T}' = N \cdot (\mathbf{A}_N \otimes \mathbf{I}_T)$$

定义

$$\bar{\mathbf{x}}_{\cdot t} \equiv \frac{1}{N}\sum_{n=1}^{N}\mathbf{x}_{nt} = \frac{1}{N}\boldsymbol{X}_t'\mathbf{1} \qquad \bar{\mathbf{X}}_{\cdot,} \equiv \begin{bmatrix} \bar{\mathbf{x}}_{\cdot 1}' \\ \bar{\mathbf{x}}_{\cdot 2}' \\ \vdots \\ \bar{\mathbf{x}}_{\cdot T}' \end{bmatrix}_{T \times 1}$$

则有

$$\mathbf{T}'\mathbf{X} = \sum_{n=1}^{N} \mathbf{X}_n = \begin{bmatrix} \sum_{n=1}^{N} \mathbf{x}_{n1}' \\ \sum_{n=1}^{N} \mathbf{x}_{n2}' \\ \vdots \\ \sum_{n=1}^{N} \mathbf{x}_{nT}' \end{bmatrix} = N\bar{\mathbf{X}}_{\cdot,}$$

二、分块变换

定义方阵

$$\mathbf{C} \equiv \frac{1}{N}\mathbf{T}\mathbf{T}' = \mathbf{A}_N \otimes \mathbf{I}_T$$

显然矩阵 $\mathbf{C}$ 是对称幂等矩阵，即 $\mathbf{C}\mathbf{C} = \mathbf{C} = \mathbf{C}'$。注意到

$$\mathbf{C}\mathbf{y} = \frac{1}{N}\mathbf{T}\mathbf{T}'\mathbf{y} = \frac{1}{N}\mathbf{T}(\mathbf{T}'\mathbf{y}) = \mathbf{T}\bar{\mathbf{y}}_{\cdot,} = \begin{bmatrix} \bar{\mathbf{y}}_{\cdot,} \\ \bar{\mathbf{y}}_{\cdot,} \\ \vdots \\ \bar{\mathbf{y}}_{\cdot,} \end{bmatrix}_{NT \times 1} = \mathbf{1}_N \otimes \bar{\mathbf{y}}_{\cdot,}$$

即 $\mathbf{C}\mathbf{y}$ 将 $\mathbf{y}$ 的时期均值向量 $\bar{\mathbf{y}}_{\cdot,}$ 进行堆叠。

关于 $NT \times 1$ 向量 $\mathbf{y}$ 的均值 $\bar{y}$，我们已经知道了通过个体均值再求平均的方法，当然也可以通过对时期均值进行平均得到，即

$$\bar{y} = \frac{1}{NT}\mathbf{1}_{NT}'\mathbf{y} = \frac{1}{NT}(\mathbf{1}_{NT}'\mathbf{C})\mathbf{y} \qquad \text{by } \mathbf{1}_{NT}' = \mathbf{1}_{NT}'\mathbf{C}$$
$$= \frac{1}{NT}\mathbf{1}_{NT}'(\mathbf{C}\mathbf{y}) = \frac{1}{NT}(\mathbf{1}_N' \otimes \mathbf{1}_T')(\mathbf{1}_N \otimes \bar{\mathbf{y}}_{\cdot,}) = \frac{1}{T}\mathbf{1}_T'\bar{\mathbf{y}}_{\cdot,}$$

按个体堆叠时，去时期均值，定义方阵

$$\mathbf{F} \equiv \mathbf{I} - \mathbf{C} = \mathbf{D}_N \otimes \mathbf{I}_T$$

显然矩阵 $\mathbf{F}$ 是对称幂等矩阵，即 $\mathbf{F}\mathbf{F} = \mathbf{F} = \mathbf{F}'$。注意到

$$\mathbf{F}\mathbf{y} = (\mathbf{I} - \mathbf{C})\mathbf{y} = \mathbf{y} - \mathbf{C}\mathbf{y} = \begin{bmatrix} \mathbf{y}_1 - \bar{\mathbf{y}}_{\cdot,} \\ \mathbf{y}_2 - \bar{\mathbf{y}}_{\cdot,} \\ \vdots \\ \mathbf{y}_N - \bar{\mathbf{y}}_{\cdot,} \end{bmatrix} \equiv \begin{bmatrix} \mathbf{y}_{\sharp 1} \\ \mathbf{y}_{\sharp 2} \\ \vdots \\ \mathbf{y}_{\sharp N} \end{bmatrix}$$

即 $\mathbf{F}\mathbf{y}$ 将 $\mathbf{y}$ 去除了时期均值。

三、双向去均值

定义

$$\mathbf{U} \equiv \mathbf{F} - \mathbf{H} = \mathbf{I}_{NT} - \mathbf{B} - \mathbf{C} + \mathbf{A}_{NT} = \mathbf{D}_N \otimes \mathbf{D}_T$$

显然 $\mathbf{U}$ 是对称幂等矩阵,即 $\mathbf{U}' = \mathbf{U} = \mathbf{U}\mathbf{U}$。矩阵 $\mathbf{U}$ 的作用是进行个体和时期两个方向去均值

$$\mathbf{y}_: \equiv \mathbf{U}\mathbf{y} = \mathbf{y} - \bar{\mathbf{y}}_{,.} \otimes \mathbf{1}_T - \mathbf{1}_N \otimes \bar{\mathbf{y}}_{.,} + \bar{y}\mathbf{1}_{NT}$$

更清楚地,

$$y_{:nt} = y_{nt} - \bar{y}_{n.} - \bar{y}_{.t} + \bar{y} \qquad n = 1, 2, \cdots, N \quad t = 1, 2, \cdots, T$$

此外

$$\mathbf{U}\mathbf{1}_{NT} = 0 \qquad \mathbf{U}\mathbf{T} = 0 \qquad \mathbf{U}\mathbf{N} = 0$$

§8.5.2 双向效应

面板数据模型允许同时存在个体效应和时期效应,再根据不可观测成分是否与解释变量相关,选择固定效应模型或者随机效应模型,得到双向效应的四种分类:双向固定效应、双向随机效应、个体固定效应而时期随机效应,以及个体随机效应而时期固定效应。

一、双向固定效应

双向固定效应模型假设模型 (8.33) 中 $\mathbf{c}$ 和 $\mathbf{d}$ 是待估参数,即

$$\mathbf{y} = a\mathbf{1}_{NT} + \mathbf{X}\mathbf{b} + \mathbf{N}\mathbf{c} + \mathbf{T}\mathbf{d} + \mathbf{e} \tag{8.34}$$

两边左乘矩阵 $\mathbf{U}$ 得

$$\mathbf{U}\mathbf{y} = \mathbf{U}\mathbf{X} + \mathbf{U}\mathbf{e}$$

双向固定效应的系数估计为

$$\mathbf{b}_{\mathrm{FE}} = (\mathbf{X}'\mathbf{U}\mathbf{X})^{-1}\mathbf{X}'\mathbf{U}\mathbf{y} \tag{8.35}$$

模型 (8.34) 的系数识别通常假设

$$\mathbf{c}'\mathbf{1}_N = 0 \qquad \mathbf{d}'\mathbf{1}_T = 0$$

则有

$$a_{\mathrm{FE}} = \bar{y} - \bar{\mathbf{x}}'\mathbf{b}_{\mathrm{FE}}$$

$$\mathbf{c}_{\mathrm{FE}} = \mathbf{D}_N \left(\bar{\mathbf{y}}_{,.} - \bar{\mathbf{X}}'_{,.}\mathbf{b}_{\mathrm{FE}} \right)$$

$$\mathbf{d}_{\mathrm{FE}} = \mathbf{D}_T \left(\bar{\mathbf{y}}_{.,} - \bar{\mathbf{X}}'_{.,}\mathbf{b}_{\mathrm{FE}} \right)$$

尽管理论分析时,矩阵的处理非常繁琐,但实证计算时,使用哑变量来估计是轻而易举的。例如,将 N 个个体哑变量剔除第一个个体哑变量,以避免哑变量陷阱,这 $N-1$ 个哑变量的观测矩阵为矩阵 $\mathbf{N}$ 去除第一列。同样地,将 T 个时期哑变量剔除第一个时期哑变量,相应的观测矩阵为矩阵 $\mathbf{T}$ 去除第一列。显然如下使用了这 $N+T-2$ 个哑变量的模型等价于模型 (8.34)

$$\mathbf{y} = a_:\mathbf{1}_{NT} + \mathbf{N}\mathbf{c}_: + \mathbf{T}\mathbf{d}_: + \mathbf{X}\mathbf{b} + \mathbf{e} \tag{8.36}$$

其中

$$\mathbf{c}_: = \begin{bmatrix} 0 \\ c_{:2} \\ c_{:3} \\ \vdots \\ c_{:N} \end{bmatrix}_{N\times 1} \quad \mathbf{d}_: = \begin{bmatrix} 0 \\ d_{:2} \\ d_{:3} \\ \vdots \\ d_{:T} \end{bmatrix}_{T\times 1}$$

注意 $\mathbf{c}_:$ 和 $\mathbf{d}_:$ 中，第一个元素为 0。尽管矩阵处理比较繁琐，但通过分块回归的系数估计式 (8.2) (第 335 页) 将看到，模型 (8.36) 中系数 $\mathbf{b}$ 的估计等于式 (8.35)，此外

$$a_: = -(\bar{y} - \bar{\mathbf{x}}'\mathbf{b}_{\text{FE}}) + (\bar{y}_{1\cdot} - \bar{\mathbf{x}}'_{1\cdot}\mathbf{b}_{\text{FE}}) + (\bar{y}_{\cdot 1} - \bar{\mathbf{x}}'_{\cdot 1}\mathbf{b}_{\text{FE}})$$
$$\mathbf{c}_: = (\bar{\mathbf{y}}_{\cdot,\cdot} - \bar{\mathbf{X}}'_{\cdot,\cdot}\mathbf{b}_{\text{FE}}) - (\bar{y}_{1\cdot} - \bar{\mathbf{x}}'_{1\cdot}\mathbf{b}_{\text{FE}})\mathbf{1}_N$$
$$\mathbf{d}_: = (\bar{\mathbf{y}}_{\cdot,\cdot} - \bar{\mathbf{X}}'_{\cdot,\cdot}\mathbf{b}_{\text{FE}}) - (\bar{y}_{\cdot 1} - \bar{\mathbf{x}}'_{\cdot 1}\mathbf{b}_{\text{FE}})\mathbf{1}_T$$

并且有

$$a = a_: + \bar{c}_: + \bar{d}_: \tag{8.37}$$
$$\mathbf{c} = \mathbf{D}_N \mathbf{c}_:$$
$$\mathbf{d} = \mathbf{D}_T \mathbf{d}_:$$

其中 $\bar{c}_: = \frac{1}{N}\mathbf{1}'\mathbf{c}_:, \bar{d}_: = \frac{1}{T}\mathbf{1}'\mathbf{d}_:$。

二、双向随机效应

双向随机效应模型假设模型 (8.33) 中 $\mathbf{c}$ 和 $\mathbf{d}$ 是误差成分，并且

$$c_n \sim \text{iid}\left(0, s_c^2\right) \qquad d_t \sim \text{iid}\left(0, s_d^2\right) \qquad e_{nt} \sim \text{iid}\left(0, s_e^2\right)$$

c_n, d_t 和 e_{it} 间相互独立。此外，假设 $\mathbf{x}_{nt}$ 与 c_n, d_t 和 e_{it} 独立，则

$$\text{var}(\mathbf{u}) = \text{E}(\mathbf{uu}') = Ts_c^2\mathbf{B} + Ns_d^2\mathbf{C} + s_e^2\mathbf{I}_{NT} \tag{8.38}$$

该方差矩阵的逆阵比较复杂，请参考 Baltagi (2005, p35–39) 的讨论。

双向随机效应模型的估计采用 FGLS 方法，尽管 $\text{var}(\mathbf{u})$ 的逆矩阵的表达式相当复杂，但使用软件计算还是相当得心应手的。

三、两种效应

当同时存在个体效应和时期效应，如果其中一种效应为固定效应，而另一种效应为随机效应，此时通过哑变量的方法，可以将整个模型当成单向的随机效应模型处理。

§8.5.3 例子

继续使用 §8.3 节 (第 349 页) 的合伙对象 p01，我们来估计双向随机效应模型

```
p01.ls(cx=r,per=r) inv? c val? cap?
```

得到双向模随机效应型的估计结果为

```
Dependent Variable: INV?
Method: Pooled EGLS (Two-way random effects)
Date: 04/27/08   Time: 14:07
Sample: 1935 1954
Included observations: 20
Cross-sections included: 4
Total pool (balanced) observations: 80
Swamy and Arora estimator of component variances

        Variable       Coefficien    Std. Error    t-Statistic    Prob.

               C        -106.9800      80.66045      -1.326300    0.1887
            VAL?         0.105112      0.013808       7.612344    0.0000
            CAP?         0.342387      0.021289      16.08275     0.0000
Random Effects (Cross)
           GE--C        -130.8825
           GM--C          37.18381
           GY--C          11.71926
           IB--C          81.97943
Random Effects (Period)
         1935--C           4.185410
         1936--C           0.724118
         1937--C          -2.016927
         1938--C           0.280516
         1939--C          -2.033552
         1940--C           0.280584
         1941--C           2.411770
         1942--C           2.999869
         1943--C           0.878938
         1944--C           1.923714
         1945--C           0.700744
         1946--C           2.934676
         1947--C           1.114209
         1948--C          -0.807117
         1949--C          -3.126357
         1950--C          -2.870294
         1951--C          -3.077169
         1952--C          -2.961453
         1953--C          -0.747692
         1954--C          -0.793987

                     Effects Specification
                                              S.D.        Rho

Cross-section random                        142.8508     0.8754
Period random                                 7.384403   0.0023
Idiosyncratic random                         53.39689    0.1223

                      Weighted Statistics

R-squared                 0.862987    Mean dependent var    16.81253
Adjusted R-squared        0.859428    S.D. dependent var   153.9163
S.E. of regression       57.70778     Sum squared resid   256424.5
F-statistic             242.4942      Durbin-Watson stat    0.618739
Prob(F-statistic)         0.000000

                     Unweighted Statistics

R-squared                 0.877962    Mean dependent var   201.9025
Sum squared resid    772684.4         Durbin-Watson stat    0.210623
```

效应设定部分中，Rho 的计算方法为

$$\mathrm{corr}\left(u_{nt}, u_{il}\right) = \begin{cases} s_c^2 / \left(s_c^2 + s_d^2 + s_e^2\right) & n = i, t \neq l \quad \text{Cross-section} \\ s_d^2 / \left(s_c^2 + s_d^2 + s_e^2\right) & n \neq i, t = l \quad \text{Period} \end{cases}$$

此外，合伙对象的函数 @effects 的返回值中，前面为个体效应的系数，然后是时期效应的系数。最后，需要指出的是，EViews 只支持平衡面板的双向随机效应模型。

§8.6 其他模型设定

本节结合 EViews 的合伙对象，讨论面板数据中如下几种模型设定的估计：

1) 变斜率：斜率随个体或者时期改变；
2) 固定效应模型的 FGLS 估计，方差矩阵为对称正定矩阵，存在异方差和自相关；
3) 模型包含 AR 项；
4) IV 估计，存在内生变量，使用工具变量法进行估计；
5) 转化为方程组，再进行估计。

§8.6.1 变斜率

在 §3.3.1 节 (第 151 页) 我们已经知道，可以通过哑变量实现变截距和变斜率模型。实际上，固定效应模型是变截距模型，EViews 采用哑变量方法进行估计。此外，EViews 的合伙对象通过交互哑变量的方法，能方便地估计变斜率模型。

一、随个体改变

对于斜率随个体改变的模型

$$y_{nt} = a + \mathbf{x}'_{nt}\mathbf{b} + z_{nt}g_n + u_{nt} \qquad n=1,2,\cdots,N \quad t=1,2,\cdots,T$$

记

$$\mathbf{z}_n = \begin{bmatrix} z_{n1} \\ z_{n2} \\ \vdots \\ z_{nT} \end{bmatrix}_{T \times 1} \qquad \mathbf{Z} = \begin{bmatrix} \mathbf{z}_1 & & & \\ & \mathbf{z}_2 & & \\ & & \ddots & \\ & & & \mathbf{z}_N \end{bmatrix} \qquad \mathbf{g} = \begin{bmatrix} g_1 \\ g_2 \\ \vdots \\ g_N \end{bmatrix}_{N \times 1}$$

则个体的方程为

$$\mathbf{y}_n = a\mathbf{1}_T + \mathbf{X}'_n \mathbf{b} + \mathbf{z}_n g_n + \mathbf{u}_n \qquad n = 1,2,\cdots,N$$

把所有个体堆叠起来得

$$\mathbf{y} = a\mathbf{1}_{NT} + \mathbf{X}\mathbf{b} + \mathbf{Z}\mathbf{g} + \mathbf{u}$$

使用示性函数 (indicator function) $1(\cdot)$，N 个个体哑变量可以表示成

$$1(n=i) \qquad i=1,2,\cdots,N$$

定义解释变量 z 和个体哑变量的交互变量为

$$z_i \equiv z \cdot 1(n=i) \qquad i=1,2,\cdots,N$$

记 $\mathbf{z} = [z_1; z_2; \cdots; z_N]$，则 $N \times 1$ 解释变量 $\mathbf{z}$ 在个体 n 时期 t 的观测值为

$$\mathbf{z}_{nt} = \begin{bmatrix} z_{nt1} \\ z_{nt2} \\ \vdots \\ z_{ntN} \end{bmatrix}_{N \times 1} = \begin{bmatrix} z_{nt}\,1(n=1) \\ z_{nt}\,1(n=2) \\ \vdots \\ z_{nt}\,1(n=N) \end{bmatrix}_{N \times 1} = z_{nt}\mathbf{i}_n \qquad n=1,2,\cdots,N \quad t=1,2,\cdots,T$$

其中 $\mathbf{i}_n$ 为 $\mathbf{I}_N$ 的第 n 列。表明 $\mathbf{z}_{nt}$ 的第 n 行为 z_{nt}，其他元素都为 0。记

$$\mathbf{Z}_n = \begin{bmatrix} \mathbf{z}'_{n1} \\ \mathbf{z}'_{n2} \\ \vdots \\ \mathbf{z}'_{nT} \end{bmatrix}_{T \times N} = \mathbf{i}'_n \otimes \mathbf{z}_n \qquad n = 1, 2, \cdots, N$$

显然 $\mathbf{Z}_n$ 的第 n 列为 $\mathbf{z}_n$，其他元素都为 0。此时

- 恰好有

$$\mathbf{Z} = \begin{bmatrix} \mathbf{Z}_1 \\ \mathbf{Z}_2 \\ \vdots \\ \mathbf{Z}_N \end{bmatrix}_{NT \times N}$$

- 第 n 个个体的方程可以写成

$$\mathbf{y}_n = a\mathbf{1}_T + \mathbf{X}'_n \mathbf{b} + \mathbf{Z}_n \mathbf{g} + \mathbf{u}_n \qquad n = 1, 2, \cdots, N$$

因此，每个随个体变化斜率的解释变量，相当于定义了 N 个交互变量。如果有 K_1 个解释变量的系数是随个体改变的，则需要引入 NK_1 个交互变量。

二、随时期改变

对于随时期变斜率的模型

$$y_{nt} = a + \mathbf{x}'_{nt} \mathbf{b} + z_{nt} h_t + u_{nt} \qquad n = 1, 2, \cdots, N \quad t = 1, 2, \cdots, T$$

个体 n 的方程为

$$\mathbf{y}_n = a + \mathbf{X}_n \mathbf{b} + \mathbf{Z}_n \mathbf{h} + \mathbf{u}_n \qquad n = 1, 2, \cdots, N$$

其中

$$\mathbf{Z}_n = \begin{bmatrix} z_{n1} & & & \\ & z_{n2} & & \\ & & \ddots & \\ & & & z_{nT} \end{bmatrix}_{N \times T} = \operatorname{diag}(\mathbf{z}_n) \qquad \mathbf{h} = \begin{bmatrix} h_1 \\ h_2 \\ \vdots \\ h_T \end{bmatrix}_{T \times 1}$$

注意 $\mathbf{Z}_n$ 的对角线为 $\mathbf{z}_n$，把所有个体堆叠起来得

$$\mathbf{y} = a\mathbf{1}_T + \mathbf{X}\mathbf{b} + \mathbf{Z}\mathbf{h} + \mathbf{u}$$

其中

$$\mathbf{Z} = \begin{bmatrix} \mathbf{Z}_1 \\ \mathbf{Z}_2 \\ \vdots \\ \mathbf{Z}_N \end{bmatrix}_{NT \times T} = \begin{bmatrix} \operatorname{diag}(\mathbf{z}_1) \\ \operatorname{diag}(\mathbf{z}_2) \\ \vdots \\ \operatorname{diag}(\mathbf{z}_N) \end{bmatrix}$$

类似于个体哑变量，时期哑变量为

$$1(t = l) \qquad l = 1, 2, \cdots, T$$

定义解释变量 z 和时期哑变量的交互变量

$$z_l \equiv z \cdot 1(t=l) \qquad l = 1, 2, \cdots, T$$

记 $\mathbf{z} = [z_1; z_2; \cdots; z_T]$，则 $T \times 1$ 解释变量 $\mathbf{z}$ 在个体 n 时期 t 的观测值为

$$\mathbf{z}_{nt} = \begin{bmatrix} z_{nt1} \\ z_{nt2} \\ \vdots \\ z_{ntT} \end{bmatrix}_{T \times 1} = \begin{bmatrix} z_{nt}1(t=1) \\ z_{nt}1(t=2) \\ \vdots \\ z_{nt}1(t=T) \end{bmatrix}_{T \times 1} = z_{nt}\mathbf{i}_t \qquad n = 1, 2, \cdots, N \quad t = 1, 2, \cdots, T$$

其中 $\mathbf{i}_t$ 为 $\mathbf{I}_T$ 的第 t 列。可以看到，$\mathbf{z}_{nt}$ 的第 t 行为 z_{nt}，其他元素都为 0。不难发现

$$\mathbf{Z}_n = \begin{bmatrix} \mathbf{z}'_{n1} \\ \mathbf{z}'_{n2} \\ \vdots \\ \mathbf{z}'_{nT} \end{bmatrix}_{T \times N} \qquad \mathbf{Z} = \begin{bmatrix} \mathbf{Z}_1 \\ \mathbf{Z}_2 \\ \vdots \\ \mathbf{Z}_N \end{bmatrix}_{NT \times N}$$

因此，每个随时期变化斜率的解释变量，相当于定义了 T 个交互变量。如果有 K_2 个解释变量的系数是随时期改变的，则需要引入 TK_2 个交互变量。

三、例子

继续使用 §8.3 节 (第 349 页) 的合伙对象 p01，我们来估计变斜率模型

```
p01.ls(cx=f) inv? c val? @cxreg cap?
```

方程设定中，关键字 @cxreg 之后的变量，系数随个体改变。得到估计结果为

```
Dependent Variable: INV?
Method: Pooled Least Squares
Date: 04/27/08   Time: 16:01
Sample: 1935 1954
Included observations: 20
Cross-sections included: 4
Total pool (balanced) observations: 80
```

Variable	Coefficien	Std. Error	t-Statistic	Prob.
C	-60.44089	23.13893	-2.612087	0.0110
VAL?	0.100504	0.012636	7.953513	0.0000
GE--CAPGE	0.137254	0.046291	2.965048	0.0041
GM--CAPGM	0.383118	0.019992	19.16371	0.0000
GY--CAPGY	0.069565	0.123791	0.561952	0.5759
IB--CAPIB	0.181154	0.176173	1.028276	0.3073
Fixed Effects (Cross)				
GE--C	-87.30294			
GM--C	-15.53286			
GY--C	48.07353			
IB--C	54.76227			

```
                    Effects Specification

Cross-section fixed (dummy variables)
```

R-squared	0.971405	Mean dependent var	201.9025
Adjusted R-squared	0.968183	S.D. dependent var	283.1003
S.E. of regression	50.49722	Akaike info criterion	10.78737
Sum squared resid	181047.8	Schwarz criterion	11.05534
Log likelihood	-422.4947	F-statistic	301.4972
Durbin-Watson stat	0.811204	Prob(F-statistic)	0.000000

市值 cap 的随个体改变的系数估计为 GE--CAPGE 到 IB--CAPIB 的那 4 行。其他说明如下：

- 如果要估计系数随时期改变的模型，将变量放在关键字 @perreg 之后即可。
- EViews 内部计算时，采用交互哑变量估计变斜率模型。
- 这里再强调一下，每个变系数的变量将增加 N 个（随个体）或者 T 个（随时期）系数估计，造成自由度的大量损失。此外，需要提醒的是，变斜率模型包含随机效应时，不能使用 Swamy and Arora (1972) 的方法估计方差成分。（为什么？进行 Between 估计时，系数个数比观测数目多。）

§8.6.2 FGLS

固定效应模型中如果 FE.3 不成立，EViews 支持残差的四种方差矩阵结构的 FGLS 估计。其中有两种为对角矩阵，分别假设存在个体异方差和时期异方差。另外的两种矩阵形式不要求对角形式，对残差的限制进一步放松，允许个体异方差和同期相关，或者允许时期异方差和序列相关。

一、个体异方差

个体间异方差，具体假设为

$$\mathrm{E}\left(\mathbf{e}_n \mathbf{e}_n' | \mathbf{X}_{\dagger n}\right) = s_n^2 \mathbf{I}_T \qquad n = 1, 2, \cdots, N$$

$$\mathrm{E}\left(\mathbf{e}_i \mathbf{e}_n' | \mathbf{X}_{\dagger}\right) = 0 \qquad i \neq n$$

其中 $\mathbf{X}_{\dagger n}$ 包含了 $\mathbf{X}_n$，根据模型的设定，还可能包含固定效应的 c_n 和 $\mathbf{d}$ 等。模型按个体堆叠时，残差的方差矩阵为个体内同方差，个体间异方差的对角矩阵

$$\mathrm{E}\left(\mathbf{e}\mathbf{e}'\right) = \mathrm{E}\left(\begin{bmatrix} \mathbf{e}_1\mathbf{e}_1' & \mathbf{e}_1\mathbf{e}_2' & \cdots & \mathbf{e}_1\mathbf{e}_N' \\ \mathbf{e}_2\mathbf{e}_1' & \mathbf{e}_2\mathbf{e}_2' & \cdots & \mathbf{e}_2\mathbf{e}_N' \\ \vdots & \vdots & \ddots & \vdots \\ \mathbf{e}_N\mathbf{e}_1' & \mathbf{e}_N\mathbf{e}_1' & \cdots & \mathbf{e}_N\mathbf{e}_N' \end{bmatrix}\right) = \begin{bmatrix} s_1^2\mathbf{I}_T & & & \\ & s_2^2\mathbf{I}_T & & \\ & & \ddots & \\ & & & s_N^2\mathbf{I}_T \end{bmatrix} \tag{8.39}$$

$$= \mathrm{diag}\left(s_1^2, s_2^2, \cdots, s_N^2\right) \otimes \mathbf{I}_T$$

二、P-SUR

EViews 称如下的方差结构为时期似不相关 (Period SUR, P-SUR)

$$\mathrm{E}\left(\mathbf{e}_n\mathbf{e}_n' | \mathbf{X}_{\dagger n}\right) = \mathbf{S} \qquad n = 1, 2, \cdots, N$$

$$\mathrm{E}\left(\mathbf{e}_i\mathbf{e}_n' | \mathbf{X}_{\dagger}\right) = 0 \qquad i \neq n$$

其中

$$\mathbf{S} = \begin{bmatrix} s_{11} & s_{12} & \cdots & s_{1T} \\ s_{21} & s_{22} & \cdots & s_{2T} \\ \vdots & \vdots & \ddots & \vdots \\ s_{T1} & s_{T2} & \cdots & s_{TT} \end{bmatrix}_{T \times T}$$

整个模型按个体堆叠形式的协方差矩阵为准对角矩阵

$$\mathrm{E}\left(\mathbf{e}\mathbf{e}'\right) = \mathbf{I}_N \otimes \mathbf{S} \tag{8.40}$$

该方差结构下，个体间不相关，不同个体具有相同的方差矩阵，并且每个个体的方差矩阵允许存在时期异方差和任意形式的序列相关。

三、时期异方差

允许时期间异方差，具体假设为

$$\mathrm{E}\left(\boldsymbol{e}_t \boldsymbol{e}_t' \mid \boldsymbol{X}_{\dagger t}\right) = v_t^2 \mathbf{I}_N \qquad t = 1, 2, \cdots, T$$

$$\mathrm{E}\left(\boldsymbol{e}_t \boldsymbol{e}_l' \mid \boldsymbol{X}_{\dagger}\right) = 0 \qquad l \neq t$$

其中 $\boldsymbol{X}_{\dagger t}$ 包含了 $\boldsymbol{X}_t$，根据模型的设定，还可能包含 d_t 和 $\mathbf{c}$。模型按时期堆叠时，误差的方差矩阵为时期内同方差，时期间异方差的对角矩阵

$$\mathrm{E}\left(\boldsymbol{e}\boldsymbol{e}'\right) = \begin{bmatrix} v_1^2 \mathbf{I}_N & & & \\ & v_2^2 \mathbf{I}_N & & \\ & & \ddots & \\ & & & v_T^2 \mathbf{I}_N \end{bmatrix} = \mathrm{diag}\left(v_1^2, v_2^2, \cdots, v_T^2\right) \otimes \mathbf{I}_N$$

四、C-SUR

EViews 将如下的方差结构称为横截面似不相关 (Cross-section SUR, C-SUR)：

$$\mathrm{E}\left(\boldsymbol{e}_t \boldsymbol{e}_t' \mid \boldsymbol{X}_{\dagger t}\right) = \mathbf{V} \qquad t = 1, 2, \cdots, T$$

$$\mathrm{E}\left(\boldsymbol{e}_t \boldsymbol{e}_l' \mid \boldsymbol{X}_{\dagger}\right) = 0 \qquad l \neq t$$

其中

$$\mathbf{V} = \begin{bmatrix} v_{11} & v_{12} & \cdots & v_{1N} \\ v_{21} & v_{22} & \cdots & v_{2N} \\ \vdots & \vdots & \ddots & \vdots \\ v_{N1} & v_{N2} & \cdots & v_{NN} \end{bmatrix}_{N \times N}$$

模型按时期堆叠的方差矩阵为

$$\mathrm{E}\left(\boldsymbol{e}\boldsymbol{e}'\right) = \mathbf{I}_T \otimes \mathbf{V} \qquad \mathrm{E}\left(\boldsymbol{e}\boldsymbol{e}'\right) = \mathbf{V} \otimes \mathbf{I}_T$$

该方差结构下，时期间不相关，不同时期具有相同的方差矩阵，而每个时期的方差矩阵允许个体异方差和个体同期相关。补充说明如下：

1) 该设定下的估计，也称为 Parks 估计，EViews 采用 FGLS 方法进行估计。
2) 这种设定情况比较不常见，因为一般的面板数据分析中，假设个体是随机抽样的。
3) 当 $N > T$ 时，得到的矩阵 $\mathbf{V}$ 是奇异的，无法采用 FGLS 方法；另外一种可以采用的方法是，系数估计不进行 GLS 修正，而系数的方差估计采用稳健估计 (第 383 页 §8.7.1 节)。
4) 当 FGLS 结合工具变量估计方法时，EViews 采用的是广义工具变量法 (GIV, generalized instrumental variables)，GIV 方法请参考 Wooldridge (2002) 的讨论。

五、例子

继续前一小节中变斜率的例子，由于 $N < T$，作为示例，我们估计 C-SUR 设定的模型

```
p01.ls(cx=f,wgt=cxsur) inv? c val? @cxreg cap?
```

得到估计结果参见图 8.1，和前一小节的估计结果对比，变斜率的系数估计略微增大，而且都变显著了。其他说明如下：

图 8.1　C-SUR 设定的估计

```
Dependent Variable: INV?
Method: Pooled EGLS (Cross-section SUR)
Date: 04/27/08   Time: 21:03
Sample: 1935 1954
Included observations: 20
Cross-sections included: 4
Total pool (balanced) observations: 80
Linear estimation after one-step weighting matrix
```

Variable	Coefficien	Std. Error	t-Statistic	Prob.
C	-37.96280	21.75031	-1.745392	0.0852
VAL?	0.085251	0.013310	6.404901	0.0000
GE--CAPGE	0.145656	0.035658	4.084772	0.0001
GM--CAPGM	0.394079	0.032033	12.30246	0.0000
GY--CAPGY	0.075944	0.021571	3.520583	0.0008
IB--CAPIB	0.228342	0.048641	4.694471	0.0000
Fixed Effects (Cross)				
GE--C	-83.53326			
GM--C	20.98220			
GY--C	28.78399			
IB--C	33.76707			

Effects Specification

Cross-section fixed (dummy variables)

Weighted Statistics

R-squared	0.952111	Mean dependent var	5.247122
Adjusted R-squared	0.946715	S.D. dependent var	3.774414
S.E. of regression	1.052331	Sum squared resid	78.62537
F-statistic	176.4476	Durbin-Watson stat	1.207581
Prob(F-statistic)	0.000000		

Unweighted Statistics

R-squared	0.970810	Mean dependent var	201.9025
Sum squared resid	184814.7	Durbin-Watson stat	0.727097

- 表头报告了估计方法为 Pooled EGLS (Cross-section SUR)，对应于选项 wgt=cxsur。其他三种方差结构，个体异方差，时期异方差和 P-SUR 对应的选项分别为 wgt=cxdiag, wgt=perdiag 和 wgt=persur。
- 表头还报告了 GLS 设定的迭代方法为 Linear estimation after one-step weighting matrix，对应于默认的选项 iter=onec，表示对加权矩阵进行一次迭代，然后对系数一直迭代到收敛。EViews 还提供了其他选项：
  - 选项 iter=oneb，迭代加权矩阵一次后，系数也只迭代一次。
  - 选项 iter=sim，每次迭代都更新加权矩阵和系数，直到两者都收敛。
  - 选项 iter=seq，重复选项 iter=onec 的方法，直到加权矩阵和系数都收敛。

这四种迭代方法得到的估计都是渐近有效的。线性模型中，选项 iter=sim 和选项 iter=seq 等价，选项 iter=onec 和选项 iter=oneb 等价。

§8.6.3　AR 项

有 AR 项时，EViews 将方程转换为非线性方程 (参见 §5.3.1 小节中第 243 页的讨论)，采用 NLS 一起估计出包含 AR 项系数的所有系数。EViews 支持 AR 项的系数随个体改变，例如 AR(1) 系数随个体改变

的模型设定为

$$e_{nt} = a_n e_{n,t-1} + v_{nt} \qquad n = 1, 2, \cdots, N \tag{8.41}$$

其中 a_n 为个体 n 的自回归系数。继续使用 §8.3 节 (第 349 页) 的合伙对象 p01，估计 AR(1) 系数随个体改变的模型

```
p01.ls(cx=f) inv? c val? cap? @cxreg ar(1)
```

得到估计结果为

```
Dependent Variable: INV?
Method: Pooled Least Squares
Date: 04/27/08   Time: 21:30
Sample (adjusted): 1936 1954
Included observations: 19 after adjustments
Cross-sections included: 4
Total pool (balanced) observations: 76
Convergence achieved after 13 iterations
```

Variable	Coefficien	Std. Error	t-Statistic	Prob.
C	-89.79779	733.4318	-0.122435	0.9029
VAL?	0.082160	0.009812	8.373423	0.0000
CAP?	0.441065	0.036698	12.01884	0.0000
GE--AR(1)	1.006131	0.138478	7.265658	0.0000
GM--AR(1)	0.683016	0.107217	6.370425	0.0000
GY--AR(1)	1.032418	0.321689	3.209368	0.0021
IB--AR(1)	0.747052	0.629448	1.186838	0.2395
Fixed Effects (Cross)				
GE--C	2639.129			
GM--C	48.54649			
GY--C	183.8238			
IB--C	56.01177			

Effects Specification

Cross-section fixed (dummy variables)

R-squared	0.981652	Mean dependent var	207.2962	
Adjusted R-squared	0.979150	S.D. dependent var	288.0682	
S.E. of regression	41.59541	Akaike info criterion	10.41594	
Sum squared resid	114191.8	Schwarz criterion	10.72261	
Log likelihood	-385.8056	F-statistic	392.3523	
Durbin-Watson stat	1.572389	Prob(F-statistic)	0.000000	

系数估计中的 GE--AR(1) 等就是随个体变化的 AR(1) 系数估计。由于有 AR 项，EViews 自动调整了估计样本。此外，由于采用 NLS 估计，表头报告了迭代次数。

对于包含 AR 项的面板数据模型，EViews 有如下限制：

- 有时期效应，或者系数随时期改变的模型中，不能包含 AR 项。
- 随机效应模型不支持 AR 项。
- 采用 FGLS 估计时，方差结构不能为时期异方差或者 P-SUR。其他方差结构中，方差结构针对的是式 (8.41) 中的 v_{nt}，而不是 e_{nt}。

§8.6.4 工具变量法

为了叙述的方便，记 $\mathbf{X}_\dagger$ 包含了所有的解释变量，$\mathbf{Z}_\dagger$ 为所有的工具变量。合伙对象方程估计的工具变量方法和一般的工具变量法是类似地。全部系数的 OLS 估计为

$$\mathbf{b}_{\dagger \mathrm{OLS}} = \left(\mathbf{X}_\dagger' \mathbf{X}_\dagger\right)^{-1} \mathbf{X}_\dagger' \mathbf{y} = \left(\sum_{n=1}^N \mathbf{X}_{\dagger n}' \mathbf{X}_{\dagger n}\right)^{-1} \left(\sum_{n=1}^N \mathbf{X}_{\dagger n}' \mathbf{y}_n\right)$$

相应的工具变量估计为

$$\mathbf{b}_{\dagger \mathrm{IV}} = \left(\mathbf{X}_{\dagger}' \mathbf{Q} \mathbf{X}_{\dagger}\right)^{-1} \mathbf{X}_{\dagger}' \mathbf{Q} \mathbf{y}$$

其中投影矩阵

$$\mathbf{Q} = \mathbf{Z}_{\dagger} \left(\mathbf{Z}_{\dagger}' \mathbf{Z}_{\dagger}\right)^{-1} \mathbf{Z}_{\dagger}'$$

一、工具变量

解释变量的系数估计有三种分类，共同系数 (不随个体或者时期变化)，随个体变化的系数和随时期变化的系数。相应地，工具变量也可以分成三类：

1) 共同的工具变量 $\mathbf{Z}_{0;n}$；
2) 指定给个体的工具变量 $\mathbf{Z}_{1;n}$；
3) 指定给时期的工具变量 $\mathbf{Z}_{2;n}$。

请注意，如果使用了后两种工具变量，计算时由于和个体或者时期的哑变量进行交互，工具变量成倍 (N 倍或 T 倍) 地增加。

二、固定效应

EViews 采用哑变量估计固定效应模型，因此，采用工具变量估计固定效应模型时，EViews 自动将固定效应隐含的哑变量加入到工具变量列表中。更具体地：

1) 对于个体固定效应，假设采用 N 个个体哑变量丢弃第一个的方法，完整的工具变量为

$$\mathbf{Z}_{\dagger} = \begin{bmatrix} \mathbf{1} & \mathbf{N}_{/1} & \mathbf{Z} \end{bmatrix}$$

其中 $\mathbf{N}_{/1}$ 表示矩阵 $\mathbf{N}$ 去掉第一列，$\mathbf{Z}$ 是其他的工具变量。由式 (3.22) (第 164 页) 提取分块得

$$\mathbf{b}_{\mathrm{IV}} = \left(\mathbf{X}'\mathbf{E}\mathbf{Z}\left(\mathbf{Z}'\mathbf{E}\mathbf{Z}\right)^{-1}\mathbf{Z}'\mathbf{E}\mathbf{X}\right)^{-1}\mathbf{X}'\mathbf{E}\mathbf{Z}\left(\mathbf{Z}'\mathbf{E}\mathbf{Z}\right)^{-1}\mathbf{Z}'\mathbf{E}\mathbf{y} \tag{8.42}$$

如果采用 LSDV 模型 (8.11) (第 339 页)，完整的工具变量为

$$\mathbf{Z}_{\dagger} = \begin{bmatrix} \mathbf{N} & \mathbf{Z} \end{bmatrix}$$

IV 估计的结果同式 (8.42)。

2) 对于双向固定效应，当采用模型 (8.36) (第 369 页) 时，完整的工具变量为

$$\mathbf{Z}_{\dagger} = \begin{bmatrix} \mathbf{1} & \mathbf{N}_{/1} & \mathbf{T}_{/1} & \mathbf{Z} \end{bmatrix}$$

其中 $\mathbf{N}_{/1}$ 和 $\mathbf{T}_{/1}$ 分别表示矩阵 $\mathbf{N}$ 和 $\mathbf{T}$ 去掉第一列，则

$$\mathbf{b}_{\mathrm{IV}} = \left(\mathbf{X}'\mathbf{U}\mathbf{Z}\left(\mathbf{Z}'\mathbf{U}\mathbf{Z}\right)^{-1}\mathbf{Z}'\mathbf{U}\mathbf{X}\right)^{-1}\mathbf{X}'\mathbf{U}\mathbf{Z}\left(\mathbf{Z}'\mathbf{U}\mathbf{Z}\right)^{-1}\mathbf{Z}'\mathbf{U}\mathbf{y}$$

我们看到，如果只考虑系数 $\mathbf{b}$，其 IV 估计刚好等于：先对工具变量 $\mathbf{Z}$ (不是 $\mathbf{Z}_{\dagger}$) 进行固定效应变换[13]，然后应用到剔除了常数和哑变量的方程 $\mathbf{y} = \mathbf{X}\mathbf{b} + \mathbf{e}$ 进行 IV 估计。

练习：验证 LSDV 模型 (8.11) (第 339 页) 的 IV 估计为式 (8.42)。

提示：需要分块矩阵求逆的公式，在式 (3.22) (第 164 页) 中使用分块矩阵方法，求解系数 $\mathbf{b}$ 的分块。哑变量法的单向和双向固定效应模型的求解类似，但烦琐许多。

---

[13]EViews 手册说对工具变量也进行固定效应变换 (如个体去均值)，应该是指 $\mathbf{b}_{\mathrm{IV}}$ 估计式中的工具变量 $\mathbf{Z}$，而不是 $\mathbf{Z}_{\dagger}$。否则，$\mathbf{Z}_{\dagger}$ 中的常数和个体哑变量，变换后都消失了 (值为 0)，$\mathbf{Z}_{\dagger}'\mathbf{E}\mathbf{Z}_{\dagger}$ 和 $\mathbf{Z}_{\dagger}'\mathbf{U}\mathbf{Z}_{\dagger}$ 都不可逆。

三、随机效应

随机效应模型采用 FGLS 估计，简单起见，以个体随机效应为例，其方差矩阵为

$$\Omega = \mathbf{I}_N \otimes \mathbf{S}$$

由式 (3.18) (第 159 页) 得系数的估计 (包含常数项) 为

$$\mathbf{b}_{\dagger \text{FGLS}} = \left(\mathbf{X}_\dagger' \Omega^{-1} \mathbf{X}_\dagger\right)^{-1} \mathbf{X}_\dagger' \Omega^{-1} \mathbf{y} = \left(\sum_{n=1}^N \mathbf{X}_{\dagger n}' \mathbf{S}^{-1} \mathbf{X}_{\dagger n}\right)^{-1} \left(\sum_{n=1}^N \mathbf{X}_{\dagger n}' \mathbf{S}^{-1} \mathbf{y}_n\right)$$

工具变量法：记 $\mathbf{L}$ 为 $\mathbf{S}$ 的 Cholesky 分解 ($\mathbf{S} = \mathbf{L}\mathbf{L}'$) 的下三角矩阵，对数据进行 GLS 变换

$$\mathbf{X}_* = \left(\mathbf{I}_N \otimes \mathbf{L}^{-1}\right) \mathbf{X}_\dagger \qquad \mathbf{y}_* = \left(\mathbf{I}_N \otimes \mathbf{L}^{-1}\right) \mathbf{y} \qquad \mathbf{Z}_* = \left(\mathbf{I}_N \otimes \mathbf{L}^{-1}\right) \mathbf{Z}_\dagger$$

即 EViews 也对工具变量进行变换。则全部系数的 IV 估计为

$$\mathbf{b}_{\dagger \text{IV}} = \left(\mathbf{X}_*' \mathbf{Q}_* \mathbf{X}_*\right)^{-1} \mathbf{X}_*' \mathbf{Q}_* \mathbf{y}_*$$

其中

$$\mathbf{Q}_* = \mathbf{Z}_* \left(\mathbf{Z}_*' \mathbf{Z}_*\right)^{-1} \mathbf{Z}_*'$$

进一步整理得

$$\mathbf{b}_{\dagger \text{IV}} = \left[\mathbf{X}_\dagger' \Omega^{-1} \mathbf{Z}_\dagger \left(\mathbf{Z}_\dagger' \Omega^{-1} \mathbf{Z}_\dagger\right)^{-1} \mathbf{Z}_\dagger' \Omega^{-1} \mathbf{X}_\dagger\right]^{-1} \mathbf{X}_\dagger' \Omega^{-1} \mathbf{Z}_\dagger \left(\mathbf{Z}_\dagger' \Omega^{-1} \mathbf{Z}_\dagger\right)^{-1} \mathbf{Z}_\dagger' \Omega^{-1} \mathbf{y}$$

说明如下：

- 该方法称为 G2SLS 估计，这是 GIV 估计（对数据和工具变量都进行变换）的特例，显然该方法改变了隐含的正交关系。
- 如果 $\mathbf{Z}_\dagger = \mathbf{X}_\dagger$，即不存在内生变量问题时，显然有 $\mathbf{b}_{\dagger \text{IV}} = \mathbf{b}_{\dagger \text{FGLS}}$。
- 有必要提醒的是，计算时，EViews 采用方差矩阵 $\mathbf{S}$ 的无偏估计。

四、AR 项

含有 AR 项时，默认的情况下，EViews 将内生变量的滞后项和外生变量的滞后项加入到工具变量列表中。如果使用选项 noexinst，禁止 EViews 将滞后项自动作为工具变量，一定要提供足够数量的工具变量 (识别条件的要求，工具变量的个数不能比待估系数的个数少)。

五、例子

使用 Wooldridge (2002) 的数据，用工具变量法估计含有 AR(1) 的固定效应模型

```
'in http://www.msu.edu/%7Eec/faculty/wooldridge/textfiles2.ZIP
%wf = "ezunem.raw"
pageload(t=text,page=pool3) %wf names = (year uclms ez d81 d82 _
    d83 d84 d85 d86 d87 d88 c1 c2 c3 c4 c5 c6 c7 c8 c9 c10 c11 c12 _
    c13 c14 c15 c16 c17 c18 c19 c20 c21 c22 luclms guclms cez _
    guclms_1 guclms_2 t ezt city) @keep city year luclms ez
pageunstack(namepat="*_?",page=us03) city year
pagestruct(freq=a,start=1980)
city.tsls(cx=f,noexinst) d(luclms_?)  c d(ez_?)  ar(1) _
    @inst c d(luclms_?(-1)) d(ez_?)  @trend
```

得到估计结果为

```
Dependent Variable: D(LUCLMS_?)
Method: Pooled IV/Two-stage Least Squares
Date: 04/28/08   Time: 22:03
Sample (adjusted): 1982 1988
Included observations: 7 after adjustments
Cross-sections included: 22
Total pool (balanced) observations: 154
Instrument list: C D(LUCLMS_?(-1)) D(EZ_?) @TREND
Lagged dependent variable & regressors not added to instrument
        list
Convergence achieved after 5 iterations
```

Variable	Coefficien	Std. Error	t-Statistic	Prob.
C	-0.114394	0.022808	-5.015402	0.0000
D(EZ_?)	-0.326426	0.128903	-2.532342	0.0125
AR(1)	-0.340454	0.085578	-3.978298	0.0001
Fixed Effects (Cross)				
1--C	0.031126			
2--C	-0.033522			
3--C	0.025125			
4--C	-0.042967			
5--C	-0.029865			
6--C	0.097881			
7--C	0.054312			
8--C	-0.043285			
9--C	-0.043001			
10--C	0.010404			
11--C	-0.057992			
12--C	0.061675			
13--C	-0.047765			
14--C	0.027407			
15--C	-0.013951			
16--C	-0.044677			
17--C	0.018841			
18--C	-0.022278			
19--C	-0.041258			
20--C	0.036862			
21--C	0.025339			
22--C	0.031587			

Effects Specification

Cross-section fixed (dummy variables)

R-squared	0.149798	Mean dependent var	-0.136209
Adjusted R-squared	-0.000622	S.D. dependent var	0.352709
S.E. of regression	0.352818	Sum squared resid	16.18249
F-statistic	0.971775	Durbin-Watson stat	1.669314
Prob(F-statistic)	0.505578	Second-stage SSR	16.24135
Instrument rank	25.00000		

表头报告了估计方法为 Pooled IV/Two-stage Least Squares。由于有 AR 项, EViews 自动调整了估计样本, 并报告了迭代次数。此外, 由于使用了选项 noexinst, 表头报告了没有将因变量和解释变量的滞后项自动加入到工具变量中。

需要说明的是, 结果报告最后一行的 Instrument rank 指的是工具变量的个数, 除了显式给出的 4 个以外, 个体固定效应的 22 个哑变量剔除一个后 (避免完全共线性), 也作为工具变量, 因此, 一共有 25 个工具变量。

工具变量法估计时, 共同的工具变量跟在关键字 @inst 之后, 指定给个体的工具变量跟在关键字 @cxinst 之后, 而指定给时期的工具变量跟在关键字 @perinst 之后。请注意, 如果使用了后两种工具变量, 计算时由于和哑变量进行交互, 工具变量成倍 (N 倍或 T 倍) 地增加。

§8.6.5 方程组

我们在 §8.4.3 小节 (第 359 页) 讨论合伙对象时，谈到了可以把合伙对象的方程设定转换到方程组对象中，下面是一个简单的例子，使用 §8.3 节 (第 349 页) 的合伙对象 p01

```
p01.makesystem(name=sys01,cx=f) inv?  @cxreg cap? _
    @cxinst@trend inv?(-1)
```

得到方程组对象的方程设定为

```
INVGE = C(5) + C(1)*CAPGE @ @TREND INVGE(-1)
INVGM = C(6) + C(2)*CAPGM @ @TREND INVGM(-1)
INVGY = C(7) + C(3)*CAPGY @ @TREND INVGY(-1)
INVIB = C(8) + C(4)*CAPIB @ @TREND INVIB(-1)
```

每个个体对应一个方程。

必要时，可以对方程组的设定进行修改，然后使用方程组的估计方法进行估计。方程组的讨论请参考第 10 讲 (第 459 页)，我们将看到，大部分面板数据模型都可以看成是方程组模型的系数限制模型。

§8.7 方差估计和检验

对比 §3.2 节 (第 148 页)，由于面板数据的复杂性，系数的方差稳健估计具有更多的形式。而合伙对象方程的检验，除了方程对象的那些检验 (参见第 4 讲) 以外，面板数据模型还提供了不可观测效应的模型设定检验，如固定效应的检验，以及随机效应设定的 Hausman 检验。

§8.7.1 系数方差稳健估计

为了方便理解系数方差稳健估计的思想，简洁起见，我们采用 OLS 估计来说明。回顾前几节讨论的面板数据模型，都要求普通残差条件同方差，且无序列相关，即

$$\mathrm{var}\left(\mathbf{e}\,|\,\mathbf{X}_\dagger\right) = s^2 \mathbf{I}_{NT}$$

其中 $\mathbf{X}_\dagger$ 包含了所有的解释变量。在面板数据中，个体和时期都同方差的假设往往是过于苛刻的。该假设不能满足时，OLS 估计尽管是一致的，但不是有效的，进行统计推断时，需要修正系数方差的估计。

一、White 估计

最简单的修正就是直接使用式 (3.9) (第 148 页)：

$$\frac{T_\dagger}{T_\dagger - K_\dagger} \left(\sum_{n=1}^{N} \sum_{t=1}^{T} \mathbf{x}_{\dagger nt} \mathbf{x}'_{\dagger nt} \right)^{-1} \left(\sum_{n=1}^{N} \sum_{t=1}^{T} e_{nt}^2 \mathbf{x}_{\dagger nt} \mathbf{x}'_{\dagger nt} \right) \left(\sum_{n=1}^{N} \sum_{t=1}^{T} \mathbf{x}_{\dagger nt} \mathbf{x}'_{\dagger nt} \right)^{-1} \tag{8.43}$$

其中 $T_\dagger$ 是堆叠观测数据 (stacked observation) 的总观测数，$K_\dagger$ 是全部系数估计的个数。显然，该估计量将无条件方差矩阵 $\mathrm{var}\,(\mathbf{e}) = \mathrm{E}\,(\mathbf{e}\mathbf{e}')$ 限定为对角矩阵，但对对角线没有任何形式的设定。此外，对条件方差 $\mathrm{E}\left(e_{nt}^2\,|\,\mathbf{x}_{\dagger nt}\right)$ 也没有任何限定，可以和 $\mathbf{x}_{\dagger nt}$ 存在任意形式的依赖。EViews 将这种修正方法称为 White 对角线方法 (White diagonal method)。

在面板数据分析时，如果把每个个体的方程当成一个方程，进行 White 方差修正，得到如下的系数方差修正形式：

$$\frac{T_\dagger}{T_\dagger - K_\dagger} \left(\sum_{n=1}^{N} \mathbf{X}'_{\dagger n} \mathbf{X}_{\dagger n} \right)^{-1} \left(\sum_{n=1}^{N} \mathbf{X}'_{\dagger n} \mathbf{e}_n \mathbf{e}'_n \mathbf{X}_{\dagger n} \right) \left(\sum_{n=1}^{N} \mathbf{X}'_{\dagger n} \mathbf{X}_{\dagger n} \right)^{-1} \tag{8.44}$$

该估计量对任意的序列相关以及时变方差是稳健的。具体地说，对于个体的方程，方差矩阵 $\mathrm{E}(\mathbf{e}_n \mathbf{e}'_n) = \mathbf{S}$ 没有附加任何限制，条件方差矩阵 $\mathrm{E}(\mathbf{e}_n \mathbf{e}'_n\,|\,\mathbf{X}_{\dagger n})$ 允许和 $\mathbf{X}_{\dagger n}$ 存在任意形式的依赖。EViews 将这种修正方法称为 White 时期法 (White period method)。

类似地，有 White 横截面法 (White cross-section method)

$$\frac{T_\dagger}{T_\dagger - K_\dagger} \left(\sum_{t=1}^{T} \mathbf{X}'_{\dagger t} \mathbf{X}_{\dagger t} \right)^{-1} \left(\sum_{t=1}^{T} \mathbf{X}'_{\dagger t} \mathbf{e}_t \mathbf{e}'_t \mathbf{X}_{\dagger t} \right) \left(\sum_{t=1}^{T} \mathbf{X}'_{\dagger t} \mathbf{X}_{\dagger t} \right)^{-1} \tag{8.45}$$

该估计量对同期相关和个体间的异方差是稳健的。具体地说，对同期方差矩阵 $\mathrm{E}(\mathbf{e}_t \mathbf{e}'_t) = \mathbf{V}$ 没有附加限制，条件方差矩阵 $\mathrm{E}(\mathbf{e}_t \mathbf{e}'_t\,|\,\mathbf{X}_{\dagger t})$ 可以和 $\mathbf{X}_{\dagger t}$ 存在任意形式的依赖。请注意，该修正方法的计算公式是对时期求和，其中的堆叠数据是按时期进行堆叠的。

三种 White 修正形式的补充说明如下：

1) White 对角线法，方差矩阵 $\mathrm{E}(ee')$ 和 $\mathrm{E}(ee')$ 都为对角矩阵，并且对角线上的元素都可以变动。请注意，White 对角线的矩阵形式和式 (8.39) 的矩阵是不同的，式 (8.39) 的矩阵个体内同方差。
2) White 时期法，$\mathrm{E}(ee')$ 为 $\mathbf{I}_N \otimes \mathbf{S}$ 形式的准对角矩阵。White 横截面法，$\mathrm{E}(ee')$ 为 $\mathbf{I}_T \otimes \mathbf{V}$ 形式的准对角矩阵。更多的讨论请参考 Wooldridge (2002, p152–153) 或者 Arellano (1987)。
3) White 对角线法，相对于 White 时期法和 White 横截面法，在对角线上放松限制，允许个体和时期两个方向上的异方差，但非对角线限制为 0。

二、PCSE 稳健估计

如果把每个个体的方程当成一个方程，类似于 §10.1 节 (第 460 页) 的方法，假设方差结构具有式 (8.40) (第 375 页) 的 P-SUR 形式，系数方差的修正估计为

$$\frac{T_\dagger}{T_\dagger - K_\dagger} \left(\sum_{n=1}^N \mathbf{X}'_{\dagger n} \mathbf{X}_{\dagger n}\right)^{-1} \left(\sum_{n=1}^N \mathbf{X}'_{\dagger n} \mathbf{S} \mathbf{X}_{\dagger n}\right) \left(\sum_{n=1}^N \mathbf{X}'_{\dagger n} \mathbf{X}_{\dagger n}\right)^{-1} \tag{8.46}$$

该方法假设

$$\mathrm{E}\left(\mathbf{X}'_{\dagger n} \mathbf{e}_n \mathbf{e}'_n \mathbf{X}_{\dagger n}\right) = \mathrm{E}\left(\mathbf{X}'_{\dagger n} \mathbf{S} \mathbf{X}_{\dagger n}\right) \tag{8.47}$$

除此之外，对无条件方差矩阵 $\mathbf{S}$ 没有限制 (除了必须是合法的方差矩阵以外)。一个比较直观的假设是

$$\mathrm{E}\left(\mathbf{e}_n \mathbf{e}'_n | \mathbf{X}_{\dagger n}\right) = \mathrm{E}\left(\mathbf{e}_n \mathbf{e}'_n\right) = \mathbf{S}$$

但无条件方差等于条件方差的假设只是假设式 (8.47) 的充分而非必要条件[14]。这种方法类似于 Beck and Katz (1995) 提出的 PCSE (Panel corrected standard error) 方法，因此，在面板数据分析中，EViews 将这种修正方法称为 P-SUR PCSE。

类似地，C-SUR 的 PCSE 方法为

$$\frac{T_\dagger}{T_\dagger - K_\dagger} \left(\sum_{t=1}^T \mathbf{X}'_{\dagger t} \mathbf{X}_{\dagger t}\right)^{-1} \left(\sum_{t=1}^T \mathbf{X}'_{\dagger t} \mathbf{V} \mathbf{X}_{\dagger t}\right) \left(\sum_{t=1}^T \mathbf{X}'_{\dagger t} \mathbf{X}_{\dagger t}\right)^{-1} \tag{8.48}$$

此外，EViews 还提供了将方差矩阵 $\mathbf{V}$ 和 $\mathbf{S}$ 限定为对角矩阵时，系数方差的稳健估计。当然，在对角矩阵的限定下，只允许异方差，如果存在自相关，估计将不是稳健的。

为了方便，将系数方差稳健估计的方法和选项列表如下，默认下不进行修正。

修正方法	选项	公式
White 对角线法	`cov=stackedwhite`	式 (8.43)
White 横截面法	`cov=cxwhite`	式 (8.45)
White 时期法	`cov=perwhite`	式 (8.44)
个体 PCSE	`cov=cxdiag`	式 (8.46) 中 $\mathbf{S}$ 为对角矩阵
时期 PCSE	`cov=perdiag`	式 (8.48) 中 $\mathbf{V}$ 为对角矩阵
C-SUR PCSE	`cov=cxsur`	式 (8.48)
P-SUR PCSE	`cov=persur`	式 (8.46)

EViews 还提供了不进行自由度修正的选择 (选项 `nodf`)，即没有前导的 $\frac{T_\dagger}{T_\dagger - K_\dagger}$ 项，该修正项不影响渐近性，但在实际应用时，该修正项降低了方差值。

---

[14]FGLS 的相应假设请参考 Wooldridge (2002, p161) 的讨论。

三、例子

继续 §8.6.1 节中第 374 页的例子，采用 P-SUR PCSE 方法修正系数方差估计

```
p01.ls(cx=f,cov=persur) inv?  c val?  @cxreg cap?
```

得到估计结果为

```
Dependent Variable: INV?
Method: Pooled Least Squares
Date: 04/29/08   Time: 18:45
Sample: 1935 1954
Included observations: 20
Cross-sections included: 4
Total pool (balanced) observations: 80
Period SUR (PCSE) standard errors & covariance (d.f. corrected)

     Variable       Coefficien   Std. Error   t-Statistic   Prob.

        C           -60.44089    23.89449     -2.529491     0.0136
       VAL?          0.100504     0.015360     6.543148     0.0000
     GE--CAPGE       0.137254     0.005006    27.41627      0.0000
     GM--CAPGM       0.383118     0.007625    50.24463      0.0000
     GY--CAPGY       0.069565     0.019117     3.638988     0.0005
     IB--CAPIB       0.181154     0.052357     3.460017     0.0009
  Fixed Effects (Cross)
      GE--C         -87.30294
      GM--C         -15.53286
      GY--C          48.07353
      IB--C          54.76227

                     Effects Specification

Cross-section fixed (dummy variables)

R-squared            0.971405    Mean dependent var      201.9025
Adjusted R-squared   0.968183    S.D. dependent var      283.1003
S.E. of regression  50.49722     Akaike info criterion    10.78737
Sum squared resid  181047.8      Schwarz criterion        11.05534
Log likelihood    -422.4947      F-statistic             301.4972
Durbin-Watson stat   0.811204    Prob(F-statistic)        0.000000
```

表头最后一行报告了系数标准差和方差的修正方法为 `Period SUR (PCSE)`，并且使用的是自由度修正的版本。我们看到，系数的方差估计修正后，变斜率系数的估计都变显著了。

§8.7.2 检验

合伙对象估计完方程后，可以进行各种检验。[15] 结合 EViews，我们将介绍不可观测效应的固定效应检验和 Hausman 检验。简单地说，这两个检验可以用来进行模型选择：固定效应检验选择使用 POLS 估计还是固定效应估计，而 Hausman 检验在固定效应模型和随机效应模型间进行选择。

一、系数检验

使用合伙对象估计完方程后，类似于方程对象，可以进行各种系数检验。面板数据模型中，系数约束的 Wald 检验、遗漏变量和冗余变量检验等，在原理和方法上没有特别的地方，这些检验的具体内容请参考 §4.2 节 (第 182 页)。

Wald 检验可以用来检验变斜率的模型设定是否合理，例如对于 §8.3 节 (第 349 页) 的合伙对象 p01

---

[15] 需要说明的是，合伙对象的方程没有直接提供残差检验，但可以提取每个个体方程的残差序列，再进行检验。

```
p01.ls(cx=f) inv? c val? cap?
!c = p01.c(3)
p01.ls(cx=f,cov=persur) inv? c val? @cxreg cap?
p01.wald c(3)=c(4)=c(5)=c(6)=!c
```

得到检验结果为 3011[0.0000]，表明 cap 的系数是随个体改变的。需要说明的是，估计变斜率模型时，进行了系数方差修正，如果不进行修正，检验结果为 30.22[0.0000]。

二、固定效应检验

EViews 提供的固定效应系数检验，实际上是固定效应系数联合为零的 F 检验和似然比检验。例如对于 §8.3 节 (第 349 页) 的合伙对象 p01

```
p01.ls(cx=f,per=f) inv? c val? cap?
freeze(tbft) p01.fixedtest
table(12,5) tbft
```

检验结果报告还包含了三个检验方程，为节省篇幅，将它们裁剪掉。得到检验结果为

```
Redundant Fixed Effects Tests
Pool: P01
Test cross-section and period fixed effects

Effects Test                    Statistic        d.f.       Prob.

Cross-section F                  62.767942      (3,55)      0.0000
Cross-section Chi-square        118.958223        3         0.0000
Period F                          1.869652     (19,55)      0.0370
Period Chi-square                39.862013       19         0.0034
Cross-Section/Period F            9.650482     (22,55)      0.0000
Cross-Section/Period Chi-square 126.486249       22         0.0000
```

检验结果表明，固定效应是显著的。其他说明如下：

- EViews 中，使用命令 `fixedtest` 进行固定效应检验时，合伙对象必须先估计固定效应的方程。
- 由于先估计了双向固定效应模型，EViews 报告了三组检验，分别针对个体固定效应、时期固定效应和双向固定效应的检验。
- 固定效应的 F 检验是固定效应系数为零的联合检验，而似然比检验为

$$\text{LR} = 2\left(\ell_u - \ell_r\right) \overset{a}{\sim} \chi^2$$

其中的 ℓ_u 是 POLS 估计的对数似然值。

- 当固定效应检验没有被拒绝时，使用 POLS 估计是合适的。

三、Hausman 检验

在 §4.7.3 节 (第 215 页) 我们已经了解了 Hausman (1978) 检验的思想，在这里我们将看到一个非常漂亮的应用：比较固定效应和随机效应的系数估计 $\mathbf{b}_{\text{FE}}$ 和 $\mathbf{b}_{\text{RE}}$，检验假设

$$\mathbb{H}_0: \text{E}\left(u_{nt} | \mathbf{x}_{nt}\right) = 0$$

如果 $\mathbb{H}_0$ 成立，两者都是一致估计，且 $\mathbf{b}_{\text{RE}}$ 是有效估计。如果 $\mathbb{H}_0$ 不成立，$\mathbf{b}_{\text{FE}}$ 是一致估计，而 $\mathbf{b}_{\text{RE}}$ 不是一致估计。因此检验统计量为

$$\left(\mathbf{b}_{\text{FE}} - \mathbf{b}_{\text{RE}}\right)'\left[\text{var}\left(\mathbf{b}_{\text{FE}}\right) - \text{var}\left(\mathbf{b}_{\text{RE}}\right)\right]^{-1}\left(\mathbf{b}_{\text{FE}} - \mathbf{b}_{\text{RE}}\right) \overset{a}{\sim} \chi^2(K)$$

关于 Hausman 检验：

- Hausman and Taylor (1981) 指出，$\mathbb{H}_0$ 可以用如下三对系数估计的差别进行检验

$$\mathbf{b}_{\mathrm{FE}} - \mathbf{b}_{\mathrm{RE}} \quad \mathbf{b}_{\mathrm{FE}} - \mathbf{b}_{\mathrm{BE}} \quad \mathbf{b}_{\mathrm{RE}} - \mathbf{b}_{\mathrm{BE}}$$

其中 $\mathbf{b}_{\mathrm{BE}}$ 为个体间或者时期间估计量。
- Arellano (1993) 提供了对任意形式的异方差和自相关稳健的 Hausman 检验。
- Ahn and Low (1996) 采用回归方法计算 Hausman 检验的统计量。
- Baltagi (2005, p67) 也给出了 Hausman 检验的回归方程估计方法。

下面是一简单的例子，使用 §8.3 节 (第 349 页) 的合伙对象 p01

```
p01.ls(cx=r) inv?  c val?  cap?
freeze(tbh) p01.ranhaus
table(15,5) tbh
```

最后一行的语句，去除了检验方程部分的内容，只保留检验结果部分。

```
Correlated Random Effects - Hausman Test
Pool: P01
Test cross-section random effects
```

Test Summary	Chi-Sq. Statistic	Chi-Sq. d.f.	Prob.
Cross-section random	0.246888	2	0.8839

Cross-section random effects test comparisons:

Variable	Fixed	Random	Var(Diff.)	Prob.
VAL?	0.105029	0.104641	0.000018	0.9266
CAP?	0.340073	0.340010	0.000003	0.9683

检验结果没有拒绝不可观测效应和解释变量不相关（均值独立）的假设，表明采用随机效应模型估计是可行的。其他说明如下：

- EViews 中，使用命令 `ranhaus` 进行随机效应的设定检验时，合伙对象必须先估计随机效应的方程；
- 检验结果报告中的单个系数对比检验部分，某些情况下可能出现 `Var(Diff.)` 为负值[16]，此时 EViews 不报告 p 值；
- 当 Hausman 检验被拒绝时，选择固定效应模型是合适的。

---

[16]参考 Wooldridge (2002, p290)，如果采用各自的 s_e^2 来计算 $\mathrm{var}(\mathbf{b}_{\mathrm{FE}}) - \mathrm{var}(\mathbf{b}_{\mathrm{RE}})$，可能得到非正定的矩阵。可以考虑都采用固定效应或者随机效应估计的 s_e^2 来计算。

§8.8 小结

关键词

不可观测效应	个体效应	时期效应
堆叠形式	误差成分模型	POLS
LSDV	组间 (Between) 估计	固定效应
随机效应	方差成分	非平衡面板
合伙对象	合伙数据	合伙序列
个体标识	时期标识	拆堆
个体序列	双向效应	变斜率
P-SUR	C-SUR	GIV
PCSE	固定效应检验	Hausman 检验

命令

当面板数据的个体数目比较少时，可以采用合伙数据的组织形式，使用合伙对象进行面板数据分析。命令 pool 创建合伙对象，合伙对象的视图、过程和函数的总结，请参考 §8.4.3 节 (第 359 页)。

合伙对象的方程设定，只能采用名单法，设定线性模型。

1) 效应设置选项：

    (a) 个体效应：cx={f, r}, 分别表示个体固定效应和个体随机效应。

    (b) 时期效应：per={f, r}, 分别表示时期固定效应和时期随机效应。

    双向效应时，同时设定个体效应和时期效应。

2) 随机效应的方差成分估计：rancalc={sa, wh, wk}, 分别表示采用 Swamy and Arora (1972) 的方法 (默认选项)、Wallace and Hussain (1969) 的方法以及 Wansbeek and Kapteyn (1989) 的方法。

3) 函数 @ingrp 可以使用在合伙对象的方程设定中，方便估计个体分组的变截距模型。

4) 变斜率，方程设定语句中，关键字 @cxreg 之后的变量系数随个体改变，关键字 @perreg 之后的变量系数随时期改变。

5) 无效应或者固定效应的 FGLS 估计，误差的方差结构设定：选项为 wgt={cxdiag, cxsur, perdiag, persur}, 分别表示个体异方差、C-SUR、时期异方差和 P-SUR，选项 wgt 在随机效应模型设定中不起作用。此外，EViews 还提供了 GLS 迭代方法的选择：

    (a) 选项 iter=onec, 默认选项，表示对加权矩阵进行一次迭代，然后对系数一直迭代到收敛。

    (b) 选项 iter=oneb, 迭代加权矩阵一次后，系数也只迭代一次。

    (c) 选项 iter=sim, 每次迭代都更新加权矩阵和系数，直到两者都收敛。

    (d) 选项 iter=seq, 重复选项 iter=onec 的方法，直到加权矩阵和系数都收敛。

6) IV 估计的工具变量设置，方程设定语句中：

    (a) 共同的工具变量跟在关键字 @inst 之后。

    (b) 指定给个体的工具变量跟在关键字 @cxinst 之后。

    (c) 指定给时期的工具变量跟在关键字 @perinst 之后。

此外，方程设定包含 AR 项时，选项 `noexinst` 禁止将因变量和解释变量的滞后项自动加入到工具变量中。

7) 系数方差稳健估计，选项 `cov=arg` 的设置请参考第 384 页的表格

合伙对象的其他命令和函数：

1) 方程估计：

    (a) 命令 `ls`，进行 OLS 估计。

    (b) 命令 `tsls`，进行 IV 估计 (工具变量法)。

2) 检验：

    (a) 命令 `fixedtest`，进行固定效应检验时，合伙对象必须先估计固定效应的方程。

    (b) 命令 `ranhaus`，进行随机效应的设定检验时，合伙对象必须先估计随机效应的方程。

3) 命令 `genr`，作为合伙对象的命令 (这里不是作为序列对象的命令)，能方便地建立和修改合伙序列。

4) 函数 `@effects` 返回个体效应或者时期效应的系数向量。在双向效应模型中，返回的向量的前面部分为个体效应的系数，然后才是时期效应的系数。

堆叠数据转换为非堆叠数据：使用工作页的拆堆命令 `pageunstack`，将在目标工作页中创建以拆堆标识序列名为名字的合伙对象。更详细的内容请参考第 363 页的讨论和例子。

要点

1) 面板数据具有个体、时期和变量三个维度，是三维数据，但数据的组织一般都采用两维的形式。例如堆叠形式和合伙数据形式（非堆叠形式，适合于个体数目较少时）。

2) 堆叠数据进行拆堆时，需要两个标识，第一个称为拆堆标识，用来拆分序列，第二个称为观测标识。这两个标识必须能够唯一地确定当前工作页的每个观测。

3) 合伙对象的核心是一组个体标识。合伙对象扮演了群对象和方程对象两种角色，具有组织面板数据和进行面板数据分析的功能。

4) 问号通常解释为单个字符的通配符，但问号使用在合伙序列的名字中时，则作为个体标识的通配符。

5) 面板数据模型中，通常把常数项单独列出来。对误差项的各种假定，得到各种面板数据分析模型，因此，面板数据模型也称为误差成分模型。

6) 根据不可观测效应的不变性假设，将不可观测效应分为不随时间变化的个体效应，以及不随个体变化的时期效应。

7) 如果不可观测成分和解释变量不相关，则采用随机效应模型，否则，选用固定效应模型。随机效应系数估计是固定效应系数估计和个体间系数估计的矩阵加权。

8) EViews 采用哑变量来估计固定效应模型和变斜率模型。

9) 每个变系数的变量将增加 N 个（随个体）或者 T 个（随时期）系数估计，造成自由度的大量损失。

10) 当固定效应模型采用 FGLS 估计，并使用工具变量时，EViews 采用的是广义工具变量 (GIV) 法。随机效应的 IV 估计，也采用 GIV 方法。

11) EViews 支持 AR 项的系数随个体改变，但面板数据模型中，很多设定下 EViews 还不支持 AR 项。

12) 系数的方差稳健估计中，EViews 提供了 3 种 White 修正方法以及 4 种 PCSE 修正方法。

13) Hausman 检验在固定效应模型和随机效应模型间进行选择。如果不采用随机效应模型，往往需要通过固定效应检验选择使用 POLS 估计还是固定效应估计。

14) EViews 可以估计非平衡面板数据模型，除了双向随机效应模型等少数模型设定以外。

15) 估计面板数据模型时，合伙对象只适合于个体数目比较少的情形，并且只能估计线性模型。对于一般的面板数据模型，请在面板结构工作文件 (第 394 页 §9.1 节) 中进行分析和估计。

参考文献

Ahn, Seung C. and Stuart Low, 1996. A Reformulation of the Hausman Test for Regression Models with Pooled Cross-Section-Time-Series Data. *Journal of Econometrics*, 71:309–319

Amemiya, Takeshi, 1971. The Estimation of the Variances in a Variance-Components Model. *International Economic Review*, 12:1–13

Arellano, Manuel, 1987. Computing Robust Standard Errors for Within-groups Estimators. *Oxford Bulletin of Economics and Statistics*, 49:431–434

Arellano, Manuel, 1993. On the Testing of Correlated Effects with Panel Data. *Journal of Econometrics*, 59:87–97

Balestra, Pietro and Marc Nerlove, 1966. Pooling Cross Section and Time Series Data in the Estimation of a Dynamic Model: The Demand for Natural Gas. *Econometrica*, 34:585–612

Baltagi, Badi H., 2005. *Econometric Analysis of Panel Data*, 3/e. John Wiley & Sons, Ltd., West Sussex, England

Baltagi, Badi H. and Young-Jae Chang, 1994. Incomplete Panels: A Comparative Study of Alternative Estimators for the Unbalanced One-way Error Component Regression Model. *Journal of Econometrics*, 62:67–89

Beck, Nathaniel and Jonathan N. Katz, 1995. What to Do (and Not to Do) With Time-series Cross-section Data. *American Political Science Review*, 89:634–647

Boehmer, Ekkehart and William L. Megginson, 1990. Determinants of Secondary Market Prices for Developing Country Syndicated Loans. *The Journal of Finance*, 45:1517–1540

Brown, Philip, Allan W. Kleidon, and Terry A. Marsh, 1983. New evidence on the nature of size-related anomalies in stock prices. *Journal of Financial Economics*, 12:33–56

Chamberlain, Gary, 1984. Panel Data. In Griliches and Intriligator (1984), Chapter 22, pages 1247–1318

Davis, Peter, 2002. Estimating Multi-way Error Components Models with Unbalanced Data Structures. *Journal of Econometrics*, 106:67–95

Fok, Dennis, Dick van Dijk, and Philip Hans Franses, 2005. A multi-level panel STAR model for US manufacturing sectors. *Journal of Applied Econometrics*, 20:811–827

Greene, William, 2004. Convenient estimators for the panel probit model: Further results. *Empirical Economics*, 29:21–47

Greene, William H., 2003. *Econometric Analysis*, 5/e. Prentice Hall, New York

Griliches, Zvi and Michael D. Intriligator, (editors), 1984. *Handbook of Econometrics*, Volume 2. North Holland, Amsterdam

Grunfeld, Yehuda, 1958. *The Determinants of Corporate Investment*. PhD thesis, Department of Economics, University of Chicago

Hansen, Bruce E., 1999. Threshold effects in non-dynamic panels: Estimation, testing, and inference. *Journal of Econometrics*, 93:345–368

Hausman, Jerry A., 1978. Specification Tests in Econometrics. *Econometrica*, 46:1251–1272

Hausman, Jerry A. and William E. Taylor, 1981. Panel Data and Unobservable Individual Effects. *Econometrica*, 49:1377–1398

Hoch, Irving, 1962. Estimation of Production Function Parameters Combining Time-Series and Cross-Section Data. *Econometrica*, 30:34–53

Hsiao, Cheng, 2003. *Analysis of Panel Data*, 2/e. Cambridge University Press, New York

Kuh, Edwin, 1959. The Validity of Cross-Sectionally Estimated Behavior Equations in Time Series Applications. *Econometrica*, 27:197–214

MaCurdy, Thomas E., 1982. The Use of Time Series Processes to Model the Error Structure of Earnings in a Longitudinal Data Analysis. *Journal of Econometrics*, 18:83–114

Maddala, G. S., 1971. The Use of Variance Components Models in Pooling Cross Section and Time Series Data. *Econometrica*, 39:341–358

Maddala, G. S. and T. D. Mount, 1973. A Comparative Study of Alternative Estimators for Variance Components Models Used in Econometric Applications. *Journal of the American Statistical Association*, 68:324–328

Magnac, Thierry, 2004. Panel Binary Variables and Sufficiency: Generalizing Conditional Logit. *Econometrica*, 72:1859–1876

Mundlak, Yair, 1961. Empirical Production Function Free of Management Bias. *Journal of Farm Economics*, 43:44–56

Mundlak, Yair, 1978. On the Pooling of Time Series and Cross Section Data. *Econometrica*, 46:69–85

Narayan, Paresh Kumar, Ingrid Nielsen, and Russell Smyth, 2008. Panel data, cointegration, causality and Wagner's law: Empirical evidence from Chinese provinces. *China Economic Review*, 19:297–307

Nerlove, Marc, 1971. Further Evidence on the Estimation of Dynamic Economic Relations from a Time Series of Cross Sections. *Econometrica*, 39:359–382

Searle, S.R., 1971. *Linear Models.* John Wiley, New York

Swamy, P.A.V.B. and S.S. Arora, 1972. The Exact Finite Sample Properties of the Estimators of Coefficients in the Error Components Regression Models. *Econometrica*, 40:261–275

Wallace, T. D. and Ashiq Hussain, 1969. The Use of Error Components Models in Combining Cross Section with Time Series Data. *Econometrica*, 37:55–72

Wansbeek, Tom and Arie Kapteyn, 1983. A Note on Spectral Decomposition and Maximum Likelihood Estimation of ANOVA Models with Balanced Data. *Statistics and Probability Letters*, 1:213–215

Wansbeek, Tom and Arie Kapteyn, 1989. Estimation of the Error Components Model with Incomplete Panels. *Journal of Econometrics*, 41:341–361

Wooldridge, Jeffrey M., 2002. *Econometric Analysis of Cross Section and Panel Data.* The MIT Press, Cambridge

Zhang, Wei and Lung-fei Lee, 2004. Simulation estimation of dynamic discrete choice panel models with accelerated importance samplers. *The Econometrics Journal*, 7:120–142

第 9 讲

面板数据应用

在第 8 讲我们已经熟悉了线性面板数据模型的基本理论和估计方法。然而，使用合伙数据的方式组织面板数据，对于存在大量个体的面板数据集，效率低下。此外，EViews 的合伙对象只能分析和估计线性面板数据模型。因此，为了高效地组织和处理面板数据，分析和估计更广泛的面板数据模型，我们需要面板结构的工作页，提供面板数据的处理和分析的基础支持。

本讲将介绍面板工作页，并以面板工作页为依托，讲解面板数据的简单分析，面板数据模型的估计、检验和预测，以及面板单位根检验等内容。

1) 面板结构工作页是为分析面板数据模型专门设计的，深入了解面板结构工作页是必需的。我们介绍了如何建立面板工作页、面板结构的分类、面板工作页函数，以及面板工作页的修改，如面板工作页的平衡和规则化、观测范围的修改等。

2) 使用面板数据：讲述面板数据的基本处理和分析操作，讨论了工作样本集的设定、序列对象的视图和过程、超前和滞后，以及分组统计等。此外，还简单介绍了其他计量方法对象。

3) 应用实例：使用面板工作页中的方程对象，用例子讲解面板数据模型的估计、统计量的含义、系数方差稳健估计，以及模型的检验和预测等问题。此外，还专门演示了非线性面板数据模型的估计。

4) 面板单位根：介绍了面板单位根检验中 Breitung 检验、Fisher 检验、Hadri 检验、IPS 检验和 LLC 检验的基本原理，然后用例子演示面板单位根检验。最后，讨论 DGP 识别问题，揭示面板数据中 DGP 的多样性。

面板数据模型的基本理论分析，如面板数据模型的矩阵表示、固定效应模型、随机效应模型、模型检验等基础知识，请参考第 8 讲 (第 331 页)。面板数据模型的 GMM 估计以及动态面板数据模型，请参考 §14.5 节 (第 687 页)。

§9.1 面板工作文件

这里讨论的实际上是面板结构的工作页，工作文件可以同时包含面板结构工作页和非面板结构工作页，包含面板结构工作页的工作文件常称为面板数据工作文件。工作文件中面板结构工作页也可能有多页，实现不同层次的汇总，如按个体和按地区汇总等。

面板结构工作页需要两维的标识，为了叙述方便，本讲义将横向和纵向的标识分别称为个体标识 (individual identifier) 和时期标识 (period identifier)，个体标识即横截面标识 (EViews 称为 group identifier)，而时期标识决定个体的观测标识或者观测日期，即横截面内的标识 (EViews 称为 cell identifier)。关于面板结构标识：

- 工作页的每个观测，由个体和时期两个标识唯一确定。
- 尽管被称为时期标识，注意时期标识不一定包含日期信息，可能是观测的编号等。
- 显然，个体内的观测由时期标识唯一确定，个体内的时期标识是唯一的，但不同个体之间，可能存在相同的时期标识。
- 标识的选择是非常重要的，标识决定数据的基础结构，影响超前和滞后的解释。

§9.1.1 创建

可以直接建立面板工作页，还可以通过标识序列来建立结构更清晰的面板结构工作页，在应用计量分析中，最常用的方式是导入数据，然后再堆叠和/或结构化成面板数据结构。

一、新建面板工作页

用命令直接建立面板结构工作页

```
wfcreate(page=pn01) a 1991 2005 10
pagecreate(page=pn02) a 1991 2005 10
```

两个命令都是建立平衡面板数据工作页，包含 10 个个体，时间从 1991 年到 2005 年共 15 年。相关说明如下：

1) 建立面板工作页只比建立非面板工作页多了最后的代表个体 (横截面) 数目的参数。
2) 这种简单方式建立起来的面板工作页是平衡的，并且采用整数作为个体标识，更复杂的面板结构工作页可以通过命令 `pagestruct` 结构化得到。
3) 时间频率选项请参考表 1.1 (第 23 页)，而选项 u 可以建立整数日期的面板结构，例如

```
pagecreate u 1991 2005 10
```

其中的 1991–2005 为整数，并不代表年份。

4) 如果没有给出新建工作页名称，将被命名为 `untitled`。如果建立的页面名重名，EViews 并不提示任何信息，而是悄悄地将新建工作页的名称修改，命名规则为页面名后添加数字 1 2 3 ⋯。
5) EViews V5 之前的版本不支持面板结构。

二、数据堆叠

在 §8.4 节的第 363 页中讨论拆堆过程时，我们对面板数据的堆叠和非堆叠形式已经有一定的了解。有时候，原始数据是非堆叠的，即单个变量用多个序列记录，如 GDP 变量，分成两个序列 gdpUS 和

gdpUK，分别代表美国和英国的 GDP 时间序列。如果将变量的全部拆分序列 (个体序列) 堆叠成单个堆叠序列，大多数情况下，EViews 将产生面板数据结构工作页。

要进行数据堆叠，首先多个拆分序列的名称要具有一定的模式，如 gdpUK 和 gdpUS，名字包含共同部分 gdp，以及堆叠标识 UK 和 US。名字的共同部分称为基本名 (base name)，堆叠标识则区分了每个拆分的序列。EViews 将拆分序列 gdpUK 和 gdpUS 的命名模式表示为"*?"，其中星号代表基本名，问号代表堆叠标识。下面我们用例子来讲述 EViews 数据堆叠命令 pagestack 的用法：

1) 设定堆叠标识有三种方式：

    (a) 第一种是采用合伙对象，其个体标识作为堆叠标识，建立工作页 G12 时 (第 363 页) 采用的就是这种方式。

    (b) 第二种方式是给出标识的名单

    ```
    pageselect G12
    pageunstack(page=us00) fn year
    pagestruct(freq=a) @date(year)
    delete year01
    pagestack(page=S01) ch dm ge us @ *?  'ID01 x YEAR01
    ```

我们先将工作页 G12 拆堆得到工作页 us00，并重新结构化成非规则年度工作页，最后用 ch, dm, ge, us 四个堆叠标识进行堆叠，得到面板结构工作页 S01。当堆叠标识的个数较多时，这种方式显然过于笨拙。

    (c) 第三种方式非常轻巧，它采用的是通过命名的模式取得堆叠标识

    ```
    pageselect us00
    pagestack(page=s02) inv?  @ cap? inv?  'ID01 x YEAR01
    ```

其中的问号代表拆分序列名字中的堆叠标识，我推荐采用第三种方式。

2) 符号 @ 后面，给出要堆叠的序列，要堆叠哪些序列，可以使用通配符来选定。例如

    ```
    pageselect us00
    pagestack(page=s04a) inv?  @ *?  *
    pageselect us00
    pagestack(page=s04) inv?
    ```

堆叠的结果工作页 s04a 和 s04 相同，也就是说默认堆叠所有的拆分序列和简单序列，当然序列 resid 是不进行堆叠的。注意一点，如果

    ```
    pagestack(page=s04x) inv?  @ *
    ```

将堆叠所有序列，把拆分序列也当成简单序列进行堆叠。此外，堆叠简单序列时，得到的序列是简单序列的重复堆叠，如果目标工作页在当前工作文件中，将建立链接，而不复制数据。例如

    ```
    pageselect us00
    pagecopy(page=us01)
    series x = @obsid
    pagestack(page=s03) inv?  @ cap?  x    'x is linked
    ```

工作页 s03 中的 x 是链接对象，链接的方式带来内存的节省和动态更新的好处。如果将目标工作页指定到其他工作文件中 (选项 wf=wfName)，堆叠序列将是简单序列的多个副本堆叠而成。

3) 要堆叠的序列默认为 "*? *"，即先堆叠拆分序列，再堆叠简单序列。因此，如果一个简单序列的名称符合拆分序列的命名模式，它将被当成拆分序列堆叠。

4) 堆叠序列的命名，默认下采用基本名作为堆叠序列名。可以指定字符串替换堆叠标识"*?"的位置，作为堆叠序列名

```
pageselect us00
pagestack(?="_s",page=s05) inv? @ cap? inv?
```

用"_s"替换堆叠标识，得到堆叠序列 cap_s 和 inv_s。

5) 堆叠的交错方式 (选项 interleave)，例如

```
pageselect us00
pagestack(interleave,page=s31) fn    'sort year fn
pagecopy(page=p32)
rename id01 fn
pagecopy(page=P31)
pagestruct(freq=a) fn @date(year)   'sort fn year, panel
pageselect P32
pagestruct(freq=a) @date(year) fn 'Indices:  FN x YEAR
```

工作页 s31 的数据堆叠顺序相当于 sort year fn。交错方式堆叠的工作页不会被 EViews 结构化成面板结构，因为日期面板结构工作页中观测总是按个体堆叠的。请注意，面板工作页 P31 和 P32，其数据堆叠顺序都为 sort fn year。

6) 堆叠后，不一定得到面板结构，如进行交错堆叠的情况。此外，EViews 不能进一步识别观测标识的时间信息时，如整数日期标识等无规则日期观测标识，也不产生面板结构，例如

```
pageselect us00
pagecopy(page=us04)
pagestruct year   'undated, index:  year
pagestack(page=s40) fn
```

得到的工作页 s40 是无结构的，当然很容易对它进行面板结构化。

非堆叠数据的主要来源为原始数据按多序列记录，非堆叠观测数据可能是从外部数据导入，或者从面板数据转换而来。关于数据的堆叠顺序，尽管记录数据时通常按时间堆叠，如市场每天的交易数据按时间添加到数据库中。然而，EViews 保存面板数据集时往往按个体堆叠，经济计量的理论分析和应用分析时数据组织通常也按个体堆叠。

☼ **小提示** ☼：命令 pagestack 只是堆叠拆分的序列对象，源工作页的其他对象，如方程对象，样本对象和合伙对象等，并没有复制过来。因为这些对象即使复制过来通常也没有意义。

三、结构化工作页

工作页 G12 (第 363 页) 已经是堆叠数据，我们进一步将其结构化为非规则日期面板结构

```
pageselect G12
pagecopy(page=p01)
pagestruct(freq=a) fn @date(year)    'dated panel
```

命令 pagestruct 修改当前工作页 p01 的结构。此外，哪怕 year 已经是日期序列，要作为日期标识，关键字 @date 必不可少。

将当前工作页结构化成面板结构的命令为 pagestruct，结构化时需要两个标识序列，个体标识序列和时期标识序列。补充说明如下：

1) 即使当前工作页已经具有面板结构，仍然可以使用 pagestruct 修改结构，例如工作页 us00 堆叠得到的工作页 S01 (第 395 页)，其结构标识为 ID01×YEAR01，是整数日期结构，我们可以把它结构化成非规则年度面板结构。

```
pageselect S01
pagestruct(none)
rename id01 fn
delete year01
pagestruct(freq=a) fn @date(year)
```

堆叠得到的面板结构，通常需要重新结构化，以更清晰地体现面板的结构信息。

2) 要结构化成面板结构，要求当前工作页的数据结构已经是堆叠形式的，而且个体和时期标识序列也在当前工作页中。如果当前工作页中没有时期标识序列，可以使用选项 create，通过对同一个体的重复观测进行顺序编号创建时期标识序列，例如

```
pagecreate(page=cre) u 6
alpha indv = "B"
smpl 1 2
indv = "A"
smpl @all
series x = @obsrange-@obsid
pagestruct(create) indv
```

结构化过程中创建了时期标识序列 cellid，得到工作页内容为

indv	cellid	x	indv	cellid	x
A	1	5	B	1	3
A	2	4	B	2	2
			B	3	1
			B	4	0

这里可以理解成两个城市的家庭随机调查，从 A 城调查了 2 个家庭，从 B 城调查了 4 个家庭。假设每个城市的家庭编号顺序是无关紧要的，因此每个城市家庭编号都从 1 开始，体现在结构化过程中创建的时期标识序列 cellid 的取值上。由 wfstats 命令得到的工作页结构信息为

```
Workfile structure: Panel - Undated
  Indices: INDV x CELLID
  Panel dimension: 2 x 4
  Range: 1 6 Dim(2,4) -- 6 obs
```

表明横截面标识有 2 个取值，而时期标识有 4 个取值，但总共为 6 个观测，而不是 8 个观测。

3) 如果面板结构标识中有一个用 @date 设定为日期标识，EViews 总是将日期标识作为时期标识，例如工作页 us00 堆叠得到的工作页分别结构化成面板工作页 P31 和 P32 (第 396 页)，其结构标识都为 FN×YEAR，尽管两者结构化时，标识互换了顺序。

4) 面板结构是比较复杂的，我们将在 §9.1.2 节 (第 400 页) 深入讨论。

四、使用标识序列建立

可以使用交叉两个标识序列的方式来创建面板工作页，例如在工作页 G12 (第 363 页) 的基础上，

```
pageselect G12
pagecopy(page=t02)
genr year = @dateadd(year, 5,"Y")
year.setformat "yyyy"
pagecreate(idcross, page=p01c) fn @date(year) @srcpage G12 t02
pagestruct(freq=a) fn @date(year)    'FN x YEAR
delete year01
```

先复制工作页 G12 为 t02，并修改 t02 中的序列 year 使其年份增加了 5 年。然后交叉序列 fn 和 year，建立面板工作页 p01c，为整数日期结构，结构化标识为 FN×YEAR01，注意序列 year01 是建立工作页时产生的。最后我们将工作页 p01c 重新结构化成非规则年度面板结构，此时我们清楚地看到 Range: 1940 1955 x 4 -- 12 obs 的工作页结构信息，表明时期标识来自于工作页 t02。选项 idcross 的补充说明：

1) 使用交叉标识的选项 idcross 时，必须给出两个标识序列，并且作为日期标识的序列需要使用 @date 关键字。此外

```
pagecreate(idcross, page=p02c) @date(year) fn @srcpage t02 G12
```

尽管交叉标识交换了顺序，工作页 p02c 和 p01c 完全相同，因为日期面板结构中，EViews 总是将日期标识作为时期标识。

2) 如果用 @srcpage 设定了两个源工作页，那么第一个标识序列取自第一个源工作页，第二个标识序列取自第二个源工作页。如果只给出一个源工作页，表示两个标识都来自该工作页。如果没有设定源工作页，则两个标识都取自当前工作页。例如，

```
pagecreate(idcross, page=p03c) fn @date(year) @srcpage G12
pageselect G12
pagecreate(idcross, page=p04c) fn @date(year)    '=p03c
```

工作页 p03c 和 p04c 完全相同。

3) 可以将个体标识和日期范围进行交叉，例如

```
pageselect G12
pagecreate(idcross, page=p05cr) fn @range(a,2001,2007)
copy dateid year
pagestruct(freq=a) fn @date(year)
delete dateid
```

其中 @range 的语法和 pagecreate/wfcreate 新建日期结构工作页的语法相同。注意序列 dateid 作为工作页 p05cr 的结构标识而创建，我们不喜欢它，重新结构化了工作页。

交叉两个标识序列创建面板工作页是创建面板结构工作页的特有方式。此外，创建非面板工作页时，采用标识序列的交集或者并集作为工作页标识的方法（参见 §2.5 节中的第 98 页），也可以在新建面板工作页时使用。下面我们仍然用例子来讲述，首先准备测试数据，

```
pageselect G12
pagecopy(page=t03)
genr year = @dateadd(year,10,"Y")
year(1) = @makedate(1940, "yyyy")
year.setformat "yyyy"
```

通过复制 G12 建立工作页 t03，然后将 t03 里的序列 year 的年度值增加 10 年，并将第一个观测的年度值设置为 1940。下表中分别给出了 G12 和 t03 工作页中的序列 fn 和 year 的取值，其中前两列为 G12 的，中间两列为 t03 的，最后两列为两工作页中有序组 (FN, YEAR) 的交集，共 5 组取值。

G12		t03		交集	
fn	year	fn	year	fn	year
CH	1935				
CH	1940	CH	**1940**	CH	1940
CH	1950	CH	1950	CH	1950
DM	1935	CH	1960		
DM	1940	DM	1945		
DM	1950	DM	1950	DM	1950
GE	1935	DM	1960		
GE	1940	GE	1945		
GE	1950	GE	1950	GE	1950
US	1935	GE	1960		
US	1940	US	1945		
US	1950	US	1950	US	1950
		US	1960		

好！数据准备完毕，接下来我们用 G12 和 t03 工作页中的序列 fn 和 year 的并集和交集，分别作为标识来新建面板工作页。

```
pagecreate(id, page=p01u) fn @date(year) @srcpage G12 t03
pagecreate(idintersect, page=p01i) fn @date(year) @srcpage G12 t03
```

工作页 p01u 和 p01i 的标识都为 FN×YEAR01 的整数日期面板结构，交集方式建立的工作页 p01i 只有 5 个观测，因为 G12 与 t02 工作页中的 (FN, YEAR) 有序组的交集只有 5 个元素。并集方式建立的工作页 p01u 有 19 个观测，尽管 G12 和 t02 工作页中 (FN, YEAR) 有序组的取值都为 12 组，但并集的元素个数为 19 个，等于两者之和再扣除交集里重复的 5 个。补充说明如下：

1) 面板工作页的观测标识是个体标识和时期标识的有序组的并集 (选项为 id) 或者交集 (选项为 idintersect)。注意这里不是单个序列的集合再进行交叉，如果考虑单个序列的集合，fn 的并集有 4 个元素，而 year 的并集有 5 个元素，交叉后将得到 20 个观测标识。类似地，fn 的交集有 4 个元素，而 year 的交集有 2 个元素，交叉后将得到 8 个观测标识。

2) 工作页 p01u 的时期标识序列 year01 的取值为 1, 2, 3, 4 和 6，是这样产生的：

$$\text{YEAR01}_i - 1 = (\text{YEAR}_i - \text{YEAR}_1) / \text{GCD} \tag{9.1}$$

其中 GCD 是数值集合 $\{\text{YEAR}_i - \text{YEAR}_1\}$ 的最大公约数（greatest common divisor），这里年份 YEAR 从小到大排序，$\text{YEAR}_1 = 1935$，集合 $\{\text{YEAR}_i - \text{YEAR}_1\} = \{0, 5, 10, 15, 25\}$ 的最大公约数为 5。

3) 当源工作页为多个时，每个源工作页都必须包含面板结构的两个标识序列。

4) 当面板结构的两个标识来自同一工作页时，交集和并集方式的结果是一样的。

5) 只使用源工作页的部分样本时，可以用选项 smpl 来指定，不过要注意指定的样本集对所有的源工作页都是有效的才行。

用交叉两个标识序列的方式建立起来的面板结构是平衡的，而两个标识的并集或交集方式建立的面板工作页往往不是平衡的，其观测标识是两个标识有序组的并集或者交集。

至此，我们对面板工作页的建立已经有全面的了解，最后再强调一下面板结构标识：

- 我把面板结构横向和纵向的标识分别称为个体标识和时期标识；
- 注意堆叠命令 `pagestack` 或者结构化命令 `pagestruct` 中使用的标识来源为当前工作页，而建立工作页命令 `pagecreate` 使用的标识的来源可以是其他页面，甚至是多个工作页，当有多个源工作页时，请确保每个工作页都包含这些标识序列；
- 堆叠命令只需要给出一维标识信息，而结构化和创建则需要给出两维的标识信息。

§9.1.2 面板结构

面板工作页的结构，比普通工作页的结构更加丰富。我们先介绍常见的面板结构类型，然后讨论面板结构的平衡和规则化。此外，还简单介绍了嵌套面板以及使用三个标识结构化的面板工作页。

一、类型

首先，我们了解一下面板结构的类型：

1) 日期与非日期，如果时期标识是日期型的，称为日期结构，并根据其频率类型分为年度面板或季度面板等。
2) 规则日期与非规则日期，在日期结构的面板工作页中，进一步区分规则日期和非规则日期。可以将非规则面板转换成规则面板。
3) 平衡与非平衡，当每个个体具有相同的时期标识集合时，称面板结构是完全平衡的，否则面板结构为非平衡的：
   (a) 该定义下，平衡面板可以是非规则的；
   (b) 非平衡面板可以通过添加观测转换成平衡面板。

所有个体的时期标识集的并集，称为**时期标识全集** (period identifier assembly)，它是工作页所有时期标识的集合。因此，平衡面板每个个体的时期标识集等于时期标识全集，而非平衡面板结构中至少存在一个个体，其时期标识集是时期标识全集的真子集。也就是说，由于某些个体缺少了若干时期的观测，才导致面板结构的不平衡。

4) 嵌套面板 (nested panel)，例如汽车制造商和品牌：

制造商	品牌
Ford	Explorer
Ford	Focus
Ford	Fusion
Volkswagen	Jetta
Volkswagen	Passat

这里品牌标识（时期标识）不仅在制造商标识（个体标识）里唯一，而且在全部制造商中唯一，此时品牌标识就能唯一确定每个观测。而一般的面板结构，是由个体标识和时期标识联合确定每个观测。EViews 还不支持嵌套面板结构。

二、嵌套面板

在 §8.4 节中的第 366 页谈到的混合截面 (pooled cross sections) 数据，其个体标识往往就能完全确定每一个观测，得到嵌套面板的情况。[1]

下面是时期标识唯一确定了每个观测的例子：

```
pagecreate(page=tmp) u 3 4
series m=@trend+3
genr n = m+10
pagecreate(page=tmpX) u 1 3
series m=@OBSNUM
genr n = m+10    'nested
n = m+12 '11~13, otherwise nested!
pagecreate(id, page=p01) m n @srcpage tmp tmpX
m.setformat g
n.setformat g
```

工作页 tmp 和 tmpX 中序列 m 和 n 的取值列表如下，右表最后 5 列为工作页 tmpX 中，令 n=m+k，k 取 10 到 14 之间时相应的 n 值。

tmp	m	n		tmpX	m	10	11	12	13	14
					1	11	12	13	14	15
					2	12	13	14	15	16
	3	13			3	13	14	15	16	17
	4	14								

显然 $k=10$ 时 n 完全确定每个观测，而当 $k=11,12$ 或者 13 时，只靠 n 无法确定每个观测，例如 $k=11$ 时，对于有序组 $(3,13)$ 和 $(2,13)$，必须由 m 和 n 才能唯一确定工作页 p01 的每个观测。

三、平衡和规则化

非平衡面板或者非规则面板工作页可以通过添加观测来实现平衡或者规则结构，还可以同时进行平衡和规则化。平衡是通过补齐个体时期标识集相对于时期标识全集缺少的观测实现的，而规则化是补齐个体时期标识中最早和最晚之间依照规则频率缺少的观测。

EViews 用 `pagestruct` 命令来平衡和规则化面板结构，平衡有三个基本方法，分别为平衡开头、平衡中部和平衡结尾，选项分别为 s, m 和 e。这三种基本方法都是部分平衡方法，可以进行组合，例如 se 表示平衡开头和结尾，而选项 mse 可以实现完全平衡。注意平衡和规则化（选项为 reg）是面向个体的，而不是面向工作页整体的。下面我们用例子来说明更直观，首先准备一下工作文件。

```
pagecreate(page=bal) u 12
alpha indv = "B"
smpl 1 6
indv = "A"
smpl @all

series x=@obsid
series year
year.fill 85,87,93,94,95,96,87,89,92,94,97,99
year = year +1900
```

---

[1] EViews 下，可以采用非面板工作页，使用时期哑变量进行分析。

表 9.1 面板结构平衡方法比较

选项				m		se		mse	
A	B	Year	cID	A	B	A	B	A	B
85		85	1	85		85	**85**	85	**85**
87	87	87	2	87	87	87	87	87	87
	89	89	3	**89**	89		89	**89**	89
	92	92	4	**92**	92		92	**92**	92
93		93	5	93	**93**	93		93	**93**
94	94	94	6	94	94	94	94	94	94
95		95	7	95	**95**	95		95	**95**
96		96	8	96	**96**	96		96	**96**
	97	97	9		97	**97**	97	**97**	97
	99	99	10		99	**99**	99	**99**	99

```
genr year = @makedate(year, "yyyy")    'Date series
year.setformat "YYYY"
```

工作页 bal 里面有两个个体 A 和 B，其观测年度分别为表 9.1 的前两列，时期标识全集 Year(即所有个体的年度标识集合) 在第三列，时期编号 cID 在第 4 列。下面我们考察和对比不同平衡方法：

```
pageselect bal
pagecopy(page=P0)
pagestruct(freq=a) indv @date(year)
pageselect bal
pagecopy(page=p0m)
pagestruct(freq=a,bal=m) indv @date(year)
pageselect bal
pagecopy(page=p0s)
pagestruct(freq=a,bal=s) indv @date(year)
pageselect bal
pagecopy(page=p0e)
pagestruct(freq=a,bal=e) indv @date(year)
pageselect bal
pagecopy(page=p0se)
pagestruct(freq=a,bal=se) indv @date(year)
pageselect bal
pagecopy(page=p0mse)
pagestruct(freq=a,bal=mse) indv @date(year)    'fully balanced
```

结果说明如下：

- 工作页 P0 是堆叠工作页 bal 的直接结构化，得到的是非规则非平衡的年度面板结构。
- 工作页 p0m 是平衡中部的结果，请参考表 9.1 中的第 5 和第 6 列。个体 A 添加了 1989 年和 1992 年的观测，因为个体 A 的最早和最迟的观测年度为 1985 年和 1996 年，期间年度标识集合 Year 里 1989 年和 1992 两年个体 A 没有观测，因此添加进来。对于个体 B，同样的规则，添加的年度为 1993 年，1995 年和 1996 年。平衡结果表明，EViews 提供的面板结构的平衡过程是逐个个体平衡的，而不是把整个工作页当成一个整体来平衡。
- 工作页 p0s 平衡了每个个体的开头，p0e 平衡了每个个体的结尾，p0se 同时平衡了开头和结尾

(表 9.1 中的倒数第 3 和 4 列)，中间的年度仍然是空缺的。p0mse 得到完全平衡的面板结构(表 9.1 中的最后两列)，但仍然是非规则的。

上述例子讨论的是日期结构面板，非日期结构面板的平衡方法与此类似。

非规则日期面板结构可以转换成规则日期面板结构。例如

```
pageselect P0
pagecopy(page=p0r)
pagestruct(freq=a,reg) indv @date(year)    'unbalanced
```

工作页 p0r 的每个个体的观测是规则的，但整个工作页是非平衡的，个体 A 的年度连续观测从 1985 年到 1996 年，而个体 B 的则从 1987 到 1999 年。我们看到

- EViews 提供的面板结构规则化过程是面向个体的，逐个个体进行日期的规则化。
- 规则化选项 reg 包含了平衡中部的选项 m。

日期结构面板可以同时进行平衡和规则化操作。例如

```
pageselect P0
pagecopy(page=p0rse)
pagestruct(freq=a,reg,bal=se) indv @date(year) 'regular F-balanced
```

工作页 p0rse 是完全平衡的规则面板。只进行平衡和规则化两项操作时，平衡和规则化操作的顺序无关紧要，也就是说，先进行平衡还是先进行规则化不影响最终结果。

四、其他结构

通常使用的面板数据指横向和纵向两维结构标识的数据，变量的每个观测需要由个体标识和时期标识来共同确定。EViews 的 pagecreate 和 pagestruct 命令允许三个标识来创建或者结构化工作页，页面描述也称为 Panel，但计量分析时不采用面板计量方法，例如

```
pagecreate(page=tmp4) u 4
series m
series n
series k
m.fill 1, 0, 0, 0
n.fill 0, 1, 0, 0
k.fill 0, 0, 0, 1
m.setformat g
n.setformat g
k.setformat g
pagestruct m n k
pagecreate(id, page=p04) m n k @srcpage tmp4
equation eq01.ls m c n
```

工作页 tmp4 和 p04 的数据都按 sort m n k 的方式进行堆叠，且工作页结构都为

```
Workfile structure:  Panel - Undated
Indices:  M x N x K
Panel dimension:  2 x 2 x 2
Range:  1 4 Dim(2,2,2) -- 4 obs
```

但实际上并没有当成面板数据，方程 eq01 的估计结果报告指出了 Method: Least Squares，而不是 Method: Panel Least Squares。

请注意，面板工作页 pagestruct(none) 去结构后，将得到堆叠数据的无结构工作页。

§9.1.3 面板工作页函数

面板工作页包含了更多的结构信息，EViews 提供了更多的工作文件函数来提供这些信息。

一、观测数目

我们使用面板工作页 P0 (第 402 页)，演示面板工作页的函数，首先回顾一下返回标量的函数：
```
pageselect P0
table tb
tb(1,2) = @obsrange     '=12
smpl 1993 1995
tb(1,3) = @obssmpl      '=4
smpl @all
```
为了方便查看，函数的返回值保存在表格 tb 里，也标在语句的注释里：
- 函数 @obsrange 返回工作页的总观测数目。
- 函数 @obssmpl 返回当前样本集内的观测数目。由表 9.1 (第 402 页) 知，1993 年到 1995 年的样本区间里，只有 4 个观测。
- 请注意，函数 @elem 在面板工作页中不能使用。

二、观测编号和趋势

返回序列的工作文件函数
```
pageselect P0
series idi = @crossid
series idp = @cellid
series ido = @obsid
series idn = @obsnum
genr idt = @trend
genr idc = @trendc
```
函数 @crossid 和 @cellid 分别返回面板工作页中每个观测的个体编号和时期编号。我们把面板工作页函数的返回结果列在表 9.2 进行对比，总结如下：
- 函数 @crossid 返回个体编号，从 1 开始编号。
- 函数 @cellid 返回时期编号 (基于时期标识全集中从 1 开始的顺序编号)，请根据表 9.1 (第 402 页) 的 cID 列，核对表 9.2 里 @cellid 列的取值。
- 函数 @obsid 返回个体的观测编号，即每个个体的观测按顺序从 1 开始编号。
- 函数 @obsnum 返回工作页的观测编号，工作页的所有观测按个体进行堆叠，从 1 开始顺序编号。
- 面板结构工作页中，函数 @trend 被设定为 @trend = @cellid-1。
- 函数 @trendc 返回每个个体基于日历的趋势。面板工作页中，函数 @trendc 的基期被固定为工作页的最早观测日期，对于传入的基期参数，将被忽略，不起作用。
- 如果面板是规则的，显然 @trendc = @trend。
- 如果面板是完全平衡的，则 @obsid = @cellid = @trend+1。

注意，函数 @crossid, @obsnum, @obsid 和 @cellid 返回的都是编号，不是标识（当然，可能用编号作为标识）。事实上，函数 @crossid 和 @cellid 等也可以在非面板结构工作页中使用，在非面板结构的工作页中，

表 9.2　工作文件函数（面板结构）

	@crossid	@cellid	@obsid	@obsnum	@trend	@trendc
A-85	1	1	1	1	0	0
A-87	1	2	2	2	1	2
A-93	1	5	3	3	4	8
A-94	1	6	4	4	5	9
A-95	1	7	5	5	6	10
A-96	1	8	6	6	7	11
B-87	2	2	1	7	1	2
B-89	2	3	2	8	2	4
B-92	2	4	3	9	3	7
B-94	2	6	4	10	5	9
B-97	2	9	5	11	8	12
B-99	2	10	6	12	9	14

- 函数 @crossid 的返回值都为 1。
- 有如下的关系：@obsid = @obsnum = @cellid = @trend+1。

三、日期序列

如果面板工作页是日期结构的，表 2.7 (第 102 页) 中和日期序列相关的工作文件函数，如 @date 和 @seas 等函数，仍然可以用来提取日期信息。例如

```
pageselect P0
alpha bp = @datestr(@date,"YYYY")
genr by = @year
```

取得观测的年份。

§9.1.4　修改面板工作页

对面板工作页的修改主要是平衡和规则化，修改观测范围，以及删除或者追加观测等。平衡和规则化已经在 §9.1.2 小节面板结构中讨论了，而面板工作页中，删除观测或者追加观测和非面板工作页没有太多区别。因此，这里只讨论面板工作页中修改观测范围的相关问题。

改变面板工作页观测范围，操作是面向个体的，需要特别注意偏移量的含义，同时又有规则化和平衡等操作需要考虑，比非面板结构工作页的修改要复杂许多。下面使用面板工作页 P0 (第 402 页) 为模板进行阐述，有必要提醒的是，工作页 P0 是非规则非平衡的年度面板工作页。

一、修改观测范围

在面板工作页中使用 pagestruct 命令来修改工作页观测范围时，如果采用直接指定开始或者结束日期的方式，只能用来缩小观测范围，不能用来扩大观测范围。下面是具体的例子：

1) 直接指定开始和结束日期

```
pageselect P0
pagecopy(page=Pd1)
pagestruct(freq=a, start=1993, end=1995) *
```

工作页 Pd1 只剩下 4 个观测，标识为 A-93, A-94, A-95 和 B-94，建议根据表 9.1 (第 402 页) 的前两列核对一下。此外，请注意命令最后的星号 "*"，代表当前的结构标识，少了该星号结果就大相径庭，请对比

```
pageselect P0
pagecopy(page=Pdx)
pagestruct(freq=a, start=1993, end=1995)
```

工作页 Pdx 是年度日期结构，非面板结构，只有三个观测，相当于工作页 Pdx 去结构得到堆叠数据，再结构化成年度日期结构，并且只截取前三个观测。

2) 直接指定开始或者结束日期，如果给定的日期超出工作页的范围，将被忽略。例如

```
pageselect P0
pagecopy(page=Pd0)
pagestruct(freq=a, start=1984) *
```

工作页 Pd0 没有任何变化，观测范围没有改变，哪怕事先将工作页 Pd0 进行完全平衡和规则化。例如

```
pageselect Pd0
pagestruct(freq=a, bal=se, reg) *    'fully bal and reg
pagestruct(freq=a, start=1984) *     'no effect
```

要修改观测范围，在 pagestruct 命令的选项 start 和 end 中，使用关键字 @first 和 @last 结合偏移量是更灵活的方法，能方便地缩小或者扩大工作页的观测范围，不过偏移量的计算有点复杂。我们还是用例子来说明：

1) 使用关键字 @first 和 @last 结合偏移量来缩小观测范围。例如

```
pageselect P0
pagecopy(page=p0F)    '@first+2
pagestruct(freq=a, start=@first+2) *
pageselect P0
pagecopy(page=p0L)    '@last-2
pagestruct(freq=a, end=@last-2) *
```

对照表 9.1 (第 402 页) 的前两列，不难发现 p0F 少了 A-85, A-87, B-87 和 B-89 四个观测，也就是说，缩小观测范围的偏移量是面向个体的，基于个体的观测编号计算偏移量，根据该规则，p0L 每个个体去掉了最后两个观测。

2) 采用关键字 @first 和 @last 结合偏移量来扩大观测范围，此时情况要复杂一些。例如

```
pageselect P0
pagecopy(page=p0Fa)   '@first-2
pagestruct(freq=a, start=@first-2) *   'pid, then date space
pageselect P0
pagecopy(page=p0La)   '@last+3
pagestruct(freq=a, end=@last+3) *
```

此时的规则为，偏移的计算是基于时期编号，如果超出该范围，偏移的计算则采用规则日期。因此工作页 p0Fa 添加的观测为 A-83, A-84, B-84 和 B-85，工作页 p0La 添加的 6 个观测为 A-97, A-99, A-00, B-00, B-01 和 B-02。请注意，这里扩大观测范围和缩小观测范围的处理方法是非对称的。

在面板结构中修改观测范围时，`pagestruct` 命令中，偏移量计算规则为，偏移量的计算基于个体的观测编号 (即 `@obsid`)；当超出个体的观测范围时，偏移量的计算基于时期编号 (即 `@cellid`)；继续超出的话，偏移量的计算基于规则日期。请注意，与非面板结构工作页的偏移量计算方法 (第 104 页) 相比较，非面板结构的工作页相当于只有一个个体的面板工作页。

二、修改观测范围与平衡和规则化

修改观测范围时，同时可以进行平衡和/或规则化操作：

1) 用偏移量缩小观测范围的同时，又进行头尾的平衡，例如

```
pageselect P0
pagecopy(page=p0Fs)     '@first+2, balance start
pagestruct(freq=a, start=@first+2,bal=s) * 'balance first
pageselect P0
pagecopy(page=p0Le)     '@last-2, balance end
pagestruct(freq=a, end=@last-2,bal=e) *
```

规则是先平衡，再缩小范围，故 p0Fs 的最终结果为个体 A 去掉了前两个观测，而个体 B 只去了前一个观测。对于工作页 p0Le，个体 A 的观测不变，而个体 B 的最后两个观测被去除了。

2) 扩大观测范围如果也进行平衡的话，仍然是平衡优先，例如

```
pageselect P0
pagecopy(page=p0Fas)    '@first-2, bal=s
pagestruct(freq=a, start=@first-2,bal=s) * 'balance first
pageselect P0
pagecopy(page=p0Lae)    '@last+2, bal=e
pagestruct(freq=a, end=@last+2,bal=e) *
```

工作页 p0Fas 的个体 B 添加了三个观测，分别为 B-83, B-84 和 B-85，B-85 是平衡加入的，其他两个是由偏移量 `@first-2` 加入的。工作页 p0Lae 的个体 A 增加了四个观测，分别为 A-97, A-99, A-00 和 A-01，前两个是平衡加入的，后两个是偏移加入的。

3) 通过偏移修改观测范围和平衡操作可以在不同侧，例如

```
pageselect P0
pagecopy(page=p0Fae)
pagestruct(freq=a, start=@first-2,bal=e) *
pageselect P0
pagecopy(page=p0Fe)
pagestruct(freq=a, start=@first+6,bal=e) *
```

由于平衡优先，工作页 p0Fe 有两个观测，否则先进行偏移的话，就没有观测了。

4) 通过偏移量调整（扩大或缩小）观测范围，同时进行规则化，则先完成规则化操作，再调整观测范围，此时加减观测都是规则日期的，例如

```
pageselect P0
pagecopy(page=p0Lar)    '@last+2, reg
pagestruct(freq=a, end=@last+2,reg) *
```

记住这两个操作都是面向个体的，不难理解最终结果：工作页 p0Lar 中，个体 A 的观测年度为 1985–1998 年的 14 个年度，个体 B 的为 1987–2001 年的 15 个年度，工作页 p0Lar 总共有 29 个观测。

5) 通过偏移量调整（扩大或缩小）观测范围，进行平衡和规则化可以同时进行（这三个操作都是逐个个体进行的），例如

```
pageselect P0
pagecopy(page=p0FLser)    '@first+1, @last+2, bal=se,reg
pagestruct(freq=a, start=@first+1,end=@last+2,bal=se,reg)  *
```

此时操作的顺序是先完成平衡和日期规则化（平衡和规则化的顺序无关紧要），最后才根据偏移量调整观测范围。因此，工作页 p0FLser 中，个体 A 和 B 的观测年度都为 1986–2001 年的 16 个年度，总共有 32 个观测。

§9.1.5 小结

面板结构的支持，增强了 EViews 对横截面数据和面板数据的支持，改变了 EViews 只是优秀的时间序列分析计量软件的形象。

面板结构需要二维的结构标识，通常将其横向和纵向的标识分别称为个体标识和时期标识，它们唯一确定工作页的每个观测。

- 建立面板结构工作页

    - pagecreate 直接建立简单面板结构工作页，还可以使用两个序列的交叉，交集或并集作为结构标识的方法建立面板工作页；
    - pagestack 堆叠；
    - pagestruct 结构化。

- 面板的平衡和规则化，使用 pagestruct 命令，平衡和规则化操作都是面向个体的。三种基本的局部平衡方法为平衡开头、平衡中部和平衡结尾。这三种方法可以组合，例子请参考表 9.1。
- 面板工作页的管理和普通工作页相同。
- 面板工作页函数：函数 @crossid 和 @cellid 分别取得个体编号和时期编号，注意趋势函数 @trendc 的基期被固定为工作页的最早观测日期。具体例子可以参考表 9.2。
- 使用 pagestruct 命令修改面板工作页的观测范围时，操作是面向个体的，要特别注意偏移量计算的复杂性 (计算规则请参考第 407 页)。
- 面板工作页观测范围的调整如果和规则化以及平衡等操作交织在一起，EViews 的操作过程总是平衡优先，再进行规则化，最后才调整观测范围。

§9.2 使用面板数据

面板结构工作页中,由于工作页结构更加复杂,工作样本集的设定更加灵活。因此,我们首先讨论工作样本集的设定。然后,讨论序列对象,介绍了分组统计函数和利用面板结构信息的图形视图命令。最后,对面板工作页中的其他 EViews 对象进行简单的介绍。

面板数据模型的分析和估计,使用方程对象,将在 §9.3 节 (第 420 页) 给出具体的例子。面板工作页中,观测数据是按个体进行堆叠的,序列对象的超前和滞后是基于个体的。

§9.2.1 工作样本集

非面板工作页的工作样本集设定在 §2.6 节 (第 110 页) 有深入的讨论。面板工作页中样本集的设定,需要区分日期结构和非日期结构的面板工作页。

一、日期结构

对于规则的日期面板工作页,样本集的设置方法与非面板的情形没有区别,例如

```
%wf = @evpath + "\Example Files\data\GRUNFELD"
pageload %wf
pagestack(page=G0) inv?
pagecopy(page=G1)
smpl 1940 1950
```

观测区间为 11 个年度,但由于有 10 个个体,工作页 G1 的当前样本集有 110 个观测。同样地,也可以使用 if 条件,例如

```
pageselect G0
pagecopy(page=G2)
smpl @first+5 1950 if val/cap>1    '83 obs
```

smpl 语句中,@first 指向每个个体的第一个观测,此时工作页 G2 的当前样本集有 83 个观测。

对于非规则日期的面板工作页,情况复杂一些,我们基于面板工作页 P0 (第 402 页) 进行讲解,面板工作页 P0 的时期标识请参考表 9.1 (第 402 页)。

1) 使用日期对,例如

```
pageselect P0
pagecopy(page=ps0)
smpl 1995 1999
```

工作页 ps0 的当前样本集有 4 个观测,即 A-95, A-96, B-97 和 B-99。

2) 使用偏移量,偏移量的计算是面向个体的,在个体的观测范围之内,偏移量的计算基于观测编号,例如

```
pageselect P0
pagecopy(page=p02)
smpl @first+1 1989
```

工作页 p02 的当前样本集有 2 个观测,即 A-87 和 B-89。请注意,面板工作页中,关键字 @first 和 @last 是面向个体的,分别指向每个个体的第一个和最后一个观测。

3) 使用偏移量，在个体的观测范围之外，偏移量的计算基于规则日期，例如

```
pageselect P0
pagecopy(page=p03)
smpl 1984+3 1993
```

工作页 p03 的当前样本集有 4 个观测，具体为 A-93, B-87, B-89 和 B-92。对于个体 A，计算"1984+3"的偏移时，路线为 A-85, A-87 和 A-93，第一步从 A-84 到 A-85 使用规则日期，然后偏移的计算根据观测编号。对于个体 B，同样的规则，偏移的路线为 B-85, B-86 和 B-87。

4) 非规则日期面板工作页中，关键字 @firstmin 和 @firstmax 分别指向个体的所有开始观测 (第一个观测) 中，最早和最迟的观测期，例如

```
pageselect P0
pagecopy(page=pw0)
smpl @firstmax @last
```

工作页 pw0 的当前样本集有 11 个观测，此时的样本设置等价于

```
smpl 1987 @last
```

因为工作页 pw0 中个体的开始观测期分别为 A-85 和 B-87，显然最迟的观测期为 1987 年。类似地，关键字 @lastmin 和 @lastmax 分别指向个体的所有结束观测 (最后一个观测) 中，最早和最迟的观测期。因此

```
pageselect P0
pagecopy(page=pw3)
smpl @firstmax @lastmin
```

等价于

```
pageselect pw3
smpl 1987 1996
```

关于工作样本集的设定，以下几点有必要再强调一下：

1) 面板工作页中，关键字 @first 和 @last 是面向个体的。如下语句

```
smpl @first+1 @last
```

将每个个体的第一个观测排除在当前样本集之外。请注意，每个个体的开始日期可能是不同的。

2) 日期结构的面板工作页中，smpl 语句中偏移量[2]的计算是基于个体的，对于个体来说，偏移量的计算遵从非面板日期工作页的**偏移量计算规则** (第 114 页)：偏移量的计算基于观测编号，当超出个体的观测范围时，即大于 @last，或者小于 @first 时，偏移量的计算基于规则日期。

3) 非面板结构工作页中，有 @first=@firstmin=@firstmax, @last=@lastmin=@lastmax。

4) 无论在非面板工作页中，还是在面板工作页中，如下的语句总是等价的。

```
smpl @all
smpl @first @last
```

练习：如下语句设定的工作样本集包含哪些观测？

```
pageselect P0
smpl @firstmin+3 @last
```

---

[2] 偏移量的计算方法，命令 smpl 和 pagestruct 在非面板工作页里使用相同的偏移量计算规则。但在面板工作页下，是有区别的。命令 pagestruct 在面板工作页中偏移量的计算方法请参考第 407 页。

二、非日期结构

对于非日期的面板工作页，我们以 Harrison and Rubinfeld (1978) 的数据为例

```
'http://www.wiley.com/legacy/wileychi/baltagi/supp/Hedonic.xls
wfopen(t=excel,page=HR78) Hedonic.xls range=B1
```

工作页 HR78 (非面板结构) 包含了来自 92 个城市的 506 个观测。

1) 非日期的面板工作页中，工作样本集的设定使用观测编号对，因此

```
pageselect HR78
pagecopy(page=up0)
pagestruct(create) townid
smpl 101 500
```

非平衡面板工作页 up0 的当前观测集有 400 个观测。请注意，这里使用 create 选项来结构化工作页 up0，结构化过程中，创建了时期标识序列 cellid。

2) 非日期的面板工作页中，样本表达式的关键字有如下关系：

$$@first = @firstmin = @firstmax = 1$$

$$@last = @lastmin = @lastmax = @obsrange$$

因此

```
smpl @firstmin+100 @last-6
```

等价于 smpl 101 500。

3) 非日期的面板工作页中，多数情况下，当前样本集的设定使用 if 条件表达式更方便，例如

```
pageselect HR78
pagecopy(page=up2)
pagestruct(create) townid
smpl if townid>8
```

非平衡面板工作页 up2 的当前观测集只包含个体 (城市) 编号大于 8 的观测，共有 456 个观测。

4) 由于 @obsid 定位了个体内的每个观测，如果要设定样本集不包含每个个体的第一个观测，可以使用如下方法：

```
smpl if @obsid>1
```

5) 要设定样本集不包含每个个体的最后一个观测，可以通过如下方式实现

```
pageselect HR78
pagecopy(page=up4)
pagestruct(create) townid
genr oid = @obsid
genr omax = @maxsby(oid,@crossid,"@all")
smpl if oid<omax
```

其中序列 oid 保存了基于个体的观测编号，函数 @maxsby 根据个体编号 (@crossid) 对 oid 进行分组，分别提取各分组的最大观测值，即每个个体的个体内最大观测编号，赋值给相应个体的所有观测。因此序列 omax 中，同一个体的所有观测值都等于相应个体的个体内最大观测编号。

三、样本对象

当经常使用到相同的样本表达式时,建议将其定义成样本对象,例如

```
sample so_last if @obsid < @maxsby(@obsid,@crossid,"@all")
```

使用样本对象来设定样本集时,命令为 `smpl`,例如

```
smpl so_last
```

§9.2.2 序列对象

我们在 §1.4 节(第 30 页)对序列对象已经有所了解。在面板工作页中,序列对象的观测数据是按个体堆叠的,个体内的观测按时期排序。序列对象的大部分视图和过程的命令,并没有利用面板结构的信息。本节中,我们着重介绍分组统计函数和利用面板结构信息的图形命令。需要强调的是,面板结构中,序列的超前和滞后是面向个体的。

例子:我们使用面板工作页 P0 (第 402 页)

```
pageselect P0
pagecopy(page=ps1)
smpl 1995 1999    '4 obs
genr z = 0
z.fill(s) 10,20,30,40
vector v = z
v = v/10
smpl 1992 1994
mtos(v,y)
smpl @all
genr cID = @cellid
group gp cID cID(-1)
genr pmax = @maxsby(@cellid,@crossid,"@all")
```

得到的序列对象取值如下:

	Z	Y	cID	cID(-1)	pmax
A-85	na	na	1	na	8
A-87	na	na	2	1	8
A-93	na	1	5	2	8
A-94	na	2	6	5	8
A-95	10	na	7	6	8
A-96	20	na	8	7	8
B-87	na	na	2	na	10
B-89	na	na	3	2	10
B-92	na	3	4	3	10
B-94	na	4	6	4	10
B-97	30	na	9	6	10
B-99	40	na	10	9	10

程序简单说明如下:

1) 命令 `fill` 使用选项 `s`,填充数值时,只使用当前的样本集,故序列 z 被修改的观测为 A-95, A-96, B-97 和 B-99。

2) 向量赋值语句 v = z，将序列 z 中当前样本集的观测值堆叠起来，再赋值给向量，因此

$$\mathbf{v} = \begin{bmatrix} 10 \\ 20 \\ 30 \\ 40 \end{bmatrix} \Longrightarrow \begin{bmatrix} 1 \\ 2 \\ 3 \\ 4 \end{bmatrix}$$

3) 语句 mtos(v,y) 创建了序列对象 y，并把向量 v 的元素逐个填充到序列 y 的当前观测集里，序列 y 被赋值的观测为 A-93, A-94, B-92 和 B-94。

4) 面板工作页中，尽管数据按个体堆叠，超前和滞后运算总是基于个体的，不会超越个体的边界。对比序列 cID 和 cID(-1) 的取值，这一点是一目了然的。

5) 序列 pmax 的赋值语句中，分组统计函数 @maxsby 根据个体编号计算每个个体的最大时期编号，然后赋值给相应个体的各个观测。因此序列 pmax 中个体 A 的观测值都为 8，个体 B 的都为 10。

一、视图和过程

EViews 的视图或者过程命令，在面板工作页中不使用面板结构信息进行的数据分析，称为堆叠分析 (stacked analysis)。

序列对象的视图中，如下命令支持面板结构：

1) 命令 uroot，进行面板单位根检验，参见 §9.4 节 (第 437 页) 的讨论。
2) 部分的图形视图命令，如 line 命令，参见第 416 页的简单例子，能利用面板结构的个体标识信息进行作图。

其他视图命令则进行堆叠分析，忽略面板结构信息，序列的观测来自哪个个体不加以区分，当成非面板结构的普通序列处理。需要提醒的是，观测的堆叠顺序是按个体的。

对于序列的过程，在面板工作页中，不支持对序列进行滤波 (命令 bpf 和 hpf)。其他仍然可以使用的命令，都进行堆叠分析，视为普通序列，例如填充命令 fill 和平滑命令 smooth 等。

有必要强调的是，忽略面板结构信息的堆叠分析，其结果可能不是我们需要的。例如

```
'http://www.wiley.com/legacy/wileychi/baltagi/supp/Grunfeld.fil
wfopen(t=txt,page=GB0) Grunfeld.fil names=(fn yr i f k)
pagestruct fn @date(yr)
f.teststat(mean=800)
```

这里 Grunfeld (1958) 的数据来自 Baltagi (2005) 的网站，得到的检验结果为 3.03[0.0028]。因为不同公司的价值差异太大 (请参考命令 f.boxplotby fn 的结果)，这样的检验结果是没有意义的。

由于面板结构工作页中，数据是按个体堆叠的。序列的作图、统计和检验的命令中，通过那些支持分组的命令 (通常以 by 结尾)，进行按个体或者按时期分组的分析是非常方便的，例如

```
freeze(tbn) f.testby @crossid
table(19,5) tbn
```

得到按个体分组的齐性检验结果如下：

```
Test for Equality of Means of F
Categorized by values of @CROSSID
Date: 05/12/08   Time: 20:09
Sample: 1935 1954
Included observations: 200
```

Method	df	Value	Probability
Anova F-statistic	(9, 190)	293.4251	0.0000

Analysis of Variance

Source of Variation	df	Sum of Sq.	Mean Sq.
Between	9	3.21E+08	35640052
Within	190	23077815	121462.2
Total	199	3.44E+08	1727831.

强烈地拒绝了个体来自相同总体的假设。个体间的比较，也许用盒图，能更加形象些。例如

```
smpl if fn<=4
f.boxplotby fn
```

得到前四家公司的公司价值盒图如下：

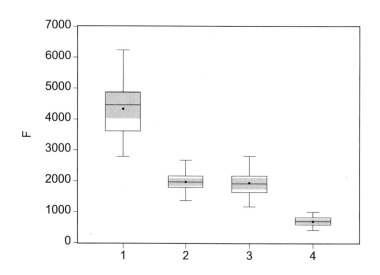

公司价值的差异是有目共睹的。

二、趋势、超前和滞后

面板工作页中，趋势、超前和滞后都是面向个体的：

1) 和趋势相关的函数有 `@cellid`, `@obsid`, `@trend` 和 `@trendc`，它们在每个个体的开始都重新初始化，这些函数在 §9.1.3 节 (第 404 页) 有详细的介绍。

2) 序列的超前和滞后是基于个体的观测编号的，并且不会跨越个体的边界。

继续使用 Baltagi (2005) 提供的 Grunfeld (1958) 数据

```
smpl @all
group gp F I(-1)
gp.stats(i)
```

得到基本统计信息为

```
Date: 05/12/08   Time: 20:09
Sample: 1935 1954
```

	F	I(-1)
Mean	1081.681	139.2307
Median	517.9500	56.11500
Maximum	6241.700	1304.400
Minimum	58.12000	0.930000
Std. Dev.	1314.470	198.0107
Skewness	1.801321	2.443700
Kurtosis	5.727956	10.18525
Jarque-Bera	170.1732	597.8228
Probability	0.000000	0.000000
Sum	216336.2	26453.84
Sum Sq. Dev.	3.44E+08	7410355.
Observations	200	190

请注意，序列的统计信息是基于全部堆叠观测数据计算的 (堆叠分析)。此外，由于序列的超前和滞后是基于个体的，一阶滞后序列 `I(-1)` 的每个个体少了第一个观测，观测数只有 190 个。

三、分组统计

EViews 提供了一类函数，称为分组统计函数 (by-group statistical functions)，这些函数根据分组计算每个分组的统计量，然后赋值给相应分组的各个观测，例如第 412 页中分组统计函数 `@maxsby` 的返回值序列 `pmax`。尽管分组统计函数不是专门为面板数据设计的，由于个体标识和时期标识是天然的分组标识，这些函数特别适合于面板工作页中使用，值得在此着些笔墨。

下面以 Harrison and Rubinfeld (1978) 的数据为例，介绍分组统计函数。

```
'http://www.wiley.com/legacy/wileychi/baltagi/supp/Hedonic.xls
wfopen(t=excel,page=Hedonic) Hedonic.xls range=B1
pagestruct(create) townid
```

面板工作页 `Hedonic` 包含了来自 92 个城市的 506 个观测。

1) 计算个体均值

```
series lstat_m1 = @meansby(lstat, townid, "@all")
series lstat_m2 = @meansby(lstat, @crossid, "@all")
```

序列 `lstat_m1` 和 `lstat_m2` 都保存个体均值。请注意，这两个序列中，个体内的每个观测值都为个体均值。

2) 其他统计量，例如

```
series lstat_v = @varsby(lstat, townid, "@all")
series lstat_na = @nasby(lstat, @crossid, "@all")
```

序列 `lstat_v` 中，每个个体的观测值为相应个体的组内方差。分组统计函数 `@nasby` 计算每个分组中观测值为 na 的个数，序列 `lstat` 中没有 na 值，因此序列 `lstat_na` 的取值都为零。

3) 使用分组统计函数，很容易计算个体去均值和时期去均值，例如

```
smpl @all
series lstat_0n = lstat - @meansby(lstat, @crossid)
series lstat_0t = lstat - @meansby(lstat, @cellid)
```

序列 `lstat_0n` 和 `lstat_0t` 分别保存序列 `lstat` 的个体去均值和时期去均值。

关于计算分组统计量时使用的样本集，请比较

1) 使用当前样本集计算分组统计量

```
smpl @all if zn=0
series lstat_m3c = @meansby(lstat, @cellid)
```

2) 使用传入样本参数定义的样本集，计算分组统计量

```
smpl @all
series lstat_m4c = @meansby(lstat, @cellid, "@all if zn=0")
```

两种方式计算分组统计量时，采用相同的样本集，故分组统计量的值相等。然而，把分组统计量赋值给序列对象时，只使用当前样本集，故序列 lstat_m3c 只有部分观测被赋值。由于是按时期编号 (cellid) 进行分组，在工作页 Hedonic 里 (按 townid 堆叠) 查看不直观，可以将数据复制到新的工作页，按 cellid 进行堆叠。例如

```
pagecopy(page=Hp) lstat_m3c lstat_m4c
pagestruct cellid townid
```

工作页 Hp 中，同一时期的观测按个体顺序排列在一起，方便查看时期均值。

如果只是查看分组的统计信息，可以使用 statby 命令，例如

```
pageselect Hedonic
freeze(tbs) lstat.statby @crossid
table(12,4) tbs
```

得到分组统计信息为

```
Descriptive Statistics for LSTAT
Categorized by values of @CROSSID
Date: 05/14/08   Time: 20:21
Sample: 1 506
Included observations: 506
```

@CROSSID	Mean	Std. Dev.	Obs.
1	-3.000740	NA	1
2	-2.802080	0.579219	2
3	-3.138207	0.337298	3
4	-1.738281	0.296005	7
5	-1.936040	0.356967	22

如果要保存这些分组统计信息，使用链接对象可能是最佳的方式，请参见第 418 页的讨论。

四、图形

为了方便查看面板数据，对于部分的图形视图命令，EViews 提供了选项 panel 以利用面板结构信息。下面使用 Baltagi (2005) 提供的 Grunfeld (1958) 数据进行演示

```
pageselect GB0     'Grunfeld.fil
smpl if fn<=4
f.line(panel=i)
```

简单起见，只考虑前 4 家公司。得到序列按个体分别作图的图形如下：

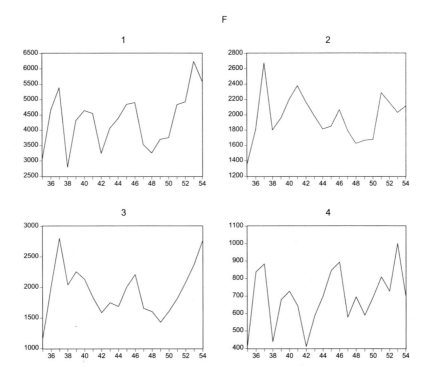

也可以将所有个体画在同一图框中，例如

```
smpl if fn<=4
freeze(gfc)    f.line(panel=c)
freeze(gfs)    f.line(panel=stack)
graph gf.merge gfc gfs
gf.legend -display
gf.align(2,1,1)
```

得到图形如下：

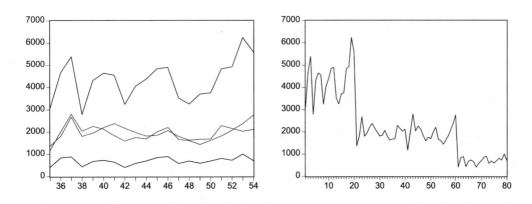

左图画出所有个体的图形，右图画出堆叠观测数据的图形。显然个体较多时，是很难分辨的。

通过图形，还可以查看其他信息，例如

```
freeze(gf1)    f.line(panel=mean2sd)
gf1.legend -inbox position(0.15,0.1)
freeze(gf2)    f.spike(panel=median)
graph gfm.merge gf1 gf2
gfm.align(2,1,1)
```

得到如下图形：

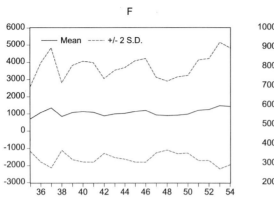
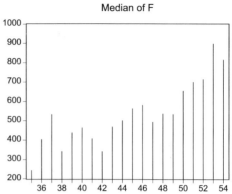

左图为时期均值及其两倍标准差，右图为各时期下基于个体观测计算的中位数。

为了方便，选项 panel 的选项值列表如下：

选项	含义
stack	按个体堆叠
i, individual	个体单独作图
c, combine	个体图形合并在一个图框里
mean	时期均值
mean1sd, mean2sd, mean3sd	时期均值，及其标准差
median	时期中位数 (基于个体观测计算)
med25, med10, med05, med025, med005	分位数
medmxmn	各时期中位数，最大和最小观测值

§9.2.3 其他对象

面板结构工作页中，其他一些 EViews 对象[3]有必要回顾一下：

1) 数据对象：矩阵对象和工作页结构无关，链接对象能方便提取面板工作页的个体或者时期的分组统计信息。

2) 计量方法对象：方程对象支持面板数据模型的估计，请参见 §9.3 节 (第 420 页) 的例子。而其他的计量方法对象，如 Var 对象和方程组对象等，对面板数据的计量分析有待完善。

一、链接对象

使用链接对象，以面板工作页为数据源，能方便地计算个体或时期的分组统计信息，例如

```
pageselect Hedonic
pagecreate(id,page=pn) townid
link lstat_mn.linkto Hedonic\lstat @src townid @dest townid
pagecreate(id,page=pt) cellid @srcpage Hedonic
link lstat_mt.linkto Hedonic\lstat @src cellid @dest cellid
```

---

[3] 在 §1.5.2 小节 (第 40 页)，我把 EViews 对象分为三大类：数据对象、计量方法对象和公用对象。

以面板工作页 Hedonic 的个体标识创建非面板工作页 pn，然后创建链接对象 lstat_mn，以普通匹配的方式链接到序列 Hedonic\lstat 中，缩并方法采用默认的取均值方法，故链接对象 lstat_mn 计算个体均值。类似地，链接对象 lstat_mt 计算时期均值。

面板工作页中的链接对象，以个体标识为链接标识建立普通匹配链接时，平展的方式只是简单的复制，即将匹配的结果复制到相应个体的每个观测中。类似地，如果建立日期匹配链接，则将匹配的结果复制到相应时期的所有个体中。有关牵涉到面板工作页的链接对象，更详细的讨论请参考 §A.6.6 节 (第 900 页)。

二、群对象

面板工作页中的群对象，EViews 5.1 也有协整检验视图，但不是进行面板协整检验，而是堆叠数据的 Johansen 协整检验。EViews 7 才提供面板协整检验。

三、计量方法对象

在面板工作页中，尽管可以建立 Var 对象 (第 499 页第 11 讲)，方程组对象 (第 459 页第 10 讲)，状态空间对象 (第 565 页第 12 讲) 以及样板对象 (第 607 页第 13 讲) 等计量方法对象，并且能进行估计或者求解，但这些计量方法对象的面板数据计量分析功能还在完善之中。例如

```
pageselect GB0    'Grunfeld.fil
var var01
freeze(tbv) var01.ls 1 1 F K
table(11,3) tbv
```

得到 VAR(1) 模型估计结果如下 (开头的部分)：

```
Vector Autoregression Estimates
Date: 05/18/08   Time: 18:45
Sample (adjusted): 1936 1954
Included observations: 190 after adjustments
Standard errors in ( ) & t-statistics in [ ]
```

	F	K
F(-1)	0.970478	0.017702
	(0.02372)	(0.00259)
	[40.9056]	[6.84436]

显然，序列的滞后是基于个体的。

§9.2.4 小结

面板工作页中，序列对象的观测数据是按个体进行堆叠的。序列对象的大部分视图和过程，数据分析时没有使用面板结构信息。对于部分的图形视图命令，可以使用选项 panel 来利用面板结构信息：

1) 对于日期结构的面板工作页，smpl 语句中偏移量的计算是基于个体的。
2) 序列的超前和滞后是基于个体的观测编号的，并且不会跨越个体的边界。
3) 分组统计函数特别适合于面板工作页中使用。链接对象能方便地提取面板工作页的个体或者时期的分组统计信息。
4) 方程对象之外的其他计量方法对象，对面板数据模型的支持有待完善。

§9.3 应用实例

本节在平衡和非平衡的面板工作页中，演示面板数据模型的分析，通过例子讲述如下内容：

1) 基本面板模型的估计，如 POLS 估计、Between 估计、固定效应和随机效应等模型的估计，并对估计结果报告进行必要说明，明确统计量的含义。
2) 线性面板模型的扩展模型，给出了变斜率模型和工具变量法的例子。
3) 系数方差稳健估计。
4) 面板数据模型的检验和预测，介绍了固定效应检验、Hausman 检验，以及预测的简单例子。
5) 非线性面板模型，演示了非线性面板模型的估计，以及 Probit 模型的面板数据估计实例。
6) EViews 进行面板数据模型估计时，模型设定的特点和限制。

§9.3.1 基本模型

在 §8.3 节 (第 349 页) 我们用合伙对象估计基本的面板模型，这里我们将在面板工作页中，采用方程对象进行估计。我们先演示 POLS 估计，Between 估计和 LSDV 模型估计；然后给出固定效应和随机效应模型中，单向和双向模型的估计；最后，对面板模型的估计结果报告，进行了必要的补充介绍。

一、简单估计

采用 Baltagi (2005) 提供的 Grunfeld (1958) 数据

```
'http://www.wiley.com/legacy/wileychi/baltagi/supp/Grunfeld.fil
wfopen(t=txt,page=GB0) Grunfeld.fil names=(fn yr i f k)
pagestruct fn @date(yr)
equation eq_OLS.ls I c f k
```

估计如下方程

$$I_{nt} = a + b_1 F_{nt} + b_2 K_{nt} + e_{nt} \quad n = 1,2,\cdots,10 \quad t = 1935,1936,\cdots,1954$$

得到 POLS 估计结果为

```
Dependent Variable: I
Method: Panel Least Squares
Date: 05/17/08   Time: 16:24
Sample: 1935 1954
Periods included: 20
Cross-sections included: 10
Total panel (balanced) observations: 200
```

Variable	Coefficien	Std. Error	t-Statistic	Prob.
C	-42.71437	9.511676	-4.490730	0.0000
F	0.115562	0.005836	19.80259	0.0000
K	0.230678	0.025476	9.054808	0.0000

R-squared	0.812408	Mean dependent var	145.9582
Adjusted R-squared	0.810504	S.D. dependent var	216.8753
S.E. of regression	94.40840	Akaike info criterion	11.94802
Sum squared resid	1755850.	Schwarz criterion	11.99750
Log likelihood	-1191.802	F-statistic	426.5757
Durbin-Watson stat	0.219599	Prob(F-statistic)	0.000000

表头报告的 Method:Panel Least Squares 表明，在面板工作页中，命令 ls 进行面板数据模型的 OLS 估计。

LSDV 模型的估计可以使用 @expand 表达式实现, 例如

```
equation eq_dv.ls I @expand(fn) F K
```

估计的模型为

$$I_{nt} = a_n + b_1 F_{nt} + b_2 K_{nt} + e_{nt} \quad n = 1, 2, \cdots, 10 \quad t = 1935, 1936, \cdots, 1954$$

得到估计结果为

```
Dependent Variable: I
Method: Panel Least Squares
Date: 05/17/08   Time: 16:24
Sample: 1935 1954
Periods included: 20
Cross-sections included: 10
Total panel (balanced) observations: 200
```

Variable	Coefficien	Std. Error	t-Statistic	Prob.
FN=1	-70.29672	49.70796	-1.414194	0.1590
FN=2	101.9058	24.93832	4.086314	0.0001
FN=3	-235.5718	24.43162	-9.642090	0.0000
FN=4	-27.80929	14.07775	-1.975407	0.0497
FN=5	-114.6168	14.16543	-8.091303	0.0000
FN=6	-23.16130	12.66874	-1.828224	0.0691
FN=7	-66.55347	12.84297	-5.182092	0.0000
FN=8	-57.54566	13.99315	-4.112417	0.0001
FN=9	-87.22227	12.89189	-6.765668	0.0000
FN=10	-6.567844	11.82689	-0.555331	0.5793
F	0.110124	0.011857	9.287901	0.0000
K	0.310065	0.017355	17.86656	0.0000

R-squared	0.944073	Mean dependent var	145.9582
Adjusted R-squared	0.940800	S.D. dependent var	216.8753
S.E. of regression	52.76797	Akaike info criterion	10.82781
Sum squared resid	523478.1	Schwarz criterion	11.02571
Log likelihood	-1070.781	Durbin-Watson stat	0.716733

由于 LSDV 模型 (第 339 页式 8.11) 的设定没有单独的常数项, EViews 没有报告 F 统计量。

采用链接对象, 计算个体均值或者时期均值, 可以方便地实现 Between 估计

```
pagecreate(id,page=btw) fn
link i.linkto GB0\i @src fn @dest fn
link f.linkto GB0\f @src fn @dest fn
link k.linkto GB0\k @src fn @dest fn
equation eq_b.ls i c f k
```

程序说明如下:

- 以个体标识为工作页标识创建工作页 btw。
- 通过链接对象计算变量 I, F 和 K 的个体均值, 即每个个体内, 对时期进行平均。
- 进行个体间的估计, 即方程

$$\bar{I}_{n.} = a + b_1 \bar{F}_{n.} + b_2 \bar{K}_{n.} + e_{n.} \quad n = 1, 2, \cdots, 10$$

的 OLS 估计, 其中 $\bar{I}_{n.}$, $\bar{F}_{n.}$ 和 $\bar{K}_{n.}$ 为个体均值。

得到估计结果为

```
Dependent Variable: I
Method: Least Squares
Date: 05/17/08   Time: 16:24
Sample: 1 10
Included observations: 10
```

Variable	Coefficien	Std. Error	t-Statistic	Prob.
C	-8.527114	47.51531	-0.179460	0.8627
F	0.134646	0.028745	4.684082	0.0023
K	0.032031	0.190938	0.167759	0.8715
R-squared	0.857768	Mean dependent var		145.9583
Adjusted R-squared	0.817131	S.D. dependent var		198.8242
S.E. of regression	85.02366	Akaike info criterion		11.96706
Sum squared resid	50603.16	Schwarz criterion		12.05784
Log likelihood	-56.83531	F-statistic		21.10772
Durbin-Watson stat	2.871643	Prob(F-statistic)		0.001085

请注意估计的样本观测数为 10，即 10 家公司的个体均值。

二、固定效应

以 Harrison and Rubinfeld (1978) 的数据为例

```
'http://www.wiley.com/legacy/wileychi/baltagi/supp/Hedonic.xls
wfopen(t=excel,page=Hedonic) Hedonic.xls range=B1
pagestruct(create) townid
equation eq01.ls(cx=f) mv c crim chas nox rm age dis b lstat
```

面板工作页 Hedonic 是非平衡的，得到估计结果如下：

```
Dependent Variable: MV
Method: Panel Least Squares
Date: 05/17/08   Time: 16:31
Sample: 1 506
Periods included: 30
Cross-sections included: 92
Total panel (unbalanced) observations: 506
```

Variable	Coefficien	Std. Error	t-Statistic	Prob.
C	8.993272	0.134738	66.74632	0.0000
CRIM	-0.006254	0.001040	-6.012746	0.0000
CHAS	-0.045241	0.029853	-1.515467	0.1304
NOX	-0.005589	0.001350	-4.139949	0.0000
RM	0.009272	0.001225	7.570833	0.0000
AGE	-0.001407	0.000486	-2.894767	0.0040
DIS	0.080144	0.071173	1.126045	0.2608
B	0.663405	0.103222	6.426958	0.0000
LSTAT	-0.245303	0.025563	-9.595892	0.0000

Effects Specification

Cross-section fixed (dummy variables)

R-squared	0.918370	Mean dependent var		9.942268
Adjusted R-squared	0.898465	S.D. dependent var		0.408758
S.E. of regression	0.130249	Akaike info criterion		-1.063668
Sum squared resid	6.887683	Schwarz criterion		-0.228384
Log likelihood	369.1080	F-statistic		46.13805
Durbin-Watson stat	1.999986	Prob(F-statistic)		0.000000

有关该模型的更多讨论请参考 Baltagi (2005, p171–175)。请注意，对比 Baltagi (2005) 的表 9.1，系数估计的倍数关系是因为使用不同的量纲单位造成的：变量 chas, dis 和 lstat 的单位为 Baltagi (2005) 中的 10 倍，故系数估计缩小为相应系数估计的 1/10，变量 crim, nox, rm 和 age 的单位则为 1000 倍，因此系数估计缩小为相应系数估计的 1/1000。

三、随机效应

继续在非平衡面板工作页 Hedonic 中，估计个体随机效应模型

```
equation eq02.ls(cx=r,rancalc=wh) mv c crim zn indus chas nox _
     rm age dis rad tax ptratio b lstat
```

得到估计结果为

```
Dependent Variable: MV
Method: Panel EGLS (Cross-section random effects)
Date: 05/17/08   Time: 16:31
Sample: 1 506
Periods included: 30
Cross-sections included: 92
Total panel (unbalanced) observations: 506
Wallace and Hussain estimator of component variances
```

Variable	Coefficien	Std. Error	t-Statistic	Prob.
C	9.684427	0.207691	46.62904	0.0000
CRIM	-0.007376	0.001090	-6.769233	0.0000
ZN	7.22E-05	0.000685	0.105443	0.9161
INDUS	0.001649	0.004264	0.386860	0.6990
CHAS	-0.005646	0.030403	-0.185703	0.8528
NOX	-0.005847	0.001298	-4.503496	0.0000
RM	0.009081	0.001237	7.339410	0.0000
AGE	-0.000871	0.000487	-1.788760	0.0743
DIS	-0.142361	0.046276	-3.076343	0.0022
RAD	0.096136	0.028065	3.425493	0.0007
TAX	-0.000377	0.000187	-2.018658	0.0441
PTRATIO	-0.029514	0.009584	-3.079674	0.0022
B	0.565195	0.106121	5.325958	0.0000
LSTAT	-0.289908	0.024930	-11.62891	0.0000

Effects Specification			
		S.D.	Rho
Cross-section random		0.126983	0.4496
Idiosyncratic random		0.140499	0.5504

Weighted Statistics			
R-squared	0.708096	Mean dependent var	3.786443
Adjusted R-squared	0.700384	S.D. dependent var	1.386297
S.E. of regression	0.134769	Sum squared resid	8.935982
F-statistic	91.80680	Durbin-Watson stat	1.616416
Prob(F-statistic)	0.000000		

Unweighted Statistics			
R-squared	0.783589	Mean dependent var	9.942268
Sum squared resid	18.26013	Durbin-Watson stat	0.791028

方差成分的估计中，式 (8.27) (第 345 页) 的估计方法为 Wallace and Hussain (1969) 的方法。

双向随机效应模型的估计，EViews 不支持非平衡面板数据。因此，我们使用 Grunfeld (1958) 的平衡面板数据

```
pageselect GB0
equation eq_WK2.ls(CX=R,per=r,RANCALC=WK) I c F K
equation eq_SA2.ls(CX=R,per=r) I c F K
```

分别采用 Wansbeek and Kapteyn (1989) 和 Swamy and Arora (1972) 的方法估计方差成分，进行双向随机效应模型的估计，方程 eq_WK2 的估计结果为

```
Dependent Variable: I
Method: Panel EGLS (Two-way random effects)
Date: 05/17/08   Time: 16:01
Sample: 1935 1954
Periods included: 20
Cross-sections included: 10
Total panel (balanced) observations: 200
Wansbeek and Kapteyn estimator of component variances

    Variable       Coefficien    Std. Error    t-Statistic    Prob.

       C           -63.89217     30.53284      -2.092573      0.0377
       F            0.111447      0.010963     10.16577       0.0000
       K            0.323533      0.018767     17.23947       0.0000

                   Effects Specification
                                              S.D.           Rho

Cross-section random                         89.26257        0.7315
Period random                                15.77783        0.0229
Idiosyncratic random                         51.72452        0.2456

                   Weighted Statistics

R-squared              0.748982    Mean dependent var     18.61292
Adjusted R-squared     0.746433    S.D. dependent var    101.7143
S.E. of regression    51.21864     Sum squared resid    516799.9
F-statistic          293.9017      Durbin-Watson stat     0.675336
Prob(F-statistic)      0.000000

                   Unweighted Statistics

R-squared              0.798309    Mean dependent var    145.9582
Sum squared resid   1887813.       Durbin-Watson stat     0.199923
```

以及方程 eq_SA2 的估计结果为

```
Dependent Variable: I
Method: Panel EGLS (Two-way random effects)
Date: 05/17/08   Time: 16:01
Sample: 1935 1954
Periods included: 20
Cross-sections included: 10
Total panel (balanced) observations: 200
Swamy and Arora estimator of component variances

    Variable       Coefficien    Std. Error    t-Statistic    Prob.

       C           -57.86538     29.39336      -1.968655      0.0504
       F            0.109790      0.010528     10.42853       0.0000
       K            0.308190      0.017171     17.94833       0.0000

                   Effects Specification
                                              S.D.           Rho

Cross-section random                         84.23332        0.7262
Period random                                 0.000000       0.0000
Idiosyncratic random                         51.72452        0.2738

                   Weighted Statistics

R-squared              0.769400    Mean dependent var     19.85502
Adjusted R-squared     0.767059    S.D. dependent var    109.2695
S.E. of regression    52.73776     Sum squared resid    547910.4
F-statistic          328.6473      Durbin-Watson stat     0.683945
Prob(F-statistic)      0.000000

                   Unweighted Statistics

R-squared              0.803283    Mean dependent var    145.9582
Sum squared resid   1841262.       Durbin-Watson stat     0.203524
```

分别复制了 Baltagi (2005, p45–46) 的表 3.4 和表 3.5 的结果。请注意

1) 不同的方差成分估计方法，得到的系数估计是有区别的。
2) 估计结果报告的效应设定部分，EViews 报告的是标准差 s_c, s_d 和 s_e，而不是方差成分 s_c^2, s_d^2 和 s_e^2。
3) 不同的方差成分估计方法，得到的方差成分估计是不同的。这里 Swamy and Arora (1972) 方法关于式 (8.38) (第 370 页) 中 s_d^2 的估计量为 0，而 Wansbeek and Kapteyn (1989) 方法的估计量非零。

四、估计结果

合伙对象有 @effects 函数，但方程对象没有该函数 (EViews 7 才提供)，只能通过 effects 命令来查看不可观测成分的估计。例如

```
pageselect GB0
eq_WK2.effects(cross)
dateid.setformat "YYYY"
eq_WK2.effects(period)
```

分别得到个体效应和时期效应的估计为

```
    Cross-section Random Effects              Period Random Effects

         FN        Effect                      DATEID      Effect
 1        1      -20.52600             1        1935      18.13902
 2        2      156.5895              2        1936      10.20748
 3        3     -176.6709              3        1937       1.147535
 4        4       32.97927             4        1938       0.931960
 5        5      -56.63555             5        1939     -12.67358
 6        6       38.13080             6        1940      -0.293580
 7        7       -6.983756            7        1941      12.12303
 8        8        4.234516            8        1942      10.81894
 9        9      -27.32472             9        1943       0.801057
10       10       56.20684            10        1944       0.814232
                                      11        1945      -4.791688
                                      12        1946       7.456023
                                      13        1947       3.886757
                                      14        1948       2.391817
                                      15        1949     -11.31317
                                      16        1950     -11.95663
                                      17        1951      -4.426225
                                      18        1952      -4.343931
                                      19        1953      -3.844010
                                      20        1954     -15.07504
```

实际上，这些是随机效应的最佳线性无偏预测 (best linear unbiased predictor, BLUP)，有关 BLUP 的讨论，请参考 Baltagi (2005, p42–43)。

对于固定效应模型，事实上，EViews 是用哑变量进行估计的。例如，双向固定效应模型可以使用式 (8.36) (第 369 页) 进行估计

```
pageselect GB0
equation eq_dv2.ls I c @expand(fn,@dropfirst) _
         @expand(yr,@dropfirst) F K
```

则个体效应和时期效应的估计可以通过式 (8.37) (第 370 页) 计算出来。下面计算公共截距 a

```
genr n = @crossid
genr t = @cellid
!N = @max(n)
!T = @max(t)
!NT1= !N+!T-1
vector(!NT1) v1 = 1
```

```
matplace(v1,@filledvector(!N-1,1/!N),2)
matplace(v1,@filledvector(!T-1,1/!T),!N+1)

coef b = eq_dv2.@coefs
coef(!NT1) b
coef a = @transpose(v1)*b    '-80.1637952455475
```

进一步，可以计算系数 a 的方差估计

```
matrix mb = eq_dv2.@coefcov
matrix(!NT1,!NT1) mb
vector va = @transpose(v1)*mb*v1
va = (va(1))^0.5    '14.8440220759051
```

作为对比，直接估计双向固定效应模型

```
equation eq_f2.ls(CX=f,per=f) I c F K
```

得到估计结果为

```
Dependent Variable: I
Method: Panel Least Squares
Date: 05/19/08   Time: 16:17
Sample: 1935 1954
Periods included: 20
Cross-sections included: 10
Total panel (balanced) observations: 200

    Variable      Coefficien   Std. Error   t-Statistic   Prob.

        C         -80.16380    14.84402    -5.400409     0.0000
        F           0.117716    0.013751    8.560354     0.0000
        K           0.357916    0.022719   15.75404      0.0000

                     Effects Specification

Cross-section fixed (dummy variables)
Period fixed (dummy variables)

R-squared              0.951693   Mean dependent var      145.9582
Adjusted R-squared     0.943118   S.D. dependent var      216.8753
S.E. of regression    51.72452    Akaike info criterion    10.87132
Sum squared resid    452147.1     Schwarz criterion        11.38256
Log likelihood       -1056.132    F-statistic             110.9829
Durbin-Watson stat     0.719087   Prob(F-statistic)         0.000000
```

显然，常数项的估计和方差 (标准差) 估计和式 (8.37) (第 370 页) 的计算结果是完全一致的。

估计结果报告中的回归统计量，需要明确其含义：

1) 面板数据模型中的 F 统计量，检验除了公共截距以外的其他系数 (包含固定效应系数) 联合为零的假设。可以使用式 (4.2) (第 186 页) 计算 F 统计量。

```
equation eq_c.ls I c
scalar F_stat = (eq_c.@ssr/eq_f2.@ssr-1)/(eq_f2.@ncoef-eq_c.@ncoef)
F_stat = F_stat*(eq_f2.@regobs-eq_f2.@ncoef)  '110.9828908712
```

注意，限制模型 (方程对象 eq_c) 的解释变量只有常数项。

2) 由式 (3.5) (第 144 页) 定义的 R^2，显然

```
scalar R_sq = 1 - eq_f2.@ssr/eq_c.@ssr  '0.951693399681222
```

也就是说，EViews 报告的 R^2 为 c_n, d_t 和 $\mathbf{x}_{nt}$ 的贡献，而不仅仅是 $\mathbf{x}_{nt}$ 的解释能力。

3) 固定效应模型估计结果中报告的信息准则，计算时使用的系数估计个数，包含了固定效应系数。

4) 需要指出的是，DW 统计量是简单地使用估计残差的堆叠数据计算出来的。

§9.3.2 扩展模型

这里只讨论变斜率模型和工具变量法，其他内容请参考 §8.6 节 (第 372 页)。

一、变斜率

变斜率模型通过交互变量实现，为了方便，下面给出产生交互变量的子程序

```
subroutine iDummy(string %z, group gz, scalar N, series id)
'%z   :   variable name
'gz   :   group, for interactive terms
'N    :   # of dummy variables
'id   :   id for dummies
    sample _smpl0    'save current smpl
    smpl @all
    for !i = 1 to N    'genr the dummies, init to 0
        genr {%z}_{!i} = 0
        gz.add {%z}_{!i}
    next
    for !i = 1 to N
        smpl if id = !i
        {%z}_{!i} = {%z}    'interactive terms
    next
    smpl _smpl0    'reset original smpl
    delete _smpl0
endsub
```

子程序 `iDummy` 的简单说明：

1) 子程序 `iDummy` 的参数中

   (a) 字符串变量 `%z` 为变斜率变量的名字；

   (b) 群对象 `gz` 用来管理交互变量；

   (c) 标量 `N` 为哑变量的个数，即个体哑变量或者时期哑变量的个数；

   (d) 序列对象 `id` 为个体或者时期的标识序列。

2) 由于子程序修改了工作样本集，因此先保存工作样本集到样本对象 `_smpl0` 中，返回前用它来恢复原先的工作样本集。

3) 第一个循环创建交互变量，观测值全部初始化为零，并加入到群对象 `gz` 中。第二个循环为交互变量赋值。

通过子程序 `iDummy` 产生交互变量，下面估计斜率随个体变化的模型

```
pageselect GB0
pagecopy(page=GB01)
%z = "K"    'variable for different slope
group g{%z}    'group for interactive terms
smpl @all
genr id = @crossid
!N = @max(id)
call iDummy(%z, g{%z}, !N, id)
equation eq05.ls(cx=f) I c F g{%z}
```

方程对象 `eq05` 还设定了个体的固定效应，得到估计结果为

```
Dependent Variable: I
Method: Panel Least Squares
Date: 05/17/08   Time: 15:42
Sample: 1935 1954
Periods included: 20
Cross-sections included: 10
Total panel (balanced) observations: 200

   Variable      Coefficien   Std. Error   t-Statistic   Prob.

      C          -22.74147    12.01999     -1.891971    0.0601
      F           0.105707     0.010363    10.20076     0.0000
      K_1         0.379883     0.017487    21.72317     0.0000
      K_2         0.408071     0.065347     6.244701    0.0000
      K_3         0.136238     0.040929     3.328662    0.0011
      K_4         0.303176     0.092145     3.290210    0.0012
      K_5         0.022080     0.053544     0.412368    0.6806
      K_6         0.165051     0.155259     1.063069    0.2892
      K_7         0.123670     0.080906     1.528564    0.1281
      K_8        -0.047494     0.166813    -0.284712    0.7762
      K_9         0.066967     0.109454     0.611825    0.5414
      K_10        0.481864     3.237505     0.148838    0.8818

                    Effects Specification

Cross-section fixed (dummy variables)

R-squared              0.961862    Mean dependent var     145.9582
Adjusted R-squared     0.957601    S.D. dependent var     216.8753
S.E. of regression    44.65696     Akaike info criterion   10.53497
Sum squared resid    356969.6      Schwarz criterion       10.88129
Log likelihood       -1032.497     F-statistic            225.7240
Durbin-Watson stat     1.027471    Prob(F-statistic)        0.000000
```

如果使用 EViews 7，可以使用 @expand 表达式来实现变斜率模型的估计，例如

```
equation eq03.ls(cx=f) I c F K*@expand(id)    'V7
```

二、工具变量法

使用 Wooldridge (2002) 提供的 Papke (1994) 数据，用工具变量进行估计。

```
'in http://www.msu.edu/%7Eec/faculty/wooldridge/textfiles2.ZIP
%wf = "ezunem.raw"
wfopen(t=text,page=EZ) %wf names = (year uclms ez _
    d81 d82 d83 d84 d85 d86 d87 d88 c1 c2 c3 c4 c5 c6 c7 c8 c9 _
    c10 c11 c12 c13 c14 c15 c16 c17 c18 c19 c20 c21 c22 _
    luclms guclms cez guclms_1 guclms_2 t ezt city)
pagestruct city @date(year)
equation eq01.tsls(per=f) d(luclms) c d(luclms(-1)) d(ez) _
    @ c d(luclms(-2)) d(ez)
```

得到估计结果见图 9.1，说明如下：

1) 命令 tsls 中的方程设定和工具变量列表中，如果没有包含常数，EViews 将自动加入常数。

2) 估计结果报告最后的 instrument rank 指工具变量个数，由于设定了时期固定效应，除了显式给出的三个工具变量外，还包含 6 个时期哑变量中的 5 个 (剔除一个，避免哑变量陷阱)。

3) 如果方程的设定含有 AR 项，默认的情况下，EViews 将内生变量的滞后项和外生变量的滞后项加入到工具变量列表中。可以使用选项 noexinst 改变这一默认设置，此时要提供足够数量的工具变量 (至少工具变量的个数不能比待估系数的个数少)。

图 9.1 IV 估计

```
Dependent Variable: D(LUCLMS)
Method: Panel Two-Stage Least Squares
Date: 05/17/08   Time: 10:54
Sample (adjusted): 1983 1988
Periods included: 6
Cross-sections included: 22
Total panel (balanced) observations: 132
Instrument list: C D(LUCLMS(-2)) D(EZ)
```

Variable	Coefficien	Std. Error	t-Statistic	Prob.
C	-0.201653	0.040473	-4.982367	0.0000
D(LUCLMS(-1))	0.164710	0.288447	0.571023	0.5690
D(EZ)	-0.218703	0.106141	-2.060488	0.0414

Effects Specification

Period fixed (dummy variables)

R-squared	0.280529	Mean dependent var		-0.235098
Adjusted R-squared	0.239914	S.D. dependent var		0.267204
S.E. of regression	0.232956	Sum squared resid		6.729311
F-statistic	9.223755	Durbin-Watson stat		2.857782
Prob(F-statistic)	0.000000	Second-stage SSR		6.150564
Instrument rank	8.000000			

§9.3.3 系数方差稳健估计

在 §8.7.1 (第 383 页) 节中讨论系数的方差稳健估计时，我们知道 EViews 提供了 3 种 White 修正方法以及 4 种 PCSE 修正方法。

作为例子，我们使用 Wooldridge (2002) 的培训资助数据

```
'in http://www.msu.edu/%7Eec/faculty/wooldridge/textfiles2.ZIP
%wf = "jtrain1.raw"
wfopen(t=text,page=Job) %wf names = _
    (year fcode employ sales avgsal scrap rework tothrs _
```

图 9.2 系数方差稳健估计

```
Dependent Variable: LSCRAP
Method: Panel Least Squares
Date: 05/18/08   Time: 06:53
Sample: 1987 1989
Periods included: 3
Cross-sections included: 54
Total panel (balanced) observations: 162
White period standard errors & covariance (no d.f. correction)
```

Variable	Coefficien	Std. Error	t-Statistic	Prob.
C	0.597434	0.062489	9.560564	0.0000
D88	-0.080216	0.095719	-0.838033	0.4039
D89	-0.247203	0.192514	-1.284075	0.2020
GRANT	-0.252315	0.140329	-1.798022	0.0751
GRANT_1	-0.421590	0.276335	-1.525648	0.1301

Effects Specification

Cross-section fixed (dummy variables)

R-squared	0.927572	Mean dependent var	0.393681
Adjusted R-squared	0.887876	S.D. dependent var	1.486471
S.E. of regression	0.497744	Akaike info criterion	1.715383
Sum squared resid	25.76593	Schwarz criterion	2.820819
Log likelihood	-80.94603	F-statistic	23.36680
Durbin-Watson stat	1.996983	Prob(F-statistic)	0.000000

```
        union grant d89 d88 totrain hrsemp lscrap lemploy _
        lsales lrework lhrsemp lscrap_1 grant_1 clscrap cgrant clemploy _
        clsales lavgsal clavgsal cgrant_1 chrsemp clhrsemp ) _
        @keep year fcode lscrap c d88 d89 union grant grant_1
    pagestruct fcode @date(year)
```

估计 Wooldridge (2002, p276, 例 10.5) 的方程

```
    equation eq01.ls(cx=f,cov=perwhite,nodf) lscrap c d88 d89 _
            grant grant_1     'p276
```

采用 White 时期法修正系数的方差估计，没有进行自由度的修正，得到估计结果见图 9.2。

估计 Wooldridge (2002, p282, 例 10.6) 的方程，即采用一阶差分法估计固定效应模型

```
    equation eq02.ls(cov=perwhite,nodf) d(lscrap) c d89 _
            d(grant) d(grant_1)    'p282
```

得到估计结果为

```
Dependent Variable: D(LSCRAP)
Method: Panel Least Squares
Date: 05/18/08   Time: 06:53
Sample (adjusted): 1988 1989
Periods included: 2
Cross-sections included: 54
Total panel (balanced) observations: 108
White period standard errors & covariance (no d.f. correction)
```

Variable	Coefficien	Std. Error	t-Statistic	Prob.
C	-0.090607	0.088082	-1.028671	0.3060
D89	-0.096208	0.111002	-0.866722	0.3881
D(GRANT)	-0.222781	0.128580	-1.732624	0.0861
D(GRANT_1)	-0.351246	0.264662	-1.327147	0.1874

R-squared	0.036518	Mean dependent var	-0.221132
Adjusted R-squared	0.008725	S.D. dependent var	0.579248
S.E. of regression	0.576716	Akaike info criterion	1.773399
Sum squared resid	34.59048	Schwarz criterion	1.872737
Log likelihood	-91.76352	F-statistic	1.313929
Durbin-Watson stat	1.498132	Prob(F-statistic)	0.273883

Wooldridge (2002, p282) 报告了未修正系数方差估计时，d(grant) 和 d(grant_1) 系数估计的联合检验 F 统计量，EViews 的计算方法为

```
    equation eq02n.ls d(lscrap) c d89 d(grant) d(grant_1)
    eq02n.wald c(3)=c(4)=0     'read the F-stat
```

由于约束是线性的，读出 Wald 检验的 F 统计量为 1.5295[0.2215]。

如果 FE.3 成立，则特质误差 e_{nt} 不存在序列相关，其一阶差分 $e_{nt} - e_{n,t-1} \equiv v_{nt}$ 将存在序列相关，并且

$$\text{corr}(v_{nt}, v_{n,t-1}) = -0.5 \quad t=2,3,\cdots,T \quad n=1,2,\cdots,N$$

如果发现 v_{nt} 存在序列相关，方程对象 eq02 的一阶差分法估计进行系数方差修正是必须的。v_{nt} 的序列相关可以采用如下的方程进行检验

$$v_{nt} = a_1 v_{n,t-1} + r_{nt} \quad t=3,4,\cdots,T \quad n=1,2,\cdots,N$$

其中 r_{nt} 为误差。相应的 EViews 命令为

```
    eq02.makeresids ke
    equation eq03.ls ke ke(-1)
```

得到估计结果为

```
Dependent Variable: KE
Method: Panel Least Squares
Date: 05/19/08   Time: 21:23
Sample (adjusted): 1989 1989
Periods included: 1
Cross-sections included: 54
Total panel (balanced) observations: 54
```

Variable	Coefficien	Std. Error	t-Statistic	Prob.
KE(-1)	0.236907	0.133357	1.776482	0.0814

R-squared	0.056199	Mean dependent var	1.85E-17
Adjusted R-squared	0.056199	S.D. dependent var	0.571061
S.E. of regression	0.554782	Akaike info criterion	1.677863
Sum squared resid	16.31251	Schwarz criterion	1.714696
Log likelihood	-44.30229	Durbin-Watson stat	0.000000

由于 $T=3$，因此估计样本只包含单个时期 $t=3$。系数估计 $a_1 = 0.2369$，p 值为 0.0814，表明 v_{nt} 临界存在序列正相关。而 $a_1 = 0.2369$ 与 -0.5 相去甚远，正式的检验可以采用 Wald 检验

```
eq03.wald c(1)=-0.5
```

得到检验结果为

```
Wald Test:
Equation: EQ03
```

Test Statistic	Value	df	Probability
F-statistic	30.53462	(1, 53)	0.0000
Chi-square	30.53462	1	0.0000

Null Hypothesis Summary:

Normalized Restriction (= 0)	Value	Std. Err.
0.5 + C(1)	0.736907	0.133357

Restrictions are linear in coefficients.

断然拒绝了零假设，表明特质误差 e_{nt} 存在序列相关。

§9.3.4　检验和预测

在 §8.7.2 节 (第 385 页) 我们已经熟悉了 EViews 提供的面板数据模型的检验。在面板工作页下，我们将回顾固定效应检验和 Hausman 检验，然后简单介绍方程对象的面板数据模型预测。

一、固定效应检验

我们采用 Baltagi (2005, p45, 例 2) 提供的数据

```
'http://www.wiley.com/legacy/wileychi/baltagi/supp/Gasoline.dat
pageload(page=gas) Gasoline.dat
pagestruct country @date(year)
equation eq01.ls(CX=F,PER=F) LGASPCAR c LINCOMEP LRPMG LCARPCAP
freeze(tbf) eq01.fixedtest
table(12,5) tbf
```

得到固定效应检验的结果为 (只保留检验结果的统计量部分)

```
Redundant Fixed Effects Tests
Equation: EQ01
Test cross-section and period fixed effects
```

Effects Test	Statistic	d.f.	Prob.
Cross-section F	113.351303	(17,303)	0.0000
Cross-section Chi-square	682.635958	17	0.0000
Period F	6.233849	(18,303)	0.0000
Period Chi-square	107.747064	18	0.0000
Cross-Section/Period F	55.955615	(35,303)	0.0000
Cross-Section/Period Chi-square	687.429282	35	0.0000

由于 eq01 估计的是双向固定效应模型，EViews 分别报告了个体固定效应检验，时期固定效应检验和双向固定效应检验的结果。请注意，命令 fixedtest 当前还不支持采用工具变量法或者 GMM 估计的方程对象。

二、Hausman 检验

Hausman (1978) 检验的思想请参考 §4.7.3 节 (第 215 页)，检验随机效应的设定是否合理的理论分析请参考 §8.7.2 节中的第 386 页。

继续使用 Grunfeld (1958) 的数据

```
pageselect GB0
equation eq01.ls(CX=R) I c F K
freeze(tbh) eq01.ranhaus
table(15,5) tbh
```

得到检验结果为 (剔除了检验方程的内容)

```
Correlated Random Effects - Hausman Test
Equation: EQ01
Test cross-section random effects
```

Test Summary	Chi-Sq. Statistic	Chi-Sq. d.f.	Prob.
Cross-section random	2.131366	2	0.3445

Cross-section random effects test comparisons:

Variable	Fixed	Random	Var(Diff.)	Prob.
F	0.110124	0.109781	0.000031	0.9506
K	0.310065	0.308113	0.000006	0.4332

没有拒绝个体效应和解释变量不相关（均值独立）的假设。

三、预测

方程对象的预测请参考 §4.5 节 (第 199 页) 的讨论。继续使用 Grunfeld (1958) 的数据，下面是预测的简单例子：

```
pageselect GB0
equation eq_f2.ls(CX=f,per=f) I c F K
smpl if fn<=2
freeze(gff) eq_f2.forecast(g,e) FI
gff.legend -display
```

得到预测结果图形和预测评估表如下：

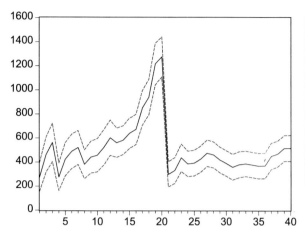

§9.3.5 非线性模型

EViews 的面板数据分析中，面板工作页中的方程对象不仅可以估计线性模型，而且能够估计非线性模型。估计非线性模型是合伙对象不具备的功能。

继续使用 Grunfeld (1958) 的数据，我们演示非线性面板数据模型的估计

```
pageselect GB0
smpl if fn>=6
param c(1) 2 c(2) 1 c(3) 0.3
equation eq02.ls(cx=f) log(F) = c(1)+ c(2)*(K^c(3)-1)/c(3)
```

得到估计结果为

```
Dependent Variable: LOG(F)
Method: Panel Least Squares
Date: 05/18/08   Time: 10:04
Sample: 1935 1954 IF FN>=6
Periods included: 20
Cross-sections included: 5
Total panel (balanced) observations: 100
Convergence achieved after 8 iterations
LOG(F) = C(1)+ C(2)*(K^C(3)-1)/C(3)
```

	Coefficient	Std. Error	t-Statistic	Prob.
C(1)	4.741812	0.132981	35.65775	0.0000
C(2)	0.082760	0.042927	1.927925	0.0569
C(3)	0.266432	0.122536	2.174313	0.0322

Effects Specification

Cross-section fixed (dummy variables)

R-squared	0.918025	Mean dependent var	5.480886
Adjusted R-squared	0.912736	S.D. dependent var	0.833406
S.E. of regression	0.246192	Akaike info criterion	0.102022
Sum squared resid	5.636792	Schwarz criterion	0.284384
Log likelihood	1.898898	F-statistic	173.5813
Durbin-Watson stat	0.693185	Prob(F-statistic)	0.000000

由于估计的是非线性模型，表头报告了迭代次数，并给出了方程的设定。

此外，面板结构工作页的方程对象，还可以估计离散和受限因变量模型。作为例子，我们估计 §16.1 节 (第 786 页) 讨论的 Probit 模型

```
smpl @all
genr bm = F>K
equation eq03.binary bm c I(-2)
```

得到估计结果如下：

```
Dependent Variable: BM
Method: ML - Binary Probit (Quadratic hill climbing)
Date: 05/18/08   Time: 10:04
Sample (adjusted): 1937 1954
Included observations: 180 after adjustments
Convergence achieved after 4 iterations
Covariance matrix computed using second derivatives

    Variable       Coefficien    Std. Error    z-Statistic    Prob.

         C          0.365993     0.148237      2.468970      0.0136
      I(-2)         0.004523     0.001730      2.615019      0.0089

Mean dependent var    0.772222   S.D. dependent var      0.420568
S.E. of regression    0.410296   Akaike info criterion   0.998057
Sum squared resid     29.96495   Schwarz criterion       1.033534
Log likelihood       -87.82515   Hannan-Quinn criter.    1.012442
Restr. log likelihood -96.58390  Avg. log likelihood    -0.487917
LR statistic (1 df)   17.51751   McFadden R-squared      0.090685
Probability(LR stat)  2.85E-05

Obs with Dep=0            41    Total obs                    180
Obs with Dep=1           139
```

离散和受限因变量的其他模型，请参考第 16 讲 (第 785 页) 的讨论。

同样地，可以使用哑变量来估计固定效应模型或者变斜率模型，例如

```
%z = "F"
group g{%z}
smpl @all
genr id = @cellid
!T = @max(id)
call iDummy(%z, g{%z}, !T, id)
equation eq05.binary bm I g{%z}
```

调用子程序 iDummy (定义在第 427 页) 产生 F 和时期哑变量的交互变量，得到估计结果如图 9.3 所示。

§9.3.6　设定和估计

EViews 提供了丰富的面板数据模型，并且方程的设定简洁明了，但也有一定的限制。面板工作页进行面板数据的组织，处理变量的超前和滞后，为面板数据模型的估计提供了极大的便利。

一、方程设定

在面板工作页中，方程的设定有如下特点：

1) 方程的设定可以使用名单法或者公式法。
2) 无论是线性模型，还是非线性模型，方程的设定都可以包含 AR 项。在名单法的设定中，还可以包含 PDL 项。不过，EViews 的面板数据模型估计，还不支持 MA 项。
3) 估计固定效应模型时，EViews 总是自动加入常数项，并且通过限制固定效应系数的和为 0 来识别系数。例如双向固定效应模型的设定为式 (8.34) (第 369 页)，并且令

$$\mathbf{c}'\mathbf{1}_N = 0 \qquad \mathbf{d}'\mathbf{1}_T = 0$$

图 9.3 Probit 估计

```
Dependent Variable: BM
Method: ML - Binary Probit (Quadratic hill climbing)
Date: 05/18/08   Time: 19:49
Sample: 1935 1954
Included observations: 200
Convergence achieved after 7 iterations
Covariance matrix computed using second derivatives
```

Variable	Coefficien	Std. Error	z-Statistic	Prob.
I	-0.040578	0.007793	-5.206795	0.0000
F_1	0.011607	0.004585	2.531248	0.0114
F_2	0.011179	0.004694	2.381689	0.0172
F_3	0.012489	0.005132	2.433705	0.0149
F_4	0.008797	0.003403	2.585468	0.0097
F_5	0.006688	0.002733	2.447231	0.0144
F_6	0.007883	0.002374	3.320707	0.0009
F_7	0.010097	0.003933	2.567246	0.0103
F_8	0.009031	0.001813	4.980922	0.0000
F_9	0.009689	0.004834	2.004108	0.0451
F_10	0.009952	0.003805	2.615639	0.0089
F_11	0.009075	0.003479	2.608329	0.0091
F_12	0.009377	0.002237	4.192081	0.0000
F_13	0.009997	0.001982	5.044310	0.0000
F_14	0.012570	0.002437	5.158697	0.0000
F_15	0.010277	0.002028	5.068465	0.0000
F_16	0.010514	0.002083	5.048210	0.0000
F_17	0.010732	0.002060	5.209448	0.0000
F_18	0.012601	0.002420	5.206584	0.0000
F_19	0.013150	0.002518	5.221882	0.0000
F_20	0.011162	0.002127	5.248924	0.0000

Mean dependent var	0.785000	S.D. dependent var	0.411853
S.E. of regression	0.278999	Akaike info criterion	0.682192
Sum squared resid	13.93341	Schwarz criterion	1.028515
Log likelihood	-47.21919	Hannan-Quinn criter.	0.822344
Avg. log likelihood	-0.236096		

Obs with Dep=0	43	Total obs	200
Obs with Dep=1	157		

4) 随机效应模型的设定中，不允许有 AR 项，不支持加权。此外，双向随机效应模型只支持平衡面板数据，不能用非平衡面板数据进行估计。

二、超前和滞后

在面板结构工作页中，进行面板数据模型分析，除了利用 EViews 提供的面板数据模型的丰富设定以外，还有一个好处，就是超前和滞后变量的处理。我们已经知道，面板工作页中，变量的超前和滞后是基于个体观测的，不会跨越个体的边界。例如

```
pageselect GB0
equation eq01.ls f c f(-1)    '190 obs
```

方程 eq01 的估计样本数为 190。如果使用堆叠数据(非面板结构)，

```
pageload(t=txt,page=GBn) Grunfeld.fil names=(fn yr i f k)
pagecopy(page=G03)
equation eq01.ls f c f(-1)    '199 obs
```

方程 eq01 的估计样本数为 199，变量的滞后是基于观测编号的。当估计样本区间内有缺失值时，

```
pageselect GB0
pagecopy(page=GB04)
f(10) = na
equation eq01.ls f c f(-1)    '188 obs
```

```
eq01.makeregs g01
freeze(tbs) g01.stats
pageselect GBn
pagecopy(page=G04)
f(10) = na
equation eq01.ls f c f(-1)    '197 obs!!
```

面板结构工作页 GB04 中的方程 eq01 的估计样本数为 188，而堆叠数据工作页 G04 的方程 eq01 的估计样本数为 197。由于估计方程时采用共同样本进行估计 (参考 §3.1.5 节中的第 145 页)，不难发现，工作页 GB04 中，由方程 eq01 的因变量和自变量组成的群对象 g01，命令 stats 报告的共同样本数和方程 eq01 的估计样本数相等。

练习：对比第 425 页方程 eq_dv2 在非面板工作页 G03 和面板工作页 GB0 的估计结果。提示：毫无疑问，我们在面板工作页中估计面板数据模型。然而，只要理解了面板数据模型，完全可以在堆叠数据的普通工作页里，进行面板数据模型的估计。

三、个体顺序

面板工作页中，观测数据是按个体堆叠的，那么个体的排列顺序会影响估计结果吗？我们先看一个例子：Baltagi (2005) 提供的 Grunfeld (1958) 数据是按数字编号排序的，如果改成按公司简称排序，估计相同的模型，结果会怎么样呢？

```
pageselect GB0
pagecopy(page=GB05)
alpha cid    'string ID
!i = 1
for %s GM US GE CH AR IB UO WH GY DM
    smpl if fn=!i
    cid = %s
    !i = !i+1
next
smpl @all
pagestruct cid @date(dateid)
equation eq_f2p.ls(CX=f,per=f) I c F K
```

双向效应模型 eq_f2p 的估计结果和第 426 页的方程 eq_f2 的估计结果完全相同。也就是说，个体的排列顺序不影响方程的系数估计。[4]

---

[4]证明如下：记面板数据模型为

$$y = X_\dagger b_\dagger + e$$

其中 $X_\dagger$ 包含了全部的解释变量 (含固定效应)。个体的不同排列相当于对数据进行如下变换

$$y_* = Py \quad X_* = PX_\dagger \quad e_* = Pe$$

其中 P 为改变排列顺序相应的置换矩阵 (Permutation matrix，参见 http://en.wikipedia.org/wiki/Permutation_matrix)。由于 P 为正交矩阵，即 $P'P = I$，因此

$$b = (X'_* X_*)^{-1} X'_* y_* = \left(X'_\dagger P'P X_\dagger\right)^{-1} X'_\dagger P'P y = \left(X'_\dagger X_\dagger\right)^{-1} X'_\dagger y = b_\dagger$$

表明系数估计与个体排列顺序无关。

同样地，对于按时期堆叠的形式，不影响方程的系数估计。

§9.4 面板单位根

面板单位根检验，理论上，可以看成是多个个体的时间序列的单位根检验在面板结构上的应用。EViews 提供了 5 种面板单位根检验：Breitung 检验、Fisher 检验、Hadri 检验、IPS 检验和 LLC 检验。这些检验由于要求个体间是相互独立的，被称为第一代面板单位根检验。[5]

本节先讨论这 5 种面板单位根检验的基本原理，然后用例子演示 EViews 中的面板单位根检验，通过面板工作页中的序列对象进行介绍，并对检验结果进行简单的解释。此外，还给出了普通工作页中，使用群对象和合伙对象进行面板单位根检验的例子。最后，讨论 DGP 识别问题，揭示了面板数据中，个体的 DGP 是纷繁复杂的。

§9.4.1 检验方法

我们从最简单的一阶自回归开始

$$y_{nt} = a_n y_{n,t-1} + \mathbf{d}'_{nt}\mathbf{b}_n + e_{nt} \qquad n = 1, 2, \cdots, N \quad t = 1, 2, \cdots, T_n$$

面板单位根检验支持非平衡面板，其中个体 n 有 T_n 个观测，自回归系数 a_n 可以随个体而不同，如果 $a_n = 1$，则我们称个体 n 存在单位根。外生变量 $\mathbf{d}_{nt}$ 有三种设定方法：

设定	$\mathbf{d}_{nt}$	$\mathbf{d}'_{nt}\mathbf{b}_n$	说明
DT0	$\mathbf{d}_{nt} = 0$	$\mathbf{d}'_{nt}\mathbf{b}_n = 0$	无外生变量
DT1	$\mathbf{d}_{nt} = 1$	$\mathbf{d}'_{nt}\mathbf{b}_n = b_{n1}$	个体固定效应
DT2	$\mathbf{d}_{nt} = [1; t]$	$\mathbf{d}'_{nt}\mathbf{b}_n = b_{n1} + b_{n2}t$	个体固定效应和个体时间趋势

假设误差 e_{nt} 在个体间是相互独立的。

EViews 提供了 5 种适用于面板数据的单位根检验。面板数据的单位根检验和普通时间序列的单位根检验类似，但并不完全相同。

- 和单个时间序列的单位根检验不同的是，对于面板数据，可以假设所有个体的自回归系数相同，即 $a_n = a$，也可以假设个体的自回归系数是不同的。
- 面板单位根检验比单个个体的单位根检验具有更高的势。

一、LLC 检验

Levin et al. (2002, LLC) 的检验方程为

$$\Delta y_{nt} = \alpha y_{n,t-1} + \sum_{l=1}^{p_n} a_{nl}\Delta y_{n,t-l} + \mathbf{d}'_{nt}\mathbf{b}_n + e_{nt}$$

要求所有个体的自回归系数 a 相同，故 $\alpha = a - 1$，但滞后阶数 p_n 可以随个体变化。

LLC 检验中，估计 α 时，使用了 Δy_{nt} 和 $y_{n,t-1}$ 的代理变量，代理变量由 ADF 回归消除了确定性趋势和自相关，再进行标准化消除了个体的异方差。LLC 检验具体的计算步骤为：

1) 标准化残差：对每个个体，先进行 ADF 回归

$$\Delta y_{nt} = \alpha_n y_{n,t-1} + \sum_{l=1}^{p_n} a_{nl}\Delta y_{n,t-l} + \mathbf{d}'_{nt}\mathbf{b}_n + v_{nt} \qquad t = p_n + 2, p_n + 3, \cdots, T \qquad (9.2)$$

---

[5]第二代面板单位根检验考虑了个体间的相互依赖，例如 Bai and Ng (2004) 和 Pesaran (2007) 等讨论的检验方法。

其中允许 α_n 和 p_n 随个体变化，计算回归标准差 s_n

$$s_n^2 = \frac{1}{T - p_n - 1 - K_n} \sum_{t=p_n+2}^{T} v_{nt}^2$$

其中 K_n 是式 (9.2) 的系数估计个数。

然后，假设 Δy_{nt} 和 $y_{n,t-1}$ 对 $\{\Delta y_{n,t-1}, \Delta y_{n,t-2}, \cdots, \Delta y_{n,t-p_n}, \mathbf{d}_{nt}\}$ 回归的残差分别为 $e_{1;nt}$ 和 $e_{2;nt}$，对其进行标准化得

$$\dot{e}_{nt} = \frac{e_{1;nt}}{s_n} \qquad \ddot{e}_{nt} = \frac{e_{2;nt}}{s_n}$$

2) 标准差比率：采用核估计的方法计算单位根零假设下，Δy_{nt}（去确定性趋势后）的长期方差 s_{0n}^2，定义标准差比率

$$S_n = \frac{s_{0n}}{s_n} \qquad n = 1, 2, \cdots, N$$

计算均值

$$S = \frac{1}{N} \sum_{n=1}^{N} S_n$$

3) 统计量：进行如下的汇拢 (pooled) 回归

$$\dot{e}_{nt} = \alpha \ddot{e}_{nt} + r_{nt} \qquad n = 1, 2, \cdots, N \quad t = p_n + 2, p_n + 3, \cdots, T \tag{9.3}$$

记 s_α 为系数 α 的标准差估计，s_r^2 为残差 r_{nt} 的方差估计。对系数 α 的 t_α 统计量进行修正得

$$t_{\text{LLC}} = \frac{t_\alpha - N\bar{T}S s_r^{-2} s_\alpha \mu_*}{\sigma_*}$$

其中个体的平均观测数目 $\bar{T} = T - 1 - \frac{1}{N}\sum_{n=1}^{N} p_n$，$\mu_*$ 和 σ_* 为 Levin et al. (2002) 中表 2 提供的均值和标准差调整参数。

LLC 检验的假设为

设定	$\mathbb{H}_0$ (DGP)	$\mathbb{H}_1$
DT0	$\alpha = 0$	$\alpha < 0$
DT1	$\alpha = 0, b_{n1} = 0 \ \forall n$	$\alpha < 0, b_{n1} \in \mathbb{R}$
DT2	$\alpha = 0, b_{n2} = 0 \ \forall n$	$\alpha < 0, b_{n2} \in \mathbb{R}$

LLC 检验要求所有个体具有相同的自回归系数，但允许 p_n, b_{n1} 和 b_{n2} 随个体改变。当 N 随 T 单调增，且 $\sqrt{N}/T \to 0$，有

$$t_{\text{LLC}} \overset{a}{\sim} \text{N}(0, 1)$$

Levin et al. (2002) 仿真表明，对于中等规模的面板 (如 $N = 10, T = 50$)，LLC 检验的码吻合很好。此外，相对于单个个体的单位根检验，LLC 检验的势显著地提高。

EViews 中，进行面板单位根的 LLC 检验时：

1) 确定性外生变量有三种选择，`none`, `const` 和 `trend`，分别对应 DT0, DT1 和 DT2 三种设定。
2) 使用选项 `lag=arg` 设定滞后项 p_n, $n = 1, 2, \cdots, N$。选项值中，`lag=a` 进行自动选择 (参见第 309 页 §7.2.3 节)，`lag=integer` 为所有个体设置相同的滞后阶数，`lag=vector_name` 为每个个体分别指定滞后阶数。
3) Δy_{nt} 的长期方差 s_{0n}^2 采用核估计，使用选项 `hac` 和 `band` 来设置核函数和带宽，详细内容请参考 §7.2.2 节 (第 307 页) 的讨论。

二、Breitung 检验

我们只列出和 LLC 检验的不同，假设 Δy_{nt} 和 $y_{n,t-1}$ 对 $\{\Delta y_{n,t-1}, \Delta y_{n,t-2}, \cdots, \Delta y_{n,t-p_n}\}$ 回归（解释变量不包含 $\mathbf{d}_{nt}$）的残差分别为 $e_{1;nt}$ 和 $e_{2;nt}$，对其进行标准化得 $\dot{e}_{nt}$ 和 $\ddot{e}_{nt}$。然后，对 $\dot{e}_{nt}$ 进行正交离差变换（简单起见，新的观测数目仍然记为 T）

$$\dot{e}_{*nt} = \left(\frac{T-t}{T-t+1}\right)^{1/2} \left(\dot{e}_{nt} - \frac{1}{T-t}\sum_{l=t+1}^{T}\dot{e}_{nl}\right)$$

以及对 $\ddot{e}_{nt}$ 进行修正

$$\ddot{e}_{*nt} = \begin{cases} \ddot{e}_{nt} & \mathbf{d}_{nt}=0 \\ \ddot{e}_{nt} - \ddot{e}_{n1} & \mathbf{d}_{nt}=1 \\ (\ddot{e}_{nt} - \ddot{e}_{n1}) - \frac{t-1}{T}(\ddot{e}_{nT} - \ddot{e}_{n1}) & \mathbf{d}_{nt}=[1;t] \end{cases}$$

最后，进行如下回归

$$\dot{e}_{*nt} = \alpha \ddot{e}_{*nt} + r_{nt}$$

Breitung (2000) 证明，单位根的零假设下

$$\alpha \stackrel{a}{\sim} N(0,1)$$

EViews 中，进行面板单位根的 Breitung 检验时：

1) 确定性外生变量只有 trend 选项，没有 none 和 const 选项。
2) 使用选项 lag=arg 设定滞后项 p_n，$n=1,2,\cdots,N$。选项值中，lag=a 进行自动选择（参见第 309 页 §7.2.3 节），lag=integer 为所有个体设置相同的滞后阶数，lag=vector_name 为每个个体分别指定滞后阶数。

三、Hadri 检验

和 KPSS 检验一样，Hadri (2000) 和 Hadri and Larsson (2005) 的零假设是没有单位根。Hadri and Larsson (2005) 允许面板是非平衡的，假设 DGP 为

$$\text{DGP1:} \quad y_{nt} = u_{nt} + v_{nt}$$
$$\text{DGP2:} \quad y_{nt} = u_{nt} + b_n t + v_{nt}$$

其中

$$u_{nt} = u_{n,t-1} + e_{nt} \qquad n=1,2,\cdots,N \quad t=1,2,\cdots,T$$

假设起始值 u_{n0} 是非随机的，v_{nt} 和 e_{nt} 在个体间相互独立，在个体内是 iid 零均值正态序列，方差分别为 $\sigma_{v_n}^2$ 和 $\sigma_{e_n}^2$。Hadri and Larsson (2005) 的零假设是

$$\mathbb{H}_0 : \sigma_{e_n}^2 = 0 \qquad n=1,2,\cdots,N$$

备择假设为 $N_1 \geqslant 1$ 个个体存在单位根，不妨假设为前 N_1 个，即

$$\mathbb{H}_1 : \begin{cases} \sigma_{e_n}^2 > 0 & n=1,2,\cdots,N_1 \\ \sigma_{e_n}^2 = 0 & n=N_1+1, N_1+2,\cdots,N \end{cases}$$

对于 DGP1，先对每个个体计算如下回归方程 (DT1) 的残差 r_{nt}：

$$y_{nt} = b_{n1} + r_{nt}$$

定义个体 n 的 LM 统计量

$$h_n = \frac{1}{T^2 s_n^2} \sum_{t=1}^{T} S_{nt}^2$$

其中

$$s_n^2 = \frac{1}{T} \sum_{t=1}^{T} r_{nt}^2 \qquad S_{nt} = \sum_{l=1}^{t} r_{nl}$$

则

$$\mu = \mathrm{E}(h_n) = \frac{T+1}{6T} \qquad \mathrm{E}(h_n^2) = \frac{T^2+1}{20T^2}$$

零假设下, 有

$$Z = \frac{1}{\sqrt{N}} \sum_{n=1}^{N} \frac{h_n - \mu}{\sigma} \overset{a}{\sim} \mathrm{N}(0,1)$$

其中 $\sigma^2 = \mathrm{E}(h_n^2) - \mu^2$, 当 $T \to \infty$ 时, $\mu = 1/6$, $\sigma^2 = 1/45$。备择假设下, 当 $N \to \infty$, 且 $\lim_{N \to \infty} N_1/N = p > 0$ 时, 有 $Z \to \infty$。

对于 DGP2, 回归方程 (DT2) 为

$$y_{nt} = b_{n1} + b_{n2}t + r_{nt}$$

类似地, 有

$$\mu = \mathrm{E}(h_n) = \frac{T+2}{15T} \qquad \mathrm{E}(h_n^2) = \frac{(T+2)(13T^2+23)}{2100T^3}$$

当 $T \to \infty$ 时, $\mu = 1/15$, $\sigma^2 = 13/2100$。

如果个体间同方差, 即 $\sigma_{e_n}^2 = \sigma_e^2$, Hadri (2000) 的检验统计量为

$$\mathrm{LM} = \frac{1}{NT^2 s^2} \sum_{n=1}^{N} \sum_{t=1}^{T} S_{nt}^2$$

其中

$$s^2 = \frac{1}{N} \sum_{n=1}^{N} s_n^2$$

EViews 中, 进行面板单位根的 Hadri 检验时:

1) 确定性外生变量有两种选择, `const` 和 `trend`, 分别对应 DT1 和 DT2 设定。
2) EViews 使用核估计方法来估计 s_n^2, 以修正残差的相关性。使用选项 `hac` 和 `band` 来设置核函数和带宽, 相对于时间序列的单位根检验, 增加了选项值 `band=vector_name` 为每个个体分别指定带宽。选项 `hac` 和 `band` 的其他内容请参考 §7.2.2 节 (第 307 页) 的讨论。

Hlouskova and Wagner (2006) 指出: 当存在序列相关时, Hadri 检验呈现出严重的码扭曲。更甚的是, Hadri 检验倾向于过度拒绝平稳的零假设, 可能导致检验结果与其他检验统计量的结果相悖。鉴于此, 实证分析时, Hadri 检验的结果通常只做参考。

四、IPS 检验

IPS 检验的检验方程为式 (9.2), 零假设为

$$\mathbb{H}_0 : \alpha_n = 0 \qquad n = 1, 2, \cdots, N$$

备择假设为 $N_0 \geqslant 1$ 个个体是平稳的，不妨假设为前 N_0 个个体，即

$$\mathbb{H}_1 : \begin{cases} \alpha_n < 0 & n = 1, 2, \cdots, N_0 \\ \alpha_n = 0 & n = N_0 + 1, N_0 + 2, \cdots, N \end{cases}$$

并且要求 $\lim_{N \to \infty} N_0/N = p > 0$。定义

$$\bar{t} = \frac{1}{N} \sum_{n=1}^{N} t_n$$

其中 t_n 是个体 ADF 方程 (9.2) 中系数 α_n 的 t 检验统计量。Im et al. (2003, Eq 4.10) 给出的统计量为

$$W_{\text{IPS}} = \frac{\sqrt{N}\left(\bar{t} - \frac{1}{N}\sum_{n=1}^{N} \mathrm{E}\left(t_n | \alpha_n = 0\right)\right)}{\sqrt{\frac{1}{N}\sum_{n=1}^{N} \mathrm{var}\left(t_n | \alpha_n = 0\right)}} \tag{9.4}$$

Im et al. (2003) 中的表 3 给出了 $\mathrm{E}(t_n | \alpha_n = 0)$ 和 $\mathrm{var}(t_n | \alpha_n = 0)$ 在滞后阶数 p_n 和观测数目 T 多种组合下的仿真值。零假设下，先让 $T \to \infty$，然后 $N \to \infty$，有

$$W_{\text{IPS}} \stackrel{a}{\sim} \mathrm{N}(0, 1)$$

Im et al. (2003) 中表 5 和表 6 的仿真结果表明，IPS 检验在小样本下表现令人满意，并且总体上表现比 LLC 检验好。

EViews 中，进行面板单位根的 IPS 检验时：

1) 确定性外生变量有两种选择，`const` 和 `trend`，分别对应 DT1 和 DT2 设定。
2) 使用选项 `lag=arg` 设定滞后项 p_n，$n = 1, 2, \cdots, N$。选项值中，`lag=a` 进行自动选择 (参见第 309 页 §7.2.3 节)，`lag=integer` 为所有个体设置相同的滞后阶数，`lag=vector_name` 为每个个体分别指定滞后阶数。

五、Fisher-ADF 和 Fisher-PP 检验

根据 Maddala and Wu (1999) 和 Choi (2001) 提出的思路，采用 Fisher (1932) 的结果，Fisher 检验是将单个个体的单位根检验的 p 值结合起来的检验方法。

计算上，Fisher-ADF 检验基于个体的 ADF 检验，Fisher-PP 检验基于个体的 PP 检验。Fisher 检验的零假设和备择假设与 IPS 检验的相同。记个体 n 的单位根检验的 p 值为 $p_{:n}$，则对于固定的 N，当 $T_n \to \infty$ 时，

$$\chi^2 = -2 \sum_{n=1}^{N} \log(p_{:n}) \stackrel{a}{\sim} \chi_{2N}^2$$

此外，Choi (2001) 还证明了

$$Z = \frac{1}{\sqrt{N}} \sum_{n=1}^{N} \Phi^{-1}(p_{:n}) \stackrel{a}{\sim} \mathrm{N}(0, 1)$$

其中 $\Phi^{-1}(\cdot)$ 是标准正态分布的累积密度函数的反函数 (即分位数函数)。

进行面板单位根的 Fisher 检验时，EViews 报告了 χ^2 和 Z 统计量：

1) 确定性外生变量有三种选择，`none, const` 和 `trend`，分别对应 DT0, DT1 和 DT2 三种设定。
2) 对于 Fisher-ADF 检验，使用选项 `lag=arg` 设定滞后项。选项值中，`lag=a` 进行自动选择 (参见第 309 页 §7.2.3 节)，`lag=integer` 为所有个体设置相同的滞后阶数，`lag=vector_name` 为每个个体分别指定滞后阶数。

表 9.3　面板单位根检验

检验	选项	$\mathbb{H}_0$	检验方程选项	自相关修正	备注
Breitung	`breit`	单位根	`trend`	滞后	同根
Fisher-ADF	`adf`	单位根	`none`, `const` 和 `trend`	滞后	
Fisher-PP	`pp`	单位根	`none`, `const` 和 `trend`	核估计	
Hadri	`hadri`	平稳	`const` 和 `trend`	核估计	
IPS	`ips`	单位根	`const` 和 `trend`	滞后	
LLC	`llc`	单位根	`none`, `const` 和 `trend`	滞后	同根
全部	`sum`(默认)				

3) 对于 Fisher-PP 检验，使用选项 `hac` 和 `band` 来设置核函数和带宽，相对于时间序列的单位根检验，增加了选项值 `band=vector_name` 为每个个体分别指定带宽。选项 `hac` 和 `band` 的其他内容请参考 §7.2.2 节 (第 307 页) 的讨论。

六、总结

清晰起见，EViews 的面板单位根检验总结为表 9.3。面板单位根检验的 `uroot` 命令是面板工作页中序列对象的视图，若干说明如下：

1) 这些检验都要求个体间相互独立。
2) 除了 Fisher 检验的 χ^2 统计量，其他检验的统计量都渐近服从标准正态分布。
3) EViews 提供的面板单位根检验都支持非平衡面板数据。
4) 如果使用 `balance` 选项，只使用最大的平衡面板数据子集进行面板单位根检验。
5) 默认选项 `sum` 报告了支持当前检验方程设定的所有检验的汇总结果。
6) 核估计使用在 LLC 检验中 Δy_{nt} 的长期方差估计中，以及 Hadri 检验中个体残差的方差估计中。
7) 注意，Fisher 检验和 IPS 检验的备择假设为部分个体是平稳的，因此如果单位根的零假设被拒绝，并非所有个体都是平稳的，某些个体可能存在单位根。
8) 进行面板单位根检验，还可以在普通工作页中，使用合伙对象或者群对象。

§9.4.2　应用实例

在面板工作页中，使用序列对象的 `uroot` 命令进行面板单位根检验是直接了当的。此外，EViews 还支持在普通工作页中，使用合伙对象或者群对象进行面板单位根检验。下面我们使用 Baltagi (2005) 提供的 Grunfeld (1958) 数据进行演示

```
'http://www.wiley.com/legacy/wileychi/baltagi/supp/Grunfeld.fil
%wf = "Grunfeld.fil"
wfopen(t=txt,page=GBn) %wf names=(fn yr i f k)
pagecopy(page=GB0)
pagestruct fn @date(yr)
```

工作页 GBn 的数据是按个体堆叠的，工作页 GB0 已经结构化成面板工作页。

一、序列对象

由于 IBM 公司 (fn=6) 的数据比较特殊 (参见第 447 页的讨论)，将其排除在样本之外。

```
pageselect GB0
pagecopy(page=GB2)
smpl if fn<>6
```

我们先查看面板单位根检验的汇总结果

```
f.uroot
```

得到检验报告如下：

```
                    Panel Unit Root Test on F

Panel unit root test: Summary
Date: 06/01/08   Time: 19:09
Sample: 1935 1954 IF FN<>6
Exogenous variables: Individual effects
Automatic selection of maximum lags
Automatic selection of lags based on SIC: 0 to 4
Newey-West bandwidth selection using Bartlett kernel

                                                    Cross-
Method                       Statistic    Prob.**   sections    Obs
Null: Unit root (assumes common unit root process)
Levin, Lin & Chu t*           -0.65616    0.2559       9         165

Null: Unit root (assumes individual unit root process)
Im, Pesaran and Shin W-stat   -1.80108    0.0358       9         165
ADF - Fisher Chi-square       42.0050     0.0011       9         165
PP - Fisher Chi-square        41.9742     0.0011       9         171

Null: No unit root (assumes common unit root process)
Hadri Z-stat                   2.31781    0.0102       9         180

** Probabilities for Fisher tests are computed using an asympotic
   Chi-square distribution. All other tests assume asymptotic
   normality.
```

我们发现，检验结论存在严重的分歧。由于 EViews 提供的 Breitung 检验不支持 DT1 设定 (Individual effects)，汇总报告中没有 Breitung 检验的结果。

对于特定的检验，EViews 报告了检验的更多细节信息：

```
for %t adf hadri ips llc
    freeze(tb_{%t}) f.uroot({%t},const)
next
```

得到 Fisher-ADF 检验、Hadri 检验、IPS 检验和 LLC 检验的具体结果，分别参见图 9.4、图 9.5、图 9.6 和图 9.7。从这些具体检验报告我们看到了检验中间过程的相关信息：

1) Fisher-ADF 检验还报告了 Choi (2001) 的 Z 统计量，中间过程信息部分，Prob 为 p 值，Lag 为滞后阶数。

2) Hadri 检验还报告了 Hadri and Larsson (2005) 的统计量，允许个体异方差。中间过程部分，LM 为 h_n，Variance HAC 为 s_n^2 的估计。

3) IPS 检验报告了式 (9.4) 相关的统计量信息。

4) LLC 检验的报告中，2nd Stage Coefficient 为方程 (9.2) 的 α_n，Variance of Reg 为 s_n^2，HAC of Dep 为 s_{0n}^2。最后一行 Pooled 报告了汇拢回归 (9.3) 的估计结果，以及调整参数。

5) 从 Fisher-ADF 检验、IPS 检验和 LLC 检验的中间过程可以看到，滞后阶数 Lag 可以随个体改变。因此，即使是平衡面板，个体的检验方程中，观测数目 Obs 也可能不同。

图 9.4 Fisher-ADF 检验

```
ADF Fisher Unit Root Test on F

Null Hypothesis: Unit root (individual unit root process)
Date: 06/01/08   Time: 19:09
Sample: 1935 1954 IF FN<>6
Exogenous variables: Individual effects
Automatic selection of maximum lags
Automatic selection of lags based on SIC: 0 to 4
Total number of observations: 165
Cross-sections included: 9 (0 dropped)
```

Method	Statistic	Prob.**
ADF - Fisher Chi-square	42.0050	0.0011
ADF - Choi Z-stat	-1.84226	0.0327

** Probabilities for Fisher tests are computed using an asympotic
    Chi-square distribution. All other tests assume asymptotic
    normality.

Intermediate ADF test results F

Cross section	Prob.	Lag	Max Lag	Obs
1	0.0439	0	4	19
2	0.0075	0	4	19
3	0.2456	1	4	18
4	0.0029	0	4	19
5	0.9999	4	4	15
7	0.5082	0	4	19
8	0.5596	0	4	19
9	0.5191	0	4	19
10	0.0218	1	4	18

图 9.5 Hadri 检验

```
Hadri Unit Root Test on F

Null Hypothesis: No unit root (common unit root process)
Date: 06/01/08   Time: 19:09
Sample: 1935 1954 IF FN<>6
Exogenous variables: Individual effects
Newey-West bandwidth selection using Bartlett kernel
Total (balanced) observations: 180
Cross-sections included: 9 (0 dropped)
```

Method	Statistic	Prob.**
Hadri Z-stat	2.31781	0.0102
Heteroscedastic Consistent Z-stat	2.72087	0.0033

** Probabilities are computed assuming asympotic normality

Intermediate results on F

Cross section	LM	Variance HAC	Bandwidth	Obs
1	0.3143	776878.7	0.0	20
2	0.0929	90333.38	2.0	20
3	0.1091	218347.3	1.0	20
4	0.3063	20057.77	3.0	20
5	0.5312	14969.78	3.0	20
7	0.1697	2164.381	2.0	20
8	0.5750	84068.53	2.0	20
9	0.3670	10621.11	2.0	20
10	0.2511	104.3458	1.0	20

图 9.6 IPS 检验

Im, Pesaran and Shin Unit Root Test on F

Null Hypothesis: Unit root (individual unit root process)
Date: 06/01/08   Time: 19:09
Sample: 1935 1954 IF FN<>6
Exogenous variables: Individual effects
Automatic selection of maximum lags
Automatic selection of lags based on SIC: 0 to 4
Total number of observations: 165
Cross-sections included: 9 (0 dropped)

Method	Statistic	Prob.**
Im, Pesaran and Shin W-stat	-1.80108	0.0358

** Probabilities are computed assuming asympotic normality

Intermediate ADF test results

Cross section	t-Stat	Prob.	E(t)	E(Var)	Lag	Max Lag	Obs
1	-3.0980	0.0439	-1.520	0.865	0	4	19
2	-3.9708	0.0075	-1.520	0.865	0	4	19
3	-2.1030	0.2456	-1.511	0.953	1	4	18
4	-4.4232	0.0029	-1.520	0.865	0	4	19
5	2.8414	0.9999	-1.260	1.279	4	4	15
7	-1.5075	0.5082	-1.520	0.865	0	4	19
8	-1.4014	0.5596	-1.520	0.865	0	4	19
9	-1.4852	0.5191	-1.520	0.865	0	4	19
10	-3.4695	0.0218	-1.511	0.953	1	4	18
Average	-2.0686		-1.489	0.931			

图 9.7 LLC 检验

Levin, Lin & Chu Unit Root Test on F

Null Hypothesis: Unit root (common unit root process)
Date: 06/01/08   Time: 19:09
Sample: 1935 1954 IF FN<>6
Exogenous variables: Individual effects
Automatic selection of maximum lags
Automatic selection of lags based on SIC: 0 to 4
Newey-West bandwidth selection using Bartlett kernel
Total number of observations: 165
Cross-sections included: 9 (0 dropped)

Method	Statistic	Prob.**
Levin, Lin & Chu t*	-0.65616	0.2559

** Probabilities are computed assuming asympotic normality

Intermediate results on F

Cross section	2nd Stage Coefficien	Variance of Reg	HAC of Dep.	Lag	Max Lag	Band-width	Obs
1	-0.72212	674102	95667.	0	4	18.0	19
2	-0.83768	67719.	20912.	0	4	18.0	19
3	-0.59801	97361.	158052	1	4	1.0	18
4	-0.98120	21572.	4516.0	0	4	18.0	19
5	0.70687	323.61	916.70	4	4	0.0	15
7	-0.27673	562.71	597.11	0	4	2.0	19
8	-0.23435	16446.	17972.	0	4	2.0	19
9	-0.30642	3523.3	3980.5	0	4	0.0	19
10	-0.95687	56.076	11.961	1	4	14.0	18

	Coefficien	t-Stat	SE Reg	mu*	sig*		Obs
Pooled	-0.39808	-5.176	1.154	-0.554	0.919		165

二、合伙对象

首先，我们使用公司代码作为拆堆标识进行拆堆

```
pageselect GBn
pagecopy(page=GB05)
alpha cid    'string ID
!i = 1
for %s GM US GE CH AR IB UO WH GY DM
    smpl if fn=!i
    cid = %s
    !i = !i+1
next
smpl @all
pageunstack(namepat="*_?",page=GBu) cid yr @ i f k
pagestruct @date(yr)
```

命令 pageunstack 进行拆堆，建立合伙数据工作页 GBu，同时自动创建了合伙对象 cid 和群对象 F。

我们可以使用合伙对象 cid 进行面板单位根检验

```
cid.drop IB
cid.uroot f_?
```

得到检验结果为

```
                    Pool Unit Root Test on F_?

Pool unit root test: Summary
Date: 06/01/08   Time: 19:09
Sample: 1935 1954
Series: F_AR, F_CH, F_DM, F_GE, F_GM, F_GY, F_UO, F_US, F_WH
Exogenous variables: Individual effects
Automatic selection of maximum lags
Automatic selection of lags based on SIC: 0 to 4
Newey-West bandwidth selection using Bartlett kernel
                                              Cross-
Method                     Statistic   Prob.**  sections   Obs
Null: Unit root (assumes common unit root process)
Levin, Lin & Chu t*         -0.65616   0.2559      9       165

Null: Unit root (assumes individual unit root process)
Im, Pesaran and Shin W-stat -1.80108   0.0358      9       165
ADF - Fisher Chi-square     42.0050    0.0011      9       165
PP - Fisher Chi-square      41.9742    0.0011      9       171

Null: No unit root (assumes common unit root process)
Hadri Z-stat                 2.31781   0.0102      9       180

** Probabilities for Fisher tests are computed using an asympotic
    Chi-square distribution. All other tests assume asymptotic
    normality.
```

不难发现，检验结果和第 443 页的面板工作页 GB2 中序列 F 的检验结果完全相同。

三、群对象

作为例子，我们使用 GBu 工作页中自动创建的群对象 F，进行面板单位根检验

```
f.drop F_IB
f.uroot
```

得到检验结果为

```
                        Group Unit Root Test on F

Group unit root test: Summary
Date: 06/01/08   Time: 19:09
Sample: 1935 1954
Series: F_AR, F_CH, F_DM, F_GE, F_GM, F_GY, F_UO, F_US, F_WH
Exogenous variables: Individual effects
Automatic selection of maximum lags
Automatic selection of lags based on SIC: 0 to 4
Newey-West bandwidth selection using Bartlett kernel

                                              Cross-
Method                      Statistic  Prob.**  sections   Obs
Null: Unit root (assumes common unit root process)
Levin, Lin & Chu t*          -0.65616   0.2559     9       165

Null: Unit root (assumes individual unit root process)
Im, Pesaran and Shin W-stat  -1.80108   0.0358     9       165
ADF - Fisher Chi-square      42.0050    0.0011     9       165
PP - Fisher Chi-square       41.9742    0.0011     9       171

Null: No unit root (assumes common unit root process)
Hadri Z-stat                  2.31781   0.0102     9       180

** Probabilities for Fisher tests are computed using an asympotic
   Chi-square distribution. All other tests assume asymptotic
   normality.
```

与合伙对象 cid 的检验结果,以及第 443 页的面板工作页 GB2 中序列 F 的检验结果完全相同。

§9.4.3 DGP 识别

面板数据中,由于存在多个个体,确定性趋势和随机趋势将更加丰富多彩。就个体的随机趋势而言,除了可能包含季节趋势以外,还可能混合 I(1) 和 I(2) 过程,例如,个体 5 的时间序列为 I(1) 过程,而个体 7 的则为 I(2) 过程等。

对于个体的时间序列,仍然可以使用 §7.3.3 (第 317 页) 介绍的回归方法进行 DGP 识别,并且可以使用如下几种数据结构:

1) 序列对象,能正确处理差分,但系数方差估计无法使用 Newey-West HAC 进行修正。
2) 合伙序列,简单易行,但个体较多时,序列对象太多。
3) 非面板的个体堆叠形式,直接差分将跨越个体边界,需要手动处理。

下面通过实例,以 Grunfeld (1958) 中 IBM 公司的数据和 G7 集团的 GDP 为例,探讨 DGP 的识别,揭示面板数据中 DGP 的多样性。

一、IBM

作为演示,使用堆叠数据进行识别

```
pageselect GB0
pagecopy(page=GBs)
!N = @max(fn)
genr t = @trend
pagestruct(none)

genr z = na
table(!N,7) tb
for !i = 1 to !N
  smpl if fn=!i
```

```
            z = f
            equation eq.ls(n) d(z) c
            tb(!i,1) = !i
            tb(!i,2) = eq.c(1)
            tb(!i,3) = 2*@ctdist(-abs(eq.@tstats(1)),eq.@regobs-1)
            equation eq.ls(n) d(z) c t
            tb(!i,4) = eq.c(1)
            tb(!i,5) = 2*@ctdist(-abs(eq.@tstats(1)),eq.@regobs-2)
            tb(!i,6) = eq.c(2)
            tb(!i,7) = 2*@ctdist(-abs(eq.@tstats(2)),eq.@regobs-2)
            z = na
next
tb.setformat(@all) f.4
tb.setformat(A:B) g.4
tb.setformat(D) g.4
```

基于个体的时间趋势 t 在面板工作页中产生, 然后去除面板结构。为了避免差分时跨越个体边界, 我们单独提取个体观测数据, 再进行识别。得到系数估计结果如下:

fn	c	p 值	c	p 值	t	p 值
1	132.4	0.4560	131.6	0.7607	0.0774	0.9983
2	39.64	0.5432	121.3	0.5036	-8.1711	0.5630
3	83.65	0.3715	75.25	0.7826	0.8395	0.9691
4	15.04	0.6672	61.65	0.5175	-4.6618	0.5499
5	10.95	0.1268	0.3404	0.9730	1.0607	0.4116
6	38.44	0.0078	-11.49	0.4520	4.9925	0.0046
7	2.879	0.6232	-2.581	0.8813	0.5460	0.6677
8	52.49	0.1140	45.73	0.6007	0.6768	0.9295
9	9.679	0.4838	-7.479	0.7252	1.7158	0.4219
10	-0.6732	0.7140	1.575	0.7271	-0.2248	0.5445

第 2 和 3 列为解释变量只有常数的系数估计和 p 值, 最后 4 列为常数和时间趋势的估计及相应的 p 值。IBM 公司 (fn=6) 的一阶差分的时间趋势显著, 可能是时间趋势, 但也可能是随机趋势引起的。

是伪回归还是时间趋势呢? 需要进一步地识别。

```
smpl if fn=6
z = f
group gdz d(z) d(z,2)
eq.ls(n) gdz(2) c
```

系数估计为零, 表明一阶差分数据应该不存在时间趋势, 很可能是随机趋势。

```
smpl if fn=6
freeze(tbuf6) gdz(1).uroot(np)
```

得到检验结果为

```
                    Ng-Perron Modified Unit Root Tests on D(Z)

Null Hypothesis: D(Z) has a unit root
Exogenous: Constant
Lag length: 0 (Spectral GLS-detrended AR based on SIC, MAXLAG=3)
Sample: 1 200 IF FN=6
Included observations: 19

                                        MZa        MZt        MSB        MPT

Ng-Perron test statistics            -8.69495   -1.90648    0.21926    3.44303
Asymptotic critical values*    1%   -13.8000    -2.58000    0.17400    1.78000
                               5%    -8.10000   -1.98000    0.23300    3.17000
                              10%    -5.70000   -1.62000    0.27500    4.45000

*Ng-Perron (2001, Table 1)

HAC corrected variance (Spectral GLS-detrended AR)                  2964.133
```

1%显著水平下，NP 检验的4个统计量都没有拒绝单位根假设，但5%显著水平下，统计量 MZa 和 MSB 拒绝单位根的零假设。可以认为一阶差分后仍然存在随机趋势，即 IBM 的观测数据是 I(2) 过程。

如果将 IBM 公司合在一起进行面板单位根检验

```
pageselect GB2
smpl @all
f.uroot
```

得到检验结果为

```
                         Panel Unit Root Test on F

Panel unit root test: Summary
Date: 06/01/08   Time: 20:12
Sample: 1935 1954
Exogenous variables: Individual effects
Automatic selection of maximum lags
Automatic selection of lags based on SIC: 0 to 4
Newey-West bandwidth selection using Bartlett kernel

                                                      Cross-
Method                          Statistic   Prob.**   sections    Obs
Null: Unit root (assumes common unit root process)
Levin, Lin & Chu t*              1.91811    0.9725       10        182

Null: Unit root (assumes individual unit root process)
Im, Pesaran and Shin W-stat     -0.32883    0.3711       10        182
ADF - Fisher Chi-square         42.0051     0.0028       10        182
PP  - Fisher Chi-square         41.9742     0.0028       10        190

Null: No unit root (assumes common unit root process)
Hadri Z-stat                     3.04930    0.0011       10        200

** Probabilities for Fisher tests are computed using an asympotic
     Chi-square distribution. All other tests assume asymptotic
     normality.
```

LLC 检验和 IPS 检验受到较大的影响，但对 Fisher 检验影响甚微。

二、G7

面板数据中，个体的 DGP 可能是多种多样的，例如 G7 集团的 GDP 数据

```
%wf = @evpath + "\Example Files\data\poolg7"
wfopen %wf
```

```
smpl @all
copy gdp_* lgdp_*
group gdp lgdp_*
genr t=@trend/100
```

这是合伙数据，我们仍然采用回归方法进行识别。

```
!N = gdp.@count
table(!N,7) tb
for !i = 1 to !N
   genr gdp(!i) = log(gdp(!i))
   tb(!i,1) = gdp.@seriesname(!i)
   equation eq.ls(n) d(gdp(!i)) c t
   tb(!i,2) = eq.c(1)
   tb(!i,3) = 2*@ctdist(-abs(eq.@tstats(1)),eq.@regobs-2)
   tb(!i,4) = eq.c(2)
   tb(!i,5) = 2*@ctdist(-abs(eq.@tstats(2)),eq.@regobs-2)
   equation eq.ls(n) d(gdp(!i),2) c
   tb(!i,6) = eq.c(1)
   tb(!i,7) = 2*@ctdist(-abs(eq.@tstats(1)),eq.@regobs-1)
next
tb.setformat(@all) f.4
```

循环中，先将 GDP 取对数，然后记录估计结果并整理成如下表格：

序列	c	p 值	t	p 值	c	p 值
LGDP_CAN	0.0287	0.0105	-0.0260	0.5985	-0.0007	0.8332
LGDP_FRA	0.0470	0.0000	-0.0810	0.0013	-0.0008	0.6776
LGDP_GER	0.0641	0.0000	-0.1316	0.0007	-0.0016	0.5505
LGDP_ITA	0.0567	0.0000	-0.0934	0.0001	-0.0016	0.5471
LGDP_JPN	0.0894	0.0000	-0.1556	0.0003	-0.0023	0.4948
LGDP_UK	0.0261	0.0000	-0.0242	0.4644	-0.0008	0.7438
LGDP_US	0.0220	0.0032	-0.0217	0.4323	-0.0008	0.7976

最后两列为二阶差分的均值估计，都不显著。但一阶差分数据的时间趋势系数估计中，FRA, GER, ITA 和 JPN 的系数估计显著，很可能是伪回归。以 FRA 为例，用图形进行查看。

```
group grf log(gdp_fra) dlog(gdp_fra) dlog(gdp_fra,2)
freeze(gff) grf.line(m)
gff.axis zeroline
gff.align(3,1,1)
```

得到 GDP 对数的各阶差分图形如下：

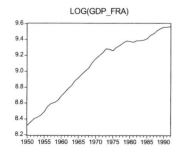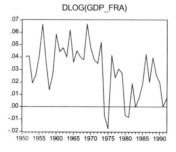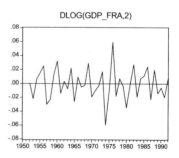

对数数据有明显的上升趋势，一阶差分隐隐约约有下降趋势，而二阶差分似乎已经平稳。法国的 GDP 可能是 I(2) 过程吗？

```
freeze(tbuf) grf(2).uroot(np)
```

得到检验结果为

Ng-Perron Modified Unit Root Tests on DLOG(GDP_FRA)

Null Hypothesis: DLOG(GDP_FRA) has a unit root
Exogenous: Constant
Lag length: 0 (Spectral GLS-detrended AR based on SIC, MAXLAG=9)
Sample (adjusted): 1951 1992
Included observations: 42 after adjustments

		MZa	MZt	MSB	MPT
Ng-Perron test statistics		-16.0976	-2.77101	0.17214	1.76632
Asymptotic critical values*	1%	-13.8000	-2.58000	0.17400	1.78000
	5%	-8.10000	-1.98000	0.23300	3.17000
	10%	-5.70000	-1.62000	0.27500	4.45000

*Ng-Perron (2001, Table 1)

HAC corrected variance (Spectral GLS-detrended AR)   0.000347

表明法国的 GDP 不是 I(2) 过程。由于 GDP 的增长通常呈现经济周期的趋势，此外，还可能存在结构变化，这些都可能导致一阶对数差分的时间趋势显著。

下面查看个体间的相关性

```
group gd1
group gd2
for !i = 1 to !N
    gd1.add d(gdp(!i))
    gd2.add d(gdp(!i),2)
next
matrix m1 = @cor(gd1)
matrix m2 = @cor(gd2)
for !i = 1 to !N
    for !j = !i+1 to !N
        m2(!i,!j) = m1(!i,!j)
    next
next
m2.setformat f.4
```

得到矩阵 m2：上三角部分为一阶差分的相关系数，下三角部分是二阶差分的相关系数。

	CAN	FRA	GER	ITA	JPN	UK	US
CAN		0.3455	0.1772	0.1894	0.1043	0.2502	**0.6674**
FRA	0.2514		**0.6097**	0.5908	0.7475	0.4894	0.4091
GER	0.3603	**0.5223**		0.5095	0.5535	0.4446	0.4002
ITA	0.2154	0.3897	0.3095		0.5914	0.3030	0.2845
JPN	0.0376	0.4799	0.4241	0.2042		**0.4675**	0.3881
UK	0.0728	0.4058	0.4158	0.1882	**0.6252**		0.5429
US	**0.7039**	0.2410	0.5339	0.2726	0.2939	0.4529	

无论是一阶差分还是二阶差分，美加之间、英日之间和德法之间的相关系数都较高。

如果没有对个体数据进行识别，直接用 DT1 设定进行检验

```
gdp.uroot
```

得到检验结果为

```
                        Group Unit Root Test on GDP

        Group unit root test: Summary
        Date: 06/01/08   Time: 09:22
        Sample: 1950 1992
        Series: LGDP_CAN, LGDP_FRA, LGDP_GER, LGDP_ITA, LGDP_JPN, LGDP_UK,
               LGDP_US
        Exogenous variables: Individual effects
        Automatic selection of maximum lags
        Automatic selection of lags based on SIC: 0 to 2
        Newey-West bandwidth selection using Bartlett kernel
                                                        Cross-
        Method                      Statistic  Prob.**  sections   Obs
        Null: Unit root (assumes common unit root process)
        Levin, Lin & Chu t*          -7.79000   0.0000     7       292

        Null: Unit root (assumes individual unit root process)
        Im, Pesaran and Shin W-stat  -2.87333   0.0020     7       292
        ADF - Fisher Chi-square      38.7654    0.0004     7       292
        PP - Fisher Chi-square       46.1437    0.0000     7       294

        Null: No unit root (assumes common unit root process)
        Hadri Z-stat                 11.3225    0.0000     7       301

        ** Probabilities for Fisher tests are computed using an asympotic
           Chi-square distribution. All other tests assume asymptotic
           normality.
```

除 Hadri 检验，其他面板单位根检验都强烈支持 G7 的 GDP 是平稳的，这显然是检验的错误设定引起的。如果采用 DT2 设定进行检验

```
gdp.uroot(trend)
```

得到检验结果为

```
                        Group Unit Root Test on GDP

        Group unit root test: Summary
        Date: 06/01/08   Time: 09:22
        Sample: 1950 1992
        Series: LGDP_CAN, LGDP_FRA, LGDP_GER, LGDP_ITA, LGDP_JPN, LGDP_UK,
               LGDP_US
        Exogenous variables: Individual effects, individual linear trends
        Automatic selection of maximum lags
        Automatic selection of lags based on SIC: 0 to 1
        Newey-West bandwidth selection using Bartlett kernel
                                                        Cross-
        Method                      Statistic  Prob.**  sections   Obs
        Null: Unit root (assumes common unit root process)
        Levin, Lin & Chu t*          -0.01146   0.4954     7       292
        Breitung t-stat               3.67066   0.9999     7       285

        Null: Unit root (assumes individual unit root process)
        Im, Pesaran and Shin W-stat   1.81383   0.9651     7       292
        ADF - Fisher Chi-square      11.0249    0.6841     7       292
        PP - Fisher Chi-square       11.8142    0.6212     7       294

        Null: No unit root (assumes common unit root process)
        Hadri Z-stat                  8.38189   0.0000     7       301

        ** Probabilities for Fisher tests are computed using an asympotic
           Chi-square distribution. All other tests assume asymptotic
           normality.
```

这下子结论反过来，都认为 GDP 存在单位根了。

练习：检验 G7 集团的 GDP 的一阶对数差分是否平稳。

提示：如果用如下的命令进行检验

```
freeze(tbu1n) gdp.uroot(none,dif=1)
freeze(tbu1)  gdp.uroot(dif=1)
freeze(tbu1t) gdp.uroot(trend,dif=1)
```

三种检验设定 (DT0, DT1 和 DT2) 都强烈拒绝单位根假设。

拒绝面板单位根，并不表明所有个体都平稳。如果我们逐个对 G7 集团的 GDP 的一阶对数差分进行单位根检验

```
for !i = 1 to !N
    freeze(tb_d1_{!i}) gd1(!i).uroot(np)
next
```

1% 显著水平下，德国和日本的对数 GDP 是 I(2) 过程。

关于 G7 集团 GDP 的面板单位根检验：

1) G7 的 GDP 具有一定的相关性，但我们使用的面板单位根检验要求个体间相互独立；

2) 经济周期可能影响面板单位根检验；

3) 结构变化也可能影响面板单位根检验。

显然，由于第一代面板单位根检验限制过多，难以适应个体 DGP 的多样性，面板单位根检验还将进一步发展。

§9.5 小结

关键词

个体标识	时期标识	面板工作页
时期标识全集	平衡面板	非平衡面板
嵌套面板	堆叠分析	固定效应
随机效应	固定效应检验	Hausman 检验
Breitung 检验	Fisher-ADF 检验	Fisher-PP 检验
Hadri 检验	IPS 检验	LLC 检验

命令

EViews 对面板结构的支持，增强了对面板数据的分析和处理能力。

1) 建立面板工作页：

   (a) `wfcreate` 直接建立简单面板结构工作文件。

   (b) `pagecreate` 直接建立简单面板结构工作页，还可以使用两个序列的交叉，交集或并集作为结构标识的方法建立面板工作页。

   (c) `pagestack` 进行数据堆叠，也可以建立面板工作页。

2) `pagestruct` 修改工作页结构，还可以对面板工作页进行平衡、规则化和修改观测范围等操作。

3) 面板工作页中，用方程对象估计面板数据模型，估计方法有 `ls,tsls,gmm` 和 `binary` 等。例如

```
pageselect GB0
equation eq_fr.ls(cx=f,per=r) I c F K
eq_fr.representations
```

得到方程的表述视图为

```
Estimation Command:
=====================
LS(CX=F,PER=R) I C F K
Estimation Equation:
=====================
I = C(1) + C(2)*F + C(3)*K + [CX=F, PER=R]
Substituted Coefficients:
=====================
I = -58.7439394 + 0.1101238041*F + 0.3100653413*K + [CX=F, PER=R]
```

方程对象提供了 `effects` 命令来查看不可观测成分的估计。

面板工作页中，方程对象可以估计各种面板数据模型，包括非线性模型。但方程含 AR 项时，估计自回归系数随个体改变的模型并不方便，可以转换到合伙数据中，用合伙对象估计。

4) 面板工作页中，面板数据模型的检验和预测类似于非面板数据模型。专用于面板数据模型检验的命令有：`fixedtest` 进行固定效应检验，`ranhaus` 进行随机效应的设定检验。

5) 面板单位根检验的命令为 `uroot`，检验方法选项请参考表 9.3 (第 442 页)。

要点

1) 面板工作页需要二维的结构标识，通常将其横向和纵向的标识分别称为个体标识和时期标识，它们唯一确定工作页的每个观测。

2) 面板工作页函数提取面板工作页的信息，具体例子可以参考表 9.2 (第 405 页)。

3) 面板的平衡和规则化，使用 pagestruct 命令，平衡和规则化操作都是面向个体的，例子请参考表 9.1 (第 402 页)。

4) 使用 pagestruct 命令修改面板工作页的观测范围时，操作是面向个体的，要特别注意偏移量计算的复杂性 (计算规则请参考第 407 页)。

5) 对于日期结构的面板工作页，smpl 语句中偏移量的计算是基于个体的。

6) 面板工作页中，序列对象的观测数据是按个体进行堆叠的。序列对象的大部分视图和过程，数据分析时没有使用面板结构信息，只有支持 panel 选项的命令才能利用面板结构信息。

7) 面板工作页中，序列的超前和滞后是基于个体的观测编号的，并且不会跨越个体的边界 (请参考第 412 页的例子)。

8) 分组统计函数特别适合于面板工作页中使用。链接对象能方便地提取面板工作页的个体或者时期的分组统计信息。

9) 在面板工作页中，方程对象可以估计非线性面板数据模型。

10) EViews 进行面板数据模型估计时，要明确估计结果报告中统计量的含义，并注意其模型设定的特点和限制。

11) 如果面板数据的时间维度较长，表现出明显的多元时间序列特性，可能需要进行面板单位根检验。

12) EViews 提供了 5 种面板单位根检验：Breitung 检验、Fisher 检验、Hadri 检验、IPS 检验和 LLC 检验。这些检验都要求个体间是相互独立的。

13) EViews 中，可以使用面板工作页中的序列对象，或者在普通工作页中，使用群对象和合伙对象，进行面板单位根检验。面板单位根检验的总结请参见表 9.3 (第 442 页)。

14) 面板单位根检验，需要进行 DGP 识别。面板数据中，个体的 DGP 是纷繁复杂的。

参考文献

Bai, Jushan and Serena Ng, 2004. A PANIC Attack on Unit Roots and Cointegration. *Econometrica*, 72:1127–1177

Baltagi, Badi H., 2005. *Econometric Analysis of Panel Data*, 3/e. John Wiley & Sons, Ltd., West Sussex, England

Baltagi, Badi H., Thomas B. Fomby, and R. Carter Hill, (editors), 2000. *Advances in Econometrics: Nonstationary Panels, Panel Cointegration, and Dynamic Panels*, Volume 15. JAI Press, Amsterdam

Breitung, Jörg, 2000. The Local Power of Some Unit Root Tests for Panel Data. In Baltagi et al. (2000), pages 161–177

Choi, In, 2001. Unit Root Tests for Panel Data. *Journal of International Money and Finance*, 20:249–272

Fisher, R.A., 1932. *Statistical Methods for Research Workers*, 4/e. Oliver & Boyd, Edinburgh

Grunfeld, Yehuda, 1958. *The Determinants of Corporate Investment*. PhD thesis, Department of Economics, University of Chicago

Hadri, Kaddour, 2000. Testing for stationarity in Heterogeneous Panel Data. *Econometrics Journal*, 3:148–161

Hadri, Kaddour and Rolf Larsson, 2005. Testing for Stationarity in Heterogeneous Panel Data Where the Time Dimension is Finite. *Econometrics Journal*, 8:55–69

Harrison, David and Daniel L. Rubinfeld, 1978. Hedonic Housing Prices and the Demand for Clean Air. *Journal of Environmental Economics and Management*, 5:81–102

Hausman, Jerry A., 1978. Specification Tests in Econometrics. *Econometrica*, 46:1251–1272

Hlouskova, Jaroslava and Martin Wagner, 2006. The Performance of Panel Unit Root and Stationarity Tests: Results from a Large Scale Simulation Study. *Econometric Reviews*, 25:85–116

Im, Kyung So, M. Hashem Pesaran, and Yongcheol Shin, 2003. Testing for Unit Roots in Heterogeneous Panels. *Journal of Econometrics*, 115:53–74

Levin, Andrew, Chien-Fu Lin, and Chia-Shang James Chu, 2002. Unit Root Tests in Panel Data: Asymptotic and Finite-Sample Properties. *Journal of Econometrics*, 108:1–24

Maddala, G.S. and Shaowen Wu, 1999. A Comparative Study of Unit Root Tests with Panel Data and A New Simple Test. *Oxford Bulletin of Economics and Statistics*, 61:631–52

Papke, Leslie E., 1994. Tax Policy and Urban Development: Evidence From the Indiana Enterprise Zone Program. *Journal of Public Economics*, 54:37–49

Pesaran, M. Hashem, 2007. A Simple Panel Unit Root Test in the Presence of Cross-section Dependence. *Journal of Applied Econometrics*, 22:265–312

Swamy, P.A.V.B. and S.S. Arora, 1972. The Exact Finite Sample Properties of the Estimators of Coefficients in the Error Components Regression Models. *Econometrica*, 40:261–275

Wallace, T. D. and Ashiq Hussain, 1969. The Use of Error Components Models in Combining Cross Section with Time Series Data. *Econometrica*, 37:55–72

Wansbeek, Tom and Arie Kapteyn, 1989. Estimation of the Error Components Model with Incomplete Panels. *Journal of Econometrics*, 41:341–361

Wooldridge, Jeffrey M., 2002. *Econometric Analysis of Cross Section and Panel Data*. The MIT Press, Cambridge

第 IV 部分

多方程模型

第 10 讲

方程组和联立方程

我们用一组相互关联的变量来刻画经济系统时，往往需要多个方程，并且方程间存在相互耦合。将一组变量的多个方程作为一个有机整体，就得到方程组模型。如果方程存在解释变量和被解释变量共同由经济系统同时决定，此时的方程组模型称为联立方程模型。

在 20 世纪五六十年代，能源价格稳定，汇率固定。在这经济相对平静的年代，迎来了联立方程模型发展的黄金时期，其中最具代表性的就是 1968 年启动的研究全球宏观经济的 LINK 项目。在计算机的助推下，联立方程模型对宏观经济的分析和预测取得了巨大的成功，顷刻间，经济计量学家们备受瞩目。经济计量学家们激动不已，甚至亲自创立咨询公司，挥斥方遒，名利双收，令人羡慕不已。然而好景不长，20 世纪 70 年代后，随着布雷顿森林体系 (Bretton Woods System) 的崩溃，以及石油危机等事件的发生，特别是出现了经济的滞胀 (stagnation) 现象，宏观经济模型与现实格格不入，联立方程模型顿时黯然失色，并遭受种种怀疑和声讨。

责难，既是挑战又是机遇，引发了经济计量学新一轮的发展，如 VAR 模型、ARCH 模型、单位根检验、协整分析、设定检验和大样本理论等。特别是大样本理论的发展和应用，极大地方便了经济计量分析中随机解释变量的处理，以及推导异方差和序列相关的稳健估计，形成了经济计量分析的现代方法。

本讲讨论回归方程组和联立方程模型，内容如下：

1) 回归方程组：定义了回归方程组，介绍了系统估计方法 SOLS 估计、FGLS 估计和 FIML 估计，并讨论了方程间的系数限制。
2) EViews 的方程组对象：用例子介绍了方程组的设定和估计，强调了方程组估计的初始值问题。
3) 联立方程模型：介绍了基于简化式和结构式的识别问题，讨论了 S2SLS 估计和 3SLS 估计方法。

方程组的系统估计方法都是 GMM 估计方法的特例，方程组的 GMM 估计，本讲义安排在 §14.3 节 (第 670 页) 讨论。有关方程组和联立方程的理论介绍，Wooldridge (2002) 是值得推荐的参考书。

§10.1 回归方程组

经济计量分析时，往往碰到多个方程，并且方程间存在一定的联系，组成方程组，需要进行整体分析。为了更好地理解回归方程组，我们先介绍最简单的线性方程组，讨论其模型设定，堆叠形式以及方差结构。然后讨论方程组的估计方法，回顾了 SOLS 估计、FGLS 估计和 FIML 估计。最后，对非线性方程组以及方程组的系数限制，进行了简要的介绍。

§10.1.1 线性模型

一般地，M 个线性方程的方程组记为

$$y_1 = \mathbf{x}_1' \mathbf{b}_1 + e_1$$
$$y_2 = \mathbf{x}_2' \mathbf{b}_2 + e_2$$
$$\vdots$$
$$y_M = \mathbf{x}_M' \mathbf{b}_M + e_M$$

第 m 个方程中

$$y_m = \mathbf{x}_m' \mathbf{b}_m + e_m \qquad m = 1, 2, \cdots, M$$

y_m 是被解释变量，$K_m \times 1$ 向量 $\mathbf{x}_m$ 为解释变量，$K_m \times 1$ 向量 $\mathbf{b}_m$ 为系数向量，e_m 是误差。补充说明：

- 这里定义的是总体 (Population) 方程组，总共有 M 个方程，方程组是系数线性的。
- 允许方程内存在内生变量，即允许方程内的解释变量和误差项相关。
- 联立方程模型是特殊的方程组，其 M 个内生变量是联立的，表现为一个方程的被解释变量同时作为其他方程的内生解释变量。
- 尽管两个方程的部分解释变量可以相同，甚至某些情况下，如传统的 CAPM 模型，所有方程的解释变量都相同 ($\mathbf{x}_1 = \mathbf{x}_2 = \cdots = \mathbf{x}_M = \mathbf{x}$)。但一般情况下，每个方程的解释变量的组成和个数 K_m 都可以不同。

简单起见，我们先假定方程内的系数不受限制，方程间的系数没有交叉限制。方程组的系数总数为

$$K = K_1 + K_2 + \cdots + K_M$$

方程间没有交叉限制排除了同一个系数出现在不同方程中的可能，即当 $m \neq n$ 时，要求 $\mathbf{b}_m$ 和 $\mathbf{b}_n$ 没有共同的元素。我们将在后面放松对系数的限制，允许方程间存在共同系数，进而讨论更一般的非线性方程组。

一、数据形式

假设有 T 组观测，方程组可以表示为

$$y_{tm} = \mathbf{x}_{tm}' \mathbf{b}_m + e_{tm} \qquad t = 1, 2, \cdots, T \quad m = 1, 2, \cdots, M \tag{10.1}$$

其中 y_{tm} 是被解释变量 y_m 的第 t 次观测，$K_m \times 1$ 维向量 $\mathbf{x}_{tm}$ 是解释变量 $\mathbf{x}_m$ 的第 t 次观测

$$\mathbf{x}_{tm} = \begin{bmatrix} x_{tm1} \\ x_{tm2} \\ \vdots \\ x_{tmK_m} \end{bmatrix}_{K_m \times 1}$$

注意下标的顺序为观测、方程和变量。分析横截面数据时，通常将下标 t 改成 i 来表示个体，同时将观测数目 T 改为 N

$$y_{im} = \mathbf{x}'_{im} \mathbf{b}_m + e_{im} \qquad i = 1, 2, \cdots, N \quad m = 1, 2, \cdots, M$$

方程组与面板数据模型：对比式 (10.1) 和式 (8.3) (第 336 页)

1) 请注意下标的顺序，方程组中下标的顺序为观测、方程和变量。而面板数据模型中，下标的顺序为个体、时期和变量。
2) 方程组模型中，方程数目 M 有限，渐近分析时考虑观测数目 $T \to \infty$，而在面板数据模型中，进行渐近分析时，通常假设 T 有限，而个体数目 $N \to \infty$。
3) 就模型设定的形式上看，不难发现面板数据模型是方程组模型的特例，面板数据模型 (8.3) (第 336 页) 是方程组模型 (10.1) 中，限定 $\mathbf{b}_1 = \mathbf{b}_2 = \cdots = \mathbf{b}_M$ (个体对应于方程)。

二、按观测堆叠

整个方程组的第 t 次观测用矩阵可以表示为

$$\mathbf{y}_t = \mathbf{X}_t \mathbf{b} + \mathbf{e}_t \qquad t = 1, 2, \cdots, T \tag{10.2}$$

其中

$$\mathbf{y}_t = \begin{bmatrix} y_{t1} \\ y_{t2} \\ \vdots \\ y_{tM} \end{bmatrix}_{M \times 1} \quad \mathbf{X}_t = \begin{bmatrix} \mathbf{x}'_{t1} & & & \\ & \mathbf{x}'_{t2} & & \\ & & \ddots & \\ & & & \mathbf{x}'_{tM} \end{bmatrix}_{M \times K} \quad \mathbf{b} = \begin{bmatrix} \mathbf{b}_1 \\ \mathbf{b}_2 \\ \vdots \\ \mathbf{b}_M \end{bmatrix}_{K \times 1} \quad \mathbf{e}_t = \begin{bmatrix} e_{t1} \\ e_{t2} \\ \vdots \\ e_{tM} \end{bmatrix}_{M \times 1}$$

进一步将所有的观测堆叠起来，得到整个方程组按观测的堆叠形式 (stacked form by observation)

$$\mathbf{y} = \mathbf{X} \mathbf{b} + \mathbf{e} \tag{10.3}$$

其中

$$\mathbf{y} = \begin{bmatrix} \mathbf{y}_1 \\ \mathbf{y}_2 \\ \vdots \\ \mathbf{y}_T \end{bmatrix}_{MT \times 1} \quad \mathbf{X} = \begin{bmatrix} \mathbf{X}_1 \\ \mathbf{X}_2 \\ \vdots \\ \mathbf{X}_T \end{bmatrix}_{MT \times K} \quad \mathbf{e} = \begin{bmatrix} \mathbf{e}_1 \\ \mathbf{e}_2 \\ \vdots \\ \mathbf{e}_T \end{bmatrix}_{MT \times 1}$$

三、按方程堆叠

方程组中，第 m 个方程的矩阵形式为

$$\boldsymbol{y}_m = \boldsymbol{X}_m \boldsymbol{b}_m + \boldsymbol{e}_m \qquad m = 1, 2, \cdots, M \tag{10.4}$$

其中

$$\boldsymbol{y}_m = \begin{bmatrix} y_{1m} \\ y_{2m} \\ \vdots \\ y_{Tm} \end{bmatrix}_{T \times 1} \quad \boldsymbol{X}_m = \begin{bmatrix} \mathbf{x}'_{1m} \\ \mathbf{x}'_{2m} \\ \vdots \\ \mathbf{x}'_{Tm} \end{bmatrix}_{T \times K_m} \quad \boldsymbol{e}_m = \begin{bmatrix} e_{1m} \\ e_{2m} \\ \vdots \\ e_{Tm} \end{bmatrix}_{T \times 1}$$

同样地，我们将所有的方程堆叠起来，得到按方程的堆叠形式 (stacked form by equation)

$$\boldsymbol{y} = \boldsymbol{X}\mathbf{b} + \boldsymbol{e} \tag{10.5}$$

其中 $K \times 1$ 维系数向量 $\mathbf{b}$ 和式 (10.3) 相同，其他变量定义如下：

$$\boldsymbol{y} = \begin{bmatrix} \boldsymbol{y}_1 \\ \boldsymbol{y}_2 \\ \vdots \\ \boldsymbol{y}_M \end{bmatrix}_{MT \times 1} \quad \boldsymbol{X} = \begin{bmatrix} \boldsymbol{X}_1 & & & \\ & \boldsymbol{X}_2 & & \\ & & \ddots & \\ & & & \boldsymbol{X}_M \end{bmatrix}_{MT \times K} \quad \boldsymbol{e} = \begin{bmatrix} \boldsymbol{e}_1 \\ \boldsymbol{e}_2 \\ \vdots \\ \boldsymbol{e}_M \end{bmatrix}_{MT \times 1}$$

显然，按方程堆叠的式 (10.5) 和按观测堆叠的式 (10.3) 包含了相同的观测信息，两种堆叠形式只是观测数据在排列顺序上的不同。

四、方差结构

方程组中，通常假设

$$\mathrm{E}(\mathbf{e}) = 0$$

对方差矩阵 $\mathrm{var}(\mathbf{e})$ 结构的不同假设得到各种简化模型。

经典模型 (classical model) 中，假设

$$\mathrm{E}(\mathbf{e}_t \mathbf{e}'_l) = \begin{cases} s^2 \mathbf{I}_M & t = l \\ 0 & t \neq l \end{cases}$$

即

$$\mathrm{var}(\mathbf{e}) = \mathrm{E}(\mathbf{e}\mathbf{e}') = \begin{bmatrix} \mathrm{E}(\mathbf{e}_1\mathbf{e}'_1) & \mathrm{E}(\mathbf{e}_1\mathbf{e}'_2) & \cdots & \mathrm{E}(\mathbf{e}_1\mathbf{e}'_T) \\ \mathrm{E}(\mathbf{e}_2\mathbf{e}'_1) & \mathrm{E}(\mathbf{e}_2\mathbf{e}'_2) & \cdots & \mathrm{E}(\mathbf{e}_2\mathbf{e}'_T) \\ \vdots & \vdots & \ddots & \vdots \\ \mathrm{E}(\mathbf{e}_T\mathbf{e}'_1) & \mathrm{E}(\mathbf{e}_T\mathbf{e}'_2) & \cdots & \mathrm{E}(\mathbf{e}_T\mathbf{e}'_T) \end{bmatrix} = \mathbf{I}_T \otimes (s^2 \mathbf{I}_M) = s^2 \mathbf{I}_{MT}$$

其中符号 $\otimes$ 表示 Kronecker 积。此时，对于按方程的堆叠形式有

$$\mathrm{var}(\boldsymbol{e}) = \mathrm{E}(\boldsymbol{e}\boldsymbol{e}') = s^2 \mathbf{I}_{MT}$$

最简单的扩展是允许方程间的异方差 (也称为组间异方差, groupwise heteroscedastic model)，即

$$\mathrm{var}(\mathbf{e}) = \mathrm{E}(\mathbf{e}\mathbf{e}') = \mathbf{I}_T \otimes \mathrm{diag}(s_1^2, s_2^2, \cdots, s_M^2)$$

此时 $\mathrm{E}(\mathbf{e}_t \mathbf{e}'_t) = \mathrm{diag}(s_1^2, s_2^2, \cdots, s_M^2)$，并且

$$\mathrm{var}(\boldsymbol{e}) = \mathrm{E}(\boldsymbol{e}\boldsymbol{e}') = \mathrm{diag}(s_1^2, s_2^2, \cdots, s_M^2) \otimes \mathbf{I}_T$$

需要注意的是，对于单个方程来说，还是同方差的 ($\mathrm{E}(\boldsymbol{e}_m \boldsymbol{e}'_m) = s_m^2 \mathbf{I}_T$)，满足 OLS 假设。

此外，还可以允许方程间异方差且同期相关 (heteroskedastic and contemporaneously correlated)，即

$$\mathrm{E}(ee') = \mathbf{I}_T \otimes \mathbf{V}$$

其中

$$\mathrm{E}(\mathbf{e}_t \mathbf{e}_t') = \mathbf{V} = \begin{bmatrix} v_{11} & v_{12} & \cdots & v_{1M} \\ v_{21} & v_{22} & \cdots & v_{2M} \\ \vdots & \vdots & \ddots & \vdots \\ v_{M1} & v_{M2} & \cdots & v_{MM} \end{bmatrix}_{M \times M}$$

此时 $\mathrm{E}(e_m e_n') = v_{mn} \mathbf{I}_T$，故

$$\mathrm{var}(e) = \mathrm{E}(ee') = \mathbf{V} \otimes \mathbf{I}_T$$

§10.1.2 SOLS 估计

方程组的堆叠形式中，对式 (10.3) 或者式 (10.5) 应用 OLS 估计，就得到方程组的 SOLS (system ordinary least squares) 估计。下面的理论回顾中，简单起见，**假设不同时期的观测是独立的**。

一、基本假设

SOLS.1: $\mathrm{E}(\mathbf{X}_t' \mathbf{e}_t) = 0$, $t = 1, 2, \cdots, T$

SOLS.2: 假设

$$\mathbf{G} = \mathrm{E}(\mathbf{X}_t' \mathbf{X}_t)$$

是非奇异的，即 $\mathrm{rank}(\mathbf{G}) = K$

这两个假设是 SOLS 估计为一致估计的最低要求，违背该假设的话，SOLS 估计将不是一致估计。

1) 由于

$$\mathbf{X}_t' \mathbf{e}_t = \begin{bmatrix} \mathbf{x}_{t1} & & & \\ & \mathbf{x}_{t2} & & \\ & & \ddots & \\ & & & \mathbf{x}_{tM} \end{bmatrix} \begin{bmatrix} e_{t1} \\ e_{t2} \\ \vdots \\ e_{tM} \end{bmatrix} = \begin{bmatrix} \mathbf{x}_{t1} e_{t1} \\ \mathbf{x}_{t2} e_{t2} \\ \vdots \\ \mathbf{x}_{tM} e_{tM} \end{bmatrix}_{K \times 1}$$

因此 $\mathrm{E}(\mathbf{X}_t' \mathbf{e}_t) = 0$ 等价于

$$\mathrm{E}(\mathbf{x}_{tm} e_{tm}) = 0 \quad m = 1, 2, \cdots, M$$

注意当 $m \neq n$ 时，SOLS.1 并没有要求 e_{tn} 和 $\mathbf{x}_{tm}$ 不相关。

2) 大部分应用中，$\mathbf{X}_t$ 含有常数项，因此 $\mathrm{E}(\mathbf{e}_t) = 0$。一个更严格的假设是

$$\mathrm{E}(\mathbf{e}_t | \mathbf{X}_t) = 0 \quad t = 1, 2, \cdots, T$$

此时 $\mathbf{e}_t$ 与 $\mathbf{X}_t$ 的任何函数形式都不相关，显然对于任意的 m 和 n，e_{tn} 和 $\mathbf{x}_{tm}$ 不相关。

3) 注意到当 $t \neq l$ 时，$\mathrm{E}(\mathbf{e}_t \mathbf{e}_l') = 0$，但对 $\mathrm{E}(\mathbf{e}_t \mathbf{e}_t')$ 没有限制。

二、SOLS 估计

在 SOLS 的两个假设下，$\mathbf{b}_{\text{SOLS}}$ 是一致估计，即

$$\mathbf{b}_{\text{SOLS}} = (\mathbf{X}'\mathbf{X})^{-1}\mathbf{X}'\mathbf{y} \xrightarrow{p} \mathbf{b}$$

而且具有渐近正态性，即 (采用 Wooldridge (2002, p41) 的表示法)

$$\mathbf{b}_{\text{SOLS}} \overset{a}{\sim} \text{N}\left(\mathbf{b}, \mathbf{G}^{-1}\mathbf{C}\mathbf{G}^{-1}/T\right)$$

其中 $\mathbf{C}$ 定义为

$$\mathbf{C} = \text{E}\left(\mathbf{X}_t'\mathbf{e}_t\mathbf{e}_t'\mathbf{X}_t\right)$$

关于 $\mathbf{b}_{\text{SOLS}}$ 的补充说明：

1) 注意到

$$\mathbf{b}_{\text{SOLS}} = (\mathbf{X}'\mathbf{X})^{-1}\mathbf{X}'\mathbf{y} = (\mathbf{X}'\mathbf{X})^{-1}\mathbf{X}'\mathbf{y}$$

有

$$\begin{aligned}
\mathbf{b}_{\text{SOLS}} &= \left(\boldsymbol{X}'\boldsymbol{X}\right)^{-1}\boldsymbol{X}'\boldsymbol{y} \\
&= \begin{bmatrix} \boldsymbol{X}_1'\boldsymbol{X}_1 & & & \\ & \boldsymbol{X}_2'\boldsymbol{X}_2 & & \\ & & \ddots & \\ & & & \boldsymbol{X}_M'\boldsymbol{X}_M \end{bmatrix}^{-1} \begin{bmatrix} \boldsymbol{X}_1'\boldsymbol{y}_1 \\ \boldsymbol{X}_2'\boldsymbol{y}_2 \\ \vdots \\ \boldsymbol{X}_M'\boldsymbol{y}_M \end{bmatrix} = \begin{bmatrix} (\boldsymbol{X}_1'\boldsymbol{X}_1)^{-1}\boldsymbol{X}_1'\boldsymbol{y}_1 \\ (\boldsymbol{X}_2'\boldsymbol{X}_2)^{-1}\boldsymbol{X}_2'\boldsymbol{y}_2 \\ \vdots \\ (\boldsymbol{X}_M'\boldsymbol{X}_M)^{-1}\boldsymbol{X}_M'\boldsymbol{y}_M \end{bmatrix} = \begin{bmatrix} \mathbf{b}_{1,\text{OLS}} \\ \mathbf{b}_{2,\text{OLS}} \\ \vdots \\ \mathbf{b}_{M,\text{OLS}} \end{bmatrix}
\end{aligned}$$

表明 (方程间无系数限制时) SOLS 估计和逐个方程进行 OLS 估计的系数估计相同。

2) $\mathbf{G}$ 和 $\mathbf{C}$ 的一致估计分别为 (各估计量仍然使用相应统计量的符号)

$$\mathbf{G} = \frac{1}{T}\sum_{t=1}^{T}\mathbf{X}_t'\mathbf{X}_t = \mathbf{X}'\mathbf{X}/T \qquad \mathbf{C} = \frac{1}{T}\sum_{t=1}^{T}\mathbf{X}_t'\mathbf{e}_t\mathbf{e}_t'\mathbf{X}_t$$

其中 $\mathbf{e}_t = \mathbf{y}_t - \mathbf{X}_t\mathbf{b}_{\text{SOLS}}$。$\mathbf{b}_{\text{SOLS}}$ 的渐近方差估计为

$$\mathbf{G}^{-1}\mathbf{C}\mathbf{G}^{-1}/T = \left(\sum_{t=1}^{T}\mathbf{X}_t'\mathbf{X}_t\right)^{-1}\left(\sum_{t=1}^{T}\mathbf{X}_t'\mathbf{e}_t\mathbf{e}_t'\mathbf{X}_t\right)\left(\sum_{t=1}^{T}\mathbf{X}_t'\mathbf{X}_t\right)^{-1}$$

显然这是一个稳健方差矩阵估计 (robust variance matrix estimator)，因为我们除了要求残差 $\mathbf{e}_t$ 的二阶矩存在以外，再也没有附加任何限制了。因此，无条件方差 $\text{E}(\mathbf{e}_t\mathbf{e}_t')$ 完全没有受到限制，允许方程间存在异方差和同期相关。

3) EViews 进行 SOLS 估计时，假设

$$\text{var}(\mathbf{e}\,|\,\mathbf{X}) = \text{E}(\mathbf{e}\mathbf{e}'\,|\,\mathbf{X}) = s^2\mathbf{I}_{MT}$$

系数 $\mathbf{b}_{\text{SOLS}}$ 的方差估计为

$$(\mathbf{X}'\mathbf{X})^{-1}s^2 = \left(\boldsymbol{X}'\boldsymbol{X}\right)^{-1}s^2 = \begin{bmatrix} (\boldsymbol{X}_1'\boldsymbol{X}_1)^{-1}s^2 & & & \\ & (\boldsymbol{X}_2'\boldsymbol{X}_2)^{-1}s^2 & & \\ & & \ddots & \\ & & & (\boldsymbol{X}_M'\boldsymbol{X}_M)^{-1}s^2 \end{bmatrix}$$

准对角矩阵的形式表明方程间系数的协方差为 0，等价于逐个方程的估计 (方程间无系数限制时)。

§10.1.3 FGLS 估计

方程组的堆叠形式中，对式 (10.3) 或者式 (10.5) 应用 GLS 估计，就得到方程组的 FGLS (feasible GLS) 估计。我们先讨论方程组的 SGLS (system GLS) 估计，简单起见，假设不同时期的观测是独立的。

一、SGLS 估计

SGLS 的假设为

SGLS.1: $\mathrm{E}(\mathbf{X}_t \otimes \mathbf{e}_t) = 0$, $t = 1, 2, \cdots, T$

SGLS.2: 假设

$$\mathrm{var}(\mathbf{e}) = \mathbf{I}_T \otimes \mathbf{V}$$

其中 $\mathbf{V} = \mathrm{E}(\mathbf{e}_t \mathbf{e}_t')$ 是正定并且是已知的。此外还假设

$$\mathbf{G} = \mathrm{E}(\mathbf{X}_t' \mathbf{V}^{-1} \mathbf{X}_t)$$

是可逆的。

SGLS.1 的限制显然比 SOLS.1 更多，例如 SGLS.1 要求当 $m \neq n$ 时，误差 e_{tn} 和解释变量 $\mathbf{x}_{tm}$ 不相关。此外，SGLS.2 要求误差的方差矩阵 $\mathbf{V} = \mathrm{E}(\mathbf{e}_t \mathbf{e}_t')$ 是已知的。

在 SGLS 的两个假设下，$\mathbf{b}_{\mathrm{SGLS}}$ 是一致估计，即

$$\mathbf{b}_{\mathrm{SGLS}} = \left[\mathbf{X}'\left(\mathbf{I}_T \otimes \mathbf{V}^{-1}\right)\mathbf{X}\right]^{-1} \mathbf{X}'\left(\mathbf{I}_T \otimes \mathbf{V}^{-1}\right)\mathbf{y} \xrightarrow{p} \mathbf{b}$$

而且具有渐近正态性，即

$$\mathbf{b}_{\mathrm{SGLS}} \overset{a}{\sim} \mathrm{N}\left(\mathbf{b}, \mathbf{G}^{-1}\mathbf{C}\mathbf{G}^{-1}/T\right)$$

其中

$$\mathbf{C} = \mathrm{E}\left(\mathbf{X}_t' \mathbf{V}^{-1} \mathbf{e}_t \mathbf{e}_t' \mathbf{V}^{-1} \mathbf{X}_t\right)$$

练习：请证明

$$\mathbf{b}_{\mathrm{SGLS}} = \left[\mathbf{X}'\left(\mathbf{I}_T \otimes \mathbf{V}^{-1}\right)\mathbf{X}\right]^{-1} \mathbf{X}'\left(\mathbf{I}_T \otimes \mathbf{V}^{-1}\right)\mathbf{y}$$
$$= \left[\boldsymbol{X}'\left(\mathbf{V}^{-1} \otimes \mathbf{I}_T\right)\boldsymbol{X}\right]^{-1} \boldsymbol{X}'\left(\mathbf{V}^{-1} \otimes \mathbf{I}_T\right)\boldsymbol{y}$$

提示：用分块矩阵直接证明，或者采用置换矩阵[1] (Permutation matrix) 变换的方法。

---

[1] 有关置换矩阵请参考 http://en.wikipedia.org/wiki/Permutation_matrix，记

$$\boldsymbol{y} = \boldsymbol{P}\mathbf{y} \qquad \boldsymbol{X} = \boldsymbol{P}\mathbf{X}$$

其中 $\boldsymbol{P}$ 为改变排列顺序相应的置换矩阵，注意到 $\boldsymbol{P}'\boldsymbol{P} = \mathbf{I}$，以及

$$\mathbf{I}_T \otimes \mathbf{V}^{-1} = \boldsymbol{P}\left(\mathbf{V}^{-1} \otimes \mathbf{I}_T\right)\boldsymbol{P}'$$

二、FGLS 估计

要得到 SGLS 估计 b_{SGLS},必须先知道矩阵 $\mathbf{V}$。但一般情况下,矩阵 $\mathbf{V}$ 并非已知,因此用它的一致估计来代替

$$\mathbf{V} = \frac{1}{T}\sum_{t=1}^{T}\mathbf{e}_t\mathbf{e}_t'$$

其中 $\mathbf{e}_t = \mathbf{y}_t - \mathbf{X}_t b_{SOLS}$。我们得到 FGLS 估计

$$b_{FGLS} = \left[\mathbf{X}'\left(\mathbf{I}_T \otimes \mathbf{V}^{-1}\right)\mathbf{X}\right]^{-1}\mathbf{X}'\left(\mathbf{I}_T \otimes \mathbf{V}^{-1}\right)\mathbf{y} \xrightarrow{p} \mathbf{b}$$

不仅是一致的,而且具有渐近正态性,即

$$b_{FGLS} \overset{a}{\sim} N\left(\mathbf{b}, \mathbf{G}^{-1}\mathbf{C}\mathbf{G}^{-1}/T\right)$$

关于 b_{FGLS} 的补充说明:

1) 按方程堆叠形式的 FGLS 估计为

$$\mathbf{b}_{FGLS} = \left[\boldsymbol{X}'\left(\mathbf{V}^{-1} \otimes \mathbf{I}_T\right)\boldsymbol{X}\right]^{-1}\boldsymbol{X}'\left(\mathbf{V}^{-1} \otimes \mathbf{I}_T\right)\boldsymbol{y}$$

2) b_{SOLS} 和 b_{FGLS} 都是 $\mathbf{b}$ 的一致估计,如果

$$\mathrm{E}\left(\mathbf{e}_t\mathbf{e}_t'|\mathbf{X}_t\right) = \mathrm{E}\left(\mathbf{e}_t\mathbf{e}_t'\right) = \mathbf{V} \tag{10.6}$$

则 b_{FGLS} 具有更好的渐近效率。进一步地,在所有要求 $\mathrm{E}\left(\mathbf{X}_t \otimes \mathbf{e}_t\right) = 0$ 的一致估计量中,b_{FGLS} 是更有效的。

3) $\mathbf{G}$ 和 $\mathbf{C}$ 的一致估计为

$$\mathbf{G} = \frac{1}{T}\sum_{t=1}^{T}\mathbf{X}_t'\mathbf{V}^{-1}\mathbf{X}_t = \mathbf{X}'\left(\mathbf{I}_T \otimes \mathbf{V}^{-1}\right)\mathbf{X}/T$$

$$\mathbf{C} = \frac{1}{T}\sum_{t=1}^{T}\mathbf{X}_t'\mathbf{V}^{-1}\mathbf{e}_t\mathbf{e}_t'\mathbf{V}^{-1}\mathbf{X}_t$$

因此,b_{FGLS} 的渐近方差估计为

$$\left(\sum_{t=1}^{T}\mathbf{X}_t'\mathbf{V}^{-1}\mathbf{X}_t\right)^{-1}\left(\sum_{t=1}^{T}\mathbf{X}_t'\mathbf{V}^{-1}\mathbf{e}_t\mathbf{e}_t'\mathbf{V}^{-1}\mathbf{X}_t\right)\left(\sum_{t=1}^{T}\mathbf{X}_t'\mathbf{V}^{-1}\mathbf{X}_t\right)^{-1} \tag{10.7}$$

4) 系统同方差假设 (system homoskedasticity assumption)

$$\mathrm{E}\left(\mathbf{X}_t'\mathbf{V}^{-1}\mathbf{e}_t\mathbf{e}_t'\mathbf{V}^{-1}\mathbf{X}_t\right) = \mathrm{E}\left(\mathbf{X}_t'\mathbf{V}^{-1}\mathbf{X}_t\right)$$

即 $\mathbf{C} = \mathbf{G}$,该假设的一个充分条件(注意不是必要条件)为式 (10.6),因此系统同方差假设比条件方差等于无条件方差假设更弱。系统同方差假设下,渐近方差的估计式 (10.7) 简化为

$$\left(\sum_{t=1}^{T}\mathbf{X}_t'\mathbf{V}^{-1}\mathbf{X}_t\right)^{-1} = \left[\mathbf{X}'\left(\mathbf{I}_T \otimes \mathbf{V}^{-1}\right)\mathbf{X}\right]^{-1}$$

在如下两种情况下,FGLS 估计和方程组逐个方程进行 OLS 估计得到的系数估计相同:

1) 误差的方差矩阵是对角矩阵，即 $\mathbf{V} = \mathrm{diag}\left(s_1^2, s_2^2, \cdots, s_M^2\right)$

$$\mathbf{b}_{\mathrm{FGLS}} = \left[\boldsymbol{X}'\left(\mathbf{V}^{-1} \otimes \mathbf{I}_T\right)\boldsymbol{X}\right]^{-1}\boldsymbol{X}'\left(\mathbf{V}^{-1} \otimes \mathbf{I}_T\right)\boldsymbol{y}$$

$$= \begin{bmatrix} \boldsymbol{X}_1's_1^{-2}\boldsymbol{X}_1 & & & \\ & \boldsymbol{X}_2's_2^{-2}\boldsymbol{X}_2 & & \\ & & \ddots & \\ & & & \boldsymbol{X}_M's_M^{-2}\boldsymbol{X}_M \end{bmatrix}^{-1} \begin{bmatrix} \boldsymbol{X}_1's_1^{-2}\boldsymbol{y}_1 & & & \\ & \boldsymbol{X}_2's_2^{-2}\boldsymbol{y}_2 & & \\ & & \ddots & \\ & & & \boldsymbol{X}_M's_M^{-2}\boldsymbol{y}_M \end{bmatrix}$$

$$= \begin{bmatrix} (\boldsymbol{X}_1'\boldsymbol{X}_1)^{-1}\boldsymbol{X}_1'\boldsymbol{y}_1 \\ (\boldsymbol{X}_2'\boldsymbol{X}_2)^{-1}\boldsymbol{X}_2'\boldsymbol{y}_2 \\ \vdots \\ (\boldsymbol{X}_M'\boldsymbol{X}_M)^{-1}\boldsymbol{X}_M'\boldsymbol{y}_M \end{bmatrix} = \begin{bmatrix} \mathbf{b}_{1,\mathrm{OLS}} \\ \mathbf{b}_{2,\mathrm{OLS}} \\ \vdots \\ \mathbf{b}_{M,\mathrm{OLS}} \end{bmatrix}$$

2) 方程组里各个方程的解释变量相同，即 $\mathbf{x}_{t1} = \mathbf{x}_{t2} = \cdots = \mathbf{x}_{tM}$，此时

$$\boldsymbol{X}_1 = \boldsymbol{X}_2 = \cdots = \boldsymbol{X}_M \qquad \boldsymbol{X} = \mathbf{I}_M \otimes \boldsymbol{X}_1$$

因此

$$\mathbf{b}_{\mathrm{FGLS}} = \left[\boldsymbol{X}'\left(\mathbf{V}^{-1} \otimes \mathbf{I}_T\right)\boldsymbol{X}\right]^{-1}\boldsymbol{X}'\left(\mathbf{V}^{-1} \otimes \mathbf{I}_T\right)\boldsymbol{y} = \left[\mathbf{V}^{-1} \otimes (\boldsymbol{X}_1'\boldsymbol{X}_1)\right]^{-1}\left(\mathbf{V}^{-1} \otimes \boldsymbol{X}_1'\right)\boldsymbol{y}$$

$$= \left(\mathbf{I}_M \otimes \left[(\boldsymbol{X}_1'\boldsymbol{X}_1)^{-1}\boldsymbol{X}_1'\right]\right)\boldsymbol{y} = \begin{bmatrix} (\boldsymbol{X}_1'\boldsymbol{X}_1)^{-1}\boldsymbol{X}_1'\boldsymbol{y}_1 \\ (\boldsymbol{X}_2'\boldsymbol{X}_2)^{-1}\boldsymbol{X}_2'\boldsymbol{y}_2 \\ \vdots \\ (\boldsymbol{X}_M'\boldsymbol{X}_M)^{-1}\boldsymbol{X}_M'\boldsymbol{y}_M \end{bmatrix} = \begin{bmatrix} \mathbf{b}_{1,\mathrm{OLS}} \\ \mathbf{b}_{2,\mathrm{OLS}} \\ \vdots \\ \mathbf{b}_{M,\mathrm{OLS}} \end{bmatrix} \qquad (10.8)$$

尽管这两种情形下，两种估计方法的系数估计相同，我们还是有使用 $\mathbf{b}_{\mathrm{FGLS}}$ 的好理由：例如对方程间的系数进行联合假设检验时，如果采用方程组逐个方程进行 OLS 估计的方法，将无法直接得到来自不同方程的系数协方差矩阵估计。

三、EViews 的实现

我们这里讨论的 FGLS 估计实际上就是 Zellner (1962) 的 SUR (Seemingly Unrelated Regressions) 估计。EViews 提供的 SUR 估计，假设条件方差等于无条件方差，即式 (10.6)，此时系数的方差估计为

$$\left[\boldsymbol{X}'\left(\mathbf{I}_T \otimes \mathbf{V}^{-1}\right)\boldsymbol{X}\right]^{-1} = \left[\boldsymbol{X}'\left(\mathbf{V}^{-1} \otimes \mathbf{I}_T\right)\boldsymbol{X}\right]^{-1}$$

此外，EViews 还提供了方程组的 WLS 估计，相当于 SUR 估计中，矩阵 $\mathbf{V}$ 限定为对角矩阵的情形。因此，记 $\mathbf{V} = \mathrm{diag}\left(s_1^2, s_2^2, \cdots, s_M^2\right)$，系数方差矩阵的估计为

$$\left[\boldsymbol{X}'\left(\mathbf{I}_T \otimes \mathbf{V}^{-1}\right)\boldsymbol{X}\right]^{-1} = \left[\boldsymbol{X}'\left(\mathbf{V}^{-1} \otimes \mathbf{I}_T\right)\boldsymbol{X}\right]^{-1}$$

$$= \begin{bmatrix} (\boldsymbol{X}_1'\boldsymbol{X}_1)^{-1}s_1^2 & & & \\ & (\boldsymbol{X}_2'\boldsymbol{X}_2)^{-1}s_2^2 & & \\ & & \ddots & \\ & & & (\boldsymbol{X}_M'\boldsymbol{X}_M)^{-1}s_M^2 \end{bmatrix}$$

具有准对角矩阵的形式，方程间系数的协方差为 0，等价于逐个方程的估计 (方程间无系数限制时)。

§10.1.4 FIML 估计

完全信息最大似然法 (Full information maximum likelihood, FIML) 是方程组的系统估计方法，它同时估计所有的参数。如果似然函数是正确设定的，那么 FIML 估计是完全有效的。

假设 $\mathbf{e}_t$ 服从多元正态分布[2]，不同期的观测相互独立，观测 t 的对数似然贡献值为

$$\ell_t = -\frac{M}{2}\log(2\pi) - \frac{1}{2}\log(|\mathbf{V}_0|) - \frac{1}{2}\mathbf{e}_t'\mathbf{V}_0^{-1}\mathbf{e}_t \qquad \mathbf{e}_t = \mathbf{y}_t - \mathbf{X}_t\mathbf{b}$$

其中 $\mathbf{V}_0$ 为方差矩阵，全部观测的对数似然值为

$$\ell = \sum_{t=1}^{T}\ell_t = -\frac{MT}{2}\log(2\pi) - \frac{T}{2}\log(|\mathbf{V}_0|) - \frac{1}{2}\sum_{t=1}^{T}\mathbf{e}_t'\mathbf{V}_0^{-1}\mathbf{e}_t$$

记

$$\mathbf{V} = \frac{1}{T}\sum_{t=1}^{T}\mathbf{e}_t\mathbf{e}_t'$$

FIML 估计的 FOC 为[3]

$$\frac{\partial \ell}{\partial \mathbf{b}} = \sum_{t=1}^{T}\mathbf{X}_t'\mathbf{V}_0^{-1}\mathbf{e}_t = \mathbf{X}'\left(\mathbf{I}_T \otimes \mathbf{V}_0^{-1}\right)\mathbf{y} - \left[\mathbf{X}'\left(\mathbf{I}_T \otimes \mathbf{V}_0^{-1}\right)\mathbf{X}\right]\mathbf{b} = 0$$

$$\frac{\partial \ell}{\partial \mathbf{V}_0} = -\frac{T}{2}\mathbf{V}_0^{-1} + \frac{T}{2}\mathbf{V}_0^{-1}\mathbf{V}\mathbf{V}_0^{-1} = -\frac{T}{2}\mathbf{V}_0^{-1}\left(\mathbf{V}_0 - \mathbf{V}\right)\mathbf{V}_0^{-1} = 0$$

因此，方差矩阵 $\mathbf{V}_0$ 的最大似然估计为

$$\mathbf{V}_{\text{FIML}} = \mathbf{V}$$

以及系数估计为

$$\mathbf{b}_{\text{FIML}} = \left[\mathbf{X}'\left(\mathbf{I}_T \otimes \mathbf{V}^{-1}\right)\mathbf{X}\right]^{-1}\mathbf{X}'\left(\mathbf{I}_T \otimes \mathbf{V}^{-1}\right)\mathbf{y}$$

显然，FIML 估计和 SUR 估计 (FGLS 估计) 具有相同的系数估计。

注意，实际计算时，FIML 估计采用迭代的方法，因为计算系数估计 $\mathbf{b}_{\text{FIML}}$ 时用到方差矩阵 $\mathbf{V}$，而估计方差矩阵 $\mathbf{V}$ 时，残差 $\mathbf{e}_t$ 的估计需要先给出系数估计。

---

[2]如果 $M \times 1$ 随机向量 $\mathbf{z}$ 服从多元正态分布，即

$$\mathbf{z} \sim \text{N}(\mathbf{m}, \mathbf{V})$$

则其概率密度函数为

$$f(\mathbf{z}) = (2\pi)^{-M/2}|\mathbf{V}|^{-1/2}\exp\left[(-1/2)(\mathbf{z}-\mathbf{m})'\mathbf{V}^{-1}(\mathbf{z}-\mathbf{m})\right]$$

[3]矩阵求导公式

$$\frac{\mathrm{d}f(\mathbf{g}(\mathbf{x}))}{\mathrm{d}\mathbf{x}} = \left(\frac{\mathrm{d}\mathbf{g}}{\mathrm{d}\mathbf{x}'}\right)'\frac{\mathrm{d}f}{\mathrm{d}\mathbf{g}} \qquad \frac{\partial(\mathbf{x}'\mathbf{A}\mathbf{x})}{\partial \mathbf{x}} = (\mathbf{A}+\mathbf{A}')\mathbf{x}$$

$$\frac{\partial \log(|\mathbf{X}|)}{\partial \mathbf{X}} = (\mathbf{X}^{-1})' \qquad \frac{\partial \operatorname{tr}(\mathbf{A}\mathbf{X}^{-1}\mathbf{B})}{\partial \mathbf{X}} = -(\mathbf{X}^{-1}\mathbf{B}\mathbf{A}\mathbf{X}^{-1})'$$

此外，对 $\mathbf{V}_0$ 求导时，注意到

$$\mathbf{e}_t'\mathbf{V}_0^{-1}\mathbf{e}_t = \operatorname{tr}\left(\mathbf{e}_t'\mathbf{V}_0^{-1}\mathbf{e}_t\right)$$

§10.1.5 非线性模型

我们经常把变量分为两部分

$$\begin{bmatrix} \mathbf{y} \\ \mathbf{x} \end{bmatrix}$$

其中 $\mathbf{y}$ 为 $G \times 1$ 的内生变量，$\mathbf{x}$ 为 $K \times 1$ 的外生变量。记 $H = G + K$，则包含 M 个方程的非线性方程组一般可以表示为

$$f_1(\mathbf{y}, \mathbf{x}, \mathbf{b}) = e_1$$
$$f_2(\mathbf{y}, \mathbf{x}, \mathbf{b}) = e_2$$
$$\vdots$$
$$f_M(\mathbf{y}, \mathbf{x}, \mathbf{b}) = e_M$$

其中 $f_m(\cdot)$ 为多元函数 $f_m : \mathbb{R}^H \to \mathbb{R}$，$\mathbf{b}$ 为 $P \times 1$ 的系数向量，e_m 为残差，$m = 1, 2, \cdots, M$。其它补充说明：

1) 非线性方程组中，可能存在部分方程是线性的。
2) 非线性方程组中，允许 $G \neq M$，即方程数和内生变量数不等，事实上两个方程可能只是方程形式的差别，而方程包含的变量和系数都相同。
3) 尽管第 m 个方程表示成 $f_m(\mathbf{y}, \mathbf{x}, \mathbf{b}) = e_m$，但可能只包含部分变量和系数。
4) 非线性方程可能是无法显式化的，例如 $y^5 + 2y - x = 0$ 是无法显式化的，找不到 $y = f(x)$ 的显式表示。
5) 非线性方程形式是极其灵活的，例如在资产定价的研究中，方程是用条件期望定义的

$$\mathrm{E}\left(f(\mathbf{y}, \mathbf{x}, \mathbf{b}) | \mathbf{x} \right) = 0$$

此时采用 GMM 估计 (第 670 页 §14.3 节) 是天然的选择。

假设有 T 组观测，非线性方程组可以表示成

$$\mathbf{f}(\mathbf{y}_t, \mathbf{x}_t, \mathbf{b}) = \mathbf{e}_t \qquad t = 1, 2, \cdots, T \tag{10.9}$$

其中函数 $\mathbf{f} : \mathbb{R}^H \to \mathbb{R}^M$，对于线性模型的式 (10.2) (第 461 页)，显然

$$\mathbf{f}(\mathbf{y}_t, \mathbf{x}_t, \mathbf{b}) = \mathbf{y}_t - \mathbf{X}_t \mathbf{b}$$

§10.1.6 系数限制

方程组的设定中，系数约束存在多种可能：

1) 系数约束可能是线性的，也可能是非线性的。
2) 系数约束可能是方程内的，也可能是跨方程的。

因此，方程组里的系数限制可能是极其复杂的。就线性方程组而言，如果方程间包含共同系数，式 (10.2) 的系数向量 $\mathbf{b}$ 需要先剔除重复的共同系数，矩阵 $\mathbf{X}_t$ 将不再有准对角矩阵的形式。而从式 (10.4) 单个方程的矩阵表示，想要得到方程组的按方程堆叠的式 (10.5) 的话，由于方程间的关联，就不能只是进行简单的堆叠了。

方程间有共同系数，是相对容易处理的。因为如果将方程组作为一个整体来考虑，方程组的系数是不受限制的。(为什么？) 有些情况下，方程组的系数限制是可以转换成共同系数设定的。例如方程组

$$y_1 = b_1 + b_2 x_{11} + b_3 x_{12} + b_4 x_{13} + e_1$$
$$y_2 = b_5 + b_6 x_{21} + b_7 x_{22} + b_8 x_{23} + b_9 x_{24} + e_2$$

有两个系数限制

$$b_2 b_6 - b_8 = 1$$
$$b_3 + b_4 + b_7 + b_9 = 2$$

注意到

$$b_8 = b_2 b_6 - 1$$
$$b_4 = 2 - b_3 - b_7 - b_9$$

方程组可以改写成

$$y_1 = b_1 + b_2 x_{11} + b_3 x_{12} + (2 - b_3 - b_7 - b_9) x_{13} + e_1 \tag{10.10}$$
$$y_2 = b_5 + b_6 x_{21} + b_7 x_{22} + (b_2 b_6 - 1) x_{23} + b_9 x_{24} + e_2$$

注意，此时如果单独估计第一个方程，系数 b_7 和 b_9 不可识别，但 $b_7 + b_9$ 作为整体可以识别。此外，我们可以用 $b_3 = 2 - b_4 - b_7 - b_9$ 消除系数 b_3，得到方程组的另一种等价设定。

对于一般的情况，假设方程组的 P 个系数存在 Q 个约束关系，这些约束可以是线性或者非线性的，可能是方程内或者跨方程的。如果其中的 Q 个系数可以用其他 $P-Q$ 个系数分别表示出来，只要将这 Q 个系数逐个替换为相应的表达式，就能消除这 Q 个系数，转换成方程间有共同系数的方程组。

练习：写出如下方程组对应于式 (10.2) (第 461 页) 的 $\mathbf{b}$ 和 $\mathbf{X}_t$

$$y_1 = b_1 + b_2 x_{11} + (b_3 + 1) x_{12} + b_4 x_{13} + e_1$$
$$y_2 = b_5 + b_6 x_{21} + b_7 x_{22} + b_3 x_{23} + b_4 x_{24} + e_2$$

提示：y_1 的方程需要先做预处理，两边减去 x_{12}。

§10.2 使用方程组对象

方程组对象用来设定、估计和检验方程组模型，我们先看一简单的例子

```
%wf = @evpath+"\Example Files\data\GRUNFELD.WF1"
wfopen %wf
system sys01
sys01.append invGE = c(1)+c(2)*valGE+c(3)*capGE
sys01.append invGM = c(4)+c(5)*valGM+c(6)*capGM
c = 0
sys01.sur
```

方程组对象 sys01 包含了两个方程。由于 EViews 都采用迭代的方法来计算方程组的估计，进行 SUR 估计前，语句 c = 0 将初始值设置为 0，得到估计结果为

```
System: SYS01
Estimation Method: Seemingly Unrelated Regression
Date: 06/17/08   Time: 20:30
Sample: 1935 1954
Included observations: 20
Total system (balanced) observations 40
Linear estimation after one-step weighting matrix
```

	Coefficient	Std. Error	t-Statistic	Prob.
C(1)	-12.16649	28.53455	-0.426378	0.6725
C(2)	0.027667	0.014081	1.964823	0.0576
C(3)	0.151804	0.023606	6.430737	0.0000
C(4)	-143.9051	95.89007	-1.500730	0.1427
C(5)	0.117730	0.023347	5.042638	0.0000
C(6)	0.372743	0.033946	10.98038	0.0000

Determinant residual covariance   4359675.

Equation: INVGE = C(1)+C(2)*VALGE+C(3)*CAPGE
Observations: 20

R-squared	0.705215	Mean dependent var	102.2900
Adjusted R-squared	0.670534	S.D. dependent var	48.58450
S.E. of regression	27.88707	Sum squared resid	13220.71
Durbin-Watson stat	1.066257		

Equation: INVGM = C(4)+C(5)*VALGM+C(6)*CAPGM
Observations: 20

R-squared	0.921337	Mean dependent var	608.0200
Adjusted R-squared	0.912082	S.D. dependent var	309.5746
S.E. of regression	91.79166	Sum squared resid	143237.1
Durbin-Watson stat	0.920544		

表头报告了估计方法和样本等信息，中间部分报告了系数估计以及残差方差矩阵 **V** 的行列式的值，最后分别报告每个方程估计的统计量。公司价值对投资决策的边际效应相同吗？我们可以进行检验

```
sys01.wald c(2)=c(5)
```

得到检验结果为 13.26[0.0003]，拒绝了公司价值对两家公司的投资决策具有相同边际效应的假设。

在 EViews 中，如果我们对单方程的估计和检验已经驾轻就熟，那么只需要将方程对象换成方程组对象，我们对方程组的估计和检验也将得心应手。类似于方程对象，使用上，不论是线性模型还是非线性模型，使用方程组对象进行计量分析都是轻而易举的。与方程对象不同的是，方程组对象的预测，需要使用样板对象，具体请参考第 13 讲 (第 607 页)。本节介绍如下内容：

1) 方程组的设定，介绍方程组中方程的设定，以及工具变量的设定。

2) 方程组的估计，通过例子介绍方程组的估计和检验，讨论了方程组模型和面板数据模型的关系，介绍了方程组的导数和梯度，强调了方程组估计时的初始值问题。

3) 方程组对象，总结介绍了方程组对象的估计方法、视图、过程和函数。

此外，方程组对象的重要用处是估计联立方程模型，联立方程模型将在 §10.3 节 (第 485 页) 讨论。

§10.2.1 设定

方程组对象中方程的设定采用公式法，设定方法和方程对象的方程设定方法基本相同。为了提高工具变量设置的灵活性，EViews 为方程组对象提供了专门用于工具变量设置的关键字。

一、方程设定

方程组中，使用 append 命令添加方程，方程的设定使用公式法 (by formula，参见 §3.1 节的第 139 页)，不能使用名单法。方程组中，方程的系数和变量都可以是非线性的。方程组中方程的设定允许方程间有相同的待估系数，即同一系数出现在方程组的不同方程中：

1) EViews 支持的方程组设定是非常广泛的，例如允许非线性方程，同时方程间存在系数限制

```
system sys05    'in GRUNFELD.WF1
sys05.append invGY = c(1)+valGY^c(2)
sys05.append invGM = c(4)+c(5)*valGM+c(6)*capGM
sys05.append invIB = c(8)+(1-c(5))*valIB+c(9)*capIB
```

invGY 的方程是非线性的，invGM 和 invIB 的方程有共同系数 c(5)，如果将 invIB 的方程中 valIB 的系数记为 c(7)，则方程组 sys05 相当于施加了跨方程的系数限制 c(5)+c(7)=1。

2) 方程组中的方程支持 AR 项[4]设定，但不支持 MA, SAR 和 SMA 项，例如

```
system sys06
sys06.append invGE = c(1)+valGE^c(2) +[AR(1)=c(3)]
sys06.append invGM = c(4)+c(5)*valGM+c(6)*capGM _
                     +[AR(1)=c(7),AR(2)=c(8)]
```

注意为 AR 项指定系数的方式：包含在方括号中，使用逗号作为分隔符。可以为方程组的 AR 项设置共同的系数，例如

```
system sys07
sys07.append invGE = c(1)+valGE^c(2) +[AR(1)=c(3)]
sys07.append invGM = c(4)+c(5)*valGM+c(6)*capGM +[AR(1)=c(3)]
```

除此之外，方程组中方程设定的其他方面和方程对象的方程设定方法相同，简单地说：

1) 设定方程时，等号可以出现在任何地方。
2) 方程的公式法设定隐含了误差项，因此不需要显式写出误差项 e_m，如果设定方程时没有使用等号，整个表达式 (的负值) 当成误差项 (即表达式法)。
3) 方程内允许系数限制，表现为同一系数在方程内出现多次。
4) 可以使用自定义的系数向量作为方程的系数。

---

[4]有关 AR 项的更多细节，请参考第 5 讲 (第 225 页)。

最后，有必要指出的是，方程组对象中设定方程时：

1) 不能将恒等式加入到方程组中。
2) 奇异方程组 (Singular Systems)，即方程组的误差存在完全的线性相关，导致方程组的方差矩阵奇异，此时的解决办法是丢弃部分方程。

二、工具变量设定

在 §3.5 节 (第 163 页) 我们已经知道，工具变量是用来解决内生变量问题的。方程组对象中，工具变量的设定主要使用在 §10.3 节 (第 485 页) 讨论的联立方程模型的估计中。

最简单的方式是为每个方程单独设置工具变量，例如

```
%wf = @evpath + "\Example Files\data\cs"
wfopen %wf
rename gov_net gov
smpl 1960 1990

system sys0a
sys0a.append cs = c(1)+c(2)*gdp+c(3)*cs(-1) @ gdp(to -2)
sys0a.append inv = c(4)+c(5)*gdp+c(6)*gov @ gdp p_gdp
```

为了方便方程组中工具变量的设置，EViews 还提供了专门的关键字。下面我们通过例子来介绍：

1) 关键字 `inst` 和 `@inst` 等价，为没有设定工具变量的方程指定工具变量

```
system sys01
sys01.append inst gdp(to -2)
sys01.append cs = c(1)+c(2)*gdp+c(3)*cs(-1)
sys01.append inv = c(4)+c(5)*gdp+c(6)*gov @ gdp p_gdp
```

方程 cs 的设定中，没有使用 @ 设置工具变量，将使用关键字 `inst` 提供的工具变量，因此方程组 sys01 和 sys0a 的工具变量设置相同。当方程比较多，而且使用相同的工具变量时，采用关键字 `inst` 或者 `@inst` 设定工具变量是非常简洁的。

2) 关键字 `@stackinst` 为每个方程添加工具变量，例如

```
system sys10
sys10.append @stackinst (gdp(-1),0)
sys10.append inst gdp gov
sys10.append cs = c(1)+c(2)*gdp+c(3)*cs(-1) @ gdp(-2)
sys10.append inv = c(4)+c(5)*gdp+c(6)*gov
```

该设定等价于如下的方程组设定

```
system sys20
sys20.append cs = c(1)+c(2)*gdp+c(3)*cs(-1) @ gdp(-2) gdp(-1)
sys20.append inv = c(4)+c(5)*gdp+c(6)*gov @ gdp gov
```

不难发现，方程组 sys10 中，方程 cs 的工具变量来自两个地方，即自身的单独设定 gdp(-2)，以及关键字 `@stackinst` 添加的 gdp(-1)。由于方程 cs 的设定包含了工具变量设定，关键字 `inst` 设定的工具变量被忽略。而方程 inv 的设定没有提供工具变量，所以使用了关键字 `inst` 设定的工具变量，而关键字 `@stackinst` 设定的工具变量为 0，表示不增加工具变量。

3) 关键字 `@stackinst` 可以为每个方程添加多个工具变量，假设方程组 sys00 中有三个方程

```
sys00.append @stackinst (z1,z2,z3) (zz,*)
```

为三个方程分别添加了工具变量 z1, z2 和 z3, 同时为所有方程添加了相同的工具变量 zz。

注意关键字 @stackinst 的设置语法, 用逗号分隔工具变量, 用星号代表相同的工具变量, 用 0 代表不添加工具变量。显然方程较多时, 关键字 @stackinst 的工具变量名单太长, 此时可以使用群对象, 例如

```
grouop gz z?    'z1,z2,z3
sys00.append @stackinst gz (zz,*)
```

其他说明:

1) EViews 默认将常数加入到每个方程的工具变量列表中。如果在 @stackinst 的设定语句中包含了工具变量 c, 表示相应的方程不使用常数工具变量。
2) 设置工具变量时, 方程右边所有和干扰项不相关的变量都应该作为工具变量。
3) 识别的阶条件要求, 方程的工具变量个数不能少于解释变量(包括常数)个数。
4) 关键字 @stackinst 只适用于方程组的 S2SLS 估计和 3SLS 估计, 不能使用在 GMM 估计中。
5) 如果方程组的估计方法不使用工具变量, 如进行 SUR 估计, 将忽略工具变量。

§10.2.2 估计

方程组的估计方法可以分为两大类: 单方程估计方法和系统估计方法。单方程估计方法不考虑方程组中方程的相互依赖, 分开估计方程组的每个方程。而方程组的系统估计方法将方程组当成一个整体进行估计, 同时估计出方程组的全部系数。系统估计方法考虑了方程组中跨方程的系数限制, 以及方程间残差的相关关系。因此, 如果方程组的某个方程设定有问题, 可能通过方程间的相互依赖, "污染"其他方程, 得到方程组系数的不良估计。

一、例子

Berndt and Wood (1975) 考虑了资本、劳动力、能源和原材料等四个要素, 研究美国的制造业。他们率先使用了转对数成本函数 (Translog cost function) 模型, 建立了包含资本、劳动力和能源的成本份额共三个方程的方程组, 三个方程间存在跨方程的系数限制, 要求系数是对称的。采用 Greene (2003) 提供的数据, 我们先估计无系数限制模型(参见 EViews 用户手册)

```
'http://pages.stern.nyu.edu/%7Ewgreene/Text/tables/TableF14-1.txt
wfopen TableF14-1.txt
for %s Pk Pl Pe
    genr ln{%s} = log({%s}/Pm)
next
system sys01
sys01.append k = c(1)+c(2)*LnPk+c(3)*LnPl+c(4)*lnPe    'Capital
sys01.append l = c(5)+c(6)*LnPk+c(7)*LnPl+c(8)*lnPe    'Labor
sys01.append e = c(9)+c(10)*LnPk+c(11)*LnPl+c(12)*lnPe    'Energy
sys01.spec   'Materials cost share equation is dropped
```

EViews 读入数据并自动将工作页结构化成年度工作页, 然后计算要素价格比率的对数, 最后建立方程组对象 sys01。sys01 是奇异的 SUR 模型丢弃了最后一个方程得到的方程组, 其设定为

```
K = C(1)+C(2)*LNPK+C(3)*LNPL+C(4)*LNPE
L = C(5)+C(6)*LNPK+C(7)*LNPL+C(8)*LNPE
E = C(9)+C(10)*LNPK+C(11)*LNPL+C(12)*LNPE
```

方程间没有系数限制。由于 FIML 估计与丢弃哪个方程无关，我们采用 FIML 方法来估计方程组

```
c = 0.5
freeze(tb01f) sys01.fiml
table(25,5) tb01f
```

FIML 估计时，系数的初始值都设为 0.5，得到估计结果为[5]（裁掉单方程报告部分）

```
System: SYS01
Estimation Method: Full Information Maximum Likelihood (Marquardt)
Date: 06/19/08   Time: 13:54
Sample: 1947 1971
Included observations: 25
Total system (balanced) observations 75
Convergence achieved after 57 iterations
```

	Coefficient	Std. Error	z-Statistic	Prob.
C(1)	0.055404	0.004015	13.79986	0.0000
C(2)	0.034341	0.031937	1.075278	0.2823
C(3)	0.003008	0.010962	0.274425	0.7838
C(4)	0.021054	0.079753	0.263984	0.7918
C(5)	0.249841	0.007155	34.91966	0.0000
C(6)	0.014595	0.022020	0.662821	0.5074
C(7)	0.084328	0.018467	4.566303	0.0000
C(8)	0.067832	0.071046	0.954760	0.3397
C(9)	0.043729	0.003874	11.28701	0.0000
C(10)	-0.008664	0.013417	-0.645772	0.5184
C(11)	-0.003458	0.009492	-0.364302	0.7156
C(12)	0.032979	0.042411	0.777619	0.4368

```
Log Likelihood                    350.8853
Determinant residual covariance   1.29E-16
```

系数的对称性要求 c(4) 和 c(10) 相等，无限制模型中这两个系数的估计都不显著，但符号相反。下面检验系数的对称性

```
freeze(tb01w) sys01.wald c(3)=c(6), c(4)=c(10), c(8)=c(11)
```

得到检验结果为

```
Wald Test:
System: SYS01
```

Test Statistic	Value	df	Probability
Chi-square	1.930131	3	0.5870

Null Hypothesis Summary:

Normalized Restriction (= 0)	Value	Std. Err.
C(3) - C(6)	-0.011587	0.026433
C(4) - C(10)	0.029718	0.071365
C(8) - C(11)	0.071290	0.069845

Restrictions are linear in coefficients.

没有拒绝系数对称性的假设。因此，我们设定并估计系数对称的方程组模型

```
system sys02
sys02.append k = c(1)+c(2)*LnPk+c(3)*LnPl+c(4)*lnPe
sys02.append l = c(5)+c(3)*LnPk+c(6)*LnPl+c(7)*lnPe
sys02.append e = c(8)+c(4)*LnPk+c(7)*LnPl+c(9)*lnPe
c = 0.5
freeze(tb02f) sys02.fiml(c=1e-7)
table(22,5) tb02f
```

---

[5] 如果使用 EViews V6，由于计算上的改进，系数估计有微小区别。此外，估计结果还报告了方程组的 AIC, SC 和 HQ 等信息。

得到 FIML 估计结果为

```
System: SYS02
Estimation Method: Full Information Maximum Likelihood (Marquardt)
Date: 06/19/08   Time: 13:54
Sample: 1947 1971
Included observations: 25
Total system (balanced) observations 75
Convergence achieved after 142 iterations
```

	Coefficient	Std. Error	z-Statistic	Prob.
C(1)	0.056892	0.003049	18.65760	0.0000
C(2)	0.029483	0.012822	2.299419	0.0215
C(3)	-4.69E-05	0.010298	-0.004557	0.9964
C(4)	-0.010675	0.006501	-1.642187	0.1006
C(5)	0.253438	0.004214	60.14081	0.0000
C(6)	0.075433	0.011986	6.293446	0.0000
C(7)	-0.004756	0.007825	-0.607790	0.5433
C(8)	0.044410	0.002878	15.42971	0.0000
C(9)	0.018339	0.011650	1.574108	0.1155

```
Log Likelihood                    344.4674
Determinant residual covariance   2.16E-16
```

由于施加了系数限制，似然值变小了。有趣的是，如果我们进行似然比检验

```
c(1) = 2*(sys01.@logl - sys02.@logl)
c(2) = 1 - @cchisq(c(1), 3)
```

得到的检验结果为 12.84[0.0050]，却拒绝了系数是对称的假设。(如何解释？)

FIML 估计的基本假设是残差服从多元正态分布，我们可以查看残差的正态性

```
sys02.makeresids
group gr2 resid0?
gr2.stats
```

得到残差的统计概要为

```
Date: 06/19/08   Time: 13:54
Sample: 1947 1971
```

	RESID01	RESID02	RESID03
Mean	2.67E-09	4.08E-09	5.66E-10
Median	-0.000587	0.000208	1.27E-05
Maximum	0.007852	0.017936	0.002881
Minimum	-0.005822	-0.012612	-0.002883
Std. Dev.	0.003238	0.005508	0.001807
Skewness	0.707636	0.794127	0.043027
Kurtosis	2.970442	6.428304	1.541360
Jarque-Bera	2.087363	14.87064	2.223995
Probability	0.352156	0.000590	0.328901
Sum	6.67E-08	1.02E-07	1.42E-08
Sum Sq. Dev.	0.000252	0.000728	7.83E-05
Observations	25	25	25

JB 检验强烈拒绝了第二个方程的残差是正态的假设。

基于方程组对象 sys02 的估计结果，我们可以计算生产要素间的替代弹性(elasticities of substitution)，例如资本和劳动力间的替代弹性

```
graph gf02.line 1+sys02.c(3)/(k*l)
gf02.legend -display
```

得到替代弹性的变动过程为

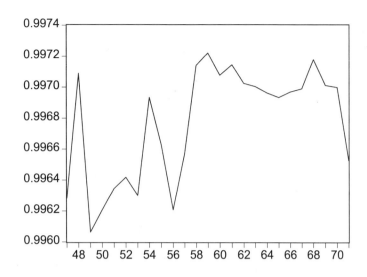

尽管有很小的波动, 替代弹性都接近于 1, 与 Cobb-Douglas 成本函数的假设一致。

作为例子, 下面给出方程组 sys02 使用方程组其他估计方法的估计结果。

```
!K = sys02.@ncoefs
table(!K+1,6) tb
!m = 1
for %e ls sur(s) wls(s)
   c = 0.5    'init
   sys02.{%e}
   for !i = 1 to !K
      tb(!i,!m) = sys02.C(!i)    'sys02.@coefs(!i)
      tb(!i,!m+1) = sys02.@stderrs(!i)
   next
   tb(!i,!m) = %e
   tb(!i,!m+1) = sys02.@detresid
   !m = !m+2
next
```

将方程组的 SOLS、SUR 和 WLS 估计结果整理成表格如下:

	coef	se	coef	se	coef	se
C(1)	0.056259	0.001888	0.056892	0.001345	0.056990	0.001595
C(2)	0.030326	0.008040	0.029483	0.005796	0.030717	0.006415
C(3)	0.001634	0.004551	-4.71E-05	0.003848	-0.000416	0.004008
C(4)	-0.003762	0.007458	-0.010675	0.003388	-0.006976	0.003419
C(5)	0.253431	0.001851	0.253438	0.002094	0.253638	0.002337
C(6)	0.075048	0.005276	0.075433	0.006757	0.074340	0.007047
C(7)	0.003232	0.005756	-0.004756	0.002344	-0.002807	0.002577
C(8)	0.041855	0.002294	0.044410	0.000853	0.043636	0.001026
C(9)	0.046714	0.017464	0.018341	0.004986	0.035184	0.007516
	ls	4.74E-16	sur(s)	2.16E-16	wls(s)	2.78E-16

显然, 方程组 sys02 的 FIML 估计结果和 SUR 的比较接近 (选项 s 顺序迭代加权矩阵和系数直到收敛)。

二、方程组与面板数据

对比式 (10.1) (第 460 页) 和式 (8.3) (第 336 页) 我们看到，面板数据模型可以看成是方程组的系数限制版本。下面用例子来验证

```
%wf = @evpath+"\Example Files\data\GRUNFELD.WF1"
wfopen %wf
system sys03
sys03.append invGE = c(1)+c(2)*valGE+c(3)*capGE
sys03.append invGM = c(4)+c(2)*valGM+c(5)*capGM
sys03.append invGY = c(6)+c(2)*valGY+c(7)*capGY
sys03.append invIB = c(8)+c(2)*valIB+c(9)*capIB
c = 0
freeze(tb03) sys03.sur
table(21,5) tb03
```

方程组 sys03 限制了公司价值 val 的系数为共同系数，得到估计结果为

```
System: SYS03
Estimation Method: Seemingly Unrelated Regression
Date: 06/20/08   Time: 17:19
Sample: 1935 1954
Included observations: 20
Total system (balanced) observations 80
Linear estimation after one-step weighting matrix
```

	Coefficient	Std. Error	t-Statistic	Prob.
C(1)	-121.4961	30.01907	-4.047296	0.0001
C(2)	0.085251	0.013310	6.404901	0.0000
C(3)	0.145656	0.035658	4.084772	0.0001
C(4)	-16.98060	59.78432	-0.284031	0.7772
C(5)	0.394079	0.032033	12.30246	0.0000
C(6)	-9.178807	6.931364	-1.324242	0.1897
C(7)	0.075944	0.021571	3.520583	0.0008
C(8)	-4.195733	3.463175	-1.211528	0.2297
C(9)	0.228342	0.048641	4.694471	0.0000

Determinant residual covariance   2.48E+10

相应的面板数据模型，不仅包含了个体效应，而且公司市值 cap 随个体改变斜率

```
pool p01 GE GM GY IB
p01.ls(cx=f,wgt=cxsur) inv?  c val?  @cxreg cap?
```

估计结果见图 8.1 (第 377 页)，方程组对象 sys03 与合伙对象 p01 的对应系数和方差估计是相同的，例如 sys03.C(5) 等于 p01.C(4)。

EViews 中，基于合伙对象创建方程组对象，可以将面板数据模型转换为方程组模型，例如

```
p01.makesystem(name=sys03p,cx=f,wgt=cxsur) inv?  c val?  @cxreg cap?
```

得到的方程组 sys03p 的设定为

```
INVGE = C(6) + C(1)*VALGE + C(2)*CAPGE
INVGM = C(7) + C(1)*VALGM + C(3)*CAPGM
INVGY = C(8) + C(1)*VALGY + C(4)*CAPGY
INVIB = C(9) + C(1)*VALIB + C(5)*CAPIB
```

进行方程组的 SUR 估计

```
c = 0
freeze(tb03p) sys03p.sur
```

得到估计结果与 sys03 的相同。但请注意，估计结果中系数的报告顺序为 C(6), C(1), C(2), C(7), C(3), C(8), ⋯，即依照方程组中系数出现的先后顺序。

三、导数和梯度

EViews 提供了方程组的导数视图，方便查看方程设定的导数

```
system sys07      'in GRUNFELD.WF1
sys07.append invGE = c(1)+valGE^c(2) +[AR(1)=c(3)]
sys07.append invGM = c(4)+c(5)*valGM+c(6)*capGM +[AR(1)=c(3)]
freeze(tb07d) sys07.derivs
tb07d.setwidth(b) 42
```

得到各方程中，误差对于系数的导数如下：

```
Derivatives of the system specification
System: SYS07
Method: Least Squares
Computed using analytic derivatives

Equation 1: [AR(1)=C(3)] = INVGE - (C(1)+VALGE^C(2))

    Coefficient      Derivative of Equation*
        C(1)         -1
        C(2)         -valge^c(2) * log(valge)

Equation 2: [AR(1)=C(3)] = INVGM - (C(4)+C(5)*VALGM+C(6)*CAPGM)

    Coefficient      Derivative of Equation
        C(4)         -1
        C(5)         -valgm
        C(6)         -capgm

*Note: derivative expressions do not account for AR components
```

需要提醒的是，EViews 总是将 AR 项设定转换为非线性设定，再进行估计的。

方程组成功估计后，通过查看梯度，可以了解估计过程的更多信息

```
c = 3
sys07.ls(c=1e-8)
freeze(tb07g) sys07.grads
```

得到方程组的目标函数在系数估计处的梯度为

```
Gradients of objective function at estimated
            parameters
System: SYS07
Method: Least Squares
Computed using analytic derivatives

    Coefficient         Sum          Mean       Newton Dir.

        C(1)         -8.53E-14    -4.26E-15      7.92E-09
        C(2)         -7.60E-06    -3.80E-07     -2.68E-11
        C(4)          2.99E-13     1.50E-14      1.73E-08
        C(5)         -0.000190    -9.50E-06     -2.13E-11
        C(6)         -3.74E-05    -1.87E-06     -3.35E-10
        C(3)         -0.000114    -5.71E-06     -1.47E-10
```

数值上，梯度已经接近 0 了。请注意，EViews 根据系数估计在相邻迭代的改变量决定是否收敛，不是用梯度进行判断的，因此某些系数的梯度可能偏离 0 多一点。

四、初始值问题

方程组对象进行方程组的估计时，都采用迭代的方法，因此估计结果受初始值的影响。哪怕是线性方程组的估计，如果要得到相同的估计结果，必须使用相同的初始值和相同的收敛准则。我们还是用例子来说明。

```
%wf = @evpath+"\Example Files\Pindyck\EXPEND"
wfopen %wf
genr inc0 = @log10(inc)
system sys02
sys02.append expend = c(1) +c(2)*aid +c(3)*inc0 +c(4)*pop
sys02.append aid = c(5) +c(6)*expend +c(7)*ps
sys02.append inst ps inc0 pop

c = 1
sys02.ls
coef b1 = sys02.@coefs
c = 0
sys02.ls
coef b = c      'save coef C
coef b0 = sys02.@coefs
c(1) = @norm(b1-b0,2)       '6.29E-08(V5.1), 6.54E-08(V6)
```

方程组对象 sys02 的 SOLS 估计采用不同的初始值，C=1 与 C=0，估计结果的差别为 6.29E-08 (距离)，尽管在容许的数值精度范围内，但并不完全相同。

除了初始值，迭代过程还受收敛准则的影响，特别是 FIML 估计方法

```
c = b       'restore the coef of OLS
freeze(tb21) sys02.fiml(c=1e-4)     'init by OLS
c = 0.8*b
freeze(tb22) sys02.fiml(c=1e-4)     'init by 0.8*OLS
c = b
freeze(tb23) sys02.fiml(c=5e-5)     'init by OLS
c = 0.8*b
freeze(tb24) sys02.fiml(c=5e-5)     'init by 0.8*OLS
c = 0.6*b
freeze(tb25) sys02.fiml(c=1e-4)
c = 0.9*b
freeze(tb26) sys02.fiml(c=1e-4)

system sys03
sys03.append expend = c(1) +c(2)*aid +c(3)*inc +c(4)*pop
sys03.append aid = c(5) +c(6)*expend +c(7)*ps
sys03.append inst ps inc pop
c = 0
freeze(tb30) sys03.ls
coef b = c
c = 0.2*b
freeze(tb27) sys02.fiml(m=2e4,c=1e-4)

table(4,7) tb2
for !i = 1 to 7
    tb2(1,!i) = tb2{!i}(11,2)       'C(1)
    tb2(2,!i) = tb2{!i}(19,3)       'LogL
    tb2(3,!i) = tb2{!i}(20,3)       'Det
    tb2(4,!i) = tb2{!i}(24,2)       'R-sq
next
```

我们尝试了不同的初始值和收敛准则，将估计结果定格在表格 tb21 到 tb27 中。为了方便对比，我们将估计结果的部分内容整理成如下表格：

	1	2	3	4	5	6	7
C(1)	817.0615	933.8390	817.0615	701.1139	14279.43	745.5955	47459.27
LogL	-1068.395	-1069.059	-1068.395	-1068.594	-1076.349	-1068.448	-1075.276
Det	5.73E+13	6.34E+13	5.73E+13	4.23E+13	1.80E+16	4.80E+13	2.72E+17
R-sq	0.982603	0.982346	0.982603	0.982161	0.934294	0.982385	-0.675508

不难发现，尽管只是初始值有差别，但 tb21, tb22 和 tb25 的估计结果相去甚远。更严重的是，采用方程组 sys03 的 SOLS 估计的 0.2 倍作为初始值，使得 tb27 的估计结果中，第一个方程的 R^2 为负值。收敛条件方面，对比 tb22 和 tb24，从相同的初始值开始迭代，tb24 要求了更严格的收敛条件，估计结果的差别也是明显的。

由于 EViews 6 和 EViews 7 增强并美化了方程组估计的结果报告，整理估计结果的相应代码需要修改为

```
for !i = 1 to 7
    tb2(1,!i) = tb2{!i}(11,2)    'C(1)
    tb2(2,!i) = tb2{!i}(19,2)    'LogL
    tb2(3,!i) = tb2{!i}(22,3)    'Det
    tb2(4,!i) = tb2{!i}(27,2)    'R-sq
next
```

此外，由于计算引擎的改进，估计结果和 EViews 5.1 的有一定的差别。

从我有限的测试来看，方程组的所有估计方法中，FIML 估计对初始值和收敛准则的微小变化是最敏感的。下面的代码是很生动的证据

```
c = 0
sys02.ls
sys03.fiml(m=2e4,c=1e-4)
coef b0 = sys03.@coefs
c = 1
sys02.ls
sys03.fiml(m=2e4,c=1e-4)
coef b1 = sys03.@coefs
c(1) = @norm(b1-b0,2)    '1607.846(V5.1), 1634.222(V6)
```

初始值的差别为 6.29E-08 (距离)，但系数估计的差别为 1607.846。此外，这里如果将初始值改为 C=1，方程组 sys03 的 FIML 估计将出现矩阵接近奇异的错误。

五、其他说明

方程组由多个方程组成，方程间可能存在错综复杂的关系：

1) 对于式 (10.10) (第 470 页) 定义的模型，我们看到，如果采用单方程估计，系数是无法识别的，只能采用方程组的系统估计方法。
2) EViews 允许方程组是非平衡的，即估计样本集里，方程组中各个方程的观测数目可以不同。
3) EViews 提供的方程组估计方法中，除了 GMM 估计，都假定观测在时期上是独立的，误差的方差矩阵具有某种结构。实证分析时，观测数据往往不能满足这些要求，建议采用 GMM 估计以获得更有效的估计。方程组的 GMM 估计将在 §14.3 节 (第 670 页) 讨论。
4) EViews 中的方程组估计命令，除了 GMM 估计的 gmm 命令，都没有提供系数方差估计的修正选项。事实上，方程组的其他估计方法都是 GMM 估计的特例。

下面我们再看一个例子。

```
system sys06      'in GRUNFELD.WF1
sys06.append invGE = c(1)+valGE^c(2)+[AR(1)=c(3)]
sys06.append invGM = c(4)+c(5)*valGM+c(6)*capGM _
                     +[AR(1)=c(7),AR(2)=c(8)]
c = 2
sys06.ls
```

得到估计结果为

```
System: SYS06
Estimation Method: Iterative Least Squares
Date: 06/20/08    Time: 17:39
Sample: 1936 1954
Included observations: 20
Total system (unbalanced) observations 37
Convergence achieved after 18 iterations
```

	Coefficient	Std. Error	t-Statistic	Prob.
C(1)	28.62344	75.58996	0.378667	0.7077
C(2)	0.619220	0.054462	11.36985	0.0000
C(3)	0.858919	0.142954	6.008376	0.0000
C(4)	-1.527091	111.9099	-0.013646	0.9892
C(5)	0.080125	0.020170	3.972506	0.0004
C(6)	0.412766	0.072832	5.667385	0.0000
C(7)	0.925828	0.271911	3.404898	0.0020
C(8)	-0.335513	0.313123	-1.071506	0.2928

Determinant residual covariance   2526179.

```
Equation: INVGE = C(1)+VALGE^C(2)+[AR(1)=C(3)]
Observations: 19
```
R-squared	0.707326	Mean dependent var	105.9316
Adjusted R-squared	0.670741	S.D. dependent var	47.02801
S.E. of regression	26.98516	Sum squared resid	11651.19
Durbin-Watson stat	1.357877		

```
Equation: INVGM = C(4)+C(5)*VALGM+C(6)*CAPGM+[AR(1)=C(7),AR(2)=C(8)]
Observations: 18
```
R-squared	0.953663	Mean dependent var	636.1667
Adjusted R-squared	0.939405	S.D. dependent var	313.9443
S.E. of regression	77.28061	Sum squared resid	77639.80
Durbin-Watson stat	2.301433		

我们看到，表头报告了估计方法为 Iterative Least Squares，而 Total system (unbalanced) observations 37 指出方程组是非平衡的，由于估计样本对 AR 项的自动调整，方程 invGE 的估计样本数为 19，而方程 invGM 的为 18。

值得一提的是，方程组的 append 命令添加方程时，可以为同一因变量设定两个方程(比如供给和需求函数)，例如

```
copy sys06 sys09
sys09.append invGM = c(10)+c(11)*valGM+c(12)*capGM
```

这里设定了 invGM 的两个显式方程，方程组 sys09 在 EViews 中能够估计。

§10.2.3 方程组对象

方程组对象提供了方程组的设定、估计和检验，然而方程组的预测则使用样板对象(model object)。方程组对象是给定变量(内生和外生)的观测值，进行系数估计。而样板对象中，方程的系数是已知的，通常给定的是外生变量的观测值，求解的是内生变量的取值。

一、计量方法

实现线性和非线性方程组的系统估计：

1) 方程组的系统估计方法：完全信息最大似然估计 fiml，SOLS 估计 ls，似不相关模型估计 sur，以及加权最小二乘估计 wls。
2) 联立方程的系统估计方法：两阶段最小二乘估计 tsls，两阶段加权最小二乘估计 wtsls，三阶段最小二乘估计 3sls，例子将在 §10.3 节 (第 485 页) 给出。
3) 方程组和联立方程的 GMM 估计，命令为 gmm，将在 §14.3 节 (第 670 页) 深入讨论。

二、视图

方程组对象的视图可以分为如下几部分：

1) 方程组设定：查看方程组的设定视图 spec，查看方程组的内生变量 endog。
2) 查看估计结果

    (a) 估计结果报告，命令为 output 或者 results；
    (b) 系数方差矩阵 coefcov；
    (c) 残差：查看残差 resids，残差的相关矩阵 residcor 和方差矩阵 residcov。

3) 检验视图：置信椭圆 cellipse，Wald 检验 wald。
4) 导数和梯度：方程的导数 derivs，目标函数的梯度 grads。

三、过程

方程组对象的过程有：

1) 添加方程：命令 append 为方程组添加方程以及相应的工具变量。
2) 建立其他对象，如 makeendog 建立内生变量的群对象，makemodel 从方程组对象创建样板对象，makeresids 生成残差序列。
3) 更新系数估计到系数向量里 updatecoefs。

四、函数

方程组对象的函数返回方程组或者单个方程的估计信息。如下函数提取单个方程估计的统计量：

函数	含义	函数	含义
@dw(m)	DW 统计量	@r2(m)	可决系数
@eqncoef(m)	系数估计个数	@rbar2(m)	修正可决系数
@eqregobs(m)	估计样本数	@sddep(m)	因变量的标准差
@meandep(m)	因变量的均值	@se(m)	回归（残差）的标准差
		@ssr(m)	残差平方和

下面的函数返回方程组估计的统计量：

函数	含义	函数	含义
`@aic`	AIC 信息准则	`@ncoefs,@ncoef`	系数估计的总数
`@detresid`	残差方差矩阵行列式的值	`@neqn`	方程个数
`@hq`	Hannan-Quinn 信息准则	`@regobs`	估计样本的个数
`@jstat`	GMM 估计的 J 统计量	`@schwarz,@sc`	SC 信息准则
`@logl`	对数似然函数值	`@totalobs`	全部观测数目

其中 `@totalobs` 等于 `@eqregobs(m)` 的总和。如下函数则返回向量或者矩阵：

函数	含义	函数	含义
`@coefs,@coef`	系数估计值向量	`@stderrs`	系数估计的标准差
`@coefcov,@cov`	系数估计的方差矩阵	`@tstats`	系数估计的 t 值
`@residcov`	残差方差矩阵		

对于返回向量或矩阵的函数，可以提取单个元素，例如 `@cov(i,j)` 取得第 i 个和第 j 个系数的协方差，而 `@coefs(i)` 取出第 i 个系数的估计值。请注意，方程组对象 sys03p (第 478 页) 的设定中

```
sys03p.@coef(1) = sys03p.C(6)    'not C(1)
sys03p.@coef(5) = sys03p.C(3)
```

也就是说，系数的排列顺序按方程设定时系数的首次出现次序 (请参考 `coefcov` 视图)。

§10.2.4 小结

方程组的设定、估计和检验通过方程组对象实现。方程组的系统估计方法将方程组的多个方程作为一个有机整体，方程间的相互依赖，例如方程间的系数限制，以及残差的相关关系，都被考虑进来。

1) EViews 的方程组对象设定方程时，允许方程间存在系数限制，但不能将恒等式加入到方程组中。
2) 方程组中，方程的工具变量设定有多种方法。
3) 方程组对象估计方程组时，计算上都采用迭代的方法，哪怕方程组是线性的。因此，估计方程组时，初始值的选取是非常重要的。
4) 通过方程组对象的导数和梯度，可以了解方程组设定和估计的更多信息。
5) EViews 能够估计式 (10.9) (第 469 页) 形式的一般非线性方程组，非线性模型往往需要具体分析。
6) EViews 为方程组对象提供了丰富的视图、过程和函数，方便方程组的计量分析。

§10.3 联立方程

经济系统中，经济变量之间的关系是错综复杂的，经济变量的取值往往通过市场均衡同时确定，这就产生了联立方程模型。联立方程模型的基本特征是联立内生性 (joint endogeneity)，联立方程的经济计量分析就是围绕联立内生性展开的。本节先给出线性联立方程的结构式和简化式，然后讨论联立方程的识别问题，以及联立方程模型的观测数据堆叠形式。接着，介绍联立方程模型的估计方法，讨论了 S2SLS 估计和 3SLS 估计。最后，给出了联立方程模型估计的例子。

§10.3.1 线性模型

联立方程的结构式来源于经济理论，包含了联立内生变量，体现了一定的经济关系。联立方程模型的简化式由结构式变换而来，消除了联立内生问题。我们总可以从结构式得到简化式，但反过来从简化式确定结构式，没有额外的信息是做不到的。

一、结构式

线性联立方程的结构式 (structural form) 为

$$h_{11}y_1 + h_{12}y_2 + \cdots + h_{1M}y_M + d_{11}x_1 + d_{12}x_2 + \cdots + d_{1K}x_K = e_1$$
$$h_{21}y_1 + h_{22}y_2 + \cdots + h_{2M}y_M + d_{21}x_1 + d_{22}x_2 + \cdots + d_{2K}x_K = e_2$$
$$\vdots$$
$$h_{M1}y_1 + h_{M2}y_2 + \cdots + h_{MM}y_M + d_{M1}x_1 + d_{M2}x_2 + \cdots + d_{MK}x_K = e_M$$

其中 y_m 为内生变量，$m = 1, 2, \cdots, M$，x_n 是外生变量，$n = 1, 2, \cdots, K$，e_m 称为结构干扰 (structural disburbance)。联立方程的第 m 个方程为

$$\mathbf{h}_m' \mathbf{y} + \mathbf{d}_m' \mathbf{x} = e_m \qquad m = 1, 2, \cdots, M$$

其中

$$\mathbf{y} = \begin{bmatrix} y_1 \\ y_2 \\ \vdots \\ y_M \end{bmatrix} \qquad \mathbf{h}_m = \begin{bmatrix} h_{m1} \\ h_{m2} \\ \vdots \\ h_{mM} \end{bmatrix}_{M \times 1} \qquad \mathbf{x} = \begin{bmatrix} x_1 \\ x_2 \\ \vdots \\ x_K \end{bmatrix} \qquad \mathbf{d}_m = \begin{bmatrix} d_{m1} \\ d_{m2} \\ \vdots \\ d_{mK} \end{bmatrix}_{K \times 1}$$

联立方程的矩阵形式为

$$\mathbf{Hy} + \mathbf{Dx} = \mathbf{e}$$

其中

$$\mathbf{H} = \begin{bmatrix} \mathbf{h}_1' \\ \mathbf{h}_2' \\ \vdots \\ \mathbf{h}_M' \end{bmatrix} = \begin{bmatrix} h_{11} & h_{12} & \cdots & h_{1M} \\ h_{21} & h_{22} & \cdots & h_{2M} \\ \vdots & \vdots & \ddots & \vdots \\ h_{M1} & h_{M2} & \cdots & h_{MM} \end{bmatrix} \qquad \mathbf{D} = \begin{bmatrix} \mathbf{d}_1' \\ \mathbf{d}_2' \\ \vdots \\ \mathbf{d}_M' \end{bmatrix} = \begin{bmatrix} d_{11} & d_{12} & \cdots & d_{1K} \\ d_{21} & d_{22} & \cdots & d_{2K} \\ \vdots & \vdots & \ddots & \vdots \\ d_{M1} & d_{M2} & \cdots & d_{MK} \end{bmatrix} \qquad \mathbf{e} = \begin{bmatrix} e_1 \\ e_2 \\ \vdots \\ e_M \end{bmatrix}$$

经济理论得到的联立方程模型往往包含行为方程 (behavioral equations) 和恒等式。恒等式通常为均衡条件或者会计等式，恒等式相当于系数已知，没有误差项的方程。因此，计量分析中建立的联立方程模型，通过必要的求解，恒等式都被去除了。

联立方程的补充说明如下：

1) 线性联立方程模型中,方程的数目和内生变量的数目相等。
2) 简单起见,将滞后因变量当成外生变量,不加以区分。
3) 完备性条件 (completeness condition):假设矩阵 $\mathbf{H}$ 是可逆的,否则可以减少方程的数目。
4) 规范化约束 (normalization restriction)

$$h_{11} = h_{22} = \cdots = h_{MM} = 1$$

称结构式是规范化的。显然,规范化约束并没有实质性的限制。

5) 当 $\mathbf{H}$ 为下三角矩阵时,联立方程具有递推形式 (recursive form)。
6) 系数矩阵 $\mathbf{H}$ 和 $\mathbf{D}$ 中,通常有不少的元素为零。记

$$\mathbf{F} \equiv \begin{bmatrix} \mathbf{H} & \mathbf{D} \end{bmatrix}_{M \times (M+K)}$$

则矩阵 $\mathbf{F}$ 包含了结构式的全部系数。

二、简化式

从结构式解出内生变量 $\mathbf{y}$ 得到简化式 (reduced form)

$$\mathbf{y} = \mathbf{Q}\mathbf{x} + \mathbf{v}$$

其中

$$\mathbf{Q} = -\mathbf{H}^{-1}\mathbf{D} \quad \mathbf{v} = \mathbf{H}^{-1}\mathbf{e}$$

简化式中,矩阵 $\mathbf{Q}$ 包含了 MK 个参数。而结构式中,矩阵 $\mathbf{H}$ (规范化的) 有 $M^2 - M$ 个参数,矩阵 $\mathbf{D}$ 有 MK 个参数。因此,简化式比结构式少了 $M^2 - M$ 个参数,没有其他信息的话,仅从简化式无法确定结构式的形式。

实证分析中,简化式总是能够一致估计出来的。但是,经济关系往往体现在结构式中,因此,哪些条件下,简化式可以唯一确定结构式,就成了亟需解决的问题,也就是联立方程的识别问题。

§10.3.2 识别

对结构式增加一定的系数约束,使得结构式可以由简化式唯一确定,我们称联立方程模型是可识别的。[6]联立方程可识别意味着结构方程中系数 $\mathbf{F}$ 是唯一确定的,否则对于同一组观测数据,能适用两个不同的结构方程,或者说,对两个不同的经济理论模型都能解释,那么我们无从"甄别"出哪个理论模型更适合现实。

如果结构式的第 m 个方程可以由简化式唯一确定,称第 m 个方程可识别。联立方程中方程的顺序是无关紧要的,可以对方程重新排列顺序。因此,不失一般性,联立方程中单个方程的识别,只需要讨论第 1 个方程的识别。

联立方程识别时,必须对结构式施加一定的限制,如下两种系数限制是比较常见的:
1) 除外限制 (exclusion restrictions):将方程的部分系数设置为 0。
2) 线性方程组限制:方程的系数约束为一组线性方程。

---

[6]联立方程模型的识别,指的是参数的识别,参数包含了系数矩阵 $\mathbf{F}$ 和方差矩阵 $\mathrm{var}(\mathbf{e})$ 的参数,深入的讨论请参考 Hsiao (1983)。这里只讨论系数矩阵 $\mathbf{F}$ 的识别。

显然，除外限制是线性方程组限制的特例。研究联立方程识别时，传统上采用的是容许变换 (admissible transformation) 的方法 (参见 Wooldridge, 2002, p216)。为了避免太多的概念，对于线性联立方程的识别问题，我们采用求解线性方程组的方法，讨论基于简化式或者结构式的单方程识别问题。

一、基于简化式

假设结构式中，第 1 个方程具有如下形式的除外限制 (exclusion restrictions)

$$\mathbf{h}_1 = \begin{bmatrix} 1 \\ \mathbf{h}_{:1} \\ 0 \end{bmatrix} \qquad \mathbf{d}_1 = \begin{bmatrix} \mathbf{d}_{:1} \\ 0 \end{bmatrix}$$

其中系数非零的部分 $\mathbf{h}_{:1}$ 为 $M_1 \times 1$ 向量，$\mathbf{d}_{:1}$ 为 $K_1 \times 1$ 向量。

给定联立方程的简化式，即矩阵 $\mathbf{Q}$ 已知，对应地，将 $\mathbf{Q}'$ 写成如下分块形式 (分块的行数和列数分别标在矩阵的右方和下方)

$$\begin{bmatrix} \mathbf{q}_{:1} & \mathbf{Q}_{:1} & \mathbf{Q}_{:.} \\ \mathbf{q}_{.1} & \mathbf{Q}_{.1} & \mathbf{Q}_{..} \end{bmatrix} \begin{matrix} K_1 \\ K_{.1} \end{matrix}$$
$$\quad\; 1 \quad\; M_1 \quad M_{.1}$$

其中 $K_{.1} = K - K_1$，$M_{.1} = M - 1 - M_1$。注意到

$$\mathbf{HQ} + \mathbf{D} = 0$$

考虑其第一行得

$$\mathbf{Q}'\mathbf{h}_1 + \mathbf{d}_1 = 0$$

即

$$\begin{bmatrix} \mathbf{q}_{:1} & \mathbf{Q}_{:1} & \mathbf{Q}_{:.} \\ \mathbf{q}_{.1} & \mathbf{Q}_{.1} & \mathbf{Q}_{..} \end{bmatrix} \begin{bmatrix} 1 \\ \mathbf{h}_{:1} \\ 0 \end{bmatrix} + \begin{bmatrix} \mathbf{d}_{:1} \\ 0 \end{bmatrix} = 0$$

整理得关于 $[\mathbf{h}_{:1}; \mathbf{d}_{:1}]$ 的线性方程组

$$\begin{bmatrix} \mathbf{Q}_{:1} & \mathbf{I} \\ \mathbf{Q}_{.1} & 0 \end{bmatrix} \begin{bmatrix} \mathbf{h}_{:1} \\ \mathbf{d}_{:1} \end{bmatrix} = -\begin{bmatrix} \mathbf{q}_{:1} \\ \mathbf{q}_{.1} \end{bmatrix}$$

因此，$[\mathbf{h}_{:1}; \mathbf{d}_{:1}]$ 有唯一解的充要条件[7]为

$$\text{rank}\left(\begin{bmatrix} \mathbf{Q}_{:1} & \mathbf{I} & \mathbf{q}_{:1} \\ \mathbf{Q}_{.1} & 0 & \mathbf{q}_{.1} \end{bmatrix}\right) = \text{rank}\left(\begin{bmatrix} \mathbf{Q}_{:1} & \mathbf{I} \\ \mathbf{Q}_{.1} & 0 \end{bmatrix}\right) = M_1 + K_1$$

该条件等价于 (秩条件，rank condition)

$$\text{rank}\left(\begin{bmatrix} \mathbf{Q}_{.1} & \mathbf{q}_{.1} \end{bmatrix}\right) = \text{rank}(\mathbf{Q}_{.1}) = M_1 \tag{10.11}$$

请注意，相应于结构式的第 1 个方程，矩阵 $\mathbf{Q}$ 划去外生变量系数非零的列，再划去内生变量系数等于零的行和第一行，得到 $M_1 \times K_{.1}$ 的矩阵正好为 $\mathbf{Q}'_{.1}$。

---

[7]线性方程组唯一解定理：假设 $\mathbf{A}$ 为 $m \times n$ 矩阵，$\mathbf{b}$ 为 $m \times 1$ 向量，关于 $n \times 1$ 向量 $\mathbf{x}$ 的线性方程组

$$\mathbf{Ax} = \mathbf{b}$$

有唯一解的充要条件为

$$\text{rank}([\mathbf{A}, \mathbf{b}]) = \text{rank}(\mathbf{A}) = n$$

二、基于系数限制

记

$$\mathbf{F} = \begin{bmatrix} \mathbf{H} & \mathbf{D} \end{bmatrix} = \begin{bmatrix} \mathbf{f}_1' \\ \mathbf{F}_{-1} \end{bmatrix} \qquad \mathbf{f}_1 = \begin{bmatrix} \mathbf{h}_1 \\ \mathbf{d}_1 \end{bmatrix}$$

即 $\mathbf{f}_1$ 为联立方程中第 1 个方程的系数。假如有一般的齐次线性限制[8] (homogeneous linear restrictions)

$$\mathbf{R}_1 \mathbf{f}_1 = 0$$

其中 $\mathbf{R}_1$ 为 $Q \times (M+K)$ 矩阵，且满列秩，即有 Q 个限制条件。则第 1 个方程在约束 $\mathbf{R}_1 \mathbf{f}_1 = 0$ 下可识别的充要条件为

$$\mathrm{rank}\left(\mathbf{R}_1 \mathbf{F}'\right) = M - 1$$

定义

$$\mathbf{Q}_1 \equiv \begin{bmatrix} \mathbf{Q}' & \mathbf{I}_K \end{bmatrix}_{K \times (M+K)} \qquad \mathbf{M} \equiv \begin{bmatrix} \mathbf{i}_1' \\ \mathbf{R}_1 \\ \mathbf{Q}_1 \end{bmatrix}_{(1+Q+K) \times (M+K)}$$

其中 $\mathbf{i}_1$ 是单位矩阵 $\mathbf{I}$ 的第一列。注意到规范化限制 (normalization restriction) 为

$$f_{11} = \mathbf{i}_1' \mathbf{f}_1 = 1$$

齐次线性方程组约束为

$$\mathbf{R}_1 \mathbf{f}_1 = 0$$

结构式和简化式的关系为

$$\mathbf{Q}' \mathbf{h}_1 + \mathbf{d}_1 = \mathbf{Q}_1 \mathbf{f}_1 = 0$$

因此，关于 $\mathbf{f}_1$ 的方程组为

$$\mathbf{M} \mathbf{f}_1 = \mathbf{i}_1$$

有唯一解的充要条件为

$$\mathrm{rank}\left(\begin{bmatrix} \mathbf{M} & \mathbf{i}_1 \end{bmatrix}\right) = \mathrm{rank}\left(\mathbf{M}\right) = M + K$$

该条件等价于 (秩条件，rank condition)

$$\mathrm{rank}\left(\mathbf{R}_1 \mathbf{F}'\right) = M - 1$$

练习：请证明

$$\mathrm{rank}\left(\begin{bmatrix} \mathbf{M} & \mathbf{i}_1 \end{bmatrix}\right) = \mathrm{rank}\left(\mathbf{M}\right) = M + K \iff \mathrm{rank}\left(\mathbf{R}_1 \mathbf{F}'\right) = M - 1$$

---

[8]规范化结构式下，非齐次线性约束总可以转换成齐次线性约束。对系数 $\mathbf{f}_1$ 的 Q 个线性约束如果是非齐次的，即

$$\mathbf{R}_* \mathbf{f}_1 = \mathbf{c} \qquad \mathbf{c} \neq 0$$

考虑到 $f_{11} = 1$，记 $\mathbf{R}_* = [\boldsymbol{r}_{*1} \quad \mathbf{R}_{*1}]$，令 $\mathbf{R}_1 = [\boldsymbol{r}_{*1} - \mathbf{c} \quad \mathbf{R}_{*1}]$，则有 $\mathbf{R}_1 \mathbf{f}_1 = 0$。

三、讨论

Hausman (1983, p403) 指出，结构参数的识别问题等价于是否存在相同简化式的其他结构模型。联立方程中，可能存在跨方程的系数限制，而且限制可以是非线性的，因此，联立方程的识别问题可能是非常复杂的。简单情况下，例如方程内的齐次线性系数限制，可以得到识别的充要条件，一般的跨方程及其非线性限制下，就没有那么幸运了。

式 (10.11) (第 487 页) 的秩条件隐含了阶条件 (order condition)，即

$$K_{\cdot 1} \geqslant M_1$$

当 $K_{\cdot 1} > M_1$ 且满足秩条件时，称为过度识别[9] (overidentification)。请注意，过度识别时，联立方程结构式的总体参数是唯一的，但存在多个一致估计。方程 1 过度识别时，由于 $K_{\cdot 1} > M_1$，即方程 1 排除的外生变量的个数比内生变量的个数多，此时，任取这 $K_{\cdot 1}$ 个外生变量的 M_1 个作为工具变量 (相当于丢弃部分限制条件)，方程 1 都可以被一致地估计出来。

最后，需要提醒的是，联立方程的识别是整体系数的识别。当联立方程存在跨方程的系数限制时，基于单方程的识别来讨论方程组的识别是行不通的。例如式 (10.10) (第 470 页) 定义的模型，单方程考虑的话，方程 1 的系数是无法识别的，但整个方程组是可以识别的。

§10.3.3 堆叠形式

联立方程是具有联立内生变量的方程组，进行系数估计时，写成方程组的形式更方便讨论。

一、观测数据

采用矩阵形式，联立方程的第 t 次观测可以表示为

$$\mathbf{H}\mathbf{y}_t + \mathbf{D}\mathbf{x}_t = \mathbf{e}_t \qquad t = 1, 2, \cdots, T$$

其中

$$\mathbf{y}_t = \begin{bmatrix} y_{t1} \\ y_{t2} \\ \vdots \\ y_{tM} \end{bmatrix} \qquad \mathbf{x}_t = \begin{bmatrix} x_{t1} \\ x_{t2} \\ \vdots \\ x_{tK} \end{bmatrix} \qquad \mathbf{e}_t = \begin{bmatrix} e_{t1} \\ e_{t2} \\ \vdots \\ e_{tM} \end{bmatrix}$$

对于全部观测数据，联立方程可以表示为

$$\mathbf{Y}\mathbf{H}' + \mathbf{X}_0 \mathbf{D}' = \mathbf{E} \tag{10.12}$$

其中

$$\mathbf{Y} = \begin{bmatrix} \mathbf{y}_1' \\ \mathbf{y}_2' \\ \vdots \\ \mathbf{y}_T' \end{bmatrix}_{T \times M} \qquad \mathbf{X}_0 = \begin{bmatrix} \mathbf{x}_1' \\ \mathbf{x}_2' \\ \vdots \\ \mathbf{x}_T' \end{bmatrix}_{T \times K} \qquad \mathbf{E} = \begin{bmatrix} \mathbf{e}_1' \\ \mathbf{e}_2' \\ \vdots \\ \mathbf{e}_T' \end{bmatrix}_{T \times M}$$

---

[9]对于结构式的系数限制，当 $Q > M - 1$ 且丢弃一个或者多个限制条件时，仍然满足秩条件，才是过度识别。

二、方程组形式

对于联立方程的观测形式

$$\mathbf{y}_t'\mathbf{h}_m + \mathbf{x}_t'\mathbf{d}_m = e_{tm} \qquad t=1,2,\cdots,T \quad m=1,2,\cdots,M$$

注意到 $h_{mm}=1$,移项得

$$y_{tm} = -\sum_{n=1,n\neq m}^{M} y_{tn}h_{mn} - \sum_{l=1}^{K} x_{tl}d_{ml} + e_{tm} \qquad t=1,2,\cdots,T \quad m=1,2,\cdots,M$$

由于 $\mathbf{h}_m$ 和 $\mathbf{d}_m$ 中通常不少元素为 0,只保留系数非零的项,得

$$y_{tm} = -\mathbf{y}_{:tm}'\mathbf{h}_{:m} - \mathbf{x}_{:tm}'\mathbf{d}_{:m} + e_{tm} \qquad t=1,2,\cdots,T \quad m=1,2,\cdots,M$$

其中 $\mathbf{h}_{:m}$ 是向量 $\mathbf{h}_m$ 中非零元素 (不包含 h_{mm}) 组成的 $M_m\times 1$ 向量,$\mathbf{y}_{:tm}$ 为观测 $\mathbf{y}_t$ 对应于 $\mathbf{h}_{:m}$ 的部分。而 $\mathbf{d}_{:m}$ 是向量 $\mathbf{d}_m$ 中非零元素组成的 $K_m\times 1$ 向量,$\mathbf{x}_{:tm}$ 为观测 $\mathbf{x}_t$ 对应于 $\mathbf{d}_{:m}$ 的部分,即第 m 个方程直接包含的外生变量的观测。定义

$$\mathbf{x}_{tm} \equiv \begin{bmatrix} \mathbf{y}_{:tm} \\ \mathbf{x}_{:tm} \end{bmatrix}_{K_m\times 1} \qquad \mathbf{b}_m \equiv -\begin{bmatrix} \mathbf{h}_{:m} \\ \mathbf{d}_{:m} \end{bmatrix}_{K_m\times 1}$$

其中 $K_m = M_m + K_m$ 是第 m 个方程中解释变量的个数。则有

$$y_{tm} = \mathbf{x}_{tm}'\mathbf{b}_m + e_{tm} \qquad t=1,2,\cdots,T \quad m=1,2,\cdots,M \tag{10.13}$$

得到联立方程的方程组形式,只是解释变量包含了内生变量。形式上,式 (10.13) 和式 (10.1) (第 460 页) 完全相同,因此,联立方程按观测堆叠得到式 (10.3),按方程堆叠则得到式 (10.5) (第 462 页)。

§10.3.4 S2SLS 估计

由于联立方程存在内生变量,需要使用工具变量的估计方法。我们先回顾单方程的 2SLS 估计,再讨论系统估计方法 S2SLS 估计。

一、单方程估计

联立方程的第 m 个方程为

$$\boldsymbol{y}_m = \boldsymbol{X}_m\mathbf{b}_m + \boldsymbol{e}_m \qquad m=1,2,\cdots,M$$

其中

$$\boldsymbol{X}_m = \begin{bmatrix} \mathbf{x}_{1m}' \\ \mathbf{x}_{2m}' \\ \vdots \\ \mathbf{x}_{Tm}' \end{bmatrix}_{T\times K_m} = \begin{bmatrix} \mathbf{y}_{:1m}' & \mathbf{x}_{:1m}' \\ \mathbf{y}_{:2m}' & \mathbf{x}_{:2m}' \\ \vdots & \vdots \\ \mathbf{y}_{:Tm}' & \mathbf{x}_{:Tm}' \end{bmatrix} \equiv \begin{bmatrix} \boldsymbol{Y}_{:m} & \boldsymbol{X}_{:m} \end{bmatrix}_{T\times K_m}$$

两阶段最小二乘法的第一阶段将方程右手边的所有内生变量 $\boldsymbol{Y}_{:m}$ 分别对所有的外生变量 $\mathbf{X}_0$ 进行回归,得到拟合值

$$\hat{\boldsymbol{Y}}_{:m} = \mathbf{X}_0\left(\mathbf{X}_0'\mathbf{X}_0\right)^{-1}\mathbf{X}_0'\boldsymbol{Y}_{:m}$$

解释变量中,将内生变量用其拟合值代替得

$$\ddot{\boldsymbol{X}}_m = \begin{bmatrix} \ddot{\boldsymbol{Y}}_{:m} & \boldsymbol{X}_{:m} \end{bmatrix}$$

第二阶段，y_m 对 $\hat{X}_m$ 进行 OLS 回归，得到

$$\mathbf{b}_{m,2\text{SLS}} = \left(\hat{X}_m'\hat{X}_m\right)^{-1}\hat{X}_m'y_m$$

2SLS 估计的说明：

1) 两阶段最小二乘法是单方程的估计方法。

2) 由于第一阶段使用了所有的外生变量，因此，所有的外生变量都充当了工具变量的角色。

3) 实际计算时，并不需要分两个阶段。定义投影矩阵

$$\mathbf{P} \equiv \mathbf{X}_0\left(\mathbf{X}_0'\mathbf{X}_0\right)^{-1}\mathbf{X}_0' \tag{10.14}$$

其中 $\mathbf{X}_0$ 为联立方程的所有外生变量 (参见第 489 页式 10.12)，则有

$$\hat{X}_m = \mathbf{P}X_m$$

因此

$$\mathbf{b}_{m,2\text{SLS}} = \left(\hat{X}_m'\hat{X}_m\right)^{-1}\hat{X}_m'y_m = \left(X_m'\mathbf{P}X_m\right)^{-1}X_m'\mathbf{P}y_m$$

练习：请证明 $\hat{X}_m = \mathbf{P}X_m$。

二、系统估计

第一阶段类似于单方程的方法，对于每个方程，先计算内生变量的估计 $\hat{Y}_{:m}$，定义

$$\hat{X} = \begin{bmatrix} \hat{X}_1 & & & \\ & \hat{X}_2 & & \\ & & \ddots & \\ & & & \hat{X}_M \end{bmatrix} \qquad \hat{X}_m = \begin{bmatrix} \hat{Y}_{:m} & X_{:m} \end{bmatrix}$$

第二阶段，用 $\hat{X}$ 作为解释变量，进行方程组的 SOLS 估计。

对于联立方程按方程堆叠的式 (10.5) (第 462 页)，方程组的 S2SLS (system 2SLS) 估计为

$$\mathbf{b}_{\text{S2SLS}} = \left(\hat{X}'\hat{X}\right)^{-1}\hat{X}'y \tag{10.15}$$

由于

$$\begin{aligned}
\mathbf{b}_{\text{S2SLS}} &= \left(\hat{X}'\hat{X}\right)^{-1}\hat{X}'y \\
&= \begin{bmatrix} \hat{X}_1'\hat{X}_1 & & & \\ & \hat{X}_2'\hat{X}_2 & & \\ & & \ddots & \\ & & & \hat{X}_M'\hat{X}_M \end{bmatrix}^{-1} \begin{bmatrix} \hat{X}_1' & & & \\ & \hat{X}_2' & & \\ & & \ddots & \\ & & & \hat{X}_M' \end{bmatrix} \begin{bmatrix} y_1 \\ y_2 \\ \vdots \\ y_M \end{bmatrix} \\
&= \begin{bmatrix} \left(\hat{X}_1'\hat{X}_1\right)^{-1}\hat{X}_1'y_1 \\ \left(\hat{X}_2'\hat{X}_2\right)^{-1}\hat{X}_2'y_2 \\ \vdots \\ \left(\hat{X}_M'\hat{X}_M\right)^{-1}\hat{X}_M'y_M \end{bmatrix} = \begin{bmatrix} \mathbf{b}_{1,2\text{SLS}} \\ \mathbf{b}_{2,2\text{SLS}} \\ \vdots \\ \mathbf{b}_{M,2\text{SLS}} \end{bmatrix}
\end{aligned}$$

显然，方程组的 S2SLS 估计等价于逐个方程的 2SLS 估计 (方程间无系数限制时)。那是不是我们就可以不使用 S2SLS 估计？显然不是，当我们需要检验不同方程间系数的联合假设时，必须使用 S2SLS 估计。

关于方程组的 S2SLS 估计：

1) 当联立方程按观测堆叠时 (第 461 页式 10.3)，方程组的 S2SLS 估计为

$$\mathbf{b}_{\text{S2SLS}} = \left(\hat{\mathbf{X}}'\hat{\mathbf{X}}\right)^{-1} \hat{\mathbf{X}}'\mathbf{y} \tag{10.16}$$

其中

$$\hat{\mathbf{X}} = \begin{bmatrix} \hat{\mathbf{X}}_1 \\ \hat{\mathbf{X}}_2 \\ \vdots \\ \hat{\mathbf{X}}_T \end{bmatrix} \quad \hat{\mathbf{X}}_t = \begin{bmatrix} \hat{\mathbf{x}}'_{t1} & & & \\ & \hat{\mathbf{x}}'_{t2} & & \\ & & \ddots & \\ & & & \hat{\mathbf{x}}'_{tM} \end{bmatrix}_{M\times K} \quad \hat{\mathbf{x}}'_{tm} \equiv \begin{bmatrix} \hat{\mathbf{y}}'_{:tm} & \mathbf{x}'_{:tm} \end{bmatrix}_{1\times K_m}$$

其中 $\hat{\mathbf{y}}_{:tm}$ 是 $\mathbf{y}_{:tm}$ 的拟合值。

2) 注意到

$$\hat{X} = (\mathbf{I}_M \otimes \mathbf{P})\,X \qquad \hat{X} = (\mathbf{P} \otimes \mathbf{I}_M)\,X \tag{10.17}$$

其中 **P** 定义在式 (10.14) (第 491 页)，我们有

$$\mathbf{b}_{\text{S2SLS}} = \left[X'\left(\mathbf{I}_M \otimes \mathbf{P}\right)X\right]^{-1} X'\left(\mathbf{I}_M \otimes \mathbf{P}\right)\mathbf{y} \tag{10.18}$$
$$= \left[X'\left(\mathbf{P} \otimes \mathbf{I}_M\right)X\right]^{-1} X'\left(\mathbf{P} \otimes \mathbf{I}_M\right)\mathbf{y}$$

也就是说，计算线性方程组的 S2SLS 估计时，不需要分两个阶段，而是一气呵成，直接得到结果。

3) 假设

$$\mathrm{E}\left(\mathbf{Z}'_t \mathbf{e}_t \mathbf{e}'_t \mathbf{Z}_t\right) = s^2\,\mathrm{E}\left(\mathbf{Z}'_t \mathbf{Z}_t\right) \qquad \mathbf{Z}_t = \mathbf{I}_M \otimes \mathbf{x}'_t$$

则 $\mathbf{b}_{\text{S2SLS}}$ 是有效的，其渐近方差估计为

$$\left[X'\left(\mathbf{I}_M \otimes \mathbf{P}\right)X\right]^{-1} s^2 = \left[X'\left(\mathbf{P} \otimes \mathbf{I}_M\right)X\right]^{-1} s^2$$

练习：请证明两种堆叠形式的系数估计式 (10.16) 和式 (10.15) 是等价的。

练习：请证明式 (10.17) 的矩阵关系。

§10.3.5 3SLS 估计

由于 S2SLS 方法没有考虑方程间残差的协相关，因此 S2SLS 估计一般情况下不能达到完全有效 (fully efficient)。三阶段最小二乘法 (Three-stage least squares, 3SLS) 是方程组的系统估计方法，其前两个阶段和 S2SLS 相同，第三阶段采用 FGLS 估计。因此，3SLS 估计是有内生变量的 SUR 估计 (FGLS)。

当联立方程按观测堆叠时 (第 461 页式 10.3)，方程组的 3SLS 估计为

$$\mathbf{b}_{\text{3SLS}} = \left(\hat{\mathbf{X}}'\left(\mathbf{I}_T \otimes \mathbf{V}^{-1}\right)\hat{\mathbf{X}}\right)^{-1} \hat{\mathbf{X}}'\left(\mathbf{I}_T \otimes \mathbf{V}^{-1}\right)\mathbf{y} \tag{10.19}$$

其中方差矩阵 **V** 的计算采用 S2SLS 估计的残差，即

$$\mathbf{V} = \frac{1}{T}\sum_{t=1}^{T} \mathbf{e}_t \mathbf{e}'_t \qquad \mathbf{e}_t = \mathbf{y}_t - \mathbf{X}_t \mathbf{b}_{\text{S2SLS}}$$

关于 3SLS 估计：

1) 对于联立方程按方程堆叠的式 (10.5) (第 462 页)，方程组的 3SLS 估计为

$$\mathbf{b}_{\text{3SLS}} = \left(\hat{X}'\left(\mathbf{V}^{-1} \otimes \mathbf{I}_T\right)\hat{X}\right)^{-1} \hat{X}'\left(\mathbf{V}^{-1} \otimes \mathbf{I}_T\right)\mathbf{y} \tag{10.20}$$

2) 注意到式 (10.17)，我们发现

$$\mathbf{b}_{3SLS} = \left[\boldsymbol{X}'\left(\mathbf{V}^{-1}\otimes\mathbf{P}\right)\boldsymbol{X}\right]^{-1}\boldsymbol{X}'\left(\mathbf{V}^{-1}\otimes\mathbf{P}\right)\boldsymbol{y} \qquad (10.21)$$

$$= \left[\boldsymbol{X}'\left(\mathbf{P}\otimes\mathbf{V}^{-1}\right)\boldsymbol{X}\right]^{-1}\boldsymbol{X}'\left(\mathbf{P}\otimes\mathbf{V}^{-1}\right)\boldsymbol{y}$$

对比式 (10.21) 和 S2SLS 估计的式 (10.18)，显然

$$\mathbf{V} = s^2\mathbf{I} \implies \mathbf{b}_{3SLS} = \mathbf{b}_{S2SLS}$$

3) 假设

$$\mathrm{E}\left(\mathbf{Z}'_t\mathbf{e}_t\mathbf{e}'_t\mathbf{Z}_t\right) = \mathrm{E}\left(\mathbf{Z}'_t\mathbf{V}\mathbf{Z}_t\right) \qquad \mathbf{Z}_t = \mathbf{I}_M\otimes\mathbf{x}'_t \qquad \mathbf{V} = \mathrm{E}\left(\mathbf{e}_t\mathbf{e}'_t\right)$$

则 $\mathbf{b}_{3SLS}$ 估计是有效的，相应的渐近方差估计为

$$\left[\boldsymbol{X}'\left(\mathbf{V}^{-1}\otimes\mathbf{P}\right)\boldsymbol{X}\right]^{-1} = \left[\boldsymbol{X}'\left(\mathbf{P}\otimes\mathbf{V}^{-1}\right)\boldsymbol{X}\right]^{-1}$$

4) 3SLS 估计采用的是 S2SLS 估计的残差来获得残差方差矩阵 $\mathbf{V}$ 的一致估计。如果直接进行 SUR 估计，由于存在内生变量，用 OLS 估计的残差来计算方差矩阵 $\mathbf{V}$，得到的不是一致估计。

5) EViews 提供的加权两阶段最小二乘法 (weighted two-stage least squares)，实际上是 3SLS 估计中，方差矩阵限制为对角阵的情形。

练习：请证明两种堆叠形式的系数估计式 (10.20) 和式 (10.19) 是等价的。

§10.3.6 例子

Greene (2003, p381) 给出的 Klein 的模型 I 为

$$\mathrm{CN}_t = a_0 + a_1 P_t + a_2 P_{t-1} + a_3\left(\mathrm{WP}_t + \mathrm{WG}_t\right) + e_{t1}$$

$$I_t = b_0 + b_1 P_t + b_2 P_{t-1} + b_3 K_{t-1} + e_{t2}$$

$$\mathrm{WP}_t = c_0 + c_1 X_t + c_2 X_{t-1} + c_3 A_t + e_{t3}$$

$$X_t = \mathrm{CN}_t + I_t + G_t$$

$$P_t = X_t - T_t - \mathrm{WP}_t$$

$$K_t = K_{t-1} + I_t$$

最后的三个式子都为恒等式，代表均衡需求、私人利润和资本存量，因此，估计联立方程时，不包含这三个恒等式。

```
'http://www.stern.nyu.edu/%7Ewgreene/Text/tables/TableF15-1.txt
wfopen TableF15-1.txt names=(Year Cn P Wp I K1 X Wg G T)
genr A = @trend(1931)

system sys01
sys01.append Cn = c(1)+c(2)*p +c(3)*p(-1) +c(4)*(Wp+Wg)
sys01.append I = c(5)+c(6)*p +c(7)*p(-1) +c(8)*K1
sys01.append Wp = c(9)+c(10)*X +c(11)*X(-1) +c(12)*A
sys01.append inst G T Wg A K1 p(-1) X(-1)

c = 0
sys01.3sls
```

图 10.1 3SLS 估计

```
System: SYS01
Estimation Method: Three-Stage Least Squares
Date: 06/25/08   Time: 09:50
Sample: 1921 1941
Included observations: 21
Total system (balanced) observations 63
Linear estimation after one-step weighting matrix
```

	Coefficient	Std. Error	t-Statistic	Prob.
C(1)	16.44079	1.304549	12.60266	0.0000
C(2)	0.124890	0.108129	1.155013	0.2535
C(3)	0.163144	0.100438	1.624323	0.1105
C(4)	0.790081	0.037938	20.82563	0.0000
C(5)	28.17785	6.793770	4.147601	0.0001
C(6)	-0.013079	0.161896	-0.080787	0.9359
C(7)	0.755724	0.152933	4.941532	0.0000
C(8)	-0.194848	0.032531	-5.989674	0.0000
C(9)	1.797218	1.115855	1.610619	0.1134
C(10)	0.400492	0.031813	12.58877	0.0000
C(11)	0.181291	0.034159	5.307304	0.0000
C(12)	0.149674	0.027935	5.357897	0.0000

Determinant residual covariance   0.282997

```
Equation: CN = C(1)+C(2)*P +C(3)*P(-1) +C(4)*(WP+WG)
Instruments: G T WG A K1 P(-1) X(-1) C
Observations: 21
```
R-squared	0.980108	Mean dependent var	53.99524
Adjusted R-squared	0.976598	S.D. dependent var	6.860866
S.E. of regression	1.049564	Sum squared resid	18.72696
Durbin-Watson stat	1.424939		

```
Equation: I = C(5)+C(6)*P +C(7)*P(-1) +C(8)*K1
Instruments: G T WG A K1 P(-1) X(-1) C
Observations: 21
```
R-squared	0.825805	Mean dependent var	1.266667
Adjusted R-squared	0.795065	S.D. dependent var	3.551948
S.E. of regression	1.607958	Sum squared resid	43.95398
Durbin-Watson stat	1.995884		

```
Equation: WP = C(9)+C(10)*X +C(11)*X(-1) +C(12)*A
Instruments: G T WG A K1 P(-1) X(-1) C
Observations: 21
```
R-squared	0.986262	Mean dependent var	36.36190
Adjusted R-squared	0.983837	S.D. dependent var	6.304401
S.E. of regression	0.801490	Sum squared resid	10.92056
Durbin-Watson stat	2.155046		

得到估计结果如图 10.1。作为对比，我们采用其他估计方法。

```
!K = sys01.@ncoefs
table(!K+1,6) tb
!m = 1
for %e ls tsls fiml
   c = 0    'init
   sys01.{%e}
   for !i = 1 to !K
      tb(!i,!m) = sys01.C(!i)
      tb(!i,!m+1) = sys01.@stderrs(!i)
   next
   tb(!i,!m) = %e
   tb(!i,!m+1) = sys01.@detresid
   !m = !m+2
next
```

得到如下表格：

	coef	se	coef	se	coef	se
C(1)	16.23660	1.302698	16.55476	1.467979	15.84889	4.070367
C(2)	0.192934	0.091210	0.017302	0.131205	0.304441	0.403621
C(3)	0.089885	0.090648	0.216234	0.119222	0.040774	0.163557
C(4)	0.796219	0.039944	0.810183	0.044735	0.779585	0.076992
C(5)	10.12579	5.465547	20.27821	8.383249	15.82022	14.01309
C(6)	0.479636	0.097115	0.150222	0.192534	0.379602	0.340722
C(7)	0.333039	0.100859	0.615944	0.180926	0.411353	0.246744
C(8)	-0.111795	0.026728	-0.157788	0.040152	-0.138161	0.069243
C(9)	1.497044	1.270032	1.500297	1.275686	2.067555	5.019386
C(10)	0.439477	0.032408	0.438859	0.039603	0.368945	0.126328
C(11)	0.146090	0.037423	0.146674	0.043164	0.209296	0.089622
C(12)	0.130245	0.031910	0.130396	0.032388	0.185251	0.099241
	ls	0.196732	tsls	0.287714	fiml	0.146969

理论上，3SLS 估计胜过 OLS 估计，但实际应用中，并没有那么泾渭分明：

1) 经常地，OLS 估计非常接近 3SLS 估计。
2) 3SLS 估计的系数方差都比较大。

大样本下，系统估计方法要优于单方程估计方法，但通常联立方程模型都是小样本，系统估计方法的优越性不能充分体现。此外，如果模型存在设定错误，系统估计方法可能得到更糟糕的估计。最后，需要强调的是，我们将在 §14.3 节 (第 670 页) 看到，联立方程的 S2SLS 估计和 3SLS 估计是 GMM 估计的特例。

☼ **小提示** ☼：宏观经济模型中，系统包含的变量很难被界定为外生变量。此外，更为严重的是，系统中的内生变量往往是不平稳的，如 GDP 通常包含单位根过程。因此，这类时间序列模型已经很少被估计了。当前，解决办法之一是建立差分数据模型，或者考虑协整关系的模型 (例如第 525 页 §11.3 节讨论的 VEC 模型)。此外，还有采用比率数据的，如投资除以 GDP 可能是平稳的。

§10.4 小结

关键词

方程组	按观测堆叠	按时期堆叠
SOLS 估计	FGLS 估计	SUR 估计
FIML 估计	系数限制	方程组对象
初始值	联立方程	结构式
简化式	识别	秩条件
阶条件	S2SLS 估计	3SLS 估计

命令

方程组对象用来设定、估计和检验方程组模型。命令 `system` 创建方程组对象，方程组对象的视图、过程和函数的总结，请参考 §10.2.3 节 (第 482 页)。

一、设定

命令 `append` 为方程组添加方程以及相应的工具变量：

1) 方程的设定使用公式法 (by formula, 参见 §3.1 节的第 139 页)，不能使用名单法。允许跨方程的系数限制。
2) 设置工具变量：最简单的方式是为每个方程单独设置工具变量，此外
   (a) 关键字 `inst` 和 `@inst` 等价，为没有设定工具变量的方程指定工具变量。
   (b) 关键字 `@stackinst` 为每个方程添加工具变量。

二、估计

方程组对象提供了方程组的系统估计方法：

1) 方程组的系统估计方法：完全信息最大似然估计 `fiml`，SOLS 估计 `ls`，似不相关模型估计 `sur`，以及加权最小二乘估计 `wls`。
2) 联立方程的系统估计方法：两阶段最小二乘估计 `tsls`，两阶段加权最小二乘估计 `wtsls`，三阶段最小二乘估计 `3sls`。

估计命令选项说明：

1) 方程组的估计采用迭代方法
   (a) 选项 `c=number` 设置收敛准则，选项 `m=int` 设置最大迭代次数，选项 `deriv` 设置求导方法，进一步的讨论请参考 §C.2 节 (第 959 页)。
   (b) 设置选项 `showopts`，报告初始值和控制估计过程的设置。
2) 命令 `fiml` 默认采用 Marquardt 算法，使用选项 `b` 改为 BHHH 算法 (即 Gauss-Newton 算法)。
3) 需要估计方差矩阵的命令，如 `sur` 和 `3sls` 命令，还提供了如下选项。
   (a) 选项 `c`, 迭代加权矩阵一次后，系数也只迭代一次。

(b) 选项 i, 每次迭代都更新加权矩阵和系数, 直到两者都收敛。
(c) 选项 o, 默认选项, 对加权矩阵进行一次迭代, 然后对系数一直迭代到收敛。
(d) 选项 s, 重复选项 o 的方法, 直到加权矩阵和系数都收敛。

要点

1) 方程组由一组相互关联的方程组成。就模型设定的形式上看, 面板数据模型是方程组模型的特例。

2) 当方程间无系数限制时, 方程组的 SOLS 估计和逐个方程进行 OLS 估计的系数估计相同。

3) 当方程间无系数限制时, 如果误差的方差矩阵是对角矩阵, 或者方程组里各个方程的解释变量相同, 那么, FGLS 估计和方程组逐个方程进行OLS 估计得到相同的系数估计。

4) FIML 是方程组的系统估计方法, 如果似然函数是正确设定的, 那么, FIML 估计是完全有效的。

5) 方程组的设定中, 系数约束存在多种可能: 系数约束可能是线性的, 也可能是非线性的, 可能是方程内的, 也可能是跨方程的。

6) 方程组对象提供了方程组的设定、估计和检验, 然而方程组的预测则使用样板对象。

7) 方程组对象估计方程组时, 计算上都采用迭代的方法, 哪怕方程组是线性的。因此, 估计方程组时, 初始值的选取是非常重要的。

8) 联立内生性是联立方程模型的基本特征。

9) 结构参数的识别问题等价于是否存在相同简化式的其他结构模型。过度识别时, 联立方程结构式的总体参数是唯一的, 但存在多个一致估计。

10) 当方程间无系数限制时, 联立方程的 S2SLS 估计等价于逐个方程的 2SLS 估计。

11) 3SLS 估计采用的是 S2SLS 估计的残差来获得残差方差矩阵的一致估计。如果直接进行 SUR 估计, 由于存在内生变量, 用 OLS 估计的残差来计算方差矩阵, 得到的不是一致估计。

12) 大样本下, 系统估计方法要优于单方程估计方法, 但通常联立方程模型都是小样本, 系统估计方法的优越性不能充分体现。

13) 风靡于 20 世纪五六十年代的宏观经济联立方程模型现在已经很少被估计了, 以现代经济计量学的观点, 需要处理数据的非平稳问题。

参考文献

Berndt, Ernst R. and David O. Wood, 1975. Technology, Prices, and the Derived Demand for Energy. *The Review of Economics and Statistics*, 57:259–268

Greene, William H., 2003. *Econometric Analysis*, 5/e. Prentice Hall, New York

Griliches, Zvi and Michael D. Intriligator, (editors), 1983. *Handbook of Econometrics*, Volume 1. Elsevier Science B.V., Amsterdam

Hausman, Jerry A., 1983. Specification and Estimation of Simultaneous Equation Models. In Griliches and Intriligator (1983), Chapter 7, pages 391–448

Hsiao, Cheng, 1983. Identification. In Griliches and Intriligator (1983), Chapter 4, pages 223–283

Wooldridge, Jeffrey M., 2002. *Econometric Analysis of Cross Section and Panel Data*. The MIT Press, Cambridge

Zellner, Arnold, 1962. An Efficient Method of Estimating Seemingly Unrelated Regressions and Tests for Aggregation Bias. *Journal of the American Statistical Association*, 57:348–368

第 11 讲

VAR 模型

20 世纪 70 年代，联立方程模型的日子本来就不好过，不幸地又被 Lucas (1976) 踢中了命门，结构方程建模的大厦摇摇欲坠。理论上，经济变量通过结构方程相互作用，但结构方程可能太复杂，建立联立方程模型终究无功而返。那么，我们是否可以不通过结构方程，而是承认经济变量的相互影响反映在历史轨迹中，通过历史信息来挖掘经济变量的直接联系？于是，VAR 模型被提出来了，它将经济结构抛弃在一边，采用数据驱动的建模方法，取得了巨大的成功。

VAR (Vector Autoregressions) 主要应用到宏观经济领域，其预测效果凌驾于联立方程模型之上。除了预测之外，VAR 模型主要用来进行 Granger 因果检验和政策影响的脉冲响应分析。然而，VAR 模型存在与生俱来的弱点：首先，VAR 模型需要估计大量的参数，因此，实际应用中，几乎没有建立超过四个变量的 VAR 模型。其次，VAR 模型的最大问题是没有经济理论基础，为此，研究者将 VAR 模型理解为结构方程模型的简化式并尝试识别出结构式。

VAR 模型是进行多元时间序列分析的重要工具，本讲讨论以下内容：

1) VAR 模型的基本设定、检验和预测，以及 EViews 的 Var 对象。
2) VAR 方法的脉冲响应分析和方差分解。
3) VEC 模型的设定和估计，着重讨论了协整关系的识别。
4) 如何进行 Johansen 协整检验，讨论五种模型的选择，并进行实例分析。
5) SVAR 模型的结构分解，讨论了长期和短期限制。

Sims (1980) 提出 VAR 模型后，VAR 的理论和应用得到了巨大的发展。Stock and Watson (2001) 为 VAR 模型 20 周年撰写的非技术性文章，对 VAR 方法进行了简洁而又生动的介绍。Hendry and Juselius (2000, 2001) 诠释了 VAR 方法和协整分析，而 Nobel Foundation (2003) 是了解协整理论的通俗材料。此外，教科书方面，建议参考 Lütkepohl (2005) 和 Juselius (2007)。

§11.1 VAR 基础

VAR (Vector Autoregressive) 方法是多元时间序列分析的重要方法，本节先介绍 VAR 模型的基本理论，然后结合 EViews，介绍 VAR 模型的估计、检验和预测。最后，简单介绍了 EViews 的 Var 对象。

§11.1.1 模型

我们先明确 VAR(p) 的模型设定，讨论其各种变形，然后使用例子介绍 VAR 模型的估计。

一、设定

一般将 VAR(p) 模型表示为

$$\mathbf{y}_t = \mathbf{A}_1 \mathbf{y}_{t-1} + \mathbf{A}_2 \mathbf{y}_{t-2} + \cdots + \mathbf{A}_p \mathbf{y}_{t-p} + \mathbf{Q}\mathbf{x}_t + \mathbf{e}_t \qquad t = 1, 2, \cdots, T \tag{11.1}$$

其中 $\mathbf{y}_t$ 是 $M \times 1$ 被解释变量，$\mathbf{x}_t$ 是 $K \times 1$ 外生解释变量

$$\mathbf{y}_t = \begin{bmatrix} y_{t1} \\ y_{t2} \\ \vdots \\ y_{tM} \end{bmatrix}_{M \times 1} \qquad \mathbf{x}_t = \begin{bmatrix} x_{t1} \\ x_{t2} \\ \vdots \\ x_{tK} \end{bmatrix}_{K \times 1} \qquad \mathbf{e}_t = \begin{bmatrix} e_{t1} \\ e_{t2} \\ \vdots \\ e_{tM} \end{bmatrix}_{M \times 1}$$

$\mathbf{A}_l$ 是 $M \times M$ 的系数矩阵，$l = 1, 2, \cdots, p$，$\mathbf{Q}$ 是 $M \times K$ 的系数矩阵。一般假设 $\mathbf{e}_t$ 为独立同分布白噪声过程，即

$$\mathrm{E}(\mathbf{e}_t) = 0 \qquad \mathrm{E}(\mathbf{e}_t \mathbf{e}_l') = \begin{cases} \mathbf{V} & t = l \\ 0 & t \neq l \end{cases}$$

请注意式 (11.1) 左边 $\mathbf{y}_t$ 的系数为单位矩阵，y_{tm} 的方程不包含其他内生变量的同期项。其他说明：

1) 方程中，总共有 $M^2 p + MK$ 个系数，此外方差矩阵 $\mathbf{V}$ 中，还有 $(M+1)M/2$ 个参数需要估计。一般地，要减少参数的数目有两种方法，一是假定系数矩阵里的部分元素为零，二是对系数进行线性关系的限制。

2) 干扰项 $\mathbf{e}_t$ 和方程右手边的变量不相关，方差矩阵 $\mathbf{V}$ 包含了 VAR 模型同期相关的全部信息，是 VAR 模型的最大优点，同时也是最大的缺点：我们没有对方差矩阵的结构进行限制，让数据来说话，但是没有进行必要限制，结果往往不容易解释。

3) 基于 VAR 进行协整检验时 (第 538 页 §11.4 节)，Johansen (1995) 假设 $\mathbf{x}_t$ 是非随机的。

4) VAR(p) 模型常见的一种表示形式为

$$\mathbf{y}_t = \mathbf{c} + \mathbf{A}_1 \mathbf{y}_{t-1} + \mathbf{A}_2 \mathbf{y}_{t-2} + \cdots + \mathbf{A}_p \mathbf{y}_{t-p} + \mathbf{Q}\mathbf{x}_t + \mathbf{e}_t$$

突出常数项的存在，事实上可以把常数项放入 $\mathbf{x}_t$ 中，化成式 (11.1) 的形式。

5) 还有人把 VAR 模型表示成 (很容易改写成式 (11.1) 的形式)

$$\mathbf{y}_t = \mathbf{A}_1 \mathbf{y}_{t-1} + \mathbf{A}_2 \mathbf{y}_{t-2} + \cdots + \mathbf{A}_p \mathbf{y}_{t-p} + \mathbf{Q}\mathbf{x}_t + \mathbf{Q}_1 \mathbf{x}_{t-1} + \cdots + \mathbf{Q}_r \mathbf{x}_{t-r} + \mathbf{e}_t$$

6) 式 (11.1) 设定的 VAR(p) 模型可以看成是如下动态联立方程 (system of dynamic simultaneous equations) 模型的简化式

$$\mathbf{H}\mathbf{y}_t = \mathbf{D}_1 \mathbf{y}_{t-1} + \mathbf{D}_2 \mathbf{y}_{t-2} + \cdots + \mathbf{D}_p \mathbf{y}_{t-p} + \mathbf{D}_x \mathbf{x}_t + \mathbf{v}_t \tag{11.2}$$

显然，如果 M 阶矩阵 $\mathbf{H}$ 可逆，我们马上可以得到式 (11.1)。当 $\mathbf{H}$ 为下三角矩阵时，称为递推 SVAR (recursive SVAR)，参见 §11.5 节 (第 552 页) 的讨论。

7) 理论上，还有 VARMA 模型[1]，即向量的 ARMA 模型，由于参数太多，并没有得到广泛应用

如果 VAR 模型是平稳的，那么特征多项式

$$\det \left(\mathbf{I}_M - \mathbf{A}_1 z - \mathbf{A}_2 z^2 - \cdots - \mathbf{A}_p z^p \right) = 0 \tag{11.3}$$

的所有根满足 $|z| > 1$，或者其倒数 $|1/z| < 1$。在 §11.3 节 (第 525 页) 讨论的 VEC 模型中，如果协整阶数为 C，则特征多项式恰好有 $M - C$ 个根为 1。

式 (11.1) 设定的 VAR(p) 模型可以改写成 VAR(1) 的形式

$$\mathbf{y}_{:t} = \mathbf{A}_{:}\mathbf{y}_{:t-1} + \mathbf{Q}_{:}\mathbf{x}_t + \mathbf{e}_{:t}$$

其中

$$\mathbf{y}_{:t} = \begin{bmatrix} \mathbf{y}_t \\ \mathbf{y}_{t-1} \\ \vdots \\ \mathbf{y}_{t-p+2} \\ \mathbf{y}_{t-p+1} \end{bmatrix} \quad \mathbf{A}_{:} = \begin{bmatrix} \mathbf{A}_1 & \mathbf{A}_2 & \cdots & \mathbf{A}_{p-1} & \mathbf{A}_p \\ \mathbf{I}_M & & & & \\ & \mathbf{I}_M & & & \\ & & \ddots & & \\ & & & \mathbf{I}_M & \end{bmatrix} \quad \mathbf{Q}_{:} = \begin{bmatrix} \mathbf{Q} \\ 0 \\ \vdots \\ 0 \\ 0 \end{bmatrix} \quad \mathbf{e}_{:t} = \begin{bmatrix} \mathbf{e}_t \\ 0 \\ \vdots \\ 0 \\ 0 \end{bmatrix}$$

此时，求解特征多项式的根，转化为求解矩阵 $\mathbf{A}_{:}$ 的特征根问题 (倒数关系)。因此，简单起见，多数情况下，我们可以只关注 VAR(1) 的形式。

二、估计方法

VAR 模型中，由于方程的右手边只存在滞后内生变量和外生变量，OLS 估计是一致而且有效的。尽管干扰项存在同期相关，由于解释变量都相同，OLS 估计和 FGLS 估计的结果是相同的 (第 467 页式 10.8)。因此，估计 VAR 模型时，EViews 采用单方程估计方法，逐个方程进行 OLS 估计。

VAR 模型的对数似然函数值（正态）为 (参考第 468 页 §10.1.4 节的讨论)

$$\ell = -\frac{T}{2} \left[(1 + \log(2\pi)) M + \log(|\mathbf{V}|) \right]$$

其中

$$\mathbf{V} = \frac{1}{T} \sum_{t=1}^{T} \mathbf{e}_t' \mathbf{e}_t$$

Hamilton (1994, p293–4) 指出，最大似然估计和 OLS 估计的结果相同。实证研究时，VAR 模型的滞后阶数 p 是未知的，需要通过信息准则进行选取[2]，具体请参考第 505 页中关于选取滞后阶数的讨论。

三、例子

EViews 提供了 Lütkepohl (2005) 中投资、收入和消费的三变量 VAR 例子的数据

---

[1]可以写成第 12 讲 (第 565 页) 讨论的状态空间模型。

[2]每增加一阶滞后，对单个方程来说，就增加 M 个系数。当 M 较大而 T 相对少时 (如宏观经济模型)，要特别小心。

```
'Example Files\var\lut1
pageload lut1
group g0 inv inc cs
freeze(gf31) g0.line
gf31.legend -inbox position(0.3,0.3) columns(1)
```

得到投资 inv，收入 inc 和消费 cs 的图形为 (Lütkepohl, 2005, 第 78 页的图 3.1)

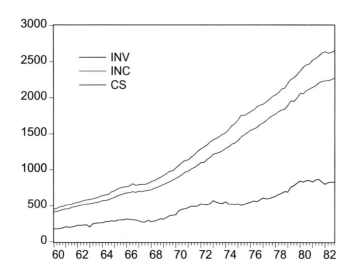

三个序列都表现出上升趋势。注意到投资、收入和消费的对数差分序列分别为 y1, y2 和 y3

```
group g1 y?
freeze(gf32) g1.line(m)
```

图 11.1　对数差分序列

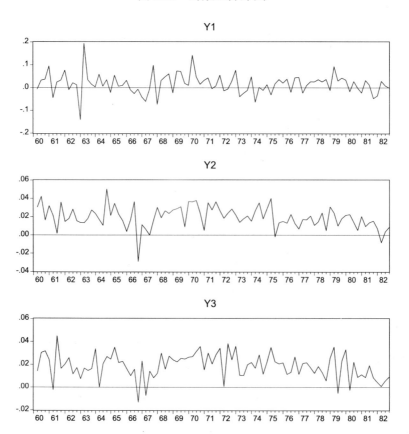

```
gf32.options size(8,2)
gf32.align(1,1,1)
gf32.axis zeroline
```

得到图 11.1，从图形上看，对数差分后似乎已经平稳。[3]

下面建立并估计 VAR(2) 模型

```
var var01
smpl 1960q1 1978q4
freeze(tb01) var01.ls 1 2 y1 y2 y3 @ c
tb01.setwidth(1) 23
```

命令 `var` 创建了 Var 对象 var01，然后使用 `ls` 命令进行估计，得到估计结果为

```
Vector Autoregression Estimates
Date: 07/06/08   Time: 15:15
Sample (adjusted): 1960Q4 1978Q4
Included observations: 73 after adjustments
Standard errors in ( ) & t-statistics in [ ]
```

	Y1	Y2	Y3
Y1(-1)	-0.319631	0.043931	-0.002423
	(0.12546)	(0.03186)	(0.02568)
	[-2.54774]	[1.37891]	[-0.09435]
Y1(-2)	-0.160551	0.050031	0.033880
	(0.12491)	(0.03172)	(0.02556)
	[-1.28537]	[1.57728]	[1.32533]
Y2(-1)	0.145989	-0.152732	0.224813
	(0.54567)	(0.13857)	(0.11168)
	[0.26754]	[-1.10220]	[2.01305]
Y2(-2)	0.114605	0.019166	0.354912
	(0.53457)	(0.13575)	(0.10941)
	[0.21439]	[0.14118]	[3.24398]
Y3(-1)	0.961219	0.288502	-0.263968
	(0.66431)	(0.16870)	(0.13596)
	[1.44694]	[1.71015]	[-1.94151]
Y3(-2)	0.934394	-0.010205	-0.022230
	(0.66510)	(0.16890)	(0.13612)
	[1.40490]	[-0.06042]	[-0.16331]
C	-0.016722	0.015767	0.012926
	(0.01723)	(0.00437)	(0.00353)
	[-0.97072]	[3.60427]	[3.66629]

R-squared	0.128562	0.114194	0.251282
Adj. R-squared	0.049340	0.033666	0.183217
Sum sq. resids	0.140556	0.009064	0.005887
S.E. equation	0.046148	0.011719	0.009445
F-statistic	1.622807	1.418070	3.691778
Log likelihood	124.6378	224.6938	240.4444
Akaike AIC	-3.222954	-5.964214	-6.395737
Schwarz SC	-3.003321	-5.744581	-6.176104
Mean dependent	0.018229	0.020283	0.019802
S.D. dependent	0.047330	0.011922	0.010451

Determinant resid covariance (dof adj.)	1.66E-11
Determinant resid covariance	1.23E-11
Log likelihood	606.3070
Akaike information criterion	-16.03581
Schwarz criterion	-15.37691

---

[3] 对水平数据进行识别，发现除了随机趋势，还可能存在季节性。

我们看到，EViews 报告 VAR 模型估计结果时，每列为一个方程。每个方程中，按变量的顺序进行报告：系数估计值下面，括号和方括号中的数值分别为标准差估计和 t 检验值。结果报告的最后部分为整个 VAR 模型的统计量估计，其中残差方差矩阵(自由度调整)的行列式为

$$\det\left(\frac{1}{T-(Mp+K)}\sum_{t=1}^{T}\mathbf{e}_t\mathbf{e}_t'\right)$$

注意到其中的 $Mp+K$ 是每个方程的系数个数。Lütkepohl (2005) 中第 80 页式 (3.2.23) 还给出了残差的方差矩阵估计

```
matrix mr = var01.@residcov *1e4
```

得到

```
21.29629    0.716167    1.232404
 0.716167   1.373377    0.614587
 1.232404   0.614587    0.892035
```

估计出 VAR 模型后，通过查看特征多项式的倒数根，以了解 VAR 模型的平稳性

```
freeze(tbrt) var01.arroots
freeze(gfrt) var01.arroots(g)
```

得到特征多项式的倒数根的表格和图形如下

```
                  VAR Stability Condition Check

Roots of Characteristic Polynomial
Endogenous variables: Y1 Y2 Y3
Exogenous variables:  C
Lag specification: 1 2
Date: 07/06/08    Time: 15:15

    Root                                Modulus

 0.570469                              0.570469
-0.390551 - 0.389068i                  0.551274
-0.390551 + 0.389068i                  0.551274
-0.077254 - 0.485613i                  0.491719
-0.077254 + 0.485613i                  0.491719
-0.371191                              0.371191

No root lies outside the unit circle.
VAR satisfies the stability condition.
```

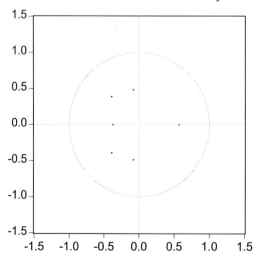

所有倒数根的模都小于 1，都位于单位圆内，表明 VAR 是平稳的。

四、估计命令

EViews 中,式 (11.1) 的 VAR 模型使用 ls 命令进行估计时,需要设定三部分的内容:

1) 滞后项设定:滞后项用滞后范围来设定。使用数对表示滞后范围,并允许多个数对,例如

```
var var09.ls 1 2 4 6 9 9 y1 y2 y3 @ c
```

设定了滞后项为 1, 2, 4, 5, 6 和 9,注意语句中的滞后范围必须是成对的。

2) 内生变量 y_t:如果内生变量较多,变量名单太长的话,建议使用群对象,例如

```
group gy y?
var var01g.ls 1 2 gy
```

var01g 的设定和 var01 (第 503 页) 完全相同。

3) 外生变量 x_t:在 @ 后列出外生变量,EViews 自动添加常数到外生变量清单中,因此,var01g 和 var01 的设定相同。可以通过选项 noconst 取消外生变量中的常数,例如

```
var var01n.ls(noconst) 1 2 gy
var var01c.ls(noconst) 1 2 gy @c
```

var01n 和 var01c 都不包含常数项。

§11.1.2 检验

EViews 为 VAR 模型提供了设定检验、系数检验和残差检验等多种检验,例如滞后阶数选取,Granger 因果关系检验,以及残差的正态性检验和白噪声检验等。

一、滞后阶数

估计 VAR 模型时,第一步是确定滞后项数 p。使用第 503 页建立的 var01 对象

```
freeze(tbLL) var01.laglen(4,vname=vlag,mname=mlag)
tbLL.setwidth(B:G) 10
```

给定的最大滞后阶数为 4,同时将滞后阶数和多种准则的取值分别保存在向量 vlag 和矩阵 mlag 中,得到滞后阶数的选择结果为

```
VAR Lag Order Selection Criteria
Endogenous variables: Y1 Y2 Y3
Exogenous variables:  C
Date: 07/06/08   Time: 15:15
Sample: 1960Q1 1978Q4
Included observations: 71
```

Lag	LogL	LR	FPE	AIC	SC	HQ
0	564.7842	NA	2.69e-11	-15.82491	-15.72930*	-15.78689*
1	576.4087	21.93905	2.50e-11	-15.89884	-15.51641	-15.74676
2	588.8591	22.44588*	2.27e-11*	-15.99603*	-15.32679	-15.72989
3	591.2373	4.086484	2.75e-11	-15.80950	-14.85344	-15.42931
4	598.4565	11.79471	2.91e-11	-15.75934	-14.51646	-15.26508

```
* indicates lag order selected by the criterion
LR: sequential modified LR test statistic (each test at 5% level)
FPE: Final prediction error
AIC: Akaike information criterion
SC: Schwarz information criterion
HQ: Hannan-Quinn information criterion
```

不同准则选取的滞后阶数不完全相同，FPE 和 AIC 选择 $p = 2$，而 SC 和 HQ 选择 $p = 0$。各种准则的具体内容请参见 Lütkepohl (2005) 的 4.3 节 (第 146 页)。Paulsen (1984) 和 Tsay (1984) 指出，当内生变量存在单整时，HQ 和 SC 准则选择的滞后阶数仍然是一致估计。

似然比 (likelihood ratio, LR) 检验[4]从最大滞后阶数开始，逐渐减少滞后阶数，进行一系列检验。EViews 报告的 LR 统计量根据 Sims (1980) 的方法进行小样本修正，下面计算未修正的 LR 统计量

```
!m = @rows(mlag)-2
matrix(!m,3) m44
!df = (var01.@neqn)^2     ' degrees of freedom of test
for !r = 1 to !m
    !i = !m-!r+1
    m44(!i,1) = !i-1
    m44(!i,2) = 2*(mlag(!r+1,1) - mlag(!r,1))
    m44(!i,3) = 1 - @cchisq(m44(!i,2),!df)
next
```

得到计算结果为

滞后	LR	p 值
0	14.43835	0.1076
1	4.756399	0.8550
2	24.90090	0.0031
3	23.24884	0.0057

和 Lütkepohl (2005) 的表 4.4 (第 146 页) 的结果一致。

二、冗余检验

可以使用第 503 页建立的 var01 对象，检验哪些滞后项是冗余的。

```
var01.testlags
```

系数的冗余检验结果为

```
VAR Lag Exclusion Wald Tests
Date: 07/06/08   Time: 15:15
Sample: 1960Q1 1978Q4
Included observations: 73

Chi-squared test statistics for lag exclusion:
Numbers in [ ] are p-values

              Y1            Y2            Y3           Joint

   Lag 1   7.946989      6.578344      5.424061      34.09933
         [ 0.047120]   [ 0.086623]   [ 0.143252]   [ 8.58e-05]

   Lag 2   3.773960      2.722543      16.72918      26.71271
         [ 0.286930]   [ 0.436410]   [ 0.000803]   [ 0.001560]

      df         3             3             3             9
```

其中 Lag 1 行 Y3 列检验系数矩阵 $\mathbf{A}_1$ 的第 3 列联合为零，Joint 列检验整个系数矩阵 $\mathbf{A}_1 = 0$。其他行列的检验依此类推。

---

[4]具体方法请参考 Lütkepohl (2005) 中 4.2.3 小节 (第 143 页) 的讨论，请注意系列检验中，单个检验和整体检验的显著水平是有差别的。

三、Granger 因果检验

Granger 因果关系指一个变量对另外一个变量的预测是否有帮助。在 VAR 模型中，y_{tj} 对 y_{ti} 的 Granger 因果检验的零假设为

$$\mathbb{H}_0 : a_{1;ij} = a_{2;ij} = \cdots = a_{p;ij} = 0$$

其中 $a_{l;ij}$ 为矩阵 $\mathbf{A}_l$ 中 i 行 j 列的元素。

对于第 503 页建立的 var01 对象

```
var01.testexog
```

得到 Granger 因果检验结果为

```
VAR Granger Causality/Block Exogeneity Wald Tests
Date: 07/06/08   Time: 15:15
Sample: 1960Q1 1978Q4
Included observations: 73


Dependent variable: Y1

    Excluded        Chi-sq         df          Prob.

       Y2          0.096955         2          0.9527
       Y3          3.000665         2          0.2231

       All         6.366808         4          0.1734


Dependent variable: Y2

    Excluded        Chi-sq         df          Prob.

       Y1          3.536643         2          0.1706
       Y3          3.436943         2          0.1793

       All         7.786408         4          0.0997


Dependent variable: Y3

    Excluded        Chi-sq         df          Prob.

       Y1          1.942903         2          0.3785
       Y2          12.29300         2          0.0021

       All         15.09834         4          0.0045
```

y2 对 y3 的预测有显著的贡献，其他变量之间的 Granger 因果关系都不显著。

需要说明的是，如果估计的是 VEC 模型 (第 525 页 §11.3 节)，Granger 因果检验只检验差分项的系数，不包含一阶滞后项 $\mathbf{AB}'\mathbf{y}_{t-1}$ 中的系数。

四、残差自相关检验

EViews 提供了两种检验，混合检验 (Portmanteau test, Lütkepohl, 2005, p169) 和 LM 检验 (Johansen, 1995, p22)。混合检验是 Ljung-Box Q 检验的多元版本，其零假设为滞后到 h 阶，残差都不存在自相关。EViews 报告了 Q 统计量和调整的 Q 统计量，两个统计量近似服从 $\chi^2\left(M^2(h-p)\right)$ 分布，注意此处要求 $h > p$，否则自由度为负数。

使用第 503 页建立的 var01 对象，进行残差自相关的混合检验

```
var01.qstats(12,name=Mqstat)
```

同时将计算的统计量保存在矩阵 Mqstat 中，得到检验结果为

```
VAR Residual Portmanteau Tests for Autocorrelations
H0: no residual autocorrelations up to lag h
Date: 07/08/08   Time: 22:05
Sample: 1960Q1 1978Q4
Included observations: 73

 Lags     Q-Stat      Prob.    Adj Q-Stat    Prob.      df
   1     0.920768     NA*       0.933556     NA*        NA*
   2     2.044941     NA*       2.089396     NA*        NA*
   3     9.328680    0.4075     9.685295    0.3766       9
   4    21.03897     0.2775    22.07444     0.2287      18
   5    26.38946     0.4971    27.81836     0.4204      27
   6    30.77054     0.7154    32.59177     0.6315      36
   7    35.57594     0.8416    37.90683     0.7642      45
   8    44.83454     0.8085    48.30495     0.6928      54
   9    48.27351     0.9147    52.22752     0.8315      63
  10    56.81194     0.9051    62.12126     0.7904      72
  11    66.09500     0.8846    73.05132     0.7235      81
  12    73.51723     0.8966    81.93365     0.7157      90

*The test is valid only for lags larger than the VAR lag order.
df is degrees of freedom for (approximate) chi-square distribution
```

表明残差不存在自相关。

残差自相关的 LM 检验，采用辅助回归的方法，其零假设是残差不存在第 h 阶自相关，检验统计量渐近服从 $\chi^2(M^2)$ 分布。请注意 EViews 提供的残差自相关检验中，混合检验考虑的是 1 到 h 阶的自相关，而 LM 检验只关心第 h 阶的自相关。

```
var01.arlm(12)
```

得到 LM 检验的结果为

```
VAR Residual Serial Correlation LM Tests
H0: no serial correlation at lag order h
Date: 07/09/08   Time: 07:55
Sample: 1960Q1 1978Q4
Included observations: 73

 Lags     LM-Stat      Prob
   1     5.586958     0.7804
   2     6.318864     0.7076
   3     8.402058     0.4942
   4    11.87409      0.2205
   5     5.291414     0.8082
   6     4.669763     0.8621
   7     4.629052     0.8654
   8     9.199659     0.4191
   9     3.395655     0.9465
  10     9.226349     0.4166
  11     9.478506     0.3943
  12     7.655997     0.5692

Probs from chi-square with 9 df.
```

各阶自相关都不显著，表明残差已经是白噪声了。

五、残差互相关图

使用第 503 页建立的 var01 对象，我们查看残差的互相关图 (cross correlogram)

```
var01.correl(12,graph)
```

得到残差互相关图为

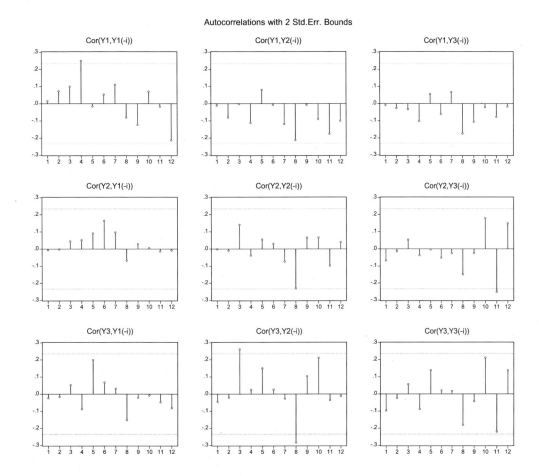

其中的虚线为渐近标准差，取值为 $1/\sqrt{T}$。显然，主对角线上的图形为自相关图。

六、正态性检验

对于

$$\mathbf{u}_t \sim \mathrm{N}(0, \mathbf{I}_M) \qquad t = 1, 2, \cdots, T$$

的白噪声过程，定义三阶矩和四阶矩

$$\mathbf{m}_3 = [m_{31}, m_{32}, \cdots, m_{3M}]' \qquad \mathbf{m}_4 = [m_{41}, m_{42}, \cdots, m_{4M}]'$$

其中

$$m_{3i} = \mathrm{E}\left(u_{ti}^3\right) \qquad m_{4i} = \mathrm{E}\left(u_{ti}^4\right) \qquad i = 1, 2, \cdots, M$$

相应的估计量为

$$m_{3i} = \frac{1}{T}\sum_{t=1}^{T} u_{ti}^3 \qquad m_{4i} = \frac{1}{T}\sum_{t=1}^{T} u_{ti}^4 \qquad i = 1, 2, \cdots, M$$

则有 ($\mathbf{m}_4 - 3$ 理解成 $\mathbf{m}_4 - 3 \cdot \mathbf{1}$)

$$\begin{bmatrix} \mathbf{m}_3 \\ \mathbf{m}_4 - 3 \end{bmatrix} \overset{a}{\sim} \mathrm{N}\left(0, \frac{1}{T}\begin{bmatrix} 6\mathbf{I}_M & 0 \\ 0 & 24\mathbf{I}_M \end{bmatrix}\right)$$

由于这些正态分布相互独立，可以用它们的平方和来构造 χ^2 统计量。常见的有如下三种检验：

1) 偏度检验

$$\mathbb{H}_0 : \mathrm{E}(\mathbf{m}_3) = 0 \qquad \mathbb{H}_1 : \mathrm{E}(\mathbf{m}_3) \neq 0$$

检验统计量为

$$m_3 = \frac{T}{6}\mathbf{m}_3'\mathbf{m}_3 \overset{a}{\sim} \chi^2(M)$$

2) 峰度检验

$$\mathbb{H}_0 : \mathrm{E}(\mathbf{m}_4 - 3) = 0 \qquad \mathbb{H}_1 : \mathrm{E}(\mathbf{m}_4 - 3) \neq 0$$

检验统计量为

$$m_4 = \frac{T}{24}(\mathbf{m}_4 - 3)'(\mathbf{m}_4 - 3) \overset{a}{\sim} \chi^2(M)$$

3) Jarque-Bera 检验

$$\mathbb{H}_0 : \mathrm{E}\left(\begin{bmatrix}\mathbf{m}_3 \\ \mathbf{m}_4 - 3\end{bmatrix}\right) = 0 \qquad \mathbb{H}_1 : \mathrm{E}\left(\begin{bmatrix}\mathbf{m}_3 \\ \mathbf{m}_4 - 3\end{bmatrix}\right) \neq 0$$

检验统计量为

$$\mathrm{JB} = m_3 + m_4 \overset{a}{\sim} \chi^2(2M)$$

然而，上述方法不能直接应用到 VAR 模型残差的正态性检验上，因为残差 $\mathbf{e}_t$ 的方差矩阵 $\mathbf{V}$ 通常不是单位矩阵。因此，需要对残差进行一定的变换：假设 M 阶方阵 $\mathbf{T}$，使得

$$\mathbf{T}\mathbf{e}_t = \mathbf{u}_t \sim \mathrm{N}(0, \mathbf{I}_M) \tag{11.4}$$

那么，如何选择矩阵 $\mathbf{T}$ 呢？EViews 提供了如下几种方法：

1) Cholesky 分解 (选项 `factor=chol`)：取 $\mathbf{T} = \mathbf{L}^{-1}$，其中 $\mathbf{L}$ 为方差矩阵 $\mathbf{V}$ 的 Cholesky 分解得到的正线下三角矩阵 (主对角线为正的下三角矩阵)，即 $\mathbf{V} = \mathbf{L}\mathbf{L}'$。请注意，该方法计算的检验统计量和 VAR 模型的变量顺序有关。

2) 相关矩阵的逆阵开方 (选项 `factor=cor`)：Doornik and Hansen (1994) 提出的方法，假设残差的相关矩阵为 $\mathbf{R}$，则式 (11.4) 中的变换矩阵取为

$$\mathbf{T} = \mathbf{R}^{-1/2}\mathbf{D}^{-1/2} \qquad \mathbf{D} = \mathrm{diag}(\mathbf{V})$$

这里对角矩阵 $\mathbf{D}$ 的对角线取为矩阵 $\mathbf{V}$ 的对角线。该方法计算的统计量和 VAR 模型的变量顺序无关，也和变量的量纲无关。此外，EViews 进行了小样本的修正。

3) 方差矩阵的逆阵开方 (选项 `factor=cov`)：这是 Urzúa (1997) 的方法，取 $\mathbf{T} = \mathbf{V}^{-1/2}$，VAR 模型的变量顺序不影响统计量的计算。计算估计量时，EViews 根据 Urzúa (1997) 的建议，进行了小样本修正。此外，统计量 JB 的计算还包含了三阶矩和四阶矩的混合项，此时渐近 χ^2 分布的自由度为 $(M+1)(M+2)(M+7)M/24$。

4) SVAR 方法 (选项 `factor=svar`)：从 SVAR 的结构 (第 552 页 §11.5 节) 计算，由于 $\mathbf{B}\mathbf{u}_t = \mathbf{A}\mathbf{e}_t$，显然 $\mathbf{T} = \mathbf{B}^{-1}\mathbf{A}$。

使用第 503 页建立的 `var01` 对象，检验残差的正态性

```
var01.jbera(factor=chol,name=Mjbera)
```

采用 Cholesky 分解的方法，并将检验统计量保存到矩阵 `Mjbera` 中，得到检验结果为

```
VAR Residual Normality Tests
Orthogonalization: Cholesky (Lutkepohl)
H0: residuals are multivariate normal
Date: 07/06/08   Time: 15:15
Sample: 1960Q1 1978Q4
Included observations: 73
```

Component	Skewness	Chi-sq	df	Prob.
1	0.119351	0.173310	1	0.6772
2	-0.383159	1.786194	1	0.1814
3	-0.312723	1.189845	1	0.2754
Joint		3.149350	3	0.3692

Component	Kurtosis	Chi-sq	df	Prob.
1	3.933079	2.648186	1	0.1037
2	3.739590	1.663770	1	0.1971
3	2.648386	0.376049	1	0.5397
Joint		4.688005	3	0.1961

Component	Jarque-Bera	df	Prob.
1	2.821496	2	0.2440
2	3.449965	2	0.1782
3	1.565894	2	0.4571
Joint	7.837355	6	0.2503

每种检验中，报告了各个方程残差的单独检验以及联合检验。请注意，单个残差检验时，JB 统计量并没有进行自由度的调整。此外，保存的矩阵 Mjbera 中，不包含 JB 统计量。

需要说明的是，Jarque and Bera (1987) 和 Kilian and Demiroglu (2000) 发现，这些检验统计量在小样本下的分布和渐近分布有相当大的差别，只能作为粗略的判断。Kilian and Demiroglu (2000) 建议采用自举 (bootstrap) 的方法来解决该问题。

图 11.2 White 检验

```
VAR Residual Heteroskedasticity Tests: No Cross Terms (only levels and squares)
Date: 07/06/08   Time: 16:31
Sample: 1960Q1 1978Q4
Included observations: 73
```

Joint test:

Chi-sq	df	Prob.
67.05200	72	0.6429

Individual components:

Dependent	R-squared	F(12,60)	Prob.	Chi-sq(12)	Prob.
res1*res1	0.234505	1.531724	0.1381	17.11889	0.1452
res2*res2	0.125478	0.717410	0.7287	9.159909	0.6892
res3*res3	0.092997	0.512660	0.8984	6.788774	0.8713
res2*res1	0.124802	0.712992	0.7329	9.110537	0.6935
res3*res1	0.078657	0.426861	0.9466	5.741966	0.9285
res3*res2	0.124043	0.708044	0.7376	9.055151	0.6982

七、条件异方差检验

Kelejian (1982) 将 White (1980) 的条件异方差检验扩展到方程组的情形，零假设是不存在条件异方差检验 (或者无设定错误)。进行异方差检验时，检验方程为 VAR 残差的交叉项对解释变量及其交叉项进行回归，检验回归系数的联合显著性。

使用第 503 页建立的 var01 对象，检验残差的条件异方差性

```
var01.white
```

默认不包含解释变量的交叉项，得到检验结果如图 11.2，EViews 报告了联合检验和残差所有交叉项的单独检验，都没有拒绝不存在条件异方差的假设。

§11.1.3 预测

VAR 模型的重要用途之一是预测，EViews 中，VAR 模型的预测需要使用样板对象 (参见第 607 页第 13 讲)。下面是使用第 503 页建立的 var01 模型进行预测的简单例子。

```
var01.makemodel(mod01)
smpl 1979q1 1980q1
rndseed(type=mt) 99988807
mod01.solve(s=s,d=d)
```

通过 Var 对象 var01 建立样板对象 mod01，然后进行动态预测。命令 solve 产生很多序列，如 y1_0m 和 y1_0s 分别为 y1 预测的均值和标准差，预测的结果可以用图形进行查看

```
smpl @first 1978q3
y1_0m = na
y2_0m = na
y3_0m = na
smpl 1978q1 1980q1
mod01.makegraph(a,s=s) gfsda @endog
gfsda.legend -display
gfsda.align(3, 1, 1)
```

得到预测的图形如下：

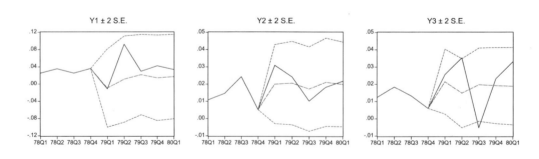

投资 (y1) 和收入 (y2) 都在两倍预测标准差范围内 (约 95% 置信区间)，而消费 (y3) 有两次超出该范围。

§11.1.4 Var 对象

EViews 中，使用 Var 对象进行 VAR 模型和 VEC 模型的设定、估计和检验。VAR 模型可以手工使用方程组对象进行估计和检验，但请注意数值上可能有较小的区别：

1) 方程组对象进行估计时，采用尽可能多的样本，而 Var 对象进行估计时，采用平衡样本。

2) 方程组对象的估计都采用迭代方法，受初始值影响，Var 对象的 ls 命令使用矩阵计算，不受初始值影响。

3) 方程组对象的估计和检验中，自由度的调整方法和 Var 对象的可能不同。

由于 Var 对象估计 VAR 模型时，不能进行系数限制，因此

1) VAR 模型通常有大量的系数为零，如果要将这些系数限制为 0，需要使用 makesystem 创建方程组对象，进行相应的修改后，再进行估计 (参见第 533 页式 11.16 的例子)。

2) 如果要施加跨方程的系数限制，只能转化为方程组对象，再进行估计。

一、计量方法

模型估计：

1) VEC 模型估计，命令为 ec，参见 §11.3 节 (第 525 页) 的讨论。

2) VAR 模型估计，命令为 ls，参见第 505 页的讨论。

3) SVAR 模型的结构估计，命令为 svar (EViews 视其为过程命令)，参见 §11.5 节 (第 552 页) 的讨论

二、视图

Var 对象的视图可以分为如下几部分：

1) 模型设定：查看特征多项式的倒数根 arroots，查看模型的内生变量 endog，查看模型的设定 representations (等价于 spec)。

2) 估计结果：命令 output 和 results。

3) 残差：残差的相关矩阵 residcor，残差的方差矩阵 residcov，残差图 resids。

4) 检验：分类如下

   (a) 设定检验：laglen 选择滞后阶数，jbera 进行残差的正态性检验，以及 white 进行异方差检验。

   (b) 系数检验：Granger 因果检验 testexog，冗余检验 testlags。

   (c) 残差的白噪声检验：自相关 LM 检验 arlm，残差互相关图 correl，自相关的混合检验 qstats。

   (d) 协整检验 coint，请参考 §11.4 节 (第 538 页)的讨论。

5) VAR 分析：方差分解 decomp 和脉冲响应 impulse。

三、过程

Var 对象的过程可以分类如下：

1) 模型设定：append 为 VEC 模型和 SVAR 结构添加限制，请分别参考 §11.3 节 (第 525 页) 和 §11.5 节 (第 552 页)。cleartext 清除设定模型限制的文本。

2) 产生相关的对象

   (a) 数据对象：makecoint 产生协整方程估计的序列对象及其群对象，makeendog 产生内生变量的群对象，makeresids 产生残差序列及其群对象。

   (b) 计量对象：makemodel 建立样板对象，makesystem 创建方程组对象。

四、函数

Var 对象的函数返回 VAR 模型的估计信息。以下函数提取单个方程估计的统计量：

函数	含义	函数	含义
@eqlogl(m)	对数似然函数值	@sddep(m)	因变量的标准差
@eqncoef(m)	系数估计个数	@se(m)	回归（残差）的标准差
@eqregobs(m)	估计样本数	@ssr(m)	残差平方和
@meandep(m)	因变量的均值	a(i,j)	调整系数 (方程 i 协整方程 j)
@r2(m)	可决系数	b(i,j)	协整系数 (协整方程 i)
@rbar2(m)	修正可决系数	c(i,j)	系数 (方程 i)

其中 a(i,j), b(i,j) 和 c(i,j) 的具体含义，请参考命令 representations 给出的模型设定。

下面的函数返回 VAR 模型估计的统计量：

函数	含义	函数	含义
@aic	AIC 信息准则	@regobs	估计样本的个数
@detresid	残差方差矩阵行列式的值	@schwarz, @sc	SC 信息准则
@hq	Hannan-Quinn 信息准则	@svarcvgtype	SVAR 收敛标记
@logl	对数似然函数值	@svaroverid	SVAR 过度识别 LR 值
@ncoefs, @ncoef	系数估计的总数	@totalobs	全部观测数目
@neqn	方程个数		

由于 VAR 模型采用平衡的样本进行估计，因此，@totalobs=@regobs*@neqn。

以下函数则返回向量或者矩阵：

函数	含义	函数	含义
@coefmat	系数矩阵	@lrrspse	脉冲响应渐近值标准差
@coefse	标准差	@residcov	残差方差矩阵
@cointse	协整系数标准差	@svaramat	SVAR 的矩阵 A
@cointvec	协整系数向量	@svarbmat	SVAR 的矩阵 B
@impfact	脉冲响应的变换矩阵	@svarcovab	SVAR 的系数方差矩阵
@lrrsp	脉冲响应渐近值	@svarrcov	SVAR 的残差方差矩阵

其中 @coefmat 返回的系数矩阵对应于命令 output 的结果显示。

☉ **小提示** ☉：EViews 的 Example Files/var 子目录里提供了不少程序例子，其简要介绍请参考 Example Files/docs/vars.htm 文件。

§11.2　VAR 分析

脉冲响应和方差分解是 VAR 模型的惯用分析方法。脉冲响应是一种理想实验 (conceptual experiment)，考察系统受到冲击后的动态过程。方差分解则研究干扰对预测误差的影响。

§11.2.1　脉冲响应

脉冲响应函数 (IRF, Impulse Response Function) 跟踪的是某个干扰的一次冲击对所有内生变量的当前和将来的影响。因为干扰受到的冲击，总是会通过 VAR 模型的滞后结构，传递到其他变量中。此外，由于干扰的同期相关，对某个干扰的一次冲击可能影响 VAR 中同期的其他干扰。

干扰是如何通过 VAR 的滞后结构传递的呢？简单起见，我们考察如下的双变量 VAR(2) 过程

$$\mathbf{y}_t = \mathbf{A}_1 \mathbf{y}_{t-1} + \mathbf{A}_2 \mathbf{y}_{t-2} + \mathbf{e}_t \qquad t = 1, 2, 3, \cdots$$

假设 $\mathbf{y}_{-1} = \mathbf{y}_{-2} = 0$，初始干扰为

$$\mathbf{e}_0 = \begin{bmatrix} 1 \\ 0 \end{bmatrix}$$

只考虑 VAR 结构的传递机制，进一步假设

$$\mathbf{e}_t = 0 \qquad t = 1, 2, 3, \cdots$$

清晰起见，VAR(2) 的具体形式为

$$\begin{bmatrix} y_{t1} \\ y_{t2} \end{bmatrix} = \begin{bmatrix} a_{1;11} & a_{1;12} \\ a_{1;21} & a_{1;22} \end{bmatrix} \begin{bmatrix} y_{t-1,1} \\ y_{t-1,2} \end{bmatrix} + \begin{bmatrix} a_{2;11} & a_{2;12} \\ a_{2;21} & a_{2;22} \end{bmatrix} \begin{bmatrix} y_{t-2,1} \\ y_{t-2,2} \end{bmatrix} + \begin{bmatrix} e_{t1} \\ e_{t2} \end{bmatrix}$$

递推得 $\mathbf{y}_0, \mathbf{y}_1, \mathbf{y}_2, \cdots$

$$\begin{aligned}
\mathbf{y}_0 &= \mathbf{A}_1 \mathbf{y}_{-1} + \mathbf{A}_2 \mathbf{y}_{-2} + \mathbf{e}_0 = \begin{bmatrix} 1 \\ 0 \end{bmatrix} \\
\mathbf{y}_1 &= \mathbf{A}_1 \mathbf{y}_0 + \mathbf{A}_2 \mathbf{y}_{-1} + \mathbf{e}_1 = \begin{bmatrix} a_{1;11} \\ a_{1;21} \end{bmatrix} \\
\mathbf{y}_2 &= \mathbf{A}_1 \mathbf{y}_1 + \mathbf{A}_2 \mathbf{y}_0 + \mathbf{e}_2 = \begin{bmatrix} a_{1;11}^2 + a_{1;12} a_{1;21} \\ a_{1;21} a_{1;11} + a_{1;22} a_{1;21} \end{bmatrix} + \begin{bmatrix} a_{2;11} \\ a_{2;21} \end{bmatrix}
\end{aligned} \qquad (11.5)$$

我们看到，通过 VAR 的滞后结构，某个时刻的干扰，将对系统的运行产生影响。

一、传统方法

脉冲响应函数描述了系统受到单次的一定强度的冲击后，当前和将来系统各变量的波动过程。更确切地，脉冲响应函数的数学定义为

$$\begin{aligned}
I(n|\mathbf{q}, \mathbb{I}_{t-1}) = &\,\mathrm{E}\left(\mathbf{y}_{t+n} | \mathbf{e}_t = \mathbf{q}, \mathbf{e}_{t+1} = \mathbf{e}_{t+2} = \cdots = \mathbf{e}_{t+n} = 0, \mathbb{I}_{t-1}\right) \\
&- \mathrm{E}\left(\mathbf{y}_{t+n} | \mathbf{e}_t = 0, \mathbf{e}_{t+1} = \mathbf{e}_{t+2} = \cdots = \mathbf{e}_{t+n} = 0, \mathbb{I}_{t-1}\right) \qquad n = 1, 2, 3, \cdots
\end{aligned}$$

其中 $\mathbf{q}$ 为冲击向量，$\mathbb{I}_{t-1}$ 为 $t-1$ 时刻的信息集 (历史运行轨迹)。$I(n|\mathbf{q}, \mathbb{I}_{t-1})$ 有明显的经济含义，即两个相同系统的运行差别，在 t 时刻之前两个系统的状态完全相同，第一个系统在 t 到 $t+n$ 期间仅在 t 时

刻受到强度为 $\mathbf{q}$ 的冲击，第二个系统作为基准系统，在 t 到 $t+n$ 期间无任何冲击。对于线性模型，脉冲响应函数为

$$I(n|\mathbf{q}, \mathbb{I}_{t-1}) = \mathrm{E}\left(\mathbf{y}_{t+n} | \mathbf{e}_t = \mathbf{q}, \mathbb{I}_{t-1}\right) - \mathrm{E}\left(\mathbf{y}_{t+n} | \mathbf{e}_t = 0, \mathbb{I}_{t-1}\right) \qquad n=1,2,3,\cdots$$

也就是说，线性模型的脉冲响应函数和将来的干扰无关。

如果式 (11.1) (第 500 页) 的 VAR 过程是平稳的，则有

$$\left(\mathbf{I}_M - \mathbf{A}_1 \mathrm{L} - \mathbf{A}_2 \mathrm{L}^2 - \cdots - \mathbf{A}_p \mathrm{L}^p\right)^{-1} = \mathbf{I}_M + \mathbf{F}_1 \mathrm{L} + \mathbf{F}_2 \mathrm{L}^2 + \cdots$$

其中 L 为滞后算子，并且 $M \times M$ 矩阵 $\mathbf{F}_n$ 的计算通式为

$$\mathbf{F}_n = \sum_{l=1}^{p} \mathbf{A}_l \mathbf{F}_{n-l} \qquad n=1,2,3,\cdots$$

初始值为

$$\mathbf{F}_0 = \mathbf{I}_M \quad \mathbf{F}_{-1} = \mathbf{F}_{-2} = \cdots \mathbf{F}_{-p+1} = 0$$

因此，VAR 模型可以表示成 (Wold representation)

$$\mathbf{y}_t = \boldsymbol{\mu}_t + \mathbf{e}_t + \mathbf{F}_1 \mathbf{e}_{t-1} + \mathbf{F}_2 \mathbf{e}_{t-2} + \cdots$$

其中

$$\boldsymbol{\mu}_t = \mathbf{Q}\mathbf{x}_t + \mathbf{F}_1 \mathbf{Q}\mathbf{x}_{t-1} + \mathbf{F}_2 \mathbf{Q}\mathbf{x}_{t-2} + \cdots$$

显然，VAR 模型的脉冲函数为

$$I(n|\mathbf{q}, \mathbb{I}_{t-1}) = \mathbf{F}_n \mathbf{q} = \frac{\mathrm{d}\mathbf{y}_{t+n}}{\mathrm{d}\mathbf{e}_t'} \mathbf{q} \qquad n=1,2,3,\cdots \tag{11.6}$$

单位脉冲响应函数 (unit IRF)：如果取 $\mathbf{q} = \mathbf{i}_i$ (单位矩阵的第 i 列)，则

$$I(n|\mathbf{i}_i, \mathbb{I}_{t-1}) = \mathbf{F}_n \mathbf{i}_i = \frac{\mathrm{d}\mathbf{y}_{t+n}}{\mathrm{d}e_{ti}} \qquad n=1,2,3,\cdots \tag{11.7}$$

由于

$$\mathbf{F}_1 = \mathbf{A}_1 \qquad \mathbf{F}_2 = \mathbf{A}_1^2 + \mathbf{A}_2$$

显然，式 (11.5) 中

$$\mathbf{y}_1 = \mathbf{F}_1 \mathbf{i}_1 \qquad \mathbf{y}_2 = \mathbf{F}_2 \mathbf{i}_1$$

为 $\mathbf{q} = \mathbf{i}_1$ 的单位脉冲响应。如果冲击强度为一个标准差，即 $\mathbf{q} = s_i \mathbf{i}_i$，则有

$$I(n|s_i \mathbf{i}_i, \mathbb{I}_{t-1}) = s_i \mathbf{F}_n \mathbf{i}_i = s_i \frac{\mathrm{d}\mathbf{y}_{t+n}}{\mathrm{d}e_{ti}} \qquad n=1,2,3,\cdots \tag{11.8}$$

显然，脉冲响应和冲击强度成正比。

当某个干扰受到冲击时，由于干扰间的同期相关性，其他干扰很可能也受到不同程度的冲击，显然，除非方差矩阵是对角矩阵，单位脉冲响应要求的冲击形式往往比较难实现。[5] 鉴于此，正交脉冲响应函数 (orthogonalized IRF) 被提出来了：先对方差矩阵进行 Cholesky 分解

$$\mathbf{V} = \mathbf{L}\mathbf{L}'$$

---

[5]但并不是不可能，比如金融系统中，中央银行可以单独调控货币供给、基准利率等。

$\mathbf{L}$ 为正线下三角矩阵，然后对干扰进行变换

$$\mathbf{u}_t = \mathbf{L}^{-1}\mathbf{e}_t$$

显然

$$\operatorname{var}(\mathbf{u}_t) = \mathbf{I}$$

则关于 $\mathbf{u}_t$ 的单位脉冲响应函数 (标准差也刚好为一个单位) 称为正交脉冲响应函数 $I_c(n|\mathbf{i}_i,\mathbb{I}_{t-1})$。此时由于 $\mathbf{e}_t = \mathbf{L}\mathbf{u}_t$，故

$$I_c(n|\mathbf{i}_i,\mathbb{I}_{t-1}) = I(n|\boldsymbol{l}_i,\mathbb{I}_{t-1}) = \mathbf{F}_n \boldsymbol{l}_i \qquad n = 1,2,3,\cdots \tag{11.9}$$

其中 $\boldsymbol{l}_i$ 为 $\mathbf{L}$ 的第 i 列。关于正交脉冲响应函数：

- 很难找到经济解释：正交化后，$\mathbf{u}_t$ 的分量相互独立，但是

$$\mathbf{u}_t = \mathbf{i}_i \implies \mathbf{e}_t = \mathbf{L}\mathbf{u}_t = \boldsymbol{l}_i$$

也就是说，$\mathbf{u}_t$ 的单位脉冲相当于 $\mathbf{e}_t$ 受到的冲击向量为 $\boldsymbol{l}_i$。因此，解释正交化脉冲响应是不容易的。

- Cholesky 分解时，矩阵 $\mathbf{L}$ 和变量的顺序有关。

因此，采用 Cholesky 分解得到的正交脉冲响应更多的是统计上的意义，在经济系统的应用是有限的。

关于脉冲响应函数：

1) 由式 (11.7) 得 y_{tm} 对 e_{ti} 的脉冲响应函数为

$$\frac{\mathrm{d}y_{t+n,m}}{\mathrm{d}e_{ti}} = f_{n;mi} \qquad n = 1,2,3,\cdots$$

和 Hamilton (1994) 的定义 (第 319 页式 11.4.4) 相一致。一个很直观的数值例子请参考 Lütkepohl (2005，第 51–52 页)，同时，请关注其第 62 页中对脉冲响应的若干批评。

2) 脉冲响应函数的标准差，计算公式比较复杂，具体请参考 Lütkepohl (2005, p109–118)。

3) 累积脉冲响应函数 (Accumulate IRF)：将每步的脉冲响应累积起来，其渐近值 (长期响应) 为

$$I_a(\infty|\mathbf{q},\mathbb{I}_{t-1}) = (\mathbf{I}_M - \mathbf{A}_1 - \mathbf{A}_2 - \cdots - \mathbf{A}_p)^{-1}\mathbf{q} \tag{11.10}$$

二、广义方法

传统的脉冲响应函数 $I(n|\mathbf{q},\mathbb{I}_{t-1})$ 要求如下信息：

- 现在：t 时刻的脉冲，冲击强度 $\mathbf{q}$ 是给定的，并且是确定的
- 过去：$t-1$ 时刻及其之前的状态，即历史轨迹 $\mathbb{I}_{t-1}$
- 未来：$t+1$ 到 $t+n$ 时刻的干扰，要求未来的冲击 $\mathbf{e}_{t+1} = \mathbf{e}_{t+2} = \cdots = \mathbf{e}_{t+n} = 0$

未来的冲击往往具有随机性，考虑到这一事实，Koop et al. (1996) 提出了广义脉冲响应函数 (Generalized IRF)。广义脉冲响应函数的一种比较简单、直观而实用的形式为

$$I_g(n|q_i,\mathbb{I}_{t-1}) = \mathrm{E}(\mathbf{y}_{t+n}|e_{ti}=q_i,\mathbb{I}_{t-1}) - \mathrm{E}(\mathbf{y}_{t+n}|\mathbb{I}_{t-1}) \qquad n=1,2,3,\cdots$$

条件期望只基于历史和冲击，该定义下具有如下特点：

1) t 时刻的冲击向量 $\mathbf{q}$ 中，只给定第 i 个分量，其他分量取为 $\mathbf{e}_t$ 的相应分量，是随机的。

2) 系统在 $t+1$ 到 $t+n$ 期间的干扰 $\mathbf{e}_{t+1},\mathbf{e}_{t+2},\cdots,\mathbf{e}_{t+n}$ 是随机的，服从假定的联合正态分布。

由于
$$\mathrm{E}(\mathbf{e}_t | e_{ti} = q_i) = q_i v_{ii}^{-1} \mathbf{V} \mathbf{i}_i = q_i v_{ii}^{-1} \boldsymbol{v}_i \qquad \mathbf{e}_t \sim \mathrm{N}(0, \mathbf{V})$$

其中 $\boldsymbol{v}_i$ 为 $\mathbf{V}$ 的第 i 列。假设
$$q_i = \sqrt{v_{ii}} = s_i$$

即冲击强度为一个标准差，对于 VAR 模型，有
$$I_g(n | s_i, \mathbb{I}_{t-1}) = \mathbf{F}_n \boldsymbol{v}_i / s_i \qquad n = 1, 2, 3, \cdots \tag{11.11}$$

不难发现

1) VAR 模型的广义脉冲响应函数 $I_g(n | s_i, \mathbb{I}_{t-1})$ 与内生变量的顺序无关。对比式 (11.6)，有
$$I_g(n | s_i, \mathbb{I}_{t-1}) = I(n | \boldsymbol{v}_i / s_i, \mathbb{I}_{t-1})$$

2) 广义脉冲响应函数考虑了干扰间的相关性，第 0 期广义脉冲响应为
$$I_g(0 | s_i, \mathbb{I}_{t-1}) = \boldsymbol{v}_i / s_i$$

3) 注意到 Cholesky 分解的关系
$$\boldsymbol{v}_1 / s_1 = \boldsymbol{l}_1$$

则关于第一个方程中干扰的冲击，有
$$I_g(n | s_1, \mathbb{I}_{t-1}) = I(n | \boldsymbol{l}_1, \mathbb{I}_{t-1}) = I_c(n | \mathbf{i}_1, \mathbb{I}_{t-1}) \tag{11.12}$$

进一步地，我们看到，关于 e_{ti} 的广义脉冲响应 $I_g(0 | s_i, \mathbb{I}_{t-1})$ 相当于将 y_{ti} 作为第一个变量时的正交脉冲响应。

VEC 模型的广义脉冲响应分析请参考 Pesaran and Shin (1998)。

三、EViews 的实现

EViews 的 `impulse` 命令进行脉冲响应分析，总结如下：

选项	名称	冲击强度	IRF
`imp=unit`	单位脉冲	一个单位	式 (11.7)
`imp=nonort`	标准差脉冲	一个标准差	式 (11.8)
`imp=chol`	正交 (Cholesky 分解) 脉冲	一个标准差	式 (11.9)
`imp=gen`	广义脉冲	一个标准差	式 (11.11)
`imp=struct`	结构脉冲 ($\mathbf{u}_t = \mathbf{B}^{-1} \mathbf{A} \mathbf{e}_t$)	一个标准差	§11.5 节 (第 552 页)
`imp=user`	自定义脉冲	选项 fname 给定	式 (11.6)

冲击强度的计算是基于残差的，正交脉冲基于正交化残差，而结构脉冲基于结构干扰。此外，正交脉冲响应中，残差方差矩阵的估计是经过自由度调整的。

四、例子

使用第 503 页建立的 var01 对象，进行脉冲响应分析

```
'Lutkepohl 2005, Fig 3.4 (p119), Fig 3.6 (p122)
freeze(gf34) var01.impulse(10,m,imp=unit,matbyr=m33_1,se=a) y3 @ y2
freeze(gf36) var01.impulse(10,m,a,imp=unit,matbyr=m33_2,se=a) y3 @ y2
'get long-run response
matrix m33_lrr = var01.@lrrsp
'add long-run response to impulse response graph
!lrr = m33_lrr(3,2)
gf36.draw(dashline,left) !lrr
freeze(gf3_46) gf34 gf36
gf3_46.align(2,1,1)
```

命令 impulse 中，符号 @ 前的序列为内生变量，@ 之后指定序列相应的干扰。选项 a 表示计算累积脉冲响应函数，选项 matbyr 将结果保存在矩阵中，选项 se=a 表示采用解析方法计算 IRF 的标准差。得到单位脉冲响应函数的图形为

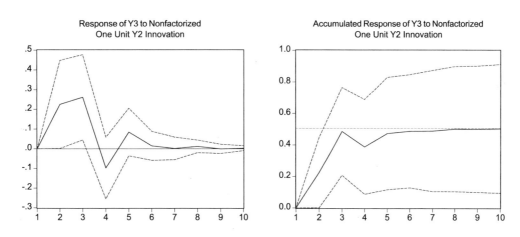

其中虚线为 2 倍标准差范围，左图为单位脉冲响应，右图为累积脉冲响应，水平虚线为渐近值。关于保存的矩阵，矩阵 m33_1 和 m33_2 对应于 Lütkepohl (2005) 中表 3.3 的最后两列，相应的标准差估计保存在矩阵 m33_1_se 和 m33_2_se 中，矩阵 m33_lrr 则为右下分块。

我们知道，正交脉冲响应函数和 VAR 模型中内生变量的顺序有关。考察内生变量顺序的影响时，庆幸的是，我们并不需要重新估计 VAR 模型，因为命令 impulse 进行正交脉冲响应分析时，能够直接指定内生变量的顺序，EViews 称之为 Cholesky 顺序 (Cholesky order)。例如

```
freeze(gf_c4) var01.impulse(10,g,imp=chol) y1 y2 y3 @ y1 @ y1 y2 y3
freeze(gf_c5) var01.impulse(10,g,imp=chol) y1 y2 y3 @ y1 @ y3 y2 y1

smpl 1960q1 1978q4
var var0321.ls 1 2 y3 y2 y1
freeze(gf_c6) var0321.impulse(10,g,imp=chol) y1 y2 y3 @ y1
freeze(gf_c46) gf_c4 gf_c5 gf_c6
gf_c46.align(3,1,1)
```

第二个 @ 之后的变量顺序为 Cholesky 顺序，得到正交脉冲响应函数如图 11.3。我们看到，图中后两行的图形完全相同。因此，不妨把 EViews 的 Cholesky 顺序看成 VAR 模型的内生变量顺序。

图 11.3 正交脉冲响应

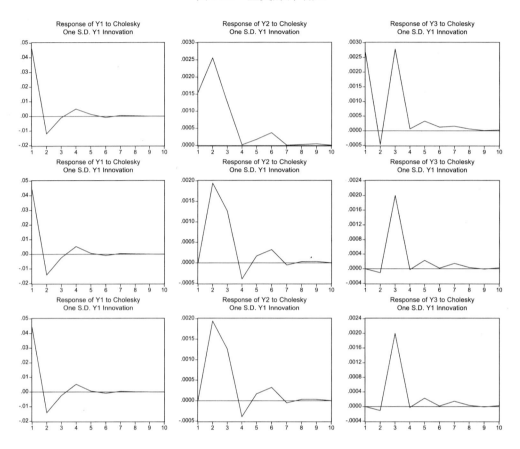

图 11.3 中前两行的区别反映了内生变量顺序对正交脉冲响应函数的影响，第 1 列的图形似乎相同，实际上第 1 列中的后两个图形相同，但和第 1 个图形是有区别的。图形上的区别不是很明显，改用表格就能看得更清楚

```
freeze(tb_c4) var01.impulse(10,t,imp=chol) y1 y2 y3 @ y1 @ y1 y2 y3
freeze(tb_c5) var01.impulse(10,t,imp=chol) y1 y2 y3 @ y1 @ y3 y2 y1
freeze(tb_c6) var0321.impulse(10,t,imp=chol) y1 y2 y3 @ y1
```

表格 tb_c4 中，y1 第 1 期的响应为 0.046，而表格 tb_c5 和 tb_c6 的为 0.044。

从式 (11.12) 我们知道 VAR 模型中，对于第一个方程中干扰的冲击，广义脉冲响应函数和正交脉冲响应函数相同，如下代码片段是简单的验证

```
matrix mr = var01.@residcov *1e4
vector(3) vi = @columnextract(mr,1)/mr(1,1)^0.5    'shock size
freeze(gf_g1) var01.impulse(10,g,imp=gen) y1 @ y1
freeze(gf_g2) var01.impulse(10,g,imp=user,fname=vi) y1 @ y1
freeze(gf_g3) var01.impulse(10,g,imp=chol) y1 @ y1 @ y1 y2 y3
freeze(gf_g) gf_g1 gf_g2 gf_g3
gf_g.align(3,1,1)
```

清晰起见，我们只考察 y1 的脉冲响应图形，自定义脉冲大小时 (imp=user)，脉冲强度用 fname=vi 指定。得到脉冲响应图形如下，三种方式得到的脉冲响应函数图形是相同的。

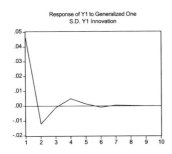
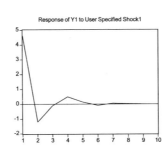
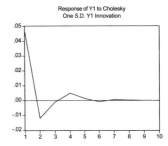

§11.2.2 方差分解

每个干扰都会给 $\mathbf{y}_t$ 的预测带来不确定性，方差分解 (variance decomposition) 讨论的是正交化残差对预测的均方差 (MSE, mean squared error) 影响的比率。

一、预测误差

假定 $\mathbf{x}_t$ 为确定性变量，则对于将来 n 期的预测误差可以表示为

$$\mathbf{y}_{t+n} - \mathbf{y}_{t+n|t} = \mathbf{e}_{t+n} + \mathbf{F}_1\mathbf{e}_{t+n-1} + \mathbf{F}_2\mathbf{e}_{t+n-2} + \cdots + \mathbf{F}_{n-1}\mathbf{e}_{t+1}$$

其中

$$\mathbf{y}_{t+n|t} = \mathrm{E}\left(\mathbf{y}_{t+n}\,\big|\,\mathbb{I}_t\right)$$

因此

$$\mathbf{V}_{t+n|t} = \mathrm{MSE}(\mathbf{y}_{t+n|t}) = \mathrm{E}\left((\mathbf{y}_{t+n} - \mathbf{y}_{t+n|t})(\mathbf{y}_{t+n} - \mathbf{y}_{t+n|t})'\right)$$
$$= \mathbf{V} + \mathbf{F}_1\mathbf{V}\mathbf{F}_1' + \mathbf{F}_2\mathbf{V}\mathbf{F}_2' + \cdots + \mathbf{F}_{n-1}\mathbf{V}\mathbf{F}_{n-1}'$$

二、正交分解

由方差矩阵的 Cholesky 分解 $\mathbf{V} = \mathbf{L}\mathbf{L}'$ 得

$$\mathbf{e}_t = \mathbf{L}\mathbf{u}_t = \boldsymbol{l}_1 u_{t1} + \boldsymbol{l}_2 u_{t2} + \cdots + \boldsymbol{l}_M u_{tM}$$

其中 $\boldsymbol{l}_i$ 是 $\mathbf{L}$ 的第 i 列，注意到 $\mathbf{u}_t$ 的分量相互独立

$$\mathbf{V} = \mathrm{var}(\mathbf{e}_t) = \boldsymbol{l}_1 \mathrm{var}(u_{t1})\boldsymbol{l}_1' + \boldsymbol{l}_2 \mathrm{var}(u_{t2})\boldsymbol{l}_2' + \cdots + \boldsymbol{l}_M \mathrm{var}(u_{tM})\boldsymbol{l}_M'$$
$$= \boldsymbol{l}_1 \boldsymbol{l}_1' + \boldsymbol{l}_2 \boldsymbol{l}_2' + \cdots + \boldsymbol{l}_M \boldsymbol{l}_M'$$

表明 u_{ti} 对方差矩阵 $\mathbf{V}$ 的贡献为 $\boldsymbol{l}_i \boldsymbol{l}_i'$。记

$$\mathbf{S}_i = \boldsymbol{l}_i \boldsymbol{l}_i' + \mathbf{F}_1 \boldsymbol{l}_i \boldsymbol{l}_i' \mathbf{F}_1' + \mathbf{F}_2 \boldsymbol{l}_i \boldsymbol{l}_i' \mathbf{F}_2' + \cdots + \mathbf{F}_{n-1} \boldsymbol{l}_i \boldsymbol{l}_i' \mathbf{F}_{n-1}' \qquad i = 1, 2, \cdots, M$$

则 u_{ti} 对 $\mathbf{V}_{t+n|t}$ 的贡献为 $\mathbf{S}_i$

$$\mathbf{V}_{t+n|t} = \mathbf{S}_1 + \mathbf{S}_2 + \cdots + \mathbf{S}_M$$

注意到 $\mathrm{MSE}(y_{t+n|t,m})$ 等于矩阵 $\mathbf{V}_{t+n|t}$ 的第 m 个对角线元素 $v_{t+n|t;mm}$，因此，矩阵 $\mathbf{S}_i$ 的第 m 个对角线元素 $s_{i;mm}$ 为 u_{ti} 对 $\mathrm{MSE}(y_{t+n|t,m})$ 的贡献

$$\mathrm{MSE}(y_{t+n|t,m}) = v_{t+n|t;mm} = s_{1;mm} + s_{2;mm} + \cdots + s_{M;mm}$$

定义 n 步预测的方差分解为

$$d_{mi}(n) = \frac{s_{i;mm}}{\text{MSE}(y_{t+n|t,m})} \times 100\% \qquad i,m = 1,2,\cdots,M$$

即 $d_{mi}(n)$ 为 $\text{MSE}(y_{t+n|t,m})$ 中 u_{ti} 贡献的百分比。关于方差分解 $d_{mi}(n)$：

1) 方差分解的行和为 1，即所有正交干扰对各变量 MSE 的贡献百分比的总和为 1

$$\sum_{i=1}^{M} d_{mi} = 1 \qquad m = 1,2,\cdots,M$$

如果不是正交分解，各分量的贡献加起来可能超过 MSE。

2) 方差分解 $d_{mi}(n)$ 的标准差，计算上比较复杂，具体请参考 Lütkepohl (2005, p109–118)。

3) 经济解释，当方差矩阵 **V** 为对角矩阵时，方差分解表示各个干扰对 MSE 的贡献百分比。但当 **V** 不为对角矩阵时，干扰存在同期相关，方差分解表示各正交干扰 u_{ti} 对 MSE 的贡献，除 u_{t1} 和 e_{t1} 直接挂钩外，其他正交分量 u_{ti} 是 $e_{t1}, e_{t2}, \cdots, e_{ti}$ 的线性组合。例如对于简单的双变量系统

$$\mathbf{L} = \begin{bmatrix} l_{11} & 0 \\ l_{21} & l_{22} \end{bmatrix} = \begin{bmatrix} \sqrt{v_{11}} & 0 \\ r\sqrt{v_{22}} & \sqrt{v_{22}(1-r^2)} \end{bmatrix} \qquad \mathbf{L}^{-1} = \begin{bmatrix} \frac{1}{\sqrt{v_{11}}} & 0 \\ \frac{-r}{\sqrt{v_{11}(1-r^2)}} & \frac{1}{\sqrt{v_{22}(1-r^2)}} \end{bmatrix}$$

其中相关系数 $-1 < r < 1$，由 $\mathbf{u}_t = \mathbf{L}^{-1}\mathbf{e}_t$ 得

$$u_{t1} = \frac{1}{\sqrt{v_{11}}} e_{t1}$$

$$u_{t2} = \frac{1}{\sqrt{v_{22}(1-r^2)}} e_{t2} - \frac{r}{\sqrt{v_{11}(1-r^2)}} e_{t1}$$

当 **V** 为非对角矩阵时，$r \neq 0$，u_{t2} 包含了 e_{t1} 的信息。从回归分析的角度看，u_{t2} 是 e_{t2} 对 e_{t1} 回归的标准化残差。[6]

4) Hasbrouck (1995) 将方差分解的结果解释为金融市场的信息份额 (information share)。

5) 由于方差分解针对的是正交残差，因此与式 (11.1) 的 VAR 模型中内生变量的顺序有关。

6) 当 $\mathbf{x}_t$ 为随机变量时，除非给定了 $\mathbf{x}_{t+1}, \mathbf{x}_{t+2}, \cdots, \mathbf{x}_{t+n}$，否则 $\text{MSE}(\mathbf{y}_{t+n|t})$ 将包含他们的影响。

因此，正交化的方差分解得到了统计上的漂亮结果，但只有当干扰本身是正交时，经济含义才是明确的。请注意，当干扰 $\mathbf{e}_t$ 存在同期相关时，直接将正交化干扰 $\mathbf{u}_t$ 与干扰 $\mathbf{e}_t$ 的分量一一等同起来，解释方差分解的做法是错误的。

三、例子

使用第 503 页建立的 var01 对象，进行方差分解

```
var01.decomp(9,t,imp=chol,se=mc,rep=500,matbyr=mat35)
    y1 y2 y3 @ @ y1 y2 y3
```

我们采用仿真方法 (se=mc) 计算方差分解的标准差，仿真次数为 500 (rep=500)，得到方差分解的结果如图 11.4。请注意，括号中的数值为相应的标准差估计，EViews 在结果报告的最后部分，报告了 Cholesky 顺序，以及标准差的计算方法。由于我们用选项 matbyr 保存方差分解结果到矩阵中，矩阵 mat35 的内容为方差分解 $d_{mi}(n)$，矩阵 mat35_fse 对应于方差分解报表中的 S.E. 列，即 $\text{MSE}(y_{t+n|t,m})$，而矩阵 mat35_se 的内容为方差分解的标准差。

---

[6] 正交干扰 z_{t1} 是 e_{t1} 的标准化。对于 $i = 2,3,\cdots,M$，z_{ti} 是 e_{ti} 对 $e_{t1}, e_{t2}, \cdots, e_{t,i-1}$ 回归的标准化残差。请注意，z_{ti} 与 $e_{t1}, e_{t2}, \cdots, e_{t,i-1}$ 正交，而且 z_{ti} 与 $z_{t1}, z_{t2}, \cdots, z_{t,i-1}$ 正交。

图 11.4 方差分解

Variance Decomposition of Y1:

Period	S.E.	Y1	Y2	Y3
1	0.046148	100.0000	0.000000	0.000000
		(0.00000)	(0.00000)	(0.00000)
2	0.048656	95.99597	1.751092	2.252935
		(4.36009)	(3.24394)	(3.06509)
3	0.049033	94.56487	2.802134	2.632994
		(4.73853)	(3.66236)	(3.11528)
4	0.049424	94.07918	2.936115	2.984706
		(5.18322)	(3.74910)	(3.47105)
5	0.049506	93.84637	3.018058	3.135568
		(5.48589)	(3.86192)	(3.64845)
6	0.049517	93.83084	3.024575	3.144584
		(5.57650)	(3.91042)	(3.66900)
7	0.049534	93.77844	3.073651	3.147905
		(5.68434)	(3.97909)	(3.68819)
8	0.049536	93.77511	3.073882	3.151006
		(5.72399)	(4.00846)	(3.70265)
9	0.049536	93.77507	3.073924	3.151009
		(5.75687)	(4.03565)	(3.70972)

Variance Decomposition of Y2:

Period	S.E.	Y1	Y2	Y3
1	0.011719	1.753616	98.24638	0.000000
		(3.49676)	(3.49676)	(0.00000)
2	0.012199	6.024526	90.74698	3.228490
		(6.05830)	(6.86322)	(3.85195)
3	0.012314	6.959247	89.57624	3.464512
		(6.32982)	(7.13681)	(4.11443)
4	0.012430	6.831280	89.23210	3.936621
		(6.23966)	(7.30513)	(4.36511)
5	0.012431	6.850095	89.21200	3.937900
		(6.31514)	(7.45104)	(4.49234)
6	0.012447	6.924321	89.14084	3.934843
		(6.39409)	(7.53533)	(4.50862)
7	0.012449	6.922243	89.11580	3.961954
		(6.41859)	(7.59414)	(4.55237)
8	0.012449	6.922776	89.11489	3.962333
		(6.43182)	(7.62284)	(4.57245)
9	0.012449	6.923867	89.11408	3.962050
		(6.44495)	(7.64272)	(4.58295)

Variance Decomposition of Y3:

Period	S.E.	Y1	Y2	Y3
1	0.009445	7.995029	27.29210	64.71288
		(6.26490)	(8.48723)	(9.14747)
2	0.009755	7.724763	27.38483	64.89040
		(6.32160)	(7.93080)	(8.92450)
3	0.010787	12.97288	33.36411	53.66301
		(7.94803)	(8.45762)	(9.22432)
4	0.010832	12.87033	33.49875	53.63092
		(7.92219)	(8.35670)	(9.10277)
5	0.010875	12.85881	33.92442	53.21677
		(7.96444)	(8.49854)	(9.25915)
6	0.010884	12.85218	33.96299	53.18483
		(7.97493)	(8.50802)	(9.28807)
7	0.010885	12.87021	33.95619	53.17360
		(8.01215)	(8.53357)	(9.33304)
8	0.010886	12.87041	33.96822	53.16138
		(8.02825)	(8.55091)	(9.36167)
9	0.010886	12.87013	33.96789	53.16198
		(8.03971)	(8.56146)	(9.38065)

Cholesky Ordering: Y1 Y2 Y3
Standard Errors: Monte Carlo (500 repetitions)

可以证明，如果只进行单步预测，即 $n = 1$，则当 y_{tm} 作为 VAR 模型的第一个变量时，$d_{mm}(1) = 1$，而当 y_{tm} 作为最后一个变量时，$d_{mm}(1)$ 取最小值。我们用下面的代码来验证：

```
!n = 10
!M = var01.@neqn
vector(!M) vd
for !i = 1 to !M
    vd(!i) = !i
next

for !c = 1 to !M
    if !c>1 then    'Cholesky order
        !i = vd(!c)
        vd(!c) = vd(!c-1)
        vd(!c-1) = !i
    endif
    %s = @str(vd(1))
    for !i = 2 to !M
        %s = %s +" " + @str(vd(!i))
    next
    do var01.decomp(!n,matbyr=mdr{!c}) y1 @ @ {%s}
next

matrix(!n,!M) mdr
for !c = 1 to !M
    colplace(mdr,@columnextract(mdr{!c},(!c-1)*!M+!c),!c)
next
freeze(gf_n1) mdr.line
gf_n1.legend -inbox position(3,0.3) columns(1)
```

分别用 Cholesky 顺序 $\{1,2,3\}$, $\{2,1,3\}$ 和 $\{2,3,1\}$ 对 $\text{MSE}(y_{t+n|t,1})$ 进行方差分解，并将结果分别保存在矩阵 mdr1, mdr2 和 mdr3 中。然后取出不同 Cholesky 顺序下的方差分解结果 $d_{11}(n)$，并作图对比如下：

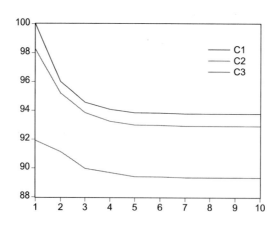

显然，Cholesky 顺序越靠后，$\text{MSE}(y_{t+1|t,1})$ 的方差分解 $d_{11}(1)$ 的值越小。

练习：对于如下方差分解
```
smpl 1960q1 1978q4
var var0321.ls 1 2 y3 y2 y1
freeze(tb_321) var0321.decomp(10,t,imp=chol) y1
freeze(tb01_321) var01.decomp(10,t,imp=chol) y1 @ @ y3 y2 y1
```
请对比表格 tb_321 和 tb01_321 的内容。

§11.3 VEC 模型

向量误差修正 (vector error correction, VEC) 模型是存在协整关系的非平稳时间序列的 VAR 模型。VEC 模型可以让我们更好地理解和处理非平稳时间序列间的均衡关系，提高长期预测的能力。VEC 模型牵涉较多的概念，我们先回顾协整和误差修正的基本含义，然后讨论 VEC 模型的基本设定，并用例子介绍了 VEC 模型的估计和简单分析。最后，着重讨论了协整关系的识别。

本节假设协整方程的形式和协整关系的个数是已知的，实证分析中，更多的情况下这些信息是未知的，但可以通过协整检验 (第 538 页 §11.4 节) 取得。也就是说，实际应用中，往往是根据协整检验的结果来估计 VEC 模型。

§11.3.1 协整和误差修正

协整和误差修正是经济计量学的重要概念，是理解 VEC 模型的基础。

一、协整

经济系统中，很多变量是不平稳的，但是其线性组合却是平稳的，这种情况称为协整 (cointegration)。协整的一个最流行的比喻是主人带着小狗出去溜达，小狗时而跑在主人前面，时而落在后面，偶尔绕着主人转两圈，偶尔站着不动。但是，主人和小狗整体是一起往前漫步。

Engle and Granger (1987) 对协整是这样定义的：如果 $M \times 1$ 向量序列 $\mathbf{y}_t$ 的每个分量都是 $\mathrm{I}(d)$，并且存在正整数 $k > 0$，以及 $M \times 1$ 非零向量 $\boldsymbol{b} \neq 0$，使得 $\boldsymbol{b}'\mathbf{y}_t$ 为 $d-k$ 阶的单整过程，称向量过程 $\mathbf{y}_t$ 是协整向量过程，记为 $\mathrm{CI}(d, k)$，并且将 $\boldsymbol{b}$ 称为协整向量。补充说明：

1) 协整向量的倍数显然也是协整向量，因此，需要对协整变量进行标准化，如某个元素取 1，或者整个协整向量的长度标准化为 1 等。
2) 一般地，$\mathbf{y}_t$ 可能存在不只一个的协整向量，并且这些协整向量是线性独立的 (协整关系体现统计上的长期平稳关系，并非经济均衡关系)。假设有 C 个线性独立的协整向量，组成 $M \times C$ 的矩阵 $\mathbf{B}$，则矩阵 $\mathbf{B}$ 的秩为 C，并且将 C 称为协整向量 $\mathbf{y}_t$ 的协整阶数 (cointegration rank)。

下面我们只讨论 $\mathbf{y}_t$ 的每个分量最多是 $\mathrm{I}(1)$ 的情况。此外，从经济理论上考虑，而不是局限于统计意义，我们允许 $\mathbf{y}_t$ 包含 $\mathrm{I}(0)$ 分量，此时将每个 $\mathrm{I}(0)$ 分量单独理解为一个协整关系。

二、误差修正

Phillips (1957) 提出了误差修正 (error correction) 的概念，Davidson et al. (1978) 将这一思想引入到宏观经济学中。误差修正模型的基本思想可以简单的理解为：假设 $\mathrm{I}(1)$ 过程 x_t 和 y_t 满足如下的模型

$$y_t = b_1 + b_2 y_{t-1} + b_3 x_t + b_4 x_{t-1} + e_t \qquad b_2 \neq 1$$

整理得误差修正形式 (error correction form)

$$\Delta y_t = b_1 + b_3 \Delta x_t + a\left(y_{t-1} + b x_{t-1}\right) + e_t \tag{11.13}$$

其中

$$a = b_2 - 1 \qquad b = \frac{b_3 + b_4}{b_2 - 1}$$

假设
$$y_t + bx_t = z_t \sim \mathrm{I}(0) \qquad b \neq 0$$

通常将 z_t 解释为均衡误差 (equilibrium error, 此均衡有别于济理论中均衡的含义), 事实上, 这里 $y_t + bx_t$ 是一协整关系。显然, 影响 y_t 的短期变动 Δy_t 的因素有: x_t 的短期变动 Δx_t, 以及前一期的均衡误差 z_{t-1}。经济系统中, 通常 $a < 0$, 即当系统远离均衡时, 系统自身有回归均衡的力量。

§11.3.2 VEC 设定

对于式 (11.1) 定义的 VAR(p) 模型, 简单起见, 假设外生变量为确定性变量
$$\left(\mathbf{I}_M - \mathbf{A}_1 \mathrm{L} - \mathbf{A}_2 \mathrm{L}^2 - \cdots - \mathbf{A}_p \mathrm{L}^p\right) \mathbf{y}_t = \mathbf{Q}\mathbf{d}_t + \mathbf{e}_t$$

其中 $\mathbf{d}_t = [1; t]$, 还可能包含哑变量。记
$$\mathbf{G}_i \equiv -\sum_{j=i+1}^{p} \mathbf{A}_j \qquad i = 0, 1, 2, \cdots, p-1 \qquad \mathbf{G}_p = 0$$

注意到
$$\mathbf{A}_i = \mathbf{G}_i - \mathbf{G}_{i-1} \qquad i = 1, 2, \cdots, p$$

有
$$\begin{aligned}
&\mathbf{I}_M - \mathbf{A}_1 \mathrm{L} - \mathbf{A}_2 \mathrm{L}^2 - \cdots - \mathbf{A}_p \mathrm{L}^p \\
&= \mathbf{I}_M - (\mathbf{G}_1 - \mathbf{G}_0)\mathrm{L} - (\mathbf{G}_2 - \mathbf{G}_1)\mathrm{L}^2 - \cdots - (\mathbf{G}_p - \mathbf{G}_{p-1})\mathrm{L}^p \\
&= (\mathbf{I}_M + \mathbf{G}_0 \mathrm{L}) - \left(\mathbf{G}_1 \mathrm{L} + \mathbf{G}_2 \mathrm{L}^2 + \cdots + \mathbf{G}_{p-1}\mathrm{L}^{p-1}\right)(1 - \mathrm{L})
\end{aligned}$$

因此
$$\mathbf{y}_t + \mathbf{G}_0 \mathbf{y}_{t-1} = \sum_{i=1}^{p-1} \mathbf{G}_i \Delta \mathbf{y}_{t-i} + \mathbf{Q}\mathbf{d}_t + \mathbf{e}_t$$

定义
$$\mathbf{G} \equiv -(\mathbf{I}_M + \mathbf{G}_0)$$

得到 VAR(p) 的 VEC($p-1$) 形式
$$\Delta \mathbf{y}_t = \mathbf{G}\mathbf{y}_{t-1} + \sum_{i=1}^{p-1} \mathbf{G}_i \Delta \mathbf{y}_{t-i} + \mathbf{Q}\mathbf{d}_t + \mathbf{e}_t \tag{11.14}$$

请注意等式左边 $\Delta \mathbf{y}_t$ 项的系数为单位矩阵, Δy_{tm} 的方程不包含其他 Δy_{ti} 的同期项。补充说明:

1) 矩阵关系
$$\mathbf{G}_0 = -(\mathbf{A}_1 + \mathbf{A}_2 + \cdots + \mathbf{A}_p) \qquad \mathbf{G}_{p-1} = -\mathbf{A}_p$$

2) VAR(p) 的另一种 VEC($p-1$) 形式, 记
$$\mathbf{G}_{*i} \equiv \mathbf{G}_i + \mathbf{G} \qquad i = 1, 2, \cdots, p-1$$

对于式 (11.14), 注意到 $\mathbf{G}_i = \mathbf{G}_{*i} - \mathbf{G}$ 以及
$$\sum_{i=1}^{p-1} \Delta \mathbf{y}_{t-i} = (\mathbf{y}_{t-1} - \mathbf{y}_{t-2}) + (\mathbf{y}_{t-2} - \mathbf{y}_{t-3}) + \cdots + (\mathbf{y}_{t-p+1} - \mathbf{y}_{t-p}) = \mathbf{y}_{t-1} - \mathbf{y}_{t-p}$$

则有
$$\Delta \mathbf{y}_t = \sum_{i=1}^{p-1} \mathbf{G}_{*i} \Delta \mathbf{y}_{t-i} + \mathbf{G} \mathbf{y}_{t-p} + \mathbf{Q} \mathbf{d}_t + \mathbf{e}_t$$

水平值 $\mathbf{y}_t$ 的滞后项在第 p 阶上，统计处理上和式 (11.14) 相同，但经济意义上不好解释，因此通常采用式 (11.14) 的形式，方便经济解释。

我们看一个简单的例子，假设 $\mathbf{y}_t$ 的每个分量都为 I(1) 过程，对于如下的 VAR(2) 模型

$$\mathbf{y}_t = \begin{bmatrix} -0.2 & 0.1 \\ 0.5 & 0.2 \end{bmatrix} \mathbf{y}_{t-1} + \begin{bmatrix} 0.8 & 0.7 \\ -0.4 & 0.6 \end{bmatrix} \mathbf{y}_{t-2} + \mathbf{e}_t \tag{11.15}$$

不难验证，该模型可以写成如下形式：

$$\Delta \mathbf{y}_t = \begin{bmatrix} -0.4 \\ 0.1 \end{bmatrix} \begin{bmatrix} 1 & -2 \end{bmatrix} \mathbf{y}_{t-1} + \begin{bmatrix} -0.8 & -0.7 \\ 0.4 & -0.6 \end{bmatrix} \Delta \mathbf{y}_{t-1} + \mathbf{e}_t$$

得到 VEC(1) 模型，其中

$$\begin{bmatrix} 1 & -2 \end{bmatrix} \mathbf{y}_{t-1} = y_{t-1,1} - 2 y_{t-1,2}$$

为一协整关系。

Granger 表示定理[7] (GRT, Granger's representation theorem) 表明：式 (11.14) 中，如果 M 阶方阵 $\mathbf{G}$ 的秩为 $C < M$，那么，存在秩为 C 的 $M \times C$ 矩阵 $\mathbf{A}$ 和 $\mathbf{B}$，使得 $\mathbf{B}' \mathbf{y}_t$ 为 I(0)，并且

$$\mathbf{G} = \mathbf{A} \mathbf{B}'$$

协整关系的个数为 C，矩阵 $\mathbf{B}$ 的每列为协整向量 (cointegrating vector)，有时也称为长期参数 (long-run parameters)，而矩阵 $\mathbf{A}$ 的元素称为调整参数 (adjustment parameters)。请注意：

1) 矩阵 $\mathbf{G}$ 的秩为 $C < M$，否则，如果 $C = M$，可以得到 $\mathbf{y}_t$ 的每个变量都为 I(0) 的结论。
2) 如果 $C = 0$，则 $\mathbf{G} = 0$，表示 $\mathbf{y}_t$ 中不存在协整关系。

§11.3.3 例子

采用 Lütkepohl (2005, p303) 的例子，估计 VEC 模型

```
'http://www.jmulti.de/download/datasets/e6.dat
wfopen(page=German) e6.dat
pagestruct(freq=q,start=1972Q2)
'create seasonal dummies
for !i=1 to 3
    series d{!i} = @seas(!i)
next

var vec01.ec(c,1) 1 3 R Dp @ d1 d2 d3    '1 CointEq
```

读入数据后，创建了季节哑变量作为外生解释变量。命令 `ec` 设定并估计的 VEC 模型有一个协整关系 (选项 1)，估计结果如图 11.5。我们看到，系数估计的报告分为两部分，先报告协整方程[8]

$$\text{CE}_t = R_{t-1} - 3.961937 \text{Dp}_{t-1} - 0.042569$$

---

[7]有两个定理被称为 Granger 表示定理 (GRT)，分别来自 Engle and Granger (1987) 和 Johansen (1991)，对于 I(1) 过程的 GRT，Hansen (2005) 给出了解析解。

[8]协整关系和协整方程并没有严格的定义，本讲中往往将 $\boldsymbol{b}' \mathbf{y}_t$ 称为协整关系，即忽略确定性项。当写成均衡误差的方程形式 $\text{CE}_t = \boldsymbol{b}' \mathbf{y}_{t-1} + c$，即采用滞后一期并包含有确定性项时，称为协整方程。

图 11.5 VEC 模型估计

```
Vector Error Correction Estimates
Date: 07/18/08   Time: 20:26
Sample (adjusted): 1973Q2 1998Q4
Included observations: 103 after adjustments
Standard errors in ( ) & t-statistics in [ ]
```

Cointegrating Eq:	CointEq1	
R(-1)	1.000000	
DP(-1)	-3.961937 (0.66436) [-5.96352]	
C	-0.042569	

Error Correction:	D(R)	D(DP)
CointEq1	-0.102872 (0.04708) [-2.18487]	0.157700 (0.04447) [3.54642]
D(R(-1))	0.268772 (0.10617) [2.53144]	0.065379 (0.10027) [0.65200]
D(R(-2))	-0.017810 (0.10691) [-0.16659]	-0.004292 (0.10097) [-0.04251]
D(R(-3))	0.222809 (0.10321) [2.15873]	0.018402 (0.09748) [0.18878]
D(DP(-1))	-0.210250 (0.15810) [-1.32984]	-0.339212 (0.14932) [-2.27177]
D(DP(-2))	-0.222981 (0.12759) [-1.74769]	-0.390832 (0.12050) [-3.24352]
D(DP(-3))	-0.107623 (0.08552) [-1.25848]	-0.347219 (0.08077) [-4.29906]
C	-0.002878 (0.00317) [-0.90712]	0.016869 (0.00300) [5.63008]
D1	0.001486 (0.00511) [0.29043]	-0.034125 (0.00483) [-7.06404]
D2	0.008853 (0.00525) [1.68580]	-0.017910 (0.00496) [-3.61121]
D3	-0.000413 (0.00506) [-0.08158]	-0.016436 (0.00478) [-3.43682]

R-squared	0.165376	0.974610
Adj. R-squared	0.074656	0.971850
Sum sq. resids	0.002661	0.002373
S.E. equation	0.005378	0.005079
F-statistic	1.822933	353.1494
Log likelihood	397.8934	403.7819
Akaike AIC	-7.512493	-7.626832
Schwarz SC	-7.231114	-7.345453
Mean dependent	-0.000476	7.42E-05
S.D. dependent	0.005590	0.030271

Determinant resid covariance (dof adj.)	7.43E-10
Determinant resid covariance	5.93E-10
Log likelihood	801.8652
Akaike information criterion	-15.10418
Schwarz criterion	-14.49026

再报告其他系数估计，即调整系数 (CointEq1 行)、差分项系数以及确定性项外生变量的系数估计。其中调整系数的符号是符合预期的，例如 D(R) 的调整系数为 -0.102872，当均衡误差 $CE_t > 0$ 时，ΔR_t 将减小，修正幅度大约为 10%。

当序列存在协整时，才能使用 VEC 模型。因此，估计 VEC 模型之前，需要先进行协整检验，以确定协整阶数和协整方程中确定性外生变量的形式，协整检验我们将在 §11.4 节 (第 538 页) 进行深入的讨论。EViews 估计 VEC 模型时：

1) 协整方程中确定性外生变量 $[1;t]$ 的设定是通过选项进行设置的，选项的含义如下：

选项	水平数据	协整方程	确定性项
a	无趋势	无常数	无常数
b	无趋势	常数	无常数
c	时间趋势	常数	常数
d	时间趋势	常数和时间趋势	常数
e	二次时间趋势	常数和时间趋势	常数和时间趋势

这些选项更具体的含义请参考 §11.4.3 节 (第 545 页)，不能将常数和时间趋势项直接加入到外生变量列表中 (加入常数将被忽略，加入时间趋势可能导致矩阵奇异的错误)。

2) 估计 VEC 模型的 ec 命令中，滞后阶数指的是差分项的滞后阶数，对于 VAR(1) 设定的 VEC(0) 形式，滞后项的设置为 "0 0"。

3) VEC 模型是有系数限制的 VAR 模型，EViews 采用 Boswijk (1995) 的迭代计算方法进行估计，不需要设置初始值。然而，估计的过程中如果出现矩阵奇异的情况，EViews 将通过随机数重新选取初始值，直到没有出现矩阵奇异的问题 (但不保证收敛)。

估计出 VEC 模型后，可以查看各种信息和进行检验，例如查看 VEC 的设定

```
vec01.representations
```

得到表述视图为

```
Estimation Proc:
=============================
EC(C,1) 1 3 R DP @ C D1 D2 D3
VAR Model:
=============================
D(R) = A(1,1)*(B(1,1)*R(-1) + B(1,2)*DP(-1) + B(1,3))
    + C(1,1)*D(R(-1)) + C(1,2)*D(R(-2)) + C(1,3)*D(R(-3))
    + C(1,4)*D(DP(-1)) + C(1,5)*D(DP(-2)) + C(1,6)*D(DP(-3))
    + C(1,7) + C(1,8)*D1 + C(1,9)*D2 + C(1,10)*D3
D(DP) = A(2,1)*(B(1,1)*R(-1) + B(1,2)*DP(-1) + B(1,3))
    + C(2,1)*D(R(-1)) + C(2,2)*D(R(-2)) + C(2,3)*D(R(-3))
    + C(2,4)*D(DP(-1)) + C(2,5)*D(DP(-2)) + C(2,6)*D(DP(-3))
    + C(2,7) + C(2,8)*D1 + C(2,9)*D2 + C(2,10)*D3
```

其中

1) A(i,j) 为调整矩阵 **A** 的元素。

2) B(i,j) 与 **B** 的转置 **B**′ 的元素对应，如果 j>M 时，B(i,j) 为第 i 个协整方程的时间趋势项系数或者常数项系数。

3) 差分项和外生变量的系数 C(i,j) 有双下标, 是 Var 对象的数据成员, 不是系数对象 C。

我们可能对协整向量感兴趣

```
matrix mb = vec01.@cointvec
```

函数 @cointvec 返回协整方程的系数 (含确定性项的), 可以用来计算均衡误差

```
genr ce1 = mb(1,1)*R(-1)+mb(2,1)*Dp(-1)+mb(3,1)
vec01.makecoint gce
```

命令 makecoint 产生了均衡误差的序列对象 cointeq01, 作为群对象 gce 的成员。我们看到, 序列对象 ce1 和 cointeq01 取值相等。对于均衡误差 (协整方程), 还可以用图形方式直接查看

```
freeze(gf_ce) vec01.cointgraph
gf_ce.options size(8,2)
gf_ce.legend -display
```

得到均衡误差的图形为

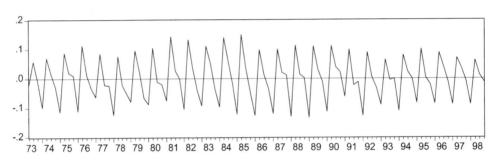

表现出明显的季节性。事实上, 对均衡误差进行单位根检验, 哪怕考虑了季节趋势, 仍然不是平稳的, 这是需要进一步探讨的问题。

如果 VEC 模型包含 C 个协整关系, 则特征多项式有 $M-C$ 个根被限制为单位根

```
vec01.arroots
```

得到特征多项式的倒数根为

```
            VEC Stability Condition Check

Roots of Characteristic Polynomial
Endogenous variables: R DP
Exogenous variables:  C D1 D2 D3
Lag specification: 1 3
Date: 07/19/08   Time: 15:08

      Root                          Modulus

 1.000000                          1.000000
-7.74e-05 - 0.779810i              0.779810
-7.74e-05 + 0.779810i              0.779810
-0.728388                          0.728388
 0.695266 - 0.162905i              0.714096
 0.695266 + 0.162905i              0.714096
-0.230050 - 0.529930i              0.577710
-0.230050 + 0.529930i              0.577710

VEC specification imposes 1 unit root(s).
```

EViews 指出, 有 1 个根被限制为 1。

EViews 中, VEC 模型的其他视图, 如脉冲响应和方差分解等, 都和 VAR 模型类似, 不再赘述。

§11.3.4 协整方程识别

式 (11.14) 中，$\mathbf{G} = \mathbf{AB}'$ 的分解矩阵 $\mathbf{A}$ 和 $\mathbf{B}$ 并不唯一，任取 $C \times C$ 非奇异矩阵 $\mathbf{C}$，令 $\mathbf{A}_* = \mathbf{AC}'$，$\mathbf{B}_* = \mathbf{BC}^{-1}$，有 $\mathbf{A}_*\mathbf{B}_*' = \mathbf{AC}'(\mathbf{C}')^{-1}\mathbf{B}' = \mathbf{AB}'$。因此，需要增加 C^2 个限制才能识别。进行系数限制时，可以从经济意义入手，例如由无套利原理，期货和现货的价格将存在协整关系，就可以通过这一协整关系进行系数限制。

一、系数限制

估计 VEC 模型时，如果没有给出系数限制，EViews 采用常见的标准化方法，即前面的 C 个变量分别用后面的 $M - C$ 个变量来表示，即

$$\mathbf{B} = \begin{bmatrix} \mathbf{I}_C \\ \mathbf{B}_2 \end{bmatrix}_{M \times C}$$

例如图 11.5 (第 528 页) 中协整关系的估计。Lütkepohl (2005) 认为，名义年利率 R_t 和季度通货膨胀率 Dp_t 应该存在如下协整关系

$$R_t - 4\mathrm{Dp}_t$$

因此，我们对协整关系进行限制 (加入更多限制的例子请参考第 533 页式 11.16)

```
vec01.cleartext(coint)
vec01.append(coint) b(1,1) = 1
vec01.append(coint) b(1,2) = -4
'vec01.append(coint) b(1,3) = 0    'error
freeze(tb_01r) vec01.ec(c,1,restrict) 1 3 R Dp @ d1 d2 d3
table(28,3) tb_01r
```

命令 append 使用 coint 选项加入协整关系的系数限制，然后在估计 VEC 模型的 ec 命令中，使用 restrict 选项以考虑这些限制，得到估计结果为 (只保留协整方程和调整系数部分)

```
              Vector Error Correction Estimates
              Date: 07/18/08   Time: 09:57
              Sample (adjusted): 1973Q2 1998Q4
              Included observations: 103 after adjustments
              Standard errors in ( ) & t-statistics in [ ]

              Cointegration Restrictions:
                   B(1,1) = 1
                   B(1,2) = -4
              Convergence achieved after 1 iterations.
              Restrictions identify all cointegrating vectors
              LR test for binding restrictions (rank = 1):
              Chi-square(1)            0.002129
              Probability              0.963197

              Cointegrating Eq:       CointEq1

                   R(-1)              1.000000

                   DP(-1)            -4.000000

                   C                 -0.042260

              Error Correction:         D(R)          D(DP)

                   CointEq1         -0.101279       0.157109
                                    (0.04679)      (0.04415)
                                   [-2.16467]     [ 3.55861]
```

我们看到，表头列出了更多的信息，不仅重述了协整关系的系数限制，还报告了迭代次数，协整向量全部识别的信息，以及系数限制是否起作用 (binding) 的检验结果 (参见第 534 页的讨论)。

使用 restrict 选项估计 VEC 模型时，EViews 采用 Boswijk (1995) 的数值方法判断协整关系的系数限制是否满足识别条件。如果给定的限制不足以识别所有的协整关系，EViews 将在表头报告 Not all cointegrating vectors are identified，并且协整向量的系数估计没有给出标准差。

关于对矩阵 $\mathbf{A}$ 和 $\mathbf{B}$ 的系数限制：记

$$\mathbf{B} = \begin{bmatrix} b_{11} & b_{12} & \cdots & b_{1C} \\ b_{21} & b_{22} & \cdots & b_{2C} \\ \vdots & \vdots & \ddots & \vdots \\ b_{M1} & b_{M2} & \cdots & b_{MC} \end{bmatrix} = \begin{bmatrix} \mathbf{b}_1 & \mathbf{b}_2 & \cdots & \mathbf{b}_C \end{bmatrix}$$

则第 i 个协整关系为

$$\mathbf{y}_t' \mathbf{b}_i = y_{t1} b_{1i} + y_{t2} b_{2i} + \cdots + y_{tM} b_{Mi}$$

设置方法：

1) 对协整关系的系数进行限制时，EViews 用 B(i,j) 表示矩阵 $\mathbf{B}$ 的 b_{ji}，即 B(i,j) 中下标 i 指向协整方程，j 指向内生变量。因此要设置第 1 个协整方程中 y_{t2} 的系数为 -4，方法为

    vec01.append(coint) b(1,2) = -4

2) EViews 要求对 B(i,j) 的限制必须是线性的，否则将引发错误，例如

    vec01.append(coint) B(2,1) * B(1,1) = 1

   非线性限制还不能支持。

3) EViews 不能直接限制协整方程中确定性项的系数，即 B(i,j) 中，要求 j<=M。

4) 对调整参数进行限制时：EViews 用 A(i,j) 表示矩阵 $\mathbf{A}$ 的 a_{ij}，当前只允许进行齐次线性限制 (linear homogeneous restrictions)，例如

    vec01.append(coint) A(2,1) = A(1,1)

   或者

    vec01.append(coint) A(2,1) = 0

   而

    vec01.append(coint) A(2,1) = 1

   将发生语法错误。

5) 可以对矩阵 $\mathbf{A}$ 和 $\mathbf{B}$ 同时进行限制，但不能进行交叉限制，即

    vec01.append(coint) A(2,1) = B(1,1)

   是不允许的。

6) 如下语句

    vec01.cleartext(coint)

   清除对矩阵 $\mathbf{A}$ 和 $\mathbf{B}$ 的全部系数限制。

此外，需要强调的是，当 $\mathbf{y}_t$ 中包含 I(0) 变量时，需要对相应的协整向量进行限制，假设 $y_{ti} \sim \text{I}(0)$，则 $\boldsymbol{b}_i = \mathbf{i}_i$。

如果对 VAR/VEC 模型进行更多的系数限制，EViews 中，我们可以通过方程组来实现，例如 Lütkepohl (2005) 中式 (7.3.9) (第 309 页) 的模型

$$\begin{bmatrix} \Delta R_t \\ \Delta \text{Dp}_t \end{bmatrix} = \begin{bmatrix} -0.07 \\ {\scriptstyle (-3.1)} \\ 0.17 \\ {\scriptstyle (4.5)} \end{bmatrix} (R_{t-1} - 4\text{Dp}_{t-1}) + \begin{bmatrix} 0.24 & -0.08 \\ {\scriptstyle (2.5)} & {\scriptstyle (-1.9)} \\ 0 & -0.31 \\ & {\scriptstyle (-2.5)} \end{bmatrix} \begin{bmatrix} \Delta R_{t-1} \\ \Delta \text{Dp}_{t-1} \end{bmatrix} + \begin{bmatrix} 0 & -0.13 \\ & {\scriptstyle (-2.5)} \\ 0 & -0.37 \\ & {\scriptstyle (-3.6)} \end{bmatrix} \begin{bmatrix} \Delta R_{t-2} \\ \Delta \text{Dp}_{t-2} \end{bmatrix}$$

$$+ \begin{bmatrix} 0.20 & -0.06 \\ {\scriptstyle (2.1)} & {\scriptstyle (-1.6)} \\ 0 & -0.34 \\ & {\scriptstyle (-4.7)} \end{bmatrix} \begin{bmatrix} \Delta R_{t-3} \\ \Delta \text{Dp}_{t-3} \end{bmatrix} + \begin{bmatrix} 0 & 0 & 0.010 & 0 \\ & & {\scriptstyle (2.8)} & \\ 0.010 & -0.034 & -0.018 & -0.016 \\ {\scriptstyle (3.0)} & {\scriptstyle (-7.6)} & {\scriptstyle (-3.8)} & {\scriptstyle (-3.6)} \end{bmatrix} \begin{bmatrix} 1 \\ \text{d1}_t \\ \text{d2}_t \\ \text{d3}_t \end{bmatrix} \quad (11.16)$$

可以转换成方程组，再进行估计

```
'Lutkepohl 2005, p309 eq7.3.9, or p344
var vec02.ec(c,1) 1 3 R Dp @ d1 d2 d3
vec02.makesystem(n=sys02v,bylag)

system sys02
sys02.append D(R) = C(1)*( R(-1) - 4*DP(-1)) + C(2)*D(R(-1)) _
    + C(3)*D(DP(-1)) + C(5)*D(DP(-2)) + C(6)*D(R(-3)) _
    + C(7)*D(DP(-3)) + C(10)*D2
sys02.append D(DP) = C(12)*( R(-1) - 4*DP(-1)) + C(14)*D(DP(-1)) _
    + C(16)*D(DP(-2)) + C(18)*D(DP(-3)) + C(19) + C(20)*D1 _
    + C(21)*D2 + C(22)*D3
c = 0
smpl 1973q2 1998q4
sys02.sur
```

通过 Var 对象转换得到方程组对象 sys02v，复制出方程组的设定后进行修改，用以设定新建的方程组对象 sys02，然后进行估计，得到估计结果为

```
System: SYS02
Estimation Method: Seemingly Unrelated Regression
Date: 07/18/08   Time: 10:14
Sample: 1973Q2 1998Q4
Included observations: 103
Total system (balanced) observations 206
Linear estimation after one-step weighting matrix
```

	Coefficient	Std. Error	t-Statistic	Prob.
C(1)	-0.070755	0.022916	-3.087533	0.0023
C(2)	0.239629	0.094898	2.525133	0.0124
C(3)	-0.081305	0.042557	-1.910514	0.0576
C(5)	-0.130756	0.052530	-2.489144	0.0137
C(6)	0.201824	0.094028	2.146437	0.0331
C(7)	-0.058113	0.036711	-1.582978	0.1151
C(10)	0.010008	0.003546	2.822370	0.0053
C(12)	0.166541	0.036803	4.525155	0.0000
C(14)	-0.312676	0.125811	-2.485277	0.0138
C(16)	-0.366282	0.103117	-3.552098	0.0005
C(18)	-0.338787	0.072637	-4.664139	0.0000
C(19)	0.009664	0.003226	2.995456	0.0031
C(20)	-0.033950	0.004491	-7.560144	0.0000
C(21)	-0.017999	0.004685	-3.841905	0.0002
C(22)	-0.015916	0.004389	-3.626337	0.0004

Determinant residual covariance   6.02E-10

和式 (11.16) 进行对照，系数估计数值上是相同的。

二、起作用限制

如果对矩阵 **A** 和 **B** 的系数限制导致 VEC 模型的最大似然值有所改变时，称为系数限制是起作用的 (binding)。检验起作用限制的 LR 统计量为

$$\text{LR} = 2\left(\ell_u - \ell_r\right) \stackrel{a}{\sim} \chi^2\left(Q - C^2\right)$$

其中 ℓ_u 和 ℓ_r 分别为无系数限制和有系数限制的对数似然值，Q 为限制的个数，C 为协整阶数。对于第 531 页 VEC 模型估计结果中的 LR 检验，不妨验证一下

```
vector(10) vb
vec01.ec(c,1) 1 3 R Dp @ d1 d2 d3
vb(1) = vec01.@logl
vec01.ec(c,1,restrict) 1 3 R Dp @ d1 d2 d3
vb(2) = vec01.@logl
vb(3) = 2*(vb(1) - vb(2))      '0.002129
vb(4) = 1 - @cchisq(vb(3),1)   '0.963197
```

结果完全一致。

需要提醒的是，限制起作用并不是协整关系能够识别的必要条件，当对调整系数矩阵 **A** 进行限制时，可能导致限制起作用，但协整关系仍然不可识别。

三、协整方程顺序

VEC 模型中，协整方程的顺序是无关紧要的，例如 King et al. (1991) 的模型中，有两个协整方程，下面尝试交换两个协整方程的顺序

```
'http://www.princeton.edu/%7Emwatson/ddisk/kpsw.zip
pageload(page=kpsw) "CIYMRDP.PRN" names=(cn i y m r dp)
pagestruct(freq=q,start=1948q1)

var vec12
freeze(tb12) vec12.ec(c,2) 1 1 cn i y
table(27,4) tb12
tb12.settextcolor(b7:b17) blue
tb12.settextcolor(a21:d23) blue

var vec21
vec21.append(coint) b(1,1) = 0
vec21.append(coint) b(1,2) = 1
vec21.append(coint) b(2,1) = 1
vec21.append(coint) b(2,2) = 0
freeze(tb21) vec21.ec(c,2,restrict) 1 1 cn i y
table(36,4) tb21
tb21.settextcolor(c16:c26) blue
tb21.settextcolor(a34:d36) blue
```

我们估计了 vec12 (使用默认的识别方法，将矩阵 **B** 的顶部限制为单位矩阵) 和 vec21 两种设定，结果如图 11.6。我们看到，调整协整方程的顺序，相当于同时调整矩阵 **B** 和 **A** 的列而已 (注意 EViews 的结果报告给出的是 **A**′，因此调整的是行的顺序)。

图 11.6 协整方程顺序

```
Vector Error Correction Estimates
Date: 07/23/08   Time: 08:07
Sample (adjusted): 1948Q3 1989Q4
Included observations: 166 after adjustments
Standard errors in ( ) & t-statistics in [ ]
```

Cointegrating Eq:	CointEq1	CointEq2	
CN(-1)	1.000000	0.000000	
I(-1)	0.000000	1.000000	
Y(-1)	-1.077329 (0.02114) [-50.9548]	-0.980216 (0.03785) [-25.8964]	
C	-0.102190	1.664927	
Error Correction:	D(CN)	D(I)	D(Y)
CointEq1	0.071671 (0.02992) [2.39507]	0.254665 (0.08953) [2.84431]	0.203979 (0.04539) [4.49356]
CointEq2	-0.015377 (0.01582) [-0.97178]	-0.165589 (0.04734) [-3.49761]	0.005722 (0.02400) [0.23839]

```
Vector Error Correction Estimates
Date: 07/23/08   Time: 08:07
Sample (adjusted): 1948Q3 1989Q4
Included observations: 166 after adjustments
Standard errors in ( ) & t-statistics in [ ]
```

```
Cointegration Restrictions:
    B(1,1) = 0
    B(1,2) = 1
    B(2,1) = 1
    B(2,2) = 0
Convergence achieved after 1 iterations.
Restrictions identify all cointegrating vectors
Restrictions are not binding (LR test not available)
```

Cointegrating Eq:	CointEq1	CointEq2	
CN(-1)	0.000000	1.000000	
I(-1)	1.000000	0.000000	
Y(-1)	-0.980216 (0.03785) [-25.8964]	-1.077329 (0.02114) [-50.9548]	
C	1.664927	-0.102190	
Error Correction:	D(CN)	D(I)	D(Y)
CointEq1	-0.015377 (0.01582) [-0.97178]	-0.165589 (0.04734) [-3.49761]	0.005722 (0.02400) [0.23839]
CointEq2	0.071671 (0.02992) [2.39507]	0.254665 (0.08953) [2.84431]	0.203979 (0.04539) [4.49356]

四、弱外生性

如果矩阵 **A** 的第 i 行元素都为零，则称第 i 个内生变量相对于长期参数矩阵 **B** 是弱外生的 (weakly exogenous, weak exogeneity)。内生变量的弱外生性表明变量的运动不受非均衡 (disequilibrium) 的影响，变量对均衡误差不敏感。

下面继续讨论 King et al. (1991) 的模型，将两个协整关系分别设定为 $C_t - Y_t$ 和 $I_t - Y_t$（消费 C_t 对应于序列 cn）

```
var vec08
vec08.append(coint) b(1,1) = 1
vec08.append(coint) b(1,2) = 0
vec08.append(coint) b(1,3) = -1
vec08.append(coint) b(2,1) = 0
vec08.append(coint) b(2,2) = 1
vec08.append(coint) b(2,3) = -1
freeze(tb08) vec08.ec(c,2,restrict) 1 1 cn i y
table(38,4) tb08
```

得到估计结果为

```
Vector Error Correction Estimates
Date: 07/24/08   Time: 08:37
Sample (adjusted): 1948Q3 1989Q4
Included observations: 166 after adjustments
Standard errors in ( ) & t-statistics in [ ]
```

Cointegration Restrictions:		
B(1,1) = 1		
B(1,2) = 0		
B(1,3) = -1		
B(2,1) = 0		
B(2,2) = 1		
B(2,3) = -1		
Convergence achieved after 1 iterations.		
Restrictions identify all cointegrating vectors		
LR test for binding restrictions (rank = 2):		
Chi-square(2)	8.993069	
Probability	0.011148	

Cointegrating Eq:	CointEq1	CointEq2
CN(-1)	1.000000	0.000000
I(-1)	0.000000	1.000000
Y(-1)	-1.000000	-1.000000
C	0.236774	1.578204

Error Correction:	D(CN)	D(I)	D(Y)
CointEq1	0.029227	0.149656	0.130026
	(0.02564)	(0.07666)	(0.03936)
	[1.13974]	[1.95227]	[3.30347]
CointEq2	-0.024582	-0.193869	-0.013860
	(0.01551)	(0.04637)	(0.02381)
	[-1.58471]	[-4.18078]	[-0.58213]

请注意，5% 显著水平下，对协整关系的限制是起作用的。下面检验消费的弱外生性。

```
c(1) = vec08.@logl
vec08.append(coint) a(1,1) = 0
vec08.append(coint) a(1,2) = 0
do vec08.ec(c,2,restrict) 1 1 cn i y
```

```
c(2) = vec08.@logl
c(3) = 2*(c(1)-c(2))     '5.93
c(4) = 1 - @cchisq(c(3),2)    '0.0515
```

5% 显著水平下,不能拒绝在给定协整关系 $C_t - Y_t$ 和 $I_t - Y_t$ 下,消费的弱外生性。

Johansen (1995, p113) 的 Denmark 数据是经典的例子,下面计算其第 116 页的弱外生性检验。

```
%db = @evpath + "\Example Files\var\var_dat"
pagecreate(page=vec) q 1974q1 1987q3
fetch(d=%db) lrm lry ibo ide
'create centered seasonal dummies
for !i=1 to 3
    series d{!i} = @seas(!i) - 0.25
next

'estimate VEC with intercept restricted in cointegrating relation
var vec06
do vec06.ec(b,1,c=1e-5,m=100) 1 1 lrm lry ibo ide @ d1 d2 d3
c(1) = vec06.@logl     'unrestricted
vec06.cleartext(coint)
vec06.append(coint) b(1,1) + b(1,2) = 0
vec06.append(coint) b(1,3) + b(1,4) = 0
vec06.append(coint) b(1,1) = 1
do vec06.ec(b,1,restrict,c=1e-5,m=100) 1 1 lrm lry ibo ide @ d1 d2 d3
c(2) = vec06.@logl
'test weak exogeneity a3=a4=0 conditional on b1+b2=0 and b3+b4=0
vec06.append(coint) a(3,1) = 0
vec06.append(coint) a(4,1) = 0
freeze(tb06) vec06.ec(b,1,restrict,c=1e-5,m=100) 1 1 _
             lrm lry ibo ide @ d1 d2 d3
c(3) = vec06.@logl
table(17,3) tb06
```

得到表格 tb06 为

```
Vector Error Correction Estimates
Date: 07/18/08   Time: 16:41
Sample (adjusted): 1974Q3 1987Q3
Included observations: 53 after adjustments
Standard errors in ( ) & t-statistics in [ ]

Cointegration Restrictions:
     B(1,1) + B(1,2) = 0
     B(1,3) + B(1,4) = 0
     B(1,1) = 1.0
     A(3,1) = 0
     A(4,1) = 0
Convergence achieved after 8 iterations.
Restrictions identify all cointegrating vectors
LR test for binding restrictions (rank = 1):
Chi-square(4)              6.743448
Probability                0.150083
```

共有 5 个限制,其中 LR 统计量的值为 6.743448=(c(1)-c(3))*2。而两种利率(银行存款利率 ibo 和债券利率 ide) 基于协整系数限制下的条件外生性检验为

```
c(21) = (c(2)-c(3))*2    '5.81
c(22) = 1 - @cchisq(c(21),2)    '0.0546
```

§11.4 协整检验

协整关系的估计和检验使我们能够使用具有协整关系的非平稳时间序列进行经济建模分析。然而，正确使用 Johansen 协整检验并非易事，鉴于此，我们先讨论其基本统计量和检验方法，解读检验结果。然后，分析了进行 Johansen 协整检验时的 DGP 识别——五种模型的选择，并进行了实例分析。

§11.4.1 检验方法

尽管只能检验单个协整关系，Engle and Granger (1987) 的两步法协整检验无疑是重大的突破。采用最大似然估计的方法，Johansen (1988, 1995) 提出了估计和检验协整的第二代方法，通过 VEC 模型，能同时估计和检验多个协整关系，已经成为检验协整关系的基本方法。

EViews 基于 Var 对象实现了 Johansen 协整检验。[9] 由于协整检验相对复杂，检验命令的选项繁多，检验结果往往有好几页，因此，我们先回顾检验的统计量，然后用实例阐述检验命令和检验结果。

一、统计量

Johansen 协整检验的重要工作之一就是通过迹检验和特征根检验，确定协整的阶数。简洁起见，我们以 $\mathbb{H}_2$ 模型 (确定性趋势的其他设定请参考第 545 页 §11.4.3 节) 的协整检验为例进行介绍，$\mathbb{H}_2$ 设定下的 VEC 形式为

$$\Delta \mathbf{y}_t = \mathbf{G} \mathbf{y}_{t-1} + \sum_{i=1}^{p-1} \mathbf{G}_i \Delta \mathbf{y}_{t-i} + \mathbf{e}_t$$

记

$$\mathbf{z}_{0t} = \Delta \mathbf{y}_t$$
$$\mathbf{z}_{1t} = \mathbf{y}_{t-1}$$
$$\mathbf{z}_{2t} = [\Delta \mathbf{y}_{t-1}; \Delta \mathbf{y}_{t-2}; \cdots ; \Delta \mathbf{y}_{t-p+1}]$$

$\mathbf{z}_{0t}$ 和 $\mathbf{z}_{1t}$ 分别对 $\mathbf{z}_{2t}$ 回归的残差记为 $\mathbf{r}_{0t}$ 和 $\mathbf{r}_{1t}$，定义

$$\mathbf{S}_{ij} \equiv \frac{1}{T} \sum_{t=1}^{T} \mathbf{r}_{it} \mathbf{r}'_{jt} \qquad i,j = 0,1$$

Johansen 协整检验的核心是求解如下的广义特征根问题

$$\left| \lambda \mathbf{S}_{11} - \mathbf{S}_{10} \mathbf{S}_{00}^{-1} \mathbf{S}_{01} \right| = 0 \tag{11.17}$$

有

$$1 > \lambda_1 > \lambda_2 > \cdots > \lambda_M > 0$$

基于这些特征根，有如下两个似然比检验：

1) 迹 (trace) 检验：零假设为有 C 个协整关系，备择假设为有 M 个协整关系，备择假设即 $\mathbf{y}_t$ 的每个变量都为 $\mathrm{I}(0)$，迹检验的统计量为

$$\mathrm{LR}_{\mathrm{TR}}(C) = -T \sum_{i=C+1}^{M} \log(1 - \lambda_i) \qquad C = 0,1,2,\cdots, M-1$$

其中 λ_i 是式 (11.17) 的第 i 大特征根。

---
[9] 如果使用群对象进行协整检验，可以加入外生解释变量，但不能添加矩阵 $\mathbf{A}$ 和 $\mathbf{B}$ 的系数限制。

2) 最大特征根 (maximum eigenvalue) 检验：零假设下协整阶数为 C，备择假设下则为 $C+1$

$$\mathrm{LR_{EIG}}(C) = -T\log(1-\lambda_{C+1})$$
$$= \mathrm{LR_{TR}}(C) - \mathrm{LR_{TR}}(C+1)$$

关于 Johansen 协整检验：

1) 确定性趋势的其他设定下，迹统计量和最大特征根统计量的计算类似，请参考 Johansen (1995, p90–98)。
2) 迹检验和最大特征值检验得出的结论可能不一致，此时要认真检查协整方程，寻求合理的解释。
3) 单个变量的单位根检验认为某些序列是非平稳的，但协整检验却得到所有序列是平稳的结论。出现这种矛盾时，很可能是小样本下协整检验的低功效 (low power)，或者是设定错误。

二、例子

我们检验 Johansen (1995, p113) 中 Denmark 数据的协整阶数

```
%db = @evpath + "\Example Files\var\var_dat"
pagecreate(page=denmark) q 1974q1 1987q3
fetch(d=%db) lrm lry ibo ide
'create centered seasonal dummies
for !i=1 to 3
    series d{!i} = @seas(!i) - 0.25
next
var vec06
do vec06.ec(b,1,c=1e-5,m=100) 1 1 lrm lry ibo ide @ d1 d2 d3
freeze(tab71) vec06.coint(b,1)
table(70,5) tab71
```

得到检验结果如图 11.7，5% 显著水平下，迹检验认为不存在协整关系，而最大特征根检验认为存在一个协整关系 (协整阶数从 0 开始顺序检验，直到不能拒绝)。关于检验结果报告：

1) 首先报告迹检验和最大特征根检验的系列检验，报告协整阶数从 0 到 $M-1$ 的检验结果，显然迹检验中的特征根和统计量与 Johansen (1995, p113) 的表 7.1 一致。EViews 报告的 p 值取自 MacKinnon et al. (1999)，EViews V4 使用 Osterwald-Lenum (1992) 临界值。此外，临界值和确定性趋势的设定相关，如果加入其他外生变量，临界值可能是不准确的。
2) 然后报告 $C=M$ 时的协整系数估计，Unrestricted Cointegrating Coefficients 的两个子表分别为 $\mathbf{B}'$ 和 $\mathbf{A}$。由于协整系数矩阵 $\mathbf{B}$ 需要增加限制才能识别，EViews 采用的是 Johansen (1995, p94) 的标准化方法，即

$$\mathbf{B}'\mathbf{S}_{11}\mathbf{B} = \mathbf{I}_C$$

我们看到，这里的 $\mathbf{B}'$ 和 $\mathbf{A}$ 分别等于 Johansen (1995, p113–4) 的表 7.2 和表 7.3。
3) 最后，对协整阶数 $C=1,2,\cdots,M-1$ 逐个进行报告，采用常见的标准化方法，即前面的 C 个变量分别用后面的 $M-C$ 个变量来表示。

使用命令 coint 前，Var 对象必须已经成功估计过 (ls 或者 ec)，关于 coint 协整检验命令：

1) 确定性外生变量的设定使用选项设置 (类似于命令 ec)，选项的具体含义请参考 §11.4.3 节 (第 545 页)。命令 coint 还提供选项 s 产生汇总报告。

图 11.7 协整检验

```
Date: 07/24/08   Time: 15:02
Sample (adjusted): 1974Q3 1987Q3
Included observations: 53 after adjustments
Trend assumption: No deterministic trend (restricted constant)
Series: LRM LRY IBO IDE
Exogenous series: D1 D2 D3
Warning: Critical values assume no exogenous series
Lags interval (in first differences): 1 to 1
```

Unrestricted Cointegration Rank Test (Trace)

Hypothesized No. of CE(s)	Eigenvalue	Trace Statistic	0.05 Critical Value	Prob.**
None	0.433165	49.14436	54.07904	0.1282
At most 1	0.177584	19.05691	35.19275	0.7836
At most 2	0.112791	8.694964	20.26184	0.7644
At most 3	0.043411	2.352233	9.164546	0.7071

Trace test indicates no cointegration at the 0.05 level
* denotes rejection of the hypothesis at the 0.05 level
**MacKinnon-Haug-Michelis (1999) p-values

Unrestricted Cointegration Rank Test (Maximum Eigenvalue)

Hypothesized No. of CE(s)	Eigenvalue	Max-Eigen Statistic	0.05 Critical Value	Prob.**
None *	0.433165	30.08745	28.58808	0.0319
At most 1	0.177584	10.36195	22.29962	0.8059
At most 2	0.112791	6.342731	15.89210	0.7486
At most 3	0.043411	2.352233	9.164546	0.7071

Max-eigenvalue test indicates 1 cointegrating eqn(s) at the 0.05 level
* denotes rejection of the hypothesis at the 0.05 level
**MacKinnon-Haug-Michelis (1999) p-values

Unrestricted Cointegrating Coefficients (normalized by b'*S11*b=I):

LRM	LRY	IBO	IDE	C
-21.97409	22.69811	-114.4173	92.64010	133.1615
14.65598	-20.05089	3.561148	100.2632	-62.59345
7.946552	-25.64080	4.277513	-44.87727	62.74888
1.024493	-1.929761	24.99712	-14.64825	-2.318655

Unrestricted Adjustment Coefficients (alpha):

D(LRM)	0.009691	-0.000329	0.004406	0.001980
D(LRY)	-0.005234	0.001348	0.006284	0.001082
D(IBO)	-0.001055	-0.000723	0.000438	-0.001536
D(IDE)	-0.001338	-0.002063	-0.000354	-4.65E-05

1 Cointegrating Equation(s):   Log likelihood   669.1154

Normalized cointegrating coefficients (standard error in parentheses)

LRM	LRY	IBO	IDE	C
1.000000	-1.032949	5.206919	-4.215880	-6.059932
	(0.13897)	(0.55060)	(1.09082)	(0.86239)

Adjustment coefficients (standard error in parentheses)

D(LRM)	-0.212955
	(0.06435)
D(LRY)	0.115022
	(0.06739)
D(IBO)	0.023177
	(0.02547)
D(IDE)	0.029411
	(0.01717)

图 11.8 系数限制下的协整检验

```
Restrictions:

B(1,1) + B(1,2) = 0

Tests of cointegration restrictions:

Hypothesized    Restricted       LR          Degrees of
No. of CE(s)    Log-likehood     Statistic   Freedom       Probability

     1          669.0938         0.043171    1             0.835404
     2          674.2964         NA          NA            NA
     3          677.4677         NA          NA            NA

NA indicates restriction not binding.

1 Cointegrating Equation(s): Convergence achieved after 7 iterations.

Restricted cointegrating coefficients (not all coefficients are identified)
    LRM           LRY           IBO           IDE            C
  -21.53286     21.53286     -114.1333      92.38458      134.8917

Adjustment coefficients (standard error in parentheses)
    D(LRM)       0.009845
                (0.00292)
    D(LRY)      -0.004993
                (0.00308)
    D(IBO)      -0.001051
                (0.00116)
    D(IDE)      -0.001379
                (0.00078)

2 Cointegrating Equation(s): Maximum iterations (100) reached.

Restricted cointegrating coefficients (not all coefficients are identified)
    LRM           LRY           IBO           IDE            C
  -19.82451     19.82451     -112.8794     105.0766      123.6234
   15.15577    -20.71488       3.993394    102.9830      -64.83212

Adjustment coefficients (standard error in parentheses)
    D(LRM)       0.009778     -0.001578
                (0.00295)     (0.00287)
    D(LRY)      -0.005277      0.001989
                (0.00309)     (0.00300)
    D(IBO)      -0.001066     -0.000565
                (0.00116)     (0.00113)
    D(IDE)      -0.001356     -0.001828
                (0.00072)     (0.00070)

3 Cointegrating Equation(s): Convergence achieved after 5 iterations.

Restricted cointegrating coefficients (not all coefficients are identified)
    LRM           LRY           IBO           IDE            C
  -21.47796     21.47796     -114.0501      91.97030     134.5998
   14.65694    -20.05324       3.561870    100.2619     -62.59070
    7.951885   -25.65389       4.281546    -44.88452     62.76420

Adjustment coefficients (standard error in parentheses)
    D(LRM)       0.009705     -0.000440      0.004041
                (0.00286)     (0.00285)     (0.00285)
    D(LRY)      -0.005242      0.001407      0.006478
                (0.00292)     (0.00291)     (0.00291)
    D(IBO)      -0.001056     -0.000711      0.000477
                (0.00115)     (0.00115)     (0.00115)
    D(IDE)      -0.001340     -0.002047     -0.000303
                (0.00072)     (0.00072)     (0.00072)
```

2) EViews 进行协整检验时，允许 VEC 模型包含其他外生变量。但是，如果加入了其他外生变量，临界值并没有考虑那些外生变量的影响。

3) 加入的外生变量最常见的是季节调整哑变量，建议将这些变量去均值。请注意，加入季节哑变量，会影响协整检验的渐近分布。

4) 命令 coint 和 ec 的滞后范围都是基于一阶差分数据的，例如"1 2"表示 VEC 模型右手边有 $\Delta \mathbf{y}_{t-1}$ 和 $\Delta \mathbf{y}_{t-2}$ 两项，对应于水平数据，则包含了三项滞后。如果模型只包含 $\mathbf{y}_t$ 的一阶滞后，滞后范围表示为"0 0"。

5) 命令 coint 中一阶差分的滞后项数通过选项设定：请注意，ec(b,1) 中的选项 1 表示一个协整关系，而 coint(b,1) 中的选项 1 则表示一阶差分的滞后阶数为 1。

当对矩阵 **A** 和 **B** 进行系数限制时，协整检验命令 coint 使用 restrict 选项以考虑系数限制

```
vec06.cleartext(coint)
vec06.append(coint) b(1,1) + b(1,2) = 0
vec06.coint(b,1,restrict,c=1e-5,m=100)
```

得到检验结果如图 11.8，我们省略了和图 11.7 中相同的部分，即开头的无限制模型的迹检验和最大特征根检验报告部分。我们看到：

1) 重述系数限制后，EViews 报告了系数限制是否起作用的检验结果。

2) EViews 识别出系数限制包含的协整方程个数，报告 **B**′ 和 **A** 的估计。如果限制改为

```
B(2,1) = 0.5
```

即对第二个协整方程的系数进行限制，**B**′ 和 **A** 的估计将从 $C = 2$ 开始一直报告到 $C = M - 1$。如果只有两个内生变量，将出错。

3) 请注意，图 11.8 中，当 $C = 2$ 时未收敛。

三、如何检验

Johansen 协整检验是滞后阶数、五种模型（相应 DGP）和协整阶数的联合检验：

1) 滞后阶数：EViews 中，用 laglen 选取 VAR 的滞后 p，然后将 $p - 1$ 作为 coint 的选项。

2) 五种模型（第 545 页 §11.4.3 节）的选择实际上是 DGP 的识别，往往被忽略，我们将详细讨论。

3) 根据命令 coint 的输出，协整阶数由迹检验或者最大特征根检验确定。

这三部分的检验往往是分开的，当前还没有联合检验的方法。前两部分由命令 coint 的选项设定，如果设定不恰当，都会影响检验的结果。我们以 King et al. (1991) 的数据为例

```
'http://www.princeton.edu/%7Emwatson/ddisk/kpsw.zip
pageload(page=kpsw) "CIYMRDP.PRN" names=(cn i y m r dp)
pagestruct(freq=q,start=1948q1)

var var01.ls 1 1 cn i y
var01.laglen(8)
```

所有准则 (LR, FPE, AIC, SC 和 HQ) 一致选取滞后为 2，故协整检验时，滞后阶数为 1。

```
var vec01.ls 1 2 cn i y
vec01.coint(s,1)
```

得到协整检验的汇总结果如图 11.9。我们看到，不同的模型选择，协整阶数是不同的。此外，EViews 还给出了 AIC 和 SC 的模型选择 (星号标记)，尽管都选择了 $\mathbb{H}_1$ 模型，但选取的协整阶数并不一致。

图 11.9 协整检验汇总

```
Date: 07/23/08   Time: 13:59
Sample: 1948Q1 1989Q4
Included observations: 166
Series: CN I Y
Lags interval: 1 to 1
```

Selected (0.05 level*) Number of Cointegrating Relations by Model

Data Trend:	None	None	Linear	Linear	Quadratic
Test Type	No Intercept No Trend	Intercept No Trend	Intercept No Trend	Intercept Trend	Intercept Trend
Trace	2	3	2	1	1
Max-Eig	2	3	2	1	1

*Critical values based on MacKinnon-Haug-Michelis (1999)

Information Criteria by Rank and Model

Data Trend:	None	None	Linear	Linear	Quadratic
Rank or No. of CEs	No Intercept No Trend	Intercept No Trend	Intercept No Trend	Intercept Trend	Intercept Trend

Log Likelihood by Rank (rows) and Model (columns)

Rank					
0	1505.814	1505.814	1527.708	1527.708	1528.132
1	1530.165	1530.223	1544.984	1545.008	1545.388
2	1541.876	1546.682	1552.641	1552.904	1553.283
3	1542.782	1553.249	1553.249	1554.557	1554.557

Akaike Information Criteria by Rank (rows) and Model (columns)

Rank					
0	-18.03390	-18.03390	-18.26154	-18.26154	-18.23050
1	-18.25500	-18.24365	-18.39740	-18.38564	-18.36612
2	-18.32381	-18.35761	-18.41736*	-18.39643	-18.38895
3	-18.26243	-18.35240	-18.35240	-18.33202	-18.33202

Schwarz Criteria by Rank (rows) and Model (columns)

Rank					
0	-17.86518	-17.86518	-18.03658	-18.03658	-17.94930
1	-17.97380	-17.94370	-18.05995*	-18.02944	-17.97244
2	-17.93012	-17.92643	-17.96744	-17.90901	-17.88278
3	-17.75626	-17.78999	-17.78999	-17.71337	-17.71337

§11.4.2 三类 DGP

从图 11.9 的检验结果，我们看到了协整检验时 DGP 识别 (模型选择) 是必不可少的。首先，我们需要界定 $M \times 1$ 向量 $\mathbf{y}_t$ 为 I(1) 的含义:

- 协整，我们只关心随机协整，协整关系 $\mathbf{B}'\mathbf{y}_{t-1}$ 允许是趋势平稳的。
- $\mathbf{y}_t$ 可以包含 I(0) 的分量，但此时一个 I(0) 分量就看成一个协整关系。

这样定义的 I(1) 与 Engle and Granger (1987) 的定义有点差别，他们要求 $\mathbf{y}_t$ 的每个分量都必须为 I(1)，但和 Johansen (1995) 是一致的。其好处是，我们不是受限制于经济数据的统计特性，而是根据经济数据的实际关系，来进行协整建模分析。

一、GRT

$M \times 1$ 向量 $\mathbf{y}_t$ 建立 p 阶的 VAR 模型

$$\mathbf{y}_t = \mathbf{A}_1 \mathbf{y}_{t-1} + \mathbf{A}_2 \mathbf{y}_{t-2} + \cdots + \mathbf{A}_p \mathbf{y}_{t-p} + \mathbf{Q}\mathbf{d}_t + \mathbf{e}_t \qquad \mathbf{e}_t \sim \text{iid N}(0, \mathbf{V})$$

其中非随机的 $\mathbf{d}_t = [1, t]'$。如果 $\mathbf{y}_t$ 中存在 C 个协整关系，改写为 VEC 形式 (第 526 页式 11.14)

$$\Delta \mathbf{y}_t = \mathbf{G}\mathbf{y}_{t-1} + \sum_{i=1}^{p-1} \mathbf{G}_i \Delta \mathbf{y}_{t-i} + \mathbf{Q}\mathbf{d}_t + \mathbf{e}_t \qquad (11.18)$$

此时 $\text{rank}(\mathbf{G}) = C$,根据满秩分解定理[10],有

$$\mathbf{G} = \mathbf{A}\mathbf{B}'$$

其中 $\mathbf{A}$ 和 $\mathbf{B}$ 为满列秩的 $M \times C$ 矩阵。记满列秩的 $M \times (M-C)$ 矩阵 $\mathbf{A}_0$ 和 $\mathbf{B}_0$ 分别为 $\mathbf{A}$ 和 $\mathbf{B}$ 的正交补 (orthogonal complement) 矩阵 (即 $\mathbf{A}'\mathbf{A}_0 = 0$),根据 Granger 表示定理 (GRT,参见 Hansen,2005,定理一),在一定条件下,式 (11.18) 有如下的表示形式 (也称为 VEC 的 VMA 形式):

$$\mathbf{y}_t = \mathbf{C}\sum_{l=1}^{t}(\mathbf{Q}\mathbf{d}_l + \mathbf{e}_l) + \mathbf{C}(L)(\mathbf{Q}\mathbf{d}_t + \mathbf{e}_t) + \mathbf{y}_{\cdot 0} \tag{11.19}$$

其中

$$\mathbf{C} = \mathbf{B}_0\left(\mathbf{A}_0'\mathbf{M}\mathbf{B}_0\right)^{-1}\mathbf{A}_0' \qquad \mathbf{M} = \mathbf{I} - \sum_{i=1}^{p-1}\mathbf{G}_i \qquad \mathbf{y}_{\cdot 0} = \mathbf{C}\left(\mathbf{y}_0 - \sum_{i=1}^{p-1}\mathbf{G}_i\mathbf{y}_{-i}\right)$$

假设 $\mathbf{A}_0'\mathbf{M}\mathbf{B}_0$ 可逆。滞后多项式 $\mathbf{C}(L) = \sum_{i=0}^{\infty}\mathbf{C}_i L^i$ (L 为滞后算子) 的系数由如下递归公式确定

$$\Delta\mathbf{C}_i = \mathbf{G}\mathbf{C}_{i-1} + \sum_{j=1}^{p-1}\mathbf{G}_j\Delta\mathbf{C}_{i-j} \qquad i = 1, 2, \cdots$$

并且初始条件为

$$\mathbf{C}_0 \equiv \mathbf{I} - \mathbf{C} \qquad \mathbf{C}_{-1} = \mathbf{C}_{-2} = \cdots = \mathbf{C}_{-p+1} = -\mathbf{C}$$

二、DGP

为了讨论的方便,定义如下三类 DGP (只考虑随机趋势是 I(1) 的情形):

$$\text{DGP1} \qquad \mathbf{y}_t = \mathbf{c} + \mathbf{C}\mathbf{u}_t + \mathbf{v}_t$$

$$\text{DGP2} \qquad \mathbf{y}_t = \mathbf{c} + \mathbf{g}t + \mathbf{C}\mathbf{u}_t + \mathbf{v}_t$$

$$\text{DGP3} \qquad \mathbf{y}_t = \mathbf{c} + \mathbf{g}t + \mathbf{h}t^2 + \mathbf{C}\mathbf{u}_t + \mathbf{v}_t$$

其中随机趋势为 $\mathbf{u}_t = \sum_{l=1}^{t}\mathbf{e}_l$,$\mathbf{v}_t$ 是零均值 I(0) 过程,对比式 (11.19),有 $\mathbf{v}_t = \mathbf{C}(L)\mathbf{e}_t$。说明:

1) 这三类 DGP 分别为无时间趋势、线性和二次时间趋势。注意到由于

$$\mathbf{C} \in \mathbb{R}_{M-C}^{M \times M}$$

$\mathbf{C}\mathbf{u}_t$ 只包含 $M - C$ 个随机趋势 (随机因子)。

2) 这三类 DGP 的差分形式为

$$\text{DGP1} \qquad \Delta\mathbf{y}_t = \mathbf{w}_t$$

$$\text{DGP2} \qquad \Delta\mathbf{y}_t = \mathbf{g} + \mathbf{w}_t$$

$$\text{DGP3} \qquad \Delta\mathbf{y}_t = \mathbf{g} - \mathbf{h} + 2\mathbf{h}t + \mathbf{w}_t$$

其中

$$\mathbf{w}_t = \mathbf{C}\mathbf{e}_t + \Delta\mathbf{v}_t$$

3) 式 (11.19) 中关于确定性趋势项 $\mathbf{Q}\mathbf{d}_t$ 的不同设定,可以归入上述三类的 DGP 中。

---

[10]满秩分解定理:如果 $\mathbf{G} \in \mathbb{C}_r^{m \times n}$ (秩为 r 的 $m \times n$ 复数矩阵),则存在满列秩矩阵 $\mathbf{A} \in \mathbb{C}_r^{m \times r}$ 和满行秩矩阵 $\mathbf{B} \in \mathbb{C}_r^{r \times n}$,使得

$$\mathbf{G} = \mathbf{A}\mathbf{B}$$

§11.4.3 五种模型

由于 $\mathbf{A}_0$ 和 $\mathbf{A}$ 互为正交补矩阵，注意到恒等式

$$\mathbf{A}\left(\mathbf{A}'\mathbf{A}\right)^{-1}\mathbf{A}' + \mathbf{A}_0\left(\mathbf{A}_0'\mathbf{A}_0\right)^{-1}\mathbf{A}_0' = \mathbf{I}$$

记 $\mathbf{Q} = [\mathbf{q}_1\ \mathbf{q}_2]$，则

$$\mathbf{Q}\mathbf{d}_t = \mathbf{q}_1 + \mathbf{q}_2 t = (\mathbf{A}\mathbf{q}_{.1} + \mathbf{A}_0\mathbf{q}_{:1}) + (\mathbf{A}\mathbf{q}_{.2} + \mathbf{A}_0\mathbf{q}_{:2}) t$$

其中

$$\mathbf{q}_{.1} = \left(\mathbf{A}'\mathbf{A}\right)^{-1}\mathbf{A}'\mathbf{q}_1 \qquad \mathbf{q}_{:1} = \left(\mathbf{A}_0'\mathbf{A}_0\right)^{-1}\mathbf{A}_0'\mathbf{q}_1$$

$$\mathbf{q}_{.2} = \left(\mathbf{A}'\mathbf{A}\right)^{-1}\mathbf{A}'\mathbf{q}_2 \qquad \mathbf{q}_{:2} = \left(\mathbf{A}_0'\mathbf{A}_0\right)^{-1}\mathbf{A}_0'\mathbf{q}_2$$

显然 $\mathbf{q}_{.1}$, $\mathbf{A}_0\mathbf{q}_{:1}$, $\mathbf{q}_{.2}$ 和 $\mathbf{A}_0\mathbf{q}_{:2}$ 由 $\mathbf{Q}$ 和 $\mathbf{A}$ 完全确定。Johansen (1994, 1995) 提出如下五种模型，是协整检验时对确定性趋势 $\mathbf{Q}\mathbf{d}_t$ 的讨论：

1) $\mathbb{H}_2$ 模型 (选项 a)

$$\mathbf{Q}\mathbf{d}_t = 0$$

此时式 (11.18) 的 VEC 设定中

$$\mathbf{G}\mathbf{y}_{t-1} + \mathbf{Q}\mathbf{d}_t = \mathbf{A}\mathbf{B}'\mathbf{y}_{t-1}$$

式 (11.19) 简化为

$$\mathbf{y}_t = \mathbf{y}_{.0} + \mathbf{C}\mathbf{u}_t + \mathbf{C}(\mathrm{L})\mathbf{e}_t$$

因此其 DGP 为漂移项满足 $\mathbf{c} = \mathbf{y}_{.0}$ 的 DGP1。

2) $\mathbb{H}_1^*$ 模型 (选项 b)，常数项受限制 $\mathbf{A}_0'\mathbf{q}_1 = 0$，此时

$$\mathbf{Q}\mathbf{d}_t = \mathbf{q}_1 = \mathbf{A}\mathbf{q}_{.1}$$

此时式 (11.18) 的 VEC 设定中

$$\mathbf{G}\mathbf{y}_{t-1} + \mathbf{Q}\mathbf{d}_t = \mathbf{A}\left(\mathbf{B}'\mathbf{y}_{t-1} + \mathbf{q}_{.1}\right)$$

式 (11.19) 简化为

$$\mathbf{y}_t = [\mathbf{y}_{.0} + \mathbf{C}(1)\mathbf{A}\mathbf{q}_{.1}] + \mathbf{C}\mathbf{u}_t + \mathbf{C}(\mathrm{L})\mathbf{e}_t$$

因此其 DGP 为漂移项 $\mathbf{c} = \mathbf{y}_{.0} + \mathbf{C}(1)\mathbf{A}\mathbf{q}_{.1}$ 的 DGP1。

3) $\mathbb{H}_1$ 模型 (选项 c)

$$\mathbf{Q}\mathbf{d}_t = \mathbf{q}_1$$

此时式 (11.18) 的 VEC 设定中

$$\mathbf{G}\mathbf{y}_{t-1} + \mathbf{Q}\mathbf{d}_t = \mathbf{A}\left(\mathbf{B}'\mathbf{y}_{t-1} + \mathbf{q}_{.1}\right) + \mathbf{A}_0\mathbf{q}_{:1}$$

式 (11.19) 简化为

$$\mathbf{y}_t = \mathbf{y}_{.0} + \mathbf{C}(1)\mathbf{q}_1 + \mathbf{C}\mathbf{q}_1 t + \mathbf{C}\mathbf{u}_t + \mathbf{C}(\mathrm{L})\mathbf{e}_t$$

因此其 DGP 为线性时间趋势项 $\mathbf{g} = \mathbf{C}\mathbf{q}_1$ 的 DGP2。注意到

$$\mathbf{C}\mathbf{q}_1 = 0 \iff \mathbf{A}_0'\mathbf{q}_1 = 0$$

因此，如果 $\mathbf{C}\mathbf{q}_1 = 0$，应该直接选择 $\mathbb{H}_1^*$ 模型。

4) $\mathbb{H}^*$ 模型 (选项 d),时间趋势受限制 $\mathbf{A}_0'\mathbf{q}_2 = 0$,此时

$$\mathbf{Qd}_t = \mathbf{q}_1 + \mathbf{q}_2 t = \mathbf{q}_1 + \mathbf{A}\mathbf{q}_{\cdot 2} t$$

此时式 (11.18) 的 VEC 设定中

$$\mathbf{Gy}_{t-1} + \mathbf{Qd}_t = \mathbf{A}\left(\mathbf{B}'\mathbf{y}_{t-1} + \mathbf{q}_{\cdot 1} + \mathbf{q}_{\cdot 2} t\right) + \mathbf{A}_0 \mathbf{q}_{:1}$$

式 (11.19) 可表示为

$$\mathbf{y}_t = \mathbf{y}_{\cdot 0} + \mathbf{C}(1)\mathbf{q}_1 - \sum_{i=0}^{\infty} i\mathbf{C}_i \mathbf{A}\mathbf{q}_{\cdot 2} + [\mathbf{C}\mathbf{q}_1 + \mathbf{C}(1)\mathbf{A}\mathbf{q}_{\cdot 2}]t + \mathbf{C}\mathbf{u}_t + \mathbf{C}(L)\mathbf{e}_t$$

因此其 DGP 为线性时间趋势项 $\mathbf{g} = \mathbf{C}\mathbf{q}_1 + \mathbf{C}(1)\mathbf{A}\mathbf{q}_{\cdot 2}$ 的 DGP2。

5) $\mathbb{H}$ 模型 (选项 e)

$$\mathbf{Qd}_t = \mathbf{q}_1 + \mathbf{q}_2 t$$

此时式 (11.18) 的 VEC 设定中

$$\mathbf{Gy}_{t-1} + \mathbf{Qd}_t = \mathbf{A}\left(\mathbf{B}'\mathbf{y}_{t-1} + \mathbf{q}_{\cdot 1} + \mathbf{q}_{\cdot 2} t\right) + \mathbf{A}_0\left(\mathbf{q}_{:1} + \mathbf{q}_{:2} t\right)$$

式 (11.19) 可整理为

$$\mathbf{y}_t = \mathbf{y}_{\cdot 0} + \mathbf{C}(1)\mathbf{q}_1 - \sum_{i=0}^{\infty} i\mathbf{C}_i \mathbf{q}_2 + \left[\mathbf{C}\mathbf{q}_1 + \frac{1}{2}\mathbf{C}\mathbf{q}_2 + \mathbf{C}(1)\mathbf{q}_2\right]t + \frac{1}{2}\mathbf{C}\mathbf{q}_2 t^2 + \mathbf{C}\mathbf{u}_t + \mathbf{C}(L)\mathbf{e}_t$$

因此其 DGP 是二次时间趋势项 $\mathbf{h} = \frac{1}{2}\mathbf{C}\mathbf{q}_2$ 的 DGP3。注意到

$$\mathbf{C}\mathbf{q}_2 = 0 \iff \mathbf{A}_0'\mathbf{q}_2 = 0$$

因此,如果 $\mathbf{C}\mathbf{q}_2 = 0$,应该直接选择 $\mathbb{H}^*$ 模型。

以上五种模型采用的符号 $\mathbb{H}_2, \mathbb{H}_1^*, \mathbb{H}_1, \mathbb{H}^*$ 和 $\mathbb{H}$,已经成为设定 VEC 模型时确定性趋势项的惯用符号。关于这五种模型的选择:

- 这五种模型是对式 (11.18) 的 VEC 方程确定趋势项的假定,不是直接对三类 DGP 进行设定。不同的模型,对应不同类的 DGP,而且这些类型的 DGP 是受一定限制的,三类 DGP 和五种模型的对应关系为:DGP1 ($\mathbb{H}_2$ 和 $\mathbb{H}_1^*$),DGP2 ($\mathbb{H}_1$ 和 $\mathbb{H}^*$),DGP3 ($\mathbb{H}$)。
- 如果先进行 DGP 识别,由 Johansen (1995, p162) 的引理 11.3,对于 DGP2,如果模型 $\mathbb{H}^*$ 的检验结果有 C 个协整关系,由于 $\mathbb{H}_1$ 为 $\mathbb{H}^*$ 中限制 $\mathbf{A}\mathbf{q}_{\cdot 2} = 0$,注意到

$$\mathbf{A}\mathbf{q}_{\cdot 2} = \mathbf{A}(\mathbf{A}'\mathbf{A})^{-1}\mathbf{A}'\mathbf{q}_2 = 0 \iff \mathbf{A}'\mathbf{q}_2 = 0$$

有 C 个限制,因此

$$\mathrm{LR}\left(\mathbb{H}_1(C)|\mathbb{H}^*(C)\right) = T\sum_{i=1}^{C}\log\left(\frac{1-\lambda_i}{1-\lambda_i^*}\right) \sim \chi^2(C)$$

其中 λ_i 和 λ_i^* 分别是模型 $\mathbb{H}_1$ 和 $\mathbb{H}^*$ 计算的特征根。如果统计量不显著,表明限制是合理的,应该选择 $\mathbb{H}_1$ 模型。类似地,对于 DGP1,如果检验 $\mathbb{H}_1^*$ 得到 C 个协整关系,则

$$\mathrm{LR}\left(\mathbb{H}_2(C)|\mathbb{H}_1^*(C)\right) = T\sum_{i=1}^{C}\log\left(\frac{1-\lambda_i}{1-\lambda_i^*}\right) \sim \chi^2(C)$$

表 11.1 协整检验

选项	模型	DGP1	DGP2	DGP3	模型选择	CE
a	$\mathbb{H}_2$	✓			$\text{LR}(\mathbb{H}_2|\mathbb{H}_1^*) \sim \chi^2(C)$	0
b	$\mathbb{H}_1^*$	✓			$\text{LR}(\mathbb{H}_1^*|\mathbb{H}_1) \sim \chi^2(M-C)$	$\mathbf{q}_{.1}$
c	$\mathbb{H}_1$		✓		$\text{LR}(\mathbb{H}_1|\mathbb{H}^*) \sim \chi^2(C)$	$\mathbf{q}_{.1}$
d	$\mathbb{H}^*$		✓		$\text{LR}(\mathbb{H}^*|\mathbb{H}) \sim \chi^2(M-C)$	$\mathbf{q}_{.1} + \mathbf{q}_{.2} t$
e	$\mathbb{H}$			✓		$\mathbf{q}_{.1} + \mathbf{q}_{.2} t$

- 如果没有进行 DGP 识别，由 Johansen (1995, p161) 的引理 11.2，可以使用如下检验：

$$\text{LR}\left(\mathbb{H}_1^*(C)|\mathbb{H}_1(C)\right) = -T \sum_{i=C+1}^{M} \log\left(\frac{1-\lambda_i^*}{1-\lambda_i}\right) \sim \chi^2(M-C)$$

$$\text{LR}\left(\mathbb{H}^*(C)|\mathbb{H}(C)\right) = -T \sum_{i=C+1}^{M} \log\left(\frac{1-\lambda_i^*}{1-\lambda_i}\right) \sim \chi^2(M-C)$$

其中 C 为非限制模型 ($\mathbb{H}_1$ 或者 $\mathbb{H}$) 得到的协整阶数。关于自由度，由于模型 $\mathbb{H}_1^*$ 为 $\mathbb{H}_1$ 中限制 $\mathbf{A}_0 \mathbf{q}_{:1} = 0$，而

$$\mathbf{A}_0 \mathbf{q}_{:1} = 0 \iff \mathbf{A}_0' \mathbf{q}_1 = 0$$

有 $M-C$ 个限制。同样地，$\mathbb{H}^*$ 为 $\mathbb{H}$ 增加了 $M-C$ 个限制。

- 由于三类 DGP 相对容易识别，建议先进行 DGP 识别，把五种模型分为三类，再进行选择。常见的盲目选择 $\mathbb{H}_1$ 模型的做法是不可取的。

清晰起见，协整检验的相关内容总结为表 11.1。显然，进行 DGP 识别后，对于 DGP1 和 DGP2，分别使用 $\text{LR}(\mathbb{H}_2|\mathbb{H}_1^*)$ 和 $\text{LR}(\mathbb{H}_1|\mathbb{H}^*)$ 选择合适的模型，此时假设协整阶数 C 为已知的，通常取为无限制模型检验的协整个数，或者由经济理论给定。协整检验命令 `coint` 的其他说明：

1) 汇总报告：选项 s 报告五种模型的迹检验和最大特征根检验的协整阶数，例如图 11.9 (第 543 页) 报告的检验结果，DGP 类型在 `Data Trend` 行，而协整方程中的确定性项设定在 `Test Type` 行。需要说明的是，当使用选项 s 时，命令 `coint` 将忽略协整关系的系数限制 (用 `append(coint)` 添加的对矩阵 $\mathbf{A}$ 和 $\mathbf{B}$ 的系数限制)。

2) 系数限制：例如图 11.8 (第 541 页) 的检验报告，系数限制下的协整关系估计，EViews 采用 Boswijk (1995) 的迭代计算方法进行估计，不需要设置初始值。然而，估计的过程中如果出现矩阵奇异的情况，EViews 将通过随机数重新选取初始值，直到没有出现矩阵奇异的问题 (但不保证收敛)。

§11.4.4 实例分析

VEC 模型的设定包含了滞后阶数、协整阶数和五种模型的 DGP 设定，因此，基于 VAR 的协整检验是滞后阶数、协整阶数和五种模型的联合检验。继续第 542 页 King et al. (1991) 数据的例子，我们将演示协整检验的完整过程：首先，讨论 DGP 识别，这也是进行单位根检验的前期工作。然后，根据图 11.9 (第 543 页) 的检验报告，选择出正确的模型。最后，通过递归检验，考察协整阶数的稳定性。

一、DGP 识别

由于 VAR 模型的内生变量都需要识别，采用子程序是更好的方法

```
subroutine DGPid(group g, table tb)
'g   :  group, for variables
'tb  :  table, coef and p-value

!i = 0
for !n = 1 to g.@count
    equation _eq0t.ls(n) g(!n) c @trend
    equation _eq1.ls(n) d(g(!n)) c
    equation _eq1t.ls(n) d(g(!n)) c @trend
    equation _eq2.ls(n) d(g(!n),2) c

    tb(!i+1,1) = g.@seriesname(!n)
    !i = !i+2
    for %s 0t 1 1t 2
        tb(!i,1) = "eq"+%s
        !K = _eq{%s}.@ncoef
        !T = _eq{%s}.@regobs
        for !j = 1 to !K
            tb(!i,2) = _eq{%s}.c(!j)
            tb(!i,3) = 2*@ctdist(-abs(_eq{%s}.@tstats(!j)),!T-!K)
            !i = !i+1
        next
    next   '%s
next    '!n
tb.setformat(@all) f.4
delete _eq*    'delete temp obj
endsub
```

子程序 DGPid 的简要说明 (参见第 317 页 §7.3.3 小节):

1) 子程序参数：群对象 g 的成员为 Var 对象的内生变量，表格 tb 记录识别结果。

2) 采用回归的方法，识别时间趋势和随机趋势，然后记录系数估计和相应的 p 值。

使用子程序 DGPid，我们对 King et al. (1991) 数据进行识别

```
table(8,3) tb
vec01.makeendog gd
call DGPid(gd, tb)
```

得到识别结果为

	CN		I		Y	
	系数	p 值	系数	p 值	系数	p 值
eq0t	-4.9976	0.0000	-6.3108	0.0000	-4.7356	0.0000
	0.0045	0.0000	0.0042	0.0000	0.0042	0.0000
eq1	0.0047	0.0000	0.0045	0.1337	0.0042	0.0026
eq1t	0.0056	0.0000	0.0051	0.4062	0.0047	0.1331
	-0.0000	0.4293	-0.0000	0.9265	-0.0000	0.8461
eq2	-0.0000	0.9081	0.0002	0.9061	-0.0000	0.9813

初步判断，序列 CN 有明显的时间趋势，序列 I 没有包含时间趋势，序列 Y 有较强的季节性 (请补充验证)，三个序列很可能都为 I(1)。下面进行单位根检验 (参见第 293 页第 7 讲):

```
      table(3,5) tbu
      for !n = 1 to gd.@count
         freeze(_tb) gd(!n).uroot(np)
         'freeze(_tb) gd(!n).uroot(np,trend)
         tbu(!n,1) = gd.@seriesname(!n)
         for !j = 1 to 4
            tbu(!n,!j+1) = _tb(9,!j+2)
         next
         if !n=gd.@count then    'record critical value
            for !i = 1 to 3
               for !j = 1 to 4
                  tbu(!n+!i+1,!j+1) = _tb(9+!i,!j+2)
               next
            next
         endif
         delete _tb
      next
```

分别检验 DGP1 和 DGP2 (有时间趋势) 的情况, 得到检验结果为

	const				trend			
	MZa	MZt	MSB	MPT	MZa	MZt	MSB	MPT
CN	1.47328	2.89097	1.96226	274.578	-6.57449	-1.78852	0.27204	13.8753
I	0.02054	0.01123	0.54693	21.7014	-38.0751	-4.36320	0.11459	2.39330
Y	1.29298	1.58845	1.22852	108.070	-19.1930	-3.09197	0.16110	4.78432
1%	-13.8000	-2.58000	0.17400	1.78000	-23.8000	-3.42000	0.14300	4.03000
5%	-8.10000	-1.98000	0.23300	3.17000	-17.3000	-2.91000	0.16800	5.48000
10%	-5.70000	-1.62000	0.27500	4.45000	-14.2000	-2.62000	0.18500	6.67000

我们看到, 如果检验序列 I 时, 考虑有时间趋势的情形, 将拒绝单位根假设。检验结果表明, 三个序列都为 I(1) 过程, VAR 系统属于 DGP2 过程。

问题: 如果发现 I(0) 分量, 如何处理?
提示: 检验时, 建议把 I(0) 成分剔除, 模型估计时, 再包含进来, 并进行相应的限制。

二、协整检验

EViews 中进行协整检验时, 需要的准备工作是确定滞后阶数和识别 DGP, 然后考察协整检验的汇总结果, 进行模型选择。我们已经知道 King et al. (1991) 的数据来自 DGP2 过程, 由第 542 页知, VAR 系统的滞后阶数为 2, 即为 VEC(1)。现在我们可以进行模型选择了:

```
!c = 1
var vec07

do vec07.ec(c,!c) 1 1 cn i y
c(1) = vec07.@logl
do vec07.ec(d,!c) 1 1 cn i y
c(2) = vec07.@logl
c(3) = 2*(c(2)-c(1))         '0.047
c(4) = 1 - @cchisq(c(3),!c)   '0.8277
```

在模型 $\mathbb{H}_1$ 和 $\mathbb{H}^*$ 间选择时，检验统计量不显著 (0.047[0.8277])，故选择 $\mathbb{H}_1$ 模型 (选项 c)。因此，根据 $\mathbb{H}_1$ 模型的检验结果，系统中存在 2 个协整关系。

在模型 $\mathbb{H}_1$ 和 $\mathbb{H}^*$ 间选择时，还可以使用特征根直接计算检验统计量 (第二种方法)

```
do vec07.coint(c,1,save=mat0c)
do vec07.coint(d,1,save=mat0d)
for !i = 1 to !c
    c(11) = c(11) + log((1-mat0c(!i,1))/(1-mat0d(!i,1)))
next
c(11) = c(11)*vec07.@regobs    '0.047
```

命令 coint 的 save 选项保存了协整检验的特征根、最大特征根统计量、迹统计量和对数似然函数值等到矩阵对象中。不难发现，检验统计量在数值上是相等的。

事实上，图 11.9 (第 543 页) 的检验报告已经给出各种假定下的对数似然函数值，可以直接用来计算 LR 统计量 (第三种方法)。这三种方法中，采用估计 VEC 模型的方法，读取估计的对数似然函数值计算 LR 统计量的方式是最方便的。需要指出的是，由于 coint 命令的特征根或者读汇总表的方式都没有办法考虑协整系数的限制，当存在系数限制时，只能采用 ec 命令的 restrict 选项直接进行模型估计，然后取得对数似然函数值以计算 LR 统计量。

练习：根据图 11.9 (第 543 页) 中检验报告的对数似然函数值，使用表 11.1 中的模型选择检验方法，选择出适当的检验选项。

练习：对于图 11.7 (第 540 页) 的协整检验，请说明合适的检验选项为 b。

问题：如果 DGP 识别和 LR($\mathbb{H}_1^*|\mathbb{H}_1$) 检验结果出现矛盾，如何处理？

提示：经济含义，DGP 识别一般更可靠。

三、递归检验

我们通过递归检验 (recursive tests)，可以清楚地了解样本区间的改变对协整阶数的影响。

```
!m = vec07.@neqn
!b = @floor(@obssmpl*0.75)
group grtp
%h = "c"
for !i = 0 to !m-1
    genr    tp{!i} = 0
    grtp.add tp{!i}
next
'recursively test
for !t = !b to @obssmpl-1
    smpl @first @first+!t
    do vec07.ls 1 2 cn i y    're-estimate, change smpl for coint
    freeze(_tb) vec07.coint({%h},1)
    smpl @first+!t @first+!t
    for !i = 0 to !m-1
        !p = @val(_tb(13+!i,5))
        tp{!i} = !p
    next
    delete _tb
next
```

```
'plot the p-value
smpl @first+!b @last
freeze(gfp) grtp.spike(m)
gfp.align(3,1,1)
gfp.draw(dashline,left) 0.05
```

为了方便比较，我们直接记录 p 值[11]，得到递归检验结果如下 (从左到右分别对应于检验协整阶数 $C = 0$, $C \leqslant 1$ 和 $C \leqslant 2$):

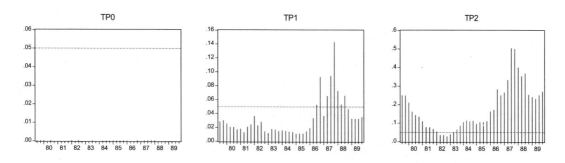

显然，协整阶数[12]受样本的影响比较大，当样本结束时间为 1986—1988 年期间时，检验结果只有一个协整关系，当样本结束于 1982 年中间时，检验结果为三个协整关系，认为三个变量都是平稳的。

应用计量分析中，模型参数估计的稳健性受到越来越多的关注，因此，递归检验得到越来越多的应用。递归检验时，固定起始点，逐渐增加新样本的方法，称为前向递归检验 (forward recursive tests)。有时候，可能越早期的样本和当前的模型结构差别越大，我们就采用后向递归检验 (backward recursive tests)，即固定样本的终点，逐渐增加早期的样本，以增大样本量进行检验。

练习：对 King et al. (1991) 的数据进行后向递归检验，例如初始样本区间取为 $[T_1, T]$，$1 \leqslant T_1 \leqslant T/2$，然后逐步减少 T_1。

---

[11] 因为 p 值是标准化的，如果记录统计量的值，需要采用除以临界值等方法进行标准化，否则，直接进行比较是没有意义的。

[12] 如果我们知道系统中随机趋势 (例如随机游走) 的个数，协整阶数也就随之确定。因为 Stock and Watson (1988) 指出，对于 M 个 I(1) 变量的系统，如果随机趋势的个数为 S，那么协整关系的个数为 $C = M - S$。

§11.5 SVAR 模型

提出 SVAR (structural VAR) 模型的初衷是为了解决 VAR 分析时脉冲响应和方差分解在经济解释上的困难，在这一过程中，我们将 VAR 模型当成方程组模型的简化式，通过施加限制以识别结构式。基于 EViews 的实现，我们先介绍 SVAR 模型的基本设定，然后详细讨论了短期限制和长期限制的实现方法，最后，简单介绍了 SVAR 模型的估计方法。

有必要说明的是，近来关于 VAR 模型的应用中，往往是从经济结构出发，推导出 VAR 模型作为简化式，而不是传统上直接从 VAR 模型出发，然后通过施加限制以尝试识别模型结构。

§11.5.1 模型

SVAR 模型有多种表示形式，EViews 采用的形式为

$$\mathbf{A}\mathbf{e}_t = \mathbf{v}_t = \mathbf{B}\mathbf{u}_t \qquad \mathbf{u}_t \sim \mathrm{N}(0, \mathbf{I}_M) \tag{11.20}$$

其中 $\mathbf{u}_t$ 为结构干扰，$\mathbf{A}$ 和 $\mathbf{B}$ 都为 M 阶方阵，如果把 $\mathbf{v}_t$ 当成式 (11.2) (第 500 页) 中的 $\mathbf{v}_t$，则 $\mathbf{A}$ 对应于那里的 $\mathbf{H}$。式 (11.20) 被称为 SVAR 的 AB 模型；如果 $\mathbf{A} = \mathbf{I}$，称为 B 模型；如果 $\mathbf{B} = \mathbf{I}$，则称为 A 模型。Lütkepohl (2005, p358–367) 详细讨论了 SVAR 的这三种模型。式 (11.20) 两边求方差得

$$\mathbf{AVA}' = \mathbf{BB}'$$

即

$$\mathbf{V} = \mathbf{A}^{-1}\mathbf{B}\left(\mathbf{A}^{-1}\mathbf{B}\right)'$$

由于方差矩阵 $\mathbf{V}$ 是对称的，只有 $(M+1)M/2$ 个自由参数，而矩阵 $\mathbf{A}$ 和 $\mathbf{B}$ 各有 M^2 个参数，因此至少需要增加 $2M^2 - (M+1)M/2 = (3M-1)M/2$ 个限制条件，式 (11.20) 才能识别。关于系数限制：

1) 常见的限制是将矩阵 $\mathbf{A}$ 设定为对角元素都为 1 的下三角矩阵 (得到递推的 SVAR, recursive SVAR)，而矩阵 $\mathbf{B}$ 通常被设定为对角矩阵。
2) 施加限制有两种类型：长期和短期 (long-run and short-run) 限制，我们将详细讨论。

§11.5.2 短期限制

短期限制是对干扰的同期相关进行限制。EViews 提供了两种设置方法：模式矩阵法 (pattern matrix) 和文本法，下面我们通过例子进行介绍。

一、例子

对矩阵 $\mathbf{A}$ 和 $\mathbf{B}$ 的系数进行限制时，模式矩阵法将需要估计的系数设置为缺失值，其他元素的值直接给定。例如对于 $M=3$ 的 VAR 模型，将矩阵 $\mathbf{A}$ 设定为对角元素都为 1 的下三角矩阵，而矩阵 $\mathbf{B}$ 设定为对角矩阵，即

$$\mathbf{A} = \begin{bmatrix} 1 & 0 & 0 \\ \mathrm{na} & 1 & 0 \\ \mathrm{na} & \mathrm{na} & 1 \end{bmatrix} \qquad \mathbf{B} = \begin{bmatrix} \mathrm{na} & 0 & 0 \\ 0 & \mathrm{na} & 0 \\ 0 & 0 & \mathrm{na} \end{bmatrix}$$

下面我们用 EViews 的示例数据来演示：

```
%db = @evpath + "\Example Files\var\data_svar"
wfcreate(page=svar) q 1948q1 1979q3
'fetch data from database
fetch(d=%db) rgnp rinv m1
'take log of each series
genr lgnp = log(rgnp)
genr linv = log(rinv)
genr lm1 = log(m1)
'estimate unrestricted VAR
var var01.ls 1 4 lgnp linv lm1

'create pattern matrices
matrix(3,3) mpa
matrix(3,3) mpb
'fill matrix by row
mpa.fill(b=r) 1,0,0, na,1,0, na,na,1
mpb.fill(b=r) na,0,0, 0,na,0, 0,0,na
'Estimate factorization matrix for structural innovations
var01.svar(rtype=patsr,conv=1e-5,namea=mpa,nameb=mpb)
```

选项 patsr 表示用模式矩阵法施加短期限制，配合上选项 namea 和 nameb 分别指定相应的模式矩阵，得到 SVAR 的结构估计为

```
Structural VAR Estimates
Date: 08/01/08   Time: 20:18
Sample (adjusted): 1949Q1 1979Q3
Included observations: 123 after adjustments
Estimation method: method of scoring (analytic derivatives)
Convergence achieved after 7 iterations
Structural VAR is just-identified
```

Model: Ae = Bu where E[uu']=I
Restriction Type: short-run pattern matrix

A =
```
    1           0          0
   C(1)         1          0
   C(2)        C(3)        1
```
B =
```
   C(4)         0          0
    0          C(5)        0
    0           0         C(6)
```

	Coefficient	Std. Error	z-Statistic	Prob.
C(1)	-1.267693	0.174224	-7.276214	0.0000
C(2)	-0.163604	0.052335	-3.126064	0.0018
C(3)	0.024425	0.022646	1.078542	0.2808
C(4)	0.010597	0.000676	15.68439	0.0000
C(5)	0.020475	0.001305	15.68439	0.0000
C(6)	0.005143	0.000328	15.68439	0.0000

Log likelihood   1162.247

Estimated A matrix:
```
  1.000000    0.000000    0.000000
 -1.267693    1.000000    0.000000
 -0.163604    0.024425    1.000000
```
Estimated B matrix:
```
  0.010597    0.000000    0.000000
  0.000000    0.020475    0.000000
  0.000000    0.000000    0.005143
```

表头报告内容为：

1) 估计方法为 method of scoring (analytic derivatives)，具体参见 §11.5.4 节 (第 558 页) 的讨论。

2) 给出了迭代信息,并指出模型是恰好识别的 (just-identified);

3) 矩阵 **A** 和 **B** 中待估系数和系数向量 C 的对应关系 (按列展开的顺序)。

基于模式矩阵,EViews 将矩阵 **A** 和 **B** 的参数设置为

$$\mathbf{A} = \begin{bmatrix} 1 & 0 & 0 \\ c_1 & 1 & 0 \\ c_2 & c_3 & 1 \end{bmatrix} \quad \mathbf{B} = \begin{bmatrix} c_4 & 0 & 0 \\ 0 & c_5 & 0 \\ 0 & 0 & c_6 \end{bmatrix}$$

由 $\mathbf{A}e_t = \mathbf{B}u_t$ 得

$$e_{t1} = c_4 u_{t1}$$

$$c_1 e_{t1} + e_{t2} = c_5 u_{t2}$$

$$c_2 e_{t1} + c_3 e_{t2} + e_{t3} = c_6 u_{t3}$$

将这些关系用文本表示,就得到文本法

```
var var02.ls 1 4 lgnp linv lm1
var02.cleartext(svar)
var02.append(svar) @e1 = c(4)*@u1
var02.append(svar) c(1)*@e1 +@e2 = c(5)*@u2
var02.append(svar) c(2)*@e1 + c(3)*@e2 +@e3 = c(6)*@u3
'Estimate factorization
var02.svar(rtype=text,conv=1e-5)
```

命令 append 使用 svar 选项加入 SVAR 的结构限制,得到 SVAR 的结构估计为

```
Structural VAR Estimates
Date: 08/02/08   Time: 08:47
Sample (adjusted): 1949Q1 1979Q3
Included observations: 123 after adjustments
Estimation method: method of scoring (analytic derivatives)
Convergence achieved after 7 iterations
Structural VAR is just-identified

Model: Ae = Bu where E[uu']=I
Restriction Type: short-run text form
@E1 = C(4)*@U1
C(1)*@E1 +@E2 = C(5)*@U2
C(2)*@E1 + C(3)*@E2 +@E3 = C(6)*@U3
where
@e1 represents LGNP residuals
@e2 represents LINV residuals
@e3 represents LM1 residuals
```

	Coefficient	Std. Error	z-Statistic	Prob.
C(1)	-1.267693	0.174224	-7.276214	0.0000
C(2)	-0.163604	0.052335	-3.126064	0.0018
C(3)	0.024425	0.022646	1.078542	0.2808
C(4)	0.010597	0.000676	15.68439	0.0000
C(5)	0.020475	0.001305	15.68439	0.0000
C(6)	0.005143	0.000328	15.68439	0.0000

```
Log likelihood       1162.247

Estimated A matrix:
   1.000000      0.000000      0.000000
  -1.267693      1.000000      0.000000
  -0.163604      0.024425      1.000000
Estimated B matrix:
   0.010597      0.000000      0.000000
   0.000000      0.020475      0.000000
   0.000000      0.000000      0.005143
```

EViews 重复了短期限制的文本内容，并说明了 @e1, @e2 和 @e3 的含义。请注意，相应的结构干扰为 @u1, @u2 和 @u3。

记 **L** 为方差矩阵 **V** 的 Cholesky 分解，注意到 var01 和 var02 的短期限制下，有

$$\mathbf{L} = \mathbf{A}^{-1}\mathbf{B}$$

我们不妨验证一下

```
var var03.ls 1 4 lgnp linv lm1
sym mv = var03.@residcov
matrix mf = @cholesky(mv)
'impulse response with default Cholesky ordering
do var03.impulse(10)
'store cholesky factor
matrix mf03 = var03.@impfact

'store estimated A and B matrices
matrix ma01 = var01.@svaramat
matrix mb01 = var01.@svarbmat
matrix ma02 = var02.@svaramat
matrix mb02 = var02.@svarbmat
'compute factorization matrix
matrix mf01 = @inverse(ma01)*mb01
matrix mf02 = @inverse(ma02)*mb02

'compute difference in factorization matrices
c = 1
c(1) = @norm(mf01-mf02,-1)    '0
c(2) = @norm(mf02-mf03,-1)    '4.47E-16
c(3) = @norm(mf-mf03,-1)      '0
```

我们采用两种方法计算方差矩阵的 Cholesky 分解，直接分解和正交脉冲响应的方法，分别得到矩阵 mf 和 mf03。而模式矩阵方法和文本方法计算的 $\mathbf{A}^{-1}\mathbf{B}$ 分别为 mf01 和 mf02，正如我们所期待的，这四种方式计算的结果相等。

二、系数限制

EViews 中，施加短期限制时：

1) 矩阵 **A** 和 **B** 必须是非奇异的方阵。短期限制使用模式矩阵时，必须同时给出矩阵 **A** 和 **B**，而使用文本法时，方程的数目要等于内生变量数。

2) 模式矩阵法适合于将矩阵元素限制为常数的情况，而文本法更灵活，能设置矩阵元素间的线性关系（例如图 11.10 中的系数限制）。采用文本法时，只需要将 $\mathbf{A}\mathbf{e}_t = \mathbf{B}\mathbf{u}_t$ 翻译成文本，例如

```
var02.append(svar) c(1)*@e1 +@e2 = c(5)*@u2
var02.append(svar) @e2 = -c(1)*@e1 +c(5)*@u2
```

这两行的语句等价，也就时说，可以移项。

3) 对矩阵 **A** 和 **B** 的限制必须是线性的，并且矩阵 **A** 和 **B** 的元素之间不能有交叉限制

```
var02.append(svar) @e1 = c(4)*@u1
var02.append(svar) @u1 = @e1/c(4)    'error
```

尽管两者数学上等价，但 EViews 认为后者的限制形式是非线性的。

图 11.10　SVAR 过度识别

```
Structural VAR Estimates
Date: 08/02/08   Time: 08:58
Sample (adjusted): 1949Q1 1979Q3
Included observations: 123 after adjustments
Estimation method: method of scoring (analytic derivatives)
Convergence achieved after 9 iterations
Structural VAR is over-identified (1 degrees of freedom)
```

```
Model: Ae = Bu where E[uu']=I
Restriction Type: short-run text form
C(4)*@U1 = @E1
C(5)*@U2 = C(1)*@E1 +@E2
C(6)*@U3 = (C(1)+C(3))/5*@E1 +C(3)*@E2 +@E3
where
@e1 represents LGNP residuals
@e2 represents LINV residuals
@e3 represents LM1 residuals
```

	Coefficient	Std. Error	z-Statistic	Prob.
C(1)	-1.146255	0.146243	-7.838034	0.0000
C(3)	0.039572	0.019948	1.983795	0.0473
C(4)	0.010597	0.000676	15.68439	0.0000
C(5)	0.020515	0.001308	15.68439	0.0000
C(6)	0.005168	0.000330	15.68439	0.0000

```
Log likelihood               1161.396
LR test for over-identification:
Chi-square(1)                1.701544          Probability    0.1921

Estimated A matrix:
  -1.000000    0.000000    0.000000
   1.146255   -1.000000    0.000000
   0.221337   -0.039572   -1.000000
Estimated B matrix:
  -0.010597    0.000000    0.000000
   0.000000   -0.020515    0.000000
   0.000000    0.000000   -0.005168
```

4) 式 (11.20) 中，EViews 假设结构干扰 $\mathbf{u}_t$ 的方差矩阵为单位阵 $\mathbf{I}$，而有的研究者将结构干扰的方差矩阵设定为对角阵 $\mathbf{D}$。比较这两种设定下的估计结果时，要注意它们的区别。记

$$\mathbf{z}_t = \mathbf{D}^{1/2}\mathbf{u}_t$$

其中 $\mathbf{D}^{1/2}$ 的对角元素为 $\mathbf{z}_t$ 的标准差，则有

$$\mathbf{Bu}_t = \mathbf{Ae}_t = \mathbf{B}_*\mathbf{z}_t = \mathbf{B}_*\mathbf{D}^{1/2}\mathbf{u}_t$$

故对角阵设定下，$\mathbf{B}_* = \mathbf{BD}^{-1/2}$，即矩阵 $\mathbf{B}$ 的列除以 $\mathbf{z}_t$ 相应的标准差。

三、识别条件

矩阵 $\mathbf{A}$ 和 $\mathbf{B}$ 系数识别的必要条件是至少提供 $(3M-1)M/2$ 个限制条件，EViews 通过计算提供的限制个数来检验该条件：

1) EViews 要求矩阵 $\mathbf{A}$ 和 $\mathbf{B}$ 必须是非奇异的方阵，估计 SVAR 时，如果矩阵 $\mathbf{A}$ 和 $\mathbf{B}$ 出现奇异的情况，EViews 将提示出错，要求采用其他初始值。

2) Amisano and Giannini (1997) 讨论了局部识别 (local identification) 的充分条件，EViews 用数值方法检验初始值是否满足局部识别条件。如果尝试了多个初始值仍然失败，此时应该检查对矩阵 $\mathbf{A}$ 和 $\mathbf{B}$ 的限制是否足够识别其系数。

3) Christiano et al. (1999) 讨论了有些情况下，矩阵 **A** 和 **B** 中符号的不可识别问题。如果出现这种情况，EViews 将对符号进行标准化 (可以使用选项 `fsign` 禁止)，即让矩阵 $\mathbf{A}^{-1}\mathbf{B}$ 的对角元素为正。

进行 SVAR 分解时，通常将系数限制为恰好识别的要求。然而，如果限制条件过多，EViews 将报告过度识别的检验结果，零假设为限制条件是合理的，检验的 LR 统计量为

$$[\operatorname{tr}(\mathbf{W}) - \log(|\mathbf{W}|) - M]T \sim \chi^2(Q_o)$$

其中 $\operatorname{tr}(\cdot)$ 计算矩阵的迹，$\mathbf{W} = \left(\mathbf{B}^{-1}\mathbf{A}\right)'\mathbf{B}^{-1}\mathbf{A}\mathbf{V}$，$Q_o$ 是过度识别的限制条件个数。前面的例子中 `var02` 是恰好识别的，我们尝试增加限制

$$a_{31} = \frac{a_{21} + a_{32}}{5}$$

相应的文本设置为 `c(2) = (c(1)+c(3))/5`，即 `c(2)` 可以被替换掉。

```
var var04.ls 1 4 lgnp linv lm1
var04.cleartext(svar)
var04.append(svar) c(4)*@u1 = @e1
var04.append(svar) c(5)*@u2 = c(1)*@e1 +@e2
var04.append(svar) c(6)*@u3 = (c(1)+c(3))/5*@e1 +c(3)*@e2 +@e3
freeze(tb04) var04.svar(rtype=text,conv=1e-5)
```

结果参见图 11.10，其中 LR 统计量可以用函数 `@svaroverid` 取得，检验结果表明限制是合理的。

§11.5.3 长期限制

Blanchard and Quah (1989) 提出了对长期响应 (累积脉冲响应的渐近值) 进行限制的识别方法。注意到 $\mathbf{e}_t = \mathbf{A}^{-1}\mathbf{B}\mathbf{u}_t$，根据式 (11.10) (第 517 页)，当冲击强度为 **d** 时，结构干扰 $\mathbf{u}_t$ 的长期响应为 **Cd**，其中

$$\mathbf{C} = (\mathbf{I}_M - \mathbf{A}_1 - \mathbf{A}_2 - \cdots - \mathbf{A}_p)^{-1}\mathbf{A}^{-1}\mathbf{B}$$

矩阵 **C** 的元素 c_{ij} 表示第 i 个内生变量受到第 j 个结构干扰单位冲击的长期响应。长期限制就是对 M 阶方阵 **C** 的元素进行限制，常见的限制方式是将矩阵 **C** 的某些元素设置为零。

类似地，长期限制也有模式矩阵法和文本法，模式矩阵中将不受限制的元素设置为缺失值，例如

$$\mathbf{C} = \begin{bmatrix} \text{na} & 0 \\ \text{na} & \text{na} \end{bmatrix}$$

Blanchard and Quah (1989) 提供了很好的例子：

```
%db = @evpath + "\Example Files\var\data_svar"
pagecreate(page=BQ89) q 1948q1 1987q4
'fetch data from database (already demeaned)
fetch(d=%db) dy u
'change to percentage
dy = 100*dy

'estimate VAR without constant
var var01.ls(noconst) 1 8 dy u
matrix(2,2) mpc
mpc.fill(b=r) 0,na,na,na
'Estimate factorization
var01.svar(rtype=patlr,conv=1e-5,namelr=mpc)
```

选项 `patlr` 表示用模式矩阵法施加长期限制，配合选项 `namelr` 给出模式矩阵，得到 SVAR 估计结果为

```
Structural VAR Estimates
Date: 08/01/08   Time: 20:18
Sample (adjusted): 1950Q2 1987Q4
Included observations: 151 after adjustments
Estimation method: method of scoring (analytic derivatives)
Convergence achieved after 7 iterations
Structural VAR is just-identified

Model: Ae = Bu where E[uu']=I
Restriction Type: long-run pattern matrix
Long-run response pattern:
         0                C(2)
        C(1)              C(3)

              Coefficient    Std. Error    z-Statistic    Prob.

        C(1)    4.017559      0.231185      17.37815      0.0000
        C(2)    0.541353      0.031151      17.37815      0.0000
        C(3)    0.037572      0.326951      0.114917      0.9085

Log likelihood   -199.4436

Estimated A matrix:
      1.000000        0.000000
      0.000000        1.000000
Estimated B matrix:
      0.925862        0.080874
     -0.209664        0.218607
```

请注意，施加长期限制时，EViews 将矩阵 **A** 设定为单位矩阵。长期限制相应的文本法为

```
var var02.ls(noconst) 1 8 dy u
'impose long-run restrictions
' @u1 = aggregate demand shock
' @u2 = aggregate supply shock
var02.cleartext(svar)
var02.append(svar) @lr1(@u1)=0
'Estimate factorization
freeze(tb02) var02.svar(rtype=text,conv=1e-5)
```

其中 `@lr1(@u1)=0` 表示限制 $c_{11}=0$，`@lr` 和 `@u` 后的数字分别对应矩阵 **C** 的行和列。

EViews 中，施加长期限制时：

1) 如果进行长期限制，EViews 当前只支持 $\mathbf{A}=\mathbf{I}_M$ 的情形。
2) EViews 只能单独施加短期限制或者长期限制，不能混合两种限制。
3) 尽管可以用短期限制来设定长期限制，并且得到矩阵 **A** 和 **B** 的相同估计，但是，从短期限制方式得到的脉冲响应的标准差是不正确的 (由于没有考虑无穷阶 MA 过程中系数的不确定性)。

值得一提的是，EViews 的示例文件 `blanquah1.prg` 给出了用短期限制实现长期限制的演示，以及用矩匹配 (moment matching) 的方法 (恰好识别时) 施加长期限制的例子。

§11.5.4 估计

SVAR 模型需要估计矩阵 **A** 和 **B**，由于 $\mathbf{V}=\left(\mathbf{A}^{-1}\mathbf{B}\right)\left(\mathbf{A}^{-1}\mathbf{B}\right)'$ 类似于矩阵分解，因此矩阵 **A** 和 **B** 的估计过程也称为 SVAR 的结构分解 (structural decompositions)。传统上，先建立 VAR 模型，然后施加限制才得到 SVAR 模型。因此，EViews 估计 SVAR 模型分两步走，先估计 VAR 模型，然后通过施加的结构限制估计出 SVAR 模型的矩阵 **A** 和 **B**。注意，EViews 还没有实现 VEC 模型的结构分解。

EViews 估计 SVAR 模型时，假设结构干扰服从多元正态分布，然后采用极大似然法估计矩阵 **A** 和 **B**。估计过程中，梯度和期望信息矩阵的计算采用解析方法 (参见 Amisano and Giannini, 1997)，优化方法采用 Marquardt 类型的算法 (请参考第 963 页 §C.3 节)。通过函数 `@svarcvgtype` 可以查看估计过程的收敛情况，返回 0 表示正常收敛。

估计 SVAR 模型时，命令 `svar` 使用选项 `f0` 设置初始值：

1) `f0=number`，设置所有系数的初始值取相同的给定值，默认初始值为所有系数取值 0.1。
2) `f0=s`，初始值从系数向量 C 里取。
3) `f0=u`，从 $[0,1]$ 均匀分布随机产生初始值。
4) `f0=n`，从标准正态分布随机产生初始值。

SVAR 模型成功估计后，才能进行结构干扰的脉冲响应分析 (选项 `struct`)。例如，长期限制 $c_{11}=0$ 的 var01 中结构干扰的脉冲响应

```
!n = 40      'response horizon
var01.impulse(!n,imp=struct,se=a,a,matbys=mi01) dy @ 1
```

得到 Blanchard and Quah (1989) 的图如下：

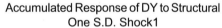

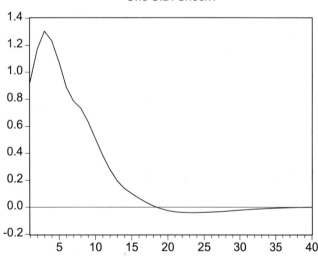

我们看到，长期响应趋近于 0，与长期限制 $c_{11}=0$ 相吻合。由于 EViews 还不支持长期限制下 SVAR 模型脉冲响应的标准差估计，给出的计算标准差选项 `se=a` 被忽略了。

练习：比较长期限制的模式矩阵法 (var01) 和文本法 (var02) 得到的结构分解和脉冲响应。

提示：结果相同，考虑如下代码

```
do var02.impulse(!n,imp=struct,se=a,a,matbys=mi02) dy @ 1 2
c(1) = @norm(mi01-mi02,-1)     '0
```

§11.6 小结

关键词

VAR 模型	滞后阶数	FPE 准则
Granger 因果检验	脉冲响应函数	Cholesky 分解
广义脉冲响应	累积脉冲响应	方差分解
VEC 模型	协整	误差修正
Granger 表示定理	起作用限制	弱外生性
协整关系识别	Johansen 协整检验	递归检验
SVAR 模型	短期限制	长期限制

命令

Var 对象用来估计和分析 VAR 模型和 VEC 模型，进行协整检验和 SVAR 的结构分解。创建 Var 对象的命令为 var，命令 var 声明对象时可以同时进行 VAR 模型的设定和估计。Var 对象的视图、过程和函数的总结，请参考 §11.1.4 节 (第 512 页)。

一、估计

VAR 模型使用 ls 命令进行估计时，需要设定三部分的内容：

1) 滞后项设定：滞后项用滞后范围来设定。
2) 内生变量 y_t：使用变量名单或者群对象。
3) 外生变量 x_t：在 @ 后列出外生变量，EViews 自动添加常数 (用选项 noconst 取消)。

二、脉冲响应和方差分析

命令 impulse 进行脉冲响应分析，选项设置请参考第 518 页的总结。需要注意的是，正交脉冲响应 (选项 imp=chol) 和 VAR 模型中内生变量的顺序有关。正交脉冲响应分析时，并不需要重新估计模型，可以直接指定内生变量的顺序。

命令 decomp 进行方差分解，选项 imp={chol,struct} 分别进行正交干扰和结构干扰的方差分解。

三、VEC 估计和协整检验

协整检验命令 coint 和 VEC 模型的估计命令 ec 的选项比较：

1) 确定性外生变量的设定使用选项设置 (命令 coint 的选项 s 产生汇总报告)，选项的具体含义请参考 §11.4.3 节 (第 545 页)。命令 ec 还需要给出滞后范围、内生变量和其他外生解释变量。
2) 命令 coint 和 ec 的滞后范围都是基于一阶差分数据的。两者都使用 restrict 选项以考虑协整关系的系数限制，并使用选项 m=int 和 c=num 分别设置迭代次数和收敛准则。
3) 命令 coint 采用选项来设定滞后项数，命令 ec 则采用选项给出协整阶数：例如，ec(b,1) 中的选项 1 表示协整阶数为 1，而 coint(b,1) 中的选项 1 则表示一阶差分的滞后阶数为 1。

4) 命令 coint 还提供选项 save=mat 保存检验统计量,选项 cvsize=num 设置检验水平。

四、SVAR 估计

命令 svar 进行 SVAR 的结构分解:

1) 文本法:选项 rtype=text,SVAR 的结构限制通过命令 append 使用 svar 选项加入。
2) 模式矩阵法
   (a) 选项 rtype=patsr,进行短期限制,配合上选项 namea 和 nameb 分别指定相应的模式矩阵。
   (b) 选项 rtype=patlr,进行长期限制,配合选项 namelr 给出模式矩阵。

初始值的设置参见 §11.5.4 节 (第 558 页) 的讨论。

要点

1) VAR 模型有大量的系数需要估计,其方差矩阵包含了同期相关的全部信息。VAR 模型可以看成是动态联立方程模型的简化式。

2) EViews 为 VAR 模型提供了设定检验 (例如滞后阶数选取)、系数检验 (例如 Granger 因果关系检验) 和残差检验 (例如正态性检验) 等多种检验。

3) VAR 模型可以手工使用方程组对象进行估计和检验,但请注意数值上可能有较小的区别。当 VAR 模型存在系数限制时,往往可以转化为方程组对象,再进行估计。

4) 脉冲响应函数描述了系统受到单次的一定强度的冲击后,当前和将来系统各变量的波动过程。分析脉冲响应时,干扰的来源是经济解释的基础。

5) 方差分解研究正交化残差对预测的均方差影响的比率。正交化的方差分解得到了统计上的漂亮结果,但只有当干扰本身是正交时,经济含义才是明确的。

6) VEC 模型是存在协整关系的非平稳时间序列的 VAR 模型。估计 VEC 模型之前,需要先进行协整检验,以确定协整阶数和协整方程中确定性外生变量的形式。协整关系 (常被误解读为经济均衡关系) 需要施加限制才能识别,进行系数限制时,往往从经济意义入手。

7) VEC 模型中,协整方程的顺序是无关紧要的。协整关系的重要性,应该体现在均衡误差的大小以及调整系数的大小上。

8) Johansen 协整检验是第二代的协整检验方法,已经成为检验协整关系的基本方法。EViews 的 Var 对象和群对象提供了 Johansen 协整检验视图。

9) Johansen 协整检验是滞后阶数、五种模型(相应 DGP)和协整阶数的联合检验,这三部分的检验往往是分开的,当前还没有联合检验的方法。前两部分如果设定不恰当,将影响检验的结果。

10) 进行 Johansen 协整检验时,建议先进行 DGP 识别,把五种模型分为三类,再进行选择。此外,我们往往通过递归检验,考察协整阶数的稳定性。协整检验的相关内容请参考表 11.1 (第 547 页)。

11) SVAR 模型是为了解决 VAR 分析时脉冲响应和方差分解在经济解释上的困难而提出的。识别 SVAR 结构时,可以使用短期限制或者长期限制。

参考文献

Amisano, Gianni and Carlo Giannini, 1997. *Topics in Structural VAR Econometrics*, 2/e. Springer-Verlag, Berlin

Blanchard, Olivier Jean and Danny Quah, 1989. The Dynamic Effects of Aggregate Demand and Supply Disturbances. *The American Economic Review*, 79:655–673

Boswijk, H. Peter, 1995. Efficient Inference on Cointegration Parameters in Structural Error Correction Models. *Journal of Econometrics*, 69:133–158

Brunner, Karl and Allan H. Meltzer, (editors), 1976. *Phillips Curve and the Labor Market*. North-Holland, Amsterdam

Christiano, Lawrence J., Martin Eichenbaum, and Charles L. Evans, 1999. Monetary Policy Shocks: What Have We Learned and to What End? In Taylor and Woodford (1999), Chapter 2, pages 65–148

Davidson, James E. H., David F. Hendry, Frank Srba, and Stephen Yeo, 1978. Econometric Modelling of the Aggregate Time-Series Relationship Between Consumers' Expenditure and Income in the United Kingdom. *The Economic Journal*, 88:661–692

Doornik, Jurgen A. and Henrik Hansen, 1994. An Omnibus Test for Univariate and Multivariate Normality. *Working Paper*, pages 1–16. URL http://www.doornik.com/research/normal2.pdf

Engle, Robert F. and Clive W. J. Granger, 1987. Co-integration and Error Correction: Representation, Estimation, and Testing. *Econometrica*, 55(2):251–276

Fomby, Thomas B. and R. Carter Hill, (editors), 1997. *Advances in Econometrics*, Volume 12. JAI Press, Greenwich, Conn.

Hamilton, James D., 1994. *Time Series Analysis*. Princeton University Press, Princeton, NJ

Hansen, Peter Reinhard, 2005. Granger's Representation Theorem: A Closed-form Expression for I(1) Processes. *Econometrics Journal*, 8:23–38

Hasbrouck, Joel, 1995. One Security, Many Markets: Determining the Contributions to Price Discovery. *Journal of Finance*, 50:1175–1199

Hendry, David F. and Katarina Juselius, 2000. Explaining Cointegration Analysis: Part I. *Energy Journal*, 21:1–42

Hendry, David F. and Katarina Juselius, 2001. Explaining Cointegration Analysis: Part II. *Energy Journal*, 22:75–120

Jarque, Carlos M. and Anil K. Bera, 1987. A Test for Normality of Observations and Regression Residuals. *International Statistical Review*, 55:163–172

Johansen, Søren, 1988. Statistical Analysis of Cointegration Vectors. *Journal of Economic Dynamics and Control*, 12:231–254

Johansen, Søren, 1991. Estimation and Hypothesis Testing of Cointegration Vectors in Gaussian Vector Autoregressive Models. *Econometrica*, 59:1551–1580

Johansen, Søren, 1994. The role of the constant and linear terms in cointegration analysis of nonstationary variables. *Econometric Reviews*, 13:205–229

Johansen, Søren, 1995. *Likelihood-based inference in cointegrated vector autoregressive models*. Oxford University Press, Oxford

Juselius, Katarina, 2007. *The Cointegrated VAR Model Methodology and Applications*. Oxford University Press, Oxford

Kelejian, Harry H., 1982. An Extension of a Standard Test for Heteroskedasticity to a Systems Framework. *Journal of Econometrics*, 20:325–333

Kilian, Lutz and Ufuk Demiroglu, 2000. Residual-Based Tests for Normality in Autoregressions: Asymptotic Theory and Simulation Evidence. *Journal of Business & Economic Statistics*, 18:40–50. URL http://www.jstor.org/stable/1392135

King, Robert G., Charles I. Plosser, James H. Stock, and Mark W. Watson, 1991. Stochastic Trends and Economic Fluctuations. *The American Economic Review*, 81:819–840

Koop, Gary, M. Hashem Pesaran, and Simon M. Potter, 1996. Impulse Response Analysis in Nonlinear Multivariate Models. *Journal of Econometrics*, 74:119–147

Lucas, Robert E., Jr., 1976. Econometric Policy Evaluation: A Critique. In Brunner and Meltzer (1976), pages 19–46

Lütkepohl, Helmut, 2005. *New Introduction to Multiple Time Series Analysis*. Springer, New York

MacKinnon, James G., Alfred Haug, and Leo Michelis, 1999. Numerical Distribution Functions of Likelihood Ratio Tests for Cointegration. *Journal of Applied Econometrics*, 14:563–577

Nobel Foundation, 2003. *Time-series Econometrics: Cointegration and Autoregressive Conditional Heteroskedasticity*. The Bank of Sweden Prize in Economic Sciences in Memory of Alfred Nobel 2003, Advanced Information. URL http://nobelprize.org/nobel_prizes/economics/laureates/2003/ecoadv.pdf

Osterwald-Lenum, Michael, 1992. A Note with Quantiles of the Asymptotic Distribution of the Maximum Likelihood Cointegration Rank Test Statistics. *Oxford Bulletin of Economics and Statistics*, 54:461–472

Paulsen, Jostein, 1984. Order determination of multivariate autoregressive time series with unit roots. *Journal of Time Series Analysis*, 5:115–127

Pesaran, M. Hashem and Yongcheol Shin, 1998. Impulse Response Analysis in Linear Multivariate Models. *Economics Letters*, 58:17–29

Phillips, A. W., 1957. Stabilisation Policy and the Time-Forms of Lagged Responses. *The Economic Journal*, 67 (266):265–277. URL http://www.jstor.org/stable/2227788

Sims, Christopher A., 1980. Macroeconomics and Reality. *Econometrica*, 48:1–48

Stock, James H. and Mark W. Watson, 1988. Testing for Common Trends. *Journal of the American Statistical Association*, 83:1097–1107

Stock, James H. and Mark W. Watson, 2001. Vector Autoregressions. *Journal of Economic Perspectives*, 15:101–115

Taylor, John B. and Michael Woodford, (editors), 1999. *Handbook of Macroeconomics*, Volume 1A. Elsevier Science Publishers B.V., Amsterdam

Tsay, Ruey S., 1984. Order Selection in Nonstationary Autoregressive Models. *The Annals of Statistics*, 12:1425–1433

Urzúa, Carlos M., 1997. Omnibus Tests for Multivariate Normality Based on a Class of Maximum Entropy Distributions. In Fomby and Hill (1997), pages 341–358

White, Halbert, 1980. A Heteroskedasticity-Consistent Covariance Matrix and a Direct Test for Heteroskedasticity. *Econometrica*, 48:817–838

应用经济计量学
EViews高级讲义

Applied Econometrics: Advanced Lecture Notes on EViews

陈灯塔 / 著

简明目录

第1讲　EViews 基础　3

第2讲　EViews 程序设计　47

第3讲　回归分析　137

第4讲　检验和预测　177

第5讲　ARMA 模型　225

第6讲　ARCH 模型　253

第7讲　单位根过程　293

第8讲　面板数据基础　331

第9讲　面板数据应用　393

第10讲　方程组和联立方程　459

第11讲　VAR 模型　499

第12讲　状态空间模型　565

第13讲　情景分析　607

第14讲　广义矩估计　651

第15讲　估计方法　709

第16讲　离散和受限因变量模型　785

附录 A　EViews 对象　845

附录 B　统计分析　913

附录 C　选项设置　955

附录 D　EViews 新版本　967

目 录

简明目录 i
表格目录 xi
前　言 xiii

I　EViews 编程

第 1 讲　EViews 基础　　　　　　　　　　　　　　　　　　　　　　3

1.1　认识 EViews 4	1.3.5　从外部数据创建 26
1.1.1　EViews 窗口 4	1.3.6　小结 29
1.1.2　EViews 是可编程的 4	1.4　序列对象 30
1.1.3　启动和退出 5	1.4.1　创建和初始化 30
1.1.4　获取帮助 6	1.4.2　命名规则 31
1.2　实例体验 7	1.4.3　查看 32
1.2.1　数据查看 9	1.4.4　定格和打印 33
1.2.2　回归模型估计 13	1.4.5　其他操作 34
1.2.3　修改模型 16	1.4.6　数据和函数 36
1.2.4　预测 17	1.4.7　小结 37
1.2.5　进一步的检验 18	1.5　对象：数据和方法 38
1.2.6　结束语 20	1.5.1　面向对象 38
1.3　工作文件 21	1.5.2　EViews 对象 40
1.3.1　基本概念 21	1.5.3　群对象 41
1.3.2　打开和关闭 21	1.5.4　命令语法 44
1.3.3　建立 22	1.6　小结 45
1.3.4　保存 25	

第 2 讲　EViews 程序设计　　　　　　　　　　　　　　　　　　　47

2.1　表达式和赋值 48	2.1.5　赋值 55
2.1.1　常量 48	2.1.6　超前、滞后和差分 . . . 59
2.1.2　变量 48	2.1.7　缺失值 60
2.1.3　运算符 52	2.1.8　小结 62
2.1.4　表达式 54	2.2　流程控制 63

2.2.1 IF 语句 63	2.5.4 工作页信息 99
2.2.2 FOR 循环 65	2.5.5 工作文件函数 100
2.2.3 WHILE 循环 68	2.5.6 修改工作页 103
2.2.4 跳出循环 69	2.5.7 小结 108
2.2.5 子程序 69	2.6 使用样本对象 110
2.2.6 小结 75	2.6.1 工作样本集 110
2.3 编程和执行 76	2.6.2 样本对象 115
2.3.1 编辑程序 76	2.6.3 样本表达式 117
2.3.2 执行程序 78	2.6.4 小结 120
2.3.3 命令和函数 81	2.7 编程提示 121
2.3.4 小结 82	2.7.1 小提示 121
2.4 字符串和日期 83	2.7.2 系数对象 122
2.4.1 字符串 83	2.7.3 复制 122
2.4.2 日期 87	2.7.4 命令和函数 124
2.4.3 小结 92	2.7.5 通配符 126
2.5 多页工作文件 93	2.8 深入编程 128
2.5.1 建立工作页 93	2.8.1 表格和图形 128
2.5.2 管理工作页 95	2.8.2 自新序列 129
2.5.3 结构化工作页 96	2.9 小结 133

II 时间序列分析

第 3 讲 回归分析   137

3.1 普通最小二乘估计 138	3.3.3 多项式分布滞后 155
3.1.1 例子 138	3.4 加权最小二乘估计 159
3.1.2 方程的设定 139	3.4.1 理论回顾 159
3.1.3 多元线性回归 141	3.4.2 例子 160
3.1.4 估计结果 143	3.5 两阶段最小二乘估计 163
3.1.5 方程对象 145	3.5.1 理论回顾 163
3.1.6 小结 147	3.5.2 例子 166
3.2 方差稳健估计 148	3.5.3 其他设定 167
3.2.1 一致估计 148	3.6 非线性最小二乘估计 169
3.2.2 例子 149	3.6.1 理论回顾 169
3.3 解释变量 151	3.6.2 例子 170
3.3.1 哑变量 151	3.6.3 估计中的问题 173
3.3.2 交互项 153	3.7 小结 174

第 4 讲 检验和预测   177

4.1 设定和检验基础 178	4.2.1 置信椭圆 182
4.1.1 模型设定 178	4.2.2 Wald 检验 184
4.1.2 假设检验 180	4.2.3 遗漏变量 187
4.2 系数检验 182	4.2.4 冗余变量 188

4.2.5	Granger 因果关系 188	4.5.3	用 EViews 进行预测 201
4.3	残差检验 190	4.6	回归方程预测 206
	4.3.1 序列相关的 LM 检验 . . . 190		4.6.1 有滞后因变量的预测 . . . 206
	4.3.2 残差平方的相关图 191		4.6.2 有 ARMA 项的预测 207
	4.3.3 ARCH LM 检验 192		4.6.3 表达式的预测 208
	4.3.4 White 检验 193	4.7	应用实例 211
4.4	稳定性和设定检验 195		4.7.1 递归最小二乘估计 211
	4.4.1 Chow 检验 195		4.7.2 结构断点检验 214
	4.4.2 Chow 预测检验 196		4.7.3 Hausman 检验 215
	4.4.3 RESET 检验 197		4.7.4 非嵌套模型检验 217
4.5	预测基础 199		4.7.5 Cox 检验 218
	4.5.1 预测误差 199	4.8	小结 221
	4.5.2 预测评价 200		

第 5 讲   ARMA 模型   225

5.1	线性相关 226		5.2.2 ARMA 结构 234
	5.1.1 自相关和偏自相关 226		5.2.3 模型设定 235
	5.1.2 序列相关的检验 228	5.3	估计和诊断 242
	5.1.3 互相关 231		5.3.1 估计方法 242
5.2	ARMA 建模 232		5.3.2 模型诊断 245
	5.2.1 自回归 232	5.4	小结 250

第 6 讲   ARCH 模型   253

6.1	概览 254	6.4	非对称 GARCH 模型 273
	6.1.1 模型设定 254		6.4.1 TGARCH 273
	6.1.2 标准化残差分布 255		6.4.2 EGARCH 275
	6.1.3 对数似然函数 256		6.4.3 PGARCH 279
6.2	GARCH 模型 258		6.4.4 CGARCH 281
	6.2.1 基本形式 258		6.4.5 GARCH 效应 282
	6.2.2 其他形式 260	6.5	其他 GARCH 模型 284
6.3	应用实例 262		6.5.1 系数限制模型 284
	6.3.1 汇率 262		6.5.2 ARCD 模型 285
	6.3.2 检验和预测 264		6.5.3 多元 GARCH 286
	6.3.3 扩展模型 268	6.6	小结 287

第 7 讲   单位根过程   293

7.1	基本概念 294	7.3	应用实例 310
	7.1.1 平稳性 294		7.3.1 单位根检验 310
	7.1.2 随机趋势 297		7.3.2 检验方法比较 314
7.2	单位根检验 301		7.3.3 DGP 识别 317
	7.2.1 检验方法 301		7.3.4 季节性 321
	7.2.2 零频率频谱估计 307		7.3.5 误差修正模型 324
	7.2.3 滞后阶数 309	7.4	小结 325

III 面板数据分析

第 8 讲 面板数据基础 — 331

- 8.1 线性模型 333
  - 8.1.1 矩阵 333
  - 8.1.2 模型表示 336
  - 8.1.3 简单估计方法 338
- 8.2 固定效应和随机效应 341
  - 8.2.1 固定效应 341
  - 8.2.2 随机效应 344
  - 8.2.3 比较 347
- 8.3 应用实例 349
  - 8.3.1 简单估计 349
  - 8.3.2 固定效应 350
  - 8.3.3 随机效应 351
  - 8.3.4 非平衡面板 353
- 8.4 使用合伙对象 354
  - 8.4.1 创建 355
  - 8.4.2 合伙数据 357
  - 8.4.3 合伙对象 359
  - 8.4.4 数据存取 362
  - 8.4.5 小结 366
- 8.5 双向效应 367
  - 8.5.1 矩阵关系 367
  - 8.5.2 双向效应 369
  - 8.5.3 例子 370
- 8.6 其他模型设定 372
  - 8.6.1 变斜率 372
  - 8.6.2 FGLS 375
  - 8.6.3 AR 项 377
  - 8.6.4 工具变量法 378
  - 8.6.5 方程组 382
- 8.7 方差估计和检验 383
  - 8.7.1 系数方差稳健估计 383
  - 8.7.2 检验 385
- 8.8 小结 388

第 9 讲 面板数据应用 — 393

- 9.1 面板工作文件 394
  - 9.1.1 创建 394
  - 9.1.2 面板结构 400
  - 9.1.3 面板工作页函数 404
  - 9.1.4 修改面板工作页 405
  - 9.1.5 小结 408
- 9.2 使用面板数据 409
  - 9.2.1 工作样本集 409
  - 9.2.2 序列对象 412
  - 9.2.3 其他对象 418
  - 9.2.4 小结 419
- 9.3 应用实例 420
  - 9.3.1 基本模型 420
  - 9.3.2 扩展模型 427
  - 9.3.3 系数方差稳健估计 429
  - 9.3.4 检验和预测 431
  - 9.3.5 非线性模型 433
  - 9.3.6 设定和估计 434
- 9.4 面板单位根 437
  - 9.4.1 检验方法 437
  - 9.4.2 应用实例 442
  - 9.4.3 DGP 识别 447
- 9.5 小结 454

IV 多方程模型

第 10 讲 方程组和联立方程 — 459

- 10.1 回归方程组 460
  - 10.1.1 线性模型 460
  - 10.1.2 SOLS 估计 463
  - 10.1.3 FGLS 估计 465
  - 10.1.4 FIML 估计 468
  - 10.1.5 非线性模型 469

10.1.6 系数限制 469	10.3.1 线性模型 485
10.2 使用方程组对象 471	10.3.2 识别 486
10.2.1 设定 472	10.3.3 堆叠形式 489
10.2.2 估计 474	10.3.4 S2SLS 估计 490
10.2.3 方程组对象 482	10.3.5 3SLS 估计 492
10.2.4 小结 484	10.3.6 例子 493
10.3 联立方程 485	10.4 小结 496

第 11 讲　VAR 模型　　499

11.1 VAR 基础 500	11.3.4 协整方程识别 531
11.1.1 模型 500	11.4 协整检验 538
11.1.2 检验 505	11.4.1 检验方法 538
11.1.3 预测 512	11.4.2 三类 DGP 543
11.1.4 Var 对象 512	11.4.3 五种模型 545
11.2 VAR 分析 515	11.4.4 实例分析 547
11.2.1 脉冲响应 515	11.5 SVAR 模型 552
11.2.2 方差分解 521	11.5.1 模型 552
11.3 VEC 模型 525	11.5.2 短期限制 552
11.3.1 协整和误差修正 525	11.5.3 长期限制 557
11.3.2 VEC 设定 526	11.5.4 估计 558
11.3.3 例子 527	11.6 小结 560

第 12 讲　状态空间模型　　565

12.1 模型设定 566	12.3.1 模型设定 582
12.1.1 基本形式 566	12.3.2 例子 585
12.1.2 例子 567	12.3.3 状态空间对象 587
12.2 Kalman 滤波 570	12.4 信号和状态 589
12.2.1 计算过程 570	12.4.1 提取 589
12.2.2 状态空间模型估计 574	12.4.2 图形 591
12.2.3 初始化 579	12.4.3 预测 596
12.3 使用状态空间对象 582	12.5 小结 603

第 13 讲　情景分析　　607

13.1 演示 608	13.3.2 情景 622
13.1.1 宏观经济模型 608	13.3.3 情景比较 624
13.1.2 评估 610	13.3.4 图形 627
13.1.3 样本外预测 612	13.4 使用样板对象 628
13.2 基础知识 617	13.4.1 设定 628
13.2.1 方程 617	13.4.2 查看模型 631
13.2.2 求解 618	13.4.3 外加因子 632
13.2.3 变量管理 619	13.4.4 样板对象 634
13.3 情景分析 620	13.5 模型求解 636
13.3.1 例子 620	13.5.1 求解 636

13.5.2 求解选项 638
13.5.3 目标路径控制 641
13.5.4 模型诊断 643

13.6 小结 645

V 深入应用

第 14 讲　广义矩估计　　651

14.1 单方程 652
    14.1.1 GMM 方法 652
    14.1.2 GMM 与单方程估计 656
    14.1.3 例子 658
    14.1.4 小结 664
14.2 方差估计 665
    14.2.1 核估计 665
    14.2.2 例子 667
14.3 方程组 670
    14.3.1 GMM 方法 670
    14.3.2 GMM 与系统估计 672
    14.3.3 例子 674

14.4 GMM 方法 679
    14.4.1 渐近性 679
    14.4.2 正交条件 681
    14.4.3 最佳工具变量 683
    14.4.4 例子 683
14.5 面板数据 687
    14.5.1 GMM 方法 687
    14.5.2 例子 692
    14.5.3 动态模型 696
    14.5.4 DPD 例子 699
14.6 小结 705

第 15 讲　估计方法　　709

15.1 最大似然估计 711
    15.1.1 最大似然原理 711
    15.1.2 估计方法 714
    15.1.3 检验方法 719
    15.1.4 参数重构 721
15.2 应用实例 724
    15.2.1 AR(1) 724
    15.2.2 GARCH(1,1) 729
    15.2.3 ARCD 732
    15.2.4 多项选择模型 736
    15.2.5 势态转换模型 739
    15.2.6 Gamma 分布 748

    15.2.7 检验 753
15.3 使用对数似然对象 759
    15.3.1 设定 759
    15.3.2 估计 764
    15.3.3 对数似然对象 765
15.4 非参数估计 767
    15.4.1 直方图 767
    15.4.2 密度函数估计 771
    15.4.3 核估计 775
    15.4.4 近邻法 777
    15.4.5 小结 779
15.5 小结 780

第 16 讲　离散和受限因变量模型　　785

16.1 二元选择模型 786
    16.1.1 理论回顾 786
    16.1.2 应用分析 788
    16.1.3 检验和预测 793
    16.1.4 模型估计 796
16.2 排序选择模型 800

    16.2.1 理论回顾 800
    16.2.2 模型估计 801
    16.2.3 应用分析 804
    16.2.4 预测 806
16.3 计数模型 810
    16.3.1 理论回顾 810

16.3.2 模型估计 812	16.5 审查回归模型 829
16.3.3 应用分析 815	16.5.1 理论回顾 829
16.4 截断回归模型 819	16.5.2 模型估计 830
16.4.1 理论回顾 819	16.5.3 检验和预测 833
16.4.2 模型估计 821	16.6 小结 838
16.4.3 检验和预测 825	

VI 附录

附录 A EViews 对象   845

A.1 图形 846	A.4.2 自动序列 882
A.1.1 创建图形 846	A.4.3 自新序列 882
A.1.2 定制图形 848	A.4.4 字符串序列 883
A.1.3 图形模板 857	A.4.5 小结 884
A.1.4 打印和导出 858	A.5 值映射 885
A.1.5 小结 858	A.5.1 例子 885
A.2 表格 860	A.5.2 值映射对象 886
A.2.1 创建表格 860	A.5.3 小结 887
A.2.2 填表 860	A.6 链接对象 888
A.2.3 格式化表格 861	A.6.1 建立和设定 888
A.2.4 打印和导出 865	A.6.2 频率转换 889
A.2.5 小结 866	A.6.3 配对合并 892
A.3 矩阵 867	A.6.4 理解链接 897
A.3.1 矩阵对象 867	A.6.5 相关操作 899
A.3.2 视图和过程 869	A.6.6 面板工作页 900
A.3.3 表达式 870	A.6.7 小结 903
A.3.4 赋值 872	A.7 EViews 数据库 904
A.3.5 矩阵操作 876	A.7.1 基本操作 904
A.3.6 矩阵和循环 878	A.7.2 基本概念 905
A.3.7 命令和函数 879	A.7.3 存取 906
A.3.8 小结 881	A.7.4 维护 910
A.4 序列对象 882	A.7.5 外部数据库 911
A.4.1 日期序列 882	A.7.6 小结 911

附录 B 统计分析   913

B.1 基本统计和检验 914	B.2.1 移动平均法 925
B.1.1 描述性统计 914	B.2.2 X12 法 927
B.1.2 简单假设检验 918	B.2.3 Tramo/Seats 928
B.1.3 经验分布的检验 921	B.2.4 Tramo/Seats vs. X12 929
B.1.4 BDS 检验 922	B.2.5 小结 930
B.1.5 小结 924	B.3 平滑和滤波 931
B.2 季节调整 925	B.3.1 平滑 931

- B.3.2 Hodrick-Prescott 滤波器 935
- B.3.3 频率滤波 937
- B.3.4 小结 938
- B.4 多元统计分析 939
  - B.4.1 图形 939
  - B.4.2 统计表 940
  - B.4.3 齐性检验 942
- B.4.4 主成分分析 944
- B.4.5 小结 946
- B.5 统计图 947
  - B.5.1 经验分布 947
  - B.5.2 QQ 图 948
  - B.5.3 盒图 951
  - B.5.4 小结 952

附录 C 选项设置   955

- C.1 设置 EViews 956
  - C.1.1 全局设置 956
  - C.1.2 配置文件 957
- C.2 估计和求解 959
  - C.2.1 估计和求解选项 959
  - C.2.2 导数计算 960
  - C.2.3 非线性方程组求解 961
- C.3 优化算法 963
  - C.3.1 二阶导数法 963
  - C.3.2 一阶导数法 964
  - C.3.3 步长 964

附录 D EViews 新版本   967

- D.1 版本更新 968
  - D.1.1 EViews 6 968
  - D.1.2 EViews 7 971
  - D.1.3 EViews 7.1 和 7.2 979
  - D.1.4 配置文件 982
- D.2 EViews 对象 984
  - D.2.1 输出管理 984
  - D.2.2 字符串 989
- D.3 因子分析 992
  - D.3.1 理论回顾 992
  - D.3.2 应用实例 998
  - D.3.3 因子对象 1006
- D.4 广义线性模型 1012
  - D.4.1 理论回顾 1012
  - D.4.2 模型估计 1017
  - D.4.3 应用分析 1027
- D.5 分位数回归 1030
  - D.5.1 理论回顾 1030
  - D.5.2 模型估计 1031
  - D.5.3 应用分析 1035
- D.6 多元 GARCH 1038
  - D.6.1 理论回顾 1038
  - D.6.2 模型估计 1043
  - D.6.3 应用分析 1050
- D.7 GMM 方法 1054
  - D.7.1 长期方差 1054
  - D.7.2 GMM 估计 1057
  - D.7.3 工具变量的诊断和检验 1062
- D.8 COM 自动化 1066
  - D.8.1 COM 服务器 1066
  - D.8.2 COM 客户端 1072
- D.9 小结 1077

英汉术语对照 1085
索 引 1093

表格目录

1.1	工作文件的频率类型	23
1.2	工作文件可导出的外部文件类型	26
2.1	运算符号的优先顺序	53
2.2	特殊的表达式	55
2.3	含有缺失值的关系运算和逻辑运算	61
2.4	EViews 语言的命令和基础函数	82
2.5	字符串函数	86
2.6	日期函数	89
2.7	工作文件函数	102
3.1	方程对象的成员函数	146
7.1	单位根检验	307
9.1	面板结构平衡方法比较	402
9.2	工作文件函数（面板结构）	405
9.3	面板单位根检验	442
11.1	协整检验	547
12.1	Kalman 滤波的变量	571
15.1	系数约束检验(最大似然估计)	720
15.2	常用的核函数	772
A.1	常用颜色	852
A.2	数值的显示格式	862
A.3	矩阵对象间的赋值	875
A.4	频率转换选项值	891
A.5	缩并选项	895
D.1	核函数(频域)	1055

第 12 讲

状态空间模型

20 世纪五六十年代对太空的争夺，航天系统的运行控制给控制理论带来了新的挑战。Kalman (1960) 和 Kalman and Bucy (1961) 提出的 Kalman 滤波通过非完全且有噪声的观测，估计动态系统的状态，丰富和发展了现代控制理论。由于其易于实现且功能强大，Kalman 滤波迅速应用到其他领域，如语音处理，气象预报和经济系统等领域中。

得益于威力无比的 Kalman 滤波递推算法，状态空间模型能够把不可观测的变量包含到模型中来，例如缺失值、测量误差、波动率、理性预期和持久收入等。经济计量分析中，状态空间模型囊括了一大类经济计量模型，例如在时间序列计量分析方面，ARMA 模型、VAR 模型、势态转换模型 (regime switching) 和随机参数模型等，都可以写成状态空间模型，进行估计和分析。

本讲基于 EViews 提供的状态空间对象 (Sspace object)，介绍 Kalman 滤波方法，讨论状态空间模型的设定和估计，以及信号和状态的分析和预测：

1) 阐述状态空间模型的具体设定，给出可以写成状态空间模型的计量模型实例。
2) 回顾 Kalman 滤波的基本步骤，理解滤波、预测和平滑的含义。
3) 介绍状态空间模型的似然函数，讲解状态空间模型的估计结果。
4) 介绍状态空间对象，阐述状态空间模型的信号方程、状态方程和干扰结构的设定方法，并提供了几个完整的例子。
5) 讨论提取信号和状态信息的函数和命令，演示 EViews 提供的信号和状态的图形功能。
6) 介绍信号和状态的多步向前预测、动态预测和平滑预测。

Kalman 滤波的术语主要来自控制工程和信号处理领域，相关的文献汗牛充栋。计量经济学中，状态空间模型和 Kalman 滤波的经典文献请参考 Hamilton (1994a,b) 和 Harvey (1989)。

§12.1 模型设定

状态空间模型由状态方程和信号方程组成。本节以线性的状态空间模型为基础，阐述状态空间模型的具体设定，然后给出了可以写成状态空间模型的计量模型实例。

§12.1.1 基本形式

记 $G \times 1$ 向量 $\mathbf{y}_t$ 为 t 时刻的观测，$t = 1, 2, \cdots, T$，而 $Z \times 1$ 向量 $\mathbf{z}_t$ 是不可直接观测的，称为状态向量 (state vector)，则描述 $\mathbf{y}_t$ 动态行为的状态空间模型 (state space model) 为

$$\mathbf{z}_t = \mathbf{F}\mathbf{z}_{t-1} + \mathbf{w}_t \tag{12.1a}$$

$$\mathbf{y}_t = \mathbf{A}\mathbf{x}_t + \mathbf{H}\mathbf{z}_t + \mathbf{v}_t \tag{12.1b}$$

其中 $K \times 1$ 向量 $\mathbf{x}_t$ 为外生向量，矩阵 $\mathbf{F}, \mathbf{A}$ 和 $\mathbf{H}$ 是系数矩阵，里面的元素可以是时变的，简单起见，我们先讨论系数矩阵为常数矩阵的情况。通常将方程 (12.1a) 称为状态方程 (state equations)，或者叫转移方程 (transition equations)，而将方程 (12.1b) 称为信号方程 (signal equations) 或者观测方程 (observation equations)。$Z \times 1$ 阶向量 $\mathbf{w}_t$ 和 $G \times 1$ 向量 $\mathbf{v}_t$ 都是向量白噪声过程，满足

$$\mathrm{E}(\mathbf{w}_t) = 0 \qquad \mathrm{E}(\mathbf{w}_t\mathbf{w}_l') = \begin{cases} \mathbf{W} & t = l \\ 0 & t \neq l \end{cases}$$

$$\mathrm{E}(\mathbf{v}_t) = 0 \qquad \mathrm{E}(\mathbf{v}_t\mathbf{v}_l') = \begin{cases} \mathbf{V} & t = l \\ 0 & t \neq l \end{cases}$$

其中协方差矩阵 $\mathbf{W}$ 和 $\mathbf{V}$ 分别为 $Z \times Z$ 和 $G \times G$ 矩阵，简单起见，我们假设 $\mathbf{w}_t$ 和 $\mathbf{v}_t$ 不相关，即

$$\mathrm{E}(\mathbf{w}_t\mathbf{v}_l') = 0 \qquad \forall t, l$$

此外，我们假设干扰和初始状态 $\mathbf{z}_1$ 不相关，即

$$\mathrm{E}(\mathbf{w}_t\mathbf{z}_1') = 0 \quad \mathrm{E}(\mathbf{v}_t\mathbf{z}_1') = 0 \qquad t = 1, 2, \cdots, T$$

我们把状态空间模型 (12.1) 及其干扰的设定形式称为状态空间模型的基本形式 (basic form)。

- 状态方程 (12.1a) 具有 VAR(1) 的形式。请注意常见的另外一种形式，如 Lütkepohl (2005) 和 Tsay (2005) 中，将状态方程设定为

$$\mathbf{z}_{t+1} = \mathbf{F}\mathbf{z}_t + \boldsymbol{\eta}_t$$

  实际上是一样的，他们的 $\boldsymbol{\eta}_t$ 对应于式 (12.1a) 的 $\mathbf{w}_{t+1}$。

- 由于我们假定干扰项和初始状态不相关，则干扰项 $\mathbf{v}_t$ 和任何时刻的状态都不相关，干扰项 $\mathbf{w}_t$ 和 t 时刻之前的状态都不相关。
- 如果干扰服从正态分布 (高斯过程)，则没有序列相关和相互独立是等价的。
- $\mathbf{w}_t$ 和 $\mathbf{v}_t$ 任意时刻不相关假设可以进一步放松，比如放松为可以同期相关。
- 系数矩阵 $\mathbf{F}, \mathbf{A}$ 和 $\mathbf{H}$ 可以是时变的，协方差矩阵 $\mathbf{W}$ 和 $\mathbf{V}$ 也可以是时变的。
- 更一般的状态空间模型，参见 Hamilton (1994a, p399)，参数是随机的，例如

$$\mathbf{z}_t = \mathbf{F}_t\mathbf{z}_{t-1} + \mathbf{w}_t$$

$$\mathbf{y}_t = \mathbf{a}_t + \mathbf{H}_t\mathbf{z}_t + \mathbf{v}_t$$

其中向量 $\mathbf{a}_t = \mathbf{a}(\mathbf{x}_t)$ 与矩阵 $\mathbf{F}_t = \mathbf{F}(\mathbf{x}_t)$ 和 $\mathbf{H}_t = \mathbf{H}(\mathbf{x}_t)$ 的元素是 $\mathbf{x}_t$ 的函数。此外，状态方程还可以包含外生变量，而且允许非线性的形式。因此，状态空间模型是非常灵活的，可能极其复杂。

描述 $\mathbf{y}_t$ 动态过程的状态空间模型的具体形式并不唯一：假设 $\mathbf{T}$ 为可逆矩阵，令

$$\mathbf{z}_{*t} = \mathbf{T}\mathbf{z}_t \tag{12.2}$$

注意到状态向量 $\mathbf{z}_t$ 与其线性变换 $\mathbf{z}_{*t}$ 在信息上是等价的，状态空间模型 (12.1) 可以等价表示成

$$\mathbf{z}_{*t} = \mathbf{F}_* \mathbf{z}_{*t-1} + \mathbf{w}_{*t}$$
$$\mathbf{y}_t = \mathbf{A}\mathbf{x}_t + \mathbf{H}_* \mathbf{z}_{*t} + \mathbf{v}_t$$

其中

$$\mathbf{F}_* = \mathbf{T}\mathbf{F}\mathbf{T}^{-1} \qquad \mathbf{H}_* = \mathbf{H}\mathbf{T}^{-1} \qquad \mathbf{w}_{*t} = \mathbf{T}\mathbf{w}_t$$

§12.1.2 例子

状态空间模型 (12.1) 囊括了不少经济计量模型，为了增加对状态空间模型的感性理解，我们先介绍几个有趣的例子：随机系数的 CAPM，ARMA 模型和动态消费模型。

一、随机系数的 CAPM

如下的 CAPM 是系数时变的：

$$r_t - r_0 = \alpha_t + \beta_t (r_{tM} - r_0) + v_t \qquad v_t \sim \mathrm{N}(0, \sigma_v^2)$$
$$\alpha_t = \alpha_{t-1} + w_{t1} \qquad w_{t1} \sim \mathrm{N}(0, \sigma_1^2)$$
$$\beta_t = \beta_{t-1} + w_{t2} \qquad w_{t2} \sim \mathrm{N}(0, \sigma_2^2)$$

其中 r_t 是资产的收益率，r_0 和 r_{tM} 分别是无风险资产和市场的收益率，系数 α_t 和 β_t 服从随机游走过程。将随机系数 α_t 和 β_t 作为状态变量，对应于状态空间模型 (12.1)，显然有

$$\mathbf{z}_t = \begin{bmatrix} \alpha_t \\ \beta_t \end{bmatrix} \qquad \mathbf{F} = \begin{bmatrix} 1 & 0 \\ 0 & 1 \end{bmatrix} \qquad \mathbf{w}_t = \begin{bmatrix} w_{t1} \\ w_{t2} \end{bmatrix}$$

$$\mathbf{y}_t = \mathrm{E}(r_t) - r_0 \qquad \mathbf{A} = 0 \qquad \mathbf{x}_t = 0 \qquad \mathbf{H}_t = \begin{bmatrix} 1 & \mathrm{E}(r_{tM}) - r_0 \end{bmatrix} \qquad \mathbf{v}_t = v_t$$

$$\mathbf{W} = \begin{bmatrix} \sigma_1^2 & 0 \\ 0 & \sigma_2^2 \end{bmatrix} \qquad \mathbf{V} = \sigma_v^2$$

请注意，状态空间模型[1]似乎很庞大，但需要估计的参数只有三个，即 σ_v^2, σ_1^2 和 σ_2^2。

二、ARMA 模型

对于 MA(1) 模型

$$y_t = \mu + e_t + m e_{t-1} \qquad e_t \sim \mathrm{iid}(0, \sigma^2) \tag{12.3}$$

该模型可以写成如下状态空间模型：状态方程

$$\begin{bmatrix} e_t \\ e_{t-1} \end{bmatrix} = \begin{bmatrix} 0 & 0 \\ 1 & 0 \end{bmatrix} \begin{bmatrix} e_{t-1} \\ e_{t-2} \end{bmatrix} + \begin{bmatrix} e_t \\ 0 \end{bmatrix}$$

---

[1] CAPM 中，$\mathbf{H}_t$ 为解释变量，$\mathbf{z}_t$ 是随机系数。而写成状态空间模型时，信号方程中 $\mathbf{H}_t$ 为随机系数，$\mathbf{z}_t$ 为解释变量。

信号方程
$$y_t = \mu + \begin{bmatrix} 1 & m \end{bmatrix} \begin{bmatrix} e_t \\ e_{t-1} \end{bmatrix}$$

对比状态空间模型 (12.1)，我们有

$$\mathbf{z}_t = \begin{bmatrix} e_t \\ e_{t-1} \end{bmatrix} \quad \mathbf{F} = \begin{bmatrix} 0 & 0 \\ 1 & 0 \end{bmatrix} \quad \mathbf{w}_t = \begin{bmatrix} e_t \\ 0 \end{bmatrix}$$

$$\mathbf{y}_t = y_t \quad \mathbf{A} = \mu \quad \mathbf{x}_t = 1 \quad \mathbf{H} = \begin{bmatrix} 1 & m \end{bmatrix} \quad \mathbf{v}_t = 0$$

$$\mathbf{W} = \begin{bmatrix} \sigma^2 & 0 \\ 0 & 0 \end{bmatrix} \quad \mathbf{V} = 0$$

不难发现，式 (12.3) 的 MA(1) 过程还可以表示成

$$\begin{bmatrix} e_t + me_{t-1} \\ me_t \end{bmatrix} = \begin{bmatrix} 0 & 1 \\ 0 & 0 \end{bmatrix} \begin{bmatrix} e_{t-1} + me_{t-2} \\ me_{t-1} \end{bmatrix} + \begin{bmatrix} e_t \\ me_t \end{bmatrix}$$

$$y_t = \mu + \begin{bmatrix} 1 & 0 \end{bmatrix} \begin{bmatrix} e_t + me_{t-1} \\ me_t \end{bmatrix}$$

以上的三种表示形式 (常见的 MA(1) 形式和两种状态空间表示法) 都表示同一模型，可以根据需要选择模型的表示形式。

更一般地，对于单变量的 ARMA(p,q) 模型 (参见第 232 页 §5.2 节)

$$u_t = a_1 u_{t-1} + a_2 u_{t-2} + \cdots + a_p u_{t-p} + e_t$$
$$+ m_1 e_{t-1} + m_2 e_{t-2} + \cdots + m_q e_{t-q}$$

记

$$Z = \max(p, q+1)$$

则 ARMA(p,q) 可以用滞后算子表示为

$$\left(1 - \sum_{i=1}^{Z} a_i L^i\right) u_t = \left(1 + \sum_{i=1}^{Z} m_i L^i\right) e_t$$

其中当 $i > p$ 时，$a_i = 0$；当 $i > q$ 时，$m_i = 0$。因此，我们得到状态空间模型

$$\mathbf{z}_t = \begin{bmatrix} a_1 & a_2 & \cdots & a_{Z-1} & a_Z \\ 1 & 0 & \cdots & 0 & 0 \\ 0 & 1 & \cdots & 0 & 0 \\ \vdots & \vdots & \ddots & \vdots & \vdots \\ 0 & 0 & \cdots & 1 & 0 \end{bmatrix} \mathbf{z}_{t-1} + \begin{bmatrix} e_t \\ 0 \\ 0 \\ \vdots \\ 0 \end{bmatrix} \quad (12.4)$$

$$u_t = \begin{bmatrix} 1 & m_1 & m_2 & \cdots & m_{Z-1} \end{bmatrix} \mathbf{z}_t$$

关于 ARMA(p,q) 模型的状态空间模型表示：

1) $\mathbf{H} = \begin{bmatrix} 1 & m_1 & m_2 & \cdots & m_{Z-1} \end{bmatrix}$ 中，m_i 的下标只到 $Z-1$。此外，请注意 $m_Z = 0$。
2) 状态方程中，除了第一个状态方程，其他状态方程没有干扰项，只是简单的状态转移。
3) 状态空间模型 (12.4) 中，需要估计的参数和 ARMA 模型的一一对应，数目上相同。

4) Tsay (2005, p512–16) 给出了更多的表示形式，例如

$$\mathbf{z}_t = \begin{bmatrix} a_1 & 1 & 0 & \cdots & 0 \\ a_2 & 0 & 1 & \cdots & 0 \\ \vdots & \vdots & \vdots & \ddots & \vdots \\ a_{Z-1} & 0 & 0 & \cdots & 1 \\ a_Z & 0 & 0 & \cdots & 0 \end{bmatrix} \mathbf{z}_{t-1} + \begin{bmatrix} 1 \\ m_1 \\ m_2 \\ \vdots \\ m_{Z-1} \end{bmatrix} e_t \tag{12.5}$$

$$u_t = \begin{bmatrix} 1 & 0 & 0 & \cdots & 0 \end{bmatrix} \mathbf{z}_t$$

练习：请证明式 (12.4) 和式 (12.5) 是等价的，并对比两种表示形式中的 z_{t1}。此外，请给出 $Z=3$ 时的转换矩阵 $\mathbf{T}$ (第 567 页式 12.2)。

三、动态消费模型

在研究理性预期的动态消费函数时，预期收入 Y_t^* 是不可观测的，假设预期收入的产生方法为

$$Y_t^* = rY_{t-1}^* + (1-r)Y_t \tag{12.6}$$

其中 $0 \leqslant r \leqslant 1$，$Y_t$ 为 t 期的收入。假设消费方程为

$$C_t = a + bY_t^* + e_t \tag{12.7}$$

其中 C_t 是 t 期的消费。如果把预期收入 Y_t^* 看成状态变量，则预期收入方程 (12.6) 为状态方程 (包含外生变量 Y_t 和系数限制，但没有干扰项)，消费方程 (12.7) 为信号方程。

我们知道，状态空间模型的鲜明特点是能够利用不可观测的变量来建立动态模型，并进行估计和分析。如果不采用状态空间模型，注意到预期收入方程 (12.6) 中

$$Y_t^* = \frac{1-r}{1-r\mathrm{L}}Y_t = (1-r)\sum_{j=0}^{\infty} r^j \mathrm{L}^j Y_t = (1-r)\sum_{j=0}^{\infty} r^j Y_{t-j}$$

表明消费方程 (12.7) 是几何滞后模型 (Geometric Lag Model)：

$$C_t = a + (1-r)b\sum_{j=0}^{\infty} r^j Y_{t-j} + e_t$$

该模型有无穷多阶的滞后，直接估计是不可能的。由于

$$C_t = a + bY_t^* + e_t = a + b\frac{1-r}{1-r\mathrm{L}}Y_t + e_t$$

我们得到非线性的 ARMA 形式

$$(1-r\mathrm{L})C_t = (1-r)a + (1-r)bY_t + (1-r\mathrm{L})e_t$$

当前，EViews 还不能估计含有 MA 项的非线性方程。

§12.2 Kalman 滤波

滤波 (filtering)、预测 (predicting) 和平滑 (smoothing) 是 Kalman 滤波的三个重要概念。这三种推断过程好比是阅读手写稿时的猜字过程：滤波是基于当前阅读过的内容，揣摩当前的文字最可能是什么字，预测则是猜测下一个字会是什么，而平滑则是读完手稿后，回过头来判断某个字该是什么字。

Kalman 滤波算法是状态空间模型的核心，了解 Kalman 滤波的计算过程有助于对状态空间模型的理解和应用。基于状态空间的基本模型 (12.1)，我们先回顾 Kalman 滤波的基本步骤。随后，介绍了状态空间模型的估计，给出了似然函数，并结合例子讲解了状态空间模型的 EViews 估计结果。最后，我们讨论了参数估计的初始值以及 Kalman 滤波的初始条件的设置问题。

§12.2.1 计算过程

记状态变量的预测及其相应的 MSE (mean squared error, 均方差) 矩阵分别为

$$\mathbf{z}_{t|l} \equiv \mathrm{E}^*(\mathbf{z}_t | \mathbb{I}_l)$$

$$\mathbf{Z}_{t|l} \equiv \mathrm{E}\left((\mathbf{z}_t - \mathbf{z}_{t|l})(\mathbf{z}_t - \mathbf{z}_{t|l})'\right)$$

其中 $\mathrm{E}^*(\cdot|\cdot)$ 表示线性投影[2] (linear projection)，$\mathbb{I}_l$ 为 l 时刻的信息集：

1) 信息集 $\mathbb{I}_t = \{\mathbf{x}_t, \mathbf{y}_t, \mathbb{I}_{t-1}\}$，初始信息集为 $\mathbb{I}_0$（线性投影中取 $\mathbb{I}_0 = \{1\}$）。
2) 对于任意的分布，线性投影是最小均方差线性预测。如果 DGP 为高斯过程，线性投影 (含常数) 等于条件期望，是最小均方差预测。因此，不少教科书如 Lütkepohl (2005) 和 Tsay (2005) 等，干脆假设干扰服从正态分布，把 $\mathbf{z}_{t|l}$ 写成条件均值的形式。
3) 高斯过程下，$\mathbf{z}_{t|l} = \mathrm{E}(\mathbf{z}_t | \mathbb{I}_l)$，预测的 MSE 矩阵 $\mathbf{Z}_{t|l}$ 等于 $\mathbf{z}_t$ 条件方差矩阵的期望。
4) Kalman 滤波算法中，滤波、预测和平滑分别定义为：
    (a) 取 $l = t$，计算 $\mathbf{z}_{t|t}$ 称为滤波 (MSE 为 $\mathbf{Z}_{t|t}$)；
    (b) 取 $l = t$，推导 $\mathbf{z}_{t+1|t}$ 称为预测 (MSE 为 $\mathbf{Z}_{t+1|t}$)；
    (c) 取 $l = T$，求解 $\mathbf{z}_{t|T}$ 称为平滑 (MSE 为 $\mathbf{Z}_{t|T}$)。

Kalman 滤波就是从初始条件 $\mathbf{z}_{1|0}$ 和 $\mathbf{Z}_{1|0}$ 出发，递推计算出状态滤波 $\mathbf{z}_{t|t}$ 和 $\mathbf{Z}_{t|t}$，以及状态预测 $\mathbf{z}_{t+1|t}$ 和 $\mathbf{Z}_{t+1|t}$，$t = 1, 2, \cdots, T$。而状态平滑过程则从 $\mathbf{z}_{T|T}$ 和 $\mathbf{Z}_{T|T}$ 开始，后向递推求解 $\mathbf{z}_{t|T}$ 和

---

[2]假设 $\mathbf{y}$ 和 $\mathbf{x}$ 分别为 $G \times 1$ 和 $K \times 1$ 随机向量 ($\mathbf{x}$ 通常含有常数项)，$\mathbf{P}$ 为 $G \times K$ 矩阵，如果

$$\mathrm{E}\left[(\mathbf{y} - \mathbf{P}\mathbf{x})\mathbf{x}'\right] = 0$$

则称 $\mathbf{P}\mathbf{x}$ 是 $\mathbf{y}$ 在 $\mathbf{x}$ 上的线性投影，不被混淆时，简称投影，并记为

$$\mathrm{E}^*(\mathbf{y} | \mathbf{x}) = \mathbf{P}\mathbf{x}$$

由投影的定义有

$$\mathbf{P} = \mathrm{E}(\mathbf{y}\mathbf{x}') \left[\mathrm{E}(\mathbf{x}\mathbf{x}')\right]^{-1}$$

此外，投影误差 $\mathbf{e} = \mathbf{y} - \mathrm{E}^*(\mathbf{y}|\mathbf{x})$ 和 $\mathbf{x}$ 正交，投影误差也和投影正交，即

$$\mathrm{E}(\mathbf{e}\mathbf{x}') = 0 \qquad \mathrm{E}\left(\mathrm{E}^*(\mathbf{y}|\mathbf{x})\mathbf{e}'\right) = 0$$

线性投影在所有的线性预测中，均方差 (mean squared error, MSE) 最小。

表 12.1　Kalman 滤波的变量

变量	说明	变量	说明
标量			
K	外生变量数目	T	样本观测数目
G	信号变量个数	Z	状态变量个数
向量			
$\mathbf{e}$	信号预测误差 $G \times 1$	$\mathbf{x}$	外生变量 $K \times 1$
$\mathbf{g}$	$Z \times 1$	$\mathbf{y}$	信号变量 $G \times 1$
$\mathbf{v}$	信号方程干扰 $G \times 1$	$\mathbf{z}$	状态变量 $Z \times 1$
$\mathbf{w}$	状态方程干扰 $Z \times 1$		
矩阵			
$\mathbf{A}$	系数矩阵 $G \times K$	$\mathbf{L}$	$Z \times Z$
$\mathbf{F}$	状态转移矩阵 $Z \times Z$	$\mathbf{S}$	平滑矩阵 $Z \times Z$
$\mathbf{G}$	$Z \times Z$	$\mathbf{V}$	$\mathbf{v}$ 的方差 $G \times G$
$\mathbf{H}$	系数矩阵 $G \times Z$	$\mathbf{W}$	$\mathbf{w}$ 的方差 $Z \times Z$
$\mathbf{K}_*$	$Z \times G$	$\mathbf{Y}$	$\mathbf{y}$ 的 MSE $G \times G$
$\mathbf{K}$	增益矩阵 $Z \times G$	$\mathbf{Z}$	$\mathbf{z}$ 的 MSE $Z \times Z$

$\mathbf{Z}_{t|T}$，$t = T-1, T-2, \cdots, 2, 1$。Kalman 滤波理论的详细分析请参考 Hamilton (1994a, Ch13)。状态空间模型和 Kalman 滤波用到大量的数学符号，清晰起见，将相关变量总结为表 12.1。

一、初始条件

通常将 $\mathbf{z}_{1|0}$ 取为初始状态 $\mathbf{z}_1$ 的无条件均值

$$\mathbf{z}_{1|0} = \mathrm{E}(\mathbf{z}_1)$$

习惯上，我们将 $\mathbf{z}_{1|0}$ 称为 Kalman 滤波的初始状态。相应的 MSE 的计算公式为

$$\mathrm{vec}(\mathbf{Z}_{1|0}) = [\mathbf{I}_{Z^2} - \mathbf{F} \otimes \mathbf{F}]^{-1} \cdot \mathrm{vec}(\mathbf{W}) \tag{12.8}$$

二、信号预测

在 t 时刻，由 $\mathbf{x}_t$ 和历史信息计算的 $\mathbf{y}_t$ 预测为

$$\mathbf{y}_{t|t-1} \equiv \mathrm{E}^*(\mathbf{y}_t | \mathbf{x}_t, \mathbb{I}_{t-1}) = \mathrm{E}^*(\mathbf{A}\mathbf{x}_t + \mathbf{H}\mathbf{z}_t + \mathbf{v}_t | \mathbf{x}_t, \mathbb{I}_{t-1}) = \mathbf{A}\mathbf{x}_t + \mathbf{H}\mathbf{z}_{t|t-1}$$

记预测误差为

$$\mathbf{e}_t \equiv \mathbf{y}_t - \mathbf{y}_{t|t-1} = \mathbf{y}_t - (\mathbf{A}\mathbf{x}_t + \mathbf{H}\mathbf{z}_{t|t-1})$$

相应的 MSE 为

$$\mathbf{Y}_{t|t-1} \equiv \mathrm{E}\left((\mathbf{y}_t - \mathbf{y}_{t|t-1})(\mathbf{y}_t - \mathbf{y}_{t|t-1})'\right) = \mathbf{H}\mathbf{Z}_{t|t-1}\mathbf{H}' + \mathbf{V}$$

三、状态滤波

在 t 时刻，有了 $\mathbf{y}_t$ 的观测，我们可以及时地推断当前的状态

$$\mathbf{z}_{t|t} = \mathbf{z}_{t|t-1} + \mathbf{K}_{*t} \mathbf{e}_t$$

其中

$$\mathbf{K}_{*t} \equiv \mathbf{Z}_{t|t-1} \mathbf{H}' \mathbf{Y}_{t|t-1}^{-1}$$

这一步称为滤波 (filtering)，相应的 MSE 为

$$\mathbf{Z}_{t|t} = (\mathbf{I} - \mathbf{K}_{*t} \mathbf{H}) \mathbf{Z}_{t|t-1} = \mathbf{Z}_{t|t-1} - \mathbf{Z}_{t|t-1} \mathbf{H}' \mathbf{Y}_{t|t-1}^{-1} \mathbf{H} \mathbf{Z}_{t|t-1}$$

四、状态预测

通过状态方程来预测下一步的状态

$$\mathbf{z}_{t+1|t} = \mathbf{F} \mathbf{z}_{t|t}$$

相应的 MSE 为

$$\mathbf{Z}_{t+1|t} = \mathbf{F} \mathbf{Z}_{t|t} \mathbf{F}' + \mathbf{W}$$

定义增益矩阵[3] (gain matrix)

$$\mathbf{K}_t \equiv \mathbf{F} \mathbf{K}_{*t} = \mathbf{F} \mathbf{Z}_{t|t-1} \mathbf{H}' \mathbf{Y}_{t|t-1}^{-1}$$

则有

$$\mathbf{z}_{t+1|t} = \mathbf{F} \mathbf{z}_{t|t-1} + \mathbf{K}_t \mathbf{e}_t$$

$$\mathbf{Z}_{t+1|t} = \mathbf{F} \mathbf{Z}_{t|t-1} \mathbf{F}' - \mathbf{K}_t \mathbf{Y}_{t|t-1} \mathbf{K}_t' + \mathbf{W}$$

记

$$\mathbf{L}_t = \mathbf{F} - \mathbf{K}_t \mathbf{H}$$

$\mathbf{Z}_{t+1|t}$ 还可以写成

$$\mathbf{Z}_{t+1|t} = \mathbf{L}_t \mathbf{Z}_{t|t-1} \mathbf{L}_t' + \mathbf{K}_t \mathbf{V} \mathbf{K}_t' + \mathbf{W}$$

$$\mathbf{Z}_{t+1|t} = \mathbf{F} \mathbf{Z}_{t|t-1} \mathbf{L}_t' + \mathbf{W} = \mathbf{L}_t \mathbf{Z}_{t|t-1} \mathbf{F}' + \mathbf{W}$$

五、平滑

平滑 (Smoothing) 就是用所有的观测信息来推断状态，记

$$\mathbf{S}_t = \mathbf{Z}_{t|t} \mathbf{F}' \mathbf{Z}_{t+1|t}^{-1}$$

那么有

$$\mathbf{z}_{t|T} = \mathbf{z}_{t|t} + \mathbf{S}_t \left(\mathbf{z}_{t+1|T} - \mathbf{z}_{t+1|t} \right)$$

$$\mathbf{Z}_{t|T} = \mathbf{Z}_{t|t} + \mathbf{S}_t \left(\mathbf{Z}_{t+1|T} - \mathbf{Z}_{t+1|t} \right) \mathbf{S}_t'$$

---

[3]Hamilton (1994a, p380, Eq 13.2.19) 和 Tsay (2005, p524, Eq 11.59) 使用的定义，请注意 Pollock (1999, p243, Eq 9.90) 和 Lütkepohl (2005, p628) 则将 $\mathbf{K}_{*t}$ 定义为增益矩阵。

从 $t = T-1$ 倒着往前计算，可以得到状态平滑及其 MSE 矩阵的完整序列，这里讨论的平滑是固定区间平滑 (Fixed-interval smoothing)。此外，参见 Pollock (1999, p247–57)，还有定点平滑 (Fixed-point smoothing) 和固定滞后平滑 (Fixed-lag smoothing)，定点平滑即将 $\mathbf{z}_{t|l}$ 中 t 固定，$l = t+1, t+2, \cdots$，而固定滞后平滑为 $\mathbf{z}_{t-n|t}$ 中固定滞后期数 n。

利用全部的观测信息，还可以推断干扰，即进行干扰平滑

$$\mathbf{w}_{t|T} = \mathrm{E}^* \left(\mathbf{w}_t | \mathbb{I}_T \right) = \mathrm{E}^* \left(\mathbf{z}_t - \mathbf{F}\mathbf{z}_{t-1} | \mathbb{I}_T \right) = \mathbf{z}_{t|T} - \mathbf{F}\mathbf{z}_{t-1|T}$$

$$\mathbf{v}_{t|T} = \mathrm{E}^* \left(\mathbf{v}_t | \mathbb{I}_T \right) = \mathrm{E}^* \left(\mathbf{y}_t - \mathbf{A}\mathbf{x}_t - \mathbf{H}\mathbf{z}_t | \mathbb{I}_T \right) = \mathbf{y}_t - \mathbf{A}\mathbf{x}_t - \mathbf{H}\mathbf{z}_{t|T}$$

相应的 MSE 分别为

$$\mathrm{MSE}\left(\mathbf{w}_{t|T}\right) = \mathrm{E}\left(\left(\mathbf{w}_t - \mathbf{w}_{t|T}\right) \left(\mathbf{w}_t - \mathbf{w}_{t|T}\right)' \right) = \mathbf{W} - \mathbf{W}\mathbf{Z}_{t|t-1}^{-1} \left(\mathbf{Z}_{t|t-1} - \mathbf{Z}_{t|T}\right) \mathbf{Z}_{t|t-1}^{-1} \mathbf{W}$$

$$\mathrm{MSE}\left(\mathbf{v}_{t|T}\right) = \mathrm{E}\left(\left(\mathbf{v}_t - \mathbf{v}_{t|T}\right) \left(\mathbf{v}_t - \mathbf{v}_{t|T}\right)' \right) = \mathbf{H}\mathbf{Z}_{t|T}\mathbf{H}'$$

进行平滑时，还可以使用矩平滑算法 (moment smoothing algorithm, 参见 Koopman et al., 1999)，即定义后向递推过程

$$\mathbf{g}_{t-1} = \mathbf{H}'\mathbf{Y}_{t|t-1}^{-1}\mathbf{e}_t + \mathbf{L}_t'\mathbf{g}_t \qquad t = T, T-1, \cdots, 2, 1$$

$$\mathbf{G}_{t-1} = \mathbf{H}'\mathbf{Y}_{t|t-1}^{-1}\mathbf{H} + \mathbf{L}_t'\mathbf{G}_t\mathbf{L}_t$$

其中初始条件取为 $\mathbf{g}_T = 0, \mathbf{G}_T = 0$。则状态平滑为

$$\mathbf{z}_{t|T} = \mathbf{z}_{t|t-1} + \mathbf{Z}_{t|t-1}\mathbf{g}_{t-1}$$

$$\mathbf{Z}_{t|T} = \mathbf{Z}_{t|t-1} - \mathbf{Z}_{t|t-1}\mathbf{G}_{t-1}\mathbf{Z}_{t|t-1}$$

而干扰平滑为

$$\mathbf{w}_{t|T} = \mathbf{W}\mathbf{g}_{t-1}$$

$$\mathrm{MSE}\left(\mathbf{w}_{t|T}\right) = \mathbf{W} - \mathbf{W}\mathbf{G}_{t-1}\mathbf{W}$$

$$\mathbf{v}_{t|T} = \mathbf{V}\left(\mathbf{Y}_{t|t-1}^{-1}\mathbf{e}_t - \mathbf{K}_t'\mathbf{g}_t\right)$$

$$\mathrm{MSE}\left(\mathbf{v}_{t|T}\right) = \mathbf{V} - \mathbf{V}\left(\mathbf{Y}_{t|t-1}^{-1} + \mathbf{K}_t'\mathbf{G}_t\mathbf{K}_t\right)\mathbf{V}$$

六、扩展

状态空间模型 (12.1) (第 566 页) 中，如果允许干扰 $\mathbf{w}_t$ 和 $\mathbf{v}_t$ 同期相关[4]，即

$$\mathrm{E}\left(\mathbf{w}_t\mathbf{v}_t'\right) \neq 0$$

则计算过程中，只需要修改 $\mathbf{K}_{*t}$ 为

$$\mathbf{K}_{*t} = \left(\mathbf{Z}_{t|t-1}\mathbf{H}' + \mathrm{E}\left(\mathbf{w}_t\mathbf{v}_t'\right)\right)\mathbf{Y}_{t|t-1}^{-1}$$

仍然有 $\mathbf{K}_t = \mathbf{F}\mathbf{K}_{*t}$。

---

[4]请注意，Lütkepohl (2005) 和 Tsay (2005) 设定的状态空间模型中，同期相关假设 $\mathrm{E}(\boldsymbol{\eta}_t\mathbf{v}_t') \neq 0$ 相当于假设 $\mathrm{E}(\mathbf{w}_{t+1}\mathbf{v}_t') \neq 0$，相应需要修改的地方为

$$\mathbf{K}_t = \left(\mathbf{F}\mathbf{Z}_{t|t-1}\mathbf{H}' + \mathrm{E}\left(\mathbf{w}_{t+1}\mathbf{v}_t'\right)\right)\mathbf{Y}_{t|t-1}^{-1}$$

由于 $\mathbf{K}_{*t}$ 仍然为 $\mathbf{K}_{*t} = \mathbf{Z}_{t|t-1}\mathbf{H}'\mathbf{Y}_{t|t-1}^{-1}$，显然 $\mathbf{K}_t \neq \mathbf{F}\mathbf{K}_{*t}$。

§12.2.2 状态空间模型估计

Kalman 滤波的计算过程中，假设状态空间模型的参数是已知的，事实上，多数情况下，参数是未知的。状态空间模型的参数通常采用最大似然估计。

一、对数似然函数

如果初始状态 $\mathbf{z}_1$ 和干扰项 $\{\mathbf{w}_t, \mathbf{v}_t\}_{t=1}^{T}$ 服从多元正态分布，则通过 Kalman 滤波得到的 $\mathbf{z}_{t|t-1}$ 和 $\mathbf{y}_{t|t-1}$ 是信息集合 $\{\mathbf{x}_t, \mathbb{I}_{t-1}\}$ 上的最优预测，此时

$$(\mathbf{y}_t | \mathbf{x}_t, \mathbb{I}_{t-1}) \sim \mathrm{N}\left(\mathbf{A}\mathbf{x}_t + \mathbf{H}\mathbf{z}_{t|t-1}, \mathbf{Y}_{t|t-1}\right) \qquad t = 1, 2, \cdots, T$$

因此，对数似然函数[5]为

$$\ell = \sum_{t=1}^{T} \log f(\mathbf{y}_t | \mathbf{x}_t, \mathbb{I}_{t-1}) = -\frac{MT}{2}\log(2\pi) - \frac{1}{2}\sum_{t=1}^{T}\log\left(|\mathbf{Y}_{t|t-1}|\right) - \frac{1}{2}\sum_{t=1}^{T}\mathbf{e}_t' \mathbf{Y}_{t|t-1}^{-1} \mathbf{e}_t$$

给定参数的初始值 (starting value)，$\mathbf{e}_t$ 和 $\mathbf{Y}_{t|t-1}$ 通过 Kalman 滤波进行计算 (初始条件为 $\mathbf{z}_{1|0}$ 和 $\mathbf{Z}_{1|0}$)。似然函数的优化采用一阶导数方法 (参见第 963 页 §C.3 节) 进行求解。关于参数估计：

1) 状态空间模型可能出现系数不可识别问题。
2) 如果状态空间模型的系数是随机的，$\mathbf{z}_{t|t-1}$ 和 $\mathbf{y}_{t|t-1}$ 用条件均值来定义。
3) 如果干扰不是正态的，得到的估计量是一致的，并且具有渐近正态性。

二、例子

采用 EViews 例子目录下的 airline.prg 程序中的数据

```
wfcreate(page=ss, wf=airline) m 1949m01 1960m12
series x
x.fill 112, 118, ...    'please copy data from airline.prg

graph gf_psg.line log(x)
gf_psg.legend -inbox position(0.3,0.3)
```

其中序列 x 为国际航班的客运量，其对数 log(x) 的图形参见图 12.1，客运量呈现出稳定的增长趋势和明显的季节趋势。

简单起见，我们建立如下的 ARMA(2,1) 模型

$$\log(x_t) = c_1 + c_2 t + u_t \tag{12.9}$$

$$u_t = c_3 u_{t-1} + c_4 u_{t-2} + e_t + c_5 e_{t-1}$$

即考虑了时间趋势，但没有进行季节调整。然后进行估计

```
genr t = @trend
equation eq01.ls(showopts) log(x) c t ar(1) ar(2) ma(1)
```

---

[5]如果 $M \times 1$ 随机向量 $\boldsymbol{\epsilon}$ 服从多元正态分布，即

$$\boldsymbol{\epsilon} \sim \mathrm{N}(\boldsymbol{\mu}, \boldsymbol{\Omega})$$

则其概率密度函数为

$$f(\boldsymbol{\epsilon}) = (2\pi)^{-M/2} |\boldsymbol{\Omega}|^{-1/2} \exp\left[(-1/2)(\boldsymbol{\epsilon}-\boldsymbol{\mu})' \boldsymbol{\Omega}^{-1} (\boldsymbol{\epsilon}-\boldsymbol{\mu})\right]$$

图 12.1 航空客运量

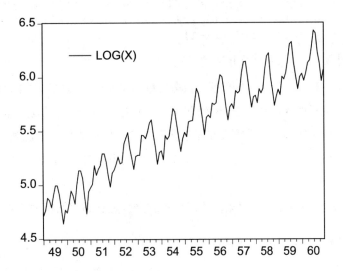

得到估计结果为

```
Dependent Variable: LOG(X)
Method: Least Squares
Date: 08/23/08   Time: 08:15
Sample (adjusted): 1949M03 1960M12
Included observations: 142 after adjustments
Estimation settings: tol= 0.00010, derivs=analytic (linear)
MA derivatives use accurate numeric methods
Initial Values: C(1)=4.82859, C(2)=0.01000, C(3)=0.00250,
        C(4)=0.00250, C(5)=0.00250
Convergence achieved after 12 iterations
Backcast: 1949M02
```

Variable	Coefficien	Std. Error	t-Statistic	Prob.
C	4.823147	0.023720	203.3367	0.0000
T	0.010074	0.000286	35.22051	0.0000
AR(1)	1.435301	0.101629	14.12289	0.0000
AR(2)	-0.718108	0.073248	-9.803814	0.0000
MA(1)	-0.571283	0.131802	-4.334415	0.0000

R-squared	0.959074	Mean dependent var	5.553410
Adjusted R-squared	0.957879	S.D. dependent var	0.434152
S.E. of regression	0.089103	Akaike info criterion	-1.963471
Sum squared resid	1.087690	Schwarz criterion	-1.859393
Log likelihood	144.4064	F-statistic	802.6206
Durbin-Watson stat	1.934724	Prob(F-statistic)	0.000000

Inverted AR Roots	.72+.45i	.72-.45i
Inverted MA Roots	.57	

系数都极其显著，而且 ARMA 过程是平稳可逆的。

根据式 (12.4) (第 568 页)，ARMA(2,1) 模型 (12.9) 的状态空间形式为信号方程

$$\log(x_t) = c_1 + c_2 t + z_{t1} + c_5 z_{t2}$$

以及状态方程

$$z_{t1} = c_3 z_{t-1,1} + c_4 z_{t-1,2} + e_t$$

$$z_{t2} = z_{t-1,1}$$

相应的 EViews 代码为

```
sspace ss01
ss01.append @signal log(x) = c(1) +c(2)*t +z1 +c(5)*z2
ss01.append @state z1 = c(3)*z1(-1) +c(4)*z2(-1) +[var = exp(c(6))]
ss01.append @state z2 = z1(-1)
```

我们建立了状态空间对象 ss01，并进行相应的设定：

1) 程序中，我们用 z1 和 z2 表示状态变量，状态变量不需要对应的序列对象存在。
2) 关键字 @signal 表示加入信号方程 (观测方程)，关键字 @state 表示加入的方程为状态方程。
3) 在状态空间模型中，EViews 不再默认方程包含干扰项，如果方程有干扰项，必须明确指出，比如状态方程 z1 中，用 [var=exp(c(6))] 指出干扰项的方差为 exp(c(6))，这里采用指数形式保证方差为正。
4) EViews 采用逐个方程的方式，没有采用矩阵的方式来设置状态空间模型。

创建了状态空间对象后，我们可以查看模型设定

```
ss01.spec
```

得到状态空间模型的文本设定

```
@SIGNAL LOG(X) = C(1) +C(2)*T +Z1 +C(5)*Z2
@STATE Z1 = C(3)*Z1(-1) +C(4)*Z2(-1) +[VAR = EXP(C(6))]
@STATE Z2 = Z1(-1)
```

也许直接查看模型的结构更加直观

```
freeze(tb_struct) ss01.structure
freeze(tb_struct_c) ss01.structure(c)
```

得到模型的系数结构为

Structural Coefficient Description

	CONST	Z1	Z2
Z1(1)	0	C(3)	C(4)
Z2(1)	0	1	0
LOG(X)	C(1) + C(2)*T	1	C(5)

以及干扰的协方差矩阵结构为

Structural Covariance Description

	Z1	Z2	LOG(X)
Z1	EXP(C(6))	0	0
Z2	0	0	0
LOG(X)	0	0	0

我们看到，大部分系数是常数 (EViews 把外生解释变量归入常数项里)。此外，干扰的协方差矩阵为

$$\text{var}\left(\begin{bmatrix}\mathbf{w}_t\\ \mathbf{v}_t\end{bmatrix}\right) = \begin{bmatrix}\mathbf{W} & \text{E}(\mathbf{w}_t\mathbf{v}_t')\\ \text{E}(\mathbf{v}_t\mathbf{w}_t') & \mathbf{V}\end{bmatrix} \quad (12.10)$$

本例中，$\mathbf{w}_t = [e_t, 0]'$，$\mathbf{v}_t = 0$，协方差矩阵结构比较简单。通过这些文本和结构视图，我们能够直观且清晰地查看和核对所设定的状态空间模型。

状态空间模型设定完成后，我们可以对其进行估计

```
c = c*0.8
ss01.ml(showopts)
```

采用 ARMA 模型系数估计的 0.8 倍作为初始值，得到状态空间模型的估计结果为

```
Sspace: SS01
Method: Maximum likelihood (Marquardt)
Date: 08/23/08   Time: 08:15
Sample: 1949M01 1960M12
Included observations: 144
Estimation settings: tol= 0.00010, derivs=accurate numeric
Initial Values: C(1)=3.85852, C(2)=0.00806, C(3)=1.14824, C(4)=
    -0.57449, C(5)=-0.45703, C(6)=0.00000
Convergence achieved after 21 iterations
```

	Coefficient	Std. Error	z-Statistic	Prob.
C(1)	4.821122	0.023621	204.1018	0.0000
C(2)	0.010095	0.000280	36.10590	0.0000
C(3)	1.429288	0.108417	13.18331	0.0000
C(4)	-0.711839	0.074231	-9.589497	0.0000
C(5)	-0.569197	0.152244	-3.738705	0.0002
C(6)	-4.881504	0.167176	-29.19982	0.0000

	Final State	Root MSE	z-Statistic	Prob.
Z1	-0.310804	0.087095	-3.568546	0.0004
Z2	-0.365686	1.61E-09	-2.27E+08	0.0000

Log likelihood	146.5179	Akaike info criterio	-1.951638
Parameters	6	Schwarz criterion	-1.827896
Diffuse priors	0	Hannan-Quinn criter.	-1.901356

由于使用了选项 showopts，表头报告了估计方法和算法，估计设置和初始值等信息。注意到 EViews 估计 ARMA 模型采用 NLS 方法，而估计状态空间模型采用最大似然方法，对比两者的估计结果，我们看到系数估计值有微小的差别。

三、估计结果

状态空间对象的估计结果输出的大部分内容，我们并不陌生，例如表头信息、系数估计和模型的相关统计量报告等，与方程对象的估计结果输出类似。需要说明的是，状态空间对象的估计结果还报告了最终状态的单步预测 $\mathbf{z}_{T+1|T}$ 及其 RMSE (MSE 矩阵 $\mathbf{Z}_{T+1|T}$ 对角线元素的算术根)。状态空间模型成功估计后，$\mathbf{z}_{T+1|T}$ 和 $\mathbf{Z}_{T+1|T}$ 也可以通过命令查看，例如

```
freeze(tb_sf) ss01.statefinal
freeze(tb_sf_c) ss01.statefinal(c)
```

得到 $\mathbf{z}_{T+1|T}$ 以及相应的 MSE 矩阵 $\mathbf{Z}_{T+1|T}$ 分别为

Final State Vector		Final State Covariance Matrix		
			Z1	Z2
Z1	-0.310804	Z1	0.007586	3.47E-18
Z2	-0.365686	Z2	3.47E-18	2.60E-18

状态空间对象成功估计后，类似于方程对象，有各种视图可以查看相关估计结果和检验信息，例如系数估计的协方差矩阵

```
freeze(tb_coefcov) ss01.coefcov
tb_coefcov.setwidth(@all) 8
tb_coefcov.setformat(@all) f.5
```

得到系数估计的协方差矩阵为

```
                   Coefficient Covariance Matrix

            C(1)       C(2)       C(3)       C(4)       C(5)       C(6)
     ─────────────────────────────────────────────────────────────────────
     C(1)   0.00056   -0.00001   -0.00029    0.00016    0.00085   -0.00054
     C(2)  -0.00001    0.00000    0.00000   -0.00000   -0.00001    0.00000
     C(3)  -0.00029    0.00000    0.01175   -0.00683   -0.01404    0.00231
     C(4)   0.00016   -0.00000   -0.00683    0.00551    0.00731   -0.00232
     C(5)   0.00085   -0.00001   -0.01404    0.00731    0.02318   -0.00480
     C(6)  -0.00054    0.00000    0.00231   -0.00232   -0.00480    0.02795
```

一旦得到状态空间模型的参数估计，可以查看系数结构在特定时刻的取值

```
freeze(tb_struct_v) ss01.structure(v) 1958m08
freeze(tb_struct_cv) ss01.structure(c,v) 1958m08
```

得到系数结构在观测期 1958m08 的取值为

```
        Structural Coefficient Values (t = "1958M08")

                      CONST            Z1            Z2
        ─────────────────────────────────────────────────
        Z1(1)       0.000000      1.429288     -0.711839
        Z2(1)       0.000000      1.000000      0.000000
        LOG(X)      5.982041      1.000000     -0.569197
```

以及干扰的协方差矩阵的值为

```
              Structural Covariance Values

                         Z1            Z2          LOG(X)
        ─────────────────────────────────────────────────
        Z1         0.007586      0.000000      0.000000
        Z2         0.000000      0.000000      0.000000
        LOG(X)     0.000000      0.000000      0.000000
```

请注意，在查看系数或干扰结构的数值时，需要给出具体的观测期 (样本点)，因为如果系数是时变的，各个观测期的系数和干扰结构取值可能是不同的。

此外，查看残差图的方法为

```
freeze(gf_res) ss01.resids
gf_res.legend -inbox position(0.1,0.1) font(10)
```

得到单步预测、实际观测和标准化残差图为

请注意，其中的残差是预测误差 e_t 的标准化版本。

四、总结

估计状态空间模型时,EViews 的缺省设置能够满足一般需求。必要的话,最大迭代次数,收敛准则,求导方法和优化算法等,都可以设置。进行状态空间模型估计的命令为 ML。请注意:

1) 因为状态空间模型比较繁杂,一定要仔细检查,保证其正确性。
2) EViews 要求估计的样本区间内,状态方程中的外生解释变量的观测是连续的,不能有缺失值。
3) 参数的初始值设置影响估计结果,甚至导致估计失败,而状态初始条件的设置不仅影响 Kalman 滤波的计算结果,而且影响参数的估计。待会我们将专门讨论这两个问题 (§12.2.3 小节)。
4) 即使状态空间模型没有未知参数,如果要使用该状态空间对象,也需要进行估计,让 EViews 完成必要的 Kalman 滤波等初始化工作。

§12.2.3 初始化

估计状态空间模型时,采用数值方法计算最大似然估计,因此,需要设置参数的初始值。此外,Kalman 滤波算法需要状态的初始条件才能启动计算。

一、初始值

默认下,EViews 采用系数向量对象的当前值作为参数的初始值,如果需要设置初始值,请使用 param 命令或者 @param 语句。例如

```
param c(1) 1 c(2) 2 c(3) 3 c(4) 4
ss04.append @param c(1) 1 c(2) 2 c(3) 3 c(4) 4
```

param 命令直接修改系数向量的值,而 @param 语句的设置保存到状态空间的设定中。请注意,如果同时使用了 @param 语句和 param 命令进行初始值设置,param 命令的设置将不起作用。

初始值越靠近真值越好,尽管初始值的选取至关重要,但初始值的选取没有通用的解决方法,只能具体问题具体分析。

二、初始条件

进行 Kalman 滤波时,需要设置初始条件 $\mathbf{z}_{1|0}$ 和 $\mathbf{Z}_{1|0}$,作为递推算法的出发点。默认设置下:

1) EViews 将设置 $\mathbf{z}_{1|0} = 0$。如果状态转移矩阵 $\mathbf{F}$ 和方差矩阵 $\mathbf{W}$ 不是时变的,并且满足一定的稳定性条件,EViews 将通过式 (12.8) (第 571 页) 求解 $\mathbf{Z}_{1|0}$。
2) 采用扩散先验法 (diffuse prior),即采用 Koopman et al. (1999) 的设置,$\mathbf{z}_{1|0} = 0$, $\mathbf{Z}_{1|0} = N\mathbf{I}$,其中 N 为随意选取的大数,比如取 $N = 10^6$ 等。

如果需要自行设置初始条件,可以使用 @mprior 和 @vprior 语句设置初始条件。

初始条件的 $\mathbf{z}_{1|0}$ 和 $\mathbf{Z}_{1|0}$ 在状态空间模型设定完成后 (无需估计模型) 就可以查看,例如

```
pagecreate(page=ss_init) m 1949m01 1960m12
copy ss\x    'airline data

sspace ss10   'time trend is not controlled
ss10.append @signal log(x) = c(1) +z1 +c(4)*z2
ss10.append @state z1 = c(2)*z1(-1) +c(3)*z2(-1) +[var = exp(c(5))]
```

```
ss10.append @state z2 = z1(-1)
freeze(tb_sm0) ss10.stateinit
freeze(tb_sv0) ss10.stateinit(c)
```

为了方便分析，状态空间模型 ss10 中，没有包含时间项。分别得到 $z_{1|0}$ 和 $Z_{1|0}$ 为

Initial State Vector			Initial State Covariance Matrix		
				Z1	Z2
Z1	0.000000		Z1	1.000000	0.000000
Z2	0.000000		Z2	0.000000	1.000000

初始状态向量 $z_{1|0}$ 为零，而 MSE $Z_{1|0}$ 为单位矩阵。EViews 使用系数向量的当前值 (都为 0) 计算 $Z_{1|0}$，请注意，计算 $Z_{1|0}$ 时不考虑 @param 语句的设置。

练习：请用式 (12.8) (第 571 页) 验证 $Z_{1|0} = I$。

由于采用式 (12.8) (第 571 页) 求解 $Z_{1|0}$ 时，使用系数向量的当前值进行计算，如果没有设置初始条件，模型估计前和估计后的 $Z_{1|0}$ 取值往往不一样。例如

```
ss10.ml
freeze(tb_sm0e) ss10.stateinit
freeze(tb_sv0e) ss10.stateinit(c)
```

得到初始条件为

Initial State Vector			Initial State Covariance Matrix		
				Z1	Z2
Z1	0.000000		Z1	0.078738	0.071120
Z2	0.000000		Z2	0.071120	0.078738

$Z_{1|0}$ 不再是单位矩阵了。

有时候，我们对 $z_{1|0}$ 和 $Z_{1|0}$ 有先验知识，此时，可以使用这些信息设定初始条件

```
vector(2) zm0
zm0.fill 1, 0
sym(2) zv0
zv0.fill 1, 0.5, 2

ss10.append @mprior zm0
ss10.append @vprior zv0
```

其中的 zm0 为向量对象，zv0 为 Sym 对象，注意它们的阶数要和状态变量的个数相等。@mprior 语句设置 $z_{1|0}$ 为 zm0，@vprior 语句设置 $Z_{1|0}$ 为 zv0，即

$$z_{1|0} = \begin{bmatrix} 1 \\ 0 \end{bmatrix} \qquad Z_{1|0} = \begin{bmatrix} 1 & 0.5 \\ 0.5 & 2 \end{bmatrix}$$

关于初始条件的设置，请注意：

- 不同的初始条件，参数估计的结果也不同。
- @vprior 语句中，必须使用 Sym 对象 (对称矩阵对象)，否则出错。此外，注意 Sym 对象只记录下三角矩阵，Sym 对象的 fill 命令，只能按列填充。

- 如果将元素的值设置为 NA，则 EViews 将使用扩散方法设定相关的初始条件值。
- 如果设置了初始条件，模型估计之前或者之后，查看的初始条件为 @mprior 和 @vprior 语句设置的矩阵对象的当前值。例如

    ```
    zv0.fill 1, 8, 4
    ss10.stateinit(c)
    ```

得到的 $\mathbf{Z}_{1|0}$ 被更新为

$$\mathbf{Z}_{1|0} = \begin{bmatrix} 1 & 8 \\ 8 & 4 \end{bmatrix} \tag{12.11}$$

- 如果设定了非法的矩阵 $\mathbf{Z}_{1|0}$，会怎么样？注意到式 (12.11) 是非法的 MSE 矩阵，因为它是负定的。更清晰地，其相关系数大于 1

$$r = \frac{8}{\sqrt{1 \cdot 4}} = 4 > 1$$

如果使用式 (12.11) 的初始条件进行估计

```
ss10.ml
```

估计结果视图将出现 Failure to improve Likelihood after 1 iteration 的提示。

最后，我们再次强调，状态空间模型牵涉到很多方面的内容，比较繁杂。如果估计时出现问题，一定要认真检查每一步的工作：模型设定、初始条件的设置以及参数的初始值等具体内容！

§12.3 使用状态空间对象

EViews 使用状态空间对象进行状态空间模型的参数估计和计量分析。EViews 可以处理很一般的状态空间模型，在实际使用状态空间模型时，需要设定的内容有：

1) 信号方程；
2) 状态方程；
3) 干扰的方差结构；
4) 状态的初始条件；
5) 参数的初始值。

状态空间模型需要对信号方程、状态方程和干扰结构进行详细地设定。因此，本节深入介绍了状态空间模型设定中这三方面设定的语法规则。至于参数的初始值和状态的初始条件的设置，请参考 §12.2.3 节 (第 579 页) 的讨论。

在阐述状态空间模型的信号方程、状态方程和干扰结构的设定方法之后，我们提供了几个完整的例子，以帮助理解和掌握状态空间模型在 EViews 中的设定方法。最后，我们对状态空间模型的视图、过程和函数，进行了简要的总结。

§12.3.1 模型设定

EViews 支持的状态空间模型不仅仅是基本的状态空间模型 (12.1) (第 566 页)，EViews 能处理很一般的状态空间模型，例如允许非线性外生解释变量和时变系数，以及支持跨方程的系数限制等。

一、信号方程

在 EViews 的状态空间对象中，定义信号方程时，关键字 @signal 虽然可以省略，但我们建议不要省略。此外，还需要记住：

- 信号方程中的因变量可以是表达式。
- 信号方程中，不能有信号变量的同期或者超前项。在进行多步向前预测时，信号变量的所有滞后项都被当成前定变量。
- 信号方程中，同期状态变量的形式必须是线性的，如果存在非线性关系，或者出现状态变量的超前或滞后项，都将引起错误。注意，不能有状态的滞后项并没有带来实质性的限制，因为我们可以新建确定性的状态变量来表示状态的滞后项。
- 信号方程可以有外生变量和未知参数，并且允许以非线性的形式出现。
- 如果信号方程包含干扰项，必须明确写出干扰项，否则默认为无干扰项，方程是确定性的。

根据这些规则，如下的信号方程设定是合法的 (ss* 为状态空间对象，z* 为状态变量，x* 为外生变量)

```
ss0.append @signal log(M) = c(1) +c(3)*x +z1 +c(4)*z2
ss1.append y = z1 +z2*x1 +z3*x2 +z4*y(-1) +[var=exp(c(1))]
ss2.append F = z1 +z2*x1 +z3*x2 +c(1) +[var=exp(c(2))]
```

再次强调一下，方程的 [var=exp(c(1))]，表示 exp(c(1)) 为信号方程 y 的干扰项方差，采用指数形式保证方差非负 (更详细的讨论参见第 584 页)。

练习：请指出下列方程的违规之处

```
ss0.append log(M) = c(1) +c(3)*x +z1(-1)
ss0.append @signal y = z1*z2*x1 +[var = exp(c(1))]
ss0.append F = z1 +z2*x1 +F(1) +c(1) +[var = exp(c(2))]
```

提示：第一个方程中，包含了状态的滞后项；第二个方程中，状态变量的关系是非线性的；第三个方程中，包含了信号变量的超前项。

二、状态方程

状态方程的设定必须使用关键字 @state，请注意关键字 @state 不能省略，否则，EViews 将方程当成信号方程。关于状态方程的设定：

- 每个方程对应唯一的状态变量，因变量不能使用表达式。对于状态变量，EViews 并不自动建立相应的序列对象。
- 状态方程中，不能出现信号方程的因变量，或者它们的超前或滞后项。
- 状态方程中，状态变量和它们的一阶滞后的关系必须是线性的。如果滞后一期的状态变量存在非线性关系，或者存在同期、超前或者多期滞后的状态变量，EViews 将报错。请注意，只允许一阶滞后并不会带来实质性的限制，因为我们可以将更高阶的滞后写成新的状态变量。
- 状态方程允许包含外生变量和未知系数，并且允许以非线性的形式出现。
- 如果状态方程有干扰项，必须明确写出干扰项。

例子：如下 AR(2) 过程

$$y_t = u_t$$

$$u_t = c_2 u_{t-1} + c_3 u_{t-2} + e_t$$

根据 ARMA(p,q) 模型的状态空间表示式 (12.4) (第 568 页)，我们有

```
sspace ss0
ss0.append @signal y = z1
ss0.append @state z1 = c(1)*z1(-1) +c(2)*z2(-1) +[var = exp(c(3))]
ss0.append @state z2 = z1(-1)
```

请注意，e_t 的方差设定为 exp(c(3))，确保非负。更多状态方程的例子 (z* 为状态变量)

```
ss1.append @state z1 = z1(-1) +[var = exp(c(3))]
ss2.append @state z2 = c(1) +c(2)*z2(-1) +[var = exp(c(3))]
ss3.append @state z3 = c(1) +exp(c(3)*x/x2) +c(2)*z3(-1)
```

状态变量的系数允许存在线性限制，例如

```
ss4.append @state z1 = c(2)*z1(-1) +(1-c(2))*z2(-1) +[var=exp(c(5))]
```

再次强调，设定状态方程的关键字 @state 不能省略。

练习：请指出下列方程的违规之处

```
ss0.append @state exp(z1) = z1(-1)
ss0.append @state z2 = log(z2(-1))
ss0.append @state z3 = c(1) +c(2)*z3(-2)
```

提示：第一个方程中，状态方程的因变量使用表达式；第二个方程中，状态的一阶滞后是非线性的；第三个方程中，状态变量滞后不是一期。

状态空间模型的设定允许使用自定义的系数向量，允许存在跨方程的系数限制，例如

```
coef(6) b
sspace ss06
ss06.append @signal log(x) = c(1) +b(2)*t +z1 +c(5)*z2
ss06.append @state z1 = b(2)*z1(-1) +c(4)*z2(-1) +[var = exp(c(6))]
ss06.append @state z2 = z1(-1)
```

状态空间对象 ss06 的设定基于第 576 页的 ss01 的设定修改而得。请注意 ss06 中，信号方程 log(x) 和状态方程 z1 有共同系数 b(2)。

三、干扰项的方差结构

在方程对象和方程组对象等计量方法对象中，方程设定都隐含了干扰项。而在状态空间对象中，方程不再隐含干扰项，需要显式设定。状态空间对象中设定干扰项有两种方法：

1) 方差法 (direct variance specification)；
2) 定名误差法 (named error approach)。

方差法：使用关键字 var 和方括号，直接指定干扰的方差，例如

```
ss0.append @signal y = c(1) +z1 +z2 +[var = 1]
ss0.append @state z1 = c(3) +c(4)*z2(-1) +[var = exp(c(2))]
ss0.append @state z2 = z1(-1) +[var = exp(c(2)*x)]
```

我们看到：

- 方括号内为方差设定，方差可以是常数、未知参数的表达式或者序列表达式形式的时变方差。
- 要注意方差是非负的，当方差需要作为参数进行估计时，通常使用指数函数进行参数重构，以确保方差非负。
- 需要注意的是，EViews 中，方差表达式不能包含状态变量或者信号变量。

定名误差法：尽管方差法直接明了，但是方差法无法设置干扰间的相关性。采用方差法设定时，EViews 默认方程的干扰项之间是互不相关的。因此，对于一般的方差结构设定，EViews 提供了定名误差法。一般步骤如下：

1) 先为误差命名，使用 @ename 关键字，例如

```
ss0.append @ename e1
ss0.append @ename e2
```

将得到定名误差 e1 和 e2。

2) 指定误差的方差和协方差，使用 @evar 关键字，例如

```
ss0.append @evar cov(e1, e2) = c(2)
ss0.append @evar var(e1) = exp(c(3))
ss0.append @evar var(e2) = exp(c(4))*x        'x>0
```

顾名思义，第一行设置的是协方差，后两行设置的是方差。同样地，方差和协方差可以是常数、未知系数的表达式，甚至是时变的序列表达式。

3) 将定名误差包含到状态空间的方程中，例如

```
ss0.append @signal y = c(1) +z1*x1 +e1
ss0.append @state z1 = z1(-1) +e2
```

注意这种方式把定名误差看成变量。

关于定名误差法:
- 如果某个定名误差没有相应的 var= 或者 @evar 对其方差或者协方差进行设定，默认的方差为 NA (将导致模型估计失败)，协方差为 0。
- 用 @evar 为定名误差指定方差或者协方差时，必须单独一行。
- 状态方程和信号方程可以包含定名误差的线性表达式，例如

```
ss0.append @signal y = c(1) +z1*x1 +e1
ss0.append @state z1 = z1(-1) +e2 +c(2)*e1
```

此时，状态方程 z1 的干扰方差为 $\mathrm{var}(e_2 + c_2 e_1)$，信号方程 y 和状态方程 z1 干扰之间的协方差为 $\mathrm{cov}(e_1, e_2 + c_2 e_1)$。

- 如果方程只包含一个定名误差，可以合并单独的误差声明 @ename 语句

```
ss0.append @signal y = c(1) +z1*x1 +[ename = e1]
```

进一步地，可以将 @evar 的方差设定包含进来

```
ss0.append @state z1 = z1(-1) +[ename = e1, var = 3]
ss0.append @state z2 = z2(-1) +[ename = e2, var = exp(c(4))]
ss0.append @evar cov(e1, e2) = c(3)
```

最后一行指定了协方差，否则默认协方差为零。

§12.3.2 例子

为了更好地掌握 EViews 中状态空间模型的设定方法，我们给出几个完整的例子。

一、随机系数

随机回归系数是状态空间模型的重要应用之一，例如

$$y_t = c_1 + z_{t5} x_t + u_t$$
$$u_t = c_2 u_{t-1} + c_3 u_{t-2} + e_t + c_4 e_{t-1} + c_5 e_{t-2} + c_6 e_{t-3}$$
$$z_{t5} = z_{t-1,5} + w_t$$
$$w_t \sim \mathrm{iid}\, \mathrm{N}(0,3) \qquad e_t \sim \mathrm{iid}\, \mathrm{N}(0, \exp(c_7))$$

这是一个有随机回归系数的 ARMAX(2,3) 模型，记状态向量为

$$\mathbf{z}_t = [z_{t1}; z_{t2}; \cdots ; z_{t5}]$$

则模型的状态空间形式为状态方程

$$\mathbf{z}_t = \begin{bmatrix} c_2 & c_3 & 0 & 0 & 0 \\ 1 & 0 & 0 & 0 & 0 \\ 0 & 1 & 0 & 0 & 0 \\ 0 & 0 & 1 & 0 & 0 \\ 0 & 0 & 0 & 0 & 1 \end{bmatrix} \mathbf{z}_{t-1} + \begin{bmatrix} e_t \\ 0 \\ 0 \\ 0 \\ w_t \end{bmatrix}$$

信号方程

$$y_t = c_1 + \begin{bmatrix} 1 & c_4 & c_5 & c_6 & x_t \end{bmatrix} \mathbf{z}_t$$

EViews 的状态空间对象设定为

```
sspace ss2
ss2.append @signal y = c(1) +z5*x +z1 +c(4)*z2 +c(5)*z3 +c(6)*z4
ss2.append @state z1 = c(2)*z1(-1) +c(3)*z2(-1) +[var=exp(c(7))]
ss2.append @state z2 = z1(-1)
ss2.append @state z3 = z2(-1)
ss2.append @state z4 = z3(-1)
ss2.append @state z5 = z5(-1) +[var=3]
```

二、ARMA

根据式 (12.5) (第 569 页)，ARMA(2,1) 模型 (12.9) (第 574 页) 的状态空间设定为

```
sspace ss02
ss02.append @signal log(x) = c(1) +c(2)*t +z1
ss02.append @state z1 = c(3)*z1(-1) +z2(-1) +[ename=e1,var=exp(c(6))]
ss02.append @state z2 = c(4)*z1(-1) +c(5)*e1
```

显然，在 EViews 中，ARMA 模型的状态空间形式 (12.5) 设定上比形式 (12.4) (第 568 页) 的设定要麻烦一些，式 (12.5) 的设定中，需要使用定名误差法设定每个状态方程中的干扰项。

练习：请比较 ARMA 模型这两种状态空间设定的估计结果。

提示：初始值和初始条件影响系数估计；两种形式的状态变量不能直接比较。

三、干扰相关

如下的状态空间模型文本视图不仅包含了递推系数 (recursive coefficient)，而且状态方程和信号方程的干扰相关

```
@signal y = c(1) +z1*X1 +z2*X2 +[ename = e1, var = exp(c(2))]
@state z1 = z1(-1) +[ename = e2, var = exp(c(3)*x)]
@state z2 = z2(-1)
@evar cov(e1,e2) = c(4)
```

我们看到，写成状态空间模型之前，原模型中方程 y 包含随机系数 z1 和递推系数 z2，并且随机系数 z1 的干扰方差是时变的。根据文本设定，信号方程为

$$y_t = c_1 + \begin{bmatrix} X1_t & X2_t \end{bmatrix} \mathbf{z}_t + e_{t1}$$

状态方程为

$$\mathbf{z}_t = \begin{bmatrix} 1 & 0 \\ 0 & 1 \end{bmatrix} \mathbf{z}_{t-1} + \begin{bmatrix} e_{t2} \\ 0 \end{bmatrix}$$

其中误差的方差矩阵依式 (12.10) (第 576 页) 的设定为

$$\text{var} \left(\begin{bmatrix} e_{t2} \\ 0 \\ e_{t1} \end{bmatrix} \right) = \begin{bmatrix} \exp(c_3 x_t) & 0 & c_4 \\ 0 & 0 & 0 \\ c_4 & 0 & \exp(c_2) \end{bmatrix}$$

状态方程 z1 的干扰和信号方程 y 的干扰可能相关。

问题：递推系数能不能用一个未知参数代替？

提示：递推系数作为状态空间模型的状态，取值由初始条件指定，递推估计结果在单步预测中。如果替换成未知参数，将得到最大似然估计值。

§12.3.3 状态空间对象

EViews 通过状态空间对象对状态空间模型进行估计和分析。状态空间对象由命令 `sspace` 创建，状态空间模型的未知参数使用 `ml` 命令进行估计，得到最大似然估计量。

一、视图

状态空间对象的视图可以分为如下几部分：

1) 模型设定：

   (a) 查看模型设定 `spec`；

   (b) 模型的系数和干扰结构 `structure`；

   (c) 初始条件 `stateinit`。

2) 查看估计结果：

   (a) 估计结果报告，命令为 `output` 或者 `results`；

   (b) 系数方差矩阵 `coefcov`；

   (c) 残差：查看标准化残差 `resids`，标准化单步预测误差的相关矩阵 `residcor` 和方差矩阵 `residcov`(方差的估计值与理论值 1 有微小区别)；

   (d) 信号和状态：信号的预测和平滑图形 `signalgraphs`，状态的预测、滤波和平滑图形 `stategraphs`，参见 §12.4.2 节 (第 591 页)，最终状态 `statefinal`。

3) 检验视图：置信椭圆 `cellipse`，**Wald** 检验 `wald`。

4) 其他：对象的标签 `label`，查看内生变量 `endog`，似然函数的梯度 `grads`。

二、过程

状态空间对象的过程有：

1) 模型设定：命令 `append` 为状态空间模型添加信号方程和状态方程，以及设置干扰结构、初始值和初始条件。

2) 提取信号和状态：`makesignals` 产生与信号预测和平滑相关的序列对象，`makestates` 产生与状态预测、滤波和平滑相关的序列对象，参见 §12.4.1 节 (第 589 页)。

3) 建立其他对象，如 `makeendog` 建立内生变量的群对象，`makefilter` 建立 **Kalman** 滤波器，`makegrads` 创建对数似然函数的梯度序列以及群对象，`makemodel` 从状态空间对象创建样板对象。

4) 预测 `forecast`，请参考 §12.4.3 节 (第 596 页) 的讨论。

5) 更新系数估计到系数向量里 `updatecoefs`。

需要注意的是，状态空间对象没有 `makeresids` 命令，若要提取信号方程或者状态方程的残差，请参见 §12.4.1 节 (第 589 页)。

从状态空间对象创建 **Kalman** 滤波器，相当于把状态空间对象定格了。例如

```
ss01.makefilter ss_kf
```

其中 `ss01` 的设定在第 576 页，得到状态空间对象 `ss_kf` 的设定为

```
' Created from Sspace SS01 on 08/23/08 at 08:15
@SIGNAL LOG(X) = 4.821121759 +0.01009495018*T +Z1 -0.569196951*Z2
@STATE Z1 = 1.429288345*Z1(-1) -0.711838762*Z2(-1)
         +[VAR = EXP(-4.881503705)]
@STATE Z2 = Z1(-1)
```

Kalman 滤波器采用状态空间模型 `ss01` 的当前设定，系数用估计值代替。然而，不是很有趣的是，如果要用状态空间对象 `ss_kf` 进行预测，尽管没有参数需要估计，还是需要使用 `ml` 命令进行估计 (估计结果也报告了参数估计的个数为零)，方能进行预测。

从状态空间对象直接建立样板对象

```
ss01.makemodel(mod1)
```

新建的样板对象 `mod1` 中，链接了状态空间对象 `ss01`。请注意状态方程和信号方程都包含进去了。

三、函数

状态空间对象的函数返回状态空间模型或者单个方程的估计信息。如下函数提取单个信号方程估计的统计信息：

1) `@eqregobs(m)`: 第 m 个信号方程的估计样本数。
2) `@sddep(m)`: 第 m 个信号方程因变量的标准差。
3) `@ssr(m)`: 第 m 个信号方程的标准化单步预测误差的平方和。

下面的函数返回状态空间模型的统计量：

函数	含义	函数	含义
`@aic`	AIC 信息准则	`@neqn`	方程个数
`@hq`	Hannan-Quinn 信息准则	`@regobs`	估计样本的个数
`@logl`	对数似然函数值	`@schwarz, @sc`	SC 信息准则
`@ncoefs, @ncoef`	系数估计的总数	`@totalobs`	全部观测数目

其中 `@totalobs` 等于 `@eqregobs(m)` 的总和。如下的函数则返回向量或者矩阵：

函数	含义	函数	含义
`@coefs, @coef`	系数估计值向量	`@stderrs`	系数估计的标准差
`@coefcov, @cov`	系数估计的方差矩阵	`@tstats`	系数估计的 t 值
`@residcov`	标准化单步预测误差方差矩阵		

对于返回向量或矩阵的函数，可以提取单个元素，例如 `@cov(i,j)` 取得第 i 个和第 j 个系数的协方差，而 `@coefs(i)` 取出第 i 个系数的估计值。系数的排列顺序请参考 `coefcov` 视图。

EViews 提供了一组函数，以提取信号的预测和平滑数据，以及状态的预测、滤波和平滑等信息，我们将在 §12.4.1 小节 (第 589 页) 详细讨论。

§12.4 信号和状态

状态空间模型本来就结构庞杂，再加上 Kalman 滤波进行预测、滤波和平滑时使用了大量的符号，信号和状态的各种处理结果着实让人眼花缭乱。本节将结合 EViews 的状态空间对象，讨论提取信号和状态信息的函数和命令，然后演示 EViews 提供的信号和状态的图形功能。最后，介绍了信号和状态的多步向前预测、动态预测和平滑预测。

§12.4.1 提取

EViews 提供了一组函数来提取 Kalman 滤波过程中预测、平滑和滤波的结果，保存到矩阵对象中。此外，EViews 还提供了命令来提取 Kalman 滤波的结果，保存到序列对象中。命令和函数在功能上尽管很大部分是重复的，但不能完全相互取代。

一、信号

信号变量的 Kalman 滤波结果有单步预测和平滑，都可以提取出来。例如 (使用第 576 页建立的状态空间对象 ss01)

```
matrix m_sm_signal= ss01.@sm_signal
ss01.makesignals(t=smooth,n=gy_smooth) s_y_smooth
```

虽然两语句都是提取观测的平滑结果，但函数 `@sm_signal` 返回矩阵对象，而命令 `makesignals` 把结果保存在序列对象中。清晰起见，将相关函数和命令 `makesignals` 的选项整理成表格如下：

条目	变量	选项	函数
预测			
信号单步预测	$\mathbf{y}_{t\|t-1}$	pred	@pred_signal
MSE	$\mathbf{Y}_{t\|t-1}$		@pred_signalcov
标准差		predse	@pred_signalse
单步预测误差	$\mathbf{e}_t$	resid	@pred_err
MSE	$\mathbf{Y}_{t\|t-1}$		@pred_errcov
标准差		residse	@pred_errse
标准化		stdresid	@pred_errstd
平滑			
信号平滑		smooth	@sm_signal
MSE			@sm_signalcov
标准差		smoothse	@sm_signalse
干扰平滑	$\mathbf{v}_{t\|T}$	disturb	@sm_signalerr
MSE			@sm_signalerrcov
标准差		disturbse	@sm_signalerrse
标准化		stddisturb	@sm_signalerrstd

其中的信号平滑，EViews 采用 $\mathbf{A}\mathbf{x}_t + \mathbf{H}\mathbf{z}_{t|T}$ 进行计算。其他说明如下：

- 命令产生的是序列对象和群对象，而函数返回的是矩阵对象 (只包含估计样本区间的值)。

- 以 cov 结尾的函数返回的矩阵中，各行是相应 MSE 矩阵的 @vech 向量的转置，例如函数 @pred_signalcov 的各行对应于 $[\text{vech}(\mathbf{Y}_{t|t-1})]'$。此外，EViews 还提供了返回逆矩阵 $\mathbf{Y}_{t|t-1}^{-1}$ 的函数 @pred_errcovinv。
- 以 se 结尾的选项和函数返回的是标准差，即 MSE 矩阵对角线的算术根。
- 请不要混淆标准差 (standard error) 和标准化误差 (standardized error)。
- 由预测误差 $\mathbf{e}_t$ 的定义知，函数 @pred_errcov 和 @pred_signalcov 等价，函数 @pred_errse 和 @pred_signalse 也等价。类似地，选项 residse 和 predse 生成的序列数值上相等。

命令 makesignals 的参数中，如果因变量不包含表达式，可以使用通配符 (代表信号变量) 来创建相应的结果序列。否则，需要给出用以保存结果的序列对象名单 (每个序列对应一个因变量)，例如

```
for %o pred predse resid residse stdresid smooth smoothse _
    disturb disturbse stddisturb
    ss01.makesignals(t={%o},n=gy_{%o}) s_y_{%o}   's_*_{%o}
next
```

得到观测信号 log(x) 进行 Kalman 滤波的各种结果序列，并建立了相应的群对象 (选项 n)：总共创建了 10 个序列和 10 个群对象 (都只有一个成员)。

二、状态

提取状态的单步预测、滤波和平滑结果的命令为 makestates，我们将其选项和相关的状态提取函数整理成表格如下：

条目	变量	选项	函数
预测			
状态单步预测	$\mathbf{z}_{t|t-1}$	pred	@pred_state
MSE	$\mathbf{Z}_{t|t-1}$		@pred_statecov
单步预测误差		resid	@pred_stateerr
标准差		predse, residse	@pred_statese
滤波			
状态滤波	$\mathbf{z}_{t|t}$	filt	@curr_state
MSE	$\mathbf{Z}_{t|t}$		@curr_statecov
标准差		filtse	@curr_statese
滤波误差			@curr_err
Kalman 增益	$\mathbf{K}_t$		@curr_gain
平滑			
状态平滑	$\mathbf{z}_{t|T}$	smooth	@sm_state
MSE	$\mathbf{Z}_{t|T}$		@sm_statecov
标准差		smoothse	@sm_statese
干扰平滑	$\mathbf{w}_{t+1|T}$	disturb	@sm_stateerr
MSE			@sm_stateerrcov
标准差		disturbse	@sm_stateerrse
标准化		stddisturb	@sm_stateerrstd

选项和函数的含义与信号的类似，其他补充如下：

- 表格中，状态的单步预测误差定义为 $\mathbf{z}_{t|t} - \mathbf{z}_{t|t-1}$，滤波误差为 $\mathbf{y}_t - (\mathbf{Ax}_t + \mathbf{Hz}_{t|t})$。
- 函数 @curr_gain 返回的 Kalman 增益，对应的矩阵为 $\mathbf{K}_t = \mathbf{FZ}_{t|t-1}\mathbf{H}'\mathbf{Y}_{t|t-1}^{-1}$，而不是 $\mathbf{K}_{*t} = \mathbf{Z}_{t|t-1}\mathbf{H}'\mathbf{Y}_{t|t-1}^{-1}$。
- EViews 采用的状态方程设定不是式 (12.1a) (第 566 页)，而是

$$\mathbf{z}_{t+1} = \mathbf{Fz}_t + \boldsymbol{\eta}_t$$

故干扰平滑 $\boldsymbol{\eta}_{t|T}$ 对应于 $\mathbf{w}_{t+1|T}$，可以使用如下的代码进行验证 (使用第 576 页的 ss01)。

```
ss01.makestates(t=smooth) s_*_smooth
ss01.makestates(t=disturb) s_*_disturb
genr sw1 = s_z1_smooth -(s_z1_smooth(-1)*ss01.c(3) _
           +s_z2_smooth(-1)*ss01.c(4) +s_z1_disturb(-1))    '=0
```

此外，状态空间对象还提供了函数 @sm_crosserrcov，返回 $\mathrm{E}(\mathbf{w}_{t+1}\mathbf{v}_t')$。

命令 makestates 类似于命令 makesignals，其参数可以是序列对象的名单 (每个序列对应一个状态变量)，也可以采用通配符 (代表状态变量)。例如

```
for %o pred predse resid residse filt filtse smooth smoothse _
        disturb disturbse stddisturb
    ss01.makestates(t={%o},n=gz_{%o}) s_*_{%o}
next
```

选项 n 建立群对象，序列对象的名字通过通配符来产生。

§12.4.2 图形

如果想要查看信号或者状态的各种处理结果的图形，尽管我们可以先取出序列再作图，但使用状态空间对象的作图命令可能更方便。下面我们通过实际例子进行演示。

一、客运量

继续第 576 页的 ss01 例子，查看信号单步预测和平滑结果

```
freeze(gf_sm_y) ss01.signalgraphs(t=smooth)
freeze(gf_p_y) ss01.signalgraphs(t=pred)
freeze(gf_yo) gf_p_y gf_sm_y
gf_yo.legend -display
gf_yo.align(2,1,1)
```

得到图形如下：

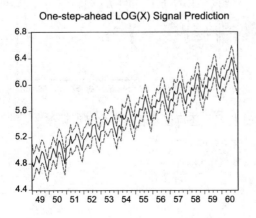
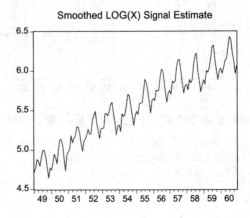

图中还给出了两倍标准差范围，显然信号平滑比单步预测精确很多。

状态的图形使用 stategraphs 命令查看

```
freeze(gf_sm_s) ss01.stategraphs(t=smooth)
freeze(gf_p_s) ss01.stategraphs(t=pred)
freeze(gf_f_s) ss01.stategraphs(t=filt)
freeze(gf_z) gf_f_s gf_p_s gf_sm_s
gf_z.legend -display
gf_z.align(2,1,1)
```

得到状态滤波、预测和平滑的图形如下：

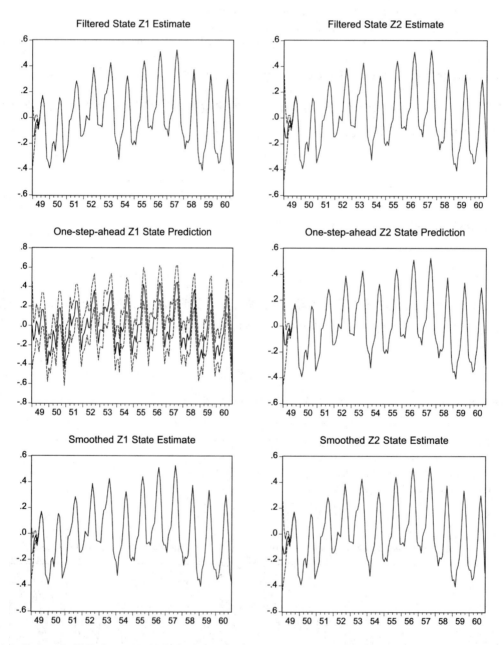

状态滤波和状态平滑数值上已经很接近，精度 (RMSE) 相当。还可以查看标准化平滑误差

```
freeze(gf_stdd) ss01.stategraphs(t=stddisturb)
gf_stdd.legend -display
gf_stdd.align(2,1,1)
```

得到图形为

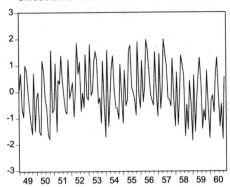
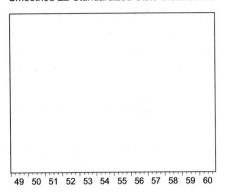

由于状态方程 z2 没有干扰项，无需考虑平滑误差。

二、真实利率

Fama and Gibbons (1982) 研究了事前真实利率 (ex ante real interest rate)

$$r_t - i_t^*$$

其中 r_t 为名义利率，i_t^* 为市场的同期预期通货膨胀率。[6] 由于不知道市场预期的通货膨胀率，事前的真实利率是不可观测的，因此定义状态变量为

$$z_t = r_t - i_t^* - \mu$$

其中 μ 是事前真实利率的平均值，即 $\mu = \mathrm{E}\left(r_t - i_t^*\right)$。Fama and Gibbons (1982) 假定事前的真实利率服从 AR(1) 过程，即

$$z_t = \phi z_{t-1} + w_t$$

我们只能观测到事后的真实利率 (ex post real rate) y_t

$$y_t = r_t - i_t = (r_t - i_t^*) + (i_t^* - i_t) = \mu + z_t + v_t$$

其中 i_t 为真实的通货膨胀率，而 $v_t \equiv i_t^* - i_t$ 是通货膨胀率的预测误差。假设预测时采用的是最优的预测方法，那么 v_t 将不存在序列相关，也和事前真实利率 $r_t - i_t^*$ 不相关。因此，完整的状态空间模型为：

状态方程

$$z_t = \phi z_{t-1} + w_t$$

和信号方程

$$y_t = \mu + z_t + v_t$$

采用 Hamilton (1994b) 的数据进行实证分析，先读入数据

```
'ftp://weber.ucsd.edu/pub/jhamilto/kalman.zip
%wf = @runpath +"REAL.DAT"
pageload(page=real) %wf rectype=streamed names = (Y)
pagestruct(freq=q,start=1960q1)
```

---

[6]假设今天是1月1日，我们知道三个月期的名义利率，但从今天到4月1日的通货膨胀率是多少，当前是不知道的，只能是预期。只有到了4月1日，真实的通货膨胀率才能知道，因此我们观测到的是事后的真实利率。

注意到导入数据时使用了参数 `rectype=streamed`，因为数据文件 `REAL.DAT` 比较特别，并非方方正正的行列数据格式，而是文本数据流格式。EViews 中，相应的状态空间模型设定为

```
sspace ss94
ss94.append @signal y = c(1) +z +[var = exp(c(2))]
ss94.append @state z = c(3)*z(-1) +[var = exp(c(4))]
ss94.ml
```

状态空间对象 `ss94` 设定完成后，立即进行估计，得到模型估计结果为

```
Sspace: SS94
Method: Maximum likelihood (Marquardt)
Date: 08/30/08   Time: 16:05
Sample: 1960Q1 1992Q3
Included observations: 131
Convergence achieved after 24 iterations
```

	Coefficient	Std. Error	z-Statistic	Prob.
C(1)	1.427125	1.063667	1.341702	0.1797
C(2)	0.590374	0.219416	2.690660	0.0071
C(3)	0.913723	0.037791	24.17835	0.0000
C(4)	-0.045606	0.330478	-0.138000	0.8902

	Final State	Root MSE	z-Statistic	Prob.
Z	-0.910143	1.297050	-0.701702	0.4829

Log likelihood	-268.1545	Akaike info criterio	4.155031
Parameters	4	Schwarz criterion	4.242823
Diffuse priors	0	Hannan-Quinn criter.	4.190705

其中信号方程和状态方程干扰的标准差分别为

```
c(6) = exp(c(2))^0.5    '1.34
c(7) = exp(c(4))^0.5    '0.977
```

干扰的标准差与 Hamilton (1994b, p3061) 给出的基本相同，但系数估计的标准差有细微差别。作为例子，我们复制 Hamilton (1994b, p3061) 的图1

```
'+             top fig:   real interest
freeze(gf_y) y.line
gf_y.axis zeroline
'filtered and smoothed state, with std
for %s filtse smooth smoothse
    ss94.makestates(t={%s}) z_{%s}
next
'+             mid fig:   RMSE
group grse z_filtse z_smoothse
freeze(gf_se) grse.line
'+             bottom fig:  smoothed
group grsm z_smooth (z_smooth +2*z_smoothse) (z_smooth -2*z_smoothse)
freeze(gf_sm) grsm.line
gf_sm.axis zeroline
'merge them
graph gf_h.merge gf_y gf_se gf_sm
gf_h.legend -display
gf_h.setelem(3) lcolor(red) lpat(dash1)
gf_h.options linepat size(8,2) indent
gf_h.align(1,0.5,0.5)
```

得到图形为

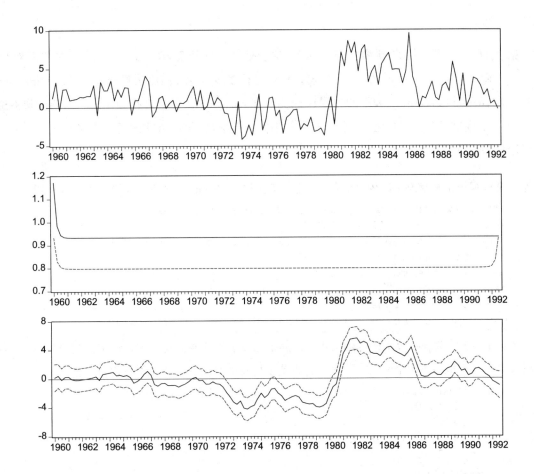

最上面的图形为美国的真实利率 (季度数据, 以年利率表示), 时间从 1960Q1 到 1992Q3; 中间的图形为 RMSE, 实线的是滤波的, 虚线的是平滑的; 底部的图形是状态 (事前真实利率相对其均值的偏离) 的平滑序列, 虚线表示两倍的标准差。

事实上, 最上面的图形可以由 endog 命令直接产生, 而底部的图形可以用 stagegraph 得到, 但需要手动去标题 (删除图形对象的标题没有命令方式)。

三、总结

清晰起见, 我们把命令 signalgraphs 和 stategraphs 的选项整理成表格如下:

	选项	signalgraphs	stategraphs
预测	pred	$\mathbf{y}_{t\|t-1}$	$\mathbf{z}_{t\|t-1}$
	resid	$\mathbf{e}_t$	$\mathbf{z}_{t\|t} - \mathbf{z}_{t\|t-1}$
	stdresid	标准化 $\mathbf{e}_t$	/
滤波	filt	/	$\mathbf{z}_{t\|t}$
平滑	smooth	$\mathbf{A}\mathbf{x}_t + \mathbf{H}\mathbf{z}_{t\|T}$	$\mathbf{z}_{t\|T}$
	disturb	$\mathbf{v}_{t\|T}$	$\mathbf{w}_{t+1\|T}$
	stddisturb	标准化 $\mathbf{v}_{t\|T}$	标准化 $\mathbf{w}_{t+1\|T}$

§12.4.3 预测

状态空间对象可以用来预测状态变量和信号变量，并计算相应的 MSE。状态空间对象使用 forecast 命令 (不使用 fit 命令) 进行预测，可以进行多步 (n 步) 向前预测 (n-step ahead forecasting)、动态预测 (dynamic forecasting) 和平滑预测 (smoothed forecasting)。并且进行预测时，需要对状态进行初始化，EViews 提供了多种初始化方法供选择。状态空间模型预测的关键是状态变量的预测，因此，我们重点讨论状态变量的预测。

为了更直观地了解状态空间模型的预测方法，我们结合 Hamilton (1994b) 的例子进行阐述

```
'ftp://weber.ucsd.edu/pub/jhamilto/kalman.zip
%wf = @runpath +"REAL.DAT"
pageload(page=real) %wf rectype=streamed names=(Y)
pagestruct(freq=q,start=1960q1)
'specify the model
sspace ss94
ss94.append @signal y = c(1) +z +[var = exp(c(2))]
ss94.append @state z = c(3)*z(-1) +[var = exp(c(4))]
```

建立工作页 real 作为往下分析的基础工作页，其中包含了第 594 页建立的状态空间对象 ss94。为了减少代码重复，我们准备了两个专用子程序，首先是子程序 KFinit，进行预测前的准备

```
subroutine KFinit
    smpl 1960 1990
    ss94.ml
    ss94.makefilter ss_kf
    smpl @all
    ss_kf.ml

    freeze(tb_struct) ss_kf.structure
    !F = @val(tb_struct(3,3))    'F=0.9167931491
    freeze(tb_struct_c) ss_kf.structure(c)
    !W = @val(tb_struct_c(3,2))    'W=0.9553561135
    matrix m_sm_statecov = ss_kf.@sm_statecov
    matrix m_pred_statecov = ss_kf.@pred_statecov

    smpl 1990 @last
    for %o pred smooth filt
        ss_kf.makestates(t={%o}) s_*_{%o}
    next

    !n = 3
    genr s_z_pred{!n} = s_z_pred(1-!n)*!F^(!n-1)
    genr s_z_smooth{!n} = s_z_smooth(1-!n)*!F^(!n-1)
endsub
```

子程序 KFinit 承担的工作有：

1) 创建 Kalman 滤波器 ss_kf，并使用全部样本进行估计，为预测作好准备。请注意，Kalman 滤波器 ss_kf 中，参数的有效位数为 10 位，比状态空间对象 ss94 中参数的有效位数少。

2) 提取状态方程的 **F** 和 **W** (都为标量)，分别保存在程序变量 !F 和 !W 中。提取 MSE 矩阵 $\mathbf{Z}_{t|T}$ 和 $\mathbf{Z}_{t+1|t}$，分别保存在矩阵对象 m_sm_statecov 和 m_pred_statecov 中。

3) 提取状态滤波、预测和平滑序列，分别保存在序列对象 s_z_filt, s_z_pred 和 s_z_smooth 中。

4) 设置多步向前预测的步数 !n=3，并根据式 (12.12) 计算出序列 s_z_pred3 和 s_z_smooth3。

第二个子程序 SSforecast 进行预测

```
subroutine SSforecast
    smpl 1991 @last
    for %i o e s
        ss_kf.forecast(m={%m},n=!n,i={%i}) @state *_{%m}_{%i}
    next

    if %m="n" then
        group g{%m} *_{%m}_? s_z_pred{!n} s_z_smooth{!n}
    else
        group g{%m} *_{%m}_? s_z_pred s_z_smooth
    endif
    smpl 1990q4 @last
    freeze(tbg{%m}) g{%m}.sheet
endsub
```

子程序 SSforecast 的任务为：

1) 使用三种内建的预测初始化方法，预测状态变量。预测方法由字符串变量 %m 决定。
2) 将预测结果和相关的序列对象建立群对象，并定格其表格视图。

一、多步向前预测

计算 n 步状态预测和信号预测，以及相关的 MSE 矩阵，即

$$\mathbf{z}_{t+n|t}, \mathbf{Z}_{t+n|t} \quad \mathbf{y}_{t+n|t}, \mathbf{Y}_{t+n|t}$$

其中计算 MSE 矩阵时，EViews 没有考虑参数估计的不确定性。请注意，预测第 $t+n$ 期时，使用的观测信息只到第 t 期。具体实现上，当预测第 $t+n$ 期时，在第 $t+1$ 期进行初始化，然后忽略第 t 期后的观测信号，运行 Kalman 滤波器前进 $n-1$ 步，得到 $\mathbf{z}_{t+n|t}$ 和 $\mathbf{y}_{t+n|t}$ 以及相应的 MSE 矩阵。对于式 (12.1a)（第 566 页）的状态方程设定，有

$$\mathbf{z}_{t+n} = \mathbf{F}^{n-1}\mathbf{z}_{t+1} + \mathbf{F}^{n-2}\mathbf{w}_{t+2} + \cdots + \mathbf{F}\mathbf{w}_{t+n-1} + \mathbf{w}_{t+n}$$

因此

$$\mathbf{z}_{t+n|t} = \mathrm{E}^*\left(\mathbf{z}_{t+n} | \mathbb{I}_t\right) = \mathbf{F}^{n-1}\mathbf{z}_{t+1|t} \tag{12.12}$$

对于 EViews 提供的多步向前预测，假设预测的样本区间为 $t = l+1, l+2, \cdots, l+h$，则状态变量预测为

$$\mathbf{z}_{l+1|l+1-n}, \mathbf{z}_{l+2|l+2-n}, \cdots, \mathbf{z}_{l+h|l+h-n}$$

即预测样本区间内，每个时期都是一个 n 步预测。

下面我们使用 Hamilton (1994b) 的数据进行多步向前预测

```
pageselect real
pagecopy(page=ssf_kf)
call KFinit
%m="n"
call SSforecast
```

建立工作页 ssf_kf 并调用 KFinit 完成预测前的准备，再调用 SSforecast 进行预测，得到多步向前预测结果的表格 tbgn 为 ($n=3$)

obs	Z_N_E	Z_N_O	Z_N_S	S_Z_PRED3	S_Z_SMOOTH3
1990Q4	NA	NA	NA	1.244782	0.209900
1991Q1	0.000000	0.052727	0.368359	0.052727	0.368359
1991Q2	0.000000	-0.140445	0.939814	-0.140445	0.939814
1991Q3	0.000000	0.737603	1.017775	0.737603	1.017775
1991Q4	0.000000	1.084897	0.741928	1.084897	0.741928
1992Q1	0.000000	0.975696	0.308089	0.975696	0.308089
1992Q2	0.000000	0.458035	0.061357	0.458035	0.061357
1992Q3	0.000000	0.465245	-0.458766	0.465245	-0.458766

根据式 (12.12)，预测序列 z_n_e 用 0 进行状态初始化，预测值都为 0。而序列 z_n_o 和 z_n_s 中，第 t 期的预测分别用 $\mathbf{z}_{t-2|t-3}$ 和 $\mathbf{z}_{t-2|l+h}$ 进行初始化，预测值分别等于序列 s_z_pred3 和 s_z_smooth3。

二、动态预测

假设预测的样本区间为 $t=l+1,l+2,\cdots,l+h$，则状态变量的动态预测为

$$\mathbf{z}_{l+1|l},\mathbf{z}_{l+2|l},\cdots,\mathbf{z}_{l+h|l}$$

即只使用预测区间开始之前的观测信息进行预测。请注意，预测样本区间内，每个时期的预测都是以时期 l 的信息计算的多步预测 ($n=1,2,\cdots,h$)，各个时期使用相同的观测信息进行预测。而 n 步预测时，每个时期使用的观测信息不同，第 t 期的预测使用了直到 $t-n$ 时刻的观测信息。

实际上，动态预测时，EViews 只需要作一个 h 步预测，就可以得到所有的预测值，因为信息集并没有更新。注意到

$$\mathbf{z}_{l+j|l} = \mathbf{F}\mathbf{z}_{l+j-1|l} \qquad j=2,3,\cdots,h$$

表明从预测区间的第 2 期开始，动态预测都是前一期预测的状态转移。

继续前面的例子，使用 Hamilton (1994b) 的数据进行动态预测

```
%m="d"
call SSforecast
```

得到动态预测结果的表格 tbgd 为

obs	Z_D_E	Z_D_O	Z_D_S	S_Z_PRED	S_Z_SMOOTH
1990Q4	NA	NA	NA	-0.167095	1.118148
1991Q1	0.000000	0.877567	1.210902	0.877567	1.210902
1991Q2	0.000000	0.804547	1.110147	1.290761	0.882712
1991Q3	0.000000	0.737603	1.017775	1.160839	0.366551
1991Q4	0.000000	0.676230	0.933089	0.544949	0.073000
1992Q1	0.000000	0.619963	0.855450	0.553528	-0.545819
1992Q2	0.000000	0.568378	0.784271	-0.246085	-0.820649
1992Q3	0.000000	0.521085	0.719014	-0.464266	-1.115150

预测序列 z_d_e 用 0 进行状态初始化，预测值都为 0。而序列 z_d_o 和 z_d_s 的第 $l+1$ 期分别取为 $\mathbf{z}_{l+1|l}$ 和 $\mathbf{z}_{l+1|l+h}$，往下各期的预测，都等于前一期的状态转移。

为了提高预测的灵活性，EViews 提供了根据用户需要进行初始化的方法

```
%s = "1991q1"
vector vz0 = @elem(s_z_smooth,%s)    ' --> z_d_s
Sym mz0 = 1
smpl %s @last
%i = "u"
ss_kf.forecast(m={%m},i={%i},mprior=vz0,vprior=mz0) @state *_{%m}_{%i}
group gzd z_d_?
```

预测命令 forecast 的选项 i=u 表示自定义状态初始化,在 $l+1$ 期 (1991q1),即预测的起始点,将状态初始化为 $\mathbf{z}_{l+1|l+h}$,得到预测序列 z_d_u 数值上等于 z_d_s。由于我们只进行状态预测,初始状态的 MSE 不影响预测结果,故将初始的 MSE 随便设置为 1 (单位矩阵)。

三、平滑预测

假设预测的样本区间为 $t = l+1, l+2, \cdots, l+h$,则状态变量的平滑预测为

$$\mathbf{z}_{l+1|l+h}, \mathbf{z}_{l+2|l+h}, \cdots, \mathbf{z}_{l+h|l+h}$$

即利用了整个预测样本区间的观测信息对状态进行平滑,使用的观测信息直到预测区间的终点。

继续前面的例子,使用 Hamilton (1994b) 的数据进行平滑预测

```
%m="s"
call SSforecast
```

得到平滑预测结果的表格 tbgs 为

```
     obs          Z_S_E        Z_S_O        Z_S_S      S_Z_PRED    S_Z_SMOOTH

   1990Q4            NA           NA           NA     -0.167095      1.118148
   1991Q1      1.203971     1.210902     1.289795      0.877567      1.210902
   1991Q2      0.879365     0.882712     0.920809      1.290761      0.882712
   1991Q3      0.364933     0.366551     0.384959      1.160839      0.366551
   1991Q4      0.072216     0.073000     0.081920      0.544949      0.073000
   1992Q1     -0.546203    -0.545819    -0.541445      0.553528     -0.545819
   1992Q2     -0.820847    -0.820649    -0.818398     -0.246085     -0.820649
   1992Q3     -1.115271    -1.115150    -1.113775     -0.464266     -1.115150
```

我们看到,预测区间内,z_s_o=s_z_smooth,因为预测序列 z_s_o 采用 $\mathbf{z}_{l+1|l}$ 和 $\mathbf{Z}_{l+1|l}$ 初始化 Kalman 滤波器 ss_kf 的 $l+1$ 时期,然后前向递推计算出 $\mathbf{z}_{l+h|l+h}$,再反向递推计算状态平滑 $\mathbf{z}_{l+j|l+h}$, $j = h-1, h-2, \cdots, 2, 1$。我们可以采用自定义初始化条件进行验证

```
vz0 = @elem(s_z_pred,%s)      ' --> z_s_o
mz0 = m_pred_statecov(@dtoo(%s))
smpl %s @last
%i = "u"
ss_kf.forecast(m={%m},i={%i},mprior=vz0,vprior=mz0) @state *_{%m}_{%i}
group gzs z_s_?
```

得到预测序列 z_s_u=z_s_o。此外,相应于选项 i=s 的初始条件设定为

```
vz0 = @elem(s_z_smooth,%s)    ' --> z_s_s
mz0 = m_sm_statecov(@dtoo(%s))
```

以及相应于选项 i=e 的初始条件设定为

```
vz0 = 0      ' --> z_s_e
mz0 = !W/(1-!F^2)
```

初始状态设置为 0,而通过式 (12.8) (第 571 页) 计算初始的 MSE 矩阵。

四、样本外预测

前面演示三种预测方法时,预测样本区间内是有观测信息的。现实中的预测,信号的未来观测当前是不知道的,往往是我们想要预测的对象。作为例子,我们对比没有观测信息的预测结果

```
pageselect real
pagecopy(page=ssf_kf0)
smpl 1991 @last
y = na    'signal, out of sample

call KFinit

for %m d n s
    call SSforecast
next
```

新建工作页 `ssf_kf0`，将预测样本区间的观测信号清除，然后调用 `KFinit` 子程序完成相关的准备工作，最后分别采用三种预测方法进行预测。得到动态预测结果的表格 `tbgd` 为

obs	Z_D_E	Z_D_O	Z_D_S	S_Z_PRED	S_Z_SMOOTH
1990Q4	NA	NA	NA	-0.167095	0.957214
1991Q1	0.000000	0.877567	0.877567	0.877567	0.877567
1991Q2	0.000000	0.804547	0.804547	0.804547	0.804547
1991Q3	0.000000	0.737603	0.737603	0.737603	0.737603
1991Q4	0.000000	0.676230	0.676230	0.676230	0.676230
1992Q1	0.000000	0.619963	0.619963	0.619963	0.619963
1992Q2	0.000000	0.568378	0.568378	0.568378	0.568378
1992Q3	0.000000	0.521085	0.521085	0.521085	0.521085

我们看到，预测样本区间内：

1) `s_z_pred=s_z_smooth`，因为预测样本区间内没有新的观测信息，(单步) 状态预测、滤波和平滑三者相等。[7]

2) `z_d_o=z_d_s`，因为此时 $\mathbf{z}_{l+1|l} = \mathbf{z}_{l+1|l+h}$。

3) `z_d_o=s_z_pred`，因为此时 $\mathbf{z}_{l+j|l+j-1} = \mathbf{z}_{l+j|l} = \mathbf{F}^{j-1}\mathbf{z}_{l+1|l}$。

4) `ssf_kf0\z_d_o=ssf_kf\z_d_o`，表明相同的初始条件下，状态的动态预测与预测样本区间内是否有观测信息无关，因为动态预测不使用预测样本区间内的观测信息。

平滑预测结果的表格 `tbgs` 为

obs	Z_S_E	Z_S_O	Z_S_S	S_Z_PRED	S_Z_SMOOTH
1990Q4	NA	NA	NA	-0.167095	0.957214
1991Q1	0.000000	0.877567	0.877567	0.877567	0.877567
1991Q2	0.000000	0.804547	0.804547	0.804547	0.804547
1991Q3	0.000000	0.737603	0.737603	0.737603	0.737603
1991Q4	0.000000	0.676230	0.676230	0.676230	0.676230
1992Q1	0.000000	0.619963	0.619963	0.619963	0.619963
1992Q2	0.000000	0.568378	0.568378	0.568378	0.568378
1992Q3	0.000000	0.521085	0.521085	0.521085	0.521085

由于预测样本区间没有新的观测信息，平滑预测和动态预测结果相同。至于多步向前预测，其结果为

---

[7]如果预测样本区间内无观测信息，那么

$$\mathbf{z}_{l+j|l+h} = \mathrm{E}^*\left(\mathbf{z}_{l+j}\middle|\mathbb{I}_{l+h}\right) = \mathrm{E}^*\left(\mathbf{z}_{l+j}\middle|\mathbb{I}_l, \mathbf{x}_{l+1}, \mathbf{x}_{l+2}, \cdots, \mathbf{x}_{l+h}\right) = \mathrm{E}^*\left(\mathbf{z}_{l+j}\middle|\mathbb{I}_l\right) = \mathbf{z}_{l+j|l}$$

类似地，$\mathbf{z}_{l+j|l+j} = \mathbf{z}_{l+j|l}, \mathbf{z}_{l+j|l+j-1} = \mathbf{z}_{l+j|l}$，因此

$$\mathbf{z}_{l+j|l+j-1} = \mathbf{z}_{l+j|l+j} = \mathbf{z}_{l+j|l+h} \quad j = 1, 2, \cdots, h$$

表明预测样本期间内，(单步) 状态预测、状态滤波和状态平滑三者相等。

obs	Z_N_E	Z_N_O	Z_N_S	S_Z_PRED3	S_Z_SMOOTH3
1990Q4	NA	NA	NA	1.244782	0.178369
1991Q1	0.000000	0.052727	0.303051	0.052727	0.303051
1991Q2	0.000000	-0.140445	0.804547	-0.140445	0.804547
1991Q3	0.000000	0.737603	0.737603	0.737603	0.737603
1991Q4	0.000000	0.676230	0.676230	0.676230	0.676230
1992Q1	0.000000	0.619963	0.619963	0.619963	0.619963
1992Q2	0.000000	0.568378	0.568378	0.568378	0.568378
1992Q3	0.000000	0.521085	0.521085	0.521085	0.521085

还是通过式 (12.12) 进行计算，只是由于预测样本区间内无观测信号，序列 `s_z_pred` 和 `s_z_smooth` 与工作页 `ssf_kf` 中对应的序列有所变化，故预测值序列 `z_n_o` 和 `z_n_s` 也相应地调整了。

五、总结

状态空间模型的预测，实际上是通过运行 Kalman 滤波器得到的。因此，预测时需要设定状态的初始条件。EViews 提供了四种初始化方法：

1) 扩散法 (选项 i=e)，初始状态设置为 0，如果可能，初始 MSE 矩阵通过式 (12.8) (第 571 页) 求解，否则，使用扩散法。

2) 单步预测法 (选项 i=o)，采用单步预测的结果来初始化状态和 MSE 矩阵，初始化过程只使用预测样本区间开始前的信息。

3) 平滑法 (选项 i=s)，采用平滑的结果来初始化状态和 MSE 矩阵，初始化过程使用了预测样本区间的全部信息。

4) 自定义法 (选项 i=u)，用户指定状态和 MSE 矩阵的初始值，初始状态向量和 MSE 矩阵分别用向量对象和 Sym 对象给定。

对于多步向前预测，由于预测样本区间内，每个时期都是一个 n 步预测。因此，每个时期的预测，都要进行一次初始化，当预测第 $l+j$ 期时，在第 $l+j+1-n$ 期进行初始化。[8]而对于其他预测方法，都是在 $l+1$ 期，即预测区间的开始，进行初始化。

从 Hamilton (1994b) 数据的预测结果我们看到，不同初始化方法，产生的预测结果是不同的！因此，有必要提醒的是，理解初始化方法是对预测结果进行经济解释的前提。

清晰起见，我们把状态空间对象预测命令 `forecast` 的选项和关键字列表如下：

预测方法	选项	初始化方法	选项	预测内容	关键字
动态	m=d (默认)	扩散法	i=e	信号	@signal
多步向前	m=n	单步预测	i=o (默认)		@signalse
平滑	m=s	平滑估计	i=s	状态	@state
		用户给定	i=u		@statese

关于状态空间对象的 `forecast` 命令：

- 进行多步向前预测时 (选项 m=n)，如果没有指定预测的步数 (选项 n=num)，将进行单步预测。
- 采用自定义法初始化状态时 (选项 i=u)，还需要用选项 `mprior=vector` 和 `vprior=sym` (对称矩阵对象) 来设置初始的状态向量和 MSE 矩阵。

---

[8]多步向前预测如果采用自定义方式进行初始化，在整个预测样本区间内，状态预测都被填充为初始值 (EViews V5.1 and V6)。这可能是程序的一个 bug，正确做法应该采用式 (12.12) (第 597 页) 进行计算。

- 在进行预测时，不仅可以预测状态变量(关键字 @state)和信号变量(关键字 @signal)，还可以使用关键字 @statese 和 @signalse，分别得到状态和信号的预测标准差。
- 如果信号方程的因变量为表达式，EViews 只能预测整个表达式。
- 状态向量和信号向量的变量都可能较多，可以使用通配符来产生相应的预测序列，也可以给出序列对象的名单，但要注意数目上要匹配模型的设定。
- 关于使用通配符产生预测序列：如果信号方程的因变量为表达式，不能使用通配符。此外，信号变量的预测如果使用通配符"*"，将覆盖原始的信号序列对象。

在前面的演示中，进行预测时，为什么不直接使用状态空间对象，而是先建立 Kalman 滤波器，再进行预测呢？如果直接用 ss94 进行预测，有什么问题吗？

```
pageselect real
pagecopy(page=ssf_n4)
smpl 1960 1990
ss94.ml
for !i=@dtoo("1992q1") to 1 step -1
    %s = @otod(!i)
    smpl %s @last
    ss94.forecast(m=n,n=4,i=o) @state *_{%s} @signal *_{%s}
next
```

在 ssf_n4 工作页中，进行 4 步向前预测，预测区间终点固定为工作页的最后观测期，起点从 1992q1 开始往早期推进，逐步扩大预测区间。我们发现，当预测样本区间开始于 1991q3 或者更早，就会发生错误(不应该的错误)。因此，为了避免这类技术性问题，我们建议先建立 Kalman 滤波器，然后使用全样本区间进行估计，再用于预测。

§12.5 小结

关键词

状态空间模型	状态方程	转移方程
观测方程	信号方程	随机系数
Kalman 滤波	初始条件	滤波
预测	平滑	干扰平滑
最大似然估计	定名误差	多步向前预测
动态预测	平滑预测	

命令

状态空间对象用来估计和分析状态空间模型，以及运行 Kalman 滤波器。命令 sspace 创建状态空间对象，状态空间对象的视图、过程和函数的总结，请参考 §12.3.3 节 (第 587 页)。

一、设定

命令 append 为状态空间模型添加信号方程和状态方程，以及设置干扰结构、初始值和初始条件：

1) 使用 @signal 关键字来设定信号方程，使用 @state 来设定状态方程，并且必须明确给出干扰项。

2) 如果干扰项之间不相关，可以直接在方程中指定干扰的方差。如果干扰项之间存在相关关系，必须使用定名误差法，来设定干扰项的方差结构：

   (a) 用 @ename 创建定名误差。

   (b) 用 @evar 设置方差和协方差。

3) 设置初始值：请使用 param 命令或者 @param 语句。

4) 如果需要自行设置初始条件，可以使用 @mprior 和 @vprior 语句设置初始条件。

二、估计

状态空间模型采用最大似然方法进行估计，命令为 ml，需要注意初始化问题：

1) 参数初始值，建议采用 @param 语句，把初始参数设置当成是状态空间模型设定的一部分。

2) 滤波器初始条件，可以留给 Eviews 去设置。

命令 ml 采用迭代方法进行计算：

1) 默认采用 Marquardt 算法，选项 b 启用 BHHH 算法。

2) 选项 c=number 设置收敛准则，选项 m=int 设置最大迭代次数。

3) 选项 deriv 设置求导方法。

4) 设置选项 showopts，报告初始值和控制估计过程的设置。

三、信号和状态

信号和状态的提取和作图：

1) `makesignals` 产生与信号预测和平滑相关的序列对象，`makestates` 产生与状态预测、滤波和平滑相关的序列对象，参见 §12.4.1 节 (第 589 页)。

2) 命令 `signalgraphs` 和 `sategraphs` 得到图形结果，具体参见 §12.4.2 节 (第 591 页)。

EViews 还提供了一组函数来提取 Kalman 滤波过程中预测、平滑和滤波的结果，保存到矩阵对象中。

四、预测

状态空间对象成功估计后，方可用于预测。预测状态变量和信号变量使用 `forecast` 命令：

1) 预测方法有 n 步向前预测、动态预测和平滑预测。
2) 预测时需要设定状态的初始条件，EViews 提供了四种初始化方法。

预测命令 `forecast` 的选项参见第 601 页的讨论。

要点

1) 状态空间模型往往用于不可观测变量的建模，它是非常灵活的，可能极其复杂。状态空间模型 (12.1) (第 566 页) 及其干扰的设定形式称为状态空间模型的基本形式。

2) ARMA 模型写成状态方程模型时，可以采用式 (12.4) 或者式 (12.5) 的表示形式。我们看到，采用状态空间模型建模时，具体形式并不唯一。

3) Kalman 滤波算法是状态空间模型的核心，了解 Kalman 滤波的计算过程有助于对状态空间模型的理解和应用。滤波、预测和平滑是 Kalman 滤波的三个重要概念。状态空间模型和 Kalman 滤波用到大量的数学符号，参见表 12.1 (第 571 页)。

4) 状态空间模型采用最大似然估计，参数的估计受初始值和初始条件的影响。

5) 信号方程中，同期状态变量的形式必须是线性的，更详细的设定规则请参考第 582 页的讨论。

6) 状态方程中，状态变量和它们的一阶滞后的关系必须是线性的，更详细的设定规则请参考第 583 页的讨论。

7) 状态空间对象中，方程不再隐含干扰项，需要显式设定。状态空间对象中设定干扰项有两种方法：方差法和定名误差法，具体请参考第 584 页的讨论。

8) 状态空间模型牵涉到很多方面的内容，比较繁杂。估计之前一定要认真检查信号方程设定、状态方程设定、干扰结构设定、初始条件的设置以及参数的初始值等具体内容。

9) 提取 Kalman 滤波过程中预测、平滑和滤波的结果时，使用函数将返回矩阵对象，使用命令将得到序列对象，具体参见 §12.4.1 节 (第 589 页) 的讨论。

10) 状态空间对象的预测方法有 n 步向前预测、动态预测和平滑预测。预测结果受状态的初始化方法的影响，理解初始化方法是对预测结果进行经济解释的前提。

参考文献

Engle, Robert F. and Daniel L. McFadden, (editors), 1994. *Handbook of Econometrics*, Volume 4. Elsevier Science B.V., Amsterdam

Fama, Eugene F. and Michael R. Gibbons, 1982. Inflation, Real Returns and Capital Investment. *Journal of Monetary Economics*, 9:297–323

Hamilton, James D., 1994a. *Time Series Analysis*. Princeton University Press, Princeton, NJ

Hamilton, James D., 1994b. State Space Models. In Engle and McFadden (1994), Chapter 50, pages 3039–3080

Harvey, Andrew C., 1989. *Forecasting, Structural Time Series Models and the Kalman Filter*. Cambridge University Press, Cambridge

Kalman, Rudolph Emil, 1960. A New Approach to Linear Filtering and Prediction Problems. *Transactions of the ASME–Journal of Basic Engineering*, 82:35–45

Kalman, Rudolph Emil and Richard S. Bucy, 1961. New Results in Linear Filtering and Prediction Theory. *Transactions of the ASME–Journal of Basic Engineering*, 83:95–108

Koopman, Siem Jan, Neil Shephard, and Jurgen A. Doornik, 1999. Statistical Algorithms for Models in State Space using SsfPack 2.2. *Econometrics Journal*, 2:107–160. Also, http://www.ssfpack.com/

Lütkepohl, Helmut, 2005. *New Introduction to Multiple Time Series Analysis*. Springer, New York

Pollock, D.S.G., 1999. *A Handbook of Time-Series Analysis, Signal Processing and Dynamics*. Academic Press, London

Tsay, Ruey S., 2005. *Analysis of Financial Time Series*, 2/e. John Wiley & Sons, Inc., Hoboken, New Jersey

第13讲

情景分析

EViews 的样板对象 (Model object) 是描述一组变量关系的一个或者多个方程的集合体。其中的方程可以是恒等式,以及估计得到的单方程、回归方程组或者联立方程等。样板对象的重要用途是进行情景分析 (scenario analysis) ——对外生变量进行各种假定,得到不同演化路径的模型仿真结果。每一组假定就是一个情景,使用样板对象,能方便地进行多个情景的分析和比较。因此,即使是单个方程,创建样板对象也是非常有意义的。

样板对象不是用来进行系数估计的,方程的系数是已知的。样板对象中,给定外生变量的演化路径,求解内生变量的取值,进行模型的联合预测和仿真,实现情景分析。此外,还可以进行目标路径控制,即设定某个内生变量的未来运动沿着某条预设的路径,求解外生变量的调控过程。

EViews 的样板对象充分体现了应用计量之"用"的思想。本讲采用实例演示的方法,由浅入深,从直观到抽象,基于样板对象,介绍模型的联合预测和情景分析。内容安排如下:

1) 通过简单宏观经济模型的例子,演示样板对象的联合预测,进行模型的历史数据表现评估 (样本内预测) 以及样本外预测。
2) 解释样板对象的相关术语,讨论了模型的变量和方程的分类,模型的求解方式的动态方法和随机方法。并简单地介绍了情景分析中,是如何进行数据自动管理的。
3) 实例演示情景分析时外生变量演化路径的设置,以及情景比较时当前情景和对照情景的同时求解。
4) 讨论样板对象模型设定中的方程设定和各种柔性设定。阐述样板对象的块结构视图以及外加因子的作用方式。
5) 介绍模型求解的基本步骤,解释求解选项的具体含义,并采用例子介绍目标路径控制和模型诊断。

§13.1 演示

为了更好地理解多方程的联合预测方法，我们通过例子，演示如何使用样板对象进行联合预测。本节先介绍描述美国经济的简单宏观经济模型，然后创建样板对象，进行模型的历史数据表现评估 (样本内预测) 以及样本外预测。

§13.1.1 宏观经济模型

我们采用 Pindyck and Rubinfeld (1998, p390) 的宏观经济模型

$$\mathrm{CN}_t = c_1 + c_2 Y_t + c_3 \mathrm{CN}_{t-1} + e_t \tag{13.1}$$
$$I_t = c_4 + c_5 (Y_{t-1} - Y_{t-2}) + c_6 Y_t + c_7 R_{t-4} + u_t$$
$$R_t = c_8 + c_9 Y_t + c_{10} (Y_t - Y_{t-1}) + c_{11} (M_t - M_{t-1}) + c_{12} (R_{t-1} + R_{t-2}) + v_t$$
$$Y_t = \mathrm{CN}_t + I_t + G_t$$

该简单模型包含了三个随机方程和一个恒等式，其中：

CN——个人真实消费 (消费一般用 C 表示，但 Eviews 内建了系数对象 c)

Y——GDP 减去净出口

I——私人部门真实投资

R——三个月国库券利率

M——M1 层次的真实货币供给

G——政府部门的真实支出

e_t, u_t 和 v_t 是随机误差项，c_i 是模型的待估系数。

模型 (13.1) 遵从宏观经济学中简单的 ISLM 框架，但与一般的教科书的模型略有区别，增加了滞后项和差分项等。最后一个方程是国民经济核算的支出恒等式，第一个方程为消费方程，第二个方程为投资方程，建立了投资与 GDP 和利率的关系，第三个方程为利率方程，描述货币市场，建立了利率和 GDP 以及货币供给的关系。

EViews 的例子目录提供了相关的数据

```
%wf = @evpath + "\Example Files\data\macromod"
wfopen %wf
```

工作文件 macromod 中，方程对象 eqcn, eqi 和 eqr 分别对应消费方程、投资方程和利率方程。

一、系数估计

首先，我们必须估计出模型的未知参数，简单起见，我们采用 OLS 估计[1]

```
smpl 1947 1999
eqcn.ls cn c y cn(-1)
eqi.ls i c y(-1)-y(-2) y r(-4)
eqr.ls r c y y-y(-1) m-m(-1) r(-1)+r(-2)
```

估计结果表明，所有方程的系数估计都很显著，为节省篇幅，略去具体结果。

---

[1]对于整个方程组来说，变量 Y 是内生变量，但它又作为前三个方程的解释变量，必将和残差相关。因此，应该使用工具变量或者系统估计方法。

二、残差检验

我们进一步查看残差

```
%res = ""
for %t %s cn Consumption i Investment r "Interest rate"
    freeze(gfRes{%t}) eq{%t}.resids
    %res = %res + " gfRes" + %t
    gfRes{%t}.addtext(t) %s
next
graph gfRs.merge {%res}
gfRs.legend -display
gfRs.align(2,1,1)
delete {%res}
```

得到三个方程的残差图分别为

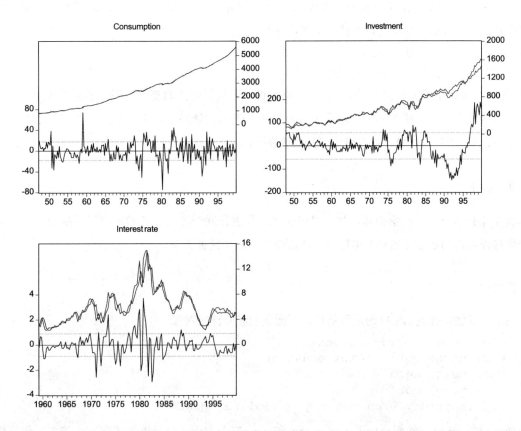

很明显地，残差表现出异方差和序列相关。因此，我们进行 ARCH LM 检验 (零假设：无异方差) 和 Breusch-Godfrey 序列相关 LM 检验 (零假设：无序列相关)。

```
table(20,5) tbAA
!i = 4
for %t cn i r
    tbAA(!i,1) = "eq"+%t
    freeze(tbA) eq{%t}.auto(3)
    tbAA(!i,2) = @val(tbA(4,2))
    tbAA(!i,3) = @val(tbA(4,5))
    delete tbA
    freeze(tbA) eq{%t}.archtest(5)
    tbAA(!i,4) = @val(tbA(4,2))
    tbAA(!i,5) = @val(tbA(4,5))
    delete tbA
```

```
        !i = !i +1
next
tbAA.setformat(c4,c6)  f.4
tbAA.setformat(e4,e6)  f.4
tbAA.setformat(b4,b6)  g.5
tbAA.setformat(d4,d6)  g.5
```

得到检验结果为

	B-G LM	Prob	ARCH LM	Prob
eqcn	22.901	0.0000	2.2072	0.8198
eqi	167.62	0.0000	160.99	0.0000
eqr	53.855	0.0000	51.169	0.0000

结果表明，三个方程都存在序列相关，方程 eqi 和方程 eqr 存在异方差，也许宏观数据使用对数的形式来建模会更好。此外，投资方程的残差可能不平稳

```
eqi.makeresid res_i
freeze(tbui) res_i.uroot(np)
```

NP 检验的 4 个统计量的 p 值都在 10% 以上 (严格地说，临界值需要调整)，表明存在单位根。

以上各种检验表明，模型 (13.1) 的设定需要修改，OLS 估计并不恰当。然而，我们的主要目的是用它来演示 EViews 的样板对象，故先将这些问题放在一边。

§13.1.2 评估

样板对象是多个方程的集合体，其主要用途之一是进行联合预测。我们将使用样板对象，对宏观经济模型进行样本内的单步预测和多步预测，评估模型的历史数据表现。

一、样板对象

完成了宏观经济模型 (13.1) 的系数估计，下面我们建立样板对象

```
model mod1        'create model
mod1.merge eqi    'link equation
mod1.merge eqcn
mod1.merge eqr
mod1.append y = cn + i + g    'inline equation
```

先声明样板对象 mod1，然后链接了 eqi, eqcn 和 eqr 三个方程，最后添加了支出恒等式，作为内嵌方程。得到样板对象 mod1 在 EViews 中的方程视图 (Equation view) 为

```
Model: MOD1   Workfile: MACROMOD\Macromod              _|□|x|
View|Proc|Object|Print|Name|Freeze|Solve|Equations|Variables|Text|
Equations: 4                                         Baseline
 EQI           Eq1:   i  = F( r, y )
 EQCN          Eq2:   cn = F( cn, y )
 EQR           Eq3:   r  = F( m, r, y )
 "y = cn + .." Eq4:   y  = F( cn, g, i )
```

我们看到，每个方程对应一个内生变量。此外，EViews 还按方程的加入顺序进行编号。

二、静态预测

模型 (13.1) 的单步预测效果如何呢？

```
smpl 1960q1 1999q4
mod1.solve(d=s)
```

命令 `solve` 的选项 d=s 表示进行单步预测 (不使用 `forecast` 命令)，即对样板对象进行静态求解，求解过程中滞后因变量使用历史观测值。我们将静态预测值和实际值作图比较

```
mod1.makegraph(a) gfds @endog
```

其中选项 a 表示包含实际值，关键字 `@endog` 表示所有的因变量，得到图形对象 `gfds` 为

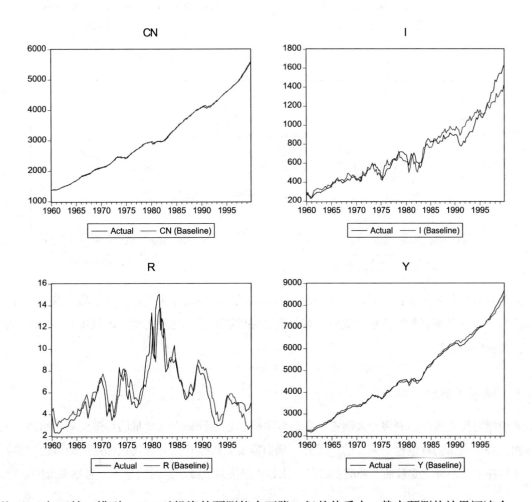

尽管从 1990 年开始，模型 (13.1) 对投资的预测能力下降，但整体看来，静态预测的效果还凑合。

三、动态预测

评估模型的另外一种方法是考察模型的多期预测能力

```
smpl 1985q1 1999q4
mod1.solve(d=d)
mod1.makegraph(a) gfdd @endog
```

选项 d=d 表示进行动态预测 (dynamic forecast)，或者称为动态求解。同样地，我们将预测值和实际值作图比较，得到图形对象 `gfdd` 为

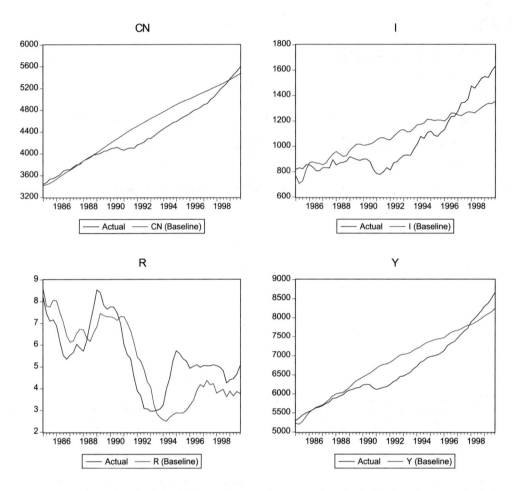

我们看到，预测值与实际值有较大的偏离。这点不足为怪，因为进行多步预测时，滞后内生变量的取值采用预测值，造成预测误差的累积。此外，有一点需要说明的是，这里的动态预测中 (样本内)，我们使用了外生变量的实际值。

§13.1.3 样本外预测

如果模型对历史数据的表现令人满意，我们就希望用它来预测内生变量的将来变动。然而，进行样本外预测，外生变量的取值也是未知的，因此，我们需要先猜测外生变量在预测期间的可能取值。进一步地，我们往往关心外生变量的多种演变路径，比如在经济景气或萧条的情形下，考察系统的运行。

一、外生变量

模型 (13.1) 中，仅有两个外生变量，政府支出 G 和货币供给 M，我们先回顾它们的历史情况。

```
smpl 1960 1999
eqg.ls log(g) c @trend ar(1) ar(2) ar(3) ar(4)

eqg.fit(s,f=na) g_trend    'ignore ARMA
graph gfg.line g g_trend
gfg.scale(left) log

graph gfm.line m
freeze(gf_mg0) gfg gfm    'merge graph
gf_mg0.align(2,1,1)
```

我们在政府支出的图形上，添加了回归直线，得到图形为

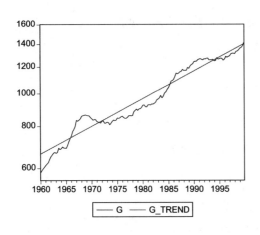
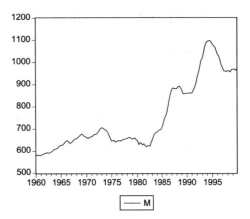

我们发现，从 1960 年开始，$\log(G)$ 具有线性增长的趋势，而且呈现出明显的周期性。简单起见，方程对象 eqg 采用了 AR(4) 模型来刻画这一时期的政府支出，其估计结果为

```
LOG(G) = 6.252335363 + 0.004716422189*@TREND +
         [AR(1)=1.169491542,AR(2)=-0.1986105964,
         AR(3)=0.239913126,AR(4)=-0.2453607091]
```

我们就用方程对象 eqg 来预测政府支出 G 的将来值 (从 2000 年开始)

```
smpl 2000 @last
eqg.forecast g_hat
g = g_hat    'forecast value
delete g_hat
```

对于货币供给 M，其历史走势和政府支出 G 有较大的不同，在 1980 年后出现井喷，但后几年有所回落。简单起见，姑且假设货币供给 M 保持为最后一个历史观测的取值

```
smpl 2000 @last
m = m(-1)

smpl 1995 @last
graph gf_mg.line(m) g m
gf_mg.align(2,1,1)
gf_mg.draw(line,bottom,color(orange)) 1999q4
```

至此，我们设定了外生变量的一种变化情形，政府支出 G 和货币供给 M 的将来走势图如下：

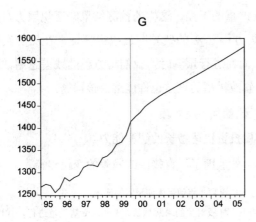
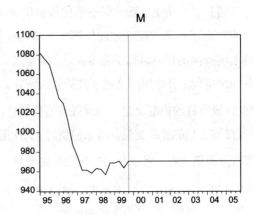

二、内生变量

给定了外生变量政府支出 G 和货币供给 M 的取值，我们来预测内生变量

```
smpl 2000 @last
mod1.solve

smpl 1995 @last
mod1.makegraph gfddf @endog
gfddf.draw(line,bottom,rgb(128,128,128)) 1999q4
```

采用动态预测的方法[2]，并将预测的结果做成图形[3]，得到预测结果为

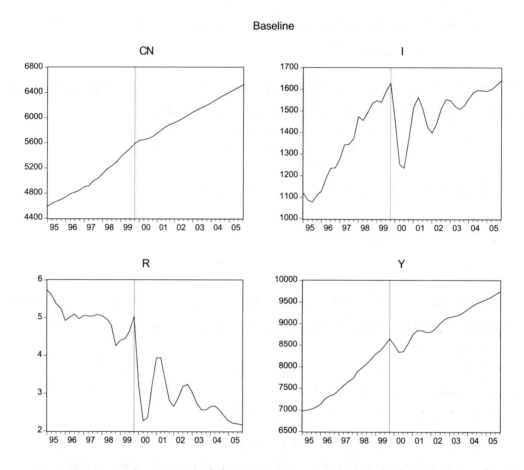

我们发现一个奇怪的现象：在预测期的开始，投资、利率和GDP都出现短时间严重的下降，然后缓慢地衰减振荡回升。从历史上看，似乎不应该出现如此严重的下挫，这样的预测结果缺乏说服力，究竟是什么原因呢？会不会是方程残差的问题呢？第 609 页方程 eqi 的残差图最值得怀疑，在历史数据的后期，残差出现持续的正向偏离，幅度高达 160 以上。而在进行预测时，我们将方程的残差忽略，即当零处理，也许这是预测开始期间突然下跌的原因所在。修改模型的设定也许能解决该问题：

1) 改变投资方程的模型设定，消减残差的持续性，比如加入 AR 项。
2) 修改投资方程的解释变量，增加模型对 1990 年后投资快速增长的解释能力。

如果不想改变投资方程，可以使用特殊的外生变量——外加因子，直接修改残差的变化路径。

---

[2]样板对象的求解选项是被记忆的，如果调用 solve 命令时没有给出选项，将使用先前设置的选项。

[3]图形的标题为 Baseline，表示图形为 Baseline 情景的计算结果。样板对象的求解默认在 Baseline 情景里进行，详情请参考 §13.3 节 (第 620 页)。

三、外加因子

采用外加因子 (add factor)，可以为方程的残差设置任意形式的动态路径。作为例子，我们让投资方程的残差保持在历史数据后期的持续偏离水平，将其值取为 160

```
mod1.addassign(i) i
smpl 2000 @last
i_a = 160
```

其中命令 addassign 使用内生变量 i 作为参数，表示给投资方程 eqi 增添外加因子，而选项 i 表示加入的外加因子用于平移截距 (等价于修改残差)。根据 EViews 的设计，该外加因子对应的序列对象为 i_a (即添加后缀 _A)。引入外加因子后，我们重新进行动态预测

```
mod1.solve
smpl 1995 @last
mod1.makegraph gfdda @endog
gfdda.draw(line,bottom,rgb(128,128,128)) 1999q4
```

得到图形如下：

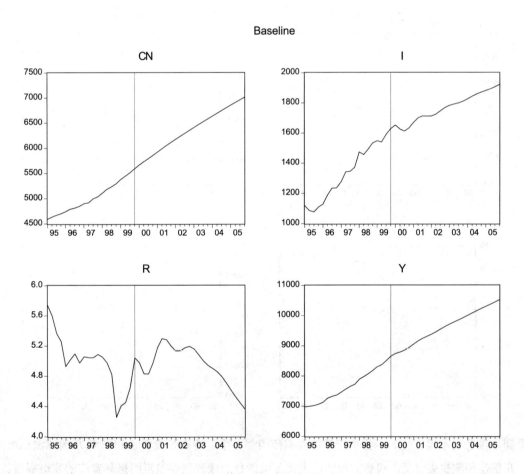

在外加因子的帮助下，预测效果好了很多。尽管预测开始时，投资、利率和 GDP 的突然下跳已基本消除，但仍然存在轻微的振荡。

四、随机因素

在前面的示例中，我们都假设随机方程在预测区间是严格成立的，事实上，预测区间随机干扰总是存在的。此外，我们还将系数估计 (点估计) 当成是固定的值，忽略了系数估计的不确定性。当我们需要

考虑这些不确定性时，可以使用 EViews 提供的随机仿真[4] (stochastic simulation) 方法。

当考虑到不确定性时，我们就不能只作点估计了，我们需要预测每个变量在各个时期的分布情况。通常，我们进行简化，用若干统计量来描述分布的信息，比如前两阶矩。当模型是线性的，并且误差分布是正态的情况下，则所有的内生变量也将服从正态分布，均值和方差足够描述分布的信息，而且均值就等于确定解 (忽略不确定性的模型求解)。当模型存在非线性时，内生变量的分布一般就不是正态分布，前两阶矩 (如果存在) 往往不足以描述整个分布的信息，均值和确定解也将可能不吻合。

继续模型 (13.1) 宏观经济的例子，我们来看一下考虑不确定性时，预测的误差范围

```
smpl 2000 @last
mod1.solve(s=s)       'stochastic simulation
smpl 1995 @last
mod1.makegraph(s=s) gfsd @endog     'mean and +/-2se
```

得到随机仿真 (选项 s=s，计算上比确定性求解费时很多) 的动态预测预测结果为

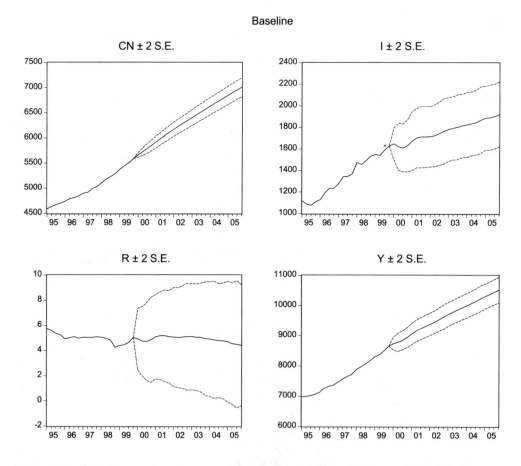

我们看到，当考虑不确定性时，各个变量的误差范围都不小，特别是投资 I 和利率 R 的预测标准差如此之大，几乎使预测失去意义。投资方程的巨大误差可能是造成预测误差范围极其宽广的罪魁祸首。

事实上，我们往往需要考察外生变量的多种演变路径，分析和对比系统的运行状况，即情景分析和情景比较，这正是样板对象的拿手好戏，我们将在 §13.3 节 (第 620 页) 继续演示。

---

[4] 在处理不确定性时，EViews 采用的是 Monte Carlo 方法，对模型加入伪随机干扰，重复求解模型。这种方法只能得到近似解，但随着重复次数的增加，将趋近于理论值。

§13.2 基础知识

样板对象由若干方程组成，描述一组变量的相互关系。样板对象中，变量可划分为：

1) 内生变量：由模型决定的变量。
2) 外生变量：由模型系统外部决定的变量。
3) 外加因子 (add factor)：外加因子是特殊的外生变量，其作用是平移方程截距或者是偏移内生变量。外加因子用来修正随机方程的预测结果[5]，微调预测值。

在 EViews 的工作文件中，内生变量和外生变量对应同名的序列对象，例如外生变量 X，对应的序列对象为 X，内生变量 Y 对应的序列对象为 Y。而内生变量 Y 的方程添加的外加因子，对应的序列对象为 Y_A，即添加了后缀 _A。关于外加因子的深入讨论，请参考 §13.4.3 节 (第 632 页)。

为了更好地理解和应用样板对象进行情景分析，本节专门解释样板对象的相关术语。首先，我们介绍方程的分类，然后说明模型的求解方式。最后，简单地讨论了情景分析。

§13.2.1 方程

一般地，模型可以写成

$$\mathbf{f}(\mathbf{x}, \mathbf{y}) = 0$$

其中向量 $\mathbf{x}$ 是外生变量，向量 $\mathbf{y}$ 是内生变量，$\mathbf{f}(\cdot)$ 是实函数 $f_m(\mathbf{x}, \mathbf{y})$ 组成的向量。在常见的问题中，如果模型要有唯一解，方程的个数和内生变量的个数相等。[6] 在 EViews 中，样板对象的每个方程要求指派唯一的内生变量，记 $f_m(\mathbf{x}, \mathbf{y}) = y_m - h_m(\mathbf{x}, \mathbf{y})$，则

$$y_m = h_m(\mathbf{x}, \mathbf{y})$$

其中 y_m 是指派给方程 $f_m(\cdot)$ 的内生变量。样板对象中：

- 由于方程和内生变量的一一对应关系，因变量 y_m 和方程 $f_m(\cdot)$ 经常混为一谈。
- 没有指派给方程的变量，都看作是外生变量。
- 因变量可以是 EViews 能够标准化的序列表达式 (参见第 56 页隐式赋值的讨论)，例如

$$\log(y) = 3x$$

需要强调的是，方程的系数是已知的。关于样板对象的方程设定，请参考 §13.4.1 节 (第 628 页)。
- 方程设定 $y_m = h_m(\mathbf{x}, \mathbf{y})$ 中，$h_m(\mathbf{x}, \mathbf{y})$ 中还可能包含 y_m。

根据是否具有随机性，我们将样板对象中的方程分为：

1) 恒等式 (identity)：严格成立的式子，例如均衡关系供给等于需求，以及各种会计恒等式；
2) 随机方程 (stochastic equation)：等式包含随机误差项，通常来源于统计估计的结果。

请注意，设定方程组对象的方程时 (参见第 472 页 §10.2.1 节)，需要将恒等式剔除。而在样板对象中，必须包含恒等式。

---

[5]尽管可以通过改变外生变量的取值来实现，但使用外加因子，操作起来更加方便可靠 (参见第 615 页的例子)。

[6]注意这不是充要条件：例如方程 $x^2 + y^2 + z^2 = 0$ 确定了唯一解 $x = y = z = 0$，是一个方程三个变量的情况。再比如方程组：$y = x, y = e^x - 1$ 和 $y = \sin(x)$，都通过原点，是三个方程两个变量的情况。

问题：如果模型包含恒等式，为什么样板对象必须包含恒等式？

提示：样板对象不是用来进行参数估计的。如果缺少恒等式，模型是不完整的，并且相关的变量将被当成外生变量。

此外，根据方程是否和其他对象有耦合关系，样板对象的方程可以分为：

1) 内嵌方程 (inline equation)：方程的设定直接用文本表示，嵌入到样板对象中。
2) 链接方程 (linked equation)：方程的设定从 EViews 的其他对象取得，比如方程对象或者方程组对象，甚至是其他样板对象。

对于链接方程，如果重新估计了被链接的方程，样板对象中的链接方程并不自动更新，但可以通过命令 `update` 来更新。样板对象中，链接方程方便直接使用已有的样板对象，或者将方程与估计方法更加紧密地结合起来。例如，对于工业产品的供给和需求，可以建立如下样板对象：

1) 链接到宏观样板对象，预测总消费。
2) 链接到方程对象，工业产品的供给方程。
3) 链接到方程对象，工业产品的需求方程。
4) 内嵌方程，供给等于需求的恒等式。

事实上，第 610 页前面建立的描述简单宏观经济模型的样板对象 `mod1`，既有内嵌方程，也有链接方程，既有恒等式，也有随机方程。

§13.2.2 求解

样板对象的最重要操作是求解 (命令 `solve`)：给定模型中外生变量的取值，求解出内生变量的取值。大多数应用中，模型求解只需要在求解样本区间内，逐个时期顺序进行求解。不过有时候，方程可能包含内生变量的将来值 (超前项)，此时，模型的求解会更复杂一些。这里我们先了解一些基本的概念，模型求解的深入讨论则推迟到 §13.5 节 (第 636 页)。

模型进行求解时，如果方程中出现内生变量的滞后项，预测方式 (求解方式) 可以区分为：

1) 动态预测 (dynamic forecast)：滞后内生变量的值取自先前的求解值。
2) 静态预测 (static forecast)：滞后内生变量的值取自历史观测值。

不管是动态预测还是静态预测，EViews 都将滞后的内生变量当成外生变量看待。样板对象进行联合预测和仿真时，求解方式可以选择是否考虑不确定性：

1) 确定 (deterministic) 方式：模型的输入和系数都是已知的，系数取固定值，输入为确定值，模型的输出是确定的单一路径 (path, 指时间序列的一个实现)，即每个时点都是确定解。
2) 随机 (stochastic) 方式：此时考虑了不确定性 (uncertainty)，比如干扰和系数的不确定性，乃至外生变量都可能存在随机性等。

随机方式求解采用 Monte Carlo 方法，计算比较费时。

以上求解方式是可以组合的，例如第 616 页有的例子，实现了随机方式的动态预测。此外，需要注意的是，即使是在做预测，样板对象的命令仍然为 `solve`。

§13.2.3 变量管理

我们将外生变量(含外加因子)变化路径的一组假设称为情景(scenario)。情景分析就是对特定的情景进行模型求解，以考察和比较多种情景设定下模型的预测结果。

情景是样板对象的特色。EViews 中，情景的基本任务是变量的自动管理，也就是说，求解模型时，根据情景设置的规则，决定外生变量从工作文件的哪些序列对象读取，求解的结果又储存到哪些序列对象里。EViews 将模型变量和工作文件序列对象间的映射关系称为绑定(binding)，绑定是进行情景分析的基础，它通过别名(aliasing)规则来管理数据的输入和输出。

情景通过别名，即通过添加后缀的命名规则，在模型的变量和工作文件的序列对象间建立起对应关系。例如，假设情景 Scenario-optimism 的别名字符串为 _O，那么内生变量 Y 的求解值将保存到序列对象 Y_O 中，而不是写到序列对象 Y 中，避免破坏历史观测数据。对于外生变量 X，如果需要改变取值而又不破坏历史数据序列 X 的值，我们可以创建序列对象 X_O，设定好演变路径，并在情景 Scenario-optimism 里将外生变量 X 设置为覆盖变量 (overridden variable)，则进行求解时，外生变量 X 的取值将从序列对象 X_O 中读取。

将模型的变量映射到不同的序列对象集中，不仅避免了直接修改外生变量序列对象的取值，而且解决了内生变量序列对象被求解结果重复改写的问题。情景分析中，通过别名和覆盖变量的设置，可以方便地设定外生变量的不同演化路径，并将求解结果保存在指定的序列对象中，方便分析和对比。情景分析是样板对象的最重要用途，我们将在 §13.3 节(第 620 页)给出生动的例子。

§13.3 情景分析

在 §13.1 节 (第 608 页) 节的宏观经济模型中，我们可能对其他经济状况下的预测感兴趣，比如收紧银根以减少货币供给的情况下，预测未来宏观经济形势。也许我们可以直接修改外生变量的取值，重新求解模型。不过这种方法不可取：模型的先前求解值会被新值替换，若想比较不同假设下的求解结果，数据需要人工管理。值得庆幸的是，EViews 提供了强悍的情景分析工具，可以轻松地实现：

- 情景分析时的数据存取，不破坏内外生变量的历史数据。
- 情景的对比分析，当前情景和对照情景一起求解，并自动计算出两者的差别。
- 数据的可视化，情景分析结果和输入数据的图形展示。

§13.3.1 例子

Taylor (1993, p10, Eq1.3) 中货币需求的前瞻 (forward looking) 模型是线性的单变量理性预期模型

$$m_t - p_t = -\beta \left(\mathrm{E}_t(p_{t+1}) - p_t \right)$$

其中 p_t 是货币需求，β 是调整参数，m_t 是外生变量，表示货币需求的冲击。如下的图形描绘了冲击在未被预期以及被预期的情况下，单个脉冲或者持续冲击 (几何衰减) 的响应。

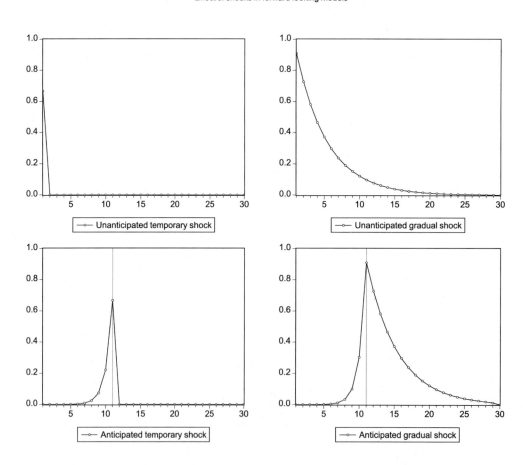

该图形复制了 Taylor (1993) 第 14 页的图 1-1，这是个简单而有趣的单方程多情景例子。EViews 例子文件 `taylor1.prg` 也复制了该图形，不过采用手工管理数据的方法。作为例子，我们采用样板对象的情景

情景分析

对其进行改写，完整代码如下

```
1   '2008-09-17 15:41
2   'scenarios, updated version of taylor1.prg
3
4   wfcreate taylor93 u 1 30
5   !beta = 0.5  'set adjustment parameter
6   !rho = 0.8   'set AR(1) parameter for monetary shock
7   !lag = 10    'set lag for anticipated shock
8   !x0 = !lag + 1  'axis label graph
9   series pt = 0   'endogenous series
10  series mt = 0   'exogenous shock
11
12  model mod93 'specify model
13  mod93.append pt = !beta*(pt(+1) -pt) +mt
14  mod93.scenario(d) "Scenario 1"  'delete the void scenario
15
16  mod93.scenario(n,a=ut) S_ut
17  mod93.override mt    'overridden
18  series mt_ut = 0      'unanticipated temporary shock
19  mt_ut(1) = 1
20  mod93.solve 'smpl @all
21  pt_ut.displayname Unanticipated temporary shock
22  graph gf_ut.line pt_ut
23
24  mod93.scenario(n,a=ug,i=S_ut) S_ug
25  series mt_ug = 0     'unanticipated geometric shock
26  mt_ug(1) = 1
27  smpl @first+1 @last
28  mt_ug = !rho*mt_ug(-1)
29  smpl @all
30  mod93.solve
31  pt_ug.displayname Unanticipated gradual shock
32  graph gf_ug.line pt_ug
33
34  mod93.scenario(n,a=at,i=S_ut) S_at
35  series mt_at = 0      'anticipated temporary shock
36  mt_at(!x0) = 1
37  mod93.solve
38  pt_at.displayname Anticipated temporary shock
39  graph gf_at.line pt_at
40  gf_at.draw(line,bottom,rgb(128,128,128)) !x0
41
42  mod93.scenario(n,a=ag,i=S_ut) S_ag
43  series mt_ag = 0      'anticipated geometric shock
44  mt_ag(!x0) = 1
45  smpl @first+!x0 @last
46  mt_ag = !rho*mt_ag(-1)
47  smpl @all
48  mod93.solve
49  pt_ag.displayname Anticipated gradual shock
50  graph gf_ag.line pt_ag
51  gf_ag.draw(line,bottom,rgb(128,128,128)) !x0
52
53  freeze(gf4) gf_ut gf_ug gf_at gf_ag 'merge graphs
54  gf4.setelem(1) lpat(solid) symbol(circle)
55  gf4.scale(left) range(0,1)   'V6 scale -> axis
56  gf4.addtext(t) Effect of shocks in forward looking models
57  gf4.align(2,1,1)
```

程序简要说明：

1) 样板对象 mod93 建立后，第 14 行把 EViews 自动建立的无用情景 Scenario 1 删除了；

2) 第 16 行新建情景 S_ut，命令 scenario 的选项 a=ut 设置别名字符串，情景 S_ut 中内生变量 pt

将对应于序列对象 pt_ut；

3) 第 17 行将外生变量 mt 覆盖了，需要强调的是，覆盖变量的别名序列 mt_ut 需要用序列对象的命令创建和初始化，请注意命令 override 和外加因子的命令 addassign 的区别，addassign 命令自动创建外加因子的序列对象 (相应的内生变量序列对象添加后缀 _A)；

4) 第 18–19 行将 mt_ut 初始化为单位脉冲；

5) 第 20 行求解模型，情景 S_ut 的求解结果自动保存到序列对象 pt_ut 中；

6) 第 24 行新建情景 S_ug 时，使用选项 i=S_ut 来复制情景 S_ut 的变量设置 (剔除变量和覆盖变量)，在新建的情景 S_ug 中，保持对变量 mt 的覆盖；

7) 第 25–28 行将 mt_ug 初始化为几何衰减脉冲。

情景分析结果作图时，使用 makegraph 命令是非常方便的。例如，比较被预期的持续冲击 (当前情景 S_ag) 和被预期的脉冲 (对照情景 S_at) 两种情景下的货币需求

```
mod93.scenario(c) S_at    'Set comparison scenario
mod93.makegraph(c) gfagt pt
gfagt.legend -inbox position(1.42,0.06)
gfagt.draw(line,bottom,color(orange)) !x0     '!x0=11
```

命令 scenario 的选项 c 设置对照情景，命令 makegraph 的选项 c 表示作图时包含对照情景，得到两种情景的货币需求对比图形如下：

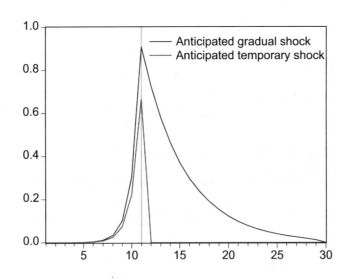

我们看到，样板对象提供的情景分析工具，为情景分析提供了极大的便利。

§13.3.2 情景

在保持模型的原始结构和数据不被修改的情况下，样板对象的情景可以方便地分析外生变量的不同演化路径，或者将若干个方程排除在外，求解和比较情景分析的结果。样板对象中，情景的重要功能是数据管理，外生变量的特定运动线路从指定的序列对象中读取，而特定情景的分析结果被保存到指定的序列对象中，模型的多个情景的求解结果都被保存下来。例如第 621 页的样板对象 mod93 中，求解情景 S_at 和 S_ag 时，由于外生变量 mt 在这两个情景中都被覆盖，数据将分别从序列对象 mt_at 和 mt_ag 中读取。而货币需求 pt 的求解结果，被分别保存到序列对象 pt_at 和 pt_ag 中。

一、覆盖外生变量

情景分析中设定外生变量的演变路径时，为了避免修改原始序列对象，EViews 提供了覆盖外生变量的方法，求解时该变量从指定的序列对象中取值。例如某个情景指定别名为 _PP，假设对外生变量 X 进行了覆盖，并创建和初始化了序列对象 X_PP，则求解时变量 X 的取值将从序列对象 X_PP 中读取。

需要说明的是，情景中没有被覆盖的外生变量，模型求解时，依然从原始序列中取值。

二、排除内生变量

情景分析允许将若干个方程从模型中"踢"出去，即将若干个方程排除在某个情景分析之外。事实上，方程被排除，相当于方程对应的内生变量被当成外生变量，从工作文件的序列对象中直接取值，而不是进行计算求解。

Eviews 在排除内生变量时，还可以指定样本期间，这种情况适用于有些内生变量的观测数据较先收集到的情况。例如，第 610 页的样板对象 mod1 中，假设现在是 2000 年年底，2000q4 的利率 R 已经知道，但其他变量如政府支出 G 和私人投资 I 等还没有统计出来。我们尽可能利用最新的信息

```
mod1.exclude r("2000q4 2000q4")
```

模型求解时，2000q4 的利率将能够采用已知的观测数据。

三、特殊情景

样板对象中有两个特殊的情景，分别是 Actuals 和 Baseline 情景，每个样板对象都自动内置这两个情景。说他们特殊，是因为唯独这两个情景不支持变量覆盖，而且不能被删除。这两个情景的区别在于别名规则，情景 Actuals 中，模型求解结果直接写到与内生变量同名的序列对象中，而情景 Baseline 则保存到添加后缀 _0 的别名序列对象中。关于情景：

1) EViews 还内建了情景 Scenario 1，其别名规则为添加后缀 _1，不喜欢的话，可以删除。
2) 样板对象建立后，如果没有选择情景就进行求解，将在情景 Baseline 里进行求解。
3) 活动情景 (active scenario) 是当前被选定的情景，也称为当前情景，模型求解在活动情景中进行，默认的活动情景是 Baseline 情景，新建的情景将自动变为活动情景，此外，可以用命令 scenario 设置活动情景。
4) 除非有特别好的理由，请不要在情景 Actuals 中进行求解，那样可能会破坏原始数据。

四、管理情景

每个样板对象里面都可以进行多个情景的分析。样板对象使用 scenario 命令对情景进行管理：建立和删除情景，设置活动情景和对照情景等。为了方便，选项总结如下：

选项	含义	选项	含义
a=str	别名的字符串后缀	i=snr_name	复制变量设置
c	设置对照情景	n	新建情景
d	删除情景		

命令 scenario 的语法说明：

1) 不带选项时，表示设定活动情景 (当前情景)，例如

```
mod1.scenario Scenario 1
```

设置情景 Scenario 1 为活动情景。请注意，情景的名字可以包含空格。

2) 选项 a=str 中的别名字符串 str 由 1 到 3 个数字或者字母组成。为了清晰，Eviews 自动在字符串的开头添加下划线 (显式写成 a=_str 除外)。

3) 选项 i=snr_name 表示从情景 snr_name 复制变量设置，包括剔除变量和覆盖变量的设置。

4) 选项 n 新建情景时，别忘了同时使用选项 a=str 设定别名。新建情景时，请不要使用别名 _A 和 _0，因为这两个别名已经分别预设为外加因子和情景 Baseline 的别名。

§13.3.3 情景比较

进行情景分析时，我们往往以某一情景为参照，改变部分假设条件，得到新的情景，然后比较预测结果的差异，分析改变假设条件带来的影响。为了方便情景比较，EViews 允许求解情景时，当前情景与被比较的情景 (对照情景, comparison scenario) 一起同时求解。

一、同时求解

继续第 615 页描述宏观经济模型的样板对象 mod1 的例子，假设我们想看看抽紧银根对经济的影响，例如，假定货币供给缩减为 900

```
smpl @all
series m_c = m
smpl 2000 @last
m_c = 900       'contract

mod1.scenario(n,a=c) Contract
mod1.override m
mod1.scenario(c) Baseline    'comparison scenario
mod1.solve(s=d,a=t) 'solve both active and comparison scenario

smpl 1995 @last
mod1.makegraph(c) gfddc @endog
gfddc.legend -inbox position(0.1,0.2) columns(1)
gfddc.align(2,1,1)
```

将货币供给设定在 900 的水平，然后新建情景 Contract，并将变量 m 覆盖。以情景 Baseline 为对照情景，命令 solve 使用选项 a=t 同时求解当前和对照情景，得到两种情景的预测结果如图 13.1。我们清楚地看到，抽紧银根导致利率急剧上升，投资略有下降，但对消费和国民收入影响甚微。

关于程序片段的补充说明：

1) 通过创建序列对象 m_c 并进行初始化，设定了抽紧银根的货币供给。情景分析中，外生变量的不同运动线路是通过外生变量的覆盖实现的。

2) 命令 scenario 新建情景 Contract 时，设置的别名字符串为 _c，然后覆盖了外生变量 m，模型求解时，变量 m 的值从序列对象 m_c 中取。

3) 求解命令 solve 的选项 a=t 表示当前情景和对照情景同时进行求解，建议进行情景比较时尽可能同时求解，避免对照情景的求解结果已经过时，或者求解的样本范围不同等问题。

4) 样板对象 mod1 中，先前为投资方程设置的外加因子 I_A (第 615 页)，参与了本次求解，因为加入外加因子后，它将作为样板对象设定的一部分，在被删除之前，在任何情景中都起作用。

图 13.1 抽紧银根

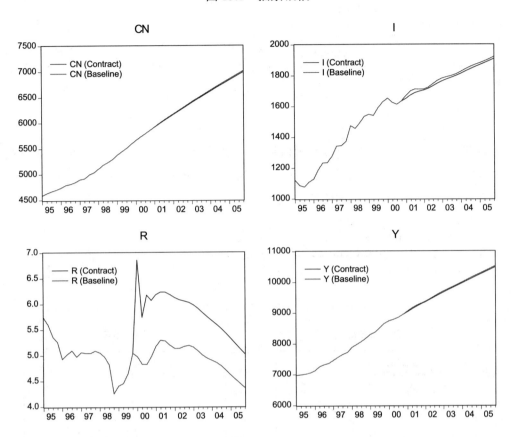

二、随机仿真

同样地,情景的比较可以采用随机仿真方式

```
mod1.scenario Contract
mod1.scenario(c) Baseline
rndseed(type=mt) 12347
smpl 2000 @last
mod1.solve(s=a,a=t) 'solve stochastically both scenarios
```

随机仿真方式求解前,我们设置了随机种子,以方便重现。随机仿真不仅费时费力,而且容易出错,因此,别忘了查看求解过程的信息

```
mod1.msg
```

得到求解过程信息如下:

```
Model:   MOD1
Date:   09/18/08  Time:   07:41
Sample:  2000Q1 2005Q4
Solve Options:
   Dynamic-Stochastic Simulation
   Solver:   Broyden
   Max iterations = 5000, Convergence = 1e-008
   Requested repetitions = 1000, Allow up to 2 percent failures
   Solution does not account for coefficient uncertainty in linked equations
   Track endogenous:   mean, standard deviation, 5 % confidence interval

Calculating Innovation Covariance Matrix
   Sample:   1947Q1 1999Q4
   Matrix scaled to equation specified variances
```

```
Scenarios:   Contract & Baseline
Solve begin 07:41:34
   Repetitions 1-200:     successful 07:41:34
   Repetitions 201-400:   successful 07:41:35
   Repetitions 401-600:   successful 07:41:36
   Repetitions 601-800:   successful 07:41:37
   Repetitions 801-1000:  successful 07:41:37
Solve complete 07:41:37
1000 successful repetitions, 0 failure(s)
```

整个求解过程花了大约 3 到 4 秒钟。求解过程信息中，先报告了求解的基本信息和选项，然后报告了干扰协方差矩阵的处理。最后部分指出了当前情景和对照情景，并报告仿真计算的简要过程和信息。

随机仿真求解顺利完成后，我们比较情景分析结果

```
smpl 1995 @last
mod1.makegraph(c,s=s) gfsdc @endog
gfsdc.legend -inbox position(0.1,0.1)
gfsdc.align(2,1,1)
```

得到图形为

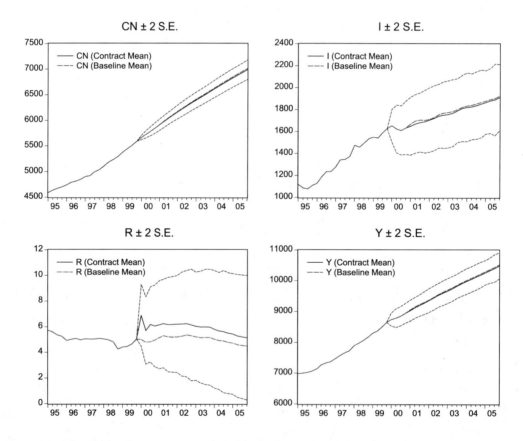

与采用确定性求解的结果一样，抽紧银根对利率影响较大。请注意，图中标出的正负两倍标准差是基于活动情景 Contract 计算的。关于情景比较的随机方式求解：

- 随机仿真时，要比较两个情景的区别，必须同时求解，以保证两情景受到相同的随机干扰，否则结果的差别将包含不同随机干扰的成分。
- 模型求解命令 solve 如果使用选项 s=a，EViews 将计算内生变量的均值、标准差和 5% 置信区间的上下界。例如内生变量 Y，模型求解后将产生如下的序列对象：

	情景 Contract	情景 Baseline	两情景的偏离
置信上界	Y_CH	Y_0H	Y_C_0H
置信下界	Y_CL	Y_0L	Y_C_0L
均值	Y_CM	Y_0M	Y_C_0M
标准差	Y_CS	Y_0S	Y_C_0S

每个内生变量相应增加了 12 个序列对象，而确定性求解只产生 Y_C 和 Y_0 两个序列对象，请注意这些序列对象的别名方法。求解完成后，由于新增的序列对象太多，整个工作文件里面，序列对象顷刻间济济一堂。

- 请留意 EViews 创建的两情景的偏离序列，尽管我们的线性宏观经济模型中，有

$$Y\_C\_0M = Y\_CM - Y\_0M$$

但在非线性模型中，变量均值之差并不等于变量之差的均值。

§13.3.4 图形

样板对象提供了专门的命令以方便图形展示，例如第 626 页的作图语句

```
mod1.makegraph(c,s=s) gfsdc @endog
```

关键字 `@endog` 表示模型的所有内生变量，因此该语句等价于

```
mod1.makegraph(c,s=s) gfsdc cn i r y
```

需要指出的是，该语句动用了 12 个序列对象。[7]

为了方便，将 `makegraph` 的关键字和选项整理如下：

关键字	含义	选项	含义
@all	样板对象的所有变量	a	包含 Actuals 情景
@endog	所有的内生变量	c	包含对照情景
@exog	所有的外生变量	d	包含与对照情景的偏离
@addfactor	所有的外加因子	n	不包含当前情景

默认下作图内容只包含当前情景。`makegraph` 命令还提供了其他选项：

1) 图形的子图设置，例如 g=s 表示每个情景的变量作在同一张子图上。默认 (g=v) 每个子图描述一个变量。
2) 选择作图的数据，比如 s=s 表示作图内容包含随机仿真的均值和两倍标准差，s=b 表示作图给出均值和置信上下界。默认 (s=d) 绘制确定性解的图形。
3) 数据变换，比如 t=pch 表示将数据变换为相对变动的百分比再作图。默认 (t=level) 不作变换。

---

[7]它们是情景 Baseline 求解的内生变量均值 CN_0M, I_0M, R_0M 和 Y_0M，情景 Contract 的均值 CN_CM, I_CM, R_CM 和 Y_CM，以及标准差 CN_CS, I_CS, R_CS 和 Y_CS。

§13.4 使用样板对象

样板对象极大地方便了模型的联合预测、仿真和情景分析等工作。样板对象实际上是若干方程的有机体，描述一组变量的相互关系。围绕样板对象，本节讨论：

1) 样板对象的模型设定，熟悉方程的设定，以及模型的柔性设定，如设置外生变量的不确定性。
2) 样板对象的块结构视图和文本视图，块结构视图揭示模型的块结构分解，文本视图显示模型设定的文本表示。
3) 外加因子，了解外加因子的作用方式。
4) 总结介绍样板对象的视图和过程。

§13.4.1 设定

样板对象的模型设定包含两部分，方程设定和柔性设定。方程设定是模型设定的基础部分，柔性设定是模型设定的动态调整，方便进行情景分析。

一、方程设定

样板对象中，方程的系数是已知的，方程可以分为内嵌方程和链接方程。使用 append 命令添加内嵌方程，内嵌方程的设定采用公式法 (参见第 139 页)。

1) 内嵌方程通常为恒等式或者均衡关系，例如

    mod1.append y = cn + i + g

2) 方程的因变量可以是表达式，第一个变量是方程的对应内生变量，例如

    mod6.append y/z = x

    则变量 y 为内生变量，如果内生变量是 z，需要改写成

    mod6.append 1/z*y = x

    方程的左手边如果是内生变量的表达式，要求该表达式是可标准化的 (参见第 56 页中隐式赋值的讨论)。采用 Gauss-Seidel 方法求解模型时，EViews 自动将其改写为显式方程。

3) 关于恒等式，除了反映恒等关系以外，还有一个重要的用途，就是进行数据变换。比如模型中可以同时分析水平数据和百分比增长率的情况，增长率可以用恒等式来表示，例如

    mod6.append py = @pch(y)

当模型进行仿真求解时，能很轻易地得到增长率的仿真计算结果 (均值、标准差和置信区间等)。

添加链接方程有如下方法：

1) 使用 merge 命令，例如

    mod1.merge eqr

    将方程对象 eqr 添加为样板对象 mod1 的链接方程。

2) 采用 append 命令，例如

    mod1.append :eqr

也是添加链接方程到对象中，注意 eqr 前的冒号不能少。也就是说，对象名前面加冒号，是样板对象中链接方程的文本表示。

3) 使用 makemodel 命令，从方程、方程组和状态空间对象等计量方法对象直接创建样板对象，例如

```
eqcn.makemodel(mod1c)
```

创建样板对象 mod1c，并链接了方程 eqcn。

样板对象中，链接方程的设定信息来自被链接计量方法对象在链接创建时刻的设定：
- 如果被链接的方程对象为 ARCH 模型，则只链接均值方程。
- 如果被链接的方程设定有所改变(例如重新估计)，则需要使用 update 命令更新链接方程的设定。

可以将链接方程转化为内嵌方程，例如

```
mod1.unlink @all
mod2.unlink y z
```

将样板对象 mod1 的所有链接方程转换为内嵌方程，样板对象 mod2 的内生变量 y 和 z 对应的方程转换为内嵌方程。请注意：
- 命令 unlink 先更新链接方程的设定，再断开链接。断开链接后，系数的不确定性将丢失。
- 如果被链接的计量方法对象包含多个方程(例如方程组对象)，断开链接后，将得到多个内嵌方程。

样板对象中，删除方程(交互方式下)或者添加方程都将改变变量的内外生性，例如

```
equation eq01.ls y c x z
equation eq02.ls z c x y
eq01.makemodel(mod01)
```

此时 mod01 中，y 是内生变量，x 和 z 是外生变量，如果继续添加方程

```
mod01.merge eq02
```

则变量 z 将变成内生变量。

二、柔性设定

样板对象的最重要用途是进行情景分析，情景分析往往需要对模型设定进行动态调整，以适应情景假定的变化。为此，样板对象专门提供了模型的柔性设定：

1) 外加因子，产生方程截距的平移(shift)或者内生变量的偏移(offset)。
2) 干扰：设定外生变量的不确定性，或者调整方程的干扰方差。
3) 覆盖变量和剔除变量，进行情景设定。
4) 踪迹变量和监测变量，方便模型的诊断。

这些设定都是可以按需修改的，故称为柔性设定。清晰起见，将柔性设定的方法汇总如下：

命令	说明	备注	关键字
addassign	外加因子	选项 n 清除外加因子	@add
exclude	剔除变量		
innov	干扰	取消：参数 i (方程), 参数 na (外生变量)	@innov
override	覆盖变量		
settrace	踪迹变量	不带参数清除踪迹变量	@trace
track	监测变量	默认参数 @all，监测全部内生变量	

关于柔性设定的说明：

1) 关键字在命令 append 中使用，进行相应的柔性设置。例如 (第 610 页建立的样板对象 mod1)

    mod1.append @ADD(V) I I_A

设定方程 eqi 的外加因子，作用方式为偏移内生变量 (选项 v)。该语句等价于

    mod1.addassign(v) i

关于外加因子，请参考 §13.4.3 节 (第 632 页) 的深入讨论。

2) 某一情景设置的覆盖外生变量 (override) 和排除内生变量 (exclude)，只在该情景中起作用，不影响其他情景。情景分析请参考 §13.3 节 (第 620 页)。

3) 命令 innov 设置方程和外生变量的干扰，稍后我们详细讨论。请注意，外加因子和干扰的设置，改变了模型的设定，体现在文本视图中，有相应的 @add 和 @innov 文本设定行。

4) 命令 settrace 和 track 虽然没有改变模型的设定，但改变模型求解的输出。被设置为踪迹变量 (trace variable) 的内生变量将记录求解的详细迭代过程，方便调试 (参见第 643 页 §13.5.4 节)。样板对象求解后，只有被设置为监测变量的内生变量的求解结果才保存到工作文件中。

5) 命令 innov, settrace 和 track 是 EViews 6 新增的命令。EViews V4 之前版本的关键字 @assign 和 @exclude 命令已经不支持，打开早期保存的工作文件时，EViews 自动将其转换成新版本的格式 (情景的别名字符串，以及剔除变量)。

外生变量往往不是确定性的，样板对象提供了命令 innov 来设置外生变量的随机性

    mod1.innov g abs(nx)   'V6

等价于 (EViews 5 没有 innov 命令)

    mod1.append @innov g abs(nx)

设置了外生变量政府支出 G 的时变标准差为 abs(nx)，其中序列 nx 为净出口 (示例而已)。命令 innov 还可以对方程的残差标准差进行设置或者修改

    mod1.innov r 1.5   'V6
    mod1.append @innov r 1.5

两行语句都是将利率方程 eqr 中干扰的标准差修改为 1.5。请注意，命令 innov 中设定的是标准差，而不是方差。其他说明如下：

1) 对内生变量进行设置时，设置的是相应方程的标准差，只能设置为数值，不能使用序列对象。如果将标准差设置为 i，随机方式求解模型时，方程被当成恒等式，例如

    mod1.innov cn i

设置随机仿真时，将消费方程 eqcn 当成恒等式。

2) 对于外生变量，设定的标准差可以是数值，也可以是序列对象。当使用序列对象时，表示外生变量的标准差是时变的。如果设置的数值为 na，则变量被认为是非随机的。

3) 命令 innov 可以同时设置多个外生变量和/或方程残差的标准差，例如

    mod1.innov r 1.5 m 100

同时设置方程 eqr 的残差标准差和外生变量货币供给 m 的标准差，分别设置为 1.5 和 100。

需要说明的是，对于链接方程，已经包含了方程标准差的设置，除非是修改其数值，无需另行设置。

§13.4.2 查看模型

为了方便查看样板对象的模型设定信息，样板对象提供如下视图

1) 块结构视图 (block structure view)；
2) 方程视图 (equation view)；
3) 文本视图 (text view)；
4) 变量视图 (variable view)。

方程视图 (命令为 `eqs`) 和变量视图 (命令为 `vars`) 主要用在交互式下查看与修改方程和变量。块结构视图 (命令为 `block`) 显示模型的结构信息，文本视图 (命令为 `text`) 则提供模型设定的文本表示。

一、文本视图

文本视图给出了整个模型的文本表示，例如第 615 页的样板对象 mod1

```
mod1.text
```

得到模型的文本设定为

```
:EQI
@ADD I I_A
:EQCN
:EQR
y = cn + i + g
```

其中

- 以冒号开始的行表示链接方程，冒号后面跟方程对象的名字，如 `:EQI` 和 `:EQCN` 等
- 关键字 `@ADD` 开头的表示外加因子，如投资方程添加的外加因子 `@ADD I I_A`
- 普通文本形式的是内嵌方程，如 `y = cn + i + g`

需要说明的是，文本视图中，柔性设置部分只报告外加因子 (关键字 `@add`) 和干扰 (关键字 `@innov`) 的设置，没有报告踪迹变量和监测变量的设置。此外，样板对象中，命令 `spec` 和 `text` 等价，都用来显示样板对象的文本设定视图。

二、块结构视图

块结构指的是将模型分解成更小的部分，即分成许多块，只需要按顺序求解各块，就得到模型的解。例如对于如下模型

$$x = y + 5$$
$$p = z + 5y$$
$$y = 9x - 3$$
$$z = 3x + 4y$$

EViews 将采用图论 (graph theory) 的方法，将模型分为两块，第一块为

$$x = y + 5$$
$$y = 9x - 3$$

第二块为

$$z = 3x + 4y$$
$$p = z + 5y$$

求解时，只需要先求解第一块，再求解第二块。在求解第一块时，两个方程必须联立才能求解，这种必须将方程联立起来求解的块称为联立块 (simultaneous blcok)。在求解第二块时，里面的方程可以顺序逐个求解，这样的块称为递推块 (recursive block)。求解方程时，在递推块中，方程右手边包含的变量都已经知道了，而在联立块中，总是存在方程间的反馈，整个块是个联立的方程组。

样板对象的块结构视图分析模型中方程的依赖关系，然后给出块结构信息，并标出各个块是联立块还是递推块。例如第 610 页建立的样板对象 mod1 的块结构

```
mod1.block
```

得到块结构信息为

```
Number of equations:  4
Number of independent blocks:  2
Number of simultaneous blocks:  1
Number of recursive blocks:  1
Block 1:  3 Simultaneous Equations
   i(1)    cn(2)    y(4)
Block 2:  1 Recursive Equations
   r(3)
```

我们看到，模型被分解成两个块，联立块和递推块各一个。块 1 为联立块，包含三个方程，方程用内生变量表示，括号中为相应的方程编号。块 2 为递推块，只包含利率方程。

将模型(方程组)分解成许多块，不仅使模型结构更易于理解，而且极大地降低了模型求解的时间和空间复杂度。因此，EViews 总是利用块结构来进行模型的求解。

§13.4.3 外加因子

外加因子最常见的用途是平滑历史数据和预测结果的过渡。例如第 609 页的投资方程 eqi，在历史数据的末尾出现拟合结果恶化，造成预测前期的极大波动。我们不想修改方程的设定，就采用了外加因子这种临时性的方法进行修补。外加因子是人为加入的，充分体现了人的主观意图。

我们可能无力去追究到底是什么原因导致历史数据末期的拟合效果下降，而是承认这种事实，并利用这一信息。在不重新设定方程或者重新估计方程的情况下，我们通过外加因子这种专门的方法，调整模型的求解结果。作为特殊的外生变量，外加因子是以特定的方式添加到方程中的。

一、作用方式

事实上，外加因子是额外加入的外生变量，假设内生变量 y_m 的方程设定为

$$g(y_m) = h_m(\mathbf{x}, \mathbf{y})$$

其中左手边的 $g(y_m)$ 是 y_m 的函数，则外加因子作用方式的数学形式为：

1) 平移截距(等价于改变残差，选项为 i)，即方程形式变为

$$g(y_m) = h_m(\mathbf{x}, \mathbf{y}) + a$$

其中 a 为加入的外加因子。

2) 作为内生变量的偏移量(选项为 v)，方程形式为

$$g(y_m - a) = h_m(\mathbf{x}, \mathbf{y})$$

注意左手边内生变量偏移采用的是负号。

管理外加因子的命令为 `addassign`，为了方便，将其使用的选项和关键字总结如下：

选项	含义	关键字	含义
i	平移截距	@all	所有的方程
v	偏移内生变量	@stochastic	所有的随机方程
n	删除外加因子	@identity	所有的恒等式
c	修改作用方式		

关于外加因子和 `addassign` 命令：

- 如果方程采用显式定义，即 $g(y_m) = y_m$，则外加因子两种作用方式的效果是一样的。
- 如果方程 $g(y_m)$ 是非线性的，例如常见的对数变换 $g(y_m) = \log(y_m)$，则外加因子的两种作用方式对方程的影响是不同的。
- 量纲上，第一种方式采用残差的量纲，而第二种方式采用内生变量的量纲，当 $g(y_m) = y_m$ 时，两种方式的量纲一致。
- 既然外加因子是特殊的外生变量，在情景中，外加因子可以被覆盖。
- 如果某个情景加入了外加因子，往下进行情景求解时，不管是求解新定义的情景，还是重新求解先前建立的情景，外加因子都将发挥作用，如果不需要外加因子，可以用选项 n 删除。
- 程序中还可以修改外加因子的作用方式，选项为 c，例如

    ```
    mod1.addassign(c, v) i
    ```

    将投资方程 eqi 中外加因子的作用方式修改为偏移内生变量。
- 除了用内生变量来指定方程以外，还可以使用关键字 `@all`, `@stochastic` 和 `@identity` 来指定方程。请注意，恒等式的外加因子破坏了恒等关系。

二、初始化

当用命令 `addassign` 创建了外加因子后，EViews 创建了相应的序列对象(内生变量序列加后缀 _A)，并初始化为 NA。求解模型时，如果外加因子的取值为 NA，EViews 将其当作零来处理。

尽管我们可以直接对外加因子的序列对象直接操作(第 615 页的例子)，但在一些情况下，使用 `addinit` 命令会更方便。命令 `addinit` 的选项如下表：

初始值	选项	情景	选项
Baseline 情景的外加因子值	v=b	活动情景	s=a (默认)
方程残差(Baseline 情景)	v=n	Baseline 情景	s=b
初始化为 0	v=z (默认)		

此外，命令 `addinit` 也支持关键字 `@all`, `@stochastic` 和 `@identity`。为了更好地掌握 `addinit` 命令的用法，我们构造了如下例子：

```
pagecreate(page=Addinit) u 1 20
rndseed(type=mt) 12347
genr x = @trend
genr y = 3 + 2*x + 0.1*nrnd
equation eq01.ls y c x
genr res01 = resid

model mod01
mod01.merge eq01
mod01.addassign y      'y_a=na
mod01.scenario(n,a=n) S_n
mod01.override y_a
mod01.addinit(s=b,v=z) y    'y_a=0
mod01.addinit(v=n) y    'y_a_n=res01

mod01.scenario(n,a=b,i=S_n) S_b
mod01.addinit(v=b) y    'y_a_b=y_a

mod01.scenario(n,a=k,i=S_n) S_k
mod01.addinit(v=n) @all
```

程序中

1) addassign y 创建了序列 y_a，并且初始化为 na。
2) addinit(s=b,v=z) y 设置 Baseline 情景中的外加因子，将序列 y_a 设置为 0。
3) 情景 S_n 覆盖了外加因子 y_a，addinit(v=n) y 创建外加因子序列对象 y_a_n，并将其初始化为方程 eq01 的残差，故 y_a_n=res01。
4) 情景 S_b 中，addinit(v=b) y 创建外加因子序列对象 y_a_b，并将其初始化为 Baseline 情景中的外加因子的取值，故 y_a_b=y_a。
5) 情景 S_k 中，addinit(v=n) @all 中关键字 @all 代表当前情景中所有的外加因子。因此，我们得到外加因子序列对象 y_a_k=res01。

§13.4.4 样板对象

样板对象用来进行联合预测和情景分析。创建样板对象通常有两种方法：

1) 用 model 命令创建空的样板对象，再进行模型设定。
2) 用 makemodel 命令，从计量方法对象，例如方程对象、方程组对象或者状态空间对象，直接创建样板对象，此时源对象的模型设定将被链接到样板对象中。

与其他计量方法对象不同的是，样板对象不是用于模型的系数估计，样板对象中方程的系数是已知的。

一、视图

样板对象提供了如下视图

1) 模型设定信息的视图 (参见第 631 页 §13.4.2 节)：
   (a) 结构视图 block；
   (b) 方程视图 eqs；
   (c) 文本设定视图 spec 或者 text；
   (d) 变量视图 vars。

2) 求解过程信息：

(a) 求解过程信息 msg，参见第 625 页的例子；

(b) 求解过程中踪迹变量的详细迭代信息 trace，参见第 644 页的例子。

二、过程

样板对象的过程可以分类为：

1) 模型设定

(a) 方程设定：添加设定文本 append，添加链接方程 merge，链接方程转换为内嵌方程 unlink。命令 append 可以实现模型的各种设定，如添加内嵌方程和链接方程，设定干扰和外加因子等，具体参见 §13.4.1 节 (第 628 页)。

(b) 外加因子：建立和删除 addassign，初始化 addinit，详情参见 §13.4.3 节 (第 632 页)。

(c) 设置方程或者外生变量的干扰 innov，参见第 630 页的例子。

(d) 命令 update 更新全部链接，并重新编译样板对象。

2) 情景设定

(a) 管理情景 scenario，具体参见第 623 页。

(b) 变量设置：排除内生变量 exclude，覆盖外生变量 override。

3) 求解

(a) 求解选项设置：求解选项 solveopt，随机方式的选项 stochastic，更详细的讨论参见 §13.5.2 节 (第 638 页)。

(b) 监测变量 track。

(c) 求解 solve。

(d) 目标路径控制 control，深入的讨论参见 §13.5.3 节 (第 641 页)。

(e) 诊断：设置踪迹变量 settrace，具体参见 §13.5.4 节 (第 643 页)。

4) 数据操作

(a) 作图 makegraph，使用方法参见 §13.3.4 节 (第 627 页)。

(b) 命令 makegroup 将模型相关的序列对象分组建立群对象，并将群对象的视图设置为数据汇总表 (dated data table) 视图。

有必要提醒的是，命令 solveopt 和 stochastic 只设置选项，不进行求解，这些选项也可以在调用求解命令 solve 时直接设置。此外，命令 innov, settrace, track 和 stochastic 是 EViews 6 新增的命令。

§13.5 模型求解

模型求解一般指的是给定外生变量的演化路径，求解内生变量的取值。模型求解包含了丰富的理论、方法和实践内容。基于 EViews 的样板对象，本节讲解如下内容：

1) 模型求解的基本步骤，以及特殊设定的处理，如模型包含未来值时的求解。
2) 求解选项：详细介绍了基本选项，解算器选项和随机仿真选项的含义。
3) 目标路径控制，即设定某内生变量的演变路径，找出某外生变量的调控过程。
4) 模型求解的诊断信息和踪迹变量。

§13.5.1 求解

我们先介绍模型求解的基本过程，然后讨论某些特殊设定的模型求解，例如含有未来值，一致期望建模，以及包含 MA 项的情形。

一、基本过程

根据是否考虑不确定性，样板对象中，模型的求解方法可分为确定性求解和随机仿真求解。确定性求解 (选项 s=d) 的一般步骤为：

1) 分析模型的块结构。
2) 根据情景的别名规则，将变量名和工作文件的序列对象绑定，如果内生变量被监测 (默认监测所有的内生变量)，将建立对应的序列对象，否则，将建立临时的序列对象来保存求解值。
3) 在求解样本期间内，对每一个观测进行迭代求解。
4) 删除所有的临时序列对象。
5) 将求解结果四舍五入，得到最终的求解值。

至于随机仿真的求解方式，求解的步骤和确定性方式的基本一样，但有如下区别：

1) 根据求解选项，决定计算哪些统计量，例如选项 s=a 计算均值、标准差和置信区间上下界。
2) 对模型的随机成分重复进行随机抽样和求解。如果还考虑了系数的不确定性，系数也进行随机抽样。每次仿真求解完成后，更新相关的统计量，准备下一次仿真。

确定性求解时，将方程的干扰取为零，求解模型使得方程恰好成立。而随机仿真求解时，先将每个随机方程的干扰设置为零均值的随机数，再求解模型。这样的过程多次重复，得到求解样本区间内每个时期每个内生变量的分布，最后计算出所感兴趣的统计量。因此，在进行随机仿真求解之前，务必确保确定性求解能顺利进行，并且结果符合预期。

一般地，我们先分析确定性方式的求解结果，再进一步考察随机仿真的求解结果，了解各种不确定性带来的影响。关于随机仿真：

1) 随机性的来源分别为方程的干扰、系数以及外生变量的不确定性。
2) 要比较两个情景，必须同时求解，活动情景和对照情景采用同一组随机抽样，避免随机抽样的差别对求解结果造成影响。
3) 随机仿真求解往往需要进行成千上万次的模型求解，旷日持久的计算是不足为怪的。

二、含有未来值

当模型的方程含有未来值时，模型的求解就复杂了许多，此时必须将各个时期的方程联立起来才能求解。我们用一个简单的例子来说明：假设模型为单方程，包含一阶超前和一阶滞后，求解的样本区间从 l 时期到 T 时期

$$f(y_{l-1}, y_l, y_{l+1}, \mathbf{x}) = 0$$
$$f(y_l, y_{l+1}, y_{l+2}, \mathbf{x}) = 0$$
$$\vdots$$
$$f(y_{T-2}, y_{T-1}, y_T, \mathbf{x}) = 0$$
$$f(y_{T-1}, y_T, y_{T+1}, \mathbf{x}) = 0$$

其中 $y_l, y_{l+1}, \cdots, y_T$ 是待求解的未知变量。给定初始条件 (initial condition) y_{l-1} 和终端条件 (terminal condition) y_{T+1} 的取值，显然，必须将所有方程联立起来才能求解。请注意：

- 如果滞后或者超前不止一期，则初始条件和终端条件需要更多期。
- 含有未来值的模型，EViews 采用 Gauss-Seidel 方法进行求解。不保证求解总能成功，如果模型求解没有收敛，往往表明过去或者将来对现在的影响具有不稳定性，模型的设定上可能有问题。

上述求解方法通常称为 Fair-Taylor 方法，但在终端条件的处理上，EViews 的实现有轻微的差别。EViews 提供了处理终端条件的多种选择 (以单变量为例)：

1) 给定值 (选项 t=u)，将终端条件的值给定在序列对象中。
2) 恒定值 (选项 t=L)，终端条件都取为 y_T (求解样本区间终点的求解值)

$$y_t = y_T \quad t = T+1, T+2, \cdots, T+L$$

其中 T 为求解样本区间的终点，L 为模型中最大的超前阶数。显然，该终端条件适合于模型收敛到稳定状态的情形。

3) 线性增长 (选项 t=d)，线性趋势的差分为常数，终端条件取为

$$y_t - y_{t-1} = y_T - y_{T-1} \quad t = T+1, T+2, \cdots, T+L$$

该终端条件适合于模型收敛到线性增长的情形。

4) 指数增长 (选项 t=g)，表明 $\log(y_t)$ 线性增长，注意到 y_t 的增长率为常数，终端条件取为

$$\frac{y_t - y_{t-1}}{y_{t-1}} = \frac{y_T - y_{T-1}}{y_{T-1}} \quad t = T+1, T+2, \cdots, T+L$$

该终端条件适合于模型收敛到恒定增长率的情形。

三、一致预期建模

有一类模型描述这样的行为，变量的将来预期变化对当前的决策有影响。例如投资以外币发行的有价证券，投资决策时，持有期内汇率的预期变动往往是投资者必须考虑的。由于预期的形成过程是非常复杂的，一般建模分析时进行简化，例如假设参与者的预期和模型的预测值相等，这样的建模称为一致预期建模 (model consistent expectation)。对于这一类模型，EViews 只提供确定性求解方式，而实施不确定性的随机仿真求解方式，可以按如下步骤进行：

1) 在求解样本区间中，选取初始的期望值路径 (例如采用某一确定性解)。
2) 以选定的期望值路径，进行大量仿真，计算均值路径。
3) 如果期望值路径和均值路径的偏差在容许限度内，求解完成。否则，将均值路径作为新的期望值路径，转到第 2 步。

四、MA 项

当模型的方程包含 MA 项时，默认启用倒推算法 (参考 §5.3.1 小节中的第 244 页) 进行估计

```
smpl 1947Q1 1999Q4    'macromod.wf1
equation eqSMA.ls(deriv=aa) r c ma(1) sma(4)
eqSMA.makemodel(mod2)
mod2.unlink r
mod2.spec
```

得到如下文本设定

```
R = 4.97014884725107 + [MA(1) = 0.92080270670749,
    SMA(4) = 0.668177450294949,BACKCAST = 1947Q1,
    ESTSMPL = "1947Q1 1999Q4"] @INNOV R 1.16568452296018
```

样板对象求解时，也将采用倒推算法。如果采用 EViews 5 估计方程 eqSMA，方程的文本设定将少掉 ESTSMPL 语句。建议在 EViews 7 中估计和求解，避免样本前的干扰在估计和求解时取不同的值。

§13.5.2 求解选项

模型求解命令 solve 支持的选项又多又杂，概括起来，可以分为三类：基本选项、解算器选项和随机仿真选项。

一、基本选项

基本选项设置模型的求解方式，选择动态性 (选项 d=) 和随机性 (选项 s=) 的处理方式。

选项	含义	选项	均值	标准差	置信区间
d=d (默认)	动态求解	s=a	✓	✓	✓
d=f	拟合	s=b	✓		✓
d=s	静态求解	s=m	✓		
s=d (默认)	确定性方式求解	s=s	✓	✓	

上表为随机仿真的输出选择，动态性和随机性的求解方式允许交叉组合。其他说明如下：

1) 动态求解 (选项 d=d) 进行多步预测，静态求解 (选项 d=s) 计算单步预测。
2) 拟合求解 (选项 d=f) 忽略方程间的依赖关系，考察方程的拟合效果，即对方程进行求解时，其他内生变量都当成外生变量看待，同期和滞后期都采用历史观测值。
3) EViews 将随机仿真求解的选项进行了细分，内生变量的均值总被计算出来，而标准差和置信区间等统计量的计算是可选的。

值得注意的是：进行情景比较时，求解选项 a=t 表示同时求解活动情景和对照情景，默认 a=f 只求解活动情景。随机仿真方式进行情景比较时，必须同时求解，使得情景求解结果的差别直接体现不同情景假定的区别，而不包含随机抽样的差别。

二、解算器选项

解算器的选项设置求解算法、初始值和迭代等方面的内容，具体选项有

默认选项	含义	说明
c=1e-8	收敛准则	
e=t	排除变量初始取实际值	
f=t	调整联立块内方程顺序	加快求解速度，f=f 不调整
g=7	结果保留 7 位有效数字	求解结果四舍五入
i=a	初始值采用实际值	i=p 求解样本区间开始前一期的值
j=a	解析法求 Jacobian	j=n 数值方法
m=5000	最大迭代次数	
n=t	出现 na 时停止求解	n=f 继续求解
o=b	Broyden 方法	o=g Gauss-Seidel, o=n Newton 方法
t=u	用户给定终端条件	t=L 常数，t=d 等差，t=g 同增长率
v=f	不显示诊断信息	v=t 报告块的迭代次数信息
z=1e-7	零阈值	求解值的绝对值小于该值时设置成零

其中关于终端条件的设置 (选项 t=)，请参考第 637 页的讨论。其他说明如下：

1) 选择求解算法 (选项 o=)：Gauss-Seidel 算法 (EViews 5 默认方法) 需要的内存和计算工作量都比较小，但适用范围也较小，方程的顺序影响迭代过程。Newton 方法适用更宽广的范围，收敛过程不受方程顺序的影响，但需要更多的内存和计算工作量。Broyden 方法是 EViews 6 新增的，它修正了 Newton 方法。有关求解算法的讨论，请参考 §C.2.3 小节 (第 961 页)。

2) 缺失值处理 (选项 n=)：对于随机求解，出现缺失值总是停止计算。

3) 诊断信息 (选项 v=) 方便调试，仅在确定性求解中起作用，请参考 §13.5.4 小节 (第 643 页) 的例子。

三、随机仿真选项

命令 stochastic 设置随机仿真求解的具体选项如下：

默认选项	含义	说明
b=0.95	95% 的置信区间	
c=f	不包含系数的不确定性	c=t 包含
d=f	不对角化协方差矩阵	d=t 对角化
f=0.02	求解失败的比率	
i=n	正态干扰	i=b 自举 (bootstrap) 方法
m=1	整体方差的乘数	
p=	不新建工作页	新工作页保存每次仿真
r=1000	仿真的次数	
s=	协方差矩阵的估计样本	
v=t	匹配方程残差的方差	v=f 不匹配

选项 f=, p=, 以及自举 (bootstrap) 方法相关的选项是 EViews 6 新增的。其他说明如下：

1) **系数的不确定性**(选项 c=)：注意非线性模型和有 PDL 项的方程，系数的不确定性被忽略。当考虑系数的不确定性时，模型求解的收敛过程可能被改变。
2) **如果对角化协方差矩阵**(选项 d=t)，采用自举方法时，每个方程的残差将独立抽取。
3) **随机仿真求解失败的比率**(选项 f=)：失败次数的比率超过该值后，EViews 将停止计算。注意，哪怕只有一次求解失败，都需要特别当心，很可能模型的某些设定存在问题。
4) **干扰的产生方法**(选项 i=)：默认选项 i=n 表示产生正态干扰，选项 i=b 表示采用自举方法。当干扰的分布不对称和/或厚尾时，自举方法可能更合适。
5) **整体方差调整**(选项 m=)：用设定的乘数乘以整个方差矩阵，以考察干扰的波动强度对模型的影响。当采用历史数据估计的方差矩阵进行模型求解时，如果出现问题，可以尝试缩小整体方差。
6) 选项 p=page_name 新建面板工作页，以保存每次仿真的求解结果，方便对内生变量在各个时期的分布进行更深入的分析。默认选项为空，不新建工作页，仅在当前工作页保存相关的统计量。
7) **随机仿真的重复次数**(选项 r=)越多，计算结果越精确，但需要更长的计算时间。
8) 选项 s=smpl_expr 设置干扰协方差矩阵的估计样本，或者残差的自举样本区间。
9) 选项 c=，d= 和 v= 为开关选项，选项取值只能为真 (t) 和假 (f)。

四、其他

命令 solveopt 和 stochastic 只设置选项，不进行求解，模型求解选项被保存下来。调用求解命令 solve 时，直接使用当前的求解选项设置。如果求解命令 solve 自身设置了选项，将先修改样板对象的求解选项设置，再进行求解。几点提醒：

1) EViews 中，对于大部分估计命令，会自动调整估计样本区间。然而，模型求解命令 solve 不会自动调整求解的样本区间，即使求解样本区间的开始或者结束有缺失值。
2) 模型求解时，必须提供外生变量在求解样本区间的观测值。
3) 内生变量的观测数据方面：如果进行静态求解或者拟合求解，必须提供内生变量的观测数据。对于动态求解，只需要提供样本前的观测信息，以初始化滞后内生变量或者 ARMA 结构。
4) 在进行随机仿真求解前，请先确保确定性方式能顺利求解。随机仿真碰到 na 总是停止计算。
5) 算法上，EViews 5 默认采用 Gauss-Seidel 方法，而 EViews 6 默认采用 Broyden 方法。对于含有未来值的模型，进行跨期迭代时，总是采用 Gauss-Seidel 方法。
6) 命令 stochastic 是 EViews 6 新增的，设置求解选项中随机仿真部分的选项。EViews 5 中，随机仿真的具体选项仍然用 solveopt 命令进行设置。

需要说明的是，有少数求解设置暂且没有相应的选项，只能采用交互方式进行设置，例如：

1) **基本选项**：设置是否考虑方程的 ARMA 结构。
2) **随机仿真选项**：计算置信区间时，分位数的计算方法默认采用 Jain and Chlamtac (1985) 的近似估计方法。该方法的内存需求和仿真次数无关，只要仿真次数不是太小，能很好的估计分布的尾部。可以选择采用完整仿真分布的估计方法，此时内存需求和仿真次数成正比。
3) **解算器选项**：包含未来值的模型中，默认求解过程采用 Gauss-Seidel 方法进行双向迭代，在求解样本区间，从起点到终点前向迭代，再倒过来进行反向迭代。如果没有选择双向求解，则只进行前向迭代。两种方法的收敛速度通常有所不同。

§13.5.3 目标路径控制

有时候，我们想通过控制某外生变量，让某个内生变量的未来运动沿着某条预设的路径行进。比如通过调控税率，使财政收入年递增 8%。对于式 (13.1) (第 608 页) 的宏观经济模型，假设我们重点关注利率水平，在 2000 年到 2005 年的 6 年间，通过控制货币供给，将短期利率水平稳定在 5%，这样的宏观调控可能吗？货币供给如何调控，经济运行情况又会怎么样？

我们继续第 615 页的样板对象 mod1 进行演示

```
mod1.scenario(n,a=c) "Interest Rate 5%"
smpl @all
series m_c = m
mod1.override m

smpl 2000 @last
series rt = 5    'target rate
mod1.control m r rt
freeze(txt_c) mod1.msg
```

模型顺利求解，得到求解信息为

```
Model:     MOD1
Date:  09/29/08 Time:  10:33

Control:        M
Target:         R
Trajectory:     RT
Sample:  2000Q1 2005Q4

Solving for 'Interest Rate 5% M' over 2000Q1-2005Q4,
to set 'Interest Rate 5% R' = RT
```

先看一下货币供给是否合理

```
smpl 1995 @last
freeze(gfm) m_c.line
gfm.draw(line,bottom,color(orange)) 2000q1
gfm.legend -display
```

得到货币供给为

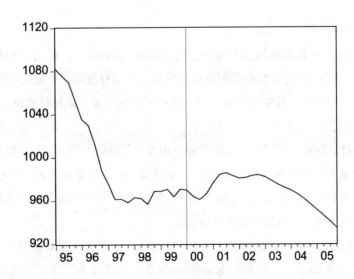

货币供给基本稳定，但有紧缩趋势。进一步查看国民经济的运行情况

642　情景分析

```
smpl 2000 @last
mod1.solve(s=d)
smpl 1995 @last
mod1.makegraph gfc cn i r y
gfc.draw(line,bottom,color(orange)) 2000q1
```

得到国民经济的预测

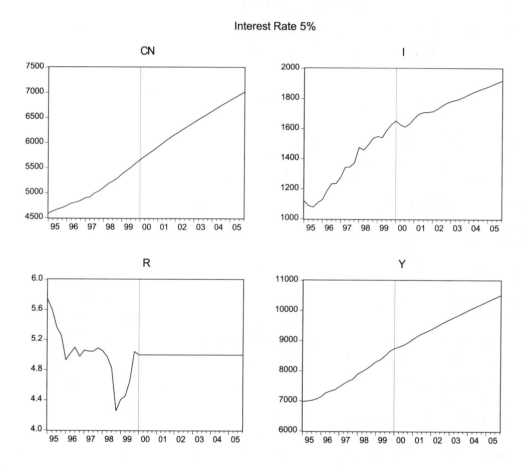

利率稳定，投资、消费和国民经济稳定而强劲地增长！

关于目标路径控制的求解：

1) 命令 control 的三个参数分别为控制变量 (control variable)、目标变量和轨迹变量 (Trajectory variable)。命令 control 通过调整控制变量的取值，使目标变量走在既定的轨道上，即让目标变量等于轨迹变量。本例中，外生变量 m 是控制变量，内生变量 r 是目标变量，而序列对象 rt 设置轨迹变量的取值。

2) 作为控制变量的外生变量，在进行目标路径控制的求解过程中，将被修改。我们建议将控制变量覆盖以保护外生变量的历史数据，由于 Baseline 情景不能进行变量覆盖，请避免在 Baseline 情景下进行求解。总而言之，鉴于 control 语句的特殊性，为了方便分析和比较，请在新建情景里进行目标路径控制求解，并且将控制变量覆盖。

3) 命令 control 求解后，只保存外生控制变量的求解结果，没有保存其他内生变量的求解值。如果想了解其他内生变量的运动，需要使用 solve 命令，以求解的外生控制变量为输入，再进行求解。

4) 当我们对目标变量的路径施加控制时,求解过程可能失败,例如控制变量无解。也可能出现其他情况,例如目标变量可以走在预定的轨道上,但控制变量的取值不甚合理。在这些情况下,也许是我们的目标太宏伟,不妨调整轨迹变量的取值,也许有幸找到满意的解。

5) 本演示中的漂亮结果有外加因子的功劳,现实经济中,要实现外加因子的调控,可能不是一件容易的事情。此外,别忘了我们还假设政府支出为 AR(4) 过程 (参见第 613 页)。

§13.5.4 模型诊断

为了方便模型诊断,求解命令 solve 可以产生更详细的求解信息。作为例子,我们再次使用第 615 页的样板对象 mod1

```
smpl 2000 2001q2
mod1.solve(s=d,v=t)
mod1.solveopt(v=f)
freeze(txt1) mod1.msg
```

选项 v=t 设置在求解信息中,报告块的迭代次数信息。得到诊断信息为

```
Model:   MOD1
Date:    09/29/08 Time:   09:42
Sample:  2000Q1 2001Q2
Solve Options:
    Dynamic-Deterministic Simulation
    Solver:  Broyden
    Max iterations = 5000, Convergence = 1e-08

Parsing Analytic Jacobian:
7 derivatives kept, 0 derivatives discarded

Scenario: Baseline
Solve begin 09:42:50
    2000Q1      Block 1 - 3 eqns    Convergence after 1 iterations
    2000Q1      Block 2 - 1 eqns    Solved (recursive block)
    2000Q2      Block 1 - 3 eqns    Convergence after 1 iterations
    2000Q2      Block 2 - 1 eqns    Solved (recursive block)
    2000Q3      Block 1 - 3 eqns    Convergence after 1 iterations
    2000Q3      Block 2 - 1 eqns    Solved (recursive block)
    2000Q4      Block 1 - 3 eqns    Convergence after 1 iterations
    2000Q4      Block 2 - 1 eqns    Solved (recursive block)
    2001Q1      Block 1 - 3 eqns    Convergence after 1 iterations
    2001Q1      Block 2 - 1 eqns    Solved (recursive block)
    2001Q2      Block 1 - 3 eqns    Convergence after 2 iterations
    2001Q2      Block 2 - 1 eqns    Solved (recursive block)
Solve complete 09:42:50
```

最后一部分,报告了每个时期,各分块的迭代次数。

练习:将算法改为 Gauss-Seidel 方法,再查看诊断信息。提示:迭代次数增多了。

当模型求解碰到困难时,我们需要更深入地查看求解过程信息,分析求解过程的中间结果,找出问题的原因所在。此时,可以借助于样板对象提供的踪迹变量 (trace variable),如果将内生变量设置为踪迹变量,求解过程中,将详细记录每一步迭代的相关信息。例如

```
mod1.settrace cn
smpl 2000 2001
mod1.solve(s=d)
```

求解完毕后(通常是非正常结束)，我们可以查看踪迹视图

```
freeze(tb1) mod1.trace
```

得到每一步的迭代信息如下

Date	Block	Iteration	Objective	CN
2000Q1	1	0	61.63041	5654.195
		1	0.000000	5664.885
2000Q2	1	0	34.56688	5725.406
		1	0.000000	5731.402
2000Q3	1	0	43.98569	5786.442
		1	0.000000	5794.071
2000Q4	1	0	64.67271	5845.927
		1	0.000000	5857.144
2001Q1	1	0	76.86665	5909.335
		1	0.000000	5922.667
2001Q2	1	0	73.17047	5976.885
		1	1.82E-12	5989.575
		2	0.000000	5989.575

当模型产生求解错误，或者不能收敛时，通过认真分析迭代过程的详细信息，也许就能找到问题的症结，并启发相应的解决思路。

关于诊断信息和踪迹变量：

1) 只有采用确定性方式求解，求解信息才包含块的迭代次数信息，踪迹视图才能看到每一步的迭代信息。随机仿真求解将忽略诊断信息和踪迹变量。

2) 踪迹变量(trace variable)和监测变量(tracked variable)都是对内生变量而言的。踪迹变量指的是记录和报告迭代过程的每一步，包含了中间结果。监测变量指的是求解完成后，该内生变量的求解值被记录在相应的序列对象里面，仅保存求解的最终值。

§13.6　小结

关键词

样板对象	情景分析	外加因子
内嵌方程	链接方程	块结构
绑定	别名	覆盖变量
动态预测	静态预测	踪迹视图
确定性求解	随机方式求解	目标路径控制
Gauss-Seidel 方法	Newton 方法	Broyden 方法
Baseline 情景	对照情景	

命令

样板对象实际上是若干方程的有机体，描述一组变量的相互关系。样板对象是 Eviews 作为经济计量软件的特色之一，充分体现应用计量之"用"的本意。

一、样板对象

可以用 `model` 命令来创建空的样板对象，也可以用 `makemodel` 命令从其他计量方法对象创建。

1) 模型设定：用 `merge` 加入链接方程，用 `append` 添加设定文本，具体参见 §13.4.1 节 (第 628 页)。
2) 链接方程使用 `update` 来更新，也可以使用 `unlink` 将其转换为内嵌方程。
3) 设置方程或者外生变量的干扰 `innov`，参见第 630 页的例子。
4) 样板对象有四种视图，方程视图 (命令为 `eqs`)、变量视图 (命令为 `vars`)、块结构视图 (命令为 `block`) 和文本视图 (命令为 `text` 或者 `spec`)。

二、变量

样板对象可以定义如下几种变量：

1) 外加因子，用 `addassign` 命令建立、设定和删除，可以用 `addinit` 命令进行初始化，详情参见 §13.4.3 节 (第 632 页)。
2) 覆盖变量和排除变量，情景分析中排除内生变量 `exclude`，以及覆盖外生变量 `override`。
3) 踪迹变量，用 `settrace` 命令设定。主要用途是调试，具体参见 §13.5.4 节 (第 643 页)。
4) 监测变量，用 `track` 命令设定。模型求解时，默认所有的内生变量都被监测。

三、情景

命令 `scenario` 对情景进行管理，命令 `scenario` 的语法请参考第 623 页的说明

1) 通过 `override` 命令定义覆盖变量，然后创建相应的序列对象，并按情景的假定进行初始化。此外，情景分析还允许用 `exclude` 命令来排除一个或者多个方程。
2) 情景分析可能产生大量的序列对象，可以用 `makegraph` 和 `makegroup` 来进行数据管理，命令的使用方法参见 §13.3.4 节 (第 627 页)。

四、求解

模型的求解方式允许静态和动态以及确定性和随机性进行交叉组合。求解选项可以分为三类：基本选项，解算器选项和随机仿真选项，具体请参考 §13.5.2 节 (第 638 页)。

1) 模型求解的命令为 solve，求解的样本期间用 smpl 命令来设定。
2) 命令 solveopt 和 stochastic 只设置选项，不进行求解，这些选项也可以在调用求解命令 solve 时直接设置。
3) 求解结束后，可以用 msg 命令来查看求解过程的信息，参见第 625 页的例子。
4) 诊断：采用确定性方式进行求解时，命令 trace 报告踪迹变量的详细迭代信息，请参见第 644 页的例子。

作为特殊的求解方式，目标路径控制用 control 命令进行求解，例子参见 §13.5.3 节 (第 641 页)。

要点

1) 样板对象用来进行联合预测和情景分析。与其他计量方法对象不同的是，样板对象不是用于模型的系数估计的，样板对象中，方程的系数是已知的。

2) 如果使用样板对象进行样本内的单步预测或多步预测，可以评估模型的历史数据表现。如果进行样本外预测，外生变量的取值也是未知的，需要先猜测外生变量在预测期间的可能取值。

3) 进行联合预测时，如果考虑到不确定性，我们就不能只作点估计了，我们需要预测每个变量在各个时期的分布情况。通常，我们用若干统计量来汇总分布的信息，比如均值和标准差。

4) 外加因子是特殊的外生变量，其作用是平移方程截距或者是偏移内生变量。外加因子用来修正随机方程的预测结果，微调预测值。外加因子是人为加入的，充分体现了人的主观意图。

5) 样板对象的每个方程要求指派唯一的内生变量，方程和内生变量建立起一一对应关系，没有指派给方程的变量，都看作是外生变量。

6) 模型求解一般指的是给定外生变量的演化路径，求解内生变量的取值。

7) 别名在情景分析中起重要作用，通过别名和覆盖变量的设置，可以方便地设定外生变量的不同演化路径，并将求解结果保存在各自的序列对象中，方便分析和对比。

8) 在保持模型的原始结构和数据不被修改的情况下，样板对象的情景可以方便地分析外生变量的不同演化路径，或者将若干个方程排除在外，求解和比较情景分析的结果。样板对象中，情景的重要功能是进行数据的自动管理。

9) 命令 override 只是声明当前情景中外生变量被覆盖，覆盖变量的别名序列需要用序列对象的命令创建和初始化。而命令 addassign 为指定的方程设置外加因子，并创建相应的序列对象。

10) 随机仿真时，要比较两个情景的区别，必须同时求解，以保证两情景受到相同的随机干扰，否则结果的差别将包含不同随机干扰的成分。

11) 样板对象的模型设定包含两部分，方程设定和柔性设定。方程设定是模型设定的基础部分，柔性设定是模型设定的动态调整，例如添加外加因子或者调整方程的干扰方差等，方便进行情景分析。

12) 链接方程的设定信息来自被链接的计量方法对象，链接方程的设定被定格为被链接计量方法对象在链接创建时刻的设定。如果重新估计了被链接的方程，样板对象中链接方程的设定并不自动更新，可以根据需要用 update 命令更新。

13) 将模型 (方程组) 分解成许多块，不仅使模型结构更易于理解，而且极大地降低了模型求解的时间和空间复杂度。因此，EViews 总是利用块结构来进行模型的求解。

14) 在进行随机仿真求解之前，务必确保确定性求解能顺利进行，并且结果符合预期。随机仿真求解往往需要进行成千上万次的模型求解，旷日持久的计算是不足为怪的。

15) 调用求解命令 solve 时，直接使用当前的求解选项设置。如果求解命令 solve 自身设置了选项，将先修改样板对象的求解选项设置，再进行求解。

16) EViews 中，对于大部分估计命令，会自动调整估计样本区间。然而，模型求解命令 solve 不会自动调整求解的样本区间，即使求解样本区间的开始或者结束有缺失值。

17) 在进行目标路径控制的求解时，为了方便分析和比较，请在新建情景里进行目标路径控制求解，并且将控制变量覆盖。

18) 当模型求解碰到困难时，可以采用确定性方式进行求解，查看诊断信息和踪迹视图。对迭代过程的详细信息进行认真分析，也许就能找到问题的症结，并启发相应的解决思路。

参考文献

Jain, Raj and Imrich Chlamtac, 1985. The P2 Algorithm for Dynamic Calculation of Quantiles and Histograms Without Storing Observations. *Communications of the ACM*, 28:1076–1085

Pindyck, Robert S. and Daniel L. Rubinfeld, 1998. *Econometric Models and Economic Forecasts*, 4/e. McGraw-Hill/Irwin, New York

Taylor, John B., 1993. *Macroeconomic Policy in a World Economy: from Econometric Design to Practical*. Norton, New York

第 V 部分

深入应用

第 14 讲

广义矩估计

Hansen (1982) 提出了广义矩方法 (generalized method of moments, GMM)，其基本思想是通过模型参数的选取，使得实际观测结果与理论关系尽可能地接近。

由于 GMM 方法架构上的统一，以及 GMM 估计的一致性和有效性，GMM 方法迅速流行起来。在教科书中，GMM 方法占据了 Hayashi (2000) 的大部分篇幅。Hamilton (1994, Ch14) 介绍了时间序列的 GMM 估计，Wooldridge (2002) 结合 GMM 估计来讨论各种传统的估计方法，Greene (2003) 也用专门的章节讨论 GMM 估计。Hsiao (2003) 和 Baltagi (2005) 深入介绍了面板数据模型的 GMM 估计。

GMM 估计越来越受欢迎，在金融学科的资产定价领域已经是必不可少的，例如 Cochrane (2005) 中好几章都牵涉了 GMM 估计。本讲结合 EViews 提供的 GMM 估计，讲述如下内容：

1) 单方程的 GMM 估计：介绍 GMM 估计的基本思想，明确 GMM 估计的假设条件和 GMM 估计量的性质，比较 GMM 估计和其他单方程估计的关系。
2) 方差矩阵的估计：讨论核函数的性质，带宽的选择，以及白化预处理 (prewhitening)。
3) 方程组的 GMM 估计：讨论线性方程组 GMM 估计的具体形式，比较 GMM 估计和系统估计。
4) GMM 估计的一般方法：介绍 GMM 估计的一致性和渐近有效性，讨论正交条件的常用设定形式，以及条件期望限制下最佳工具变量的构造。
5) 面板数据的 GMM 估计：解释各种 GMM 加权矩阵的具体含义，讨论线性动态面板数据模型的 Arellano-Bond 估计，详细介绍了两种常用的数据变换方法——差分法和正交离差 (orthogonal deviations) 法。

常见的估计方法几乎都是 GMM 估计的特例。相对于第 15 讲 (第 709 页) 的最大似然 (maximum likelihood, ML) 方法，GMM 方法基于一组正交条件 (orthogonality conditions)，而不需要误差项的精确分布信息，就能得到一致而有效的估计。实际应用中，矩条件采用误差与工具变量乘积的正交条件形式，根据广义残差函数的设定，选择 EViews 的方程对象或者方程组对象进行估计。

§14.1 单方程

我们从最简单的线性方程出发，介绍 Hansen (1982) 的广义矩方法 (Generalized method of moment, GMM) 的基本原理。首先，明确 GMM 估计的假设条件和 GMM 估计量的性质，然后比较 GMM 估计和其他单方程估计的关系。最后通过实例，介绍 EViews 的 GMM 估计，解读估计结果。

§14.1.1 GMM 方法

理论上严格成立的关系，实际观测总存在或多或少的偏离，GMM 的基本思想就是选取模型的参数，使得实际观测结果尽可能地接近理论关系。基于这样的思想，如果模型的设定蕴涵了一组正交条件，通过最小化样本矩偏离理论值的距离，将得到系数的 GMM 估计。GMM 估计是一致估计，并且可以通过选择最优加权矩阵，得到有效估计。

一、线性方程

假设线性模型为

$$y_t = \mathbf{x}_t' \mathbf{b} + e_t \qquad t = 1, 2, \cdots, T$$

其中 $\mathbf{x}_t$ 是 $K \times 1$ 的解释变量，$\mathbf{b}$ 是 $K \times 1$ 的待估参数。采用矩阵形式，模型可以表示成

$$\mathbf{y} = \mathbf{X}\mathbf{b} + \mathbf{e}$$

其中

$$\mathbf{y} = \begin{bmatrix} y_1 \\ y_2 \\ \vdots \\ y_T \end{bmatrix}_{T \times 1} \quad \mathbf{X} = \begin{bmatrix} \mathbf{x}_1' \\ \mathbf{x}_2' \\ \vdots \\ \mathbf{x}_T' \end{bmatrix}_{T \times K} \quad \mathbf{x}_t = \begin{bmatrix} x_{t1} \\ x_{t2} \\ \vdots \\ x_{tK} \end{bmatrix}_{K \times 1} \quad \mathbf{b} = \begin{bmatrix} b_1 \\ b_2 \\ \vdots \\ b_K \end{bmatrix}_{K \times 1} \quad \mathbf{e} = \begin{bmatrix} e_1 \\ e_2 \\ \vdots \\ e_T \end{bmatrix}_{T \times 1}$$

二、假设条件

假设存在 $Z \times 1$ 的工具变量 $\mathbf{z}_t$，满足正交条件 (orthogonality conditions)

$$\mathrm{E}(\mathbf{z}_t e_t) = 0$$

正交条件也称为矩条件 (moment conditions)。为了方便，定义 $Z \times 1$ 的向量

$$\mathbf{g}_t(\mathbf{b}) \equiv \mathbf{z}_t e_t = \mathbf{z}_t \cdot (y_t - \mathbf{x}_t' \mathbf{b})$$

则矩条件可以表示成

$$\mathrm{E}(\mathbf{g}_t(\mathbf{b})) = 0$$

相应的样本矩为

$$\bar{\mathbf{g}}(\mathbf{b}) = \frac{1}{T} \sum_{t=1}^{T} \mathbf{g}_t(\mathbf{b}) = \frac{1}{T} \sum_{t=1}^{T} \mathbf{z}_t e_t = \frac{1}{T} \mathbf{Z}' \mathbf{e}$$

其中

$$\mathbf{z}_t = \begin{bmatrix} z_{t1} \\ z_{t2} \\ \vdots \\ z_{tZ} \end{bmatrix}_{Z \times 1} \qquad \mathbf{Z} = \begin{bmatrix} \mathbf{z}_1' \\ \mathbf{z}_2' \\ \vdots \\ \mathbf{z}_T' \end{bmatrix}_{T \times Z}$$

GMM 估计的基本假设为

GMM.1: 正交条件，所有的变量都是平稳的，并且

$$\mathrm{E}(\mathbf{g}_t) = \mathrm{E}(\mathbf{z}_t e_t) = 0 \qquad t = 1, 2, \cdots, T$$

方便起见，我们取 $\mathrm{E}(e_t) = 0$

GMM.2: 秩条件，$Z \times K$ 矩阵

$$\mathbf{G} \equiv \mathrm{E}(\mathbf{z}_t \mathbf{x}_t')$$

是满列秩的，即 $\mathrm{rank}(\mathbf{G}) = K$

GMM.3: $\mathbf{g}_t$ 存在有限的二阶矩，且 $Z \times Z$ 矩阵

$$\mathbf{C} \equiv \lim_{T \to \infty} \mathrm{var}\left(\sqrt{T}\bar{\mathbf{g}}\right)$$

是非奇异的，即 $\mathbf{g}_t$ 的长期方差矩阵 $\mathbf{C}$ 正定

关于 GMM 估计的假设条件：

1) Hayashi (2000) 以 GMM 估计为中心来阐述估计方法，逐渐放松对 DGP 的要求，从遍历平稳的数据，到允许自相关。事实上，GMM 不仅能处理异方差和/或自相关的情形，还可以应用到非平稳的单位根情形中 (变量存在协整关系)。

2) 进行 OLS 估计时，一般需要严格外生假设 $\mathrm{E}(\mathbf{e}|\mathbf{X}) = 0$ 或者同期外生假设 $\mathrm{E}(e_t|\mathbf{x}_t) = 0$ (参见第 142 页)。而在 GMM 估计中，只需要正交条件，要求比 OLS 估计低，因为外生性假设中的条件期望蕴涵了正交条件。

3) OLS 为一致估计需要正交条件 $\mathrm{E}(\mathbf{x}_t e_t) = 0$，排除了 $\mathbf{x}_t$ 包含内生变量的情况。GMM 估计中，只要有足够的工具变量，允许 $\mathbf{x}_t$ 中存在内生变量。

4) 一个正交条件，需要一个工具变量。因此，要求 $Z \geqslant K$，否则系数无法识别。

5) GMM.2 中矩阵 $\mathbf{G}$ 满列秩也是识别的要求，是 GMM 估计唯一解的必要条件。如果 $Z = K$，矩阵 $\mathbf{G}$ 是可逆的。

6) GMM 估计的一致性并不需要 GMM.3 假设，要求矩阵 $\mathbf{C}$ 有限且正定是为了得到有效估计。

7) 如果 $\mathbf{g}_t$ 是独立同分布过程，或者是要求更低的白噪声过程，则有 $\mathbf{C} = \mathrm{var}(\mathbf{g}_t) = \mathrm{E}(\mathbf{g}_t \mathbf{g}_t')$。此时我们看到，矩阵 $\mathbf{C}$ 非奇异表明没有冗余的矩条件。

三、GMM 估计

如果 $Z = K$，即工具变量的个数等于系数的个数，根据类推原理 (analogy principle)，系数 $\mathbf{b}$ 的估计只需要将相应的样本矩设置为零，即

$$0 = \bar{\mathbf{g}}(\mathbf{b}) = \frac{1}{T}\mathbf{Z}'\mathbf{e} = \frac{1}{T}\mathbf{Z}'(\mathbf{y} - \mathbf{X}\mathbf{b})$$

显然有

$$\mathbf{b} = (\mathbf{Z}'\mathbf{X})^{-1}\mathbf{Z}'\mathbf{y}$$

如果 $Z > K$，样本矩条件中任意的 K 个都能得到系数的一组解。因此，我们需要权衡，通过一定的准则，例如计算样本矩 $\bar{\mathbf{g}}(\mathbf{b})$ 与其理论值 (原点) 的某种距离，找出最佳的解。采用这种思路，GMM 估计量寻求如下二次型距离函数的最优解

$$\min_{\mathbf{b}} J = \left[\sqrt{T}\bar{\mathbf{g}}(\mathbf{b})\right]' \mathbf{W} \left[\sqrt{T}\bar{\mathbf{g}}(\mathbf{b})\right] \tag{14.1}$$

其中 $Z \times Z$ 矩阵 $\mathbf{W}$ 为对称正定矩阵。

优化问题 (14.1) 的 FOC 为[1]

$$(\mathbf{Z}'\mathbf{X})' \mathbf{W}\mathbf{Z}'\mathbf{e} = \mathbf{X}'\mathbf{Z}\mathbf{W}\mathbf{Z}' (\mathbf{y} - \mathbf{X}\mathbf{b}) = 0 \tag{14.2}$$

得到 GMM 估计为

$$\mathbf{b}_{\text{GMM}} = (\mathbf{X}'\mathbf{Z}\mathbf{W}\mathbf{Z}'\mathbf{X})^{-1} \mathbf{X}'\mathbf{Z}\mathbf{W}\mathbf{Z}'\mathbf{y} \tag{14.3}$$

关于 GMM 估计：

1) 一致性：由于

$$\mathbf{b}_{\text{GMM}} = \mathbf{b} + [(\mathbf{X}'\mathbf{Z}/T) \mathbf{W} (\mathbf{Z}'\mathbf{X}/T)]^{-1} (\mathbf{X}'\mathbf{Z}/T) \mathbf{W}\bar{\mathbf{g}}(\mathbf{b})$$

在 GMM.1 和 GMM.2 假设下

$$\mathbf{Z}'\mathbf{X}/T = \frac{1}{T}\sum_{t=1}^{T} \mathbf{z}_t \mathbf{x}_t' \xrightarrow{p} \mathrm{E}(\mathbf{z}_t \mathbf{x}_t') = \mathbf{G}$$

$$\bar{\mathbf{g}}(\mathbf{b}) = \frac{1}{T}\sum_{t=1}^{T} \mathbf{g}_t \xrightarrow{p} \mathrm{E}(\mathbf{g}_t) = 0$$

因此，对于任意的对称正定矩阵 $\mathbf{W}$，GMM 估计总是一致的，即

$$\mathbf{b}_{\text{GMM}} \xrightarrow{p} \mathbf{b}$$

2) 渐近正态性：给定 GMM.3 的矩阵 $\mathbf{C}$，根据相应的中心极限定理 (参见 White, 2001, Ch5)，有

$$\sqrt{T}\bar{\mathbf{g}} \overset{a}{\sim} \mathrm{N}(0, \mathbf{C})$$

因此，$\mathbf{b}_{\text{GMM}}$ 具有渐近正态性

$$\mathbf{b}_{\text{GMM}} \overset{a}{\sim} \mathrm{N}\left(\mathbf{b}, (\mathbf{G}'\mathbf{W}\mathbf{G})^{-1} \mathbf{G}'\mathbf{W}\mathbf{C}\mathbf{W}\mathbf{G} (\mathbf{G}'\mathbf{W}\mathbf{G})^{-1}/T\right)$$

3) OLS 估计、GLS 估计和 2SLS 估计等都是 GMM 估计的特例，我们将在 §14.1.2 节 (第 656 页) 给出具体的讨论。

4) 矩阵 $\mathbf{G}$ 的一致估计为

$$\mathbf{G} = \mathbf{Z}'\mathbf{X}/T$$

如果 $\mathbf{g}_t$ 无序列相关，矩阵 $\mathbf{C}$ 的一致估计为

$$\mathbf{C} = \frac{1}{T}\sum_{t=1}^{T} \mathbf{g}_t \mathbf{g}_t' = \frac{1}{T}\sum_{t=1}^{T} e_t^2 \mathbf{z}_t \mathbf{z}_t'$$

其中 e_t 为 GMM 估计的残差。由于矩阵 $\mathbf{C}$ 的估计是 GMM 估计的关键，我们将在 §14.2 节 (第 665 页) 专门讨论。

---

[1] 矩阵求导公式

$$\frac{\mathrm{d}f(\mathbf{g}(\mathbf{x}))}{\mathrm{d}\mathbf{x}} = \left(\frac{\mathrm{d}\mathbf{g}}{\mathrm{d}\mathbf{x}'}\right)' \frac{\mathrm{d}f}{\mathrm{d}\mathbf{g}}$$

5) 对于任意的对称正定加权矩阵 $\mathbf{W}$ 来说，$\mathbf{b}_{\mathrm{GMM}}$ 都是一致估计。然而，如何选取加权矩阵，使得 $\mathbf{b}_{\mathrm{GMM}}$ 是有效估计呢？最优加权矩阵问题，我们将在下文中讨论。

尽管广义矩估计不需要对残差的分布进行假设，但需要找到正交条件。此外，非线性模型的广义矩估计，要求距离函数的最优解存在而且唯一。如果最优解不唯一，模型的经济解释将碰到困难。

四、最优加权矩阵

由于
$$(\mathbf{G}'\mathbf{W}\mathbf{G})^{-1}\mathbf{G}'\mathbf{W}\mathbf{C}\mathbf{W}\mathbf{G}(\mathbf{G}'\mathbf{W}\mathbf{G})^{-1} \geqslant (\mathbf{G}'\mathbf{C}^{-1}\mathbf{G})^{-1}$$

因此，GMM 估计的最优加权矩阵为
$$\mathbf{W}_0 = \mathbf{C}^{-1} > 0$$

此时 GMM 估计是渐近有效的
$$\mathbf{b}_{\mathrm{GMM}} \overset{a}{\sim} \mathrm{N}\left(\mathbf{b}, (\mathbf{G}'\mathbf{C}^{-1}\mathbf{G})^{-1}/T\right)$$

关于最优加权矩阵：

1) 当 $\mathbf{g}_t$ 为独立同分布过程时，最优加权矩阵
$$\mathbf{W}_0 = [\mathrm{E}(\mathbf{g}_t \mathbf{g}_t')]^{-1}$$

可以直观地理解为，对于越不精确的估计（方差越大），我们给它的权重就越小。

2) 当 $Z = K$ 时，系数估计恰好识别，由 GMM.2 知 $\mathbf{Z}'\mathbf{X}$ 可逆，故
$$\mathbf{b}_{\mathrm{GMM}} = (\mathbf{X}'\mathbf{Z}\mathbf{W}\mathbf{Z}'\mathbf{X})^{-1}\mathbf{X}'\mathbf{Z}\mathbf{W}\mathbf{Z}'\mathbf{y} = (\mathbf{Z}'\mathbf{X})^{-1}\mathbf{W}^{-1}(\mathbf{X}'\mathbf{Z})^{-1}\mathbf{X}'\mathbf{Z}\mathbf{W}\mathbf{Z}'\mathbf{y} = (\mathbf{Z}'\mathbf{X})^{-1}\mathbf{Z}'\mathbf{y} \quad (14.4)$$

只要 $\mathbf{W}$ 为正定，系数估计与 $\mathbf{W}$ 无关。此时 $\mathbf{b}_{\mathrm{GMM}} = \mathbf{b}_{\mathrm{IV}}$，但渐近方差为
$$(\mathbf{G}'\mathbf{C}^{-1}\mathbf{G})^{-1}/T = (\mathbf{X}'\mathbf{Z}\mathbf{C}^{-1}\mathbf{Z}'\mathbf{X})^{-1}T$$

3) 习惯上，GMM 估计中最优加权矩阵取为 $\mathbf{W}_0 = \mathbf{C}^{-1}$。但实际上最优加权矩阵并不唯一，对于任意的正实数 $p > 0$，$\mathbf{W}_* = p \cdot \mathbf{W}_0$ 都是最优加权矩阵。

4) EViews 使用式 (14.8) (第 657 页) 的 **2SLS 加权矩阵**
$$\mathbf{W} = (\mathbf{Z}'\mathbf{Z})^{-1}$$

作为初始的加权矩阵，迭代估计系数和最优加权矩阵。

五、J 检验

Hansen (1982) 指出，目标函数式 (14.1) 的最优值 J 满足
$$J = \left[\sqrt{T}\bar{\mathbf{g}}(\mathbf{b}_{\mathrm{GMM}})\right]' \mathbf{C}^{-1} \left[\sqrt{T}\bar{\mathbf{g}}(\mathbf{b}_{\mathrm{GMM}})\right] \sim \chi^2(Z - K)$$

可以用来进行模型设定检验
$$\mathbb{H}_0: \text{模型是正确设定的。}$$

使用和解释 J 检验时，需要注意：

1) J 检验经常被称为过度识别检验，实际上 J 检验是设定检验，检验模型整体设定是否正确。

2) 如果 J 统计量特别大，不一定是因为正交条件 GMM.1 不成立，也可能是其他假设出问题。只有确信了模型的其他假设被满足，J 检验对模型设定的拒绝，才能解释为正交条件被违背，从而怀疑工具变量存在内生性。

3) Newey (1985) 发现，对于某些情况下出现的正交条件不满足，J 检验是无能为力的。原因是损失了 K 个自由度用于系数的 GMM 估计，自由度从 Z 减少为 $Z-K$。

4) 有限样本性质：在 JBES (Journal of Business & Economic Statistics) 的 1996 年 7 月刊发中，有多篇文章报告了 J 检验倾向于过度拒绝。

5) 非面板数据时，EViews 5 报告的 `J-statistic` 的值为 J/T，EViews 7 则为 J。

§14.1.2 GMM 与单方程估计

GMM 估计的基础是 GMM.1 的正交条件假设。单方程的大部分估计方法，例如 OLS, GLS, 2SLS 和 NLS 等，都蕴涵了正交条件，因此都是 GMM 估计的特例。

一、GMM 与 OLS

取 $\mathbf{z}_t = \mathbf{x}_t$，显然 $Z = K$ 且 $\mathbf{Z} = \mathbf{X}$，由式 (14.4) 得

$$\mathbf{b}_{\text{GMM}} = (\mathbf{Z}'\mathbf{X})^{-1}\mathbf{Z}'\mathbf{y} = (\mathbf{X}'\mathbf{X})^{-1}\mathbf{X}'\mathbf{y} = \mathbf{b}_{\text{OLS}}$$

因此，OLS 估计 (第 143 页式 3.3) 是 GMM 估计的特例。或者更直接地，当 $\mathbf{Z} = \mathbf{X}$ 时，注意到 $\mathbf{X}'\mathbf{X}$ 和 $\mathbf{W}$ 都可逆，式 (14.2) 简化为

$$\mathbf{X}'(\mathbf{y} - \mathbf{X}\mathbf{b}) = 0$$

GMM 估计和 OLS 估计的 FOC 相同，系数估计也就相同。

OLS 估计时，假设残差 e_t 同方差且无自相关，即

$$\text{var}(\mathbf{e}|\mathbf{X}) = \text{var}(\mathbf{e}) = s^2\mathbf{I}$$

事实上，如果 $\mathbf{g}_t = \mathbf{x}_t e_t$ 无序列相关，并且

$$\mathrm{E}\left(e_t^2 \mathbf{x}_t \mathbf{x}_t'\right) = s^2 \mathrm{E}\left(\mathbf{x}_t \mathbf{x}_t'\right) \tag{14.5}$$

那么 GMM 的最优加权矩阵为

$$\mathbf{W}_0 = \mathbf{C}^{-1} = (\mathbf{X}'\mathbf{X})^{-1} T/s^2$$

相应的系数方差估计为

$$\left(\mathbf{G}'\mathbf{C}^{-1}\mathbf{G}\right)^{-1}/T = (\mathbf{X}'\mathbf{X})^{-1} s^2$$

与 $\mathbf{b}_{\text{OLS}}$ 的方差估计式 (3.4) (第 143 页) 相同。因此，如果 $\mathbf{x}_t e_t$ 无序列相关且式 (14.5) 成立，$\mathbf{b}_{\text{OLS}}$ 为有效估计。有必要说明的是，式 (14.5) 是 $\mathrm{E}\left(e_t^2|\mathbf{x}_t\right) = \mathrm{E}\left(e_t^2\right)$ 的必要而非充分条件。

二、GMM 与 GLS

如果

$$\text{var}(\mathbf{e}|\mathbf{X}) = \mathrm{E}(\mathbf{e}\mathbf{e}'|\mathbf{X}) = \mathbf{S}$$

取 $\mathbf{Z} = \mathbf{S}^{-1}\mathbf{X}$，即工具变量是由解释变量变换而来的。注意到 $Z = K$，由式 (14.4) 得

$$\mathbf{b}_{\mathrm{GMM}} = (\mathbf{Z}'\mathbf{X})^{-1}\mathbf{Z}'\mathbf{y} = (\mathbf{X}'\mathbf{S}^{-1}\mathbf{X})^{-1}\mathbf{X}'\mathbf{S}^{-1}\mathbf{y} = \mathbf{b}_{\mathrm{GLS}}$$

表明 GLS 估计 (第 159 页式 3.18) 是 GMM 估计的特例。

如果

$$\mathrm{E}(\mathbf{Z}'\mathbf{e}\mathbf{e}'\mathbf{Z}) = \mathrm{E}\left(\mathbf{X}'\mathbf{S}^{-1}\mathbf{e}\mathbf{e}'\mathbf{S}^{-1}\mathbf{X}\right) = \mathrm{E}\left(\mathbf{X}'\mathbf{S}^{-1}\mathbf{X}\right) \tag{14.6}$$

那么 GMM 的最优加权矩阵为

$$\mathbf{W}_0 = \mathbf{C}^{-1} = \left(\mathbf{X}'\mathbf{S}^{-1}\mathbf{X}\right)^{-1} T$$

相应的系数方差估计为

$$\left(\mathbf{G}'\mathbf{C}^{-1}\mathbf{G}\right)^{-1}/T = \left(\mathbf{X}'\mathbf{S}^{-1}\mathbf{X}\right)^{-1}$$

等于 $\mathbf{b}_{\mathrm{GLS}}$ 的方差估计式 (3.19) (第 159 页)。表明 $\mathbf{b}_{\mathrm{GLS}}$ 为有效估计只需要式 (14.6) 成立。有必要指出的是，式 (14.6) 是 $\mathrm{E}(\mathbf{e}\mathbf{e}'|\mathbf{X}) = \mathrm{E}(\mathbf{e}\mathbf{e}')$ 的必要而非充分条件。

三、GMM 与 2SLS

两者采用相同的工具变量，如果

$$\mathrm{E}\left(e_t^2 \mathbf{z}_t \mathbf{z}_t'\right) = s^2 \mathrm{E}\left(\mathbf{z}_t \mathbf{z}_t'\right) \qquad \mathrm{E}\left(e_t^2\right) = s^2 \tag{14.7}$$

那么 GMM 的最优加权矩阵为 (2SLS 加权矩阵)

$$\mathbf{W}_0 = \mathbf{C}^{-1} = (\mathbf{Z}'\mathbf{Z})^{-1} T/s^2 \tag{14.8}$$

对比 GMM 估计式 (14.3) 和 2SLS 估计式 (3.22) (第 164 页)，有

$$\mathbf{b}_{\mathrm{GMM}} = (\mathbf{X}'\mathbf{Z}\mathbf{W}\mathbf{Z}'\mathbf{X})^{-1} \mathbf{X}'\mathbf{Z}\mathbf{W}\mathbf{Z}'\mathbf{y}$$
$$= \left[\mathbf{X}'\mathbf{Z}(\mathbf{Z}'\mathbf{Z})^{-1}\mathbf{Z}'\mathbf{X}\right]^{-1} \mathbf{X}'\mathbf{Z}(\mathbf{Z}'\mathbf{Z})^{-1}\mathbf{Z}'\mathbf{y} = \mathbf{b}_{\mathrm{2SLS}}$$

表明只有满足式 (14.7) 时，$\mathbf{b}_{\mathrm{2SLS}}$ 才是有效估计。此时的系数方差估计为

$$\left(\mathbf{G}'\mathbf{C}^{-1}\mathbf{G}\right)^{-1}/T = \left[\mathbf{X}'\mathbf{Z}(\mathbf{Z}'\mathbf{Z})^{-1}\mathbf{Z}'\mathbf{X}\right]^{-1} s^2$$

恰好与 $\mathbf{b}_{\mathrm{2SLS}}$ 的方差估计式 (3.23) (第 165 页) 吻合。请注意，与式 (14.5) 有些类似，式 (14.7) 的充分但非必要条件为

$$\mathrm{E}\left(e_t^2 | \mathbf{z}_t\right) = \mathrm{E}\left(e_t^2\right)$$

四、GMM 与 NLS

假设非线性模型为

$$y_t = f(\mathbf{x}_t, \mathbf{b}) + e_t \qquad t = 1, 2, \cdots, T$$

则 NLS 的目标函数为

$$\min_{\mathbf{b}} \ \mathbf{e}'\mathbf{e}$$

其 FOC 为

$$\left[\frac{\partial \mathbf{e}(\mathbf{X}, \mathbf{b})}{\partial \mathbf{b}'}\right]' \mathbf{e} = 0$$

取工具变量
$$\mathbf{Z} = \frac{\partial \mathbf{e}(\mathbf{X}, \mathbf{b})}{\partial \mathbf{b}'} \tag{14.9}$$

就得到样本矩条件
$$\bar{\mathbf{g}}(\mathbf{b}) = \frac{1}{T} \mathbf{Z}' \mathbf{e} = \frac{1}{T} \left[\frac{\partial \mathbf{e}(\mathbf{X}, \mathbf{b})}{\partial \mathbf{b}'} \right]' \mathbf{e} = 0$$

系数估计恰好识别。因此，NLS 估计也是 GMM 估计的特例。[2]

有必要指出的是，式 (14.9) 的工具变量选取中，估计系数 b 需要使用工具变量 Z，而构造工具变量 Z 又用到了系数 b，将出现循环。如果非要采用式 (14.9) 的工具变量，可以使用迭代的方法，以初始的系数估计构造工具变量，得到新的系数估计，直到收敛。式 (14.9) 的工具变量选择是最佳的吗？有关非线性模型的 GMM 估计，以及最佳工具变量的构造，更深入的讨论将在 §14.4 节 (第 679 页) 展开。

§14.1.3 例子

EViews 中，使用方程对象的 gmm 命令进行 GMM 估计是非常简单的，我们将通过几个例子，讨论 GMM 估计的方程设定，讲解和对比估计结果的输出。

一、GMM 与 OLS

我们继续 §3.2.2 节 (第 149 页) 的例子

```
'http://www.stern.nyu.edu/%7Ewgreene/Text/tables/TableF5-1.txt
wfopen(page=Greene51) TableF5-1.txt @keep M1 Realgdp CPI_U
pagestruct(freq=q,start=1950q1)
genr y = log(Realgdp)
genr m = log(m1)
genr p = log(cpi_u)

c = 0
equation eq03.gmm m c y p @ c y p
```

先读入数据，然后方程 eq03 进行 GMM 估计，语句中字符 @ 后为工具变量，得到估计结果为

```
Dependent Variable: M
Method: Generalized Method of Moments
Date: 10/29/08   Time: 19:48
Sample: 1950Q1 2000Q4
Included observations: 204
Kernel: Bartlett, Bandwidth: Fixed (4), No prewhitening
Simultaneous weighting matrix & coefficient iteration
Convergence achieved after: 1 weight matrix, 2 total coef
        iterations
Instrument list: C Y P

    Variable      Coefficien   Std. Error   t-Statistic   Prob.

         C         -1.633057     0.311572    -5.241341    0.0000
         Y          0.287051     0.072319     3.969218    0.0001
         P          0.971812     0.060822    15.97808     0.0000

R-squared             0.989520   Mean dependent var   5.797855
Adjusted R-squared    0.989415   S.D. dependent var   0.805567
S.E. of regression    0.082878   Sum squared resid    1.380637
Durbin-Watson stat    0.024767   J-statistic          2.16E-23
```

---

[2] 另一种方法是，以 T 个时期哑变量为工具变量，即 $\mathbf{Z} = \mathbf{I}_T$，取 GMM 加权矩阵 $\mathbf{W} = \mathbf{I}$，此时 GMM 估计和 NLS 估计有相同的目标函数。

结果报告的格式我们并不陌生。

1) 表头的 `Kernel: Bartlett, Bandwidth: Fixed (4), No prewhitening` 行报告方差矩阵 C 的估计方法，我们将在 §14.2 节 (第 665 页) 深入讨论。
2) 表头的 `Simultaneous weighting matrix & coefficient iteration` 行指出进行迭代时，每次迭代都更新加权矩阵和系数，直到两者都收敛。
3) 表头的 `Instrument list: C Y P` 行报告了工具变量。
4) 统计量部分，没有报告 F 统计量，而是报告 J 统计量。需要注意的是，这里方程对象 GMM 估计报告的 `J-statistic` 的数值为 J/T。

GMM 估计的基础假设是正交条件，在模型设定语句中体现为：

1) 误差项：误差项隐含在名单法或者是公式法的方程设定中。
2) 工具变量：符号 @ 后面给出工具变量的名单。

如下的例子我们可以看得更清楚
```
equation eqGMM.gmm y = c(1) +c(2)*x @ c x
```
采用公式法设定的方程为
$$e_t = y_t - c_1 - c_2 x_t$$
因此正交条件为 (样本矩)
$$\sum_{t=1}^{T} 1 \cdot (y_t - c_1 - c_2 x_t) = 0$$
$$\sum_{t=1}^{T} x_t \cdot (y_t - c_1 - c_2 x_t) = 0$$

如果采用表达式法
```
equation eqGMM.gmm (c(1)*log(x) -y^c(2)) @ c x z
```
EViews 把整个表达式 (的负值) 当成误差项
$$e_t = -(c_1 \log(x_t) - y_t^{c_2})$$
故正交条件为
$$\sum_{t=1}^{T} 1 \cdot (c_1 \log(x_t) - y_t^{c_2}) = 0$$
$$\sum_{t=1}^{T} x_t \cdot (c_1 \log(x_t) - y_t^{c_2}) = 0$$
$$\sum_{t=1}^{T} z_t \cdot (c_1 \log(x_t) - y_t^{c_2}) = 0$$

用 EViews 做 GMM 估计时，需要注意：

- EViews 自动将残差和工具变量一一建立正交关系。
- 识别限制：工具变量的个数不能少于待估系数的个数。
- EViews 总是把常数作为工具变量。工具变量尽管可以不列出常数，但建议将常数明确地列在工具变量名单中，以免计算工具变量个数时疏漏。

我们知道，OLS 估计是 GMM 估计的特例

```
equation eq02.ls(n) m c y p
```

方程 eq02 进行 OLS 估计，并报告了系数方差 HAC 稳健估计

```
Dependent Variable: M
Method: Least Squares
Date: 10/18/08   Time: 09:30
Sample: 1950Q1 2000Q4
Included observations: 204
Newey-West HAC Standard Errors & Covariance (lag truncation=4)
```

Variable	Coefficien	Std. Error	t-Statistic	Prob.
C	-1.633057	0.313889	-5.202659	0.0000
Y	0.287051	0.072857	3.939924	0.0001
P	0.971812	0.061274	15.86016	0.0000
R-squared	0.989520	Mean dependent var		5.797855
Adjusted R-squared	0.989415	S.D. dependent var		0.805567
S.E. of regression	0.082878	Akaike info criterion		-2.128286
Sum squared resid	1.380637	Schwarz criterion		-2.079491
Log likelihood	220.0852	F-statistic		9488.775
Durbin-Watson stat	0.024767	Prob(F-statistic)		0.000000

正如我们先前的分析，两者的系数估计值是一致的。但两者的系数标准差估计有很小的区别，原因是估计命令 ls 进行了自由度调整

```
matrix m02 = eq02.@cov
matrix m03 = eq03.@cov
!T = eq03.@regobs
matrix m0d = m02 -(!T/(!T-eq03.@ncoef))*m03
c(1) = @norm(m0d)    '5.07E-11
```

将 GMM 估计的方差矩阵进行自由度调整，两者的差别就可以忽略了。

二、GMM 与 2SLS

使用 §3.5.2 节（第 166 页）的例子

```
%wf = @evpath + "\Example Files\data\cs"
pageload %wf
smpl @first 1995q1
c = 0
equation eq04.gmm log(cs) c log(gdp) @ c log(cs(-1)) log(gdp(-1))
```

得到 eq04 的 GMM 估计结果为

```
Dependent Variable: LOG(CS)
Method: Generalized Method of Moments
Date: 10/18/08   Time: 10:28
Sample (adjusted): 1947Q2 1995Q1
Included observations: 192 after adjustments
Kernel: Bartlett, Bandwidth: Fixed (4), No prewhitening
Simultaneous weighting matrix & coefficient iteration
Convergence achieved after: 7 weight matrices, 8 total coef
    iterations
Instrument list:  C LOG(CS(-1)) LOG(GDP(-1))
```

Variable	Coefficien	Std. Error	t-Statistic	Prob.
C	-1.578883	0.062356	-25.32034	0.0000
LOG(GDP)	1.139566	0.007644	149.0893	0.0000
R-squared	0.993923	Mean dependent var		7.480286
Adjusted R-squared	0.993891	S.D. dependent var		0.462990
S.E. of regression	0.036187	Sum squared resid		0.248800
Durbin-Watson stat	0.069850	J-statistic		0.027075

使用三个工具变量估计两个系数，存在一个过度识别限制

```
c(1) = eq04.@jstat*eq04.@regobs    '5.198
c(2) = 1 -@cchisq(c(1),1)    '0.0226
```

J 检验的 p 值为 0.0226，表明模型的设定可能存在问题。

作为对比，我们进行 2SLS 估计

```
equation eq01.tsls(n) log(cs) c log(gdp) @ log(cs(-1)) log(gdp(-1))
```

系数方差采用 HAC 稳健估计，得到估计结果为

```
Dependent Variable: LOG(CS)
Method: Two-Stage Least Squares
Date: 10/18/08   Time: 15:15
Sample (adjusted): 1947Q2 1995Q1
Included observations: 192 after adjustments
Newey-West HAC Standard Errors & Covariance (lag truncation=4)
Instrument list:  LOG(CS(-1)) LOG(GDP(-1))
```

Variable	Coefficien	Std. Error	t-Statistic	Prob.
C	-1.209268	0.117450	-10.29601	0.0000
LOG(GDP)	1.094339	0.014377	76.11973	0.0000

R-squared	0.996168	Mean dependent var	7.480286
Adjusted R-squared	0.996148	S.D. dependent var	0.462990
S.E. of regression	0.028735	Sum squared resid	0.156888
Durbin-Watson stat	0.102639	Second-stage SSR	0.152396

2SLS 的系数估计和 GMM 的有所差别，表明该观测样本不支持式 (14.7) (第 657 页) 的条件。有必要提醒的是，命令 gmm 提供了选项 e 计算 2SLS 系数估计，例如

```
c = 0
equation eq05.gmm(e) log(cs) c log(gdp) @ log(cs(-1)) log(gdp(-1))
```

得到估计结果为

```
Dependent Variable: LOG(CS)
Method: Generalized Method of Moments
Date: 10/19/08   Time: 22:01
Sample (adjusted): 1947Q2 1995Q1
Included observations: 192 after adjustments
Identity matrix estimation weights - 2SLS coefs with GMM standard
    errors
Kernel: Bartlett,  Bandwidth: Fixed (4),  No prewhitening
Instrument list:  LOG(CS(-1)) LOG(GDP(-1))
```

Variable	Coefficien	Std. Error	t-Statistic	Prob.
C	-1.209268	0.116837	-10.35006	0.0000
LOG(GDP)	1.094339	0.014301	76.51931	0.0000

R-squared	0.996168	Mean dependent var	7.480286
Adjusted R-squared	0.996148	S.D. dependent var	0.462990
S.E. of regression	0.028735	Sum squared resid	0.156888
Durbin-Watson stat	0.102639	J-statistic	1.00E-05

表头的 Identity matrix estimation weights - 2SLS coefs with GMM standard errors 指出系数估计为 2SLS 估计。需要说明的是加权矩阵为式 (14.8) 而不是单位矩阵。

1) 对比 2SLS 估计，GMM 估计时，系数方差估计没有进行自由度调整。

2) GMM 估计采用选项 e 时，尽管系数估计值和命令 2sls 的相同，但系数方差估计更加灵活，参见 §14.2 节 (第 665 页)，核函数和带宽都可以选择。

三、GMM 与 NLS

采用 §3.6.2 节 (第 170 页) 的例子

```
'workfile cs.wf1
param c(1) 4 c(2) 0.3 c(3) 0.2
equation eq07.gmm(showopts) log(cs) = c(1) +c(2)*(gdp^c(3)-1)/c(3) _
    @ c gdp(-1) log(gdp(-1))
```

先设置系数的初始值，然后进行 GMM 估计。由于有三个系数，需要三个工具变量，我们将解释变量 gdp 的滞后一阶对数变换 log(gdp(-1)) 加入到工具变量中，得到 GMM 估计结果为

```
Dependent Variable: LOG(CS)
Method: Generalized Method of Moments
Date: 10/18/08   Time: 10:36
Sample (adjusted): 1947Q2 1995Q1
Included observations: 192 after adjustments
Estimation settings: tol=0.00010, derivs=analytic
Initial Values: C(1)=4.00000, C(2)=0.30000, C(3)=0.20000
Kernel: Bartlett, Bandwidth: Fixed (4),  No prewhitening
Simultaneous weighting matrix & coefficient iteration
Convergence achieved after: 3 weight matrices, 4 total coef
         iterations
LOG(CS) = C(1) +C(2)*(GDP^C(3)-1)/C(3)
Instrument list:  C GDP(-1) LOG(GDP(-1))
```

	Coefficient	Std. Error	t-Statistic	Prob.
C(1)	2.451398	0.802791	3.053595	0.0026
C(2)	0.319043	0.126083	2.530411	0.0122
C(3)	0.156030	0.049184	3.172385	0.0018
R-squared	0.997240	Mean dependent var		7.480286
Adjusted R-squared	0.997211	S.D. dependent var		0.462990
S.E. of regression	0.024451	Sum squared resid		0.112996
Durbin-Watson stat	0.136268	J-statistic		3.55E-07

作为对比，我们进行 NLS 估计

```
param c(1) 4 c(2) 0.3 c(3) 0.2
equation eq0n.ls(n,showopts) log(cs) = c(1) +c(2)*(gdp^c(3)-1)/c(3)
```

系数方差估计进行了修正，得到 NLS 估计结果为

```
Dependent Variable: LOG(CS)
Method: Least Squares
Date: 10/18/08   Time: 10:36
Sample (adjusted): 1947Q1 1995Q1
Included observations: 193 after adjustments
Estimation settings: tol= 0.00010, derivs=analytic
Initial Values: C(1)=4.00000, C(2)=0.30000, C(3)=0.20000
Convergence achieved after 11 iterations
Newey-West HAC Standard Errors & Covariance (lag truncation=4)
LOG(CS) = C(1) +C(2)*(GDP^C(3)-1)/C(3)
```

	Coefficient	Std. Error	t-Statistic	Prob.
C(1)	2.769341	0.710338	3.898627	0.0001
C(2)	0.269884	0.104411	2.584816	0.0105
C(3)	0.177070	0.048250	3.669863	0.0003
R-squared	0.997253	Mean dependent var		7.476058
Adjusted R-squared	0.997224	S.D. dependent var		0.465503
S.E. of regression	0.024527	Akaike info criterion		-4.562688
Sum squared resid	0.114296	Schwarz criterion		-4.511973
Log likelihood	443.2994	Durbin-Watson stat		0.134844

系数估计和 GMM 估计明显不同。（为什么？）

非线性方程中，解释变量可能比系数少，能找到足够的工具变量进行 GMM 估计吗？如果找到工具变量 z，对其进行变换，例如 $\log(z)$ 显然也可以作为工具变量，应该如何选择工具变量呢？我们将在 §14.4.3 节 (第 683 页) 讨论最佳工具变量的选择问题。

四、欧拉方程估计

Tauchen (1986) 考虑如下欧拉方程 (Euler equation) 的估计：

$$\mathrm{E}\left(\beta R_{t+1} w_{t+1}^{-\gamma} - 1 \mid \mathbb{I}_t\right) = 0 \tag{14.10}$$

其中 β 是折现系数 $(0 < \beta < 1)$，R_t 为资产的总收益率 (gross rate of return)，w_t 为消费增长 (t 期消费除以 $t-1$ 期消费)，γ 为 CRRA (constant relative risk aversion) 效用函数的相对风险厌恶系数，$\mathbb{I}_t$ 为 t 时刻的信息集。我们采用 GMM 方法估计方程 (14.10) 的系数 β 和 γ 时，信息集 $\mathbb{I}_t$ 中的变量都可以作为工具变量，简单起见，工具变量取为

$$\mathbf{z}_t = [1; w_t; w_{t-1}; R_t; R_{t-1}]$$

显然，像欧拉方程 (14.10) 这种条件期望形式的模型，GMM 估计正好派上用场。

```
pageload tauchen    'tauchen.wf1 from EViews V4
c = 1
equation eq08.GMM(showopts) C(1)*R(+1)*W(+1)^(-C(2))-1 _
    @ C W R W(-1) R(-1)
```

得到 GMM 估计结果为

```
Dependent Variable: Implicit Equation
Method: Generalized Method of Moments
Date: 10/18/08   Time: 10:36
Sample (adjusted): 1891 1982
Included observations: 92 after adjustments
Estimation settings: tol=0.00010, derivs=analytic
Initial Values: C(1)=1.00000, C(2)=1.00000
Kernel: Bartlett, Bandwidth: Fixed (3),  No prewhitening
Simultaneous weighting matrix & coefficient iteration
Convergence achieved after: 8 weight matrices, 9 total coef
        iterations
C(1)*R(+1)*W(+1)^(-C(2))-1
Instrument list:  C W R W(-1) R(-1)
```

	Coefficient	Std. Error	t-Statistic	Prob.
C(1)	0.934324	0.018232	51.24700	0.0000
C(2)	1.377312	0.725467	1.898517	0.0608

Mean dependent var	0.000000	S.D. dependent var	0.000000
S.E. of regression	0.153997	Sum squared resid	2.134349
Durbin-Watson stat	1.903713	J-statistic	0.054384

由于没有因变量，EViews 没有报告 R^2。

练习：请进行 J 检验 (5.00[0.1716])。

练习：请使用不同的迭代方法 (选项 c, i, o 和 s) 进行估计。

提示：对于非线性模型，迭代方法影响计算过程。

§14.1.4 小结

EViews 为方程对象的 gmm 命令提供了丰富的选项，大致可以分为三类：

1) 迭代控制：收敛准则、迭代次数和迭代方法。
2) 导数计算：解析法、数值法。
3) 方差矩阵估计：核函数和带宽的设置，请参考 §14.2 节 (第 667 页)。

GMM 方法需要估计系数和加权矩阵，只能采用迭代方法进行计算：

- 选项 c=num 设置收敛准则。
- 选项 m=int 设置最大迭代次数。
- 设置选项 showopts，报告初始值和控制估计过程的设置。

除了这些常规的迭代控制选项，GMM 估计还可以选择迭代方法，如下表：

选项	说明
c	更新加权矩阵，系数只迭代一次
i (默认，方程)	重复选项 c 的方法，直到加权矩阵和系数都收敛
o (默认，方程组)	更新加权矩阵，系数一直迭代到收敛
s	重复选项 o 的方法，直到加权矩阵和系数都收敛

更新加权矩阵指采用最新的系数估计重新计算加权矩阵。对 GMM 估计来说，这四种迭代方法得到的估计都是渐近有效的。对于线性模型而言，选项 i 和 s 等价，选项 c 和 o 等价。需要注意的是，EViews 7 对单方程的 GMM 估计进行了彻底改造，方程对象的 gmm 命令启用了新的选项，脉络清晰，但不兼容旧选项，新旧选项的对照请参考 §D.7 节 (第 1054 页)。

EViews 默认使用解析法进行求导，如果不能采用解析方法，则采用精确数值求导方法。通常不需要改变默认的设置，如果需要修改求导方法，可以通过选项 deriv={a, aa, an, f, fa, fn} 进行设置，选项的具体含义请参考 §C.2 节 (第 959 页)。

GMM 估计具有极大的适用范围，对于条件期望形式的模型，例如欧拉方程 (14.10)，采用 GMM 估计是理所当然的选择。EViews 中进行 GMM 估计时：

1) 正交条件为工具变量和残差的乘积，一个工具变量设置一个正交条件，因此系数的识别要求工具变量的数目不少于系数的个数。
2) 哪怕是线性模型，加权矩阵和系数估计都需要进行迭代计算。
3) 线性模型对初始值不敏感，但对于非线性模型来说，系数初始值的设置是极为关键的。

§14.2 方差估计

毫无疑问，GMM.3 中 $\mathbf{g}_t$ 的长期方差矩阵 $\mathbf{C}$ 的估计是 GMM 估计的重要一环。如果 GMM.1 中序列 $\mathbf{g}_t$ 没有序列相关 (serially uncorrelated) (允许存在异方差)，方差矩阵 $\mathbf{C}$ 的一致估计为

$$\mathbf{C} = \frac{1}{T}\sum_{t=1}^{T} \mathbf{g}_t \mathbf{g}_t'$$

然而在实际应用中，序列 $\mathbf{g}_t$ 通常不仅存在序列相关，而且往往同时存在异方差。此时，方差矩阵 $\mathbf{C}$ 的一致估计会是什么样子呢？

本节介绍 EViews 提供的关于方差矩阵 $\mathbf{C}$ 的核估计方法，讨论核函数的性质，带宽的选择，以及白化预处理 (prewhitening) 等内容，并辅以具体的例子。

§14.2.1 核估计

如果序列 $\mathbf{g}_t$ 不仅序列相关，而且存在异方差，那么长期方差矩阵 $\mathbf{C}$ 的允许异方差和自相关的一致估计 (Heteroskedasticity and Autocorrelation Consistent, HAC) 为

$$\mathbf{C} = \mathbf{C}_0 + \sum_{l=1}^{T-1} K\left(\frac{l}{h}\right)(\mathbf{C}_l + \mathbf{C}_l') \tag{14.11}$$

其中 $K(\cdot)$ 为核函数 (kernel)，h 为带宽 (bandwidth)，自相关矩阵 $\mathbf{C}_l$ 的计算方法为

$$\mathbf{C}_l = \frac{1}{T}\sum_{t=l+1}^{T} \mathbf{g}_t \mathbf{g}_{t-l}' \qquad l = 0, 1, 2, \cdots, T-1$$

显然，方差矩阵 $\mathbf{C}$ 依赖于系数估计 $\mathbf{b}$。$\mathbf{C}$ 的 HAC 估计式 (14.11) 中：

1) $\mathbf{C}_0$ 是对称的，但是当 $l > 0$ 时，$\mathbf{C}_l$ 并不是对称的。
2) 由于样本相关矩阵 $\mathbf{C}_l$ 的估计都没有进行自由度调整，方差矩阵 $\mathbf{C}$ 的估计没有进行自由度调整。
3) 使用了全部样本相关矩阵进行计算，通过核函数进行加权，以确保方差矩阵估计是半正定的。我们需要选择核函数 $K(\cdot)$ 和带宽 h，带宽 h 的选择是至关重要的。
4) 对于 Barlett 核函数，由于存在截断，如果取带宽 $h = 1$，则 $\mathbf{C} = \mathbf{C}_0$，正好是 White 的异方差一致方差矩阵估计 (White 横截面)。

EViews 为式 (14.11) 提供了两种核函数及其多种带宽设定方法。此外，还支持先对 $\mathbf{g}_t$ 进行白化预处理，再计算方差矩阵 $\mathbf{C}$ 的方法。

一、核函数

EViews 提供了两种频域核函数，Bartlett 核函数和 Quadratic Spectral (QS) 核函数。

1) Barlett 核函数

$$K(x) = \begin{cases} 1 - |x| & |x| \leqslant 1 \\ 0 & \text{其他} \end{cases}$$

2) Quadratic Spectral (QS) 核函数

$$K(x) = \frac{3}{X^2}\left(\frac{\sin(X)}{X} - \cos(X)\right) \qquad X = \frac{6\pi}{5}x$$

这两种核函数都是偶函数，其中 Bartlett 核函数是截断的 (truncated)。相对于 Bartlett 核函数，QS 核函数收敛更快，并且是光滑和没有截断的。根据式 (14.11)，系数方差稳健估计式 (3.10) (第 148 页) 实际上就是采用 Barlett 核函数，并且使用的带宽为

$$h = L + 1$$

即滞后截断阶数 $L = h - 1$。请注意，式 (3.10) 进行了自由度调整。

二、带宽

除了用户自定义带宽，EViews 还提供了三种自动设定带宽的方法。

1) Newey-West 固定带宽[3]

$$h = \lfloor 4(T/100)^{2/9} \rfloor + 1$$

2) Andrews (1991) 基于数据的带宽自动设定

$$h = \begin{cases} 1.1447 (Ta_1/a_0)^{1/3} & \text{Bartlett} \\ 1.3221 (Ta_2/a_0)^{1/5} & \text{QS} \end{cases}$$

其中 a_0, a_1 和 a_2 为待定参数。对于一般的应用，可以假设 $\mathbf{g}_t$ 的各分量 g_{ti} 为 AR(1) 过程，自相关系数和方差分别为 r_i 和 $s_i^2, i = 1, 2, \cdots, Z$，则根据 Andrews (1991, p835, Eq6.4) 有

$$a_0 = \sum_{i=1}^{Z} w_i \frac{s_i^4}{(1-r_i)^4}$$

$$a_1 = \sum_{i=1}^{Z} w_i \frac{4r_i^2 s_i^4}{(1-r_i)^6 (1+r_i)^2}$$

$$a_2 = \sum_{i=1}^{Z} w_i \frac{4r_i^2 s_i^4}{(1-r_i)^8}$$

EViews 采用等权的方法，即取 $\mathbf{w} = \mathbf{1}$。

3) Newey and West (1994) 基于数据的带宽自动设定

$$h = \begin{cases} \lfloor 1.1447 (Ta_1/a_0)^{1/3} \rfloor & \text{Bartlett} \\ \lfloor 1.3221 (Ta_2/a_0)^{1/5} \rfloor & \text{QS} \end{cases}$$

请注意这里带宽取为整数。根据 Newey and West (1994, p637, Eq3.8–13)

$$a_i = (\mathbf{w}' \mathbf{F}_i \mathbf{w})^2 \qquad i = 0, 1, 2$$

其中

$$\mathbf{F}_i = \mathbf{C}_0 + \sum_{l=1}^{L_0} l^i (\mathbf{C}_l + \mathbf{C}_l') \qquad i = 0, 1, 2$$

EViews 中，权重 $\mathbf{w} = \mathbf{1}$，而滞后选择参数 L_0 取为

$$L_0 = \begin{cases} \lfloor 4(T/100)^{2/9} \rfloor & \text{Bartlett} \\ \lfloor 3(T/100)^{2/25} \rfloor & \text{QS} \end{cases}$$

---

[3]尽管 EViews 将这种方法称为固定带宽，但实际上带宽并不是固定的，而是由观测样本数目决定的。之所以称为 Newey-West 固定带宽，估计是为了区别 Newey and West (1994) 的基于数据的自动带宽设定。

三、白化预处理

在进行 GMM 估计时，EViews 还提供了对 g_t 的观测进行白化预处理 (prewhitening)，即先进行如下的 VAR(1) 拟合

$$g_t = A g_{t-1} + v_t$$

然后，方差矩阵 C 的计算方法调整为

$$C = (I - A)^{-1} V (I - A)^{-1}$$

其中 V 是残差 v_t 的协方差矩阵的估计，采用 HAC 方差矩阵估计。需要说明的是：

1) 当矩条件接近单位根过程时，为了避免奇异性，Andrews and Monahan (1992) 对 VAR 估计进行调整，然而 EViews 并没有进行调整。
2) Newey and West (1994) 发现白化预处理倾向于提高检验统计量的估计精度。

四、选项设置

清晰起见，我们将命令 gmm 中与估计方差矩阵 C 的相关选项汇总如下：

选项	说明	带宽选项	说明
e	2SLS 系数估计	b=a	Andrews 自动带宽
n	白化预处理	b=num	用户设定带宽
q	QS 核函数 (默认 Bartlett 核函数)	b=nw (默认)	Newey-West 固定带宽
w	White 的异方差一致估计	b=v	Newey-West 自动带宽

选项 e 计算 2SLS 系数估计，是通过残差作用到方差估计的。当使用选项 w 进行 White 的异方差一致估计时，EViews 将样本数据看做横截面数据或者无自相关的时间序列数据。因此，使用选项 w 时，其他选项 (白化预处理、核函数和带宽) 将不起作用。例如，当 gmm 命令同时使用了选项 w 和 n，选项 n 被忽略，将不会进行白化预处理。EViews 7 允许系数估计和方差估计采用不同的加权矩阵，更新了方差估计的选项，具体请参考 §D.7 节 (第 1054 页)。

§14.2.2 例子

使用 Greene (2003, p250) 的例 12.1 的数据

```
'http://www.stern.nyu.edu/%7Ewgreene/Text/tables/TableF5-1.txt
wfopen(type=text) TableF5-1.txt @keep M1 Realgdp CPI_U
pagestruct(freq=q,start=1950q1)
genr y = log(Realgdp)
genr m = log(m1)
genr p = log(cpi_u)
```

我们演示 White 方差估计、核函数和带宽的选项和关系，以及白化预处理对方差估计的影响等。

一、White 方差

选项 w 进行 White 的异方差一致估计

```
c = 1
equation eq0w.gmm(w) m c y p @ c y p
```

得到估计结果为

```
Dependent Variable: M
Method: Generalized Method of Moments
Date: 10/29/08   Time: 19:34
Sample: 1950Q1 2000Q4
Included observations: 204
White Covariance
Simultaneous weighting matrix & coefficient iteration
Convergence achieved after: 1 weight matrix, 2 total coef
     iterations
Instrument list:  C Y P
```

Variable	Coefficien	Std. Error	t-Statistic	Prob.
C	-1.633057	0.149565	-10.91872	0.0000
Y	0.287051	0.034195	8.394548	0.0000
P	0.971812	0.028289	34.35284	0.0000

R-squared	0.989520	Mean dependent var	5.797855
Adjusted R-squared	0.989415	S.D. dependent var	0.805567
S.E. of regression	0.082878	Sum squared resid	1.380637
Durbin-Watson stat	0.024767	J-statistic	1.12E-23

表头中的 White Covariance 行指出了方差估计方法。请注意，White 的异方差一致估计并没有修正自相关引起的问题。

二、核函数和带宽

使用默认的 Bartlett 核函数，设置带宽 $h=1$

```
c = 1
equation eq0b.gmm(b=0) m c y p @ c y p
```

得到估计结果为

```
Dependent Variable: M
Method: Generalized Method of Moments
Date: 10/29/08   Time: 19:34
Sample: 1950Q1 2000Q4
Included observations: 204
Kernel: Bartlett,  Bandwidth: Fixed (0),  No prewhitening
Simultaneous weighting matrix & coefficient iteration
Convergence achieved after: 1 weight matrix, 2 total coef
     iterations
Instrument list:  C Y P
```

Variable	Coefficien	Std. Error	t-Statistic	Prob.
C	-1.633057	0.149565	-10.91872	0.0000
Y	0.287051	0.034195	8.394548	0.0000
P	0.971812	0.028289	34.35284	0.0000

R-squared	0.989520	Mean dependent var	5.797855
Adjusted R-squared	0.989415	S.D. dependent var	0.805567
S.E. of regression	0.082878	Sum squared resid	1.380637
Durbin-Watson stat	0.024767	J-statistic	1.12E-23

请注意，当使用默认的 Bartlett 核函数时，方程对象的 gmm 命令中，选项 b=num 中的数值是滞后截断阶数 $L=h-1$，估计结果输出报告的 Bandwidth: Fixed (0) 也是滞后截断阶数 L。

我们知道，当 $h=1$ 时，对于 Barlett 核函数，方差估计刚好等于 White 的异方差一致估计。对比 eq0w 和 eq0b 的估计结果，两者的标准差是相等的，印证了 eq0b 的结果输出中，报告的 Bandwidth 为滞后截断阶数 L，而不是实际带宽 h。

练习：估计如下方程，比较使用的带宽：

```
equation eq15.gmm(b=a)   m c y p @ c y p
equation eq16.gmm(b=a,q) m c y p @ c y p
equation eq17.gmm(b=v)   m c y p @ c y p
equation eq18.gmm(b=v,q) m c y p @ c y p
```

提示：Andrews 方法使用实数的带宽，Newey-West 方法使用整数带宽。此外，这里由于模型恰好识别，系数估计与加权矩阵无关，方差估计受加权矩阵的影响。

GMM 估计中，带宽的选择影响加权矩阵的估计，进而影响系数估计，例子参见第 686 页。一般来说，带宽的影响比核函数的影响更严重。

三、白化预处理

选项 n 进行白化预处理

```
c = 1
equation eq0n.gmm(n) m c y p @ c y p
```

得到估计结果为

```
Dependent Variable: M
Method: Generalized Method of Moments
Date: 10/29/08   Time: 19:34
Sample: 1950Q1 2000Q4
Included observations: 204
Kernel: Bartlett,  Bandwidth: Fixed (4),  Prewhitening
Simultaneous weighting matrix & coefficient iteration
Convergence achieved after: 1 weight matrix, 2 total coef
         iterations
Instrument list:  C Y P
```

Variable	Coefficien	Std. Error	t-Statistic	Prob.
C	-1.633057	5.926843	-0.275536	0.7832
Y	0.287051	1.096416	0.261808	0.7937
P	0.971812	0.774743	1.254367	0.2112

R-squared	0.989520	Mean dependent var	5.797855
Adjusted R-squared	0.989415	S.D. dependent var	0.805567
S.E. of regression	0.082878	Sum squared resid	1.380637
Durbin-Watson stat	0.024767	J-statistic	9.14E-27

系数估计全部变成不显著了！究竟是什么原因呢？

```
eq0n.makeresid g1
equation eq1e.ls g1 g1(-1)
```

我们发现残差的自相关系数估计为 0.987，接近于单位根！方程 eq0n 中方差估计急剧增大，极可能是由于 EViews 在白化预处理时，没有对 VAR 估计进行调整的缘故。

§14.3 方程组

在 §14.1 节 (第 652 页) 我们已经领悟了 GMM 的基本思想。为了更好地了解 GMM 方法，本节讨论线性方程组 GMM 估计的具体形式，比较 GMM 估计和系统估计，并采用例子进行说明。至于非线性方程组的 GMM 估计，我们将在 §14.4 节 (第 679 页) 进行讨论。

§14.3.1 GMM 方法

沿用 §10.1 节 (第 460 页) 的符号，假设有 T 组观测，由 M 个方程构成的线性方程组记为

$$y_{tm} = \mathbf{x}'_{tm}\mathbf{b}_m + e_{tm} \quad t = 1, 2, \cdots, T \quad m = 1, 2, \cdots, M$$

讨论方程组的 GMM 方法时，并没有假设不同时期的观测是独立的。

一、工具变量

对于第 m 个方程，假设存在一组变量 $\mathbf{z}_{tm}$，满足正交条件 (orthogonal condition)

$$\mathrm{E}\left(\mathbf{z}_{tm}e_{tm}\right) = 0 \quad m = 1, 2, \cdots, M$$

正交条件也称为矩条件 (moment condition)，我们将 $Z_m \times 1$ 向量 $\mathbf{z}_{tm}$ 称为第 m 个方程的工具变量。对应于方程组按观测堆叠的形式，定义矩阵

$$\mathbf{g}_t \equiv \mathbf{Z}'_t\mathbf{e}_t = \begin{bmatrix} \mathbf{z}_{t1}e_{t1} \\ \mathbf{z}_{t2}e_{t2} \\ \vdots \\ \mathbf{z}_{tM}e_{tM} \end{bmatrix}_{Z\times 1} \quad \mathbf{Z}_t = \begin{bmatrix} \mathbf{z}'_{t1} & & & \\ & \mathbf{z}'_{t2} & & \\ & & \ddots & \\ & & & \mathbf{z}'_{tM} \end{bmatrix}_{M\times Z} \quad \mathbf{Z} = \begin{bmatrix} \mathbf{Z}_1 \\ \mathbf{Z}_2 \\ \vdots \\ \mathbf{Z}_T \end{bmatrix}_{MT\times Z}$$

其中

$$Z = Z_1 + Z_2 + \cdots + Z_M$$

整个方程组的矩条件为

$$\mathrm{E}\left(\mathbf{g}_t\right) = \mathrm{E}\left(\mathbf{Z}'_t\mathbf{e}_t\right) = 0$$

相应的样本矩为

$$\bar{\mathbf{g}}\left(\mathbf{b}\right) = \frac{1}{T}\sum_{t=1}^{T}\mathbf{g}_t\left(\mathbf{b}\right) = \frac{1}{T}\sum_{t=1}^{T}\mathbf{Z}'_t\mathbf{e}_t = \frac{1}{T}\mathbf{Z}'\mathbf{e}$$

请注意这里采用按观测堆叠的形式，其他说明：

1) 方程组的矩条件 $\mathrm{E}\left(\mathbf{g}_t\right) = 0$ 是由各个方程的矩条件按顺序堆叠起来得到的。
2) 在 GMM 估计时，只要是和干扰项不相关的变量都应当作为工具变量。
3) 我们假设 $\mathrm{E}\left(\mathbf{e}_t\right) = 0$，或者说，常数包含在工具变量中。
4) 每个方程都可以使用自己的工具变量。对于线性方程组，如果将整个方程组的所有外生变量作为工具变量，应用到每个方程中，即 $\mathbf{z}_{t1} = \mathbf{z}_{t2} = \cdots = \mathbf{z}_{tM} = \mathbf{x}_t$，则

$$\mathbf{Z}_t = \mathbf{I}_M \otimes \mathbf{x}'_t$$

二、基本假设

类似于单方程，方程组 GMM 估计的基本假设为

GMM.1: 矩条件假设

$$\mathrm{E}(\mathbf{g}_t) = \mathrm{E}(\mathbf{Z}_t'\mathbf{e}_t) = 0 \qquad t = 1, 2, \cdots, T$$

并且不失一般性，假设 $\mathrm{E}(\mathbf{e}_t) = 0$。

GMM.2: 假设 $Z \times K$ 矩阵

$$\mathbf{G} \equiv \mathrm{E}(\mathbf{Z}_t'\mathbf{X}_t)$$

是满列秩的，即 $\mathrm{rank}(\mathbf{G}) = K$。

GMM.3: $\mathbf{g}_t$ 存在有限的二阶矩，且 $Z \times Z$ 矩阵

$$\mathbf{C} \equiv \lim_{T \to \infty} \mathrm{var}\left(\sqrt{T}\bar{\mathbf{g}}\right)$$

是非奇异的，即 $\mathbf{g}_t$ 的长期方差矩阵 $\mathbf{C}$ 正定。

关于方程组 GMM 估计的基本假设：

1) GMM.1 假设中，正交条件为工具变量与误差项的乘积，多个矩条件可能共用同一工具变量 (误差项来自不同方程)。

2) GMM.2 假设是方程组系数识别的秩条件 (rank condition)，秩条件的一个必要条件是阶条件 (order condition)：$Z \geqslant K$ (即矩条件的数目不能少于待估计系数的个数)。如果方程间没有系数限制

$$\mathrm{E}(\mathbf{Z}_t'\mathbf{X}_t) = \begin{bmatrix} \mathrm{E}(\mathbf{z}_{t1}\mathbf{x}_{t1}') & & & \\ & \mathrm{E}(\mathbf{z}_{t2}\mathbf{x}_{t2}') & & \\ & & \ddots & \\ & & & \mathrm{E}(\mathbf{z}_{tM}\mathbf{x}_{tM}') \end{bmatrix}$$

其中 $\mathrm{E}(\mathbf{z}_{tm}\mathbf{x}_{tm}')$ 是 $Z_m \times K_m$ 的矩阵，注意到准对角矩阵满列秩的充要条件是每个对角分块满列秩，因此，GMM.2 假设等价于

$$\mathrm{rank}(\mathrm{E}(\mathbf{z}_{tm}\mathbf{x}_{tm}')) = K_m \qquad m = 1, 2, \cdots, M$$

这恰好是每个方程单独进行 GMM 估计所需要的秩条件

3) 如果 $\mathbf{g}_t$ 无序列相关，那么

$$\mathbf{C} = \mathrm{var}(\mathbf{g}_t) = \mathrm{E}(\mathbf{g}_t\mathbf{g}_t') = \mathrm{E}(\mathbf{Z}_t'\mathbf{e}_t\mathbf{e}_t'\mathbf{Z}_t)$$

三、GMM 估计

假设 $\mathbf{W}$ 为任意的 $Z \times Z$ 对称正定矩阵，则 GMM 估计为如下问题的最优解：

$$\min_{\mathbf{b}} \quad J = \left[\sqrt{T}\bar{\mathbf{g}}(\mathbf{b})\right]'\mathbf{W}\left[\sqrt{T}\bar{\mathbf{g}}(\mathbf{b})\right] = \frac{1}{T}\mathbf{e}'\mathbf{Z}\mathbf{W}\mathbf{Z}'\mathbf{e}$$

GMM 估计是一致估计，即

$$\mathbf{b}_{\mathrm{GMM}} = (\mathbf{X}'\mathbf{Z}\mathbf{W}\mathbf{Z}'\mathbf{X})^{-1}\mathbf{X}'\mathbf{Z}\mathbf{W}\mathbf{Z}'\mathbf{y} \xrightarrow{p} \mathbf{b}$$

而且具有渐近正态性，即

$$\mathbf{b}_{\mathrm{GMM}} \stackrel{a}{\sim} \mathrm{N}\left(\mathbf{b}, (\mathbf{G}'\mathbf{W}\mathbf{G})^{-1}\mathbf{G}'\mathbf{W}\mathbf{C}\mathbf{W}\mathbf{G}(\mathbf{G}'\mathbf{W}\mathbf{G})^{-1}/T\right)$$

其中 $\mathbf{G}$ 的一致估计为

$$\mathbf{G} = \mathbf{Z}'\mathbf{X}/T$$

矩阵 $\mathbf{C}$ 的估计请参见 §14.2 节 (第 665 页) 的讨论。

四、最优加权矩阵

方程组 GMM 估计的最优加权矩阵为

$$\mathbf{W}_0 = \mathbf{C}^{-1}$$

相应的系数方差估计为

$$\left(\mathbf{G}'\mathbf{C}^{-1}\mathbf{G}\right)^{-1}/T$$

此时的 GMM 估计是有效的。其他说明：

1) 计算上，EViews 使用 $(\mathbf{Z}'\mathbf{Z})^{-1}$ 作为初始的加权矩阵，迭代估计系数和最优加权矩阵。
2) 如果 $Z = K$，系数 $\mathbf{b}$ 可以直接由样本矩求得。如果采用 GMM 方法，对于任意的对称正定加权矩阵，都得到相同的系数估计

$$\mathbf{b}_{\text{GMM}} = (\mathbf{Z}'\mathbf{X})^{-1}\mathbf{Z}'\mathbf{y}$$

§14.3.2　GMM 与系统估计

方程组的 SOLS, FGLS, S2SLS 和 3SLS 等系统估计方法，都是 GMM 估计的特例。此外，需要注意的是，除了 GMM 估计，EViews 中方程组的系统估计都假设不同时期的观测是独立的。

一、GMM 与 SOLS

如果不存在方程间的系数限制，工具变量取

$$\mathbf{Z}_t = \mathbf{X}_t \implies \mathbf{Z} = \mathbf{X}$$

注意到 $Z = K$，有

$$\mathbf{b}_{\text{GMM}} = (\mathbf{Z}'\mathbf{X})^{-1}\mathbf{Z}'\mathbf{y} = (\mathbf{X}'\mathbf{X})^{-1}\mathbf{X}'\mathbf{y} = \mathbf{b}_{\text{SOLS}}$$

二、GMM 与 FGLS

如果不存在方程间的系数限制，取工具变量

$$\mathbf{Z}_t = \mathbf{V}^{-1}\mathbf{X}_t \qquad \mathbf{V} = \mathrm{E}\left(\mathbf{e}_t\mathbf{e}_t'\right)$$

即工具变量 $\mathbf{Z}_t$ 由 $\mathbf{X}_t$ 变换而得，已经不具有准对角矩阵的形式。此时

$$\mathbf{Z} = \left(\mathbf{I}_T \otimes \mathbf{V}^{-1}\right)\mathbf{X}$$

表明 $Z = K$，故

$$\begin{aligned}\mathbf{b}_{\text{GMM}} &= (\mathbf{Z}'\mathbf{X})^{-1}\mathbf{Z}'\mathbf{y} \\ &= \left[\mathbf{X}'\left(\mathbf{I}_T \otimes \mathbf{V}^{-1}\right)\mathbf{X}\right]^{-1}\mathbf{X}'\left(\mathbf{I}_T \otimes \mathbf{V}^{-1}\right)\mathbf{y} = \mathbf{b}_{\text{FGLS}}\end{aligned}$$

三、GMM 与 S2SLS

参照 §10.3 节 (第 485 页), 将每个方程的工具变量取为方程组的所有外生变量, 即

$$\mathbf{Z}_t = \mathbf{I}_M \otimes \mathbf{x}_t'$$

如果

$$\mathrm{E}(\mathbf{Z}_t'\mathbf{e}_t\mathbf{e}_t'\mathbf{Z}_t) = s^2\,\mathrm{E}(\mathbf{Z}_t'\mathbf{Z}_t) \tag{14.12}$$

那么, GMM 估计的最优加权矩阵为

$$\mathbf{W}_0 = \mathbf{C}^{-1} = (\mathbf{Z}'\mathbf{Z})^{-1} T/s^2$$

注意到第 491 页式 (10.14) 定义的 $\mathbf{P}$, 我们发现 (请证明)

$$\mathbf{Z}(\mathbf{Z}'\mathbf{Z})^{-1}\mathbf{Z}' = \mathbf{P} \otimes \mathbf{I}_M$$

此时不难看到

$$\begin{aligned}
\mathbf{b}_{\mathrm{GMM}} &= [\mathbf{X}'\mathbf{Z}\mathbf{W}\mathbf{Z}'\mathbf{X}]^{-1} \mathbf{X}'\mathbf{Z}\mathbf{W}\mathbf{Z}'\mathbf{y} \\
&= \left[\mathbf{X}'\mathbf{Z}(\mathbf{Z}'\mathbf{Z})^{-1}\mathbf{Z}'\mathbf{X}\right]^{-1} \mathbf{X}'\mathbf{Z}(\mathbf{Z}'\mathbf{Z})^{-1}\mathbf{Z}'\mathbf{y} \\
&= [\mathbf{X}'(\mathbf{P} \otimes \mathbf{I}_M)\mathbf{X}]^{-1} \mathbf{X}'(\mathbf{P} \otimes \mathbf{I}_M)\mathbf{y} = \mathbf{b}_{\mathrm{S2SLS}}
\end{aligned}$$

相应的渐近方差估计为

$$(\mathbf{G}'\mathbf{C}^{-1}\mathbf{G})^{-1}/T = [\mathbf{X}'(\mathbf{P} \otimes \mathbf{I}_M)\mathbf{X}]^{-1} s^2$$

因此, 如果式 (14.12) 成立, 方程组的 S2SLS 估计是渐近有效的。其他说明:

1) 式 (14.12) 的充分而非必要条件是

$$\mathrm{E}(\mathbf{e}_t\mathbf{e}_t'|\mathbf{Z}_t) = \mathrm{E}(\mathbf{e}_t\mathbf{e}_t') = s^2\mathbf{I}_M$$

显然这是一个要求更强但更直观的形式。

2) 如果每个方程取不同的工具变量, 并且满足式 (14.12), 那么

$$\mathbf{b}_{\mathrm{GMM}} = \begin{bmatrix} \mathbf{b}_{1,\mathrm{2SLS}} \\ \mathbf{b}_{2,\mathrm{2SLS}} \\ \vdots \\ \mathbf{b}_{M,\mathrm{2SLS}} \end{bmatrix}$$

即方程组的 GMM 估计相当于每个方程采用各自的工具变量, 单独进行 2SLS 估计 (方程间没有系数限制)。

3) 相对于 S2SLS 估计, 建议优先考虑 GMM 估计。理由如下: 如果式 (14.12) 成立, 采用 S2SLS 估计和 GMM 估计是等价的。如果式 (14.12) 不成立, S2SLS 估计和 GMM 估计都是一致的, 但采用最优加权矩阵的 GMM 估计才是有效的。

四、GMM 与 3SLS

如果

$$\mathrm{E}(\mathbf{Z}_t'\mathbf{e}_t\mathbf{e}_t'\mathbf{Z}_t) = \mathrm{E}(\mathbf{Z}_t'\mathbf{V}\mathbf{Z}_t) \qquad \mathbf{V} = \mathrm{E}(\mathbf{e}_t\mathbf{e}_t') \tag{14.13}$$

那么，GMM 估计的最优加权矩阵为

$$\mathbf{W}_0 = \mathbf{C}^{-1} = \left(\frac{1}{T}\sum_{t=1}^{T}\mathbf{Z}'_t\mathbf{V}\mathbf{Z}_t\right)^{-1} = [\mathbf{Z}'(\mathbf{I}_T \otimes \mathbf{V})\mathbf{Z}]^{-1}T$$

如果每个方程有自己的工具变量

$$\begin{aligned}\mathbf{b}_{\mathrm{GMM}} &= [\mathbf{X}'\mathbf{Z}\mathbf{W}\mathbf{Z}'\mathbf{X}]^{-1}\mathbf{X}'\mathbf{Z}\mathbf{W}\mathbf{Z}'\mathbf{y} \\ &= \left[\mathbf{X}'\mathbf{Z}[\mathbf{Z}'(\mathbf{I}_T \otimes \mathbf{V})\mathbf{Z}]^{-1}\mathbf{Z}'\mathbf{X}\right]^{-1}\mathbf{X}'\mathbf{Z}[\mathbf{Z}'(\mathbf{I}_T \otimes \mathbf{V})\mathbf{Z}]^{-1}\mathbf{Z}'\mathbf{y}\end{aligned}$$

Wooldridge (2002, p196) 将该估计量称为 GMM 3SLS 估计。

如果将每个方程的工具变量取为方程组的所有外生变量，即

$$\mathbf{Z}_t = \mathbf{I}_M \otimes \mathbf{x}'_t$$

注意到 (请证明)

$$\mathbf{Z}[\mathbf{Z}'(\mathbf{I}_T \otimes \mathbf{V})\mathbf{Z}]^{-1}\mathbf{Z}' = \mathbf{P} \otimes \mathbf{V}^{-1}$$

我们有

$$\mathbf{b}_{\mathrm{GMM}} = \left[\mathbf{X}'\left(\mathbf{P} \otimes \mathbf{V}^{-1}\right)\mathbf{X}\right]^{-1}\mathbf{X}'\left(\mathbf{P} \otimes \mathbf{V}^{-1}\right)\mathbf{y} = \mathbf{b}_{\mathrm{3SLS}}$$

相应的渐近方差估计为

$$\left(\mathbf{G}'\mathbf{C}^{-1}\mathbf{G}\right)^{-1}/T = \left(\mathbf{X}'\left(\mathbf{P} \otimes \mathbf{V}^{-1}\right)\mathbf{X}\right)^{-1}$$

因此，如果式 (14.13) 成立，方程组的 3SLS 估计是渐近有效的。其他说明：

1) 式 (14.13) 的充分而非必要条件是

$$\mathrm{E}\left(\mathbf{e}_t\mathbf{e}'_t \mid \mathbf{Z}_t\right) = \mathrm{E}\left(\mathbf{e}_t\mathbf{e}'_t\right) = \mathbf{V}$$

2) 相对于 3SLS 估计，建议优先考虑 GMM 估计。因为 GMM 估计适用范围比 3SLS 估计更广泛，并且采用最优加权矩阵的 GMM 估计是有效的。

§14.3.3 例子

我们在 §10.3.6 节 (第 493 页) 演示了 Klein 的模型 I 的 3SLS 等系统估计方法，现在我们继续使用它来讲解方程组的 GMM 估计

```
'http://www.stern.nyu.edu/%7Ewgreene/Text/tables/TableF15-1.txt
wfopen TableF15-1.txt names=(Year Cn P Wp I K1 X Wg G T)
genr A = @trend(1931)

system sys01
sys01.append Cn = c(1)+c(2)*p +c(3)*p(-1) +c(4)*(Wp+Wg)
sys01.append I  = c(5)+c(6)*p +c(7)*p(-1) +c(8)*K1
sys01.append Wp = c(9)+c(10)*X +c(11)*X(-1) +c(12)*A
sys01.append inst G T Wg A K1 p(-1) X(-1)   'C added implicitly
```

如果直接用 sys01 进行 GMM 估计

```
sys01.gmm
```

将出现矩阵奇异的错误 (Near singular matrix)！怎么会这样呢？原来是 GMM 估计中有 $Z = 24$ 个矩条件，但只有 $T = 21$ 个观测样本，$T < Z$ 导致矩阵 **C** 是奇异的。[4] 最好的解决方法当然是增加观测样本，在样本不足的情况下，进行 GMM 估计只能采用变通的手法，例如不采用最优加权矩阵

```
c = 0
freeze(tab01e) sys01.gmm(e)
```

计算 2SLS 的系数估计，但系数方差估计采用 GMM 的方法，得到估计结果为

```
System: SYS01
Estimation Method: Generalized Method of Moments
Date: 10/29/08   Time: 08:28
Sample: 1921 1941
Included observations: 21
Total system (balanced) observations 63
Identity matrix estimation weights - 2SLS coefs with GMM standard
        errors
Kernel: Bartlett,  Bandwidth: Fixed (2),   No prewhitening
```

	Coefficient	Std. Error	t-Statistic	Prob.
C(1)	16.55476	1.306309	12.67292	0.0000
C(2)	0.017302	0.149914	0.115415	0.9086
C(3)	0.216234	0.124046	1.743179	0.0873
C(4)	0.810183	0.044012	18.40832	0.0000
C(5)	20.27821	7.597590	2.669032	0.0102
C(6)	0.150222	0.218242	0.688327	0.4944
C(7)	0.615944	0.188909	3.260524	0.0020
C(8)	-0.157788	0.034697	-4.547643	0.0000
C(9)	1.500297	0.853844	1.757109	0.0849
C(10)	0.438859	0.028058	15.64094	0.0000
C(11)	0.146674	0.030596	4.793867	0.0000
C(12)	0.130396	0.025758	5.062258	0.0000

| Determinant residual covariance | 0.287714 |
| J-statistic | 2.515639 |

```
Equation: CN = C(1)+C(2)*P +C(3)*P(-1) +C(4)*(WP+WG)
Instruments: G T WG A K1 P(-1) X(-1) C
Observations: 21
```

R-squared	0.976711	Mean dependent var	53.99524
Adjusted R-squared	0.972601	S.D. dependent var	6.860866
S.E. of regression	1.135659	Sum squared resid	21.92525
Durbin-Watson stat	1.485072		

```
Equation: I = C(5)+C(6)*P +C(7)*P(-1) +C(8)*K1
Instruments: G T WG A K1 P(-1) X(-1) C
Observations: 21
```

R-squared	0.884884	Mean dependent var	1.266667
Adjusted R-squared	0.864569	S.D. dependent var	3.551948
S.E. of regression	1.307149	Sum squared resid	29.04686
Durbin-Watson stat	2.085334		

```
Equation: WP = C(9)+C(10)*X +C(11)*X(-1) +C(12)*A
Instruments: G T WG A K1 P(-1) X(-1) C
Observations: 21
```

R-squared	0.987414	Mean dependent var	36.36190
Adjusted R-squared	0.985193	S.D. dependent var	6.304401
S.E. of regression	0.767155	Sum squared resid	10.00496
Durbin-Watson stat	1.963416		

还可以参考 Greene (2003) 的方法，分别估计 (Cn, I) 和 (Cn, Wp) 部分。例如我们对其中的 (Cn, I) 方程组进行 GMM 估计

---

[4] 简单起见，假设不同时期的观测是独立的，则 $Z \times Z$ 矩阵

$$\mathbf{C} = \frac{1}{T}\sum_{t=1}^{T} \mathbf{g}_t \mathbf{g}_t' = \frac{1}{T}\mathbf{F}'\mathbf{F}$$

其中 $Z \times T$ 矩阵 $\mathbf{F}' = [\mathbf{g}_1, \mathbf{g}_2, \cdots, \mathbf{g}_T]$ 为 $\mathbf{g}_t$ 的观测矩阵。因此 $\mathrm{rank}(\mathbf{C}) \leqslant \mathrm{rank}(\mathbf{F}) \leqslant T < Z$，矩阵 **C** 是奇异的。

```
system sys02
sys02.append Cn = c(1)+c(2)*p +c(3)*p(-1) +c(4)*(Wp+Wg)
sys02.append I = c(5)+c(6)*p +c(7)*p(-1) +c(8)*K1
sys02.append inst G T Wg A K1 p(-1) X(-1)

c = 0
freeze(tab02) sys02.gmm
```

得到估计结果为

```
System: SYS02
Estimation Method: Generalized Method of Moments
Date: 10/29/08   Time: 08:28
Sample: 1921 1941
Included observations: 21
Total system (balanced) observations 42
Kernel: Bartlett, Bandwidth: Fixed (2),  No prewhitening
Linear estimation after one-step weighting matrix
```

	Coefficient	Std. Error	t-Statistic	Prob.
C(1)	16.56789	0.710090	23.33212	0.0000
C(2)	0.044043	0.095957	0.458986	0.6492
C(3)	0.186298	0.070213	2.653301	0.0120
C(4)	0.809963	0.030936	26.18230	0.0000
C(5)	20.10479	2.813226	7.146524	0.0000
C(6)	0.172470	0.054810	3.146689	0.0034
C(7)	0.577218	0.068689	8.403328	0.0000
C(8)	-0.155589	0.014261	-10.90998	0.0000

Determinant residual covariance	1.164806
J-statistic	0.355319

```
Equation: CN = C(1)+C(2)*P +C(3)*P(-1) +C(4)*(WP+WG)
Instruments: G T WG A K1 P(-1) X(-1) C
Observations: 21
```

R-squared	0.977901	Mean dependent var	53.99524
Adjusted R-squared	0.974001	S.D. dependent var	6.860866
S.E. of regression	1.106266	Sum squared resid	20.80502
Durbin-Watson stat	1.452591		

```
Equation: I = C(5)+C(6)*P +C(7)*P(-1) +C(8)*K1
Instruments: G T WG A K1 P(-1) X(-1) C
Observations: 21
```

R-squared	0.890423	Mean dependent var	1.266667
Adjusted R-squared	0.871085	S.D. dependent var	3.551948
S.E. of regression	1.275315	Sum squared resid	27.64929
Durbin-Watson stat	2.042322		

作为练习，第三种方法采用每个方程设置不同的工具变量的方式。方程组满足识别的要求下，每个方程适当地减少工具变量，例如

```
system sys04
sys04.append Cn = c(1)+c(2)*p +c(3)*p(-1) +c(4)*(Wp+Wg) _
             @ G T Wg K1 p(-1)
sys04.append I = c(5)+c(6)*p +c(7)*p(-1) +c(8)*K1 _
             @ G T K1 p(-1) X(-1)
sys04.append Wp = c(9)+c(10)*X +c(11)*X(-1) +c(12)*A _
             @ G Wg A K1 p(-1)

c = 0
freeze(tab04) sys04.gmm
```

得到估计结果为

```
System: SYS04
Estimation Method: Generalized Method of Moments
Date: 10/29/08   Time: 08:28
Sample: 1921 1941
Included observations: 21
Total system (balanced) observations 63
Kernel: Bartlett, Bandwidth: Fixed (2),  No prewhitening
Linear estimation after one-step weighting matrix
```

	Coefficient	Std. Error	t-Statistic	Prob.
C(1)	16.07586	0.889369	18.07558	0.0000
C(2)	-0.027937	0.124733	-0.223975	0.8237
C(3)	0.276323	0.115631	2.389689	0.0206
C(4)	0.817109	0.029584	27.62014	0.0000
C(5)	26.78351	4.575433	5.853764	0.0000
C(6)	-0.077662	0.156744	-0.495473	0.6224
C(7)	0.803802	0.163322	4.921567	0.0000
C(8)	-0.186502	0.022673	-8.225810	0.0000
C(9)	2.092350	0.644209	3.247937	0.0021
C(10)	0.417279	0.019907	20.96108	0.0000
C(11)	0.158567	0.025777	6.151444	0.0000
C(12)	0.139756	0.020957	6.668771	0.0000

| Determinant residual covariance | 0.409405 |
| J-statistic | 0.358805 |

```
Equation: CN = C(1)+C(2)*P +C(3)*P(-1) +C(4)*(WP+WG)
Instruments: G T WG K1 P(-1) C
Observations: 21
```

R-squared	0.973944	Mean dependent var	53.99524
Adjusted R-squared	0.969346	S.D. dependent var	6.860866
S.E. of regression	1.201228	Sum squared resid	24.53013
Durbin-Watson stat	1.563300		

```
Equation: I = C(5)+C(6)*P +C(7)*P(-1) +C(8)*K1
Instruments: G T K1 P(-1) X(-1) C
Observations: 21
```

R-squared	0.798181	Mean dependent var	1.266667
Adjusted R-squared	0.762565	S.D. dependent var	3.551948
S.E. of regression	1.730767	Sum squared resid	50.92443
Durbin-Watson stat	2.016386		

```
Equation: WP = C(9)+C(10)*X +C(11)*X(-1) +C(12)*A
Instruments: G WG A K1 P(-1) C
Observations: 21
```

R-squared	0.986944	Mean dependent var	36.36190
Adjusted R-squared	0.984640	S.D. dependent var	6.304401
S.E. of regression	0.781343	Sum squared resid	10.37845
Durbin-Watson stat	2.080890		

请注意，以上三种解决方法的估计结果存在一定区别。

方程组的 GMM 估计使用 gmm 命令：

1) 方程组对象的方程和工具变量的设定请参考 §10.2.1 节 (第 472 页)。方程组对象的 GMM 估计中，支持使用关键字 inst 或 @inst 设定工具变量，而不能使用关键字 @stackinst。

2) 常数总是作为每个方程的工具变量。

3) 工具变量的安排要满足识别的要求，方程组的识别是整体矩条件的识别，而不是基于单个方程。

4) 方程组对象中，命令 gmm 的选项和方程对象的相同，请参考 §14.1.4 节 (第 664 页) 的讨论，其中方差矩阵估计的相关选项汇总在 §14.2 节 (第 667 页)。需要注意的是，迭代方法中，方程组对象与方程对象的默认选项不同，方程组的默认选项为 o 而不是 i。

5) 方程组对象的估计结果输出中，J-statistic 报告的数值为 J/T。

练习：对比 SOLS 和 GMM 估计

```
'http://pages.stern.nyu.edu/%7Ewgreene/Text/tables/TableF14-1.txt
pageload(type=text,page=Greene368) TableF14-1.txt
for %s Pk Pl Pe
    genr ln{%s} = log({%s}/Pm)
next

system sys02
sys02.append k = c(1)+c(2)*LnPk+c(3)*LnPl+c(4)*lnPe
sys02.append l = c(5)+c(3)*LnPk+c(6)*LnPl+c(7)*lnPe
sys02.append e = c(8)+c(4)*LnPk+c(7)*LnPl+c(9)*lnPe
sys02.append inst LnPk LnPl lnPe

c = 0.5
freeze(tb02) sys02.ls
c = 0.5
freeze(tb02g) sys02.gmm(showopts)
```

为什么 `tb02` 和 `tb02g` 中估计结果不同？

提示：存在方程间系数限制，$\mathbf{X}_t \neq \mathbf{Z}_t$，$\mathbf{X}_t$ 为 3×9 矩阵，不具有准对角矩阵的形式，而 $\mathbf{Z}_t$ 为 3×12 准对角矩阵。

§14.4 GMM 方法

本节基于非线性模型，讨论一般的 GMM 方法：首先，采用一般的矩条件形式，介绍 GMM 估计的一致性和渐近有效性。然后，讨论正交条件的常用设定形式，以及条件期望形式下最佳工具变量的构造。最后通过例子提醒 GMM 估计中的数值计算问题。

§14.4.1 渐近性

假设 $H \times 1$ 向量 $\mathbf{h}_t$ 是随机变量 $\mathbf{h}$ 的第 t 个观测，$t = 1, 2, \cdots, T$，这里我们不要求 $\mathbf{h}_t$ 是独立同分布的，而是允许存在异方差和自相关。假设 $\mathbf{b}$ 是 $P \times 1$ 系数向量，$\mathbf{g}$ 是 $\mathbb{R}^{H+P} \to \mathbb{R}^Z$ 的向量函数，满足如下的矩条件：

$$\mathrm{E}(\mathbf{g}(\mathbf{h}_t; \mathbf{b})) = 0 \tag{14.14}$$

GMM 估计时，我们更关心的是系数 $\mathbf{b}$，为了简便，我们定义

$$\mathbf{g}_t(\mathbf{b}) \equiv \mathbf{g}(\mathbf{h}_t; \mathbf{b}) \qquad \bar{\mathbf{g}}(\mathbf{b}) \equiv \frac{1}{T} \sum_{t=1}^{T} \mathbf{g}_t(\mathbf{b})$$

需要说明的是，GMM 估计中，$\mathbf{h}_t$ 包含了模型的全部变量。例如线性模型的 GMM 估计中

$$\mathbf{g}_t(\mathbf{b}) = \mathbf{g}(\mathbf{h}_t; \mathbf{b}) = \mathbf{z}_t e_t = \mathbf{z}_t \cdot (y_t - \mathbf{x}_t' \mathbf{b})$$

显然 $\mathbf{h}_t$ 由集合 $\{\mathbf{z}_t, y_t, \mathbf{x}_t\}$ 里的全部变量组成。此外，式 (14.14) 定义的函数关系中，例如欧拉方程 (14.10)（第 663 页），区分因变量和自变量往往是不必要的。

一、基本假设

模型 (14.14) GMM 估计的基本假设为：

GMM.1: 矩条件假设

$$\mathrm{E}(\mathbf{g}_t(\mathbf{b})) = 0 \qquad t = 1, 2, \cdots, T$$

并且真值 $\mathbf{b}_0$ 为唯一解。

GMM.2: 记

$$\mathbf{G} = -\mathrm{E}\left(\left.\frac{\partial \mathbf{g}_t(\mathbf{b})}{\partial \mathbf{b}'}\right|_{\mathbf{b}=\mathbf{b}_0}\right)$$

假设 $\mathbf{G}$ 是满列秩的，即 $\mathrm{rank}(\mathbf{G}) = P$。

GMM.3: $\mathbf{g}_t$ 存在有限的二阶矩，且 $Z \times Z$ 矩阵

$$\mathbf{C} \equiv \lim_{T \to \infty} \mathrm{var}\left(\sqrt{T} \bar{\mathbf{g}}(\mathbf{b}_0)\right)$$

是非奇异的[5]，即 $\mathbf{g}_t$ 的长期方差矩阵 $\mathbf{C}$ 正定。

矩阵 $\mathbf{G}$ 和 $\mathbf{C}$ 都是基于矩条件的唯一解 $\mathbf{b}_0$ 定义的。如果模型 (14.14) 是线性的，唯一解一般不成问题。对于非线性模型，如果 $\mathbf{b}$ 的解不唯一，经济意义上无法区分，很可能是模型设定有问题。

---

[5]如果自协方差矩阵 $\mathbf{C}_l = \mathrm{cov}(\mathbf{g}_t, \mathbf{g}_{t-l}) = \mathrm{E}(\mathbf{g}_t \mathbf{g}_{t-l}')$ 是可和的，有

$$\mathbf{C} = \sum_{l=-\infty}^{\infty} \mathbf{C}_l = \sum_{l=-\infty}^{\infty} \mathrm{E}(\mathbf{g}_t \mathbf{g}_{t-l}')$$

二、GMM 估计

如果 $Z = P$，通常情况下系数 **b** 可以直接由样本矩求得

$$\frac{1}{T}\sum_{t=1}^{T}\mathbf{g}_t(\mathbf{b}) = 0$$

如果 $Z > P$，需要采用某种准则，来度量样本矩接近于零的程度。GMM 方法采用的是加权距离，即最优化如下二次型：

$$\min_{\mathbf{b}} \quad J = \left[\sqrt{T}\bar{\mathbf{g}}(\mathbf{b})\right]'\mathbf{W}\left[\sqrt{T}\bar{\mathbf{g}}(\mathbf{b})\right] = \frac{1}{T}\left[\sum_{t=1}^{T}\mathbf{g}_t(\mathbf{b})\right]'\mathbf{W}\left[\sum_{t=1}^{T}\mathbf{g}_t(\mathbf{b})\right] \tag{14.15}$$

其中加权矩阵 **W** 是 $Z \times Z$ 的对称正定矩阵。优化问题 (14.15) 的 FOC 为

$$\left[\sum_{t=1}^{T}\frac{\partial \mathbf{g}_t(\mathbf{b})}{\partial \mathbf{b}'}\right]'\mathbf{W}\left[\sum_{t=1}^{T}\mathbf{g}_t(\mathbf{b})\right] = 0 \tag{14.16}$$

由于式 (14.16) 一般是非线性的，$\mathbf{b}_{\text{GMM}}$ 一般只能用迭代的方法进行求解。

在一定的条件下[6]，式 (14.15) 的最优解 $\mathbf{b}_{\text{GMM}}$ 是一致估计，即

$$\mathbf{b}_{\text{GMM}} \xrightarrow{p} \mathbf{b}_0$$

并且 $\mathbf{b}_{\text{GMM}}$ 具有渐近正态性

$$\mathbf{b}_{\text{GMM}} \overset{a}{\sim} \mathrm{N}\left(\mathbf{b}_0, (\mathbf{G}'\mathbf{W}\mathbf{G})^{-1}\mathbf{G}'\mathbf{W}\mathbf{C}\mathbf{W}\mathbf{G}(\mathbf{G}'\mathbf{W}\mathbf{G})^{-1}/T\right)$$

如果采用最优加权矩阵

$$\mathbf{W} = \mathbf{C}^{-1}$$

则 GMM 估计是渐近有效的，常称为最小 χ^2 估计量。此时 $\mathbf{b}_{\text{GMM}}$ 的渐近方差为

$$\left(\mathbf{G}'\mathbf{C}^{-1}\mathbf{G}\right)^{-1}/T \tag{14.17}$$

关于 GMM 估计：

1) 如果 $Z = P$，系数 **b** 可以直接由样本矩求得，系数估计与加权矩阵无关。
2) GMM 加权矩阵往往是估计出来的，不妨记为 $\mathbf{W}_T$，显然 $\mathbf{W}_T$ 是随机的，是样本的函数。对于随机的 GMM 加权矩阵，我们要求 $\mathbf{W}_T \xrightarrow{p} \mathbf{W}$。
3) 最优加权矩阵需要先知道系数的 GMM 估计，因此我们只能采用迭代的方法。例如以 2SLS 加权矩阵计算初始系数估计，然后对加权矩阵和系数进行迭代。
4) 尽管以初始加权矩阵得到初始系数估计，从而估计出最优加权矩阵，进一步得到系数估计的简单方法是渐近有效的。然而，如果迭代到系数和加权矩阵都收敛，不仅能消除估计量对初始加权矩阵的依赖性，并且当参数较多时，将改善 GMM 估计的有限样本特性。
5) 矩阵 **G** 的一致估计为

$$\mathbf{G} = \frac{1}{T}\sum_{t=1}^{T}\frac{\partial \mathbf{g}_t(\mathbf{b})}{\partial \mathbf{b}'}\bigg|_{\mathbf{b}=\mathbf{b}_{\text{GMM}}}$$

而矩阵 **C** 的估计请参考 §14.2 节 (第 665 页)。

---

[6] 关于 GMM 估计的一致性和渐近正态性，更完整的讨论请参考 Wooldridge (2002, p422–423)。

三、检验

当采用最优加权矩阵 $\mathbf{W} = \mathbf{C}^{-1}$ 时，目标函数式 (14.15) 的最优值即为 J 统计量。

得到 GMM 估计后，各种假设检验是直截了当的。例如检验系数的非线性限制

$$\mathbb{H}_0 : \mathbf{r}(\mathbf{b}) = 0$$

其中 $\mathbf{r}(\mathbf{b})$ 是 $Q \times 1$ 向量，即有 Q 个限制。记无限制的 GMM 估计为 $\mathbf{b}_u$，系数限制下的 GMM 估计为 $\mathbf{b}_r$，则有如下的 GMM 距离统计量 (GMM distance statistic, or GMM criterion function statistic)：

$$J(\mathbf{b}_r) - J(\mathbf{b}_u) \stackrel{a}{\sim} \chi_Q^2$$

其中计算 $J(\mathbf{b}_r)$ 和 $J(\mathbf{b}_u)$ 时，都采用无系数限制的最优 GMM 加权矩阵。与式 (4.1) (第 186 页) 的 Wald 统计量相比，GMM 距离统计量不受 $\mathbb{H}_0$ 中函数形式的影响，但需要更多的计算工作。

§14.4.2 正交条件

矩条件式 (14.14) 的形式是非常灵活的，由于经济计量模型通常都有误差项，我们将矩条件设定成工具变量与误差项乘积的正交条件形式。

一、单方程

我们将矩条件式 (14.14) 设定为

$$\mathrm{E}(\mathbf{g}_t) = \mathrm{E}(\mathbf{z}_t e_t(\mathbf{b})) = 0$$

其中 $Z \times 1$ 向量 $\mathbf{z}_t$ 为工具变量向量 (vector of instruments)，而 e_t 被称为广义残差方程 (generalized residual function)

$$e_t(\mathbf{b}) = f(y_t, \mathbf{x}_t, \mathbf{b})$$

并且假设

$$\mathrm{E}(e_t(\mathbf{b})) = 0$$

显然

$$\mathbf{G} = -\mathrm{E}\left(\frac{\partial \mathbf{g}_t(\mathbf{b}_0)}{\partial \mathbf{b}'}\right) = -\mathrm{E}\left(\mathbf{z}_t \frac{\partial e_t(\mathbf{b}_0)}{\partial \mathbf{b}'}\right)$$

如果 $\mathbf{G}$ 满列秩，那么 $\mathbf{z}_t$ 要和残差 e_t 正交，但又要和梯度向量 $\frac{\partial e_t(\mathbf{b}_0)}{\partial \mathbf{b}}$ 足够地相关。特别地，对于线性模型 $e_t = y_t - \mathbf{x}_t' \mathbf{b}$，有

$$\mathbf{G} = \mathrm{E}(\mathbf{z}_t \mathbf{x}_t')$$

二、方程组

由一组变量 $\{\mathbf{y}_t, \mathbf{x}_t\}$ 组成的包含 M 个非线性方程的方程组可以表示为

$$f_m(\mathbf{y}_t, \mathbf{x}_t, \mathbf{b}) = e_{tm} \qquad m = 1, 2, \cdots, M$$

由于每个方程可能只包含部分的变量和系数，第 m 个方程往往记为

$$e_{tm} = f_m(\mathbf{y}_{tm}, \mathbf{x}_{tm}, \mathbf{b}_m)$$

假设

$$E(\mathbf{z}_{tm} e_{tm}) = 0$$

其中 $\mathbf{z}_{tm}$ 为 $Z_m \times 1$ 的工具变量，我们将方程组的正交条件表示为

$$E(\mathbf{g}_t) = E(\mathbf{Z}_t' \mathbf{e}_t(\mathbf{b})) = 0$$

其中

$$\mathbf{Z}_t \equiv \begin{bmatrix} \mathbf{z}_{t1}' & & & \\ & \mathbf{z}_{t2}' & & \\ & & \ddots & \\ & & & \mathbf{z}_{tM}' \end{bmatrix}_{M \times Z} \quad \mathbf{e}_t = \begin{bmatrix} e_{t1} \\ e_{t2} \\ \vdots \\ e_{tM} \end{bmatrix}_{M \times 1}$$

也就是说，方程组进行 GMM 估计时，方程组是作为一个整体的，但允许每个方程使用各自的工具变量，总共有 $Z = Z_1 + Z_2 + \cdots + Z_M$ 个正交条件。关于方程组的正交条件：

1) 方程组的模型设定一般蕴涵假设

$$E(\mathbf{e}_t(\mathbf{b})) = 0$$

2) 每个正交条件为工具变量与单个方程残差的乘积，工具变量矩阵呈准对角矩阵的形式。

3) 定义

$$\mathbf{E}_t \equiv \frac{\partial \mathbf{e}_t(\mathbf{b}_0)}{\partial \mathbf{b}'}$$

则

$$\mathbf{G} = -E\left(\frac{\partial \mathbf{g}_t(\mathbf{b}_0)}{\partial \mathbf{b}'}\right) = -E(\mathbf{Z}_t' \mathbf{E}_t)$$

因此，如果 $\mathbf{G}$ 满列秩，要求 $\mathbf{Z}_t$ 和残差 $\mathbf{e}_t$ 正交，但又要和 Jacobian 矩阵 $\mathbf{E}_t$ 足够地相关。

4) 对于线性方程组 $\mathbf{e}_t = \mathbf{y}_t - \mathbf{X}_t \mathbf{b}$，显然

$$\mathbf{G} = E(\mathbf{Z}_t' \mathbf{X}_t)$$

三、其他

EViews 中的 GMM 估计，矩条件都采用正交条件形式：

1) 单方程的 GMM 估计中，如果正交条件包含多个时期的误差，例如

$$E(\mathbf{z}_t \Delta e_t) = 0$$

EViews 是不直接支持的，此时可以考虑对方程进行差分，再进行 GMM 估计。

2) 方程组的 GMM 估计中，如果正交条件包含多个方程的误差，例如

$$E(\mathbf{z}_{t1}(e_{t1} + e_{t2})) = 0$$

工具变量矩阵 $\mathbf{Z}_t$ 将不具有准对角矩阵的形式，EViews 还不支持这样的工具变量设定。

3) 面板数据的 GMM 估计，参见 §14.5 节 (第 687 页)，方程可以先进行变换，如 GLS 变换或者面板数据去效应的数据变换等，然后正交条件建立在变换后的残差上。

此外，EViews 进行 GMM 估计时，初始加权矩阵正比于 2SLS 加权矩阵，即 $\mathbf{W} = (\mathbf{Z}'\mathbf{Z})^{-1}$，得到初始的系数估计，再迭代计算系数估计和加权矩阵估计 (迭代方法参见第 664 页 §14.1.4 节)。

§14.4.3 最佳工具变量

如果有条件期望限制

$$\mathrm{E}\left(\mathbf{e}_t|\mathbf{x}_t\right)=0 \tag{14.18}$$

那么 $\mathbf{x}_t$ 的任何非线性函数都可以充当工具变量。对于给定的工具变量矩阵 $\mathbf{Z}_t$，有效的 GMM 估计通过最优的加权矩阵来获得。问题是，如果工具变量集不是最佳的，我们可以加入 $\mathbf{x}_t$ 的非线性变换到工具变量中，可能得到更有效的估计。那么如何选择最佳的工具变量呢？

定义 $M \times M$ 条件方差矩阵

$$\mathbf{V}_t = \operatorname{var}\left(\mathbf{e}_t(\mathbf{b}_0)|\mathbf{x}_t\right)$$

以及 $M \times P$ 矩阵

$$\mathbf{E}_t \equiv \mathrm{E}\left(\left.\frac{\partial \mathbf{e}_t(\mathbf{b}_0)}{\partial \mathbf{b}'}\right|\mathbf{x}_t\right)$$

则最佳工具变量为

$$\mathbf{Z}_{*t} = \mathbf{V}_t^{-1}\mathbf{E}_t$$

并且系数的渐近方差估计为

$$\left[\mathrm{E}\left(\mathbf{E}_t'\mathbf{V}_t^{-1}\mathbf{E}_t\right)\right]^{-1} \tag{14.19}$$

最佳工具变量是以条件期望限制式 (14.18) 为基础的，$\mathbf{Z}_{*t}$ 是变换而来的：

1) 工具变量矩阵 $\mathbf{Z}_{*t}$ 为 $M \times P$ 矩阵，系数估计恰好识别，无须考虑 GMM 加权矩阵。
2) 最佳工具变量矩阵 $\mathbf{Z}_{*t}$ 并不唯一，$\mathbf{Z}_{*t}$ 的常数倍仍然是最佳工具变量矩阵。
3) Chamberlain (1987) 指出，常规的条件下 (regularity conditions)，任何只使用条件 (14.18) 的系数估计，其方差矩阵的下界为式 (14.19)。
4) 对于 $\mathbf{V}_t$，实际应用时，一般假设同方差，即

$$\mathrm{E}\left(\mathbf{e}_t\mathbf{e}_t'|\mathbf{x}_t\right)=\mathbf{V}$$

然后，只要有 $\mathbf{b}$ 的初始估计，就可以方便地估计出 $\mathbf{V}$。

5) $\mathbf{E}_t$ 的估计一般需要非参数方法，而且需要比较大量的样本，请参考 Newey (1990)。

对于这种生成工具变量的 GMM 估计，只能采用迭代方法，因为建立工具变量矩阵 $\mathbf{Z}_{*t}$ 用到了待估计的系数。需要说明的是，EViews 的 gmm 命令并不直接支持这种方式的 GMM 估计。

§14.4.4 例子

假设 y 服从 Gamma 分布

$$f(y)=\frac{\lambda^r}{\Gamma(r)}e^{-\lambda y}y^{r-1} \qquad y>0, r>0, \lambda>0$$

其中 $\Gamma(\cdot)$ 为 Gamma 函数。Greene (2003, p538) 采用 GMM 方法估计 Gamma 分布的参数 λ 和 r，将矩条件设定为

$$\mathrm{E}\begin{pmatrix} y_i - r/\lambda \\ y_i^2 - (r+1)r/\lambda^2 \\ \log(y_i) - \psi(r) + \log(\lambda) \\ 1/y_i - \lambda/(r-1) \end{pmatrix} = 0$$

其中 $\psi(\cdot)$ 为 Digamma 函数。EViews 中，该设定的 GMM 估计可以通过方程组对象实现

```
'http://www.stern.nyu.edu/%7Ewgreene/Text/tables/TableFD-1.txt
wfopen TableFD-1.txt

coef r
coef ld
system sys01
sys01.append y-r(1)/ld(1)
sys01.append y^2-r(1)*(r(1)+1)/(ld(1)^2)
sys01.append log(y)+log(ld(1))-@digamma(r(1))
sys01.append 1/y-ld(1)/(r(1)-1)
sys01.append inst c

param r(1) 2.4106 ld(1) 0.077
freeze(tb01) sys01.gmm(showopts)
```

先通过 wfopen 导入外部数据，得到观测序列为 y。然后建立方程组对象 sys01，并进行方程和工具变量的设定，将每个正交条件看成是残差与常数工具变量的乘积，每个方程设定一个残差(都没有因变量)。最后以 ML 的估计结果(第750页图15.8)为初始值，进行 GMM 估计，得到估计结果为 (EViews 7)

```
System: SYS01
Estimation Method: Generalized Method of Moments
Date: 09/01/10   Time: 09:31
Sample: 1 20
Included observations: 20
Total system (balanced) observations 80
Estimation settings: tol=0.00010, derivs=analytic
Initial Values: R(1)=2.41060, LD(1)=0.07700
Kernel: Bartlett, Bandwidth: Fixed (3), No prewhitening
Iterate coefficients after one-step weighting matrix
Convergence achieved after: 1 weight matrix, 34 total coef
         iterations
```

	Coefficient	Std. Error	t-Statistic	Prob.
R(1)	2.659856	0.591187	4.499176	0.0000
LD(1)	0.084684	0.024558	3.448349	0.0009

| Determinant residual covariance | 11.27038 |
| J-statistic | 0.092341 |

```
Equation: Y-R(1)/LD(1)
Instruments: C
Observations: 20
S.E. of regression      22.98940    Sum squared resid    9513.225
Durbin-Watson stat       2.204003

Equation: Y^2-R(1)*(R(1)+1)/(LD(1)^2)
Instruments: C
Observations: 20
S.E. of regression      2196.519    Sum squared resid    86844528
Durbin-Watson stat       1.958122

Equation: LOG(Y)+LOG(LD(1))-@DIGAMMA(R(1))
Instruments: C
Observations: 20
S.E. of regression       0.710452   Sum squared resid    9.085359
Durbin-Watson stat       2.460372

Equation: 1/Y-LD(1)/(R(1)-1)
Instruments: C
Observations: 20
S.E. of regression       0.038030   Sum squared resid    0.026033
```

我们看到，尽管函数形式非常复杂，计算过程中 EViews 仍然采用解析法进行求导。

问题：GMM 估计 tb01 与 Greene (2003, p540) 表 18.1 报告的估计结果有区别，为什么？

提示：尽管 tb01 也是通常说的两步 GMM 估计，但采用的初始加权矩阵 (第一步) 是 2SLS 加权矩阵而不是单位矩阵

一、函数形式

对于非线性模型，函数形式影响估计结果：

```
system sys10
sys10.append r(1)-ld(1)*y
sys10.append (ld(1)*y)^2-r(1)*(r(1)+1)
sys10.append log(y)+log(ld(1))-@digamma(r(1))
sys10.append (r(1)-1)/y-ld(1)
sys10.append inst c

param r(1) 2.4106 ld(1) 0.077
freeze(tb10) sys10.gmm
```

方程组对象 sys10 修改了函数形式，对每个矩条件分别进行变换，得到估计结果为 (EViews 7)

```
System: SYS10
Estimation Method: Generalized Method of Moments
Date: 09/01/10   Time: 09:31
Sample: 1 20
Included observations: 20
Total system (balanced) observations 80
Kernel: Bartlett,  Bandwidth: Fixed (3),  No prewhitening
Iterate coefficients after one-step weighting matrix
Convergence achieved after: 1 weight matrix, 14 total coef
        iterations
```

	Coefficient	Std. Error	t-Statistic	Prob.
R(1)	2.494505	0.126844	19.66597	0.0000
LD(1)	0.072301	0.008494	8.512032	0.0000

| Determinant residual covariance | 4.24E-06 |
| J-statistic | 0.101821 |

```
Equation: R(1)-LD(1)*Y
Instruments: C
Observations: 20
S.E. of regression       1.680187    Sum squared resid    50.81453
Durbin-Watson stat       2.156958

Equation: (LD(1)*Y)^2-R(1)*(R(1)+1)
Instruments: C
Observations: 20
S.E. of regression       11.53009    Sum squared resid    2392.973
Durbin-Watson stat       1.941885

Equation: LOG(Y)+LOG(LD(1))-@DIGAMMA(R(1))
Instruments: C
Observations: 20
S.E. of regression       0.718656    Sum squared resid    9.296395
Durbin-Watson stat       2.404520

Equation: (R(1)-1)/Y-LD(1)
Instruments: C
Observations: 20
S.E. of regression       0.056873    Sum squared resid    0.058221
```

由于矩条件改变了，J 值被修改了，系数估计结果有不小的变化。

二、迭代方法

除了函数形式，迭代方法也影响非线性模型的估计，例如

```
param r(1) 2.4106 ld(1) 0.077
freeze(tb10i) sys10.gmm(i)
```

从相同的初始值出发，迭代过程是发散的。

三、带宽影响

带宽影响加权矩阵估计，进而影响系数估计

```
param r(1) 2.4106 ld(1) 0.077
freeze(tb010) sys01.gmm(showopts,b=1)     'EViews 7
'freeze(tb010) sys01.gmm(showopts,b=0)    'EViews 5
```

带宽[7]由 3 (Newey-West 固定带宽) 减少为 1，得到估计结果为 (EViews 7)

```
System: SYS01
Estimation Method: Generalized Method of Moments
Date: 09/01/10   Time: 10:59
Sample: 1 20
Included observations: 20
Total system (balanced) observations 80
Estimation settings: tol=0.00010, derivs=analytic
Initial Values: R(1)=2.41060, LD(1)=0.07700
Kernel: Bartlett, Bandwidth: Fixed (1), No prewhitening
Iterate coefficients after one-step weighting matrix
Convergence achieved after: 1 weight matrix, 21 total coef
     iterations
```

	Coefficient	Std. Error	t-Statistic	Prob.
R(1)	3.358818	0.907623	3.700674	0.0004
LD(1)	0.124481	0.041759	2.980937	0.0038

```
Determinant residual covariance    7.931994
J-statistic                        0.098761
```

我们看到，系数的估计值发生了较大的变化，由于方差估计采用了相同的加权矩阵，标准差的估计值也明显改变了。

最后，我们强调一下，EViews 中进行 GMM 估计：

1) 系数识别是基于模型整体的，而不是基于单方程，一般要求矩条件数不少于系数个数。
2) 矩条件形式必须为正交条件形式，根据矩条件选择使用方程对象或者方程组对象。
3) 矩条件的设定使用了方程设定的隐含残差项。
4) 当心修改了矩条件的函数形式，即使是等价形式，也可能影响数值计算。
5) 尽管 EViews 提供的四种迭代方法计算的 GMM 估计都是渐近有效的，然而不要忘记迭代方法是会影响数值计算的。
6) 带宽的选择影响加权矩阵的估计，进而影响系数和标准差估计。

---

[7]本小节的例子是在 EViews 7 中进行计算的，与 EViews 5 的区别仅在带宽上，例如 Newey-West 固定带宽或者用户自定义带宽的报告上，EViews 5 表头报告的带宽比实际使用的带宽值少 1。

§14.5 面板数据

熟悉了单方程和方程组的 GMM 估计，面板数据模型的 GMM 估计就很容易理解了。EViews 中，面板数据模型的 GMM 估计通过面板工作页中的方程对象实现。本节先介绍 EViews 提供的面板数据 GMM 估计方法，解释各种 GMM 加权矩阵的具体含义。然后讨论线性动态面板数据模型的 GMM 估计，详细介绍了消除个体效应的数据变换方法——差分法和正交离差 (orthogonal deviations) 法。

§14.5.1 GMM 方法

沿用 §8.1 节 (第 333 页) 的符号，面板数据 GMM 估计的基本模型为

$$y_{nt} = f(\mathbf{x}_{nt}, \mathbf{b}) + c_n + d_t + e_{nt} \qquad n = 1, 2, \cdots, N \quad t = 1, 2, \cdots, T \tag{14.20}$$

其中 $f(\cdot)$ 是一般的非线性方程。几点说明如下：

1) 最简单的情况是我们熟悉的线性模型 $f(\mathbf{x}_{nt}, \mathbf{b}) = a + \mathbf{x}'_{nt}\mathbf{b}$，即

$$y_{nt} = a + \mathbf{x}'_{nt}\mathbf{b} + c_n + d_t + e_{nt} \qquad n = 1, 2, \cdots, N \quad t = 1, 2, \cdots, T$$

2) 模型 (14.20) 中 $f(\mathbf{x}_{nt}, \mathbf{b})$ 只包含共同系数 (不随个体或者时期变化)。事实上，这并不带来任何限制，由 §8.6.1 节 (第 372 页) 我们知道，对于随个体变化或者随时期变化的系数，可以采用交互哑变量转化成共同系数。

3) EViews 中方程对象设定方程时，线性模型可以采用名单法设定，非线性模型只能采用公式法设定。而个体效应 c_n 和时期效应 d_t 通过估计命令 gmm 的选项设定，两者都可以设定为随机效应或者固定效应。

4) EViews 支持非平衡面板的 GMM 估计，为减少不必要的麻烦，我们采用平衡面板进行讲解。

在实际计算中，固定效应采用哑变量实现，而随机效应则归入到误差项中。因此，简洁起见，讨论模型 (14.20) 的 GMM 估计时，我们采用无个体效应且无时期效应的设定，则按个体堆叠的形式为

$$\mathbf{e}_n(\mathbf{b}) = \mathbf{y}_n - f(\mathbf{X}_n, \mathbf{b})$$

一、GMM 估计

假设矩条件 (正交条件) 为

$$\mathrm{E}\left(\mathbf{g}_n(\mathbf{b})\right) = \mathrm{E}\left(\mathbf{Z}'_n \mathbf{e}_n(\mathbf{b})\right) = \sum_{t=1}^{T} \mathrm{E}(\mathbf{z}_{nt} e_{nt}) = 0 \qquad n = 1, 2, \cdots, N$$

其中 $\mathbf{z}_{nt}$ 是 $Z \times 1$ 工具变量，并且

$$\mathbf{Z}_n = \begin{bmatrix} \mathbf{z}'_{n1} \\ \mathbf{z}'_{n2} \\ \vdots \\ \mathbf{z}'_{nT} \end{bmatrix}_{T \times Z} \qquad \mathbf{e}_n = \begin{bmatrix} e_{n1} \\ e_{n2} \\ \vdots \\ e_{nT} \end{bmatrix}_{T \times 1} \qquad \mathbf{Z} = \begin{bmatrix} \mathbf{Z}_1 \\ \mathbf{Z}_2 \\ \vdots \\ \mathbf{Z}_N \end{bmatrix}_{NT \times Z}$$

请注意，$\mathbf{Z}_n$ 不是准对角矩阵。此外，矩条件不是假定为 $\mathrm{E}(\mathbf{z}_{nt} e_{nt}) = 0$。

定义样本矩

$$\bar{\mathbf{g}}(\mathbf{b}) = \frac{1}{N} \sum_{n=1}^{N} \mathbf{g}_n(\mathbf{b}) = \frac{1}{N} \sum_{n=1}^{N} \mathbf{Z}'_n \mathbf{e}_n(\mathbf{b}) = \frac{1}{N} \mathbf{Z}' \mathbf{e}$$

则 GMM 估计的目标函数为

$$\min_{\mathbf{b}} \quad J = \left[\sqrt{N}\bar{\mathbf{g}}(\mathbf{b})\right]' \mathbf{W} \left[\sqrt{N}\bar{\mathbf{g}}(\mathbf{b})\right]$$

其中加权矩阵 $\mathbf{W}$ 是 $Z \times Z$ 的对称正定矩阵。假设优化模型有唯一解，记为 $\mathbf{b}_{\text{GMM}}$，定义

$$\mathbf{G} = -\frac{1}{N}\sum_{n=1}^{N}\frac{\partial \mathbf{g}_n(\mathbf{b})}{\partial \mathbf{b}'}\bigg|_{\mathbf{b}=\mathbf{b}_{\text{GMM}}} \qquad \mathbf{C} = \frac{1}{N}\sum_{n=1}^{N}\mathbf{g}_n(\mathbf{b})\mathbf{g}_n'(\mathbf{b})|_{\mathbf{b}=\mathbf{b}_{\text{GMM}}}$$

假设 $\mathbf{g}_n$ 无序列相关，那么 $\mathbf{b}_{\text{GMM}}$ 的渐近方差估计为

$$(\mathbf{G}'\mathbf{W}\mathbf{G})^{-1}(\mathbf{G}'\mathbf{W}\mathbf{C}\mathbf{W}\mathbf{G})(\mathbf{G}'\mathbf{W}\mathbf{G})^{-1}/N \tag{14.21}$$

多数情况下，式 (14.21) 中方差矩阵 $\mathbf{C}$ 的一致估计往往具有更简单的形式。

只要加权矩阵是正定的，GMM 系数估计都是一致估计。加权矩阵的选择，只影响有效性，不影响一致性。EViews 进行面板数据的 GMM 估计时，不同于非面板数据的方程对象或者方程组对象，面板数据下方程对象的 gmm 命令并没有去估计最优 GMM 加权矩阵，而是通过选项 gmm= 设定 GMM 加权矩阵 $\mathbf{W}$，下面的内容中 (第 689 页) 我们将深入讨论。鉴于此，EViews 中，面板数据 GMM 估计的基本过程为：

1) 设定工具变量矩阵 $\mathbf{Z}$ (EViews 总是把常数作为工具变量)。
2) 选择 GMM 加权矩阵 $\mathbf{W}$。
3) 如果有特别的理由，还可以修改方差矩阵 $\mathbf{C}$ 的估计方法。

以线性面板数据模型为例，假设

$$f(\mathbf{X}_n, \mathbf{b}) = \mathbf{X}_n\mathbf{b} \qquad \mathrm{E}\left(\mathbf{e}_n\mathbf{e}_n' | \mathbf{Z}_n\right) = s^2 \mathbf{I}_T$$

GMM 加权矩阵 $\mathbf{W}$ 取 2SLS 加权矩阵

$$\mathbf{W} = (\mathbf{Z}'\mathbf{Z})^{-1} N/s^2$$

方差矩阵 $\mathbf{C}$ 采用一致估计

$$\mathbf{C} = \frac{1}{N}\sum_{n=1}^{N}\mathbf{Z}_n' s^2 \mathbf{Z}_n = s^2 \mathbf{Z}'\mathbf{Z}/N$$

那么模型的 GMM 估计是什么样子呢？注意到

$$\bar{\mathbf{g}}(\mathbf{b}) = \frac{1}{N}\mathbf{Z}'\mathbf{e} = \frac{1}{N}\mathbf{Z}'(\mathbf{y} - \mathbf{X}\mathbf{b}) \qquad \frac{\partial \bar{\mathbf{g}}(\mathbf{b})}{\partial \mathbf{b}'} = -\mathbf{Z}'\mathbf{X}/N$$

目标函数的 FOC 为

$$\left[\frac{\partial \bar{\mathbf{g}}(\mathbf{b})}{\partial \mathbf{b}'}\right]' \mathbf{W}\bar{\mathbf{g}}(\mathbf{b}) = -[\mathbf{Z}'\mathbf{X}/N]' \mathbf{W}\mathbf{Z}'(\mathbf{y} - \mathbf{X}\mathbf{b})/N = 0$$

得系数的 GMM 估计为

$$\mathbf{b}_{\text{GMM}} = \left[\mathbf{X}'\mathbf{Z}\mathbf{W}\mathbf{Z}'\mathbf{X}\right]^{-1}\mathbf{X}'\mathbf{Z}\mathbf{W}\mathbf{Z}'\mathbf{y} = \left[\mathbf{X}'\mathbf{Z}\left(\mathbf{Z}'\mathbf{Z}\right)^{-1}\mathbf{Z}'\mathbf{X}\right]^{-1}\mathbf{X}'\mathbf{Z}\left(\mathbf{Z}'\mathbf{Z}\right)^{-1}\mathbf{Z}'\mathbf{y}$$

由于 $\mathbf{W} = \mathbf{C}^{-1}$，渐近方差估计式 (14.21) 可简化为

$$(\mathbf{G}'\mathbf{W}\mathbf{G})^{-1}/N = \left[\mathbf{X}'\mathbf{Z}\left(\mathbf{Z}'\mathbf{Z}\right)^{-1}\mathbf{Z}'\mathbf{X}\right]^{-1} s^2$$

其中 $\mathbf{G}$ 的一致估计为

$$\mathbf{G} = -\frac{1}{N}\sum_{n=1}^{N}\frac{\partial \mathbf{g}_n(\mathbf{b})}{\partial \mathbf{b}'}\bigg|_{\mathbf{b}=\mathbf{b}_{\text{GMM}}} = \frac{1}{N}\sum_{n=1}^{N}\mathbf{Z}_n'\mathbf{X}_n = \mathbf{Z}'\mathbf{X}/N$$

二、按时期堆叠

面板数据的 GMM 估计也可能采用按时期堆叠的形式,将矩条件表示成

$$\mathrm{E}\left(\boldsymbol{g}_t(\mathbf{b})\right) = \mathrm{E}\left(\boldsymbol{Z}_t' \boldsymbol{e}_t(\mathbf{b})\right) = 0$$

其中 $\boldsymbol{Z}_t$ 是 $N \times Z$ 工具变量矩阵,记

$$\boldsymbol{Z}_t = \begin{bmatrix} \mathbf{z}_{1t}' \\ \mathbf{z}_{2t}' \\ \vdots \\ \mathbf{z}_{Nt}' \end{bmatrix}_{N \times Z} \qquad \boldsymbol{Z} = \begin{bmatrix} \boldsymbol{Z}_1 \\ \boldsymbol{Z}_2 \\ \vdots \\ \boldsymbol{Z}_N \end{bmatrix}_{NT \times Z}$$

则样本矩

$$\bar{\boldsymbol{g}}(\mathbf{b}) = \frac{1}{T} \sum_{t=1}^{T} \boldsymbol{g}_t(\mathbf{b}) = \frac{1}{T} \sum_{t=1}^{T} \boldsymbol{Z}_t' \boldsymbol{e}_t(\mathbf{b}) = \frac{1}{T} \boldsymbol{Z}' \boldsymbol{e}$$

此时 GMM 估计的目标函数为

$$\min_{\mathbf{b}} \quad J = \left[\sqrt{T} \bar{\boldsymbol{g}}(\mathbf{b})\right]' \mathbf{W} \left[\sqrt{T} \bar{\boldsymbol{g}}(\mathbf{b})\right]$$

按时期堆叠形式下的 GMM 估计与按个体堆叠形式的分析方法相似,不再详述。

三、矩阵 W 和 C

面板数据的 GMM 估计中,EViews 提供了如下几种加权矩阵:

1) 2SLS 加权

$$\mathbf{W} = (\mathbf{Z}'\mathbf{Z})^{-1} N/s^2$$

当 $\mathrm{E}(\mathbf{Z}_n' \mathbf{e}_n \mathbf{e}_n' \mathbf{Z}_n) = s^2 \mathrm{E}(\mathbf{Z}_n' \mathbf{Z}_n)$ 成立时,2SLS 加权矩阵是最优的。

2) White 对角线[8]

$$\mathbf{W} = \left(\frac{1}{NT} \sum_{n=1}^{N} \sum_{t=1}^{T} e_{nt}^2 \mathbf{z}_{nt} \mathbf{z}_{nt}'\right)^{-1}$$

如果 $\mathbf{g}_{nt} = \mathbf{z}_{nt} e_{nt}$ 不存在序列相关,该加权矩阵是最优的。

3) White 时期

$$\mathbf{W} = \left(\frac{1}{N} \sum_{n=1}^{N} \mathbf{Z}_n' \mathbf{e}_n \mathbf{e}_n' \mathbf{Z}_n\right)^{-1}$$

---

[8]当使用 White 对角线加权矩阵时,矩条件为

$$\mathrm{E}(\mathbf{g}_{nt}) = \mathrm{E}(\mathbf{z}_{nt} e_{nt}) = 0 \qquad n = 1, 2, \cdots, N \quad t = 1, 2, \cdots, T$$

GMM 估计的目标函数为

$$\min \quad J = \left[\sqrt{NT} \bar{\mathbf{g}}(\mathbf{b})\right]' \mathbf{W} \left[\sqrt{NT} \bar{\mathbf{g}}(\mathbf{b})\right]$$

其中

$$\bar{\mathbf{g}}(\mathbf{b}) = \frac{1}{NT} \sum_{n=1}^{N} \sum_{t=1}^{T} \mathbf{g}_{nt} = \frac{1}{NT} \sum_{n=1}^{N} \sum_{t=1}^{T} \mathbf{z}_{nt} e_{nt} = \frac{1}{NT} \sum_{n=1}^{N} \mathbf{Z}_n' \mathbf{e}_n = \frac{1}{NT} \mathbf{Z}' \mathbf{e}$$

相当于把观测汇拢 (pool) 起来。注意到

$$\mathrm{E}(\mathbf{g}_{nt}) = 0 \implies \mathrm{E}(\mathbf{g}_n) = \sum_{t=1}^{T} \mathrm{E}(\mathbf{g}_{nt}) = 0$$

但反过来不成立,因此 $\mathrm{E}(\mathbf{g}_n) = 0$ 是更宽松的矩条件。

如果 $g_n = Z'_n e_n$ 不存在序列相关,该加权矩阵是最优的。

4) White 横截面

$$W = \left(\frac{1}{T}\sum_{t=1}^{T} Z'_t e_t e'_t Z_t\right)^{-1}$$

如果 $g_t = Z'_t e_t$ 不存在序列相关,该加权矩阵是最优的。

5) P-SUR

$$W = \left(\frac{1}{N}\sum_{n=1}^{N} Z'_n S Z_n\right)^{-1}$$

如果 $E(Z'_n e_n e'_n Z_n) = E(Z'_n S Z_n)$ 且 $g_n = Z'_n e_n$ 不存在序列相关,该加权矩阵是最优的。

6) 时期异方差,P-SUR 中限制 S 为对角矩阵。

7) C-SUR

$$W = \left(\frac{1}{T}\sum_{t=1}^{T} Z'_t V Z_t\right)^{-1}$$

如果 $E(Z'_t e_t e'_t Z_t) = E(Z'_t V Z_t)$ 且 $g_t = Z'_t e_t$ 不存在序列相关,该加权矩阵是最优的。

8) 个体异方差,C-SUR 中限制 V 为对角矩阵。

GMM 加权矩阵 W 被限定为以上几种形式,对应于命令 gmm 的选项如下:

选项	GMM 加权	选项	GMM 加权
gmm=2SLS	2SLS 加权	gmm=cxdiag	个体异方差
gmm=cxwhite	White 横截面	gmm=cxsur	C-SUR
gmm=perwhite	White 时期	gmm=perdiag	时期异方差
gmm=stackedwhite	White 对角线	gmm=persur	P-SUR

如果没有设置 gmm=,默认选项为 gmm=2SLS。但有个特例,在动态面板数据模型 (第 696 页,§14.5.3 节) 的 GMM 估计中 (选项 cx=fd 或者 cx=od),GMM 加权矩阵为式 (14.23) (第 696 页),默认使用 Arellano-Bond 单步法,而选项 gmm=perwhite 则采用 Arellano-Bond 两步法。

面板数据的 GMM 估计中,方差矩阵 C 的估计默认为 $C = W^{-1}$。尽管命令 gmm 允许采用其他方法估计方差矩阵 C,但除非有特别的理由,没有必要修改方差矩阵 C 的估计方法。不同估计方法将导致系数方差的不同估计,如果想修改方差矩阵 C 的估计方法,可以使用如下选项设置:

选项	修正方法	选项	修正方法
		cov=cxdiag	个体异方差
cov=cxwhite	White 横截面法	cov=cxsur	C-SUR
cov=perwhite	White 时期法	cov=perdiag	时期异方差
cov=stackedwhite	White 对角线法	cov=persur	P-SUR

我们看到,选项 cov= 和 gmm= 的设置一一对应 (除了 gmm=2SLS 以外)。此外,设置选项 cov= 后,方差矩阵 C 的估计进行了自由度调整,可以通过选项 nodf 禁止自由度调整。

需要说明的是,选项 cov= 和 gmm= 是面板工作页中方程对象的 gmm 命令特有的,非面板工作页中,方程对象和方程组对象没有这两种选项。

四、GLS 加权

EViews 允许 GMM 估计采用 GLS 变换后的数据，例如将正交条件设定为

$$\mathrm{E}\left(\mathbf{g}_n\left(\mathbf{b}\right)\right) = \mathrm{E}\left(\mathbf{Z}_n' \mathbf{S}^{-1} \mathbf{e}_n\left(\mathbf{b}\right)\right) = 0$$

其中 $\mathbf{S} = \mathrm{E}\left(\mathbf{e}_n \mathbf{e}_n' | \mathbf{Z}_n\right)$，相应的样本矩为

$$\bar{\mathbf{g}}\left(\mathbf{b}\right) = \frac{1}{N} \sum_{n=1}^{N} \mathbf{g}_n\left(\mathbf{b}\right) = \frac{1}{N} \mathbf{Z}' \left(\mathbf{I}_N \otimes \mathbf{S}^{-1}\right) \mathbf{e}$$

面板数据的 GMM 估计中，GLS 加权使用在特定方差结构或者随机效应模型中。

如果面板数据模型的误差具有特定的方差结构，可以使用如下选项设置 GLS 加权：

选项	说明	选项	说明
`wgt=cxdiag`	个体异方差	`wgt=perdiag`	时期异方差
`wgt=cxsur`	C-SUR	`wgt=persur`	P-SUR

如果没有设置选项 `wgt=`，默认无 GLS 加权。方差结构的具体形式请参考 §8.6.2 节 (第 375 页)。

如果面板数据模型包含了随机效应，GMM 估计也将采用 GLS 加权，此时选项 `wgt=` 无效，GLS 加权矩阵由随机效应的方差成分估计选项设置：

选项	说明
`rancalc=sa` (默认)	Swamy and Arora (1972) 的方法
`rancalc=wh`	Wallace and Hussain (1969) 的方法
`rancalc=wk`	Wansbeek and Kapteyn (1989) 的方法

方差成分的估计方法请参考式 (8.27) (第 345 页) 的讨论。

五、选项

面板数据模型 GMM 估计的命令为 gmm，选项繁多，清晰起见，归类如下：

1) 模型设置

 (a) 效应设置：个体效应和时期效应；

 (b) 加权矩阵：GMM 加权矩阵和 GLS 加权矩阵；

 (c) 系数方差估计方法。

2) 计算设置

 (a) 迭代控制；

 (b) 导数计算。

3) 其他选项

 (a) `coef=arg`: 名单法设定方程时，指定系数使用的系数向量对象；

 (b) `keepwgts`: 总是保存 GLS/GMM 加权矩阵于方程对象中 (否则不保存比较大的加权矩阵)；

 (c) `levelper`: 动态面板数据模型中 (数据变换选项 `cx=fd` 或者 `cx=od`)，时期哑变量总使用水平值 (不管是作为解释变量还是工具变量，都不进行数据变换)；

(d) `nodf`: 使 `cov=` 选项的方差估计不进行自由度调整。

模型设置方面，GMM 加权矩阵 **W** 的设置选项，方差矩阵 **C** 的估计方法选项，以及 GLS 加权的各种选项，已经在前面讨论相关内容时分别介绍了。至于面板数据模型的效应设置，个体效应和时期效应分别通过选项 `cx=` 和 `per=` 进行设置：

选项	说明	选项	说明
`cx=f`	个体固定效应	`per=f`	时期固定效应
`cx=fd`	一阶差分变换	`per=r`	时期随机效应
`cx=od`	正交离差变换		
`cx=r`	个体随机效应		

如果没有设置选项 `cx=` 和 `per=`，默认为无效应 (无个体效应、无时期效应)。数据变换选项 `cx=fd` 和 `cx=od` 用在动态面板数据模型的估计中，我们将在 §14.5.3 节 (第 696 页) 讨论。

计算方面，迭代控制和导数计算的选项与普通方程对象的 `gmm` 命令相同，具体请参见 §14.1.4 节 (第 664 页) 的讨论。需要指出的是，面板数据 GMM 估计的迭代方法选项稍微变了一下，采用选项 `iter=` 进行设置：

选项	说明
`iter=onec` (默认)	对加权矩阵进行一次迭代，然后对系数一直迭代到收敛
`iter=oneb`	迭代加权矩阵一次后，系数也只迭代一次
`iter=sim`	每次迭代都更新加权矩阵和系数，直到两者都收敛
`iter=seq`	重复选项 `iter=onec` 的方法，直到加权矩阵和系数都收敛

默认的迭代方法选项 `iter=onec` 对应于非面板数据的选项 `o`。

§14.5.2 例子

面板数据模型的 GMM 估计，在面板工作页 (参见第 394 页 §9.1 节) 中进行，使用方程对象，而不是合伙 (pool) 对象。此外，GMM 加权矩阵的选取是极其重要的。

一、GMM 与 IV 估计

EViews 中，面板数据的 GMM 估计，默认下就是 2SLS 估计。例如

```
'in http://www.msu.edu/%7Eec/faculty/wooldridge/textfiles2.ZIP
%wf = "ezunem.raw"
wfopen(t=text,page=EZ) %wf names = (year uclms ez _
    d81 d82 d83 d84 d85 d86 d87 d88 c1 c2 c3 c4 c5 c6 c7 c8 c9 _
    c10 c11 c12 c13 c14 c15 c16 c17 c18 c19 c20 c21 c22 _
    luclms guclms cez guclms_1 guclms_2 t ezt city)
pagestruct city @date(year)

equation eq02.gmm(per=f) d(luclms) c d(luclms(-1)) d(ez) _
    @ c d(luclms(-2)) d(ez)
```

先读入数据，然后结构化成面板工作页，再用 GMM 方法估计时期固定效应模型，得到估计结果为

```
Dependent Variable: D(LUCLMS)
Method: Panel Generalized Method of Moments
Date: 11/04/08   Time: 22:14
Sample (adjusted): 1983 1988
Periods included: 6
Cross-sections included: 22
Total panel (balanced) observations: 132
2SLS instrument weighting matrix
Instrument list: C D(LUCLMS(-2)) D(EZ)
```

Variable	Coefficien	Std. Error	t-Statistic	Prob.
C	-0.201653	0.040473	-4.982367	0.0000
D(LUCLMS(-1))	0.164710	0.288447	0.571023	0.5690
D(EZ)	-0.218703	0.106141	-2.060488	0.0414

Effects Specification

Period fixed (dummy variables)

R-squared	0.280529	Mean dependent var	-0.235098
Adjusted R-squared	0.239914	S.D. dependent var	0.267204
S.E. of regression	0.232956	Sum squared resid	6.729311
Durbin-Watson stat	2.857782	J-statistic	2.09E-30
Instrument rank	8.000000		

因为 gmm 命令的 GMM 加权矩阵 W 默认采用 2SLS 加权，系数和方差估计与图 9.1 (第 429 页) 的 2SLS 估计结果完全相等。需要注意的是，估计结果报告的统计量部分中，Instrument rank 等于 8，是因为 6 个时期哑变量中的 5 个 (剔除一个，避免哑变量陷阱) 也作为工具变量。

二、GMM 加权和方差估计

面板数据的 GMM 估计中，GMM 加权矩阵和方差估计方法通过选项设置

```
'http://www.wiley.com/legacy/wileychi/baltagi/supp/Grunfeld.fil
%wf = "Grunfeld.fil"
pageload(t=txt,page=GB0) %wf names=(fn yr i f k)
pagestruct fn @date(yr)

c = 0
equation eq51.gmm(c=1e-6,iter=sim,gmm=persur) I C F @ C F K
```

采用经典的 Grunfeld 数据，GMM 加权矩阵取为 P-SUR 加权矩阵 (选项 gmm=persur)，我们估计的模型故意将变量 K 遗漏，得到 GMM 估计结果如下：

```
Dependent Variable: I
Method: Panel Generalized Method of Moments
Date: 11/05/08   Time: 06:49
Sample: 1935 1954
Periods included: 20
Cross-sections included: 10
Total panel (balanced) observations: 200
Period SUR instrument weighting matrix
Convergence achieved after 19 weight iterations
Instrument list: C F K
```

Variable	Coefficien	Std. Error	t-Statistic	Prob.
C	-8.243433	29.22350	-0.282082	0.7782
F	0.132270	0.017314	7.639378	0.0000

R-squared	0.728636	Mean dependent var	145.9582
Adjusted R-squared	0.727265	S.D. dependent var	216.8753
S.E. of regression	113.2610	Sum squared resid	2539955.
Durbin-Watson stat	0.194881	J-statistic	6.303424
Instrument rank	3.000000		

我们知道，方差矩阵 **C** 的估计默认为 $\mathbf{C} = \mathbf{W}^{-1}$，验证如下：

```
c = 0
equation eq52.gmm(c=1e-6,iter=sim,gmm=persur,cov=persur,nodf) _
    I C F @ C F K
```

矩阵 **W** 和 **C** 采用相同的估计方法，得到 GMM 估计结果为

```
Dependent Variable: I
Method: Panel Generalized Method of Moments
Date: 11/05/08   Time: 06:49
Sample: 1935 1954
Periods included: 20
Cross-sections included: 10
Total panel (balanced) observations: 200
Period SUR instrument weighting matrix
Period SUR (PCSE) standard errors & covariance (no d.f.
    correction)
Convergence achieved after 19 weight iterations
Instrument list: C F K
```

Variable	Coefficien	Std. Error	t-Statistic	Prob.
C	-8.243433	29.22350	-0.282082	0.7782
F	0.132270	0.017314	7.639377	0.0000

R-squared	0.728636	Mean dependent var		145.9582
Adjusted R-squared	0.727265	S.D. dependent var		216.8753
S.E. of regression	113.2610	Sum squared resid		2539955.
Durbin-Watson stat	0.194881	J-statistic		6.303424
Instrument rank	3.000000			

对比 `eq51` 和 `eq52` 的系数和方差估计结果，两者完全相同。需要注意的是：

1) GMM 估计中，如果没有设置 `cov=` 选项，系数方差估计并没有进行自由度修正。

2) 面板数据的 GMM 估计报告的 `J-statistic` 等于 J（非面板数据的 GMM 估计结果报告的数值为 J/T），因此 J 检验的 p 值为

```
c(1) = 1 -@cchisq(eq51.@jstat,1)     '0.0121
```

p 值为 0.0121，这么小的 p 值，很可能是遗漏了变量 `K` 造成的。

除非有特别的理由，例如需要对系数方差估计进行自由度修正，否则请不要设置 `cov=` 选项

```
c = 0
equation eq53.gmm(c=1e-6,iter=sim,gmm=persur,cov=perwhite,nodf) _
    I C F @ C F K
c = 0
equation eq54.gmm(c=1e-6,iter=sim,gmm=perwhite,cov=perwhite,nodf) _
    I C F @ C F K

table(4,4) tb
!i = 1
!j = 1
for %s eq53 eq54
    tb(!i,!j) = %s
    tb(!i+1,!j) = "Coef"
    tb(!i+1,!j+1) = "SE"
    for !k = 1 to {%s}.@ncoef
        tb(!i+1+!k,!j) = {%s}.C(!k)
        tb(!i+1+!k,!j+1) = {%s}.@stderrs(!k)
    next
    !j = !j+2
next
```

采用不同的 GMM 加权方法，相同的方差估计方法，分别进行 GMM 估计，然后记录系数估计和方差估计结果，并整理成表格如下：

	eq53		eq54	
	Coef	SE	Coef	SE
	-8.243433	16.59149	15.63458	11.01724
	0.132270	0.013770	0.109065	0.014075

我们看到，其他设定相同的情况下，GMM 加权方法 (选项 gmm=) 决定系数的估计，而系数方差的估计由 GMM 加权方法和方差矩阵估计方法 (选项 cov=) 共同决定。

问题：与 eq52 的选项 gmm= 设置相同，但 cov= 设置不同，系数方差估计一定比 eq52 更大吗？而与 eq54 的选项 cov= 设置相同，但 gmm= 设置不同，系数方差估计都比 eq54 更大吗？

三、随机效应

使用 Grunfeld 数据，我们用 GMM 方法估计随机效应模型

```
equation eq_WK2g.GMM(cx=r,per=r,rancalc=wk) I C F K @ C F K
```

估计双向随机效应模型，方差成分估计采用 Wansbeek and Kapteyn (1989) 的方法，得到估计结果为

```
Dependent Variable: I
Method: Panel GMM EGLS (Two-way random effects)
Date: 11/04/08   Time: 22:31
Sample: 1935 1954
Periods included: 20
Cross-sections included: 10
Total panel (balanced) observations: 200
2SLS instrument weighting matrix
Wansbeek and Kapteyn estimator of component variances
Instrument list: C F K
```

Variable	Coefficien	Std. Error	t-Statistic	Prob.
C	-63.89217	30.53284	-2.092573	0.0377
F	0.111447	0.010963	10.16577	0.0000
K	0.323533	0.018767	17.23947	0.0000

Effects Specification		
	S.D.	Rho
Cross-section random	89.26257	0.7315
Period random	15.77783	0.0229
Idiosyncratic random	51.72452	0.2456

Weighted Statistics			
R-squared	0.748982	Mean dependent var	18.61292
Adjusted R-squared	0.746433	S.D. dependent var	101.7143
S.E. of regression	51.21864	Sum squared resid	516799.9
Durbin-Watson stat	0.675336	J-statistic	4.53E-29
Instrument rank	3.000000		

Unweighted Statistics			
R-squared	0.798309	Mean dependent var	145.9582
Sum squared resid	1887813.	Durbin-Watson stat	0.199923

发现与第 424 页中方程 eq_WK2 的估计结果完全相同 (随机效应模型采用 GMM 方法估计时，由方差成分估计计算出残差方差矩阵 S，进行 GLS 加权)。

§14.5.3 动态模型

动态面板数据 (dynamic panel data, DPD) 由于包含了滞后因变量，模型的估计要复杂许多。较早讨论动态面板数据模型估计的是 Anderson and Hsiao (1981, 1982)，他们对方程进行差分，以滞后因变量作为工具变量进行估计。Arellano and Bond (1991) 提出了比 Anderson-Hsiao 更有效的估计——线性动态面板数据模型的 GMM 估计，并且由 Arellano and Bover (1995) 和 Blundell and Bond (1998) 进行了扩展。

我们先介绍线性动态面板数据模型的设定，然后基于 EViews 提供的 Arellano-Bond 估计方法[9]，介绍估计过程中消除个体效应的数据变换方法——差分法和正交离差 (orthogonal deviation) 法，以及相应的工具变量设置和 GMM 加权矩阵。DPD 的例子则在第 699 页 §14.5.4 节给出。

一、模型设定

线性动态面板数据模型设定为：

$$y_{nt} = \sum_{l=1}^{p} \rho_l y_{n,t-l} + \mathbf{x}'_{nt}\mathbf{b} + c_n + d_t + e_{nt} \qquad n=1,2,\cdots,N \quad t=p+1,p+2,\cdots,T \tag{14.22}$$

其中 p 是自回归的阶数。并且对于任意的个体 n，假设

1) 初始的 y_{n1} 与 $\{e_{nt}\}_{t=2}^{T}$ 不相关。
2) 误差 e_{nt} 无序列相关且同方差，即

$$\mathrm{var}(\mathbf{e}_n) = s^2 \mathbf{I}$$

线性动态面板数据模型 (14.22) 中：

1) 如果 $\mathbf{x}_{nt}$ 含有滞后解释变量，可能使 $T-p$ 个估计样本进一步减少。
2) EViews 中，如果模型 (14.22) 包含时期效应 d_t，只能设置为固定效应 (通过时期哑变量实现)。
3) 不要求误差 e_{nt} 是独立的，但 e_{nt} 无序列相关是 Arellano-Bond 估计为一致估计的重要条件。
4) 面板数据允许是非平衡的，但方便起见，我们采用平衡面板进行讨论。

线性动态面板数据模型 (14.22) 的 OLS 估计是有偏且不一致的。[10]因此，GMM 估计被广泛采用，其中著名的 Arellano-Bond 估计将矩条件设置为[11]

$$\mathrm{E}(\mathbf{Z}'_n \mathbf{K} \mathbf{e}_n) = 0$$

其中 $\mathbf{Z}_n$ 为工具变量矩阵，$\mathbf{K}$ 为数据变换矩阵，$\mathbf{e}_n$ 为误差向量。要求 $\mathbf{K}$ 满行秩且 $\mathbf{K}\mathbf{1}=0$，常用的数据变换方法有差分变换和正交离差变换。

线性动态面板数据模型的 Arellano-Bond 估计中，GMM 加权矩阵具有如下形式：

$$\mathbf{W} = \left(\frac{1}{N} \sum_{n=1}^{N} \mathbf{Z}'_n \mathbf{S}_n \mathbf{Z}_n \right)^{-1} \tag{14.23}$$

其中矩阵 $\mathbf{S}_n$ 允许随个体改变，不同的估计方法区别在 $\mathbf{S}_n$ 的选取上。

---

[9]动态面板数据模型的设定和计算上，Doornik et al. (2006) 基于 Ox 语言，给出了深入的讨论和翔实的例子。此外，Blanchard (2008) 对多种计量软件的面板数据计量分析功能进行了广泛的对比和评述。

[10]例如，FE 估计中个体去均值后，滞后因变量 $y_{*n,t-1} = y_{n,t-1} - \bar{y}_{n\cdot}$ 将与 $e_{*nt} = e_{nt} - \bar{e}_{n\cdot}$ 相关。

[11]Arellano and Bover (1995) 给出的 GMM 统一框架还假设

$$\mathrm{E}(\mathbf{z}_{n\cdot}\bar{e}_{n\cdot}) = 0$$

其中 $\bar{e}_{n\cdot} = \frac{1}{T}\mathbf{e}'_n \mathbf{1}$，$\mathbf{z}_{n\cdot}$ 为相应的工具变量。

二、差分法

对式 (14.22) 进行一阶差分得 (如果有固定时期效应，先转换成共同系数)

$$\Delta y_{nt} = \sum_{l=1}^{p} \rho_l \Delta y_{n,t-l} + \Delta \mathbf{x}'_{nt}\mathbf{b} + \Delta e_{nt} \qquad n=1,2,\cdots,N \quad t = p+2, p+3, \cdots, T$$

注意，使用差分后的数据进行 GMM 估计时，随着时期 t 的增大，可以作为工具变量的滞后因变量的数目跟着增长。例如，取 $p=1$，各个时期可以作为工具变量的滞后因变量为

时期	方程 (略去 $\Delta\mathbf{x}'_{nt}\mathbf{b}$)	可行的工具变量
3	$\Delta y_{n3} = \rho \Delta y_{n2} + \Delta e_{n3}$	y_{n1}
4	$\Delta y_{n4} = \rho \Delta y_{n3} + \Delta e_{n4}$	y_{n1}, y_{n2}
$\vdots$	$\vdots$	$\vdots$
T	$\Delta y_{nT} = \rho \Delta y_{n,T-1} + \Delta e_{nT}$	$y_{n1}, y_{n2}, \cdots, y_{n,T-2}$

我们看到，当 $t = p+2 = 3$ 时，y_{n1} 和 $\Delta y_{n2} = y_{n2} - y_{n1}$ 显然相关，而和 $\Delta e_{n3} = e_{n3} - e_{n2}$ 不相关。当 $t=4$ 时，y_{n1} 和 y_{n2} 是可行的工具变量，以此类推，一直到 $t=T$。得到工具变量矩阵为

$$\mathbf{Z}_n = \begin{bmatrix} y_{n1} & & & & \Delta\mathbf{x}_{n3} \\ & [y_{n1}, y_{n2}] & & & \Delta\mathbf{x}_{n4} \\ & & \ddots & & \vdots \\ & & & [y_{n1}, y_{n2}, \cdots, y_{n,T-2}] & \Delta\mathbf{x}_{nT} \end{bmatrix}$$

对于更一般的情形，由于估计样本从 $t = p+2$ 开始，工具变量为 (滞后因变量部分)

$$\begin{bmatrix} [y_{n1}, y_{n2}, \cdots, y_{np}] & & & \\ & [y_{n1}, y_{n2}, \cdots, y_{n,p+1}] & & \\ & & \ddots & \\ & & & [y_{n1}, y_{n2}, \cdots, y_{n,T-2}] \end{bmatrix} \begin{matrix} t=p+2 \\ t=p+3 \\ \vdots \\ t=T \end{matrix} \qquad (14.24)$$

即 Δe_{nt} 可用的工具变量为

$$[y_{n1}, y_{n2}, \cdots, y_{n,t-2}]$$

因此，该部分 (滞后因变量) 工具变量的个数为

$$p + (p+1) + \cdots + (T-2) = \frac{(T+p-2)(T-p-1)}{2} \qquad (14.25)$$

一阶差分变换的矩阵形式为

$$\Delta \mathbf{y}_n \equiv \begin{bmatrix} \Delta y_{n2} \\ \Delta y_{n3} \\ \vdots \\ \Delta y_{nT} \end{bmatrix}_{(T-1)\times 1} = \begin{bmatrix} y_{n2} - y_{n1} \\ y_{n3} - y_{n2} \\ \vdots \\ y_{nT} - y_{n,T-1} \end{bmatrix} = \mathbf{K}_{\mathrm{FD}} \mathbf{y}_n = \mathbf{K}_{\mathrm{FD}} \begin{bmatrix} y_{n1} \\ y_{n2} \\ \vdots \\ y_{nT} \end{bmatrix}_{T \times 1}$$

其中

$$\mathbf{K}_{\mathrm{FD}} \equiv \begin{bmatrix} -1 & 1 & & & \\ & -1 & 1 & & \\ & & \ddots & \ddots & \\ & & & -1 & 1 \end{bmatrix}_{(T-1)\times T}$$

因此，差分变换下，$\mathbf{K} = \mathbf{K}_{\mathrm{FD}}$，GMM 加权矩阵式 (14.23) 中 (假设 $\mathrm{E}(\mathbf{Z}_n' \mathbf{e}_n \mathbf{e}_n' \mathbf{Z}_n) = s^2 \mathrm{E}(\mathbf{Z}_n' \mathbf{Z}_n)$)

$$\mathbf{S}_n = s^2 \mathbf{K}_{\mathrm{FD}} \mathbf{K}_{\mathrm{FD}}' \qquad \mathbf{K}_{\mathrm{FD}} \mathbf{K}_{\mathrm{FD}}' = \begin{bmatrix} 2 & -1 & & & \\ -1 & 2 & -1 & & \\ & -1 & 2 & \ddots & \\ & & \ddots & \ddots & -1 \\ & & & -1 & 2 \end{bmatrix}$$

称为 Arellano-Bond 单步法。[12] 如果 $\mathrm{E}(\mathbf{Z}_n' \mathbf{e}_n \mathbf{e}_n' \mathbf{Z}_n) \neq s^2 \mathrm{E}(\mathbf{Z}_n' \mathbf{Z}_n)$，例如 e_{nt} 存在异方差，还可以继续第二步估计：记单步估计的残差为 $\mathbf{v}_n$，则第二步估计使用的 GMM 加权矩阵为

$$\mathbf{W} = \left(\frac{1}{N} \sum_{n=1}^{N} \mathbf{Z}_n' \mathbf{v}_n \mathbf{v}_n' \mathbf{Z}_n \right)^{-1}$$

即式 (14.23) 中取 $\mathbf{S}_n = \mathbf{v}_n \mathbf{v}_n'$，加权矩阵具有 White 时期的形式，称为 Arellano-Bond 两步法。

三、正交离差法

对 $\{y_{nt}\}_{t=1}^{T}$ 进行正交离差变换的公式为

$$y_{*nt} \equiv \left(\frac{T-t}{T-t+1} \right)^{1/2} \left(y_{nt} - \frac{1}{T-t} \sum_{l=t+1}^{T} y_{nl} \right) \qquad t = 1, 2, \cdots, T-1$$

$$= [(T-t)(T-t+1)]^{-1/2} \left[(T-t) y_{nt} - \sum_{l=t+1}^{T} y_{nl} \right]$$

损失了最后一个观测，通常将变换后的数据进行平移，即

$$y_{:nt} \equiv y_{*n,t-1} \qquad t = 2, 3, \cdots, T$$

则 $y_{:nt}$ 损失的为第一个观测，形式上与差分法一致。

正交离差变换的矩阵形式为

$$\mathbf{y}_{:n} \equiv \begin{bmatrix} y_{:n2} \\ y_{:n3} \\ \vdots \\ y_{:nT} \end{bmatrix}_{(T-1) \times 1} = \mathbf{K}_{\mathrm{OD}} \mathbf{y}_n = \mathbf{K}_{\mathrm{OD}} \begin{bmatrix} y_{n1} \\ y_{n2} \\ \vdots \\ y_{nT} \end{bmatrix}_{T \times 1} = \begin{bmatrix} y_{*n1} \\ y_{*n2} \\ \vdots \\ y_{*n,T-1} \end{bmatrix}_{(T-1) \times 1}$$

其中

$$\mathbf{K}_{\mathrm{OD}} \equiv \mathrm{diag}\,[(T-1)T, \cdots, 1 \cdot 2]^{-1/2} \begin{bmatrix} T-1 & -1 & -1 & \cdots & -1 & -1 \\ & T-2 & -1 & \cdots & -1 & -1 \\ & & \ddots & \ddots & \vdots & \vdots \\ & & & & 2 & -1 & -1 \\ & & & & & 1 & -1 \end{bmatrix}_{(T-1) \times T}$$

有必要指出的是，无论是差分变换，还是正交离差变换，变换矩阵都满足

$$\mathbf{K}\mathbf{1} = \mathbf{0} \qquad \mathbf{K}' \left(\mathbf{K}\mathbf{K}' \right)^{-1} \mathbf{K} = \mathbf{D} = \mathbf{I} - \frac{1}{T} \mathbf{1}\mathbf{1}'$$

---

[12] 由于估计样本为 $T-p$ 个，加权矩阵中 $\mathbf{K}_{\mathrm{FD}}$ 为 $(T-p-1) \times (T-p)$ 矩阵。注意，矩阵 $\mathbf{K}_{\mathrm{FD}} \mathbf{K}_{\mathrm{FD}}'$ 的主对角线上的元素为 2，而上下第一次对角线的元素为 -1，其他元素全部为零。

特别地，当 $\mathbf{K} = \mathbf{K}_{\text{OD}}$，有

$$\mathbf{KK}' = \mathbf{I}_{T-1} \qquad \mathbf{K}'\mathbf{K} = \mathbf{D}$$

因此，如果 $\text{var}(\mathbf{e}_n) = s^2\mathbf{I}$，那么正交离差变换后

$$\text{var}(\mathbf{e}_{:n}) = \text{var}(\mathbf{K}\mathbf{e}_n) = \mathbf{K}\text{var}(\mathbf{e}_n)\mathbf{K}' = s^2\mathbf{I}$$

也就是说，如果 e_{nt} 同方差且无序列相关，那么变换后 $e_{:nt}$ 仍然同方差且无序列相关；但是如果 e_{nt} 存在时期异方差，变换后将导致自相关。

对式 (14.22) 进行正交离差变换得

$$y_{:nt} = \sum_{l=1}^{p} \rho_l y_{:n,t-l} + \mathbf{x}'_{:nt}\mathbf{b} + e_{:nt} \qquad n = 1, 2, \cdots, N \quad t = p+2, p+3, \cdots, T$$

形式上和差分法相同，因此工具变量的设置也类似。例如，取 $p = 1$，各个时期可以作为工具变量的滞后因变量为

时期	方程 (略去 $\mathbf{x}'_{:nt}\mathbf{b}$)	可行的工具变量
3	$y_{:n3} = \rho y_{:n2} + e_{:n3}$	y_{n1}
4	$y_{:n4} = \rho y_{:n3} + e_{:n4}$	y_{n1}, y_{n2}
$\vdots$	$\vdots$	$\vdots$
T	$y_{:nT} = \rho y_{:n,T-1} + e_{:nT}$	$y_{n1}, y_{n2}, \cdots, y_{n,T-2}$

正交离差变换下，Arellano-Bond 单步法的加权矩阵为

$$\left(\frac{1}{N}\sum_{n=1}^{N}\mathbf{Z}'_n s^2 \mathbf{Z}_n\right)^{-1} = (\mathbf{Z}'\mathbf{Z})^{-1} N/s^2$$

即式 (14.23) 中取 $\mathbf{S}_n = s^2\mathbf{I}$，最优加权矩阵为 2SLS 加权矩阵。而 Arellano-Bond 两步法加权矩阵具有 White 时期的形式，即

$$\mathbf{W} = \left(\frac{1}{N}\sum_{n=1}^{N}\mathbf{Z}'_n \mathbf{v}_n \mathbf{v}'_n \mathbf{Z}_n\right)^{-1}$$

其中 $\mathbf{v}_n$ 为单步估计的残差，此时加权矩阵等于式 (14.23) 中令 $\mathbf{S}_n = \mathbf{v}_n\mathbf{v}'_n$。

§14.5.4 DPD 例子

我们采用 Doornik et al. (2006) 提供的 Arellano and Bond (1991) 数据，该数据为英国 140 家公司为期 9 年 (1976—1984) 的年度非平衡面板数据，总共有 1031 个观测，包含的变量有

- N: 雇员数的对数；
- W: 实际工资 (real wage) 的对数；
- K: 资本存量的对数；
- YS: 工业产值的对数。

更详细的数据说明请参考 Arellano and Bond (1991) 的附录。

```
'in http://www.doornik.com/download/dpdox124.zip
pageload abdata.in7

series id = d(year)<0
```

```
                id(1) = 1
                smpl 2 @last
                id = id(-1)+id
                smpl @all
                id.setformat g
                pagestruct id @date(year)

                group gx w w(-1) k ys ys(-1)
                equation eq01.gmm(cx=fd,per=f,cov=perwhite,gmm=perwhite,nodf, _
                        iter=oneb,levelper) n n(-1) n(-2) gx @ @dyn(n) gx
```

程序说明如下:

1) `pageload` 读入外部数据。

2) 通过动态赋值生成个体标识序列 `id`, 并用于结构化成面板工作页。

3) 群对象 `gx` 包含外生解释变量。方程对象 `eq01` 估计 Arellano and Bond (1991) 表 4 列 (b) 的模型。

方程对象 `eq01` 估计时期固定效应模型 (`per=f`): GMM 估计时, 数据变换采用差分法 (`cx=fd`), 加权矩阵采用 Arellano-Bond 两步法 (`gmm=perwhite`), 得到估计结果为

```
Dependent Variable: N
Method: Panel Generalized Method of Moments
Transformation: First Differences
Date: 11/10/08   Time: 14:38
Sample (adjusted): 1979 1984
Periods included: 6
Cross-sections included: 140
Total panel (unbalanced) observations: 611
White period instrument weighting matrix
White period standard errors & covariance (no d.f. correction)
Instrument list: @DYN(N) GX @LEV(@SYSPER)
```

Variable	Coefficient	Std. Error	t-Statistic	Prob.
N(-1)	0.474151	0.088714	5.344712	0.0000
N(-2)	-0.052968	0.026721	-1.982212	0.0479
W	-0.513205	0.057323	-8.952825	0.0000
W(-1)	0.224640	0.080614	2.786628	0.0055
K	0.292723	0.042243	6.929533	0.0000
YS	0.609775	0.111029	5.492057	0.0000
YS(-1)	-0.446373	0.125598	-3.553974	0.0004
@LEV(@ISPERIOD("1979"))	0.010509	0.006831	1.538482	0.1245
@LEV(@ISPERIOD("1980"))	0.014142	0.009924	1.425022	0.1547
@LEV(@ISPERIOD("1981"))	-0.040453	0.012197	-3.316633	0.0010
@LEV(@ISPERIOD("1982"))	-0.021640	0.011353	-1.906136	0.0571
@LEV(@ISPERIOD("1983"))	-0.001847	0.010807	-0.170888	0.8644
@LEV(@ISPERIOD("1984"))	-0.010221	0.010548	-0.968926	0.3330

Effects Specification

Cross-section fixed (first differences)
Period fixed (dummy variables)

Mean dependent var	-0.063168	S.D. dependent var	0.137637
S.E. of regression	0.116243	Sum squared resid	8.080436
J-statistic	30.11247	Instrument rank	38.00000

估计结果报告的几点说明如下:

- 表头第 3 行 `Transformation: First Differences` 指出数据变换采用差分法; 第 9 行 `White period instrument weighting matrix` 表示 GMM 加权矩阵采用 Arellano-Bond 两步法。

- 表头最后一行为工具变量列表, `Instrument list: @DYN(N) GX @LEV(@SYSPER)` 中, `@DYN(N)` 产生式 (14.24) 的工具变量 (滞后因变量), 而 `@LEV(@SYSPER)` 表示自动加入的时期哑变量作为工

具变量时，不进行变换，函数 @LEV 表示使用水平值，关键字 @SYSPER 代表时期亚变量。我们将在第 702 页进一步讨论工具变量的设置。

- 命令 gmm 使用选项 levelper 时，时期哑变量总使用水平值，不管是作为解释变量还是工具变量，都不进行数据变换。因此，报告的工具变量和系数估计都包含了 @LEV 函数。

- 统计量部分，J-statistic 报告 J 统计量的值。由于同方差假设下，J 统计量等于 Sargan (1958) 的统计量，因此，Arellano-Bond 估计中，J 检验往往称为 Sargan 检验

```
c(1) = 1 -@cchisq(eq01.@jstat,38-eq01.@ncoef)     '0.220105
```

得到 J 检验的 p 值为 0.2201，可以认为模型的设定是合理的。

- 统计量部分 Instrument rank 报告了工具变量的个数为 38，其中包括了滞后因变量 27 个（式 14.25 中 $T=9, p=2$），群对象 gx 中的变量 5 个，以及时期哑变量 6 个。

作为例子，我们采用单步法进行 GMM 估计，但数据变换采用正交离差法

```
equation eq04.gmm(cx=od,per=f,levelper) n n(-1) n(-2) gx @ @dyn(n) gx
```

得到估计结果为

```
Dependent Variable: N
Method: Panel Generalized Method of Moments
Transformation: Orthogonal Deviations
Date: 11/10/08   Time: 14:31
Sample (adjusted): 1979 1984
Periods included: 6
Cross-sections included: 140
Total panel (unbalanced) observations: 611
2SLS instrument weighting matrix
Instrument list: @DYN(N) GX @LEV(@SYSPER)
```

Variable	Coefficien	Std. Error	t-Statistic	Prob.
N(-1)	0.543458	0.138245	3.931106	0.0001
N(-2)	-0.125125	0.041733	-2.998238	0.0028
W	-0.550656	0.058579	-9.400301	0.0000
W(-1)	0.228146	0.090533	2.520044	0.0120
K	0.393020	0.054645	7.192290	0.0000
YS	0.511456	0.133237	3.838704	0.0001
YS(-1)	-0.593050	0.152098	-3.899138	0.0001
@LEV(@ISPERIOD("1979"))	0.017795	0.013961	1.274620	0.2029
@LEV(@ISPERIOD("1980"))	0.023149	0.013375	1.730761	0.0840
@LEV(@ISPERIOD("1981"))	0.040112	0.012277	3.267227	0.0011
@LEV(@ISPERIOD("1982"))	0.015144	0.011779	1.285687	0.1990
@LEV(@ISPERIOD("1983"))	0.002089	0.012407	0.168387	0.8663
@LEV(@ISPERIOD("1984"))	-0.008199	0.016465	-0.497982	0.6187

Effects Specification

Cross-section fixed (orthogonal deviations)
Period fixed (dummy variables)

Mean dependent var	0.118233	S.D. dependent var	0.164786
S.E. of regression	0.095941	Sum squared resid	5.504364
J-statistic	59.95475	Instrument rank	38.00000

表头的第 3 行 Transformation: Orthogonal Deviations 表明数据变换采用正交离差法，第 9 行 2SLS instrument weighting matrix 指出加权矩阵为 2SLS 加权矩阵，即正交离差变换时的 Arellano-Bond 单步 GMM 加权矩阵。

Doornik et al. (2006, p7) 指出：当 e_{nt} 存在异方差时，典型的观察样本数目下，统计推断采用两步法的渐近统计量表现很差。建议采用单步法的稳健估计，似乎更可靠。EViews 中，不设置 gmm= 选项，但设置 cov=perwhite 选项，将得到单步法的稳健估计。

一、数据变换

方程成功估计后，文本表示反映了数据变换方法，例如

```
eq01.spec
```

得到表述视图中的方程设定如下：

```
Estimation Equation:
=====================
@DADJ(N) = C(1)*@DADJ(N(-1)) + C(2)*@DADJ(N(-2)) + C(3)*@DADJ(W)
    + C(4)*@DADJ(W(-1)) + C(5)*@DADJ(K) + C(6)*@DADJ(YS)
    + C(7)*@DADJ(YS(-1)) + C(8)*@ISPERIOD("1979")
    + C(9)*@ISPERIOD("1980") + C(10)*@ISPERIOD("1981")
    + C(11)*@ISPERIOD("1982") + C(12)*@ISPERIOD("1983")
    + C(13)*@ISPERIOD("1984")
```

其中 `@DADJ` 表示差分变换。正交离差变换用 `@DORTHOG` 表示，可以从 `eq04` 的表述视图看到

```
eq04.representations
```

模型 (14.22) 中不包含公共截距项，因为动态面板数据模型的 GMM 估计中，如果采用差分法或者正交离差法，公共截距项将被变换成 0。EViews 估计模型 (14.22) 时

- 如果方程设定了公共截距项，将被忽略。
- 如果设置了时期固定效应，解释变量和工具变量将包含完整的时期哑变量。

二、工具变量

线性动态面板数据模型的 GMM 估计中，如果对数据进行变换，EViews 也将对工具变量进行变换。因此，对于方程对象 `eq04` 中群 `gx` 里的任一变量 x，相应的矩条件为

$$\sum_{t=4}^{T} \mathrm{E}\left(x_{:nt} e_{:nt}\right) = 0$$

而不是

$$\sum_{t=4}^{T} \mathrm{E}\left(x_{nt} e_{:nt}\right) = 0$$

其中 $x_{:nt}$ 和 $e_{:nt}$ 分别为 x_{nt} 和 e_{nt} 的正交离差变换。如果要使用原始值 x_{nt} 作为工具变量，需要使用函数 `@lev`，例如

```
equation eq041.gmm(cx=od,per=f,cov=perwhite,levelper) _
    n n(-1) n(-2) gx @ @dyn(n) @lev(gx)
```

对比方程 `eq04`，方程 `eq041` 中工具变量设定 `@lev(gx)` 表示群对象中的变量采用原始值作为工具变量。此外，选项 `cov=perwhite` 计算系数方差的稳健估计。

面板数据模型中，工具变量记为

$$\mathbf{z}_{nt} = \begin{bmatrix} z_{nt1} \\ z_{nt2} \\ \vdots \\ z_{ntZ} \end{bmatrix}_{Z \times 1} \qquad \mathbf{Z}_n = \begin{bmatrix} \mathbf{z}'_{n1} \\ \mathbf{z}'_{n2} \\ \vdots \\ \mathbf{z}'_{nT} \end{bmatrix}_{T \times Z}$$

GMM 估计的工具变量可能随时期而变。为了方便讨论，将工具变量分类如下：

1) $\mathbf{Z}_{1;n}$: 滞后因变量作为工具变量

$$\mathbf{Z}_{1;n} = \begin{bmatrix} [y_{n1}, y_{n2}, \cdots, y_{np}] & & & \\ & [y_{n1}, y_{n2}, \cdots, y_{n,p+1}] & & \\ & & \ddots & \\ & & & [y_{n1}, y_{n2}, \cdots, y_{n,T-2}] \end{bmatrix} \begin{matrix} t = p+2 \\ t = p+3 \\ \vdots \\ t = T \end{matrix}$$

使用 `@dyn(y)` 进行设定 (`@dyn(y)` 等价于 `@dyn(y,-2)`)。

2) $\mathbf{Z}_{2;n}$: 普通工具变量

$$\mathbf{Z}_{2;n} = \begin{bmatrix} x_{n,p+2} \\ x_{n,p+3} \\ \vdots \\ x_{nT} \end{bmatrix}$$

直接在 `gmm` 命令的工具变量部分进行设定，默认使用变换值，不进行变换需要使用函数 `@lev`。如果模型包含了时期固定效应，EViews 自动加入全部的时期哑变量作为工具变量，此时命令 `gmm` 的选项 `levelper` 表示不对时期哑变量进行变换。

3) $\mathbf{Z}_{3;n}$: 前定变量作为工具变量。如果

$$\mathrm{E}(x_{nl} e_{nt}) = 0 \qquad l \leqslant t$$

那么

$$\mathbf{Z}_{3;n} = \begin{bmatrix} [x_{n1}, x_{n2}, \cdots, x_{n,p+1}] & & & \\ & [x_{n1}, x_{n2}, \cdots, x_{n,p+2}] & & \\ & & \ddots & \\ & & & [x_{n1}, x_{n2}, \cdots, x_{n,T-1}] \end{bmatrix} \begin{matrix} t = p+2 \\ t = p+3 \\ \vdots \\ t = T \end{matrix}$$

请注意，数据变换后，Δe_{nt} 或者 $e_{:nt}$ 包含了 $e_{n,t-1}$，故第 t 期的工具变量为

$$[x_{n1}, x_{n2}, \cdots, x_{n,t-1}]$$

设定的方法为 `@dyn(x,-1)`，表示从滞后一阶开始的所有可用滞后都作为工具变量。

4) $\mathbf{Z}_{4;n}$: 严格外生变量作为工具变量。如果

$$\mathrm{E}(\mathbf{e}_n \otimes \mathbf{x}_n) = 0 \qquad n = 1, 2, \cdots, N$$

那么

$$\mathbf{Z}_{4;n} = \begin{bmatrix} [x_{n1}, x_{n2}, \cdots, x_{nT}] & & & \\ & [x_{n1}, x_{n2}, \cdots, x_{nT}] & & \\ & & \ddots & \\ & & & [x_{n1}, x_{n2}, \cdots, x_{nT}] \end{bmatrix} \begin{matrix} t = p+2 \\ t = p+3 \\ \vdots \\ t = T \end{matrix}$$

$$= \begin{bmatrix} \mathbf{x}'_n & & & \\ & \mathbf{x}'_n & & \\ & & \ddots & \\ & & & \mathbf{x}'_n \end{bmatrix} = \mathbf{I} \otimes \mathbf{x}'_n$$

可以通过交互哑变量实现。

5) $\mathbf{Z}_{5;n}$: 特殊工具变量，例如某个特定时期的工具变量。

全部的工具变量可以写成

$$\mathbf{Z}_n = \begin{bmatrix} \mathbf{Z}_{1;n} & \mathbf{Z}_{2;n} & \mathbf{Z}_{3;n} & \mathbf{Z}_{4;n} & \mathbf{Z}_{5;n} \end{bmatrix}$$

每一列为一个工具变量，其中 $\mathbf{Z}_{1;n}, \mathbf{Z}_{3;n}$ 和 $\mathbf{Z}_{4;n}$ 往往都包含数量庞大的工具变量。

关于工具变量设置：

1) 当采用数据变换的方式进行 GMM 估计时，工具变量也被变换，如果工具变量要采用原始值，需要使用 `@lev` 函数。

2) 函数 `@dyn` 产生大量的工具变量，导致严重的过度识别。如果不想使用过多的工具变量，可以限制最大滞后阶数，例如

```
@dyn(x,-2,-6)
```

告诉 EViews，工具变量从滞后 2 阶开始，最多到 6 阶滞后。即使可用的滞后阶数超过 6，也只使用到第 6 阶滞后，更高阶的滞后不加入到工具变量中。

3) 如果要进行 Anderson-Hsiao 类的估计，需要对数据进行差分变换，并使用 $y_{n,t-2}$ 作为 $\Delta y_{n,t-1} = y_{n,t-1} - y_{n,t-2}$ 的工具变量，例如

```
equation eq_ah.gmm(cx=fd,per=f,gmm=2SLS,cov=perwhite,levelper) _
    n n(-1) n(-2) gx @ @lev(n(-2)) @lev(n(-3)) gx
```

注意 GMM 加权矩阵采用 2SLS 加权。

4) 当前，EViews 只支持工具变量和误差 (允许一定形式的数据变换) 乘积形式的矩条件，其他形式的矩条件还不支持。例如不支持如下形式的矩条件

$$\mathrm{E}\left(z_n \bar{e}_{n\cdot}\right) = 0$$

其中 $\bar{e}_{n\cdot}$ 为残差的个体均值，z_n 为相应的工具变量。

§14.6 小结

关键词

广义矩方法	正交条件	矩条件
GMM 距离函数	最优加权矩阵	J 检验
迭代方法	核函数	带宽
白化预处理	GMM 3SLS 估计	广义残差方程
2SLS 加权矩阵	最佳工具变量	线性动态面板数据模型
差分变换	正交离差变换	Arellano-Bond 估计
Sargan 检验	工具变量	Anderson-Hsiao 估计

命令

GMM 估计使用 gmm 命令:

1) 单方程的 GMM 估计使用方程对象, EViews 5 中命令 gmm 的选项请参考 §14.1.4 节 (第 664 页), EViews 7 更新了选项设置, 具体请参考 §D.7 节 (第 1054 页)。

2) 方程组的 GMM 估计使用方程组对象, 方程和工具变量的设定请参考 §10.2.1 节 (第 472 页)。EViews 5 中方程组 gmm 命令的选项和方程对象的相同。

3) 面板数据模型的 GMM 估计, 在面板工作页 (参见第 394 页 §9.1 节) 中进行, 使用方程对象。命令 gmm 的选项请参考第 691 页的讨论。

几点注意事项 (EViews 5):

1) 非面板数据中, 方程对象和方程组对象的命令 gmm 提供了选项 e 计算 2SLS 系数估计。面板数据中, 选项 gmm=2SLS 进行 2SLS 加权。

2) 非面板数据中, 方差矩阵估计的相关选项汇总在 §14.2 节的第 667 页。面板数据中, 使用选项 cov= 设置方差矩阵的估计方法。

3) 选项 cov= 和 gmm= 是面板工作页中方程对象的 gmm 命令特有的。非面板工作页中, 方程对象和方程组对象没有这两种选项。

4) 迭代方法选项上, 面板数据用选项 iter= 进行设置, 默认选项 iter=onec 对应于非面板数据的选项 o。非面板数据中, 方程组对象与方程对象的默认选项不同, 默认选项分别为 o 和 i。

要点

1) GMM 的基本思想就是选取模型的参数, 使得实际观测结果尽可能地接近理论关系。基于这样的思想, 如果模型的设定蕴涵了一组正交条件, 通过最小化样本矩偏离理论值的距离, 将得到系数的 GMM 估计。

2) 单方程的估计方法, 以及方程组的系统估计方法, 基本上都可以看做是 GMM 估计的特例。

3) 矩条件要求关于系数有唯一解, 否则很可能模型的设定是不合理的。GMM 估计是一致的, 采用最优加权矩阵的 GMM 估计是渐近有效的。

4) GMM 估计中，矩条件采用误差与工具变量乘积的正交条件形式，根据设定的广义残差函数，选择 EViews 的方程对象或者方程组对象进行估计。请注意单方程、方程组以及面板数据模型的正交条件设置，特别是工具变量矩阵的形式。

5) GMM 估计是基于矩条件的，往往没有因变量的概念。如果模型没有因变量，EViews 的 GMM 估计结果不报告 R^2。

6) 最优加权矩阵可以直观地理解为，对于越不精确的估计（方差越大），我们给它的权重就越小。

7) GMM 方法需要估计系数和最优加权矩阵，只能采用迭代方法进行计算。由于采用了迭代方法，需要设置系数的初始值。

8) GMM 加权矩阵往往是估计出来的，此时 GMM 加权矩阵是样本的函数，是随机的。EViews 采用 2SLS 加权矩阵为初始加权矩阵。

9) 方差矩阵 C 的估计是 GMM 估计的重要一环，通常采用核估计，得到方差矩阵 C 的 HAC 估计。EViews 提供了两种核函数及其多种带宽设定方法，还支持先对 g_t 进行白化预处理，再计算方差矩阵 C 的方法。带宽的选择影响加权矩阵的估计，进而影响系数和方差估计。

10) 对于以条件期望形式设定的模型，理论上可以构造出 GMM 估计的最佳工具变量。

11) 面板数据的 GMM 估计中，GMM 加权矩阵 W 和方差矩阵 C 的估计方法通过选项进行设置，请参见第 689 页的讨论，了解选项的含义。

12) 线性动态面板数据模型的估计相对复杂，通常采用 GMM 估计，其中最著名的是 Arellano-Bond 估计。EViews 提供了消除个体效应的数据变换方法——差分法和正交离差法，以及相应的工具变量设置和 GMM 加权矩阵的选项。

13) J 检验经常被称为过度识别检验，实际上 J 检验是设定检验，检验模型整体设定是否正确。方程组对象的 GMM 估计结果输出中，EViews 报告的 `J-statistic` 的值为 J/T。面板数据的 GMM 估计，EViews 报告的 `J-statistic` 的值为 J。非面板数据的方程对象，在 EViews 5 下报告 J/T，而在 EViews 7 下报告 J。

参考文献

Anderson, T.W. and Cheng Hsiao, 1981. Estimation of Dynamic Models with Error Components. *Journal of the American Statistical Association*, 76:598–606

Anderson, T.W. and Cheng Hsiao, 1982. Formulation and Estimation of Dynamic Models Using Panel Data. *Journal of Econometrics*, 18:47–82

Andrews, Donald W. K., 1991. Heteroskedasticity and Autocorrelation Consistent Covariance Matrix Estimation. *Econometrica*, 59:817–858

Andrews, Donald W. K. and J. Christopher Monahan, 1992. An Improved Heteroskedasticity and Autocorrelation Consistent Covariance Matrix Estimator. *Econometrica*, 60:953–966

Arellano, Manuel and Stephen Bond, 1991. Some Tests of Specification for Panel Data: Monte Carlo Evidence and an Application to Employment Equations. *The Review of Economic Studies*, 58:277–297

Arellano, Manuel and Olympia Bover, 1995. Another Look at the Instrumental Variables Estimation of Error-components Models. *Journal of Econometrics*, 68:29–51

Baltagi, Badi H., 2005. *Econometric Analysis of Panel Data*, 3/e. John Wiley & Sons, Ltd., West Sussex, England

Blanchard, Pierre, 2008. Software Review. In Mátyás and Sevestre (2008), Chapter 26, pages 907–950

Blundell, Richard and Stephen Bond, 1998. Initial Conditions and Moment Restrictions in Dynamic Panel Data Models. *Journal of Econometrics*, 87:115–143

Chamberlain, Gary, 1987. Asymptotic Efficiency in Estimation with Conditional Moment Restrictions. *Journal of Econometrics*, 34:305–334

Cochrane, John H., 2005. *Asset Pricing*, Rev. ed. Princeton University Press, Princeton, New Jersey

Doornik, Jurgen A., Manuel Arellano, and Stephen Bond, 2006. Panel Data Estimation Using DPD for Ox. *Ox Packages and Code*, pages 1–46. URL http://www.doornik.com/download/dpd.pdf

Greene, William H., 2003. *Econometric Analysis*, 5/e. Prentice Hall, New York

Hamilton, James D., 1994. *Time Series Analysis*. Princeton University Press, Princeton, NJ

Hansen, Lars Peter, 1982. Large Sample Properties of Generalized Method of Moments Estimators. *Econometrica*, 50:1029–1054

Hayashi, Fumio, 2000. *Econometrics*. Princeton University Press, Princeton, NJ

Hsiao, Cheng, 2003. *Analysis of Panel Data*, 2/e. Cambridge University Press, New York

Mátyás, László and Patrick Sevestre, (editors), 2008. *The Econometrics of Panel Data: Fundamentals and Recent Developments in Theory and Practice*, 3/e, Volume 46 of *Advanced Studies in Theoretical and Applied Econometrics*. Springer-Verlag, New York

Newey, Whitney K., 1985. Generalized Method of Moments Specification Testing. *Journal of Econometrics*, 29:229–256

Newey, Whitney K., 1990. Efficient Instrumental Variables Estimation of Nonlinear Models. *Econometrica*, 58:809–837

Newey, Whitney K. and Kenneth D. West, 1994. Automatic Lag Selection in Covariance Matrix Estimation. *Review of Economic Studies*, 61:631–653

Sargan, J. Denis, 1958. The Estimation of Economic Relationships Using Instrumental Variables. *Econometrica*, 26:393–415

Swamy, P.A.V.B. and S.S. Arora, 1972. The Exact Finite Sample Properties of the Estimators of Coefficients in the Error Components Regression Models. *Econometrica*, 40:261–275

Tauchen, George, 1986. Statistical Properties of Generalized Method-of-Moments Estimators of Structural Parameters Obtained From Financial Market Data. *Journal of Business & Economic Statistics*, 4:397–416

Wallace, T. D. and Ashiq Hussain, 1969. The Use of Error Components Models in Combining Cross Section with Time Series Data. *Econometrica*, 37:55–72

Wansbeek, Tom and Arie Kapteyn, 1989. Estimation of the Error Components Model with Incomplete Panels. *Journal of Econometrics*, 41:341–361

White, Halbert, 2001. *Asymptotic Theory for Econometricians*, Revised. Academic Press, New York

Wooldridge, Jeffrey M., 2002. *Econometric Analysis of Cross Section and Panel Data*. The MIT Press, Cambridge

第15讲

估计方法

从最古老的最小二乘法 (18 世纪末) 开始，估计方法不断涌现。当前，经济计量的应用研究者已经面临难以枚举的估计方法：从高度参数化的基于似然函数的方法，到函数形式几乎完全自由的非参数方法 (仅假设变量之间存在相互依赖)，这两个极端的中间，排列着数不胜数的估计方法。

当前的估计方法通常可分为三大类：参数 (parametric) 方法、半参数 (semiparametric) 方法和非参数 (nonparametric) 方法。实际应用中，人们尽可能选择那些可以避免不必要或者不恰当假定的估计方法，以增强结论的稳健性，因而 GMM 方法越来越受欢迎，特别是在怀疑有异方差和/或自相关的情况下，往往取代了高度参数化的基于似然函数的方法。另一方面，随着计算技术的进展，参数化极其厚重的方法——贝叶斯方法 (Bayesian method) 重新上阵。

1) 参数方法：参数方法给出了所关心变量的数据生成机制，假定了随机变量的密度函数或者概率模型。最大似然法 (maximum likelihood method) 是参数方法的典型代表。

2) 半参数方法：与参数方法相比，半参数方法去除了分布的假设，参数的估计基于总体的若干一般特性。或者说，模型的函数关系和干扰的某些参数在半参数方法中不需要设定，但参数的其他部分则需要明确地设定。例如前一讲的 GMM 方法 (第 651 页第 14 讲)，理论关系是通过矩条件定义的，参数的估计并不需要完整的分布信息。

3) 非参数方法：非参数方法无须设定模型的函数形式，变量的关系让数据来说话，函数形式不采用参数形式。由于非参数方法的假设比参数方法弱化很多，估计量的收敛速度比正确设定的参数化方法慢，并且统计推断的精确性较低。然而，变量观测数据之间的结构关系往往被参数方法掩盖，非参数方法则能很好地揭示这种内在联系。非参数方法适用的情形通常有：

   (a) 函数形式知之甚少 (减少错误设定)；
   (b) 变量数目比较少 (维数的梦魇，curse of dimensionality)；
   (c) 观测数据量相对较大 (提高统计推断的精确性)。

有人认为估计方法的发展趋势将大致从参数方法转向非参数方法，然而通过更仔细的考察我们发现并非如此：最大似然方法仍然是很多情形下的自然选择 (例如第 253 页第 6 讲的 ARCH 模型、第 785 页第 16 讲的离散和受限因变量模型等),GMM 方法的新应用依然层出不穷,同时,新的贝叶斯方法和仿真估计等完全参数方法,得益于 Gibbs 抽样以及相关技术如 Metropolis-Hastings 算法等,也不断地涌现并快速发展着。毋庸置疑,各种估计方法都随着相关应用的需要稳步发展着。有关估计方法及其相应估计量的性质,请参考流行的教材如 Hayashi (2000)、Wooldridge (2002) 和 Greene (2003) 等,在非参数方法方面,强烈推荐 Li and Racine (2007) 一书。

最小二乘法占据了本讲义的半壁江山,例如第 3 讲的回归分析和第 5 讲的 ARMA 模型、第 8 讲和第 9 讲的面板数据分析、第 10 讲的方程组和联立方程以及第 11 讲的 VAR 模型中,基本上都是以最小二乘法 (命令为 ls) 为主。在经济计量学中,Fisher (1925) 提出的最大似然法是仅次于最小二乘法的最常用估计方法,最大似然方法用来找出观测样本联合分布的一组参数值 (称为最大似然估计量),使得所给定样本出现的可能性最大。事实上,我们在式 (3.7) (第 144 页) 已经见过了线性回归模型的对数似然函数,第 6 讲的 ARCH 模型则全部采用最大似然方法进行估计的。最大似然方法是本讲的主要内容。此外,我们还将介绍简单的非参数方法。

尽管 EViews 提供了很大一部分经济计量模型的估计命令,但有些模型当前还找不到现成的 EViews 估计命令。如果模型可以设定成关于一组参数的似然函数形式,借助于 EViews 的对数似然对象 (Log Likelihood Object, LogL),我们可以轻松地得到最大似然估计。理论上,最大似然估计可以纳入到 GMM 框架进行讨论:最大似然估计需要整个分布的假设,而 GMM 只需要矩条件 (正交条件),当然如果知道分布的话,GMM 方法没有充分利用信息。

从简单到复杂,从例子或者基本模型入手,循序渐进、逐步深入是本讲义追求的风格,这体现在前面各部分内容如时间序列分析和面板数据模型等的叙述中。同样地,在前一讲讨论 GMM 方法时,我们从基础的线性模型开始,从特殊到一般,从具体到抽象。然而,本讲在介绍最大似然估计时,我们将一反常态,并不回避较复杂的数学,而是一开始就直接阐述较一般的数学原理,再以精选的实例进行剖析。为什么要这样做呢?重要的理由是由于对数似然对象不同于 EViews 的其他对象,使用之前需要对最大似然方法有深入的理解,才可能写出正确的设定代码,再进行估计和分析。本讲的内容安排如下:

1) 最大似然估计:采用 GMM 框架来阐述最大似然估计,介绍最大似然估计的基本原理,分析最大似然估计量的性质,并讨论最大似然估计的传统检验方法。

2) 最大似然方法的应用实例:结合 EViews 的对数似然对象,通过精心设计的例子,深入讲解如何基于理论模型,进行对数似然函数的设定、最大似然估计和假设检验的完整过程。同时,了解不同估计方法的区别和联系,方差矩阵估计以及黑森矩阵的数值和解析解等基本的经济计量方面的计算技能。

3) 对数似然对象:介绍对数似然函数的设定、执行顺序和相关参数的导数计算,并解释了对数似然对象的局限性。然后讨论估计命令和出错处理。最后,汇总对数似然对象的视图、过程和函数。

4) 非参数估计:EViews 提供的非参数估计还处于起步阶段。我们介绍了直方图的基本思想和直方图的几种变形,解释了核函数和带宽,给出了密度函数核估计。以局部多项式回归模型为例,讨论了非参数回归模型的核估计和近邻估计。

§15.1 最大似然估计

最大似然估计法 (maximum likelihood method) 是极其重要的参数估计方法。不同于其他章节的组织，本节介绍最大似然估计方法时，阐述较一般的理论，而不是介绍较简单的基本模型。这是因为使用 EViews 提供的对数似然对象进行最大似然估计时，不能像使用其他计量对象那样，当成黑盒子，采用简单的设定和估计命令就能完成任务，而是需要详细地设定对数似然函数，清晰地了解计算过程。

基于经济计量学的现代观点，我们采用 GMM 框架来阐述最大似然估计：

1) 介绍最大似然估计的基本原理，解释对数似然函数、模型正确设定以及似然方程等基本概念，并分析线性回归模型的最大似然估计。
2) 分析最大似然估计方法，推导矩条件和信息矩阵等式。通过 GMM 框架，分析 ML 估计量的性质，以及模型不完全正确设定时的 QML 估计。
3) 讨论最大似然估计的传统检验方法，Wald 检验、Lagrange 乘子检验和似然比检验，并对比了计算检验统计量时方差矩阵的估计方法。
4) 介绍实际应用中，进行最大似然估计时处理受限制参数的常用参数重构方法。

§15.1.1 最大似然原理

最大似然方法的基本原理是基于观测样本的联合分布，找出一组参数，称为最大似然估计量，使得所给定的观测样本被观测到的可能性最大。请注意，最大似然原理并不是说"给定观测下得到最可能的一组参数"，因为最大似然估计中，参数是普通的数，不是随机变量。

一、似然函数

假设 $[\mathbf{y}_t; \mathbf{x}_t]$ 为可观测的随机向量，其中 $\mathbf{y}_t$ 为 $G \times 1$ 向量，$\mathbf{x}_t$ 为 $K \times 1$ 向量。记

$$\mathbb{I}_t = \{\mathbf{y}_t, \mathbf{x}_t, \mathbb{I}_{t-1}\}$$

即 $\mathbb{I}_t$ 为 t 时刻的信息集 (初始信息集为 $\mathbb{I}_0$)。假设有一族分布

$$f(\mathbf{y}_t | \mathbb{I}_{t-1}, \mathbf{x}_t; \mathbf{b}) \qquad \mathbf{b} \in \mathrm{P} \subset \mathbb{R}^P$$

其中 $\mathbf{b}$ 为 $P \times 1$ 参数向量 (parameter vector)，P 为参数空间 (parameter space, 参数允许取值的集合)。如果有 $[\mathbf{y}_t; \mathbf{x}_t]$ 的 T 组观测，记

$$\mathbf{Y} = \begin{bmatrix} \mathbf{y}_1' \\ \mathbf{y}_2' \\ \vdots \\ \mathbf{y}_T' \end{bmatrix}_{T \times G} \qquad \mathbf{X} = \begin{bmatrix} \mathbf{x}_1' \\ \mathbf{x}_2' \\ \vdots \\ \mathbf{x}_T' \end{bmatrix}_{T \times K}$$

则 T 组观测的联合密度函数为

$$f(\mathbf{Y} | \mathbf{X}; \mathbf{b}) = \prod_{t=1}^{T} f(\mathbf{y}_t | \mathbb{I}_{t-1}, \mathbf{x}_t; \mathbf{b})$$

称为似然函数 (likelihood function)。为了计算上的方便，取对数得

$$\ell(\mathbf{b}) \equiv \sum_{t=1}^{T} \log(f(\mathbf{y}_t | \mathbb{I}_{t-1}, \mathbf{x}_t; \mathbf{b})) \tag{15.1}$$

称为对数似然函数 (log likelihood function)。$\ell(\mathbf{b})$ 的取值称为对数似然值，记 t 时刻的对数似然贡献值为

$$\ell_t(\mathbf{b}) \equiv \ell_t(\mathbf{b}|\mathbb{I}_t) = \log\left(f\left(\mathbf{y}_t|\mathbb{I}_{t-1}, \mathbf{x}_t; \mathbf{b}\right)\right) \qquad t = 1, 2, \cdots, T$$

似然函数的形式可以直接设定，也可能蕴涵在模型的设定中。

1) 对数似然函数 (15.1) 是观测和参数的函数，这里观测是给定的。将对数似然函数写成参数的函数是为了强调我们感兴趣的是参数，而参数的信息包含在观测数据中，我们想通过观测样本信息估计出参数 $\mathbf{b}$，使得观测到所给定样本的可能性最大。

2) 观测 $[\mathbf{y}_t; \mathbf{x}_t]$ 中，$\mathbf{x}_t$ 往往为外生变量，$\mathbf{y}_t$ 往往为内生变量。尽管应用计量中，最常见的情形仍然是单变量 y_t 的模型，但理论分析时，我们讨论 $\mathbf{y}_t$ 为多元的模型，并不会增加复杂性。[1]

3) 横截面数据中，观测往往是独立的，此时对数似然函数 (15.1) 通常具有如下更简单的形式

$$\ell(\mathbf{b}) = \sum_{t=1}^{T} \log\left(f\left(\mathbf{y}_t|\mathbf{x}_t; \mathbf{b}\right)\right)$$

4) 时间序列中，似然函数往往也可以简化，如 AR(1) 模型

$$f\left(y_t|\mathbb{I}_{t-1}, \mathbf{x}_t; \mathbf{b}\right) = f\left(y_t|y_{t-1}, \mathbf{x}_t; \mathbf{b}\right)$$

5) 经济计量模型通常关心的是条件似然函数。至于无条件对数似然函数，理论分析时可以看成是式 (15.1) 中取 $\mathbf{x}_t = \emptyset$ 时的特例 (在时间序列分析模型中，假设初始观测的无条件联合分布是已知的)

二、正确设定

假设 $\mathbf{y}_t$ 的真实条件分布为

$$f_0\left(\mathbf{y}_t|\mathbb{I}_{t-1}, \mathbf{x}_t; \boldsymbol{b}\right) \qquad t = 1, 2, \cdots, T$$

其中 $\boldsymbol{b}$ 为常数向量。如果 $\mathbf{b}_0 \in \mathsf{P}$，且

$$f\left(\mathbf{y}_t|\mathbb{I}_{t-1}, \mathbf{x}_t; \mathbf{b}_0\right) = f_0\left(\mathbf{y}_t|\mathbb{I}_{t-1}, \mathbf{x}_t; \boldsymbol{b}\right) \qquad t = 1, 2, \cdots, T \tag{15.2}$$

那么我们说条件分布模型是正确设定的 (correctly specified)，并将 $\mathbf{b}_0$ 称为真实 (true) 参数向量。

请不要混淆真实 DGP 的参数 $\mathbf{b}$ 与真实参数 $\mathbf{b}_0$，向量的阶数可能是不同的。例如：假设 y_t 的真实 DGP 为指数分布

$$f_0(y_t; \lambda_0) = \lambda_0 e^{-\lambda_0 y_t} \qquad \lambda_0 = 5$$

即 $\mathbf{b} = \lambda_0 = 5$。如果似然函数采用 Gamma 分布

$$f(y_t; \lambda, r) = \frac{\lambda^r}{\Gamma(r)} e^{-\lambda y_t} y_t^{r-1}$$

则参数向量为 $\mathbf{b} = [\lambda; r]$，参数空间为

$$\mathsf{P} = \{0 < \lambda < \infty, 0 < r < \infty\} = \mathbb{R}_+ \times \mathbb{R}_+ \subset \mathbb{R}^2$$

并且真实参数向量 $\mathbf{b}_0 = [5; 1]$，是参数空间 P 的内点。

---

[1] EViews 的对数似然对象是支持估计多变量模型的，例如 EViews 例子目录中的三变量 ARCH 程序 `tv_garch.prg`。需要说明的是，由于 Logl 对象不能使用矩阵对象，对数似然函数的设定代码比较冗长 (特别是多变量时)。

三、似然方程

Kullback-Leibler 信息准则 (Kullback-Leibler information criterion, KLIC) 定义为

$$\mathrm{KL} = \mathrm{E}\left(\log\left(\frac{f_0(\mathbf{y}_t|\mathbb{I}_{t-1},\mathbf{x}_t;\boldsymbol{b})}{f(\mathbf{y}_t|\mathbb{I}_{t-1},\mathbf{x}_t;\mathbf{b})}\right)\bigg|\mathbb{I}_{t-1},\mathbf{x}_t\right)$$

KL 描述了 $f(\mathbf{y}_t|\mathbb{I}_{t-1},\mathbf{x}_t;\mathbf{b})$ 相对于真实分布的偏离。由于 $\mathrm{KL} \geqslant 0$,我们有[2]

$$\mathrm{KL} = \mathrm{E}\left(\log\left(f_0(\mathbf{y}_t|\mathbb{I}_{t-1},\mathbf{x}_t;\boldsymbol{b})\right)|\mathbb{I}_{t-1},\mathbf{x}_t\right) - \mathrm{E}\left(\ell_t(\mathbf{b})|\mathbb{I}_{t-1},\mathbf{x}_t\right) \geqslant 0 \tag{15.3}$$

请注意,最小化 KL 相当于最大化 $\mathrm{E}\left(\ell_t(\mathbf{b})|\mathbb{I}_{t-1},\mathbf{x}_t\right)$

$$\min \mathrm{KL} \quad \Longleftrightarrow \quad \max_{\mathbf{b}\in\mathrm{P}} \mathrm{E}\left(\ell_t(\mathbf{b})|\mathbb{I}_{t-1},\mathbf{x}_t\right)$$

此外,$\mathrm{KL} = 0$ 当且仅当模型是正确设定的。

如果模型是正确设定的,由式 (15.3) 得到 Kullback-Leibler 条件信息不等式[3] (conditional Kullback-Leibler information inequality)

$$\mathrm{E}\left(\ell_t(\mathbf{b}_0)|\mathbb{I}_{t-1},\mathbf{x}_t\right) \geqslant \mathrm{E}\left(\ell_t(\mathbf{b})|\mathbb{I}_{t-1},\mathbf{x}_t\right) \qquad \forall \mathbf{b}\in\mathrm{P}$$

由全期望公式 (law of total expectations),我们发现 $\mathbf{b}_0$ 为

$$\max_{\mathbf{b}\in\mathrm{P}} \mathrm{E}\left(\ell_t(\mathbf{b})\right) \tag{15.4}$$

的最优解。模型 (15.4) 的样本形式为

$$\max_{\mathbf{b}\in\mathrm{P}} \quad \frac{1}{T}\sum_{t=1}^{T}\ell_t(\mathbf{b}) = \frac{1}{T}\ell(\mathbf{b})$$

注意到 FOC 具有如下形式

$$\bar{\mathbf{g}}(\mathbf{b}) = \frac{1}{T}\sum_{t=1}^{T}\mathbf{g}_t(\mathbf{b}) = 0 \tag{15.5}$$

其中 $\mathbf{g}_t(\mathbf{b})$ 为 $\ell_t(\mathbf{b})$ 的梯度

$$\mathbf{g}_t(\mathbf{b}) \equiv \mathbf{g}(\mathbb{I}_t;\mathbf{b}) = \frac{\partial \ell_t(\mathbf{b})}{\partial \mathbf{b}} = \frac{\partial}{\partial \mathbf{b}}\log\left(f(\mathbf{y}_t|\mathbb{I}_{t-1},\mathbf{x}_t;\mathbf{b})\right)$$

我们称式 (15.5) 为似然方程 (likelihood equation)。在进行最大似然估计时,通常将 $\ell_t(\mathbf{b})$ 的梯度 $\mathbf{g}_t(\mathbf{b})$ 称为观测 t 的工分 (score)。

四、线性回归模型

经典的线性回归模型设定为

$$y_t = \mathbf{x}_t'\mathbf{b} + e_t \qquad e_t \sim \mathrm{iid}\, \mathrm{N}(0,v) \tag{15.6}$$

其中 $\mathbf{b}$ 为 $K\times 1$ 系数。该设定表明

$$y_t|\mathbf{x}_t \sim \mathrm{N}(\mathbf{x}_t'\mathbf{b},v)$$

即

$$f(y_t|\mathbf{x}_t;\mathbf{b},v) = \frac{1}{\sqrt{2\pi v}}e^{-\frac{(y_t-\mathbf{x}_t'\mathbf{b})^2}{2v}}$$

---

[2] KL 的性质请参考 http://en.wikipedia.org/wiki/Kullback%E2%80%93Leibler_divergence。

[3] 请参考 Wooldridge (2002, p418–420) 的讨论。

有 $P = K+1$ 个参数，参数向量为 $[\mathbf{b}; v]$。$\mathbf{y} = [y_1; y_2; \cdots; y_T]$ 的联合分布为

$$f(\mathbf{y}|\mathbf{X}; \mathbf{b}, v) = \prod_{t=1}^{T} f(y_t|\mathbf{x}_t; \mathbf{b}, v)$$

因此，对数似然函数为

$$\ell_t(\mathbf{b}, v) = -\frac{1}{2}\log(2\pi) - \frac{1}{2}\log(v) - \frac{1}{2v}(y_t - \mathbf{x}_t'\mathbf{b})^2 \tag{15.7}$$

$$\ell(\mathbf{b}, v) = \sum_{t=1}^{T} \ell_t(\mathbf{b}, v) = -\frac{T}{2}\log(2\pi) - \frac{T}{2}\log(v) - \frac{1}{2v}(\mathbf{y} - \mathbf{X}\mathbf{b})'(\mathbf{y} - \mathbf{X}\mathbf{b})$$

最大化 $\ell(\mathbf{b}, v)$，相应的 FOC 为 (似然方程)

$$\frac{\partial \ell(\mathbf{b}, v)}{\partial \mathbf{b}} = \frac{1}{v}\mathbf{X}'(\mathbf{y} - \mathbf{X}\mathbf{b}) = 0$$

$$\frac{\partial \ell(\mathbf{b}, v)}{\partial v} = -\frac{T}{2v} + \frac{1}{2v^2}(\mathbf{y} - \mathbf{X}\mathbf{b})'(\mathbf{y} - \mathbf{X}\mathbf{b}) = 0$$

得到最优解为

$$\mathbf{b}_{\text{ML}} = (\mathbf{X}'\mathbf{X})^{-1}\mathbf{X}'\mathbf{y} \qquad v_{\text{ML}} = \frac{1}{T}\mathbf{e}'\mathbf{e} \qquad \mathbf{e} = \mathbf{y} - \mathbf{X}\mathbf{b}_{\text{ML}}$$

我们看到，$\mathbf{b}_{\text{ML}}$ 和 v_{ML} 都是一致估计：$\mathbf{b}_{\text{ML}} = \mathbf{b}_{\text{OLS}}$，但 v_{ML} 是有偏的。

1) 经济计量模型中，通常使用 $\mathbf{b}$ 表示系数。而对数似然函数 (15.1) 中的 $\mathbf{b}$ 表示模型的全部参数，在此代表模型 (15.6) 中系数 $\mathbf{b}$ 和方差参数 v。

2) 模型 (15.6) 的 ML 估计有解析解是非常幸运的。大部分情况下，似然方程 (15.5) 是找不到解析解的，只能采用数值优化算法进行求解，具体请参考 §C.3 节 (第 963 页)。

§15.1.2 估计方法

我们借助已经熟悉的 GMM 方法来讨论 ML 方法的参数和方差估计：首先寻找出矩条件，然后从 ML 方法拥有的更充分的信息中，我们进一步挖掘出信息矩阵等式。基于模型设定蕴涵的矩条件，我们先分析模型正确设定的情况，再讨论错误设定 (部分设定是正确的) 下的 QML 估计。

一、矩条件

注意到

$$1 = \int f(\mathbf{y}_t|\mathbb{I}_{t-1}, \mathbf{x}_t; \mathbf{b})\, d\mathbf{y}_t$$

两边对 $\mathbf{b}$ 求导得 (假设求导和积分可交换顺序)

$$0 = \frac{\partial}{\partial \mathbf{b}}\int f(\mathbf{y}_t|\mathbb{I}_{t-1}, \mathbf{x}_t; \mathbf{b})\, d\mathbf{y}_t = \int \frac{\partial}{\partial \mathbf{b}} f(\mathbf{y}_t|\mathbb{I}_{t-1}, \mathbf{x}_t; \mathbf{b})\, d\mathbf{y}_t = \int \mathbf{g}_t(\mathbf{b}) f(\mathbf{y}_t|\mathbb{I}_{t-1}, \mathbf{x}_t; \mathbf{b})\, d\mathbf{y}_t \tag{15.8}$$

即

$$\mathrm{E}\left(\mathbf{g}_t(\mathbf{b})\frac{f(\mathbf{y}_t|\mathbb{I}_{t-1}, \mathbf{x}_t; \mathbf{b})}{f_0(\mathbf{y}_t|\mathbb{I}_{t-1}, \mathbf{x}_t; \mathbf{b})}\bigg|\mathbb{I}_{t-1}, \mathbf{x}_t\right) = 0 \tag{15.9}$$

如果模型是正确设定的，令 $\mathbf{b} = \mathbf{b}_0$ 得

$$\mathrm{E}(\mathbf{g}_t(\mathbf{b}_0)|\mathbb{I}_{t-1}, \mathbf{x}_t) = 0 \tag{15.10}$$

由全期望公式 (law of total expectations) 得

$$\mathrm{E}(\mathbf{g}_t(\mathbf{b}_0)) = 0 \tag{15.11}$$

式 (15.11) 恰好为模型 (15.4) 的 FOC，等价于 GMM 方法的矩条件，而似然方程 (15.5) 是相应的样本矩条件。因此，ML 估计的一致性和渐近正态性直接从 GMM 估计得到：$\mathbf{b}_{\mathrm{ML}}$ 是一致估计

$$\mathbf{b}_{\mathrm{ML}} \xrightarrow{p} \mathbf{b}_0$$

记 t 时刻的黑森矩阵为 $\mathbf{H}_t$，梯度 $\mathbf{g}_t$ 的全部观测记为矩阵 $\mathbf{F}$

$$\mathbf{H}_t = \frac{\partial^2 \ell_t}{\partial \mathbf{b} \partial \mathbf{b}'} = \frac{\partial \mathbf{g}_t}{\partial \mathbf{b}'} \qquad \mathbf{H} = \frac{\partial^2 \ell}{\partial \mathbf{b} \partial \mathbf{b}'} = \sum_{t=1}^{T} \mathbf{H}_t \qquad \mathbf{F} = \begin{bmatrix} \mathbf{g}_1' \\ \mathbf{g}_2' \\ \vdots \\ \mathbf{g}_T' \end{bmatrix}_{T \times K} \tag{15.12}$$

则 $\mathbf{G} = -\mathrm{E}(\mathbf{H}_t)$ 的一致估计为

$$\mathbf{H}/T = \frac{1}{T} \sum_{t=1}^{T} \mathbf{H}_t = \frac{1}{T} \sum_{t=1}^{T} \frac{\partial \mathbf{g}_t(\mathbf{b}_{\mathrm{ML}})}{\partial \mathbf{b}'} \xrightarrow{p} \mathrm{E}(\mathbf{H}_t(\mathbf{b}_0)) = \mathrm{E}\left(\frac{\partial \mathbf{g}_t(\mathbf{b}_0)}{\partial \mathbf{b}'}\right) = -\mathbf{G}$$

由式 (15.10) 知 $\mathbf{g}_t(\mathbf{b}_0)$ 是鞅差分过程，$\mathbf{g}_t$ 不存在序列相关，显然 $\mathbf{C} = \mathrm{E}(\mathbf{g}_t \mathbf{g}_t')$ 的一致估计为

$$\mathbf{F}'\mathbf{F}/T = \frac{1}{T} \sum_{t=1}^{T} \mathbf{g}_t(\mathbf{b}_{\mathrm{ML}}) \mathbf{g}_t'(\mathbf{b}_{\mathrm{ML}}) \xrightarrow{p} \mathrm{E}(\mathbf{g}_t(\mathbf{b}_0) \mathbf{g}_t'(\mathbf{b}_0)) = \mathbf{C}$$

最后，将 $\mathbf{G}$ 和 $\mathbf{C}$ 的一致估计代入式 (14.17)（第 680 页）中，得 $\mathbf{b}_{\mathrm{ML}}$ 的方差估计

$$\left(\mathbf{G}'\mathbf{C}^{-1}\mathbf{G}\right)^{-1} /T = \mathbf{H}^{-1} \left(\mathbf{F}'\mathbf{F}\right) \mathbf{H}^{-1} \equiv \mathbf{V}_{\mathrm{SE}} \tag{15.13}$$

该估计量被称为夹心估计量 (sandwich estimator)。

由于最大似然方法设定了观测样本的联合分布，拥有最充分的信息，一阶条件式 (15.11) 作为矩条件是恰好识别的，并且我们将看到，它是最优矩条件。

二、信息矩阵等式

式 (15.8) 继续对 $\mathbf{b}$ 求导得

$$0 = \frac{\partial}{\partial \mathbf{b}'} \int \mathbf{g}_t(\mathbf{b}) f(\mathbf{y}_t | \mathbb{I}_{t-1}, \mathbf{x}_t; \mathbf{b}) \, \mathrm{d}\mathbf{y}_t$$

$$= \int \mathbf{H}_t(\mathbf{b}) f(\mathbf{y}_t | \mathbb{I}_{t-1}, \mathbf{x}_t; \mathbf{b}) + \mathbf{g}_t(\mathbf{b}) \mathbf{g}_t'(\mathbf{b}) f(\mathbf{y}_t | \mathbb{I}_{t-1}, \mathbf{x}_t; \mathbf{b}) \, \mathrm{d}\mathbf{y}_t$$

即有

$$\mathrm{E}\left(\mathbf{g}_t(\mathbf{b}) \mathbf{g}_t'(\mathbf{b}) \frac{f(\mathbf{y}_t | \mathbb{I}_{t-1}, \mathbf{x}_t; \mathbf{b})}{f_0(\mathbf{y}_t | \mathbb{I}_{t-1}, \mathbf{x}_t; \mathbf{b})} \bigg| \mathbb{I}_{t-1}, \mathbf{x}_t \right) = -\mathrm{E}\left(\mathbf{H}_t(\mathbf{b}) \frac{f(\mathbf{y}_t | \mathbb{I}_{t-1}, \mathbf{x}_t; \mathbf{b})}{f_0(\mathbf{y}_t | \mathbb{I}_{t-1}, \mathbf{x}_t; \mathbf{b})} \bigg| \mathbb{I}_{t-1}, \mathbf{x}_t \right)$$

如果模型是正确设定的，取 $\mathbf{b} = \mathbf{b}_0$ 得

$$\mathrm{E}(\mathbf{g}_t(\mathbf{b}_0) \mathbf{g}_t'(\mathbf{b}_0) | \mathbb{I}_{t-1}, \mathbf{x}_t) = -\mathrm{E}(\mathbf{H}_t(\mathbf{b}_0) | \mathbb{I}_{t-1}, \mathbf{x}_t)$$

则有信息矩阵等式 (information matrix equality)

$$\mathbf{C} = \mathrm{E}(\mathbf{g}_t \mathbf{g}_t') = -\mathrm{E}(\mathbf{H}_t) = \mathbf{G} \tag{15.14}$$

因此夹心估计式 (15.13) 可以简化为

$$\mathbf{V}_{\mathrm{ML}} = -\mathbf{H}^{-1} = (\mathbf{F}'\mathbf{F})^{-1} \tag{15.15}$$

该估计量被式 (15.13) 的方差估计夹在中间，故我们称式 (15.13) 为夹心估计。

我们知道，Fisher 信息矩阵 (information matrix) 定义为

$$\mathbf{I}(\ell_t(\mathbf{b})) = \mathrm{E}\left(\frac{\partial \ell_t(\mathbf{b})}{\partial \mathbf{b}}\frac{\partial \ell_t(\mathbf{b})}{\partial \mathbf{b}'}\right) = \mathrm{E}(\mathbf{g}_t\mathbf{g}_t')$$

随机抽样下[4]，参数无偏估计的方差下界为信息矩阵的逆矩阵

$$[\mathbf{I}(\ell_t(\mathbf{b}))]^{-1} = [\mathrm{E}(\mathbf{g}_t\mathbf{g}_t')]^{-1}$$

恰好等于 ML 估计的渐近方差。[5]因此不少人错误地认为，在一致渐近正态 (consistent and asymptotically normal, CAN) 估计量中，ML 估计量是渐近有效的。理论上，Le Cam (1953) 给出了 CAN 类估计中比 ML 估计量更小方差的估计量例子。尽管如此，在很一般的渐近正态类的估计量中，ML 估计是有效的。因此，实际应用研究中，通常认为 ML 估计是最有效的。

例子：经典的线性回归模型 (15.6) (第 713 页) 中，由其最大似然估计的 FOC 知

$$\mathbf{g}_t = \begin{bmatrix}\frac{\partial \ell_t}{\partial \mathbf{b}} \\ \frac{\partial \ell_t}{\partial v}\end{bmatrix} = \begin{bmatrix}\frac{1}{v}\mathbf{x}_t e_t \\ -\frac{1}{2v} + \frac{1}{2v^2}e_t^2\end{bmatrix}$$

故信息矩阵为

$$\mathbf{I}(\ell_t(\mathbf{b})) = \mathrm{E}(\mathbf{g}_t\mathbf{g}_t') = \mathrm{E}(\mathrm{E}(\mathbf{g}_t\mathbf{g}_t'|\mathbf{x}_t)) = \begin{bmatrix}\frac{1}{v}\mathrm{E}(\mathbf{x}_t\mathbf{x}_t') & 0 \\ 0 & \frac{1}{2v^2}\end{bmatrix}$$

注意到

$$\mathbf{H}_t = \begin{bmatrix}\frac{\partial^2 \ell_t(\mathbf{b},v)}{\partial \mathbf{b}\partial \mathbf{b}'} & \frac{\partial^2 \ell_t(\mathbf{b},v)}{\partial \mathbf{b}\partial v} \\ \frac{\partial^2 \ell_t(\mathbf{b},v)}{\partial \mathbf{b}\partial v} & \frac{\partial^2 \ell_t(\mathbf{b},v)}{\partial v^2}\end{bmatrix} = \begin{bmatrix}-\frac{1}{v}\mathbf{x}_t\mathbf{x}_t' & -\frac{1}{v^2}\mathbf{x}_t e_t \\ -\frac{1}{v^2}\mathbf{x}_t e_t & \frac{1}{2v^2} - \frac{1}{v^3}e_t^2\end{bmatrix}$$

显然

$$-\mathrm{E}(\mathbf{H}_t) = \mathrm{E}(\mathbf{g}_t\mathbf{g}_t') = \mathbf{I}(\ell_t(\mathbf{b}))$$

即信息矩阵等式 (15.14) 成立。此外，不难发现

$$\mathbf{I}(\ell(\mathbf{b})) = \sum_{t=1}^{T}\mathbf{I}(\ell_t(\mathbf{b}))$$

练习：请证明前一段落提到的所有等式关系。提示：$\mathrm{E}(e_t^3) = 0, \mathrm{E}(e_t^4) = 3v^2$。

三、ML 估计

ML 估计的基本假设条件有

1) 正确设定：似然函数是正确设定的，即式 (15.2) (第 712 页) 成立。
2) 识别：参数 $\mathbf{b}$ 是可识别的

$$\forall \mathbf{b} \neq \mathbf{b}_0 \quad f(\mathbf{y}_t|\mathbb{I}_{t-1},\mathbf{x}_t;\mathbf{b}) \neq f_0(\mathbf{y}_t|\mathbb{I}_{t-1},\mathbf{x}_t;\boldsymbol{b})$$

似然方程 (15.5) 有唯一解。

3) 内点：真实参数 $\mathbf{b}_0$ 是参数空间 P 的内点，即 $\mathbf{b}_0 \in \mathrm{int}(\mathrm{P})$。
4) 可交换：假设矩条件式 (15.11) 和信息矩阵等式 (15.14) 的推导过程中，求导数和求积分的顺序是可交换的。

---

[4]需要说明的是，$\mathbf{I}(\ell(\mathbf{b})) = \sum_{t=1}^{T}\mathbf{I}(\ell_t(\mathbf{b}))$ 仅在 $\mathbf{g}_t$ 不存在序列相关时成立。

[5]渐近性是大样本特性，而无偏性是有限样本特性。ML 估计是一致的，但往往是有偏的。

5) 负定：对于方差估计，要求 $\mathbf{H}$ 是负定的。
6) 其他一些条件，例如 $\mathbf{H}(\mathbf{b}_{\mathrm{ML}})/T \xrightarrow{p} \mathrm{E}(\mathbf{H}_t(\mathbf{b}_0))$ 需要的条件。

教科书对这些假设条件的表达大同小异，例如可交换条件，Hayashi (2000, p475) 直接将矩条件式 (15.11) 和信息矩阵等式 (15.14) 作为条件。Wooldridge (2002, p395) 直接假设可交换条件，但 Greene (2003, p474) 则采用可交换的充分条件。

ML 估计的性质：

1) 一致性：$\mathbf{b}_{\mathrm{ML}} \xrightarrow{p} \mathbf{b}_0$。
2) 渐近正态性：$\mathbf{b}_{\mathrm{ML}} \stackrel{a}{\sim} \mathrm{N}\left(\mathbf{b}, [\mathbf{I}(\ell_t(\mathbf{b}))]^{-1}/T\right)$。
3) 渐近有效性：不足为怪，ML 估计是最有效的，这是因为 ML 方法利用了最全面的信息，蕴涵了最优矩条件，并且由于信息矩阵等式，方差估计式 (15.13) 可以进一步简化为式 (15.15)。
4) 不变性：即参数重构 (reparameterization, 用一一映射对参数进行变换) 具有不变性，指的是对参数进行重构，不会影响对数似然值。

有关 ML 估计的假设条件和估计量的性质，较现代的正式讨论请参考 Newey and McFadden (1994)。

四、QML 估计

White (1982) 发现，在一些情况下，尽管似然函数不是正确设定的，但我们所关心的系数仍然可能得到一致估计，这种最大似然估计方法称为准最大似然 (quasi-maximum likelihood, QML) 估计，或者伪最大似然 (pseudo-maximum likelihood) 估计。似然函数错误设定时，为什么还可能取得部分参数的一致估计呢？原因就在于条件分布函数中，某些部分的设定是恰当的，例如条件均值是正确设定的，那么蕴涵在矩条件 (15.11) (第 714 页) 中的关于该部分参数的矩条件是正确设定的。而 GMM 估计是一致估计，因此那部分参数的估计是一致的。

我们先看一个例子：假设线性回归模型存在条件异方差

$$y_t = \mathbf{x}_t'\boldsymbol{\beta} + e_t \qquad (e_t|\mathbb{I}_{t-1}, \mathbf{x}_t) \sim \mathrm{N}(0, h_t) \qquad h_t = h(\mathbb{I}_{t-1}, \mathbf{x}_t; \boldsymbol{\gamma}) \qquad (15.16)$$

如果错误设定成模型 (15.6) (第 713 页)，即似然函数采用式 (15.7) (第 714 页) 的同方差模型，由于忽略了条件异方差，条件分布 $f(y_t|\mathbb{I}_{t-1}, \mathbf{x}_t; \mathbf{b}, v)$ 的设定是错误的。然而庆幸的是，条件均值 $\mathrm{E}(y_t|\mathbb{I}_{t-1}, \mathbf{x}_t)$ 是正确设定的，我们仍然能够得到系数 $\mathbf{b}$ 的一致估计。注意到

$$\frac{\partial \ell_t(\mathbf{b})}{\partial \mathbf{b}} = \frac{1}{v}(y_t - \mathbf{x}_t'\mathbf{b})\mathbf{x}_t$$

表明矩条件 (15.11) 中关于系数 $\mathbf{b}$ 的部分为

$$\mathrm{E}((y_t - \mathbf{x}_t'\mathbf{b})\mathbf{x}_t) = 0$$

因此，系数估计 $\mathbf{b}_{\mathrm{QML}}$ 是一致的。

如何估计 $\mathbf{b}_{\mathrm{QML}}$ 的方差矩阵呢？假设 $\mathbf{g}_t$ 无序列相关，则 $\mathbf{G} = -\mathrm{E}(\mathbf{H}_t)$ 和 $\mathbf{C} = \mathrm{E}(\mathbf{g}_t\mathbf{g}_t')$ 左上分块的一致估计分别为 (下标 o 表示最优解)

$$\frac{1}{v_{\mathrm{QML}}T}\mathbf{X}'\mathbf{X} = \frac{1}{v_{\mathrm{QML}}T}\sum_{t=1}^{T}\mathbf{x}_t\mathbf{x}_t' \xrightarrow{p} \frac{1}{v_o}\mathrm{E}(\mathbf{x}_t\mathbf{x}_t')$$

和
$$\frac{1}{v_{\text{QML}}^2 T} \sum_{t=1}^{T} e_t^2 \mathbf{x}_t \mathbf{x}_t' \xrightarrow{p} \frac{1}{v_o^2} \mathrm{E}\left(e_t^2 \mathbf{x}_t \mathbf{x}_t'\right) = \frac{1}{v_o^2} \mathrm{E}(h_t \mathbf{x}_t \mathbf{x}_t')$$

注意到 $\mathbf{G}$ 和 $\mathbf{C}$ 都为准对角矩阵，故系数 $\mathbf{b}_{\text{QML}}$ 的方差估计为式 (15.13) 的左上角分块

$$(\mathbf{X}'\mathbf{X})^{-1} \left(\sum_{t=1}^{T} e_t^2 \mathbf{x}_t \mathbf{x}_t' \right) (\mathbf{X}'\mathbf{X})^{-1}$$

得到系数方差的 White 估计 (第 148 页式 (3.9)，有自由度调整)。如果 $\mathbf{g}_t$ 存在序列相关，方差矩阵的估计必须使用核估计方法，具体请参考 §14.2 节 (第 665 页) 的讨论。

我们看到，由于模型没有正确设定，信息矩阵等式 (15.14) 不成立[6]，系数 $\mathbf{b}$ 的方差估计不能使用似然估计的式 (15.15)。此外，方差估计式 (15.13) 只修正了异方差，当存在自相关时，是不稳健的。

如果模型没有正确设定，假设优化问题 (15.4) (第 713 页) 的最优解为 $\mathbf{b}_o$，那么，式 (15.3) 表明 $\mathbf{b}_o$ 最小化了 $f(\mathbf{y}_t|\mathbb{I}_{t-1}, \mathbf{x}_t; \mathbf{b})$ 与真实条件分布 $f_0(\mathbf{y}_t|\mathbb{I}_{t-1}, \mathbf{x}_t; \mathbf{b})$ 的距离。优化问题 (15.4) 的 FOC 为

$$\mathrm{E}(\mathbf{g}_t(\mathbf{b}_o)) = 0$$

由 GMM 估计知

$$\mathbf{b}_{\text{QML}} \xrightarrow{p} \mathbf{b}_o$$

注意到正确设定的部分中，矩条件和真实 DGP 的矩条件相吻合，即有

$$\mathbf{b}_{!o} = \boldsymbol{b}_!$$

也就是说，最优解 $\mathbf{b}_o$ 中正确设定的部分 $\mathbf{b}_{!o}$ 等于真实 DGP 的参数 $\boldsymbol{b}$ 中对应的部分 $\boldsymbol{b}_!$。因此，对于模型正确设定部分的参数，$\mathbf{b}_{!\text{QML}}$ 是一致的。例如模型 (15.16) 的 QML 估计，真实 DGP 的参数为 $\boldsymbol{b} = [\boldsymbol{\beta}; \boldsymbol{\gamma}]$，而设定的对数似然函数中，参数为 $[\mathbf{b}; v]$ (其中 $\mathbf{b}$ 仅为系数部分)，最优解记为 $[\mathbf{b}_o; v_o]$。显然，一般形式 $\mathbf{b}_{!o} = \boldsymbol{b}_!$ 在此的具体形式为 $\mathbf{b}_o = \boldsymbol{\beta}$，故系数估计 $\mathbf{b}_{\text{QML}}$ 是一致估计。

练习：线性回归模型 (15.6) (第 713 页) 中，仍然假设同方差，但 e_t 服从的是方差有限的 t 分布。请证明，采用正态分布的似然函数，不仅系数 $\mathbf{b}$ 的估计是一致的，方差 v 的估计也是一致的。

在条件分布 $f(\mathbf{y}_t|\mathbb{I}_{t-1}, \mathbf{x}_t; \mathbf{b})$ 没有完全正确设定的情况下，仍然得到参数的一致估计，才称为 QML 估计。因此，QML 估计不像 ML 估计那样具有统一的套路，必须具体问题具体分析。关于 QML 估计：

1) 请注意，我们说 QML 估计中似然函数是错误设定的，并不是说似然函数的设定是完全错误的，其中有一部分设定是正确的。例如尽管条件分布的设定不正确，但条件均值或者条件方差等的设定是正确的。错误设定的原因通常是误差分布的设定错误，如将 t 分布设定成正态分布，异方差设定成同方差等；或者动态结构设定错误，如将存在序列相关设定成相互独立。

---

[6]因为
$$\mathbf{I}(\ell_t(\mathbf{b})) = \mathrm{E}(\mathbf{g}_t \mathbf{g}_t') = \mathrm{E}(\mathrm{E}(\mathbf{g}_t \mathbf{g}_t'|\mathbb{I}_{t-1}, \mathbf{x}_t)) = \begin{bmatrix} \frac{1}{v^2}\mathrm{E}(h_t \mathbf{x}_t \mathbf{x}_t') & 0 \\ 0 & \frac{1}{4v^2} - \frac{1}{2v^3}\mathrm{E}(h_t) + \frac{3}{4v^4}\mathrm{E}(h_t^2) \end{bmatrix}$$

而
$$\mathrm{E}(\mathbf{H}_t) = \mathrm{E}(\mathrm{E}(\mathbf{H}_t|\mathbb{I}_{t-1}, \mathbf{x}_t)) = \begin{bmatrix} -\frac{1}{v}\mathrm{E}(\mathbf{x}_t \mathbf{x}_t') & 0 \\ 0 & \frac{1}{2v^2} - \frac{1}{v^3}\mathrm{E}(h_t) \end{bmatrix}$$

显然，在 $[\mathbf{b}_o; v_o]$ 处
$$\mathrm{E}(\mathbf{g}_t \mathbf{g}_t') \neq -\mathrm{E}(\mathbf{H}_t)$$

2) 线性回归模型中，系数的正态似然估计等于最小二乘估计，该关系在一般的非线性回归模型中也成立。因此，考虑到正态似然函数相对容易处理，正态似然估计是最常见的 QML 估计。

3) 如果 ARCH 模型的条件均值和条件方差是正确设定的，Lee and Hansen (1994) 和 Francq and Zakoïan (2004) 指出，可以将标准化残差的分布设定为正态分布，得到 QML 估计。

4) 注意到式 (15.9) (第 714 页)，QML 估计中 $\mathbf{g}_t(\mathbf{b}_o)$ 通常不是鞅差分过程。此外，信息矩阵等式 (15.14) (第 715 页) 不成立。因此，系数的方差估计不能直接使用 ML 估计的式 (15.15)。

5) EViews 中，进行 QML 估计时，如果能方便地写出 FOC，则以 FOC 为矩条件，进行 GMM 估计，将得到系数方差的稳健估计。否则，需要自己编写代码，计算系数方差矩阵的稳健估计。

§15.1.3 检验方法

传统上，最大似然估计有三种著名的检验方法：Wald 检验、Lagrange 乘子检验和似然比检验。这三种检验方法在系数限制为真时是渐近等价的，然而，应用中样本总是有限的。本节讨论三种检验及其方差矩阵估计，完整的数值例子请参考 §15.2.7 小节 (第 753 页)。

一、三种检验

考虑最大似然估计的假设检验

$$\mathbb{H}_0 : \mathbf{r}(\mathbf{b}_0) = 0$$

其中 $\mathbf{r}(\cdot)$ 为 $Q \times 1$ 向量函数，即有 Q 个限制 ($Q < P$)。三种传统检验的基本思路为

1) Lagrange 乘子检验 (Lagrange multiplier test, LM 检验)：如果限制是正确的，限制模型的估计量 $\mathbf{b}_r$ 应该接近无限制模型的估计量 $\mathbf{b}_u$，对数似然函数的梯度 $\mathbf{g}(\mathbf{b}_r)$ 应该接近零。当约束非冗余时，梯度为零等价于 Lagrange 乘子为零。因此，我们把基于梯度 $\mathbf{g}(\mathbf{b}_r)$ 的检验称为工分检验 (score test)，或者 Lagrange 乘子检验。

2) 似然比检验 (Likelihood ratio test)：如果限制条件是成立的，施加限制将不会影响对数似然值。因此，基于无限制和有限制模型的对数似然值 ℓ_u 和 ℓ_r 的差别 $\ell_u - \ell_r$，我们得到似然比检验。

3) Wald 检验：如果限制是合理的，由于 $\mathbf{b}_{\text{ML}}$ 是一致估计，$\mathbf{r}(\mathbf{b}_{\text{ML}})$ 应该接近零。请注意，Wald 检验随限制条件 $\mathbf{r}(\mathbf{b}) = 0$ 的等价函数形式变换而改变。

这三种检验方法需要一定的技术条件，具体请参考 Hayashi (2000, p489)。下面我们讨论检验统计量的具体形式

1) Lagrange 乘子检验

$$\text{LM} = \left(\sum_{t=1}^{T} \mathbf{g}_t\right)' \mathbf{V} \left(\sum_{t=1}^{T} \mathbf{g}_t\right) \bigg|_{\mathbf{b}=\mathbf{b}_r} = \mathbf{1}' \mathbf{F} \mathbf{V} \mathbf{F}' \mathbf{1} \big|_{\mathbf{b}=\mathbf{b}_r} \overset{a}{\sim} \chi^2(Q)$$

其中 $P \times P$ 矩阵 $\mathbf{V}$ 是方差矩阵估计，LM 统计量中 $\mathbf{V}$ 和 $\mathbf{g}_t$ 的计算都基于限制模型的估计量 $\mathbf{b}_r$。

2) 似然比检验

$$\text{LR} = 2(\ell_u - \ell_r) \overset{a}{\sim} \chi^2(Q)$$

LR 统计量不受参数重构 (reparameterization) 的影响。

表 15.1 系数约束检验 (最大似然估计)

	$\mathbb{H}_0$	统计量	模型估计
Wald 检验	$\mathbf{r}(\mathbf{b}_{\mathrm{ML}}) = 0$	$W = (\mathbf{r}(\mathbf{b}))' (\mathbf{RVR}')^{-1} \mathbf{r}(\mathbf{b}) \big|_{\mathbf{b}=\mathbf{b}_{\mathrm{ML}}}$	无限制
Lagrange 乘子检验	$\mathbf{g}(\mathbf{b}_r) = 0$	$\mathrm{LM} = \left(\sum_{t=1}^T \mathbf{g}_t\right)' \mathbf{V} \left(\sum_{t=1}^T \mathbf{g}_t\right) \big|_{\mathbf{b}=\mathbf{b}_r}$	限制
似然比检验	$\ell_u - \ell_r = 0$	$\mathrm{LR} = 2(\ell_u - \ell_r)$	限制与无限制

3) Wald 检验

$$W = (\mathbf{r}(\mathbf{b}))' (\mathbf{RVR}')^{-1} \mathbf{r}(\mathbf{b}) \big|_{\mathbf{b}=\mathbf{b}_{\mathrm{ML}}} \overset{a}{\sim} \chi^2(Q)$$

其中 $P \times P$ 矩阵 $\mathbf{V}$ 是 $\mathbf{b}_{\mathrm{ML}}$ 的方差估计，而 $Q \times P$ 矩阵

$$\mathbf{R} = \frac{\partial \mathbf{r}(\mathbf{b}_{\mathrm{ML}})}{\partial \mathbf{b}'}$$

需要说明的是，矩阵 $\mathbf{R}$ 必须满行秩 (秩为 Q)，即要求限制是非冗余的。

清晰起见，我们把三种检验方法总结在表 15.1 中。零假设下，尽管这三种经典的检验具有相同的渐近分布 (渐近等价)，然而在有限样本下，可能表现出巨大的差别。可惜的是，除了少数特别的情形，它们的小样本特性尚不清楚。因此，选择检验方法时通常考虑的因素有：

- 小样本的考虑；
- 参数重构的不变性；
- 计算上的方便性。

计算上的方便性往往优先考虑：

- Wald 检验只需要估计无限制模型。
- Lagrange 乘子检验则需要估计限制模型。
- 似然比检验要求估计出限制模型和非限制模型。

如果限制模型和非限制模型都已估计出来，LR 统计量的计算是极其容易的。对于具体的问题，某个统计量的计算可能更简便，例如：

- 对线性模型施加非线性限制，此时采用 Wald 检验可能最省事。
- 非线性模型，施加限制后变成线性模型，此时 LM 统计量的计算变得相对简单。

二、方差矩阵估计

ML 估计由于存在信息矩阵等式 (15.14) (第 715 页)，系数方差矩阵简化为

$$\mathbf{V} = \mathbf{G}^{-1}/T = \mathbf{C}^{-1}/T$$

实际应用中，通常采用式 (15.15) 中给出的两种一致估计

$$\mathbf{V}_A = -\left(\sum_{t=1}^T \mathbf{H}_t\right)^{-1} = -\mathbf{H}^{-1} \qquad \mathbf{V}_B = \left(\sum_{t=1}^T \mathbf{g}_t \mathbf{g}_t'\right)^{-1} = (\mathbf{F}'\mathbf{F})^{-1} \qquad (15.17)$$

少数情况下，如果条件期望 $\mathrm{E}(\mathbf{H}_t|\mathbb{I}_{t-1},\mathbf{x}_t)$ 存在解析解，还可以采用如下的一致估计[7]

$$\mathbf{V}_E = -\left[\sum_{t=1}^{T}\mathrm{E}(\mathbf{H}_t|\mathbb{I}_{t-1},\mathbf{x}_t)\right]^{-1}$$

关于系数方差的这三种估计：

1) $\mathbf{V}_A$ 受参数重构的影响，需要计算二阶导数，并且可能得到非正定的矩阵。
2) $\mathbf{V}_B$ 不受参数重构的影响，计算上也相对容易，并且总是正定的，EViews 报告的正是该估计量。$\mathbf{V}_B$ 是由 Berndt, Hall, Hall, and Hausman (1974) 给出的，故常称为 BHHH 估计或者 OPG (outer product of gradients) 估计。
3) 如果 $\mathbf{V}_A$ 与 $\mathbf{V}_B$ 差别甚大，很可能模型是错误设定的。
4) $\mathbf{V}_E$ 往往具有最好的小样本特性，$\mathbf{V}_A$ 和 $\mathbf{V}_E$ 分别使用 $\mathbf{H}_t$ 的实际值和条件期望值进行计算。

对于 Lagrange 乘子检验，当采用 BHHH 估计 ($\mathbf{V}_B$) 进行计算时，将得到非常方便的检验形式

$$\mathrm{LM} = \mathbf{1}'\mathbf{F}\left(\mathbf{F}'\mathbf{F}\right)^{-1}\mathbf{F}'\mathbf{1} = T\cdot R_1^2 = T - \mathrm{SSR}_1$$

其中 R_1^2 为常数 1 对 $\mathbf{g}_t$ 进行回归的非中心化[8] (uncentered) R^2，SSR_1 为残差平方和。

§15.1.4 参数重构

经济计量模型中，参数的取值范围往往受到一定的限制，最常见的限制如方差要求为正，概率的取值在 0 和 1 之间等。进行最大似然估计时，如果存在非负限制或者区间限制等约束情形，往往可以对参数进行转换，转换成无约束优化问题。数值计算上，无约束优化问题比约束优化问题更方便处理，不仅计算速度更快，而且更可靠。由于 EViews 没有提供约束优化的方法，参数的限制必须转换成无约束问题，才能使用 Logl 对象进行 ML 估计。

一、非负

采用指数函数进行变换是非负限制的理想选择

$$b = e^a$$

参数 a 可以取任意实数，自由变动，而原始参数 b 被约束在 $(0, +\infty)$ 中。在第 12 讲 (第 565 页) 估计状态空间模型时，我们就采用指数函数设定方差参数，确保方差为正。

如果限制为 $b > L$，L 为给定的常数，显然只需要令

$$b = L + e^a$$

---

[7]由于

$$\frac{1}{T}\sum_{t=1}^{T}\mathrm{E}(\mathbf{H}_t|\mathbb{I}_{t-1},\mathbf{x}_t) \xrightarrow{p} \mathrm{E}(\mathrm{E}(\mathbf{H}_t|\mathbb{I}_{t-1},\mathbf{x}_t)) = \mathrm{E}(\mathbf{H}_t) = -\mathbf{G}$$

[8]普通的 R^2 定义见式 (3.5) (第 144 页)，非中心化 R^2 定义为 (请注意分母中因变量没有去均值)

$$R_1^2 \equiv 1 - \frac{\mathbf{e}'\mathbf{e}}{\mathbf{y}'\mathbf{y}}$$

问题：如果限制为 $b < U$ 呢？U 为常数。

提示：$b = U - e^a$。

尽管采用平方函数 $b = a^2$ 或者绝对值函数 $b = |a|$ 进行变换也可以实现非负限制，但这些函数不是单调的，不建议使用。参数重构时，建议采用单调函数，避免引入数值计算上的麻烦。

二、区间

区间限制通常采用 Logit 函数

$$b = \frac{1}{1 + e^{-a}}$$

由于 e^{-a} 在 $(-\infty, +\infty)$ 上单调减，b 关于 a 单调增，并且被限制在 $(0,1)$ 中。根据具体的问题，如果 a 比较大，往往可以认为 $b = 1$。

如果区间限制为 $[L, U]$，则转换方法为

$$\frac{b - L}{U - L} = \frac{1}{1 + e^{-a}} \implies b = L + \frac{U - L}{1 + e^{-a}}$$

显然，当 $a \to +\infty$ 时，$b \to U$；当 $a \to -\infty$ 时，$b \to L$。

三、方差矩阵

对于 $P \times P$ 的方差矩阵 $\mathbf{V}$，究竟存在哪些限制呢？转换成无约束后，需要多少个参数呢？由于

$$\mathbf{V} = \mathbf{D}^{1/2} \mathbf{R} \mathbf{D}^{1/2}$$

其中 $\mathbf{R}$ 为相关矩阵，而对角矩阵

$$\mathbf{D} = \mathrm{diag}(\mathbf{V})$$

有效的参数为矩阵 $\mathbf{V}$ 的对角线元素，以及 $\mathbf{R}$ 中对角线以下的元素。因此，参数总个数为

$$P + [(P-1) + (P-2) + \cdots + 1] = \frac{(P+1)P}{2}$$

此外请注意，相关系数的取值范围为 $[-1, 1]$。

那么，如何进行参数设定呢？常用的方法是采用 Cholesky 分解

$$\mathbf{V} = \mathbf{L}\mathbf{L}'$$

其中下三角矩阵

$$\mathbf{L} = \begin{bmatrix} l_{11} & & & & \\ l_{21} & l_{22} & & & \\ l_{31} & l_{32} & l_{33} & & \\ \vdots & \vdots & \vdots & \ddots & \\ l_{P1} & l_{P2} & l_{P3} & \cdots & l_{PP} \end{bmatrix}$$

由矩阵理论我们知道 $\mathbf{V}$ 是合法的方差矩阵：

- 任取矩阵 $\mathbf{L}$ ($l_{ij} \in \mathbb{R}$)，矩阵 $\mathbf{V}$ 是非负定对称矩阵。
- 如果矩阵 $\mathbf{L}$ 的全部对角元素为正 ($l_{ii} > 0$)，那么矩阵 $\mathbf{V}$ 是正定对称矩阵。

四、概率

假设有一组概率，记为

$$0 \leqslant p_i \leqslant 1 \qquad i = 1, 2, \cdots, N$$

$$p_1 + p_2 + \cdots + p_N = 1$$

则变换方法为

$$p_i = \frac{e^{q_i}}{e^{q_1} + e^{q_2} + \cdots + e^{q_N}} \qquad i = 1, 2, \cdots, N \tag{15.18}$$

其中 $q_1 = 0$。通过该变换，我们把有约束的 N 个概率参数重构为 $N-1$ 个自由参数 $q_2, q_3, \cdots, q_N$。

五、参数的方差估计

进行参数重构后，原始参数的方差估计可以采用 Delta 方法。[9]例如 Logit 变换，如果参数 a 的方差估计为 v_a，则原始参数 b 的方差估计为

$$v_b = \left(\frac{\mathrm{d}b}{\mathrm{d}a}\right)^2 v_a = (1-b)^2 b^2 v_a$$

然而，对于概率变换式 (15.18) 或者方差矩阵的 Cholesky 变换，Delta 方法是不容易实现的。

由于采用参数重构(例如单调变换)并不会改变 ML 估计的对数似然值，因此实际应用中，进行最大似然估计时，若参数的取值范围受到限制，我推荐如下的计算过程：

1) 进行参数重构，最大化参数重构版本的对数似然函数，得到无约束参数的估计。
2) 通过转换函数求出原始参数作为初始值，再进行最大似然估计(一般迭代一次就收敛)，直接得到原始参数的方差估计。

六、局限

参数重构是有局限的：

1) 简单的等式或者不等式约束容易处理。如果是方程组或者是不等式方程组，且方程间存在系数交叉限制，往往就无计可施了。
2) 原始系数的假设检验，需要正确地计算标准差估计，比如还原参数再进行原始参数的最大似然估计，或者采用 Delta 方法。
3) 如果 ML 估计值接近不等式约束的边界，进行统计推断的效果将很差。

---

[9]Delta 方法：假设

$$\sqrt{T}(\mathbf{a}_E - \mathbf{a}_0) \overset{a}{\sim} \mathrm{N}(0, \mathbf{A})$$

对于连续可导的函数 $\mathbf{r} : \mathbb{R}^Q \to \mathrm{P}$

$$\mathbf{b} = \mathbf{r}(\mathbf{a})$$

参数重构后有

$$\sqrt{T}(\mathbf{b}_E - \mathbf{b}_0) \overset{a}{\sim} \mathrm{N}(0, \mathbf{RAR}')$$

其中估计量 $\mathbf{b}_E$ 和真值 $\mathbf{b}_0$ 都为参数空间 $\mathrm{P} \subset \mathbb{R}^P$ 的内点，$\mathbf{R}$ 为 $P \times Q$ 矩阵 $(P \leqslant Q)$

$$\mathbf{R} = \frac{\partial \mathbf{r}(\mathbf{a}_0)}{\partial \mathbf{a}'}$$

§15.2 应用实例

前一节我们回顾了最大似然估计的基本理论，本节则转向应用，结合 EViews 的对数似然对象 (Log Likelihood Object, LogL)，通过精心设计的例子，深入讲解如何基于理论模型，进行对数似然函数的设定、最大似然估计和假设检验的完整过程。本节的例子包含如下四个方面：

1) EViews 有内建支持的模型估计：如 AR(1) 模型和 GARCH(1, 1) 模型 (分别使用方程对象的估计命令 ls 和 arch)。通过比较自己编程计算的最大似然估计结果和 EViews 内建命令的估计结果，了解不同估计方法的区别和联系。不仅帮助我们掌握最大似然法的应用，而且让我们体会到 EViews 内建支持模型估计的独到之处。

2) 实用的例子：如 ARCD 模型 (第 285 页 §6.5.2 节) 与多项选择模型。这些模型相对复杂，EViews 尚未提供直接估计的命令，然而通过对数似然对象，屈指可数的几行程序就能完成估计。在 ARCD 模型的例子中，我们演示了黑森矩阵的数值求解。在多项选择模型的例子中，我们采用了解析求导的方法，并对比了黑森矩阵的解析解和数值解。

3) 基于分布的模型：势态转换模型和 Gamma 分布的参数估计。势态转换模型中，我们通过仿真的方法产生数据再进行最大似然估计。Gamma 分布的例子中，进行最大似然估计时，我们对比了数值求导与解析求导方法。此外，我们还将 GMM 估计和 ML 估计进行对比，强调了 GMM 方法在方差矩阵估计方面的灵活性。

4) 基于似然函数的检验：给出了表 15.1 (第 720 页) 中三种检验的数值计算，并基于三种不同的方差估计对比检验结果，以了解有限样本下方差估计方法的影响。

值得一提的是，EViews 的例子目录提供了对数似然对象的很多程序实例[10]，包括了多变量的模型。这些 prg 程序是学习对数似然对象和最大似然估计方法的好材料，结合 EViews 的手册和电子文档的相关内容进行解读和练习，"功力"一定能迅速提升。

§15.2.1 AR(1)

在第 5 讲 (第 225 页) 我们已经熟悉了 ARMA 模型，EViews 采用 NLS 方法进行估计。本小节则基于对数似然对象，采用最大似然法分别计算 AR(1) 模型的 CML 估计和 ML 估计，对比 EViews 内建的 NLS 估计和状态空间模型 (第 565 页第 12 讲) 的 ML 估计。

一、对数似然函数

AR(1) 模型通常设定为

$$y_t = c + u_t$$
$$u_t = a u_{t-1} + e_t \qquad e_t \sim \text{iid } N(0, v), \ |a| < 1$$

等价的形式为

$$y_t = c + u_t = c + (a u_{t-1} + e_t) = c + a(y_{t-1} - c) + e_t = (1-a)c + a y_{t-1} + e_t$$

---

[10] 如 Example Files\logl 目录下的 prg 程序，以及 Example Files\docs\logl.htm 里面的简短说明。EViews 7 的目录分别为 Example Files\Sample Programs\logl 和 Example Files\HTML Files\logl.htm。

因此
$$y_t|\mathbb{I}_{t-1} \sim y_t|y_{t-1} \sim \mathrm{N}\left((1-a)c+ay_{t-1},v\right) \qquad t=2,3,\cdots,T$$

此外，由 ARMA 理论知 (参见 Hamilton, 1994, p53)
$$y_1 \sim \mathrm{N}\left(c,v/\left(1-a^2\right)\right)$$

因此联合分布为
$$f(\mathbf{y}) = f(y_1)\prod_{t=2}^{T} f(y_t|\mathbb{I}_{t-1};\mathbf{b})$$

以及精确对数似然函数
$$\ell(\mathbf{b}) = \sum_{t=2}^{T} \log\left(f\left(y_t|\mathbb{I}_{t-1};\mathbf{b}\right)\right) + \log\left(f(y_1)\right)$$

如果假设 y_1 为给定的，则称 $f(y_2,y_3,\cdots,y_T|y_1) = \prod_{t=2}^{T} f(y_t|\mathbb{I}_{t-1};\mathbf{b})$ 为基于 y_1 的条件似然函数，相应的估计为条件最大似然 (Conditional Maximum Likelihood, CML) 估计。

如果 $x \sim \mathrm{N}\left(\mu,\sigma^2\right)$，则密度函数可以表示为
$$f(x,\mu,\sigma^2) = \frac{1}{\sigma}\phi\left(\frac{x-\mu}{\sigma}\right)$$

其中 $\phi(\cdot)$ 为标准正态的密度函数。因此，对于正态的似然函数，我们可以使用 EViews 的 @dnorm 标准正态密度函数进行计算。

二、ML 估计

我们采用仿真数据，取 $c=1, a=0.85$, 以及 $v=1$

```
wfcreate ar1 m 1980 1989
c(1) = 1      'const term
c(2) = 0.85   'rho
rndseed(type=mt) 12357   'seed random number generator
series e = nrnd
genr u = 0
u(1) = @elem(e,@otod(1))/@sqrt(1-c(2)^2)    'fist obs
smpl @first+1 @last
u = c(2)*u(-1) +e
smpl @all
genr y = c(1) +u
```

准备好数据后，估计 AR(1) 模型

```
equation eq01.ls y c ar(1)
```

得到估计结果在图 15.1 的上半部分，系数估计值 (C $\to c$, AR(1) $\to a$) 和真值很接近。AR(1) 模型也可以改写成滞后模型

```
equation eq02.ls y c y(-1)
```

得到估计结果在图 15.1 的中间部分 (C $\to (1-a)c$, Y(-1) $\to a$)，其中截距的估计为 0.112677，与理论值 $(1-a)c = 0.15$ 接近。

前面我们采用 EViews 内建的方法估计 AR(1) 模型，eq01 采用 NLS 进行估计，eq02 采用 LS 进行估计。下面我们使用最大似然法进行估计

图 15.1 AR(1) 的 ML 估计

```
Dependent Variable: Y
Method: Least Squares
Date: 01/12/09   Time: 08:39
Sample (adjusted): 1980M02 1989M12
Included observations: 119 after adjustments
Convergence achieved after 4 iterations
```

Variable	Coefficien	Std. Error	t-Statistic	Prob.
C	1.042075	0.869171	1.198930	0.2330
AR(1)	0.891873	0.044740	19.93441	0.0000

R-squared	0.772542	Mean dependent var		1.339656
Adjusted R-squared	0.770598	S.D. dependent var		2.113322
S.E. of regression	1.012196	Akaike info criterion		2.878785
Sum squared resid	119.8712	Schwarz criterion		2.925492
Log likelihood	-169.2877	F-statistic		397.3807
Durbin-Watson stat	2.031966	Prob(F-statistic)		0.000000

Inverted AR Roots	.89

```
Dependent Variable: Y
Method: Least Squares
Date: 01/12/09   Time: 09:15
Sample: 1980M02 1989M12
Included observations: 119
```

Variable	Coefficien	Std. Error	t-Statistic	Prob.
C	0.112677	0.111347	1.011944	0.3137
Y(-1)	0.891873	0.044740	19.93441	0.0000

R-squared	0.772542	Mean dependent var		1.339656
Adjusted R-squared	0.770598	S.D. dependent var		2.113322
S.E. of regression	1.012196	Akaike info criterion		2.878785
Sum squared resid	119.8712	Schwarz criterion		2.925492
Log likelihood	-169.2877	F-statistic		397.3807
Durbin-Watson stat	2.031966	Prob(F-statistic)		0.000000

```
LogL: L_AR1C
Method: Maximum Likelihood (Marquardt)
Date: 01/12/09   Time: 09:15
Sample: 1980M02 1989M12
Included observations: 119
Evaluation order: By observation
Estimation settings: tol= 1.0e-05, derivs=accurate numeric
Initial Values: C(1)=1.04208, C(2)=0.89187, C(3)=0.00729
Convergence achieved after 1 iteration
```

	Coefficient	Std. Error	z-Statistic	Prob.
C(1)	1.042075	0.893899	1.165764	0.2437
C(2)	0.891873	0.043228	20.63188	0.0000
C(3)	0.007294	0.141677	0.051484	0.9589

Log likelihood	-169.2877	Akaike info criterion	2.895591
Avg. log likelihood	-1.422586	Schwarz criterion	2.965653
Number of Coefs.	3	Hannan-Quinn criter.	2.924041

```
logl L_ar1c
L_ar1c.append @logl logl1
L_ar1c.append res = y-c(1)*(1-c(2))-c(2)*y(-1)
L_ar1c.append var = exp(c(3))
L_ar1c.append sres = res/@sqrt(var)
L_ar1c.append logl1 = log(@dnorm(sres)) -log(var)/2
```

```
'take starting values from NLS
eq01.updatecoefs
c(3) = log(eq01.@ssr/eq01.@regobs)
smpl @first+1 @last
L_ar1c.ml(showopts,m=1000,c=1e-5)
```

命令 logl 建立对数似然对象 L_ar1c，然后用 append 逐行添加对数似然函数的设定，关键字 @logl 指定序列对象 logl1 为似然对数观测序列。对数似然函数的设定中，序列 res 为残差 e_t，var 为方差 v，由于方差非负，我们采用了指数函数进行参数重构。最后，以 eq01 的估计结果为初始值，进行 ML 估计，得到估计结果在图 15.1 的底部，我们看到对数似然对象的估计结果输出和方程对象类似：

- 表头报告了估计方法为 Method: Maximum Likelihood (Marquardt)
- 关于执行顺序 Evaluation order: By observation，将在 §15.3.1 节 (第 759 页) 讨论。
- 由于 ML 估计采用迭代方法，EViews 报告了迭代次数。
- 系数估计部分，报告的是渐近正态 z-统计量，而不是 t-统计量。注意到系数估计 C(1) $\to c$，C(2) $\to a$，C(3) $\to \log(v)$，因此 $v = e^{0.007294} = 1.007$。
- 统计量部分，由于 ML 估计方法没有所谓的因变量，没有报告 R^2。

三、全样本估计

前一子小节采用的是 CML 估计，基于给定观测 y_1 的估计。下面我们把 y_1 当成是随机的，进行全样本估计 (精确似然估计)

```
smpl @all
series d1 = 0
d1(1) = 1
logl L_ar1
L_ar1.append @logl logl1
L_ar1.append res = @recode(d1=1, y-c(1), y-c(1)*(1-c(2))-c(2)*y(-1))
L_ar1.append var = @recode(d1=1, exp(c(3))/(1-c(2)^2), exp(c(3)))
L_ar1.append sres = res/@sqrt(var)
L_ar1.append logl1 = log(@dnorm(sres)) -log(var)/2

'take starting values from NLS
eq01.updatecoefs
c(3) = log(eq01.@ssr/eq01.@regobs)
L_ar1.ml(showopts,m=1000,c=1e-5)
```

全样本估计时，第一个观测 y_1 服从正态分布，因此我们建立哑变量 d1 以指示第一个观测。对数似然函数的设定中，函数 @recode 通过哑变量 d1 实现对 y_1 无条件分布的单独设定，与其他 y_t 的条件分布区别开来。最后，以 eq01 的估计结果为初始值，进行 ML 估计，得到估计结果为图 15.2 的前半部分：表头报告估计样本为 120 个，使用了全部观测样本。此外，参数的对应关系为 C(1) $\to c$，C(2) $\to a$，C(3) $\to \log(v)$，其中 C(3) 的估计为零，表明方差参数 v 的估计为 1。而参数 c 估计尽管达到 1.145，但和前一子小节的结果一样，仍然是不显著的。

我们知道，状态空间模型 (第 568 页式 12.4) 可以用来估计 ARMA 模型

```
sspace ss01
ss01.append @signal y = c(1) + sv1
ss01.append @state sv1 = c(2)*sv1(-1) + [var = exp(c(3))]
```

图 15.2 AR(1) 的全样本估计

```
LogL: L_AR1
Method: Maximum Likelihood (Marquardt)
Date: 01/12/09   Time: 08:39
Sample: 1980M01 1989M12
Included observations: 120
Evaluation order: By observation
Estimation settings: tol= 1.0e-05, derivs=accurate numeric
Initial Values: C(1)=1.04208, C(2)=0.89187, C(3)=0.00729
Convergence achieved after 11 iterations
```

	Coefficient	Std. Error	z-Statistic	Prob.
C(1)	1.145423	0.807559	1.418377	0.1561
C(2)	0.884069	0.042386	20.85755	0.0000
C(3)	-8.83E-05	0.140311	-0.000630	0.9995

Log likelihood	-171.0280	Akaike info criterion	2.900467
Avg. log likelihood	-1.425233	Schwarz criterion	2.970154
Number of Coefs.	3	Hannan-Quinn criter.	2.928767

```
Sspace: SS01
Method: Maximum likelihood (Marquardt)
Date: 01/12/09   Time: 08:39
Sample: 1980M01 1989M12
Included observations: 120
Estimation settings: tol= 1.0e-05, derivs=accurate numeric
Initial Values: C(1)=1.04208, C(2)=0.89187, C(3)=0.00729
Convergence achieved after 11 iterations
```

	Coefficient	Std. Error	z-Statistic	Prob.
C(1)	1.145423	0.807559	1.418376	0.1561
C(2)	0.884069	0.042386	20.85755	0.0000
C(3)	-8.83E-05	0.140311	-0.000630	0.9995

	Final State	Root MSE	z-Statistic	Prob.
SV1	-3.271887	0.999956	-3.272032	0.0011

Log likelihood	-171.0280	Akaike info criterio	2.900467
Parameters	3	Schwarz criterion	2.970154
Diffuse priors	0	Hannan-Quinn criter.	2.928767

```
'take starting values from NLS
eq01.updatecoefs
c(3) = log(eq01.@ssr/eq01.@regobs)
ss01.ml(showopts,m=1000,c=1e-5)
```

建立状态空间对象 ss01 并进行相应的设定(有关状态空间模型的设定请参考第 582 页 §12.3 节)，然后同样以 eq01 的估计结果为初始值，估计状态空间模型，得到估计结果为图 15.2 的后半部分：状态空间模型采用 ML 估计，也是全样本估计，估计结果 ($C(1) \to c, C(2) \to a, C(3) \to \log(v)$) 与对数似然对象 L_ar1 的完全一致 (容许误差范围内)。

关于 AR(1) 模型的估计：

- 通过 ar 关键字设定的方式，EViews 采用 NLS 估计。
- 可以使用对数似然对象估计 AR 模型，如果需要计算 ARMA 模型的 ML 估计，采用 EViews 的状态空间对象很方便。
- 均值模糊 (mean blur)：Merton (1980) 指出相对于方差的估计，均值难以准确估计。本节的例子中，序列 y_t 的方差估计接近理论值 $v = 1$，而均值估计偏离真值 $c = 1$ 较多，并且统计上不显著 (统计上与零无法区分)。

§15.2.2 GARCH(1,1)

在第 6 讲 (第 253 页) 我们知道 EViews 用 arch 命令估计各种 ARCH 模型，使用的估计方法是最大似然法。本小节将采用对数似然对象，分别假设标准化残差为正态分布和 t 分布，对比方程对象 arch 命令和对数似然对象 ml 命令的估计结果。

为了方便比较，我们仍然采用 §6.3.1 节 (第 262 页) 的汇率数据

```
'ftp://www.amstat.org/JBES_View/96-2-APR/bollerslev_ghysels/
pageload(page=DEM2GBP,wf=myTest) bollerslev.sec41.dat names = (R,Dn)
equation eq01z.arch(showopts,z) R c    'backcasting OFF
genr d1 = 0
d1(1) = 1     'dummy for 1st obs
```

读入数据后，方程对象 eq01z 估计基本的 GARCH(1,1) 模型 (标准化残差为默认的正态分布，选项 z 禁止倒推算法)，估计结果参见第 263 页。此外，我们设置了哑变量 d1 指示第一个观测。

一、正态分布

当标准化残差为正态分布时，似然函数为式 (6.3) (第 257 页)

```
logl L_n
L_n.append @logl L
L_n.append e = R -c(1)
L_n.append h = @recode(d1, @var(R), c(2) +c(3)*e(-1)^2 +c(4)*h(-1))
L_n.append z = e/@sqrt(h)
L_n.append L = log(@dnorm(z)) - log(h)/2
do eq01z.updatecoefs
L_n.ml(showopts)
```

对数似然对象 L_n 中，序列 h 和 z 分别为条件方差和标准化残差，函数 @recode 通过哑变量 d1 将第一个观测的条件方差 h_1 初始化为无条件方差。然后以 eq01z 的估计结果作为初始值，进行 ML 估计，得到估计结果如下：

```
LogL: L_N
Method: Maximum Likelihood (Marquardt)
Date: 01/12/09   Time: 14:41
Sample: 1 1974
Included observations: 1974
Evaluation order: By observation
Estimation settings: tol= 0.00010, derivs=accurate numeric
Initial Values: C(1)=-0.00616, C(2)=0.01077, C(3)=0.15318,
        C(4)=0.80589
Convergence achieved after 3 iterations
```

	Coefficient	Std. Error	z-Statistic	Prob.
C(1)	-0.006163	0.008436	-0.730592	0.4650
C(2)	0.010760	0.001323	8.132015	0.0000
C(3)	0.153404	0.014002	10.95584	0.0000
C(4)	0.805883	0.016568	48.64160	0.0000

Log likelihood	-1106.585	Akaike info criterion	1.125213
Avg. log likelihood	-0.560580	Schwarz criterion	1.136536
Number of Coefs.	4	Hannan-Quinn criter.	1.129373

相应于 GARCH(1,1) 模型的常用符号 (例如第 258 页式 6.5)：$C(1) \to c, C(2) \to \omega, C(3) \to \alpha, C(4) \to \beta$，我们看到，系数估计结果基本一致。而对数似然值为 -1106.585，比 eq01z 的 -1106.607 (见第 263 页) 略微改善。

图 15.3 GARCH(1,1) 的 ML 估计

```
LogL: L_T
Method: Maximum Likelihood (Marquardt)
Date: 01/12/09   Time: 14:41
Sample: 1 1974
Included observations: 1974
Evaluation order: By observation
Estimation settings: tol= 0.00010, derivs=accurate numeric
Initial Values: C(1)=-0.00616, C(2)=0.01077, C(3)=0.15318,
        C(4)=0.80589, C(5)=3.40120
Convergence achieved after 12 iterations
```

	Coefficient	Std. Error	z-Statistic	Prob.
C(1)	0.002273	0.007095	0.320379	0.7487
C(2)	0.002322	0.000889	2.611968	0.0090
C(3)	0.124868	0.019295	6.471457	0.0000
C(4)	0.884486	0.015051	58.76763	0.0000
C(5)	0.747697	0.191576	3.902867	0.0001

Log likelihood	-989.3505	Akaike info criterion	1.007447
Avg. log likelihood	-0.501191	Schwarz criterion	1.021601
Number of Coefs.	5	Hannan-Quinn criter.	1.012648

```
LogL: L_TB
Method: Maximum Likelihood (Marquardt)
Date: 01/12/09   Time: 14:41
Sample: 1 1974
Included observations: 1974
Evaluation order: By observation
Estimation settings: tol= 0.00010, derivs=accurate numeric
Initial Values: C(1)=0.00227, C(2)=0.00232, C(3)=0.12487,
        C(4)=0.88449, C(5)=4.11213
Convergence achieved after 1 iteration
```

	Coefficient	Std. Error	z-Statistic	Prob.
C(1)	0.002272	0.007095	0.320272	0.7488
C(2)	0.002322	0.000889	2.612102	0.0090
C(3)	0.124863	0.019295	6.471447	0.0000
C(4)	0.884489	0.015050	58.77140	0.0000
C(5)	4.112150	0.404641	10.16246	0.0000

Log likelihood	-989.3505	Akaike info criterion	1.007447
Avg. log likelihood	-0.501191	Schwarz criterion	1.021601
Number of Coefs.	5	Hannan-Quinn criter.	1.012648

二、t 分布

如果标准化残差满足式 (6.2)(第 256 页) 的标准化 t 分布，那么似然函数为式 (6.4)(第 257 页)

```
!pi = @acos(-1)
logl L_t      't-dist
L_t.append @logl L
L_t.append e = R -c(1)
L_t.append h = @recode(d1, @var(R), c(2) +c(3)*e(-1)^2 +c(4)*h(-1))
L_t.append z2 = (e^2) /h
L_t.append df = 2+exp(c(5))     'df>2
L_t.append L = @gammalog((df +1)/2) -@gammalog(df/2) -log(!pi)/2 _
        -log(df-2)/2 -(df+1)*log(1+z2/(df -2))/2 - log(h)/2
'starting values
do eq01z.updatecoefs
c(5) = log(30)
L_t.ml(showopts)
```

对数似然对象 L_t 中，h 为条件方差，第一个观测初始化为无条件方差；z2 是标准化残差的平方；自由度 df 采用 2+exp(c(5)) 的参数重构方法，以保证自由度大于 2 (否则方差不存在)。然后，以 eq01z 的估计结果作为初始值，初始自由度设置为 32，得到 ML 估计结果参见图 15.3 的上半部分：系数的对应关系为 $C(1) \to c, C(2) \to \omega, C(3) \to \alpha, C(4) \to \beta, C(5) \to \log(v-2)$。因此，自由度的估计为 $2 + e^{0.747697} = 4.11213$。

可以采用 Delta 方法计算自由度参数估计的标准差

```
c(10) = L_t.@stderrs(5)*exp(c(5))    '0.404634
```

结果为 0.404634。也可以采用返回原始参数的方法进行计算

```
logl L_tb      't-dist
L_tb.append @logl L
L_tb.append e = R -c(1)
L_tb.append h = @recode(d1, @var(R), c(2)+c(3)*e(-1)^2 +c(4)*h(-1))
L_tb.append z2 = (e^2) /h
L_tb.append L = @gammalog((c(5)+1)/2) -@gammalog(c(5)/2) -log(h)/2 _
       -log(!pi)/2 -log(c(5)-2)/2 -(c(5)+1)*log(1+z2/(c(5)-2))/2
do L_t.updatecoefs
c(5) = 2+exp(c(5))
L_tb.ml(showopts)
```

对数似然对象 L_tb 中，自由度参数还原为系数 C(5)。然后，以 L_t 的估计结果作为初始值 (注意相应还原 C(5))，得到估计结果为图 15.3 的下半部分：系数都为原始系数，$C(1) \to c, C(2) \to \omega, C(3) \to \alpha,$ $C(4) \to \beta, C(5) \to v$，自由度参数的估计结果一目了然。从应用的角度看，这种先进行参数重构得到估计结果 (无约束优化)，再返回原始参数进行估计的方法，结果总是更准确和直观。

关于 ARCH 模型的估计：

- 初始值方面：当标准化残差为正态分布时，ML 估计的初始值的选取相对随便。如果标准化残差为 t 分布，初始值的选取至关重要，建议采用正态分布的估计结果作为初始值。
- 系数方面：如果有系数限制，arch 命令尚不支持，需要使用对数似然对象。
- 方差估计方面：当标准化残差采用正态分布时，命令 arch 通过选项 h 来得到 Bollerslev and Wooldridge (1992) 提供的 QML 稳健方差估计。

因此，如果 EViews 提供了直接支持，建议使用内建的方法，省心省事，不仅计算速度快，而且减少选初始值的麻烦。

练习：请使用函数 @dtdist 简化对数似然对象 L_t 的设定语句。

提示：EViews 提供的函数 @dtdist 是 t 分布的密度函数，记普通 t 分布和标准化 t 分布的密度函数分别为 $f(x;v)$ 和 $g(z;v)$，那么

$$g(z;v) = f(zu;v) \cdot u \qquad u = \sqrt{\frac{v}{v-2}}$$

因此，似然函数的设定可以写成

```
'e, h, and df, same as L_t
z = e/@sqrt(h)
df2 = @sqrt(df/(df-2))
L = log(df2*@dtdist(z*df2,df)) -log(h)/2
```

建议尽量使用内建的函数，简化代码，同时提高速度和精度。

§15.2.3 ARCD

在 §6.5.2 节 (第 285 页) 我们已经熟悉 ARCD 模型，由于它是弱式 GARCH 模型，EViews 的 `arch` 命令并不支持该模型的估计。本小节使用 Hansen (1994) 的数据，讨论该模型的最大似然估计

```
'in http://www.ssc.wisc.edu/~bhansen/progs/ier_94.zip
pageload(page=arcd) FRANC.DAT rectype=streamed names=(Y)
genr r = dlog(y)*100
pagecontract if not @isna(r)
!T = @obsrange
!pi = @acos(-1)
genr d1 = 0
d1(1) = 1    'dummy for 1st obs
```

读入数据后，先计算对数收益率，然后 `pagecontract` 剔除第一个观测 (r(1)=na)。最后是初始化变量，即观测数目 (!T) 和常数 π (!pi)，以及指示第一个收益率观测的哑变量序列对象 d1。

一、系数估计

ARCD 模型的似然函数为式 (6.4) (第 257 页)，其中标准化误差分布为式 (6.18) (第 286 页) 给出的非对称 t 分布

```
logl L_st     'skew-t dist
L_st.append @logl L
L_st.append e = R
L_st.append h = @recode(d1, @sumsq(R)/!T, _
        c(1) +c(2)*(e(-1)^2-h(-1)) +c(3)*h(-1))
L_st.append z = e/@sqrt(h)
'degree of freedom
L_st.append df = 27.9*@logit( @recode(d1, c(4), _
        c(4)+c(5)*e(-1)+c(6)*e(-1)^2) )+2.1
'skew parameter
L_st.append sk = 1.8*@logit( @recode(d1, c(7), _
        c(7)+c(8)*e(-1)+c(9)*e(-1)^2) )-0.9
L_st.append pc = @gamma((df +1)/2)/@gamma(df/2)/@sqrt(!pi*(df-2))
L_st.append pa = 4*sk*pc*(df-2)/(df-1)
L_st.append pb = @sqrt(1+3*sk^2-pa^2)
L_st.append bz = pb*z+pa
L_st.append z1 = bz/(1+sk*((bz>0)-(bz<0)) )
L_st.append L = log(pb)+log(pc) _
        -(df+1)*log( 1+z1^2/(df-2) )/2 - log(h)/2
copy L_st L0h
```

设定对数似然对象 L_st，与 §6.5.2 节 (第 285 页) 中变量的对应关系为 pa $\to a$, pb $\to b$, pc $\to c$, bz $\to bz+a$，而 (bz>0)-(bz<0) 实现函数 $\text{sign}(\cdot)$；系数的对应关系为 C(1) $\to \omega$, C(2) $\to \alpha$, C(3) $\to \beta$, C(4) $\to a_0$, C(5) $\to a_1$, C(6) $\to a_2$, C(7) $\to b_0$, C(8) $\to b_1$, C(9) $\to b_2$。在进行 ML 估计之前，我们还复制了一个设定好的对数似然对象 L0h 作为备份 (下一子小节计算夹心估计时使用)

```
'starting value from Hansen (1994)
param c(1) 0.037 c(2) 0.20 c(3) 1.03 c(4) -1.10 c(5) -0.54 _
      c(6) -0.08 c(7) -0.06 c(8) -0.13 c(9) -0.10
L_st.ml(showopts)
```

使用 Hansen (1994) 的初始值，得到估计结果为图 15.4：系数估计和 Hansen (1994) 报告的相近，e_t^2 和 h_t 项的系数之和 C(3) 超过 1，由于方差估计方法的不同，有一大半的系数估计不显著。

图 15.4 ARCD 模型的 ML 估计

```
LogL: L_ST
Method: Maximum Likelihood (Marquardt)
Date: 01/12/09   Time: 22:10
Sample: 1 631
Included observations: 631
Evaluation order: By observation
Estimation settings: tol= 0.00010, derivs=accurate numeric
Initial Values: C(1)=0.03700, C(2)=0.20000, C(3)=1.03000, C(4)=
    -1.10000, C(5)=-0.54000, C(6)=-0.08000, C(7)=-0.06000, C(8)=
    -0.13000, C(9)=-0.10000
Convergence achieved after 31 iterations
```

	Coefficient	Std. Error	z-Statistic	Prob.
C(1)	0.037941	0.023836	1.591729	0.1114
C(2)	0.205725	0.049048	4.194349	0.0000
C(3)	1.028723	0.027147	37.89383	0.0000
C(4)	-1.216568	0.632247	-1.924196	0.0543
C(5)	-0.508718	0.318199	-1.598739	0.1099
C(6)	-0.063806	0.084200	-0.757789	0.4486
C(7)	-0.038385	0.151513	-0.253346	0.8000
C(8)	-0.131598	0.098860	-1.331162	0.1831
C(9)	-0.105363	0.045264	-2.327737	0.0199

Log likelihood	-1144.620	Akaike info criterion	3.656483
Avg. log likelihood	-1.813978	Schwarz criterion	3.719915
Number of Coefs.	9	Hannan-Quinn criter.	3.681120

二、夹心估计

EViews 报告的方差估计是 BHHH 估计

```
include Hessian.prg
coef b = L_st.@coef
matrix mv = L_st.@cov
!k = @rows(b)
matrix(!T,!k) mg
L_st.updatecoefs
call Gradient(L0h, mg)    'L0h is a copy of L_st before estimation
matrix mm = @inverse(@transpose(mg)*mg)
c(1) = @norm(mm-mv)    '9.24E-05    V7 8.93E-05
```

简单说明如下：

- 源代码文件 Hessian.prg 包含子程序 Gradient (提取梯度观测矩阵) 以及子程序 Hessian (计算黑森矩阵)，具体细节请参考下一小节 (第 734 页)。
- 分别保存 ML 估计的系数和方差矩阵到系数对象 b 和矩阵对象 mv 中。
- 由于没有解析导数直接提供梯度值，我们调用子程序 Gradient 取得当前系数估计下数值方法的梯度观测矩阵 F (第 715 页式 15.12) 到矩阵对象 mg 中。
- 采用式 (15.17) (第 720 页) 计算 V_B，证实 EViews 报告的是 BHHH 估计 (EViews 开发人员说这里的细微差别是由算法上的差异导致的)。

下面我们计算夹心估计 (稳健估计)

```
pagecreate(page=Hessian) u !T
link r.linkto arcd\r
link d1.linkto arcd\d1
copy arcd\L0h L0h
copy arcd\b b
!k = @rows(b)
```

```
        matrix(!k,!k) mH
        call Hessian(L0h, b, mH, !T)
        copy arcd\mv mv    'if mm, slight dif
        matrix mHi = @inverse(-mH)
        matrix mSS = mHi*@inverse(mv)*mHi
        vector vSE = @getmaindiagonal(mSS)
        vSE = @sqrt(vSE)
```

清晰起见，转到工作页 Hessian 里进行计算：先复制必要的数据，然后调用子程序 Hessian 计算黑森矩阵，由夹心估计式 (15.13) (第 715 页) 计算方差矩阵保存到矩阵对象 mSS 中，最后提取对角线计算标准差，保存到向量对象 vSE 中。我们把系数估计和修正的方差估计列表如下：

	Coef	Robust SE	Coef	Robust SE	Coef	Robust SE
Variance Equation						
Intercept	0.037941	0.038558	0.037950156	0.040138744	0.037944	0.038922
$e_{t-1}^2 - h_t$	0.205725	0.098520	0.20578644	0.12734846	0.205749	0.097952
h_t	1.028723	0.036682	1.0287476	0.051954714	1.028731	0.036992
Degree of Freedom						
Intercept	-1.216568	0.727458	-1.2169365	1.0623572	-1.216674	0.780438
e_{t-1}	-0.508718	0.169462	-0.50878171	0.18499791	-0.508715	0.186531
e_{t-1}^2	-0.063806	0.036498	-0.063770341	0.064666240	-0.063805	0.046787
Skew Parameter						
Intercept	-0.038385	0.245572	-0.038281414	0.47694530	-0.038365	0.141271
e_{t-1}	-0.131598	0.093484	-0.13165808	0.087022011	-0.131598	0.088248
e_{t-1}^2	-0.105363	0.065561	-0.10542597	0.12775694	-0.105378	0.071407
LogL	EViews	-1144.620	Gauss	1144.6203	Matlab	1144.6203

作为对比，表格的中间和右边两部分分别为 Gauss 和 Matlab 软件计算的结果。[11] 我们看到，系数估计方面，三者都很接近，对数似然值也几乎相等 (Gauss 和 Matlab 报告的是负的似然值)。标准差的稳健估计方面，EViews 和 Matlab 的估计结果基本持平，Gauss 的估计结果基本上都是最大。最后，需要说明的是，这里我们不清楚 g_t 是否序列相关，表中报告的稳健估计只修正异方差，没有修正可能的自相关。

三、黑森矩阵

源代码文件 Hessian.prg 包含三个子程序。首先是公用的局部子程序是 Tab2Mat，将表格对象的块数据读入到矩阵对象中

```
        subroutine local Tab2Mat(table tb, matrix mg, scalar sr, scalar sc)
        'read table block to matrix
        'tb  : table to read
        'mg  : matrix to hold the data, properly sized
        'sr  : starting row sr+1
        'sc  : starting col sc+1
            tb.setformat(@all) g.20    'full precision
            for !c = 1 to @columns(mg)
```

---

[11] 可以到 http://www.ssc.wisc.edu/%7Ebhansen/papers/ier_94.html 下载数据和源代码。我修改了 exc.m 和 exc.prg 的 initials=2 为 initials=0，使得对数似然值包含全部的观测。此外，Matlab 程序 exc.m 中，增加了全局变量的声明 global ts tslags sklags。

```
            for !t = 1 to @rows(mg)
                mg(!t,!c) = tb(!t+sr,!c+sc)
            next
        next
    endsub
```

参数中，表格对象 tb 提供待读取的数据；矩阵对象 mg 保存读取的数据，矩阵的大小等于要读取数据块的大小。标量参数 sr 和 sc 指示数据块左上角坐标，为起始的行列位置减 1。子程序内部修改了表格的数值显示格式，以提高读取数值的精度。

子程序 Gradient 提取梯度观测矩阵

```
    subroutine Gradient(logl L0h, matrix mg)
    'read gradient from grads view
    'L0h:  Logl obj
    'mg  :  grad matrix, obs in row, coef in col
        freeze(_tb) L0h.grads(t)
        call Tab2Mat(_tb,mg,2,1)
        delete _tb
    endsub
```

参数中，如果对数似然对象 L0h 尚未完成 ML 估计，那么参数矩阵 mg 为 L0h 的当前系数值下的梯度值，每行为一个观测，每列对应一个系数。如果 L0h 已经成功估计，则返回估计值处的梯度。子程序 Gradient 先将对数似然对象的梯度视图定格成临时表格对象 _tb，然后调用局部子程序 Tab2Mat 读出梯度值，传递给参数矩阵 mg。

核心子程序 Hessian 计算黑森矩阵

```
    subroutine Hessian(logl L0h, coef b, matrix H, scalar T)
    'compute Hessian of Logl obj
    'L0h:  logl object, parameters are c(1), c(2), ... , c(k)
    'b  :  coef
    'H  :  Hessian matrix
    'T  :  # of obs
        !k = @rows(b)       '# of coef
        matrix(T,!k) _mg0
        matrix(T,!k) _mg1
        for !i=1 to !k
            c(!i) = b(!i)    'update coefs
        next
        call Gradient(L0h, _mg0)    'gradient at b
        for !j=1 to !k      'coef
            for !i=1 to !k
                c(!i) = b(!i)    'update coefs
            next
            !_c = c(!j)
            !h = abs(!_c)>1e-2    'stepsize
            !h = (6.0554544523933429e-6)*(!h*abs(!_c)+(1-!h)*1e-2)
            c(!j) = !_c+!h*((!_c>=0)-(!_c<0))    'with sign
            !h = c(!j) -!_c    'correct sign, and improve precision
            call Gradient(L0h, _mg1)    'gradient at b_j+h
            _mg1 = (_mg1 -_mg0)/!h    '2nd deriv, d(b_i)d(b_j) in col i
            for !i=1 to !k
                H(!i,!j) = @sum(@columnextract(_mg1,!i))
            next
        next
        H = (H + @transpose(H))/2    'Symmetrize
```

```
        delete _mg0 _mg1
    endsub
```

参数中的对数似然对象 `L0h` 必须是尚未使用 `ml` 命令估计过的，因为我们需要计算不同系数值下的梯度，再通过梯度 (导数) 改变量和系数改变量的比值计算黑森矩阵 (二次导数)。[12]需要提醒的是，我们假设对数似然对象 `L0h` 的 k 个系数使用的是系数对象 `c` 的前 k 个元素。最后，参数中系数对象 `b` 给出系数值，矩阵 `H` 保存黑森矩阵，标量 `T` 给出观测数目。

§15.2.4 多项选择模型

我们经常会面临多种选择，如短途出行，有步行、自行车、公共汽车或者出租车等选择。考生在选择专业时，往往也有众多选择，如工科、医科、理科或者商科，以及经济和法律等学科。选项可能是有内在顺序的 (参见第 800 页 §16.2 节的排序选择模型)，比如有等级之分，也可能是没有优先顺序的。针对这些情形，多项选择模型应运而生，其中的多项选择 Logit 模型 (multinomial logit model) 适合于选项无需区分次序的情形。

一、似然函数

Greene (2003, p720–723) 详细讨论了多项选择 Logit 模型：假设总共有 $M+1$ 个选项，个体 i 选择第 m 选项的概率为

$$p_{im} = \Pr(y_i = m | \mathbf{x}_i) = \frac{\exp(\mathbf{b}_m' \mathbf{x}_i)}{1 + \sum_{j=1}^M \exp(\mathbf{b}_j' \mathbf{x}_i)} \qquad m = 0, 1, 2, \cdots, M \quad \mathbf{b}_0 = 0 \tag{15.19}$$

其中 $\mathbf{x}_i$ 为 $K \times 1$ 解释变量，$i = 1, 2, \cdots, N$；$\mathbf{b}_m$ 为系数，$m = 1, 2, \cdots, M$。注意到概率函数 (probability mass function) 可以表示为

$$\Pr(y_i | \mathbf{x}_i) = \prod_{m=0}^M p_{im}^{d_{im}} = \prod_{m=0}^M [\Pr(y_i = m | \mathbf{x}_i)]^{d_{im}} \qquad d_{im} = 1(y_i = m)$$

其中 $1(\cdot)$ 为示性函数 (indicator function)。因此，个体 i 的对数似然贡献值为

$$\ell_i = \log(\Pr(y_i | \mathbf{x}_i)) = \sum_{m=0}^M d_{im} \log(p_{im}) = \sum_{m=0}^M \log(\Pr(y_i = m | \mathbf{x}_i)) \cdot 1(y_i = m)$$

对数似然函数为

$$\ell = \sum_{i=1}^N \ell_i = \sum_{i=1}^N \sum_{m=0}^M d_{im} \log(p_{im}) = \sum_{i=1}^N \sum_{m=0}^M \log(\Pr(y_i = m | \mathbf{x}_i)) \cdot 1(y_i = m)$$

由于 $\sum_{m=0}^M d_{im} = 1$，我们有

$$\frac{\mathrm{d}\ell_i}{\mathrm{d}\mathbf{b}_m} = \sum_{l=0}^M d_{il} \frac{\mathrm{d}\log(p_{il})}{\mathrm{d}\mathbf{b}_m} = -\sum_{l=0}^M d_{il} p_{im} \mathbf{x}_i + d_{im} \mathbf{x}_i = (d_{im} - p_{im}) \mathbf{x}_i$$

故

$$\frac{\mathrm{d}\ell}{\mathrm{d}\mathbf{b}_m} = \sum_{i=1}^N \frac{\mathrm{d}\ell_i}{\mathrm{d}\mathbf{b}_m} = \sum_{i=1}^N (d_{im} - p_{im}) \mathbf{x}_i \qquad m = 1, 2, \cdots, M$$

进一步地，二阶导数为

$$\frac{\partial^2 \ell_i}{\partial \mathbf{b}_m \partial \mathbf{b}_n'} = p_{im} (p_{in} - 1(n = m)) \mathbf{x}_i \mathbf{x}_i'$$

---

[12]先计算在 `b` 给定的 $\mathbf{b}$ 处的梯度值，然后分别计算 $\mathbf{b} + \mathbf{i}_j h$ ($\mathbf{i}_j$ 为单位矩阵 $\mathbf{I}$ 的第 j 列，h 为步长) 处的梯度值，再求出二阶导数值。有必要指出的是，数值计算二次导数时，步长 h 的选择至关重要，对计算结果影响巨大。

二、ML 估计

采用 EViews 提供的例子数据

```
%wf = @evpath + "\Example Files\data\mlogit"
load %wf
copy dd2 c1
copy dd3 c2
```

工作文件 mlogit 中 $M=2$,有 0,1 和 2 共 3 个选项。哑变量 c1 和 c2 分别表示个体选择 1 和 2,外生解释变量有 x1 和 x2。

```
' declare parameter vector
coef(3) b1
coef(3) b2
'setup the loglikelihood
logl mlg
mlg.append @logl logl1
'define index for each choice
mlg.append xb1 = b1(1)+b1(2)*x1+b1(3)*x2
mlg.append xb2 = b2(1)+b2(2)*x1+b2(3)*x2
'define prob for choice 0
mlg.append pr0 = 1/(1+exp(xb1)+exp(xb2))
for !i=1 to 2
    'define prob for each choice
    mlg.append pr{!i} = exp(xb{!i})*pr0
    'specify analytic derivatives
    mlg.append @deriv b{!i}(1) grad{!i}1 _
        b{!i}(2) grad{!i}2 b{!i}(3) grad{!i}3
    mlg.append grad{!i}1 = c{!i}-pr{!i}
    mlg.append grad{!i}2 = grad{!i}1*x1
    mlg.append grad{!i}3 = grad{!i}1*x2
next
'specify likelihood
mlg.append logl1 = (1-c1-c2)*log(pr0)+c1*log(pr1)+c2*log(pr2)
```

先建立系数对象 b1 和 b2 ($\mathbf{b}_m$),然后建立对数似然对象 mlg 并进行设置:计算指数项 xb1 和 xb2 ($\mathbf{b}'_m \mathbf{x}_i$) 以及概率 pr0, pr1 和 pr2 ($p_{im}$),并使用关键字 @deriv 加入了 grad11, grad12 和 grad13 等解析导数 ($\frac{d\ell_i}{d\mathbf{b}_m}$),最后设定对数似然函数 logl1 ($\ell_i$)。

```
equation eq1.binary(d=l) c1 c x1 x2
b1 = eq1.@coefs
equation eq2.binary(d=l) c2 c x1 x2
b2 = eq2.@coefs
freeze(tb02) mlg.ml(showopts,m=1000,c=1e-5)
```

对每个选项,采用二元选择模型 (参见第 786 页 §16.1 节) 的估计值作为 $\mathbf{b}_m$ 的初始值,进行多项选择 Logit 模型的最大似然估计,估计结果如图 15.5:求解过程使用了解析导数 (derivs=analytic),我们还发现后面的四个系数估计都不显著。

练习:请参照对数似然对象 mlg,修改出数值计算导数的版本,并比较数值导数与解析导数方式下的最大似然估计结果。

提示:去掉解析导数设置的语句即可,本例中两种方式的估计结果无区别 (计算精度范围内)。对于本例子,导数比原函数简化许多,更值得推荐采用解析导数。

图 15.5 多项选择 Logit 模型的 ML 估计

```
LogL: MLG
Method: Maximum Likelihood (Marquardt)
Date: 08/07/10   Time: 06:39
Sample: 1 1000
Included observations: 1000
Evaluation order: By observation
Estimation settings: tol= 1.0e-05, derivs=analytic
Initial Values: B1(1)=-1.08356, B1(2)=0.90467, B1(3)=-0.06786,
     B2(1)=-0.69842, B2(2)=-0.33212, B2(3)=0.32981
Convergence achieved after 6 iterations
```

	Coefficient	Std. Error	z-Statistic	Prob.
B1(1)	-0.521793	0.205568	-2.538302	0.0111
B1(2)	0.994358	0.267963	3.710798	0.0002
B1(3)	0.134983	0.265655	0.508115	0.6114
B2(1)	-0.262307	0.207174	-1.266122	0.2055
B2(2)	0.176770	0.274756	0.643371	0.5200
B2(3)	0.399166	0.274056	1.456511	0.1453

Log likelihood	-1089.415	Akaike info criterion	2.190830
Avg. log likelihood	-1.089415	Schwarz criterion	2.220277
Number of Coefs.	6	Hannan-Quinn criter.	2.202022

三、黑森矩阵

本例子有解析的二次导数，因此，我们对比黑森矩阵的数值解与解析解

```
logl L0h    'logl for compute Hessian
L0h.append @logl logl1
L0h.append xb1 = c(1)+c(2)*x1+c(3)*x2
L0h.append xb2 = c(4)+c(5)*x1+c(6)*x2
L0h.append pr0 = 1/(1+exp(xb1)+exp(xb2))
L0h.append pr1 = exp(xb1)*pr0
L0h.append pr2 = exp(xb2)*pr0
L0h.append logl1 = (1-c1-c2)*log(pr0)+c1*log(pr1)+c2*log(pr2)
'analytic derivatives
for !i = 1 to 6
    L0h.append @deriv c(!i) grad{!i}
next
L0h.append grad1 = c1-pr1
L0h.append grad2 = grad1*x1
L0h.append grad3 = grad1*x2
L0h.append grad4 = c2-pr2
L0h.append grad5 = grad4*x1
L0h.append grad6 = grad4*x2
```

与对数似然对象 mlg 类似，我们定义了对数似然对象 L0h，但系数改用内建的系数对象 c

```
include Hessian.prg
!T = mlg.@regobs
coef b = mlg.@coef
!k = @rows(b)
matrix(!k,!k) H
call Hessian(L0h, b, H, !T)
```

采用数值方法计算黑森矩阵，保存在矩阵对象 H 中 (其中源代码文件 Hessian.prg 包含计算黑森矩阵的子程序 Hessian，参见第 734 页关于黑森矩阵的讨论)

```
'analytic Hessian
genr h11 = pr1*(pr1-1)
genr h21 = h11*x1
```

```
        genr h31 = h11*x2
        genr h41 = pr1*pr2
        genr h51 = h41*x1
        genr h61 = h41*x2
        for !i = 1 to !k
            H(2,!i) = @sum(h{!i}1)
            H(3,!i) = H(1,!i) -H(2,!i)
        next
```

计算黑森矩阵解析解的第一行 (由对称性，也是第一列) 保存在矩阵 **H** 的第二行中，数值解与解析解的差别则保存在第三行中，整理成表格如下：

	C(1)	C(2)	C(3)	C(4)	C(5)	C(6)
数值解	-222.2485	-118.5708	-111.3026	112.8897	61.04869	58.36545
解析解	-222.2486	-118.5708	-111.3025	112.8898	61.04873	58.36548
差别	6.33E-05	-2.17E-05	-6.96E-06	-8.64E-05	-3.32E-05	-3.57E-05

数值解与解析解的差别在精度范围之内。

§15.2.5 势态转换模型

现实经济生活中，国民经济有增长和萧条的起伏交替，货币供给有松有紧，就业形势时好时坏。金融市场方面，牛熊流转，牛市尽头是熊市，熊市漫漫之后牛市登场。也就是说，经济发展经常呈现出不同的势态，要研究这种现象，可以采用势态转换模型 (regime switching model)。Hamilton (2008) 很好地解释了势态转换模型，Hamilton (1994, Ch22) 深入讨论了常用的马尔可夫势态转换模型。

一、转移矩阵

假设马尔可夫链 (Markov chain) 有 N 种势态 ($N \geqslant 2$)，势态 i 转移到势态 j 的概率为

$$p_{ij} \equiv \Pr(s_t = j | s_{t-1} = i) \qquad i,j = 1,2,\cdots,N$$

其中 s_t 表示 t 时刻的势态。那么，矩阵

$$\mathbf{P} = \begin{bmatrix} p_{11} & p_{12} & \cdots & p_{1N} \\ p_{21} & p_{22} & \cdots & p_{2N} \\ \vdots & \vdots & \cdots & \vdots \\ p_{N1} & p_{N2} & \cdots & p_{NN} \end{bmatrix}$$

称为转移矩阵 (transition matrix)。

1) p_{ij} 表示势态 i 转移到势态 j 的概率，转移矩阵 **P** 通常并不对称。请注意，Hamilton (1994) 的式 (22.2.3) (第 679 页) 定义的转移矩阵是这里矩阵 **P** 的转置。

2) 由某势态 i 出发，下一时刻必然出现 N 种势态的一种，故转移矩阵 **P** 的行和为 1，即

$$\mathbf{P1} = \mathbf{1}$$

3) 记 $N \times 1$ 向量 **p** 为 N 种势态的无条件概率，如果马尔可夫链具有遍历性 (ergodicity)，则

$$\mathbf{P'p} = \mathbf{p}$$

740 估计方法

此时
$$\mathbf{p} = (\mathbf{A}'\mathbf{A})^{-1}\mathbf{1}$$

其中
$$\mathbf{A} = \begin{bmatrix} \mathbf{I}_N - \mathbf{P}' \\ \mathbf{1}'_N \end{bmatrix}$$

二、对数似然函数

我们先考虑较简单的情形，两势态下的混合正态分布模型：假设不可观测的势态 s_t 是独立的，给定随机过程 y_t（严平稳的）

$$y_t = \mu_{s_t} + \sigma_{s_t} e_t \qquad e_t \sim \text{NID}(0,1) \qquad s_t = 1,2 \tag{15.20}$$

即 y_t 关于势态 s_t 的条件分布为

$$f(y_t|s_t=i) = \frac{1}{\sqrt{2\pi}\,\sigma_i} \exp\left(-\frac{(y_t-\mu_i)^2}{2\sigma_i^2}\right) \qquad i=1,2$$

假设势态 s_t 的无条件概率为

$$\Pr(s_t=i) = p_i \qquad i=1,2$$

那么，y_t 和 s_t 的联合密度分布函数 (joint density-distribution function) 为

$$p(y_t, s_t=i) = f(y_t|s_t=i)\Pr(s_t=i) = \frac{p_i}{\sqrt{2\pi}\,\sigma_i}\exp\left(-\frac{(y_t-\mu_i)^2}{2\sigma_i^2}\right) \qquad i=1,2$$

因此，y_t 的无条件概率密度函数为如下的混合分布 (mixture distribution)

$$f(y_t) = \sum_{i=1}^{2} p(y_t, s_t=i) = \frac{p_1}{\sqrt{2\pi}\,\sigma_1}\exp\left(-\frac{(y_t-\mu_1)^2}{2\sigma_1^2}\right) + \frac{p_2}{\sqrt{2\pi}\,\sigma_2}\exp\left(-\frac{(y_t-\mu_2)^2}{2\sigma_2^2}\right)$$

由于势态 s_t 是独立的，观测 y_t 的对数似然函数为

$$\ell = \sum_{t=1}^{T} \log(f(y_t))$$

独立势态 s_t 是特殊的马尔可夫过程：当前势态 j 不依赖于先前的势态，对于任意的初始势态 i

$$p_{ij} = p_j \qquad i,j = 1,2,\cdots,N$$

转移矩阵具有如下的特殊形式

$$\mathbf{P} = \begin{bmatrix} \mathbf{p}' \\ \mathbf{p}' \\ \vdots \\ \mathbf{p}' \end{bmatrix} \tag{15.21}$$

即转移矩阵 $\mathbf{P}$ 的各行等于势态的无条件概率向量 $\mathbf{p}$ 的转置。记 $\mathsf{Y}_t = \{y_1, y_2, \cdots, y_t\}$ 为 t 时刻的所有历史观测，$\Pr(s_t=j|\mathsf{Y}_l)$ 表示基于 l 时刻预测 t 时刻处于势态 j 的概率，定义向量

$$\mathbf{p}_{t|l} = \begin{bmatrix} \Pr(s_t=1|\mathsf{Y}_l) \\ \Pr(s_t=2|\mathsf{Y}_l) \\ \vdots \\ \Pr(s_t=N|\mathsf{Y}_l) \end{bmatrix} \qquad \mathbf{f}_t = \begin{bmatrix} f(y_t|s_t=1,\mathsf{Y}_{t-1}) \\ f(y_t|s_t=2,\mathsf{Y}_{t-1}) \\ \vdots \\ f(y_t|s_t=N,\mathsf{Y}_{t-1}) \end{bmatrix}$$

其中 $\mathbf{f}_t$ 为 y_t 给定当前势态 s_t 的条件分布组成的向量，那么

$$f(y_t|\mathsf{Y}_{t-1}) = \sum_{i=1}^{N} p(y_t, s_t = i|\mathsf{Y}_{t-1})$$

$$= \sum_{i=1}^{N} f(y_t|s_t = i, \mathsf{Y}_{t-1}) \cdot \Pr(s_t = i|\mathsf{Y}_{t-1}) = \mathbf{1}'(\mathbf{f}_t \odot \mathbf{p}_{t|t-1}) \qquad t = 2, 3, \cdots, T$$

其中 $\odot$ 表示数组乘法(对应元素相乘，也称为 Hadamard 乘法)。对数似然函数为

$$\ell = \sum_{t=2}^{T} \log(f(y_t|\mathsf{Y}_{t-1})) + \log(f(y_1)) = \sum_{t=2}^{T} \log\left(\mathbf{1}'(\mathbf{f}_t \odot \mathbf{p}_{t|t-1})\right) + \log(\mathbf{f}_1'\mathbf{p})$$

$$= \sum_{t=1}^{T} \log\left(\mathbf{1}'(\mathbf{f}_t \odot \mathbf{p}_{t|t-1})\right) \qquad \mathbf{p}_{1|0} = \mathbf{p}$$

可惜的是，该式中当 $t > 1$ 时，$\mathbf{p}_{t|t-1}$ 是未知的，无法进行计算。然而，我们有如下迭代关系

$$\mathbf{p}_{t|t} = \frac{\mathbf{f}_t \odot \mathbf{p}_{t|t-1}}{\mathbf{1}'(\mathbf{f}_t \odot \mathbf{p}_{t|t-1})} \qquad \mathbf{p}_{t+1|t} = \mathbf{P}'\mathbf{p}_{t|t} = \frac{\mathbf{P}'(\mathbf{f}_t \odot \mathbf{p}_{t|t-1})}{\mathbf{1}'(\mathbf{f}_t \odot \mathbf{p}_{t|t-1})}$$

按照 $t = 1, 2, \cdots, T$ 进行迭代，将得到全部的 $\mathbf{p}_{t|t-1}$。

以最简单的两势态情形为例，假设转移矩阵 (transition matrix) 为

$$\mathbf{P} = \begin{bmatrix} p_{11} & 1 - p_{11} \\ 1 - p_{22} & p_{22} \end{bmatrix}$$

则无条件的势态概率 $\mathbf{p} = [p_1; p_2]$ 中

$$p_1 = \frac{1 - p_{22}}{2 - p_{11} - p_{22}} \qquad p_2 = \frac{1 - p_{11}}{2 - p_{11} - p_{22}}$$

显然，具体的迭代过程为

$$f(y_1) = \mathbf{1}'(\mathbf{f}_1 \odot \mathbf{p}_{1|0}) = p_1 f(y_1|s_1 = 1) + p_2 f(y_1|s_1 = 2)$$

$$\mathbf{p}_{2|1} = \frac{\mathbf{P}'(\mathbf{f}_1 \odot \mathbf{p}_{1|0})}{f(y_1)} = \frac{1}{f(y_1)} \begin{bmatrix} p_{11} & 1 - p_{22} \\ 1 - p_{11} & p_{22} \end{bmatrix} \begin{bmatrix} p_1 f(y_1|s_1 = 1) \\ p_2 f(y_1|s_1 = 2) \end{bmatrix} \equiv \begin{bmatrix} p_{2|1;1} \\ p_{2|1;2} \end{bmatrix}$$

$$f(y_2|\mathsf{Y}_1) = \mathbf{1}'(\mathbf{f}_2 \odot \mathbf{p}_{2|1}) = p_{2|1;1} f(y_2|s_2 = 1, \mathsf{Y}_1) + p_{2|1;2} f(y_2|s_2 = 2, \mathsf{Y}_1)$$

$$\mathbf{p}_{3|2} = \frac{\mathbf{P}'(\mathbf{f}_2 \odot \mathbf{p}_{2|1})}{f(y_2|\mathsf{Y}_1)} = \cdots$$

依此类推，迭代计算出 $f(y_t|\mathsf{Y}_{t-1}), \mathbf{p}_{t+1|t}, t = 2, 3, \cdots, T$。

三、仿真数据

我们采用仿真的方法生成数据

```
!N = 2
!T = 1000
wfcreate(page=rs) u 1 !T
vector(!N) vp       'uncond prob of state
matrix(!N,!N) mp    'transition matrix
mp(1,1) = 104/128   'p_{11}
mp(2,2) = 0.25      'p_{22}
mp(1,2) = 1 -mp(1,1)
mp(2,1) = 1 -mp(2,2)
vp(1) = (1 -mp(2,2))/(2 -mp(1,1) -mp(2,2))
vp(2) = 1 -vp(1)
```

```
vector(!N) mu      'mean
vector(!N) sig     'std
mu(1) = 3
mu(2) = -6
sig(1) = 2
sig(2) = 1
```

设定势态数为 2 (!N → N)，观测数为 1000 (!T → T)。在工作页 rs 中，vp → **p**, mp → **P**, mu → **μ**, sig → **σ**，并且将参数初始化为

$$\mathbf{P} = \begin{bmatrix} p_{11} & 1-p_{11} \\ 1-p_{22} & p_{22} \end{bmatrix} = \begin{bmatrix} 0.8125 & 0.1875 \\ 0.75 & 0.25 \end{bmatrix} \quad \boldsymbol{\mu} = \begin{bmatrix} \mu_1 \\ \mu_2 \end{bmatrix} = \begin{bmatrix} 3 \\ -6 \end{bmatrix} \quad \boldsymbol{\sigma} = \begin{bmatrix} \sigma_1 \\ \sigma_2 \end{bmatrix} = \begin{bmatrix} 2 \\ 1 \end{bmatrix}$$

由给定的转移矩阵 **P** 得到无条件概率 **p** = [0.8; 0.2]。此外，我们还需要初始化一些变量

```
rndseed(type=mt) 12357
vector(!T) vy     'signal
vector(!T) ve     'disturbance, normal
vector(!T) vs     'state
vector(!T) vu     'rnd, to set state. for debug only
```

设置随机种子，并定义了变量 vy → y_t, ve → e_t, vs → s_t 和 vu → u_t，其中 vu 用于记录均匀分布随机数 (该随机数决定当前势态，稍后解释如何产生 y_1 时就能明白)。

下面产生第一个观测 y_1: $t=1$ 时势态 s_1 由无条件概率 **p** 决定

$$\Pr(s_1=1) = p_1 = 0.8 \qquad \Pr(s_1=2) = p_2 = 0.2$$

```
'cumulate dist
vector(!N) vpc =vp
for !i = 2 to !N
    vpc(!i) = vpc(!i)+vpc(!i-1)
next
'first obs
!u = @rnd
vu(1) = !u
!j = 1
while !u>vpc(!j)
    !j = !j+1
wend
vs(1) = !j    'with prob p_{j}
ve(1) = @nrnd
vy(1) = mu(!j) +sig(!j)*ve(1)
```

累积概率 vpc=[0.8,1] 的点将 [0,1] 分成 $N=2$ 个子区间，如果均匀分布 (区间为 [0,1]) 随机数 !u 落在第 !j 个子区间，那么 s_1 的势态为 !j，并记录到 vs(1) 中。比方说，假若 !u=0.9，属于第 2 个子区间 (0.8<0.9<=1)，那么 $s_1=2$, vs(1)=2。该方法确保 s_1 为势态 i 的概率为 p_i，即 $\Pr(s_1=i)=p_i$。最后，根据式 (15.20) 产生 y_1 保存到 vy(1) 中。

从第二个观测开始，当前的势态取决于前一势态和转移概率

```
'cumulate dist
matrix(!N,!N) mpc = mp
for !i = 1 to !N
    for !j = 2 to !N
        mpc(!i,!j) = mpc(!i,!j)+mpc(!i,!j-1)
    next
next
't=2,3,...
```

```
scalar t
!i = vs(1)
for t = 2 to !T
    !u = @rnd
    vu(t) = !u
    '!i = vs(t-1)    'former state
    !j = 1
    while !u>mpc(!i,!j)    'i: former state
        !j = !j+1
    wend
    vs(t) = !j    'current state, i->j with prob p_{ij}
    ve(t) = @nrnd
    vy(t) = mu(!j) +sig(!j)*ve(t)
    !i = !j
next
```

其中 mpc 为转移矩阵 **P** 各行的累积概率。确定当前势态的方法和第一个观测类似，只不过分割点取自转移矩阵 **P** 中相应行的累积概率，以确保 $\Pr(s_t = j | s_{t-1} = i) = p_{ij}$。不妨假设 t 时刻下，随机数 !u=0.6，如果前一势态为 2 (!i=vs(t-1)=2)，由于累积概率 mpc 相应的第二行等于 [0.75,1]，!u 落在第一个子区间，当前势态确定为 1。

完成仿真生成数据，下面开始进行分析，首先是查看数据

```
mtos(vs,s)
mtos(vy,y)
mtos(vu,u)
mtos(ve,e)
freeze(gfy) y.line
gfy.setelem(1) lwidth(0.25)
gfy.legend -display
gfy.options size(8,3)
```

为了方便分析，先将向量转化成序列对象，然后对 y_t 做图，得到如下图形

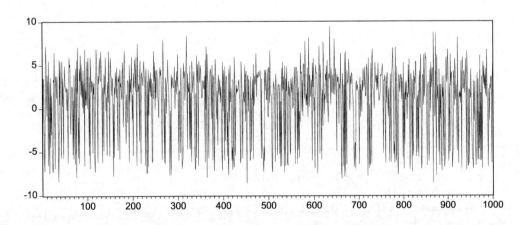

似乎均值有上下波动，并且 $y_t < -5$ 比 $y_t > 5$ 要频繁许多。为了看清细节，我们进行局部放大，只查看最后的 100 个观测

```
smpl @last-99 @last
freeze(gf1) y.spike
gf1.draw(dashline,left,color(red)) -3
freeze(gf2) s.spike
gf2.scale range(0.5,2.5)
freeze(gf) gf1 gf2
```

```
gf.legend -display
gf.options size(8,2)
gf.align(1,0.5,0.5)
```

得到图形如下(上图为 y_t,下图为对应的势态 s_t):

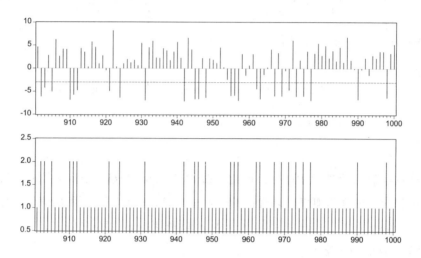

上图中的水平线 $y_t = -3$ 刚好为两种势态各自三倍标准差的分界线。我们看到, y_t 出现在该线之下时,对应的势态都为 $s_t = 2$。

四、ML 估计

我们转到工作页 ml01 中进行 ML 估计

```
pagecreate(page=ml01) u !T
link y.linkto rs\y
genr d1 = 0
d1(1) = 1     'dummy for 1st obs
'coefs
coef(!N) mu    'mean
coef(!N) sig   'std
coef(!N) p     '[p_{11};p_{22}]
```

由于只有 y_t 是可观测的,新工作页 ml01 中只需要序列 y,为节省空间,我们采用链接的方式。然后,创建指示第一个观测的哑变量 d1。最后的部分设定系数变量,包括均值参数 mu $\to \mu$,标准差参数 sig $\to \sigma$,以及转移概率 p $\to [p_{11}; p_{22}]$。下面我们设定对数似然对象

```
logl L01
L01.append @logl L
'trans the coef:  p_{11}->q1, p_{22}->q2
for !j = 1 to !N
   L01.append q{!j} = @logit(p(!j))    'trans prob
next
L01.append p1 = (1-q2)/(2-q1-q2)    'uncond prob
L01.append p2 = 1 -p1
for !j = 1 to !N
   'f(y_t|s_t)
   L01.append f{!j} = @dnorm( (y -mu(!j))/exp(sig(!j)) )/exp(sig(!j))
   'p(y_t,s_t)
   L01.append pt{!j} = @recode(d1, f{!j}*p{!j}, f{!j}*pf{!j}(-1))
next
L01.append f = @recode(d1,f1*p1+f2*p2, pt1+pt2)    'f(y_t)
```

```
L01.append pf1 = (q1*pt1+(1-q2)*pt2)/f      'p(t+1|t)
L01.append pf2 = ((1-q1)*pt1+q2*pt2)/f
L01.append L = @log(f)
```

由于使用了置换变量, 对数似然对象 L01 的设定不直观, 我们直接查看其设定结果

```
L01.spec
```

得到对数似然对象 L01 的具体设定为

```
@LOGL L
Q1 = @LOGIT(P(1))
Q2 = @LOGIT(P(2))
P1 = (1-Q2)/(2-Q1-Q2)
P2 = 1 -P1
F1 = @DNORM( (Y -MU(1))/EXP(SIG(1)) )/EXP(SIG(1))
PT1 = @RECODE(D1, F1*P1, F1*PF1(-1))
F2 = @DNORM( (Y -MU(2))/EXP(SIG(2)) )/EXP(SIG(2))
PT2 = @RECODE(D1, F2*P2, F2*PF2(-1))
F = @RECODE(D1,F1*P1+F2*P2,PT1+PT2)
PF1 = (Q1*PT1+(1-Q2)*PT2)/F
PF2 = ((1-Q1)*PT1+Q2*PT2)/F
L = @LOG(F)
```

为了保证概率的合法性, 转移概率 P(1) 和 P(2) 进行 Logit 变换, 得到序列 Q1 和 Q2。类似地, 为了保证标准差非负, 标准差参数 SIG(1) 和 SIG(2) 进行了指数变换。序列 P1 和 P2 为无条件概率, 其他序列对象的对应关系如下 (其中 $[\mathbf{f}_t]_1$ 表示向量 $\mathbf{f}_t$ 的第一行, 其余类推):

序列	数学符号	序列	数学符号
f1	$[\mathbf{f}_t]_1 = f(y_t\|s_t=1, \mathsf{Y}_{t-1})$	f	$f(y_t\|\mathsf{Y}_{t-1})$
f2	$[\mathbf{f}_t]_2 = f(y_t\|s_t=2, \mathsf{Y}_{t-1})$	L	ℓ_t
pt1	$[\mathbf{f}_t \odot \mathbf{p}_{t\|t-1}]_1 = p(y_t, s_t=1\|\mathsf{Y}_{t-1})$	pf1	$[\mathbf{p}_{t+1\|t}]_1 = \Pr(s_{t+1}=1\|\mathsf{Y}_t)$
pt2	$[\mathbf{f}_t \odot \mathbf{p}_{t\|t-1}]_2 = p(y_t, s_t=2\|\mathsf{Y}_{t-1})$	pf2	$[\mathbf{p}_{t+1\|t}]_2 = \Pr(s_{t+1}=2\|\mathsf{Y}_t)$

因此, F1*PF1(-1) 得到 PT1, 即 $\mathbf{f}_t \odot \mathbf{p}_{t|t-1}$ 的第一行

$$f(y_t|s_t=1,\mathsf{Y}_{t-1}) \cdot \Pr(s_t=1|\mathsf{Y}_{t-1}) = p(y_t, s_t=1|\mathsf{Y}_{t-1})$$

理解了对数似然对象 L01 的设定后, 可以进行 ML 估计了

```
'starting value
mu(1) = 2
mu(2) = -4
sig(1) = 1
sig(2) = 2
p(1) = 0.6
p(2) = 0.3
L01.ml(showopts)
```

给定初始值后, 用 ml 命令进行最大似然估计, 得到估计结果为图 15.6 的上半部分: 均值参数 MU(1) 和 MU(2) 分别与真值 3 和 −6 很接近。其他参数由于进行了变换, 不方便和真值进行比较。然而, 我们可以返回原始参数, 重新估计

```
logl L01b
L01b.append @logl L
L01b.append p2 = (1-p(1))/(2-p(1)-p(2))    'uncond prob
L01b.append p1 = 1 -p2
```

图 15.6 势态转换模型的 ML 估计

```
LogL: L01
Method: Maximum Likelihood (Marquardt)
Date: 01/15/09   Time: 06:41
Sample: 1 1000
Included observations: 1000
Evaluation order: By observation
Estimation settings: tol= 0.00010, derivs=accurate numeric
Initial Values: P(1)=0.60000, P(2)=0.30000, MU(1)=2.00000,
       SIG(1)=1.00000, MU(2)=-4.00000, SIG(2)=2.00000
Convergence achieved after 16 iterations
```

	Coefficient	Std. Error	z-Statistic	Prob.
P(1)	1.423805	0.090457	15.74010	0.0000
P(2)	-1.066133	0.160581	-6.639243	0.0000
MU(1)	2.915147	0.072146	40.40618	0.0000
SIG(1)	0.701966	0.025282	27.76523	0.0000
MU(2)	-6.020086	0.070828	-84.99526	0.0000
SIG(2)	0.002458	0.055135	0.044584	0.9644

Log likelihood	-2480.213	Akaike info criterion	4.972426
Avg. log likelihood	-2.480213	Schwarz criterion	5.001872
Number of Coefs.	6	Hannan-Quinn criter.	4.983618

```
LogL: L01B
Method: Maximum Likelihood (Marquardt)
Date: 01/15/09   Time: 06:41
Sample: 1 1000
Included observations: 1000
Evaluation order: By observation
Estimation settings: tol= 0.00010, derivs=accurate numeric
Initial Values: P(1)=0.80593, P(2)=0.25614, MU(1)=2.91515,
       SIG(1)=2.01772, MU(2)=-6.02009, SIG(2)=1.00246
Convergence achieved after 1 iteration
```

	Coefficient	Std. Error	z-Statistic	Prob.
P(1)	0.805934	0.014148	56.96502	0.0000
P(2)	0.256139	0.030596	8.371717	0.0000
MU(1)	2.915147	0.072146	40.40617	0.0000
SIG(1)	2.017715	0.051012	39.55355	0.0000
MU(2)	-6.020086	0.070827	-84.99667	0.0000
SIG(2)	1.002463	0.055270	18.13752	0.0000

Log likelihood	-2480.213	Akaike info criterion	4.972426
Avg. log likelihood	-2.480213	Schwarz criterion	5.001872
Number of Coefs.	6	Hannan-Quinn criter.	4.983618

```
for !j = 1 to !N
   L01b.append f{!j} = @dnorm((y -mu(!j))/sig(!j))/sig(!j)
   L01b.append pt{!j} = @recode(d1, f{!j}*p{!j}, f{!j}*pf{!j}(-1))
next
L01b.append f = @recode(d1,f1*p1+f2*p2,pt1+pt2)      'f(y_t)
L01b.append pf1 = (p(1)*pt1+(1-p(2))*pt2)/f      'p(t+1|t)
L01b.append pf2 = ((1-p(1))*pt1+p(2)*pt2)/f
L01b.append L = @log(f)

do L01.updatecoefs
for !j = 1 to !N
   sig(!j) = exp(sig(!j))
   p(!j) = @logit(p(!j))
next
freeze(tb01b) L01b.ml(showopts)
```

图 15.7 势态转换模型(独立)的 ML 估计

```
LogL: L0B
Method: Maximum Likelihood (Marquardt)
Date: 08/09/10   Time: 09:49
Sample: 1 1000
Included observations: 1000
Evaluation order: By observation
Estimation settings: tol= 0.00010, derivs=accurate numeric
Initial Values: MU(1)=2.91534, SIG(1)=2.01754, MU(2)=-6.01950,
     SIG(2)=1.00341, UP(1)=0.79310
Convergence achieved after 1 iteration
```

	Coefficient	Std. Error	z-Statistic	Prob.
MU(1)	2.915337	0.072162	40.39969	0.0000
SIG(1)	2.017543	0.051046	39.52362	0.0000
MU(2)	-6.019495	0.070915	-84.88290	0.0000
SIG(2)	1.003409	0.055009	18.24091	0.0000
UP(1)	0.793099	0.012856	61.69097	0.0000

Log likelihood	-2482.032	Akaike info criterion	4.974065
Avg. log likelihood	-2.482032	Schwarz criterion	4.998603
Number of Coefs.	5	Hannan-Quinn criter.	4.983391

建立原始参数的对数似然对象 L01b，以 L01 的估计结果计算出原始参数值作为初始值进行估计，得到原始参数的估计结果为图 15.6 的下半部分：由于初始值接近最优值，迭代一次即收敛。我们看到，全部参数(均值、转移概率和标准差)都接近真值，并且原始参数的标准差估计也直接得到了。

五、讨论

估计出对数似然对象 L01 以后，也可以用 Delta 方法计算原始参数的标准差估计，例如

```
c(1) = @logit(L01.p(1))
c(2) = c(1)*(1-c(1))      'derivative of the logit transform
c(3) = c(2)*L01.@cov(1,1)*c(2)      'delta method
c(4) = c(3) - L0b.@cov(1,1)   '2.62E-10
c(5) = c(2)*L01.@stderrs(1) -L01b.@stderrs(1)     '9.26E-09
```

尽管这里 Delta 方法的结果很准确，但如果要进行联合检验，还是重新估计原始参数的方法更方便。

对于一般的转移矩阵 **P**，势态 s_t 并不相互独立。如果转移矩阵 **P** 具有式 (15.21) 的形式，势态将是相互独立的。如果我们贸然假设势态是独立的，式 (15.20) 的估计结果会怎么样呢？

```
coef(!N) up    'unconditional prob
logl L0
L0.append @logl L
L0.append q1 = @logit(up(1))
for !j = 1 to !N
   'f(y_t|s_t)
   L0.append f{!j} = @dnorm( (y -mu(!j))/exp(sig(!j)) )/exp(sig(!j))
next
L0.append L = log(q1*f1+(1-q1)*f2)
'starting value
param  mu(1) 2   mu(2) -4   sig(1) 1   sig(2) 2   up(1) 0.7
freeze(tb00) L0.ml(showopts)
logl L0b
L0b.append @logl L
for !j = 1 to !N
    L0b.append f{!j} = @dnorm( (y -mu(!j))/sig(!j) )/sig(!j)
next
L0b.append L = log(up(1)*f1+(1-up(1))*f2)
```

```
do L0.updatecoefs
for !j = 1 to !N
    sig(!j) = exp(sig(!j))
    up(!j) = @logit(up(!j))
next
freeze(tb00b) L0b.ml(showopts)
```

先建立转换参数的对数似然对象 L0，再返回到原始参数的对数似然对象 L0b，得到原始参数的估计结果在图 15.7 中：出乎意料的是，均值、标准差和无条件概率等参数和真值都很接近。我们禁不住想问，势态独立的假设是合理的吗？

```
L01b.wald p(1)=0.8, p(2)=0.2
```

检验统计量为 3.526[0.1575]，并没有拒绝零假设 ($p_{11} = 0.8, p_{22} = 0.2$)。因此，本例随机仿真的数据中，统计上认为势态独立是可行的。

使用 EViews 的对数似然对象进行最大似然估计时，计算是基于序列对象进行的，而不是基于矩阵运算。对数似然对象不支持矩阵操作，造成诸多不便：

- 进行参数重构时，每个参数对应一个序列对象，导致计算时间和空间的极大浪费。
- 每个矩阵元素，对应一个序列。例如 $\mathbf{p}_{t+1|t}$ 对应序列 pf1 和 pf2。
- 只能手工进行矩阵运算。例如计算 $\mathbf{p}_{t+1|t}$ 时，$\mathbf{p}_{t+1|t} = \mathbf{P}'\mathbf{p}_{t|t}$ 的每个元素分开计算。由于矩阵计算靠用户编程实现，二阶以上矩阵的计算就极其麻烦，例如 EViews 的例子程序 tv_garch.prg，是三元 GARCH 模型，对数似然函数的设定让人望而生畏。
- 很难编写通用程序。例如势态转换模型，三势态的模型就不能用两势态的对数似然对象，必须重新编写，而且相当烦琐。而基于矩阵的语言，如 Matlab 或者 Gauss 写的程序[13]，程序代码是通用的，适用于任意的势态数目。

因此，计算单个观测的对数似然贡献值 ℓ_t 时，如果牵涉到 2 阶以上的矩阵，采用 EViews 的对数似然对象进行估计是不明智的。

练习：计算势态转换模型方差矩阵的夹心估计。

提示：Hessian.prg 中的子程序 Hessian 要求系数为 C(1),C(2),···

练习：计算势态转换模型的平滑概率。

提示：平滑概率为

$$\mathbf{p}_{t|T} = \mathbf{p}_{t|t} \odot [\mathbf{P} \cdot (\mathbf{p}_{t+1|T} \oslash \mathbf{p}_{t+1|t})] \qquad t = T-1, T-2, \cdots, 1$$

其中 $\oslash$ 表示对应元素相除。本例中，滤波概率 $\mathbf{p}_{t|t}$ 和平滑概率 $\mathbf{p}_{t|T}$ 对势态 s_t 的推断中，都只有一个观测点 (且都为 $t = 215$) 的推断是错误的。

§15.2.6　Gamma 分布

经济计量模型中，最常见的是条件均值模型，占据了本讲义的绝大部分内容。此外，还有条件方差模型 (第 253 页第 6 讲，ARCH 模型) 以及矩条件模型 (第 651 页第 14 讲，广义矩估计) 等。不同于这些

---

[13]Hamilton (1989, 1990) 和 Hamilton and Susmel (1994) 的数据和 Gauss 源代码可以从 Hamilton 的个人主页 (http://weber.ucsd.edu/%7Ejhamilto) 下载。感兴趣的读者可以对比一下。

模型，本小节讨论直接对分布建模的方法——Gamma 分布的分布模型：我们先对比 ML 估计中的解析求导和数值求导方法，然后以对数似然函数的 FOC 为矩条件，进行 GMM 估计，并将这两种估计方法在 EViews 中的设定、估计命令和估计结果 (特别是方差估计) 等方面进行对照。

一、似然函数

Gamma 分布密度函数的一种常见形式为

$$f(y) = \frac{\lambda^r}{\Gamma(r)} e^{-\lambda y} y^{r-1} \qquad y > 0, \lambda > 0, r > 0$$

其中 $\Gamma(\cdot)$ 为 Gamma 函数，相应的对数似然函数为

$$\ell = \log(f(y)) = r\log(\lambda) - \log(\Gamma(r)) - \lambda y + (r-1)\log(y) \tag{15.22}$$

因此，梯度为

$$\frac{\partial \ell}{\partial \lambda} = r/\lambda - y$$

$$\frac{\partial \ell}{\partial r} = \log(\lambda) - \psi(r) + \log(y)$$

其中 $\psi(r) = \mathrm{d}\log(\Gamma(r))/\mathrm{d}r$ 为 Digamma 函数。此外，黑森矩阵的元素分别为

$$\frac{\partial^2 \ell}{\partial \lambda^2} = -\frac{r}{\lambda^2}$$

$$\frac{\partial^2 \ell}{\partial r^2} = -\frac{\mathrm{d}\psi(r)}{\mathrm{d}r} = -\psi'(r)$$

$$\frac{\partial^2 \ell}{\partial \lambda \partial r} = \frac{1}{\lambda}$$

EViews 的函数中，`@trigamma(x)` 计算函数 $\psi'(x)$，而 `@dgamma(x,b,r)` 定义的 Gamma 分布密度函数的形式为

$$f(x,b,r) = b^{-r} x^{r-1} e^{-x/b} / \Gamma(r) \qquad x \geqslant 0, b > 0, r > 0$$

请注意，参数 $b = 1/\lambda$。

二、ML 估计

采用 Greene (2003, p880) 的数据

```
'http://www.stern.nyu.edu/%7Ewgreene/Text/tables/TableFD-1.txt
wfopen TableFD-1.txt

coef r
coef ld
logl L_gm
L_gm.append @logl L
L_gm.append L = @log( @dgamma(y,1/ld(1),r(1)) )
param ld(1) 0.05 r(1) 2
freeze(tb01) L_gm.ml(showopts)
```

读入数据后，建立系数对象 ld 和 r 分别保存系数 λ 和 r，建立对数似然对象 L_gm 并设定了对数似然函数。最后 param 命令设置初始值，并进行最大似然估计，得到估计结果为图 15.8 的前半部分：两个系数的估计都很显著，此外，表头报告了求导采用精确数值方法 (derivs=accurate numeric)。

由于对数似然函数的梯度已知，优化过程我们采用梯度的解析式以提高速度和精度

图 15.8 Gamma 分布模型的 ML 估计

```
LogL: L_GM
Method: Maximum Likelihood (Marquardt)
Date: 01/14/09   Time: 18:05
Sample: 1 20
Included observations: 20
Evaluation order: By observation
Estimation settings: tol= 0.00010, derivs=accurate numeric
Initial Values: LD(1)=0.05000, R(1)=2.00000
Convergence achieved after 20 iterations
```

	Coefficient	Std. Error	z-Statistic	Prob.
LD(1)	0.077069	0.027077	2.846282	0.0044
R(1)	2.410556	0.876826	2.749185	0.0060

Log likelihood	-85.37567	Akaike info criterion	8.737567
Avg. log likelihood	-4.268783	Schwarz criterion	8.837140
Number of Coefs.	2	Hannan-Quinn criter.	8.757005

```
LogL: L_GMA
Method: Maximum Likelihood (Marquardt)
Date: 01/14/09   Time: 18:05
Sample: 1 20
Included observations: 20
Evaluation order: By observation
Estimation settings: tol= 0.00010, derivs=analytic
Initial Values: LD(1)=0.05000, R(1)=2.00000
Convergence achieved after 20 iterations
```

	Coefficient	Std. Error	z-Statistic	Prob.
LD(1)	0.077069	0.027077	2.846282	0.0044
R(1)	2.410556	0.876826	2.749185	0.0060

Log likelihood	-85.37567	Akaike info criterion	8.737567
Avg. log likelihood	-4.268783	Schwarz criterion	8.837140
Number of Coefs.	2	Hannan-Quinn criter.	8.757005

```
logl L_gma
L_gma.append @logl L
L_gma.append L = @log( @dgamma(y,1/ld(1),r(1)) )
L_gma.append @deriv ld(1) g1 r(1) g2
L_gma.append g1 = r(1)/ld(1)-y
L_gma.append g2 = log(y)+log(ld(1))-@digamma(r(1))
param r(1) 2 ld(1) 0.05
freeze(tb01d) L_gma.checkderivs
```

关键字 `@deriv` 设置解析导数，关于 λ 和 r 的偏导数分别保存在序列 g1 和 g2 中。命令 `checkderivs` 得到解析求导和数值求导的对比如下：

```
Log-Likelihood derivative testing
LogL: L_GMA
Two-sided accurate numeric derivatives
Evaluated at current parameters (invalid estimates)
```

Coefficient	User	Rel. Step	Min. Step	Coef. Value
LD(1)	G1	1.49E-08	1.00E-10	0.050000
R(1)	G2	1.49E-08	1.00E-10	2.000000

	Sum Over Observation		Maximum Difference	
Coefficient	Numeric	User	Absolute	Percent
LD(1)	174.4400	174.4400	-1.74E-06	4.35E-05
R(1)	-3.942598	-3.942599	-9.86E-08	0.000272

表头的 `Two-sided accurate numeric derivatives` 指出数值导数采用双边精确数值方法 (参见第 960 页 §C.2.2 小节)，中间部分报告当前参数值和步长，底下的部分给出数值解和解析解，并报告了单个观测的最大绝对差别和相对差别。我们看到，精确数值导数的计算结果是相当准确的。设置了解析导数后，我们重新进行 ML 估计

```
freeze(tb01a)  L_gma.ml(showopts)
```

得到估计结果为图 15.8 的后半部分：除了表头 `derivs=analytic` 表明启用了解析求导以外，在容许误差 `tol= 0.00010` 下，对比图中的上下部分，数值求导和解析求导的结果看不出有什么区别。

三、GMM 估计

以对数似然函数的 FOC 作为矩条件，进行 GMM 估计

```
system sys_gm
sys_gm.append 1/ld(1)*r(1)-y
sys_gm.append log(y)+log(ld(1))-@digamma(r(1))
sys_gm.append inst c
param r(1) 2 ld(1) 0.05
freeze(tb02)   sys_gm.gmm(showopts,w)
freeze(tb03)   sys_gm.gmm(showopts,w,c=1e-9)
```

这两个矩条件无法写成单方程的残差与工具变量的正交条件形式[14]，我们只能采用方程组对象实现。结果输出中，`tb03` 在 `tb02` 的基础上提高精度后再估计，得到的估计结果为 (`tb03`)

```
System: SYS_GM
Estimation Method: Generalized Method of Moments
Date: 01/14/09   Time: 18:05
Sample: 1 20
Included observations: 20
Total system (balanced) observations 40
Estimation settings: tol=1.0e-09, derivs=analytic
Initial Values: LD(1)=0.07707, R(1)=2.41060
White Covariance
Iterate coefficients after one-step weighting matrix
```

	Coefficient	Std. Error	t-Statistic	Prob.
LD(1)	0.077070	0.025555	3.015907	0.0046
R(1)	2.410602	0.608484	3.961652	0.0003

| Determinant residual covariance | 30.93326 |
| J-statistic | 1.58E-26 |

```
Equation: 1/LD(1)*R(1)-Y
Instruments: C
Observations: 20
```

| S.E. of regression | 22.98898 | Sum squared resid | 9512.881 |
| Durbin-Watson stat | 2.204083 | | |

```
Equation: LOG(Y)+LOG(LD(1))-@DIGAMMA(R(1))
Instruments: C
Observations: 20
```

| S.E. of regression | 0.709919 | Sum squared resid | 9.071726 |
| Durbin-Watson stat | 2.464070 | | |

从表头我们看到，容许误差减小为 `tol= 1.0e-9`，而且导数的计算是解析法，方差估计 White Covariance 为异方差一致估计。作为对比，我们用 GMM 估计的结果作为初始值，进行 ML 估计

```
do sys_gm.updatecoefs
freeze(tb05)  L_gma.ml(showopts,c=1e-9)
```

---

[14] EViews 的 GMM 估计中，矩条件采用残差与工具变量的正交条件形式，具体讨论参见第 681 页 §14.4.2 节。

发现用 GMM 的估计值来初始化，系数的 ML 估计与 GMM 估计完全相同，而系数标准差的估计分别为 0.027077 和 0.876826。(为什么会有所区别呢？参见下一子小节。)

四、方差估计

EViews 进行最大似然估计时，方差矩阵采用哪种计算方法呢？

```
group gd g?
stom(gd,mg)
c(13) = @norm(L_gma.@cov-@inverse(@transpose(mg)*mg))    '4.35E-15
```

序列 g? 为梯度值，由式 (15.17) (第 720 页) 计算出 V_B，验证了 EViews 报告的是 BHHH 估计。

我们知道，前一子小节中 GMM 估计采用式 (15.13) (第 715 页) 估计系数方差

```
!T = L_gma.@regobs
!k = L_gma.@ncoef
matrix(!k,!k) mh       'Hessian
mh(1,2) = 1/ld(1)
mh(2,1) = mh(1,2)
mh(2,2) = -@trigamma(r(1))
mh(1,1) = -mh(2,1)*r(1)/ld(1)
mh = !T*mh             'Hessian
matrix mh1 = @inverse(mh)
matrix mre = mh1*(@transpose(mg)*mg)*mh1     '/!T^2
matrix mrg = sys_gm.@cov
c(14) = @norm(mre-sys_gm.@cov)    '2.20E-13
```

其中 mh 为黑森矩阵 (解析求解)，我们看到，夹心估计 mre 和 GMM 的方差矩阵的 White 估计 mrg 是相等的。GMM 估计可以得到系数方差矩阵的稳健估计

```
do sys_gm.updatecoefs
freeze(tb06) sys_gm.gmm(showopts,c=1e-9)
```

得到估计结果为

```
System: SYS_GM
Estimation Method: Generalized Method of Moments
Date: 01/14/09   Time: 18:05
Sample: 1 20
Included observations: 20
Total system (balanced) observations 40
Estimation settings: tol=1.0e-09, derivs=analytic
Initial Values: LD(1)=0.07707, R(1)=2.41060
Kernel: Bartlett, Bandwidth: Fixed (2), No prewhitening
Iterate coefficients after one-step weighting matrix
```

	Coefficient	Std. Error	t-Statistic	Prob.
LD(1)	0.077070	0.024294	3.172409	0.0030
R(1)	2.410602	0.610461	3.948824	0.0003

```
Determinant residual covariance    30.93326
J-statistic                        6.10E-27
```

系数方差采用核估计 (Kernel: Bartlett, Bandwidth: Fixed (2), No prewhitening)，修正自相关和异方差的影响。对比 White 估计，系数 λ 的标准差变小，而 r 的增大。改变方差矩阵的估计，EViews 5 中会改变 GMM 加权矩阵，但这里由于模型是恰定的，不会影响 GMM 的系数估计。

§15.2.7 检验

EViews 仅提供对数似然对象的 Wald 检验，然而，表 15.1 (第 720 页) 中的其他两种检验——似然比检验和 Lagrange 乘子检验，在 EViews 中，简短的几行代码就能实现。本小节深入分析 Greene (2003, p490–492) 的例子，讨论基于似然函数的这三种检验的数值计算，并分别使用三种不同的方差估计方法，对比检验结果。

一、似然函数

我们采用最大似然法估计如下模型

$$f(y_i|x_i;b) = \lambda_i e^{-\lambda_i y_i} \qquad \lambda_i = \frac{1}{b+x_i} \tag{15.23}$$

其中 b 是参数。请注意，这里设定的是条件分布模型，而不是通常的条件期望模型。我们知道，指数分布的式 (15.23) 是更一般的 Gamma 分布的限制形式

$$f(y_i|x_i;b,r) = \frac{\lambda_i^r}{\Gamma(r)} e^{-\lambda_i y_i} y_i^{r-1} \qquad \lambda_i = \frac{1}{b+x_i} \tag{15.24}$$

限制条件为 $r=1$。因此，我们要检验的假设为

$$\mathbb{H}_0 : r=1 \qquad \mathbb{H}_1 : r \neq 1$$

无限制模型 (式 15.24) 的对数似然函数为

$$\ell = \sum_{i=1}^{N} \ell_i = -r \sum_{i=1}^{N} \log(b+x_i) - N\log(\Gamma(r)) - \sum_{i=1}^{N} \frac{y_i}{b+x_i} + (r-1)\sum_{i=1}^{N} \log(y_i)$$

故一阶导数为

$$\frac{\partial \ell}{\partial b} = -r \sum_{i=1}^{N} \frac{1}{b+x_i} + \sum_{i=1}^{N} \frac{y_i}{(b+x_i)^2}$$

$$\frac{\partial \ell}{\partial r} = -\sum_{i=1}^{N} \log(b+x_i) - N\psi(r) + \sum_{i=1}^{N} \log(y_i)$$

其中 $\psi(r) = \mathrm{d}\log(\Gamma(r))/\mathrm{d}r$ 为 Digamma 函数。二阶导数为

$$\frac{\partial^2 \ell}{\partial b^2} = r \sum_{i=1}^{N} \frac{1}{(b+x_i)^2} - 2\sum_{i=1}^{N} \frac{y_i}{(b+x_i)^3}$$

$$\frac{\partial^2 \ell}{\partial r^2} = -N\psi'(r)$$

$$\frac{\partial^2 \ell}{\partial b \partial r} = -\sum_{i=1}^{N} \frac{1}{b+x_i}$$

注意到 Gamma 分布的期望为

$$\mathrm{E}(y_i|x_i) = (b+x_i)r$$

表明

$$\mathrm{E}\left(\left.\frac{\partial^2 \ell}{\partial b^2}\right|\mathbf{x}\right) = -r\sum_{i=1}^{N} \frac{1}{(b+x_i)^2}$$

因此，容易得到方差矩阵的三种估计：采用黑森矩阵观测值计算的 $\mathbf{V}_A$，采用黑森矩阵条件期望值计算的 $\mathbf{V}_E$，以及采用梯度计算的 BHHH 估计 $\mathbf{V}_B$。

图 15.9 限制模型与无限制模型的 ML 估计

```
LogL: L_E
Method: Maximum Likelihood (Marquardt)
Date: 01/15/09   Time: 17:42
Sample: 1 20
Included observations: 20
Evaluation order: By observation
Estimation settings: tol= 1.0e-07, derivs=analytic
Initial Values: B(1)=0.00000
Convergence achieved after 22 iterations
```

	Coefficient	Std. Error	z-Statistic	Prob.
B(1)	15.60273	10.02555	1.556297	0.1196

Log likelihood	−88.43626	Akaike info criterion	8.943626
Avg. log likelihood	−4.421813	Schwarz criterion	8.993413
Number of Coefs.	1	Hannan-Quinn criter.	8.953345

```
LogL: L_G
Method: Maximum Likelihood (Marquardt)
Date: 01/15/09   Time: 17:42
Sample: 1 20
Included observations: 20
Evaluation order: By observation
Estimation settings: tol= 1.0e-07, derivs=analytic
Initial Values: B(1)=0.00000, R(1)=1.00000
Convergence achieved after 25 iterations
```

	Coefficient	Std. Error	z-Statistic	Prob.
B(1)	−4.718503	3.656802	−1.290336	0.1969
R(1)	3.150896	1.239848	2.541357	0.0110

Log likelihood	−82.91605	Akaike info criterion	8.491605
Avg. log likelihood	−4.145802	Schwarz criterion	8.591178
Number of Coefs.	2	Hannan-Quinn criter.	8.511043

二、ML 估计

采用 Greene (2003) 的数据

```
'http://www.stern.nyu.edu/%7Ewgreene/Text/tables/TableFD-1.txt
wfopen TableFD-1.txt
genr x = e    'education

coef b
coef r
logl L_e     'exponential, restricted model
L_e.append @logl Le
L_e.append Le = -log(b(1)+x) -y/(b(1)+x)
L_e.append @deriv b(1) ge1
L_e.append ge1 = y/(b(1)+x)^2 -1/(b(1)+x)

param b(1) 0
L_e.ml(showopts,c=1e-7)
```

读入数据后，建立系数对象 b 和 r，分别对应参数 b 和 r。然后，设定式 (15.23) 指数分布的对数似然对象 L_e，并通过关键字 @deriv 设置了解析导数。最后，以初始值 0 进行最大似然估计，得到估计结果为图 15.9 的上半部分：尽管估计值 $b = 15.6$，超过 15，但并不显著。

下面，我们估计无限制模型 Gamma 模型

```
logl L_g    'Gamma, unrestricted model
```

```
L_g.append @logl Lg
L_g.append Lg = -y/(b(1)+x) -r(1)*log(b(1)+x) _
        -@gammalog(r(1)) +(r(1)-1)*log(y)
L_g.append @deriv b(1) g1 r(1) g2
L_g.append g1 = y/(b(1)+x)^2 -r(1)/(b(1)+x)
L_g.append g2 = -log(b(1)+x) -@digamma(r(1)) +log(y)

param b(1) 0 r(1) 1
L_g.ml(showopts,c=1e-7)
```

其中函数 `@gammalog` 为 Gamma 函数的对数 $\log(\Gamma(\cdot))$，函数 `@digamma` 计算 $\psi'(x)$。我们为对数似然对象 `L_g` 设定了解析导数，g1 和 g2 分别对应 $\frac{\partial\ell}{\partial b}$ 和 $\frac{\partial\ell}{\partial r}$。以初始值 $b=0$ 和 $r=1$ 进行最大似然估计，得到估计结果为图 15.9 的下半部分：参数 b 的估计值变成 -4.719，仍然不显著。参数 r 的估计值为 3.151，是显著的，但 $r=1$ 是否成立呢？这是本节关心的问题，下面我们详细讨论。

三、方差估计

现在我们计算方差矩阵的三种估计：$\mathbf{V}_A, \mathbf{V}_E$ 和 $\mathbf{V}_B$

```
do L_g.updatecoefs
!T = L_g.@regobs
matrix(2,2) mVe
matrix(2,2) mVa
matrix(2,2) mVb

genr h12  = -1/(b(1)+x)
genr h11e = -r(1)*h12^2
genr h11  = 2*y*h12^3 -h11e
mVa(1,1) = @sum(h11)
mVa(1,2) = @sum(h12)
mVa(2,2) = -@trigamma(r(1))*!T
mVa(2,1) = mVa(1,2)
mVe = mVa
mVe(1,1) = @sum(h11e)
mVa = -@inverse(mVa)
mVe = -@inverse(mVe)

group gd g?
stom(gd,mm)
mVb = @inverse(@transpose(mm)*mm)
c(3) = @norm(mVb -L_g.@cov)    '3.75E-06   V7 9.73E-10
```

代码说明如下：

1) `L_g.updatecoefs`：表 15.1（第 720 页）告诉我们，Wald 统计量的计算，是基于无限制模型的最大似然估计值 $\mathbf{b}_{\mathrm{ML}}$ 进行计算的。因此，我们采用 Gamma 分布的对数似然对象 `L_g` 的估计结果。

2) 方差矩阵：`mVa` $\to \mathbf{V}_A$，`mVe` $\to \mathbf{V}_E$ 和 `mVb` $\to \mathbf{V}_B$。

3) `h11e`：式 (15.24) 的二次导数中，只有 $\frac{\partial^2 \ell_i}{\partial b^2}$ 包含 y_i，表明黑森矩阵的实际值与条件期望值的估计只有该项有区别。因此，`h11e` $\to \mathrm{E}\left(\frac{\partial^2 \ell_i}{\partial b^2}\Big|\mathbf{x}\right)$，而 `h11` $\to \frac{\partial^2 \ell_i}{\partial b^2}$，`h12` $\to \frac{\partial^2 \ell_i}{\partial b \partial r}$。

4) `mVa(2,2)`：给定估计量 r，$\frac{\partial^2 \ell_i}{\partial r^2}$ 是常数，因此计算该二次导数项时无需建立序列对象。

5) `c(3)`：计算 BHHH 估计和对数似然对象的方差估计的区别，发现是相等的（算法上有差别，还受初始值以及收敛准则等的影响）。

得到三种方差估计如下：

$$\mathbf{V}_A = \begin{bmatrix} 5.499147 & -1.652851 \\ -1.652851 & 0.630852 \end{bmatrix} \tag{15.25}$$

$$\mathbf{V}_E = \begin{bmatrix} 4.900318 & -1.472864 \\ -1.472864 & 0.576754 \end{bmatrix}$$

$$\mathbf{V}_B = \begin{bmatrix} 13.37220 & -4.321743 \\ -4.321743 & 1.537223 \end{bmatrix}$$

我们又看到了有限样本下的差异，基于黑森矩阵实际值的估计 $\mathbf{V}_A$ 与基于黑森矩阵条件期望值的估计 $\mathbf{V}_E$ 比较接近，差别不大，但两者与 BHHH 估计 $\mathbf{V}_B$ 的差别较大。

四、三种检验

由于我们已经估计出限制模型和无限制模型，似然比检验的计算就易如反掌了

```
table tb
tb(1,6) = "LR"
!lr = 2*(L_g.@logl-L_e.@logl)
tb(2,6) = !lr
tb(2,7) = 1-@cchisq(!lr,1)
```

得到 LR 统计量为 11.04[0.0009]，强烈拒绝了 $r=1$ 的假设。

表 15.1（第 720 页）中其他两种检验，Wald 检验和 Lagrange 乘子检验的计算，都涉及方差矩阵的估计。有限样本下，方差矩阵 $\mathbf{V}_A$、$\mathbf{V}_E$ 和 $\mathbf{V}_B$ 将有所区别 (参见式 15.25)，导致检验结果有所不同。稍后我们将讨论 Wald 检验和 Lagrange 乘子检验的具体计算过程，这里先报告检验结果

	W 统计量	p 值	LM 统计量	p 值
$\mathbf{V}_A$	7.334	0.0068	5.116	0.0237
$\mathbf{V}_B$	3.010	0.0828	15.69	0.0001
$\mathbf{V}_E$	8.021	0.0046	4.783	0.0287

常用的 5% 显著水平下，除了采用 BHHH 估计 ($\mathbf{V}_B$) 计算的 Wald 统计量没有拒绝 $r=1$ 的假设以外，其他方法都拒绝了零假设。

有必要提醒的是：尽管基于似然函数的三种检验都拒绝了零假设，但这里可能需要考虑小样本问题。因为这里只有 20 个观测，而这三个统计量都是渐近统计量。

Wald 检验：一旦得到方差估计，Wald 统计量的计算就轻而易举了

```
c(1) = (L_g.r(1)-1)^2
tb(1,2) = "Wald"
!w = c(1)/mVa(2,2)
tb(3,2) = !w
tb(3,3) = 1-@cchisq(!w,1)

!w = c(1)/mVb(2,2)
tb(4,2) = !w
tb(4,3) = 1-@cchisq(!w,1)

!w = c(1)/mVe(2,2)
tb(5,2) = !w
```

```
tb(5,3) = 1-@cchisq(!w,1)
```

根据表 15.1 (第 720 页) 的公式计算 Wald 统计量, 分别采用三种方差估计 ($\mathbf{V}_A$, $\mathbf{V}_E$ 和 $\mathbf{V}_B$) 进行计算, 结果保存在表格对象 tb 中, 参见第 756 页的表格。

EViews 的对数似然对象提供了 Wald 检验
```
freeze(tb_wt) L_g.wald r(1)=1
```
检验结果为 3.00955[0.0828], 与方差采用 BHHH 估计 $\mathbf{V}_B$ 计算的检验结果一致。

Lagrange 乘子检验: 我们可以直接用式 (15.25) 中的方差估计结果吗? 不行, 因为 LM 统计量中, 虽然方差矩阵 (梯度或者黑森矩阵) 的计算也是在无限制模型中进行的, 但参数值取的是限制模型的估计值。因此, 我们需要取得限制模型的估计值, 以计算 LM 统计量
```
b(1) = L_e.b(1)
r(1) = 1
```
首先, 计算基于 BHHH 估计 $\mathbf{V}_B$ 的 LM 统计量
```
genr g1r = y/(b(1)+x)^2 -r(1)/(b(1)+x)
genr g2r = -log(b(1)+x) -@digamma(r(1)) +log(y)
vector(2) vg
vg(1) = @sum(g1r)
vg(2) = @sum(g2r)
group gd g?r      'redfine group
stom(gd,mr)
matrix mggr = @transpose(mr)*mr
matrix mVbr = @inverse(mggr)

matrix m_t = @transpose(vg)*mVbr*vg
!lm = m_t(1)
tb(1,4) = "LM"
tb(4,4) = !lm
tb(4,5) = 1-@cchisq(!lm,1)
```
变量的对应关系为: g1r $\to \frac{\partial \ell}{\partial b}$, g2r $\to \frac{\partial \ell}{\partial r}$, vg $\to \sum \mathbf{g}_i$, mVbr $\to \mathbf{V}_B$。我们知道, 当方差矩阵采用 BHHH 估计时, 可以采用回归方程的方法计算 LM 统计量
```
equation eq_lm.ls 1 gd
!lm = !T -eq_lm.@ssr    '@r2=na
tb(6,4) = !lm
tb(6,5) = 1-@cchisq(!lm,1)
tb(6,1) = "ls"
```
得到的 LM 统计量为 15.69[0.0001], 数值上相等, 但比采用矩阵计算的方式方便。

类似地, 我们计算基于 $\mathbf{V}_A$ 的 LM 统计量
```
matrix(2,2) mVar
h12 = -1/(b(1)+x)
h11e = -r(1)*h12^2
h11 = 2*y*h12^3 -h11e
mVar(1,1) = @sum(h11)
mVar(1,2) = @sum(h12)
mVar(2,2) = -@trigamma(r(1))*!T
mVar(2,1) = mVar(1,2)
matrix(2,2) mVer = mVar     'Expected H
```

```
            mVar = -@inverse(mVar)

            m_t = @transpose(vg)*mVar*vg
            !lm = m_t(1)
            tb(3,4) = !lm
            tb(3,5) = 1-@cchisq(!lm,1)
```

变量的对应关系为：$\text{h12} \to \frac{\partial^2 \ell_i}{\partial b \partial r}, \text{h11} \to \frac{\partial^2 \ell_i}{\partial b^2}, \text{mVar} \to \mathbf{V}_A$。$\mathbf{V}_E$ 与 $\mathbf{V}_A$ 的计算仅 $\frac{\partial^2 \ell_i}{\partial b^2}$ 项有所区别

```
            mVer(1,1) = @sum(h11e)
            mVer = -@inverse(mVer)

            m_t = @transpose(vg)*mVer*vg
            !lm = m_t(1)
            tb(5,4) = !lm
            tb(5,5) = 1-@cchisq(!lm,1)
```

其中 mVer 计算 $\mathbf{V}_E$。以上各种方法的计算结果记录在表格对象 tb 中，参见第 756 页的表格。

尽管 Lagrange 乘子检验只用到限制模型的最大似然估计，但需要在非限制模型的似然函数中进行计算。因此和似然比检验类似，都需要建立约束和非约束模型的对数似然对象。如果已经有了这两个似然对象的 ML 估计，似然比检验是唾手可得的，而 Lagrange 乘子检验需要更多的工作。

练习：请使用第 734 页介绍的 Hessian.prg 中的子程序 Gradient 以及子程序 Hessian 的数值计算梯度和黑森矩阵，并与解析解结果作比较。

§15.3 使用对数似然对象

当我们应用到某些经济计量模型，发现 EViews 还没有内建的估计命令时，对数似然对象往往可以派上用场。我们知道，参数的最大似然估计是在给定观测样本下，寻找一组参数使得似然函数值最大。尽管最大似然估计的计算过程通常是一个艰难曲折的最优化任务，然而，对数似然对象提供如此得心应手的工具，使得寻找最大似然估计变成了按部就班的工作。我们只需要建立对数似然对象，并设定好对数似然函数，其他的任务就交给 EViews 了。

本节首先介绍对数似然函数的设定、执行顺序和相关参数的导数计算，并解释了对数似然对象的局限性。然后讨论估计命令和出错处理。最后，汇总对数似然对象的视图、过程和函数。

§15.3.1 设定

采用对数似然对象进行最大似然估计时，大部分时间往往花在将模型转化成对数似然对象的设定上，这是进行最大似然估计的基础工作。对数似然对象的设定中，对数似然函数的设定是必不可少的，解析导数的设置是可选的。

一、对数似然函数

对数似然对象使用命令 append 逐行添加设定语句

```
!N = 1000
wfcreate(page=gm) u 1 !N
rndseed(type=mt) 12357
coef b = 1
coef r = 2
genr y = @rgamma(b(1),r(1))    'random of Gamma dist

logl L_g
L_g.append @logl L
L_g.append L = @log( @dgamma(y,b(1),r(1)) )
```

建立工作页 gm 并准备好数据后 (系数 b 和 r，以及序列 y)，命令 logl 创建了对数似然对象 L_g，然后进行 Gamma 分布的对数似然函数设定

```
L_g.spec
```

得到设定视图为

```
@LOGL L
L = @LOG( @DGAMMA(Y,B(1),R(1)) )
```

关键字 @logl 指定对数似然贡献值保存在序列对象 L 中，也就是说，EViews 用序列对象来保存对数似然函数的观测值。

1) 采用序列表达式设定对数似然函数，序列对象 L 的每个观测对应对数似然函数的相应观测。
2) 基于这样的实现，对数似然函数的函数形式为各个观测的对数似然贡献值的求和。

对于复杂一点的似然函数，例如 §15.2.3 节 (第 732 页) 的对数似然对象 L_st，也只不过是一连串的"序列对象赋值语句"而已。对数似然对象中，对数似然函数的设定是不可或缺的，因此，关键字 @logl 是必不可少的。

- 关键字 `@logl` 可以出现在设定语句的任意地方，语法格式为 `@logl serName`，其中序列名 `serName` 要符合序列对象的命名规则。
- 关键字 `@logl` 仅用于指定保存对数似然贡献值的序列对象，不能包含对数似然函数的设定。例如

    ```
    L_g.append @logl L = @log( @dgamma(y,b(1),r(1)) )
    ```

    当采用 `ml` 命令进行估计时，将产生模型中无方程的错误。
- 设定对数似然函数时，尽量使用 EViews 提供的统计分布函数，如正态分布 `@dnorm(x)`，t 分布 `@dtdist(x,v)` 等。这样既减少出错机会，又往往能加快计算速度。
- 函数 `@recode` 和 `@iff` 等价，实现条件赋值，经常使用在对数似然函数的设定中。因为初始观测通常采用无条件分布，与其他观测的条件分布往往有所不同，例子参见 §15.2.1 节中 AR(1) 模型的全样本估计子小节 (第 727 页) 中的 L_ar1 对数似然对象的设定。

二、参数

在对数似然对象的设定语句中，如果包含系数对象 (不管是 EViews 内建的系数对象 C，还是用户创建的系数对象) 的元素，都将视为待估计的参数。因此，一定要确保每个参数改变取值时，对数似然值也有所变动。否则，如果存在不影响似然函数值的参数，模型估计时将产生异常值的错误。

对数似然对象的设定可以看成是一组序列赋值语句，在进行最大化的过程中，反复迭代执行。需要说明的是，在估计模型的计算过程中，对数似然对象设定语句包含的所有对象除了系数对象和序列对象被更新以外，其他对象都被当成常量，固定为原先取值，不会被更新。例如

```
L01.append q = t*@logit(C(1))    't is a scalar
```

估计过程中，标量 `t` 始终保持先前的取值，EViews 并不把 `t` 当成参数进行估计。

从对数似然对象的实现我们不幸发现，对数似然对象中矩阵运算极其不方便。一种解决方法是为每个矩阵元素设定一个序列对象，手工实现矩阵运算。矩阵操作的不便利，是 EViews 对数似然对象的一大缺憾。此外，系数对象不能使用 EViews 的基本数学函数 (Basic Mathematical Functions)，例如

```
wfcreate u 4
coef(2) b = 1
coef(2) s
vector(2) v = 2
b = log(v)
s(1) = exp(b(1))
's = abs(b)    'error
```

而除了系数对象以外的其他矩阵对象，使用基本数学函数时是基于单个元素逐个进行计算的。

三、关键字

除了对数似然函数的设定语句，对数似然对象的设定还需要考虑数值计算方面的问题，如初始值、导数计算以及语句的执行顺序等。清晰起见，我们将对数似然对象设定的关键字汇总如下：

- `@byeqn` 和 `@byobs`：设置执行顺序。计算过程中，各个语句都要对估计样本的全部观测求值，默认情形下，EViews 按观测顺序求值，即所有语句先求解第一个观测下的值，然后顺序求解往后各观测下的值。更详细的讨论参见下一子小节。
- `@deriv` 和 `@derivstep`：设置解析导数和修改数值导数的步长，详情请参考稍后的导数子小节。

- `@logl`: 指定保存对数似然贡献值的序列。全部的关键字中,仅 `@logl` 是必需的。
- `@param`: 设置参数的初始值。例如

        L_g.append @param b(1) 0.05 r(1) 2

    该语句的设置作为对数似然对象设定的一部分,优先于 param 命令的设置。
- `@temp`: 不保留某些序列对象。对数似然对象的设定往往用到许多序列,关键字 `@temp` 指定哪些序列不保存在工作页中。例如

        L_st.append @temp pa pb pc

    估计过程执行完 L_st 的设定语句之后,序列对象 pa, pb 和 pc 将被删除。

四、执行顺序

执行对数似然函数的设定语句时,总是按照从上到下的顺序执行。因此,设定语句中的任何变量,都必须先定义,后引用。执行过程中,EViews 需要对全部设定语句和估计样本中的所有观测进行迭代,因此,执行顺序就可以有两种,按方程顺序 (这里指设定语句的先后顺序) 和按观测顺序。

EViews 默认按观测顺序执行,即对于第一个观测值执行,执行所有的方程 (按语句设定的顺序),然后对第二个观测执行,直到工作样本内的最后观测。这种执行顺序适合于似然函数值依赖于滞后观测的情形,例如 AR 模型或者 ARCH 模型等。有时候,我们需要按方程的顺序执行,即从第一个设定语句开始,对样本中全部观测进行计算,然后第二个设定语句,直到计算完全部的设定语句。

什么情况下选择按方程的顺序执行呢? 我们先看一个例子

```
wfcreate(page=byEq) u 1 100
rndseed(type=mt) 12357
genr x = nrnd
genr y = 2+3*x +3*nrnd
y = y+ (rnd>0.95)*80*nrnd

equation eq01
freeze(tb01) eq01.ls y c x
```

仿真产生的观测序列 y 中,特地加入了一定比例的异常值,最小二乘估计结果为图 15.10 的前半部分,截距和斜率系数都不显著。下面我们改用稳健估计,采用对数似然对象

```
logl L02
L02.append @logl s
L02.append @byeqn
L02.append r = @abs(y-c(1)-c(2)*x)
L02.append z = r/(6*@median(r))
L02.append w = (z<1)*(1-z^2)^2
L02.append s = -w*r^2

freeze(tb02) L02.ml
```

对数似然对象 L02 中:

1) 序列 r 是残差 e_i 的绝对值,序列 z 计算 $z_i = \frac{|e_i|}{6m}$,其中 m 为 $|e_i|$ 的中位数。
2) 序列 w 为权重,定义为 $w_i = 1(z<1) \cdot \left(1-z_i^2\right)^2$。
3) 关键字 `@logl` 设定的序列 s 存储的内容实际上是 $-w_i e_i^2$,不是对数似然值。由于 ML 估计是最大化过程,因此 s=-w*r^2 中将加权最小二乘的目标函数反号了。

图 15.10　LS 估计与稳健估计

```
Dependent Variable: Y
Method: Least Squares
Date: 08/26/10   Time: 09:49
Sample: 1 100
Included observations: 100
```

Variable	Coefficient	Std. Error	t-Statistic	Prob.
C	2.346645	1.856282	1.264164	0.2092
X	2.248413	1.869199	1.202875	0.2319

R-squared	0.014550	Mean dependent var		2.602006
Adjusted R-squared	0.004494	S.D. dependent var		18.48261
S.E. of regression	18.44103	Akaike info criterion		8.686830
Sum squared resid	33327.01	Schwarz criterion		8.738934
Log likelihood	-432.3415	Hannan-Quinn criter.		8.707918
F-statistic	1.446908	Durbin-Watson stat		1.962752
Prob(F-statistic)	0.231923			

```
LogL: L02
Method: Maximum Likelihood (Marquardt)
Date: 08/26/10   Time: 09:49
Sample: 1 100
Included observations: 100
Evaluation order: By equation
Convergence achieved after 9 iterations
```

	Coefficient	Std. Error	z-Statistic	Prob.
C(1)	1.835616	0.027817	65.98785	0.0000
C(2)	3.190043	0.028740	110.9970	0.0000

Log likelihood	-657.7704	Akaike info criterion		13.19541
Avg. log likelihood	-6.577704	Schwarz criterion		13.24751
Number of Coefs.	2	Hannan-Quinn criter.		13.21650

设定中的关键字 @byeqn 要求 EViews 在计算序列 z 之前，先计算出所有残差。因为计算序列 z 时用到残差绝对值的中位数，必须先知道残差的全部观测才能找出中位数。最后进行"最大似然估计"，得到估计结果为图 15.10 的后半部分，我们看到，系数估计比较接近真值了。

显而易见，如果设定语句用到中间变量的汇总统计量 (aggregate statistics)，按方程顺序执行是正确的选择。有时候，计算结果与执行顺序无关，例如本小节开头的对数似然对象 L_g，以及图 15.5 (第 738 页) 中的对数似然对象 mlg。在对数似然对象的设定中，执行顺序能混合吗？即一部分语句按方程顺序执行，另一部分语句按观测顺序执行。答案是否定的，EViews 只允许设定执行顺序的语句最多出现一次，要么 @byeqn 按方程顺序执行，要么默认或者显式设定 @byobs 按观测顺序执行。

有必要提醒的是，对数似然对象设定中的赋值语句在进行求值时，不管是在估计参数时，还是在执行对象的视图或者过程命令时，每个赋值语句将在当前的参数值下进行求值，结果保存到相应的序列对象中。如果序列对象不存在，EViews 将自动创建。如果序列对象已经存在，取值将被更新。

五、导数

如果未设定解析导数，对数似然对象在进行优化的过程中，默认采用精确数值方法计算导数。步长的选取由两个参数控制：相对步长 r 和最小步长 m，在第 i 步迭代时，步长 h 取为

$$h(i) = \max(b(i-1)r, m)$$

其中 $b(i)$ 为参数 b 在第 i 步迭代时的取值。EViews 默认的取值为 (近似)

```
@derivstep @all 1.49e-8 1e-10
```

即对于所有参数 (@all)，相对步长为浮点精度[15]的平方根，$r = 1.49 \times 10^{-8}$，最小步长 $m = 10^{-10}$。关键字 @derivstep 可以对单个参数进行设置，例如

```
L0.append @derivstep @all 1e-8 1e-10 c(1) 1e-7 1e-9
```

修改了数值求导时全部参数的默认步长，并将参数 C(1) 的默认步长设置为 $r = 10^{-7}, m = 10^{-9}$，该语句等价于

```
L0.append @derivstep @all 1e-8 1e-10
L0.append @derivstep c(1) 1e-7 1e-9
```

即对数似然对象允许多个 @derivstep 设定语句。最后，我们想建议的是，除非有足够的理由，否则没有必要修改数值导数的步长。

尽管解析导数的函数形式往往比似然函数复杂，特别是时间序列方面的模型，然而，如果我们能得到对数似然函数的解析导数，使用解析导数往往能使计算更快更准确。对数似然对象采用 @deriv 关键字设定解析导数，可以设定一个或者多个参数的解析导数，例如图 15.8 (第 750 页) 中对数似然对象 L_gma 中解析导数的设定

```
L_gma.append @deriv ld(1) g1 r(1) g2
```

请注意参数和序列对象是成对的。关于解析导数：

1) 允许多个 @deriv 设定语句，例如图 15.5 (第 738 页) 中对数似然对象 mlg 的解析导数设定。

2) 如果只为部分参数设定解析导数，那么参数估计将混合数值求导和解析求导。

3) 命令 checkderivs 可以用来检查解析导数的设定是否正确：对比导数的数值解和解析解，如果差异较大，很可能是解析导数设定错了 (也可能是对数似然函数写错了，或者两者都错了)。

六、局限性

对数似然对象主要用来设定对数似然函数，进行最大似然估计。然而，只要目标函数是基于各个观测的求和，诸如最小二乘估计或者最小距离估计等问题，就可以通过对数似然对象进行估计。例如使用图 15.10 中的对数似然对象 L02，我们实现了加权最小二乘估计。

需要提醒的是，对数似然对象的优化算法并不适合一般的最大化或者最小化问题。基于最大似然估计的目标函数形式和统计特性，对数似然对象采用了梯度外积和近似黑森矩阵的算法，这种特定的近似在一般的优化问题中是不成立的。此外，参数估计的标准差，仅在目标函数为对数似然函数时才有此含义，否则，不能解释成标准差估计。因此，对数似然对象 L02 的估计结果中 (图 15.10)，报告的标准差估计谨防被错误解读，因为其目标函数是加权残差平方和而不是对数似然函数。

对数似然对象中，对数似然函数的形式被限定为序列表达式的形式。这一限制确实糟糕，甚至让人难以忍受：它把矩阵运算排除在外了！我们只能将求行列式或者矩阵求逆写成矩阵元素的表达式，参见 EViews 的例子程序 tv_garch.prg。对于三阶或者更大的矩阵，虽然不是不可能的任务，但也太不可思议了，面对着如长江之水源远流长的表达式，只好作罢。

对数似然对象不能直接处理约束优化问题。对于某些参数约束，我们可以进行转换，例如 §15.1.4 节 (第 721 页) 讨论的方法。

---

[15] 浮点精度 (machine epsilon)，比 1 大的最小 (双精度) 浮点数到 1 的距离，即 $2^{-52} = 2.22 \times 10^{-16}$。

§15.3.2 估计

完成对数似然对象的设定后，使用 `ml` 命令进行估计。尽管称为最大似然估计，实际上是进行目标函数最大化的迭代求解。最优化过程往往牵涉多方面的知识，因此命令 `ml` 将面临更多的潜在出错。

一、估计命令

最大似然估计的命令为 `ml`，它通过迭代算法，求解一组参数以最大化对数似然函数 (样本内全部观测的对数似然贡献值加总得到)。迭代过程中，当无法提高对数似然函数值时，EViews 停止迭代，并计算出标准差估计，报告估计结果。命令 `ml` 的主要选项有：

1) 迭代算法，默认采用 Marquardt 算法，使用选项 b 改为 BHHH 算法 (即 Gauss-Newton 算法)。
2) 迭代次数和收敛准则，对应选项 m=int 和 c=num，一般不作修改。
3) 求导方法，选项为 `deriv={a, f}`，分别表示精确数值求导和快速数值求导。
4) 选项 `showopts` 输出初始值和控制估计过程的设置。

估计结果输出和方程对象的 OLS 估计类似，具体的例子请参考图 15.1 (第 726 页)。

二、初始值

由于最大似然估计是通过迭代的方法寻找最优解的，初始值的选取非同小可：

- 如果目标函数是全局凹的，初始值的选取将影响迭代次数。
- 如果目标函数不是凹函数，存在多个局部最大值，初始值将决定哪个局部最优点被找到。
- 可能有些初始值，会导致估计失败。尽管初始值的选取举足轻重，然而，初始值的选取是科学，也是艺术，有时候还富有运气的成分。

对数似然对象使用关键字 `@param` 或者命令 `param` 设置初始值，并且命令 `ml` 进行估计时，优先采用 `@param` 的设置。应尽量选取符合情理的初始值：

1) 初始值的选择可能导致估计过程中数学函数的计算越过其定义域，例如负数的开方或者取对数等。
2) 不好的初始值，可能使对数似然函数进入病态的区域。
3) 如果能得到简化模型的估计结果，或者更简单估计方法的估计结果，可以将其作为初始值。例如图 15.1 (第 726 页) 中对数似然对象 `L_ar1c` 采用最小二乘估计结果为初始值；图 15.3 (第 730 页) 中对数似然对象 `L_t` 的初始值采用相对简单的标准化残差为正态分布模型的估计结果。

三、估计样本

EViews 内建的大部分估计命令，都能自动进行估计样本的端点调整，例如滞后观测的处理或者丢失缺失值的观测等。然而，对数似然对象的 `ml` 命令在进行参数估计时，不进行估计样本的端点调整。在进行最大似然估计时，如果对数似然对象的序列出现 NA 值，估计过程将立即终止并报错。因为对数似然函数的计算遵循序列表达式的运算规则，缺失值 NA 会被传播，一旦出现缺失值，继续计算是徒劳的，估计结果将毫无意义。

因此，设置估计样本时，要注意端点附近观测的取值，例如前一节 §15.2 (第 724 页) 中的 AR 模型和 ARCH 模型，通常采用函数 `@recode` (与 `@iff` 等价) 对初始观测点进行单独处理。

四、出错处理

在灵活性方面，对数似然对象的设定和估计的自由度很大。因此，相对于 EViews 内建的其他估计命令，对数似然对象的估计更容易出现问题。当估计过程出现错误时：

1) 检查对数似然函数的设定：对数似然函数的设定，哪怕是很小的疏忽，都很容易导致估计的出错，例如

    (a) 符号或者变量名写错，括号的位置错了等"低级"错误。

    (b) 确保参数是可识别的，有时识别问题可以通过参数的标准化解决，例如式 (15.19) (第 736 页) 中设置参数 $b_0 = 0$ 的方法等。

    (c) 对数似然对象设定语句中的每个参数 (系数对象的元素) 都必须直接或者间接作用到对数似然函数中。检测该问题可以借助命令 checkderivs 查看导数在不同参数值下是否都为零。

2) 滞后观测的初始化：估计命令不自动调整样本端点，剔除 NA 值的任务交由用户负责。

3) 参数重构：如果参数值导致数学错误，例如负数求对数，请考虑进行参数重构，转换为自由参数。常见的参数重构方法参见 §15.1.4 节 (第 721 页)。

4) 检查解析导数：如果提供了解析导数，使用命令 checkderivs 检查解析导数的正确性。如果使用数值求导，尽可能提供解析导数。采用数值求导出错时，尝试改变求导的方法 (快速或者精确方法)，必要时改变步长。

5) 初始值：初始值的选择至关重要，可惜需要具体问题具体解决。

大多数情况下，出错信息都是不言自明的。而出错信息 "near singular matrix" (矩阵奇异) 可能就没有那么显而易见了，出现该错误信息是因为迭代过程中梯度外积和矩阵奇异。导致该错误的可能情况较多，比如对数似然函数没有正确设定，或者初始值选取不好，也很可能是模型不可识别 (模型本身参数不可识别，或者是特定样本造成的)。

§15.3.3 对数似然对象

对数似然对象用来实现自定义似然函数的最大似然估计。对数似然对象使用 logl 命令创建后，需要用命令 append 添加设定语句，至少设定好对数似然函数，方能采用命令 ml 进行最大似然估计。

一、视图

对数似然对象的视图有：

1) 查看设定文本，命令为 spec。

2) 诊断视图，查看导数计算

    (a) 比较数值导数和解析导数，命令为 checkderivs。如果对数似然对象没有设定解析导数，只报告数值导数。如果包含了 @param 设定语句，报告给定初始值下的数值导数和解析导数，否则，报告当前系数值下的结果。可能的情况下，EViews 还报告单个观测的最大绝对差别和相对差别。因此，借助该视图，我们可以检查解析导数是否正确。

    (b) 查看各个观测点的梯度值，命令为 grads。如果模型已经完成估计，将报告参数估计值处的梯度值 (一阶导数)，否则，报告当前参数值下的梯度值。如果估计过程出现没有收敛或者奇异矩阵问题，该视图将提供有用的诊断信息 (默认输出表格，选项 g 得到图形视图)。

3) 查看估计结果

   (a) 估计结果报告，命令为 output 或者 results。

   (b) 参数方差矩阵 coefcov。

4) 检验视图：置信椭圆 cellipse, Wald 检验 wald。

5) 其他：对象的标签 label，在对数似然对象的窗口显示图形或者表格对象 display (EViews 7)。

二、过程

对数似然对象的过程比较少：

1) 模型设定：命令 append 添加设定语句。

2) 产生梯度序列对象：命令为 makegrads，该命令仅对已完成估计的对数似然对象有效，并且计算的是在参数估计值处的梯度。(可以用在 LM 检验中吗？)

3) 产生样板对象：命令为 makemodel，从对数似然对象创建样板对象，对数似然对象的每个设定语句(包括解析导数)都对应一个方程，相应的序列对象变成样板对象的内生变量。

4) 更新系数对象：命令 updatecoefs 将参数估计结果更新到相应的系数对象中。

三、函数

对数似然对象的函数返回参数估计以及各种相关统计量。返回标量值(统计量)的函数有：

函数	含义	函数	含义
@aic	AIC 信息准则	@ncoefs, @ncoef	估计的参数个数
@hq	Hannan-Quinn 信息准则	@regobs	估计样本的个数
@logl	对数似然函数值	@schwarz, @sc	SC 信息准则

EViews 7 提供了 @linecount 函数，返回对数似然对象设定语句的行数。如下函数则返回与参数估计相关的向量或者矩阵：

函数	含义	函数	含义
@coefcov, @cov	参数估计的协方差矩阵	@stderrs	参数估计的标准差
@coefs, @coef	参数估计值向量	@tstats	参数估计的 z 值

关于返回矩阵或者向量的函数：

- 参数的排列顺序请参考 coefcov 视图。
- 可以提取矩阵的单个元素，例如 @cov(i,j) 取得第 i 个和第 j 个参数的协方差，而 @coefs(i) 取出第 i 个参数的估计值。
- 函数 @tstats 返回参数估计的 z 值，而不是 t 值。
- 参数估计的协方差矩阵 @cov 是式 (15.17) (第 720 页) 中的 BHHH 估计 $\mathbf{V}_B$。

此外，EViews 7 还增加了返回字符串对象的函数，例如 @line(i) 返回对数似然对象的设定文本(命令 spec) 中第 i 行的字符串。

§15.4　非参数估计

参数模型的基础假设是模型的函数关系以及干扰的分布由一组未知的参数确定，典型的例子是具有正态干扰的线性回归模型。不容置疑，参数模型存在错误设定的风险。尽管可以采用样条、多项式或者转对数 (translog) 等方法，但多大程度上能接近真实模型仍然是个未知数。非参数模型彻底抛弃函数具体形式和分布的假设：非参数估计方法在估计模型之前，不需要知道确切的函数形式 (现实也不可能知道)，而是要求函数满足更一般的条件，如光滑性或者可导性等。

非参数估计的最大优势是结论的稳健性：由于它依赖于极弱的假设，对函数几乎没有什么结构限制，非参数估计结果极其稳健，其适用性远远超出相应的参数模型。当然，有一长必有一短，更少的假设必然使非参数估计的推断精确性不佳，与正确设定的参数模型相比，非参数模型需要更多的样本数据，才能达到同等的精确程度。[16]

非参数方法在近 30 年有巨大的发展，著名的教材有 Härdle (1990) 和 Pagan and Ullah (1999)，最近出版的 Li and Racine (2007) 一书值得推荐[17]，Li and Racine (2009) 汇总了非参数方法的最新进展。非参数模型主要包括：

- 直方图：最简单的非参数估计。
- 密度函数的核估计：使用核函数加权代替简单计数，密度函数估计相对于直方图有极大的改善。
- 非参数回归和半参数回归：如局部多项式回归的核估计或者近邻估计，小波方法等。
- 非参数分析方法：如研究生产效率的数据包络分析 (Data Envelopment Analysis) 方法等。

在非参数估计方面，EViews 提供的支持极其有限：直方图和密度函数核估计是作为分析图形出现的，而局部多项式回归模型的核估计与近邻估计则为辅助图形，添加到散点图中。本节内容安排如下：

1) 直方图：简述了直方图的基本思想，并介绍了直方图的几种变形，如折线直方图、边线直方图和移位平均直方图。
2) 密度函数核估计：解释了核函数和带宽，并演示了带宽选择的影响。
3) 非参数回归模型的核估计：以局部多项式回归模型为例。
4) 近邻估计：讨论了近邻估计方法中的局部加权和稳健迭代。

EViews 只给出它们的估计值，都没有计算其他统计量，如标准差及其他检验统计量等。

§15.4.1　直方图

传统的直方图 (histogram) 采用柱形图显示变量的分布：横轴上竖立了许多柱子[18]，柱形的高度代表相应的观测次数 (频数)，例如 EViews 的命令 `hist` 产生的直方图 (参考 §B.1 节的第 914 页)。本小节深入介绍 EViews 支持的各种直方图，讨论其丰富的形式以及定制方法。

---

[16]如果参数个数比样本数还多，无法估计参数模型，此时要么简化模型，要么考虑非参数模型。

[17]该书的内容相对完整，分为五大部分：第一部分涵盖了密度函数和回归方程的非参数估计，第二部分则处理半参数模型，第三部分讨论模型的设定检验，第四部分介绍近邻估计和级数方法，第五部分将前面的四部分扩展到弱依赖 (weakly dependent) 数据中去，包括工具变量模型和面板数据模型的核估计等。

[18]英文单词 bin 在直方图中，指的是分组，每个分组对应直方图的一根柱子。

一、理论回顾

先从最常见的直方图说起：给定独立同分布的一组观测 $\{x_i\}_{i=1}^N$，选取锚点 (anchor，即起始点) $a_0 \leqslant \min(x_i)$ 以及柱宽 (bin width，即组距) b，记

$$a_j = a_0 + bj \qquad j = 0, 1, 2, \cdots, M$$

其中 $a_{M-1} \leqslant \max(x_i) < a_M$。也就是说，观测被等间距划分成 M 个区间，区间 $[a_0, a_M)$ 涵盖了所有的观测。假设 N_j 是落入第 j 个区间 $[a_{j-1}, a_j)$ 的观测个数，我们有

$$\Pr(a_{j-1} \leqslant x < a_j) = \frac{N_j}{N} = f(x) b$$

其中 $f(x)$ 为区间 $[a_{j-1}, a_j)$ 内的密度函数值估计，即

$$f(x) = \frac{N_j}{Nb} \qquad a_{j-1} \leqslant x < a_j$$

选择柱高 (纵轴) 的标度，我们得到如下三种直方图：

1) N_j：频数 (frequency) 直方图；
2) $\frac{N_j}{N}$：频率 (relative frequency) 直方图 (概率)；
3) $\frac{N_j}{Nb}$：密度 (density) 直方图。

显然，直方图中最重要的参数是柱宽 b 和锚点 a_0，柱子数 (组数) 和柱高将由这两个参数完全确定。

二、例子

EViews 7 的 `distplot` 命令强化了 `hist` 命令的功能，全面支持各种直方图的制作

```
%ex7 = "\Example Files\EV7 Manual Data"
%ch13 = "\Chapter 13 - Graphing Data"
%wf = @evpath + %ex7 +%ch13 +"\cdrate"
pageload(page=CDrate) %wf

freeze(gf01) cdrate.distplot hist
freeze(gf11) cdrate.distplot hist(rightclosed)
freeze(gf12) cdrate.distplot hist(scale=dens,leg=det)
freeze(gf13) cdrate.distplot hist(scale=dens,leg=det,binw=0.1,anchor=7)
graph gf3.merge gf01 gf11 gf12 gf13
gf3.align(2,1,1)
gf3.legend -inbox position(0.1,0.1)
```

得到的图形在图 15.11 中：

- 左上图 (gf01) 为 `distplot hist` 命令[19]的默认输出。
- 右上图 (gf11) 中，当观测点恰好落在分界点上时，归入左边的分组，即选项 `rightclosed` 把默认的左闭右开区间 $[a_{j-1}, a_j)$ 修改为左开右闭区间 $(a_{j-1}, a_j]$ 形式。
- 左下图 (gf12) 为密度直方图 (选项 `scale=dens`)，并通过选项 `leg=det`，使得图例显示出详细参数信息 (anchor=7.5, step=0.05)。
- 右下图 (gf13) 也是密度直方图，但使用选项 `binw=0.1` 修改了柱宽，以及选项 `anchor=7` 自定义了锚点 a_0。

我们看到，区间的形式 (是否右闭)、锚点和柱宽 (相当于核估计的带宽)，都影响直方图的形状。

---

[19]产生直方图的语句 `x.distplot hist` 中 (x 为序列对象)，EViews 7 称关键字 `hist` 为命令 `distplot` 的分析设定 (analytical spec)。作为关键字时，`hist` 有自己的选项，为了方便，我们将 `distplot hist` 称为产生直方图的命令。类似地，将 `distplot kernel` 视为生成密度函数核估计图形的命令。

图 15.11 直方图

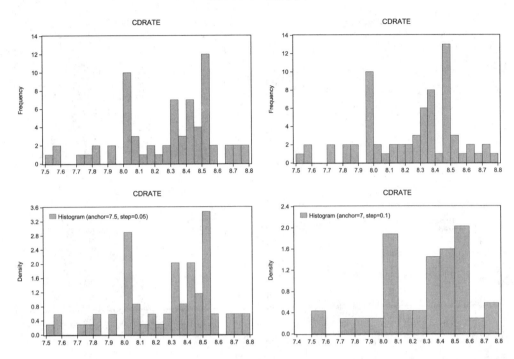

产生直方图的 `distplot hist` 命令的选项具体有：

- 标度类型：`scale={dens, freq, relfreq}`，分别表示密度直方图、频数直方图 (默认) 和频率直方图。
- 柱宽：`binw={eviews, sigma, iqr, silverman, freedman}`，也可以给定数值。默认的柱宽选择并没有什么统计依据，EViews 选取柱宽为整数或者简单的分数。假设样本的标准差估计为 s，四分位差为 IQR (Interquartile range)，则柱宽取为 $b = a\sigma N^{-1/3}$，其中 a 和 σ 分别选取为
  - `binw=sigma`: $a = 3.49, \sigma = s$
  - `binw=iqr`: $a = 3.49, \sigma = \text{IQR}/1.34$
  - `binw=silverman`: $a = 3.49, \sigma = \min(s, \text{IQR}/1.34)$
  - `binw=freedman`: $a = 2, \sigma = \text{IQR}$
- 锚点：`anchor=num`，设定锚点的取值。
- 分界点：`rightclosed`，将区间形式改为 $(l,r]$ 的右闭形式，默认为右开形式 $[l,r)$。
- 图例文字：`leg={def, n, s, det}`，默认给出尽量少的信息，其他三个选项对应的图例文本信息分别为无文本、短文本和详细信息。

EViews 提供了如下几种变形的直方图：

1) 折线直方图 (Histogram Polygon, 折线连接柱形的中点)：命令为 `distplot freqpoly`。
2) 边线直方图 (Histogram Edge Polygon, 连接柱形边线的中点)：命令为 `distplot edgefreqpoly`。
3) 移位平均直方图[20] (Average Shifted Histogram)：命令为 `distplot ash`。

这些命令不仅支持 `distplot hist` 命令的选项，还支持选项 `fill` 和 `nofill`，选择是否填充图形。此外，移位平均直方图还提供选项 `nshifts=int` 设定移位的次数 (默认 25 次)。例如

---

[20]Scott (1985) 指出移位平均直方图计算上保持了直方图计算简单的优点，但统计有效性上接近核密度估计。EViews 提供了折线直方图版本的移位平均直方图。

图 15.12　直方图的其他形式

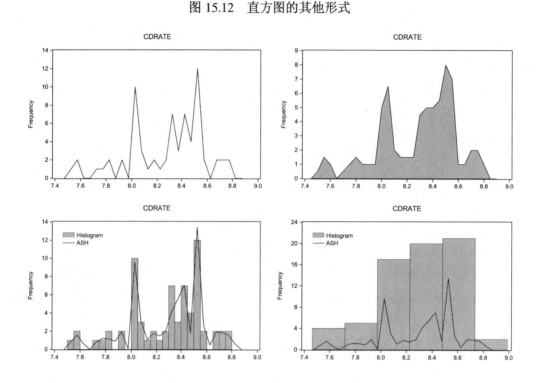

```
freeze(gf02) cdrate.distplot freqpoly
freeze(gf03) cdrate.distplot edgefreqpoly(fill)
freeze(gf04) cdrate.distplot hist ash
freeze(gf05) cdrate.distplot hist(binw=silverman,anchor=0.6) ash
graph gf4.merge gf02 gf03 gf04 gf05
gf4.align(2,1,1)
gf4.legend -inbox position(0.2,0.2)
```

得到的图形在图 15.12 中：

- 左上图 (`gf02`) 为折线频数直方图。
- 右上图 (`gf03`) 中，边线直方图通过选项 `fill` 进行了填充。
- 左下图 (`gf04`) 在普通直方图上叠加了移位平均直方图。
- 右下图 (`gf13`) 的直方图采用 Silverman 法设定柱宽，修改了锚点，并叠加了移位平均直方图。

我们看到，命令 `distplot` 可以叠加多个图形，方便对比。

练习：为了更好地理解折线直方图和边线直方图，请查看如下语句产生的图形：

```
freeze(gf02a) cdrate.distplot hist freqpoly
freeze(gf03a) cdrate.distplot hist edgefreqpoly
```

如果要保存直方图的做图数据，请采用命令 `distdata`，例如

```
cdrate.distdata(dtype=hist,scale=dens) mhd
```

得到 26 × 3 矩阵 `mhd`，恰好为图 15.11 中左下图 (`gf12`) 的直方图数据 (有 26 组)。矩阵 `mhd` 的第一行数值为 `[7.50, 7.55, 0.2899]`，分别代表左右端点和柱高 (这里为密度值)。命令 `distdata` 在提取直方图数据时，选项 `scale={freqpoly, edgefreqpoly, ash}` 分别提取折线直方图、边线直方图以及移位平均直方图的做图数据。

§15.4.2 密度函数估计

密度函数的估计是经济数据分析的基础工作。密度直方图是最简单的密度函数估计，可惜的是，前一小节告诉我们，密度直方图的形状对锚点和柱宽的选取非常敏感。为了克服这一缺陷，我们采用核函数加权来代替通常的计数，即核 (kernel) 估计方法。核估计是最重要的非参数估计，本小节先解释核估计中最重要的概念——核函数和带宽，然后讨论 EViews 中的实现方法和例子。

一、核函数

直方图的缺点是不连续，而且受锚点 (起始点) 选取的影响。对于给定的计算点 x，如果我们以 x 为中心做区间 $[x-h, x+h]$，其中 $h > 0$ 是事先选定的值，称为带宽 (bandwidth)，记落入此区间 (长度为 $b = 2h$) 的观测个数为 N_x，那么，我们可以用

$$f(x) = \frac{N_x}{2hN}$$

估计密度函数。对于任意的计算点 x，由于都是以它为中心去构造区间，有效地排除了锚点的影响，而且具有较好的连续性。定义核函数 (kernel function)

$$K(x) = \frac{1}{2} \cdot 1(-1 \leqslant x \leqslant 1) = \begin{cases} \frac{1}{2} & -1 \leqslant x \leqslant 1 \\ 0 & \text{其他} \end{cases}$$

则有

$$N_x = \sum_{i=1}^{N} 1(x - h \leqslant x_i \leqslant x + h) = \sum_{i=1}^{N} 1\left(-1 \leqslant \frac{x - x_i}{h} \leqslant 1\right) = 2\sum_{i=1}^{N} K\left(\frac{x - x_i}{h}\right)$$

因此密度函数估计可以表示为

$$f(x) = \frac{1}{hN} \sum_{i=1}^{N} K\left(\frac{x - x_i}{h}\right) \tag{15.26}$$

这就是最简单的核密度估计 (kernel density estimate)。尽管很简单，但式 (15.26) 包含了两个重要的概念：

1) 带宽 h：如何选取带宽呢？核估计中带宽 h 的选择是至关重要的，我们将在下一子小节讨论。
2) 核函数 $K(x)$：哪些函数可以作为核函数？不同的核函数对估计结果有什么影响？

简单地说，核函数是关于原点对称的概率密度函数。更具体地，我们要求核函数 $K(x)$ 是非负的，并且满足如下两个条件[21]：

1) $\int K(x)\,\mathrm{d}x = 1$。
2) $K(-x) = K(x)$。

第一个条件确保核密度估计为概率密度函数，即

$$\int f(x)\,\mathrm{d}x = 1$$

第二个条件表明 $\int xK(x)\,\mathrm{d}x = 0$，故

$$\int xf(x)\,\mathrm{d}x = \bar{x} = \frac{1}{N}\sum_{i=1}^{N} x_i$$

即密度函数的均值等于样本均值。

---

[21]为了得到核密度函数的一致估计，Li and Racine (2007, P9) 还要求核函数 $K(x)$ 是有界的，并且 $\int x^2 K(x)\,\mathrm{d}x > 0$。

表 15.2 常用的核函数

选项	名称	核函数	$\int x^2 K(x)\,\mathrm{d}x$	$\int K^2(x)\,\mathrm{d}x$
b	Biweight (Quartic)	$\frac{15}{16}(1-x^2)^2\,1(|x|\leqslant 1)$	$\frac{1}{7}$	$\frac{5}{7}$
c	Cosinus	$\frac{\pi}{4}\cos\left(\frac{\pi}{2}x\right)1(|x|\leqslant 1)$	$1-\frac{8}{\pi^2}$	$\frac{\pi^2}{16}$
e	Epanechnikov (缺省)	$\frac{3}{4}(1-x^2)\,1(|x|\leqslant 1)$	$\frac{1}{5}$	$\frac{3}{5}$
n	Normal (Gaussian)	$\frac{1}{\sqrt{2\pi}}e^{-\frac{1}{2}x^2}$	1	$\frac{1}{2\sqrt{\pi}}$
r	Triangular	$(1-|x|)\,1(|x|\leqslant 1)$	$\frac{1}{6}$	$\frac{2}{3}$
t	Triweight	$\frac{35}{32}(1-x^2)^3\,1(|x|\leqslant 1)$	$\frac{1}{9}$	$\frac{350}{429}$
u	Uniform (Rectangular)	$\frac{1}{2}1(|x|\leqslant 1)$	$\frac{1}{3}$	$\frac{1}{2}$

注：表中 $1(\cdot)$ 为示性函数 (indicator function)。

显然，对于任意的 $\lambda>0$，如果 $K(x)$ 是核函数，那么 $K^*(x)=K(x/\lambda)/\lambda$ 也是核函数。利用这一特性，我们可以对数据进行缩放。在实际应用中，核函数经常选取为原点有单峰的密度函数，常用的核函数参见表 15.2，清晰起见，我们做出这些核函数的图形

```
pagecreate(page=ker) u 4
!M = 7
!N = 120
matrix(2*!N+1,!M+1) m
!pi = @acos(-1)

for !t = -!N to !N
    !x = !t/100
    !i = !t+!N+1
    m(!i,1) = !x
    m(!i,2) = (abs(!x)<=1)*15/16*(1-!x^2)^2
    m(!i,3) = (abs(!x)<=1)*!pi/4*@cos(!pi/2*!x)
    m(!i,4) = (abs(!x)<=1)*3/4*(1-!x^2)
    m(!i,5) = @dnorm(!x)
    m(!i,6) = (abs(!x)<=1)*(1-abs(!x))
    m(!i,7) = (abs(!x)<=1)*35/32*(1-!x^2)^3
    m(!i,8) = (abs(!x)<=1)/2
next
freeze(gf0) m.xyline
gf0.axis(b) range(-1.2,1.2)
```

得到核函数的图形参见图 15.13：我们看到，这些核函数中只有 Uniform 核函数是不连续的。有必要指出的是，从核估计的实践上看，核函数的选取，没有带宽的影响大。

二、带宽

带宽 (bandwidth) 也称为窗宽 (windows width)，核估计中带宽的选择是关键 (参见 Silverman, 1986)：带宽越大，核估计越平滑，因此，带宽也称为平滑参数 (smoothing parameter)。太大的带宽使得估计结果过于平滑，跟不上被估计函数的快速变化，太小的带宽则过滤不掉噪音，那么，应该如何选取带宽呢？针对该问题，Li and Racine (2007) 对最优带宽的选择进行了广泛而深入的讨论。

EViews 缺省带宽是基于数据的自动带宽 (data-based automatic bandwidth)

$$h = 0.9kN^{-1/5}\min(s,\mathrm{IQR}/1.34)$$

图 15.13 核函数图形

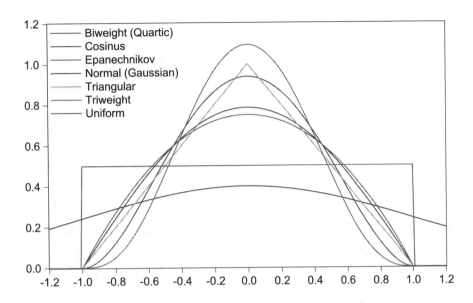

其中 s 是样本的标准差,IQR 是四分位差 (interquartile range),k 是规范带宽转换 (canonical bandwidth-transformation) 因子。k 的取值随选取的核函数而改变 (参见 Marron and Nolan, 1988),使得各种核函数下核估计的光滑程度相近。

三、例子

EViews 7 的命令 distplot kernel 绘制核密度估计图 (继续前一小节的例子)

```
freeze(gf21) cdrate.distplot kernel
freeze(gf23) cdrate.distplot kernel(k=n,b=0.08,fill,leg=det) theory
graph gf2.merge gf21 gf23
gf2.align(2,1,1)
gf2.legend -inbox position(0.2,0.2)
```

得到图 15.14:左图为核密度估计的默认输出,右图的核密度估计中,采用正态核函数 (选项 k=n),带宽 $h = 0.08$ (选项 b=0.08),并进行填充 (选项 fill)。此外,右图还叠加了正态分布的密度函数图 (关键字 theory),显然估计结果显示出三峰的形态,与正态分布差别甚大。

命令 distplot kernel 的具体选项有:

- 核函数:k=arg,默认采用 Epanechnikov 核函数,详细的选项请参考表 15.2 (第 772 页)。
- 带宽:b=num,设置带宽 h 的值 (注意不是 $b = 2h$ 的值)。
- 带宽组 (bracket bandwidth):选项 b 表示分别使用 $0.5h$, h 和 $1.5h$ 三个带宽计算核估计。
- 计算点数:ngrid=int,缺省的点数 $M = 100$,即在考虑的数值范围内,等间距取 M 个计算点

$$x_L + \frac{j-1}{M-1}[x_U - x_L] \qquad j = 1, 2, \cdots, M$$

其中

$$x_U = \max(x_i) + nh \qquad x_L = \min(x_i) - nh$$

对于正态核函数,取 $n = 2$,其他核函数 $n = 1$。

- 填充:fill 和 nofill,选择是否填充图形。

图 15.14 密度函数核估计

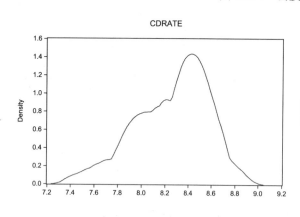
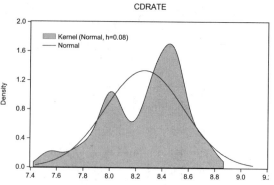

- **精确求解**：选项 x 启用精确的计算方法，比较费时间。缺省情形下，EViews 采用 Fan and Marron (1994) 的线性分箱法 (Linear Binning)，计算速度非常快。
- **图例文字**：leg={**def**, n, s, det}，默认给出尽量少的信息，其他三个选项对应的图例文本信息分别为无文本、短文本和详细信息。

命令 `distplot theory` 绘制理论分布的密度函数图：分布类型 dist={**normal**, exp, logit, uniform, xman, xmin, chisq, pareto, weibull, gamma, tdist}，默认 dist=normal 为正态分布，选项 dist=tdist 对应的密度函数为

$$y = f(x; \mu, \sigma, v) = \frac{\Gamma\left(\frac{v+1}{2}\right)}{\Gamma\left(\frac{v}{2}\right)} \frac{1}{\sigma\sqrt{v\pi}} \left(1 + \frac{(x-\mu)^2}{v\sigma^2}\right)^{-\frac{v+1}{2}}$$

当参数取值为 $\mu = 0, \sigma = 1$ 时才是普通的 t 分布。选项 dist= 中其他选项值的具体含义，与 §B.1.3 节 (第 921 页) 中 edftest 命令的分布类型选项 type= 的设定相同。密度函数的第一、第二和第三个参数分别由选项 p1=num, p2=num, p3=num 指定 (参数的顺序请参照图形对话窗)。如果没有给出参数，EViews 进行估计，控制估计过程的选项有：

1) 迭代次数和收敛准则，对应选项 m=int 和 c=num。
2) 初始值，如果给出选项 s，表示初始值从系数向量 C 中取。

EViews 5 采用命令 `kdensity` 制作核密度估计图形，提供了选项 s=mat 保存密度估计数据。EViews 7 取消了该命令，保存核密度估计的数据使用 `distdata` 命令

```
%wf = @evpath + "\Example Files\Sample Programs\stats\demo"
pageload %wf
rs.distdata(dtype=kernel,b=0.8) mdd
```

得到 100×2 矩阵 mdd，密度估计保存在第二列中。

带宽的选择对估计结果有极大的影响

```
freeze(gf0) rs.distplot kernel(k=n,leg=det)    'b=0.9241
freeze(gf1) rs.distplot kernel(k=n,b=0.9,b,leg=det)
gf1.legend columns(1) position(2.8,0.2) -inbox
```

得到图形 gf1 如下

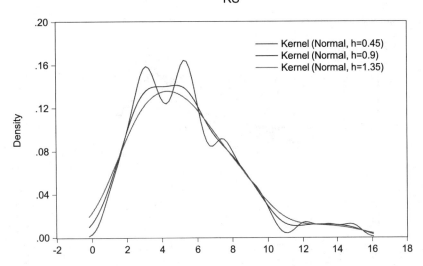

结果表明，EViews 默认的带宽有些平滑过渡，自动带宽的一半得到的密度函数则有多个峰。

§15.4.3 核估计

回归模型 (条件均值模型) 在经济计量分析中应用最为广泛，常用的估计方法有最小二乘法和最大似然法，这些参数估计方法需要设定回归方程的形式。相比而言，非参数估计方法，则不需要知道回归方程 $y = \mu(x) + e$ 的具体形式。本小节以局部多项式回归 (local polynomial regression) 的核估计为例，介绍回归方程的非参数估计方法：给定某个计算点 x_0，计算局部多项式回归的核估计 $\hat{y}(x_0)$，对其他计算点 x 重复该过程，得到拟合曲线 $\hat{y} = \mu(x)$。

一、局部多项式回归

局部多项式回归的核估计是核函数加权的最小二乘估计 (给定计算点 x)

$$\min_{\mathbf{b}} \sum_{i=1}^{N} \left(y_i - b_0 - b_1 (x - x_i) - b_2 (x - x_i)^2 - \cdots - b_D (x - x_i)^D \right)^2 K\left(\frac{x - x_i}{h}\right) \tag{15.27}$$

其中 N 是观测的数目，D 是多项式的次数，$K(\cdot)$ 是核函数，h 是带宽。

- $D = 0$ 是局部均值估计，也称为 Nadaraya-Watson 估计，估计结果为

$$b_0 = \frac{\sum_i y_i K\left(\frac{x - x_i}{h}\right)}{\sum_i K\left(\frac{x - x_i}{h}\right)}$$

$D = 1$ 是局部线性估计。

- 注意到式 (15.27) 为加权最小二乘回归，由式 (3.20) (第 160 页) 得

$$\mathbf{b} = \left[\sum_{i=1}^{N} \mathbf{x}_i \mathbf{x}_i' K\left(\frac{x - x_i}{h}\right) \right]^{-1} \sum_{i=1}^{N} \mathbf{x}_i y_i K\left(\frac{x - x_i}{h}\right)$$

其中

$$\mathbf{b} = \begin{bmatrix} b_0 \\ b_1 \\ \vdots \\ b_D \end{bmatrix}_{(D+1) \times 1} \qquad \mathbf{x}_i \equiv \begin{bmatrix} 1 \\ x - x_i \\ \vdots \\ (x - x_i)^D \end{bmatrix}_{(D+1) \times 1}$$

图 15.15 局部多项式回归核估计

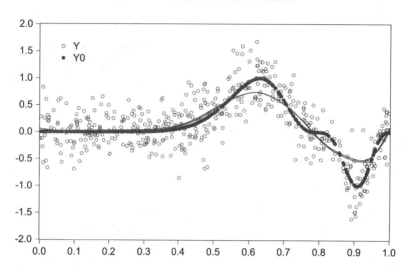

- 请注意，对于不同的计算点 x，y 的相应估计为

$$\hat{y} = b_0$$

拟合曲线 $\hat{y} = \mu(x)$ 是逐个点描绘出来的，式 (15.27) 中的参数 $\mathbf{b}$ 并不是回归方程的参数，而是回归方程在计算点 x 的多项式展开的系数。因此，严格地说，$b_0 = b_0(x)$ 是计算点 x 的函数

二、例子

我们采用仿真数据，在 $(0,1)$ 区间对

$$y = \left[\sin\left(2\pi x^3\right)\right]^3 + e$$

进行局部线性核估计

```
pagecreate(page=local) u 1 500
rndseed(type=mt) 12357
!pi = @acos(-1)
series x = rnd
series y0 = sin(2*!pi*x^3)^3
series y = y0 +nrnd*(0.1^0.5)

group g0 x y y0
freeze(gf30) g0.scat kernfit
gf30.options size(5,3)
gf30.name(1)
gf30.legend -inbox position(0.2,0.2)
```

得到图形 gf30 参见图 15.15：(x, y0) 的散点图描绘出真实的曲线，粗实线为核估计图形，没能刻画极值点处的相对快速变化。

命令 scat kernfit 在散点图中添加局部多项式回归核估计曲线，选项有：

- 多项式的次数：d=int，设置多项式次数 D 的值。默认 d=1 为局部线性估计 ($D=1$)，d=0 得到 Nadaraya-Watson 估计。
- 核函数：k=arg，默认采用 Epanechnikov 核函数，详细的选项请参考表 15.2 (第 772 页)。

- 带宽：b=num,设置带宽 h 的值。带宽越大,核估计结果越平滑。缺省时,EViews 取的带宽为序列 x 的极值的 0.15 倍,即
$$h = 0.15\left[\max\left(x_i\right) - \min\left(x_i\right)\right]$$
- 带宽组 (bracket bandwidth)：选项 b 表示分别使用 $0.5h, h$ 和 $1.5h$ 三个带宽计算核估计。
- 计算点数：ngrid=int,缺省的点数 $M = 100$,即在考虑的数值范围内,等间距取 M 个计算点
$$\min\left(x_i\right) + \frac{j-1}{M-1}\left[\max\left(x_i\right) - \min\left(x_i\right)\right] \qquad j = 1, 2, \cdots, M$$
- 精确求解：选项 x 启用精确的计算方法,比较费时间。缺省下,EViews 采用 Fan and Marron (1994) 的线性分箱法 (Linear Binning),计算速度非常快。
- 图例文字：leg={**def**, n, s, det},默认给出尽量少的信息,其他三个选项对应的图例文本信息分别为无文本、短文本和详细信息。

EViews 5 使用命令 kerfit (不是 kernfit) 实现局部多项式回归的核估计,并提供了选项 s=mat 保存估计数据。EViews 7 取消了该命令,改用 distdata 命令实现

     g0.distdata(dtype=kernfit) mkf

得到矩阵 mkf01 和 mkf02,分别保存 y 对 x 和 y0 对 x 的局部线性估计,第一列为 x 的取值,第二列为估计值。

练习：查看多项式次数 $D = 3$ 下的图形,并与图 15.15 进行比较。
提示：g0.scat kernfit(d=3),跟踪速度比 $D = 1$ 时快。

§15.4.4 近邻法

近邻 (nearest neighbor) 方法和核估计方法都是非参数方法,基本区别是近邻法是固定观测点数,窗宽的长度可变,而核估计方法一般是固定带宽,窗宽内的观测点可变 (也有可变带宽的核估计,但观测点数往往也是不固定的)。

一、局部回归

对于如下的加权最小二乘模型[22]
$$\min_{\mathbf{b}} \sum_{i=1}^{N} \left(y_i - b_0 - b_1 x_i - b_2 x_i^2 - \cdots - b_D x_i^D\right)^2 w_i$$
我们让权重 w_i 依赖于计算点 x,例如
- Tricube 权重：对于给定的计算点 x,定义距离
$$l_i = |x - x_i| \qquad i = 1, 2, \cdots, N$$
将 l_i 从小到大排序得 $l_{:i}$ $(i = 1, 2, \cdots, N)$,令 $h = l_{:k}$ (即计算点 x 到第 k 个最近邻观测点的距离),则 Tricube 权重定义为
$$w_i = \begin{cases} \left(1 - (l_i/h)^3\right)^3 & l_i < h \\ 0 & \text{其他} \end{cases}$$

---
[22]请注意目标函数与式 (15.27) (第 775 页) 的异同。

- 局部等权：$w_i = 1(l_i < h)$，即最近的 k 个近邻观测的权重为 1，其他观测的权重为 0

给定计算点 x，该模型的拟合值为

$$\hat{y}(x) = b_0 + b_1 x + b_2 x^2 + \cdots + b_D x^D$$

该模型被称为局部回归模型，原因是只有点 x 附近的部分观测参与估计。近邻法估计最常见的是 Loess (也称为 Lowess) 方法，是局部多项式次数 $D = 1$ 且权重 w_i 选取为 Tricube 的近邻估计。

二、例子

继续前一小节的例子，但改用近邻法进行估计

```
freeze(gf31) g0.scat nnfit(d=3,b=0.3,m=5,neval=200)
gf31.options size(5,3)
gf31.name(1)
gf31.legend -inbox position(0.2,0.2)
```

命令 scat nnfit 设置的多项式次数 $D = 3$ (d=3)，带宽参数为 0.3 (b=0.3，近邻观测数为总样本数的 30%)，进行 5 次稳健迭代 (m=5)，计算 200 个点 (neval=200)。得到估计结果如下图所示：

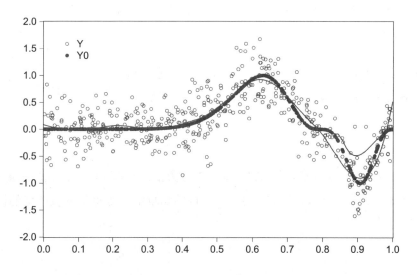

与图 15.15 的结果有显著的差别：图 15.15 中 y 和 y0 的局部线性核估计基本重合，而这里的近邻估计中，y 的估计较好地描绘出真实函数，而 y0 (不含噪音) 的估计在 0.9 附近有较大的上偏。

命令 scat nnfit 在散点图中添加局部多项式回归的近邻估计曲线，选项有：

- 多项式的次数：d=int，设置多项式次数 D 的值。默认 d=1 为局部线性估计 ($D = 1$)。
- 近邻设置：包括三个选项，带宽选项 b=fraction (默认 b=0.3)、带宽组 (bracket bandwidth) 选项 b 和对称近邻选项 s，用来确定哪些点参与局部回归。给定计算点 x，估计时只考虑近邻的 k 个观测：假设样本容量为 N，选项 b=fraction 设定参数 b 以控制平滑的程度，$0 < b \leqslant 1$，EViews 取 $k = \lfloor bN \rfloor$，即 bN 的整数部分。一般地，这 k 个点在计算点 x 两侧的点数并不对称，选项 s 将采用对称的近邻观测 (虽然有背于近邻估计的定义，但没有抛弃近邻估计的精神)。带宽组选项 b 表示分别使用 $0.5b$，b 和 $1.5b$ 三种参数值选择带宽进行近邻估计。
- 权重：选项 u 表示局部加权 $w_i = 1(l_i < h)$，默认采用 Tricube 权重。

- 精确求解：选项 x 启用精确的计算方法，比较费时间，默认采用速度较快的 Cleveland 子样本法 (参见 Cleveland, 1993, 1994)。Cleveland 子样本方法的思路是，相邻两计算点的参数估计应该变化较小，通过算法自适应地丢弃部分观测点，仅保留代表性的样本点，以减少计算工作量。对于大样本，子样本法的信息损失可以忽略，而计算时间大大节省。子样本法需要使用选项 neval=int 提供子样本容量 (默认为 100)。
- 稳健迭代：m=int 设定稳健迭代的次数。稳健迭代的权重取为 $r_i w_i$，初始拟合时取 $r_i = 1$。重复迭代时，采用如下的方法更新 r_i

$$r_i = \begin{cases} \left(1-z_i^2\right)^2 & z_i < 1 \\ 0 & \text{其他} \end{cases}$$

其中 $z_i = \frac{|e_i|}{6m}$，e_i 是上一次迭代的残差，m 为 $|e_i|$ 的中位数。

- 图例文字：leg={**def**, n, s, det}，默认给出尽量少的信息，其他三个选项对应的图例文本信息分别为无文本、短文本和详细信息。

EViews 近邻估计的几点补充说明：

1) 计算点数：精确求解时，计算点数为样本数 N。而 Cleveland 子样本法的计算点数大约等于 neval=int 设定的值，实际的计算点数与解释变量的分布有关。
2) 带宽组：当给定的参数值 b 导致 $1.5b$ 超过 1 时，超过 1 的取值将被修改为 1。
3) EViews 5 使用命令 nnfit 计算和图示局部多项式回归的近邻估计，并提供了选项 s=mat 保存估计数据。EViews 7 取消了该命令，计算结果改用命令 distdata 进行保存。

§15.4.5 小结

本节结合 EViews 提供的功能有待完善的非参数估计方法，介绍了直方图和密度函数核估计，以及局部多项式回归的核估计和近邻估计，完成对非参数模型的初次接触。

1) 非参数模型不需要设定函数形式，函数曲线是逐点进行计算的。
2) 核估计中带宽的选择是至关重要的：带宽越大，核估计越平滑，最优带宽需要在信号和噪声间进行权衡。核函数选择的影响相对次要。
3) EViews 7 提供的非参数估计，只支持简单的单变量或者单个解释变量。
4) 直方图是分布函数的粗糙估计，要得到更精确美观的结果，请使用核密度估计。
5) EViews 7 的命令 distplot 除了能够制作直方图 (关键字 hist, freqpoly, edgefreqpoly 和 ash)、密度函数核估计 (关键字 kernel) 及其理论分布图 (关键字 theory)，还提供累积分布函数图 (关键字 cdf)、存活函数图 (关键字 survivor)、对数存活函数图 (关键字 logsurvivor) 以及分位数图 (关键字 quantile)。
6) EViews 7 的命令 scat 支持的辅助设定中，不仅包括核估计 (关键字 kernfit) 和近邻估计 (关键字 nnfit)，还提供回归曲线 (关键字 linefit，参见第 178 页)、正交回归线 (关键字 orthreg) 和置信椭圆 (关键字 cellipse) 等图形的绘制。
7) EViews 7 的命令 distdata 保存非参数估计的结果 (分布和曲线的拟合值) 到矩阵对象中。

§15.5 小结

关键词

最大似然估计	似然函数	正确设定
参数空间	KL 信息准则	似然方程
工分 (score)	夹心估计量	信息矩阵等式
准最大似然估计	Lagrange 乘子检验	似然比检验
Wald 检验	参数重构	黑森矩阵 (Hessian matrix)
条件最大似然估计	BHHH 估计	数值导数
GMM 估计	执行顺序	直方图
核函数	带宽	核估计
近邻估计	非参数估计	半参数估计

命令

对数似然对象用来实现自定义似然函数的最大似然估计。命令 `logl` 创建对数似然对象，对数似然对象的视图、过程和函数的总结，请参考 §15.3.3 节 (第 765 页)。

一、设定

命令 `append` 为对数似然对象添加设定语句：

1) 对数似然对象中，对数似然函数的设定是不可或缺的，因此，关键字 `@logl` 是必不可少的。
2) 关键字 `@deriv` 设置解析导数，其他关键字参见第 760 页。

二、估计

最大似然估计的命令为 `ml`，主要选项有：

1) 迭代算法，默认采用 Marquardt 算法，使用选项 b 改为 BHHH 算法 (即 Gauss-Newton 算法)。
2) 迭代次数和收敛准则，对应选项 m=int 和 c=num，一般不作修改。
3) 求导方法，选项为 `deriv={a, f}`，分别表示精确数值求导和快速数值求导。
4) 选项 `showopts` 输出初始值和控制估计过程的设置。

由于最大似然估计是通过迭代的方法寻找最优解的，初始值的选取非同小可。此外，对数似然对象的 `ml` 命令在进行参数估计时，不进行估计样本的端点调整。

三、诊断和检验

命令 `checkderivs` 比较数值导数和解析导数，借助该视图，我们可以检查解析导数是否正确。命令 `grads` 查看各个观测点的梯度值，该视图将提供有用的诊断信息，有关梯度的补充说明，请参考 EViews 文档的相应附录。

表 15.1 中是最大似然估计的三种检验方法，EViews 只提供 Wald 检验，命令为 `wald`。其他检验方法的实现请参考 §15.2.7 节 (第 753 页)。

四、非参数估计

EViews 7 的命令 `distplot` 能够制作：

- 直方图 (关键字 `hist`, `freqpoly`, `edgefreqpoly` 和 `ash`)。
- 密度函数核估计 (关键字 `kernel`) 和理论分布图 (关键字 `theory`)。

EViews 7 的命令 `scat` 支持的辅助设定中，包括核估计 (关键字 `kernfit`) 和近邻估计 (关键字 `nnfit`) 等。EViews 7 的命令 `distdata` 保存非参数估计的结果 (分布和曲线的拟合值) 到矩阵对象中。

要点

1) 最大似然方法的基本原理是基于观测样本的联合分布，找出一组参数，使得所给定的观测样本被观测到的可能性最大。请注意，最大似然估计量并不是给定观测下"最可能的一组参数"，最大似然估计中参数是普通的数，不是随机变量。

2) ML 估计的基本假设条件有正确设定以及识别等条件。ML 估计是一致的，并且具有渐近正态性和有效性，此外，ML 估计的似然值不受参数重构的影响。

3) 在一些情况下，尽管似然函数不是正确设定的，但我们所关心的系数 (相应的似然方程设定正确) 仍然可能得到一致估计，这种最大似然估计方法称为准最大似然估计，或者伪最大似然估计。

4) 最大似然估计有三种著名的检验方法 (第 720 页表 15.1)：Wald 检验、Lagrange 乘子检验和似然比检验。虽然这三种检验方法在系数限制为真时是渐近等价的，但是在有限样本下，可能表现出巨大的差别。

5) 进行最大似然估计时，如果存在非负限制或者区间限制等约束情形，往往可以对参数进行转换，转换成无约束优化问题 (参数重构)。

6) 设定对数似然函数时，尽量使用 EViews 提供的统计分布函数。内建函数简化代码，既减少出错机会，又往往能加快计算速度。

7) 在对数似然对象的设定语句中，如果包含系数对象 (不管是 EViews 内建的系数对象 C，还是用户创建的系数对象) 的元素，都将视为待估计的参数。

8) 尽量使用解析导数，使计算更快更准确，命令 `checkderivs` 可以用来检查解析导数的设定是否正确。如果只为部分参数设定解析导数，那么参数估计将混合数值求导和解析求导。

9) 使用 EViews 的对数似然对象进行最大似然估计时，计算是基于序列对象进行的，而不是基于矩阵运算。对数似然对象不支持矩阵操作，造成诸多不便。

10) EViews 用序列对象来保存对数似然函数的观测值，对数似然函数的函数形式为各个观测的对数似然贡献值的求和。

11) 除了对数似然函数的设定语句，对数似然对象的设定还需要考虑数值计算方面的问题，如初始值、导数计算以及语句的执行顺序等。

12) 最大似然估计时，应尽量选取符合情理的初始值。尽管初始值的选取成败攸关，然而，初始值的选取是科学，也是艺术，有时候还富有运气的成分。

13) EViews 内建的大部分估计命令，都能自动进行估计样本的端点调整，例如滞后观测的处理或者丢失缺失值的观测等。然而，对数似然对象的 ml 命令在进行参数估计时，不进行估计样本的端点调整，一旦出现 NA 值将终止计算。

14) EViews 报告的方差估计是 BHHH 估计。

15) 非参数估计方法在估计模型之前，不需要知道确切的函数形式 (实际上也不可能知道)，函数曲线是逐点进行计算的。非参数估计的最大优势是结论的稳健性，缺点是推断的精确性不佳。

16) 在非参数估计方面，EViews 提供的支持极其简陋：直方图和密度函数核估计是作为分析图形出现的，而局部多项式回归模型的核估计与近邻估计则为辅助图形，添加到散点图中。

17) 直方图是分布函数的粗糙估计，核密度估计有重大的改进。核密度估计实质就是对样本点施以不同的权，用加权来代替通常的计数。

18) 简单地说，核函数是关于原点对称的概率密度函数。核估计中带宽的选择是关键。

19) 局部多项式回归的核估计是核函数加权的最小二乘估计。

20) 近邻方法和核估计方法都是非参数方法，基本区别是近邻法是固定观测点数，窗宽的长度可变，而核估计方法一般是固定带宽，窗宽内的观测点可变。

参考文献

Berndt, E.R., B.H. Hall, R.E. Hall, and J.A. Hausman, 1974. Estimation and Inference in Nonlinear Structural Models. *Annals of Economic and Social Measurement*, 3:653–666. URL http://www.nber.org/chapters/c10206

Bollerslev, Tim and Jeffrey M. Wooldridge, 1992. Quasi-Maximum Likelihood Estimation and Inference in Dynamic Models with Time Varying Covariances. *Econometric Reviews*, 11:143–172

Cleveland, William S., 1993. *Visualizing Data*. Hobart Press, Summit, NJ

Cleveland, William S., 1994. *The Elements of Graphing Data*. Hobart Press, Summit, NJ

Durlauf, Steven N. and Lawrence E. Blume, (editors), 2008. *The New Palgrave Dictionary of Economics*, 2/e. Palgrave Macmillan. The New Palgrave Dictionary of Economics Online, 2010

Engle, Robert F. and Daniel L. McFadden, (editors), 1994. *Handbook of Econometrics*, Volume 4. Elsevier Science B.V., Amsterdam

Fan, Jianqing and James S. Marron, 1994. Fast Implementations of Nonparametric Curve Estimators. *Journal of Computational and Graphical Statistics*, 3:35–56

Fisher, R. A., 1925. Theory of Statistical Estimation. *Mathematical Proceedings of the Cambridge Philosophical Society*, 22:700–725

Francq, Christian and Jean-Michel Zakoïan, 2004. Maximum Likelihood Estimation of Pure GARCH and ARMA-GARCH Processes. *Bernoulli*, 10:605–637

Greene, William H., 2003. *Econometric Analysis*, 5/e. Prentice Hall, New York

Hamilton, James D., 1989. A New Approach to the Economic Analysis of Nonstationary Time Series and the Business Cycle. *Econometrica*, 57(2):357–384

Hamilton, James D., 1990. Analysis of time series subject to changes in regime. *Journal of Econometrics*, 45(1-2): 39 – 70

Hamilton, James D., 1994. *Time Series Analysis*. Princeton University Press, Princeton, NJ

Hamilton, James D., 2008. Regime-Switching Models. In Durlauf and Blume (2008). URL http://www.dictionaryofeconomics.com/article?id=pde2008_R000269

Hamilton, James D. and Raul Susmel, 1994. Autoregressive conditional heteroskedasticity and changes in regime. *Journal of Econometrics*, 64(1-2):307 – 333

Hansen, Bruce E., 1994. Autoregressive Conditional Density Estimation. *International Economic Review*, 35: 705–730

Härdle, Wolfgang, 1990. *Applied Nonparametric Regression*. Cambridge University Press, New York. URL http://fedc.wiwi.hu-berlin.de/xplore/ebooks/html/anr/

Hayashi, Fumio, 2000. *Econometrics*. Princeton University Press, Princeton, NJ

Le Cam, Lucien, 1953. On Some Asymptotic Properties of Maximum Likelihood Estimates and Related Bayes Estimates. *University of California Publications in Statistics*, 1:277–330

Lee, Sang-Won and Bruce E. Hansen, 1994. Asymptotic Theory for the GARCH(1,1) Quasi-Maximum Likelihood Estimator. *Econometric Theory*, 10:29–52

Li, Qi and Jeffrey S. Racine, (editors), 2009. *Nonparametric Econometric Methods*, Volume 25 of *Advances in Econometrics*. Emerald Group Publishing Limited, Bingley UK

Li, Qi and Jeffrey Scott Racine, 2007. *Nonparametric Econometrics: Theory and Practice*. Princeton University Press, Princeton, NJ

Marron, J. S. and D. Nolan, 1988. Canonical Kernels for Density Estimation. *Statistics and Probability Letters*, 7: 195–199

Merton, Robert C., 1980. On estimating the expected return on the market, an exploratory investigation. *Journal of Financial Economics*, 8:223–361

Newey, Whitney K. and Daniel McFadden, 1994. Large Sample Estimation and Hypothesis Testing. In Engle and McFadden (1994), Chapter 36, pages 2111–2245

Pagan, Adrian and Aman Ullah, 1999. *Nonparametric Econometrics*. Cambridge University Press, New York

Scott, David W., 1985. Average Shifted Histograms: Effective Nonparametric Density Estimators in Several Dimensions. *The Annals of Statistics*, 13(3):1024–1040

Silverman, Bernard W, 1986. *Density Estimation for Statistics and Data Analysis*. Chapman and Hall, London

White, Halbert, 1982. Maximum Likelihood Estimation of Misspecified Models. *Econometrica*, 50:1–25

Wooldridge, Jeffrey M., 2002. *Econometric Analysis of Cross Section and Panel Data*. The MIT Press, Cambridge

第16讲

离散和受限因变量模型

经济计量分析的大部分模型中,要求因变量是连续的,取值范围是不受约束的。然而也存在不少情况,因变量的取值是离散的、受限制的,常见的有如下两大类:

1) 离散因变量:比如每年申请专利的数目,只能取整数值。或者关心考试能否通过,因变量是定性的。此外,研究债券的评级时,有限个等级是有内在顺序的。
2) 受限因变量:例如由于保密原因数据被审查 (censored),或者某些范围的数据无法得到,数据被截断 (truncated) 等。

这些情况常出现在调查数据的分析中。受限因变量模型适用于样本数据不能完全反映总体的情形,而离散因变量模型用来研究离散变量 (定性、分类或者等级) 与影响因素之间的关系。本讲介绍的模型如下:

- 二元选择模型:因变量取值的个数只有两个,代表两种选择或者状态。
- 排序选择模型:因变量的取值具有内在等级顺序。
- 计数模型:因变量的取值为非负整数。
- 截断回归模型:只得到部分观测 (因变量取值在一定范围内的观测,超出该范围则没有样本)。
- 审查回归模型:观测样本是完整的,但部分观测的因变量取值被修改了 (超出特定范围的取值被记录为边界值)。

其中二元选择模型和排序选择模型是概率模型。此外,二元选择模型和计数模型可以统一到 GLM 模型的框架中,更详细的讨论请参考 §D.4 节 (第 1012 页)。

我们将结合 EViews,对这些模型的理论进行回顾,解释误差的分布设定。然后通过例子讲解估计方法,并深入讨论检验和预测方法。本讲讨论的模型都采用最大似然法 (基本原理请参见第 709 页第 15 讲) 进行估计,都基于方程对象进行经济计量分析。参考书方面,Greene (2003) 对离散和受限因变量模型有较全面的介绍。

§16.1 二元选择模型

根据因变量取值的个数是两个还是多个,我们将离散选择模型 (discrete choice models) 划分为两大类:二元选择 (binary choice, binary dependent variable) 模型和多项选择 (multinomial) 模型。因为二元选择模型比较特殊,选项的取值只有两个,代表两种选择或者状态,一般将取值标记为 1 和 0,分别表示成功 (success) 和失败 (failure),或者表示"是"和"否",接受和拒绝,等等。二元选择模型往往用来研究各种相关因素的影响下,成功和失败的概率。

§16.1.1 理论回顾

当因变量 y 只能取 0 和 1 两个值时,如果采用线性回归模型

$$y_i = \mathbf{x}_i'\mathbf{b} + e_i \qquad \mathrm{E}(e_i|\mathbf{x}_i) = 0$$

该设定实际上是线性概率模型,是不合适的,存在不能容忍的缺陷。因为

$$\Pr(y_i = 1|\mathbf{x}_i) = \mathrm{E}(y_i|\mathbf{x}_i) = \mathbf{x}_i'\mathbf{b}$$

不能保证 $\mathbf{x}_i'\mathbf{b}$ 的取值始终处于概率的合理取值 $[0,1]$ 范围内。此外由于 $y_i \in \{0,1\}$

- 误差 e_i 受到限制,取值为 $-\mathbf{x}_i'\mathbf{b}$ 和 $1-\mathbf{x}_i'\mathbf{b}$,并且存在异方差,即 $\mathrm{var}(e_i|\mathbf{x}_i) = (1-\mathbf{x}_i'\mathbf{b})\mathbf{x}_i'\mathbf{b}$。
- 常用的 R^2 没有实际意义了。

一、模型设定

由于线性概率模型存在严重问题,人们尝试如下的非线性概率模型

$$\Pr(y_i = 1|\mathbf{x}_i) = 1 - F(-\mathbf{x}_i'\mathbf{b}) \equiv p_i \tag{16.1}$$
$$\Pr(y_i = 0|\mathbf{x}_i) = F(-\mathbf{x}_i'\mathbf{b}) = 1 - p_i$$

其中 $F(\cdot)$ 是严格增的累积分布函数[1],$\mathbf{b}$ 的是待估系数,$\mathbf{x}_i'\mathbf{b}$ 通常被称为指数 (index) 项。函数 $F(\cdot)$ 的选择和对应模型的称谓如下表:

选项	模型	分布	$\Pr(y_i=1\|\mathbf{x}_i)$
d=n	Probit 模型	标准正态分布	$N(\mathbf{x}_i'\mathbf{b})$
d=l	Logit 模型	Logistic 分布	$\exp(\mathbf{x}_i'\mathbf{b})/[1+\exp(\mathbf{x}_i'\mathbf{b})]$
d=x	Gompit 模型	极值分布 (I 型)	$\exp[-\exp(-\mathbf{x}_i'\mathbf{b})]$

其中 $N(\cdot)$ 是标准正态的累积分布函数。在以上的假定下,每个观测 y_i 服从伯努利分布 (Bernoulli),即 y_i 的概率函数为

$$\Pr(y_i|\mathbf{x}_i) = [1-F(-\mathbf{x}_i'\mathbf{b})]^{y_i}[F(-\mathbf{x}_i'\mathbf{b})]^{1-y_i} = p_i^{y_i}(1-p_i)^{1-y_i} \qquad y_i \in \{0,1\}$$

我们得到如下对数似然函数

$$\ell(\mathbf{b}) = \sum_{i=1}^N y_i \log(1-F(-\mathbf{x}_i'\mathbf{b})) + (1-y_i)\log(F(-\mathbf{x}_i'\mathbf{b})) = \sum_{i=1}^N y_i \log(p_i) + (1-y_i)\log(1-p_i)$$

---

[1]注意 Eviews 在定义 $\Pr(y_i=1|\mathbf{x}_i)$ 和 $\Pr(y_i=0|\mathbf{x}_i)$ 时,$F(-\mathbf{x}_i'\mathbf{b})$ 里有负号,我们将在潜在变量的理解方式中,看到这样定义的好处。此外,这也是式 (16.8) (第 800 页) 的特例,即取 $M=1$,$l_1=0$。

请注意，该对数似然函数的一阶条件 (first order condition, FOC) 是非线性的。

关于二元选择模型的设定，通常有两种理解方式：

1) 潜在变量 (latent variable)。假设有不可观测的潜在变量 q_i，满足

$$q_i = \mathbf{x}_i'\mathbf{b} + u_i \tag{16.2}$$

其中 u_i 是随机干扰。我们观测到的变量 y_i 由潜在变量[2]是否超过阈值决定

$$y_i = \begin{cases} 1 & q_i > 0 \\ 0 & q_i \leqslant 0 \end{cases}$$

为了方便，我们将阈值设为零 (当解释变量含有常数项时，阈值可以任意选取)，容易看到

$$\begin{aligned} p_i = \Pr(y_i = 1|\mathbf{x}_i) &= \Pr(q_i > 0|\mathbf{x}_i) = \Pr(\mathbf{x}_i'\mathbf{b} + u_i > 0|\mathbf{x}_i) \\ &= \Pr(u_i > -\mathbf{x}_i'\mathbf{b}|\mathbf{x}_i) = \Pr(u_i > -\mathbf{x}_i'\mathbf{b}) \\ &= 1 - \Pr(u_i \leqslant -\mathbf{x}_i'\mathbf{b}) = 1 - F_u(-\mathbf{x}_i'\mathbf{b}) \end{aligned}$$

对比式 (16.1) 不然发现，$F(\cdot)$ 的选择实际上就是对随机干扰 u_i 分布的设定。

2) 条件均值设置。由于

$$\mu_i = \mathrm{E}(y_i|\mathbf{x}_i) = p_i$$

即条件均值等于"成功" ($y_i = 1$) 的条件概率。因此，式 (16.1) 的设定可以理解为

$$y_i = \mathrm{E}(y_i|\mathbf{x}_i) + e_i = \mu_i + e_i = [1 - F(-\mathbf{x}_i'\mathbf{b})] + e_i \tag{16.3}$$

此时，残差 e_i 可以理解为二元变量 y_i 对其条件均值的偏离 (存在条件异方差)，即

$$\mathrm{E}(e_i|\mathbf{x}_i) = 0$$
$$\mathrm{var}(e_i|\mathbf{x}_i) = \mathrm{var}(y_i|\mathbf{x}_i) = [1 - F(-\mathbf{x}_i'\mathbf{b})]F(-\mathbf{x}_i'\mathbf{b})$$

理论上，因变量 y_i 的两个取值中，可以不局限于 0 和 1，但只用 0 和 1 带来了方便和其他好处：在只用 0 和 1 表示的方法下，条件均值等于 $y = 1$ 的条件概率。

二、边际效应

对于二元选择模型，系数的经济解释比较麻烦，不能直接理解为对被解释变量的边际效应 (marginal effect)，由于

$$\frac{\partial \Pr(y_i = 1|\mathbf{x}_i)}{\partial x_{ik}} = f(-\mathbf{x}_i'\mathbf{b}) b_k$$

其中 $f(\cdot)$ 是相应的概率密度函数，注意到边际效应中，$f(-\mathbf{x}_i'\mathbf{b})$ 与所有的解释变量都有关系。显然

$$\frac{b_k}{b_l} = \frac{\partial \Pr(y_i = 1|\mathbf{x}_i)/\partial x_{ik}}{\partial \Pr(y_i = 1|\mathbf{x}_i)/\partial x_{il}}$$

系数的比率反映了概率的相对变化。

---

[2] 事实上，潜在变量可以理解成效用之差，即选择 1 和选择 0 时效用的差：q_i 为正，选择 1，否则选择 0。

三、残差

二元选择模型有三种残差，普通残差定义为 (选项 o)

$$e_i = y_i - \mu_i = y_i - p_i$$

标准化残差为 (选项 s)

$$e_{si} = \frac{y_i - p_i}{\sqrt{(1-p_i)p_i}}$$

和广义残差 (选项 g)

$$e_{gi} = \frac{y_i - p_i}{(1-p_i)p_i} f(-\mathbf{x}_i'\mathbf{b})$$

请注意，标准化残差 e_{si} 是普通残差 e_i 除以其标准差，而广义残差 e_{gi} 是从最大似然估计的一阶条件 (FOC) 得到的。由于

$$\frac{\partial \ell(\mathbf{b})}{\partial \mathbf{b}} = \sum_{i=1}^{N} \frac{y_i - p_i}{(1-p_i)p_i} f(-\mathbf{x}_i'\mathbf{b}) \cdot \mathbf{x}_i = \sum_{i=1}^{N} e_{gi} \mathbf{x}_i$$

我们看到，一阶条件是广义残差和回归变量的正交条件，让我们想起了 OLS 的正交条件。广义残差的另外一个用处是产生工分 (score) 向量 $\partial \ell(\mathbf{b})/\partial \mathbf{b}$，只要简单地将广义残差和回归向量相乘即可。通过工分向量，我们可以构造各种各样的 LM 检验 (请参考 Gourieroux et al., 1987)。

§16.1.2 应用分析

我们采用 Greene (2003, p675，例 21.3) 的例子，先读入数据

```
%ex7 = "\Example Files\EV7 Manual Data\"
%ch26 = "Chapter 26 - Discrete and Limited Dependent Variable Models"
%wf = @evpath + %ex7 +%ch26 +"\binary.wf1"
wfopen %wf
```

其中变量的含义为：

GPA：平均成绩 (grade point average)；

TUCE：初试成绩 (the score on a pretest that indicates entering knowledge of the material)；

PSI：取值 1 或 0，分别表示是否参与教学改革 (Personalized System of Instruction)；

GRADE：取值 1 或 0，表示成绩是否提高。

然后将 GRADE 作为被解释变量，建立 Probit 模型

```
equation eq01.binary grade c gpa tuce psi
```

得到估计结果如图 16.1，我们看到，初试成绩 TUCE 的系数不显著。

二元选择模型的结果输出和 OLS 的结果输出类似，我们简单说明一下新的内容。图 16.1 中，头部信息标明了二元选择模型是 Probit 模型，然后是求解算法、所用样本信息、迭代情况和协方差矩阵计算方法。尾部信息报告了总观测数目和取值 0 和 1 的样本数目。

在报告汇总描述统计量时，回归标准差 (standard error of regression) 与残差平方和都采用如下的普通残差进行计算

$$e_i = y_i - \mathrm{E}(y_i|\mathbf{x}_i) = y_i - [1 - F(-\mathbf{x}_i'\mathbf{b})]$$

另外，其他几个统计量为：

图 16.1 Probit 模型

```
Dependent Variable: GRADE
Method: ML - Binary Probit (Quadratic hill climbing)
Date: 11/16/10   Time: 09:29
Sample: 1 32
Included observations: 32
Convergence achieved after 5 iterations
Covariance matrix computed using second derivatives
```

Variable	Coefficient	Std. Error	z-Statistic	Prob.
C	-7.452320	2.542472	-2.931131	0.0034
GPA	1.625810	0.693882	2.343063	0.0191
TUCE	0.051729	0.083890	0.616626	0.5375
PSI	1.426332	0.595038	2.397045	0.0165

McFadden R-squared	0.377478	Mean dependent var		0.343750
S.D. dependent var	0.482559	S.E. of regression		0.386128
Akaike info criterion	1.051175	Sum squared resid		4.174660
Schwarz criterion	1.234392	Log likelihood		-12.81880
Hannan-Quinn criter.	1.111907	Deviance		25.63761
Restr. deviance	41.18346	Restr. log likelihood		-20.59173
LR statistic	15.54585	Avg. log likelihood		-0.400588
Prob(LR statistic)	0.001405			

Obs with Dep=0	21	Total obs	32
Obs with Dep=1	11		

- `Deviance`: 离偏统计量[3]，实际上是对数似然比统计量。用于模型比较时，两个嵌套模型的离偏之差服从 χ^2 分布。
- `Restr.deviance`: 将指数项 $\mathbf{x}_i'\mathbf{b}$ 中所有斜率系数 (即除了截距外的其他系数) 限制为零的离偏统计量。
- `Restr.log likelihood`: 将指数项 $\mathbf{x}_i'\mathbf{b}$ 中所有斜率系数限制为零的最大对数似然函数值 ℓ_c，也就是 $\mathbf{x}_i$ 中只有常数项的情况，此时

$$\mathrm{E}\left(y_i | \mathbf{x}_i\right)=\operatorname{Pr}\left(y_i=1 | \mathbf{x}_i\right)=\operatorname{Pr}\left(y_i=1 | 1\right)=\operatorname{Pr}\left(y_i=1\right) \tag{16.4}$$

即模型设定等价于"成功"(取值为 1) 的无条件概率。
- `LR statistic`: 其值为 $2(\ell-\ell_c)$，用来检验指数项 $\mathbf{x}_i'\mathbf{b}$ 中所有斜率系数都为零的联合检验，也就是检验整个模型的显著性 (类似于 OLS 中的 F 统计量)。
- `Prob(LR statistic)`: LR 检验的 p 值，零假设下，LR 检验统计量服从 χ^2 分布，自由度为被限制系数的个数 (系数个数减 1)。
- `McFadden R-squared`: 是对数似然比，其值为 $1-\ell/\ell_c$，总介于 0 和 1 之间，其作用类似于 OLS 中的 R^2 统计量。

当二元选择模型成功估计后，类似于其他方程对象，可以对其进行各种考察和分析，例如

```
eq01.spec    'representations
```

得到模型的设定为

```
Estimation Command:
=====================
BINARY(D=N) GRADE C GPA TUCE PSI
```

---

[3] 离偏分析 (analysis of deviance) 在广义线性模型 (generalized linear model, 第 1012 页 §D.4 节) 中的作用犹如线性模型中的方差分析 (ANOVA)。EViews 7 开始报告该统计量，计算方法请参考 EViews 用户手册的式 (27.19)。

```
Estimation Equation:
=====================
GRADE = 1-@CNORM(-(C(1) + C(2)*GPA + C(3)*TUCE + C(4)*PSI))
Substituted Coefficients:
=====================
GRADE = 1-@CNORM(-(-7.45231964735 + 1.62581003927*GPA
    + 0.0517289454976*TUCE + 1.42633234193*PSI))
```

Estimation Equation 中方程左手边是 $\Pr(y_i=1|\mathbf{x}_i)$ 的设定，其中函数 @CNORM 为标准正态的累积分布函数。

一、频率和分类表

查看因变量取值的频率表

  eq01.depfreq

得到频率和累积频率如下：

```
Dependent Variable Frequencies
Equation: EQ01
Date: 11/18/10   Time: 20:59

                                                    Cumula
Dep. Value    Count       Percent    Count         Percent

     0           21         65.63       21           65.63
     1           11         34.38       32          100.00
```

进一步地，可以查看各个解释变量依因变量取值进行分组的均值和标准差信息

  eq01.means

得到分类统计信息如下：

```
Categorical Descriptive Statistics for Explanatory Variables
Equation: EQ01
Date: 11/18/10    Time: 21:01

                                Mean
Variable        Dep=0          Dep=1           All

   C          1.000000       1.000000       1.000000
   GPA        2.951905       3.432727       3.117188
   TUCE       21.09524       23.54545       21.93750
   PSI        0.285714       0.727273       0.437500

                          Standard Deviation
Variable        Dep=0          Dep=1           All

   C          0.000000       0.000000       0.000000
   GPA        0.357220       0.503132       0.466713
   TUCE       3.780275       3.777926       3.901509
   PSI        0.462910       0.467099       0.504016

Observations     21             11             32
```

因变量的两个分组下，变量 PSI 的标准差相近，但均值差别较大。

二、残差

  命令 makeresids 创建残差序列，默认计算普通残差(选项 o)，使用选项 s 和 g 分别得到标准化残差和广义残差。

三、期望—预测表

EViews 的期望—预测表 (Expectation-Prediction Table) 包含了四个子表，分析对比了模型预测值和观测值的关系。例如

```
eq01.predict
```

默认的概率分界点 (cut-off) 为 $c = 0.5$，我们得到期望—预测表为：

```
Expectation-Prediction Evaluation for Binary Specification
Equation: EQ01
Date: 11/16/10   Time: 09:29
Success cutoff: C = 0.5
```

	Estimated Equation			Constant Probability		
	Dep=0	Dep=1	Total	Dep=0	Dep=1	Total
P(Dep=1)<=C	18	3	21	21	11	32
P(Dep=1)>C	3	8	11	0	0	0
Total	21	11	32	21	11	32
Correct	18	8	26	21	0	21
% Correct	85.71	72.73	81.25	100.00	0.00	65.63
% Incorrect	14.29	27.27	18.75	0.00	100.00	34.38
Total Gain*	-14.29	72.73	15.63			
Percent Gain**	NA	72.73	45.45			

	Estimated Equation			Constant Probability		
	Dep=0	Dep=1	Total	Dep=0	Dep=1	Total
E(# of Dep=0)	16.89	4.14	21.03	13.78	7.22	21.00
E(# of Dep=1)	4.11	6.86	10.97	7.22	3.78	11.00
Total	21.00	11.00	32.00	21.00	11.00	32.00
Correct	16.89	6.86	23.74	13.78	3.78	17.56
% Correct	80.42	62.32	74.20	65.63	34.38	54.88
% Incorrect	19.58	37.68	25.80	34.38	65.63	45.12
Total Gain*	14.80	27.95	19.32			
Percent Gain**	43.05	42.59	42.82			

```
*Change in "% Correct" from default (constant probability) specification
**Percent of incorrect (default) prediction corrected by equation
```

注意，我们将 EViews 的结果输出进行了适当的美化。表格的左上部分是根据概率 $\Pr(y_i = 1|\mathbf{x}_i)$ 的预测值是否高于分界概率 c 的分类表，而右上部分则是常数概率模型的情况，即根据样本中 $y_i = 1$ 的样本概率[4] (刚好为 $11/32 = 0.34375$) 是否高于分界概率 c 对观测进行分类。

表中的 Correct 行表示的是正确分类的个数，例如左上表中，对于 $y_i = 1$ 的 11 个观测中，有 8 个观测的 $\Pr(y_i = 1|\mathbf{x}_i)$ 的预测值超过了分界概率，其正确分类的个数为 8，而对于 $y_i = 0$ 的观测，正确分类要求 $\Pr(y_i = 0|\mathbf{x}_i)$ 的预测值小于或者等于分界概率。正确分类百分比[5] (% Correct) 是正确分类的比率，例如左上表中 $y_i = 1$ 的正确分类比例为 $8/11 \approx 72.73\%$。

总增益 (Total gain) 是所用模型与常数概率模型的正确分类百分比的差值，是我们所使用模型的预测能力的一种度量。总体上，本例子中预测的正确比率从 65.63% 提高到 81.25%，提高了 15.63% (准确值为 $81.25 - 65.625 = 15.625$)。此外，表中还报告了相对增益 (Percent Gain)，为总增益除以常数概率模型的 % Incorrect 行中的相应项，例如 $45.45\% = 15.63/34.38$ (准确值为 $15.625/34.375 = 0.4545\cdots$)。

---

[4]每个观测的概率都取为 $y_i = 1$ 的样本概率 (无条件概率)，相当于二元模型中，解释变量只有常数项的情况。由式 (16.4) 有

$$\Pr(y_i = 1|\mathbf{x}_i) = \Pr(y_i = 1)$$

即 "成功" ($y_i = 1$) 的概率的预测始终等于 "成功" 的无条件概率，因此 Eviews 称之为常数概率 (Constant Probabiliy)。

[5]在统计术语中，$y_i = 1$ 被正确预测的比率称为 sensitivity，$y_i = 0$ 被正确预测的比率称为 specificity。

表格的下半部分是根据期望值的计算结果：左下部分是模型预测出现 $y = 0$ 和 $y = 1$ 的观测数目的期望值，例如，表中 E(# of Dep=0) 的计算方法[6]为

$$\sum_{i=1}^{N} \Pr(y_i = 0 | \mathbf{x}_i) = \sum_{i=1}^{N} F(-\mathbf{x}_i' \mathbf{b})$$

结果为 21.03，其中，在 $y = 1$ 的子样本 (11 个观测) 中，模型预测 $y = 0$ 的次数为 4.14。而表格的右下部分，是常数概率模型 (即使用样本概率) 的预测结果，其中 E(# of Dep=1) 的值为 11，即样本中 $y = 1$ 的出现次数 (样本概率乘以样本容量)；在 $y = 0$ 的子样本中，E(# of Dep=1) 的值为 $(11/32) \times 21 = 7.21875 \approx 7.22$。同样，EViews 也报告了正确分类和增益的情况。

四、概率响应曲线

我们可以用二元选择模型的估计结果，来考察解释变量对概率预测的影响。对于方程 eq01，假如我们关心教学方法 (PSI) 对教学效果 (GRADE) 的影响，对于 PSI 的两种取值，将其他变量的取值固定在样本均值处，考察教学效果提高的拟合概率与 GPA 的函数关系。

假设我们感兴趣的 GPA 的取值在 2 到 4 之间

```
series gpaX = 2+(4-2)*@trend/(@obssmpl-1)
```

其中 @obssmpl 等于样本的观测数目，而 @trend 产生 0 到 @obssmpl-1 的序列。然后，我们通过情景分析 (参见第 607 页第 13 讲)，分别计算 PSI 为 0 和 1 的情况，并作图进行比较

```
eq01.makemodel(mod1)
mod1.scenario(d) "Scenario 1"    'delete "Scenario 1"
mod1.scenario(n,a=1) "PSI-1"     'PSI=1
mod1.override gpa tuce psi       'override
series gpa_1 = gpaX
series tuce_1 = @mean(tuce)
series psi_1 = 1
mod1.scenario(n,a=0,i="PSI-1") "PSI-0"    'PSI=0
series gpa_0 = gpaX
series tuce_0 = @mean(tuce)
series psi_0 = 0
mod1.scenario(c) "PSI-1"    'comparison scenario
mod1.solve(a=t)    'solve both active and alternate scenario
mod1.makegraph(c) gf_pg grade
```

得到不同教学方法下，教学效果提高的概率与 GPA 的关系如图 16.2 的左子图。由于是采用样板对象的命令 makegraph 的输出，横坐标是观测编号，不是 GPA 值，并且图例信息不直观。为了更清晰地展示，我们自行作图，并进行适当的标注。

---

[6]定义随机变量

$$z_i = \mathbf{1}(y_i = 0) = \begin{cases} 1 & y_i = 0 \\ 0 & y_i = 1 \end{cases}$$

其中 $\mathbf{1}(\cdot)$ 为示性函数 (indicator function)，注意到

$$E(z_i | \mathbf{x}_i) = E(\mathbf{1}(y_i = 0) | \mathbf{x}_i) = \Pr(y_i = 0 | \mathbf{x}_i)$$

记样本中观测到 $y = 0$ 的次数为 $Q = \sum_{i=1}^{N} z_i$，则其期望值的预测为

$$E(Q | \mathbf{x}_i) = \sum_{i=1}^{N} E(z_i | \mathbf{x}_i) = \sum_{i=1}^{N} \Pr(y_i = 0 | \mathbf{x}_i) = \sum_{i=1}^{N} F(-\mathbf{x}_i' \mathbf{b})$$

图 16.2 概率响应曲线

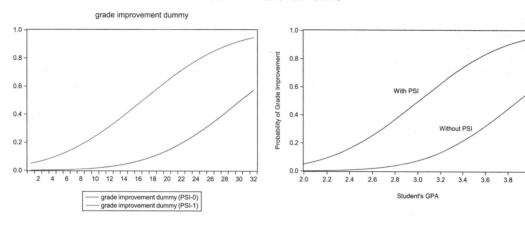

```
group gr1 gpaX grade_0 grade_1
freeze(gf_psi) gr1.xyline
gf_p.axis(b) range(2,4)
gf_psi.legend -display
gf_psi.addtext(b) "Student's GPA"
gf_psi.addtext(l) "Probability of Grade Improvement"
gf_psi.addtext(1.2,1.5) "With PSI"
gf_psi.addtext(2.7,1.5) "Without PSI"
graph gfp.merge gf_pg gf_p
gfp.align(2,1,1)
```

得到最终结果为图 16.2 的右子图，显然教学改革有助于改善教学效果。

§16.1.3 检验和预测

二元选择模型除了常规的系数检验 (参见第 182 页 §4.2 节) 和普通残差的基本检验 (直方图和相关图等) 以外，还提供了两个 Pearson χ^2 类的拟合优度检验 (goodness-of-fit test)，分别是 Hosmer and Lemeshow (1989) 和 Andrews (1988a,b) 的检验。而进行预测时，计算的可以是概率 p_i 或者指数项 $\mathbf{x}_i'\mathbf{b}$。

一、拟合优度检验

二元选择模型中，拟合优度检验的基本思想是采用分组的方法，将拟合值与实际值进行比较，如果它们的区别很"大"，则认为模型不能充分拟合数据。

- Hosmer-Lemeshow 检验：假如将 N 个观测分为 J 个组，第 j 组包含 n_j 个观测，其中 $y=1$ 的观测个数为 h_j，记第 j 组的下标的集合为 I_j，显然

$$h_j = \sum_{i \in \mathsf{I}_j} y_i$$

记 p_i 为 $\Pr(y_i = 1|\mathbf{x}_i)$ 的预测，即 $p_i = 1 - F(-\mathbf{x}_i'\mathbf{b})$，$p(j)$ 为第 j 组的平均预测概率，则

$$p(j) = \sum_{i \in \mathsf{I}_j} p_i/n_j = \sum_{i \in \mathsf{I}_j} (1 - F(-\mathbf{x}_i'\mathbf{b}))/n_j$$

那么，Hosmer-Lemeshow 检验统计量为

$$\mathrm{HL} = \sum_{j=1}^{J} \frac{(h_j - n_j p(j))^2}{n_j p(j)(1 - p(j))}$$

图 16.3 拟合优度检验

```
Goodness-of-Fit Evaluation for Binary Specification
Andrews and Hosmer-Lemeshow Tests
Equation: EQ01
Date: 11/16/10   Time: 09:29
Grouping based upon predicted risk (randomize ties)
```

	Quantile of Risk		Dep=0		Dep=1		Total	H-L
	Low	High	Actual	Expect	Actual	Expect	Obs	Value
1	0.0161	0.0185	3	2.94722	0	0.05278	3	0.05372
2	0.0186	0.0272	3	2.93223	0	0.06777	3	0.06934
3	0.0309	0.0457	3	2.87888	0	0.12112	3	0.12621
4	0.0531	0.1088	3	2.77618	0	0.22382	3	0.24186
5	0.1235	0.1952	2	3.29779	2	0.70221	4	2.90924
6	0.2732	0.3287	3	2.07481	0	0.92519	3	1.33775
7	0.3563	0.5400	2	1.61497	1	1.38503	3	0.19883
8	0.5546	0.6424	1	1.20962	2	1.79038	3	0.06087
9	0.6572	0.8342	0	0.84550	3	2.15450	3	1.17730
10	0.8400	0.9522	1	0.45575	3	3.54425	4	0.73351
		Total	21	21.0330	11	10.9670	32	6.90863

```
H-L Statistic           6.9086     Prob. Chi-Sq(8)     0.5465
Andrews Statistic      20.6045     Prob. Chi-Sq(10)    0.0240
```

很可惜，我们并不知道 HL 统计量的真实分布，Hosmer and Lemeshow (1989, p141) 通过大量的仿真发现该统计量接近 $\chi^2(J-2)$ 的分布。不过请注意，仿真时 J 的取值接近于观测数目 N。

- Andrews 检验：同样地，将样本分为 J 个组，由于观测变量 y 只有两个取值，根据观测的取值，每个组细分为 2 个小组，总共为 $2J$ 个组。Andrews (1988a,b) 比较了 $2J$ 个组的实际与预测观测数目的区别，构造了二次型，并证明了如果模型设定正确的话，统计量渐近服从 χ^2 分布。

Andrews 提出了三个检验，EViews 只提供其中的采用辅助回归的方法[7]：记 $N \times J$ 矩阵 $\mathbf{A}$，其元素为 $a_{ij} = 1(i \in I_j) \cdot 1(y_i = 1) - p_i$，显然，矩阵 $\mathbf{A}$ 不包含 $y = 0$ 的列，是为了避免奇异矩阵。记 $N \times K$ (K 为参数个数) 矩阵 $\mathbf{F}$ 为工分 (score) 贡献矩阵：即矩阵 $\mathbf{F}$ 的第 i 行为

$$\partial \ell_i(\mathbf{b})/\partial \mathbf{b}'$$

其中 ℓ_i 为第 i 个观测的对数似然贡献值。记 $\mathbf{E} = [\mathbf{A}, \mathbf{F}]$，则统计量的值为

$$\mathbf{1}'\mathbf{E}(\mathbf{E}'\mathbf{E})^+ \mathbf{E}'\mathbf{1}$$

其中 $\mathbf{E}^+$ 表示矩阵 $\mathbf{E}$ 的广义逆。实际上，可以采用回归的方法计算，如果 $\mathbf{1}$ 对 $\mathbf{E}$ 回归的可决系数 (非中心化，uncentered) 为 R^2，则 EViews 提供的 Andrews 检验统计量为 $N \cdot R^2$。

EViews 的命令 `testfit` 进行拟合优度检验。对于方程对象 eq01

    `eq01.testfit`

得到的结果为图 16.3：我们看到，EViews 将观测依据分位数分成 10 个组，在 "Quantile of Risk" 的列中，给出了每个分组内概率预测的区间。然后报告各分组的实际观测数目和期望观测数目，最后一列是各个分组对 HL 统计量的贡献 (值越大，表示实际和拟合的差别越大)。表格的最后，EViews 给出了 HL 统计量和 Andrews 统计量及其相应的 p 值：HL 检验的 p 值很大而 Andrews 检验的 p 值很小，结论出现相互对立。结果的解释必须谨慎，因为样本容量太小。关于 `testfit` 命令：

---

[7] Andrews (1988b) 的式 (17)，或者是 Andrews (1988a) 的式 (3.18)。

- 选择分组的变量：默认 (选项 h) 根据概率预测值进行分组，如果使用选项 s=serX，则用序列对象 serX 对观测进行分组。
- 选择分组规则，默认为分位数方法 (默认为 10 等分，可以给定其他数值)，也可以根据分组变量的取值进行分组 (选项 v)。
- 默认下，EViews 平衡各个分组的观测数目，可以指定选项 u 来设定不平衡分组，即各个组里的观测数目可以差别很大。平衡分组时，如果分界点上有多个观测，EViews 将其随机分配到相邻的组 (即所谓的 randomize ties)。

图 16.3 中头部的分组信息 "Grouping based upon predicted risk (randomize ties)"，表明 EViews 默认采用概率预测值来分组，进行平衡分组。

二、异方差检验

二元选择模型中异方差的 LM 检验，可以采用 Davidson and MacKinnon (1993) 的人工回归方法，其中的零假设为同方差，而备择假设为

$$\mathbb{H}_1 : \text{var}(u_i) = \exp(2\mathbf{h}'\mathbf{c})$$

其中 $\mathbf{c}$ 是未知向量。方程 eq01 中，我们只选取 PSI 作为 $\mathbf{h}$ (注意没有常数项)，则检验的统计量为如下回归的解释平方和 (explained sum of square，也称为 regression sum of square)

$$e_{si} = \frac{f(-\mathbf{x}_i'\mathbf{b})}{\sqrt{(1-p_i)p_i}}\mathbf{x}_i'\mathbf{a} + \frac{(-\mathbf{x}_i'\mathbf{b})f(-\mathbf{x}_i'\mathbf{b})}{\sqrt{(1-p_i)p_i}}\mathbf{h}_i'\mathbf{d} + v_i$$

其中 $\mathbf{a}$ 和 $\mathbf{d}$ 是系数。回归平方和渐近服从 χ^2 分布，其自由度为 $\mathbf{h}$ 中变量的个数 (本例为 1)。

```
eq01.fit pf
eq01.fit(i) z    'fitted index
eq01.makeresids(s) sRes
series fac = @dnorm(-z)/@sqrt(pf*(1-pf))
group xx fac (gpa*fac) (tuce*fac) (psi*fac)
equation eq02.ls sRes xx (psi*(-z)*fac)   'artificial regression
scalar lm = @sumsq(sRes)-eq02.@ssr
scalar pv = 1-@cchisq(lm,1)    'p value
```

得到 LM 检验统计量为 1.548[0.2134]。

三、预测

方程对象通常用来预测因变量的均值，然而二元选择模型建立的是概率模型，需要注意的是此时预测命令 fit 和 forecast 预测的是观测到 $y_i = 1$ 的概率，即 $p_i = 1 - F(-\mathbf{x}_i'\mathbf{b})$。

- 由于 $\text{E}(y_i|\mathbf{x}_i) = \text{Pr}(y_i = 1|\mathbf{x}_i)$，观测到 $y_i = 1$ 的概率预测刚好等于 y_i 的均值预测，显然预测值在 0 和 1 之间。
- 如果使用选项 i，则预测指数项 $z_i = \mathbf{x}_i'\mathbf{b}$ (因为二元模型的三种条件分布设定中，$\mathbf{x}_i'\mathbf{b}$ 都出现在指数函数的指数位置。注意预测的指数 $\mathbf{x}_i'\mathbf{b}$ 没有负号)。
- 同样地，对于时间序列，静态预测 fit 和动态预测 forecast 的区别在于对滞后变量的处理上，例如滞后变量 y_{t-1}，静态方法采用观测值 y_{t-1}，而动态方法采用拟合值 p_{t-1}。
- EViews 的二元选择模型的预测命令不提供预测标准差。

- 可以用指数的拟合值来计算变量的边际效应，由如下的式子计算

$$\frac{\partial \mathrm{E}(y_i|\mathbf{x}_i)}{\partial x_{ik}} = f(-\mathbf{x}_i'\mathbf{b})b_k$$

 注意边际效应是 $f(-\mathbf{x}_i'\mathbf{b})b_k$，而不是 b_k

 指数项预测值和概率预测值的关系为 $p_i = 1 - F(-\mathbf{x}_i'\mathbf{b})$，简单的验证代码如下：

```
eq01.forecast pf
eq01.forecast(i) zf
genr z0 = 1-@cnorm(-zf)-pf
c(8) = @sum(@abs(z0))     '0
```

§16.1.4 模型估计

命令 binary 估计二元选择模型：

- EViews 6 之前，二元选择模型的方程设定只能采用名单法。公式法中 (允许自定义系数向量)

```
coef(4) b
equation eq0b.binary grade=b(1)+b(2)*gpa+b(3)*tuce+b(4)*psi
```

 等号右边设置的是指数部分，表示方程的实际形式为

```
1-@cnorm(-(b(1)+b(2)*gpa+b(3)*tuce+b(4)*psi))
```

- 以前版本采用的 logit 和 probit 命令已经过时。

一、选项

命令 binary 采用最大似然法进行估计：

1) **模型**：由选项 d={n, l, x} 设定，分别估计 Probit 模型、Logit 模型和 Gompit 模型。
2) **初始值**：EViews 采用非常复杂的专门算法，设置二元选择模型的初始值。因此，除非您有非常好的理由才去改用其他值，否则请放心使用 EViews 的默认初始值。当然，EViews 也提供了灵活性，用户可以指定初始值 (命令 param，或者选项 s 表示从系数对象 C 中取值)，或者对默认初始值进行缩小 (即乘以一个 0 到 1 的数，由选项 s=num 指定)。有必要指出的是，采用公式法设定的模型进行估计时，大多数情况下将取系数对象的当前值作为初始值。
3) **算法**：默认情况下，采用二次爬坡 (Quadratic hill climbing) 算法 (选项 q)，即 Goldfeld-Quandt 方法，该方法在对数似然函数的迭代和协方差矩阵的估计中，采用解析方法计算二阶导数。此外，优化方法中，EViews 还提供了使用二阶导数的 Newton-Raphson 方法 (选项 r) 和只使用一阶导数的 BHHH 方法 (选项 b)，有关算法的讨论请参见 §C.3 节 (第 963 页)。
4) 迭代次数和收敛准则，对应选项 m=int 和 c=num，一般不作修改。
5) **方差估计**：当采用二阶导数算法时 (算法选项 q 或者 r)，方差估计来自黑森矩阵的实际值，若采用一阶导数方法 (算法选项 b)，则计算 BHHH 估计 (参见第 720 页式 15.17)。此外，如果需要计算 QML 方差估计，选项 g 和 h 分别计算 GLM 和 Huber/White 稳健方差估计 (不改变系数估计)，进一步的讨论参见下一子小节。
6) 选项 showopts 输出初始值和控制估计过程的设置。

图 16.4 GLM 方差估计

```
Dependent Variable: GRADE
Method: ML - Binary Probit (Quadratic hill climbing)
Date: 11/16/10   Time: 09:29
Sample: 1 32
Included observations: 32
Convergence achieved after 5 iterations
GLM Robust Standard Errors & Covariance
Variance factor estimate = 0.937557328772
Covariance matrix computed using second derivatives
```

Variable	Coefficient	Std. Error	z-Statistic	Prob.
C	-7.452320	2.461813	-3.027167	0.0025
GPA	1.625810	0.671869	2.419831	0.0155
TUCE	0.051729	0.081229	0.636830	0.5242
PSI	1.426332	0.576161	2.475581	0.0133

McFadden R-squared	0.377478	Mean dependent var	0.343750
S.D. dependent var	0.482559	S.E. of regression	0.386128
Akaike info criterion	1.051175	Sum squared resid	4.174660
Schwarz criterion	1.234392	Log likelihood	-12.81880
Hannan-Quinn criter.	1.111907	Deviance	25.63761
Restr. deviance	41.18346	Restr. log likelihood	-20.59173
LR statistic	15.54585	Avg. log likelihood	-0.400588
Prob(LR statistic)	0.001405		

Obs with Dep=0	21	Total obs	32
Obs with Dep=1	11		

二、稳健方差估计

EViews 为离散和受限因变量模型提供了两种 QML 稳健方差估计。

Huber/White 方差估计 (参见 Huber, 1967; White, 1980)：计算的是夹心估计 (第 715 页式 15.13)

$$\text{var}_{\text{HW}}(\mathbf{b}) = \left(\sum \mathbf{H}_i\right)^{-1}\left(\sum \mathbf{g}_i \mathbf{g}_i'\right)\left(\sum \mathbf{H}_i\right)^{-1}$$

其中 $\mathbf{g}_i$ 和 $\mathbf{H}_i$ 分别为准最大似然估计值处的梯度向量和黑森矩阵。

- 对于 y_i 的分布设定的某些错误，具有稳健性；
- 尽管对于 y_i 的条件分布的一般设定误差具有稳健性，但不具有有效性；
- Huber/White 稳健方差估计对于二元选择模型没有意义。

GLM 方差估计：GLM (广义线性模型)[8] 的假设是观测变量 y_i 的分布属于指数分布族 (exponential family, 参见第 1012 页式 D.11)，而其条件均值是指数项 $\mathbf{x}_i'\mathbf{b}$ 的非线性变换

$$E(y_i|\mathbf{x}_i) = \mu_i = g^{-1}(\mathbf{x}_i'\mathbf{b})$$

其中 $g(\cdot)$ 为衔接函数 (link function)。数据经常表现出过度离散 (overdispersion) 的情况，即实际方差超过模型蕴涵的方差。要得到方差的一致估计，可以使用如下 GLM 条件

$$\text{var}(y_i|\mathbf{x}_i) = \delta \cdot \text{var}_{\text{ML}}(y_i|\mathbf{x}_i) \tag{16.5}$$

即 y_i 的真实方差和设定的似然函数形式的方差成正比，其中离散度 (dispersion) 参数 δ 与 $\mathbf{x}_i$ 无关。如果 GLM 条件成立，那么

$$\text{var}_{\text{GLM}}(\mathbf{b}) = \delta \cdot \text{var}_{\text{ML}}(\mathbf{b})$$

---

[8] 有关 GLM 模型更详细的讨论请参见 §D.4 节 (第 1012 页)。

采用 GLM 方法估计方差时，EViews 报告的方差因子 (variance factor) 即为离散度 δ 的估计

$$\delta = \frac{1}{N-K} \sum_{i=1}^{N} \frac{(y_i - \mu_i)^2}{V(\mu_i)} = \frac{1}{N-K} \sum_{i=1}^{N} e_{pi}^2 \tag{16.6}$$

其中 $V(\cdot)$ 为方差函数，e_{pi} 为 Pearson 残差。

如果采用 GLM 稳健方差估计

```
equation eq03.binary(g) grade c gpa tuce psi
```

估计结果如图 16.4：表头 `Variance factor estimate = 0.937557328772` 报告离散度估计 $\delta < 1$。对比图 16.1，采用 GLM 方差估计并不影响系数的估计值，仅修正系数的方差估计 (乘以离散度)。

三、估计方法

从式 (16.3) 我们看到，Probit 模型可以写成

$$y_i = N(\mathbf{x}_i' \mathbf{b}) + e_i$$

我们把它当成一个非线性模型进行估计 (忽略异方差)

```
eq01.updatecoefs    'starting values from Probit
equation eq05.ls(s, showopts) grade = @CNORM(C(1) + C(2)*GPA + _
        C(3)*TUCE + C(4)*PSI)
```

采用 Probit 模型 eq01 的估计结果为初始值，得到估计结果为

```
Dependent Variable: GRADE
Method: Least Squares
Date: 11/16/10   Time: 09:29
Sample: 1 32
Included observations: 32
Estimation settings: tol= 0.00010
Initial Values: C(1)=-7.45232, C(2)=1.62581, C(3)=0.05173,
        C(4)=1.42633
Convergence achieved after 9 iterations
GRADE =@CNORM(C(1) + C(2)*GPA + C(3)*TUCE + C(4)*PSI)
```

	Coefficient	Std. Error	t-Statistic	Prob.
C(1)	-8.474346	3.785610	-2.238568	0.0333
C(2)	1.856232	0.863266	2.150245	0.0403
C(3)	0.065044	0.083012	0.783551	0.4399
C(4)	1.308272	0.672605	1.945083	0.0619

R-squared	0.426842	Mean dependent var	0.343750
Adjusted R-squared	0.365433	S.D. dependent var	0.482559
S.E. of regression	0.384405	Akaike info criterion	1.042228
Sum squared resid	4.137481	Schwarz criterion	1.225445
Log likelihood	-12.67565	Hannan-Quinn criter.	1.102960
Durbin-Watson stat	2.290391		

对比 Probit 模型的估计结果，两者的系数估计略有差别，但 NLS 得到的残差平方和更小，AIC 和 SC 准则也都更小，是不是意味着 NLS 的设定更合理呢？尽管 NLS 估计与 Probit 模型的估计采用相同的默认优化算法，但结果的比较要小心：NLS 的优化目标是残差平方和最小，而 Probit 模型的设定下，是其对数似然函数的最大化，两者的优化目标不一样，但可以肯定的是，NLS 的残差平方不会比 Probit 模型的估计大。此外，两者估计方法的 AIC 和 SC 准则不能直接比较，因为他们的因变量不同。[9]

二元选择模型也可以采用对数似然对象 (参见第 759 页 §15.3 节) 直接进行最大似然法估计

---

[9] NLS 估计的是条件均值模型 $E(y_i | \mathbf{x}_i)$，而 Probit 模型为条件概率模型 $\Pr(y_i | \mathbf{x}_i)$。

```
logl L02
L02.append @logl llf
L02.append z =@CNORM(-(C(1) + C(2)*GPA + C(3)*TUCE + C(4)*PSI))
L02.append llf = grade*log(1-z) +(1-grade)*log(z)
c = 0
freeze(tb02) L02.ml(showopts)
```

得到 Probit 模型的估计结果为

```
LogL: L02
Method: Maximum Likelihood (Marquardt)
Date: 11/16/10   Time: 09:29
Sample: 1 32
Included observations: 32
Evaluation order: By equation
Estimation settings: tol= 0.00010, derivs=accurate numeric
Initial Values: C(1)=0.00000, C(2)=0.00000, C(3)=0.00000,
       C(4)=0.00000
Convergence achieved after 49 iterations
```

	Coefficient	Std. Error	z-Statistic	Prob.
C(1)	-7.452219	2.652401	-2.809613	0.0050
C(2)	1.625866	0.793671	2.048539	0.0405
C(3)	0.051718	0.106105	0.487424	0.6260
C(4)	1.426315	0.695867	2.049696	0.0404

Log likelihood	-12.81880	Akaike info criterion	1.051175
Avg. log likelihood	-0.400588	Schwarz criterion	1.234392
Number of Coefs.	4	Hannan-Quinn criter.	1.111907

尽管参数估计与图 16.1 的结果一致 (容许误差范围内), 应用中建议采用专用的 binary 估计命令。

四、出错处理

EViews 中, 估计二元选择模型还是比较轻松的, 但有些情况下, 还是需要注意:

1) 如果观测的取值不是 0 和 1, 将会被 EViews 自动剔除。如果观测都取相同的值 0 或者 1, EViews 将产生错误 "Dependent variable has no variance", 此时请检查观测变量, 是不是需要进行重新编码, 在 EViews 中, 用自动序列很容易得到 0 和 1 的编码, 如 y>5 等。

2) 如果某个解释变量 x 存在如下情况: 当观测 $y=1$ 时, x 都大于零, 而当观测 $y=0$ 时, x 都小于等于零, 即 x 能够完全预测被解释变量 y, 此时, EViews 会发出如下的错误信息, "[x > 0] perfectly predicts binary response [success/failure]", 这种情况下, EViews 无法估计二元选择模型, 如果要采用二元选择模型来估计, 只能将变量 x 剔除。出现上述错误, 一般是模型设定有问题, 不然不会出现解释变量超过某个阈值时, 观测变量都取相同值, 而解释变量在阈值及其以下时, 观测变量又都取另一个值。

3) 当自己给定初始值时, 有时会出现 "Non-positive likelihood value observed for observation [xxxx]" 的错误, 此时建议更换其他初始值或者采用 EViews 默认的初始值。

4) 如果出现错误信息 "Near-singular matrix", 可能是模型不能识别或者参数值与真值的距离比较远, 如果是后一种情况, 可以尝试改变初始值或者采用其他算法, 例如 BHHH 优化方法等。

§16.2 排序选择模型

前一节我们较深入地讨论了二元选择模型，它只能选择"成功"或者是"失败"。而现实生活中，我们也经常碰到多种选择的情形，比如我们想外出旅游，可以选择乘坐飞机、轮船、火车或者自驾出游。即使我们选定了乘坐飞机旅行，下一步还有多家航空公司的航班可供选择，如果对航空公司没有特别的偏好，航班的选择是个普通的多项选择问题。但是，很多情况下，选择项具有内在的顺序，例如在债券的评级中，往往根据财务指标，将其分成有顺序的几个等级 (如 Standard & Poor 或 Moody 公司的债券评级体系中，将债券分为 10 个等级)。因此，针对选择项具有内在等级顺序的选择模型应运而生，称为排序选择模型或者排序因变量模型 (ordered dependent variable model)。

§16.2.1 理论回顾

EViews 实现的排序选择模型是 Aitchison and Silvey (1957) 提出的排序响应模型 (ordered-response model)。排序选择模型中，因变量 y 表示的是有内在顺序 (ordered or ranked) 的分类数据 (categories)。

一、模型设定

类似于二元选择模型，假设潜在变量 q 与解释变量 $\mathbf{x}$ 存在线性关系

$$q_i = \mathbf{x}_i' \mathbf{b} + u_i$$

其中 u_i 是独立同分布的随机干扰 (EViews 中，类似于二元选择模型，可以选择正态分布、Logistic 分布或 I 型极值分布)。观测变量 y_i 的等级与潜在变量 q_i 的关系如下：

$$y_i = \begin{cases} 0 & q_i \leqslant l_1 \\ 1 & l_1 < q_i \leqslant l_2 \\ 2 & l_2 < q_i \leqslant l_3 \\ \vdots & \vdots \\ M & l_M < q_i \end{cases} \tag{16.7}$$

总共有 $M+1$ 个等级，观测到 y_i 为各个等级的概率为：

$$\Pr(y_i = 0 | \mathbf{x}_i) = F(l_1 - \mathbf{x}_i' \mathbf{b})$$

$$\Pr(y_i = 1 | \mathbf{x}_i) = F(l_2 - \mathbf{x}_i' \mathbf{b}) - F(l_1 - \mathbf{x}_i' \mathbf{b})$$

$$\Pr(y_i = 2 | \mathbf{x}_i) = F(l_3 - \mathbf{x}_i' \mathbf{b}) - F(l_2 - \mathbf{x}_i' \mathbf{b})$$

$$\vdots$$

$$\Pr(y_i = M | \mathbf{x}_i) = 1 - F(l_M - \mathbf{x}_i' \mathbf{b})$$

其中 $F(\cdot)$ 是随机干扰 u_i 的累积分布函数。如果取 $l_0 = -\infty$，$l_{M+1} = +\infty$，上式可以更紧凑地写为：

$$\Pr(y_i = m | \mathbf{x}_i) = F(l_{m+1} - \mathbf{x}_i' \mathbf{b}) - F(l_m - \mathbf{x}_i' \mathbf{b}) \qquad m = 0, 1, 2, \cdots, M \tag{16.8}$$

因此，我们得到对数似然函数为

$$\ell(\mathbf{b}, \boldsymbol{l}) = \sum_{i=1}^{N} \sum_{m=0}^{M} \log(\Pr(y_i = m | \mathbf{x}_i)) \cdot 1(y_i = m)$$

估计排序选择模型时，EViews 在对数似然函数的迭代和协方差矩阵的估计中，采用解析方法计算二阶导数。关于排序选择模型：

- 因变量 y 的取值理论上可以是任意的，只要满足 $q_i < q_j$ 时，$y_i \leqslant y_j$ 即可。清晰起见，我们将取值标准化为 $0, 1, 2, \cdots, M$ 共 $M+1$ 个等级 (ranking)，而不需要关心其具体数值。
- $M+1$ 个等级有 M 个分界点 (limit point)，即 $l_1, l_2, \cdots, l_M$，注意他们并不是给定的，而是待估计的参数，并且 $l_1 < l_2 < \cdots < l_M$。
- 排序选择模型的设定为式 (16.8)，是概率模型而不是均值模型。显然，前一节式 (16.1) (第 786 页) 设定的二元选择模型是该模型的特例，即取 $M=1$，以及 $l_1=0$。

二、系数和残差

系数向量 $\mathbf{b}$ 中，b_k 的符号与概率 $\Pr(y=0|\mathbf{x})$ 改变的方向相反，与概率 $\Pr(y=M|\mathbf{x})$ 改变的方向相同。但当观测变量取中间等级时，在事前 (a priori) 我们无法知道系数 b_k 与概率 $\Pr(y=m|\mathbf{x})$ 变化方向的关系，因为

$$\frac{\partial \Pr(y=m|\mathbf{x})}{\partial \mathbf{x}} = \left[f(l_m - \mathbf{x}'\mathbf{b}) - f(l_{m+1} - \mathbf{x}'\mathbf{b})\right]\mathbf{b} \qquad m=1,2,\cdots,M-1 \quad (16.9)$$

其中 $f(\cdot)$ 是误差 u_i 的概率密度函数。

排序选择模型的广义残差是由最大似然估计的一阶条件得到的，广义残差与解释变量不相关 (请参考 Chesher and Irish, 1987；Gourieroux et al., 1987)，EViews 给出的计算方法为 ($y_i \in \{0,1,2,\cdots,M\}$)

$$e_{gi} = \frac{f(l_{y_i+1} - \mathbf{x}'_i\mathbf{b}) - f(l_{y_i} - \mathbf{x}'_i\mathbf{b})}{F(l_{y_i+1} - \mathbf{x}'_i\mathbf{b}) - F(l_{y_i} - \mathbf{x}'_i\mathbf{b})}$$

§16.2.2 模型估计

我们先给出直观的例子，然后讨论估计命令 ordered 和可能碰到的问题。

一、例子

我们采用 Gunther (1999) 的数据，先读取数据

```
'http://faculty.smu.edu/tfomby/eco6375/data/cra.xls
%wf = "cra.xls"
wfopen %wf names=(rrating,loa,prl,equ,roa,sec,ass,metro,growth)
```

其中各变量的含义如下 (请参考原文获得更详细的数据说明)：

rrating: CRA (community reinvestment act) 排行 (ranking)，分为四级，从 1—4 分别表示优秀、满意、待改进和严重违规 (substantial noncompliance)

loa: 贷款与总资产的比率

prl: 有问题资产与总资产的比率

equ: 权益资产比

roa: 资产收益

sec: 证券投资与资产比率

ass: 总资产的对数值

metro: 银行总部是否在 MSA (metropolitan statistical area) 的哑变量

growth：州 GDP 的名义增长率

然后我们进行排序选择模型的估计

```
equation eq01.ordered rrating loa prl equ roa sec ass metro growth
```

得到估计结果为

```
Dependent Variable: RRATING
Method: ML - Ordered Probit (Quadratic hill climbing)
Date: 11/23/10   Time: 19:56
Sample: 1 350
Included observations: 350
Number of ordered indicator values: 4
Convergence achieved after 6 iterations
Covariance matrix computed using second derivatives
```

Variable	Coefficient	Std. Error	z-Statistic	Prob.
LOA	-1.955674	0.738159	-2.649395	0.0081
PRL	10.27160	3.400513	3.020603	0.0025
EQU	5.423584	1.850790	2.930416	0.0034
ROA	-0.907470	8.536470	-0.106305	0.9153
SEC	-0.285077	0.761542	-0.374341	0.7082
ASS	-0.243900	0.055749	-4.374949	0.0000
METRO	0.758575	0.135577	5.595148	0.0000
GROWTH	-6.138014	2.823785	-2.173683	0.0297

Limit Points				
LIMIT_2:C(9)	-3.792063	0.827529	-4.582394	0.0000
LIMIT_3:C(10)	-2.871272	0.818232	-3.509119	0.0004
LIMIT_4:C(11)	-1.760230	0.816060	-2.156986	0.0310

Pseudo R-squared	0.132496	Akaike info criterion	2.408213
Schwarz criterion	2.529463	Log likelihood	-410.4373
Hannan-Quinn criter.	2.456475	Restr. log likelihood	-473.1244
LR statistic	125.3742	Avg. log likelihood	-1.172678
Prob(LR statistic)	0.000000		

我们看到，除了系数 b，分界点 l 的估计值也报告出来了 (例如 limit_2，limit_3 和 limit_4，后缀为因变量 rrating 的取值，分别对应于式 (16.7) 中的 l_1, l_2 和 l_3)，汇总统计信息类似于二元选择模型的结果输出 (参见第 789 页图 16.1，其中 Pseudo R-squared 对应于二元选择模型的 McFadden R-squared)。剔除不显著的变量 roa 和 sec，重新估计模型

```
equation eq03.ordered rrating loa prl equ ass metro growth
```

得到估计结果为图 16.5 的上半部分：此时所有的系数都显著 (5% 显著水平)，系数和分界点的估计都有微小的变化。

二、估计选项

排序选择模型的估计命令为 ordered，不仅可以估计 ordered probit 模型 (默认选项 d=n)，EViews 还支持 ordered logit 和 ordered extreme value 模型 (选项分别为 d=l 和 d=x)。其他估计选项与二元选择模型的估计命令 binary 的选项相同 (参见第 796 页 §16.1.4 节)。

- EViews 6 之前，排序选择模型的方程设定只能采用名单法。请注意公式法中等号右边设置的是指数项 $x_i'b$。
- 由于常数和分界点在一起，无法分开识别，因此，EViews 的排序选择模型不需要常数项。如果变量包含了常数，EViews 将其丢弃，也就是说，如下命令的效果是相同的

```
eq00.ordered y c x
eq00.ordered y x
```

图 16.5 排序选择模型的估计

```
Dependent Variable: RRATING
Method: ML - Ordered Probit (Quadratic hill climbing)
Date: 11/23/10   Time: 19:56
Sample: 1 350
Included observations: 350
Number of ordered indicator values: 4
Convergence achieved after 5 iterations
Covariance matrix computed using second derivatives
```

Variable	Coefficient	Std. Error	z-Statistic	Prob.
LOA	-1.724511	0.338800	-5.090059	0.0000
PRL	10.74869	2.697211	3.985113	0.0001
EQU	5.249539	1.720978	3.050324	0.0023
ASS	-0.250326	0.053268	-4.699375	0.0000
METRO	0.768531	0.133197	5.769866	0.0000
GROWTH	-6.107240	2.790589	-2.188513	0.0286

Limit Points				
LIMIT_2:C(7)	-3.645509	0.689564	-5.286686	0.0000
LIMIT_3:C(8)	-2.725115	0.678875	-4.014162	0.0001
LIMIT_4:C(9)	-1.614912	0.677212	-2.384648	0.0171

Pseudo R-squared	0.132324	Akaike info criterion	2.397249	
Schwarz criterion	2.496453	Log likelihood	-410.5185	
Hannan-Quinn criter.	2.436735	Restr. log likelihood	-473.1244	
LR statistic	125.2117	Avg. log likelihood	-1.172910	
Prob(LR statistic)	0.000000			

```
Dependent Variable: RANK
Method: ML - Ordered Probit (Quadratic hill climbing)
Date: 11/23/10   Time: 19:56
Sample: 1 350
Included observations: 350
Number of ordered indicator values: 4
Convergence achieved after 5 iterations
Covariance matrix computed using second derivatives
```

Variable	Coefficient	Std. Error	z-Statistic	Prob.
LOA	-1.724511	0.338800	-5.090059	0.0000
PRL	10.74869	2.697211	3.985113	0.0001
EQU	5.249539	1.720978	3.050324	0.0023
ASS	-0.250326	0.053268	-4.699375	0.0000
METRO	0.768531	0.133197	5.769866	0.0000
GROWTH	-6.107240	2.790589	-2.188513	0.0286

Limit Points				
LIMIT_10:C(7)	-3.645509	0.689564	-5.286686	0.0000
LIMIT_100:C(8)	-2.725115	0.678875	-4.014162	0.0001
LIMIT_1000:C(9)	-1.614912	0.677212	-2.384648	0.0171

Pseudo R-squared	0.132324	Akaike info criterion	2.397249	
Schwarz criterion	2.496453	Log likelihood	-410.5185	
Hannan-Quinn criter.	2.436735	Restr. log likelihood	-473.1244	
LR statistic	125.2117	Avg. log likelihood	-1.172910	
Prob(LR statistic)	0.000000			

- 如果因变量的取值非整数，EViews 将报告出错，并停止估计。我们可以使用取整函数，如 @round, @floor 或者 @ceil 等函数，将其转化为整数。

EViews 估计排序选择模型时，因变量的编码只要求是递增的整数，具体数值是多少没有关系。例如，前面的例子中编码为 $1, 2, 3, 4$，我们将其改为 $1, 10, 100, 1000$，并进行估计

```
series rank = 10^(rrating-1)
```

```
equation eq04.ordered rank loa prl equ ass metro growth
```
得到估计结果为图 16.5 的下半部分：除了分界点的变量名 `limit_2`, `limit_3` 和 `limit_4` 被分别改为 `limit_10`, `limit_100` 和 `limit_1000` 以外，其他输出都相同 (两者标准化后的等级都为 0, 1, 2 和 3)。

三、出错处理

排序选择模型从数值求解来看，是比较规矩的 (well-behaved)，在 EViews 中的估计一般不会出问题。如果估计过程碰到问题，前一节二元选择模型中讨论的内容仍然可作参考，此外

- EViews 的排序选择模型最多只能估计 750 个系数。比如说，模型只有一个解释变量，但因变量有 750 个等级，那么 EViews 就不堪重负，不能估计了。
- 如果用户给定初始值，可能出现 "Parameter estimates for limit points are non-ascending" 的错误信息，即分界点非递增。给定初始值时，一定要检查分界点的初始值是否单调增。建议使用 EViews 默认的初始值。
- 如果某些等级里面的观测数目太少，可能出现无法识别的问题。此时，建议合并相邻的等级。

§16.2.3 应用分析

对于排序选择模型的分析和检验，EViews 提供了

- 读取分界点及其方差矩阵的估计。
- 频率表显示各等级取值频率；预测评估表分析模型的预测效果。
- 系数检验和残差检验。

需要提醒的是，估计结果中，系数的解释必须小心，式 (16.9) 表明系数对中间等级概率的影响方向是无法事先知道的 (参见 Greene, 2003, p737-739)。

一、分界点

排序选择模型中，分界点的估计虽然可以从系数向量中取得，其协方差矩阵可以从整个系数向量的协方差矩阵取得，但 EViews 提供了更方便的方法，例如

```
eq03.makelimits vlp
eq03.makelimits(v) mlp
```

得到分界点及其方差矩阵的估计分别为

$$\begin{bmatrix} -3.646 \\ -2.725 \\ -1.615 \end{bmatrix} \quad \begin{bmatrix} 0.4755 & 0.4649 & 0.4602 \\ 0.4649 & 0.4609 & 0.4550 \\ 0.4602 & 0.4550 & 0.4586 \end{bmatrix}$$

事实上，分界点的方差矩阵估计是整个协方差矩阵 (`V = eq03.@cov`) 的右下分块。

二、残差

排序选择模型只提供广义残差

```
eq03.makeresids gres
```

需要说明的是，排序选择模型中命令 `makeresids` 不管采用什么选项，都得到广义残差。方程估计完成后，序列对象 `resid` 里面的内容也是广义残差。

三、预测评估表

类似于二元选择模型的期望—预测表,排序选择模型提供了预测评估表

```
eq03.predict
```

得到预测评估表如下:

```
Prediction Evaluation for Ordered Specification
Equation: EQ03
Date: 11/23/10   Time: 19:56
```

		Estimated Equation			
Dep. Value	Obs.	Correct	Incorrect	% Correct	% Incorrect
1	100	64	36	64.000	36.000
2	100	33	67	33.000	67.000
3	100	55	45	55.000	45.000
4	50	16	34	32.000	68.000
Total	350	168	182	48.000	52.000

		Constant Probability Spec.			
Dep. Value	Obs.	Correct	Incorrect	% Correct	% Incorrect
1	100	100	0	100.000	0.000
2	100	0	100	0.000	100.000
3	100	0	100	0.000	100.000
4	50	0	50	0.000	100.000
Total	350	100	250	28.571	71.429

		Gain over Constant Prob. Spec.			
Dep. Value	Obs.	Equation % Incorrect	Constant % Incorrect	Total Gain*	Pct. Gain**
1	100	36.000	0.000	-36.000	NA
2	100	67.000	100.000	33.000	33.000
3	100	45.000	100.000	55.000	55.000
4	50	68.000	100.000	32.000	32.000
Total	350	52.000	71.429	19.429	27.200

*Change in "% Correct" from default (constant probability) specification
**Percent of incorrect (default) prediction corrected by equation

表中的第一部分,即 Estimated Equation 部分,报告了模型的预测能力。其中 Dep.Value 和 Obs 列分别为因变量的观测值(等级)及其相应的观测数目,列 Correct 给出了基于最高预测概率(参见下一小节)进行等级预测的正确次数,相应的正确预测比率在 % Correct 列,整体而言,有 48% 的预测是正确的。表格的第二部分报告常概率模型(Constant Probability Spec,用样本概率)的预测效果,预测等级取为等级 1(注意前三个等级的样本概率相同),预测的正确率仅为 28.571%。最后一部分则分析模型预测的增益,模型预测的正确率比基于样本概率的预测高出了 19.429%。

四、检验

方程 eq03 是 eq01 剔除了变量 sec 和 roa 得到的,我们不妨用方程 eq03 检验 sec 和 roa 是否为遗漏变量

```
eq03.testadd sec roa
```

得到检验结果为 0.1624[0.9220],没有拒绝变量 sec 和 roa 的系数联合为 0 的原假设,因此我们认为它们是冗余变量。系数方面的更多检验请参见 §4.2 节(第 182 页)。

残差检验方面,二元选择模型中使用的是普通残差,而排序选择模型中则检验广义残差

```
eq03.hist
```

得到直方图为：

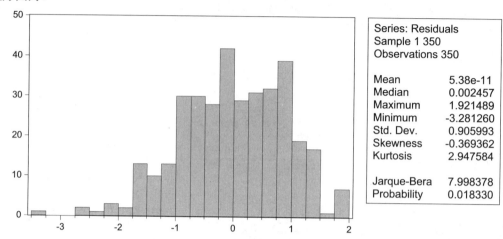

显然，广义残差 e_{gi} 并不服从正态分布 (我们假定的是误差 u_i 为正态分布)。

§16.2.4 预测

排序选择模型不能使用 fit 和 forecast 命令，那么如何预测呢？答案是使用样板对象 (参见第 628 页 §13.4 节)。为了更好地理解由排序选择模型的方程对象创建的样板对象，我们需要先了解 EViews 是如何表示 eq03 的

```
eq03.spec    'representations
```

得到模型的文本表示如下：

```
Estimation Command:
=====================
ORDERED(D=N) RRATING LOA PRL EQU ASS METRO GROWTH
Estimation Equation:
=====================
I_RRATING = C(1)*LOA + C(2)*PRL + C(3)*EQU + C(4)*ASS
    + C(5)*METRO + C(6)*GROWTH
RRATING_1 = @CNORM(C(7)-I_RRATING)
RRATING_2 = @CNORM(C(8)-I_RRATING) - @CNORM(C(7)-I_RRATING)
RRATING_3 = @CNORM(C(9)-I_RRATING) - @CNORM(C(8)-I_RRATING)
RRATING_4 = 1 - @CNORM(C(9)-I_RRATING)
Substituted Coefficients:
=====================
I_RRATING = -1.72451093255*LOA + 10.7486890239*PRL
    + 5.24953908538*EQU - 0.250326456875*ASS
    + 0.768531025382*METRO - 6.1072404082*GROWTH
RRATING_1 = @CNORM(-3.64550935099-I_RRATING)
RRATING_2 = @CNORM(-2.72511491187-I_RRATING)
    - @CNORM(-3.64550935099-I_RRATING)
RRATING_3 = @CNORM(-1.61491225773-I_RRATING)
    - @CNORM(-2.72511491187-I_RRATING)
RRATING_4 = 1 - @CNORM(-1.61491225773-I_RRATING)
```

我们看到，在 Estimation Equation 部分，包含了 5 个方程，第一个方程是潜在变量的回归方程，其余四个方程则分别计算观测归属于不同等级的概率。

图 16.6 排序选择模型的概率预测

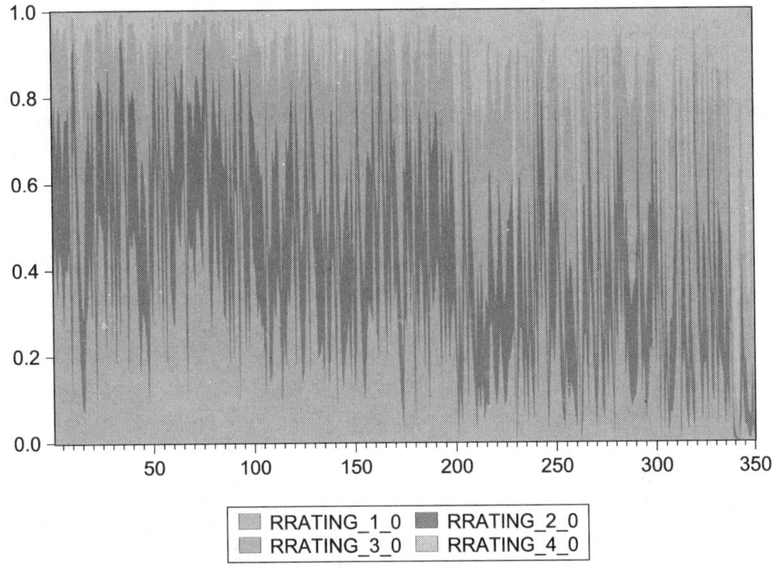

明白了排序选择模型的文本表示，下面我们创建样板对象

```
eq03.makemodel(mod1)
mod1.eqs
```

比较有意思的是，样板对象 mod1 的方程视图中信息栏报告有 5 个方程，但窗口里只能看到一个链接方程 eq03。清晰起见，我们把样板对象的链接方程 eq03 断开链接

```
copy mod1 mod2
mod2.unlink @all
mod2.spec
```

得到样板对象的详细设定为

```
@IDENTITY I_RRATING = -1.72451093255286*LOA + 10.7486890239451*PRL
    + 5.24953908538231*EQU - 0.250326456874831*ASS
    + 0.768531025382036*METRO - 6.1072404082003*GROWTH

RRATING_1 = @CNORM(-3.6455093509888 - I_RRATING)

RRATING_2 = @CNORM(-2.72511491187143 - I_RRATING)
    - @CNORM(-3.6455093509888 - I_RRATING)

RRATING_3 = @CNORM(-1.61491225772941 - I_RRATING)
    - @CNORM(-2.72511491187143 - I_RRATING)

RRATING_4 = 1 - @CNORM(-1.61491225772941 - I_RRATING)
```

与方程 eq03 的设定相一致 (但给出的有效位数更多)。

一、概率预测

由式 (16.8) (第 800 页) 的设定知，排序选择模型是概率模型。由于有多个等级，为了得到观测归属于各个等级的概率预测，只能通过求解样板对象实现

```
mod1.solve
```

注意到我们是在默认的 Baseline 情景下求解，得到的序列对象都增加了后缀 "_0"，即分属于四个等级的概率预测分别保存在序列对象 RRATING_1_0, RRATING_2_0, RRATING_3_0 和 RRATING_4_0 中，下面我们比较各等级的概率预测

```
group gp rrating_?_0
freeze(gfp) gp.area(s)
gfp.axis(l) range(0,1)
gfp.options -outlinearea
```

得到图 16.6：每个观测都有基于式 (16.8) 的 4 个等级的概率预测，并且概率和为 1。

二、等级预测

我们先找出模型拟合的最大概率对应的等级

```
series sp = gp(1)
series yp = 1     'max prob
for !i = 2 to 4   'assume uniqe
    smpl if sp<gp(!i)
    sp = gp(!i)
    yp = !i
next
smpl @all
```

得到的等级预测保存在序列对象 yp 中，更直观地，我们将该预测结果作图

```
group gf rrating yp
freeze(gf1) gf.line
gf1.setelem(2) lcolor(@rgb(0,160,18))
```

得到图 16.7 的上方子图：预测的等级往往偏离实际的观测值。

前一子小节求解样板对象 mod1 时，也得到了潜在变量的拟合值序列 I_RRATING_0，根据式 (16.7) 的对应关系，我们可以找出 y_i 相应的等级

```
vector(5) vl
for !i = 2 to 4
    vl(!i) = eq03.C(!i+5)
next
vl(1) = @min(I_rrating_0) -1    'boundary
vl(5) = @max(I_rrating_0) +1

series yq = 0
for !i = 1 to 4   'by hidden variable
    smpl if I_rrating_0>vl(!i) and I_rrating_0<=vl(!i+1)
    yq = !i
next
smpl @all

group gf rrating yq
freeze(gf2) gf.line
```

向量 vl 为分界点，然后根据潜在变量取值所处的范围，确定等级的预测值，记录在序列对象 yq 中，并作图得到图 16.7 的中间子图：直接基于潜在变量的等级预测误判率很高。最后，我们将基于概率的预测 yp 和直接基于潜在变量的预测 yq 与实际观测值依等级分类进行比较

```
group gf rrating yp yq
freeze(gf3) gf.scat
gf3.setelem(1) symbol(cross) lcolor(@rgb(0,160,18))
gf3.setelem(2) symbol(circle)

graph gff.merge gf1 gf2 gf3
gff.legend position(0.2,0.2) -inbox
```

图 16.7 排序选择模型的等级预测

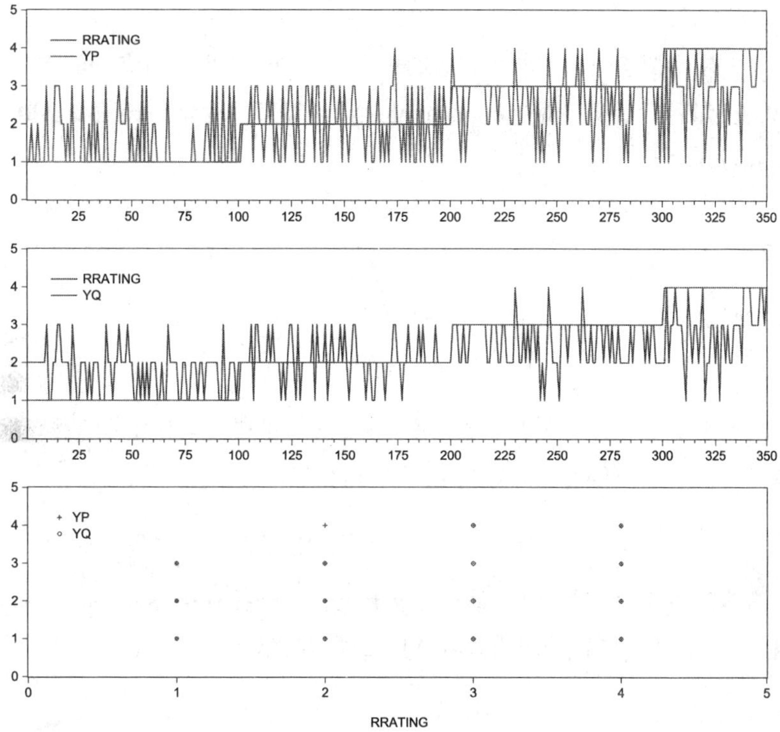

```
gff.options size(8,2)
gff.align(1,0.5,0.5)
```

得到图 16.7 的下方子图：如果三者是一致的话，散点图将是一条直线。显然三者并不一致，例如对于等级 2 的观测样本，基于概率的预测出现了所有的 4 种可能的等级，而基于潜在变量的预测，预测的结果只包含前三种等级。

有必要强调的是，排序选择模型是式 (16.8) (第 800 页) 设定的概率模型，得到的是概率预测，并将最大概率对应的等级作为等级预测值。而潜在变量，只有通过式 (16.8) 中分布函数的作用才有意义。

问题：假设潜在变量的预测处在等级 n（即 $l_n < \mathrm{E}(q_i|\mathbf{x}_i) \leqslant l_{n+1}$），而实际观测为 $y_i = m$，那么概率 $\Pr(y_i = n|\mathbf{x}_i)$ 和 $\Pr(y_i = m|\mathbf{x}_i)$ 谁更大？

提示：相对大小不确定，验证代码如下：

```
matrix mgp = gp
vector vq = yq
vector vy = rrating
for !i=1 to @obsrange
    vq(!i) = mgp(!i,vq(!i))
    vy(!i) = mgp(!i,vy(!i))
next
vector vd = vq-vy
vd.spike
```

§16.3 计数模型

日常生活中，经常碰到变量值只取非负整数的情况，比如一年内申请专利的数目或者看电影的次数等。只取非负整数的变量称为计数变量 (count variable)，当被解释变量为计数变量时，我们需要考虑采用计数模型 (count model)。

§16.3.1 理论回顾

计数模型中通常假设

$$\Pr(Y_i = y_i) = f(y_i; \mu_i, \xi)$$

其中 μ_i 是分布的期望，ξ 是和方差有关的参数 (用户设定或者由模型估计)。计数模型中，我们关心的仍然是条件均值建模，当 y_i 没有上限时，一般将 μ_i 设定为如下形式

$$\mu_i = \mathrm{E}(y_i|\mathbf{x}_i) = \exp(\mathbf{x}_i'\mathbf{b}) \tag{16.10}$$

显然这样的模型可以用 NLS 方法进行估计 (请注意 $\mathrm{var}(y_i|\mathbf{x}_i)$ 往往存在异方差)。然而，更直接而有效的方法是采用最大似然估计，例如泊松回归模型或者负二项回归模型。

一、泊松回归模型

假设观测 y_i 的条件分布为泊松 (Poisson) 分布 (参数为 μ_i)，即

$$\Pr(Y_i = y_i|\mathbf{x}_i) = \frac{\mu_i^{y_i}}{y_i!}\exp(-\mu_i) \qquad y_i = 0, 1, 2, \cdots$$

其对数似然函数为

$$\ell(\mathbf{b}) = \sum_{i=1}^{N} y_i \mathbf{x}_i'\mathbf{b} - \exp(\mathbf{x}_i'\mathbf{b}) - \log(y_i!)$$

关于泊松回归模型：

- 对于每个观测点，泊松分布的均值是不一样的。
- 由于 $\log(y_i!)$ 与系数无关，而且计算量不小，因此系数估计时，该项可以暂时剔除。
- 泊松分布的均值等于方差，因此

$$\mathrm{var}(y_i|\mathbf{x}_i) = \mathrm{E}(y_i|\mathbf{x}_i) = \exp(\mathbf{x}_i'\mathbf{b}) \tag{16.11}$$

这个限制往往与观测数据不符。

- 如果条件均值式 (16.10) 是正确设定的，并且因变量的条件分布是泊松分布，那么 ML 估计是一致和有效的，并且具有渐近正态性。系数的方差矩阵估计为式 (15.17) (第 720 页)，即黑森矩阵的逆矩阵

$$\left(\sum_{i=1}^{N} \mu_i \mathbf{x}_i \mathbf{x}_i'\right)^{-1}$$

或者 BHHH 估计

$$\left(\sum_{i=1}^{N} (y_i - \mu_i)^2 \mathbf{x}_i \mathbf{x}_i'\right)^{-1}$$

- 如果解释变量 x_k 是连续的，则有
$$\frac{\partial \mathrm{E}(y_i|\mathbf{x}_i)}{\partial x_{ik}} = \exp(\mathbf{x}_i'\mathbf{b})\, b_k = \mathrm{E}(y_i|\mathbf{x}_i)\, b_k$$
即
$$b_k = \frac{\partial \mathrm{E}(y_i|\mathbf{x}_i)}{\partial x_{ik}} \frac{1}{\mathrm{E}(y_i|\mathbf{x}_i)} = \frac{\partial \log[\mathrm{E}(y_i|\mathbf{x}_i)]}{\partial x_{ik}}$$
因此 $100 b_k$ 是 $\mathrm{E}(y_i|\mathbf{x}_i)$ 关于 x_{ik} 的半弹性。

二、负二项回归模型

负二项分布 (negative binomial distribution) 的最常见形式是直接从 Pascal 分布推广而来
$$\Pr(Y=y) = \frac{\Gamma(y+r)}{y!\,\Gamma(r)} p^r (1-p)^y \qquad 0<p<1, r>0,\ y=0,1,2,\cdots$$
EViews 中的 @dnegbin(y,r,p) 得到的就是该概率质量函数 (Probability Mass Function, PMF)，该形式下的期望为 $r(1-p)/p$。而 EViews 在设定计数回归模型时，参数进行了变换，即令
$$\mu = r\frac{1-p}{p} \qquad \xi = 1/\sqrt{r}$$
也就是说
$$p = \frac{1}{1+\mu\xi^2} \qquad r = \frac{1}{\xi^2}$$
得到
$$\Pr(Y=y) = \left(\mu\xi^2\right)^y \left(1+\xi^2\mu\right)^{-(y+1/\xi^2)} \frac{\Gamma(y+1/\xi^2)}{y!\,\Gamma(1/\xi^2)}$$
因此对数似然函数为
$$\ell(\mathbf{b},\xi) = \sum_{i=1}^{N} \big[y_i \log(\xi^2\mu_i) - (y_i + 1/\xi^2)\log(1+\xi^2\mu_i) \\ + \log(\Gamma(y_i+1/\xi^2)) - \log(y_i!) - \log(\Gamma(1/\xi^2)) \big]$$

关于负二项回归模型：

- 关于负二项分布的 PMF，Cameron and Trivedi (1986) 选择的形式为 (即仅令 $\mu = r\frac{1-p}{p}$ 来消去 p)
$$\Pr(Y=y) = \frac{\Gamma(y+r)}{\Gamma(y+1)\,\Gamma(r)} \left(\frac{r}{r+\mu}\right)^r \left(\frac{\mu}{r+\mu}\right)^y$$
而 SAS 的 GENMOD 过程则取
$$\Pr(Y=y) = \frac{\Gamma(y+1/k)}{\Gamma(y+1)\,\Gamma(1/k)} \frac{(k\mu)^y}{(1+k\mu)^{y+1/k}}$$
其 k 对应 EViews 里的 ξ^2，请注意负二项分布参数的不同形式下 PMF 具体形式上的差别。

- 采用泊松分布时，数据经常表现出 $\mathrm{var}(y_i|\mathbf{x}_i) > \mathrm{E}(y_i|\mathbf{x}_i)$，即出现过度离散 (overdispersion) 现象，此时负二项分布是比较好的选择，因为
$$\mathrm{var}(y_i|\mathbf{x}_i) = (1+\xi^2\mu_i)\mu_i > \mu_i = \mathrm{E}(y_i|\mathbf{x}_i)$$
显然，参数 ξ^2 是条件方差超过条件均值的一种度量。

三、残差

计数模型中,普通残差定义为

$$e_i = y_i - \mu_i = y_i - \exp(\mathbf{x}_i'\mathbf{b})$$

标准化残差为 (此处等于广义线性模型中的 Pearson 残差)

$$e_{si} = \frac{e_i}{\sqrt{\mathrm{var}(y_i|\mathbf{x}_i)}}$$

不同条件分布的设定,方差可能差别很大。比如泊松回归模型中 $\mathrm{var}(y_i|\mathbf{x}_i) = \mu_i$,而负二项回归模型中 $\mathrm{var}(y_i|\mathbf{x}_i) = (1+\xi^2\mu_i)\mu_i$,标准化残差可以用来计算准似然比 (Quasi Likelihood Ratio, QLR) 统计量。计数模型的广义残差 e_{gi} 随设定不同数学表达式差别很大,广义残差 e_{gi} 可以用来构造工分 (score) 向量、条件矩的设定检验以及各种 LM 检验,详情请参考 Wooldridge (1997)。

§16.3.2 模型估计

我们先介绍泊松回归模型和负二项回归模型的估计例子,然后讨论计数模型的准最大似然估计,并对估计命令 count 的选项进行总结。

一、例子

采用 Kennan (1985) 表 1 的数据作为例子,先读入数据

```
%ex7 = "\Example Files\EV7 Manual Data\"
%ch26 = "Chapter 26 - Discrete and Limited Dependent Variable Models"
%wf = @evpath + %ex7 +%ch26 +"\strike.wf1"
wfopen %wf
```

其中各变量的含义如下:

numb: 罢工的次数;

IP: 工业产值;

FEB: 二月份的哑变量。

如果采用泊松回归模型进行估计

```
equation eq01.count(d=p) numb c ip feb
```

输出为图 16.8 的前半部分:表头的 Covariance matrix computed using second derivatives 表明系数方差矩阵是采用黑森矩阵计算的。表尾的统计量中,LR statistic 的值为 $2(\ell-\ell_c)$,用来检验指数项 $\mathbf{x}_i'\mathbf{b}$ 中除了常数项系数外,其他斜率系数都为零的联合检验,也就是检验整个模型的显著性 (类似于 OLS 中的 F 统计量)。

作为比较,我们估计负二项回归模型

```
equation eq03.count(d=b) numb c ip feb
```

得到估计结果为图 16.8 的后半部分:不难发现,二月份哑变量 FEB 的系数不显著了。此外,$\log(\xi^2)$ 的估计由 SHAPE:C(4) 给出。

问题:如何解释图 16.8 中工业产值和罢工次数的关系?

图 16.8 计数模型的 ML 估计

```
Dependent Variable: NUMB
Method: ML/QML - Poisson Count (Quadratic hill climbing)
Date: 12/11/10   Time: 20:26
Sample: 1 103
Included observations: 103
Convergence achieved after 4 iterations
Covariance matrix computed using second derivatives
```

Variable	Coefficient	Std. Error	z-Statistic	Prob.
C	1.725630	0.043656	39.52764	0.0000
IP	2.775334	0.819104	3.388254	0.0007
FEB	-0.377407	0.174520	-2.162540	0.0306

R-squared	0.064502	Mean dependent var		5.495146
Adjusted R-squared	0.045792	S.D. dependent var		3.653829
S.E. of regression	3.569190	Akaike info criterion		5.583421
Sum squared resid	1273.912	Schwarz criterion		5.660160
Log likelihood	-284.5462	Hannan-Quinn criter.		5.614503
Restr. log likelihood	-292.9694	LR statistic		16.84645
Avg. log likelihood	-2.762584	Prob(LR statistic)		0.000220

```
Dependent Variable: NUMB
Method: ML - Negative Binomial Count (Quadratic hill climbing)
Date: 12/11/10   Time: 20:26
Sample: 1 103
Included observations: 103
Convergence achieved after 4 iterations
Covariance matrix computed using second derivatives
```

Variable	Coefficient	Std. Error	z-Statistic	Prob.
C	1.724904	0.065406	26.37207	0.0000
IP	2.833239	1.224303	2.314165	0.0207
FEB	-0.369531	0.240655	-1.535525	0.1247
Mixture Parameter				
SHAPE:C(4)	-1.502835	0.259724	-5.786279	0.0000

R-squared	0.064373	Mean dependent var		5.495146
Adjusted R-squared	0.036021	S.D. dependent var		3.653829
S.E. of regression	3.587418	Akaike info criterion		5.193798
Sum squared resid	1274.087	Schwarz criterion		5.296118
Log likelihood	-263.4806	Hannan-Quinn criter.		5.235241
Restr. log likelihood	-292.9694	LR statistic		58.97758
Avg. log likelihood	-2.558064	Prob(LR statistic)		0.000000

我们知道，如果条件分布设定正确，最大似然 (Maximum Likelihood, ML) 估计不仅是一致的，而且是有效的。然而，泊松回归模型和负二项回归模型都对条件均值和方差施加了一定的限制，这些限制可能是不符合现实的。值得庆幸的是，EViews 提供了计数模型的准最大似然估计，只要条件均值的设定是正确的，就能得到系数的一致估计。

二、准最大似然估计

准最大似然 (Quasi-maximum Likelihood, QML) 估计是稳健 (robust) 的估计方法，只要条件均值的设定是正确的，哪怕分布的设定是错误的，QML 估计仍然是一致的估计量 (参见第 711 页 §15.1 节中关于 QML 的讨论)。此时用信息矩阵的逆矩阵来估计方差矩阵是不正确的，因此，EViews 不仅提供了 Huber/White 方法来计算稳健标准差，还提供了 GLM 方法以修正过度离散的情况 (请参考第 796 页 §16.1.4 节中方差估计的讨论)。EViews 提供了如下几种分布的准最大似然估计：

1) 指数分布 (选项 d=e)：密度函数为

$$f(y) = \frac{1}{\mu} e^{-y/\mu}$$

EViews 将报告 Huber/White 的标准差，选项 g 则计算 GLM 稳健方差估计。

2) 正态分布 (选项 d=n)：EViews 将报告 Huber/White 的标准差，选项 g 则计算 GLM 稳健方差估计。正态分布的似然函数为

$$\ell(\mathbf{b}) = -\frac{N}{2} \log(2\pi\sigma^2) - \frac{1}{2\sigma^2} \sum_{i=1}^{N} (y_i - \exp(\mathbf{x}_i'\mathbf{b}))^2$$

EViews 要求方差 σ^2 是固定的。此时系数估计等价于如下的非线性回归模型

$$y_i = \exp(\mathbf{x}_i'\mathbf{b}) + e_i$$

默认方差为 $\sigma^2 = 1$，也可以通过选项 v 来指定其他固定值，如选项 v=2 表示设置 $\sigma^2 = 2$。

3) 泊松分布 (选项 d=p)：默认输出 MLE 的标准差，使用选项 g 和 h 分别计算 GLM 和 Huber/White 稳健方差估计。

4) 负二项分布 (选项 d=b)：默认输出 MLE 的标准差，使用选项 g 和 h 分别计算 GLM 和 Huber/White 稳健方差估计。

有必要提醒的是：指数分布和正态分布都是连续随机变量的分布函数，因此用他们来估计计数模型时，只可能是准最大似然估计。

练习：查看如下命令的估计结果：
```
equation eq31.count(d=n) numb c ip feb
equation eq32.count(d=e) numb c ip feb
equation eq33.count(d=b,v=1) numb c ip feb
equation eq34.count(d=b,h) numb c ip feb
```

三、估计命令

命令 count 估计计数模型

- EViews 6 之前，计数模型的方程设定只能采用名单法。公式法中

```
equation eq13.count(d=b,showopts) numb = c(1) +c(2)*ip +c(3)*feb
```

等号右边设置的是指数部分 $\mathbf{x}_i'\mathbf{b}$。此外，对公式法设定的计数模型进行估计时，将自动采用 EViews 的默认初始值。

- 模型：默认估计泊松回归模型 (选项 d=n)，模型的分布设定选项为

选项	分布	ML	QML
d=b	负二项分布	✓	✓ (选项 g 或 h)
d=e	指数分布		✓
d=n	正态分布		✓
d=p	泊松分布	✓	✓ (选项 g 或 h)

其中泊松分布和负二项分布同时都提供 ML 和 QML 估计。此外，负二项分布和正态分布可以通过选项 v=num 分别设定 ξ^2 和 σ^2。例如采用负二项分布时 (d=b)，选项 v=3 设定 $\xi^2 = 3$ (当 $\xi^2 = 1$ 时负二项分布为几何分布)。

- 其他估计选项，例如初始值、算法、迭代次数和收敛准则，以及方差估计等，都与二元选择模型的估计命令 binary 的选项相同 (参见第 796 页 §16.1.4 节)。

§16.3.3 应用分析

由于计数模型的均值设定为式 (16.10)，因此计数模型不管采用什么分布假定，都得到相同形式的条件均值方程

```
eq01.spec    'representations
eq03.spec
```

无论是泊松回归模型还是负二项回归模型，都得到如下形式的回归方程

```
NUMB = @EXP(C(1) + C(2)*IP + C(3)*FEB)
```

需要指出的是，不同分布假设导致系数估计值的差别。

一、频率表

计数模型中，EViews 提供了查看因变量取值的频率表

```
eq01.depfreq
```

得到如下频率表：

```
Dependent Variable Frequencies
Equation: EQ01
Date: 12/11/10   Time: 20:26
```

Dep. Value	Count	Percent	Cumulative Count	Cumulative Percent
1	12	11.65	12	11.65
2	14	13.59	26	25.24
3	11	10.68	37	35.92
4	9	8.74	46	44.66
5	14	13.59	60	58.25
6	9	8.74	69	66.99
7	4	3.88	73	70.87
8	7	6.80	80	77.67
9	10	9.71	90	87.38
10	6	5.83	96	93.20
11	1	0.97	97	94.17
13	3	2.91	100	97.09
15	1	0.97	101	98.06
16	1	0.97	102	99.03
18	1	0.97	103	100.00

最左边的列是因变量在估计样本期间内的取值，从小到大排序，然后是相应取值的次数和百分比，最后两列是累计次数和累计百分比。

二、残差

命令 makeresids 默认计算普通残差 (选项 o)，使用选项 s 和 g 分别得到标准化残差和广义残差。

三、预测

由于计数模型的均值方程都设定为式 (16.10) (第 810 页)，因此计数模型不管采用什么具体模型，都采用式 (16.10) 进行预测。不过需要指出的是，不同分布假设得到的系数估计有所差别，预测函数尽管相同，预测值会有所不同。

计数模型中，命令 fit 和 forecast 分别进行静态和动态的均值预测，如果使用选项 i，则预测指数项 $z_i = \mathbf{x}_i'\mathbf{b}$。例如

```
eq01.fit f
```

得到罢工次数的预测，保存在序列 f 里面。

方程 eq01 的预测效果是较差的，我们不妨看一下实际值、预测值和误差的图形

```
eq01.resids
```

得到图形如下：

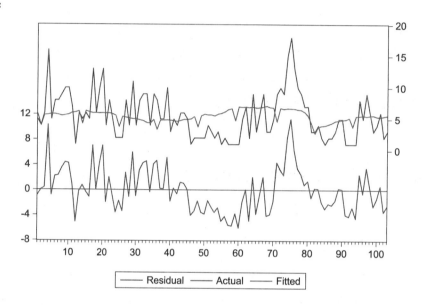

预测的次数在 6 次附近，而实际发生的次数波动很大。

四、检验

常规的系数检验和残差检验请分别参考 §4.2 节 (第 182 页) 和 §4.3 节 (第 190 页)。这里我们讨论过度离散的设定检验以及准似然比统计量的计算。

过度离散的设定检验 (Specification Test for Overdispersion)：泊松回归模型要求式 (16.11) 成立，即限制方差等于均值，Cameron and Trivedi (1990) 给出了回归方法检验该限制：先取得因变量的预测 μ_i，然后检验 $e_i^2 - y_i$ 对 μ_i^2 辅助回归方程系数的显著性

```
'eq01.fit f
equation eqT1.ls (numb-f)^2-numb f^2
```

得到估计结果为

```
Dependent Variable: (NUMB-F)^2-NUMB
Method: Least Squares
Date: 12/11/10   Time: 20:26
Sample: 1 103
Included observations: 103

    Variable      Coefficient   Std. Error   t-Statistic   Prob.

      F^2          0.238874     0.052115     4.583571     0.0000

R-squared            0.043930    Mean dependent var     6.872929
Adjusted R-squared   0.043930    S.D. dependent var    17.65726
S.E. of regression  17.26506     Akaike info criterion  8.544908
Sum squared resid   30404.41     Schwarz criterion      8.570488
Log likelihood    -439.0628      Hannan-Quinn criter.   8.555269
Durbin-Watson stat   1.711805
```

系数的 t 统计量高度显著，我们拒绝了式 (16.11) 均值等于方差的假设。此外，由于系数估计为正，表明残差是过度离散的。

Wooldridge (1997) 给出了另一种检验方法，即检验 $e_{si}^2 - 1$ 对 μ_i 回归的系数 (ξ^2 的估计)

```
eq01.makeresids(s) sr
equation eqT2.ls sr^2-1 f
```

其中 sr 是标准化残差，得到 eqT2 的估计结果如下：

```
Dependent Variable: SR^2-1
Method: Least Squares
Date: 12/11/10   Time: 20:26
Sample: 1 103
Included observations: 103

     Variable      Coefficient   Std. Error   t-Statistic   Prob.

        F           0.221238     0.055002     4.022326     0.0001

R-squared            0.017556   Mean dependent var     1.161573
Adjusted R-squared   0.017556   S.D. dependent var     3.138974
S.E. of regression   3.111299   Akaike info criterion  5.117619
Sum squared resid    987.3785   Schwarz criterion      5.143199
Log likelihood      -262.5574   Hannan-Quinn criter.   5.127980
Durbin-Watson stat   1.764537
```

我们看到，两种检验方法都表明存在过度离散现象，方差与均值的关系近似为

$$\text{var}(y_i|\mathbf{x}_i) \approx (1 + 0.2\mu_i)\mu_i$$

既然存在过度离散，我们需要采用允许均值方差不相等的模型重新估计。这里我们采用负二项回归模型的两步法 QML 估计[10]：采用 Wooldridge (1997) 方法得到的 ξ^2 作为负二项回归模型 QML 估计的 ξ^2

```
equation eq02.count(d=b,v=eqT2.@coefs(1),g) numb c ip feb
```

我们计算了 GLM 方差稳健估计，得到估计结果为

```
Dependent Variable: NUMB
Method: QML - Negative Binomial Count (Quadratic hill climbing)
Date: 12/11/10   Time: 20:26
Sample: 1 103
Included observations: 103
QML parameter used in estimation: 0.221237572578
Convergence achieved after 3 iterations
GLM Robust Standard Errors & Covariance
Variance factor estimate = 0.990002498955
Covariance matrix computed using second derivatives

     Variable      Coefficient   Std. Error   z-Statistic   Prob.

        C           1.724906     0.064976    26.54671     0.0000
        IP          2.833102     1.216260     2.329356    0.0198
        FEB        -0.369559     0.239125    -1.545463    0.1222

R-squared             0.064374   Mean dependent var      5.495146
Adjusted R-squared    0.045661   S.D. dependent var      3.653829
S.E. of regression    3.569435   Akaike info criterion   5.174385
Sum squared resid     1274.087   Schwarz criterion       5.251125
Log likelihood       -263.4808   Hannan-Quinn criter.    5.205468
Restr. log likelihood -523.0045  LR statistic            519.0473
Avg. log likelihood  -2.558066   Prob(LR statistic)      0.000000
```

我们看到，离散度 δ 的估计接近理论值 1，基本消除过度离散现象。此外，FEB 的系数估计与负二项回归模型 eq03 中 (第 813 页图 16.8 的后半部分) 的接近，且都是不显著的。

---

[10]Gourieroux et al. (1984a,b) 称为准广义 QML 估计。

准似然比统计量：需要说明的是，计数模型估计结果报告的 LR 统计量只有当条件分布是正确设定的情况下，检验才是正确的。在更弱的 GLM 假设 (第 797 页式 16.5) 下，如果均值方程是正确设定的，有准似然比统计量

$$\text{QLR} = \text{LR}/\delta \sim \chi^2(Q)$$

其中 δ 是离散度，Q 是限制的个数。EViews 并没有报告 QLR 统计量，实际上很容易计算：对于方程 eq01，计算代码为

```
equation eq01g.count(d=p,g) numb c ip feb
freeze(tb01g) eq01g.results
c(10) = @val(@mid(tb01g(8,1),27))    'variance factor=2.226420
c(11) = eq01.@lrstat/c(10)    'qlr
c(12) =1-@cchisq(c(11), 2)    'p-value
```

得到检验结果为 7.5666[0.0227]，显然统计量下降了很多。其中的离散度 (从表格对象 tb01g 读出的值为 2.22642046954) 也可以直接用标准化残差计算，根据式 (16.6) (第 798 页)

```
'eq01.makeresids(s) sr
c(13) = @sumsq(sr)/(eq01.@regobs-eq01.@ncoef)    'variance factor
```

EViews 7 中，广义线性模型 (参见第 1012 页 §D.4 节) 直接给出 QLR 统计量

```
equation eq01p.glm(family=poisson,disp=pearson) numb c ip feb
```

命令 glm 估计广义线性模型，得到 eq01p (泊松回归模型) 的估计结果为

```
Dependent Variable: NUMB
Method: Generalized Linear Model (Quadratic Hill Climbing)
Date: 12/11/10   Time: 20:48
Sample: 1 103
Included observations: 103
Family: Poisson (quasi-likelihood)
Link: Log
Dispersion computed using Pearson Chi-Square
Coefficient covariance computed using observed Hessian
Convergence achieved after 3 iterations
```

Variable	Coefficient	Std. Error	z-Statistic	Prob.
C	1.725630	0.065140	26.49096	0.0000
IP	2.775334	1.222201	2.270768	0.0232
FEB	-0.377407	0.260404	-1.449310	0.1473

Mean dependent var	5.495146	S.D. dependent var	3.653829
Sum squared resid	1273.912	Quasi-log likelihood	182.7197
Deviance	224.8640	Deviance statistic	2.248640
Restr. deviance	241.7104	Quasi-LR statistic	7.566609
Prob(Quasi-LR stat)	0.022747	Pearson SSR	222.6420
Pearson statistic	2.226420	Dispersion	2.226420

表尾 Quasi-LR statistic 报告了 QLR 统计量为 7.5666，Prob(Quasi-LR stat) 显示相应的 p 值为 0.0227。由于离散度的值为 2.226420 (Dispersion)，表明出现了过度离散的情况。注意到方程对象 eq01p 与 eq01g 报告的标准差都为 GLM 估计，我们发现，变量 FEB 的系数都变成不显著了。

§16.4 截断回归模型

有时候,我们只关心某一部分的样本内容,例如研究低收入家庭的收入时,我们会把收入超过一定水平的样本丢弃(或者根本就没有去收集)。另外一些情况下,超过某个水平时,因变量的取值可能就无法得到,或者需要付出的代价太高而放弃收集。在这些情况下,得到的观测总是部分的,此时不宜采用普通回归方法,而应采用专门的截断回归模型(truncated regression model)。

§16.4.1 理论回顾

截断分布是截断回归模型的基础知识,因此,我们先回顾截断分布,然后再讨论截断回归模型,最后介绍该模型中三种残差的定义。

一、截断分布

我们先回顾一种比较简单的截断分布,即左手边被截断的情形:对于连续随机变量 X,假设其密度函数为 $f(x)$,对于给定的常数 a,如果 $\Pr(X>a)>0$,则截断分布为如下条件分布

$$f(x|X>a) = \frac{f(x)}{\Pr(X>a)} \cdot 1(x>a)$$

该分布相当于将密度函数未被截掉的部分进行放大[11],使得截断后的密度函数的积分值为 1。例如,下图给出了标准正态的三种截断分布(截断点分别为 $-1, 0$ 和 0.5):

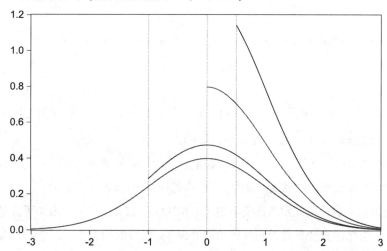

相应的作图代码为:

```
wfcreate tmp u 1 121
series t = @trend
t = (t-60)/20    '-3 to +3 step 0.05
series x = @dnorm(t)
vector(3) v
v.fill -1, 0, 0.5    'truncation point
```

---

[11]更一般的,对于连续分布,如果 $\Pr(a<X<b)>0$,则

$$f(x|a<X<b) = \frac{f(x)}{F(b)-F(a)} \cdot 1(a<x<b)$$

```
            group gx t x
            for !i = 1 to 3
               !a = v(!i)
               smpl if t>=!a
               series x{!i} = x /(1-@cnorm(!a))
               gx.add x{!i}    'add to group
            next

            smpl @all
            freeze(gft) gx.xyline
            gft.axis(b) range(-3,3)
            gft.legend -display
            for !i = 1 to 3
               gft.draw(line, b, rgb(156,156,156), pattern(2)) v(!i)
            next
            show gft
```

我们看到，截掉越多，密度函数升高越多。此外

- 如果左手边被截掉了，均值将比原来的升高，反之，如果右手边被截掉了，均值将下降。
- 可以证明，只要是截断分布，方差总是变小。

二、截断回归模型

截断回归模型中，不可观测的潜在变量 q_i 的回归模型假设为

$$q_i = \mathbf{x}_i'\mathbf{b} + \sigma u_i$$

其中 σ 为方差的缩放参数 (scale parameter)。一般的双侧截断 (two-limit truncated) 回归模型中，假定

$$y_i = \begin{cases} q_i & l_i < q_i < r_i \\ ? & \text{其他} \end{cases}$$

也就是说，我们所关心的观测 y_i 被限定在左右两个截断点 l_i 和 r_i 之间。关于截断回归模型：

- 截断点 l_i 和 r_i 是已知的参数，而 σ 是需要估计的。
- 如果左手边没有被截掉，相当于 $l_i = -\infty$，如果右手边没有被截掉，则取 $r_i = +\infty$。
- 在模型设定时，不同观测点的截断点是允许取不同值的，但必须是已知的。
- 潜在变量的模型设定中，与二元选择模型的式 (16.2)（第 787 页）相比，增加了方差的缩放参数。二元选择模型中，根据潜在变量是否超过阈值取 0 或 1；而截断模型中，对于超出截断点的观测变量我们并不关心，而在截断点限定的范围内，观测变量取的是潜在变量的值。

误差项中 u_i 通常假设为标准正态分布、Logistic 分布或者 I 型极值分布。双侧截断的模型中，截断分布具有如下的形式：

$$f(x|l_i < X < r_i) = \frac{f(x)}{F(r_i) - F(l_i)} \cdot 1(l_i < x < r_i)$$

其中 $f(x)$ 和 $F(x)$ 分别为相应的概率密度函数和累积分布函数。显然，对数似然函数为

$$\ell(\mathbf{b}, \sigma) = \sum_{i=1}^{N} [\log(f((y_i - \mathbf{x}_i'\mathbf{b})/\sigma)) \cdot 1(l_i < y_i < r_i)$$
$$- \log(F((r_i - \mathbf{x}_i'\mathbf{b})/\sigma) - F((l_i - \mathbf{x}_i'\mathbf{b})/\sigma))]$$

截断回归模型的条件均值形式：在我们关心的观测范围内有

$$y_i = \mathrm{E}(y_i|\mathbf{x}_i, l_i < q_i < r_i) + e_i = \mathrm{E}(q_i|\mathbf{x}_i, l_i < q_i < r_i) + e_i$$

不过此时条件均值的计算比较复杂。例如，仅左手边截断的情况，即 $l_i = a$ 和 $r_i = +\infty$ 时，假设 u_i 为标准正态分布，条件均值为

$$\mathrm{E}(q_i|\mathbf{x}_i, l_i < q_i < r_i) = \mathrm{E}(q_i|\mathbf{x}_i, q_i > a) = \mathbf{x}_i'\mathbf{b} + \frac{\phi((a - \mathbf{x}_i'\mathbf{b})/\sigma)}{1 - N((a - \mathbf{x}_i'\mathbf{b})/\sigma)}\sigma \tag{16.12}$$

其中 $\phi(\cdot)$ 和 $N(\cdot)$ 分别为标准正态分布的概率密度函数和累积分布函数。

三、残差

截断回归模型中，也有三种残差，其中普通残差[12]定义为

$$e_i = y_i - \mathrm{E}(q_i|\mathbf{x}_i, l_i < q_i < r_i)$$

标准残差为普通残差的标准化版本

$$e_{si} = \frac{y_i - \mathrm{E}(q_i|\mathbf{x}_i, l_i < q_i < r_i)}{\sqrt{\mathrm{var}(q_i|\mathbf{x}_i, l_i < q_i < r_i)}}$$

最后，广义残差定义为

$$e_{gi} = \frac{f'((y_i - \mathbf{x}_i'\mathbf{b})/\sigma)}{\sigma f((y_i - \mathbf{x}_i'\mathbf{b})/\sigma)} - \frac{f((y_i - \mathbf{x}_i'\mathbf{b})/\sigma)}{[F((r_i - \mathbf{x}_i'\mathbf{b})/\sigma) - F((l_i - \mathbf{x}_i'\mathbf{b})/\sigma)]\sigma}$$

其中 σ 和 $\mathbf{b}$ 取估计值，$f'(\cdot)$ 是密度函数 $f(\cdot)$ 的一阶导数[13]。由于广义残差是由对数似然函数导出的，我们可以用它来构造各种各样的 LM 检验 (请参考 Chesher and Irish, 1987；Gourieroux et al., 1987)。

提取截断回归模型的残差时，命令 makeresids 默认计算普通残差 (选项 o)，使用选项 s 和 g 分别得到标准化残差和广义残差。

§16.4.2 模型估计

我们将用例子介绍截断回归模型的估计结果，解释误差项的标准差估计。然后对估计命令的选项特别是截断点的设置进行说明，最后讨论分类统计表。

一、例子

我们采用 EViews 7 的例子数据

```
%ex7 = "\Example Files\EV7 Manual Data\"
%ch26 = "Chapter 26 - Discrete and Limited Dependent Variable Models"
%wf = @evpath + %ex7 +%ch26 +"\censor.wf1"
wfopen %wf
```

先查看因变量 hrs (妻子每年工作的小时数) 的分布情况

```
smpl if hrs>0
freeze(gfh) hrs.distplot kernel(k=n,b=200,fill,leg=det)
gfh.axis(b) range(0,5000)
gfh.legend -inbox position(3,0.3)
smpl @all
```

---

[12] 由于观测 y_i 不完全，无法计算 $\mathrm{E}(y_i|\mathbf{x}_i)$，但有 $\mathrm{E}(y_i|\mathbf{x}_i, l_i < q_i < r_i) = \mathrm{E}(q_i|\mathbf{x}_i, l_i < q_i < r_i)$。

[13] 提醒：关于撇号，函数名的撇号表示求导，矩阵变量的撇号表示转置。

得到核密度估计图形

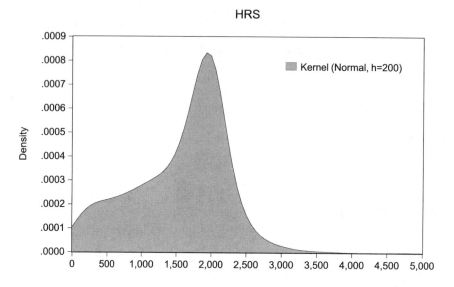

显示出明显的左端截断(截断点为 0)。下面我们采用截断回归模型进行估计

```
equation eq10.censored(t) hrs c age edu kid1
```

默认估计 Tobit 模型，得到估计结果为

```
Dependent Variable: HRS
Method: ML - Censored Normal (TOBIT) (Quadratic hill climbing)
Date: 12/17/10   Time: 07:37
Sample: 1 3382
Included observations: 2487
Truncated sample
Left censoring (value) at zero
Convergence achieved after 7 iterations
Covariance matrix computed using second derivatives
```

Variable	Coefficient	Std. Error	z-Statistic	Prob.
C	1534.915	104.3856	14.70427	0.0000
AGE	-4.994707	1.507413	-3.313429	0.0009
EDU	21.67178	6.264715	3.459341	0.0005
KID1	-265.0019	22.96683	-11.53846	0.0000

Error Distribution				
SCALE:C(5)	681.9777	11.20692	60.85325	0.0000

Mean dependent var	1544.106	S.D. dependent var	672.5555
S.E. of regression	653.3790	Akaike info criterion	15.77823
Sum squared resid	1.06E+09	Schwarz criterion	15.78993
Log likelihood	-19615.23	Hannan-Quinn criter.	15.78248
Avg. log likelihood	-7.887103		

Left censored obs	0	Right censored obs	0
Uncensored obs	2487	Total obs	2487

我们看到，EViews 中估计截断回归模型和审查回归模型 (censored regression model, 参见下一节的讨论) 的命令都为 `censored`：

- 结果输出保留了审查回归模型的痕迹，但在表头的信息中，`Truncated sample` 标明这是截断模型的估计结果，而 `Left censoring (value) at zero` 指的是左截断点为 0。
- 表中的 "`SCALE:C(5)`"，是系数 σ 的估计，即误差分布的标准差估计。
- 在汇总统计量的报告中，我们没有看到系数整体显著性的统计量，我们将在审查回归模型中 (参见第 833 页 §16.5.3 节) 讨论。

- 汇总统计量的最后部分报告了观测被审查的信息，只是套用审查回归模型的结果报告格式，在截断回归模型中没有意义。

在截断回归模型中误差项的设定为 σu_i，当 σ 已经估计出来，误差的方差是多少呢？注意到标准正态分布、Logistic 分布和 I 型极值分布的期望和方差如下表：

分布	期望	方差
标准正态分布	0	1
Logistic 分布	0	$\pi^2/3$
极值分布 (I 型)	$-\gamma$	$\pi^2/6$

表中的 $\gamma \approx 0.5772156649$ 是 Euler-Mascheroni 常数。[14] 显然，误差项的标准差只有当 u_i 为标准正态分布时才是 σ，而如果选择了 Logistic 分布，误差项的标准差则为 $\sigma\pi/\sqrt{3}$。

二、估计命令

估计截断回归模型的命令为 `censored`。

- 要估计截断回归模型，必须给出选项 `t`，否则估计的是审查回归模型。
- 公式法的方程设定中 (EViews 6 之前，截断回归模型的方程设定只能采用名单法)

```
equation eq11.censored(t,showopts) _
         hrs=c(1)+c(2)*age+c(3)*edu+c(4)*kid1
```

等号右边设置的是指数项。此外，对公式法设定的截断回归模型进行估计时，将自动采用 EViews 默认的初始值。

- 误差的分布：选项 `d={n, l, x}` 分别设置标准正态分布 (默认)、Logistic 分布和 I 型极值分布。
- 截断点必须是给定的，如常数 (选项 `l=num, r=num`)，或者是序列对象 (选项 `l=ser1, r=ser2`)。用序列对象设置截断点时，显然各个观测点的截断点允许不同。
- 估计截断回归模型时，截断点必须是已知的，如果命令中出现选项 `i`，EViews 将发出错误信息，并停止估计。因为选项 `i` 用于审查点未知的情况，参见下一节审查回归模型。
- 其他估计选项，例如初始值、算法、迭代次数和收敛准则，以及方差估计等，都与二元选择模型的估计命令 `binary` 的选项相同 (参见第 796 页 §16.1.4 节)。
- 如果因变量的观测值刚好落在截断点，EViews 将该观测点排除在估计样本外 (eq10 中，有 895 个观测值刚好为截断点 0 的样本被排除在估计样本之外)。
- 在估计样本中，如果因变量的观测值超出了截断点的值，EViews 将发出错误信息，并停止估计。

用 EViews 估计截断回归模型时，所有的左截断点默认为 $l_i = 0$，所有的右截断点默认为 $r_i = +\infty$，即右手边不截断。我们来看下面的命令：

---

[14] Euler-Mascheroni 常数一般定义为调和系列 (harmonic series) 与自然对数之差的极限

$$\gamma \equiv \lim_{n\to\infty} \sum_{k=1}^{n} \frac{1}{k} - \ln(n)$$

迄今，人们还不知道 γ 是否为有理数。关于 Euler-Mascheroni 常数，更详细的讨论请参考 http://en.wikipedia.org/wiki/Euler-Mascheroni_constant。

```
equation eq10a.censored(t,l=0)    hrs c age edu kid1
equation eq10b.censored(t,l=0,r=) hrs c age edu kid1    'NOT rcmd
smpl 100 200
equation eq10c.censored(t,l=0,r)  hrs c age edu kid1
smpl @all
```

测试表明:

- 方程对象 eq10a、eq10b 和 eq10 三者的估计结果完全相同 (除了 eq10 估计结果输出的表头中, "Left censoring (value) at zero" 被修改为 eq10a 和 eq10b 的 "Left censoring (value) series: 0" 以外)。
- 方程对象 eq10c 的估计命令中, 选项 r 表示采用 "Newton-Raphson" 的方法 (eq10c 改用其他样本极其容易出现 "Near singular matrix" 错误), 对比方程对象 eq10b 的设定, 只是选项 r 和 r= 的区别: eq10b 中的 r= 不是改变算法[15], 而是不指定右截断点, 而采用默认的右边无截断的情况。

三、分类统计表

截断回归模型的方程对象可以查看变量的分类统计

```
eq10.means
```

得到分类统计表如下:

```
Categorical Descriptive Statistics for Variables
Equation: EQ10
Date: 12/17/10    Time: 07:37
```

	Mean	
Variable	Dep	All
HRS	1544.106	1544.106
C	1.000000	1.000000
AGE	35.42380	35.42380
EDU	12.85686	12.85686
KID1	0.451146	0.451146

	Standard Deviation	
Variable	Dep	All
HRS	672.5555	672.5555
C	0.000000	0.000000
AGE	10.25910	10.25910
EDU	2.299484	2.299484
KID1	0.700481	0.700481
Observations	2487	2487

只有一个分类 (恰好落在截断点上的样本被丢弃), 该表格只是机械地复制审查回归模型的分类统计表, 因此实际意义不大。作为对比, 我们查看二元选择模型的分类统计表

```
series yb = (hrs>0)
equation eq12.binary yb c age edu kid1    'Probit
freeze(tb12m) eq12.means
```

---

[15] 使用该形式是自找麻烦。

得到的分类统计表为

```
Categorical Descriptive Statistics for Explanatory Variables
Equation: EQ12
Date: 12/17/10   Time: 07:37
```

		Mean	
Variable	Dep=0	Dep=1	All
C	1.000000	1.000000	1.000000
AGE	40.67151	35.42380	36.81254
EDU	11.70950	12.85686	12.55322
KID1	0.663687	0.451146	0.507392

		Standard Deviation	
Variable	Dep=0	Dep=1	All
C	0.000000	0.000000	0.000000
AGE	13.21029	10.25910	11.35310
EDU	2.530456	2.299484	2.416051
KID1	0.897280	0.700481	0.763194
Observations	895	2487	3382

我们看到，其倒数第二列与截断回归模型的分类统计表的最后两列都相同 (不含因变量)。

§16.4.3　检验和预测

同样地，EViews 为截断回归模型提供了丰富的检验。而预测方面，截断回归模型可以预测指数 $\mathbf{x}_i'\mathbf{b}$ 和因变量的条件期望 $\mathrm{E}(y_i|\mathbf{x}_i, l_i < q_i < r_i)$。

一、检验

常规的系数检验和残差检验请分别参考 §4.2 节 (第 182 页) 和 §4.3 节 (第 190 页)。而系数整体的显著性检验请参见 §16.5.3 节 (第 833 页)。

二、预测

在进行预测之前，我们先了解一下截断回归模型在 EViews 中的表示

```
eq10.spec
```

得到方程对象的设定为

```
Estimation Command:
=========================
CENSORED(D=N,T) HRS C AGE EDU KID1

Estimation Equation:
=========================
I_HRS = C(1) + C(2)*AGE + C(3)*EDU + C(4)*KID1

Forecasting Equation:
=========================
I_HRS = C(1) + C(2)*AGE + C(3)*EDU + C(4)*KID1
HRS = I_HRS+C(5)*(@DNORM((0 - I_HRS)/C(5)))/
      (1-@CNORM((0 - I_HRS)/C(5)))

Substituted Coefficients:
=========================
```

```
I_HRS = 1534.91494887 - 4.99470672197*AGE + 21.6717839896*EDU
        - 265.001903174*KID1
HRS = I_HRS+681.977660811*(@DNORM((0 - I_HRS)/681.977660811))/
      (1-@CNORM((0 - I_HRS)/681.977660811))
```

我们看到，截断回归模型中 Forecasting Equation 包含了两个方程：一个是指数项的设定 (I_HRS)，另外一个是因变量的条件均值 HRS，即式 (16.12)(第 821 页)。

截断回归模型中，命令 fit 和 forecast 分别进行静态和动态的均值预测。请注意，进行均值预测时 EViews 计算的是

$$\mu_i = \mathrm{E}(y_i|\mathbf{x}_i, l_i < q_i < r_i) = \mathrm{E}(q_i|\mathbf{x}_i, l_i < q_i < r_i)$$

而不是通常的条件均值 $\mathrm{E}(y_i|\mathbf{x}_i)$。需要说明的是，预测值总是满足

$$l_i < \mu_i < r_i$$

此外，如果使用选项 i，则预测指数项[16] $z_i = \mathbf{x}_i'\mathbf{b}$。

在误差为 Logistic 分布的假设下，类似于式 (16.12)(第 821 页)，条件均值是比较复杂的

```
equation eq30.censored(t,d=l) hrs c age edu kid1
eq30.spec
```

得到如下的模型设定

```
Estimation Equation:
========================
I_HRS = C(1) + C(2)*AGE + C(3)*EDU + C(4)*KID1

Forecasting Equation:
========================
I_HRS = C(1) + C(2)*AGE + C(3)*EDU + C(4)*KID1
HRS = I_HRS+C(5)*(-(@LOG(@CLOGISTIC((0 - I_HRS)/C(5)))
      - (0 - I_HRS)/C(5)*(1-@CLOGISTIC((0 - I_HRS)/C(5)))) )
      /(1-@CLOGISTIC((0 - I_HRS)/C(5)))
```

其中 @CLOGISTIC 为 Logistic 分布的累积分布函数。

不用说，I 型极值分布下，截断回归模型的条件均值也是"庞然大物"

```
equation eq20.censored(t,d=x) hrs c age edu kid1
eq20.spec
```

得到误差为极值分布时模型设定为

```
Estimation Equation:
========================
I_HRS = C(1) + C(2)*AGE + C(3)*EDU + C(4)*KID1

Forecasting Equation:
========================
I_HRS = C(1) + C(2)*AGE + C(3)*EDU + C(4)*KID1
HRS = I_HRS+C(5)*(@DIGAMMA(1)
      -(@DIGAMMA(1)*@GAMMAINC(@EXP((0 - I_HRS)/C(5)),1)
      +@GAMMAINCDER(@EXP((0 - I_HRS)/C(5)),1,2)) )
      /(1-@CEXTREME((0 - I_HRS)/C(5)))
```

---

[16] 尽管截断回归模型中 $\mathbf{x}_i'\mathbf{b}$ 不在指数位置上，EViews 仍然把潜在方程中的设定 $\mathbf{x}_i'\mathbf{b}$ 称为指数。

其中 @CEXTREME 为 I 型极值分布的累积分布函数，此外，还包含了如下特殊函数：

- 函数 @DIGAMMA 表示 Digamma 函数[17]，常记为 $\Psi(x)$，定义为对数 Gamma 函数的一阶导数，即
$$\Psi(x) = \frac{\mathrm{d}\log(\Gamma(x))}{\mathrm{d}x} = \frac{\Gamma'(x)}{\Gamma(x)}$$
有 $\Psi(1) = -\gamma$，其中 γ 为 Euler-Mascheroni 常数。
- 函数 @GAMMAINC 是不完全 Gamma 函数 (incomplete Gamma function)。
- 函数 @GAMMAINCDER 是不完全 Gamma 函数[18]的导数。

明确了模型的实际含义，截断回归模型的预测也就很容易理解了

```
eq20.fit(i) qi
eq20.fit yf

eq20.makemodel(mod1)
mod1.solve(g=n,z=n)

'compute index
eq20.makeregs xx
series z = eq20.c(1)
for !i = 2 to xx.@count
    z = z+eq20.c(!i)*xx(!i)
next

c = 100
c(1) = @sum(@abs(qi-i_hrs_0))
c(2) = @sum(@abs(qi-z))
c(3) = @sum(@abs(yf-hrs_0))
```

代码片段中

- 命令 fit 计算指数预测 qi (选项 i) 和均值预测 yf。
- 样板对象 mod1 的求解，计算出均值预测 hrs_0 和指数预测 ihrs_0。
- for 循环直接计算指数，保存在序列对象 z 中。

我们发现 c(1), c(2) 和 c(3) 都为 0，表明 hrs_0 和 yf 为均值预测，而 ihrs_0, qi 和 z 则都为指数预测。因此，截断回归模型中，命令 fit 的选项 i 预测的是指数 $z_i = \mathbf{x}_i'\mathbf{b}$，而不是 EViews 手册说的预测潜在变量 q_i：由于 I 型极值分布的均值非零

$$\mu_{*i} = \mathrm{E}(q_i|\mathbf{x}_i) = \mathbf{x}_i'\mathbf{b} + \sigma\,\mathrm{E}(u_i) = \mathbf{x}_i'\mathbf{b} - \gamma\sigma \neq z_i = \mathbf{x}_i'\mathbf{b}$$

此时潜在变量的预测与指数的预测并不相等。

最后，我们比较一下预测值与实际值

```
genr y = hrs
smpl 101 @last
hrs = na
smpl @all
freeze(gf10) eq10.resids
gf10.legend -inbox position(2.3,0.1) columns(3)
gf10.datelabel interval(obs,10,0)
hrs = y    'restore
```

---

[17]请参考 http://en.wikipedia.org/wiki/Digamma_function。

[18]请参考 http://en.wikipedia.org/wiki/Incomplete_gamma_function。

为了看得更清楚，我们只查看前 100 个样本，得到图形如下：

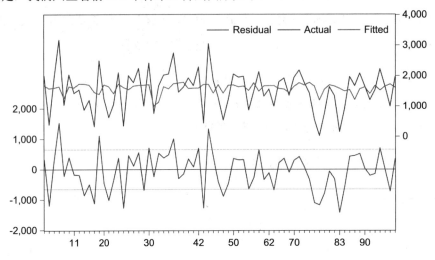

预测误差较大，预测效果并不是很好 (命令 eq10.fit(e) yf 查看预测评估表)。

问题：注意到 (假设 $\mathrm{E}(u_i|\mathbf{x}_i) = \mathrm{E}(u_i)$, 即均值独立)

$$\mu_{*i} = \mathrm{E}(q_i|\mathbf{x}_i) = \mathbf{x}_i'\mathbf{b} + \sigma \mathrm{E}(u_i)$$

那么，如果 $l_i < \mu_{*i} < r_i$，能不能直接用 μ_{*i} 作为 y_i 的预测呢？

提示：$\mathrm{E}(q_i|\mathbf{x}_i)$ 与 $\mathrm{E}(q_i|\mathbf{x}_i, l_i < q_i < r_i)$ 两者是不同的。

§16.5 审查回归模型

收入调查时,对于高收入人群,由于隐私等原因,收入数据可能记录为月收入超过 5 万,而没有给出具体的数值。也就是说,因变量处于某一范围的样本观测值都使用相同的数值进行替代,要分析诸如此类的被审查的数据,我们可以使用审查回归模型 (censored regression model)。

§16.5.1 理论回顾

审查回归模型的基础是潜在变量的回归模型:通常假定潜在变量 q_i 的数据生成过程为

$$q_i = \mathbf{x}_i' \mathbf{b} + \sigma u_i$$

其中 σ 为方差的缩放参数 (scale parameter),EViews 中,u_i 可以选择为标准正态分布、Logistic 分布或者 I 型极值分布。

一、模型设定

Tobit 模型是最经典的审查回归模型 (Tobin, 1958),Tobit 模型假设 u_i 服从标准正态分布

$$y_i = \begin{cases} 0 & q_i \leqslant 0 \\ q_i & q_i > 0 \end{cases}$$

也就是说,当潜在变量 q_i 取负值时,观测变量 y_i 都记录为 0,这种情况称为 0 处左审查。EViews 还提供了更为一般的审查回归模型,允许左右同时审查,即

$$y_i = \begin{cases} l_i & q_i \leqslant l_i \\ q_i & l_i < q_i < r_i \\ r_i & q_i \geqslant r_i \end{cases}$$

关于审查回归模型:

- 对比截断回归模型与审查回归模型,因变量取值上的区别可以形象地理解为:截断回归模型中取值范围外的观测值是"问号",而审查回归模型中取值范围外的观测值是"代号"。对于受影响的数据,截断回归模型是把数据丢弃,而审查回归模型并不丢弃观测数据,而是将其改为边界值。
- 审查点 l_i 和 r_i 是已知的参数 (EViews 允许某些未知的情况,我们在模型估计中进一步讨论),而参数 σ 是待估计的参数。
- 如果没有左审查,取 $l_i = -\infty$ 即可;如果没有右审查,则取 $r_i = +\infty$。模型设定中,没有被审查的区间是 $l_i < q_i < r_i$。
- Tobit 模型相当于 $l_i = 0$ 且 $r_i = +\infty$ 的情况。

在上述设定下,我们得到审查回归模型的对数似然函数

$$\ell(\mathbf{b}, \sigma) = \sum_{i=1}^{N} [\log(f((y_i - \mathbf{x}_i'\mathbf{b})/\sigma)) \cdot \mathit{1}(l_i < y_i < r_i) \tag{16.13}$$
$$+ \log(F((l_i - \mathbf{x}_i'\mathbf{b})/\sigma)) \cdot \mathit{1}(y_i = l_i) + \log(1 - F((r_i - \mathbf{x}_i'\mathbf{b})/\sigma)) \cdot \mathit{1}(y_i = r_i)]$$

其中 $f(x)$ 和 $F(x)$ 分别为相应分布设定的概率密度函数和累积分布函数。

二、边际效应

审查回归模型的条件期望形式

$$y_i = \mathrm{E}(y_i|\mathbf{x}_i) + e_i$$

由于 y_i 是 q_i 的函数，记 q_i 关于 $\mathbf{x}_i$ 的条件密度函数为 $g(q_i|\mathbf{x}_i)$，则

$$\mathrm{E}(y_i|\mathbf{x}_i) = \int_{-\infty}^{+\infty} y_i g(q_i|\mathbf{x}_i)\, \mathrm{d}q_i = \int_{-\infty}^{l_i} l_i g(q_i|\mathbf{x}_i)\, \mathrm{d}q_i + \int_{l_i}^{r_i} q_i g(q_i|\mathbf{x}_i)\, \mathrm{d}q_i + \int_{r_i}^{+\infty} r_i g(q_i|\mathbf{x}_i)\, \mathrm{d}q_i$$

$$= l_i \Pr(q_i \leqslant l_i|\mathbf{x}_i) + \mathrm{E}(q_i|\mathbf{x}_i, l_i < q_i < r_i) \Pr(l_i < q_i < r_i|\mathbf{x}_i) + r_i \Pr(q_i \geqslant r_i|\mathbf{x}_i)$$

特别地，对于 Tobit 模型有

$$\mathrm{E}(y_i|\mathbf{x}_i) = \mathbf{x}_i'\mathbf{b} N(\mathbf{x}_i'\mathbf{b}/\sigma) + \sigma \phi(\mathbf{x}_i'\mathbf{b}/\sigma) \tag{16.14}$$

关于边际效应，根据 Greene (2003, p765，定理22.4) 有

$$\frac{\partial \mathrm{E}(y_i|\mathbf{x}_i)}{\partial \mathbf{x}_i} = \mathbf{b} \Pr(l_i < q_i < r_i|\mathbf{x}_i)$$

对于 Tobit 模型，可以进一步分解为两部分

$$\frac{\partial \mathrm{E}(y_i|\mathbf{x}_i)}{\partial \mathbf{x}_i} = \frac{\partial \Pr(y_i > 0)}{\partial \mathbf{x}_i} \mathrm{E}(y_i|\mathbf{x}_i, y_i > 0) + \frac{\partial \mathrm{E}(y_i|\mathbf{x}_i, y_i > 0)}{\partial \mathbf{x}_i} \Pr(y_i > 0)$$

我们看到 $\mathbf{x}_i$ 的变化有两种效应 (McDonald and Moffitt, 1980)：改变因变量没有被审查的概率，以及在因变量被观测到时，改变因变量的均值。

三、残差

审查回归模型中有三种残差：其中普通残差定义为

$$e_i = y_i - \mathrm{E}(y_i|\mathbf{x}_i)$$

标准残差则为普通残差的标准化版本

$$e_{si} = \frac{y_i - \mathrm{E}(y_i|\mathbf{x}_i)}{\sqrt{\mathrm{var}(y_i|\mathbf{x}_i)}}$$

最后，是广义残差

$$e_{gi} = -\frac{f'((y_i - \mathbf{x}_i'\mathbf{b})/\sigma)}{\sigma f((y_i - \mathbf{x}_i'\mathbf{b})/\sigma)} \cdot 1(l_i < y_i < r_i)$$

$$- \frac{f((l_i - \mathbf{x}_i'\mathbf{b})/\sigma)}{\sigma F((l_i - \mathbf{x}_i'\mathbf{b})/\sigma)} \cdot 1(y_i \leqslant l_i) + \frac{f((r_i - \mathbf{x}_i'\mathbf{b})/\sigma)}{[1 - F((r_i - \mathbf{x}_i'\mathbf{b})/\sigma)]\sigma} \cdot 1(y_i \geqslant r_i)$$

其中 σ 和 $\mathbf{b}$ 取估计值，$f'(\cdot)$ 是密度函数 $f(\cdot)$ 的一阶导数。由于广义残差是由对数似然函数导出的，我们可以用它构造出各种各样的 LM 检验 (请参考 Chesher and Irish, 1987；Gourieroux et al., 1987)。

提取审查回归模型的残差时，命令 `makeresids` 默认计算普通残差 (选项 o)，使用选项 s 和 g 分别得到标准化残差和广义残差。

§16.5.2 模型估计

基于 Fair (1977, 1978) 的经典数据，本节先介绍审查回归模型的估计结果。然后，总结估计命令 `censored` 的选项设置，并通过例子讲解审查点未知时的处理。最后，简单说明了分类统计表。

一、例子

EViews 7 提供了 Fair (1977, 1978) 的数据

```
%ex7 = "\Example Files\EV7 Manual Data\"
%ch26 = "Chapter 26 - Discrete and Limited Dependent Variable Models"
%wf = @evpath + %ex7 +%ch26 +"\tobit_fair.wf1"
wfopen %wf
copy y_pt y
equation eq01.censored y c z1 z2 z3 z4 z5 z6 z7 z8
```

方程 eq01 估计默认的 Tobit 模型，得到估计结果为

```
Dependent Variable: Y
Method: ML - Censored Normal (TOBIT) (Quadratic hill climbing)
Date: 12/18/10   Time: 08:56
Sample: 1 601
Included observations: 601
Left censoring (value) at zero
Convergence achieved after 6 iterations
Covariance matrix computed using second derivatives
```

Variable	Coefficient	Std. Error	z-Statistic	Prob.
C	7.608487	3.905987	1.947904	0.0514
Z1	0.945787	1.062866	0.889847	0.3735
Z2	-0.192698	0.080968	-2.379921	0.0173
Z3	0.533190	0.146607	3.636852	0.0003
Z4	1.019182	1.279575	0.796500	0.4257
Z5	-1.699000	0.405483	-4.190061	0.0000
Z6	0.025361	0.227667	0.111394	0.9113
Z7	0.212983	0.321157	0.663173	0.5072
Z8	-2.273284	0.415407	-5.472429	0.0000

Error Distribution				
SCALE:C(10)	8.258432	0.554581	14.89131	0.0000

Mean dependent var	1.455907	S.D. dependent var		3.298758
S.E. of regression	3.058957	Akaike info criterion		2.378473
Sum squared resid	5539.472	Schwarz criterion		2.451661
Log likelihood	-704.7311	Hannan-Quinn criter.		2.406961
Avg. log likelihood	-1.172597			
Left censored obs	451	Right censored obs		0
Uncensored obs	150	Total obs		601

我们看到

- 表头 Left censoring (value) at zero 指出左审查点为 0。
- 表中的 SCALE:C(10) 是系数 σ 的估计，即误差分布的标准差估计。
- 在汇总统计量的报告中，我们没有看到检验系数整体有效性的统计量，我们将在下一小节 (第 833 页 §16.5.3 节) 讨论。
- 汇总统计量的最后部分报告观测被审查的信息，例如被左审查的观测有 451 个 (Left censored obs)，未被审查的观测仅 150 个 (Uncensored obs)。

二、估计命令

EViews 中，审查回归模型的估计命令为 censored，在前一节中 (截断回归模型) 我们已有所了解：

- 用 EViews 估计审查回归模型时，默认的模型为 Tobit 模型，即所有的左审查点为 $l_i = 0$，没有右审查点，即 $r_i = +\infty$。
- 公式法的方程设定中 (EViews 6 之前，审查回归模型的方程设定只能采用名单法)

```
equation eq06.censored(showopts) _
                hrs=c(1)+c(2)*age+c(3)*edu+c(4)*kid1 'censor.wf1
```

等号右边设置的是指数项，并且估计时将自动采用 EViews 默认的初始值。

- 误差的分布：选项 d={n, l, x} 分别设置标准正态分布 (默认)、Logistic 分布和 I 型极值分布。
- 当各个观测的审查点都已知时，可以用常数 (选项 l=num, r=num) 或者序列对象 (选项 l=ser1, r=ser2) 来设定审查点。用序列对象设置审查点时，各个观测点的审查点可以不同。
- 如果存在审查点未知的情况，可以使用 0-1 审查指示 (censoring indicator) 序列，1 表示观测点被审查，0 表示观测点取实际值。采用审查指示序列时，必须加上选项 i，否则序列被当成普通的审查点序列 (尽管只取 0 和 1 两个值)。
- 选项 r 和带赋值的 "r=ser" 是不同的，前者表示改变算法为 "Newton-Raphson" 的方法，后者表示审查点的值从序列对象中取。
- 其他估计选项，例如初始值、算法、迭代次数和收敛准则，以及方差估计等，都与二元选择模型的估计命令 binary 的选项相同 (参见第 796 页 §16.1.4 节)。

当使用选项 i 设定审查指示序列时，有几点值得强调：

- 如果观测点的审查指示为 1，那么相应的观测值就被当成审查点。例如失业时间的数据中，在调查结束时，被调查者可能还处在失业状态中，此时，调查时刻的失业时间就作为右审查点。
- 由于审查指示把观测值当成审查点，对于任一个观测，其左右审查指示不能同时为 1，否则 EViews 将报告错误。
- 如果使用了审查指示序列，EViews 将不提供观测变量的预测。
- 尽管我们可以不使用审查指示，例如刚才提到的失业时间，人为设定很大的数，如用 100 年来表示，EViews 估计的结果将是一样的。但这有一个缺点，EViews 将采用给定的值来计算条件均值，显然结果是不正确的。而如果使用了审查指示序列，EViews 将不进行该计算。

根据前面的说明，命令 censored(l=ix,r=ix2,i) 中，审查点的取值可以理解为

$$l_i = \begin{cases} -\infty & ix(i) = 0 \\ y_i & ix(i) = 1 \end{cases} \qquad r_i = \begin{cases} +\infty & ix2(i) = 0 \\ y_i & ix2(i) = 1 \end{cases}$$

例如

```
genr ix = (y=0)
genr ix2 = (y=@max(y))
equation eq60.censored(l=ix,r=ix2,i) y c z1 z2 z3 z4 z5 z6 z7 z8
```

我们发现 eq60 中，被左审查的观测有 451 个 (取值为 0 的观测)，被右审查的观测有 38 个 (序列 y 的最大值为 12，并且有 38 个观测同取值 12)。作为对比

```
equation eq61.censored(l=0,r=12) y c z1 z2 z3 z4 z5 z6 z7 z8
equation eq62.censored(l=0,r=20) y c z1 z2 z3 z4 z5 z6 z7 z8
```

方程 eq60 和 eq61 具有相同的左右审查点设置，估计结果完全相同。而方程 eq62 没有右审查点，估计结果与方程 eq01 相同。(但预测值不同，为什么？)

三、分类表

分类统计表报告了审查回归模型中各变量根据因变量进行分类的信息

```
eq01.means
```

得到如下分类统计表：

```
Categorical Descriptive Statistics for Variables
Equation: EQ01
Date: 12/18/10   Time: 08:56
```

		Mean	
Variable	Dep=L	L<Dep	All
Y	0.000000	5.833333	1.455907
C	1.000000	1.000000	1.000000
Z1	0.461197	0.520000	0.475874
Z2	32.18071	33.41000	32.48752
Z3	7.727279	9.531947	8.177696
Z4	0.680710	0.820000	0.715046
Z5	3.203991	2.853333	3.116473
Z6	16.13969	16.24667	16.16639
Z7	4.155211	4.313333	4.194676
Z8	4.093126	3.446667	3.931780

		Standard Deviation	
Variable	Dep=L	L<Dep	All
Y	0.000000	4.255934	3.298758
C	0.000000	0.000000	0.000000
Z1	0.499046	0.501274	0.499834
Z2	9.491636	8.614618	9.288762
Z3	5.626896	5.187217	5.571303
Z4	0.466719	0.385475	0.451564
Z5	1.155886	1.166574	1.167509
Z6	2.378702	2.479274	2.402555
Z7	1.837350	1.765199	1.819443
Z8	1.015533	1.212555	1.103179
Observations	451	150	601

表中报告了均值和标准差，按照因变量的取值分为 $y_i = l_i$ 和 $y_i > l_i$ 两类，观测样本分别为 451 和 150。

§16.5.3 检验和预测

审查回归模型中，常规的系数检验和残差检验请分别参考 §4.2 节 (第 182 页) 和 §4.3 节 (第 190 页)。由于估计结果没有报告系数整体显著性的统计量，我们给出显著性检验方法，并介绍简单的设定检验。而预测方面，审查回归模型提供了对因变量或者指数的预测。

一、系数检验

系数显著性检验有三种方法：第一种方法采用冗余变量检验

```
eq01.testdrop z1 z2 z3 z4 z5 z6 z7 z8
```

得到检验结果为

```
Redundant Variables Test
Equation: EQ01
Specification: Y C Z1 Z2 Z3 Z4 Z5 Z6 Z7 Z8
Redundant Variables: Z1 Z2 Z3 Z4 Z5 Z6 Z7 Z8
```

	Value	df	Probability
Likelihood ratio	80.01288	8	0.0000

LR test summary:

	Value	df
Restricted LogL	-744.7375	599
Unrestricted LogL	-704.7311	591

明确拒绝了变量为冗余的零假设，表明系数整体是显著的。

第二种方法采用 Wald 检验

```
eq01.wald c(2)=0,c(3)=0,c(4)=0,c(5)=0,c(6)=0,c(7)=0,c(8)=0,c(9)=0
```

得到检验结果为

```
Wald Test:
Equation: EQ01

Test Statistic        Value         df        Probability

F-statistic         8.516768      (8, 591)      0.0000
Chi-square          68.13414         8          0.0000


Null Hypothesis: C(2)=0,C(3)=0,C(4)=0,C(5)=0,C(6)=0,C(
        7)=0,C(8)=0,C(9)=0
Null Hypothesis Summary:

Normalized Restriction (= 0)       Value        Std. Err.

C(2)                              0.945787      1.062866
C(3)                             -0.192698      0.080968
C(4)                              0.533190      0.146607
C(5)                              1.019182      1.279575
C(6)                             -1.699000      0.405483
C(7)                              0.025361      0.227667
C(8)                              0.212983      0.321157
C(9)                             -2.273284      0.415407

Restrictions are linear in coefficients.
```

强烈拒绝了系数都为零的联合假设，因此系数整体上是显著的。

第三种方法则直接计算，通过如下的程序片断

```
equation eq01r.censored y c
scalar LR = 2*(eq01.@logl-eq01r.@logl)
scalar pv = 1-@cchisq(LR, 8)
```

其中方程 eq01r 为限制模型，计算得到 LR 检验为 80.01[0.0000]，检验结果与前两种检验方法的结果完全一致，系数整体是显著的。

二、设定检验

如果误差的分布是对称的 (如正态分布)，那么裁剪残差 (trimmed residual)

$$[\min(y_i, 2\mathbf{x}_i'\mathbf{b}) - \mathbf{x}_i'\mathbf{b}] \cdot 1\,(\mathbf{x}_i'\mathbf{b} > 0)$$

也应该是对称的。Pagan and Vella (1989) 建议考察 Powell (1986) 的对称裁剪残差的图形，做为粗略的诊断检验 (diagnostic check)。

下面我们计算对称裁剪残差，并考察其直方图

```
eq01.fit(i) xb
series str = (y<=2*xb)*(y-xb) +(y>2*xb)*xb    'min(y,2*xb)-xb
smpl if xb<=0
series str = na
smpl @all
freeze(gfh) str.hist
```

得到直方图为

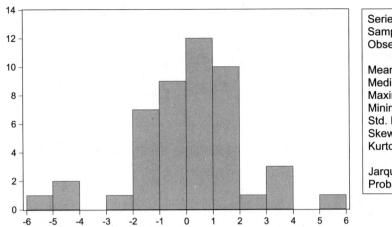

我们看到，分布基本上是对称的。请注意，大部分观测被裁剪掉了，全部样本的 601 个观测中，裁剪后只剩下 47 个观测。

Tobit 模型中，假定被审查的数据和未被审查的数据来自相同的分布，也就是说，被审查数据的分布的参数和未被审查数据的分布的参数相等。我们采用 Greene (2003, p770) 的方法进行检验

```
series yb = (y>0)
equation eq02.binary yb c z1 z2 z3 z4 z5 z6 z7 z8    'Probit
equation eq03.censored(t) y c z1 z2 z3 z4 z5 z6 z7 z8
scalar LRtest = 2*(eq02.@logl+eq03.@logl-eq01.@logl)
scalar LRpv = 1-@cchisq(LRtest,eq01.@ncoef)
```

其中 `eq02` 估计 Probit 模型，`eq03` 估计截断回归模型，得到的 LR 检验为 17.40[0.0660]，表明在 5% 的显著水平下，不能拒绝 Tobit 模型的设定是正确的。

三、预测

审查回归模型中，命令 `fit` 和 `forecast` 分别进行静态和动态的均值预测，如果使用选项 `i`，则预测指数项 $z_i = \mathbf{x}_i'\mathbf{b}$。

- 均值预测受左右审查值的影响，因为

$$\mu_i = \mathrm{E}(y_i|\mathbf{x}_i) = l_i \Pr(q_i \leqslant l_i|\mathbf{x}_i) + r_i \Pr(q_i \geqslant r_i|\mathbf{x}_i) + \mathrm{E}(q_i|\mathbf{x}_i, l_i < q_i < r_i) \Pr(l_i < q_i < r_i|\mathbf{x}_i)$$

请注意条件概率 $\Pr(\cdot|\mathbf{x}_i)$ 是由误差 u 的分布假设决定的，例如正态假设下

$$\Pr(q_i \leqslant l_i|\mathbf{x}_i) = N((l_i - \mathbf{x}_i'\mathbf{b})/\sigma)$$

其中 σ 和 $\mathbf{b}$ 采用估计值进行计算。请注意预测值总满足 $l_i < \mu_i < r_i$。

- 指数预测为 $z_i = \mathbf{x}_i'\mathbf{b}$。对于正态分布或者 Logistic 分布，由于均值为零

$$\mu_{*i} = \mathrm{E}(q_i|\mathbf{x}_i) = \mathbf{x}_i'\mathbf{b} = z_i$$

潜在变量的预测等于指数的预测。而当误差分布为 I 型极值分布时，潜在变量的预测为

$$\mu_{*i} = \mathrm{E}(q_i|\mathbf{x}_i) = \mathbf{x}_i'\mathbf{b} + \sigma \mathrm{E}(u_i) = \mathbf{x}_i'\mathbf{b} - \gamma\sigma \neq z_i = \mathbf{x}_i'\mathbf{b}$$

此时潜在变量的预测并不等于指数的预测。

为了更清楚地理解审查回归模型的预测方法，我们先查看 EViews 中审查回归模型的表示

```
eq01.spec
```

得到如下文本信息：

```
Estimation Command:
=========================
CENSORED(D=N) Y C Z1 Z2 Z3 Z4 Z5 Z6 Z7 Z8

Estimation Equation:
=========================
I_Y = C(1) + C(2)*Z1 + C(3)*Z2 + C(4)*Z3 + C(5)*Z4 + C(6)*Z5
    + C(7)*Z6 + C(8)*Z7 + C(9)*Z8

Forecasting Equation:
=========================
I_Y = C(1) + C(2)*Z1 + C(3)*Z2 + C(4)*Z3 + C(5)*Z4 + C(6)*Z5
    + C(7)*Z6 + C(8)*Z7 + C(9)*Z8
Y = 0*@CNORM((0 - I_Y)/C(10)) + (1-@CNORM((0 - I_Y)/C(10))>0)
    *(I_Y*(1-@CNORM((0 - I_Y)/C(10)))+C(10)*(@DNORM((0 - I_Y)/C(10))))
```

我们看到

- Estimation Equation 部分：I_Y 代表指数项的设定，真正的估计方程为式 (16.13) 设定的对数似然函数。
- Forecasting Equation 部分：I_Y 代表指数项，Y 为因变量的条件均值，即式 (16.14)。其中的 (1-@CNORM((0 - I_Y)/C(10))>0) 项来自于数值计算上的考虑。[19]

Fair (1977, 1978) 的数据建立的审查回归模型中，均值预测效果并不理想

```
freeze(gfr) eq01.resids
gfr.legend -inbox position(0.3,0.1) columns(3)
```

得到图形如下：

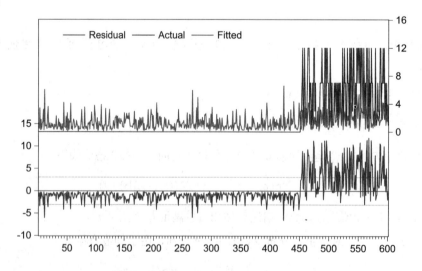

未被审查样本的预测误差比被审查部分的还大。

如果存在审查点未知的情况，我们使用选项 i 设定审查指示序列进行模型估计，EViews 将不提供因变量的条件均值预测。例如

---

[19]注意到数值计算机进行通用的浮点数双精度计算时，$1 - N(8.3)$ 的结果为零 (在数值 1 附近大致精确到小数点后 16 位)，而 $\phi(8.3) = 4.38 \times 10^{-16}$，增加 $1 - N(\cdot) > 0$ 的开关项，以提高数值计算的稳健性。

```
'genr ix = (y=0)
equation eq08.censored(l=ix,i) y c z1 z2 z3 z4 z5 z6 z7 z8
freeze(tx08) eq08.spec
```

得到 eq08 的文本信息为

```
Estimation Command:
=========================
CENSORED(D=N,L=IX,I)  Y C Z1 Z2 Z3 Z4 Z5 Z6 Z7 Z8

Estimation Equation:
=========================
I_Y = C(1) + C(2)*Z1 + C(3)*Z2 + C(4)*Z3 + C(5)*Z4 + C(6)*Z5
    + C(7)*Z6 + C(8)*Z7 + C(9)*Z8

Forecasting Equation:
=========================
I_Y = C(1) + C(2)*Z1 + C(3)*Z2 + C(4)*Z3 + C(5)*Z4 + C(6)*Z5
    + C(7)*Z6 + C(8)*Z7 + C(9)*Z8

Y = NA
```

方程对象 eq08 和 eq01 的估计结果是一样的，但 eq08 无法进行条件均值预测，因为如果审查点是未知的，计算 $E(y_i|\mathbf{x}_i)$ 是不可能的。因此，Forecasting Equation 中条件均值 Y 被设置为 NA。

最后，我们想提醒的是，不能用潜在变量预测代替因变量预测

```
'eq01.fit(i) xb
smpl 250 350
graph gff.line yf xb
gff.legend -inbox position(3.5,0.1) columns(2)
gff.draw(line, l, rgb(156,156,156), pattern(2)) 0
smpl @all
```

得到图形如下 (这里 $\mu_{*i} = \mathbf{x}_i'\mathbf{b}$):

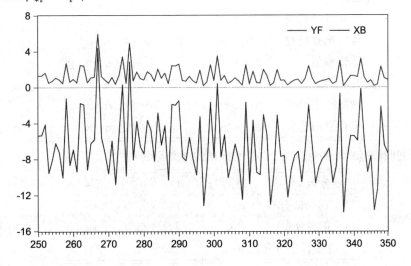

两者的差别较大，哪怕 $l_i < \mu_{*i} < r_i$ 的地方，图中表明 $\mu_i = E(y_i|\mathbf{x}_i) \neq \mu_{*i} = E(q_i|\mathbf{x}_i)$。

§16.6 小结

关键词

二元选择模型	指数项	Probit 模型
Logit 模型	潜在变量	标准化残差
广义残差	最大似然估计	Hosmer-Lemeshow 检验
Andrews 检验	概率预测	指数项预测
GLM 方差估计	排序选择模型	计数模型
泊松回归模型	负二项回归模型	准最大似然估计
QLR 统计量	截断回归模型	截断分布
审查回归模型	Tobit 模型	裁剪残差

命令

离散因变量模型 (二元选择模型、排序选择模型以及计数模型) 和受限因变量模型 (截断回归模型和审查回归模型) 在 EViews 中都采用方程对象 (参见第 145 页 §3.1.5 节) 进行经济计量分析。

EViews 6 之前，这些模型的方程设定只能采用名单法。公式法设定中，请注意等号右边设置的是指数项 $\mathbf{x}_i'\mathbf{b}$，而不是条件概率或者条件均值方程。

一、模型估计

模型估计的命令和条件分布的设定选项如下：

模型	命令	分布选项
离散因变量		
二元选择模型	`binary`	d={l, **n**, x}
排序选择模型	`ordered`	d={l, **n**, x}
计数模型	`count`	d={b, e, n, **p**}
受限因变量		
截断回归模型	`censored(t)`	d={l, **n**, x}
审查回归模型	`censored`	d={l, **n**, x}

请注意估计截断回归模型时，要用选项 `t`。分布选项的含义见下表：

分布	选项	分布	选项
logistic 分布	d=l	负二项分布	d=b
正态分布	d=n	指数分布	d=e
I 型极值分布	d=x	泊松分布	d=p

对于计数模型，设定的是因变量的条件分布。而对于其他模型，设定的是潜在变量回归模型中随机干扰的分布。这些模型都采用最大似然估计，计数模型还提供了准最大似然估计。

进行估计时，有时候还需要考虑设置初始值和算法等其他选项。

- 初始值：EViews 采用非常复杂的专门算法，自动设置初始值。也可以用户指定初始值 (命令 `param`，或者选项 `s` 表示从系数对象 C 中取值)，或者对默认初始值进行缩小 (选项 `s=num`)。

- 算法：默认情况下，采用二次爬坡 (Quadratic hill climbing) 算法 (选项 q)，还提供 Newton-Raphson 方法 (选项 r) 和 BHHH 方法 (选项 b)，有关算法的讨论请参见 §C.3 节 (第 963 页)。
- 迭代次数和收敛准则，对应选项 m=int 和 c=num，一般不作修改
- 方差估计：当采用二阶导数算法时 (算法选项 q 或者 r)，方差估计来自黑森矩阵的实际值，若采用一阶导数方法 (算法选项 b)，则计算 BHHH 估计。此外，如果需要计算 QML 方差估计，选项 g 和 h 分别计算 GLM 和 Huber/White 稳健方差估计，参见 §16.1.4 节 (第 796 页) 中关于稳健方差估计的讨论。
- 选项 showopts 输出初始值和控制估计过程的设置。
- 截断回归模型中截断点必须是已知的，可以设定为常数 (选项 l=num, r=num)，或者是序列对象 (选项 l=ser1, r=ser2)。
- 审查回归模型中，如果存在审查点未知的情况，可以使用选项 i 设置审查指示序列。

如果在估计过程中碰到问题，要注意 EViews 对离散因变量和受限因变量的处理方式。

二、检验和预测

由于使用的是方程对象，模型的检验和预测请参见第 4 讲 (第 177 页)：

- 拟合优度检验命令 testfit：二元选择模型中进行 Hosmer-Lemeshow 检验和 Andrews 检验。
- 预测命令 fit 和 forecast 不仅能预测因变量，还可以预测指数项/潜在变量。
- 排序选择模型用样板对象 (参见第 628 页 §13.4 节) 进行预测。

三、其他

命令 makeresids 默认计算普通残差 (选项 o)，使用选项 s 和 g 分别得到标准化残差和广义残差。此外，离散因变量和受限因变量模型特有的命令有：

- depfreq：给出离散因变量的频率表，适用于二元选择模型、排序选择模型和计数模型。
- makelimits：用在排序选择模型中，产生分界点向量或者分界点协方差矩阵。
- means：因变量的分类统计表，适用于二元选择模型、截断回归模型和审查回归模型。
- predict：产生二元选择模型的期望—预测表，或者排序选择模型的预测评估表。

要点

1) 二元选择模型是概率模型，往往用来研究各种相关因素的影响下，成功和失败的概率。

2) 二元选择模型的设定，通常有两种理解方式：潜在变量形式和条件均值形式。模型的系数不能直接理解为边际效应。

3) 二元选择模型、计数模型、截断回归模型和审查回归模型有三种残差：普通残差，标准化残差和广义残差。排序选择模型只提供广义残差。

4) 方程对象通常用来预测因变量的均值，然而二元选择模型建立的是概率模型，需要注意的是此时预测命令 fit 和 forecast 预测的是观测到成功的概率。

5) 排序选择模型是概率模型，因变量的取值标准化为 $M+1$ 个等级，M 个分界点是待估计参数，并且是递增的。

6) EViews 中，排序选择模型只能通过样板对象进行预测，先计算概率预测，再得到等级预测。

7) 计数模型没有潜在变量，均值设定为式 (16.10) (第 810 页)。计数模型是 §D.4 节 (第 1012 页) 广义线性模型的特例。

8) 计数模型中，泊松回归模型存在均值等于方差的限制，负二项回归模型适合于过度离散的情形。

9) 计数模型估计结果报告的 LR 统计量只有当条件分布是正确设定的情况下，检验才是正确的。在更弱的 GLM 假设 (第 797 页式 16.5) 下，如果均值方程是正确设定的，应采用准似然比统计量 QLR。

10) 截断回归模型基于截断分布函数，只使用因变量取值在一定范围内的样本，其条件均值形式比较复杂，例如式 (16.12) (第 821 页)。

11) 对于因变量来说，截断回归模型中取值范围外的观测值是"问号"，相应的样本被丢弃了。而审查回归模型中取值范围外的观测值是"代号"，样本仍然保留着，但相应的观测值被修改为边界值。

12) 审查回归模型中，如果存在审查点未知的情况，EViews 能够进行估计，但不提供预测。

参考文献

Aitchison, J. and S. D. Silvey, 1957. The Generalization of Probit Analysis to the Case of Multiple Responses. *Biometrika*, 44:131–140

Andrews, Donald W. K., 1988a. Chi-Square Diagnostic Tests for Econometric Models: Theory. *Econometrica*, 56:1419–1453

Andrews, Donald W. K., 1988b. Chi-Square Diagnostic Tests for Econometric Models: Introduction and Applications. *Journal of Econometrics*, 37:135–156

Cameron, A. Colin and Pravin K. Trivedi, 1986. Econometric Models Based on Count Data: Comparisons and Applications of Some Estimators and Tests. *Journal of Applied Econometrics*, 1:29–53

Cameron, A. Colin and Pravin K. Trivedi, 1990. Regression-based Tests for Overdispersion in the Poisson Model. *Journal of Econometrics*, 46:347–364

Chesher, Andrew and Margaret Irish, 1987. Residual Analysis in the Grouped Data and Censored Normal Linear Model. *Journal of Econometrics*, 34:33–62

Davidson, Russell and James G. MacKinnon, 1993. *Estimation and Inference in Econometrics*. Oxford University Press, Oxford

Fair, Ray C., 1977. A Note on the Computation of the Tobit Estimator. *Econometrica*, 45:1723–1727

Fair, Ray C., 1978. A Theory of Extramarital Affairs. *Journal of Political Economy*, 86:45–61

Gourieroux, C., A. Monfort, and C. Trognon, 1984a. Pseudo-Maximum Likelihood Methods: Theory. *Econometrica*, 52:681–700

Gourieroux, C., A. Monfort, and C. Trognon, 1984b. Pseudo-Maximum Likelihood Methods: Applications to Poisson Models. *Econometrica*, 52:701–720

Gourieroux, Christian, Alain Monfort, Eric Renault, and Alain Trognon, 1987. Generalized Residuals. *Journal of Econometrics*, 34:5–32

Greene, William H., 2003. *Econometric Analysis*, 5/e. Prentice Hall, New York

Gunther, Jeffery W., 1999. Between a Rock and a Hard Place: The CRA-Safety and Soundness Pinch. *Economic and Financial Review*, pages 32–41. URL http://www.dallasfed.org/research/efr/1999/efr9902d.pdf

Hosmer, David W., Jr. and Stanley Lemeshow, 1989. *Applied Logistic Regression*. John Wiley & Sons, New York

Huber, Peter J., 1967. The Behavior of the Maximum Likelihood Estimates under Nonstandard Conditions. In *Proceedings of the Fifth Berkeley Symposium on Mathematical Statistics and Probability*, Volume 1, pages 221–233. University of California Press, Berkeley

Kennan, John, 1985. The Duration of Contract Strikes in U.S. Manufacturing. *Journal of Econometrics*, 28:5–28

McDonald, J. and R. Moffitt, 1980. The Uses of Tobit Analysis. *Review of Economic and Statistics*, 62:318–321

Pagan, Adrian and Frank Vella, 1989. Diagnostic Tests for Models Based on Individual Data: A Survey. *Journal of Applied Econometrics*, 4:S29–59

Pesaran, M. Hashem and Peter Schmidt, (editors), 1997. *Handbook of Applied Econometrics*, Volume 2. Blackwell, Malden, MA

Powell, James L., 1986. Symmetrically Trimmed Least Squares Estimation for Tobit Models. *Econometrica*, 54:1435–1460

Tobin, James, 1958. Estimation of Relationships for Limited Dependent Variables. *Econometrica*, 26:24–36

White, Halbert, 1980. A Heteroskedasticity-Consistent Covariance Matrix and a Direct Test for Heteroskedasticity. *Econometrica*, 48:817–838

Wooldridge, Jeffrey M., 1997. Quasi-Likelihood Methods for Count Data. In Pesaran and Schmidt (1997), Chapter 8, pages 352–406

第VI部分

附录

附录 A

EViews 对象

在 §1.5.2 节 (第 40 页) 我们将 EViews 的对象简单分为三大类：数据对象，计量方法对象和公用对象。鉴于公用对象在经济计量分析时无处不在的广泛应用，特别是图形和表格对象在经济计量分析过程和结果展示时的不可或缺性，我们先介绍公用对象这一大类中的图形对象和表格对象。然后介绍 EViews 数据对象，讨论了矩阵对象，序列对象中的数值序列对象之外的其他重要对象，如日期序列对象，自新序列对象和字符串序列对象，此外还讨论了将数值序列或者字符串序列的取值赋予直观描述说明的值映射对象，以及使用其他工作页中序列对象的链接对象。

EViews 数据库是工作文件之外的 EViews 对象容器，通常用来管理大量数据，以及存取外部数据库，本附录的最后，我们对 EViews 数据库进行简要的阐述。

§A.1 图形

EViews 提供的图形系统越来越完善，能方便地实现数据和计量分析结果的可视化。EViews 中，图形包含对象的图形视图和图形对象。本节只讨论程序方式下的图形操作，程序方式只能处理图形对象，不能修改对象的图形视图，可以把图形视图定格成图形对象再进行修改。

在 EViews 的图形中，有一个概念叫虚拟英寸（virtual inch），虚拟英寸实际上是作图的单位长度，其实际长度只有在图形显示或者打印时才明确。比如作图时定义图形的宽度为 4 虚拟英寸，当打印输出的宽度为 20 厘米时，一虚拟英寸为 5 厘米，而如果打印宽度改为 8 厘米，那么 1 虚拟英寸就变成只有 2 厘米了。

本节采用示例的方式进行讲述，没有特别声明时，使用的是如下工作文件

```
%wf = @evpath + "\Example Files\data\demo"
wfopen %wf
```

强烈建议边阅读边测试例子中的程序片断。

§A.1.1 创建图形

图形对象可以从其他对象的图形视图定格而来，也可以用 `graph` 命令创建，或者合并现有的图形对象得到新的图形对象。创建图形对象之前，我们先了解一下图形的类型。

一、图形分类

为了方便讨论，我们把 EViews 提供的图形分为如下几类：

1) 线条图，如 `errbar`, `hilo`, `line` 和 `spike`。
2) 填充图，如 `area`, `bar` 和 `pie`。
3) XY 图，如 `xy`, `xyline`, `xypair` 和 `scat`。
4) 统计图，如 `boxplot`, `cdfplot`, `hist`, `kdensity` 和 `qqplot` 等。
5) 其他对象的特有图形，如方程对象的置信椭圆 `cellipse`。

事实上以上的几个分类可以合并为两大类，即线条图和填充图，线条图通常用来描绘时间序列数据，而填充图用来描述分类数据。XY 图通常用来考察序列间的函数关系，统计图和其他图形可能是线条图和填充图的混合。

以上提到的作图指令[1]，作图时往往还有丰富的选项，例如命令 `line`，作图的同时可以设定图形模板或者坐标轴等选项，具体请参考 EViews 的相关文档。

二、创建图形对象

可以用 `freeze` 命令把其他对象的图形视图定格成图形对象，例如

```
freeze(gf) gdp.line
```

也可以用 `graph` 命令来创建新的图形对象，例如

---

[1] 简单起见，这里笼统称为作图指令。这些命令可能是 EViews 的交互命令，图形对象的图形类型命令或者对象视图的命令，例如 `hist`，是 EViews 的交互命令，也是方程和序列对象视图的命令。

```
graph gf.line gdp
```

以上两个命令的效果相同，都将产生图形对象 gf，请注意两者命令格式的区别。创建图形对象的第三种方式是合并已有的图形对象，例如

```
freeze(gf) gdp.line
graph gg.bar m1
graph g2.merge gf gg
```

将产生图形对象 g2，里面有两个子图，一个是 gdp 序列的图形，一个是 m1 序列的柱形图（bar）。补充说明如下：

1) 作图时如果没有给出类型，默认的是 line 线条图，即如下的命令等价

```
graph gf.line gdp
graph gf gdp
```

2) freeze 命令也可以合并多个图形，如下两命令是等价的

```
freeze(mygfa) gf1 gf2 gf3 gf4
graph mygfa.merge gf1 gf2 gf3 gf4
```

3) 命令 merge 和 freeze 都不支持通配符，例如不能 graph gf.merge gf?。

一个图里面只包含一个独立坐标系统，有时候为了节省空间，一个窗口里面安排了多张图，称为多图（或者多个子图）。多个子图时，我们也可以用 align 命令设置排列方式，例如

```
graph gfan.line(m) log(gdp) log(m1) rs
gfan.align(2,1.5,1)
```

得到的图形为：

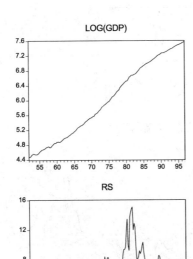
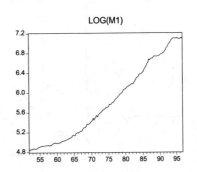

解释如下：

- line 命令使用 m 选项，将在一个窗口作出多个图。
- align 命令调整子图的排列，第一个参数为 2 表示每行放置 2 个子图，显然，EViews 安放图形时，是按行顺序的。
- align 命令的后两个参数分别表示排列子图的横向和竖向间距，本例子中水平和垂直间距分别为 1.5 虚拟英寸和 1 虚拟英寸。

§A.1.2 定制图形

图形对象可以通过程序修改的部分有：线型和填充，图例和图框（frame），坐标轴等，还可以在图形对象上面增加文本、线和阴影等，几乎图形的各个要素都能修改。

一、图框

每个图形都必须放置在图框（frame）里面，EViews 缺省的图框大小为 4×3（宽 × 高）虚拟英寸（virtual inch），其中有个例外，散点图的图框大小总是取 3×3 虚拟英寸。图框的设置使用 options 命令，例如

```
graph gf1.line rs
copy gf1 gf2
gf2.options indent
copy gf1 gf3
gf3.options -inbox
copy gf1 gf4
gf4.options size(8,3)
graph gffr.merge gf1 gf2 gf3 gf4
gffr.legend -display
gffr.align(2,1,1)
delete gf?
```

结果为：

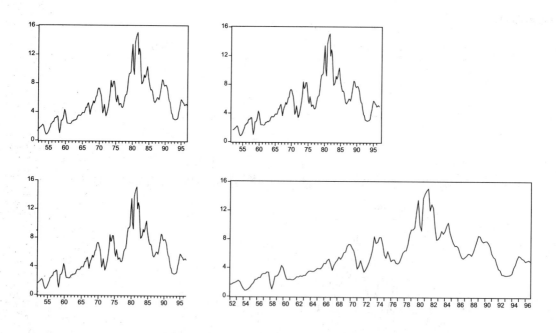

以左上图作为参照，右上图的图形没有接触到图框的边线（EViews 称为图形缩进），左下图将图框的边线去掉，右下图将图框修改为 8×3 虚拟英寸。

二、坐标轴

先看一个例子

```
graph gf1.line rs pr
copy gf1 gf2
```

```
gf2.scale(left) log
copy gf1 gf3
gf3.setelem(2) axis(right)
copy gf3 gf4
gf4.scale overlap
graph gfas.merge gf1 gf2 gf3 gf4
gfas.align(2,1,1)
delete gf?
```

结果为

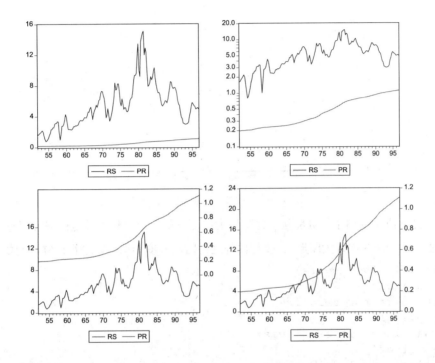

对照左上图，右上图纵轴采用对数坐标，左下图将价格水平的坐标放到右边，当垂直方向有左右两个坐标时，默认两个坐标的图形不相交，右下图则允许图形相交。说明如下：

1) 水平方向上，X 轴只能有一个，要么在底部，要么在顶部。
2) 有些作图命令支持选项 d，垂直方向产生左右双坐标，例如

   ```
   graph gf3.line(d) rs pr
   ```

   将得到例子中的 gf3，例子中的 gf4 图形用 line 命令的选项 x 产生。
3) 双坐标时，左右的刻度可以不同，如左边为线性刻度，而右边为对数刻度，这里讨论的双坐标，由于共用了横坐标，彼此并不独立，在同一区域作图，因此不看成多图。

命令 scale 有 invert 和 range 等选项，设置反向坐标轴和坐标轴的标注范围，例如
```
graph gf1.line log(gdp)
copy gf1 gf2
gf2.scale invert
copy gf1 gf3
gf3.scale linearzero
copy gf1 gf4
gf4.scale range(4,8)
graph gfai.merge gf1 gf2 gf3 gf4
gfai.legend -display
```

```
        gfai.align(2,1,1)
        delete gf?
```
得到如下图形：

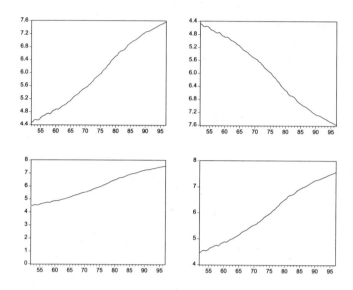

我们发现，右上图将纵轴反向了，刻度从上往下增大；左下图给出了包含零点的线性坐标，右下图则缩小了纵坐标范围（相当于纵向放大图形）。坐标的外观，时间标度等也可以进行设置，例如

```
        graph gf1.line log(rs)
        copy gf1 gf2
        gf2.axis mirror zeroline
        copy gf1 gf3
        gf3.datelabel interval(year,10)
        copy gf1 gf4
        gf4.axis -label grid ticksin
        graph gfag.merge gf1 gf2 gf3 gf4
        gfag.legend -display
        gfag.align(2,1,1)
        delete gf?
```
得到如下结果：

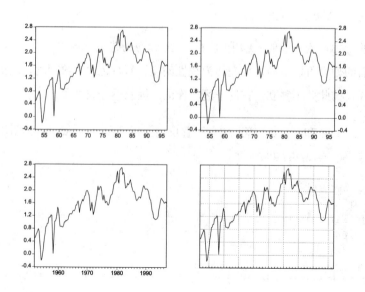

以左上图为参照，右上图在图形里面增加了零线，并且纵轴的刻度和标度左右侧同时给出；左下图将横坐标的标度间隔改为 10 年，右下图把坐标的标度全部去掉，增加了网格线，并且坐标的刻度标在图框里面。补充说明如下：

1) 区分刻度和标度：例如横轴上的标度指刻度下方的文字标记（这里是年份），为了清晰起见，小刻度一般没有标度。
2) axis 命令中的 zeroline 选项和 scale 命令中 linearzero 的区别，linearzero 是设置包含零点的线性坐标，而 zeroline 是在零点画出一条水平线。
3) axis 命令的选项 ticksin 将坐标的刻度标在图框里面，选项 ticknone 用来去掉坐标的刻度。
4) axis 命令中，还可以用 font 选项为坐标的标度选择字体和字号等。

关于高频数据采用低频标度，我们以月度数据的年份标度为例来演示标度的位置，完整代码为

```
%wf = @evpath + "\Example Files\data\hs"
wfopen %wf
smpl 1988 @last
graph gf1.line hs
gf1.datelabel format(yyyy) interval(year,1)
gf1.legend -display
copy gf1 gf2
gf2.datelabel format(yyyy) interval(year,1) -span
graph gf.merge gf1 gf2
gf.align(2,1,1)
```

注意 datelabel 命令中的 span 选项，得到如下结果：

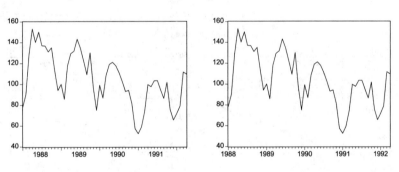

我们清楚地看到，左图的标度在年份中间（跨 12 个月）而右图的标度在年份的开始（1 月份）。

三、颜色和线型

为了能更清晰地看到线型（pattern），我们只选取了 20 世纪 90 年代的样本

```
smpl 1990 @last
graph gf1.line gdp m1
copy gf1 gf2
gf2.setelem(2) lcolor(orange) lwidth(2)
'line:  pattern and symbol
graph gf3.line gdp m1
gf3.setelem(1) lpat(dash1)    symbol(star)
copy gf3 gf4
gf4.options -color
graph gflc.merge gf1 gf2 gf3 gf4
gflc.align(2,1,1)
delete gf?
smpl @all
```

表 A.1 常用颜色

颜色	关键字	函数方式
红	red	@rgb(255, 0, 0)
绿	green	@rgb(0, 128, 0)
蓝	blue	@rgb(0, 0, 255)
紫	purple	@rgb(128, 0, 128)
橙	orange	@rgb(255, 128, 0)
黄	yellow	@rgb(255, 255, 0)
黑	black	@rgb(0, 0, 0)
白	white	@rgb(255, 255, 255)
灰	gray	@rgb(128, 128, 128)
浅灰	ltgray	@rgb(192, 192, 192)

将产生图形

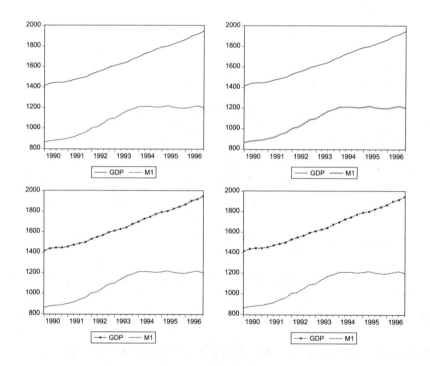

对照左上图，右上图将序列 m1 的线条颜色改为橙色，线条加粗到 2 磅[2]；左下图设置了序列 gdp 的线型为细划线（没有显示出来，彩色图形默认不使用线型），数据点标记为星号，右下图是将左下图去掉色彩，转变为黑白图形。补充说明如下：

1) 颜色的设置可以使用颜色名，颜色名请参考表 A.1，也可以使用 rgb 的表示法。

2) 尽管左下图中 gdp 的线型设置为细划线，Eviews 默认彩色图形不使用线型，因此 gdp 的线型仍然是实线。

---

[2] 在桌面出版系统中（Desk-top Publishing，DTP），1 磅（point，简称 pt）定义为 1 英寸的 1/72，通常称为 DTP point 或者 PostScript point。在 TeX 排版系统中，定义 1 英寸等于 72.27pt，而将 DTP point 称为 bp。

3) 通过 options 命令，可以设置线型的作用方式，比如 lineauto 选项（默认）表示彩色时都使用实线，黑白时自动选择线型，选项 linesolid 总是使用实线作图，linepat 总是使用线型作图（实线，各种虚线交替）。

4) options 设置使用色彩的选项是 color，而 -color 选项表示不使用色彩。

5) options 命令还可以设置条行图、饼图等的外框和数据标记等。

EViews 下数据点标记有多种选择，下面的程序将各种标记符号显示出来

```
1  '2007-09-07 15:32
2  'drawing symbol
3
4  wfcreate sym u 1 8
5  'genr the series
6  !i=1
7  !N = 12
8  for !i = 1 to !N
9      %s = @right(@str(!i+100),2)
10     series x{%s} = !i
11 next
12
13 'drawing
14 group gx x*
15 graph gg.line gx
16 gg.legend -display
17 gg.scale range(0,13)
18
19 'select symbol
20 for !i = 1 to !N
21     gg.setelem(!i) symbol(!i)
22 next
23
24 'color vs BW
25 copy gg gc
26 gc.options -color
27 graph g.merge gg gc
28 g.align(2,1,1)
29 show g
```

结果为

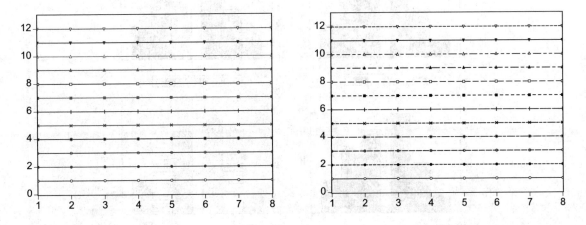

从图上我们看到，在去掉色彩后，EViews 有 10 种线型自动轮换。在进行数据点标记时，不仅可以使用整数 1 到 13，还可以使用对应的关键字来表示，比如说，symbol(4) 和 symbol(star) 是等价的。对应关系如下表：

整数编码	关键字	整数编码	关键字
1	circle	7	filledsquare
2	filledcircle	8	square
3	transcircle	9	filledtriup
4	star	10	triup
5	diagcross	11	filledtridown
6	cross	12	tridown
		13	none

四、填充和纹线

在柱形图和饼图等填充类图形中，可以选择填充的颜色和纹线（hatch），彩色转为黑白后，填充的颜色转为灰度。例如

```
matrix(2,3) mm
mm.fill 1, 5, 3, 4, 6, 2
freeze(gf1) mm.bar
copy gf1 gf2
gf2.options -color
copy gf1 gf3
gf3.setelem(1) gray(5) hatch(7)
gf3.setelem(2) gray(1) hatch(3)
gf3.setelem(3) gray(3) hatch(4)
copy gf3 gf4
gf4.options -color
graph gffh.merge gf1 gf2 gf3 gf4
gffh.align(2,1,1)
delete gf?
```

结果为

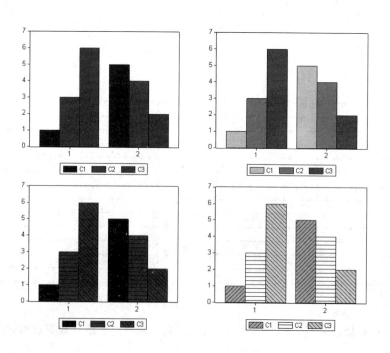

可以看到，纹线在彩色和黑白状态下（左下图和右下图）都起作用，个人建议彩色时不使用纹线。

为了方便使用，EViews 提供了线和填充的 30 种预设，每当新的图形建立时，将使用这些预设，使每条线或者填充区域都有不同的外观。这些预设循环使用，第一组数据使用第一个线型预设，第二组数据使用第二个预设，如果超过 30，比如第 31 组数据，将使用线和填充的第一种预设。例如

```
gf1.setelem(2) preset(3)
```

EViews 还提供自定义功能，比如

```
gf1.setelem(2) default(5)
```

将使用用户自定义的第 5 种设置，如果还没有进行自定义，则取的是第 5 种预设。

五、标注

可以用 addtext 命令在图形中添加文字，用 draw 命令来突出某些内容，例如

```
graph gf1.line rs
copy gf1 gf2
gf1.addtext(t) "Short term interest rate"
gf1.addtext(l) "Percent"
gf2.draw(shade,bottom,rgb(235, 200, 180)) 80 85
gf2.draw(dashline,left,color(red)) 8
graph gfat.merge gf1 gf2
gfat.align(2,1,1)
gfat.legend -display
delete gf?
```

得到结果为

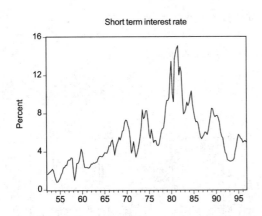
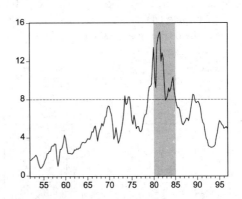

左图中添加文本的位置参数 t 表示顶部居中，l 表示在图形的左侧，并且文字逆时针旋转 90 度；右图阴影突出了 1980—1985 年间的情况，同时，在利率水平为 8 的地方，画了一条虚线。其他说明如下：

- 很可惜 addtext 产生的文本对象只能用鼠标进行交互式修改（文本内容和位置等）。
- EViews 中的 draw 命令只能画水平或者垂直的线条，将图形分为上下或者左右两部分。

添加文本的位置也可以使用坐标表示，例如

```
graph gftp.line rs
gftp.setelem(1) lcolor(purple)
gftp.addtext(0.5,1,x,textcolor(red))    "Sample Text"
gftp.legend -display
```

其中参数 x 表示文本加框，文本的位置图示说明如下（用其他软件进行加注后得到）：

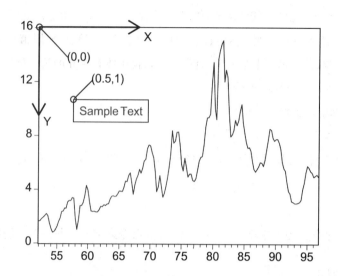

特别注意：文本位置坐标参数和图形显示的坐标没有直接关系，使用的是左上角坐标系统（以左上角为原点，水平向右为 X 方向，竖直向下为 Y 方向），坐标单位为虚拟英寸。

六、图例

可以控制图例的位置、文本和外观，例如

```
graph gf1.line log(gdp) log(m1) pr rs
gf1.name(3) Price Level
copy gf1 gf2
gf2.legend -inbox position(0.4,0.5) columns(1)
gf2.name(4)
graph gflg.merge gf1 gf2
gflg.align(2,1,1)
delete gf?
```

得到结果如下：

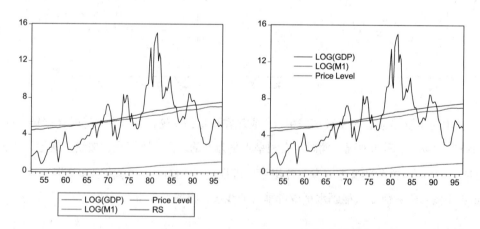

左图仅修改了第三个序列（价格水平）的图例说明文字，图例的显示采用默认的方式，右图将图例放置到指定位置，然后去掉了图例的外框并将图例排成一列，再去掉了第四个序列（利率）的图例。补充说明如下：

1) 关于图例说明文字的设置，如下两种方式等价

```
gf1.name(3) Price Level
gf1.setelem(3) legend("Price Level")
```

当 name 不带参数时,表示去掉图例,如例子中的 gf2.name(4) 去掉了第四个序列的图例。

2) legend 命令的 -inbox 选项表示去掉图例的边框,columns(1) 表示将图例改成单列显示。

3) 图例的位置 position 里设定的位置坐标采用左上角坐标系统(以左上角为原点,水平向右为 X 方向,竖直向下为 Y 方向),坐标单位为虚拟英寸。位置还可以用 left 和 right 表示在图形的左、右边,用 bl,bc 和 br 表示放置在图形下面的左、中和右侧。

4) 还可以设置图例文字的字体,设置不要图例等,例如

```
gf.legend font(20)
gf.legend -display
```

§A.1.3 图形模板

如果我们花了很多的时间和精力定制出自己喜欢的图形样式,在新创建图形时,我们能不能直接利用先前的成果?答案是肯定的,就是使用已有的图形对象作为模板,或者 EViews 预设的模板。通过模板,我们可以复制图形类型、线型和填充的设置、坐标轴的标度方式、图例的各种属性和图框的各种设定等。或者说,让新建的图形继承先前图形的所有特征(除了自身的作图数据)。例如

```
graph gf0.line log(gdp) log(m1)
gf0.setelem(1) lwidth(2)
gf0.setelem(2) symbol(1)
gf0.draw(shade,bottom) 80 85
graph gf1.line(o=gf0) pr*10 rs
graph gf2.line(t=gf0) pr*10 rs
graph gft.merge gf0 gf1 gf2
gft.align(2,1,1)
delete gf1 gf2
```

将得到如下图形:

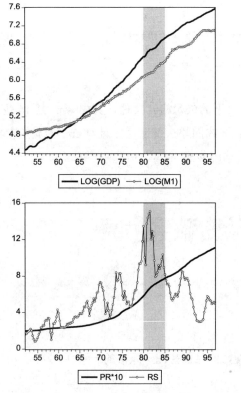
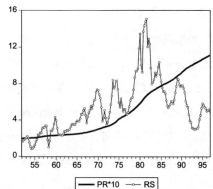

以左上图为模板，右上图的模板设置采用 o= 选项，并不复制阴影的内容，而左下图的设置使用 t= 选项，则复制模板图形中 addtext 和 draw 命令的内容。

此外，还可以在图形创建后，再应用模板，例如

```
graph gf1.line pr*10 rs
gf1.template(o) gf0
graph gf2.line pr*10 rs
gf2.template(t) gf0
```

使用模板避免了图形设置上的烦琐操作，最大的好处是保持图形设置的一致性。

§A.1.4 打印和导出

打印图形使用 print 命令，例如

```
print gf1 gf2
```

将两个图形打印在一张纸上。也可以在图形命令中使用 p 选项来打印，例如

```
graph gf.line(p) rs
```

当然，并不是所有的图形命令都有 p 选项的。

我们需要把图形保存成图形文件，方便交流和其他应用程序的使用。EViews 图形对象的 save 命令支持导出三种常用的矢量图形文件，分别是 wmf 文件（Windows metafile，选项 t=wmf）、emf 文件（Enhanced Windows metafile，选项 t=emf）和 eps 文件（Postscript，适合于各种平台，选项 t=eps）。例如

```
gf.save(t=eps, u=cm, w=10) myGf
gf.save(t=wmf, u=in, w=4, -c) myGf
```

将图形对象 gf 保存为 eps 文件和 wmf 文件：其中 eps 文件的图形宽度为 10 厘米，而 wmf 文件是黑白的，宽度为 4 英寸（一般屏幕的解析度为 96dpi，4 英寸就相当于 384 个像素），高度根据纵横比（aspect ratio）计算得到。其他说明如下：

1) 导出时，如果同时设置了高度和宽度，可能破坏图形原先的纵横比。
2) 如果导出为 eps 格式，可以选择把图纸横过来（选项 land）。
3) 命令 metafile 已经过时，请不要继续使用。
4) emf 与 wmf 的区别与联系：都是 Windows 平台下的矢量格式文件，其中 wmf 是 16 位的，而 emf 是 32 位的，可惜对 emf 文件的支持不如 wmf 格式的那么普遍，而且对 emf 的支持存在不少缺陷（bug），因此这两种格式进行选择时建议尽量选用 wmf 格式。

§A.1.5 小结

作图命令请参考本节第 846 页的分类总结以及 EViews 相关文档：

1) 用 freeze 或者 graph 命令创建图形对象。
2) 用 save 导出到图形文件。
3) 用 merge 命令来合并图形对象。
4) 多个子图时，用 align 命令来排列子图。
5) 命令 template 应用模板定制图形，不仅方便，而且保持图形风格的一致性。

EViews 图形定制的相关命令比较零散，总结如下：

项目	命令
图框	options 的 size, indent 和 inbox 等参数
坐标轴	scale, axis, datelabel 以及 setelem 的 axis 参数
颜色和线型	setelem 的 lcolor, lwidth, lpat 和 symbol 等参数
填充和纹线	setelem 的 fcolor, gray 和 hatch 等参数
标注	addtext 和 draw
图例	name, lengend 以及 setelem 的 legend 参数

此外，options 命令还可以设置作彩色图还是黑白图。对于彩色和黑白图形中的线条和填充，EViews 默认的行为不同

	彩色	黑白
线条	实线	线型
填充	色彩	灰度

不过默认值可以通过 options 命令修改。

有些图形命令，如 line 等，对多个序列作图时，有如下坐标轴选项：

- a：自动选择坐标轴，横轴在底部，纵轴在左边。
- d：双坐标轴，第一个序列对应左边的坐标轴，其他序列对应右边的坐标轴，第一个序列的图形和其他图形不相交。
- x：同选项 d，但允许第一个序列的图形和其他序列的图形出现相交的情况。
- n：将序列进行标准化，均值为 0，方差为 1。

§A.2　表格

表格对象是由若干行和列的格子（也称为单元格）组成，格子是表格的基本组成，可以保存字符串和数值，同时还保存了用来控制打印和显示的信息（如靠右对齐、垂直居中等）。我们可以把自己编程的运算结果整理成表格，例如将多个序列的统计检验结果整理成表格，表格的形式简洁、清晰而美观，方便分析、对比和演示。

§A.2.1　创建表格

在 EViews 中，创建表格有两种方法，即用对象声明命令 `table` 直接创建表格，或者用命令 `freeze` 将其他对象的表格视图定格成表格。

一、TABLE 命令

如下的命令

```
table(3,4) tb
```

将创建 3 行 4 列的表格 `tb`。要改变表格的大小，可以重新定义，比如

```
table(30,40) tb
```

如果表格被扩大了，原先的内容不会改变，如果表格被缩小了，在新定义的表格范围外的内容会丢失。

二、FREEZE 命令

从其他对象创建表格，需要用 `freeze` 命令结合其他对象的视图命令，比如

```
freeze(tb) eq1.results
```

将方程对象 `eq1` 的估计结果的表格视图显示出来，并定格成表格 `tb`。

提示：

- 编程方式只能操作命名的表格，如下命令

    ```
    freeze eq1.results
    ```

    产生未命名 (unnamed) 的表格，程序无法操作未命名表格。
- 可以将 EViews 的某些输出通过缩小表格去掉，如 `auto` 命令的输出，如果只要保留前面统计量的值：先把检验输出定格成表格，再用 `table` 命令重新定义来缩小表格。

§A.2.2　填表

格子的内容可以是字符串或者数值，通过如下方式赋值

```
tb(1,1) = "A New Table"
tb(2,3) = 500
```

即用数字对定位表格的行和列，等号后面可以是字符串表达式或者数学表达式。说明如下：

1) 数值也可以转换成字符串再填入表格，不过除非您有特别好的理由，我建议还是直接用数值填表。原因是格子的内容为数值时，显示格式可以灵活改变而不影响实际值。

2) 如果对表格范围之外的格子赋值，表格将自动扩大，这点和矩阵不同，对超出矩阵大小的元素赋值，则发生错误。

填表的同时，还可以进行一定的格式设置，例如
```
setcell(tb, 2, 2, "Table Title", "c")
```
在表格 `tb` 的第 2 行第 2 列设置了居中的表格标题。说明如下：

1) `setcell` 命令的参数顺序为表格名，接着是行和列，然后是字符串或者数值等要填表的内容，最后是可选的格式设置（对齐方式或者数值格式，或者两者）。
2) 如果没有格式设置，缺省下，字符串左对齐，数值右对齐。对齐的格式代码为 c 表示居中，L 和 r 分别表示左对齐和右对齐。
3) 数值格式设置，例如
```
setcell(tb, 3, 1, 123.987, "r",-7)
```
将显示为右对齐的 123.99，注意显示的时候四舍五入了。最后一个参数是数字格式设置，可以输入正整数或负整数，正整数表示小数点后显示的位数，负整数表示整个数值显示的位数，记住符号总是占了一位，如果有小数点，也要占一位。小数形式显示不了时则用科学计数法显示，再不行就显示星号，表示无法显示。
4) `setcell` 命令只是进行相对有限的格式设置，`setformat` 提供了更丰富的格式设置。

§A.2.3 格式化表格

格式化表格只是改变格子的外观，并不修改格子的内容。用命令可以对表格进行各种格式设置，比如行高和列宽，背景色和边框，以及格子内容格式化时的字体、字号和颜色等，此外还可以横向合并单元格。

一、行列范围

采用命令进行格式设置时，需要指定格子的行列范围：
- 用 `@all` 代表整张表格；
- 单行用数字表示，比如 3 表示第三行；
- 单列用字母表示，比如 E 表示第 5 列。

单个格子的表示方法有几种方式可以选择，比如第 3 行第 2 列可以表示为
```
R3C2
3, 2
B3
```
注意其中的 "B3" 表示法，是先列后行，其他都是先行后列。对于格子范围（矩形范围），需要给出左上角和右下角的格子坐标，比如第 2 行第 1 列到第 10 行第 3 列的表示方法有
```
R2C1:R10C3
R2C1, R10C3
2, 1, 10, 3
A2:C10
A2, C10
2, A, 10, C
```
我比较喜欢纯数字的方式或者 `RmCn` 的方式。

表 A.2　数值的显示格式

设置	说明	设置	说明
g	有效位数	e	科学计数法，浮点数
f	固定小数位	p	百分比
c	固定显示的位数	r	分数

二、行高和列宽

当格子的内容比格子更高或者更宽时，超出的部分是看不见的，如果要让它完整地显示，就需要设置行高和列宽。行宽用关键字 setheight 设置，比如

```
tb.setheight(2) 3
```

将第二行的行高设置为 3 倍字符高度。说明如下：

1) 行高的单位约为一个字符高度，请注意不同字体的字符高度可能不同，行高可以精确设置到 1/10 个单位。

2) 行的表示中，一个整数表示单行，两个整数用冒号分隔表示范围，比如 3:8 表示第 3 行到第 8 行，也可以用 @all 表示所有行

```
tb.setheight(5:8) 1.5
tb.setheight(8:5) 1.5    '范围可以从大到小
```

都是把第 5 行到第 8 行的行高设置为字符高度的 1.5 倍

列宽的设置使用命令 setwidth，例如

```
tb.setwidth(d) 15
```

表示将第 4 列的宽度设置为 15 个列宽单位，说明如下：

1) 一个列宽单位大约为一个字符的宽度，以表格缺省的字体为基础计算的，可以精确到十分之一个列宽单位

2) 列的表示中，单个整数或者字母表示单列，列范围用冒号隔开，比如 3:5 表示第 3 列到第 5 列，也可以用 C:E 来表示。列范围也可以用关键字 @all 表示所有的列。注意，列的范围表示，必须要么用数字，要么用字母，不能混合，比如 3:E 或者 C:5 是不行的。

3) 以前版本使用 setcolwidth，该命令仅因兼容性而保留，请勿使用。

4) 建议不要超过 26 列，用字母表示列的话，第 27 列开始用两个字母。

三、数值的格式化

可以对数值进行各种设置，例如

```
tb.setformat(2, 1, 10, 3) f.2
tb.setformat(2, 1, 10, 3) f(.2)
```

都是设置第 2 行第 1 列到第 10 行第 3 列的所有数值只显示到小数点后两位数字（四舍五入），第二行设置负数用括号的方式显示，即 −3.14159 显示为 (3.14)。

数值的格式化设置选项参考表 A.2，说明如下：

1) 设置格式只影响格子数据的显示，并没有修改格子的数据。
2) 建议指定位数，如 g.5 只取 5 位有效数字，如果不指定位数，格式 f 和 e 都可能有 15 位小数。
3) 除了负数用括号表示的格式设置外，也可以整数部分每三位用逗号隔开，方法为格式设置里加字母 t，比如 ft 表示固定小数，整数部分每三位分组。
4) 也可以将数值设置成日期格式（EViews 的日期存为数值，公元元年 1 月 1 日对应数值 0，然后每天加 1），格式设置为：YYYY 表示只显示 4 位数的年。常见的其他日期格式有 YYYY-MM-DD 和 MM/DD/YYYY 等。
5) 这些设置对格子内容为字符串时不起作用，但当格子的内容改为数值时，就起作用了。

四、对齐和缩进

格子内容的对齐方式分为垂直和水平方向，水平方向可以设置成 auto、left、right 和 center，分别表示自动对齐（字符串左对齐，而数值右对齐）、左对齐、右对齐和居中对齐。垂直方向可以设置顶部对齐、中部对齐和底部对齐，对应的设置为 top、middle 和 bottom。例如

    tb.setjust(2, 1, 10, 3) top left

将第 2 行第 1 列到第 10 行第 3 列格式设置为左上对齐。此外，还可以设置缩进，例如

    tb.setindent(2, 1, 10, 3) 3

表示将第 2 行第 1 列到第 10 行第 3 列的格子设置 3/5 个列宽单位的缩进，请注意：

- 缩进的基本单位为列宽的 1/5。
- 对于居中的格子，缩进不起作用，但如果格子从居中对齐改变成靠左或者靠右，已经设置的缩进将起作用。

五、字体

字体，字号，颜色和样式等都可以设置，例如

    tb.setfont(2, 2) "Times New Roman" +i +s 12pt

设置第 2 行第 2 列格子的字体，字体名为 Times New Roman (语句中用字符串表示字体名称)，大小为 12pt，斜体并加单划线。字体的形状特征中，选项有 b, i, s 和 u，分别表示粗体、斜体、单划线和下划线，还可以前缀加减号分别表示添加和清除的功能，比如

    tb.setfont(2, 2) +u -s

将刚才设置的单划线去掉，改为下划线。为了突出某个格子的内容，除了改变字体以外，还可以修改颜色，例如

    tb.settextcolor(2, 2) orange
    tb.settextcolor(2, 2) @rgb(255, 128, 0)

这两行都设置了橙色，其中第一行命令用的是 EViews 预定义的颜色，表 A.1 (第 852 页) 列出了 EViews 的预设颜色，第二行用的是 @rgb 函数来设置颜色。

六、背景和边框

背景的设置使用 setfillcolor 命令，例如

    tb.setfillcolor(2, 2) blue

设置了蓝色背景。此外还可以对表格进行加框，例如

```
tb.setlines(b2:d10) +a -h -v
tb.setlines(b2:d10) +a -i
tb.setlines(b2:d10) +o
```

以上三条命令的结果是相同的，第一条命令对所有边框都加线，然后再去掉所有的内部水平框线和竖直框线，第二条命令中先加所有框线，再去掉所有内部框线，第三条命令只对选中的格子区域的外轮廓加边框。框线的选项有（前缀加减号分别表示添加和清除）

选项	含义	选项	含义
t	顶边框	o	外部边框
b	底边框	v	内部垂直框线
l	左边框	h	内部水平框线
r	右边框	a	所有边框
i	内部边框	d	中间双划线

更多的例子如下：

```
tb.setlines(4) +d      '第四行中间加双线
tb.setlines(@all) -a   '去掉所有的框线，对行中的双划线不起作用
tb.setlines(4) -d      '去除第四行中的双线
```

旧版本设置行中双水平线的命令 `setline` 准备废弃，请改用 `setlines` 来实现该功能。

问题：边框线可以是双线吗？

七、合并和注释

单元格可以加注释，注释的信息平时不显示，只有当鼠标停留在该格子上时，才显示注释信息，加注释的例子为

```
tb.comment(A1) "Important ++"
```

注意设置时注释内容要放在一对双引号内，则当鼠标在 A1 格子停留时，会提示信息 Important ++，要去掉注释，只需要重复刚才的命令，去掉文本信息即可：

```
tb.comment(A1)
```

另外，EViews 还可以把同一行相邻的表格合并，假设第一行的前三个格子都已经有内容，则合并命令

```
tb.setmerge(A1:C1)
```

将第一行的前三列合并，显示的内容为原来 A1 格子的内容，注意 B1 和 C1 格子的内容都还在，只是没有显示出来。如果

```
tb.setmerge(1,3,1,1)    'tb.setmerge(C1:A1)
```

也是将第一行的前三列合并，不过这次是从右到左的合并，显示的内容是 C1 格子的内容。

说明如下：

- 合并后，被合并的各个格子的内容仍然在，从左到右合并显示最左边的格子，从右到左合并显示最右边的格子，并且合并后的格式设置采用被显示的格子的格式。
- 只能合并行内相邻的格子，不能跨行合并。
- 解除合并，只需要对合并范围内的任何一个或者多个格子使用 `setmerge` 命令即可。

八、例子

一个完整的例子，源代码为

```
1  '2007-09-06 09:23
2  'Edit table by commands
3
4  %wf = @evpath + "\Example Files\data\demo"
5  wfopen %wf
6  smpl 1952Q1 1992Q4
7  equation eq1.ls log(m1) c log(gdp) rs dlog(pr)
8  freeze(tb) eq1.results   'table for editting
9
10 tb.setfont(21,1) 12pt     'small font
11 tb.settextcolor(21,1) red    'font color
12 tb.setheight(14) 2.5      'increase row height
13 tb.settextcolor(7) blue 'font color
14 tb.setfillcolor(e9:e12) yellow  'background color
15 tb.setfillcolor(13) @rgb(200, 230, 118) 'background color
16 tb.setlines(b9:b12) +o  'outer borders
17 tb.setfont(b19) +s      'strikethrough
18 tb.setjust(a14) right    'justification
19 tb.setfont(a14) +b +i        'boldface, italics
20 tb.setformat(e14:e19) f(.3) 'display format
21 tb(21,1) = "This table is mdified for demostration"
22 tb(21,4) = @now
23 tb.setformat(21,4) "YYYY-MM-DD" 'date format
24 show tb
```

结果为

```
Dependent Variable: LOG(M1)
Method: Least Squares
Date: 09/06/07   Time: 09:54
Sample (adjusted): 1952Q2 1992Q4
Included observations: 163 after adjustments
```

Variable	Coefficien	Std. Error	t-Statistic	Prob.
C	1.312383	0.032199	40.75850	0.0000
LOG(GDP)	0.772035	0.006537	118.1092	0.0000
RS	-0.020686	0.002516	-8.221196	0.0000
DLOG(PR)	-2.572204	0.942556	-2.728967	0.0071

R-squared	0.993274	Mean dependent var	5.692
Adjusted R-squared	0.993147	S.D. dependent var	0.670
S.E. of regression	0.055485	Akaike info criterion	(2.921)
Sum squared resid	0.489494	Schwarz criterion	(2.845)
Log likelihood	242.0759	F-statistic	7826.904
Durbin-Watson stat	~~0.140967~~	Prob(F-statistic)	0.000

This table is mdified for demostration   2007-09-06

§A.2.4 打印和导出

打印表格使用 print 命令，例如

```
print(l) tb
```

将横向打印表格 tb 的内容。表格的内容可以用表格对象的 save 命令导出到逗号分隔的 CSV 文本文件（选项 t=csv）、制表符分隔的文本文件（选项 t=txt）、RTF 文件（选项 t=rtf）或者 HTML 文件（选项 t=html）等，例如

```
tb.save(t=csv, n=-999) mytab
```
将把表格的内容保存为 `mytab.csv` 文件，缺失值用 −999 表示。又例如
```
tb.save(r=R2C2:R10C3, t=html, s=0.8) c:\html\MyTab
```
将当前表格的指定范围保存到 `c:\html\MyTab.html` 中，用当前显示的大小的 80% 的大小来保存。此外对于存放数值的格子，表格的 save 命令还提供选择按格式化后的结果（默认）导出还是全精度数值导出（选项 -f）。

§A.2.5 小结

建立表格对象的命令为 table 和 freeze，table 命令新建表格对象，而 freeze 将其他对象的表格视图定格得到表格对象。

1) 表格内容的导出用 save 命令。
2) 表格命令 setcell 设置格子内容的同时，还能进行简单的格式设置。
3) 表格命令 comment 给格子添加注释。
4) EViews 可以对整个表格的所有格子，某个范围的格子或者单独的格子进行各种设置。

表格设置命令汇总如下：

命令	功能	命令	功能
setfillcolor	设置背景色	setjust	设置对齐方式
setfont	设置字体	setlines	设置边框和字符双划线
setformat	设置显示的格式	setmerge	合并格子
setheight	设置行高	settextcolor	设置字体颜色
setindent	设置缩进量	setwidth	设置列宽

§A.3 矩阵

经济计量分析中的数值计算，基本上都是矩阵计算。EViews 没有提供的视图或者过程，甚至是新的计量方法的数值计算，都可以使用 EViews 的矩阵语言来实现。[3]然而，相对于基于矩阵的 Gauss 或者 Matlab 语言，在 EViews 中使用矩阵进行计算是很不方便的，甚至是痛苦的。坦率地说，使用 EViews 进行矩阵计算是错误的选择，不过作为 EViews 的视图和过程的补充，完成一些简单的计量分析，EViews 的矩阵工具是必须的。

§A.3.1 矩阵对象

我们把如下的对象统称为矩阵对象：

1) 系数对象 (coefficient)：系数向量，可作为方程对象或者对数似然对象等计量方法对象的系数。
2) 矩阵对象 (matrix)：即二维的数组，其运算遵守矩阵代数的规则。
3) 标量对象 (scalar)：只保存一个标量数值。
4) 对称矩阵对象 (symmetric matrix)：只保存对称矩阵的下三角矩阵，在矩阵计算时，对称矩阵对象可以极大地减少内存的占用和计算时间。
5) 向量对象 (vector) 和行向量对象 (rowvector)：分别存储列向量和行向量。[4]

一、创建

各种矩阵对象的创建使用相应的对象声明命令，例如

```
wfcreate u 4
coef(8) cb
matrix(4,3) mx
rowvector(6) ry
sym(10) smX
vector(5) vy
```

将建立 8×1 的系数向量 cb，4×3 的矩阵对象 mx，1×6 的行向量 ry，10×10 的对称矩阵对象 smX，以及 5×1 的列向量 vy。补充说明如下：

1) 矩阵对象必须先建立才能使用。
2) 和序列对象不同，矩阵对象的大小不受工作文件观测数的限制，我们建立的 cb 和 mx 等对象，元素个数都超过工作文件的总观测数。
3) 建立矩阵对象时，如果没有给出大小，则大小取为 1×1，例如

```
matrix mx1
```

得到 1×1 的矩阵 mx1。矩阵对象的行数和列数必须为正数，可以使用变量，例如

```
!t = 10/3
coef(!t) cb1
```

得到 3×1 的系数向量 cb1。注意建立对象时，其行数和列数自动取整。

---

[3]提醒：本讲义中，除非特别声明，向量指的是列向量。

[4]行向量对象赋予列向量值时，将转换为列向量对象；同样地，向量对象赋值为行向量时，转换为行向量对象。因此，如果我们将向量对象理解为可以存储列向量或者行向量，那么行向量对象就没有存在的必要了。

4) 只有一列的矩阵对象可以用如下方式创建

```
matrix(8) m81
```

建立 8×1 矩阵 m81，而不是建立 8×8 的方阵，上述命令相当于

```
matrix(8,1) m81
```

5) 用对象声明命令建立的矩阵对象，其值初始化为 0。建立矩阵对象的同时可以进行初始化，例如

```
vector(7) v1 = 1
```

产生元素都为 1 的 7×1 向量 v1。矩阵对象可以使用 fill 命令进行初始化，例如

```
matrix(2,3) M
M.fill 1,2,3,4,5,6
```

得到矩阵

$$\mathbf{M} = \begin{bmatrix} 1 & 3 & 5 \\ 2 & 4 & 6 \end{bmatrix}$$

注意命令 fill 默认是按列填充的，fill 命令将在 §A.3.4 中的第 873 页进一步讨论。

6) 重新定义矩阵对象的大小，将进行截断或者扩充，例如

```
copy M W
matrix(1,3) W
copy M W
matrix(2,2) W
copy M W
matrix(3,4) W
copy M W
matrix(3,2) M
```

将分别得到

$$\mathbf{W} = \begin{bmatrix} 1 & 3 & 5 \end{bmatrix} \quad \mathbf{W} = \begin{bmatrix} 1 & 3 \\ 2 & 4 \end{bmatrix} \quad \mathbf{W} = \begin{bmatrix} 1 & 3 & 5 & 0 \\ 2 & 4 & 6 & 0 \\ 0 & 0 & 0 & 0 \end{bmatrix} \quad \mathbf{W} = \begin{bmatrix} 1 & 3 \\ 2 & 4 \\ 0 & 0 \end{bmatrix}$$

注意扩充的元素值为 0。

7) 系数对象，向量对象和行向量对象：对象声明命令建立这些对象时，系数对象和向量对象初始化为列向量，而行向量对象初始化为行向量，但在使用时，三种对象的内容都可以是列向量或者行向量，不妨把它们理解为行或者列数限制为 1 的矩阵对象。

8) 系数对象可作为方程对象或者对数似然对象等计量方法对象的系数，其他矩阵对象都无此用法。EViews 内建的系数对象 C 的大小总为 751×1，无法修改，不能改名也不能删除。

9) EViews 实际上不区分向量对象和行向量对象，工作文件窗口里，两者的图标是相同的，工作文件的概要信息 wfstats 命令的结果中，两者并没有区分，都当成向量对象进行报告，但在矩阵运算和对象的视图或者过程中，区分它们具体的取值是行向量还是列向量。

10) 命令 stom 可以直接创建矩阵对象，将序列对象或者群对象在当前样本的非缺失值形成向量或者矩阵，创建向量对象或者矩阵对象并赋值，命令 stomna 完成类似地任务，但不丢弃缺失值，例如

```
series id = @obsid
id(2) = na
stomna(id,v)
```

得到 4×1 向量 v，即

$$\mathbf{v} = \begin{bmatrix} 1 \\ \text{NA} \\ 3 \\ 4 \end{bmatrix}$$

二、特殊矩阵

EViews 提供了一些实用函数来建立特殊矩阵，例如
```
matrix I = @identity(4)
vector u = @unitvector(4,2)
v = @nan(v,2)
matrix E = @makediagonal(v-u)
```
得到

$$\mathbf{I} = \begin{bmatrix} 1 & & & \\ & 1 & & \\ & & 1 & \\ & & & 1 \end{bmatrix} \quad \mathbf{u} = \begin{bmatrix} 0 \\ 1 \\ 0 \\ 0 \end{bmatrix} \quad \mathbf{v} = \begin{bmatrix} 1 \\ 2 \\ 3 \\ 4 \end{bmatrix} \quad \mathbf{E} = \begin{bmatrix} 1 & & & \\ & 1 & & \\ & & 3 & \\ & & & 4 \end{bmatrix}$$

说明如下：

1) 第一行先建立 1×1 的矩阵 I，而 `@identity(4)` 生成 4 阶单位矩阵，最后矩阵 I 的大小为 4×4，因为矩阵赋值时，会自动改变矩阵对象的大小（参考第 875 页表 A.3）。
2) 函数 `@identity` 产生单位矩阵，函数 `@unitvector` 取得单位矩阵的一列，函数 `@nan` 是数学基础函数，将 na 值替换为给定的值，函数 `@makediagonal` 由参数向量产生对角矩阵。
3) 其他特殊矩阵的实用函数请参考 §A.3.7 节 (第 879 页) 或者 EViews 的文档。

§A.3.2 视图和过程

除了特别简单的向量对象以外，其他矩阵对象都有视图和过程。本小节的示例在前一小节建立的工作文件上继续。

一、图形和统计视图

矩阵对象作图时，把每列当成一个序列，因此矩阵对象作图和序列对象或者群对象类似，例如
```
freeze(gfE) E.line
```
得到

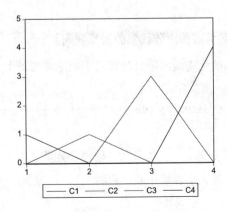

图形中有 4 条线，图例中，矩阵的列用 C1, C2, C3 和 C4 表示。

统计方面，也和群对象类似，例如

```
freeze(tbec) E.cov
tbec.setformat(@all) f.3
tbec.setwidth(@all) 8
```

后两行修改定格得到的表格的格式，结果为

```
           Covariance Matrix

            C1       C2       C3       C4
      C1   0.188   -0.063   -0.188   -0.250
      C2  -0.063    0.188   -0.188   -0.250
      C3  -0.188   -0.188    1.688   -0.750
      C4  -0.250   -0.250   -0.750    3.000
```

二、导入导出

矩阵对象可以使用命令 read 和 write 直接与外部文件交换数据，例如

```
E.write ee.txt
I.read ee.txt
```

将矩阵 E 的内容写出到 ee.txt 文件中，然后再读入矩阵 I 中。补充说明如下：

1) 如果没有给出文件的路径，在当前工作路径下读写，注意当文件路径或者文件名有空格时，需要使用双引号。

2) 命令 read 和 write 除了读写文本文件，还可以读写 Excel 或者 Lotus 的电子表格文件，例如

```
%f = @evpath + "\Example Files\data\demo.xls"
I.read(b154) %f
```

矩阵 I 的内容为 demo.xls 文件中 1990 年四个季度（从单元格 b154 开始）的数据，四列分别为国内生产总值 GDP，货币供给 M1，物价指数 PR 和短期利率 RS。

3) 关于命令 read 和 write 的更多介绍请参考 EViews 的文档。

§A.3.3 表达式

包含有矩阵对象（至少有一个不是标量对象）的表达式称为矩阵表达式，矩阵表达式主要是进行矩阵运算，EViews 允许矩阵对象参与关系运算。

一、初等运算

矩阵表达式中，矩阵的初等运算遵循矩阵代数的运算规则。

1) 单目的正负运算，具有最高的优先级，单目减相当于把矩阵的每个元素反号，例如

```
wfcreate u 4
matrix m01 = @identity(4)
matrix m01n = -m01
```

矩阵 m01 为 4 阶单位矩阵，矩阵 m01n 为负的 4 阶单位矩阵。

2) 加减法，矩阵对象相加减，其大小必须相同，例如

```
sym(4) m02 = 2
matrix m03 = m01 + m02    '4 by 4
```

得到 4×4 矩阵 m03，主对角线元素全部为 3，其他非对角线元素全部为 2。矩阵对象的不同类型，只要它们存储的内容满足相容性，就可以相加减。例如

```
matrix(4,1) m04 = 4
vector(4) v01 = 1
vector v02 = m04 - v01
```

得到 4×1 向量 v02，所有元素的值为 3。EViews 矩阵语言中，标量（标量对象，数值常量或者控制变量）可以和各种矩阵对象相加减，表示逐个元素相加减，例如

```
!x = 1
scalar a = 9
m03 = m03 - !x
v02 = v02 + a
```

矩阵 m03 的所有元素减 1，主对角线元素全部为 2，其他非对角线元素全部为 1；向量 v02 的所有元素增加 9，所有元素为 12。但是有一点要注意，只能是矩阵对象加减标量，不能是标量加减矩阵对象，如下的命令将出错

```
m03 = !x + m03    'error
v02 = a - v02     'error
```

3) 乘法，矩阵对象的乘法要求矩阵大小满足矩阵乘法的相容性，即左边矩阵的列数要等于右边矩阵的行数，矩阵对象的类型可以不同，例如

```
vector v03 = m03 * v02
matrix m05 = m03 * m04
```

得到 4×1 向量 v03 的所有元素都为 60，4×1 矩阵 m05 的所有元素都为 20。矩阵对象可以进行数乘，例如

```
v03 = v03 * 2
m03 = a * m03
```

数乘允许左乘和右乘。此外，两个对称矩阵的乘积不一定能得到对称矩阵，例如

```
sym(2) S
sym(2) Y
S.fill 0, 1, 2
Y.fill 3, 5, 7
matrix Z = S*Y
sym X = @inner(Z)
```

即

$$\mathbf{S} = \begin{bmatrix} 0 & 1 \\ 1 & 2 \end{bmatrix} \quad \mathbf{Y} = \begin{bmatrix} 3 & 5 \\ 5 & 7 \end{bmatrix} \quad \mathbf{Z} = \begin{bmatrix} 5 & 7 \\ 13 & 19 \end{bmatrix} \quad \mathbf{X} = \begin{bmatrix} 194 & 282 \\ 282 & 410 \end{bmatrix}$$

注意函数 @inner 求矩阵内积得到对称矩阵。

4) 除法，EViews 允许矩阵对象除以标量，但不允许标量除以矩阵对象，例如

```
X = X/2
```

矩阵 X 的每个元素都除以 2。

在 Matlab 等基于矩阵的语言中，还允许矩阵的数组运算，即基于矩阵每个元素的乘法，除法或者幂函数等运算。对于这类运算，在 EViews 5 中可以使用循环实现，而 EViews 7 则提供了一些矩阵的数组运算函数。

二、关系运算

矩阵关系运算不属于矩阵代数的内容，是程序语言的扩展。EViews 允许矩阵对象进行关系运算，得到标量的逻辑值 0 和 1，关系运算时，两矩阵对象的大小必须相同 (或者一方为标量)，并且对应元素的关系比较结果都为真时，矩阵的关系表达式才为真，例如

```
matrix(3,1) u
u.fill -1, 0,1
vector v = -u    'auto resizing
scalar a = 0
if u=v then
    a = 1
endif
```

其中

$$\mathbf{u} = \begin{bmatrix} -1 \\ 0 \\ 1 \end{bmatrix} \quad \mathbf{v} = \begin{bmatrix} 1 \\ 0 \\ -1 \end{bmatrix}$$

根据 EViews 的规则，关系运算 u=v 的结果为假，注意这里的矩阵 u 和向量 v，矩阵关系运算 u<v 和 u>v 也都为假。

§A.3.4 赋值

矩阵对象的赋值有三种基本方式，元素赋值，fill 命令赋值和矩阵对象间赋值。

一、单个元素

矩阵对象的单个元素的赋值采用下标方式，例如

```
wfcreate u 4
matrix(2,3) M = 1
M(2,2) = 6
```

得到矩阵

$$\mathbf{M} = \begin{bmatrix} 1 & 1 & 1 \\ 1 & 6 & 1 \end{bmatrix}$$

其他说明如下：

1) 二维矩阵需要两个下标，系数对象，向量对象和行向量对象需要一个下标，如果存取二维矩阵的元素时使用单下标，则表示第一列，例如

```
M(2) = 5
```

其中 M(2) 等价于 M(2,1)，这种用法还可以出现在表达式中

```
M(2,1) = M(2) + 1
```

此时

$$\mathbf{M} = \begin{bmatrix} 1 & 1 & 1 \\ 6 & 6 & 1 \end{bmatrix}$$

此外，下标不能超过矩阵对象的大小，例如

```
vector(3) v
v(4) = 5    'error
```

将出错。

2) 单个元素赋值不破坏对称矩阵对象的对称性，例如

```
sym(3) S = 1
S(2,1) = 2
S(1,3) = 3
```

得到

$$\mathbf{S} = \begin{bmatrix} 1 & 2 & 3 \\ 2 & 1 & 1 \\ 3 & 1 & 1 \end{bmatrix}$$

3) 矩阵元素的存取经常通过循环来实现，例如

```
!n = 4
sym(!n) H
for !i = 1 to !n
   for !j = 1 to !i
      H(!i,!j) = 1/(!i+!j-1)
   next
next
```

建立了 4 阶 Hilbert 矩阵

$$\mathbf{H} = \begin{bmatrix} 1 & \frac{1}{2} & \frac{1}{3} & \frac{1}{4} \\ \frac{1}{2} & \frac{1}{3} & \frac{1}{4} & \frac{1}{5} \\ \frac{1}{3} & \frac{1}{4} & \frac{1}{5} & \frac{1}{6} \\ \frac{1}{4} & \frac{1}{5} & \frac{1}{6} & \frac{1}{7} \end{bmatrix}$$

Hilbert 矩阵以其在数值计算时的高度病态而闻名。

二、FILL 赋值

命令 fill 用来对矩阵对象进行初始化，例如

```
M.fill 1,2,3,4,5,6
v.fill 7,8,9
```

分别得到

$$\mathbf{M} = \begin{bmatrix} 1 & 3 & 5 \\ 2 & 4 & 6 \end{bmatrix} \quad \mathbf{v} = \begin{bmatrix} 7 \\ 8 \\ 9 \end{bmatrix}$$

请注意，fill 语句中，每个数值用逗号隔开，此外

1) 缺省下，按列填充，即第一列从上到下，然后第二列，一直下去。可以通过选项 b 修改填充方式，例如

```
M.fill(b=r) 1,2,3,4,5,6
```

改成按行填充的方式，得到

$$\mathbf{M} = \begin{bmatrix} 1 & 2 & 3 \\ 4 & 5 & 6 \end{bmatrix}$$

2) 如果 fill 语句中数值个数不够，剩下的矩阵元素不被修改，例如

```
M.fill 1,2,3,4
```

只按列顺序修改矩阵的前 4 个元素，即

$$\mathbf{M} = \begin{bmatrix} 1 & 3 & 3 \\ 2 & 4 & 6 \end{bmatrix}$$

但如果数值个数超过矩阵对象的元素，则出错，矩阵对象不被修改，例如

```
v.fill 1,2,3,4    'error
```

3) 可以使用选项 L 进行循环填充，例如

```
M.fill(l) 1,2
M.fill(L) 1,2,3
M.fill(l) 1,2,3,4,5
```

分别得到

$$\mathbf{M} = \begin{bmatrix} 1 & 1 & 1 \\ 2 & 2 & 2 \end{bmatrix} \quad \mathbf{M} = \begin{bmatrix} 1 & 3 & 2 \\ 2 & 1 & 3 \end{bmatrix} \quad \mathbf{M} = \begin{bmatrix} 1 & 3 & 5 \\ 2 & 4 & 1 \end{bmatrix}$$

注意循环填充时，直到填完矩阵对象的所有元素为止。

4) 对称矩阵对象的填充只有按列的方式，fill 语句中数值只填充下三角部分，上三角部分则通过对称性赋值，例如

```
H.fill 1,2,3,4,5,6
H.setformat g.4
```

得到

$$\mathbf{H} = \begin{bmatrix} 1 & 2 & 3 & 4 \\ 2 & 5 & 6 & \frac{1}{5} \\ 3 & 6 & \frac{1}{5} & \frac{1}{6} \\ 4 & \frac{1}{5} & \frac{1}{6} & \frac{1}{7} \end{bmatrix} = \begin{bmatrix} 1 & 2 & 3 & 4 \\ 2 & 5 & 6 & 0.2 \\ 3 & 6 & 0.2 & 0.1667 \\ 4 & 0.2 & 0.1667 & 0.1429 \end{bmatrix}$$

三、矩阵赋值

矩阵对象间的赋值总结在表 A.3 中，一些需要注意之处如下：

1) 矩阵对象间赋值可能改变目标矩阵对象的大小，但不改变矩阵对象的类型。
2) 标量对象给矩阵对象赋值，不改变矩阵对象的大小，但矩阵对象被填充相同的值。
3) EViews 内建的系数向量 C 不能被改变大小，也不能被转置。
4) EViews 中，标量对象不能接受其他矩阵对象的直接赋值或者矩阵表达式的值，哪怕大小为 1×1 的矩阵也不能直接赋值给标量，例如

```
matrix n = @transpose(v)*v    '1 by 1
scalar a
a = @transpose(v)*v    'error
a = n    'error
```

表 A.3　矩阵对象间的赋值

Y	$\mathbf{c}_{m\times 1}$	$\mathbf{M}_{m\times l}$	$\mathbf{r}_{1\times l}$	s	$\mathbf{S}_{m\times m}$	$\mathbf{v}_{m\times 1}$
Coef(n)	$\mathbf{c}_{m\times 1}$	$\mathbf{c}_{m\times 1}$　$\mathbf{c}_{1\times l}$	$\mathbf{c}_{1\times l}$	$\mathbf{c}_{n\times 1}$	—	$\mathbf{c}_{m\times 1}$
Matrix(n,k)	$\mathbf{M}_{m\times 1}$	$\mathbf{M}_{m\times l}$	$\mathbf{M}_{1\times l}$	$\mathbf{M}_{n\times k}$	$\mathbf{M}_{m\times m}$	$\mathbf{M}_{m\times 1}$
Rowvector(k)	$\mathbf{r}_{m\times 1}$	$\mathbf{r}_{m\times 1}$　$\mathbf{r}_{1\times l}$	$\mathbf{r}_{1\times l}$	$\mathbf{r}_{1\times k}$	—	$\mathbf{r}_{m\times 1}$
Scalar	—	—	—	s	—	—
Sym(n)	—	$\mathbf{S}_{m\times m}$　$m=l$	—	$\mathbf{S}_{n\times n}$	$\mathbf{S}_{m\times m}$	—
Vector(n)	$\mathbf{v}_{m\times 1}$	$\mathbf{v}_{m\times 1}$　$\mathbf{v}_{1\times l}$	$\mathbf{v}_{1\times l}$	$\mathbf{v}_{n\times 1}$	—	$\mathbf{v}_{m\times 1}$

赋值 Y = X，其中 Y 的定义在第一列，X 的值在标题行。标题行中 $\mathbf{c}_{m\times 1}$ 为 m 维的系数向量，$\mathbf{M}_{m\times l}$ 为 $m\times l$ 的矩阵，$\mathbf{r}_{1\times l}$ 为 l 列的行向量，s 是标量（标量对象，数值常量或者控制变量），$\mathbf{S}_{m\times m}$ 为 $m\times m$ 对称矩阵，$\mathbf{v}_{m\times 1}$ 为 m 维的向量。

表中给出赋值后 Y 的结果，其中 "—" 表示不允许该类型的赋值。当 X 为 $\mathbf{M}_{m\times l}$ 矩阵时，赋值给系数对象、行向量或向量对象时，要求矩阵 $\mathbf{M}_{m\times l}$ 的行数 $m=1$ 或者列数 $l=1$。此外，只有方阵才能赋值给对称矩阵对象。

将出错，必须写成

```
a = n(1,1)    '194
```

大小为 1×1 的矩阵不当成标量不仅不符合逻辑，而且很不方便。

5) 系数对象，向量对象和行向量对象，它们的内容随赋值而变，可能为行向量或者列向量，例如

```
matrix(3,1) P
P.fill 1,2,3
matrix Q = @transpose(P)
rowvector(2) r
coef(2) b
```

分别得到

$$\mathbf{P}=\begin{bmatrix}1\\2\\3\end{bmatrix}\quad \mathbf{Q}=\begin{bmatrix}1 & 2 & 3\end{bmatrix}\quad \mathbf{r}=\begin{bmatrix}0 & 0\end{bmatrix}\quad \mathbf{b}=\begin{bmatrix}0\\0\end{bmatrix}$$

然后进行如下的赋值

```
r = v
v = Q
b = v
```

得到

$$\mathbf{r}=\begin{bmatrix}7\\8\\9\end{bmatrix}\quad \mathbf{v}=\begin{bmatrix}1 & 2 & 3\end{bmatrix}\quad \mathbf{b}=\begin{bmatrix}1 & 2 & 3\end{bmatrix}$$

注意行向量对象 r 的内容为列向量，而向量对象 v 的内容为行向量，系数对象 b 的值也由列向量改变为行向量。

四、随机值

仿真计算时，一般都用到矩阵。矩阵对象使用函数 @rnd 或者 @nrnd 进行赋值将填充单个随机数。用在序列对象赋值中的函数 rnd 和 nrnd，允许当成命令使用，方便地产生随机数矩阵，例如

```
wfcreate u 4
rndseed(type=mt) 12357
matrix(3,4) mn
nrnd(mn)
sym(3) ms
rnd(ms)
```

得到 3×4 的正态分布随机矩阵 mn 以及 3×3 的均匀分布随机对称矩阵 ms。EViews 7 中，函数 @mrnd 和 @mnrnd 产生随机数矩阵。

§A.3.5 矩阵操作

实际上，这里讨论的矩阵操作（manipulation）是特殊的提取和赋值方式，即通过命令或者函数进行提取和赋值。

一、分块操作

EViews 提供了提取矩阵的行，列或者子块的函数，并提供命令实现对矩阵的分块赋值，例如

```
wfcreate u 6
matrix(2,3) M
M.fill 1,2,3,4,5,6
vector r = @rowextract(M,2)
matrix(3,3) W
rowplace(W,r,3)
```

得到矩阵为

$$\mathbf{M} = \begin{bmatrix} 1 & 3 & 5 \\ 2 & 4 & 6 \end{bmatrix} \qquad \mathbf{r} = \begin{bmatrix} 2 & 4 & 6 \end{bmatrix} \qquad \mathbf{W} = \begin{bmatrix} 0 & 0 & 0 \\ 0 & 0 & 0 \\ 2 & 4 & 6 \end{bmatrix}$$

补充说明如下：

1) 语句 @rowextract(M,2) 提取矩阵 M 的第 2 行，得到行向量 r，命令 rowplace(W,r,3) 把行向量 r 放置在矩阵 W 的第 3 行上，命令 rowplace 要求 W 和 r 的列数相同。

2) 子块的提取和赋值

```
matrix Z = @subextract(M,1,2)
matplace(W,Z,1,1)
Z = @subextract(W,1,2,2,3)
```

得到矩阵为

$$\mathbf{Z} = \begin{bmatrix} 3 & 5 \\ 4 & 6 \end{bmatrix} \qquad \mathbf{W} = \begin{bmatrix} 3 & 5 & 0 \\ 4 & 6 & 0 \\ 2 & 4 & 6 \end{bmatrix} \qquad \mathbf{Z} = \begin{bmatrix} 5 & 0 \\ 6 & 0 \end{bmatrix}$$

提取子块的函数 @subextract 如果只给出左上角的开始位置，则提取开始位置右下方的全部元素。命令 matplace(W,Z,1,1) 要求矩阵 W 中，开始放置位置右下区域能容下矩阵 Z。

3) 主对角线和列的提取或赋值

```
vector v = @getmaindiagonal(W)
v = v + @columnextract(W,2)
colplace(W,v,3)
```

其中的函数和命令都很直观，得到矩阵为

$$\mathbf{v} = \begin{bmatrix} 3 \\ 6 \\ 6 \end{bmatrix} \qquad \mathbf{v} = \begin{bmatrix} 8 \\ 12 \\ 10 \end{bmatrix} \qquad \mathbf{W} = \begin{bmatrix} 3 & 5 & 8 \\ 4 & 6 & 12 \\ 2 & 4 & 10 \end{bmatrix}$$

二、变形

关于产生各种矩阵变形的函数，请参考 §A.3.7 节 (第 879 页) 或者 EViews 的文档。这里只介绍矩阵的向量化函数

```
v = @vec(M)
r = @vech(M)
b = @vech(@transpose(M))
```

得到向量为

$$\mathbf{v} = \begin{bmatrix} 1 \\ 2 \\ 3 \\ 4 \\ 5 \\ 6 \end{bmatrix} \qquad \mathbf{r} = \begin{bmatrix} 1 \\ 2 \\ 4 \end{bmatrix} \qquad \mathbf{b} = \begin{bmatrix} 1 \\ 3 \\ 5 \\ 4 \\ 6 \end{bmatrix}$$

函数 @vec 将矩阵逐列堆叠起来，得到一个长向量，函数 @vech 只堆叠矩阵的下三角部分。函数 @vech 通常用来向量化对称矩阵，如果矩阵是对称的，@vech 和 @vec 包含了相同的信息。

三、抽样

函数 @permute 对矩阵的行进行随机重新排列，相当于是基于行的无放回随机抽样，而函数 @resample 抽样时是有回置的，例如

```
matrix(4,2) S
S.fill 1,2,3,4,5,6,7,8
rndseed(type=mt) 123571
matrix P = @permute(S)
matrix Q = @resample(S)
```

得到矩阵为

$$\mathbf{S} = \begin{bmatrix} 1 & 5 \\ 2 & 6 \\ 3 & 7 \\ 4 & 8 \end{bmatrix} \qquad \mathbf{P} = \begin{bmatrix} 1 & 5 \\ 4 & 8 \\ 3 & 7 \\ 2 & 6 \end{bmatrix} \qquad \mathbf{Q} = \begin{bmatrix} 2 & 6 \\ 4 & 8 \\ 4 & 8 \\ 2 & 6 \end{bmatrix}$$

注意抽样前设置了随机数种子，以保证结果的重现。

四、矩阵对象和序列对象

序列对象或者群对象的观测值可以保存在矩阵对象中,反过来,矩阵对象的值也可以转换到序列对象或者群对象中。

- 矩阵对象到序列对象或者群对象,使用命令 mtos

```
mtos(v,x)
```

新建序列对象 x,其值初始化为向量 v 的值。请注意当前样本集的观测数等于矩阵的行数,可以带上样本对象参数,设定使用的观测集,例如

```
sample so4 2 5
mtos(S,gs,so4)
```

将建立群对象 gs,并建立成员序列对象 ser01 和 ser02,其观测值分别对应矩阵对象相应的列,注意样本对象 so4 的样本集为第 2 个到第 5 个观测,共 4 个观测,序列对象 ser01 和 ser02 在 so4 的样本集外的观测值为 na。

- 序列对象或者群对象到矩阵对象,方法有

```
v = x + 1
stom(x,v)
v = @convert(x+10)
```

三个语句完成相同的功能,它们的区别和联系为:

- 命令 stom 的第一个参数必须为序列对象或者群对象,不能为序列表达式。
- 如果要指定样本集,直接赋值的方式只能使用 smpl 命令设定当前样本集,而命令 stom 和函数 @convert 还都可以使用样本对象参数。
- 函数 @convert 和命令 stom 的区别是,函数可以出现在矩阵表达式中,而命令必须单独一行,此外命令 stom 的参数矩阵如果不存在,将自动新建矩阵对象。
- 这三种方式都会剔除当前或者给定样本集中序列观测值为 na 的观测,如果要保留缺失值,请使用 stomna 命令。

需要说明的是,对于矩阵赋值语句

```
v = x(2)      'fill V by 2nd obs of X
```

其中的 x(2) 表示序列 x 的第 2 个观测,而不是 x 的二阶超前序列。

§A.3.6 矩阵和循环

避免使用循环进行矩阵计算,使用矩阵运算方式不仅比循环方式快,而且更加清晰,例如

```
wfcreate u 4
!n = 123450
matrix(!n,50) M = 1
tic
for !i = 1 to @columns(M)
    !a = 0
    for !j = 1 to @rows(M)      'row sum
        !a = !a + M(!j,!i)
    next
```

```
            !a = !a/@rows(M)      'row average
            for !j = 1 to @rows(M)
                M(!j,!i) = M(!j,!i)-!a    'demean
            next
    next
    c(1) = @toc

    M = 1
    vector(@rows(M)) v
    tic
    for !i = 1 to @columns(M)
        v = @columnextract(M,!i)
        v = v - @mean(v)
        colplace(M,v,!i)
    next
    c(2) = @toc
    c(3) = c(1)/c(2)     'about 65 to 70
```

该程序对一个大矩阵逐列去均值，分别采用纯循环方式和矩阵运算方式。程序中，命令 tic 启动计时器，使用函数 @toc 将计算时间记录下来。程序运行的结果表明，纯循环方式的计算时间是矩阵运算方式的近 70 倍。

§A.3.7 命令和函数

矩阵对象除了视图和过程的命令以外，还有不少的实用命令（Utility Commands）和函数，为了叙述的方便，我们把视图和过程以外的命令和函数分为如下几类：实用命令、实用函数、矩阵代数函数、统计函数和其他函数。

一、实用命令

矩阵对象的实用命令归类为：

- 矩阵子块填充
    - colplace：填充矩阵的一列。
    - matplace：填充矩阵的一个子块。
    - rowplace：填充矩阵的一行。

- 矩阵对象和序列对象或群对象间的数据复制
    - mtos：矩阵对象复制到序列对象或群对象。
    - stom：序列对象或群对象到矩阵对象。
    - stomna：不丢弃缺失值从序列对象或群对象复制到矩阵对象。

二、实用函数

矩阵的实用函数总结如下：

- 基本信息：矩阵的列数 @columns，矩阵的行数 @rows。
- 赋值：函数 @convert 将序列对象或者群对象赋值给矩阵对象。
- 提取矩阵的内容。

- 函数 `@rowextract`，`@columnextract` 和 `@subextract` 分别提取矩阵的行、列和子块。
- 函数 `@getmaindiagonal` 提取矩阵的主对角线作为向量对象。

- 矩阵的变形
  - 函数 `@explode` 将对称矩阵对象转换为普通矩阵对象，而函数 `@implode` 取普通矩阵的下三角矩阵，形成对称矩阵对象。
  - 函数 `@transpose` 对矩阵进行转置。
  - 函数 `@vec` 对矩阵进行列展开，而 `@vech` 对矩阵的下三角部分进行列展开。

- 特殊矩阵
  - 函数 `@filledmatrix`，`@filledrowvector`，`@filledsym` 和 `@filledvector` 产生填充为给定值的给定大小的矩阵对象。这些填充函数相当于矩阵对象的标量赋值方式，方便之处是可以直接在矩阵表达式中使用。
  - 函数 `@identity` 产生单位矩阵。
  - 函数 `@unitvector` 取得单位矩阵的一列。
  - 函数 `@makediagonal` 由参数向量生成对角矩阵。

- 基于行的排列和抽样
  - 函数 `@permute` 对矩阵的行进行排列。
  - 函数 `@resample` 基于矩阵的行进行随机抽样。

三、矩阵代数函数

不同的矩阵计算软件可能基于不同的矩阵软件包，因此计算结果可能有些差别。此外，同一软件包的不同版本，计算结果也可能有些差异，如 Matlab 从 V6 开始矩阵计算基于 LaPack，EViews 的矩阵计算也使用 LaPack，但两者的计算还是有细微的差别。

我们把 EViews 提供的矩阵代数函数分类为：

- 矩阵分解
  - 函数 `@cholesky` 计算矩阵的 Cholesky 分解。
  - 函数 `@svd` 进行矩阵的奇异值分解（singular value decomposition）。

- 矩阵分析
  - 函数 `@cond` 计算方阵的条件数。
  - 函数 `@eigenvalues` 和 `@eigenvectors` 计算对称矩阵的特征值和特征向量。
  - 函数 `@norm` 计算矩阵的范数，由参数选择范数的类型。

- 矩阵初等计算
  - 函数 `@trace` 计算矩阵的迹。
  - 函数 `@det` 计算方阵的行列式。
  - 函数 `@rank` 计算矩阵的秩。
  - 函数 `@issingular` 判断矩阵是否奇异。

- 函数 `@inverse` 求解矩阵的逆。
- 函数 `@inner` 和 `@outer` 分别计算向量的内外积，其中 `@inner` 还可以用来计算矩矩阵（moment matrix），即矩阵 $\mathbf{X}$ 的内积 $\mathbf{X'X}$。

- 其他矩阵计算
  - 函数 `@kronecker` 计算两矩阵的 Kronecker 积。
  - 函数 `@solvesystem` 求解 $\mathbf{Ax} = \mathbf{b}$ 中的向量 $\mathbf{x}$。

四、统计函数

矩阵的统计函数为 `@cor` 和 `@cov`，分别返回基于矩阵各列（列当成变量，观测在行上）的相关系数矩阵和协方差矩阵，请注意，函数返回的是对称矩阵对象，而命令 `cor` 和 `cov` 则产生表格视图。

五、其他函数

其他支持矩阵对象的 EViews 函数有：
1) 基础数学函数（Basic Mathematical Functions），除了函数 `@inv`。
2) 特殊数学函数（Special Functions）。
3) 三角函数（Trigonometric Functions）。
4) 统计分布函数（Statistical Distribution Functions）。

这几类函数的的计算是基于矩阵元素的，具体说明请参考 EViews 的文档。

§A.3.8 小结

矩阵计算是用 EViews 进行经济计量分析的有益补充：
1) 各种矩阵对象的建立采用相应的对象声明命令，如向量对象的创建命令为 `vector`。
2) 矩阵对象和序列对象或者群对象间可以相互复制数据。
3) 矩阵对象可以通过视图查看图形和统计结果，通过 `read` 和 `write` 命令与外部文件交换数据。
4) 矩阵表达式的计算要求相容性，矩阵的关系运算要求所有元素对应的关系运算为真，结果才为真。
5) 矩阵对象间的赋值总结在表 A.3 中，赋值时可能改变目标矩阵对象的大小。
6) 避免使用循环来操作矩阵，尽量使用矩阵的命令或者函数来完成计算。
7) 除了视图和过程的命令以外，EViews 还提供了一些矩阵对象的实用命令：
   (a) 矩阵子块的填充；
   (b) 矩阵对象与序列对象或群对象的数据交换。
8) EViews 的矩阵函数分为如下几类：
   (a) 实用函数，如产生特殊矩阵，提取矩阵的部分数据，矩阵的变形等；
   (b) 矩阵代数函数，如初等矩阵计算，矩阵分析和矩阵分解；
   (c) 统计函数；
   (d) 其他函数。
9) 矩阵的命令和函数总结在 §A.3.7 节（第 879 页）中。

§A.4 序列对象

我们在 §1.4 节（第 30 页）详细介绍了 EViews 的数值型序列对象，这里我们将补充介绍字符串序列对象，以及将序列表达式当成序列对象使用的自动序列和自新序列对象。

§A.4.1 日期序列

其实日期序列 (date series) 是普通的数值序列，只是那些数值被解释成日期，即日期的数值编码 (date number)。比如，将数值 730928.25 当成是 2002 年 3 月 20 日早晨 6 点整。整数部分表示从公元元年 1 月 1 日开始的天数，小数部分表示一天以内的时间，0.5 表示中午 12 点。

要将日期序列转换成字符串序列，请使用 @datestr 函数；反过来，可以用 @dateval 函数将代表日期的字符串序列转换为日期序列。日期函数请参考表 2.6（第 89 页）。

§A.4.2 自动序列

在很多情况下，EViews 把序列表达式当成序列对象使用，称为自动序列 (auto-series)。当表达式中的序列对象的值更改后，自动序列的值也"自动"跟着更新。自动序列通常的用途为：

1) 想考察序列对象值的变换结果，又不想把表达式的值序列保存下来，例如在 EViews 命令窗口输入

```
show log(gdp)
```

将显示序列 gdp 对数值的表格视图。

2) 自动序列可以在方程设定中，作为解释变量或者被解释变量，还可以作为群的成员。

§A.4.3 自新序列

每次使用自动序列，都需要重新输入，如果自动序列是个又长又臭的表达式，这样输入不仅乏味，而且容易出错，我们不妨给该表达式取个名，被命名的自动序列被 EViews 称为自新序列（auto-updating series）。

1) 自新序列与链接对象 (Link object) 都具有自动更新的功能，但自新序列用到的序列对象只能在相同的工作页里。
2) 与自动序列的区别，自动序列的寿命是稍纵即逝的，而自新序列永久地存在工作页中。
3) 自新序列用 frml 命令创建

```
frml ausTest = 0.2*(x + y^3)
```

注意，表达式中的序列对象必须已定义，否则出错。

4) 自新序列不能嵌套定义，如下的语句是不允许的

```
frml ausNest = ausNest + x/y
```

5) 已经定义的序列对象，可以改变成自新序列。

```
series x = rnd
frml x = log(gdp)
```

序列 x 的原来的值被取代，并且 x 变成自新序列。

6) 定义为自新序列后，不能直接改变序列的值，此时如下命令

    x = log(pr)

将出错。要改变自新序列 x 代表的公式，需要如下形式的命令

    frml x = log(pr)

其中的 frml 关键字不能少，并且 x 代表的表达式如果是数值表达式，不能更改为字符串表达式，反之亦然。

7) 自新序列可以取消自动更新功能，方法如下。

    frml x = @clear

取消自动更新后，自新序列变成普通序列，其值凝固成当前值，并且可以修改了。

8) 自新序列可以从数据库中提取数据，比如

    frml lrs = log(dataCN::rs)

创建自新序列，取值为数据库 dataCN 中的 RS 的对数值。请注意：使用到外部数据库数据的自新序列只有在其所属的工作文件打开的时候才更新。

9) 自新序列的定义表达式包含的序列对象取值改变时，将导致自新序列更新，即重新计算自新序列的定义表达式的值。

10) 不管当前的样本范围是什么，自新序列更新时，将更新整个序列所有的观测值。

11) 定义时如果使用了描述性统计函数

    frml apr = @mean(pr)

当用到 APR 自新序列时，将采用当前的样本范围来计算，如果我们要的是某个特定的范围，那么请在定义的时候指定，例如

    frml apr = @mean(pr,"1980q1 1989q4")

复制自新序列，将得到普通序列，且其值为自新序列的当前值，请参考第 132 页的例子。自新序列的更新过程比较复杂，感兴趣的话，请参考 §2.8.2 节 (第 129 页) 的讨论。

§A.4.4 字符串序列

字符串序列也称为阿尔法序列（Alpha series），其值为字母和数字组成的字符串。字符串序列可以用来记录名字，电话号码，或者分类（比如儿童、少年、成年和中年等）信息，其主要用途是产生数值序列或者作为每个观测的标识符。补充说明如下：

1) 字符串序列是序列对象，不是单个字符串，其观测数等于当前工作页的观测数。
2) 用如下的方法声明字符串序列

    alpha sName

将在当前工作文件中创建字符串序列 sName，并初始化每一个观测值为空串。字符串序列用空串来表示缺失值。可以使用字符串表达式对该序列赋值，比如

    sName = "Tom"

也可以将定义和赋值合并在一个语句里

```
alpha sName = "Tom"
alpha sHello = "Hello, " + sName + "!"
```

3) 字符串序列可以用来产生数值或标识，比如

```
series qFamily = (@lower(@left(sName,1)) = "q")
```

建立序列 qFamily，名字以字母 q 和 Q 开头的赋值为 1，其他为 0。

4) 字符串序列的内容如果只包含代表数值的文本，那么我们可以用 @val 来提取其中的数值。

5) 字符串序列可能包含代表日期的文本，那么我们可以用 @dateval 来提取日期的信息。

6) 字符串序列观测中字符串的最大字符数可以通过菜单设置（Options / Alpha Truncation），超过该长度的字符串将被截断，即超出的部分被丢弃。请记住 EViews 采用定长的方式来保存字符串序列，因此最大字符数乘以观测数就得到占用的内存。

7) 尽管很少使用，也可以建立字符串的自新序列 (auto-updating alpha series)，例如

```
frml apr = "A"+@str(pr)
```

§A.4.5 小结

除了数值型的序列对象，EViews 还提供了字符串序列对象，此外，还可以将序列表达式命名，创建自新序列。

1) 创建不同的序列对象，使用不同的命令：

   (a) `series` 创建数值序列对象；

   (b) `alpha` 创建字符串序列对象；

   (c) `frml` 创建自新序列对象。

2) 日期序列是普通数值序列对象的特殊应用，它把数值解释成日期。

3) 自新序列是命名的序列表达式，其定义表达式中的序列更新时，都重新对表达式求值。

4) 字符串序列可以记录各种信息，其主要用途是作为标识符。

§A.5 值映射

在记录性别信息时，通常采用编码的方法，如用 1 表示男性，用 0 表示女性，但显示的时候，却不希望显示编码数字 1 或 0，而是显示成"男"或者"女"，这实际上是值映射的简单应用。值映射（Value Maps）对象就是用简洁明了的文字信息（称为标签）与数值信息（如编码或数值区间）或者字符串信息建立起来的对应关系。以如下值映射对象为例：

```
valmap yn
yn.append 0 no
yn.append 1 yes
```

值映射对象 yn 将同意和不同意分别表示为 1 和 0。EViews 用 valmap 命令来声明值映射对象，用 append 命令逐个设置映射关系，注意 append 命令的第一个参数称为值（value），第二个参数称为标签（label），供显示时使用。

§A.5.1 例子

我们用如下完整的程序来说明值映射对象的应用：

```
1  '2007-09-05 13:44
2  'map an interval
3  %wf = @evpath + "\Example Files\data\demo"
4  wfopen %wf
5  valmap v
6  v.append "(-inf,2]" Low  'left open, right close
7  v.append "(2,6]" Med
8  v.append "(6,inf]" High
9  alpha rsa = @map(rs,v)   'obtain the map value
10 rsa.freq       'one-way frequency tabulation
11 rs.map v       'assign a valmap to a series
12 freeze(tabm) rs.sheet   'display in map
13 scalar msa = @mean(rs)  'computation by raw data
14 rs.map         'remove the existing map
```

说明如下：

1) 第 5 行到第 8 行定义了如下的区间值映射：

标签	数值范围
Low	$-\infty < x \leqslant 2$
Med	$2 < x \leqslant 6$
High	$6 < x < \infty$

2) 第 8 行定义了这样的区间 $(6, +\infty]$，实际使用不会有问题（计算机采用 IEEE 浮点算法，可能产生无穷大，但 EViews 把分母为零以及上溢出都当成出错处理，计算结果就不会出现无穷大）。

3) 第 9 行将序列 RS 的观测值对应的标签保存到字符串序列 RSA 中，RSA 的观测值为 Low、Med 或者 High。

4) 第 10 行得到 RSA 的统计频率表如下：

```
Tabulation of RSA
Date: 09/05/07   Time: 13:58
Sample: 1952Q1 1996Q4
Included observations: 180
Number of categories: 3
```

Value	Count	Percent	Cumulative Count	Cumulative Percent
High	64	35.56	64	35.56
Low	15	8.33	79	43.89
Med	101	56.11	180	100.00
Total	180	100.00	180	100.00

5) 第 11 行使用了序列对象的 map 命令，不要与返回序列对象的 @map 函数相混淆，map 命令用来建立或者取消（第 14 行）序列和值映射的关联，而 @map 函数将给定序列对象的观测和值映射相匹配，返回相应的标签组成的序列，如本例中的 RSA 序列。

6) 当序列和值映射关联后，序列对象的显示将采用相应的标签（第 12 行），但计算时还是使用序列自身的观测值（第 13 行）。

§A.5.2 值映射对象

值映射对象将不易理解的数值、代号或者编码映射为直观的说明文字，EViews 提供了函数来提取映射信息，以及命令 append 来设置映射关系。

一、函数

我们用例子来演示值映射对象的函数

```
wfcreate u 4
valmap vm0
vm0.append 10 China
vm0.append 20 France
series id = 20
id(3) = 10
alpha a = @map(id,vm0)
genr v = @unmap(a,vm0)
valmap vm1
vm1.append CN China
vm1.append FR France
alpha aa = @unmaptxt(a,vm1)
```

其中值映射对象 vm0 和 vm1 分别为

vm0		vm1	
Value	Label	Value	Label
10	China	CN	China
20	France	FR	France

其他序列对象列成表格如下：

id	a	v	aa
20	France	20	FR
20	France	20	FR
10	China	10	CN
20	France	20	FR

函数说明如下：

- 函数 `@map` 将给定序列对象 `id` 的观测和值映射对象 `vm0` 定义的映射相匹配，返回相应的标签，得到字符串序列 `a`。
- 函数 `@unmap` 返回值映射对象定义的映射相匹配的值，而不是标签，如果值映射对象的"值"是字符串，则使用函数 `@unmaptxt`，两个函数的返回值分别在序列对象 `v` 和字符串对象 `aa` 中。

二、创建

除了对象声明命令 `valmap` 直接创建值映射对象外，字符串序列对象还提供了 `makemap` 命令，将字符串对象的取值归类，创建值映射对象，例如

```
alpha ab = aa
ab(2) = "UK"
ab.makemap ab2 vma
```

得到值映射对象 `vma` 的映射关系如下：

Value	1	2	3
Label	CN	FR	UK

注意映射值为整数编码，编码时先对字符串排序，然后从 1 开始编码。

三、视图和过程

值映射对象的最重要过程是 `append`，用来设定值映射关系：

- 值映射是值（数字或者字符串）和标签间的映射，值映射对象中对应关系的个数和工作文件的样本总数没有必然的联系。
- 值映射对象中建议不要采用数字作为标签，避免混乱。

值映射对象视图的命令 `usage` 报告哪些序列对象应用了值映射对象，例如

```
rs.map v
v.usage
```

报告结果时，将应用了值映射对象的序列对象分成数值序列和字符串序列两部分分别列出。

§A.5.3 小结

值映射对象用简单直观的标签映射复杂的信息，值映射对象用 `valmap` 命令创建：

1) 命令 `append` 设置映射关系。命令 `makemap` 使用字符串对象创建值映射对象及其映射关系。
2) 命令 `usage` 报告哪些序列对象应用了值映射对象。序列对象使用 `map` 命令来建立或者取消序列对象和值映射对象的关联。
3) 函数 `@map` 取得映射关系的标签，函数 `@unmap` 和函数 `@unmaptxt` 返回映射关系的值。

§A.6 链接对象

序列链接对象 (Series link object)，简称链接，提供了关系数据库系统（relational database management system, RDBMS）中连接（join）操作的支持。由于 EViews 的巧妙设计，我们并不需要具备关系数据库的知识，就能很好的使用链接对象。

EViews 中，链接对象提供了当前工作页使用另一个工作页（源工作页）中序列对象的方法，源工作页必须在当前工作文件中，即源工作页和目标工作页必须在同一工作文件中。链接对象可以轻松地完成如下操作：

- 数据合并，把其他工作页的数据合并进来。
- 保存其他工作页的分组汇总信息。
- 日期结构工作页间的观测日期匹配。
- 规则日期工作页间的频率转换，如从月度数据产生年度数据。

此外，通过链接对象，多个工作页可以共享一个数据源，减少空间的占用，并方便数据的管理和维护。

§A.6.1 建立和设定

建立链接对象使用 link 命令，例如

```
link x
```

将建立链接对象 x，但并没有进行链接的设定。可以在声明链接对象的同时进行链接设定，例如

```
wfcreate(wf=wf01,page=p1) u 4
series x = 1
pagecreate(page=p2) u 6
link x.linkto p1\x
```

工作页 p2 中创建链接对象 x，其源序列为工作页 p1 中的序列对象 x，由于工作页 p2 的观测比 p1 的多，多出的观测没有匹配的源数据，其观测值为缺失值，即链接对象 x 的最后两个观测值为 na。

链接对象一旦设定完成，就可以当成普通的序列对象使用。链接对象只有在被使用时，才进行数据的连接操作，因此其操作是按需的（on demand），该特性决定了链接对象的数据是动态的，源数据更改，链接结果也将随之而改。例如

```
pageselect p1
x = 0
pageselect p2
genr y = x
```

由于工作页 p1 中的序列对象 x 的取值被修改为 0，源序列的修改使得工作页 p2 的序列对象 y 的前四个观测值都为 0。

链接的设定使用 linkto 命令，但链接的设定牵涉到不少基础概念，如标识序列、匹配、插值和频率转换等。下面我们结合例子来阐述这些概念。

§A.6.2 频率转换

频率转换只能在两个规则的日期工作页之间进行，有两种转换方式，降频和倍频，即高频向低频转换和低频向高频转换。

一、降频

我们首先准备一下数据，先建立一个季度工作页

```
wfcreate(page=Quarterly) q 2005 2006
series Profit
Profit.fill 120,130,150,105,100,125,200,170
genr Quarter = @date
Quarter.setformat "YYYY[Q]Q"
```

得到工作页 Quarterly 的内容为：

Quarter	Profit	Quarter	Profit
2005Q1	120	2006Q1	100
2005Q2	130	2006Q2	125
2005Q3	150	2006Q3	200
2005Q4	105	2006Q4	170

下面我们在年度数据工作页中创建链接对象，链接到季度数据工作页中：

```
pagecreate(page=Annual) a 2005 2006
genr Year = @date
Year.setformat "YYYY"
pageselect Quarterly
copy Profit Revenue
Revenue(@obsrange) = na
pageselect Annual
link Revenueqs.linkto(c=s) Quarterly\Revenue
link Revenueqa.linkto(c=a) Quarterly\Revenue
link Revenueqan.linkto(c=an) Quarterly\Revenue    'propagating NAs
group grya Year Revenueqs Revenueqa Revenueqan
grya.setformat(2) g
grya.setformat(3:4) f.3
```

先建立年度工作页 Annual，并建立年度标识序列 Year，然后转到季度工作页 Quarterly，复制序列 Profit 为 Revenue，并将最后一个观测值修改为 na，最后回到工作页 Annual，通过不同的降频方式，建立了三个链接对象，群对象 grya 的序列成员为年度标识和三个链接，其内容为：

Year	Revenueqs	Revenueqa	Revenueqan
2005	505	126.250	126.250
2006	425	141.667	na

链接对象 Revenueqs 进行频率转换时，即季度汇总成年度时，剔除了缺失值（选项 c=s），链接对象 Revenueqa 在进行季度平均时，剔除了缺失值（选项 c=a），因此其 2006 年度的观测值只对前三个季度进行平均，即 $(100 + 125 + 200)/3 = 141.667$。链接对象 Revenueqan 将每年内的季度数据平均值作为年度数据时，考虑了缺失值（选项 c=an），因此其 2006 年度的观测值为 na。

二、倍频

因为低频的信息比高频少，低频向高频转换的问题要复杂一些，EViews 提供了一些向上转换的方法（up-conversion methods），实际上都是插值的方法（interpolation method），我们仍然用例子来说明：

```
pagecreate(page=Monthly) m 2004 2007
genr Month = @date
Month.setformat "YYYY[M]MM"
link profitQ.linkto Quarterly\Profit       'constant
link profitQq.linkto(c=q) Quarterly\Profit  'quadratic ave
link profitQt.linkto(c=t) Quarterly\Profit  'quadratic sum
group grm Month profitQ profitQq profitQt
grm.setformat(3:4) f.3
grm.setformat(2) g
smpl 2005m10 2006m06
```

先建立月度工作页 Monthly 及其标识序列 Month，然后通过不同的插值方法，建立三个链接对象，为了方便查看链接的结果，建立了群对象 grm 包含了月度标识和新建的链接对象，下表给出其中 2005M10 到 2006M06 三个季度的数据：

Month	profitQ	profitQq	profitQt	profitQd	profitQi	profitQc
2005M10	105	114.074	38.025	35	135	139.107
2005M11	105	103.519	34.506	35	120	121.330
2005M12	105	97.407	32.469	35	105	105
2006M01	100	97.222	32.407	33.333	103.333	98.670
2006M02	100	98.889	32.963	33.333	101.667	98.282
2006M03	100	103.889	34.630	33.333	100	100
2006M04	125	109.259	36.420	41.667	108.333	102.493
2006M05	125	123.148	41.049	41.667	116.667	108.933
2006M06	125	142.593	47.531	41.667	125	125

链接对象 profitQ 采用默认的选项 c=r，其转换方法 EViews 称为 "constant match average"，实际上是电气工程（Electrical engineering）里说的零阶保持，季度内每个月的取值重复季度的取值。链接对象 profitQq 采用二次插值的方法[5]（选项 c=q），即低频的当前期及其前后相邻观测期共三点拟合一条抛物线，然后上下平移抛物线，使得插值点的均值等于低频的当期观测值得到高频数据。链接对象 profitQt 同样采用二次插值的方法（选项 c=t），但要求高频数据的和等于低频数据，不难发现有 profitQq = 3*profitQt，其倍数等于倍频数，而且在每个季度内，profitQq 的均值等于季度的观测值。

此外，倍频的其他方法还有

```
link profitQd.linkto(c=d) Quarterly\Profit  'constant match sum
link profitQi.linkto(c=i) Quarterly\Profit  'linear match last
link profitQc.linkto(c=c) Quarterly\Profit  'cubic match last
```

链接对象 profitQd 的倍频方式为 "constant match sum"，其序列值和选项 c=r 的结果差别为倍频数，即 profitQ = 3*profitQd。链接对象 profitQi 的倍频方式为一阶保持（选项 c=i），即低频数据两

---

[5] 对于样本的开始和结束点，取的三点分别为开始端的三点和结束端的三点。注意，每段二次曲线是局部的，由于进行上下平移，相邻曲线段在低频数据的观测点处，通常是不连续的。

表 A.4 频率转换选项值

降频	说明	倍频	说明
a	平均值，剔除 na	c	三次自然样条插值
f	第一个非 na 观测值	d	零阶保持除以倍频数
l	最后的非 na 观测值	i	一阶保持（线性插值）
m	最小的非 na 观测值	q	抛物线插值
s	求和，剔除 na	r	零阶保持
x	最大的非 na 观测值	t	抛物线插值除以倍频数

表中左边两列为降频的选项值和说明，右边两列为倍频的选项值及说明，例如默认的降频选项为 c=a，即剔除缺失值后求平均，默认的倍频选项为 c=r，即进行零阶保持。降频和倍频都还有选项 none，表示禁止频率转换。

降频还提供了传播 na 值的选项设置，即表中的降频选项值添加前缀或者后缀 n，转换过程中将考虑 na 值。例如选项 c=nf 或者 c=fn，频率转换时将不剔除 na 值。

个观测点连成一条直线，期间的高频数据在直线上取值。链接对象 profitQc 的倍频方式能保证全部观测点的拟合曲线是光滑的，因为选项 c=c 采用三次自然样条[6]（natural cubic spline）进行插值。

为了更形象地了解倍频时各种插值的区别，我们将倍频结果作图如下：

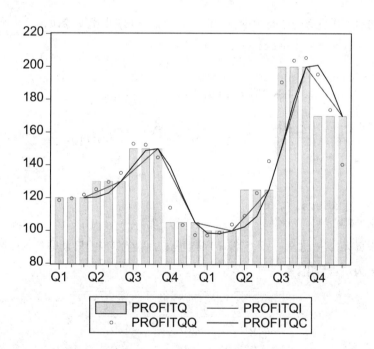

从图上可以看到不同插值方法的明显区别：零阶保持的阶梯图形，一阶保持的分段线性，二次曲线插值的不连续性和三次自然样条的趋势光滑性。产生该图形的代码为：

    group grmf profitQ profitQq profitQi profitQc

---

[6] 三次自然样条具有如下性质：
1) 每段曲线都为三次多项式；
2) 相邻曲线段在衔接点处的取值，一阶和二阶导数值相等；
3) 整条曲线在端点处（开始和结束两点）的二次导数为零（自然样条的要求）。

```
freeze(gfm) grmf.line
gfm.datelabel format([Q]Q)
gfm.setelem(2) symbol(1) lpat(12)
gfm1.setelem(1) fcolor(yellow)
```

然后手动修改图形类型，即双击图形，选择 type 选项卡，设置图形类型为 "Mixed Bar & Line"。

三、选项

通过以上例子，我们已经对频率转换有相当的了解，我们把频率转换的选项值及其设置方法汇总在表 A.4 中。在进行频率转换时，如果没有显式给出选项，EViews 将使用源序列用 `setconvert` 设定的频率转换方法，如果源序列对象没有设定频率转换方法，则使用 EViews 默认的频率转换方法（可以用菜单 Options/ Dates & Frequency Conversion... 修改）。

§A.6.3 配对合并

链接的最常见用途是进行配对合并，配对是通过标识序列进行的。除了进行普通的匹配以外，EViews 还能利用规则日期工作页的日期信息，进行日期匹配。

一、日期匹配

当两个日期结构的工作页有一个是规则日期时，可以进行日期匹配，例如

```
pagecreate(page=Advertising) u 7
Alpha Date
series Advert
Advert.fill 10,50,40,90,70,30,20
!i = 1
for %s 2005-01-07 2005-03-10 2005-04-09 _
     2005-05-12 2006-03-01 2006-12-07 2006-12-23
   Date(!i) = %s
   !i = !i + 1
next
genr dt = @dateval(Date)
dt.setformat "YYYY-MM-DD"
```

得到非规则日期工作页 Advertising，字符串序列 Date 保存广告的日期信息，序列 dt 为相应的日期编码，序列 Advert 为广告费用。

dt	Advert	profitQ
2005-01-07	10	120
2005-03-10	50	120
2005-04-09	40	130
2005-05-12	90	130
2006-03-01	70	100
2006-12-07	30	170
2006-12-23	20	170

如何知道每笔广告所在的季度的利润呢？使用如下季度链接

```
link profitQ.linkto Quarterly\Profit @date dt
```

注意源工作页用 @date 作为日期标识，表示要建立的链接是日期链接，EViews 把日期标识序列 dt 每个观测时间所在的季度和季度工作页的观测期进行匹配，建立链接 profitQ。反过来，我们可以把每季度的广告信息汇总到季度工作页里面，例如

```
pageselect Quarterly
link Advert.linkto(c=sum) Advertising\Advert dt @date
link Advert_c.linkto(c=obs) Advertising\Advert dt @date
group grq Quarter Profit Advert Advert_c
grq.setformat(2:4) g
```

得到群 grq 的结果为

Quarter	Profit	Advert	Advert_c
2005Q1	120	60	2
2005Q2	130	130	2
2005Q3	150	na	0
2005Q4	105	na	0
2006Q1	100	70	1
2006Q2	125	na	0
2006Q3	200	na	0
2006Q4	170	50	2

其中链接 Advert 汇总每季度的广告费用，而链接 Advert_c 报告每季度的广告次数。

二、普通匹配

普通匹配实际上是标识序列的精确匹配，用例子来说明更形象，先准备数据

```
wfcreate(page=Stores) u 4    'page Stores
genr id = @obsid
series taxp
taxp.fill 12,5,3,10
alpha name
name(1) = "Arctic"
name(2) = "Atlantic"
name(3) = "Indian"
name(4) = "Pacific"
```

建立 Stores 工作页，其内容为

Stores\id	name	taxp
1	Arctic	12
2	Atlantic	5
3	Indian	3
4	Pacific	10

其中序列 id 为商店编号，字符串序列 name 为商店的名字，序列 taxp 是面临的税率。假设销售团队的信息为

```
pagecreate(page=Sales) u 6    'page Sales
series sales
sales.fill 240,480,200,270,300,500
```

```
series id
id.fill 4,4,2,3,2,4
alpha Team
!i = 1
for %s CA CN FR IN UK US
    Team(!i) = %s
    !i = !i + 1
next
```

其中 sales 为销售额，Team 为销售团队名称，id 为销售团队所在的商店编号。为清晰起见，列表如下：

Sales\Team	id	sales
CA	4	240
CN	4	480
FR	2	200
IN	3	270
UK	2	300
US	4	500

那么，每个销售团队面临的税率是多少呢？

```
link tax
tax.linkto Stores\taxp   @src id @dest id
link deptName.linkto Stores\name id id
group gra Team deptName sales tax
gra.setformat(@all) g
```

采用商店编号作为链接标识，建立了税率链接 tax 和商店名的链接 deptName，由于源和目标的标识序列都只有一个，链接设定语句中，可以省略 @src 和 @dest 关键字。将新建的链接对象连同相关信息组成群 gra，列表如下：

Sales\Team	deptName	sales	tax
CA	Pacific	240	10
CN	Pacific	480	10
FR	Atlantic	200	5
IN	Indian	270	3
UK	Atlantic	300	5
US	Pacific	500	10

显然，销售团队所在的商店用名称来表示比商店编号更方便人们阅读。同样地，我们想了解每个商店的整体销售情况

```
pageselect Stores
link Sales_s.linkto(c=sum) Sales\sales   @src id @dest id   'sum
link Sales_c.linkto(c=obs) Sales\sales   @src id @dest id   'count
group grs name taxp Sales_s Sales_c
grs.setformat(@all) g
```

得到结果为

表 A.5 缩并选项

选项值	说明	选项值	说明	选项值	说明
first	第一个观测	min	最小值	skew	偏度
kurt	峰度	nas	na 的个数	sum	求和
last	最后的观测	none	禁止缩并	sumsq	平方和
max	最大值	obs	观测个数	unique	唯一值
mean	均值	quant	分位数	var	方差
med	中位数	sd	标准差		

表中给出的是选项值及其简单说明，例如默认的缩并选项为 c=mean，即求均值。采用分位数缩并的选项 c=quant 需要用形式如 quant=0.3 的选项指定具体的分位数。

当链接字符串序列对象时，只有非汇总的缩并方法，即 first, last, max, min, nas, obs, unique 和 none 可以使用，字符串序列对象链接的默认缩并选项为 c=unique。

Stores\name	taxp	Sales_s	Sales_c
Arctic	12	NA	0
Atlantic	5	500	2
Indian	3	270	1
Pacific	10	1220	3

其中链接 Sales_s 汇总各商店的销售额，链接 Sales_c 统计每个商店的销售团队数目。

三、选项

通过配对合并的方式建立链接时：

- 首先对源序列进行缩并（contraction），该转换类似于频率转换时的降频转换，将同一标识值对应的多个观测值转换为单个值，使得每个标识值对应单个缩并后的值，缩并选项汇总在表 A.5 中。
- 然后进行平展（expansion），即复制缩并后的值到目标工作页中相应标识值对应的所有观测中。

下面的多对多（many-to-many）普通匹配链接的例子，可以生动地说明该过程

```
pagecreate(page=Promotion) u 6
series id
id.fill 2,3,3,3,4,4
series expense
expense.fill 10,7,5,8,12,10
link Sales.linkto(c=sum) Sales\sales   @src id @dest id
```

工作页 Promotion 中，序列 expense 为促销的费用，序列 id 为商店编号，链接对象 Sales 汇总销售额，具体如下表：

Promotion\expense	id	Sales
10	2	500
7	3	270
5	3	270
8	3	270
12	4	1220
10	4	1220

链接对象 Sales 选取求和（选项 c=sum）的缩并方法，缩并后的销售值在目标工作页里在同一标识值对应的观测里重复。在工作页 Sales 中，可以建立多对多链接，了解每个销售团队所在商店的促销情况

```
pageselect Sales
link Promotion.linkto(c=sum) Promotion\expense @src id @dest id
```

结果为

Sales\Team	id	Promotion
CA	4	22
CN	4	22
FR	2	10
IN	3	20
UK	2	10
US	4	22

表 A.5 中的缩并选项是不解自明的，然而，选项 none 和 unique 有必要进一步解释：先准备数据如下：

```
pagecreate(page=U00) u 4
series ID = 1
series X = 8
ID(4) = 2
X(4) = 20
pagecopy(page=U01)
X(2) = 2
pagecreate(page=U02) u 2
genr xID = 1
xID(2) = 2
```

上述代码建立如下三个工作页：

工作页	U00		U01		U02		
	ID	X	ID	X	xID	x0u	x1u
	1	8	1	8	1	8	na
	1	8	1	2	2	20	20
	1	8	1	8			
	2	20	2	20			

对于如下链接：

```
link x0n.linkto(c=none) U00\X ID xID      'Unable to Perform Link
link x1n.linkto(c=none) U01\X ID xID      'Unable to Perform Link
link x0u.linkto(c=unique) U00\X ID xID    'yeah
link x1u.linkto(c=unique) U01\X ID xID    'yeah, but first obs is na
```

设定链接 x0n 和 x1n 时，选项为 none，即不进行缩并，链接都无法进行，因为不进行缩并要求源序列里面，标识序列的取值必须唯一。设定链接时，选项 unique 相对于选项 none 的要求要松一些。当源标识序列的标识值出现重复时：

- 如果重复标识值对应的源序列观测取相同值，即每个标识值只对应源序列的一个观测值，该观测值作为源序列的缩并值链接到目标序列中，如链接对象 x0u。
- 如果某个标识值对应的源序列有多个观测值，则链接值为 na，如链接对象 x1u 的第一个观测值。

最后，缩并和降频的转换方法可能相同，请注意表 A.5 中的缩并选项和表 A.4 中的降频选项的区别，同样的转换方法，例如求和，缩并选项为 c=sum，而频率转换的选项为 c=s。

§A.6.4 理解链接

链接对象由如下三部分组成：

1) 源序列名，即源工作页中的序列名，对源序列进行加工得到链接对象的数据。
2) 链接标识序列名，通过匹配源工作页的标识序列和目标工作页的标识序列，建立两个工作页观测的对应关系。
3) 链接方法，即从源序列的观测值到目标序列观测值的转换方法。

链接对象中标识序列取值的匹配对应关系，可以分为一对一匹配，一到多匹配，多到一匹配和多到多匹配。一对一匹配要求源标识序列在源工作页里取值唯一，目标标识序列在目标工作页里的取值也唯一。一对一匹配是最基本的，其余的三种匹配实际上是通过缩并和平展转化为一对一匹配。

一、链接方法

在前面的讨论中，我们把链接方法归纳为如下三类：

1) 频率转换：在两个规则日期工作页之间，降频是多到一的匹配，其缩并方法比普通匹配增加了处理 na 值的灵活性。而倍频是一到多的匹配，用插值的方法拓展了普通匹配的只允许简单重复的"平展"方法。
2) 日期匹配：需要其中一个工作页为规则日期工作页，实际上是利用了规则日期的信息，将非规则日期向下取值后和规则日期进行精确匹配。
3) 普通匹配：进行精确的匹配，提供了丰富的缩并选项（表 A.5），并且可以设定源数据的样本范围。

关于链接方法的补充说明如下：

- 建立频率转换链接时，EViews 使用隐含的规则日期序列作为标识序列，链接设定语句不能给出标识序列。
- 字符串序列的链接不允许用频率转换方法来建立链接。
- 两个非日期工作页间允许建立特殊的频率转换链接，即使用观测编号的精确匹配链接，例如第 888 页两个无结构工作页间的频率转换链接 x（因为链接设定时，没有给出标识序列，所以链接方法为频率转换，尽管频率没有任何转换），EViews 将这种链接方式称为原始复制（raw copy）方式。

- 建立日期匹配链接必须使用 @date 关键字作为标识序列，和精确匹配不同，日期在同一规则期间就是匹配的。
- 建立普通匹配的链接必须给出源和目标标识序列，或者 EViews 根据设定的匹配选项，自动追加"@date @date"作为标识序列，进行精确匹配。

二、链接设定

链接设定语句可能包含：

- 链接的源序列
- 链接进行缩并时使用的样本集
- 链接方法
- 链接标识序列

值得注意的是：

1) 链接方法的选择，通过链接设定语句的选项和标识序列来完成。
2) 字符串序列对象的链接，不能使用频率转换方法，缩并方法也只能选择非数值运算的方法。
3) 链接设定语句中，标识序列不能使用表达式，只能使用序列名。
4) 当标识序列为日期时，只能使用日期编码的日期序列，不能使用日期的字符串序列。
5) 链接设定语句中，如果需要多个标识序列，@src 和 @dest 关键字不能省略，例子参见第 902 页的链接 py。
6) 如下两个链接设定语句

```
x.linkto p1\x
x.linkto p1::x
```

都得到第 888 页的链接 x，由于链接的源和目标工作页必须在同一工作文件中，因此链接设定语句中分隔符号"::"不是工作文件和工作页间的分隔符，但我们已经习惯将分隔符号"::"之前的名称理解为工作文件或者数据库，为了一致性，建议在链接设定语句中采用平常使用的工作页名称和序列名的分隔符"\"。

除了频率转换的链接，在设置链接时，可以指定缩并时使用的样本集，例如

```
%wf = @evpath + "\Example Files\Pindyck\lwage"
wfopen %wf
smpl if sex
freeze(tbed1)   ed.statby age      'to check Age\ed1
smpl @all
pagecreate(id,page=Age) age
link ed1.linkto(smpl="if sex") lwage\ed age age      '@src smpl
link ed0.linkto(smpl="if sex=0") lwage\ed age age
```

链接 ed1 得到女性按年龄排序的平均教育年限，数值上和工作页 lwage 中定格的分类统计表 tbed1 相等，链接 ed0 为男性按年龄排序的平均教育年限。需要注意的是，选项 smpl 中的样本表达式是基于源工作页的。

建立链接时，如果标识序列的取值有匹配的部分，有不匹配的部分，结果会怎么样呢？不妨看如下的例子

```
pagecreate(page=Y01) u 6
genr x1 = @obsid
series year
year.fill 85,87,93,94,95,96
pagecopy(page=Y02)
year.fill 87,89,92,94,97,99
rename x1 x2
link x1.linkto Y01\x1 year year
pageselect Y01
link x2.linkto Y02\x2 year year
```

结果列表如下：

工作页	Y01			Y02		
	year	x1	x2	year	x1	x2
	85	1	na			
	87	2	1	87	2	1
				89	na	2
				92	na	3
	93	3	na			
	94	4	4	94	4	4
	95	5	na			
	96	6	na			
				97	na	5
				99	na	6

不难发现，对于标识不能匹配的观测，链接的值为 na。

§A.6.5 相关操作

链接对象一旦建立，就完全可以当成序列对象或者字符串对象使用。链接可以重新设定，也可以断开链接，转换成普通序列对象。

一、使用

链接只有在被使用时，才进行连接的操作，因此，链接对象如同自新序列，不管是改变源数据，还是改变链接的设定，数据都能自动更新。其他说明如下：

1) 链接对象看成普通序列对象，其视图和过程与普通序列的完全相同（除了对象窗口标题栏信息标明为链接对象以外）。
2) 当我们查看链接的数据，或者将链接作为群的成员参与运算，或者链接在序列表达式里进行求值，链接才被使用，才按需进行连接操作。
3) 自新序列的源数据只能在相同的工作页内，而链接对象引用的数据在同一工作文件的不同工作页中。
4) 使用未正确设定的链接，链接的观测值都为 na，例如

```
wfcreate(wf=wf01,page=p1) u 8
genr x = 0
```

```
            wfcreate(wf=wf02,page=p2) u 8
            link x2.linkto wf01::p1\x
            genr y = x2+1
```

由于链接 x2 链接到其他工作文件，链接未能正确定义，当链接 x2 在序列表达式中求值时，所有观测值都视为缺失值，因此序列 y 的值也都为 na。

二、修改

修改链接的定义使用 linkto 命令，修改链接的设定实际上是重新设定链接，因此，链接的源序列，链接进行缩并时使用的样本集，链接方式或者链接标识序列等，都可以修改。

三、断开

链接具有自动更新的特性，如果要把链接的当前值固定下来，可以将链接断开，例如假设 x2 是一个链接

```
            unlink x2
```

链接 x2 将转换为普通序列对象 x2，注意该过程是不可逆的。保存链接对象当前值的另一方法是将链接赋值给序列对象，例如

```
            genr y = x2
```

序列 y 将保存链接对象 x2 的当前值。需要注意的是，是通过赋值给序列对象而不是复制（copy），链接对象的复制仍然是链接对象。

§A.6.6　面板工作页

链接可以在面板结构工作页之间，面板结构工作页和非面板结构工作页之间进行。源或者目标工作页为面板结构时，链接可能需要额外的数据处理。

一、频率转换

两个规则日期面板结构工作页间频率转换的过程为：首先，在源工作页，EViews 将源序列基于个体进行平均，将平均值序列作为频率转换的源序列，然后再进行必要的频率转换，最后，将转换的结果复制到目标工作页的每个个体里。请看如下例子：

```
            pageselect Quarterly
            pagecopy(page=Quarterly1)
            delete obsid
            pagecopy(page=pQuarterly)
            delete obsid
            pageappend(wfid=idf) Quarterly1
            genr Firm = 1
            sample s2 if idf
            Firm.fill(l,s=s2) 2
            Profit.fill(s=s2) 40,40,50,35,20,25,50,40
            delete idf s2
            pagestruct(freq=q) firm @date(Quarter)
            group grd Quarter Profit Firm
            grd.setformat(2:3) g
```

通过复制和追加的方式，建立了季度面板工作页 pQuarterly，其中群 grd 包含了主要的数据，列在下面的表格中，为了方便，表中最后一列给出了序列 Profit 基于个体的平均值

Quarter	Profit	Firm	Quarter	Profit	Firm	ProfitAvg
2005Q1	120	1	2005Q1	40	2	80
2005Q2	130	1	2005Q2	40	2	85
2005Q3	150	1	2005Q3	50	2	100
2005Q4	105	1	2005Q4	35	2	70
2006Q1	100	1	2006Q1	20	2	60
2006Q2	125	1	2006Q2	25	2	75
2006Q3	200	1	2006Q3	50	2	125
2006Q4	170	1	2006Q4	40	2	105

下面将序列 Profit 链接到年度面板工作页

```
pagecreate(page=pAnnual) a 2005 2006 2
pagestruct(none)
rename dateid Year
rename crossid Firm
pagestruct(freq=a) Firm @date(Year)
link profitQa.linkto(c=a) pQuarterly\Profit
link profitQs.linkto(c=s) pQuarterly\Profit    'sum
```

结果为

Year	Firm	profitQa	profitQs	profitQqs
2005	1	83.75	335	335
2006	1	91.25	365	365
2005	2	83.75	335	335
2006	2	91.25	365	365

补充说明如下：

1) 本例中季度面板到年度面板的频率转换可以分解为：

   (a) 季度面板到非面板的季度工作页的日期匹配链接，是多到一的链接，缩并方法为取平均值。

   (b) 季度工作页到年度工作页的频率转换。

   (c) 年度工作页到年度面板工作页的日期匹配链接，是一到多的链接，平展方法是复制相应观测值到所有个体中。

   当然，这三步是透明的，用户是看不到的。

2) 作为练习，上面分解动作的代码为

```
pageselect Quarterly
link ProfitAvg.linkto(c=mean) pQuarterly\Profit
pageselect Annual
link profitQ.linkto(c=s) Quarterly\ProfitAvg
pageselect pAnnual
link profitQqs.linkto Annual\ProfitQ
```

   初始源序列基于个体进行平均时，是不考虑 na 的，最终结果 profitQqs=profitQs。

3) 面板间的倍频链接过程只是步骤 (b) 的频率转换为倍频而已。

4) 频率转换也可以在面板和非面板工作页间进行，如果面板工作页作为源工作页，频率转换之前数据先基于个体进行平均，如果面板工作页作为目标工作页，则将频率转换的数据复制给每个个体。

二、日期匹配

有面板工作页参与日期匹配链接时，每个匹配日期有多个个体的观测，例如

```
pagecreate(page=Annual) a 2005 2006
link profit.linkto(c=sum) pQuarterly\Profit
link profit2.linkto(c=sum) pQuarterly\Profit    @date@date
link profit_c.linkto(c=obs) pQuarterly\Profit
genr Year = @date
Year.setformat "YYYY"
group gry Year profit profit2 profit_c
gry.setformat(2:4) g
```

将季度面板工作页的 Profit 序列链接到非面板的年度工作页 Annual 中，对于非频率转换的选项，如 c=sum，如果没有给出日期标识序列，EViews 自动将 "@date @date" 添加到语句中，分别作为源和目标标识序列，因此链接 profit 和 profit2 的设定相同，结果如下：

Year	profit	profit2	profit_c
2005	670	670	8
2006	730	730	8

注意链接进行求和或者计数时，考虑的是日期匹配的所有个体的观测。

如果目标工作页为面板结构，日期匹配的结果将复制到每一个体中，例如

```
pageselect pAnnual
link profitQsd.linkto(c=sum) pQuarterly\Profit @date @date
link profitQ0.linkto(c=sum) Quarterly\Profit    'date match
link profitQ0f.linkto(c=s) Quarterly\Profit     'freq conver
```

结果为

Year	Firm	profitQsd	profitQ0	profitQ0f
2005	1	670	505	505
2006	1	730	595	595
2005	2	670	505	505
2006	2	730	595	595

请注意日期链接 profitQsd 和频率转换链接 profitQs 的区别，profitQsd=2*profitQs，因为频率转换时，先基于个体对源序列进行平均。此外，链接到非面板工作页的 profitQ0 和 profitQ0f 虽然结果相同，但请注意链接设定时选项上的区别，前者是日期匹配链接，后者是频率转换链接。

三、普通匹配

基于第 402 页建立的非规则非平衡的年度面板结构工作页 P0，设计了如下例子：

```
pageselect P0
pagecopy(page=S1)
pagestruct(none)
genr y = @obsid
```

```
pagecontract if @mod(y,2)=1    'keep odd obs only
pageselect P0
link py.linkto S1\y @src indv year @dest indv year
```

链接是在堆叠数据的非面板工作页和面板结构工作页间进行，结果整理成表格如下：

P0			S1		
indv	year	py	indv	year	y
A	1985	1	A	1985	1
A	1987	na			
A	1993	3	A	1993	3
A	1994	na			
A	1995	5	A	1995	5
A	1996	na			
B	1987	7	B	1987	7
B	1989	na			
B	1992	9	B	1992	9
B	1994	na			
B	1997	11	B	1997	11
B	1999	na			

显然，当匹配的标识序列为多个时，标识序列是先形成有序组，再进行精确匹配的，如这里匹配的是有序组 (INDV, YEAR)。此外，这里的标识序列混合了字符串序列和数值序列。

§A.6.7 小结

链接对象实现了使用其他工作页序列对象的方法：

1) 用命令 link 声明链接对象，用命令 linkto 设定链接。
2) 链接方法分为如下三类，设定时，通过标识序列和选项来区分：

   (a) 两个规则日期工作页间的频率转换链接，频率转换的选项参考表 A.4。

   (b) 有规则日期工作页参与的日期链接。

   (c) 精确匹配的普通链接，缩并选项参考表 A.5。

3) 链接过程可以理解为一对一的匹配，加上相应的缩并或者平展处理。
4) 链接对象建立后，当成序列对象使用。
5) 链接时，如果使用到面板结构工作页，可能有额外的数据处理。
6) 使用多个标识序列进行链接时，匹配的是标识序列有序对的取值。

§A.7　EViews 数据库

EViews 中，对象的容器有两种，工作文件和 EViews 数据库，两者的区别为：

- 数据库里的对象，不要求具有相同的频率和观测区间，可以混合各种频率和不同观测区间的序列，而同一工作页里的序列对象，必须具有相同的频率。
- 无论是在程序中，还是在 EViews 命令窗口里，建立或者存取工作文件的对象，都必须先打开工作文件，而存取数据库里的对象，不需要先打开数据库。

EViews 数据库适合管理大量的数据，这是因为 EViews 数据库提供了强大的查询功能，例如查找观测的开始时间早于 1980 年的所有序列。尽管工作文件无查询功能，但是进行经济计量分析时，无论是建立还是使用计量方法对象，都必须在打开的工作文件里面进行，不能在数据库里进行。

EViews 数据库有自己的内部格式，EViews 支持直接存取其他格式的数据库，支持本地或者远程在线进行数据库的查询，无需担心数据库的不同格式。

§A.7.1　基本操作

我们先了解一下 EViews 数据库的基本操作，如打开，关闭和创建数据库等，以便对 EViews 数据库有个直观的了解。

一、打开和关闭

打开数据库用 `dbopen` 命令，例如

```
%db0 = @evpath + "\Example Files\data\PROGDEMO"
dbopen %db0
```

将打开 EViews 例子目录下的 PROGDEMO 数据库，如下的两个语句都将关闭 PROGDEMO 数据库

```
close %db0
close PROGDEMO
```

补充说明如下：

1) 如果打开的数据库不在当前目录下，需要给出完整路径，如果路径包含空格，需要使用双引号。
2) 每个打开的数据库都有别名，数据库别名显示在数据库窗口的标题栏上，默认将数据库文件名（不包含扩展名）作为别名。打开数据库时，可以明确指定别名，例如

```
dbopen %db1 as DemoDB
```

打开当前目录下的 PROGDEMO 数据库，并将其别名指定为 DemoDB，在数据库关闭之前，别名一直有效。为了方便，我们直接用别名来指代数据库。

3) EViews 打开多个数据库时，如果存在数据库同名，后续打开的数据库的默认别名采用数据库文件名连续编号来区分，例如

```
%db0 = @evpath + "\Example Files\data\PROGDEMO"
%db1 = "PROGDEMO"
dbcopy %db0 %db1
dbopen %db0
dbopen %db1
```

先复制 EViews 示例数据库 PROGDEMO 到当前目录，然后依次打开，从数据库窗口标题栏可以发现，EViews 例子目录下的 PROGDEMO 数据库的别名为 PROGDEMO，而当前目录下的 PROGDEMO 数据库的别名为 PROGDEMO1。请注意别名和数据库的对应关系

```
close PROGDEMO1
```

关闭的是当前目录的 PROGDEMO 数据库。

4) 命令 dbopen 可以打开外部数据库，还可以打开远程服务器上的数据库。

二、创建

命令 dbcreate 创建并打开数据库，例如

```
dbcreate Test9800 as TestDB
```

在当前路径下，建立数据库 Test9800，并指定数据库的别名为 TestDB。如果不是在当前目录下建立数据库，还需要给出具体的路径。

EViews 还提供了打开或者创建数据库的 db 命令，例如

```
db Test9800 as TestDB
```

如果当前目录下数据库 Test9800 已经存在，则打开它并设置别名为 TestDB，否则建立并打开 Test9800 数据库，并将其别名设置为 TestDB。

§A.7.2 基本概念

使用 EViews 数据库，需要了解一些基本概念，首先，我们简单介绍 EViews 内部格式的数据库，然后介绍两个重要的概念，默认数据库和数据库注册。

一、EViews 数据库

EViews 数据库是保存 EViews 对象的一组文件：

1) 主文件的扩展名为 edb，索引文件的扩展名为 e0,e1a 和 e1b，如果索引文件被意外删除或者损坏，可以进行修复（交互方式或者使用 dbrepair 命令）。因此，在 EViews 外部进行文件复制时，可以只复制主文件。
2) 由于数据库文件保存在硬盘上，对数据库的任何修改立即相应修改硬盘上的文件，因此修改是不能撤销的。
3) 即使数据库在 EViews 里打开，硬盘上的数据库文件并不一定是打开的，只有对数据库进行操作时，数据库文件才被打开，因此，EViews 数据库支持多用户同时操作。由于支持多用户，可能出现共享冲突（sharing violation）。
4) EViews 数据库是以对象的概念来组织数据的，而一般的关系数据库是用表和字段（两者可以分别类比成 EViews 的群对象和序列对象）来组织数据的。
5) 早期的 EViews 数据库文件每个文件只能保存一个对象，扩展名为 db 保存序列对象，其他对象的扩展名多了一个字符，如方程对象数据库文件的扩展名为 dbe，EViews 将这些旧版本数据库文件统称为 db? 文件，这些格式受到广泛的支持，例如美国经济研究局（National Bureau of Economic Research, NBER）就采用 db 格式来发布数据。

二、默认数据库

如果 EViews 程序安装后一直没有直接打开或者建立过数据库，则默认数据库为空。一旦打开或者建立数据库，EViews 将最新打开或者建立的数据库作为默认数据库，当打开多个数据库时，最后点击选取的数据库作为默认数据库，以 DB = dbName 的方式显示在状态栏上：

1) 没有工作文件打开时，就没有默认工作文件，而一旦有默认数据库，哪怕 EViews 没有打开任何数据库，仍然有默认数据库，因为数据库的存取并不要求在 EViews 里事先打开。
2) EViews 是如何"记住"默认数据库的呢？默认数据库被记录在 EViews32.ini 文件中，该文件位于当前用户的 EViews 配置目录。[7]
3) 注意如下命令

```
db Test9800 as TestDB
```

从状态栏可以看到，此时默认数据库为 DB = TestDB。

三、数据库注册

EViews 提供了保存数据库别名的方法，称为数据库注册（database registry），可以通过菜单 Options/Database Registry... 来设置，设置的结果保存在 evDB.ini 文件中，该文件位于当前用户的 EViews 配置目录。evDB.ini 为文本文件，可以根据其语法自行修改。

注册数据库后，由于其别名保存在硬盘文件中，EViews 就能"记住"数据库的别名，直接通过别名对数据库进行存取。例如，假设已经将 EViews 的例子数据库 dataset 注册，别名为 doti，则

```
dbopen doti
```

将打开相应的数据库。通过数据库注册，不仅省去了每次使用时重新设置别名的麻烦，而可以将保存数据库注册信息的 evDB.ini 文件复制给其他用户或者电脑使用。

§A.7.3 存取

数据库的存取，是非常方便的，由于数据库需要管理更大量的数据，数据库提供了功能强大的查询操作，这是工作文件不具备的功能。除了查询之外，通过读取和存储，可以在数据库和工作文件之间进行数据交换。

一、查询

EViews 数据库的查询功能只有交互方式接口，数据库打开后，窗口是空的，要查看数据库的对象，最简单的方法是点击按钮 **All**，所有对象将显示出来。由于数据库的对象可能太多，全部对象显示出来的话，需要的对象淹没在其间，可以使用查询功能，查找具备一定属性的对象。查询时，可以使用的字段名整理成表格如下：

---

[7]当前用户的 EViews 配置目录为"%APPDATA%\Quantitative Micro Software\EViews\"，其中 Windows 的系统环境变量 %APPDATA% 表示当前用户的应用程序数据目录（user application data folder）。

字段名	含义	字段名	含义
name	对象名	type	对象类型
description	简短描述	last_write	最后写入时间
display_name	EViews 显示用名	obs	观测数目
end	对象的观测结束日期	remarks	备注
freq	数据的频率类型	source	数据源
history	修改的历史记录	start	对象的观测开始日期
last_update	EViews 最后修改时间	unit	使用的单位

其中对象名 name 和类型 type 是最基本的信息，高级查询时，可以使用表中的字段形成表达式，例如在 PROGDEMO 数据库窗口点击 **Query** 按钮，在 Where 文本框里输入

```
name matches h* and freq=m
```

将查询对象名以字母 h 开头，且为月度频率的对象，查询的结果显示在数据库窗口里。有关查询的更多内容，请参考 EViews 的文档。

二、读取

读取数据库的对象用命令 fetch，例如

```
fetch DemoDB::hsf
```

将数据库的序列对象 hsf 读入到当前工作文件中，其他说明如下：

1) 注意数据库的分隔符为双冒号，如果没有指定数据库，表示从默认数据库读取，可以使用选项 d=db_name 来指定数据库。fetch 语句中，双冒号优先于 "d=" 选项，例如

    ```
    %db = @evpath + "\Example Files\doti\dataset"
    dbopen %db
    %db1 = "PROGDEMO"
    dbopen %db1 as DemoDB
    wfcreate q 1975 1994
    fetch(d=dataset) gdp DemoDB::hsf
    ```

    从数据库 dataset 读入序列 gdp，从数据库 PROGDEMO 读入序列 hsf。

2) 如果当前工作页的频率和数据库中序列的频率不同，读取时将进行频率转换，转换方法可以用选项 c= 给出，具体的选项参考表 A.4 (第 891 页)，如果没有给出选项，将使用源序列的转换设置，如果源序列没有设置频率转换方法，则使用 EViews 默认的频率转换方法（可以用菜单 Options/ Dates & Frequency Conversion... 修改）。

3) 读取对象时，可以使用通配符，例如

    ```
    fetch(d=dataset) g*
    ```

    将读取名字以字母 g 开头的对象。

4) 如果是读入旧版本的单独文件数据库，使用选项 i，假设当前目录中 x.db 保存序列对象 x

    ```
    fetch(i) x
    ```

    读取序列对象 x 到当前工作文件中。

5) 如果数据库中的对象名不是合法的 EViews 对象名，读入时可能被自动改名，或者弹出改名的对话框，可以使用选项 notifyillegal 来确保弹出改名对话框

```
rename DemoDB::fspcom C
fetch(notifyillegal) DemoDB::C
```

命令 `rename` 将数据库里的对象 `fspcom` 改名为 C，由于 EViews 内建系数对象 C，`fetch` 命令读取数据库里的对象 C 时，对象名字冲突，需要使用其他名字，称为对象别名。对象别名还可以用来给又长又笨的对象名取个简短的名字。对象别名自动保存到 `obalias.ini` 文件里，该文件位于当前用户的 EViews 配置目录中。值得注意的是，`obalias.ini` 为文本文件，可以根据其语法自行修改。

6) 如果打开了数据库，或者已经进行数据库注册，可以使用别名来引用，否则，就必须使用完整的路径，例如

```
wfcreate q 1975 1994
%b = @evpath + "\Example Files\doti\dataset"
fetch %b::gdp
```

假设已经将 EViews 的例子数据库 `dataset` 注册，别名为 `doti`，如下语句

```
fetch doti::inv
```

将读入 EViews 的例子数据库 `dataset` 的 `inv` 序列。如果注册时还允许自动搜索，那么

```
fetch(d) inv
```

EViews 将根据数据库注册的顺序，逐个数据库查找序列对象 `inv`，然后读入到当前工作页中。

三、存储

存储对象到数据库用 `store` 命令，例如

```
equation eq01
store inv eq01
```

将序列对象 `inv` 和方程对象 `eq01` 保存到默认数据库中，其他说明如下：

1) 保存时，可以指定数据库，例如

```
store(d=progdemo) inv doti::eq01
```

序列对象 `inv` 保存到 `progdemo` 数据库中，方程对象 `eq01` 保存到 `doti` 数据库中，注意语句中双冒号指定的数据库优先于选项 `d=` 指定的数据库。

2) 对象保存到数据库时，对象的标签信息也一起保存到数据库中，方便在数据库中的查询。
3) 保存时，可以选择序列对象保存的数值精度，选项 1 和 2 分别表示单精度和双精度。
4) 如果数据库中有同名的对象，EViews 将试图进行合并，可以使用选项 o 对同名对象进行覆盖。
5) 可以保存成旧版本的单独文件数据库，例如

```
store(i) inv eq01    'inv.db eq01.dbe
```

将在当前目录创建旧版本的数据库文件 `inv.db` 和 `eq01.dbe`，分别保存序列对象 `inv` 和方程对象 `eq01`。

四、复制、改名和删除

对数据库的对象进行改名和删除的操作比较简单，例如

```
rename DemoDB::fspcom C
delete DemoDB::eq01
```

将 DemoDB 数据库里的序列对象 fspcom 名字改为 C，并且删除方程对象 eq01。

复制操作则相对复杂一些，复制数据库对象时，可以在数据库间进行，也可以在数据库和工作文件之间进行：

1) 复制时，可能需要进行频率转换，频率转换的选项请参考表 A.4 (第 891 页)。
2) 复制时，如果两对象容器里有同名序列对象，可以选择覆盖还是进行数据合并。
3) 在数据库和工作文件间复制时，如果工作文件和数据库同名，可以使用前缀进行区分，单个冒号表示工作文件，双冒号表示数据库，例如

```
wfcreate(wf=Test,page=p01) q 1975 1994
series x = @obsid
db progdemo as Test
copy :Test::p01\x ::Test::x2
```

将工作文件 Test 中 p01 工作页里的序列对象 x 复制到 Test 数据库中备份为 x2，注意 copy 语句中 p01 和 x2 前的双冒号起分隔符的作用。在上述代码中，复制命令也可以写成

```
copy x ::x2
```

因为如果没有具体给出对象容器，默认的对象容器为工作文件，如果对象前使用双冒号前缀，表示使用默认的数据库作为对象容器。

复制、改名和删除操作都支持通配符，使用通配符时务必小心，避免误操作。

五、群对象

从数据库读取群对象时，fetch 命令有如下选择：
1) 选项 g=L 只读取群对象的定义。
2) 选项 g=d 只读取群对象里的序列对象。
3) 选项 g=b 读取群对象的定义和群的序列对象。

而将群对象保存到数据库时，store 命令也提供了多种选择：
1) 选项 g=L 只保存群对象的定义。
2) 选项 g=d 分别保存群对象里的序列对象。
3) 选项 g=s 分别保存群对象的定义和群的序列对象。
4) 选项 g=t 将群对象的定义和群的序列对象合成一个对象保存到数据库里。

对于群对象的复制：
1) 数据库到数据库，原样复制。
2) 从数据库复制到工作文件，选项和 fetch 命令相同。
3) 从工作文件复制到数据库，选项和 store 命令相同。
4) 工作文件到工作文件的复制，或者工作页间的复制，默认只复制群的定义，选项 g=b 复制更多的相关内容，具体请参考第 123 页的例子。

六、自动序列

EViews 允许将数据库的序列对象直接使用在表达式中，称为数据库自动序列，例如

```
genr lnGDP = log(doti::gdp)
```

将读取数据库 doti 里的序列 gdp，并取自然对数后，赋值给序列对象 lnGDP，赋值时只包含当前样本的观测：

1) 数据库自动序列允许出现在方程表达式中，例如

```
fetch doti::inv
eq01.ls inv c doti::gdp
```

EViews 将读取数据库 doti 里的序列 gdp，进行必要的转换（如频率转换），然后进行回归，而且回归的结果中，序列 gdp 报告为 doti::gdp。

2) 在当前工作页里找不到的对象，还可以让 EViews 转到注册数据库里查找（在数据库注册对话框中手动设置，以启用该功能。建议使用默认设置，不启用该功能），例如

```
eq01.ls inv c gdp
```

序列对象 gdp 如果在当前工作页中找不到，将转到注册数据库里寻找。

3) 需要注意的是数据库自动序列的更新方式，内存有数据副本时，将不更新。也就是说，如果当前有相同表达式的自动序列在使用中，比如作为群的成员以表格视图打开着，则再引用该表达式时，并不从数据库重新读取数据，哪怕数据库中相应的序列已经更新。

§A.7.4 维护

数据库中，最繁重的维护是日常的数据维护，如添加新数据等工作，不过这里我们不讨论该问题，而是讨论数据库文件的维护。

一、别名

对象别名和数据库别名的信息分别保存在 obalias.ini 和 evDB.ini 文本文件中，这两个文件位于当前用户的 EViews 配置目录，可以根据相应的语法自行修改。这两个文件可以复制给其他用户或者电脑使用，当然，可能需要相应的调整，如数据库的目录设定等。

二、文件操作

由于 EViews 数据库有一组文件，在 EViews 外部，要复制、改名和删除时，需要同时操作多个文件，EViews 提供了 dbcopy,dbrename 和 dbdelete 命令，分别实现对数据库文件的复制、改名和删除。请注意这三个命令是对数据库文件进行操作，不是对数据库存储的对象进行操作。

三、压缩

删除 EViews 数据库中的对象后，它们占用的空间并没有释放。如果数据库多次修改，如覆盖对象数据，插入和删除对象等，数据库将一直增大，当打开数据库时，数据库窗口右上角显示可压缩的比例。可以使用 dbpack 命令对数据库文件进行压缩，减少空间的占用。

四、修复

数据库文件万一出错，如果还可以打开，可以尝试使用命令 `dbrepair` 进行修复，修复前请先备份数据库文件。如果使用菜单方式，还可以进行数据库的完整性检查，不过该过程可能很耗时。

五、重建

如果数据库文件严重受损，以至于 EViews 无法打开数据库，那么，请先备份好数据库文件，然后将死马当活马医，祭出最后的法宝，用 `dbrebuild` 命令尽量抢救数据，从损坏的数据库重建新的数据库。诚然，由于数据库不能打开，数据库重建命令 `dbrebuild` 没有相应的交互方式。

§A.7.5 外部数据库

EViews 可以直接打开外部数据库，但由于需要经过中间的转换，相对于直接读取 EViews 数据库来说，效率要低一些。因此，当数据储存在外部数据库时，需要考虑的问题是，是否将外部数据库转换为 EViews 数据库，好处是查询和操作比较快，缺点是将增加数据的共享、更新和维护方面的工作。

EViews 企业版支持通过 Internet 远程使用一些专业数据库，如 Global Insight 的经济数据库，Haver Analytics 的数据库和 FAME 数据库。对于其中的一些专业数据库，EViews 还提供了专用的命令，如命令 `ccopy`，`cfetch`，`clabel` 和 `driconvert` 专门用于 Global Insight 的经济数据库，以及命令 `hconvert`，`hfetch` 和 `hlabel` 用来操作 Haver Analytics 的数据库。

§A.7.6 小结

EViews 有两种对象容器，EViews 数据库和工作文件，EViews 数据库具有查询功能，适合管理大量的数据：

1) 数据库别名，用来指代数据库。
2) 默认数据库，没有给出具体数据库时，存取操作将使用的数据库。
3) 数据库注册，记录数据库的别名和相关信息，保存在 `evDB.ini` 文本文件中。
4) 数据库查询，只有交互方式接口，查找具有某些属性的对象。
5) 对象别名，实现不符合 EViews 对象命名规范的数据库对象的访问。对象别名自动保存到 `obalias.ini` 文件里。
6) 数据库自动序列，要注意其更新方式，内存有数据副本时，不更新。

数据库相关命令总结如下：

- 数据库的基本操作有
    - `dbopen` 打开数据库
    - `close` 关闭数据库
    - `dbcreate` 创建数据库
    - 数据库命令 `db`，用来打开数据库，如果数据库不存在，将新建数据库
- 数据库数据的基本操作有

- `fetch` 读取数据库里的对象到工作文件
- `store` 将工作文件里的对象保存到数据库中
- `copy` 在对象容器间或者对象容器内复制对象

- EViews 数据库是一组文件
  - `dbcopy` 复制数据库文件
  - `dbrename` 更改数据库文件名
  - `dbdelete` 删除数据库文件

- 数据库文件维护
  - `dbpack` 压缩数据库文件
  - `dbrepair` 修改数据库文件
  - `dbrebuild` 从损坏严重的数据库抢救数据，重建数据库文件

- 专业数据库
  - Global Insight 的经济数据库，如命令 `ccopy`, `cfetch`, `clabel` 和 `driconvert`
  - Haver Analytics 的数据库，命令 `hconvert`, `hfetch` 和 `hlabel`

附录 B

统计分析

EViews 的主要任务是进行经济计量分析，但统计分析是经济计量分析的重要基础，EViews 通过序列对象和群对象的视图或过程，提供了强大的统计分析功能。

我们从基本的统计和检验开始，介绍单个序列的描述性统计信息和假设检验，如直方图和 BDS 检验等；然后介绍时间序列的季节调整，以及平滑和滤波，包括了 X12 方法、指数平滑、Hodrick-Prescott 滤波器和带通滤波器等；随后我们进入多元统计分析，介绍了齐性检验和主成分分析等；最后介绍经验分布图，QQ 图和盒图等统计图形。

由于统计分析一般都比较复杂，相应命令的选项很多，本附录只进行必要的理论回顾和简要的命令介绍，给出简单的例子，更深入的应用请参考 EViews 文档。

§B.1 基本统计和检验

单变量的简单统计和假设检验是统计分析的基础，而 EViews 中，单变量的数据保存在序列对象中，因此，本节讨论的是序列对象视图中的统计和假设检验部分。如无特别说明，本节使用 EViews 示例工作文件 demo。

§B.1.1 描述性统计

对于观测数据，首先需要了解其描述性统计信息，如直方图，简单统计信息或者分组统计等。

一、直方图和统计概要

EViews 中查看数据的最简单方法为 hist 命令
```
freeze(gfh) rs.hist
gfh.setelem(1) fcolor(yellow)
```
得到短期利率序列 RS 的直方图如下：

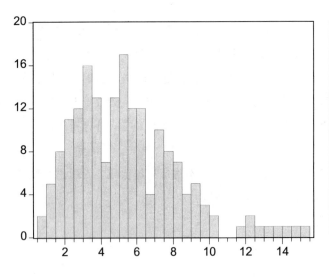

我们看到，在频数直方图右边，EViews 还给出了一些重要的描述统计量，这些描述统计量是使用当前样本集计算得到的，记当前样本集的 N 个观测为 $y_1, y_2, \cdots, y_N$，则：

- 均值（Mean）是样本的平均值，即
$$\bar{y} = \frac{1}{N} \sum_{i=1}^{N} y_i$$

- 中位数（Median），如果对序列进行排序，中位数是最中间的数或者最中间的两个数的平均值。中位数是中心位置的稳健（robust）度量方式，相对于均值，它不容易受到异常值的影响。

- 最大（Maximun）和最小值（Minimum），当前观测集里序列观测值的最大和最小值。

- 标准差（Standard deviation）是离散（dispersion）程度的度量，计算方法为
$$s = \sqrt{\frac{1}{N-1} \sum_{i=1}^{N} (y_i - \bar{y})^2}$$

- 偏度（Skewness）描述了分布关于均值的非对称性，计算公式为

$$m_3 = \frac{1}{N} \sum_{i=1}^{N} \left(\frac{y_i - \bar{y}}{s_N} \right)^3$$

其中

$$s_N = s\sqrt{(N-1)/N}$$

s_N^2 是方差的有偏估计。正态分布是对称的，偏度为零。当偏度非零时，从下图可以看到，正的偏度意味着分布右尾（正无穷方向）拖长，负的偏度则分布左尾（负无穷方向）拖长

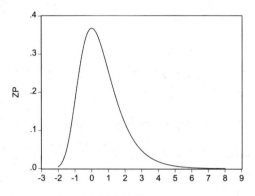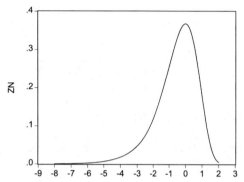

- 峰度（Kurtosis）的计算方法为

$$m_4 = \frac{1}{N} \sum_{i=1}^{N} \left(\frac{y_i - \bar{y}}{s_N} \right)^4$$

正态分布的峰度为 3。

- Jarque-Bera 统计量用来检验分布的正态性，其零假设为

$$\mathbb{H}_0 : \text{所检验序列的分布是正态的}$$

零假设下有

$$\frac{N-K}{6}\left(m_3^2 + \frac{(m_4 - 3)^2}{4} \right) \sim \chi^2(2)$$

其中 K 为取得待检验序列需要估计的参数个数，因此，检验原始序列时 K 取 0，检验回归方程残差序列时 K 取解释变量的个数。从报告的 p 值看，我们拒绝短期利率的分布是正态的假设。

关于峰度和峰态，我们要注意：很多教科书认为峰度可以描述分布波峰的陡峭性，当峰度大于 3 时，分布为尖顶（leptokurtic），而小于 3 时则是低峰态（platykurtosis）。但是 Kaplansky (1945) 给出了如下四个分布，它们和标准正态的前三阶矩都相同，却发现峰度和峰态并没有必然的联系。

分布	密度函数 $f(x)$	峰度	$f(0)$
F1	$\frac{1}{3\sqrt{\pi}} \left(\frac{9}{4} + x^4 \right) e^{-x^2}$	2.75	0.423
F2	$\frac{3}{2\sqrt{2\pi}} e^{-\frac{x^2}{2}} - \frac{1}{6\sqrt{\pi}} \left(\frac{9}{4} + x^4 \right) e^{-x^2}$	3.125	0.387
F3	$\frac{1}{6\sqrt{\pi}} \left(e^{-\frac{x^2}{4}} + 4e^{-x^2} \right)$	4.5	0.470
F4	$\frac{3\sqrt{3}}{16\sqrt{\pi}} (2 + x^2) e^{-\frac{3x^2}{4}}$	$8/3 = 2.667$	0.366

我们知道，标准正态分布在零点的值为 $1/\sqrt{2\pi} = 0.399$，以上分布和标准正态图形对比如下：

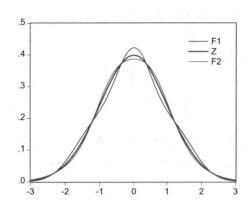
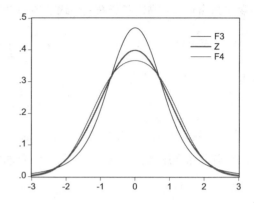

不难发现，分布 F3 是高峰度高峰态，以及分布 F4 为低峰度低峰态。然而，分布 F1 表现为低峰度高峰态，而分布 F2 呈现出高峰度低峰态，显然 F1 和 F2 两个分布中峰度与峰态的关系和大部分教科书所认为的并不一致。

此外，有必要指出的是，EViews 的 `hist` 命令只能产生频数的直方图，不能直接得到频率或者密度的直方图。直方图的更深入介绍请参见 §15.4.1 节 (第 767 页)，此外，更精确的图形可以考虑密度函数的核估计，具体请参考 §15.4.2 节 (第 771 页)。

二、基本统计表

我们在 §1.2.1 节已经使用 `stats` 命令来查看统计概要，`stats` 命令得到的统计表除了给出 `hist` 命令的附带描述统计信息之外，还给出了样本观测值的总和 $\sum_{i=1}^{N} y_i$ 以及离差平方和 $\sum_{i=1}^{N} (y_i - \bar{y})^2$。

三、单因素列联表

产生单因素列联表（One-way Tabulation）的命令为 `freq`，它将当前观测集内的序列观测值进行升序排序，然后报告其分组或者区间的观测数目，百分比及其累计数等，例如

```
rs.freq
```

得到如下结果：

```
Tabulation of RS
Date: 02/15/08   Time: 09:07
Sample: 1952Q1 1996Q4
Included observations: 180
Number of categories: 4

                                  Cumulative  Cumulative
  Value       Count     Percent        Count     Percent
  [0,  5)        87       48.33           87       48.33
  [5, 10)        82       45.56          169       93.89
 [10, 15)        10        5.56          179       99.44
 [15, 20)         1        0.56          180      100.00
    Total       180      100.00          180      100.00
```

将利率分成四个区间分别进行统计，更灵活更深入的方法请采用 `statby` 命令进行分组统计。

四、分组统计

命令 `statby` 将当前样本集内的序列观测值按照某种方式进行分组，分别给出描述统计，例如

```
series id = (2<rs and rs <=6) +2*(rs>6)
freeze(tbs) rs.statby(med) id
tbs.settextcolor(c7) red
tbs.setfont(c7) +b
```

将利率序列按低于 2%，介于 2% 和 6% 之间，高于 6% 分为三组，要求报告中位数（默认只报告均值、标准差和观测的数目），得到如下分组统计结果：

```
Descriptive Statistics for RS
Categorized by values of ID
Date: 02/15/08   Time: 09:07
Sample: 1952Q1 1996Q4
Included observations: 180
```

ID	Mean	Median	Std. Dev.	Obs.
0	1.443911	1.614333	0.391128	15
1	4.031158	3.910000	1.129679	101
2	8.523771	7.808334	2.310917	64
All	5.412928	5.057500	2.908939	180

采用字符串序列进行同样的分组，即高、中和低三种利率水平，代码为

```
alpha state = "Med"
smpl if rs>6
state = "High"
smpl if rs<=2
state = "Low"
smpl @all
freeze(tbs1) rs.statby(med) state
tbs1.settextcolor(a8:a10) orange
```

得到结果如下：

```
Descriptive Statistics for RS
Categorized by values of STATE
Date: 02/15/08   Time: 09:07
Sample: 1952Q1 1996Q4
Included observations: 180
```

STATE	Mean	Median	Std. Dev.	Obs.
High	8.523771	7.808334	2.310917	64
Low	1.443911	1.614333	0.391128	15
Med	4.031158	3.910000	1.129679	101
All	5.412928	5.057500	2.908939	180

注意 state 列中，利率水平分组按 state 字符串值的升序排序。

分组统计补充说明如下：

1) 命令 statby 支持两个分组标识，例如

```
%wf = @evpath + "\Example Files\Pindyck\lwage"
wfopen %wf
genr race = hisp+10*(nonwh+1)
freeze(tbs3) lnwage.statby(max,min,noc) sex race
```

结果如下：

```
Descriptive Statistics for LNWAGE
Categorized by values of SEX and RACE
Date: 02/15/08   Time: 09:06
Sample: 1 206
Included observations: 206
```

		RACE			
Mean Max Min. Std. Dev. Obs.		10	11	20	All
SEX	0	2.284854 3.217900 1.209000 0.531730 82	2.055167 3.218900 1.321800 0.735993 9	2.148343 2.862200 1.209000 0.557812 14	2.246965 3.218900 1.209000 0.553530 105
	1	2.012416 3.217900 1.209000 0.471004 85	1.649711 2.420400 1.098600 0.418711 9	2.206786 2.574500 1.704700 0.301999 7	1.993567 3.217900 1.098600 0.469013 101

其中选项 noc 表示不计算列的边际分布，因此 sex 没有汇总为 all 的行。命令 statby 甚至支持三个分组标识，例如

```
lnwage.statby(max,min) sex hisp ed
```

EViews 将根据 ed 的不同取值，分别用 sex 和 hisp 对 lnwage 进行分组统计。

2) 命令 statby 还提供不少选项控制输出，例如

```
freeze(tbs4) lnwage.statby(max,min,nostd,l) sex race
tbs4.setwidth(@all) 7
tbs4.setformat(8,3,19,5) f.4
```

得到结果为

```
Descriptive Statistics for LNWAGE
Categorized by values of SEX and RACE
Date: 02/15/08   Time: 19:33
Sample: 1 206
Included observations: 206
```

RACE	SEX	Mean	Max	Min.	Obs.
10	0	2.2849	3.2179	1.2090	82
10	1	2.0124	3.2179	1.2090	85
10	All	2.1462	3.2179	1.2090	167
11	0	2.0552	3.2189	1.3218	9
11	1	1.6497	2.4204	1.0986	9
11	All	1.8524	3.2189	1.0986	18
20	0	2.1483	2.8622	1.2090	14
20	1	2.2068	2.5745	1.7047	7
20	All	2.1678	2.8622	1.2090	21
All	0	2.2470	3.2189	1.2090	105
All	1	1.9936	3.2179	1.0986	101
All	All	2.1227	3.2189	1.0986	206

其中选项 nostd 表示不输出标准差项，而选项 l 将输出格式修改为明细模式（list mode）。

§B.1.2 简单假设检验

EViews 的 teststat 命令进行简单的假设检验，检验均值、中位数或者方差是否等于给定的值。这里讨论的检验方法之所以称为简单假设检验，是因为这些方法要求数据是通过随机抽样产生的，即独立同分布假设，而时间序列数据，往往违背该假设。

一、均值检验

短期利率(其单位为百分数)的均值为 5 吗?我们检验一下:

```
rs.teststat(mean=5)
```

EViews 的输出结果为

```
Hypothesis Testing for RS
Date: 02/15/08   Time: 09:07
Sample: 1952Q1 1996Q4
Included observations: 180
Test of Hypothesis: Mean =   5.000000

Sample Mean =   5.412928
Sample Std. Dev. =   2.908939

Method                                       Value     Probability
t-statistic                                1.904477          0.0585
```

显然,在 5% 或者 1% 的显著水平下,可以认为短期利率的均值是 5 个百分点。

均值检验的零假设和备择假设分别为

$$\mathbb{H}_0 : \mathrm{E}(y) = \mu$$

$$\mathbb{H}_1 : \mathrm{E}(y) \neq \mu$$

零假设为序列的均值等于给定的值 μ,备择假设是个双边的检验。如果序列服从独立正态分布,但标准差未知,零假设成立时,有如下的 t 统计量

$$t = \frac{\bar{y} - \mu}{s/\sqrt{N}} \sim t(N-1)$$

其中 s 为标准差的估计值,如果能够知道标准差为 σ (选项 std=),EViews 将使用 z 统计量

$$z = \frac{\bar{y} - \mu}{\sigma/\sqrt{N}} \sim \mathrm{N}(0,1)$$

其中的 $\mathrm{N}(0,1)$ 表示标准正态分布。

均值检验的结果还报告了双边检验的 p 值,如果 p 值小于给定的显著水平,通常取 5% 或者 1%,我们拒绝零假设。假设检验结果中的 p 值也称为边际显著水平 (marginal significance level),是拒绝零假设的最低显著水平,因此,p 值越低,拒绝零假设的证据越充分。

二、方差检验

检验方差是不是一个给定的值 v,检验的假设为

$$\mathbb{H}_0 : \mathrm{var}(y) = v$$

$$\mathbb{H}_1 : \mathrm{var}(y) \neq v$$

备择假设也是一个双边检验,EViews 使用了 χ^2 统计量

$$\chi^2 = \frac{(N-1)s^2}{v} \sim \chi^2(N-1)$$

记

$$p_o = \mathrm{Pr}\left(\chi^2 > \chi_o^2 \mid \mathbb{H}_0\right)$$

其中 χ_o^2 为样本统计量,EViews 报告的 p 值为 $\min(p_o, 1-p_o)$。

例如检验利率 rs 的方差是否为 9

```
rs.teststat(var=9)
```

检验结果为

```
Hypothesis Testing for RS
Date: 02/15/08   Time: 09:07
Sample: 1952Q1 1996Q4
Included observations: 180
Test of Hypothesis: Variance = 9.000000

Sample Variance = 8.461926

Method                           Value     Probability
Variance Ratio                 168.2983         0.2940
```

显然不能拒绝方差为 9 的假设。

三、中位数检验

检验中位数是不是等于给定的数值 m，检验的假设为

$$\mathbb{H}_0: \mathrm{med}(y) = m$$

$$\mathbb{H}_1: \mathrm{med}(y) \neq m$$

EViews 报告了三种非参数的秩检验：

1) 符号检验（Binomial sign test）的基本思想是，样本中高于中位数和低于中位数的比例都应该接近一半。EViews 报告的 p 值是双边的，此外，还给出了大样本下渐近正态分布的 p 值。

2) 符号秩检验（Wilcoxon signed ranks test）报告的是 Wilcoxon t 统计量的渐近正态分布的 p 值。

3) 正分检验（Van der Waerden (normal scores) test）报告的是双侧渐近正态分布的 p 值。

例如，短期利率（其单位为百分数）的中位数为 5 吗？下面进行检验

```
rs.teststat(med=5)
```

EViews 的输出结果为

```
Hypothesis Testing for RS
Date: 02/15/08   Time: 09:07
Sample: 1952Q1 1996Q4
Included observations: 180
Test of Hypothesis: Median = 5.000000

Sample Median = 5.057500

Method                                 Value     Probability
Sign (exact binomial)                     93          0.7095
Sign (normal approximation)         0.372678          0.7094
Wilcoxon signed rank                0.846379          0.3973
van der Waerden (normal scores)     1.595429          0.1106

Median Test Summary

Category                  Count      Mean Rank

Obs >  5.000000              93      93.9569892
Obs <  5.000000              87      86.8045977
Obs =  5.000000               0
Total                       180
```

我们发现不同方法报告的 p 值差别挺大的。

§B.1.3 经验分布的检验

EViews 的 `edftest` 命令提供了 Kolmogorov-Smirnov, Lilliefors, Cramer-von Mises, Anderson-Darling 和 Watson 等经验分布检验，默认检验正态分布，选项如下表：

选项 type=	分布	PDF 及其参数
`normal`	正态分布	$f(x; \mu, \sigma) = \frac{1}{\sqrt{2\pi}\,\sigma} \exp\left(-\frac{1}{2\sigma^2}(x-\mu)^2\right)$
`chisq`	χ^2 分布	$f(x; v) = \frac{1}{2^{v/2}\Gamma(v/2)} x^{v/2-1} e^{-x/2}$
`exp`	指数分布	$f(x; a, \mu) = \frac{1}{\mu} \exp\left(-\frac{x-a}{\mu}\right)$
`xmax`	极值分布 Max	$f(x; m, s) = \frac{1}{x} \exp\left(-\frac{x-m}{s} - \exp\left(-\frac{x-m}{s}\right)\right)$
`xmin`	极值分布 Min	$f(x; m, s) = \frac{1}{x} \exp\left(\frac{x-m}{s} - \exp\left(\frac{x-m}{s}\right)\right)$
`gamma`	Γ 分布	$f(x; s, r) = s^{-r} x^{r-1} e^{-x/s} / \Gamma(r)$
`logit`	Logistic 分布	$f(x; \mu, s) = \frac{1}{s} e^{(x-\mu)/s} \left(1 + e^{(x-\mu)/s}\right)^{-2}$
`pareto`	Pareto 分布	$f(x; a, k) = a k^a / x^{a+1}$
`uniform`	均匀分布	$f(x; a, b) = \frac{1}{b-a}$
`weibull`	Weibull 分布	$f(x; s, a) = \frac{a}{s} \left(\frac{x}{s}\right)^{a-1} \exp\left(-\left(\frac{x}{s}\right)^a\right)$

密度函数的第一、第二和第三个参数分别由选项 `p1=num, p2=num, p3=num` 指定 (参数的顺序请参照图形对话窗)。如果没有给出参数，EViews 进行估计，控制估计过程的选项有：

1) 迭代算法，默认采用 Marquardt 算法，使用选项 `b` 改为 BHHH 算法 (即 Gauss-Newton 算法)。
2) 迭代次数和收敛准则，对应选项 `m` 和 `c`。
3) 初始值，如果有选项 `s`，表示初始值从系数向量 C 中取。
4) 选项 `showopts` 输出初始值和控制估计过程的设置。

从第 914 页的利率直方图看，利率的分布有点像 χ^2 分布，不妨检验一下：

```
rs.edftest(type=chisq)
```

没有指定 χ^2 分布的自由度，EViews 先估计出自由度，然后再检验，得到结果如下：

```
Empirical Distribution Test for RS
Hypothesis: Chi-square
Date: 02/15/08   Time: 09:07
Sample: 1952Q1 1996Q4
Included observations: 180

Method                      Value       Adj. Value    Probability

Cramer-von Mises (W2)       0.106316    0.106316      [0.1, 0.25)
Watson (U2)                 0.100373    0.100373      [0.1, 0.25)
Anderson-Darling (A2)       0.797668    0.797668      [0.1, 0.25)


Method: Maximum Likelihood (Marquardt)
Convergence achieved after 3 iterations
Covariance matrix computed using second derivatives

        Parameter       Value      Std. Error    z-Statistic    Prob.

             NU        5.614894    0.228132      24.61253       0.0000

Log likelihood        -431.5653    Mean dependent var.     5.412928
No. of Coefficients          1     S.D. dependent var.     2.908939
```

考虑到 χ^2 分布的自由度是估计得到的，会影响检验的 p 值，EViews 给出了多种检验方法的 p 值范围，此外结果还报告了参数自由度的估计。

命令 `edftest` 进行经验分布检验时：
- 如果没有提供参数，EViews 将进行参数估计，并对报告的 p 值进行相应的调整。
- 如果序列观测值超出范围，比如有的分布只能取正值，EViews 将报告数值超出范围。
- 一些分布的参数的取值也有范围，如果给定的参数值超过范围，EViews 将报错。

§B.1.4 BDS 检验

BDS 检验由 Brock et al. (1996) 提出，用来检验序列的独立性，能检验出各种独立性的偏离，比如线性依赖，非线性依赖和混沌 (chaos) 等。非线性偏离的例子如

$$y_t = e_t + 8e_{t-1}e_{t-2}$$

BDS 检验能够检测出该非线性移动平均序列的非独立性，此外，BDS 检验可以用来检验模型估计的残差是否为独立同分布。

一、基本原理

假设时间序列 $\{X_t\}$ 有无穷多的观测值，服从某个分布 F，给定任意的正数 ϵ，要求小于 X_t 的极差，即 $0 < \epsilon < \max(X_t) - \min(X_t)$，称 ϵ 为空间距离（dimensional distance）。定义概率

$$P_1 = \Pr(|X_t - X_s| \leqslant \epsilon) \qquad t \neq s$$
$$P_2 = \Pr(|X_t - X_s| \leqslant \epsilon, |X_{t-1} - X_{s-1}| \leqslant \epsilon) \qquad t \neq s$$

P_1 表示两个观测的距离不超过给定的 ϵ 的概率，P_2 表示相邻两对观测 $\{(X_t, X_s), (X_{t-1}, X_{s-1})\}$ 的距离都不超过给定的 ϵ 的概率，如果时间序列是独立同分布的，有

$$P_2 = P_1^2 \quad \text{if} \quad X \sim \text{iid} F$$

更一般地，用 P_m 表示相邻 m 对观测 $\{(X_t, X_s), (X_{t-1}, X_{s-1}), \cdots, (X_{t-m+1}, X_{s-m+1})\}$ 的距离都不超过给定的 ϵ 的概率，m 被称为嵌入维（Embedding dimension），有如下关系：

$$P_m = P_1^m \quad \text{if} \quad X \sim \text{iid} F$$

由于 $X \sim \text{iid} F$ 几乎等价于 $P_m = P_1^m$，因此，检验独立同分布的假设就相当于检验

$$\mathbb{H}_0 : P_m = P_1^m$$

P_m 采用有限维空间的相关积分（correlation integral）$c_{m,n}$ 来估计，当样本容量为 T 时，m 维相关积分的计算公式为

$$c_{m,T}(\epsilon) = \frac{2}{(T-m+1)(T-m)} \sum_{t=m}^{T} \sum_{s=t+1}^{T} \prod_{l=0}^{m-1} 1_\epsilon(X_{t-l}, X_{s-l})$$

其中

$$1_\epsilon(x, y) = \begin{cases} 1 & |x - y| \leqslant \epsilon \\ 0 & \text{其他} \end{cases}$$

则 BDS 统计量为

$$g_{m,T}(\epsilon) = \sqrt{T - m + 1} \frac{c_{m,T}(\epsilon) - c_{1,T-m+1}^m(\epsilon)}{\sigma_{m,T}(\epsilon)}$$

其中 $c_{m,T}(\epsilon) - c_{1,T-m+1}^m(\epsilon)$ 的方差为

$$\sigma_{m,T}^2(\epsilon) = 4\left(k^m + (m-1)^2 c^{2m} - m^2 k c^{2m-2} + 2\sum_{l=1}^{m-1} k^{m-l} c^{2l}\right)$$

参数 c 和 k 的最有效估计（most efficient estimators）为

$$c = c_{1,T}(\epsilon)$$

$$k = \frac{2}{T(T-1)(T-2)} \sum_{t=1}^{T} \sum_{s=t+1}^{T} \sum_{r=s+1}^{T} [1_\epsilon(X_t, X_s, X_r) + 1_\epsilon(X_t, X_r, X_s) + 1_\epsilon(X_s, X_t, X_r)]$$

其中

$$1_\epsilon(x, y, z) = 1_\epsilon(x, y)\, 1_\epsilon(y, z)$$

Brock et al. (1996) 证明了，对于任意的 m 和 ϵ 有

$$g_{m,T}(\epsilon) \overset{a}{\sim} N(0, 1) \qquad \forall m, \epsilon$$

二、例子

我们看看短期利率的分布是不是独立

```
rs.bdstest(e=0.7,d=8)
```

得到检验结果

```
BDS Test for RS
Date: 02/21/08   Time: 15:41
Sample: 1952Q1 1996Q4
Included observations: 180
```

Dimension	BDS Statistic	Std. Error	z-Statistic	Prob.
2	0.168888	0.005740	29.42284	0.0000
3	0.280430	0.009145	30.66567	0.0000
4	0.353432	0.010915	32.37956	0.0000
5	0.396364	0.011403	34.75949	0.0000
6	0.417646	0.011022	37.89243	0.0000
7	0.424159	0.010123	41.90116	0.0000
8	0.420266	0.008967	46.86976	0.0000

Raw epsilon	4.035504		
Pairs within epsilon	22844.00	V-Statistic	0.705062
Triples within epsilon	3123096.	V-Statistic	0.535510

Dimension	C(m,n)	c(m,n)	C(1,n-(m-1))	c(1,n-(m-1))	c(1,n-(m-1))^k
2	10528.00	0.660850	11174.00	0.701400	0.491962
3	9809.000	0.622675	11019.00	0.699486	0.342245
4	9190.000	0.590010	10863.00	0.697419	0.236579
5	8607.000	0.558896	10708.00	0.695325	0.162532
6	8048.000	0.528604	10554.00	0.693202	0.110958
7	7516.000	0.499369	10400.00	0.690984	0.075210
8	7006.000	0.470897	10247.00	0.688735	0.050631

BDS 检验断然拒绝短期利率在时间上的独立同分布性。命令 `bdstest` 的补充说明如下：

- EViews 的 BDS 检验命令 `bdstest` 中，ϵ 的取值由选项 e 和 m 联合设定，选项 m 指定计算 ϵ 的方法，选项 e 则为计算 ϵ 的参数。例如给定选项 e=0.7，我们有

选项 m	ϵ 的值
m=p（缺省值）	70% 的点对距离小于 ϵ
m=r	极差的 0.7 作为 ϵ
m=s	标准差的 0.7 作为 ϵ
m=v	$\epsilon = 0.7$

- EViews 将报告从 2 到最大嵌入维度（选项 d）的各维度统计量的结果。
- 小样本或者是一些比较奇怪的分布，BDS 统计量的分布跟正态的差别可能比较大，bdstest 提供了自举（bootstrap）的功能，通过选项 b 来指定重复次数以计算 p 值。
- 有关 BDS 的计算，可以参考 Kanzler (1999)。

§B.1.5 小结

了解观测数据的统计概要信息，或者进行简单的假设检验，往往是数据分析的早期工作：

1) 直方图命令 hist 给出了序列的直方图，还报告了基本统计信息。也可以使用 stats 命令来查看统计概要。
2) 命令 freq 产生单因素列联表，命令 statby 对序列观测值进行分组，报告分组统计信息。
3) 命令 teststat 进行简单的假设检验，如检验均值是否为零。
4) 命令 edftest 提供了多种经验分布检验，默认检验正态分布。
5) 命令 bdstest 进行 BDS 检验，能检验出各种独立性的偏离。

§B.2 季节调整

季度和月度数据经常出现周期性的波动，比如太阳帽的销量可能每年夏季都剧增。季节调整的目的就是将这些周期性的运动分离出来，以方便考察序列变化的其他动向。

EViews 的季节调整只支持月度和季度数据，可选择的方式有：

1) EViews 的移动平均方法。
2) 美国人口普查局（U.S. Census Bureau）开发的 X12 程序。
3) 以及 Víctor Gómez 和 Agustín Maravall 两人共同开发的 Tramo/Seats 程序。

EViews 提供了后两种方式的接口，可以不离开 EViews 实现后两种方式的季节调整。

§B.2.1 移动平均法

季节调整的 EViews 移动平均法的命令为 seas，移动平均法假定季节因子是固定不变的。

一、例子

房屋开工数往往受季节影响，例如

```
%wf = @evpath + "\Example Files\data\hs"
wfopen %wf
hs.seas(a) hs_a
hs_a.displayname Seasonal adjusted
smpl 1985 1990
graph gfa.line hs hs_a
gfa.legend -inbox position(2,0.2) columns(1)    'modify legend
```

得到如下图形：

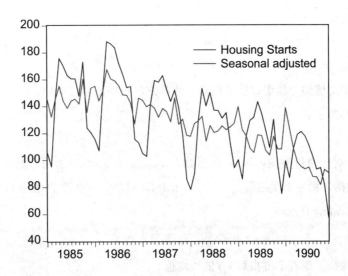

房屋开工数从 1986 开始呈现下降的趋势，由于最后几年的季节性可能有所改变，而移动平均法固定了季节因子，我们发现最后几年的调整结果和原始数据有较大的差异。

二、算法

EViews 提供了两种移动平均的方法，分别为乘法和加法，seas 命令的相应选项分别为 m 和 a。假设要进行季节调整的序列观测值为 $\{y_t\}$，则具体算法为：

乘法：即用移动平均值的比率进行季节调整

1) 计算 y_t 的中心移动平均值

$$x_t = \begin{cases} (0.5y_{t-6} + y_{t-5} + \cdots + y_t + \cdots + y_{t+5} + 0.5y_{t+6})/12 & \text{月度数据} \\ (0.5y_{t-2} + y_{t-1} + y_t + y_{t+1} + 0.5y_{t+2})/4 & \text{季度数据} \end{cases} \quad \text{(B.1)}$$

2) 计算比率

$$r_t = y_t/x_t$$

3) 计算季节指数：令 month(t) 和 quarter(t) 分别表示观测期 t 的月份和季度，对于月份数据，第 m 月指数 i_m 定义为各年第 m 月比率 $\{r_t : \text{month}(t) = m\}$ 的平均值，即

$$i_m = \frac{1}{N_m} \sum_{\text{month}(t)=m} r_t \quad m = 1, 2, \cdots, 12$$

其中 N_m 为观测期的月份为第 m 月的观测次数，即

$$N_m = \#\{r_t : \text{month}(t) = m\}$$

对于季度数据，用各年第 q 季度比率 $\{r_t : \text{quarter}(t) = q\}$ 的平均值作为第 q 季度的指数 i_q。

4) 计算缩放因子 (Scaling factor)，月度数据

$$s_m = i_m / \sqrt[12]{i_1 i_2 \cdots i_{12}} \quad m = 1, 2, \cdots, 12$$

季度数据

$$s_q = i_q / \sqrt[4]{i_1 i_2 i_3 i_4} \quad q = 1, 2, 3, 4$$

5) 得到季节调整序列

$$z_t = \begin{cases} y_t / s_{\text{month}(t)} & \text{月度数据} \\ y_t / s_{\text{quarter}(t)} & \text{季度数据} \end{cases}$$

加法：采用移动平均值的差值进行季节调整，计算方法和乘法方式类似

1) 采用式（B.1）得到 x_t。
2) 计算 $d_t = y_t - x_t$。
3) 计算季节指数：对于月份数据，第 m 月指数 i_m，$m = 1, 2, \cdots, 12$，只用第 m 月的 d_t 来计算平均值。对于季度数据，第 q 季度指数 i_q，$q = 1, 2, 3, 4$，只用第 q 季度的 d_t 来计算平均值。
4) 计算缩放因子 (Scaling factor)

$$s_j = i_j - \bar{i}$$

其中 $\bar{i}$ 为 i（月指数 i_m 或者季度指数 i_q）的平均值。

5) 得到季节调整序列

$$z_t = \begin{cases} y_t - s_{\text{month}(t)} & \text{月度数据} \\ y_t - s_{\text{quarter}(t)} & \text{季度数据} \end{cases}$$

从以上算法我们看到：EViews 的移动平均方法进行季节调整时，每个季节或者月份的季节因子（缩放因子）的取值并不会随时间改变。

§B.2.2　X12 法

EViews 提供了美国人口普查局发布给公众的 X12 季节调整程序的前台接口，X12 程序已经包含在 EViews 里面。当使用 EViews 进行 X12 季节调整时，实际上是依照如下步骤来实现的：

1) 将模型设定和数据按 X12 的要求写到硬盘。
2) 后台运行 X12 程序。
3) 读回 X12 程序的运行结果，并将结果保存到工作文件里。

当前，EViews 下使用 X12 程序至少需要三年的数据，最多 600 个观测值（50 年的月度数据，或者 150 年的季度数据）。进一步了解 X12 的使用，请参考 X12-ARIMA 参考手册，其 PDF 电子版本在 EViews 安装目录的 `Docs` 目录下。

一、数据转换

假设要进行季节调整的序列为 y_t，X12 程序允许先对数据进行转换，方式有 logit 和 Box-Cox 等变换，其中 logit 转换为（当 $0 < y_t < 1$ 时）

$$y_t \to \log\left(\frac{y_t}{1-y_t}\right)$$

而 Box-Cox 转换为

$$y_t \to \begin{cases} \log(y_t) & l = 0 \\ l^2 + (y_t^l - 1)/l & l \neq 0 \end{cases}$$

二、ARIMA 模型设定

X12 程序允许在季节调整之前，将序列进行 ARMA 模型的拟合，X12 程序设定 ARIMA 的语法遵循 Box-Jenkins 的方法，格式为

$$(p \quad d \quad q)$$
$$(p \quad d \quad q)(P \quad D \quad Q)$$

默认设定为

$$(0 \quad 1 \quad 1)(0 \quad 1 \quad 1)$$

表示模型为

$$(1-L)(1-L^s)y_t = (1-m_1L)(1-m_sL^s)e_t$$

其中 L 为滞后算子，年度观测频度 s 对于季度数据 $s=4$，月度数据 $s=12$。通式为

$$a_*(L)(1-L)^d(1-L^s)^D y_t = m_*(L) e_t$$

其中

$$a_*(L) = \left(1 - a_1L - a_2L^2 - \cdots - a_pL^p\right)\left(1 - A_1L^s - A_2L^{2s} - \cdots - A_PL^{Ps}\right)$$
$$m_*(L) = \left(1 - m_1L - m_2L^2 - \cdots - m_qL^q\right)\left(1 - M_1L^s - M_2L^{2s} - \cdots - M_QL^{Qs}\right)$$

各参数含义如下：

符号	含义	符号	含义
p	非季节 AR 的阶数	P	季节 AR 的阶数（乘法）
d	非季节差分的次数	D	季节差分的次数
q	非季节 MA 的阶数	Q	季节 MA 的阶数（乘法）

其他补充如下：

1) 可以用方括号指明具体的滞后项，例如

$$([1\ 3]\ 0\ 0)$$

表示

$$\left(1 - a_1 L - a_3 L^3\right) y_t = e_t$$

2) 允许在小括号后直接指定 s 的值，例如

$$(0\ 1\ 0)(0\ 1\ 1)4$$

表示

$$\left(1 - L\right)\left(1 - L^4\right) y_t = \left(1 - m_1 L^4\right) e_t$$

三、例子

EViews 例子目录的 `x12` 目录下有大量的 X12 的例子程序，并且在例子目录的 `docs` 里有 `x12.htm` 文件进行了相应的介绍。作为例子，查看 `x12ts1.prg` 文件的第 25 行

```
x.x12(mode=a, tf=0, arima="(0 1 1)(0 1 1)", _
      save="d10 d11 d12 d13") x3
```

其含义为

- 选项 `mode=a` 表示采用加法季节调整方式。
- 选项 `tf=0` 表示对序列 X 先进行对数变换。
- 选项 `arima` 请参考前面的 ARIMA 模型设定的说明。
- 选项 `save="d10 d11 d12 d13"` 指定保存哪些结果，其中的 `d10` 表示保存季节因子序列，后缀名为 `_sf`，即序列 `x3_sf` 保存季节因子，而 `d11` 表示保存季节调整序列，后缀名为 `_sa`，`d12` 表示保存趋势周期成分，后缀名为 `_tc`，`d13` 表示保存无规则成分，后缀名为 `_ir`。

有关 EViews 的 X12 命令的选项，请参考 EViews 的文档。

§B.2.3 Tramo/Seats

Tramo（Time Series Regression with ARIMA Noise, Missing Observations, and Outliers）和 Seats（Signal Extration in ARIMA Time Series）这两个程序都是由 Víctor Gómez 和 Agustín Maravall 两人共同开发的。Tramo 程序允许存在若干种异常值的情况下，进行估计和预测，并对有缺失值的回归模型及其 ARMA 的残差进行插值。而 Seats 将基于 ARMA 的时间序列分解出不可观测的成分。在 EViews 安装目录的 `Docs` 目录下有这两个程序的文档，进一步了解请参考之。

一、ARIMA 模型设定

ARIMA 的设定可以让 Tramo 程序自己寻找"最佳"的模型,如果要自己指定模型,需要依照如下的格式:记回归方程为

$$y_t = \mathbf{x}_t' \mathbf{b} + u_t$$

及其 ARMA 设定为

$$a_*(\mathrm{L})(1-\mathrm{L})^d (1-\mathrm{L}^s)^D u_t = m_*(\mathrm{L}) e_t$$

其中

$$a_*(\mathrm{L}) = (1 + a_1 \mathrm{L} + \cdots + a_p \mathrm{L}^p)(1 + A_1 \mathrm{L}^s + \cdots + A_P \mathrm{L}^{Ps})$$

$$m_*(\mathrm{L}) = (1 + m_1 \mathrm{L} + \cdots + m_q \mathrm{L}^q)(1 + M_1 \mathrm{L}^s + \cdots + M_Q \mathrm{L}^{Qs})$$

并且有如下限制

$$d \leqslant 3 \quad p \leqslant 3 \quad q \leqslant 3 \quad D \leqslant 2 \quad P \leqslant 1 \quad Q \leqslant 1$$

二、例子

EViews 例子目录的 `tramo` 目录下有大量的 Tramo/Seats 的例子程序,并且在例子目录的 `docs` 里有 `tramo.htm` 文件进行了相应的介绍。以 x12ts1.prg 为例,其第 15 行为

```
x.tramoseats(runtype=ts, opt="imean=0 lam=0 noadmiss=1 seats=2", _
    save="sa sf trd cyc ir hat") x1
```

该语句的含义为

- 选项 `runtype=ts` 表示运行 Seats 程序后再执行 Tramo 程序。
- 选项 `opt` 的取值只能使用空格作为分隔符,选项 `opt` 的具体取值请参考 Tramo/Seats 的文档。
- 选项 `save="sa sf trd cyc ir hat"` 指定保存哪些结果,例如其中的 sf 表示将 Seats 程序得到的最终季节因子,保存为 x1_sf 序列。

有关 EViews 的 `tramoseats` 命令的选项,请参考 EViews 的文档。

§B.2.4　Tramo/Seats vs. X12

两者虽然都是进行季节调整,但并不完全相同,主要区别有

	X12	Tramo/Seats
方法	非参数移动平均	参数估计
缺失值	不允许	容许
时间周期	月度、季度	月、季、年和半年

此外,还要注意两者的 ARMA 设定中滞后多项式系数符号的区别:X12 中使用负号,而 Tramo/Seats 中使用正号。

EViews 例子目录的 `docs` 里的 `x12tramo.htm` 文件给出了两者相互比较的例子,例如程序 x12ts1.prg 比较了两种方法的季节因子和无规则成分的不同,其中的图形对象 graph1 是季节因子的比较。

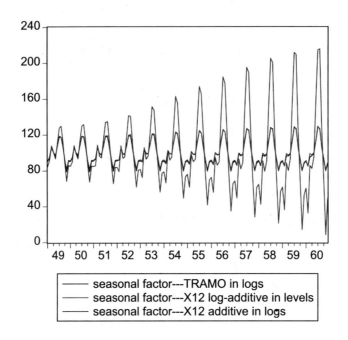

显然两种方法的季节因子都是时变的,而且有很大的不同,即使是用 X12 进行季节调整,不同的选项调整结果也不同。

移动平均法进行季节调整时,季节因子是固定不变的,而 Tramo/Seats 和 X12 都使用时变的季节因子。最后,值得注意的是,Tramo/Seats 和 X12 方法进行季节调整时,两者都会在临时目录(即函数 `@temppath` 返回的目录)下建立文件。

§B.2.5 小结

EViews 提供的季节调整方法有:

1) 移动平均法:命令为 `seas`,支持乘法和加法两种算法,相应的选项分别为 `m` 和 `a`。
2) X12 法:命令为 `X12`,其选项请参考 EViews 的文档。
3) Tramo/Seats 法:命令为 `tramoseats`,其选项请参考 EViews 的文档。

§B.3 平滑和滤波

指数平滑是简单的预测方法，对于观察样本较少的情况特别有用。回归模型预测时使用固定的系数，而指数平滑方法预测是自适应的，预测时能根据以前预测的误差自行调整。滤波用来提取观测数据中的某些成分，如 Hodrick-Prescott 滤波器能够提取宏观经济数据的长期趋势成分，而带通频率滤波器只让给定范围的频率（周期）通行，过滤掉其他频率的成分。

§B.3.1 平滑

EViews 进行指数平滑的命令为 smooth，根据数据的趋势和季节波动等特征，可以选择单、双指数平滑以及 Holt-Winters 模型等平滑[1]方法。

一、单指数平滑

单指数平滑只需要一个参数，因此也称为单参数平滑，该方法适用于在某个常数上下随机运动，没有趋势和季节波动的序列。记待平滑的序列为 y_t，则平滑序列 z_t 为如下递推过程

$$z_t = \alpha y_t + (1-\alpha) z_{t-1}$$

其中 α 为平滑因子（也称为衰减因子），$0 < \alpha \leqslant 1$，注意到 α 越小，z_t 越平滑。给定 z_0，将上式重复迭代得

$$z_t = \alpha \sum_{l=0}^{t-1} (1-\alpha)^l y_{t-l} + (1-\alpha)^t z_0$$

该式告诉我们指数平滑方法的由来——平滑序列 z_t 是历史观测 y_t 的加权平均，且权重是指数衰减的。

单指数平滑预测时，用最后一个平滑值作为对将来的预测，即

$$f_{T+k} = z_T \qquad k \geqslant 1$$

EViews 进行单指数平滑时：

- 平滑序列的初始值 z_0 取为序列 y_t 的平均值，则有

$$\mathrm{E}(z_t) = \mathrm{E}(y_t) = z_0 \qquad t = 1, 2, \cdots, T$$

- 需要提供平滑因子 α 的值，α 的取值一般在 0.01 到 0.3 之间，平滑因子 α 也可以让 EViews 进行估计，以最小化单步预测的误差平方和。

二、双指数平滑

双指数平滑也只需要一个参数，它连续使用单指数平滑两次，该方法适合于有线性趋势的序列。序列 y_t 的双指数平滑由如下的递推得到

$$S_t = \alpha y_t + (1-\alpha) S_{t-1}$$
$$D_t = \alpha S_t + (1-\alpha) D_{t-1}$$

其中 S_t 是单平滑序列，而 D_t 是双平滑序列，衰减因子 $0 < \alpha \leqslant 1$。

---

[1]这里讨论的平滑并没有使用未来的信息，而 Kalman 滤波 (第 570 页 §12.2 节) 中时间序列的信号平滑则用到了未来的信息。

双指数平滑的预测方法为

$$f_{T+k} = \left(2 + \frac{\alpha k}{1-\alpha}\right)S_T - \left(1 + \frac{\alpha k}{1-\alpha}\right)D_T$$
$$= 2S_T - D_T + \frac{\alpha}{1-\alpha}(S_T - D_T)k$$

或者写为

$$f_{T+k} = a_T + b_T k \qquad k \geqslant 1$$

其中

$$a_T = 2S_T - D_T$$
$$b_T = \frac{\alpha}{1-\alpha}(S_T - D_T)$$

显然双指数平滑预测具有线性趋势，截距为 a_T，斜率为 b_T。

三、Holt-Winters 无季节变动模型

该模型适用于具有线性趋势但没有季节变动的序列，将 y_t 的平滑序列 z_t 定义为

$$z_t = a_t$$

平滑的递推计算过程为

$$a_t = \alpha y_t + (1-\alpha)(a_{t-1} + b_{t-1})$$
$$b_t = \beta(a_t - a_{t-1}) + (1-\beta)b_{t-1}$$

其中 $0 < \alpha, \beta < 1$ 是衰减因子，称 a_t 为永久成分或者截距，b_t 为趋势。在 $t = T$ 时刻的预测为

$$f_{T+k} = a_T + b_T k$$

四、Holt-Winters 季节加法模型

该模型适用于具有线性趋势又有季节迭加变动（additive seasonal variation）的序列，将 y_t 的平滑序列 z_t 定义为

$$z_t = a_t + c_t$$

平滑的递推计算过程为

$$a_t = \alpha(y_t - c_{t-s}) + (1-\alpha)(a_{t-1} + b_{t-1})$$
$$b_t = \beta(a_t - a_{t-1}) + (1-\beta)b_{t-1}$$
$$c_t = \gamma(y_t - a_t) + (1-\gamma)c_{t-s}$$

其中 $0 < \alpha, \beta, \gamma < 1$ 是衰减因子，s 是年度观测频度，对于月度数据 $s = 12$，而季度数据 $s = 4$。称 a_t 为永久成分或者截距，b_t 为趋势，c_t 为季节加法因子。在 $t = T$ 时刻的预测为

$$f_{T+k} = a_T + b_T k + c_{T+k}$$

注意季节加法因子采用最后一年的值，即

$$c_{T+k} = c_{T+k-s} \qquad k = 1, 2, \cdots$$

五、Holt-Winters 季节乘法模型

该模型适用于具有线性趋势又有季节乘积变动（multiplicative seasonal variation）的序列，将 y_t 的平滑序列 z_t 定义为

$$z_t = a_t c_t$$

平滑的递推计算过程为

$$a_t = \alpha \frac{y_t}{c_{t-s}} + (1-\alpha)(a_{t-1} + b_{t-1})$$

$$b_t = \beta(a_t - a_{t-1}) + (1-\beta)b_{t-1}$$

$$c_t = \gamma \frac{y_t}{a_t} + (1-\gamma)c_{t-s}$$

其中 $0 < \alpha, \beta, \gamma < 1$ 是衰减因子（阻尼因子），s 是年度观测频度，对于月度数据 $s = 12$，而季度数据 $s = 4$。称 a_t 为永久成分或者截距，b_t 为趋势，c_t 为季节乘法因子。在 $t = T$ 时刻的预测为

$$f_{T+k} = (a_T + b_T k) c_{T+k}$$

注意季节乘法因子采用最后一年的值，即

$$c_{T+k} = c_{T+k-s} \qquad k = 1, 2, \cdots$$

六、模型比较

EViews 的平滑命令 `smooth` 的各种平滑方法对比如下：

选项	平滑方法	参数	趋势	季节
s	单指数平滑	1	无	无
d	双指数平滑	1	线性	无
n	Holt-Winters 无季节变动模型	2	线性	无
a	Holt-Winters 季节加法模型	3	线性	加法
m	Holt-Winters 季节乘法模型	3	线性	乘法

补充说明如下：

1) Holt-Winters 无季节变动模型和双指数平滑的预测方法相同，预测时有趋势项，没有季节变动项，但双指数模型只需要一个参数，而 Holt-Winters 无季节变动模型需要两个参数。

2) Holt-Winters 无季节变动模型并不是 Holt-Winters 季节加法或者乘法模型中让衰减因子 $\gamma = 0$，Holt-Winters 季节加法或者乘法模型中如果 $\gamma = 0$，预测时仍然有季节项，季节因子 $c_t = c_{t-s}$。

Holt-Winters 模型的截距 a_t，趋势 b_t 和季节因子 c_t 的递归定义中，初始值的选取在 Winters (1960) 里有简单的讨论。

七、例子

用双指数平滑方法预测销售额

```
%wf = @evpath + "\Example Files\Pindyck\sales"
wfopen %wf
smpl @first 1993
freeze(tba) sales.smooth(d) sales_d
```

由于没有给出衰减因子 α，EViews 进行估计

```
Date: 02/18/08   Time: 09:09
Sample: 1986M01 1993M12
Included observations: 96
Method: Double Exponential
Original Series: SALES
Forecast Series: SALES_D

Parameters:    Alpha                       0.2000
Sum of Squared Residuals                 2660482.
Root Mean Squared Error                  166.4733

End of Period Levels:       Mean          17648.67
                            Trend         112.5176
```

EViews 报告的 Alpha 即为衰减因子 α。请注意，smooth 命令产生的平滑序列 sales_d，当前观测集内的观测值为平滑值，当前观测集结束日期之后的观测值填充为预测值。下面我们查看一下双指数平滑方法的预测结果

```
smpl 1993 @last
graph gfa.line sales sales_d
gfa.name(2) Forecasts
gfa.legend -inbox position(0.2,0.2) columns(1)    'modify legend
```

得到图形如下：

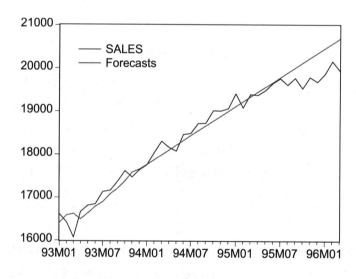

图中从 94M01 开始的直线段是预测结果，而 1993 年度的部分是平滑结果。

下面是 Holt-Winters 季节乘法模型的实例

```
%wf = @evpath + "\Example Files\data\hs"
wfopen %wf
smpl 1959 1984
freeze(tba) hs.smooth(m) hs_m
```

衰减因子让 EViews 进行估计

```
Date: 02/18/08   Time: 09:21
Sample: 1959M01 1984M12
Included observations: 312
Method: Holt-Winters Multiplicative Seasonal
Original Series: HS
Forecast Series: HS_M

Parameters:    Alpha                    0.7100
               Beta                     0.0000
               Gamma                    0.0000
Sum of Squared Residuals                40365.69
Root Mean Squared Error                 11.37441

End of Period Levels:   Mean             134.6584
                        Trend            0.064556
                        Seasonals: 1984M01  0.680745
                                   1984M02  0.711559
                                   1984M03  0.992958
                                   1984M04  1.158501
                                   1984M05  1.210279
                                   1984M06  1.187010
                                   1984M07  1.127546
                                   1984M08  1.121792
                                   1984M09  1.050131
                                   1984M10  1.099288
                                   1984M11  0.918354
                                   1984M12  0.741837
```

其中的 Alpha, Beta 和 Gamma 对应模型中的 α, β 和 γ，EViews 还报告了 a_T 和 b_T（即表中的 Mean 和 Trend），以及最后一年的季节因子。下面将预测值和实际值进行对比

```
smpl 1985 1988
graph gfa.line hs hs_m
gfa.legend -display
gfa.addtext(1.5,0.2) "Actual"
gfa.addtext(3,0.5) "Holt-Winters"
```

得到图形如下：

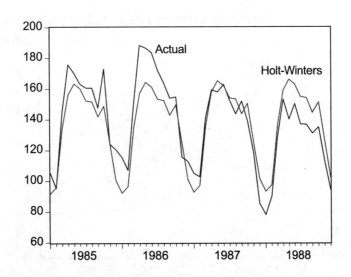

显然 Holt-Winters 季节乘法模型的预测很好地捕捉了季节波动。

§B.3.2 Hodrick-Prescott 滤波器

Hodrick-Prescott 滤波器广泛应用在宏观经济中来提取长期趋势成分，该方法在 20 世纪 80 年代 Hodrick 和 Prescott 的 Working Paper 中提出，到了 1997 年才正式出版。

一、理论简介

Hodrick-Prescott 滤波器通过最小化

$$\sum_{t=1}^{T}(y_t - z_t)^2 + l\sum_{t=2}^{T-1}(z_{t+1} - 2z_t + z_{t-1})^2$$

来得到趋势序列 z_t，惩罚参数 l 控制 z_t 的平滑程度，l 越大，z_t 越平滑，当 $l \to \infty$ 时，z_t 趋近线性趋势。EViews 中 l 的默认取值为 Hodrick and Prescott (1997) 推荐的取值，即

$$l = \begin{cases} 100 & \text{年度数据} \\ 1600 & \text{季度数据} \\ 14400 & \text{月份数据} \end{cases}$$

刚好是 Ravn and Uhlig (2002) 给出的规则中 $p = 2$ 的特殊情形，他们给出的规则为

$$l = 1600\left(\frac{s}{4}\right)^p$$

其中 s 为年度观测频度，对应于年、季度和月度数据分别取 1、4 和 12，p 是幂次，Ravn and Uhlig (2002) 推荐使用 $p = 4$ 的取值。

二、例子

我们尝试提取 GDP 的长期成分

```
%wf = @evpath + "\Example Files\data\demo"
wfopen %wf
freeze(gfa) gdp.hpf(lambda=1000) gdp_hp
gfa.legend -inbox position(0.2,0.2) columns(1)
```

得到如下图形：

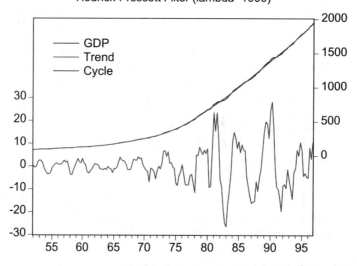

图中周期成分定义为 $y_t - z_t$。

EViews 中，Hodrick-Prescott 滤波器的命令为 `hpf`，选项 `lambda` 指定惩罚参数 l 的取值。

§B.3.3 频率滤波

带通滤波器（Band-pass filter）是最常用的频率滤波器，它能将给定持续时间（频率范围）的周期成分分离出来。粗略的说，带通滤波是个双边加权的线性滤波器，只放行给定频率范围的成分，其他的都被过滤掉。

一、带通滤波器

EViews 提供了以下带通滤波器：

- 固定时长对称滤波器，采用固定的超前或者滞后长度，滤波器是时不变的。这种滤波器有两种：一是 Baxter and King (1999) 的滤波器，另外是 Christiano and Fitzgerald (2003) 的方法，两者的区别在于目标函数的不同。
- 全样本非对称滤波器，这是最一般的滤波器，该滤波器是时变的，权重依赖于数据，并且随每个观测点改变。EViews 提供的是 Christiano and Fitzgerald (2003) 的非对称滤波器。

补充说明如下：

1) 使用带通滤波器时，必须给出准备放行的周期数范围，用周期数对 (P_L, P_H) 来表示，例如对于 2 年到 5 年左右的商业周期，使用月份数据时，取 $P_L = 24$，$P_H = 60$。有时候，我们可能需要用频率（角频率）来考虑，周期数 (P_L, P_H) 对应的频率范围为 $(2\pi/P_H, 2\pi/P_L)$。EViews 要求 $2 \leqslant P_L < P_H$。
2) 固定时长对称滤波器的超前和滞后阶数 q 必须相同，使用这类滤器必然损失 q 个观测值。而非对称滤波器没有这些限制，不浪费观测值。
3) 定长对称滤波器为时不变滤器，权重向量的阶数为 $q+1$，其中 q 是给定的滞后阶数，滤波序列为

$$z_t = \sum_{l=-q}^{q} w_{|l|+1} y_{t+l} \qquad t = q+1, \cdots, T-q$$

对于时变滤器，权重矩阵阶数为 $n \times n$，其中 n 是当前样本非缺失观测数，滤波序列为

$$z_t = \sum_{l=1}^{T} w_{t,l} y_l \qquad t = 1, 2, \cdots, T$$

这些权重由被滤波序列的频谱密度得到。

4) EViews 实现的 Baxter and King (1999) 的滤波器自动去除不高于二次的趋势。

二、例子

我们将 Baxter and King (1999) 的固定时长对称滤波器应用到 GDP 的数据中

```
%wf = @evpath + "\Example Files\data\demo"
wfopen %wf
genr lgdp = log(gdp)
freeze(gfa) lgdp.bpf(type=bk,low=6,high=32,w=w_a) cyc_a
```

最后一行的 bpf 命令选用 Baxter-King 固定时长对称滤波器（type=bk），设置 $P_L = 6$，$P_H = 32$（low=6,high=32），即周期为 1.5 年到 8 年，将权重保存在 w_a 行向量对象中（w=w_a），同时周期成分保存在 cyc_a 序列里。bpf 命令得到图形

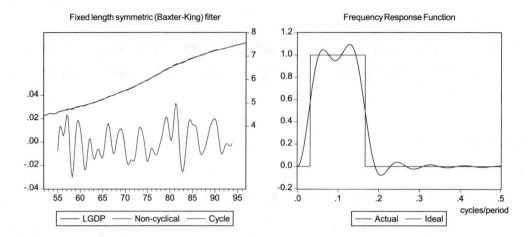

右图为频率响应函数，其横坐标范围为 0 到 0.5，单位为单个观测期的周期数，因而这里通行区间的理想值为 $(1/6, 1/32)$。只有使用固定时长对称滤波器时，EViews 才绘制频率响应函数图。

作为比较，我们考察 Christiano and Fitzgerald (2003) 的非对称滤波

```
freeze(gfd) lgdp.bpf(type=cfasym,low=6,high=32,noncyc=non_d, _
    w=w_d,iorder=1) cyc_d
gfd.legend -inbox position(0.2,0.2) columns(1)
```

得到图形如下：

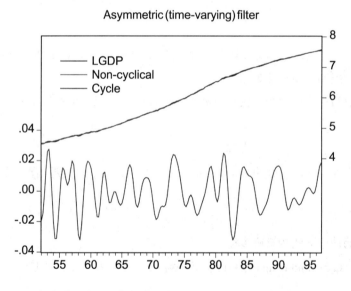

需要指出的是，序列 `lgdp` 存在单位根（请考察 `lgdp.uroot(pp)` 的检验结果），因此进行 Christiano-Fitzgerald 全样本非对称滤波时需要考虑该事实，通过选项 `iorder=1` 设定单整阶数为 1，修改滤波器的权重计算，使得权重矩阵 `w_d` 的行和为零。

§B.3.4 小结

本节介绍了平滑和滤波方法：

1) 指数平滑的命令为 `smooth`，支持的模型及其比较请参考第 933 页。
2) 命令 `hpf` 实现 Hodrick-Prescott 滤波器，用来提取长期趋势成分。
3) 命令 `bpf` 实现带通滤波器，只放行给定频率范围的成分。

§B.4 多元统计分析

EViews 用群对象来组织多变量的观测数据，因此除了单序列的分组齐性检验外，本节的多元统计分析讨论群对象的统计视图（群对象的其他视图主要是时间序列分析方面的内容）：

1) 图形视图，如散点图描述变量间的关系；
2) 多元统计表，如协方差矩阵，数据汇总表（dated data table）和多维列联表；
3) 多变量的齐性检验（Tests of Equality）；
4) 主成分分析。

§B.4.1 图形

EViews 的图形请参考 §A.1 节 (第 846 页) 的内容，专用的统计图请参见 §B.5 节 (第 947 页) 的讨论。这里仅讨论双变量的图形：两序列间的函数关系用图形方式查看是最直观的，可以先通过交互方式查看，然后再使用命令记录下来。例如

```
!n = 200
wfcreate u 1 !n
rndseed(type=mt) 12357
!pi = @acos(-1)
genr x = rnd
genr y = sin(2*!pi*x^3)^3 +nrnd*0.1
group g x y
freeze(gfa) g.scat
```

自变量 x 在 (0,1) 之间随机抽样，因变量 y 的观测值包含了随机干扰，它们的散点图如下 (左图)：

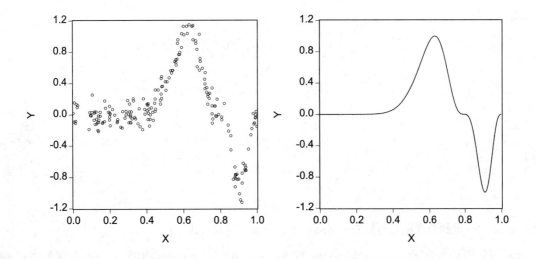

右图是它们真实的关系，产生该图形的代码为

```
x = @trend/!n
y = sin(2*!pi*x^3)^3
freeze(gfb) g.xyline
gfb.options size(3,3)
graph gf.merge gfa gfb
gf.align(2,1,1)
```

这里我们看到，命令 scat 和 xyline 显示两变量的关系是非常方便的。

§B.4.2 统计表

EViews 的多元统计表有多维列联表，群对象各序列的基本统计表，协方差矩阵和协相关矩阵的表格视图，以及时间序列数据多种方式的数据汇总表。

一、协方差、协相关

我们在 §1.2.1 节已经知道 stats 和 cor 命令分别用来查看一组变量的统计概要信息和相关系数矩阵，此外，命令 cov 用来查看协方差矩阵。这三个命令计算时采用群对象的共同样本（即所有成员序列的同期观测值都非缺失值的共同观测样本），可以使用选项 i 来修改样本为各自的样本（stats 命令），或者两两配对的共同样本（cor 和 cov 命令）。

当统计函数 @cor 和 @cov 的参数为群对象时，分别返回相关系数矩阵和协方差矩阵，请注意，函数返回的是对称矩阵对象，而命令 cor 和 cov 则产生表格视图。

二、数据汇总表

命令 dtable 创建数据汇总表 (Dated data table)，报告和展示时间序列数据。同一张表上，可以显示原始数据和简单转换后的信息，可以显示不同频率的信息，比如年度汇总和每个季度的具体数据等。下面是一个简单的例子

```
%wf = @evpath + "\Example Files\data\demo"
wfopen %wf
group g pr gdp
smpl 1994 1996
freeze(tb1) g.dtable
```

将生成如下表格：

	Q1	Q2	Q3	Q4	Year
	1994				1994
PR	1.04	1.05	1.05	1.06	1.05
GDP	1698.6	1727.9	1746.7	1774.0	1736.8
	1995				1995
PR	1.07	1.07	1.08	1.09	1.08
GDP	1792.3	1802.4	1825.3	1845.5	1816.4
	1996				1996
PR	1.09	1.10	1.11	1.11	1.10
GDP	1866.9	1902.0	1919.1	1948.2	1909.0

命令 g.dtable 得到的视图还可以在 EViews 下手工进行调整，比如：

1) 增加报告增长率的行：点击 TabOptions 按钮，second row for series 的 Transform 设置为 "1 Period % Change"。

2) 调整年度和季度数据的左右位置：点击 TabOptions 按钮，First columns 和 Second columns 下拉框的内容互换。

调整后定格成表格对象得

	Q1	Q2	Q3	Q4
	1994	1994			
PR	1.05	1.04	1.05	1.05	1.06
(% ch.)	2.39	0.61	0.56	0.64	0.67
GDP	1736.8	1698.6	1727.9	1746.7	1774.0
(% ch.)	5.93	1.35	1.72	1.09	1.56
	1995	1995			
PR	1.08	1.07	1.07	1.08	1.09
(% ch.)	2.55	0.80	0.49	0.52	0.55
GDP	1816.4	1792.3	1802.4	1825.3	1845.5
(% ch.)	4.58	1.03	0.56	1.27	1.11
	1996	1996			
PR	1.10	1.09	1.10	1.11	1.11
(% ch.)	2.27	0.72	0.41	0.64	0.46
GDP	1909.0	1866.9	1902.0	1919.1	1948.2
(% ch.)	5.10	1.16	1.88	0.90	1.52

补充说明如下：

1) `dtable` 命令只支持年度、半年、季度和月份数据。

2) `dtable` 命令没有提供设置选项，因此群对象的 `dtable` 视图的修改只能用手工编辑。

3) `dtable` 视图选项设置的频率转换（Frequency Conversion）选项中，注意 "Average then Transform" 和 "Transform then Average" 是不同的。

4) `dtable` 视图显示的数据可以进行转换，记 s 为年度观测频度，即

$$s = \begin{cases} 1 & \text{年} \\ 2 & \text{半年} \\ 4 & \text{季度} \\ 12 & \text{月份} \end{cases}$$

EViews 提供如下的转换方式（点击 TabOptions 按钮，Transformation 的选项）：

选项		数据转换
原始数据	None (raw data)	无
一期差分	1 Period Difference	$y_t - y_{t-1}$
一年期差分	1 Year Difference	$y_t - y_{t-s}$
百分比增长率	1 Period % Change	$\frac{y_t - y_{t-1}}{y_{t-1}} \times 100$
年增长率	1 Period % Change at Annual Rate	$((1 + \frac{y_t - y_{t-1}}{y_{t-1}})^s - 1) \times 100$
同比增长	1 Year % Change	$\frac{y_t - y_{t-s}}{y_{t-s}} \times 100$

三、多维列联表

EViews 的多维列联表（N-Way Tabulation）将群对象的序列进行交叉分类，报告每个分类的观测数目，并检验序列是否独立，例如

```
%wf = @evpath + "\Example Files\Pindyck\lwage"
wfopen %wf
group labor lnwage sex nonwh
freeze(tba) labor.freq(b=3,norowm,nocolm)
table(37,5) tba
```

由于表格太长，用 `table` 命令缩小表格，只保留前半部分的内容

```
Tabulation of LNWAGE and SEX and NONWH
Date: 02/19/08   Time: 22:58
Sample: 1 206
Included observations: 206
Tabulation Summary

Variable                          Categories
LNWAGE                                     3
SEX                                        2
NONWH                                      2
Product of Categories                     12

Test Statistics                   df       Value        Prob
Pearson X2                         7    16.06061      0.0246
Likelihood Ratio G2                7    16.73929      0.0192

WARNING: Expected value is less than 5 in  33.33% of cells (4
         of 12).
```

```
Table 1: Conditional table for NONWH=0:
                                          SEX
Count                               0           1
            [1, 2)                 32          48
LNWAGE      [2, 3)                 49          44
            [3, 4)                 10           2

Measures of Association           Value
Phi Coefficient                   0.217552
Cramer's V                        0.217552
Contingency Coefficient           0.212579

Table Statistics                  df       Value        Prob
Pearson X2                         2     8.755804      0.0126
Likelihood Ratio G2                2     9.264042      0.0097
```

表中报告的 Pearson X2 和 Likelihood Ratio G2 分别为 Pearson χ^2 和似然比统计量，检验的零假设为所有的序列相互独立。此外，表中给出的 Measures of Association 类似于相关系数。

§B.4.3 齐性检验

对于一组变量，经常需要检验它们是否具有某些方面的齐性，例如是否同均值或者方差，甚至分布是否相同。

一、多序列检验

多个序列的齐性检验使用群对象的 testbtw 命令，例如

```
%wf = @evpath + "\Example Files\data\poolg7"
wfopen %wf
group g7 gdp_*
for !i = 1 to g7.@count
    %s = g7.@seriesname(!i)
    genr g7{%s} = dlog({%s})
next
group g g7gdp_*
g.testbtw(var)
```

先计算各国 gdp 序列的增长率（对数价差），然后再检验它们是否同方差，得到结果为

```
Test for Equality of Variances Between Series
Date: 02/21/08   Time: 09:03
Sample: 1950 1992
Included observations: 43
```

Method	df	Value	Probability
Bartlett	6	20.31420	0.0024
Levene	(6, 287)	2.690427	0.0148
Brown-Forsythe	(6, 287)	2.278010	0.0365

Category Statistics

Variable	Count	Std. Dev.	Mean Abs. Mean Diff.	Mean Abs. Median Diff.
G7GDP_CAN	42	0.032310	0.025246	0.024671
G7GDP_FRA	42	0.020740	0.016727	0.016422
G7GDP_GER	42	0.029509	0.022380	0.022380
G7GDP_ITA	42	0.024217	0.019177	0.019177
G7GDP_JPN	42	0.035783	0.028080	0.027588
G7GDP_UK	42	0.021675	0.016689	0.016281
G7GDP_US	42	0.026064	0.020741	0.020558
All	294	0.029963	0.021291	0.021011

Bartlett weighted standard deviation: 0.027674

在 5% 显著水平下，所有的统计量一致拒绝各国 gdp 增长率具有同方差的假设。

二、分组齐性检验

EViews 提供了单个序列的分组检验，分别检验各组的均值、中位数或者方差是否相等。分组检验实际上是多变量检验，将每个组看成一个变量。

EViews 给出的分组均值检验实际上是单因素的方差分析。其零假设是样本各分组服从独立同正态分布，由于正态分布可以由均值和方差完全确定，实际上是检验各组的均值和方差是否都相同。假设我们将样本分为 G 组，第 k 组的观测数目为 N_k 个，第 k 组的第 i 个观测记为 y_{ki}，其中 $i = 1, 2, \cdots, N_k$，$k = 1, 2, \cdots, G$，组内和组间的平方和定义为

$$\mathrm{SSW} = \sum_{k=1}^{G} \sum_{i=1}^{N_k} (y_{ki} - \bar{y}_k)^2$$

$$\mathrm{SSB} = \sum_{k=1}^{G} N_k (\bar{y}_k - \bar{y})^2$$

其中 $\bar{y}_k$ 表示第 k 组的样本均值，计算如下的 F 统计量

$$F = \frac{\mathrm{SSB}/(G-1)}{\mathrm{SSW}/(N-G)} \sim F(G-1, N-G)$$

如果只有两个组，EViews 还报告了 t 统计量。

下面我们检验在 20 世纪 60、70 和 80 年代，利率的均值和方差是否都不变

```
%wf = @evpath + "\Example Files\data\demo"
wfopen %wf
genr decade = @mod(@year,100)-@mod(@year,10)
smpl 1960 1989
rs.testby decade
```

得到结果为

```
Test for Equality of Means of RS
Categorized by values of DECADE
Date: 02/19/08   Time: 21:41
Sample: 1960Q1 1989Q4
Included observations: 120
```

Method	df	Value	Probability
Anova F-statistic	(2, 117)	54.96075	0.0000

Analysis of Variance

Source of Variation	df	Sum of Sq.	Mean Sq.
Between	2	474.3479	237.1740
Within	117	504.8940	4.315333
Total	119	979.2419	8.228924

Category Statistics

DECADE	Count	Mean	Std. Dev.	Std. Err. of Mean
60	40	4.000192	1.324998	0.209501
70	40	6.309050	1.874010	0.296307
80	40	8.868100	2.771005	0.438134
All	120	6.392447	2.868610	0.261867

结果表明，这三个年代的利率表现并不一样。需要提醒的是，时间序列往往违背独立性的假设，第 923 页的 BDS 检验拒绝了利率 rs 的独立性假设，图 5.1 (第 227 页) 报告的相关图表明 rs 存在自相关。

EViews 还提供了一组中位数或者分布的齐性检验（Median (Disribution) Equality Tests），其零假设为各组具有相同的分布，备择假设是至少有一组的分布与其他组不同。EViews 提供的方差齐性检验报告了多种统计量，零假设是各个分组的方差相同，备择假设是至少有一个组的方差与众不同。

三、检验命令

齐性检验的 EViews 命令有 testbtw 和 testby，两者使用相同的多元统计检验，检验多个变量均值或者方差等的齐性，但是：

- testbtw 命令是群对象的命令，检验群的成员序列之间的齐性。
- testby 命令是序列对象的命令，检验单个序列内不同分组的齐性，该命令需要给出分组的标识，分组标识可以是多个序列或者群对象。

此外，不要将这两个命令和简单假设检验的命令 teststat （第 918 页 §B.1.2 节）相混淆，命令 teststat 用来检验序列的均值、中位数或者方差是否等于给定的数值。

§B.4.4 主成分分析

主成分分析（Principal components analysis）是一种降维方法，将一组变量的方差结构用少数综合指标（该组变量的线性组合，称为主成分）来近似，也就是说，用很少的几个主成分来体现整组变量的变动性。

一、基本原理

假设 $Z \times 1$ 随机向量

$$\mathbf{z} \sim \mathrm{N}(0, \mathbf{V})$$

线性组合得到随机变量

$$y = \mathbf{w}'\mathbf{z}$$

如果要求组合向量 $\mathbf{w}$ 取单位长度，即 $\mathbf{w}'\mathbf{w} = 1$，如何选择 $\mathbf{w}$ 使 y 的方差最大？显然，该问题为如下的数学规划（注意如果不对 $\mathbf{w}$ 进行限制，y 的方差无界）

$$\max_{\mathbf{w}} \quad \mathrm{var}(y) = \mathbf{w}'\mathbf{V}\mathbf{w}$$
$$s.t. \quad \mathbf{w}'\mathbf{w} = 1$$

其 Lagrange 函数为

$$L(\mathbf{w}, l) = \mathbf{w}'\mathbf{V}\mathbf{w} - l(\mathbf{w}'\mathbf{w} - 1)$$

令 $\frac{\partial L}{\partial \mathbf{w}} = 0$ 得

$$\mathbf{V}\mathbf{w} = l\mathbf{w}$$

即 $\mathbf{w}$ 是 $\mathbf{V}$ 的特征向量，此时 y 的方差等于相应的特征根

$$\mathrm{var}(y) = \mathbf{w}'\mathbf{V}\mathbf{w} = \mathbf{w}'l\mathbf{w} = l\mathbf{w}'\mathbf{w} = l$$

由矩阵理论我们知道，Z 阶实数对称正定矩阵 $\mathbf{V}$ 的 Z 个特征根都是实数，而且 $l_1 \geqslant l_2 \geqslant \cdots \geqslant l_Z > 0$，此外，每个特征根相应的特征向量正交，将其标准化，并记

$$\mathbf{W} = [\mathbf{w}_1, \mathbf{w}_2, \cdots \mathbf{w}_Z]$$

有 $\mathbf{W}' = \mathbf{W}^{-1}$，注意到随机向量 $\mathbf{y} = \mathbf{W}'\mathbf{z}$ 的方差矩阵为

$$\mathrm{var}(\mathbf{y}) = \mathbf{W}'\mathbf{V}\mathbf{W} = \mathrm{diag}(l_1, l_2, \cdots, l_Z)$$

也就是说，以标准正交特征向量为权重组合得到的随机变量是不相关的。此外，$y_1, y_2, \cdots, y_Z$ 的方差依次递减，y_i 称为向量 $\mathbf{z}$ 的第 i 主成分，$i = 1, 2, \cdots, Z$。

二、例子

将几个重要的金融指数进行主成分分析

```
%wf = @evpath + "\Example Files\data\intl_fin"
wfopen %wf
group g CAC40 DAX FTSE NIKKEI SP500 TBOND
freeze(tbp)   g.pcomp(cor, eigval=v1, eigvec=m1) pc1 pc2
tbp.setwidth(2:7) 8
tbp.setformat(@all) f.5
```

对样本的相关矩阵（选项 cor）进行主成分分解，特征值和特征向量分别保存在向量 v1 和矩阵 m1 里，第一主成分和第二主成分分别保存在序列 pc1 和 pc2 里，主成分分解命令 pcomp 还产生如下表格：

```
Date: 02/19/08   Time: 23:57
Sample: 3/03/1994 8/01/2000
Included observations: 1674
Correlation of CAC40 DAX FTSE NIKKEI SP500 TBOND
```

	Comp 1	Comp 2	Comp 3	Comp 4	Comp 5	Comp 6
Eigenvalue	4.68386	0.92959	0.29267	0.06914	0.01971	0.00504
Variance Prop.	0.78064	0.15493	0.04878	0.01152	0.00328	0.00084
Cumulative Prop.	0.78064	0.93558	0.98435	0.99588	0.99916	1.00000

Eigenvectors:

Variable	Vector 1	Vector 2	Vector 3	Vector 4	Vector 5	Vector 6
CAC40	−0.42887	0.31033	0.29342	−0.52126	−0.46353	−0.38353
DAX	−0.44401	0.23680	0.16182	−0.28801	0.73239	0.31819
FTSE	−0.45214	0.10668	−0.05998	0.64055	0.20540	−0.57280
NIKKEI	0.25713	0.80936	−0.52718	−0.02196	0.00988	−0.01804
SP500	−0.45290	0.15747	−0.02558	0.37754	−0.45337	0.64912
TBOND	0.37850	0.39545	0.77817	0.30335	0.03010	0.04341

表中的 Cumulative Prop. 为累积贡献率，显然前两个主成分的累积贡献率就已经超过 93% 了。

§B.4.5 小结

多元统计分析的内容很多，本节介绍了：

1) 描述双变量关系，如 scat 和 xyline 分别绘制散点图和 XY 图。
2) 命令 stats 用来查看一组变量的统计概要信息，此外，命令 cov 和 cor 分别用来查看协方差矩阵和相关系数矩阵。
3) 命令 dtable 创建数据汇总表，命令 freq 可以产生多因素列联表。
4) 齐性检验中，testbtw 命令检验多个序列之间的齐性，而 testby 命令检验单个序列内不同分组的齐性。
5) 命令 pcomp 进行主成分分析。

§B.5 统计图

统计图包含序列观测值的经验分布图，描述双变量的散点图和分位数－分位数图（QQ 图），以及多变量间比较的盒图等，统计图方便了解或者对比数据的分布特征。本节讨论经验分布图，QQ 图和盒图，描述双变量关系的散点图和 XY 图请参考 §B.4 节的例子，EViews 例子目录的 graph 目录下的 edfplot.prg 程序，演示了核密度估计和 QQ 图，建议运行看看。

§B.5.1 经验分布

产生序列观测值经验分布的命令为 cdfplot，默认绘制累积分布函数 (选项 c)，还支持生存函数 (选项 s) 和分位数函数 (选项 q)。

一、理论回顾

随机变量 X 的分布的各种函数定义为：

1) 概率密度函数（probability density function, PDF），请参考 §15.4.2 节 (第 771 页) 的讨论。

2) 累积分布函数（cumulative distribution function, CDF）定义为随机变量 X 的观测值不超过某一给定值 x 的概率

$$F_X(x) = \Pr(X \leqslant x)$$

3) 生存函数（survivor function）定义为观测值超过给定值 x 的概率，即

$$S_X(x) = \Pr(X > x) = 1 - F_X(x)$$

4) 分位数（quantile），粗略的说分位数函数是累积分布函数的反函数，对于 $0 < q < 1$，随机变量 X 的 q 分位数定义为[2]

$$\begin{aligned} x_{(q)} &= \inf\{x : F_X(x) \geqslant q\} \\ &= \inf\{x : \Pr(X \leqslant x) \geqslant q\} \end{aligned}$$

---

[2]需要说明的是，可能看到如下的分位数定义：

$$\Pr(X \leqslant x_{(q)}) \leqslant q$$
$$\Pr(X \geqslant x_{(q)}) \leqslant 1 - q$$

或者

$$\Pr(X \leqslant x_{(q)}) \geqslant q$$
$$\Pr(X \geqslant x_{(q)}) \geqslant 1 - q$$

这些定义是不严格的，它们定义的 $x_{(q)}$ 可能不唯一，例如密度函数

$$f(x) = \begin{cases} \frac{1}{2} & [-2, -1] \cup [1, 2] \\ 0 & \text{其他} \end{cases}$$

对于 $q = 0.5$，显然 $x_{(0.5)}$ 为 $-1 \leqslant x_{(q)} \leqslant 1$ 的任意值。

二、例子

概率密度函数的估计，即直方图或者核密度估计，在 §1.2.1 节 (第 9 页) 有简单的例子。有关直方图的更多内容请参考 §15.4.1 节 (第 767 页)，而核估计的内容请参考 §15.4.2 节 (第 771 页) 的讨论。下面是经验分布图的例子

```
%wf = @evpath + "\Example Files\Pindyck\lwage"
wfopen %wf
lnwage.cdfplot
```

得到经验分布图

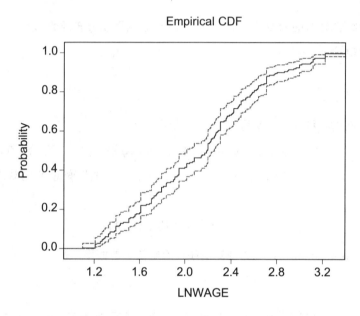

给定 N 个观测，EDF 中 x 的取值有如下选择：

选项	方法	计算公式
q=b	Blom	$(x-3/8)/(N+1/4)$
q=o	Ordinary	x/N
q=r（缺省值）	Rankit	$(x-1/2)/N$
q=t	Tukey	$(x-1/3)/(N+1/3)$
q=v	Van der Waerden	$x/(N+1)$

以上方法的区别是计算 EDF 时对间断点的调整方式的差别，当 N 很大时，它们的区别微不足道。

需要说明的是，命令 `cdfplot` 和 `kdensity` 都提供了选项 o=mat，将经验分布的计算数值保存到矩阵对象 mat 中。此时，我们可以使用 `xyline` 更加灵活地作图，请参考第 950 页的短期利率和 χ^2 分布相比较的例子。

§B.5.2 QQ 图

QQ 图（Quantile-quantile plot）是比较两个分布的得力工具，它将一个序列的分位数对另一序列或者理论分布的分位数作图，如果两者分布相同，QQ 图应该是一条直线，如果不是直线，表明两者有一定的区别。

EViews 提供的 QQ 图分为理论 QQ 图和经验 QQ 图：

- 理论 QQ 图将给定的序列和理论分布进行比较，理论分布可以选择正态分布（选项 n），均匀分布（选项 u），指数分布（选项 e），Logistic 分布（选项 l）和第一类极值分布（选项 x）等。
- 经验 QQ 图用选项 s=name 给出另一个对象，例如其他序列，随机数序列或者群对象。

理论 QQ 图的一个例子

```
%wf = @evpath + "\Example Files\Pindyck\lwage"
wfopen %wf
series wage = exp(lnwage)
group w wage log(wage)
freeze(gfw) w.qqplot(n)
gfw.align(2,1,1)
```

结果为

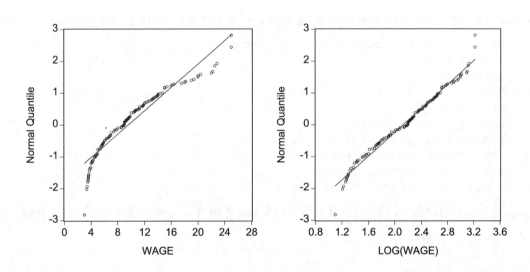

显然工资的对数比工资的分布更接近正态分布。

下面是经验 QQ 图的例子

```
%wf = @evpath + "\Example Files\data\demo"
wfopen %wf
rndseed(type=mt) 12357
group dist @rnorm @rchisq(5)
freeze(gf) rs.qqplot(s=dist)
gf.align(2,1,1)
```

群对象 dist 为正态分布和 χ^2 分布的随机序列，得到经验 QQ 图为

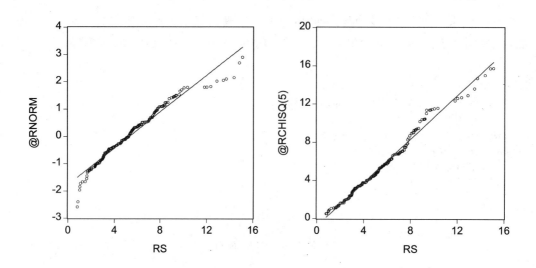

QQ 图的优点是计算量少，但在计算机面前，该优点已经失去优势，我们可以直接比较 PDF，例如

```
do rs.kdensity(@obsrange,b=3, o=mrs)
series x
series rsk
group g x rsk
mtos(mrs, g)
genr y = @dchisq(x,5)
y.displayname Chi-squre(5)
rsk.displayname Interest Rate
graph gfd.xyline x y rsk
gfd.legend -inbox position(2.4,0.2) columns(1)
```

其中 kdensity 计算序列 rs 核密度估计，并将结果保存在矩阵 mrs 中，最后用 xyline 作图，比较序列 rs 的 PDF 和 χ^2 分布

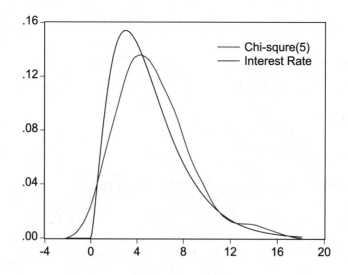

两个 PDF 的区别一目了然，比在 QQ 图上的比较直观多了。

§B.5.3 盒图

不同年代的短期利率相同吗？在 §B.4 节中第 943 页的分组齐性检验已经知道不同年代的短期利率并不相同，我们现在改用图形来看看

```
%wf = @evpath + "\Example Files\data\demo"
wfopen %wf
genr decade = @mod(@year,100)-@mod(@year,10)
smpl 1960 1989
rs.boxplotby(ci=notch) decade
```

结果为

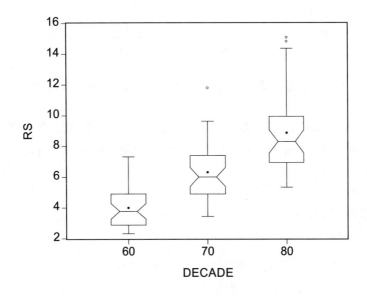

盒图很生动直观地表明利率在这三个年代节节攀升。盒图的若干说明如下：

1) 中间的盒子部分表示低四分位 $x_{(0.25)}$ 到高四分位 $x_{(0.75)}$ 的区间 (该范围称为四分位差，Interquartile range, IQR)，盒子中间的横线表示样本的中位数 m，黑点表示样本均值。

2) 盒子中间的凹槽（默认下用阴影表示）标明的范围是 $m \pm 1.57\,\mathrm{IQR}/\sqrt{N}$，其中 N 是样本容量。

3) 盒子的顶部和底部分别引出一根线，到高四分位数加上 1.5 倍的 IQR 和低四分位减 1.5 倍的 IQR，这两个位置用短横线标记。一般地，短横线外的点认为是异常值。

再看一个例子，公司 AAA 级债券和三个月国库券利率的盒图比较

```
%wf = @evpath + "\Example Files\Pindyck\garch"
wfopen %wf
group g raaa r3
freeze(gfb) g.boxplot
```

得到盒图

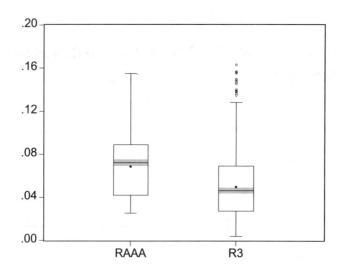

由于盒图中两序列的阴影部分并没有重叠,在 95% 的置信区间下,可以认为两者的收益表现是不同的。

产生盒图的命令中,boxplot 是群对象的命令,进行多个序列的盒图比较。而 boxplotby 为序列对象的命令,绘制单个序列内不同分组的盒图。修改盒图元素的命令为 setbpelem,例如

```
copy gfb gfn
gfn.setbpelem ci(notch)
```

将盒图中间的阴影部分改为凹槽。

§B.5.4 小结

统计图给出直观的统计信息:

1) 命令 cdfplot 产生序列观测值的经验分布图,提供了累积分布函数 (选项 c),生存函数 (选项 s) 和分位数函数 (选项 q)。
2) 命令 kdensity 实现概率密度函数的核估计。
3) 命令 qqplot 产生 QQ 图,支持理论 QQ 图和经验 QQ 图对两个分布进行比较。
4) 盒图:boxplot 命令进行多个序列的盒图比较,而 boxplotby 命令则绘制单个序列内不同分组的盒图。

参考文献

Baxter, Marianne and Robert G. King, 1999. Measuring Business Cycles: Approximate Band-Pass Filters For Economic Time Series. *Review of Economics and Statistics*, 81:575–593

Brock, William, Davis Dechert, José Scheinkman, and Blake LeBaron, 1996. A Test for Independence Based on the Correlation Dimension. *Econometric Reviews*, 15:197–235

Christiano, Lawrence J. and Terry J. Fitzgerald, 2003. The Band Pass Filter. *International Economic Review*, 44:435–465

Hodrick, Robert J. and Edward C. Prescott, 1997. Postwar U.S. Business Cycles: An Empirical Investigation. *Journal of Money, Credit, and Banking*, 29:1–16

Kanzler, Ludwig, 1999. Very Fast And Correctly Sized Estimation of the BDS Statistic. *Working Paper*, pages 1–95

Kaplansky, Irving, 1945. A Common Error Concerning Kurtosis. *Journal of the American Statistical Association*, 40:295

Ravn, Morten O. and Harald Uhlig, 2002. On Adjusting the Hodrick-Prescott Filter for the Frequency of Observations. *Review of Economics and Statistics*, 84:371–375

Winters, Peter R., 1960. Forecasting Sales by Exponentially Weighted Moving Averages. *Management Science*, 6:324–342

附录 C

选项设置

EViews 的很多操作和用户设置相关，如表格的字体，图形的线条颜色，方程估计时导数的计算方法等。本附录介绍了如下选项设置内容：

1) 给出本讲义采用的 EViews 设置，及其配置文件。
2) 讨论在估计和求解模型时，与 EViews 选项有关的一些数值计算概念。如初始值，迭代控制和收敛准则，导数计算方法以及非线性方程组的求解算法等。
3) 简单介绍了 EViews 使用的各种优化算法。

§C.1 设置 EViews

本节讨论 EViews 的个性化设置，如字体的选择、图形的格式、打印设置和程序的执行模式等。由于菜单操作费时费力且容易出现缺漏，我们特别奉献了快速恢复 EViews 设置的配置文件方法。

§C.1.1 全局设置

EViews 的全局设置包含 Options 菜单下各条目的设置，以及 File 菜单下的打印机设置。下面给出本讲义采用的设置，由于 EViews 的输出和这些设置有关，因此，如果您的 EViews 进行同样的设置，就能重现本讲义中例子的输出。

一、选项菜单

我们进行了如下设置：

1) 字体设置，选择 Options/ Windows and Font Options...
   (a) 点击 Fonts 部分的 Workfile Window，设置字体为 Courier New，大小为 16 pt。对 Editors - Text Objects 和 Tables Default 的字体进行同样的设置；
   (b) Keyboard focus 选取 Command Windows；
   (c) Warn on close 里所有项全部不选。

2) 工作文件保存格式设置：Options/ Workfile Storage Default...，设置为双精度、压缩方式保存，去掉每次保存提醒和备份文件。

3) 执行模式设置：Options/ Program...，选择 quiet 模式。由于程序执行时，quiet 模式不把代码显示在状态栏上，程序运行速度最快。[1]

4) 图形输出设置：Options/ graphics defaults...
   (a) Template 选项卡，设置 Template 为 Classic；
   (b) 然后到 Frame 选项卡，选上 Apply background color on screen only，并把 Frame border 的 Width 改为 3/4 pt。

5) 不自动记录序列对象的修改历史：Series Auto Labels/ No automatic labels。

二、打印设置

打印设置：File/ Print Setup...

- 图形部分，Graph size 选择 Normal 100%，Position 选择 Top of page，选取 Print in color。
- 表格部分，Text size 选择 Custom, Percent: 50，不选取 Box around tables 选项。

无论是选项菜单还是打印设置，上面没有提到的地方都保持默认值。

---

[1]不同模式的程序执行速度差别很大，请参考第 79 页的例子。如果 EViews 的全局选项设置为 verbose 方式，然后程序里用 `mode quiet` 命令设置为 quiet 方式，根据我的测试，运行速度比全局选项直接设置为 quiet 还是慢了许多。

§C.1.2 配置文件

尽管 EViews 的文档没有介绍，EViews 把配置保存在 `EViews32.ini` 中，该文件位于当前用户的 EViews 配置目录，即

```
"%APPDATA%\Quantitative Micro Software\EViews\"
```

其中 Windows 的系统环境变量 `%APPDATA%` 表示当前用户的应用程序数据目录（user application data folder）。

`EViews32.ini` 是一文本文件，Options 菜单的内容保存在 [Options] 节里，对应于本讲义采用的设置，该部分的内容为

```
[Options]
WFH=16
WFW=400
WFI=0
Workfile Font=Courier New
EFH=16
EFW=400
EFI=0
Editor Font=Courier New
TFH=16
TFW=400
TFI=0
Table Font=Courier New
WarnWorkFile=1
WarnMatrix=0
WarnList=0
WarnGraph=0
WarnEquation=0
WarnEdit=0
OneUnWorkfile=1
OneUnMatrix=0
OneUnList=1
OneUnGraph=0
OneUnEquation=1
OneUnEdit=1
WF LowerCase=1
Command FocusA=1
Graph Save Type=1
Metafile Kern=1
Graph Save Color=1
Graph Save Dlg=1
Graph Save BBox=1
Graph Save Units=0
Verbose Programs=0
V4 Program Compat=0
Backup PRG=1
Max Error bf Halt=1
WF Storage Options=512
Backup WF=0
Auto Label=0
```

对照前一小节的具体设置，这里的每一行，都可以猜出其相应的含义。相应的打印设置为

```
[Printers]
Printer=FreePrint
```

```
Driver=winspool
Port=Ne00:
BorderBox=no
Text Orientation=portrait
Graph Orientation=portrait
Graph Scale=fixed
Graph Scale Percent=80
Text Scale=page
Text Scale Percent=50
Color Graph=yes
Graph Position=top
PFH=11
PFW=400
PFI=0
Printer Font=Arial
```

`EViews32.ini` 可以复制给其他用户或者迁移到其他电脑上使用，建议备份该文件，需要时通过覆盖该文件，快速恢复 EViews 的设置。EViews 7 对配置文件 `EViews32.ini` 进行了更新，具体请参考 §D.1.4 节 (第 982 页)。

§C.2 估计和求解

对于非线性方程的估计，或者是非线性模型的求解，由于通常都无法得到解析解，EViews 只能使用数值方法，进行迭代。本节只是 Eviews 估计和求解选项的简要说明，对数值计算方法感兴趣的话，请进一步参考 Press et al. (2002)。

§C.2.1 估计和求解选项

采用数值计算方法进行方程估计或者求解时，首先需要考虑从哪儿开始迭代，即初始值，然后考虑迭代什么时候停止，即迭代控制和收敛准则。

一、初始值

迭代计算时，需要初始值才能开始，可惜，初始值的选择没有一般的规律。如果能将初始值选择得靠近真值，那当然是最好不过的了。有时候，我们可以将模型加以一定的限制，估计限制的模型来得到初始值。更经常的，我们只能猜测和重复试验，寻找初始值。对于 EViews，需要注意的是：

- 非线性最小二乘回归类问题，EViews 使用系数向量 C 里的值为初始值。
- 方程组和 ARCH 类模型，EViews 能自动提供初始值，初始值是通过单方程的初始 OLS 或者 2SLS 估计得到的。当然，也可以通过选项 s 或者命令 param 设定初始值。
- 对于 binary, ordered, count 和 censored 等估计方法，EViews 内建了初始值的选取程序，当然也可以用户给初始值。
- 对数似然对象和状态空间对象还支持用 @param 语句设定初始值，并且保存在模型设定中。

给定初始值实际上是设置系数向量 C 的值，常用的方法有：

1) 最直接的方法是赋值语句，例如

```
c(1) = 8
c(2) = 0.5
c(3) = 0.12
```

2) 对于一组初始值的设定使用 param 命令可能更方便，例如

```
param c(1) 8 c(2) 0.5 c(3) 0.12
```

设置系数向量的前三个值。

3) 先估计一简化或者非限制方程 eq00，然后将系数估计结果做为初始值，例如

```
eq00.updatecoefs
```

该方法可能找到很好的初始值。

对于非线性最小二乘方法，给初始值时，要特别注意：

- 目标函数在初始值处要有定义，如果非线性方程有 $1/C(7)$ 项，显然 $C(7)$ 的初始值不能为零。
- 初始值选择不好，可能导致算法失效。
- 除非目标函数是全局凹的，否则极其有可能得到的是局部最优。可以改变初始值看看，比如将初始值的某分量扩大一定比例作为新的初始值等。

二、迭代和收敛

是否停止迭代，一般有两类规则：一是看目标函数的改变量，二是看参数的改变量。EViews 使用的是比较保守的方法，即比较参数在相邻迭代的相对改变量，更确切地说

$$\frac{\|\mathbf{b}(i+1) - \mathbf{b}(i)\|}{\|\mathbf{b}(i)\|} \leqslant \epsilon$$

其中 $\mathbf{b}(i)$ 表示系数向量 $\mathbf{b}$ 第 i 次迭代时的值，$\|\cdot\|$ 表示向量长度（2-范数），ϵ 是给定的容许误差，通过选项 c=num 进行设置 (使用选项 showopts 时，估计结果表头报告的 tol=num 即为容许误差)。需要强调的是：

- 有可能函数值改变很小，但系数值改变还比较大。
- EViews 在计算范数之前，对系数先进行缩放，增加收敛准则对量纲变化的稳健性。由于这个原因，将优化的结果作为初始值，EViews 可能因为缩放的微小改变，又进行迭代。
- 如下的几种情况，可能导致 EViews 在未收敛时，就停止迭代：
  - 超过最大迭代次数，此时可以增大迭代次数来解决。
  - 迭代无法改善，此时需要检验模型是否能识别，或者使用其他的初始值。
  - 结果收敛了，但是出现奇异方差矩阵并且系数不唯一。该情况下，EViews 不报告系数的标准差或者 t-统计量等。

§C.2.2 导数计算

EViews 使用两种方法来计算导数：数值计算方法（有限差分方法）和解析方法，使用选项 deriv= 进行设置

选项	说明
deriv=a, aa	尽量使用解析法求导，否则进行精确数值计算
deriv=f, fa	尽量使用解析法求导，否则进行快速数值计算
deriv=an	精确数值计算
deriv=fn	快速数值计算

除非修改估计选项的全局设置，选择只使用数值求导 (Use numeric only)，否则 EViews 总是先尝试解析方法计算导数，如果不行，才改用数值方法：

- 当对某个系数的导数为常数时，EViews 始终用解析方法求该系数的导数。
- ARMA 模型中，AR 的系数总是用解析法，而 MA 的系数用数值方法。
- ARCH 模型 (EViews 7 支持部分的解析导数) 和状态空间模型总是使用数值方法求导数。
- 除非给出对数似然函数导数的解析式，否则对数似然函数对象总是采用数值计算方法。
- 解析方法求导一般比数值方法计算得更快而且更准确。

在 EViews 中，导数的数值计算方法有两种选择：

1) 速度较快的单边差分法（one-sided finite difference）

$$f'(x) \approx \frac{1}{h}(f(x+h) - f(x))$$

其中 h 为步长。

2) 精度比较高的 Richardson 外插法 (Richardson extrapolation algorithm),先定义双边数值差分

$$g(h) = \frac{1}{2h}(f(x+h) - f(x-h))$$

然后就是 N 步 Richardson 外插法

$$D(n,0) = g(h/2^n) \qquad n = 0, 1, 2, \cdots, N$$

$$D(n,k) = \frac{4^k}{4^k-1}D(n,k-1) - \frac{1}{4^k-1}D(n-1,k-1) \qquad n = 1, 2, \cdots, N \quad k = 1, 2, \cdots, n$$

具体请参考 Kincaid and Cheney (2002, P474–476)。

§C.2.3 非线性方程组求解

在求解非线性方程组时,EViews 采用图论 (graph theory) 的方法,看是否能把方程组分块,如果能分块,就可以顺序求解各块,即分解为更小的方程组,而不必同时求解整个方程组。

算法上,EViews 提供了 Gauss-Seidel 迭代方法和 Newton 法求解非线性方程组。EViews V6 新增了 Broyden 方法。

一、Gauss-Seidel 法

将方程组写成

$$y_1 = f_1(y_1, y_2, \cdots, y_M, \mathbf{x})$$
$$y_2 = f_2(y_1, y_2, \cdots, y_M, \mathbf{x})$$
$$\vdots$$
$$y_M = f_M(y_1, y_2, \cdots, y_M, \mathbf{x})$$

其中 $\mathbf{y}$ 是内生变量,$\mathbf{x}$ 是外生变量。显然,如果我们找到不动点 $\mathbf{y}_0$

$$\mathbf{y}_0 = \mathbf{f}(\mathbf{y}_0, \mathbf{x})$$

问题即刻解决。如果我们按照方程的顺序进行迭代,并且使用最新的求解值,即第 m 个方程的第 i 次迭代过程为

$$y_m(i) = f_m(y_1(i), y_2(i), \cdots, y_{m-1}(i), y_m(i-1), y_{m+1}(i-1), \cdots, y_M(i-1), \mathbf{x})$$

该方法求解时能否收敛以及收敛速度,受方程顺序的影响。使用 Gauss-Seidel 方法时,如果出现收敛缓慢甚至不能收敛,建议将方程右边内生变量较少、相对不重要的方程移动到前面,以加快收敛速度。

二、牛顿法

记方程组为

$$\mathbf{f}(\mathbf{y}, \mathbf{x}) = 0$$

在 $\mathbf{y}_0$ 处线性近似为

$$\mathbf{f}(\mathbf{y}, \mathbf{x}) = \mathbf{f}(\mathbf{y}_0, \mathbf{x}) + \frac{\partial}{\partial \mathbf{y}}\mathbf{f}(\mathbf{y}_0, \mathbf{x})(\mathbf{y} - \mathbf{y}_0) = 0$$

即
$$\mathbf{y} = \mathbf{y}_0 - \left[\frac{\partial}{\partial \mathbf{y}}\mathbf{f}(\mathbf{y}_0,\mathbf{x})\right]^{-1}\mathbf{f}(\mathbf{y}_0,\mathbf{x})$$

写成迭代的形式为
$$\mathbf{y}(i+1) = \mathbf{y}(i) - \left[\frac{\partial}{\partial \mathbf{y}}\mathbf{f}(\mathbf{y}(i),\mathbf{x})\right]^{-1}\mathbf{f}(\mathbf{y}(i),\mathbf{x})$$

一直迭代到 $\mathbf{y}(i)$ 的改变量小于给定的容许值时停止。该方法称为牛顿法（Newton's Method），显然其核心是迭代求解非线性方程组的局部线性逼近（local linear approximation）方程组。对于牛顿法，方程的顺序与收敛速度没有关系。

三、Broyden 法

牛顿法的迭代过程为
$$\mathbf{y}(i+1) = \mathbf{y}(i) - \mathbf{J}_i^{-1}\mathbf{f}(\mathbf{y}(i),\mathbf{x})$$

其中
$$\mathbf{J}_i = \frac{\partial}{\partial \mathbf{y}}\mathbf{f}(\mathbf{y}(i),\mathbf{x})$$

为雅可比 (Jacobian) 矩阵。Broyden 方法对牛顿法进行修正，采用 $\mathbf{J}_i$ 的近似，以减少每一步迭代的计算量。Broyden 方法中，$\mathbf{J}_i$ 的更新公式为
$$\mathbf{J}_{i+1} = \mathbf{J}_i + \frac{\mathbf{f}(\mathbf{y}(i+1),\mathbf{x}) - \mathbf{f}(\mathbf{y}(i),\mathbf{x}) - \mathbf{J}_i\Delta\mathbf{y}}{\Delta\mathbf{y}'\Delta\mathbf{y}}\Delta\mathbf{y}'$$

其中
$$\Delta\mathbf{y} = \mathbf{y}(i+1) - \mathbf{y}(i)$$

EViews 中，初始 $\mathbf{J}_0$ 取为雅可比矩阵在初始值 $\mathbf{y}_0$ 处的取值，即
$$\mathbf{J}_0 = \frac{\partial}{\partial \mathbf{y}}\mathbf{f}(\mathbf{y}_0,\mathbf{x})$$

如果出现 $\mathbf{J}_i$ 的更新迟步不前，将以当前的 $\mathbf{y}$ 值重新计算雅可比矩阵，再继续更新 $\mathbf{J}_i$。

Broyden 的方法保留了牛顿法的诸多优点，收敛速度与方程的顺序无关，并且在真实值附近的收敛速度很快。与牛顿法对比，Broyden 方法需要更多的迭代次数，但由于每一步计算量较少 (取决于模型的导数结构)，总体求解速度往往比牛顿法快。

§C.3 优化算法

非线性估计问题的实质是要找到一个参数向量 **b** 来优化目标函数 $f(\mathbf{b})$。优化的过程由三步组成：

- 取得初始值，初始值的取得，往往不是件容易的事。
- 更新参数值，通过各种优化算法，迭代更新参数值。
- 确定是不是已经最优，根据给定的收敛准则决定是否继续迭代，也可能找不到最优解。

如果目标函数是全局凹的，总是能找到最优点（最大值）。如果目标函数并非全局凹，就可能存在局部最大值，所有的迭代方法都可能只找到局部最大值，而且所有的迭代方法都无法分辨是不是已经找到全局最优值。对于某些问题，一种方法可能速度最快，而对于另外的问题，可能就失效，其他迭代方法可能更好，没有一统天下的迭代方法。EViews 使用的优化方法可以分成三类：即二阶导数法、一阶导数法和不使用导数 (derivative free) 的方法。

网格方法是不需要计算导数的，它通过计算参数范围的网格点的函数值，选出最优解。网格搜索的计算量巨大，特别是参数较多时。在指数平滑的计算中，EViews 采用了网格搜索的方法。

§C.3.1 二阶导数法

EViews 中，二阶导数方法在迭代的每一步，对于每个观测值，计算了当前参数值下目标函数本身的值，及其一阶和二阶导函数的值。

一、Newton-Raphson 法

目标函数的一阶条件为

$$\mathbf{g}(\mathbf{b}) \equiv \frac{\partial f(\mathbf{b})}{\partial \mathbf{b}} = 0$$

如果系数向量 **b** 第 $i+1$ 次迭代时的值 $\mathbf{b}(i+1)$ 满足一阶条件，在 $\mathbf{b}(i)$ 处用 Taylor 公式展开得

$$0 = \mathbf{g}(\mathbf{b}(i+1)) \approx \mathbf{g}_i + \mathbf{H}_i(\mathbf{b}(i+1) - \mathbf{b}(i))$$

其中梯度向量 (gradient vector) 和黑森矩阵 (Hessian matrix) 分别为

$$\mathbf{g}_i = \mathbf{g}(\mathbf{b}(i)) = \left.\frac{\partial f(\mathbf{b})}{\partial \mathbf{b}}\right|_{\mathbf{b}=\mathbf{b}(i)} \qquad \mathbf{H}_i = \left.\frac{\partial^2 f(\mathbf{b})}{\partial \mathbf{b} \partial \mathbf{b}'}\right|_{\mathbf{b}=\mathbf{b}(i)}$$

显然，有迭代公式

$$\mathbf{b}(i+1) = \mathbf{b}(i) - \mathbf{H}_i^{-1} \mathbf{g}_i \tag{C.1}$$

如果目标函数是二次的，则一步迭代即可。如果函数非二次，这就需要看局部二次能多大程度上接近函数的形状。

二、Goldfeld-Quandt 法

该方法也称为二次爬坡 (Quadratic hill-climbing) 法。其实就是对迭代公式 (C.1) 的修正

$$\mathbf{b}(i+1) = \mathbf{b}(i) + (a\mathbf{I} - \mathbf{H}_i)^{-1} \mathbf{g}_i$$

其中 **I** 是单位矩阵，而参数 $a > 0$ 由算法本身确定。修正的效果是将参数往梯度方向推进，在离最优点比较远时，该方法收敛比较快，此外，该方法能修正黑森矩阵奇异的情况。

三、使用说明

二阶导数方法补充说明如下：

- 如果使用二次导数方法，EViews 缺省下使用 Goldfeld-Quandt 算法。
- 需要注意的是，渐近标准差总是用非修正的黑森矩阵计算得到。
- 对于 binary, ordered, censored 和 count 模型，EViews 可以选择使用二次导数方法。

§C.3.2 一阶导数法

二次导数计算量比较大，每次迭代需要更新庞大的黑森矩阵，而且准确计算有时比较困难，此时较好的选择是只需要一阶导数的算法。

一、Gauss-Newton 法

Gauss-Newton 法在求解最大似然估计问题时，常被称为 BHHH 法 (Berndt et al., 1974)。该方法用各个观测点的梯度向量的外积和来代替公式 (C.1) 的黑森矩阵，对于最小二乘法和似然函数，这种近似渐近等价于使用真实的黑森矩阵。用梯度的外积代替黑森矩阵的好处是不需要计算二阶导数，而且矩阵总是半正定的。缺点是初始点远离最优点时，迭代效果差。

二、Marquardt 法

Marquardt 法对 Gauss-Newton 法的修正恰好如同 Goldfeld-Quandt 法对 Newton-Raphson 法的修正，它对 Gauss-Newton 的外积矩阵的修正使得每次迭代的前进方向更偏向梯度方向，并且能有效处理数值计算时外积矩阵奇异的情况。

三、使用说明

一阶导数方法说明如下：

- 默认的一阶导数方法为 Marquardt 算法。
- 当优化问题收敛时，总是采用非修正的近似黑森矩阵 (BHHH 方差矩阵估计) 来计算渐近标准差。
- 非线性最小二乘估计使用 Marquardt 算法，估计其他非线性模型时，比如 ARCH 模型，非线性方程组和状态空间模型等，EViews 提供了以上两种一阶导数的算法。

§C.3.3 步长

迭代的一般公式是

$$\mathbf{b}(i+1) = \mathbf{b}(i) + l_i \mathbf{d}_i$$

其中 l_i 称为步长，$\mathbf{d}_i$ 称为可行方向，例如标准的 Newton-Raphson 法，步长 $l_i = 1$，可行方向 $\mathbf{d}_i = -\mathbf{H}_i^{-1}\mathbf{g}_i$。注意：

- EViews 采用试错搜索方法，选择步长，如果失败，Eviews 将会报错。
- Marquardt 算法和 Goldfeld-Quandt 算法中的比例因子 a 也由 EViews 自动搜索。

参考文献

Berndt, E.R., B.H. Hall, R.E. Hall, and J.A. Hausman, 1974. Estimation and Inference in Nonlinear Structural Models. *Annals of Economic and Social Measurement*, 3:653–666. URL `http://www.nber.org/chapters/c10206`

Kincaid, David and Ward Cheney, 2002. *Numerical Analysis, Mathematics of Scientific Computing*, 3/e. Brooks/Cole Publishing Co., CA

Press, William H., Saul A. Teukolsky, William T. Vetterling, and Brian P. Flannery, 2002. *Numerical Recipes in C++ —The Art of Scientific Computing*, 2/e. Cambridge University Press, Cambridge

附录 D

EViews 新版本

本讲义的整理稿在 2005 年追赶到当时最新的 EViews 5.1 版本，遗憾的是之后几年本人漂泊不定，未能完稿出版。而今 EViews 7.2 已经发布，已跨越两个版本的重大升级，不用说，EViews 5.1 到 7.2 的升级不是一个附录就可以介绍完全的。因此，尽管稍微扩大了章节容量，还是只能有选择地进行介绍。

1) 兼容问题是不容忽视的：功能的增强往往需要突破原有的框架，不兼容的问题就产生了。因此，我将版本更新的概览安排在最前面，强调兼容问题，并介绍新增的功能。为了方便读者复制本讲义的输出，我们给出了新版本的配置文件。

2) EViews 新版本的进步是值得肯定的：日常运算速度大为加速，多处理器得到支持，提供输出管理（第 984 页 §D.2.1 节），还能够通过 COM 接口调用 Matlab 和 R 的功能（第 1072 页 §D.8.2 节）。

3) EViews 对象：介绍了新增的筒对象 (Spool)、因子对象 (Factor)、字符串对象 (String) 和字符串向量对象 (Svector)，以及字符串列表 (string list) 的概念。

4) 模型估计：把章的容量压缩成节，介绍了如下几种模型：

   (a) 线性因子模型：讨论因子模型的估计和评估，以及因子旋转和得分计算；

   (b) 广义线性模型：是线性回归模型的推广；

   (c) 分位数回归模型：条件分位数建模，详细介绍了模型的估计和检验；

   (d) 多元 GARCH 模型：对比分析了多种 MGARCH 模型，并给出详细的例子；

   (e) 单方程的 GMM 估计：对比新旧选项，关注源代码的迁移。

EViews 版本升级的整个过程，很明显的感受是对编程执行方式的日益重视，无论是语言本身的编程支持，还是用户的帮助文档，都有巨大的进步。例如 EViews 7 将对象参考单独成册，程序语言上增加了日志、对话框、插件 (Add-in) 和 COM 自动化接口（第 1066 页 §D.8 节）等特性。

§D.1 版本更新

本讲义主要基于 EViews 5.1 (2005 年形成初稿时的最新版本)，当前的版本为 EViews 7.2

- 2007 年 3 月推出了 EViews 6：提高了日常运算的计算速度，提供筒 (Spool) 对象实现输出管理
- 2009 年 12 月发布了 EViews 7：支持多处理器，实现对 Matlab 和 R 现有功能的 COM 接口调用

随后，2010 年 4 月版本更新为 7.1，2011 年 4 月版本号升级到 7.2。

本节讨论 EViews 5.1 之后的版本更新与变化，重点放在兼容问题上，同时关心新增的经济计量分析工具、数据处理和图形的增强，以及编程支持的进步等方面。

§D.1.1 EViews 6

EViews 6 对 EViews 5.1 进行诸多增强和提升：

- **性能提高**：常用操作的速度显著加快，特别是非线性估计和样板对象的模型求解，以及其他牵涉到序列表达式求值的操作，这是因为序列表达式求值被编译成本地机器码。
- **容量增大**：数据容量为 EViews 5.1 的 2.5 倍。
- **输出管理**：EViews 6 提供了新的对象，筒对象 (Spool object)，方便管理各种各样的输出。
- **数据库支持**：EViews 企业版支持直接存取 Datastream 的数据库。
- **编程**：新增了序列表达式的一百多个函数，以及矩阵对象的按元素进行计算的函数。此外，源程序可以加密 (EViews 的源程序 prg 代码文件被加密后，其他人可以运行程序，但看不到源代码)。

一、统计检验和计量方法

EViews 6 新支持的经济计量分析方法有

1) 多元 GARCH 模型：支持对角 VECH 模型、对角 BEKK 模型和 CCC 模型的估计，可以选择多元正态分布或者多元 t 分布，详细的讨论请参考 §D.6 节 (第 1038 页)。此外，部分的 GARCH 设定形式进行估计时，可以采用解析导数。对于单变量的 GARCH 模型，方差方程支持 IGARCH 设定，以及目标方差等设定形式。

2) 分位数回归 (Quantile Regression)：使用方程对象估计 Koenker (2005) 讨论的线性分位数回归模型，进一步的介绍请参考 §D.5 节 (第 1030 页)。

3) 逐步回归 (Stepwise Regression)：命令 `stepls` 使用各自统计准则，选取模型的解释变量。

4) 离散和受限因变量模型：命令 `binary`, `censored`, `count` 和 `ordered` 支持公式法设定方程。[1]

假设检验：增加了很多新的检验方法，并增强了已有的检验方法。

1) 条件异方差检验：使用命令 `hettest`，选项 type = {**BPG**, Harvey, Glejser, ARCH, White} 分别表示 Breusch and Pagan (1979) 和 Godfrey (1978) 的 Breusch-Pagan-Godfrey 检验、Harvey (1976) 和 Glejser (1969) 的检验，以及 ARCH LM 检验和 White 检验。前三种检验是 EViews 6 新增的。

2) 断点检验：增强了 Chow 断点检验 (命令 `chow`，参见第 195 页)，新增了检验单个或者多个未知断点的 Quandt-Andrews 检验 (参见 Andrews, 1993; Andrews and Ploberger, 1994, 命令为 `ubreak`)，以及因子断点检验 (factor breakpoint test, 命令为 `facbreak`)。

---

[1] 2010 年 8 月，EViews 7.1 的日常更新将指数项为非线性的估计禁止了，因此当前公式法只支持指数项为线性的设定。

3) 面板协整检验：面板数据的群对象 (Group) 或者合伙对象 (Pool) 的命令 `coint` 实现，选项 {**Pedroni**, `Kao`, `Fisher`} 分别使用 Pedroni (1999, 2004)、Kao (1999) 和 Maddala and Wu (1999) 的协整检验统计量。

4) 齐性检验 (Mean Equality Tests)：序列对象的分组齐性检验 (命令 `statby`，参见第 942 页) 和群对象的多序列齐性检验 (命令 `testbtw`) 支持异方差的情形 (参见 Welch, 1951; Satterthwaite, 1946)。

统计分析：扩展协方差分析和主成分分析，新增了因子分析。

1) 协方差分析 (Covariance Analysis)：使用群对象或者矩阵对象 (每列看成一变量) 的 `cor` 和 `cov` 命令。

    (a) 关联性的度量方面，除了支持普通相关矩阵或者方差矩阵 (Pearson 法)，还支持 Spearman 次序以及 Kendall 的 τ_a 和 τ_b 等度量方法。

    (b) 两两的相关性检验中，可以选择是否进行多重比较调整 (multiple comparison adjustments)。

    (c) 计算条件相关或者条件方差矩阵，并且支持加权。

2) 主成分分析 (Principal Components Analysis)：不仅支持群对象 (命令 `pcomp`)，还支持对称矩阵对象 (命令为 `eigen`，每列看成一变量) 进行主成分分析，并提供石坡图 (scree plot) 和双标图 (biplot)。

3) 因子分析 (Factor Analysis)：提供了因子对象 (Factor object) 实现一整套的因子分析方法，详细的讨论请参考 §D.3 节 (第 992 页)。

二、编程

EViews 6 新增了序列表达式的一百多个函数，分为如下几类：

- 累积统计函数 (Cumulative statistics functions)：如 `@sumsum` 计算累积和。
- 横截面统计函数：EViews 称为 Group row functions，计算群对象每行的统计量，例如 `@rmean` 计算每个观测点下群中各序列观测值的均值。
- 移动统计函数 (Moving statistics functions)：如 `@movav` 计算移动平均。
- 金融函数：如 `@pv` 计算现值。

此外，描述统计函数提供 `@rank` 计算相对排序，且丰富了方差的计算，支持无偏估计和最大似然估计。

为了使编程更加简单，EViews 6 增强和新增了如下一些函数：

- 特殊表达式 `@expand` 被增强了，可以用到序列表达式中。例如

    ```
    @expand(x)-0.5
    ```

    去除了哑变量的均值。

- 矩阵对象的函数
    - 按元素计算：矩阵对象提供了按元素进行计算的函数，如 `@ediv` 返回两个矩阵对应元素相除得到的矩阵，`@einv` 计算各元素的倒数。
    - 列统计描述：如 `@csum` 计算矩阵各列的和。

除了函数，EViews 6 还提供新的命令 `shell` 和 `spawn` 来执行操作系统任务，例如

```
shell mkdir e:\tmp_EV
spawn "%SystemRoot%\system32\notepad.exe" test.csv
```

先创建子目录 tmp_EV，然后启动记事本 (notepad.exe) 编辑 test.csv 文件。

EViews 6 企业版不仅支持直接存取 Datastream 的数据库，还支持穆迪 (Moody) 的 Economy.Com 和 FactSet，获取公司财务数据，以及全球金融和经济的实时信息。

EViews 6 改进和新增了如下对象：

- 样板对象：模型求解的速度达到 EViews 5.1 的 30 倍。
- 图形对象：对图形进行全面整改，增加了 GIF、JPEG 和 PNG 图形格式的导出，实现对图形显示更多细节的控制。可惜部分图形命令不能与 EViews 5.1 兼容，具体参见下一子小节关于兼容性的讨论。
- 筒 (Spool) 对象：用于输出管理，我们将在 §D.2.1 节 (第 984 页) 深入介绍。

三、兼容问题

工作文件的兼容性：如果用 EViews 5.1 打开 EViews 6 的工作文件，只要包含如下新增或者修改过的对象，可能导致数据丢失。

- 字符串序列 (Alpha series)，EViews 6 允许最大字符数为 1000。
- 图形对象，格式不兼容。
- 因子对象 (Factor objects，参见第 1006 页 §D.3.3 节)。
- 筒对象 (Spool objects，参见第 984 页 §D.2.1 节)。
- 方程对象：如果使用了新的功能，如逐步回归、分位数回归或者新的 `arch` 估计。
- 方程组对象：如果估计了多元 GARCH 模型。请注意，方程组对象的命令 `representations` 和 `spec` 不再等价，而是分别产生模型的表述视图和文本设定视图。

EViews 6 中，有些默认设置改变了：

- 包含有 MA 项的预测：命令 `forecast` 支持倒推方法选项 b=fa，以启用先前版本唯一支持的初始化方法 (EViews 称为 *forecast available* 方法)。EViews 6 默认使用估计样本进行倒推，为预测进行样本前的初始化。
- White 异方差检验：命令为 `white` 或者 `hettest(type=White)`，当方程采用公式法设定时，辅助回归方程使用系数估计值处的梯度来构造。此外，EViews 6 默认不包含交叉项，只使用方程的原变量及其平方项。

图形的兼容问题：首先是有些命令不支持了，如下为新旧命令对照表。

旧命令	说明	新命令
bplabel	盒图的坐标轴标度	setobslabel
boxplotby	序列的分组盒图	boxplot
cdfplot	经验的分布函数、存活函数和分位数	distplot
kerfit	局部回归核估计	scat kerfit
linefit	回归曲线	scat linefit
nnfit	局部回归近邻估计	scat nnfit
kdensity	密度函数核估计	distplot kernel

还需要注意的是

- 经验分布函数、存活函数和分位数的置信区间采用了计算效率更高的算法 (参见 Wilson, 1927; Brown et al., 2001)。
- 命令 `distplot` 和 `scat` 相关用法的讨论请参考 §15.4 节 (第 767 页)，相关的数据使用命令 `distdata` 保存。

有些命令仍然保留，但提供了功能完善的替代命令：

- 设置坐标轴刻度的命令 `scale` 仍可以使用，建议替换为 `axis` 命令。为了减少混乱，EViews 6 中 `axis` 命令负责处理坐标轴的全部设置选项。
- 直方图命令 `hist` 产生频数直方图，命令 `distplot` 制作形式更加丰富的直方图 (参见第 767 页 §15.4.1 节)。
- 图形中标注线条或者阴影的命令 `draw`，其选项 `dashline` 在 EViews 5 开始准备删除，但为了兼容仍保留，相应的线型由选项 `pattern` 设置。例如如下两语句结果相同

```
gf01.draw(dashline,left,color(red)) -3        'old
gf01.draw(line,left,color(red),pattern(2)) -3     'V7
```

有必要指出的是，EViews 6 之前的版本 5 已经删除一些命令，对应的新命令如下：

	旧命令	新命令
工作文件	create	wfcreate, pagecreate
	expand, range	pagestruct
	workfile	wfcreate, pageselect
样板对象	endog, makeendog	makegroup
状态空间对象	makeresids	makesignals

如果有旧版本下的 prg 文件，在迁移到新版本运行之前，务必修改代码中相应的命令。

§D.1.2 EViews 7

EViews 7 的升级是令人激动的。

- 多处理器支持：最多支持 8 个处理器或核心，允许多线程计算。此外，关键的计算模块和算法进行了精心优化，大多数计算明显感觉快很多，特别是在进行冗长迭代或者复杂计算时尤其显著。
- COM 自动化：可以作为服务器和客户端，充分利用 Matlab 和 R 的计算功能。
- 编程支持：工作文件支持高频日内数据，增强了字符串处理，提供程序运行日志。
- 图形：图形对象完全重新设计，提供图形的自动更新和数据点的提示标签。
- 用户界面：更加友好，支持外观定制。

一、用户界面

用户界面不是本讲义讨论的重点，但有必要指出几个亮点。

1) 命令窗口：可以脱离 (undock) 成独立浮动窗口，或者停泊 (dock) 到原先的角落。并且历史命令可以保存成外部文件。
2) 外观定制：例如更换主题和背景等。
3) 鼠标拖放操作 (Drag-and-Drop)：可以实现很多操作，例如在工作文件或者工作页间拖放实现复制，或者把序列对象拖放到群对象的电子表单视图中实现群的成员添加等。

4) 全局设置对话框：整合成单一对话框了。
5) 自动更新：检查并自动下载和安装更新。

二、数据处理

工作文件：内建了高频日内(intraday)数据支持，允许小时、分钟和秒的频率类型。同时，还提供多种新的频率，如多年、双月、双周(fortnight)和10日的频率，以及周内任意指定日期范围的日频率类型。为此，EViews 7 相应增强了

- 命令 `wfcreate` 和 `pagecreate`，实现周内日期范围和日内时间范围的指定。
- 特殊函数 `@hour`, `@minute`, `@second` 和 `@hourf`，返回观测的日内信息。
- 命令 `smpl`，以设定新频率的样本范围。

例如建立10分钟频率的股票高频数据，命令为

```
wfcreate(wf=stock) 10MIN(1-5, 09:30-15:00) 2010-01-01 2010-04-01
```

交易时间从上午九点半到下午三点，交易日为周一到周五，样本期间为2010年的第一个季度。如果要选取每日午间的11:30到13:00的样本，相应的 `smpl` 语句为

```
smpl if @hourf>11.5 and @hourf<13
```

中国的股票市场交易分为上午和下午两节，可以将中午部分删除以节约空间

```
pagecontract if @hourf<=11.5 or @hourf>=13
```

得到分钟频率的非规则工作页。

字符串：EViews 7 引入了字符串列表(string list)的概念，新增了字符串对象和字符串向量对象(String and Svector object)，增加了一系列字符串函数，字符串处理得到明显的改善。相关内容更深入的介绍请参考§D.2.2节(第989页)。

插值(Interpolation)：序列对象的命令 `ipolate` 对缺失的观测值应用其附近的非缺失值进行插值，支持线性、对数线性、CR样条(Catmul-Rom spline)和基样条(Cardinal spline)等插值方法。

白化处理(Whitening)：序列对象或者群对象的 `makewhiten` 命令采用AR或者VAR方法进行白化(即白噪声化，去除相关成分，参见第1056页式D.37)。

数据库：为了支持日内数据，EViews 数据库的容量从2G扩大到64G。此外，EViews 7 直接支持FRED (Federal Reserve Economic Data) 数据库，该公共数据库包含的时间序列超过两万个(含不同频率)，由美联储的圣路易斯经济研究部负责维护。例如，读取FRED的美国银行数据(确保已联网)

```
wfcreate q 1980 2011
dbopen(t=fred)
fetch usnim NPTLTL
```

将读取如下两个季度频率的变量到工作文件中

USNIM：银行净利差 (Net Interest Margin for all U.S. Banks)

NPTLTL：不良贷款额 (Nonperforming Total Loans)

关于FRED数据库的数据描述请查询

```
http://research.stlouisfed.org/fred2/categories
```

外部格式文件：支持读取Excel的XLSX文件，并且对外部格式数据的导入进行改进。

三、图形

EViews 7 重新设计了图形系统，图形命令后向兼容 EViews 6，且功能增强了不少。

- 自新图形 (auto-updating graphs)：这是 EViews 7 在图形方面最重大的改进，先前的版本中，定格得到的图形对象将与数据源断绝关系。EViews 7 的图形可以链接到数据源，通过命令 `setupdate` 和 `update` 分别对定格的图形设定更新方式和手动更新。
- 观测点信息提示：当鼠标停留在图形中的观测点上时，将出现提示标签显示观测标识和观测值。
- 日期标度：设定日期的格式和标度位置，参见命令 `axis` 中相关选项 {`tickauto, tickon, tickbtw, tickbtwns`} 的含义。
- 坐标网格线：命令 `options` 的选项 {`gridnone, gridauto, gridcust`} 控制日期坐标轴上网格线的位置。
- 自定义标度：命令 `setobslabel` 可以设定单个观测点的坐标轴标度，也可以使用字符串序列或者数值序列标度坐标轴 (并且随序列对象值改变时，标度跟着更新)。
- 图形选项对话框：对布局和分类进行了调整。

四、编程

日志：EViews 7 开始支持程序的运行日志，记录程序的运行过程和对象的状态

```
logmode all
wfcreate u 7
genr x = @obsid
vector v = x-3
vector u = @einv(v)
```

将看到如下日志

```
wfcreate u 7
genr x = @obsid
X successfully computed.
vector v = x-3
V successfully created
V successfully computed
vector u = @einv(v)
U successfully created
U successfully computed
```

请注意 U(3)=NA。与日志相关的命令有

命令	说明	命令	说明
logclear	清除日志窗口的内容	logmsg	添加一行文本到日志中
logmode	设置并启动日志	logsave	保存程序日志到外部文件

程序语法：支持置换变量 (replacement variables) 的嵌套

```
'logmode all
pagecreate(page=nested) u 7
!i = 1
%sx1 = "x"
genr {%sx{!i}} = @obsid
```

将在工作页 `nested` 中建立序列对象 x。对于最后一行语句，执行时先解释内层的置换变量得到

```
              genr {%sx1} = @obsid
```
进一步解释得到语句(建议启动日志并查看)
```
              genr x = @obsid
```

对话框：运行 prg 程序时弹出对话框与用户进行交互，例如
```
wfcreate u 7
!choice = 2
%method = "Default HAC White"
scalar uic = @uiradio(!choice, "Standard Errors", %method)
%choice = @word(%method,!choice)
statusline %choice
c(1) = !choice
```

字符串列表 %method 包含 3 种方法计算方差，调用函数 @uiradio 将弹出单选对话框，如图默认选择第 2 项，根据用户的选择，控制变量 !choice 的取值被相应修改。假设用户选择 "White" 方法，并点击 OK 按钮，则函数 @uiradio 返回值 uic=0 (点击 OK)，状态栏将显示 "White"，且 C(1)=3 (由于选择第 3 项，!choice 的值被修改为 3)。

程序运行中，对话框允许用户输入变量名或者设置选项，并返回用户操作的相应信息。EViews 7 提供如下 5 个函数以创建各类对话框：

函数	对话框类型	函数	对话框类型
@uidialog	多种控件		
@uiedit	编辑框	@uiprompt	消息框
@uilist	列表框	@uiradio	单选框

返回值为 −1 和 0 分别对应于点击 Cancel 和 OK 按钮。消息框函数 @uiprompt 还可能返回 1 和 2，对应于 Yes 和 No 按钮。函数 @uidialog 支持的控件有

控件名	关键字	控件名	关键字
标题	"Caption"		
复选框	"Check"	列表框	"List"
分栏	"Colbreak"	单选框	"Radio"
编辑框	"Edit"	静态文本	"Text"

其中分栏控件 "Colbreak" 的作用是在插入处另起一栏，然后从上到下依次排列后续的控件。

外部接口：提供 OLEDB 驱动，支持 COM 自动化接口。

- EViews OLEDB 驱动：外部程序可以使用 OLEDB 连接读取 EViews 工作文件数据或者 EViews 数据库 (EDB 文件格式)。
- EViews Excel 插件：从 Excel 存取 EViews 工作文件和 EViews 数据库的数据。
- EViews COM 服务器 (COM Automation Server)：外部程序可以启动和控制 EViews，传递数据以及执行 EViews 命令。详细的讨论请参考 §D.8 节 (第 1066 页)。
- EViews COM 客户端 (COM Automation Client)：通过 COM 接口，启动和控制 MATLAB 或者 R，传递数据以及执行命令。详细的讨论请参考 §D.8 节 (第 1066 页)。

函数：首先，所有对象增加了如下返回字符串信息的函数。

函数	说明	函数	说明
@description	对象描述	@source	数据源
@displayname	显示名	@type, @detailedtype	对象类型
@name	对象名	@units	单位
@remarks	备注	@updatetime	更新时间

其次，大部分对象都新增了若干函数 (参见 EViews 的对象参考手册)。

由于方程对象是最常用的，我们介绍一下方程对象的函数。

- 方程对象已有的函数参见表 3.1 (第 146 页)；广义线性模型 (估计命令 glm) 的相关函数参见 §D.4 节 (第 1012 页)；分位数回归模型 (估计命令 qreg) 的相关函数参见 §D.5 节 (第 1030 页)。

- 方程对象新增的函数中，返回标量的函数有

函数	说明	函数	说明
@bylist	是否名单法设定	@ncases	数据组的数目
@df	自由度	@ncross	横截面个体数
@fprob	F 统计量的 p 值	@npers	时期数
@hacbw	HAC 估计的带宽	@objective	准最大似然值
@instrank	工具变量的秩	@qlrprob	QLR 统计量的 p 值
@jprob	J 统计量的 p 值	@qlrstat	QLR 统计量
@limlk	LIML 估计值	@rlogl	限制模型的对数似然值
@lrprob	LR 统计量的 p 值	@robjective	限制模型的对数准似然值
@lrstat	LR 统计量	@wmeandep	因变量加权值
@lrvar	长期方差估计	@wgtscale	权重缩放因子

其中限制模型指的是解释变量只包含常数的模型。

– @ncases 的含义参见第 1023 页中 eq31 的估计结果报告。

– 非面板工作页中，@ncross=1，@npers=@regobs。

- 方程对象新增的函数中，返回向量或者矩阵的函数有

– @effects 返回个体和/或者时期效应的估计。

– @instwgt 返回 GMM 或者 2SLS 估计的加权矩阵，例子参见第 977 页。

- 方程对象新增的函数中，返回字符串的函数有

函数	说明	函数	说明
@coeflist	系数变量的字符串列表	@options	估计命令的选项
@command	完整估计命令行	@smpl	估计样本
@extralist	额外的回归变量	@spec	原始方程设定
@instlist	估计变量的字符串列表	@subst	代入系数的方程表示
@method	估计方法	@varlist	模型变量的字符串列表

其中

– 函数 @command 的返回值由函数 @method, @options 和 @spec 的返回值合成。

– 函数 `@extralist` 通常返回空值：命令 `arch` 估计的方程返回方差方程，命令 `censored` 估计的方程返回方差项。
– 函数 `@spec` 返回原始设定，如果方程设定包含群对象，将与 `@varlist` 的返回值有所不同。

EViews 7 还提供返回各类信息的函数，如版本信息和当前工作页信息。

- EViews 版本信息，如 `@vernum` 返回版本号。
- 当前工作页信息，如 `@pagename` 返回工作页的名字。
- 文件信息，如 `@fileexist` 判断文件是否存在，`@wdir` 得到给定目录下的文件名字符串列表。

下面给出简单的例子

```
%wf = @evpath + "\Example Files\Sample Programs\stats\demo"
wfopen %wf
c = -1
c(1) = @vernum       '7.2
c(2) = @fileexist(%wf)   '0
c(3) = @ispanel      '0
svector(9) sv
sv(1) = @verstr     'EViews Standard Edition
sv(2) = @pagename   'Demo
sv(3) = @wfpath     '"c:\eviews7\example files\sample programs\stats\"
```

返回值在行末的注释中，其中 `c(2)=0` 是因为 `%wf` 没有包含文件的后缀名。

最后，有必要指出的是：

- EViews 7 的文本对象增加了编辑的功能，命令为 `clear` 和 `append`。
- EViews 7 的程序编辑器可以注释多行程序语句或者反注释，但个人认为 EViews 自带的程序编辑器还是太简陋，建议使用其他编辑器。

五、统计检验和计量方法

长期方差 (Long-run covariances)：EViews 7 实现并强调长期方差的计算，相关的理论请参考 §D.7.1 节 (第 1054 页)。

- 序列对象的 `lrvar` 命令和群对象的 `lrcov` 命令分别计算长期方差和协方差。
- 系数方差估计：由于增加了长期方差估计，单方程的系数方差估计提供了 HAC 方差估计的更多选项 (参见估计命令 `gmm`, `ls` 和 `tsls` 的说明)。

假设检验：提供了方差比检验，增加了 ARMA 的频谱分析等。

- 方差比检验 (Variance ratio test)：序列对象的 `vratio` 命令实现方差比检验，检验是否服从随机游走[2]，允许同方差和异方差的情形，可以选择 Lo and MacKinlay (1988) 的渐近正态统计量或者 Kim (2006) 的野生自举法 (wild bootstrap)。同时，可以计算 Wright (2000) 的基于等级、等级分 (rank-score) 或者正负符号的检验形式。此外，EViews 7 还提供 Wald 和多重比较方差比检验，实现多个区间限制的方差比联合检验 (参见 Richardson and Smith, 1991; Chow and Denning, 1993)。

---

[2]严格地说，检验是否为白噪声，即不存在序列相关，但不一定独立。例如条件均值为 0 的 ARCH(1) 过程，由于条件均值为 0，显然不存在序列相关，但由于条件方差是时变的，故存在序列依赖。

- 协整检验 (Cointegration test)：EViews 7 为命令 `coint` 添加了 Engle and Granger (1987) 和 Phillips and Ouliaris (1990) 基于残差的协整检验方法，以及 Hansen (1992) 和 Park (1992) 的方法
- 系数诊断：方程对象中，命令 `coefscale` 计算标准化系数和弹性，`cinterval` 计算置信区间；命令 `varinf` 计算方差膨胀因子 (variance inflation factors)，`cvardecomp` 进行系数方差分解 (相关的理论介绍参见 Belsley et al., 2004)。
- 系数稳定性检验：方程对象的命令 `infbetas` 和 `infstats` 分别计算系数估计差异 (是否包含特定观测点) 和势力统计量 (influence statistic，检验特定观测点是否有影响力)，并且命令 `lvageplot` 提供杠杆图 (leverage plot，参见 Belsley et al., 2004)。

对于包含有 ARMA 项的方程，命令 `arma` 增加了频谱图 (frequency spectrum)。

经济计量分析方法：EViews 7 革新了若干估计方法。

- 方差估计：命令 `ls` 和 `tsls` 增加了 HAC 估计的更多选项。
- 工具变量设定：命令 `tsls` 和 `gmm` 增加了选项 `nocinst`，禁止自动添加常数项到工具变量中。
- LIML (Limited Information Maximum Likelihood) 和 K 类 (K-class) 估计：参见方程对象的估计命令 `liml` (请注意 LIML 是 K 类估计的特例)。
- 单方程的 GMM 估计：EViews 7 对此彻底进行了翻修 (我们将在第 1054 页 §D.7 节完整讨论)，允许参数估计和方差估计使用不同的 GMM 加权矩阵，支持 Windmeijer (2005) 的系数方差估计。此外，用户可以给定 GMM 加权矩阵，例如计算式 (D.40) (第 1062 页) 的 EHS 统计量时，加权矩阵 W_1 为 W 的相应分块，只好通过用户给定实现

    ```
    %ex7 = "\Example Files\EV7 Manual Data\"
    %ch20 = "Chapter 20 - Instrumental Variables and GMM"
    %wf = @evpath + %ex7 +%ch20 +"\sw_cig.wf1"
    pageload %wf

    equation eq02.gmm(instwgt=tsls,cov=white) log(packpc) _
       c log(ravgprs) log(perinc) @ log(perinc) rtaxso rtaxs pop
    sym mw = eq02.@@instwgt
    sym mw1 = @subextract(mw,1,1,4,4)
    equation eq02b.gmm(instwgt=user,instwgtmat=mw1,cov=white) _
       log(packpc) c log(ravgprs) log(perinc) @ log(perinc) rtaxso rtaxs
    c(8) = eq02.@jstat-eq02b.@jstat    '3.946637
    ```

    得到 J 统计量之差为 `c(8) = 3.946637`，与正交性检验的命令 `orthogtest` 得到的结果一致 (参见第 1063 页)。
- 协整回归：方程对象的命令 `cointreg` 估计单方程的协整关系[3]，提供 Phillips and Hansen (1990) 的修正 OLS 法 (modified OLS)，Park (1992) 的典范协整回归法 (canonical cointegrating regression)，以及 Saikkonen (1992) 和 Stock and Watson (1993) 的动态 OLS 法 (dynamic OLS)。使用 `cointreg` 估计的方程可以使用命令 `coint` 检验方程所包含的变量是否存在协整关系。
- 广义线性模型 (Generalized Linear Models)：广义线性模型推广了经典的线性回归模型，具有很强的实用性。详细的讨论请参考 §D.4 节 (第 1012 页)。

---

[3]只适用于两变量的情况，因为多个变量可能存在多个协整关系，单方程方法会找出哪一个协整关系？多变量应采用系统方法，参见 §11.4 节 (第 538 页)。

- 加权最小二乘法：EViews 7 提供了选项 `wtype` 和 `wscale` 设置加权的方式。事实上，新的加权方式不仅在 `ls` 命令中使用，还适用于命令 `tsls`, `gmm`, `qreg`(分位数回归) 和 `stepls`(逐步回归)。

六、兼容性

工作文件兼容性：将 EViews 7 的工作文件传送给 EViews 6 的用户打开时，如果包含如下新增或者修改过的对象，将可能丢失数据。

- 字符串对象 (String objects)；
- 字符串向量对象 (Svector objects)；
- 方程对象：使用新的估计方法 (如 `liml`, `cointreg` 和 `glm`)，或者新的估计选项 (如新的加权方法或者 HAC 选项)。

如下的情况旧版本可以读取，但新功能将丧失：

- 图形对象不能定制标度和网格，自新图形 (auto-updating graphs) 不能更新。
- 新的工作文件频率，如日内高频分钟数据或者双月频率，都将转换为无结构工作页。
- 使用新函数的自新序列，将转化为普通数值序列或者字符串序列。

数据库兼容性：由于容量从 2G 增大到 64G，以及保存高频数据的需要，EViews 7 采用新的文件格式。尽管选项 `desttype=eviews6` 提供了 EViews 6 的兼容性，但将无法保存某些对象和数据，例如高频日内数据，不能保存到 EViews 6 兼容的数据库中。

关于 EViews 7 的版本升级，还需要注意：

- 季节调整：EViews 升级了 X12-ARIMA 程序。
- 单方程的 LS 和 2SLS 估计：命令 `ls` 和 `tsls` 中
  - 系数方差估计可以不进行自由度调整，增加了 HAC 估计的多种选项。
  - 支持新的加权方法。
  - 2SLS 估计允许工具变量不包含常数。
  - 估计结果报告中，Newey-West 标准差相关信息统一报告带宽值 (而不是滞后截断阶数)。
- 非线性 ARMA 模型的估计算法改变了。
- 单方程的 GMM 估计：变化巨大，完整的讨论参见 §D.7 节 (第 1054 页)
  - 迭代计算过程、HAC 计算方式和白化方法都改变了，因此估计结果可能与先前版本的结果有较大的出入。报告的 `J-statistic` 为 J 统计量 (旧版本为 J/T)。
  - EViews 7 默认对系数方差估计进行自由度调整，用到 HAC 估计时，总是报告使用的带宽值 h：EViews 7 之前对固定带宽的解释比较混乱，时而取为 $h-1$，时而当成滞后截断阶数。EViews 7 进行了清理和统一，为了匹配 EViews 6 的结果
    * 对于 Newey-West 固定带宽、Newey-West 自动带宽或者用户给定带宽，EViews 7 使用的带宽等于 EViews 6 报告的值加 1。
    * 对于 Andrews 自动带宽，两个版本的相等。
- 方程组的 GMM 估计：HAC 的计算方法改变了，并且结果输出报告带宽值统一为实际值。

§D.1.3　EViews 7.1 和 7.2

EViews 7.1 的升级主要体现在编程方面，EViews 7.2 则增加了两个数据库接口。

- EViews 7.1 提供了插件 (Add-in) 机制，促进程序开发以拓展 EViews 的功能，无缝集成到 EViews 中，使用上感觉就像是 EViews 的内建功能。
- EViews 7.1 新增一系列编程的新特性，以及新的 exec 执行方式。
- EViews 7.2 增加了 Magellan 和 Aremos 两个数据库的接口：前者由提供全球能源、经济和供应链管理等信息的 IHS (Information Handling Services) 公司维护，后者是台湾经济数据中心 (Taiwan Economic Data Center, TEDC) 开发的经济数据库，也称为 TEDC 数据库。

一、插件

简单的说，插件 (Add-in) 是增强 EViews 功能的 prg 程序。插件与普通 prg 程序的区别在于它可以集成到 EViews 中，拥有自己的用户接口，如同 EViews 的标准命令一样，通过自定义的命令或者菜单进行调用。通过插件，很容易为 EViews 添加自定义功能。这里只介绍插件的命令调用方法[4]，至于插件的制作请参考 EViews 的编程资料以及 EViews 论坛的相应版块。

方程估计结果汇总表：插件名为 EqTabs，提供了 EqStackTab 和 EqSumTab 两个命令

```
%ex7 = "\Example Files\EV7 Manual Data\"
%ch2 = "Chapter 2 - A Demonstration"
%wf = @evpath + %ex7 +%ch2 +"\demo.wf1"
pageload %wf
eqsumtab eq*
```

命令 EqSumTab 将方程对象 eq01 和 eq02 的估计结果汇总在 results 表格对象中

Eq Name: Dep. Var:	EQ01 LOG(M1)	EQ02 LOG(M1)
C	1.312383 (0.0322)**	0.071297 (0.0282)*
LOG(GDP)	0.772035 (0.0065)**	0.320338 (0.1182)**
RS	−0.020686 (0.0025)**	−0.005222 (0.0015)**
DLOG(PR)	−2.572204 (0.9426)**	0.038615 (0.3416)
LOG(M1(−1))		0.926640 (0.0203)**
LOG(GDP(−1))		−0.257364 (0.1233)*
RS(−1)		0.002604 (0.0016)
DLOG(PR(−1))		−0.071650 (0.3474)
Observations: R-squared: F-statistic:	163 0.9933 0.0000	162 0.9996 0.0000

---

[4]插件的安装非常简单，只需要到 http://www.eviews.com/Addins/addins.shtml 找到相应的插件，点击下载，就自动完成安装了 (如果本地有 aipz 文件，双击将启动 EViews 完成安装)。使用时务必参考插件附带的帮助文件。

表格导出为 LaTeX：插件名为 `tbl2tex`

```
results.tbl2tex(name="tb0",path="e:\")
```

导出表格对象 `results` 的内容到 `tb0.tex` 中，排版结果如下(手工美化)：

Eq Name:	EQ01	EQ02
Dep. Var:	LOG(M1)	LOG(M1)
C	1.312383	0.071297
	(0.0322)**	(0.0282)*
LOG(GDP)	0.772035	0.320338
	(0.0065)**	(0.1182)**
RS	−0.020686	−0.005222
	(0.0025)**	(0.0015)**
DLOG(PR)	−2.572204	0.038615
	(0.9426)**	(0.3416)
LOG(M1(−1))		0.926640
		(0.0203)**
LOG(GDP(−1))		−0.257364
		(0.1233)*
RS(−1)		0.002604
		(0.0016)
DLOG(PR(−1))		−0.071650
		(0.3474)
Observations:	163	162
R-squared:	0.9933	0.9996
F-statistic:	0.0000	0.0000

股票数据下载：插件名为 `GetStocks`

```
GETSTOCKS(o,c,h,l,a,v,start="2001-01-01",end="2011-07-01",freq=3) ibm
```

将建立月度工作文件 `stocks`，并从 Yahoo 财经网站下载 IBM 股票从 2001M01 到 2011M07 的市场数据，包括开盘、收盘、最高和最低价，以及交易量和调整收盘价的月度数据。

ARMA 模型选择：插件名为 `ARIMASel`

```
frml lvol = log(ibm_volume)
lvol.ARIMASEL(maxar=4, maxma=4,sar="0", sma="0", diff=1, crit=HQ)
```

为 IBM 的对数交易量选择合适的 ARMA 模型，产生的表格对象 `crits` 汇总了 HQ 信息准则

AR / MA	0.000000	1.000000	2.000000	3.000000	4.000000
0.000000	0.324079	0.089542	0.107463	0.006859	−0.074525
1.000000	0.024468	−0.106188	−0.084505	−0.171348	−0.157333
2.000000	0.010474	−0.080794	−0.068335	−0.183634	−0.181807
3.000000	−0.185187	−0.160166	−0.134635	−0.359925	−0.342688
4.000000	−0.159671	NA	NA	−0.340772	−0.317283

给定范围内推荐的模型为 ARMA(3,3)

```
equation eq01.ls lvol c ar(1) ar(2) ar(3) ma(1) ma(2) ma(3)
eq01.arma(type=root,t)
```

发现 AR 和 MA 的特征多项式都有倒数根接近 1，模型使用应谨慎。

萧条时期阴影标注：插件名为 RecShade

```
'%ex7 = "\Example Files\EV7 Manual Data\"
%ch3 = "Chapter 3 - Workfile Basics"
%wf = @evpath + %ex7 +%ch3 +"\macromod.wf1"
pageload %wf
gt.recshade
gt.legend -inbox position(2.7,2.4)
```

其中原有图形 gt 为美国政府支出及其趋势预测图，命令 recshade 为其叠加了阴影区域，以突出美国的经济萧条时期

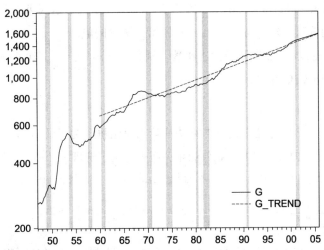

请注意，插件可以使用 COM 接口，调用 Matlab 或者 R 的功能，参见第 1076 页关于 aim_solve 插件进行 DSGE 模型仿真的例子。EViews 的主页发布越来越多的插件，论坛也有相应的支持，每个插件都配有说明文件，使用时务必先仔细阅读。

二、编程

EViews 7.1 为编写插件增加的编程支持有 (不是编写插件时也可以使用)：

- 关键字 <addins>：指代插件的根目录 (插件安装在该目录之下)。
- 关键字 _this：指代当前的对象。
- 命令 exec 执行程序：命令 exec 执行完 prg 文件后，继续执行往下的语句，这一点与 run 命令不同，命令 run 语句执行后将终止程序。
    - 需要注意的是，如果没有指定文件目录，命令 exec 的默认目录为插件的根目录。
    - 可以使用相对目录，例如

        `exec .\progX.prg`

        执行的程序文件 progX.prg 位于当前 prg 文件所在的目录中。
- 局部样本：主要用在子程序中，语句 local smpl 之后，命令 smpl 对样本设置的改变，仅影响子程序内部，子程序退出之后，将恢复先前的样本设置。子程序中如果使用 global smpl 语句，则该语句之后 smpl 命令改变样本设置，将改变工作页的样本设置。
- 对象显示：对象的 display 命令可以显示图形对象、表格对象和简对象的内容。
- 命令 addin 注册插件：例子参见插件 EqTabs 的 equation tables install.prg 文件。

有必要提醒的是，程序变量是基于 prg 程序文件的，插件的 prg 程序中定义的程序变量在调用该插件的 prg 程序里面是不可见的。

为了方便编程，EViews 7.1 新增了不少函数：
- 对象信息：函数 @isvalidname 判断给定字符串是否为合法的对象名，函数 @makevalidname 产生合法的对象名，给定的字符串中，非法的字符被替换为下划线。
- 插件目录：函数 @addinspath 返回插件的根目录。
- 选项处理：对于命令 exec 和 run 传递的选项，@option(i) 返回第 i 个选项，@hasoption 判断是否包含给定的选项，@equaloption 返回给定选项的值。
- 出错处理：函数 @maxerrs 返回最大出错数，函数 @lasterrnum 和 @lasterrstr 分别返回上一次出错的编号和出错信息。

在命令窗口输入命令 ls，将弹出最小二乘法估计的对话框。为了让 prg 程序执行时也能弹出对话框，供用户修改估计选项，EViews 7.1 为对象的相关命令提供了选项 prompt。例如
```
%wf = @evpath + "\Example Files\Sample Programs\stats\demo"
wfopen %wf
equation eq01.ls(prompt,cov=hoc,nodf) gdp c m1
eq01.resids
```
将弹出命令 ls 的对话框，相关选项已经按 cov=hoc,nodf 设置好了，如果有需要，可以修改对话框的任意选项。点击 OK 后，程序继续执行。

§D.1.4 配置文件

为了复制本讲义中的结果输出，我们在 §C.1 节 (第 956 页) 给出了 EViews 5.1 的设置和配置文件。由于 EViews 6 增加了筒对象，有相应的打印设置，加上 EViews 7 对界面和全局设置的调整，有必要给出 EViews 7 配置文件 EViews32.ini 的内容。首先是打印设置部分

```
    [Printers]                          Text Scale Percent=50
Printer=FreePrint                       Spool Scale=page
Driver=winspool                         Spool Scale Percent=50
Port=Ne00:                              Color Graph=yes
BorderBox=no                            Version=no
Spool Apply Mode=yes                    Graph Position=top
Text Orientation=portrait               Spool Justification=center
Graph Orientation=portrait              Spool PrintMode=continuous
Graph Scale=fixed                       Spool Child Size=native
Graph Scale Percent=80                  Spool Include Comments=yes
Text Scale=page                         Spool Include Titles=yes
```

然后，是全局设置部分

```
    [Options]                           ButtonBar=1
Color Theme=63                          WarnWorkFile=1
Last Component Check=07/12/2011         WarnMatrix=0
Last Update=09/12/2010                  WarnList=0
```

```
WarnGraph=0                          Table NumbFormat=25
WarnEquation=0                       Table Justification=33
WarnEdit=0                           WF Storage Options=512
OneUnWorkfile=1                      Backup WF=0
OneUnMatrix=0                        DB Storage Options=238
OneUnList=1                          DateFormat=0
OneUnGraph=0                         Freq in Date Format=1
OneUnEquation=1                      Convergence=0.0001
OneUnEdit=1                          Max Iterations=500
WF LowerCase=1                       Estimation Options=0
Command Focus6=1                     V4 Program Compat=0
WFH6=16                              Backup PRG=1
WFW6=400                             Max Error bf Halt=1
WFI6=0                               Program Coloring=1
Workfile Font=Courier New            Program AutoIndent=1
EFH6=16                              Program TabSize=4
EFW6=400                             Program WordWrap=1
EFI6=0                               Verbose Programs=0
Editor Font=Courier New              External Interface Case=0
TFH6=16                              MATLAB ProgID=MATLAB.Application
TFW6=400                             R ProgID=StatConnectorSrv
TFI6=0                                   .StatConnector
Table Font=Courier New               MAT Max Obs=4000000
MBH=-21                              Intel Op Code=1
MBW=400                              Pool Threads=0
MBI=0                                Graph Save Type=1
MBHFont=Courier New                  Metafile Kern=1
FrequencyConversion=257              Graph Save Color=1
Auto Label=0                         Graph Save Dlg=1
AutoSer Report Err=1                 GrFreeze Prompt=1
Alpha Truncate=80                    Graph Save BBox=1
Series Table=0                       Graph Save Units=0
Group Table=1                        Last Update Path=
Dense Table=0                        Last License Exp Warning=07/12/2011
Spreadsheet SortOrder=0
```

对比 EViews 5.1 的配置文件,有些键 (key) 的名称已经改变。例如表格的字体大小设置,由 `TFH=16` 改为 `TFH6=16`。这样做的一个好处是可以同时安装多个 EViews 版本,如版本 5.1 和版本 7.2 共存。

§D.2　EViews 对象

新版本增强了 EViews 的各种对象，基于 §1.5.2 节 (第 40 页) 的分类：

1) 数据对象：扩大数据容量，提高数据处理能力。例如序列对象增加了插值方法。
2) 计量方法对象：提供了更多的计量方法、模型估计和检验。例如多元 GARCH 和分位数回归等。
3) 公用对象：文本、表格和图形的浏览和编辑等增加了不少新功能。例如表格可以对部分内容进行删除或者复制，文本内容允许编辑等。事实上，EViews 6 对图形对象进行整改，EViews 7 进一步对图形对象进行重新设计。

EViews 6 增加了两个新的对象：用来进行因子分析的因子对象 (Factor, 参见第 1006 页 §D.3.3 节)，以及用来管理输出的筒对象 (Spool)。EViews 7 则增加了字符串对象 (String) 和字符串向量对象 (Svector) 两个处理字符串的对象。

§D.2.1　输出管理

为了方便对分析结果进行管理，EViews 提供了筒对象。筒对象 (Spool) 是文本、表格和图形的对象容器，可以包含多个文本、表格和图形对象，甚至包含筒对象，形成树状的结构。因此，筒对象极大地方便如下几种工作：

- 记录分析结果，形成日志。
- 汇集分析结果，用于对比或者演示。
- 完整记录程序运行的中间结果输出，方便程序调试 (结合命令 `logmode` 的日志信息)。

一、例子

为了先获得感性认识，请运行如下的简单程序

```
%ex7 = "\Example Files\EV7 Manual Data\"
%ch17 = "Chapter 17 - Spool Objects"
%wf = @evpath + %ex7 +%ch17 +"\demo.wf1"
wfopen %wf

spool sp01
sp01.append gdp gdp.line "eq01.wald c(1)=0"

!c = sp01.@count
sp01.insert(name="LagModel",loc=!c) eq02
sp01.comment !c "One lag"

show sp01    'sp01.display
sp01.options -tree comments

table tb
tb(1,1) = sp01.@objname(!c)
tb(1,2) = sp01.@objtype(!c)

do sp01.extract(gf01) 2
sp01.remove 1
print sp01
```

图 D.1 筒对象

UNTITLED02

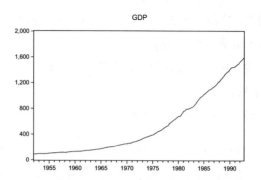

LAGMODEL
One lag

```
Dependent Variable: LOG(M1)
Method: Least Squares
Date: 10/20/97   Time: 13:48
Sample(adjusted): 1952:3 1992:4
Included observations: 162 after adjusting endpoints
```

Variable	Coefficient	Std. Error	t-Statistic	Prob.
C	0.071297	0.028248	2.523949	0.0126
LOG(GDP)	0.320338	0.118186	2.710453	0.0075
RS	-0.005222	0.001469	-3.554801	0.0005
DLOG(PR)	0.038615	0.341619	0.113036	0.9101
LOG(M1(-1))	0.926640	0.020319	45.60375	0.0000
LOG(GDP(-1))	-0.257364	0.123264	-2.087910	0.0385
RS(-1)	0.002604	0.001574	1.654429	0.1001
DLOG(PR(-1))	-0.071650	0.347403	-0.206246	0.8369

R-squared	0.999604	Mean dependent var	5.697490
Adjusted R-squared	0.999586	S.D. dependent var	0.669011
S.E. of regression	0.013611	Akaike info criterion	-5.707729
Sum squared resid	0.028531	Schwarz criterion	-5.555255
Log likelihood	470.3261	F-statistic	55543.30
Durbin-Watson stat	2.393764	Prob(F-statistic)	0.000000

UNTITLED03

```
Wald Test:
Equation: EQ01
```

Test Statistic	Value	df	Probability
t-statistic	40.75850	159	0.0000
F-statistic	1661.255	(1, 159)	0.0000
Chi-square	1661.255	1	0.0000

Null Hypothesis: C(1)=0
Null Hypothesis Summary:

Normalized Restriction (= 0)	Value	Std. Err.
C(1)	1.312383	0.032199

Restrictions are linear in coefficients.

得到筒对象的打印结果如图 D.1：包含三个对象，首先是序列 gdp 的图形，然后是方程对象 eq02 的估计结果，最后是方程 eq01 的 Wald 检验结果。程序读入数据后，首先创建了 sp01 筒对象。

- 命令 append 添加了三个输出，分别为序列 gdp 的电子表格和图形，以及方程 eq01 的 Wald 检验结果。共有 2 个表格对象和 1 个图形对象。
- 命令 insert 在位置 3 插入了方程对象 eq02 的估计结果，插入的表格对象名字为 LagModel，并

且添加了注释 (命令 comment)。

- 命令 options 设置显示方式，不显示树状图的窗格，但要求主窗格显示各对象的注释。
- 表格 tb 首行的单元格内容分别为 LAGMODEL 和 TABLE，为筒对象 sp01 中第 3 个对象的名字和类型 (函数 @objname 和 @objtype)。
- 命令 extract 将 gdp 的图形复制到工作页中，命令 remove 删除筒对象 sp01 中的第 1 个对象，即 gdp 的电子表格。

最后，命令 print sp01 打印整个筒对象 sp01，打印结果参见图 D.1。

由于筒对象可以汇集结果输出，因此它适合用来实现经济计量研究项目的初步分析。例如，§1.2 节 (第 7 页) 演示的例子，改成使用筒对象的版本 (demo7s.prg)，就是一个初始分析。

```
%wf = @evpath + "\Example Files\Sample Programs\stats\demo"
wfopen %wf
output(s) sp00
pon

'examining the data
do m1.sheet
do m1.stats
do m1.line
graph _g.line log(m1)    'need tmp graph obj
group G log(m1) log(gdp) rs dlog(pr)
do G(1).hist
do G(1).distplot kernel
'groups
do g.line
do g.line(m)    'multiple graphs
do G.stats(i)    'individual samples
do G.stats    'common sample
do G.cor(i)

'Regression
smpl 1952Q1 1992Q4
equation eq1.ls log(m1) c log(gdp) rs dlog(pr)
do eq1.resids    'resids in graph
do eq1.resids(t)    'in table

'test
do eq1.representations    'specification
do eq1.wald c(4)=2    'wald test
do eq1.auto(1)    'Serial Correlation LM Test
'Lags vs AR
equation eq2.ls log(m1) c log(gdp) rs dlog(pr) _
    log(m1(-1)) log(gdp(-1)) rs(-1) dlog(pr(-1))    'one lag
equation eq3.ls log(m1) c log(gdp) rs dlog(pr) ar(1)

'forecast
smpl 1993 1996
eq2.forecast(g,e) m1_f    'forecast M1
eq2.forecast(g,e,d) m1_f m1_se    'forecast log(m1)
'temporary group
group G0 m1_f+2*m1_se m1_f-2*m1_se log(m1)    '95% interval
do G0.line
do G0.errbar
```

```
'additional testing
do eq2.auto(1)     'Serial Correlation LM Test
do eq2.archtest(1)   'ARCH LM Test
'ADF unit root test
smpl @all
do G(1).uroot      'ADF, constant only
do G(1).uroot(trend)    'ADF {1,t}

poff
output off
show sp00
```

通过将输出重定向到筒对象 sp00 中 (命令 output)，并启动输出的自动打印 (命令 pon)，实现结果的汇总。§1.2 节的查看数据、模型估计和修改、预测和进一步的检验等步骤的结果输出，全都包含在筒对象 sp00 中。通过考察筒对象 sp00 的内容，熟悉数据和模型，完成初步分析。然后选择下一步的方案，保存 demo7s.prg 文件为新的文件，逐步修改和升级，层层深入，定稿时再对最终结果进行美化。

二、筒对象

筒对象是表格和图形等对象的容器，使用筒对象时，大部分时间将耗费在查看和管理筒内的输出对象上。筒对象可以使用命令 spool 创建

```
spool sp01
```

创建筒对象 sp01。另一种创建筒对象的方法是通过重定向打印输出的方式，例如

```
output(s) sp00
tb01.print    'add table to sp00
output off
```

将创建筒对象 sp00，并将表格对象 tb01 添加进去，最后，命令 output off 停止重定向打印输出。

视图：筒对象只有显示视图，如下两个命令效果是相同的

```
sp01.display
show sp01
```

都是显示筒对象内容的视图，默认左窗格 (pane) 显示树状结构图，列出筒对象包含的对象，右窗格则显示筒内各对象的视图。例如 (继续图 D.1 的例子)

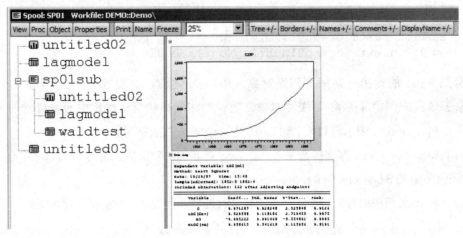

产生图中左窗格的树状层次结构的代码为

```
copy sp01 sp01b
sp01b.name untitled03 WaldTest
sp01.insert(name="sp01sub",loc=!c) sp01b
sp01.options tree
sp01.display
```

其中的 `insert` 命令将筒对象 `sp01b` 嵌入到筒对象 `sp01` 中时，副本的名字改为 `sp01sub`。请注意，筒对象 `sp01b` 仍在工作页中。

过程：筒对象提供了管理输出对象的众多过程命令，清晰起见，归类如下：

- 操作
  - 添加：添加对象 `append`，插入对象 `insert`
  - 修改：为筒中的对象添加注释 `comment`，修改筒内对象名 `name`
  - 移动：复制筒内对象到工作页中 `extract`，移动对象在筒内的位置 `move`
  - 打印：打印筒内的对象 `print`
  - 删除：删除筒内对象 `remove`

- 显示
  - 显示方式：设置显示方式 `options`，平坦化(去除筒中对象的层次结构) `flatten`，改变或者重设对象的宽度 `width`，图形大小 `graphmode` 以及表格和文本尺寸 `tablemode`
  - 显示位置：水平缩进 `horizindent`，左边界 `leftmargin`，顶部边界 `topmargin`，竖直方式缩进 `vertindent`，竖直方向间距 `vertspacing`

- 保存：保存筒对象为文本或者 RTF 文件 `save`

关于这些过程，补充几点说明如下：

1) 命令 `append` 添加对象时，可以添加一组对象输出，使用空格作为分隔符。如果产生输出的命令语句本身包含空格，请使用双引号将语句包含起来，例如前面添加 Wald 检验的例子。

2) 命令 `insert` 插入对象时，选项 `loc=arg` 的选项值可以是整数值(代表位置)，或者是对象名。此外，还有选项 `offset={before, after}` 设定插入的相对位置。如果 `loc=` 的选项值为筒对象，则 `offset=` 选项增加了选项值 `{first, last}`，分别表示对象输出插入到指定筒对象的最前面和最后面，例如

```
sp01.insert(loc=sp01sub) eq01
sp01.insert(loc=sp01sub,offset=first) eq01
sp01.insert(loc=sp01sub/LagModel) eq01
```

方程对象 `eq01` 的输出分别插入到筒对象 `sp01sub` 之前、筒对象 `sp01sub` 里的最前面以及筒对象 `sp01sub` 中 `LagModel` 表格对象之前。请注意树状层次结构中对象位置的表示，例如 `sp01sub/LagModel` 表示筒对象 `sp01sub` 中 `LagModel` 表格对象。

3) 命令 `append` 和 `insert` 都支持选项 `name=arg` 对添加的对象输出进行命名，名字必须符合对象命名规则(参见 第 31 页 §1.4.2 节)。

4) 命令 `comment` 为筒中的对象添加注释，支持多行注释，使用 `"\n"` 实现换行，例如

```
sp01.comment sp01sub/1 "Regression 01 \nstart from simplest"
```

为筒对象 `sp01sub` 中的第一个对象添加如下两行的注释

```
        Regression 01
        start from simplest
```

5) 命令 extract 复制筒内对象到工作页中，筒内的对象并没有被删除。
6) 打印命令

```
        sp01.print 1
        print sp01
```

第一行是打印筒内的第一个对象，第二行是打印整个筒对象。

函数：筒对象的函数中，如下函数返回字符串：

- @objname(i)：返回筒内第 i 个对象的名字。
- @objtype(i)：返回筒内第 i 个对象的类型，即 "graph"、"table"、"text" 和 "spool"，分别代表图形对象、表格对象、文本对象和筒对象。

而返回标量的函数有

- @count：底层对象的数目。
- @totalcount：平坦化后的对象总数目。

§D.2.2 字符串

EViews 中，与字符串打交道的有字符串变量 (第 48 页 §2.1.2 节)、字符串对象 (String)、字符串向量对象 (Svector) 以及字符串序列对象 (Alpha，参见第 883 页 §A.4.4 节)。这四种数据类型的区别和联系，分别对应于数值变量中的控制变量、标量对象、向量对象以及序列对象。

EViews 7 还提出了字符串列表 (string list) 的概念，支持以单词为单位进行字符串处理，加上新增的字符串对象和向量，EViews 中处理字符串更加方便了。

一、字符串列表

先前，EViews 的字符串操作，以单个字符为单位。EViews 7 开始，支持以单词为单位进行操作，或者以多个单词为一个元素 (element) 进行字符串操作。字符串列表 (string list) 就是将普通的字符串解释成空格分隔的元素串，例如

```
        %a = "I love this game"
```

如果将每个单词作为一个元素，字符串 %a 包含 4 个元素。当元素由多个单词组成时，则用双引号包含起来，例如

```
        %b = """Roast Duck"" Lobster ""Kung Pao Chicken"""
```

包含 3 个元素 (注意字符串中，连续两个双引号表示单个双引号)：烤鸭 (Roast Duck)、龙虾 (Lobster) 和宫保鸡丁 (Kung Pao Chicken)。

为了方便字符串列表的操作，EViews 提供了许多以 @w 开头的字符串函数

```
        wfcreate u 4
        string st = "I love this game"
        %s = st + " too"
        string sd = """Roast Duck"" Lobster ""Kung Pao Chicken"""
        c(1) = @wcount(%s)      '5
```

```
c(2) = @wcount(sd)      '3
c(3) = @length(%s)      '20
c(4) = @length(sd)      '39

svector(6) sv
sv(1) = @word(sd,1)
sv(2) = @wordq(sd,1)
sv(3) = @wcross("AB XY", "0 1 2", "?*?")
sv(4) = @wsort(sd)
sv(5) = @winterleave("A B C", "1 2 3 4 5 6")
sv(6) = @winterleave("A B C", "1 2 3 4 5 6 7",1,2)
```

程序中先后建立了字符串对象 st 和 sd，以及字符串向量对象 sv。字符串 %s 和 sd 的元素个数分别为 5 和 3，而长度分别为 20 和 39。字符串向量 sv 的值为

```
Roast Duck
"Roast Duck"
AB*0 AB*1 AB*2 XY*0 XY*1 XY*2
"Kung Pao Chicken" Lobster "Roast Duck"
A 1 B 2 C 3 "" 4 "" 5 "" 6
A 1 2 B 3 4 C 5 6 "" 7 ""
```

我们看到：

- 函数 @word 和 @wordq 都是取出字符串列表中的元素，区别在于 @wordq 保留了引号
- 函数 @wcross 对两个字符串列表中的元素进行交叉合并 (当心产生太多元素)，根据第三个参数给定的模式合成新的字符串列表。
- 函数 @wsort 对元素进行排序。
- 函数 @winterleave 对两个字符串列表中的元素进行交错合并 (后两个参数设置交错方法)。如果元素不能完全配对，则用空串填补。

清晰起见，我们将处理字符串列表的函数整理成表格如下：

类别	函数
信息	@wcount @wfind @wfindnc
操作	@wcross @wdelim @wdrop @winterleave @wintersect @wkeep @wleft @wmid @wnotin @word @wordq @wreplace @wright @wsort @wunion @wunique
转换	@wsplit
其他	@wdir @wlookup

显然，不少函数有相应的字符串函数，例如 @mid 和 @replace 等 (参见第 86 页表 2.5)。请注意：

- 函数 @wsplit 返回字符串向量对象，其元素为字符串列表的元素。
- 函数 @wdir 产生字符串列表，元素为给定目录下的全部文件名。
- 函数 @wlookup 得到工作页或者数据库中的对象名 (匹配一定模式，有关通配符请参考第 126 页 §2.7.5 小节) 作为元素的字符串列表。

下面是更多的简单例子

```
string st1 = @wdir(@evpath)
string st2 = @wkeep(st1,"EViews*")
svector sv0 = @wsplit(st2)
string st3 = @wlookup("s*","string")
```

字符串对象 st1 包含了 EViews 安装目录下的全部文件名，字符串对象 st2 为 st1 中的元素 (文件名) 匹配 "EViews*" 的部分，具体的取值为

```
"EViews Add In.xla" EViews7.exe EViewsHelp.exe EViewsMgr.dll
EViewsOleDbProvider.dll EViewsUpdateLauncher.exe
```

字符串向量对象 sv0 为 6×1 向量，每个元素为 EViews 安装目录下匹配 "EViews*" 的文件名。字符串对象 st3 的取值为 "SD ST ST1 ST2"，因为执行函数 @wlookup 时，st3 尚未创建，工作页中以 s 开头 (匹配 "s*") 的字符串对象只有 4 个。

二、字符串对象和向量

字符串对象和字符串向量对象的创建命令分别为 string 和 svector，两者的视图都只有电子表单视图 (sheet)，定格后分别得到文本对象和表格对象，例如 (继续前一子小节的例子)

```
freeze(txt01) st2
freeze(tb01) sv0
```

分别得到文本对象 txt01 和表格对象 tb01。

字符串向量对象的函数有：@rows 取得行数，@wsplit 从字符串列表产生字符串向量对象。有必要指出的是，EViews 7 中，对数似然对象 (Logl)、状态空间对象 (Sspace)、方程组对象 (System) 和文本对象 (Text) 都提供函数 @svector 将它们的文本设定转换为字符串向量对象 (每行为一个元素)。

最后，我们用例子来结束本子小节的讨论 (继续前一子小节的例子)

```
'wfcreate u 4
alpha af = @str(@obsid)
af = "ID" +af

!n = @obssmpl
svector(!n) sva
for !i = 1 to !n
    sva(!i) = af(!i)     'copy Alpha to Svector
next

svector(!n) sv1 = @wsplit("W X Y Z")
svector svb = sva +@wright(st,1) + sv1
```

字符串的操作中，不管是程序变量还是对象，加号表示字符串的串接。因此，字符串向量 svb 的值为

```
ID1gameW
ID2gameX
ID3gameY
ID4gameZ
```

练习：辨析 (a) 字符串对象与字符串向量对象；(b) 字符串对象与文本对象；(c) 字符串向量对象与字符串序列对象 (Alpha)。

提示：(a) 犹如标量对象与向量对象；(b) 文本通常为多个段落；(c) 犹如向量对象与序列对象。

§D.3 因子分析

因子分析 (factor analysis) 的基本思想是对多个可观测变量的关联性 (如方差矩阵或者相关矩阵) 赋予简单结构,达到降维的目的,从而抓住主要特征,方便进行经济解释。作为统计方法,因子分析是主成分分析 (第 944 页 §B.4.4 节) 的扩展,通过少数几个因子对关联性进行近似。然而,因子分析不仅是求出共性因子,更重要的是明确共性因子的经济含义。

因子分析的现代方法开始于 20 世纪初,Harman (1976) 是经典的参考书,而 Johnson and Wichern (2007, Ch9) 是优秀的入门教材。EViews 采用因子对象 (Factor object) 进行因子分析,为了更好地理解和使用因子分析方法,我们先简单回顾因子分析的理论,然后给出完整的例子,讲解因子模型的估计和评估,以及因子旋转和得分的计算。最后,对因子对象的方法、函数、视图和过程等进行总结。

§D.3.1 理论回顾

因子分析有两种形式:探索性因子分析 (Exploratory Factor Analysis, EFA) 和验证性因子分析 (Confirmatory Factor Analysis, CFA)。探索性因子分析致力于找出变量关联性的特征结构;而验证性因子分析用来检验观测数据是否满足给定的特定结构。两者的区别在于是否利用先验信息:探索性因子分析寻找影响观测变量的因子个数,以及各个因子和各个观测变量之间的相关程度;而验证性因子分析先假设因子结构,然后检验它是否与观测数据一致。

本小节只介绍探索性因子分析 (以下简称为因子分析),先介绍因子模型,理解因子分析是如何将一组变量的方差关系通过少数几个因子 (非观测变量,也称为潜在变量) 来近似的。然后讨论因子数目、估计方法和模型评估,以及因子旋转和因子得分。最后,我坚持认为,因子分析当前仍然抹不去的是其浓厚的艺术色彩。

一、因子模型

正交线性因子模型:对于 $Z \times 1$ 的可观测随机向量 $\mathbf{z}$,假设

$$\mathbf{z} - \boldsymbol{\mu} = \mathbf{L}\mathbf{f} + \mathbf{e} \tag{D.1}$$

其中,

$\boldsymbol{\mu}$ 为 $Z \times 1$ 均值向量;

$\mathbf{L}$ 为 $Z \times F$ 系数矩阵,称为因子载荷 (factor loadings);

$\mathbf{f}$ 是 $F \times 1$ 共性因子 (common factor) 向量,是不可观测的;

$\mathbf{e}$ 是 $Z \times 1$ 误差向量,或者称为个性因子 (unique factors)。

假设

$$\begin{aligned} \mathrm{E}(\mathbf{f}) &= 0 & \mathrm{var}(\mathbf{f}) &= \mathrm{E}(\mathbf{f}\mathbf{f}') = \mathbf{I} \\ \mathrm{E}(\mathbf{e}) &= 0 & \mathrm{var}(\mathbf{e}) &= \mathrm{E}(\mathbf{e}\mathbf{e}') = \boldsymbol{\Psi} = \mathrm{diag}(\psi_1, \psi_2, \cdots, \psi_Z) \end{aligned} \tag{D.2}$$

其中对角矩阵 $\boldsymbol{\Psi}$ 为特有方差 (specific variances) 矩阵。并且

$$\mathrm{cov}(\mathbf{f}, \mathbf{e}) = \mathrm{E}(\mathbf{f}\mathbf{e}') = 0$$

该模型将 Z 个可观测变量 $\mathbf{z}$ 分解成 F 个不可观测的共性因子 $\mathbf{f}$ 和 Z 个不可观测的个性因子 $\mathbf{e}$。请注意，因子模型中不可观测变量的数目为 $F+Z$，超过了可观测变量的数目。

因子分析的主要任务寻找变量 $\mathbf{z}$ 的方差矩阵估计 $\mathbf{V}$，使其具有简单的结构

$$\mathbf{V} = \mathbf{LL}' + \mathbf{\Psi} \tag{D.3}$$

请注意，观测方差矩阵 $\mathbf{S}$ 有 $Z(Z+1)/2$ 个独立变量，而方差矩阵估计 $\mathbf{V}$ 的独立变量数却少很多 (F 远小于 Z)，只包含 ZF 个因子载荷 (矩阵 $\mathbf{L}$) 和 Z 个特有方差 (矩阵 $\mathbf{\Psi}$)。该结构下，

- 第 k 个变量的方差分解为

$$v_{kk} = h_k^2 + \psi_k \tag{D.4}$$

其中 h_k^2 为共有度 (communality)，ψ_k 为独特度 (uniqueness)，显然

$$h_k^2 = \sum_{m=1}^{F} l_{km}^2$$

- $\mathbf{V}_C = \mathbf{LL}'$ 称为共性方差矩阵 (common variance matrix)。
- $\mathbf{S}_R = \mathbf{S} - \mathbf{\Psi}$ 称为精简方差矩阵 (reduced dispersion matrix)。
- $\mathbf{E} = \mathbf{S} - \mathbf{V}$ 称为总方差残余矩阵 (total variance residual matrix)。
- $\mathbf{E}_C = \mathbf{S} - \mathbf{V}_C$ 称为共性方差残余矩阵 (common variance residual matrix)。

当因子分析是基于观测方差矩阵 $\mathbf{S}$ 时，第 m 个因子的方差贡献比率定义为

$$\frac{\sum_{k=1}^{Z} l_{km}^2}{\sum_{k=1}^{Z} s_{kk}}$$

基于相关矩阵 $\mathbf{R}$ 时，贡献比率则定义为 $\frac{1}{Z}\sum_{k=1}^{Z} l_{km}^2$。

有时候，允许因子是非正交的，式 (D.2) 中因子间是相关的

$$\text{var}(\mathbf{f}) = \text{E}(\mathbf{ff}') = \mathbf{\Phi}$$

其中 $\mathbf{\Phi}$ 的对角元素为 1，因子的方差仍然为 1，故 $\mathbf{\Phi}$ 也是因子的相关矩阵。该情形下得到非正交线性因子模型，此时因子结构矩阵 (factor structure matrix) 为

$$\mathbf{\Gamma} = \text{cov}(\mathbf{z}, \mathbf{f}) = \mathbf{L\Phi} \tag{D.5}$$

显然，正交线性因子模型中 $\mathbf{\Gamma} = \mathbf{L}$，因子载荷矩阵等于因子结构矩阵。事实上，非正交线性因子模型可以看成是因子旋转，没有必要单独讨论。

给定方差矩阵或者相关矩阵的观测 $\mathbf{S}$ 或者 $\mathbf{R}$，因子分析的任务就是找到式 (D.3) 的结构 (对 $\mathbf{S}$ 和 $\mathbf{R}$ 都适用)。有必要指出的是，式 (D.3) 不能确保解的存在 (参见第 1006 页的讨论)。

二、因子数目

一般认为，确定因子数目是因子分析中最重要的决定。目前，已有多种方法来选择因子数目：

- Kaiser-Guttman 法：即特征值大于 1 (即相关矩阵的特征值均值) 的数目，尽管受到 Preacher and MacCallum (2003) 等的强烈批评，但目前它仍是最常用的方法。
- MAP (minimum average partial) 法：由 Velicer (1976) 提出，通过最小化偏相关系数平方的均值，决定因子数目。Zwick and Velicer (1986) 的仿真表明 MAP 法以及并行分析 (parallel analysis) 法比常用的 Kaiser-Guttman 法更准确。

- 方差比率 (fraction of variance) 法：通常用于主成分分析中，前 F 个特征根之和超过全部特征根之和的给定比率。

此外，还有折枝 (broken stick) 法、SES (standard error scree) 法和平行分析 (parallel analysis) 法等。请注意，这些方法选择的因子数目可能不一致，至于如何处理，具有很大的艺术性：往往根据具体的问题，或者根据计算的需要进行选择。

三、估计方法

因子模型 (D.1) 的估计指的是计算因子载荷 $\mathbf{L}$ 和特有方差 $\mathbf{\Psi}$ 的估计。常用的方法有广义最小二乘法、最大似然法、分块方差法 (partitioned covariance, PACE)、主成分法、主因子法和最小二乘 (unweighted least squares) 法等。

广义最小二乘法、最大似然法和最小二乘法是同一类方法，都通过最小化失调函数 (discrepancy function) 实现。给定 $\mathbf{z}$ 的 N 组观测，方差矩阵的最大似然估计为样本方差矩阵

$$\mathbf{S}_N = \frac{1}{N} \sum_{i=1}^{N} (\mathbf{z}_i - \bar{\mathbf{z}})(\mathbf{z}_i - \bar{\mathbf{z}})'$$

其中均值 $\bar{\mathbf{z}} = \frac{1}{N} \sum_{i=1}^{N} \mathbf{z}_i$。根据最大似然法的变换不变性，直接求解 $\mathbf{S}_N = \mathbf{LL}' + \mathbf{\Psi}$ 就得到参数 $\mathbf{L}$ 和 $\mathbf{\Psi}$。可惜，$\mathbf{L}$ 和 $\mathbf{\Psi}$ 是不可识别的，记 $\mathbf{L}_* = \mathbf{LT}$，其中 $\mathbf{T}$ 为正交矩阵，则

$$\mathbf{L}_* \mathbf{L}_*' = \mathbf{LT}(\mathbf{LT})' = \mathbf{LL}'$$

因此，往往通过限定 $\mathbf{L}' \mathbf{\Psi}^{-1} \mathbf{L}$ 为对角阵，进行识别。

分块方差法 (partitioned covariance, PACE)：Ihara and Kano (1986) 找到了一种不受缩放影响的 (scale invariant) 渐近正态的一致估计，并且得到因子模型估计的解析解。该方法要求将方差矩阵进行分块，不同的分块方法导致不同的估计结果。Kano (1990) 和 Cudeck (1991) 分别提出确定分块的有效方法。分块方差法 (PACE) 无须迭代，非常适合大型因子模型，或者为其他迭代估计方法提供初始值。

主因子 (principal factors) 法与主成分 (principal components) 法是不同的，主因子法是基于精简方差矩阵 $\mathbf{S}_R = \mathbf{S} - \mathbf{\Psi}$ 进行估计的：

- 主成分法不需要初始值，可以看成是主因子法的特例，即初始特有方差取零的情况。
- 迭代主因子法：用主因子法估计的特有方差计算精简方差矩阵，再进行估计，依次重复。
- 主因子法需要共有度 h_k^2 的初始估计，通常取为 SMC (squared multiple correlations)，也就是可决系数[5] (coefficient of determination)

$$R^2 = 1 - \frac{1}{r_*} \tag{D.6}$$

其中 r_* 为 $\mathbf{R}^{-1}$ 相应的对角元素。

四、模型评估

评估因子模型是否合适，常用的方法有：

---

[5]可决系数 R^2 等于因变量与拟合值的简单相关系数的平方。

1) Kaiser-Meyer-Olkin MSA (measure of sampling adequacy)：Kaiser and Rice (1974) 对 MSA 的分级如下：

MSA	Category	级别	MSA	Category	级别
$[0.9, 1)$	marvelous	优	$[0.6, 0.7)$	mediocre	普通
$[0.8, 0.9)$	meritorious	良	$[0.5, 0.6)$	miserable	糟糕
$[0.7, 0.8)$	middling	中	$(0, 0.5)$	unacceptable	不行

2) 绝对拟合指标 (absolute fit indices)：如失调度 (discrepancy)、χ^2 统计量、Bartlett χ^2 统计量、广义拟合指数 (generalized fit index, GFI) 以及 AIC、SC 和 HQ 等信息准则。其中 χ^2 统计量和 Bartlett χ^2 统计量的值越大 (p 值越小)，则因子模型的拟合越差。

3) 增量拟合指标 (incremental fit indices)：如 Bollen IFI (incremental fit index) 和 Bentler CFI (comparative fit index) 等，单凭经验来看，仅当这些指标超过 0.9，因子模型方可接受。

评估是否适合进行因子分析时，还经常谈论到反象相关系数 (anti-image correlation coefficient)，它等于负的偏相关系数[6]。数学上，偏相关矩阵

$$\mathbf{R}^* = 2\mathbf{I} - \mathrm{diag}\left(\mathbf{R}^{-1}\right)^{-1/2} \mathbf{R}^{-1} \mathrm{diag}\left(\mathbf{R}^{-1}\right)^{-1/2} \tag{D.7}$$

其中 $\mathrm{diag}\left(\mathbf{R}^{-1}\right)^{-1/2} \mathbf{R}^{-1} \mathrm{diag}\left(\mathbf{R}^{-1}\right)^{-1/2}$ 称为反象相关矩阵 ($\mathbf{R}^{-1}$ 的对角元素都大于 1)。经验上认为，偏相关系数 (反象相关系数) 的绝对值越小，越适合采用因子模型。

五、因子旋转

因子旋转的目的是希望得到简单因子结构，赋予每个因子确切的经济含义。寻找因子的经济解释，时常是靠碰运气，有时无论是正交旋转还是斜交旋转，总找不出简单的因子结构。因子旋转的方法可以列出很长的一串，详细讨论请参考 Browne (2001) 和 Bernaards and Jennrich (2005)。

载荷并不唯一，对于正交矩阵 $\mathbf{T}$ ($\mathbf{T}'\mathbf{T} = \mathbf{I}$)，定义新的载荷 $\mathbf{L}_*$ 和因子 $\mathbf{f}_*$

$$\mathbf{L}_* = \mathbf{LT} \qquad \mathbf{f}_* = \mathbf{T}'\mathbf{f}$$

注意到

$$\mathbf{L}_*\mathbf{L}_*' = \mathbf{LT}(\mathbf{LT})' = \mathbf{LL}'$$

且

$$\mathrm{E}(\mathbf{f}_*) = 0 \qquad \mathrm{var}(\mathbf{f}_*) = \mathbf{I}$$

表明正交变换并不改变式 (D.3) 的方差结构，然而正交变换改变载荷，从而改变因子的经济解释。因子旋转就是对载荷和因子进行变换，有正交旋转 (orthogonal rotation) 和斜交旋转 (oblique rotation)，相应的算法请参考 Jennrich (2001, 2002)。

斜交旋转的变换矩阵 $\mathbf{T}$ 不再是正交矩阵，$\mathbf{T}'\mathbf{T} = \mathbf{\Phi}$，只要求 $\mathbf{\Phi}$ 的对角元素为 1。斜交旋转得到的因子载荷矩阵

$$\mathbf{L}_* = \mathbf{L} \cdot (\mathbf{T}')^{-1}$$

---

[6] z_k 和 z_j 的偏相关系数，等于 z_k 和 z_j 分别对 $\mathbf{z}$ 中其他 $Z - 2$ 个变量 (以及常数) 进行回归的残差的简单相关系数。

往往称为因子模式 (factor pattern) 矩阵，此外

$$\mathrm{var}\,(\mathbf{f}_*) = \mathbf{\Phi} = \mathbf{T}'\mathbf{T}$$

因子间是相关的。进行斜交旋转后，式 (D.3) 的方差结构和式 (D.5) 的因子结构矩阵分别为

$$\mathbf{V} = \mathbf{L}_*\mathbf{\Phi}\mathbf{L}_*' + \mathbf{\Psi} \qquad \mathbf{\Gamma} = \mathrm{cov}\,(\mathbf{z}, \mathbf{f}_*) = \mathbf{L}_*\mathbf{\Phi}$$

六、因子得分

因子是不可观测的，其估计值称为得分 (score)。对于式 (D.1) 中的因子模型，如果载荷 $\mathbf{L}$ 和特有方差 $\mathbf{\Psi}$ 是已知的，给定观测 $\mathbf{z}_i$，就可以得到因子的估计。

例如，假设 $\mathbf{z}_i$ 和 $\mathbf{f}_i$ 满足联合正态分布，即

$$\begin{bmatrix} \mathbf{z}_i \\ \mathbf{f}_i \end{bmatrix} \sim \mathrm{N}\left(\begin{bmatrix} \boldsymbol{\mu} \\ 0 \end{bmatrix}, \begin{bmatrix} \mathbf{V} & \mathbf{L} \\ \mathbf{L}' & \mathbf{I} \end{bmatrix} \right)$$

则有

$$\mathrm{E}\,(\mathbf{f}_i|\mathbf{z}_i) = \mathbf{G}'\,(\mathbf{z}_i - \boldsymbol{\mu})$$

其中得分系数矩阵 $\mathbf{G}$ 为

$$\mathbf{G}' = \mathbf{L}'\mathbf{V}^{-1} = \mathbf{L}'\left(\mathbf{L}\mathbf{L}' + \mathbf{\Psi}\right)^{-1} = \left(\mathbf{I} + \mathbf{L}'\mathbf{\Psi}^{-1}\mathbf{L}\right)^{-1}\mathbf{L}'\mathbf{\Psi}^{-1} \tag{D.8}$$

有了得分系数矩阵 $\mathbf{G}$，可以计算观测 $\mathbf{x}_i$ 的得分 (有时候用一组观测来估计得分系数 $\mathbf{G}$，然后对另一组观测计算得分)

$$\hat{\mathbf{f}}_i = \mathbf{G}'\,(\mathbf{x}_i - \bar{\mathbf{x}}) \tag{D.9}$$

显然，$\mathbf{x}_i$ 可以是估计样本内的，也可以是估计样本外的。由于 $\mathbf{L}$ 和 $\mathbf{\Psi}$ 都是未知的，计算式 (D.9) 中的因子得分时，只能采用估计值，这无疑将增加因子得分的不确定性。

式 (D.8) 计算得分系数矩阵 $\mathbf{G}$ 的方法称为回归方法 (Thurstone's regression)，常用的方法还有加权最小二乘法 (Bartlett weighted least squares)，即最小化

$$\sum_{k=1}^{Z} \frac{e_k^2}{\psi_k} = \mathbf{e}'\mathbf{\Psi}^{-1}\mathbf{e}$$

得到得分系数矩阵

$$\mathbf{G}' = \left(\mathbf{L}'\mathbf{\Psi}^{-1}\mathbf{L}\right)^{-1}\mathbf{L}'\mathbf{\Psi}^{-1}$$

此外，EViews 还支持理想变量法 (Harmon's idealized variables)、广义 ARM 法 (generalized Anderson-Rubin-McDonald) 和 Green 法 (最小化 MSE)。

从式 (D.9) 我们看到，计算因子得分的核心任务是估计得分系数矩阵 $\mathbf{G}$。以上我们讨论了得分系数的精确估计，另一类估计称为粗糙系数 (coarse coefficient)，得分系数的值仅取 $-1, 0$ 和 1 三种值。例如，把精确估计的系数离散化，或者对因子结构或者因子模式 (载荷) 直接离散化，根据一定的阈值，两头的部分重新编码为 -1 和 1，介于中间的部分则设为 0。关于得分系数的粗糙估计，进一步的讨论请参考 Grice (2001)。

得分的计算往往是在因子旋转后进行的，同一个因子模型可以有无穷多种得分：不同的估计方法和旋转方法，都将导致得分的不同。因此，得分是否合理需要评估，通常考察的指标有.

- 不确定性指标 (indeterminacy indices)，取值越高越好。
  - 因子与观测变量的多重相关系数的平方 (即可决系数)：矩阵
  $$\text{cov}(\mathbf{f}, \hat{\mathbf{f}}) = \mathbf{\Gamma}'\mathbf{V}^{-1}\mathbf{\Gamma}$$
  的第 m 个对角元素刚好为因子 m 与观测变量的多重相关系数的平方。
  - 最小相关系数：即得分的各种不同估计间的最小相关系数。
- 正当性 (validity)：因子与得分的相关矩阵 $\mathbf{R}_{fs}$ 的对角元素称为正当性系数 (validity coefficients)，值越大越好。Gorsuch (1983) 建议正当性系数不低于 0.8，如果要用得分序列替代因子变量，则要求正当性系数大于 0.9。
- 单义性 (univocality)：指的是因子与得分的相关矩阵 $\mathbf{R}_{fs}$ 的非对角元素。注意到因子的相关矩阵为 $\mathbf{\Phi}$，故 $\mathbf{R}_{fs}$ 与 $\mathbf{\Phi}$ 的非对角元素的差异代表单义性偏差 (univocality bias)。
- 相关准确性 (correlational accuracy)：比较得分相关系数矩阵 $\mathbf{R}_{ss}$ 与因子的相关矩阵 $\mathbf{\Phi}$ 的匹配程度，理想的情况是两者一致。

七、建议

从以上的理论回顾，我们无时不在地感受到：整个因子分析的过程，无论是因子数目的确定、因子模型的估计、因子旋转还是因子得分的计算，都充满着运气和艺术。究其根源，在于因子是未知的。诚然，因子分析的过程中有众多需要决策的地方，然而实践表明，其中影响最大的决断是确定因子数目 F。通常，选取因子数目最终来自如下几个方面的综合考虑：

1) 样本方差被解释的比率。
2) 特定题材相关的学科知识。
3) 结果的合乎情理性。

估计方法和旋转方法的选择，相比而言，不是决定性的。一般认为，如果尝试了多种因子旋转，结果都大体上确认了相同的因子结构，因子的经济含义一致，那么因子分析是令人满意的。

当前，因子分析仍然是艺术性 (随意性) 很强的工作，尽管没有公认的套路，我认为 Johnson and Wichern (2007, p520) 的建议值得参考：

1) 进行主成分法的因子分析：主成分法不要求 $\mathbf{R}$ 或者 $\mathbf{S}$ 是正定的，特别适合数据的初次分析。
   (a) 做因子得分图，进行评价；
   (b) 进行 Varimax 旋转 (使得载荷向 0 和 ± 1 两极分化，分类更清晰)。
2) 进行最大似然法的因子分析，并进行 Varimax 旋转。
3) 对比两种分析结果的一致性。
   (a) 对比载荷的分组；
   (b) 对比因子得分。
4) 采用不同的因子数目 F，重复前面的三个步骤。评估是否需要额外的因子。
5) 对于大数据集，考虑将数据分成两半，分别进行因子分析。两部分进行对比，并与完整观测集的因子分析进行对比，检验结果的平稳性。

§D.3.2 应用实例

Holzinger and Swineford (1939) 是因子分析的经典数据，该数据包括 145 名学生的 24 项心理测试结果，众多的学者采用该数据来演示因子分析。

```
%ex7 = "\Example Files\EV7 Manual Data\"
%ch39 = "Chapter 39 - Factor Analysis"
%wf = @evpath + %ex7 +%ch39 +"\holzinger24.wf1"
wfopen %wf
'group g7 visual cubes paragraph sentence wordm paper1 flags1
```

下面我们只使用其中的子集，即群对象 g7 中的 7 个变量进行因子分析。

一、估计结果

首先进行因子模型估计

```
factor ft01.ml(c=1e-8,showopts) g7
freeze(tb01) ft01.output
```

采用最大似然法，得到估计结果如下：

```
Factor Method: Maximum Likelihood
Date: 07/28/11   Time: 15:14
Covariance Analysis: Ordinary Correlation
Sample: 1 145
Included observations: 145
Number of factors: Minimum average partial
Prior communalities: Squared multiple correlation
Convergence achieved after 5 iterations
Estimation settings: tol=1.0e-08
```

	Unrotated Loadings		Communality	Uniqueness
	F1	F2		
VISUAL	0.490722	0.567542	0.562912	0.437088
CUBES	0.295593	0.342066	0.204384	0.795616
PARAGRAPH	0.855444	-0.124213	0.747214	0.252786
SENTENCE	0.817094	-0.154615	0.691548	0.308452
WORDM	0.810205	-0.162990	0.682998	0.317002
PAPER1	0.348352	0.425868	0.302713	0.697287
FLAGS1	0.462895	0.375375	0.355179	0.644821

Factor	Variance	Cumulative	Difference	Proportion	Cumulative
F1	2.719665	2.719665	1.892381	0.766762	0.766762
F2	0.827284	3.546949	---	0.233238	1.000000
Total	3.546949	6.266613		1.000000	

	Model	Independence	Saturated
Discrepancy	0.034836	2.411261	0.000000
Chi-square statistic	5.016316	347.2215	---
Chi-square prob.	0.7558	0.0000	---
Bartlett chi-square	4.859556	339.5859	---
Bartlett probability	0.7725	0.0000	---
Parameters	20	7	28
Degrees-of-freedom	8	21	---

表头报告了估计信息，例如：

- `Factor Method: Maximum Likelihood`: 采用最大似然法进行估计。

- `Covariance Analysis: Ordinary Correlation`: 基于普通相关矩阵 R 进行因子分析。

- `Number of factors: Minimum average partial`: 使用 MAP 法确定因子数目 F。

- `Prior communalities: Squared multiple correlation`: 用 SMC 法设置共有度的初始值

接下来是因子模型的估计。

- MAP 法确定因子数目 $F = 2$，标记为 F1 和 F2。

- 载荷 l_{km} 的估计 (Unrotated Loadings)：我们看到，PARAGRAPH、SENTENCE 和 WORDM 主要承载在 F1 因子上，另外的四个变量则侧重在 F2 因子上 (FLAGS1 例外)。因此，初步认为因子 F1 体现语言能力，而因子 F2 则代表空间能力。
- 共有度 h_k^2 (Communality) 和独特度 ψ_k (Uniqueness) 的估计：注意到两个因子只能解释变量 CUBES 关联性的约 20%。

再接下来是方差及其解释比率，其中 Variance 列报告的数值为 $\sum_{k=1}^{Z} l_{km}^2$，即载荷矩阵 **L** 各列的平方和 (行的平方和为 h_k^2)。显然两因子模型解释的方差比率仅为 $3.546949/7 = 50.67\%$。

最后部分报告的是基本的拟合优度信息，两种 χ^2 检验的 p 值都超过 0.75，表明两因子模型足够解释观测数据的变动。至于零因子模型 (Independence)，两种 χ^2 检验都强烈拒绝模型的充分性。

因子分析的各种结果可以采用函数取得

```
vector muq = ft01.@unique
vector vcom = ft01.@communal
matrix mld = ft01.@loadings
matrix mfc1 = ft01.@factcor
matrix mfst = ft01.@factstruct
coef(2) cv
cv(1) = @sumsq(@columnextract(mld,1))
cv(2) = @norm(@columnextract(mld,2),2)^2
```

向量 muq 和 vcom 分别为独特度向量和共有度向量，vcom+muq=1，验证了式 (D.4) (第 993 页)。矩阵 mld 为载荷矩阵 **L**，由于因子是正交的，mfc1 为单位矩阵 ($\Phi = \mathbf{I}$)，因子结构矩阵 mfst=mld ($\mathbf{L}\Phi = \mathbf{L}$)。系数向量 cv 计算因子模型估计结果输出方差部分的 Variance 列。

二、因子数目

不同的方法选取的因子数目，差别可能很大

```
ft01.eigen(source=observed, scree, cproport)
```

得到图形如下：

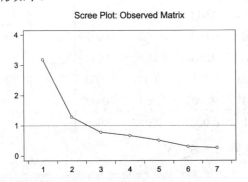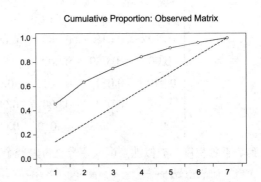

左子图为石坡图 (scree plot)，表明如果采用特征值大于 1 的准则，选取的因子数目 $F = 2$。然而，右子图指出，如果采用方差比率法，则因子的个数达到 5 个时，解释的方差才能超过 90%，6 个时才超过 95%。如果要得到具体的数值

```
ft01.eigen(matrix)
```

报告了特征值、方差解释比率和累积比率等内容。

三、评估

进行模型评估时，通常先查看 MSA 等级

    ft01.msa

首先，我们报告了 MSA 估计和偏相关系数估计：

```
Kaiser's Measure of Sampling Adequacy
Factor: FT01
Date: 07/28/11   Time: 15:14
```

	MSA
VISUAL	0.800894
CUBES	0.825519
PARAGRAPH	0.785366
SENTENCE	0.802312
WORDM	0.800434
PAPER1	0.800218
FLAGS1	0.839796
Kaiser's MSA	0.803024

Partial Correlation:

	VISUAL	CUBES	PARAGRAPH	SENTENCE	WORDM	PAPER1	FLAGS1
VISUAL	1.000000						
CUBES	0.169706	1.000000					
PARAGRAPH	0.051684	0.070761	1.000000				
SENTENCE	0.015776	-0.057423	0.424832	1.000000			
WORDM	0.070918	0.044531	0.420902	0.342159	1.000000		
PAPER1	0.239682	0.192417	0.102062	0.042837	-0.088688	1.000000	
FLAGS1	0.321404	0.047793	0.022723	0.105600	0.050006	0.102442	1.000000

MSA 的取值为 0.80，等级为良 (meritorious)。偏相关系数绝对值也都比较小，只有个别超过 0.3。

其次，我们查看共性方差残余矩阵 $\mathbf{E}_C = \mathbf{S} - \mathbf{V}_C$

    ft01.resids(common)
    sym mrsdc = ft01.@residcommon
    mrsdc.setformat f.3

命令 resids 显示残余矩阵表格视图，函数 @residcommon 则返回残余矩阵

$$\begin{bmatrix} 0.437 & -0.013 & -0.008 & -0.004 & 0.012 & -0.014 & 0.025 \\ -0.013 & 0.796 & 0.018 & -0.029 & 0.011 & 0.064 & -0.038 \\ -0.008 & 0.018 & 0.253 & 0.000 & 0.001 & 0.023 & -0.019 \\ -0.004 & -0.029 & 0.000 & 0.308 & -0.002 & 0.008 & 0.021 \\ 0.012 & 0.011 & 0.001 & -0.002 & 0.317 & -0.037 & 0.003 \\ -0.014 & 0.064 & 0.023 & 0.008 & -0.037 & 0.697 & -0.022 \\ 0.025 & -0.038 & -0.019 & 0.021 & 0.003 & -0.022 & 0.645 \end{bmatrix}$$

对角元素等于独特度。类似地，可以查看总方差残余矩阵 $\mathbf{E} = \mathbf{S} - \mathbf{V}$

    ft01.resids
    sym mrsd = ft01.@resid

对角线元素都为 0，非对角元素与共性方差残余矩阵的相等。

最后，我们考察绝对拟合指标和增量拟合指标，EViews 把这两种指标集中到拟合优度汇总视图中

    ft01.fitstats

报告了一长串的指标：

```
Goodness-of-fit Summary
Factor: FT01
Date: 07/28/11   Time: 15:14
```

	Model	Independence	Saturated
Parameters	20	7	28
Degrees-of-freedom	8	21	---
Parsimony ratio	0.380952	1.000000	---

Absolute Fit Indices

	Model	Independence	Saturated
Discrepancy	0.034836	2.411261	0.000000
Chi-square statistic	5.016316	347.2215	---
Chi-square probability	0.7558	0.0000	---
Bartlett chi-square statistic	4.859556	339.5859	---
Bartlett probability	0.7725	0.0000	---
Root mean sq. resid. (RMSR)	0.023188	0.385771	0.000000
Akaike criterion	-0.075750	2.104976	0.000000
Schwarz criterion	-0.239983	1.673863	0.000000
Hannan-Quinn criterion	-0.142483	1.929800	0.000000
Expected cross-validation (ECVI)	0.312613	2.508483	0.388889
Generalized fit index (GFI)	0.989890	0.528286	1.000000
Adjusted GFI	0.964616	-0.651000	---
Non-centrality parameter	-2.983684	326.2215	---
Gamma Hat	1.021158	0.306239	---
McDonald Noncentralilty	1.010414	0.322158	---
Root MSE approximation	0.000000	0.328447	---

Incremental Fit Indices

	Model
Bollen Relative (RFI)	0.962077
Bentler-Bonnet Normed (NFI)	0.985553
Tucker-Lewis Non-Normed (NNFI)	1.024009
Bollen Incremental (IFI)	1.008796
Bentler Comparative (CFI)	1.000000

绝对拟合指标中的两种 χ^2 统计量及其 p 值，与估计结果输出视图的相互重复。增量拟合指标部分，传统上认为要超过 0.9 因子模型才是可接受的，然而 Hu and Bentler (1999) 认为，对于最大似然估计，分界点取 0.95 更合适。

四、因子旋转

当估计的因子模型保留的因子数目 $F \geqslant 2$ 时，可以对因子进行旋转，以挖掘因子的经济含义

```
ft01.rotate(c=1e-8)
```

得到正交旋转结果如图 D.2：

- 采用 **Varimax** 法进行正交旋转 (Rotation Method: Orthogonal Varimax)，初始的载荷为无旋转的载荷 (Initial loadings: Unrotated)，即因子模型先前估计的载荷。
- Rotated loadings: L * inv(T)′ 报告旋转后的载荷：变量 VISUAL, CUBES, PAPER1 和 FLAGS1 在第二个因子的载荷明显增强。
- Rotated factor correlation: T′T 报告旋转后因子 $\mathbf{f}_*$ 的相关矩阵 $\mathbf{\Phi} = \mathbf{T}'\mathbf{T} = \mathbf{I}$。
- 正交旋转时 $\mathbf{T} = (\mathbf{T}^{-1})'$，故 Factor rotation matrix: T 与 Loading rotation matrix: inv(T)′ 相等 (注意 $\mathbf{f}_* = \mathbf{T}'\mathbf{f}$ 而不是 $\mathbf{f}_* = \mathbf{T}\mathbf{f}$)。
- 最后报告复杂度目标函数值，对比了初始值和旋转后的值。

图 D.2 正交旋转

```
Rotation Method: Orthogonal Varimax
Factor: FT01
Date: 07/28/11   Time: 15:14
Initial loadings: Unrotated
Convergence achieved after 4 iterations
```

Rotated loadings: L * inv(T)'	F1	F2
VISUAL	0.255573	0.705404
CUBES	0.153876	0.425095
PARAGRAPH	0.843364	0.189605
SENTENCE	0.818407	0.147509
WORDM	0.814965	0.137226
PAPER1	0.173214	0.522217
FLAGS1	0.298237	0.515978

Rotated factor correlation: T'T	F1	F2
F1	1.000000	
F2	0.000000	1.000000

Initial factor rotation matrix: T_0	F1	F2
F1	1.000000	0.000000
F2	0.000000	1.000000

Factor rotation matrix: T	F1	F2
F1	0.934003	0.357265
F2	-0.357265	0.934003

Loading rotation matrix: inv(T)'	F1	F2
F1	0.934003	0.357265
F2	-0.357265	0.934003

```
Initial rotation objective:  1.226715
Final rotation objective:    0.909893
```

旋转因子时，斜交旋转往往能得到更清晰的因子结构

```
ft01.factnames Verbal Spatial
freeze(gf020) ft01.loadings(graph, unrotated) 1 2
freeze(gf021) ft01.loadings(graph) 1 2
ft01.rotate(type=oblique, method=quartimax, c=1e-6, -
      prior=random, ptype=oblique, pseed=123, prng=mt)
freeze(gf022) ft01.loadings(graph) 1 2
graph gf02.merge gf020 gf021 gf022
gf02.align(3,1.5,1)
```

由于我们对两个因子的含义有一定的了解，用 `factnames` 将两个因子分别命名为 `Verbal` 和 `Spatial`，分别代表语言能力和空间能力。为了更直观地理解旋转，我们先给出图形 `gf02`，对比原始载荷（左）、正交旋转载荷（中）和斜交旋转载荷（右）：

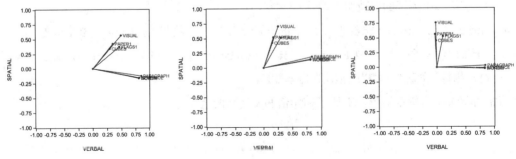

几何意义上，正交旋转只是图形绕原点的转动，坐标轴仍然保持垂直，而斜交旋转时，坐标系不是刚性的，坐标轴可以斜交，更好地指向各个因子。显然，斜交旋转更有趣

```
Rotation Method: Oblique Quartimax
Factor: FT01
Date: 07/28/11   Time: 15:14
Initial loadings: Oblique Random (reps=25,
        rng=mt, seed=123)
Results obtained from random draw 9 of 25
Convergence achieved after 19 iterations
```

Rotated loadings: L * inv(T)'	VERBAL	SPATIAL
VISUAL	-0.016856	0.759022
CUBES	-0.010310	0.457438
PARAGRAPH	0.846439	0.033230
SENTENCE	0.836783	-0.009926
WORDM	0.837340	-0.021054
PAPER1	-0.030042	0.565436
FLAGS1	0.109927	0.530662

Rotated factor correlation: T'T	VERBAL	SPATIAL
VERBAL	1.000000	
SPATIAL	0.527078	1.000000

Initial factor rotation matrix: T_0	VERBAL	SPATIAL
VERBAL	-0.982754	0.146982
SPATIAL	-0.184916	0.989139

Factor rotation matrix: T	VERBAL	SPATIAL
VERBAL	0.984399	0.668380
SPATIAL	-0.175949	0.743820

Loading rotation matrix: inv(T)'	VERBAL	SPATIAL
VERBAL	0.875271	0.207044
SPATIAL	-0.786498	1.158366

```
Initial rotation objective:   0.628315
Final rotation objective:     0.010096
```

从斜交旋转结果我们看到：

- 采用 Quartimax 法进行斜交旋转 (Rotation Method: Oblique Quartimax)，初始的载荷采用随机斜交旋转法 (Initial loadings: Oblique Random)，重复次数为 25 次，随机数发生器采用改进的 Mersenne Twister，随机种子为 123。
- Rotated loadings: L * inv(T)'：载荷在两个因子上的分离比正交旋转更加分明。
- Rotated factor correlation: T'T 报告旋转后因子 $\mathbf{f}_*$ 的相关矩阵 $\Phi = \mathbf{T}'\mathbf{T}$。由于是斜交旋转，$\Phi$ 不是单位矩阵，因子是相关的。
- 斜交旋转时通常 $\mathbf{T} \neq (\mathbf{T}^{-1})'$，故 Factor rotation matrix: T 不同于 Loading rotation matrix: inv(T)'。

斜交旋转后，可以提取因子模式矩阵 (旋转后的载荷 $\mathbf{L}_*$)

```
matrix mrld = ft01.@rloadings
matrix mfc2 = ft01.@factcor
matrix mfst2 = ft01.@factstruct
```

即 mrld $\to \mathbf{L}_*$，mfc2 $\to \Phi$，mfst2 $\to \Gamma$，由于 $\Gamma = \mathbf{L}_* \Phi$，故 mfst2=mrld*mfc2。

五、得分

有了因子模型的估计，不管是否进行旋转，都可以计算得分

```
ft01.scores(out=table)
```

得到因子得分估计的总结表格视图：

```
Factor Score Summary
Factor: FT01
Date: 07/28/11   Time: 15:14
Exact scoring coefficients
Method: Regression (based on rotated loadings)
Standardize observables using moments from estimation
Sample: 1 145
Included observations: 145
```

Factor Coefficients:	VERBAL	SPATIAL
VISUAL	0.030492	0.454344
CUBES	0.010073	0.150424
PARAGRAPH	0.391755	0.101888
SENTENCE	0.314600	0.046201
WORDM	0.305612	0.035791
PAPER1	0.011325	0.211658
FLAGS1	0.036384	0.219118

Indeterminancy Indices:	Multiple-R	R-squared	Minimum Corr.
VERBAL	0.940103	0.883794	0.767589
SPATIAL	0.859020	0.737916	0.475832

Validity Coefficients:	Validity
VERBAL	0.940103
SPATIAL	0.859020

Univocality: (Rows=Factors; Columns=Factor scores)	VERBAL	SPATIAL
VERBAL	---	0.590135
SPATIAL	0.539237	---

Estimated Scores Correlation:	VERBAL	SPATIAL
VERBAL	1.000000	
SPATIAL	0.627734	1.000000

Factor Correlation:	VERBAL	SPATIAL
VERBAL	1.000000	
SPATIAL	0.527078	1.000000

表头报告了如下内容：

- `Exact scoring coefficients`: 得分系数采用精确估计。
- `Method: Regression (based on rotated loadings)`: 基于旋转的载荷，采用回归方法估计得分系数。
- `Standardize observables using moments from estimation`: 计算得分时，通过估计的样本矩对观测进行标准化。

随后，`Factor Coefficients` 部分报告得分系数的估计，即矩阵 $\mathbf{G}$ 的估计。余下的部分报告各种评估指标：

- `Indeterminancy Indices`: 不确定性指标。其中的 `Multiple-R` 和 `R-squared` 列分别为因子与得分的相关矩阵 $\mathbf{R}_{fs}$ 的对角线元素及其平方，`Minimum Corr` 列报告最小相关系数指标。

- `Validity Coefficients`: 正当性指标都超过 0.8, 等于不确定性指标中的 `Multiple-R`, 都取自 $\mathbf{R}_{fs}$ 的对角线元素。
- `Univocality`: 单义性偏差都为正 ($\mathbf{R}_{fs} - \mathbf{\Phi}$ 的非对角线元素)。
- `Estimated Scores Correlation`: $\mathbf{R}_{ss}$ 的估计,因子得分估计的相关系数为 0.627734, 比因子的总体相关系数 0.527078 大一些。
- `Factor Correlation`: 因子的相关系数矩阵 $\mathbf{\Phi}$, 正好等于前一子小节中斜交旋转结果中的 `Rotated factor correlation: T'T`。

因子与得分的相关矩阵 $\mathbf{R}_{fs}$ 可以手工计算

```
sym mftd = ft01.@fitted
matrix mr2 = mfc2*@transpose(mrld)*@inverse(mftd)*mrld*mfc2
matrix mrfs = mr2*@makediagonal(@epow(@getmaindiagonal(mr2),-0.5))
```

得到 mftd $\to \mathbf{V}$, mr2 $\to \mathbf{\Gamma}'\mathbf{V}^{-1}\mathbf{\Gamma}$, mrfs $\to \mathbf{R}_{fs}$, 且

$$\mathbf{R}_{fs} = \begin{bmatrix} 0.940103 & 0.590135 \\ 0.539237 & 0.859020 \end{bmatrix}$$

与因子得分估计的总结表报告的正当性指标和单义性指标完全一致。

查看因子得分时,最直观的是双标图 (biplot)

```
ft01.scores(out=biplot)
```

得到因子得分和旋转载荷的双标图:

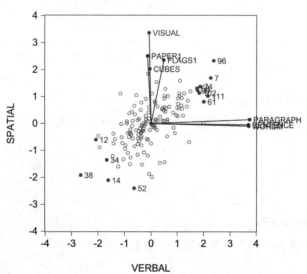

得分呈现出明显的正相关。此外我们看到,个体 96 的语言能力和空间能力都最强,而个体 38 这两方面的能力都比较弱。

命令 `makescores` 保存得分序列,例如

```
ft01.makescores(n=gs)
```

因子的得分序列将保存在序列对象 `Verbal` 和 `Spatial` 中 (前面 `factnames` 对因子的命名作为序列名,否则名字为 `F1` 和 `F2`),并且作为群对象 `gs` 的成员。

六、Heywood 情形

估计因子模型时，式 (D.3) (第 993 页) 的方差结构不一定有解。Johnson and Wichern (2007, p486) 给出的例子 9.2 中，唯一解 $\psi_1 = -0.575$，显然这是不符合常理的，因为方差不能为负。下面，我们用 EViews 进行演示

```
pagecreate(page=p486) u 4
sym(3) R
r.fill 1, 0.9, 0.7, 1, 0.4, 1
factor ft01
freeze(tb05) ft01.ml(c=1e-8,showopts) R
```

得到最大似然估计结果为

```
Factor Method: Maximum Likelihood
Date: 07/28/11   Time: 15:14
User matrix: R
User observations: Not specified
Number of factors: Minimum average partial
Prior communalities: Squared multiple correlation
Convergence achieved after 7 iterations
Estimation settings: tol=1.0e-08
```

	Loadings F1	Communality	Uniqueness		
V1	1.000000	1.000000	0.000000		
V2	0.900000	0.810000	0.190000		
V3	0.700000	0.490000	0.510000		
Factor	Variance	Cumulative	Difference	Proportion	Cumulative
F1	2.300000	2.300000	---	1.000000	1.000000
Total	2.300000	2.300000		1.000000	
	Model	Independence	Saturated		
Discrepancy	0.789490	3.123566	0.000000		
Parameters	6	3	6		
Degrees-of-freedom	0	3	---		

```
Warning: Heywood solution (uniqueness estimates are non-positive).
Results should be interpreted with caution.
```

估计结果报告的最后给出了警告：Warning: Heywood solution。对于该例子，尽管采用主因子法等其他估计方法都很正常，然而 Heywood 情形 (Heywood case) 的出现，再次提醒我们因子分析是一门艺术，结果的解释要慎重。

§D.3.3 因子对象

因子对象用来进行因子分析[7]：

- 计算关联性：如方差矩阵，相关矩阵，以及次序相关等
- 设定因子的数目
- 因子模型估计，进行诊断检验，以及提取载荷和独特度等
- 进行因子旋转
- 计算因子得分

命令 factor 创建因子对象，例如

```
factor ft01.ml(c=1e-8,showopts) g7
```

创建因子对象 ft01，并进行最大似然估计。

---

[7]对于临时查看或者简单尝试，交互命令 factest 不需要建立因子对象，即可进行因子分析。

一、模型估计

首先要明确因子分析是针对关联性的哪种度量:给定观测数据,需要选择关联性的度量方法。

1) 相关矩阵:普通相关矩阵 (Pearson 法)、未中心化的或者 Spearman 次序相关。
2) 方差矩阵:普通方差矩阵 (Pearson 法)、未中心化的或者 Spearman 次序方差。
3) Kendall 的 τ_a 和 τ_b。

以上各种度量方法,EViews 的用户手册中讨论协方差分析 (covariance analysis) 时,有详细的介绍。

进行因子模型估计时,需要设定的内容有:

- 数据:用户可以直接给定关联性矩阵,或者由观测数据进行计算。
    - 用户给定关联性矩阵,如给定相关矩阵或者方差矩阵等;
    - 如果给定的是观测数据,需要指定关联性的度量方法,默认分析相关矩阵;
    - 如果给定了观测变量,并给出条件变量(估计语句中使用关键字 @partial),则基于条件关联矩阵[8]进行分析。

- 估计方法:可以选择如下几种方法。
    - gls: 广义最小二乘估计;
    - ipf: 主因子迭代估计 (iterated principal factors estimation);
    - ml: 最大似然估计;
    - pace: 分块方差估计 (non-iterative partitioned covariance estimation, PACE);
    - pf: 主因子估计;
    - uls: 最小二乘估计。

- 因子数:默认使用 Velicer (1976) 提出的 MAP (minimum average partial) 法,或者使用选项 n=int 设定因子数目。

- 初始的共有度:默认基于 SMC (squared multiple correlations) 计算的共有度,因为 SMC 是共有度的理论下限。

- 估计选项:关于缩放选项 rescale,估计方法除了 ipf 和 pf,特有方差 Ψ 和载荷 $\mathbf{L}$ 都是分开直接估计的,$\mathbf{LL'} + \Psi$ 与原始的方差矩阵可能差异较大,选择缩放以使等式成立(请注意,拟合统计量使用未调整的独特度和载荷估计)。

主成分法:因子分析的主成分法可以通过主因子法实现,例如

```
'holzinger24.wf1
c = 0
freeze(tb41) ft01.pf(priors=user, priorunique=c) g7
freeze(tb42) g7.pcomp(eigval=vev,eigvec=mev)
vector vF1 = @sqrt(vev(1))*@columnextract(mev,1)
```

---

[8]例如条件方差矩阵:如果给定了观测变量 $\mathbf{z}_1$,并给出条件变量 $\mathbf{z}_2$,假设 $[\mathbf{z}_1; \mathbf{z}_2]$ 的方差矩阵为

$$\begin{bmatrix} \mathbf{V}_1 & \mathbf{V}_{12} \\ \mathbf{V}'_{12} & \mathbf{V}_2 \end{bmatrix}$$

则条件方差为

$$\mathbf{V}_{1|2} = \mathbf{V}_1 - \mathbf{V}_{12}\mathbf{V}_2^{-1}\mathbf{V}'_{12}$$

估计结果表格 tb41 采用主因子法，由于初始的特有方差设定为 0，得到主成分法的估计结果。向量 vF1 是手工计算的主成分法的第一个因子的载荷，与表格 tb41 报告的完全一致。

初始的共有度：关于 SMC 的计算
```
freeze(tb71) ft01.smc    'holzinger24.wf1
matrix mcov = ft01.@cov   'here return the corr matrix
vector vsmc = -@einv(@getmaindiagonal(@inverse(mcov)))+1
```
命令 smc 报告了 SMC 以及反象方差矩阵（第 1011 页式 D.10）。由于因子分析基于相关矩阵，函数 @cov 返回矩阵 **R**，因此，由式 (D.6)（第 994 页）知向量 vsmc 值为 SMC，与表格 tb71 报告的数值相等。

二、因子旋转

命令 rotate 提供了数十种旋转方法，命令 rotateout 显示因子旋转结果，命令 rotateclear 则清除因子旋转结果。因子旋转后，因子的顺序可能改变，例如

```
do ft01.pf g7    'holzinger24.wf1
freeze(tb31) ft01.output
freeze(tb33) ft01.rotate(type=oblique, method=quartimax, c=1e-6, _
             prior=random, ptype=oblique, pseed=123, prng=mt)
ft01.factnames Spatial Verbal
freeze(gf31) ft01.scores(out=biplot)
```

估计结果 tb31 中，因子 F1 和 F2 分别代表语言和空间能力，而旋转结果 tb33 中，F1 和 F2 的含义与 tb31 中的顺序相反，分别表示空间能力和语言能力了，这一点也可以从得分的双标图 gf31 得到验证。因此，因子旋转时，因子的经济含义可能也转动了，解释时要认真核对。

旋转因子时，初始旋转矩阵有多种设置方法：选项 prior={previous, random, **unrotated**, user} 分别代表前一次的旋转矩阵、随机矩阵、单位矩阵以及用户给定。例如，可以使用正交旋转的结果，作为斜交旋转的初始值

```
pagecreate(page=p505) u 4    'Johnson and Wichern (2007), p505
sym(6) R
r.fill 1, 0.439, 0.410, 0.288, 0.329, 0.248, _
       1, 0.351, 0.354, 0.32, 0.329, _
       1, 0.164, 0.19, 0.181, 1, 0.595, 0.47, 1, 0.464, 1
factor ft01
freeze(tb15) ft01.ml(n=kaiser, c=1e-8, showopts) r 220 _
             @ Gaelic English History Arithmetic Algebra Geometry
freeze(tb21) ft01.rotate(method=infomax)
freeze(tb23) ft01.rotate(type=oblique,prior=previous, c=1e-6)
```

其中 tb15 的估计结果复制了 Johnson and Wichern (2007, p505) 的表 9.5。由于使用了 prior=previous 选项，后续旋转 tb23 中初始旋转矩阵取自 tb21 的旋转矩阵。为了复制 Johnson and Wichern (2007, p507) 的表 9.6，即顺时针旋转 20°，可以采用如下代码进行计算：

```
!a = 20    'rotate by given angl
!a = !a/360*2*@acos(-1)
matrix(2,2) mc
mc(1,1) = @cos(!a)
mc(1,2) = @sin(!a)
mc(2,1) = -mc(1,2)
mc(2,2) = mc(1,1)
matrix mcl = ft01.@loadings*mc    'Tab 9.6
```

三、因子得分

命令 `makescores` 保存得分序列，命令 `scores` 报告得分系数和评价指标。估计因子得分时，可以使用一组观测的得分系数估计，对另一组观测 (估计样本之外) 计算得分

```
smpl @first @last-6      'holzinger24.wf1
freeze(tb90) ft01.ml(c=1e-8,showopts) g7
freeze(tb91) ft01.rotate(type=oblique)
smpl @last-5 @last
ft01.makescores(type=struct,cutoff=0.3,n=gsc) fvc fsc
```

使用前面观测估计的结构矩阵 (`type=struct`)，阈值取 0.3 (`cutoff=0.3`) 进行离散化得到粗糙系数，计算最后 6 个观测的得分，并将得分保存在群对象 `gsc` 中，相应的成员序列为 `fvc` 和 `fsc`。需要说明的是，计算得分时 EViews 先将观测标准化。

给定观测数据，EViews 对如下情况不支持得分计算：

- 基于 Spearman 次序以及 Kendall 的 τ_a 和 τ_b 的关联度进行因子分析。
- 给定条件变量，基于条件协方差或者条件相关系数的因子分析。

要取得得分估计，只需要采用自定义矩阵的方式进行因子分析即可。

四、视图和过程

清晰起见，因子对象的视图命令列表如下：

视图命令	说明	函数
anticov	反象方差矩阵 (anti-image covariance matrix)	@anticov
eigen	特征根	
fitstats	拟合优度估计量	@cfi 等等
fitted	拟合矩阵	@fitted
loadings	载荷	@loadings, @rloadings
maxcor	方差矩阵的最大绝对相关系数	
msa	MSA (Measure of Sampling Adequacy)	
observed	样本方差矩阵	@cov
output	估计结果输出	
partcor	样本偏相关矩阵	@partcor
reduced	精简方差矩阵 (reduced covariance matrix)	@reduced
resids	残余方差 (residual covariance)	@resid, @residcommon
rotateout	因子旋转结果	
scores	因子得分：系数和评价指标	
smc	SMC (squared multiple correlations)	
spec	文本设定视图	
structure	因子结构矩阵	@factstruct

为了方便，我们列出了相应的函数。由于因子模型受旋转的影响，因此因子模型的文本设定视图包含了模型的估计设定和旋转设定。例如，对于第 1008 页中工作页 p505 里的因子对象 ft01

```
freeze(tx01) ft01.spec    'page=p505
```

得到文本设定如下：

```
Estimation Specification:
=========================
ML(N=KAISER, CONV=1E-8, SHOWOPTS) R 220 1
    @ GAELIC ENGLISH HISTORY ARITHMETIC ALGEBRA GEOMETRY
Rotation Specification:
=========================
ROTATE(METHOD=INFOMAX)
ROTATE(TYPE=OBLIQUE, CONV=1E-6, PRIOR=PREVIOUS)
```

估计设定里包含了因子数目的确定方法。此外，由于连续旋转时，后续旋转的初始旋转矩阵采用前一次旋转的结果，旋转的设定中包含了两个旋转命令。

因子分析的过程命令比较少：
- 设置因子的名字 factnames；
- 保存得分序列 makescores；
- 因子旋转 rotate，以及清除因子旋转结果 rotateclear。

五、函数

因子对象的函数很多：返回标量值的函数有：

函数	含义	函数	含义
@balanced	是否使用平衡样本	@nnfi	非归一化拟合指数
@cfi	Bentler CFI	@nvars	变量数目
@ifi	Bollen IFI	@obs	观测数目
@ncondition	条件变量个数 (含常数)	@pratio	简约比率
@nfactors	保留的因子数目	@rfi	Bollen RFI
@nfi	Bentler-Bonnet IFI	@valid	估计是否合适

其中 @nnfi 的返回值也称为广义 Tucker-Lewis 指标 (generalized Tucker-Lewis index)。下列的函数也返回标量值，但支持输入参数：

函数	含义	函数	含义
@agfi	调整的 GFI	@hq	HQ 信息准则
@aic	AIC 信息准则	@mdnoncent	McDonald 非中心化参数
@bartlett	Bartlett χ^2 统计量	@ncoefs	=@parms
@bartlettprob	Bartlett χ^2 的 p 值	@noncent	非中心化参数
@chisq	χ^2 统计量	@objective	目标函数值
@chisqdf	χ^2 的自由度	@params	参数个数
@chisqprob	χ^2 的 p 值	@rmsea	RMSE 近似值
@discrep	=@objective	@rmsr	残差均方根
@ecvi	交错校验期望	@sc	SC 信息准则
@gammahat	$\hat\gamma$ 非中心化参数	@srmsr	残差标准化均方根
@gfi	Jöreskog-Sörbom GFI		

这些函数使用参数 0 取得独立因子模型 (零因子模型) 的相应统计量，如 @hq(0) 得到零因子模型的 HQ 信息准则。

以下函数返回矩阵：

函数	含义	函数	含义
`@anticov`	反象方差矩阵	`@obsmat`	变量对的样本数矩阵
`@common`	共性方差矩阵 $\mathbf{V}_C$	`@partcor`	偏相关矩阵 $\mathbf{R}^*$
`@communal`	共有度的向量	`@reduced`	精简方差矩阵 $\mathbf{S}_R$
`@cov`	方差 (相关) 矩阵 $\mathbf{S}$	`@resid`	总方差残余矩阵 $\mathbf{E}$
`@factcor`	因子相关矩阵 $\mathbf{\Phi}$	`@residcommon`	共性方差残余矩阵 $\mathbf{E}_C$
`@factstruct`	因子结构矩阵 $\mathbf{\Gamma}$	`@rloadings`	旋转后载荷矩阵 $\mathbf{L}_*$
`@fitted`	拟合方差矩阵 $\mathbf{V}$	`@rotmat`	因子旋转矩阵 $\mathbf{T}$
`@icommunal`	共有度的初始向量	`@rotmatinv`	载荷旋转矩阵 $(\mathbf{T}')^{-1}$
`@ireduced`	初始精简方差矩阵	`@rowadjust`	行标准化向量
`@iunique`	独特度的初始向量	`@scaled`	方差缩放矩阵
`@loadings`	载荷 $\mathbf{L}$	`@unique`	独特度向量估计

根据因子分析是针对方差矩阵还是针对相关矩阵，函数 `@cov` 相应返回样本方差矩阵 $\mathbf{S}$ 或相关矩阵 $\mathbf{R}$。

- 反象方差矩阵 (`@anticov`) 定义为

$$\text{diag}\left(\mathbf{S}^{-1}\right)^{-1} \mathbf{S}^{-1} \text{diag}\left(\mathbf{S}^{-1}\right)^{-1} \tag{D.10}$$

反象相关矩阵与偏相关矩阵 (`@partcor`) 的关系为式 (D.7) (第 995 页)

```
'holzinger24.wf1
matrix macov = ft01.@anticov    'cmp to tb71
matrix mt1 = @inverse(mcov)
matrix mt2 = @makediagonal(@einv(@getmaindiagonal(mt1)))
matrix mt3 = macov- mt2*mt1*mt2    '0
matrix mpc = ft01.@partcor
matrix mt5 = @makediagonal(@epow(@getmaindiagonal(mt1),-0.5))
matrix mt6 = mpc +mt5*mt1*mt5- 2*@identity(7)      '0
```

矩阵 `mt3` 和 `mt6` 都为 0，分别验证了式 (D.10) 和式 (D.7)：

- 函数 `@factcor` 返回因子相关矩阵，$\text{corr}(\mathbf{f},\mathbf{f}) = \text{var}(\mathbf{f}) = \mathbf{\Phi}$;
- 函数 `@factstruct` 返回因子结构矩阵，$\mathbf{\Gamma} = \text{cov}(\mathbf{z},\mathbf{f}) = \mathbf{L}\mathbf{\Phi}$;
- 函数 `@communal` 返回共有度向量，即共性方差矩阵 $\mathbf{V}_C = \mathbf{L}\mathbf{L}'$ 的对角线。

§D.4 广义线性模型

广义线性模型[9] (generalized linear model, GLM) 由 Nelder and Wedderburn (1972) 提出，它在条件均值函数形式和条件分布类型方面对线性回归模型进行了推广：

1) 条件均值是指数项 (回归变量的线性组合) 的非线性函数；
2) 因变量的条件分布来自线性指数分布族 (linear exponential family, LEF)。

GLM 模型包含了一大类常用的模型，如线性回归模型、Logit 模型、Probit 模型和泊松 (Poisson) 模型等。不管因变量是连续的，还是离散的，GLM 模型提供了统一的处理框架。

GLM 模型的研究相当丰富，McCullagh and Nelder (1989) 和 Agresti (2007) 是 GLM 理论的经典，Dobson and Barnett (2008) 是为本科生准备的，而 Müller (2004) 的处理简洁易懂。

§D.4.1 理论回顾

熟悉线性指数分布族是理解 GLM 的前提，因此我们首先回顾线性指数分布族的函数形式和性质，然后讨论 GLM 的设定和估计。

一、线性指数分布族

线性指数分布族包含了连续和离散分布的情形，它要求概率密度函数 (PDF) 或者概率质量函数 (PMF) 具有如下形式：

$$f(y;\tau,\delta) = \exp\left(\frac{\tau y - B(\tau)}{\delta} + C(y,\delta)\right) \tag{D.11}$$

其中函数 $B(\cdot)$ 和 $C(\cdot)$ 的形式由 Y 的分布确定，参数 $\delta > 0$ 称为离散度 (dispersion)，而典范参数 (canonical parameter，也称为自然参数，natural parameter) τ 与均值和方差满足如下关系：

$$\mu = \mathrm{E}(y) = B'(\tau) \tag{D.12}$$
$$v = \mathrm{var}(y) = \delta B''(\tau)$$

线性指数分布族包含了如下常用分布：

名称	分布函数	取值范围	参数范围
Binomial	$\Pr(Y=y;n,p) = \binom{n}{y} p^y (1-p)^{n-y}$	$\{0,1,2,\cdots,n\}$	$n \geqslant 1, 0 < p < 1$
Bin Prop	$\Pr(Y=y;n,p) = \binom{n}{ny} p^{ny} (1-p)^{n-ny}$	$\{0, \frac{1}{n}, \frac{2}{n}, \cdots, 1\}$	$n \geqslant 1, 0 < p < 1$
Gamma	$f(y;b,r) = b^{-r} y^{r-1} e^{-y/b}/\Gamma(r)$	$(0,+\infty)$	$b, r > 0$
Inv Gaussian	$f(y;\mu,\lambda) = (2\pi y^3 \lambda)^{-1/2} \exp\left(\frac{-(y-\mu)^2}{2y\mu^2\lambda}\right)$	$(0,+\infty)$	$\lambda, \mu > 0$
Normal	$f(y;\mu,\sigma^2) = \frac{1}{\sqrt{2\pi}\sigma} \exp\left(-\frac{(y-\mu)^2}{2\sigma^2}\right)$	$(-\infty,+\infty)$	$\mu \in \mathbb{R}, \sigma^2 > 0$
Neg Bin	$\Pr(Y=y;\mu,k) = \frac{\Gamma(y+1/k)}{\Gamma(y+1)\Gamma(1/k)} \frac{(k\mu)^y}{(1+k\mu)^{y+1/k}}$	$\{0,1,2,\cdots\}$	$\mu > 0, k > 0$
Poisson	$\Pr(Y=y;\lambda) = \frac{\lambda^y}{y!} e^{-\lambda}$	$\{0,1,2,\cdots\}$	$\lambda > 0$

---

[9]请不要与普通线性模型 (general linear model) 相混淆，普通线性模型是广义线性模型中假定为正态分布，且衔接函数取恒等函数时的特例，在 R 语言中分别对应于函数 lm() 和 glm()。

有必要指出的是：伯努利分布 (Bernoulli)、几何分布 (geometric) 和指数分布 (exponential) 分别是二项分布 (参数 $n=1$)、负二项分布 (参数 $k=1$) 和 Gamma 分布 (参数 $r=1$) 的特例。

例如，常用的正态分布

$$f\left(y;\mu,\sigma^2\right) = \frac{1}{\sqrt{2\pi}\sigma}\exp\left(-\frac{(y-\mu)^2}{2\sigma^2}\right) = \exp\left(\frac{\mu y - \mu^2/2}{\sigma^2} - \frac{y^2}{2\sigma^2} - \frac{1}{2}\log\left(2\pi\sigma^2\right)\right)$$

对比式 (D.11) 的形式得

$$\tau = \mu \qquad \delta = \sigma^2 \qquad B(\tau) = \frac{\tau^2}{2} \qquad C(y,\delta) = -\frac{y^2}{2\sigma^2} - \frac{1}{2}\log\left(2\pi\sigma^2\right)$$

并且不难验证，式 (D.12) 的关系是成立的。

定义方差函数

$$V(\mu) \equiv \frac{\mathrm{d}\mu}{\mathrm{d}\tau} = B''(\tau)$$

它刻画了线性指数分布族中方差与均值的关系，$\mathrm{var}(y) = \delta V(\mu)$。此外，式 (D.12) 表明 μ 是 τ 的单调增函数，故存在反函数 $\tau = \tau(\mu)$。清晰起见，线性指数分布族的性质整理成表格如下：

名称	$\mathrm{E}(y)$	$\mathrm{var}(y)$	$\tau(\mu)$	$B(\tau)$	$V(\mu)$	δ
Binomial	np	$np(1-p)$	$\ln\left(\frac{\mu}{n-\mu}\right)$	$n\ln(1+e^\tau)$	$\mu\left(1-\frac{\mu}{n}\right)$	1
Bin Prop	p	$p(1-p)/n$	$\ln\left(\frac{\mu}{1-\mu}\right)$	$n\ln\left(1+e^{\tau/n}\right)$	$\frac{\mu}{n}(1-\mu)$	1
Gamma	br	$b^2 r$	$-\frac{1}{\mu}$	$-\ln(-\tau)$	μ^2	$1/r$
Inv Gaussian	μ	$\lambda\mu^3$	$-\frac{1}{2\mu^2}$	$-(-2\tau)^{1/2}$	μ^3	λ
Normal	μ	σ^2	μ	$\tau^2/2$	1	σ^2
Neg Bin	μ	$\mu + k\mu^2$	$\ln\left(\frac{k\mu}{1+k\mu}\right)$	$\frac{-\ln(1-e^\tau)}{k}$	$\mu(1+k\mu)$	1
Poisson	λ	λ	$\ln(\mu)$	e^τ	μ	1

我们看到，除了正态分布的均值取任意实数，其他分布的均值都为正。

二、GLM 设定

给定 $K \times 1$ 随机向量 $\mathbf{x}_i$，假设 y_i 的条件分布来自线性指数分布族，并且

$$\mathrm{E}(y_i|\mathbf{x}_i) = \mu_i = g^{-1}(\mathbf{x}'_i\mathbf{b}) \qquad i = 1, 2, \cdots, N \tag{D.13}$$

其中 $\mathbf{b}$ 为 $K \times 1$ 系数向量，可逆函数 $g(\cdot)$ 称为衔接函数 (link function)，例如取为最简单的恒等函数 $g(x) = x$，得到传统的线性回归模型

$$\mathrm{E}(y_i|\mathbf{x}_i) = \mathbf{x}'_i\mathbf{b}$$

由于选用线性指数分布族，由式 (D.12) 知 GLM 设定中均值和方差的关系被限定为

$$\mathrm{var}(y_i|\mathbf{x}_i) = v_i = \delta V(\mu_i) \tag{D.14}$$

显然，GLM 模型由如下三部分组成：

1) 指数项：$z_i = \mathbf{x}'_i\mathbf{b}$；
2) 条件分布：y_i 的条件分布属于线性指数分布族；

3) 衔接函数：光滑的可逆函数 $z_i = g(\mu_i)$ 描述条件均值 μ_i 与指数 z_i 的关系。

例如，假定 y_i 服从二项分布 (Bernoulli 分布)，衔接函数取 $g(x) = N^{-1}(x)$，其中 $N(\cdot)$ 为标准正态分布的 CDF，则有

$$\Pr(y_i = 1 | \mathbf{x}_i) = \mathrm{E}(y_i | \mathbf{x}_i) = g^{-1}(\mathbf{x}_i' \mathbf{b}) = N(\mathbf{x}_i' \mathbf{b})$$

得到我们熟悉的 Probit 回归模型 (第 786 页 §16.1 节)。常见模型的分布和衔接函数组合如下 (更多的设定形式请参考 Hardin and Hilbe, 2007)：

模型	分布函数	衔接函数	参见
线性回归	正态分布	$g(x) = x$	§3.1 节 (第 138 页)
Logit 回归	二项分布 (Bernoulli 分布)	$g(x) = \log\left(\frac{x}{1-x}\right)$	§16.1 节 (第 786 页)
Poisson 回归	泊松分布	$g(x) = \log(x)$	§16.3 节 (第 810 页)
指数回归	正态分布	$g(x) = \log(x)$	下一小节

三、估计

ML 估计：给定 $[y_i; \mathbf{x}_i]$ 的 N 个独立观测，那么观测 i 的对数似然贡献值为

$$\ell_i(\mathbf{b}) = \log(f(y_i; \tau_i, \delta)) = \frac{\tau_i y_i - B(\tau_i)}{\delta} + C(y_i, \delta) \tag{D.15}$$

其中

$$\tau_i = \tau(\mu_i) = \tau(g^{-1}(z_i)) = \tau(g^{-1}(\mathbf{x}_i' \mathbf{b}))$$

因此

$$\frac{\partial \ell}{\partial \mathbf{b}} = \sum_{i=1}^{N} \frac{\partial \ell_i(\mathbf{b})}{\partial \mathbf{b}} = \frac{1}{\delta} \sum_{i=1}^{N} (y_i - \mu_i) \frac{\partial \tau_i}{\partial \mathbf{b}} = \frac{1}{\delta} \sum_{i=1}^{N} \frac{y_i - \mu_i}{V(\mu_i) g'(\mu_i)} \mathbf{x}_i$$

表明并不需要知道离散度 δ 的值，系数 $\mathbf{b}$ 可以直接估计出来。

QML 估计：如果 y_i 的条件分布满足式 (D.13) 和式 (D.14)，也就是说，y_i 的条件均值是正确设定的，并且方差与均值具有 GLM 模型中方差与均值的限制形式，但其他各阶矩可能存在错误设定。此时可以采用 Wedderburn (1974) 提出的 QML 估计，其中观测 i 的伪似然贡献定义为

$$\ell_i(\mathbf{b}) = \int_{y_i}^{\mu_i} \frac{y_i - x}{\delta V(x)} \, \mathrm{d}x \tag{D.16}$$

如果 y_i 来自线性指数族，似然函数与伪似然函数两者的梯度完全吻合，式 (D.16) 是式 (D.15) 的推广。

离偏度 (deviance)：衡量模型的拟合优度，定义为

$$D = \delta D_*$$

其中缩放离偏度 (scaled deviance) $D_* = 2(\ell_* - \ell)$，ℓ_* 为饱和模型[10] (saturated model) 的对数似然值。对于正态分布而言，离偏度等于普通残差平方和 $\sum(y_i - \mu_i)^2$。

离散度：当采用正态分布、Gamma 分布或者逆高斯分布时，离散度 δ 是自由参数，通常采用广义 Pearson χ^2 统计量进行估计

$$\delta_P = \frac{1}{N-K} \sum_{i=1}^{N} \frac{(y_i - \mu_i)^2}{V(\mu_i)} \tag{D.17}$$

---

[10]饱和模型通常假设 $\mu_i = y_i$，如果把对数似然函数表示成 $\ell(\boldsymbol{\mu}, \mathbf{y})$，那么 $D_* = 2(\ell(\mathbf{y}, \mathbf{y}) - \ell(\boldsymbol{\mu}, \mathbf{y}))$。

对于线性指数分布族，还可以使用离偏度 D 来计算

$$\delta_D = \frac{D}{N-K} \tag{D.18}$$

需要说明的是，对于离散度为固定值的分布 (如二项分布、负二项分布以及泊松分布的 $\delta = 1$)，估计离散度显然不符合 ML 估计的理论。但符合 QML 框架，因此，系数和方差估计是正确的。

实际应用中，δ_D 的偏差比较大，而且小样本下，对舍入误差敏感，因此不建议使用。

系数方差矩阵：由于 GLM 模型采用 ML 估计，参见式 (15.17) (第 720 页) 以及该式之后的讨论，系数方差矩阵的估计有三种选择：

1) 采用黑森矩阵观测值计算的 $\mathbf{V}_A$；
2) 采用黑森矩阵条件期望值计算的 $\mathbf{V}_E$；
3) 采用梯度计算的 BHHH 估计 $\mathbf{V}_B$。

记

$$\mathbf{y} = \begin{bmatrix} y_1 \\ y_2 \\ \vdots \\ y_N \end{bmatrix} \quad \mathbf{X} = \begin{bmatrix} \mathbf{x}_1' \\ \mathbf{x}_2' \\ \vdots \\ \mathbf{x}_N' \end{bmatrix} \quad \boldsymbol{\mu} = \begin{bmatrix} \mu_1 \\ \mu_2 \\ \vdots \\ \mu_N \end{bmatrix} \quad \mathbf{e} = \begin{bmatrix} e_1 \\ e_2 \\ \vdots \\ e_N \end{bmatrix} = \mathbf{y} - \boldsymbol{\mu}$$

以及对角矩阵 $\mathbf{W}, \mathbf{W}_A$ 和 $\mathbf{W}_B$，对角元素分别为

$$w_{ii} = \frac{1}{V(\mu_i) \left[g'(\mu_i)\right]^2}$$

$$w_{A,ii} = w_{ii} + e_i w_{ii} \cdot \left(\frac{V'(\mu_i)}{V(\mu_i)} + \frac{g''(\mu_i)}{g'(\mu_i)} \right)$$

$$w_{B,ii} = \frac{w_{ii} e_i^2}{V(\mu_i)}$$

定义

$$\mathbf{g}_i \equiv \frac{\partial \ell_i}{\partial \mathbf{b}} \quad \mathbf{H} \equiv \frac{\partial^2 \ell}{\partial \mathbf{b} \partial \mathbf{b}'}$$

那么，我们发现

$$\sum_{i=1}^{N} \mathbf{g}_i \mathbf{g}_i' = \frac{1}{\delta^2} \mathbf{X}' \mathbf{W}_B \mathbf{X}$$

$$\mathbf{H} = -\frac{1}{\delta} \mathbf{X}' \mathbf{W}_A \mathbf{X}$$

$$\mathrm{E}(\mathbf{H}) = -\frac{1}{\delta} \mathbf{X}' \mathbf{W} \mathbf{X}$$

因此，如果模型是正确设定的，方差矩阵的三种一致估计分别为

$$\mathbf{V}_E = -\left[\mathrm{E}(\mathbf{H})\right]^{-1} = \delta \cdot (\mathbf{X}' \mathbf{W} \mathbf{X})^{-1} \tag{D.19}$$

$$\mathbf{V}_A = -\mathbf{H}^{-1} = \delta \cdot (\mathbf{X}' \mathbf{W}_A \mathbf{X})^{-1}$$

$$\mathbf{V}_B = \left(\sum_{i=1}^{N} \mathbf{g}_i \mathbf{g}_i' \right)^{-1} = \delta^2 \cdot (\mathbf{X}' \mathbf{W}_B \mathbf{X})^{-1}$$

如果需要修正自由度，常见的做法是先采用无自由度修正的 δ 估计来计算式 (D.19)，然后再将方差矩阵估计乘以 $N/(N-K)$ 进行自由度修正。GLM 模型的方差矩阵有两种稳健估计

- Huber/White 估计：如果均值方程式 (D.13) 是正确设定的，但方差关系不满足 GLM 方差关系 (式 D.14)，此时系数方差估计需要采用 Huber/White (Huber, 1967; White, 1980) 夹心估计 (第 715 页式 15.13)，例如采用黑森矩阵观测值进行计算

$$\mathbf{H}^{-1}\left(\sum_{i=1}^{N}\mathbf{g}_i\mathbf{g}_i'\right)\mathbf{H}^{-1} = (\mathbf{X}'\mathbf{W}_A\mathbf{X})^{-1}(\mathbf{X}'\mathbf{W}_B\mathbf{X})(\mathbf{X}'\mathbf{W}_A\mathbf{X})^{-1}$$

或者基于黑森矩阵条件期望值进行计算

$$[\mathrm{E}(\mathbf{H})]^{-1}\left(\sum_{i=1}^{N}\mathbf{g}_i\mathbf{g}_i'\right)[\mathrm{E}(\mathbf{H})]^{-1} = (\mathbf{X}'\mathbf{W}\mathbf{X})^{-1}(\mathbf{X}'\mathbf{W}_B\mathbf{X})(\mathbf{X}'\mathbf{W}\mathbf{X})^{-1}$$

- GLM 方差估计[11]：由于实际方差往往高于或者也可能低于模型蕴涵的方差，即出现过度离散 (overdispersion) 或者欠离散 (underdispersion) 的现象，可能导致错误的统计推断。此时，简单的修正方法是将离散度 δ 作为参数进行估计，然后代入式 (D.19) 计算方差估计。[12]

四、残差

GLM 模型中，经常计算如下几种残差：

- 普通残差

$$e_i = y_i - \mu_i$$

有

$$\mathrm{E}(e_i|\mathbf{x}_i) = 0 \qquad \mathrm{var}(e_i|\mathbf{x}_i) = \delta V(\mu_i)$$

显然 e_i 存在条件异方差 (正态分布除外)。

- Pearson 残差

$$e_{pi} = \frac{y_i - \mu_i}{\sqrt{V(\mu_i)}}$$

由于 $\mathrm{var}(e_{pi}|\mathbf{x}_i) = \delta$，$e_{pi}$ 是条件同方差的。注意到 Pearson 残差平方和为 $\mathrm{SSR}_P = \sum e_{pi}^2$，式 (D.17) 表明 $\delta_P = \frac{\mathrm{SSR}_P}{N-K}$。

- 标准化残差，也称为缩放 Pearson 残差 (scaled Pearson residuals)

$$e_{si} = \frac{y_i - \mu_i}{\sqrt{V(\mu_i)\delta}}$$

- 广义残差

$$e_{gi} = \frac{y_i - \mu_i}{g'(\mu_i)V(\mu_i)\cdot\delta}$$

也称为工分残差 (score residuals)，因为 $\frac{\partial \ell_i}{\partial \mathbf{b}} = \mathbf{x}_i e_{gi}$。

五、扩展

加权：如果线性指数分布族增加权重参数 w，函数形式通常设定为

$$f(y;\tau,\delta,w) = \exp\left(w\frac{\tau y - B(\tau)}{\delta} + C(y,\delta)\right) = \exp\left(\frac{\tau_* y - B_*(\tau_*)}{\delta} + C(y,\delta)\right) \qquad (\mathrm{D}.20)$$

---

[11] 如果条件均值和方差的设定是正确的，即式 (D.13) 和式 (D.14) 成立，那么 GLM 方差估计比 Huber/White 估计更有效。当方差关系已知，由于 Huber/White 估计忽略了该信息，显然利用该信息的 GLM 方差估计将更有效。

[12] 对于 $\delta = 1$ 的线性指数族分布 (如二项分布、指数分布、方差为 1 的正态分布、负二项分布和泊松分布)，其 GLM 方差估计满足式 (16.5) (第 797 页) 的形式。

对比式 (D.11) 的形式，有

$$\tau_* = w\tau \qquad B_*(\tau_*) = wB(\tau)$$

注意到

$$\mu_w = \mathrm{E}(y|\mathbf{x}, w) = B'_*(\tau_*) = B'(\tau) = \mu$$
$$v_w = \mathrm{var}(y|\mathbf{x}, w) = \delta B''_*(\tau_*) = \delta V(\mu)/w$$

表明加权形式下均值未变，而方差与权重 w 成反比。对比式 (D.14) 的函数形式，当增加权重参数时，系数估计、离散度估计和方差估计的计算，只需要将 $V(\mu_i)$ 替换为 $V(\mu_i)/w_i$ 即可。

偏移项 (offset term)：GLM 模型允许指数项设定成

$$z_i = \mathbf{x}'_i\mathbf{b} + o_i$$

即包含偏移项 o_i，此时

$$\mu_i = \mathrm{E}(y_i|\mathbf{x}_i, o_i) = g^{-1}(\mathbf{x}'_i\mathbf{b} + o_i) \qquad i = 1, 2, \cdots, N$$

需要说明的是，统计学的文献几乎都将偏移项 o_i 和权重序列 w_i 设定成非随机的，这在经济计量学中往往是不切合实际的。解决的方法很简单，只需要采用条件分布的形式。

§D.4.2 模型估计

指数回归是 GLM 模型的特例，因此我们采用简单的指数模型，讲解 GLM 模型的估计结果输出。然后，讨论估计命令 glm 的选项，由于选项众多，并且关系交错，为了帮助理解，本小节的最后我们给出了更多的例子。

一、指数回归

指数回归 (Exponential Regression) 模型设定为

$$\mathrm{E}(y_i|\mathbf{x}_i) = \exp(\mathbf{x}'_i\mathbf{b}) \qquad i = 1, 2, \cdots, N$$

指数形式保证了因变量 $y_i > 0$。下面例子采用 Kennan (1985) 的数据

```
%ex7 = "\Example Files\EV7 Manual Data\"
%ch27 = "Chapter 27 - Generalized Linear Models"
%wf = @evpath + %ex7 +%ch27 +"\strike.wf1"
wfopen %wf

equation eq01.glm(link=log) numb c ip feb
```

其中 numb 为罢工的次数，ip 为工业产值，feb 为指示二月份的哑变量。方程 eq01 采用默认的正态分布，衔接函数为对数函数 (link=log)，得到指数回归的估计结果参见图 D.3，我们看到表头部分：

- Family: Normal 和 Link: Log 分别指出 GLM 模型的条件分布和衔接函数设定。
- Dispersion computed using Pearson Chi-Square 表明离散度采用式 (D.17) 的估计。
- Coefficient covariance computed using observed Hessian 报告了方差估计方法为式 (D.19) 的 $\mathbf{V}_A$。

系数估计部分，由于采用 ML 估计，报告的是正态 z 统计量。而回归统计量部分：

图 D.3 指数回归

```
Dependent Variable: NUMB
Method: Generalized Linear Model (Quadratic Hill Climbing)
Date: 07/13/11   Time: 11:11
Sample: 1 103
Included observations: 103
Family: Normal
Link: Log
Dispersion computed using Pearson Chi-Square
Coefficient covariance computed using observed Hessian
Convergence achieved after 5 iterations
```

Variable	Coefficient	Std. Error	z-Statistic	Prob.
C	1.727368	0.066206	26.09097	0.0000
IP	2.664874	1.237904	2.152732	0.0313
FEB	-0.391015	0.313445	-1.247476	0.2122

Mean dependent var	5.495146	S.D. dependent var	3.653829
Sum squared resid	1273.783	Log likelihood	-275.6964
Akaike info criterion	5.411580	Schwarz criterion	5.488319
Hannan-Quinn criter.	5.442662	Deviance	1273.783
Deviance statistic	12.73783	Restr. deviance	1361.748
LR statistic	6.905754	Prob(LR statistic)	0.031654
Pearson SSR	1273.783	Pearson statistic	12.73783
Dispersion	12.73783		

- `Log likelihood`：式 (D.15) 计算的对数似然值。请注意这里 $\sigma^2 = \delta$ 的估计采用式 (D.17)，有自由度修正，因此对数似然值将与命令 `ls` 计算的结果有细微差别。
- `Deviance statistic`：报告式 (D.18) 计算的 δ_D。
- `Restr. deviance`：计算的是指数项仅包含常数项时的离偏度。
- `LR statistic` 和 `Prob(LR statistic)`：其作用类似于 OLS 估计的 F 统计量，服从 χ^2 分布，其零假设为指数项仅包含常数项。
- `Pearson SSR` 和 `Pearson statistic`：分别计算 $SSR_P = \sum e_{pi}^2$ 和式 (D.17) 中的 δ_P。
- `Dispersion`：离散度 δ 的值。方程 `eq01` 中 $\delta = \delta_P$。

估计结果表明，尽管单个变量 `feb` 是不显著的，但 `ip` 和 `feb` 是联合显著的。

二、估计命令

GLM 模型的估计命令为 `glm`，支持名单法和公式法，公式法中等号左边表示因变量，右边的表达式代表指数项的设定，例如

```
equation eq02.glm(link=log) numb=c(1)+c(2)*ip+c(3)*feb
```

方程 `eq02` 与 `eq01` 的设定相同。命令 `glm` 的选项较多，清晰起见，我们将其分为两大类：模型设定和计算方法。其中模型设定部分包含分布函数、衔接函数和权重等设定选项。

- 分布函数：由选项 `family=` 设定，具体含义如下：

分布	选项 `family=`	QML	分布	选项 `family=`	QML
Binomial	binomial, n=num	✓	Inv Gaussian	igauss	
Bin Prop	binprop, n=num	✓	Normal	normal	
Bin Sq	binsq	♣	Neg Bin	negbin, fparam=k	✓
Exp mean	emean	♣	Poisson	poisson	✓
Gamma	gamma		Power mean	pmean, fparam=r	♣

- 如果选择二项分布 (family={binomial, binprop}), 则默认 Bernoulli 分布 ($n=1$), 或者使用选项 n=num 设定参数 n 的值。
- 如果选择 family={negbin, pmean}, 则参数 k 的值由选项 fparam=k 设置。
- 选项 family={binsq, emean, pmean} 并非来自线性指数分布族，只支持 QML 估计 (用 ♣ 标记), EViews 将它们的方差函数 $V(\mu)$ 分别设定为

QML 分布	方差函数 $V(\mu)$
Binomial Squared	$V(\mu) = \mu^2(1-\mu^2)$
Exponential Mean	$V(\mu) = \exp(\mu)$
Power mean	$V(\mu) = \mu^k$

- 衔接函数：通过选项 link= 进行设定，具体含义如下：

名字	选项 link=	衔接函数 $g(x)$	取值范围
Box-Cox	boxcox, lparam=p	$g(x) = \begin{cases} (x^p-1)/p & p \neq 0 \\ \log(x) & p=0 \end{cases}$	$(0, +\infty)$
Box-Cox OR	obox, lparam=p	$g(x) = \begin{cases} \left(\left(\frac{x}{1-x}\right)^p - 1\right)/p & p \neq 0 \\ \log\left(\frac{x}{1-x}\right) & p=0 \end{cases}$	$(0,1)$
Identity	**identity**	$g(x) = x$	$(-\infty, +\infty)$
Log	log	$g(x) = \log(x)$	$(0, +\infty)$
Log Comp	logc	$g(x) = \log(1-x)$	$(-\infty, 1)$
Log-log	loglog	$g(x) = -\log(-\log(x))$	$(0,1)$
Log-log Comp	cloglog	$g(x) = \log(-\log(1-x))$	$(0,1)$
Logit	logit	$g(x) = \log\left(\frac{x}{1-x}\right)$	$(0,1)$
Power	power, lparam=p	$g(x) = \begin{cases} x^p & p \neq 0 \\ \log(x) & p=0 \end{cases}$	$(0, +\infty)$
Power OR	opow, lparam=p	$g(x) = \begin{cases} \left(\frac{x}{1-x}\right)^p & p \neq 0 \\ \log\left(\frac{x}{1-x}\right) & p=0 \end{cases}$	$(0,1)$
Probit	probit	$g(x) = N^{-1}(x)$	$(0,1)$
Reciprocal	recip	$g(x) = 1/x$	$(-\infty, +\infty)$

其中倒数 (Reciprocal) 的英文也称为 Inverse。

- 当衔接函数选择 link={boxcox, obox, opow, power} 时，还需要使用选项 lparam=p 指定参数 p 的值。
- 衔接函数默认使用相应的典范衔接函数 (canonical link), 即 $g(x) = \tau(x)$ (缩放不影响)。

分布	默认衔接函数	分布	默认衔接函数
Binomial	Logit	Inv Gaussian	Power ($p=-2$)
Bin Prop	Logit	Normal	Identity
Bin Sq	Logit	Neg Bin	Log
Exp mean	Identity	Poisson	Log
Gamma	Reciprocal	Power mean	Log

实际上负二项分布的典范衔接函数为

$$g(x) = \log\left(\frac{x}{k+x}\right)$$

由于缺乏经济含义，EViews 不支持，而采用对数衔接函数，方便与泊松分布模型的对比。

– 有必要指出的是，典范衔接函数使数学处理变容易，但不一定适合数据的特性。例如泊松分布，衔接函数采用恒等函数可能比对数函数更符合特定数据的特性。此外，对于特定的数据集的分析计算，选择某些衔接函数可能不收敛。

- **偏移项**：选项 offset=ser 将序列对象 ser 设置为偏移项。
- **频数**：选项 fwgts=ser 设定频数，即相同观测值的重复次数，参见下一子小节例子中的方程 eq31 (第 1023 页)。
- **权重**：选项 w=ser 设置权重序列，选项 wtype={istdev, ivar, stdev, var} 提供加权方式的选择，选项 wscale={eviews, avg, none} 用以选择缩放权重的方式。请注意，若要得到式 (D.20) 的形式，选项组合为 w=ser,wtype=ivar,wscale=none。

计算方法方面，主要的内容有优化算法、离散度估计和方差估计的选项：

- **离散度估计**：由选项 disp={deviance, pearson, unit, user} 进行设置，前两个选项值分别代表计算 δ_D 和 δ_P，disp=unit 表示设定 $\delta = 1$，而 disp=user 表示需要用户给定 δ 的值，具体数值由 dispval=num 指定。

    – 选项 disp= 的默认值因分布而异，当 family={binomial, binprop, negbin, poisson} 时，默认 disp=unit，否则默认 disp=pearson。

    – 选项 disp=deviance 只适用于指数分布族，当分布选择 family={binsq, emean, pmean} 时不能使用。

- **优化算法**：选项 estmethod={bhhh, **marquardt**, newton, irls} 分别表示 BHHH 算法、二次爬坡 (Quadratic hill climbing，即 Goldfeld-Quandt 方法) 算法、Newton-Raphson 方法和 IRLS (Iteratively reweighted least squares) 迭代方法。

    – 前三种算法请参考 §C.3 节 (第 963 页)。
    – IRLS 迭代方法采用期望黑森矩阵计算式 (C.1) (第 963 页)

    $$\mathbf{b}(j+1) = \mathbf{b}(j) - [\mathrm{E}(\mathbf{H})]^{-1}\frac{\partial \ell}{\partial \mathbf{b}} = (\mathbf{X}'\mathbf{W}\mathbf{X})^{-1}\mathbf{X}'\mathbf{W}\mathbf{y}_*$$

    其中 $\mathbf{y}_*$ 的第 i 个元素为

    $$y_{*i} = g(\mu_i) + (y_i - \mu_i)g'(\mu_i)$$

    显然，只需要给定初始的 $\boldsymbol{\mu}$ 就得到系数 $\mathbf{b}$ 的初始估计。

    – 根据 McCullagh and Nelder (1989) 的建议，IRLS 算法初始化 μ_i 为

    $$\mu_i = \begin{cases} \frac{n_i y_i + 0.5}{n_i + 1} & \text{Bin Prop} \\ \frac{y_i + \bar{y}}{2} & \text{其他} \end{cases}$$

    对于非 IRLS 算法，默认的初始值为 IRLS 算法中系数 $\mathbf{b}$ 的初始估计，选项 preiter=j 则将 IRLS 迭代得到的 $\mathbf{b}(j)$ 作为初始值。

- 用户可以指定初始值 (命令 param，或者选项 s 表示从系数对象 C 中取值)，或者对默认初始值进行缩小 (即乘以一个 0 到 1 的数，由选项 s=num 指定)。

- 方差估计：选项 cov={invinfo, white} 分别表示使用式 (D.19) 计算方差估计和计算 Huber-White 夹心估计。

  - 当选择 cov=invinfo 时，选项 covinfo= 指定方差矩阵的形式，默认计算的方差矩阵 (式 D.19) 与估计方法的对应关系如下 (选项 covinfo=default 或者不设置)：

算法	方差矩阵	算法	方差矩阵
estmethod=bhhh	$\mathbf{V}_B$	estmethod=**marquardt**	$\mathbf{V}_A$
estmethod=irls	$\mathbf{V}_E$	estmethod=newton	$\mathbf{V}_A$

    * 算法与方差估计方法允许各自分开设置，选项 covinfo={expected, observed, opg} 分别计算式 (D.19) 中的估计 $\mathbf{V}_E, \mathbf{V}_A$ 和 $\mathbf{V}_B$。
    * 请注意，方差估计与离散度的估计选项 disp= 也有关系：用户给定离散度时，方差估计采用 disp=unit 下的估计；离散度的其他估计方法，方差矩阵为 disp=unit 计算的方差矩阵乘以 $(N-K)\delta/N$。总之，当离散度的估计不是默认的方法时，计算的方差估计为所谓的 GLM 方差估计。

  - 当选择 cov=white 时，方差矩阵有两种实现，选项 covinfo={expected, observed} 分别基于黑森矩阵的期望值和观测值进行计算。
  - 自由度修正：默认进行自由度修正，不进行修正则使用选项 nodf。

- 迭代控制：迭代次数和收敛准则，对应选项 m=int 和 c=num，一般不作修改。选项 showopts 输出初始值和控制估计过程的设置。

需要说明的是，离散度的不同估计值，不仅影响方差估计，而且通过式 (D.15) 影响似然函数值，进而改变信息准则的值。例如 (继续使用 strike.wf1 工作文件)

```
equation eq060.glm(family=poisson,disp=unit,covinfo=bhhh, _
       c=1e-8,nodf) numb c ip feb
equation eq061.glm(family=poisson,disp=pearson,covinfo=bhhh, _
       c=1e-8,nodf) numb c ip feb
equation eq062.glm(family=poisson,disp=deviance,covinfo=bhhh, _
       c=1e-8,nodf) numb c ip feb
equation eq063.glm(family=poisson,dispval=3,covinfo=bhhh, _
       c=1e-8,nodf) numb c ip feb

equation eq070.glm(family=gamma,disp=unit,covinfo=bhhh, _
       c=1e-8) numb c ip feb
equation eq071.glm(family=gamma,disp=pearson,covinfo=bhhh, _
       c=1e-8) numb c ip feb
equation eq072.glm(family=gamma,disp=deviance,covinfo=bhhh, _
       c=1e-8) numb c ip feb
equation eq073.glm(family=gamma,dispval=3,covinfo=bhhh, _
       c=1e-8) numb c ip feb

!K = eq070.@ncoef
!N = eq070.@regobs
```

```
            for !m = 6 to 7
                matrix(!K,4) m{!m}
                for !j = 0 to 3
                    colplace(m{!m},eq0{!m}{!j}.@stderrs,!j+1)
                next
                'rec the llf, HQ and Quasi-llf
                matrix(!K+3,4) m{!m}
                for !j = 0 to 3
                    m{!m}(!K+1,!j+1) = eq0{!m}{!j}.@logl
                    m{!m}(!K+2,!j+1) = eq0{!m}{!j}.@hq
                    m{!m}(!K+3,!j+1) = eq0{!m}{!j}.@objective
                next
                'output to TeX file
                freeze(_tb{!m}) m{!m}.sheet
                %s = "tmp" +@str(!m)
                _tb{!m}.tbl2tex(name=%s,path="X:\tmp")
                delete _tb{!m}
            next
```

分别估计泊松分布和 Gamma 分布模型，离散度 δ 采用四种方法，记录标准差估计 (BHHH 估计)、似然函数值、HQ 信息准则和伪似然函数值 (`@objective`) 到矩阵对象中，最后通过 `tbl2tex` 插件 (Add-in，需要安装) 将结果输出到 LaTeX 表格中。得到泊松分布估计结果汇总表 (手工美化) 如下：

	$\delta=1$	$\delta=\delta_P$	$\delta=\delta_D$	$\delta=3$
C	0.030975	0.066954	0.067622	0.030975
IP	0.597466	1.291466	1.304355	0.597466
FEB	0.123235	0.266381	0.269039	0.123235
ML ℓ	−284.5462	NA	NA	NA
HQ	5.614503	NA	NA	NA
QML ℓ	NA	182.7197	180.9142	135.6036

理论上，泊松分布的离散度 $\delta=1$，因此

- 当采用离散度的估计值时，EViews 进行 QML 估计，计算 GLM 标准差 (GLM standard errors)，由于没有似然函数值，不计算 HQ 信息准则。
- 当指定离散度 δ 的值时，报告的标准差为 $\delta=1$ 时的结果。

而 Gamma 分布的估计结果如下：

	$\delta=1$	$\delta=\delta_P$	$\delta=\delta_D$	$\delta=3$
C	0.031355	0.012223	0.014850	0.031355
IP	0.602197	0.234747	0.285201	0.602197
FEB	0.125843	0.049056	0.059599	0.125843
ML ℓ	−276.9051	−261.3458	−261.3528	−331.1955
HQ	5.466133	5.164010	5.164147	6.520315
QML ℓ	NA	NA	NA	NA

同样地，计算的是 GLM 标准差。Gamma 分布不提供 QML 估计离散度的不同取值，通过式 (D.15) 得到不同的似然函数值，从而信息准则的计算值也不同。

三、例子

为了更好地掌握 GLM 模型的应用，有必要给出更多的例子。我们先通过 Agresti (2007, p69) 的数据，讨论对于数据的不同组织形式，如何相应地采用 Bernoulli 分布、二项分布和二项分布的比例形式 (Bin Prop) 实现。

```
%ex7 = "\Example Files\EV7 Manual Data"
%ch27 = "\Chapter 27 - Generalized Linear Models"
%wf = @evpath + %ex7 +%ch27 +"\snoring.wf1"
wfopen %wf

pageselect freq    'disease is binary
equation eq31.glm(family=binomial,n=1,fwgt=n,nodf) disease c snoring
```

工作页 `freq` 中

    `disease`: 代表是否患病，记录为 0-1 指示变量

    `snoring`: 为打鼾级别，分为 4 级，取值为 0, 2, 4 和 5

    N: 观测频数

各变量的具体取值如下：

disease	snoring	N	disease	snoring	N
1	0	24	0	0	1355
1	2	35	0	2	603
1	4	21	0	4	192
1	5	30	0	5	224

方程 `eq31` 中，选项 `family=binomial,n=1` 设定分布为 Bernoulli 分布，选项 `fwgt=n` 指定观测的重复次数，即每个分组里的人数。方程 `eq31` 的估计结果为

```
Dependent Variable: DISEASE
Method: Generalized Linear Model (Quadratic Hill Climbing)
Date: 07/13/11   Time: 11:11
Sample: 1 8
Included cases: 8
Total observations: 2484
Family: Binomial Count (n = 1)
Link: Logit
Frequency weight series: N
Dispersion fixed at 1
Coefficient covariance computed using observed Hessian
Convergence achieved after 5 iterations
No d.f. adjustment for standard errors & covariance
```

Variable	Coefficient	Std. Error	z-Statistic	Prob.
C	-3.866248	0.166214	-23.26062	0.0000
SNORING	0.397337	0.050011	7.945040	0.0000

Mean dependent var	0.044283	S.D. dependent var	0.205765
Sum squared resid	102.1917	Log likelihood	-418.8658
Akaike info criterion	0.338861	Schwarz criterion	0.343545
Hannan-Quinn criter.	0.340562	Deviance	837.7316
Deviance statistic	0.337523	Restr. deviance	900.8272
LR statistic	63.09557	Prob(LR statistic)	0.000000
Pearson SSR	2412.870	Pearson statistic	0.972147
Dispersion	1.000000		

表头 `Frequency weight series: N` 指出观测的频数来自序列对象 N (如果采用传统的方式记录数据，该数据点需要重复的次数)。不难验证，`@sum(N)` 恰好等于观测总数目 2484。

图 D.4　二项分布模型

```
Dependent Variable: DISEASE
Method: Generalized Linear Model (Quadratic Hill Climbing)
Date: 07/13/11   Time: 11:11
Sample: 1 4
Included observations: 4
Family: Binomial Count (n = TOTAL)
Link: Logit
Dispersion fixed at 1
Coefficient covariance computed using observed Hessian
Summary statistics are for the binomial proportions and implicit
     variance weights used in estimation
Convergence achieved after 3 iterations
No d.f. adjustment for standard errors & covariance
```

Variable	Coefficient	Std. Error	z-Statistic	Prob.
C	-3.866248	0.166214	-23.26062	0.0000
SNORING	0.397337	0.050011	7.945039	0.0000

Mean dependent var	0.023490	S.D. dependent var		0.001736
Sum squared resid	0.000357	Log likelihood		-11.53073
Akaike info criterion	6.765367	Schwarz criterion		6.458514
Hannan-Quinn criter.	6.092001	Deviance		2.808912
Deviance statistic	1.404456	Restr. deviance		65.90448
LR statistic	63.09557	Prob(LR statistic)		0.000000
Pearson SSR	2.874323	Pearson statistic		1.437162
Dispersion	1.000000			

```
Dependent Variable: DISEASE/TOTAL
Method: Generalized Linear Model (Quadratic Hill Climbing)
Date: 07/13/11   Time: 11:11
Sample: 1 4
Included observations: 4
Family: Binomial Proportion (trials = TOTAL)
Link: Logit
Dispersion fixed at 1
Coefficient covariance computed using observed Hessian
Convergence achieved after 3 iterations
No d.f. adjustment for standard errors & covariance
```

Variable	Coefficient	Std. Error	z-Statistic	Prob.
C	-3.866248	0.166214	-23.26062	0.0000
SNORING	0.397337	0.050011	7.945039	0.0000

Mean dependent var	0.023490	S.D. dependent var		0.001736
Sum squared resid	0.000357	Log likelihood		-11.53073
Akaike info criterion	6.765367	Schwarz criterion		6.458514
Hannan-Quinn criter.	6.092001	Deviance		2.808912
Deviance statistic	1.404456	Restr. deviance		65.90448
LR statistic	63.09557	Prob(LR statistic)		0.000000
Pearson SSR	2.874323	Pearson statistic		1.437162
Dispersion	1.000000			

工作页 grouped 中采用更节省空间的数据记录方式，将工作页 freq 中的两条记录合并成一条，数据按 snoring 分组

disease	snoring	total
24	0	1379
35	2	638
21	4	213
30	5	254

其中 total 为总人数，disease 为患心脏病人数 (整数值，不再是二元指示变量)。

```
pageselect grouped      'disease is integer
equation eq21.glm(family=binomial,n=total,nodf) disease c snoring
equation eq22.glm(family=binprop,n=total,nodf) _
         disease/total c snoring
```

方程 eq21 和 eq22 分别采用二项分布和比例形式的二项分布进行估计，相应的参数 n 由选项 n=total 设定，得到估计结果如图 D.4：

- 由于采用比例形式，方程 eq22 的因变量为 disease/total。
- 由于数据进行了合并，方程 eq21 和 eq22 的观测数目只有 4 个。
- 方程 eq21 的表头 Summary statistics are for the binomial proportions and implicit variance weights used in estimation 表明对于二项分布模型，EViews 实际上是采用比例形式的二项分布进行计算的。因此，方程 eq21 和 eq22 的估计结果完全相同。
- 对比方程 eq31 的估计结果
    - 由于因变量的含义不同，$\bar{y}$ (Mean dependent var)、SSR_P (Pearson SSR) 和 δ_P (Pearson statistic) 的估计均不同；
    - 加上分布函数的差异，ℓ (Log likelihood)、D (Deviance) 和 δ_D (Deviance statistic) 的估计差别更大。

  然而，系数估计完全相同，并且 LR statistic 相同 (请证明)。
- 如果采用传统方式记录数据，即 2484 个观测逐个记录而不使用分组合并记录，则可以直接应用二元选择模型进行估计

```
equation eq36.binary(d=l) disease c snoring
```

系数估计、标准差估计 (命令 binary 报告的方差不进行自由度修正) 和回归统计量分别与 eq31 的结果相同。

第二个例子，我们采用 Papke and Wooldridge (1996) 的数据，对比 GLM 方差估计和 Huber-White 夹心估计

```
%ex7 = "\Example Files\EV7 Manual Data"
%ch27 = "\Chapter 27 - Generalized Linear Models"
%wf = @evpath + %ex7 +%ch27 +"\401kjae.wf1"
wfopen %wf

smpl if mrate <=1
equation eq41.glm(family=binprop,n=1,disp=pearson) prate c _
         mrate log(totemp) log(totemp)^2 age age^2 sole
equation eq42.glm(family=binprop,n=1,cov=white) prate c _
         mrate log(totemp) log(totemp)^2 age age^2 sole
```

因变量 prate 为参与比例，取值在 0 到 1 之间，故采用 Bernoulli 分布的 QML 估计，得到估计结果如图 D.5：方程 eq41 和 eq42 分别计算 Papke and Wooldridge (1996) 中表 II 列 (2) 报告的 GLM 标准差和 Huber-White 标准差估计，我们看到，两者的差别并不明显。此外，离散度的估计值，$\delta_P = 0.19$，$\delta_D = 0.20$，两种估计都与理论值 $\delta = 1$ 相去甚远。

最后，有必要强调的是，GLM 标准差估计式 (D.19) 是离散度的函数，而 Huber-White 夹心估计不受离散度 δ 的影响。例如

图 D.5 方差估计对比

```
Dependent Variable: PRATE
Method: Generalized Linear Model (Quadratic Hill Climbing)
Date: 07/13/11   Time: 11:11
Sample: 1 4735 IF MRATE<=1
Included observations: 3784
Family: Binomial Proportion (trials = 1) (quasi-likelihood)
Link: Logit
Dispersion computed using Pearson Chi-Square
Coefficient covariance computed using observed Hessian
Convergence achieved after 6 iterations
```

Variable	Coefficient	Std. Error	z-Statistic	Prob.
C	5.057997	0.426942	11.84703	0.0000
MRATE	1.390080	0.100368	13.84981	0.0000
LOG(TOTEMP)	-1.001874	0.111222	-9.007913	0.0000
LOG(TOTEMP)^2	0.052186	0.007105	7.345543	0.0000
AGE	0.050113	0.008710	5.753136	0.0000
AGE^2	-0.000515	0.000211	-2.444531	0.0145
SOLE	0.007947	0.046785	0.169861	0.8651

Mean dependent var	0.847769	S.D. dependent var		0.169961
Sum squared resid	92.69516	Quasi-log likelihood		-8075.397
Deviance	765.0353	Deviance statistic		0.202551
Restr. deviance	895.5505	Quasi-LR statistic		680.4839
Prob(Quasi-LR stat)	0.000000	Pearson SSR		724.4200
Pearson statistic	0.191798	Dispersion		0.191798

```
Dependent Variable: PRATE
Method: Generalized Linear Model (Quadratic Hill Climbing)
Date: 07/13/11   Time: 11:11
Sample: 1 4735 IF MRATE<=1
Included observations: 3784
Family: Binomial Proportion (trials = 1)
Link: Logit
Dispersion fixed at 1
Coefficient covariance computed using the Huber-White method with
      observed Hessian
Convergence achieved after 6 iterations
```

Variable	Coefficient	Std. Error	z-Statistic	Prob.
C	5.057997	0.421199	12.00857	0.0000
MRATE	1.390080	0.107792	12.89596	0.0000
LOG(TOTEMP)	-1.001874	0.110524	-9.064756	0.0000
LOG(TOTEMP)^2	0.052186	0.007134	7.315679	0.0000
AGE	0.050113	0.008852	5.661091	0.0000
AGE^2	-0.000515	0.000212	-2.432326	0.0150
SOLE	0.007947	0.050242	0.158172	0.8743

Mean dependent var	0.847769	S.D. dependent var		0.169961
Sum squared resid	92.69516	Log likelihood		-1179.279
Akaike info criterion	0.626997	Schwarz criterion		0.638538
Hannan-Quinn criter.	0.631100	Deviance		765.0353
Deviance statistic	0.202551	Restr. deviance		895.5505
LR statistic	130.5153	Prob(LR statistic)		0.000000
Pearson SSR	724.4200	Pearson statistic		0.191798
Dispersion	1.000000			

```
equation eq44.glm(family=binprop,n=1,cov=white,disp=pearson) _
      prate c mrate log(totemp) log(totemp)^2 age age^2 sole
```

因为 Huber-White 夹心估计关于方差的错误设定是稳健的，允许离散度 δ 存在设定错误，Huber-White 夹心估计的两种形式都与 δ 无关。因此，方程 eq44 的方差估计与方程 eq42 的 (图 D.5 的下半部分) 完全相等。当采用 Huber-White 夹心估计时，离散度的估计方法只影响离散度的估计值。

§D.4.3 应用分析

为了方便，将 GLM 模型专用的函数整理如下：

函数	含义	函数	含义
@deviance	离偏度 D	@pearsonssr	Pearson 残差平方和
@deviancestat	式 (D.18) 的 δ_D	@pearsonstat	式 (D.17) 的 δ_P
@dispersion	离散度 δ	@rdeviance	离偏度 (只含常数项)
@fixeddisp	是否固定 δ		

这些函数间有一定的联系：

- 当离散度 δ 为固定值时 (@fixeddisp=1)，@dispersion=1，或者 @dispersion 返回估计命令 glm 中选项 dispval=num 设定的值；
- 当离散度 δ 为估计值时 (@fixeddisp=0)，则对应于估计命令 glm 中选项 disp={deviance, pearson}，@dispersion 的值分别等于 @deviancestat 和 @pearsonstat。

一、残差

命令 makeresid 创建残差序列对象

```
eq41.makeresid ro
eq41.makeresid(s) rs
eq41.makeresid(g) rg
genr rp = rs *@sqrt(eq41.@dispersion)
```

得到序列对象 ro, rs, rg 和 rp 分别为普通残差、标准化残差、广义残差和 Pearson 残差。

EViews 没有提供直接保存式 (D.14) 中的 v_i 和 $V(\mu_i)$ 的方法，因为可以通过残差进行计算

```
genr vi = (ro/rs)^2     'variance for obs i
genr vmi = vi /eq41.@dispersion    'V(mu_i)
```

得到序列对象 vi 和 vmi，分别对应于条件方差 v_i 和方差函数 $V(\mu_i)$。

二、预测

先查看模型的设定

```
freeze(tx01) eq41.spec
```

得到文本表示为

```
Estimation Command:
=========================
GLM(FAMILY=BINPROP,N=1,DISP=PEARSON) PRATE C MRATE LOG(TOTEMP)
    LOG(TOTEMP)^2 AGE AGE^2 SOLE

Estimation Equation:
=========================
I_PRATE = C(1) + C(2)*MRATE + C(3)*LOG(TOTEMP) + C(4)*LOG(TOTEMP)^2
    + C(5)*AGE + C(6)*AGE^2 + C(7)*SOLE

Forecasting Equation:
=========================
I_PRATE = C(1) + C(2)*MRATE + C(3)*LOG(TOTEMP) + C(4)*LOG(TOTEMP)^2
    + C(5)*AGE + C(6)*AGE^2 + C(7)*SOLE
PRATE = EXP(I_PRATE) / (1 + EXP(I_PRATE))
```

最后的预测方程设定部分，I_PRATE 和 PRATE 分别对应指数项 z_i 和条件均值 $\mathrm{E}(y_i|\mathbf{x}_i) = g^{-1}(z_i)$。

```
eq41.fit(i) zi
eq41.fit yf
freeze(gf01) yf.hist
```

得到指数项的拟合值 zi 序列，以及因变量的拟合值 yf 的直方图为

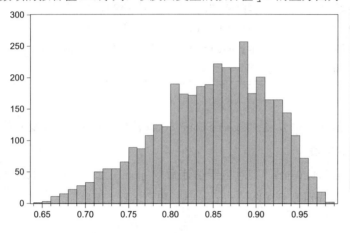

均值和中位数都约为 0.85，分布呈现左偏斜。

三、检验

GLM 模型中，常规的系数检验和残差检验请分别参考 §4.2 节 (第 182 页) 和 §4.3 节 (第 190 页)。请注意残差检验是基于标准化残差的，例如

```
freeze(gf02) eq41.hist
```

得到标准化残差的直方图

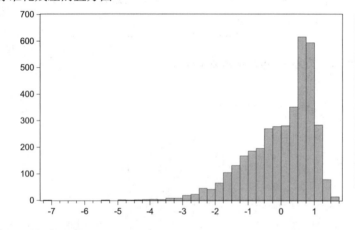

标准差接近理论值 1，整体表现出强烈的左偏，比较符合 $p = 0.85$ 时二项分布的情形。

在 GLM 模型中，似然比 LR 统计量的计算可以直接从离偏分析 (analysis of deviance) 中得到：给定零假设 $\mathbb{H}_0$ 和备择假设 $\mathbb{H}_1$，$\mathbb{H}_0$ 是 $\mathbb{H}_1$ 中限制某些参数为 0，即 $\mathbb{H}_0$ 是 $\mathbb{H}_1$ 的子模型，则

$$2(\ell_1 - \ell_0) = \frac{D_0 - D_1}{\delta_1} \sim \chi^2(Q)$$

其中 Q 为限制条件的个数，ℓ_0 和 D_0 来自 $\mathbb{H}_0$，ℓ_1 和 D_1 来自 $\mathbb{H}_1$，δ_1 为常数值 (理论值) 或者由无限制模型 $\mathbb{H}_1$ 进行估计。当 δ_1 为估计值时，还可以使用 F 统计量

$$\frac{D_0 - D_1}{Q\delta_1} \sim F(Q, N - K_1)$$

其中 K_1 为无限制模型 $\mathbb{H}_1$ 的系数个数。GLM 模型的系数检验中，遗漏变量(命令 `testadd`) 和冗余变量(命令 `testdrop`) 报告的就是这两个统计量。

RESET 检验(命令 `reset`) 可以看成是特殊的遗漏变量检验，遗漏的变量是拟合值的次幂项。

```
freeze(tbr)     eq41.reset(2)
table tbr1 = tbr
tbr1.deleterow(a23) 100
```

得到检验结果为 (裁掉了限制模型的估计结果部分)

```
Ramsey RESET Test
Equation: EQ41
Specification: PRATE C MRATE LOG(TOTEMP) LOG(TOTEMP)^2 AGE AGE^2
          SOLE
Omitted Variables: Powers of fitted values from 2 to 3

                        Value       df       Probability
F-statistic           0.311140    (2, 3775)    0.7326
QLR* statistic        0.622279       2         0.7326

F-test summary:
                      Sum of Sq.    df      Mean Squares
Test Deviance         0.119388       2        0.059694
Restricted Deviance   765.0353    3777        0.202551
Unrestricted Deviance 764.9159    3775        0.202627
Dispersion SSR        724.2589    3775        0.191857

QLR* test summary:
                        Value       df
Restricted Deviance   765.0353    3777
Unrestricted Deviance 764.9159    3775
Dispersion            0.191857
```

我们看到，两种检验统计量的 p 值相等，没有拒绝零假设，表明模型的设定是正确的。

有必要提醒的是，GLM 模型中 LR 统计量依赖于式 (D.14) 的 GLM 方差关系，如果该条件不成立，LR 统计量将有问题，此时 Papke and Wooldridge (1996, p625) 提出的 LM 统计量是一种简单易行的稳健估计。

§D.5 分位数回归

对一个随机变量来说,均值提供了重要的信息,然而只掌握均值信息往往不够[13],我们还需要关注方差、偏度和峰度等统计量,乃至查看直方图或者密度函数估计。对于条件分布来说,经济计量模型往往只关心条件期望,Koenker and Bassett (1978) 提出的分位数回归模型,使我们能细致地刻画完整的条件分布,进一步研究和对比各部分细节。分位数回归的全面讨论请参考 Koenker (2005)。

§D.5.1 理论回顾

假设随机变量 Y 的分布函数为 $F(y) = \Pr(Y \leqslant y)$,那么其 q 分位数定义为

$$Q(y; q) = F^{-1}(q) = \inf\{y : F(y) \geqslant q\} \qquad 0 < q < 1$$

当 $q = 1/2$ 时,为中位数 (media)。令损失函数为分段线性函数[14]

$$\ell(x; q) = x \cdot (q - 1(x < 0)) = qx + \frac{|x| - x}{2}$$

那么最小化期望损失

$$\min_y \ \mathrm{E}\left(\ell(Y - y; q)\right)$$

得到最优解为 q 分位数:$y = F^{-1}(q)$。

给定 N 个观测,经验分布函数取为

$$F(y) = \frac{1}{N} \sum_{i=1}^{N} 1(y_i \leqslant y)$$

类似地,样本的 q 分位数可以取为最小化平均损失

$$\frac{1}{N} \sum_{i=1}^{N} \ell(y_i - y; q)$$

进一步,我们考虑条件分位数

$$Q(y_i | \mathbf{x}_i; q) = \mathbf{x}_i' \mathbf{b} \tag{D.21}$$

其中 $\mathbf{x}_i$ 为解释变量,而 $P \times 1$ 系数向量 $\mathbf{b}$ 为如下问题的最优解:

$$\min_{\mathbf{b}} \ \sum_{i=1}^{N} \ell(y_i - \mathbf{x}_i' \mathbf{b}; q) \tag{D.22}$$

我们得到 Koenker and Bassett (1978) 提出的线性分位数回归模型。

对于中位数,$q = 1/2$,注意到 $\ell\left(x; \frac{1}{2}\right) = \frac{|x|}{2}$,优化问题 (D.22) 转变为

$$\min_{\mathbf{b}} \ \frac{1}{2} \sum_{i=1}^{N} |y_i - \mathbf{x}_i' \mathbf{b}|$$

我们得到分位数回归的一个特例:中位数回归——最小绝对离差 (least absolute deviations, LAD) 估计。

---

[13] 头部在火炉上烤,而脚埋在冰块中冻,这个人一定感到很不舒服,尽管其所处环境的平均温度为最宜人的温度。
[14] 该函数的图形像个钩号,对正负值的加权是不对称的 (分别为 q 和 $q-1$),因此也称为钩函数 (check function)。

对于任意的分位数 q, 优化问题 (D.22) 可以转化为如下线性规划问题[15]：

$$\min_{\mathbf{b},\mathbf{u},\mathbf{v}} \quad q\mathbf{u}'\mathbf{1} + (1-q)\mathbf{v}'\mathbf{1} \tag{D.23}$$

$$s.t. \quad \mathbf{u} - \mathbf{v} + \mathbf{Xb} = \mathbf{y}$$

$$\mathbf{u} \geqslant 0 \quad \mathbf{v} \geqslant 0$$

线性规划 (D.23) 中, 决策变量为 $\mathbf{b}, \mathbf{u}, \mathbf{v}$, 且 $\mathbf{b}$ 为自由变量 (式 D.21 中的系数)。

尽管在一定的条件下, 分位数回归的系数是渐近正态的 (Koenker, 2005), 然而, 系数的方差估计是比较困难的。在误差独立同分布 (iid) 的假设下, Koenker and Bassett (1978) 推导出

$$\mathbf{b}_{\mathrm{QR}}(q) \overset{a}{\sim} \mathrm{N}\left(\mathbf{b}(q), q(1-q)s^2(q)\mathbf{C}^{-1}/N\right) \tag{D.24}$$

其中

$$s(q) = \frac{\mathrm{d}F^{-1}(q)}{\mathrm{d}q} = \frac{1}{f(F^{-1}(q))}$$

$$\mathbf{X}'\mathbf{X}/N = \frac{1}{N}\sum_{i=1}^{N}\mathbf{x}_i\mathbf{x}_i' \overset{p}{\to} \mathrm{E}(\mathbf{x}_i\mathbf{x}_i') = \mathbf{C}$$

$s(q)$ 是密度函数在给定分位数的取值的倒数, 称为稀疏函数 (sparsity function)。当误差独立同分布时,

- $s(q)$ 并不依赖于 $\mathbf{x}$, 条件分位数的超平面是相互平行的 (斜率系数相等)。
- 如果知道 $s(q)$ 的值 (稀疏度), $\mathbf{b}_{\mathrm{QR}}(q)$ 的方差估计为 $q(1-q)s^2(q)(\mathbf{X}'\mathbf{X})^{-1}$, 类似于 OLS 系数方差矩阵的式 (3.4) (第 143 页), 只是将其中的误差方差估计替换为 $q(1-q)s^2(q)$。

如果误差独立但不同分布 (inid, independent but not identically distributed), Hendricks and Koenker (1992) 发现系数的方差矩阵具有 Huber (1967) 的夹心估计形式

$$\mathbf{b}_{\mathrm{QR}}(q) \overset{a}{\sim} \mathrm{N}\left(\mathbf{b}(q), q(1-q)s^2(q)\mathbf{H}^{-1}\mathbf{C}\mathbf{H}^{-1}/N\right) \tag{D.25}$$

其中

$$\mathbf{H} = \lim_{N\to\infty}\frac{1}{N}\sum_{i=1}^{N}\mathbf{x}_i\mathbf{x}_i'f_i\left(F_i^{-1}(q)\right)$$

$f_i(\cdot)$ 和 $F_i(\cdot)$ 分别为 y_i 的概率密度函数 (PDF) 和累积分布函数 (CDF)。我们看到, 两种情况下, 计算方差矩阵都需要对密度函数在给定分位数的取值进行估计, 因此, 关于稀疏度估计的研究已经有大量的文献, 提出了众多的估计方法。

§D.5.2 模型估计

采用恩格尔 (Engel) 数据

```
%ex7 = "\Example Files\EV7 Manual Data\"
%ch28 = "Chapter 28 - Quantile Regression"
%wf = @evpath + %ex7 +%ch28 +"\engel.wf1"
wfopen %wf
```

先读取数据, 然后我们将家庭食品支出 y 对收入 x 进行中位数回归

---

[15]事实上

$$u_i = \frac{|y_i - \mathbf{x}_i'\mathbf{b}| + (y_i - \mathbf{x}_i'\mathbf{b})}{2} \quad v_i = \frac{|y_i - \mathbf{x}_i'\mathbf{b}| - (y_i - \mathbf{x}_i'\mathbf{b})}{2}$$

```
equation eq00.qreg y c x
```

命令 `qreg` 默认进行中位数回归，得到估计结果为

```
Dependent Variable: Y
Method: Quantile Regression (Median)
Date: 06/10/11   Time: 10:33
Sample: 1 235
Included observations: 235
Huber Sandwich Standard Errors & Covariance
Sparsity method: Kernel (Epanechnikov) using residuals
Bandwidth method: Hall-Sheather, bw=0.15744
Estimation successfully identifies unique optimal solution
```

Variable	Coefficient	Std. Error	t-Statistic	Prob.
C	81.48225	24.03494	3.390158	0.0008
X	0.560181	0.031370	17.85707	0.0000

Pseudo R-squared	0.620556	Mean dependent var	624.1501
Adjusted R-squared	0.618927	S.D. dependent var	276.4570
S.E. of regression	120.8447	Objective	8779.966
Quantile dependent var	582.5413	Restr. objective	23139.03
Sparsity	209.3504	Quasi-LR statistic	548.7091
Prob(Quasi-LR stat)	0.000000		

估计结果输出包含我们熟悉的三部分内容：

1) 表头部分：`Method: Quantile Regression (Median)` 表明计算的是中位数回归。此外，还报告了估计设置信息：

   (a) 系数方差采用 Huber 夹心估计 (`Huber Sandwich ...`)；

   (b) 稀疏度采用核估计 (`Sparsity method: Kernel ...`)，带宽采用 Hall-Sheather 方法取值为 0.15744 (`Bandwidth method ...`)。

   表头的末行报告了找到唯一的最优解 (`Estimation successfully ...`)。

2) 中间部分报告系数估计：从给出的 p 值看，系数估计都很显著。

3) 表格尾部报告回归统计量：

   (a) 类似于 OLS 的 R^2，`Pseudo R-squared` 是 Koenker and Machado (1999) 定义的拟合优度；

   (b) `S.E. of regression` 由式 (3.6) (第 144 页) 计算得到，其中残差 $e_i = y_i - \mathbf{x}_i'\mathbf{b}(q)$；

   (c) `Quantile dependent var` 报告 q 分位数估计，即仅包含常数的分位数回归模型估计

   ```
   equation eq0c.qreg y c
   ```

   常数项为 q 分位数估计；

   (d) `Sparsity` 给出稀疏度的值。请注意本例中系数方差的计算没有使用该值，而是采用 Huber 夹心估计；

   (e) `Objective` 为规划 (D.22) 中的目标函数值，`Restr. objective` 为模型 (D.21) 仅有常数项时的目标函数值。QLR 统计量(`Quasi-LR statistic`) 及其相应的 p 值用于检验这两个设定的差别 (类似于 OLS 的 F 统计量)。

分位数回归中，系数的方差估计可以直接计算，如方程 `eq00`，也可以采用自举法 (bootstrap)

```
equation eq10.qreg(cov=boot,btmethod=mcmba,
   btreps=500,btrng=kn,btseed=47500547,spmethod=fit) y c x
```

采用自举方法计算系数方差矩阵 (`cov=boot`)，使用 Kocherginsky et al. (2005) 的 MCMB-A 自举方法 (`btmethod=mcmba`)，重复 500 次 (`btreps=500`)，随机数发生器为改进的 Knuth 发生器 (`btrng=kn`)，

并设置随机数种子(`btseed=47500547`)。此外，稀疏度的估计采用 Bassett and Koenker (1982) 的方法 (`spmethod=fit`)。得到分位数回归的估计结果为

```
Dependent Variable: Y
Method: Quantile Regression (Median)
Date: 06/10/11   Time: 10:33
Sample: 1 235
Included observations: 235
Bootstrap Standard Errors & Covariance
Bootstrap method: MCMB-A, reps=500, rng=kn, seed=47500547
Sparsity method: Siddiqui using fitted quantiles
Bandwidth method: Hall-Sheather, bw=0.15744
Estimation successfully identifies unique optimal solution
```

Variable	Coefficient	Std. Error	t-Statistic	Prob.
C	81.48225	22.01534	3.701158	0.0003
X	0.560181	0.023804	23.53350	0.0000

Pseudo R-squared	0.620556	Mean dependent var	624.1501
Adjusted R-squared	0.618927	S.D. dependent var	276.4570
S.E. of regression	120.8447	Objective	8779.966
Quantile dependent var	582.5413	Restr. objective	23139.03
Sparsity	267.8284	Quasi-LR statistic	428.9034
Prob(Quasi-LR stat)	0.000000		

表头报告了相应的估计设置。系数估计与方程 eq00 的完全相同，由于采用不同的方法进行系数方差估计，系数标准差估计有些差别。此外，由于稀疏度估计方法的改变，稀疏度的估计值由 209.4 变为 267.8，变动了 28%。

一、估计命令

EViews 估计分位数回归的命令为 `qreg`，系数估计通过求解线性规划问题 (D.23) 得到，EViews 采用的是 Koenker and D'Orey (1987) 基于单纯形的算法 (simplex algorithm)，尽管计算速度方面赶不上内点法 (interior point methods)，但实测表明并无大碍。

命令 `qreg` 设定方程时，支持名单法和公式法。如果采用公式法，不支持非线性方程设定，例如

    equation eq102.qreg y = c(1)+ (1-c(1))*c(2)*x

将产生错误。命令 `qreg` 的公式法当前只支持线性的模型设定

    equation eq101.qreg y =c(1)+ (1-c(1))*x

尽管存在系数限制，但模型是参数线性的，EViews 能顺利估计。

估计分位数回归模型时，需要给定分位数，选择系数方差矩阵的估计方法以及稀疏度的估计方法等，因此，命令 `qreg` 的选项比较多：

- 分位数设定：选项 `quant=num` 设定分位数，分位数的值介于 0 和 1 之间，默认值为 0.5，即进行中位数回归。
- 方差矩阵估计方法：选项 `cov={boot, iid, `**`sandwich`**`}` 设置系数方差矩阵的估计方法，该选项涉及内容较多，稍候进一步讨论。
- 稀疏度的估计方法：由选项 `spmethod={fitted, `**`kernel`**`, resid}` 设置，随方差估计方法 `cov=arg` 的不同设定，选项的含义有区别。当采用核估计方法 (`spmethod=kernel`) 时，还有需要考虑如下选项：
  - 带宽：选项 `bwmethod={bf, c, `**`hs`**`}`，分别表示 Bofinger (1975)、Chamberlain (1994) 和 Hall and Sheather (1988) 的带宽选择方法。此外，带宽可以通过 `bw=num` 给定。

– 水平参数，如果采用 bwmethod=c 或者 bwmethod=hs 带宽方法，还需要 bwsize=num 选项 (默认为 0.05) 指定置信水平 $1-\alpha$ 中的水平参数 α。

– 核函数：选项 k={b, c, **e**, n, r, t, u}，具体的含义请参见表 15.2 (第 772 页) 中的核函数。

- 加权：选项 w=ser 设定加权序列。分位数回归进行加权时，选项 wtype={**istdev**, ivar, stdev, var} 提供加权方式的选择，选项 wscale={eviews, avg, none} 用以选择缩放权重的方式，这两个选项建议采用缺省设置。

- 数值计算：选项 m=int 设置最大迭代次数。分位数回归中系数的初始值缺省为 0，选项 s 设定初始值取自系数对象 C。

二、方差矩阵估计

系数方差矩阵和稀疏度的计算方法：EViews 提供了三种方法计算系数方差矩阵，稀疏度的计算随方差矩阵计算方法的不同而有所差别。

1) 选项 cov=boot 表示采用自举法

- 自举方法：选项 btmethod={mcmb, mcmba, **pair**, resid} 分别表示 He and Hu (2002) 的 MCMB (Markov chain marginal bootstrap) 方法、Kocherginsky et al. (2005) 的 MCMB-A 方法[16]、Buchinsky (1995) 中 §3.2 的 DMB 法 (抽样 $(y_i, \mathbf{x}_i)$) 以及 §3.3 的 EB 方法 (抽样 $(e_i, \mathbf{x}_i)$)。当 bsmethod=pair 时，选项 btobs=int 指定每次抽样的样本数 (默认值为估计样本数)。

- 抽样次数：选项 btreps=int，默认 100 次。

- 随机种子：选项 btseed=int，如果没有设置随机种子，EViews 将使用随机值。

- 随机数发生器：选项 btrnd={kn, kn4, le, mt, mt4} 设置随机数发生器 (建议采用选项 mt)。如果没有设置该选项，将采用先前命令 rndseed 的设置 (缺省设置为 kn)。

- 保存抽样数据：选项 btout=mat 保存仿真结果。

当采用自举法计算方差矩阵时，尽管稀疏度不用在方差矩阵的计算中，EViews 始终报告稀疏度估计，并且计算方法与选项 cov=iid 时相同。

2) 采用选项 cov=iid 时，假设误差是独立同分布的，采用式 (D.24) 计算方差矩阵，其中稀疏度的计算 spmethod={fitted, **kernel**, resid} 分别表示 Bassett and Koenker (1982) 的方法、Welsh (1988) 的核估计法以及 Koenker (1994) 的方法。

3) 采用选项 cov=sandwich 时，假设误差是独立但不同分布的，采用式 (D.25) 计算方差矩阵。估计矩阵 **H** 时，$f_i\left(F_i^{-1}(q)\right)$ 项的计算由选项 spmethod={fitted, **kernel**} 控制，分别表示 Hendricks and Koenker (1992) 的方法和 Powell (1984, 1991) 的核估计方法。

有必要指出的是，对于 (cov=sandwich, spmethod=kernel) 与 (cov=iid, spmethod=kernel) 选项组合，尽管稀疏度的计算采用相同的选项，由于使用的方差矩阵计算方法不同，稀疏度的具体计算方法也是不同的。

---

[16]MCMB 方法的改进版本，缓解了 MCMB 序列的自相关问题，仍需要 iid 假设，但 Kocherginsky et al. (2005) 认为对异方差有稳健性。

§D.5.3 应用分析

EViews 为分位数回归 qreg 成功估计后的方程对象提供了特殊的视图、过程和函数，方便进行各种分析、检验和预测等计算。分位数回归的方程对象中

- 残差：命令 makeresid 提取残差序列 $e_i = y_i - \mathbf{x}_i'\mathbf{b}(q)$，尚未提供标准化残差。
- 系数检验：Wald 检验 (命令 wald) 和置信椭圆 (命令 cellipse) 并没有特别的地方 (参见第 182 页 §4.2节)。然而，遗漏变量 (命令 testadd)、冗余变量 (命令 testdrop) 以及 RESET 检验 (命令 reset) 都采用 Koenker and Machado (1999) 的 QLR 设定，这些检验要求残差是独立同分布的，否则，稀疏度的估计是无效的。
- 预测：条件分位数的预测为 $\mathbf{x}_i'\mathbf{b}(q)$，例如 (接上一节的例子)

```
eq02.fit yf
eq00.fit yf0
graph gfqf.xyline x y yf yf0
gfqf.setelem(1) symbol(circle) lpat(none)
gfqf.legend -inbox position(0.6,0.3)
```

得到分位数为 $q = 0.2$ 和 $q = 0.5$ 的拟合结果为

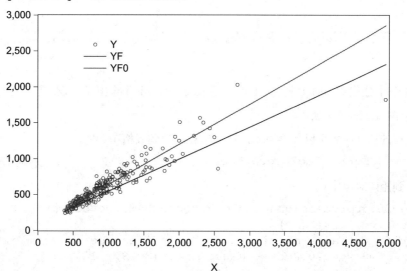

一、函数

方程对象新增的函数中，分位数回归专用的函数有两个，@sparsity 和 @quantdep，分别返回稀疏度和 q 分位数估计

```
c(10) = (eq10.@sparsity/eq00.@sparsity -1)*100    '27.933
equation eq0c.qreg y c
c(11) = eq0c.C(1) - eq00.@quantdep    '0
```

C(10)=27.933 表明 eq10 比 eq00 的稀疏度大了约 28%，而 C(11)=0 验证了分位数回归结果输出报告的 Quantile dependent var 为样本分位数估计，等于模型只包含常数项的估计值。

二、分位数过程

分位数回归提供了分位数过程 (quantile process, 这里指一系列分位数) 的三种视图：

1) 命令 qrprocess 产生系数流程 (process coefficients) 图；
2) 命令 qrsymm 进行 Newey and Powell (1987) 的对称分位数检验 (symmetric quantiles test)；
3) 命令 qrslope 得到 Koenker and Bassett (1982) 的等斜率检验 (slope equality test)。

系数流程图：用以查看一组分位数下的系数估计，例如
```
genr x0 = x - @mean(x)    'demean
equation eq20.qreg y c x0
freeze(gfqr)    eq20.qrprocess(graph)
gfqr.align(2,1,1)
```
方程 eq20 的解释变量 x0 来自收入 x 去均值，命令 qrprocess 得到系数流程图为

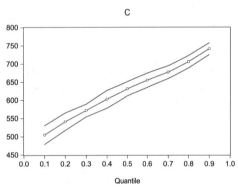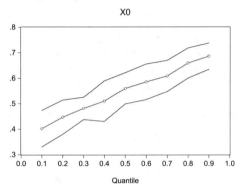

图中显示了 9 个十分位数 $(0.1, 0.2, \cdots, 0.9)$ 的系数估计，并且给出了 95% 置信区间，该图为 Koenker (2005, p305) 中图 A.2 的简化版本。

分位数过程的估计结果可以保存下来，例如保存结果到表格中
```
freeze(tbqr)    eq20.qrprocess
```
或者保存结果到矩阵对象中
```
do eq20.qrprocess(quantout=vq,coefout=mc,covout=mv)
vector vc = @vec(mc)
'verify variance matrix across quantiles (betas from diff q)
matrix m0 = eq20.@cov - @subextract(mv,9,9,10,10)    'zero
```
向量 vq=[0.1;0.2;⋯;0.9] 保存所有的分位数值。矩阵 mc 为系数估计值，每列对应一个分位数。协方差矩阵 mv 为所有分位数的全部系数的协方差估计，更确切地说，是 @vec(mc) 的方差估计。作为验证，矩阵 m0 的值为 0，表明 eq20 的系数方差矩阵与矩阵 mv 中相应的子块是相等的。

命令 qrprocess 中，一组分位数的设置有多种形式，例如
```
eq20.qrprocess(graph,n=10)
eq20.qrprocess(graph) vq
eq20.qrprocess(graph) 0.1 0.2 0.3 0.4 0.5 0.6 0.7 0.8 0.9
```
以上三种形式等价：选项 n=10 表示选取 10 分位数的点，向量 vq 的值作为分位数，以及直接给出一系列分位数的值。有关 qrprocess 命令的用法请参考 EViews 的对象参考手册。

对称分位数检验：条件对称性意味着
$$\frac{\mathbf{b}(q) + \mathbf{b}(1-q)}{2} = \mathbf{b}(1/2)$$
即关于中位数对称的两分位数的系数估计均值等于中位数的系数估计。例如

```
equation eq02.qreg(quant=0.2) y c x
freeze(tbqy2)    eq02.qrsymm    '(n=0)
```

进行 $q=0.2$ 的分位数回归，命令 qrsymm 得到对称分位数检验结果如下：

Symmetric Quantiles Test
Equation: EQ02
Specification: Y C X
Test statistic compares all coefficients

Test Summary	Chi-Sq. Statistic	Chi-Sq. d.f.	Prob.
Wald Test	2.342332	4	0.6731

Restriction Detail: b(tau) + b(1-tau) - 2*b(.5) = 0

Quantiles	Variable	Restr. Value	Std. Error	Prob.
0.2, 0.8	C	-2.643949	38.05241	0.9446
	X	-0.013951	0.049966	0.7801
0.25, 0.75	C	-5.084370	34.59898	0.8832
	X	-0.002244	0.045012	0.9602

没有拒绝对称性的假设，请注意 Wald 统计量是 $(0.2, 0.8)$ 和 $(0.25, 0.75)$ 两组分位数的联合检验结果，表格的后半部分报告了单独检验的结果。

命令 qrsymm 进行对称分位数检验时，类似于命令 qrprocess，一组分位数的设定，可以使用选项 n=int、向量对象或者直接列出分位数序列的方法。如果没有给定分位数：

- 当方程的 $q=0.5$，即中位数回归，将检验上下四分位数 $(0.25, 0.75)$；
- 当方程的 $q \neq 0.5$，则联合检验 $(q, 1-q)$ 和 $(0.25, 0.75)$ 两组分位数。如果只想检验 $(q, 1-q)$，请使用选项 n=0，例如

```
eq02.qrsymm(n=0)
```

则只检验分位数 $(0.2, 0.8)$ 的对称性。

等斜率检验：检验不同分位数下斜率系数是否相等

```
freeze(tbqs)    eq00.qrslope
```

命令 qrslope 默认检验 3 个 4 分位下的斜率系数是否相等，得到检验报告为

Quantile Slope Equality Test
Equation: EQ00
Specification: Y C X

Test Summary	Chi-Sq. Statistic	Chi-Sq. d.f.	Prob.
Wald Test	25.22366	2	0.0000

Restriction Detail: b(tau_h) - b(tau_k) = 0

Quantiles	Variable	Restr. Value	Std. Error	Prob.
0.25, 0.5	X	-0.086077	0.025923	0.0009
0.5, 0.75	X	-0.083834	0.030529	0.0060

Wald 检验明确拒绝了斜率系数是相等的。表格的后半部分逐个报告了相邻分位数下斜率系数相等的检验结果，发现也都拒绝了相等的假设。

命令 qrslope 也能够保存分位数过程的估计结果

```
do eq00.qrslope(quantout=vq2,coefout=mc2,covout=mv2)
```

命令 qrslope 的用法与命令 qrprocess 的基本相同，具体请参考 EViews 的对象参考手册。

§D.6　多元 GARCH

多元 GARCH 模型 (MGARCH 模型) 实际上是对条件方差矩阵进行建模。Engle (1982) 提出的 ARCH 模型开启了波动率研究的新篇章，然而，在进行资产组合投资或者风险管理时，面临的将是多种资产，需要我们整体把握。此时，单个资产的波动性往往相对不重要，资产间的联动性才是问题的关键，我们需要对整个方差矩阵进行建模。因此，近二三十年来，多元波动率模型，如 MGARCH 模型和多元随机波动率模型，得到巨大的发展。

§D.6.1　理论回顾

MGARCH 模型可以分成三类：

1) 条件协方差矩阵直接建模，如 VECH-GARCH 模型；
2) 因子 GARCH 模型，假设 $\mathbf{H}_t$ 是某些因子的函数，通过少数的因子来降低系统的维度，然而因子的选择是个问题；
3) 方差矩阵间接建模，分解为条件方差和条件相关系数的模型，如 CCC-GARCH 等。

更多的讨论请参考 Silvennoinen and Teräsvirta (2009) 的综述。

一、模型设定

对于 $N \times 1$ 随机变量 $\mathbf{y}_t$

$$\mathbf{y}_t = \boldsymbol{\mu}_t + \mathbf{e}_t$$

条件均值 $\boldsymbol{\mu}_t$ 的建模请参考 §10.1 节 (第 460 页) 方程组模型，本节关注多元变量的条件 (协) 方差模型。类似于单变量的情形 ($e_t = h_t^{1/2} z_t$)，假设

$$\mathbf{e}_t = \mathbf{H}_t^{1/2} \mathbf{z}_t \qquad \mathbf{z}_t \sim \text{iid N}(0, \mathbf{I})$$

条件方差矩阵 $\mathbf{H}_t$ 是历史信息 $\mathbb{I}_{t-1}$ 的函数，标准化残差 $\mathbf{z}_t$ 是独立同分布的 (正态)。因此，普通残差 $\mathbf{e}_t$ 的条件分布为

$$\mathbf{e}_t | \mathbb{I}_{t-1} \sim \text{iid N}(0, \mathbf{H}_t)$$

清晰起见，这些变量 (向量或者矩阵) 的具体形式为

$$\mathbf{y}_t = \begin{bmatrix} y_{t1} \\ y_{t2} \\ \vdots \\ y_{tN} \end{bmatrix}_{N \times 1} \quad \mathbf{H}_t = \begin{bmatrix} h_{t11} & h_{t12} & \cdots & h_{t1N} \\ h_{t21} & h_{t12} & \cdots & h_{t2N} \\ \vdots & \vdots & \ddots & \vdots \\ h_{tN1} & h_{tN2} & \cdots & h_{tNN} \end{bmatrix}_{N \times N} \quad \mathbf{e}_t = \begin{bmatrix} e_{t1} \\ e_{t2} \\ \vdots \\ e_{tN} \end{bmatrix}_{N \times 1} \quad \mathbf{z}_t = \begin{bmatrix} z_{t1} \\ z_{t2} \\ \vdots \\ z_{tN} \end{bmatrix}_{N \times 1}$$

我们看到，观测 t 的对数似然贡献值为 (请对比单变量的情形，第 257 页式 (6.3))

$$\ell_t = -\frac{N}{2} \log(2\pi) - \frac{1}{2} \log(|\mathbf{H}_t|) - \frac{1}{2} \mathbf{e}_t' \mathbf{H}_t^{-1} \mathbf{e}_t$$

如果标准化误差 $\mathbf{z}_t$ 服从多元 t 分布 (自由度 $v > 2$)，则对数似然贡献值为

$$\ell_t = \log(\Gamma((v+N)/2)) - \log(\Gamma(v/2)) - \frac{N}{2} \log((v-2)\pi)$$
$$- \frac{1}{2} \log(|\mathbf{H}_t|) - \frac{v+N}{2} \left(1 + \frac{1}{v-2} \mathbf{e}_t' \mathbf{H}_t^{-1} \mathbf{e}_t \right)$$

MGARCH 模型的参数估计只能采用数值方法，每一次迭代中，每个观测 t 都得求解条件方差矩阵 $\mathbf{H}_t$ 的逆阵，需要大量的计算。Brooks et al. (2003) 对比了四种软件的 MGARCH 估计，发现参数估计已经差别很大 (似然函数存在众多的局部极值)，更不用提条件方差矩阵 $\mathbf{H}_t$ 的值了。

MGARCH 模型的区别在于条件方差矩阵 $\mathbf{H}_t$ 的具体设定:

1) 简约性：足够的灵活性，使得 $\mathbf{H}_t$ 能捕捉条件方差和协方差的动态特性。同时，又要使用尽量少的参数，使模型的估计更容易，参数的解释更直观。
2) 正定性：推导确保 $\mathbf{H}_t$ 正定性的条件，或者通过某些结构，保证条件方差矩阵 $\mathbf{H}_t$ 的正定性。

二、条件协方差建模

VECH-GARCH 模型：Bollerslev et al. (1988) 从单变量 GARCH 模型直接推广得到，他们设定的 VECH-GARCH(1,1) 模型为

$$\operatorname{vech}(\mathbf{H}_t) = \boldsymbol{c} + \boldsymbol{A}\operatorname{vech}(\mathbf{e}_{t-1}\mathbf{e}'_{t-1}) + \boldsymbol{B}\operatorname{vech}(\mathbf{H}_{t-1}) \tag{D.26}$$

其中 $\operatorname{vech}(\mathbf{X})$ 为 $N \times N$ 对称矩阵 $\mathbf{X}$ 下半三角矩阵的元素按列顺序堆叠得到的 $N(N+1)/2 \times 1$ 向量，$\boldsymbol{c}$ 是 $N(N+1)/2 \times 1$ 参数向量，$\boldsymbol{A}$ 和 $\boldsymbol{B}$ 是 $N(N+1)/2 \times N(N+1)/2$ 参数矩阵。例如双变量系统

$$\begin{bmatrix} y_{t1} \\ y_{t2} \end{bmatrix} = \begin{bmatrix} \mu_{t1} \\ \mu_{t2} \end{bmatrix} + \begin{bmatrix} e_{t1} \\ e_{t2} \end{bmatrix}$$

其 (协) 方差方程为

$$\begin{bmatrix} h_{t11} \\ h_{t21} \\ h_{t22} \end{bmatrix} = \begin{bmatrix} c_1 \\ c_2 \\ c_3 \end{bmatrix} + \begin{bmatrix} \alpha_{11} & \alpha_{12} & \alpha_{13} \\ \alpha_{21} & \alpha_{22} & \alpha_{23} \\ \alpha_{31} & \alpha_{32} & \alpha_{33} \end{bmatrix} \begin{bmatrix} e_{t-1,1}^2 \\ e_{t-1,2}e_{t-1,1} \\ e_{t-1,2}^2 \end{bmatrix} + \begin{bmatrix} \beta_{11} & \beta_{12} & \beta_{13} \\ \beta_{21} & \beta_{22} & \beta_{23} \\ \beta_{31} & \beta_{32} & \beta_{33} \end{bmatrix} \begin{bmatrix} h_{t-1,11} \\ h_{t-1,21} \\ h_{t-1,22} \end{bmatrix} \tag{D.27}$$

h_{tij} 依赖于 $\mathbf{e}_{t-1}\mathbf{e}'_{t-1}$ 和 $\mathbf{H}_{t-1}$ 的全部元素，例如

$$h_{t21} = c_2 + \alpha_{21}e_{t-1,1}^2 + \alpha_{22}e_{t-1,2}e_{t-1,1} + \alpha_{23}e_{t-1,2}^2 + \beta_{21}h_{t-1,11} + \beta_{22}h_{t-1,21} + \beta_{23}h_{t-1,22}$$

我们看到，对于最简单的双变量系统，已经包含了 21 个参数。

VECH-GARCH 模型过于宽泛，与生俱来的是如下两大问题:

1) 难以保证条件方差矩阵 $\mathbf{H}_t$ 是正定的 (当前只知道限制很强的一个充分条件);
2) 参数估计的计算量太大，模型 (D.26) 包含了 $N^2(N+1)^2/2 + N(N+1)/2$ 个系数，如果 $N = 10$，参数将到达 6105 个。

为了减少参数，通常将 $\boldsymbol{A}$ 和 $\boldsymbol{B}$ 限制为对角矩阵，令

$$\operatorname{vech}(\mathbf{A}) = \operatorname{diag}(\boldsymbol{A}) \qquad \operatorname{vech}(\mathbf{B}) = \operatorname{diag}(\boldsymbol{B}) \qquad \operatorname{vech}(\mathbf{C}) = \boldsymbol{c}$$

其中 $\mathbf{A}, \mathbf{B}$ 和 $\mathbf{C}$ 为 $N \times N$ 对称矩阵，则模型 (D.26) 简化为

$$\mathbf{H}_t = \mathbf{C} + \mathbf{A} \odot (\mathbf{e}_{t-1}\mathbf{e}'_{t-1}) + \mathbf{B} \odot \mathbf{H}_{t-1} \tag{D.28}$$

其中 $\odot$ 表示数组乘法 (对应元素相乘，也称为 Hadamard 乘法)。模型 (D.28) 称为对角 VECH 模型 (Diagonal VECH)，参数减少为 $3N(N+1)/2$，然而该模型的限制性太强，注意到 (不在对应位置上的项被抹除)

$$h_{tij} = c_{ij} + a_{ij}e_{t-1,i}e_{t-1,j} + b_{ij}h_{t-1,ij}$$

仍以双变量为例

$$\begin{bmatrix} h_{t11} & h_{t12} \\ h_{t21} & h_{t22} \end{bmatrix} = \begin{bmatrix} c_{11} & c_{12} \\ c_{21} & c_{22} \end{bmatrix} + \begin{bmatrix} a_{11} & a_{12} \\ a_{21} & a_{22} \end{bmatrix} \odot \begin{bmatrix} e_{t-1,1}^2 & e_{t-1,1}e_{t-1,2} \\ e_{t-1,2}e_{t-1,1} & e_{t-1,2}^2 \end{bmatrix}$$
$$+ \begin{bmatrix} b_{11} & b_{12} \\ b_{21} & b_{22} \end{bmatrix} \odot \begin{bmatrix} h_{t-1,11} & h_{t-1,12} \\ h_{t-1,21} & h_{t-1,22} \end{bmatrix}$$

对比式 (D.27)，不难发现 (由于矩阵是对称的，只需关心下三角矩阵)

$$\begin{aligned} c_{11} &= c_1 & a_{11} &= \alpha_{11} & b_{11} &= \beta_{11} \\ c_{21} &= c_2 & a_{21} &= \alpha_{22} & b_{21} &= \beta_{22} \\ c_{22} &= c_3 & a_{22} &= \alpha_{33} & b_{22} &= \beta_{33} \end{aligned}$$

即模型 (D.28) 中

$$\mathbf{C} = \begin{bmatrix} c_1 & c_2 \\ c_2 & c_3 \end{bmatrix} \quad \mathbf{A} = \begin{bmatrix} \alpha_{11} & \alpha_{22} \\ \alpha_{22} & \alpha_{33} \end{bmatrix} \quad \mathbf{B} = \begin{bmatrix} \beta_{11} & \beta_{22} \\ \beta_{22} & \beta_{33} \end{bmatrix}$$

尽管模型 (D.28) 的限制已经太强，但并没有保证 $\mathbf{H}_t$ 的正定性，因此，为了确保条件方差 $\mathbf{H}_t$ 的正定性，实际应用中，往往对模型 (D.28) 进一步施加正定性结构限制

$$\mathbf{H}_t = \mathbf{C}_*\mathbf{C}_*' + (\mathbf{A}_*\mathbf{A}_*') \odot (\mathbf{e}_{t-1}\mathbf{e}_{t-1}') + (\mathbf{B}_*\mathbf{B}_*') \odot \mathbf{H}_{t-1} \tag{D.29}$$

其中 $\mathbf{A}_*$, $\mathbf{B}_*$ 和 $\mathbf{C}_*$ 为 $N \times N$ 下三角阵，参数仍然为 $3N(N+1)/2$ 个。此时分量形式为

$$h_{tij} = c_{*ij} + a_{*ij}e_{t-1,i}e_{t-1,j} + b_{*ij}h_{t-1,ij}$$

其中 c_{*ij}, a_{*ij} 和 b_{*ij} 分别为对称矩阵 $\mathbf{C}_*\mathbf{C}_*'$, $\mathbf{A}_*\mathbf{A}_*'$ 和 $\mathbf{B}_*\mathbf{B}_*'$ 的元素

$$c_{*ij} = \sum_{k=1}^{j} c_{ik}c_{jk} \quad a_{*ij} = \sum_{k=1}^{j} a_{ik}a_{jk} \quad b_{*ij} = \sum_{k=1}^{j} b_{ik}b_{jk} \quad i \geqslant j$$

为了进一步减少参数，式 (D.29) 还可以继续简化，如将 $\mathbf{A}_*$ 和 $\mathbf{B}_*$ 分别简化为向量 $\mathbf{a}$ 和 $\mathbf{b}$ (等价形式为取 $\mathbf{A}_*$ 和 $\mathbf{B}_*$ 的第一列分别为 $\mathbf{a}$ 和 $\mathbf{b}$，而其他列都为 0)

$$\mathbf{H}_t = \mathbf{C}_*\mathbf{C}_*' + (\mathbf{aa}') \odot (\mathbf{e}_{t-1}\mathbf{e}_{t-1}') + (\mathbf{bb}') \odot \mathbf{H}_{t-1} \tag{D.30}$$

系数又减少了 $N(N+1) - 2N = N^2 - N$ 个，相应的单个元素形式为

$$h_{tij} = c_{*ij} + a_i a_j e_{t-1,i}e_{t-1,j} + b_i b_j h_{t-1,ij}$$

BEKK-GARCH 模型：由 Engle and Kroner (1995) 提出，确保了条件方差矩阵 $\mathbf{H}_t$ 的正定性，例如

$$\mathbf{H}_t = \mathbf{CC}' + \mathbf{A}\mathbf{e}_{t-1}\mathbf{e}_{t-1}'\mathbf{A}' + \mathbf{B}\mathbf{H}_{t-1}\mathbf{B}' \tag{D.31}$$

其中 $\mathbf{A}$ 和 $\mathbf{B}$ 为 N 阶方阵，$\mathbf{C}$ 为 N 阶下三角阵，共有 $2N^2 + N(N+1)/2$ 个参数，该模型实际上是 VECH-GARCH 的限制版本[17]。当 $N = 2$ 时，BEKK-GARCH 的方程设定为

$$\begin{bmatrix} h_{t11} & h_{t12} \\ h_{t21} & h_{t22} \end{bmatrix} = \begin{bmatrix} c_{11} & 0 \\ c_{21} & c_{22} \end{bmatrix} \begin{bmatrix} c_{11} & 0 \\ c_{21} & c_{22} \end{bmatrix}' + \begin{bmatrix} a_{11} & a_{12} \\ a_{21} & a_{22} \end{bmatrix} \begin{bmatrix} e_{t-1,1}^2 & e_{t-1,1}e_{t-1,2} \\ e_{t-1,2}e_{t-1,1} & e_{t-1,2}^2 \end{bmatrix} \begin{bmatrix} a_{11} & a_{12} \\ a_{21} & a_{22} \end{bmatrix}'$$
$$+ \begin{bmatrix} b_{11} & b_{12} \\ b_{21} & b_{22} \end{bmatrix} \begin{bmatrix} h_{t-1,11} & h_{t-1,12} \\ h_{t-1,21} & h_{t-1,22} \end{bmatrix} \begin{bmatrix} b_{11} & b_{12} \\ b_{21} & b_{22} \end{bmatrix}'$$

---

[17]即方差方程 (D.26) 中令

$$\boldsymbol{c} = \text{vech}\,(\mathbf{CC}') \quad \boldsymbol{A} = (\mathbf{D}'\mathbf{D})^{-1}\mathbf{D}'(\mathbf{A} \otimes \mathbf{A})\mathbf{D} \quad \boldsymbol{B} = (\mathbf{D}'\mathbf{D})^{-1}\mathbf{D}'(\mathbf{B} \otimes \mathbf{B})\mathbf{D}$$

其中 $N^2 \times N(N+1)/2$ 矩阵 $\mathbf{D}$ 为复制矩阵 (duplication matrix)。

实证分析中，很流行的做法是将式 (D.31) 中的 **A** 和 **B** 限定为对角形式：令

$$\mathbf{a} = \text{diag}(\mathbf{A}) \qquad \mathbf{b} = \text{diag}(\mathbf{B})$$

则对角 BEKK 模型 (Diagonal BEKK) 可以表示成

$$\mathbf{H}_t = \mathbf{CC}' + (\mathbf{aa}') \odot (\mathbf{e}_{t-1}\mathbf{e}'_{t-1}) + (\mathbf{bb}') \odot \mathbf{H}_{t-1}$$

显然该形式等价于对角 VECH 模型式 (D.28) 的限制版本式 (D.30) 的设定。

三、条件方差和相关系数建模

CCC-GARCH 模型：Bollerslev (1990) 将条件协方差分解为条件方差以及条件相关系数，并将条件相关系数设定为非时变的，得到 CCC-GARCH 模型 (常数条件相关系数，Constant Conditional Correlation)

$$\mathbf{H}_t = \mathbf{D}_t \mathbf{R} \mathbf{D}_t \tag{D.32}$$

其中 **R** 为相关系数矩阵

$$\mathbf{D}_t = \begin{bmatrix} \sqrt{h_{t1}} & & & \\ & \sqrt{h_{t2}} & & \\ & & \ddots & \\ & & & \sqrt{h_{tN}} \end{bmatrix} \quad \mathbf{h}_t = \begin{bmatrix} h_{t1} \\ h_{t2} \\ \vdots \\ h_{tN} \end{bmatrix} \quad \mathbf{R} = \begin{bmatrix} 1 & \rho_{12} & \cdots & \rho_{1N} \\ \rho_{21} & 1 & \cdots & \rho_{2N} \\ \vdots & \vdots & \ddots & \vdots \\ \rho_{N1} & \rho_{N2} & \cdots & 1 \end{bmatrix}$$

且 h_{tn} 采用单变量 GARCH 分别建模

$$\mathbf{h}_t = \boldsymbol{\omega} + \boldsymbol{\alpha} \odot \mathbf{e}_{t-1} \odot \mathbf{e}_{t-1} + \boldsymbol{\beta} \odot \mathbf{h}_{t-1}$$

或者说

$$h_{tn} = \omega_n + \alpha_n e_{t-1,n}^2 + \beta_n h_{t-1,n} \qquad n = 1, 2, \cdots, N \tag{D.33}$$

因此，CCC-GARCH 模型 (D.32) 的标量形式为

$$h_{tij} = \rho_{ij}\sqrt{h_{ti}h_{tj}} \qquad i,j = 1, 2, \cdots, N$$

总共有 $3N + (N-1)N/2$ 个参数。此外，CCC-GARCH 模型的好处是每次迭代，**R** 的逆阵仅需计算一次 (对角矩阵 $\mathbf{D}_t$ 的求逆简单)，极大地减少了计算量。

DCC-GARCH 模型：实证研究中发现，金融市场时间序列的条件相关系数往往是时变的，因此，为了刻画这一特征，只需要将 CCC-GARCH 模型 (D.32) 中的 **R** 修改为时变的，便得到 DCC-GARCH 模型 (动态条件相关系数，Dynamic Conditional Correlation)

$$\mathbf{H}_t = \mathbf{D}_t \mathbf{R}_t \mathbf{D}_t \tag{D.34}$$

其中

$$\mathbf{R}_t = (\mathbf{I} \odot \mathbf{Q}_t)^{-1/2} \mathbf{Q}_t (\mathbf{I} \odot \mathbf{Q}_t)^{-1/2}$$

Engle (2002) 将 $\mathbf{Q}_t$ 设定为目标方差 (variance target) 的形式

$$\mathbf{Q}_t = (1 - a - b)\mathbf{R} + a\mathbf{e}_{t-1}\mathbf{e}'_{t-1} + b\mathbf{Q}_{t-1}$$

其中 **R** 为标准化残差 $\mathbf{z}_t$ 的无条件相关矩阵，a 和 b 为参数。Engle (2002) 的设定仅比 CCC-GARCH 模型增加两个参数，但要求相关系数服从同一动态结构。为此，有人将 $\mathbf{Q}_t$ 拓展为 BEKK 结构

$$\mathbf{Q}_t = \mathbf{CRC}' + \mathbf{A}\mathbf{e}_{t-1}\mathbf{e}'_{t-1}\mathbf{A}' + \mathbf{B}\mathbf{Q}_{t-1}\mathbf{B}'$$

相对于 CCC-GARCH 模型而言，DCC-GARCH 模型丧失了计算的简单性，在每一次迭代中，每个观测 t 都得求解矩阵 $\mathbf{R}_t$ 的逆阵。

四、扩展形式

MGARCH 模型也有多种扩展形式：

- **非对称项**：式 (D.28) 中可以加入非对称项

$$\mathbf{H}_t = \mathbf{C} + \mathbf{A} \odot \left(\mathbf{e}_{t-1}\mathbf{e}'_{t-1}\right) + \mathbf{D} \odot \left(\mathbf{v}_{t-1}\mathbf{v}'_{t-1}\right) + \mathbf{B} \odot \mathbf{H}_{t-1} \tag{D.35}$$

其中

$$\mathbf{v}_t = \mathbf{e}_t \odot \mathbf{1}(\mathbf{e}_t < 0)$$

式 (D.35) 的元素为

$$h_{tij} = c_{ij} + a_{ij}e_{t-1,i}e_{t-1,j} + d_{ij}e_{t-1,i}e_{t-1,j}\mathbf{1}(e_{t-1,i} < 0)\mathbf{1}(e_{t-1,j} < 0) + b_{ij}h_{t-1,ij}$$

非对称项刻画的是 $e_{t-1,i}$ 和 $e_{t-1,j}$ 同时小于零时对波动影响的情形。

- **MGARCH**(p,q): VECH-GARCH(p,q) 的形式为

$$\operatorname{vech}(\mathbf{H}_t) = \mathbf{c} + \sum_{i=1}^{p} \mathbf{A}_i \operatorname{vech}\left(\mathbf{e}_{t-i}\mathbf{e}'_{t-i}\right) + \sum_{j=1}^{q} \mathbf{B}_j \operatorname{vech}(\mathbf{H}_{t-j})$$

其中 $\mathbf{c}$ 是 $N(N+1)/2 \times 1$ 参数向量，$\mathbf{A}_i$ 和 $\mathbf{B}_j$ 是 $N(N+1)/2 \times N(N+1)/2$ 参数矩阵，总共有 $(p+q)(N(N+1)/2)^2 + N(N+1)/2$ 个参数。如果把 $\mathbf{A}_i$ 和 $\mathbf{B}_j$ 限制为对角矩阵，记 $\operatorname{vech}(\mathbf{A}_i) = \operatorname{diag}(\mathbf{A}_i)$ 以及 $\operatorname{vech}(\mathbf{B}_j) = \operatorname{diag}(\mathbf{B}_j)$，$\mathbf{A}_i$ 和 $\mathbf{B}_i$ 为 N 阶对称矩阵，则有

$$\mathbf{H}_t = \mathbf{C} + \sum_{i=1}^{p} \mathbf{A}_i \odot \left(\mathbf{e}_{t-i}\mathbf{e}'_{t-i}\right) + \sum_{j=1}^{q} \mathbf{B}_j \odot \mathbf{H}_{t-j}$$

参数减少为 $(p+q+1)N(N+1)/2$ 个。

BEKK-GARCH(p,q) 可以理解为 VECH-GARCH(p,q) 的限制版本，具体的形式为

$$\mathbf{H}_t = \mathbf{C}\mathbf{C}' + \sum_{i=1}^{p} \mathbf{A}_i \mathbf{e}_{t-i}\mathbf{e}'_{t-i}\mathbf{A}'_i + \sum_{j=1}^{q} \mathbf{B}_j \mathbf{H}_{t-j}\mathbf{B}'_j$$

其中 $\mathbf{A}_i$ 和 $\mathbf{B}_j$ 为 N 阶方阵，$\mathbf{C}$ 为 N 阶下三角阵。更一般的形式为

$$\mathbf{H}_t = \mathbf{C}\mathbf{C}' + \sum_{i=1}^{p}\sum_{k=1}^{K} \mathbf{A}_{ki}\mathbf{e}_{t-i}\mathbf{e}'_{t-i}\mathbf{A}'_{ki} + \sum_{j=1}^{q}\sum_{k=1}^{K} \mathbf{B}_{kj}\mathbf{H}_{t-j}\mathbf{B}'_{kj} \tag{D.36}$$

其中 $\mathbf{A}_{ki}$ 和 $\mathbf{B}_{kj}$ 为 $N \times N$ 参数矩阵。条件方差模型 (D.36) 是弱平稳的当且仅当

$$\sum_{i=1}^{p}\sum_{k=1}^{K} \mathbf{A}_{ki} \otimes \mathbf{A}_{ki} + \sum_{j=1}^{q}\sum_{k=1}^{K} \mathbf{B}_{kj} \otimes \mathbf{B}_{kj}$$

的特征根都在单位圆内。需要指出的是，当 $K > 1$ 时，模型 (D.36) 存在识别问题。

- **MEGARCH 模型**：作为 Nelson (1991) 单变量 EGARCH 的推广，Kawakatsu (2006) 设定的 MEGARCH (matrix exponential GARCH) 模型为

$$\operatorname{vech}(\ln(\mathbf{H}_t) - \mathbf{C}) = \sum_{i=1}^{p} \mathbf{A}_i \mathbf{z}_{t-i} + \mathbf{G}_i \left(|\mathbf{z}_{t-i}| - \mathrm{E}\left(|\mathbf{z}_{t-i}|\right)\right) + \sum_{j=1}^{q} \mathbf{B}_j \operatorname{vech}(\ln(\mathbf{H}_{t-j}) - \mathbf{C})$$

其中 $\mathbf{C}$ 为 $N \times N$ 对称矩阵，$\mathbf{A}_i$ 和 $\mathbf{G}_i$ 是 $N(N+1)/2 \times N$ 参数矩阵，$\mathbf{B}_j$ 是 $N(N+1)/2 \times N(N+1)/2$ 参数矩阵。MEGARCH 模型始终确保协方差矩阵的正定性，并刻画了非对称性。

§D.6.2 模型估计

使用 EViews 的例子数据

```
%ex7 = "\Example Files\EV7 Manual Data\"
%ch31 = "Chapter 31 - System Estimation"
%wf = @evpath + %ex7 +%ch31 +"\fx.wf1"
wfopen %wf

system sys01
sys01.append dlog(jy) = c(1)
sys01.append dlog(sf) = c(2)
sys01.append dlog(bp) = c(3)
smpl 1980 2000
```

读入汇率的周数据，其中 jy, sf 和 bp 分别是日元、瑞士法郎和英镑的汇率，然后使用对数收益率，建立方程组对象 sys01，均值方程设置为常数，最后设定估计样本。

一、估计结果视图

首先，我们估计对角 VECH 模型 (D.28)

```
sys01.arch @diagvech c(fullrank) arch(1,rank1) garch(1,rank1)
table tbdv1a = tbdv1
tbdv1a.deleterow(a35) 100
```

这里估计的模型为式 (D.30)，方程组 arch 命令的估计结果包含三部分：方程组的实际系数估计结果，逐个方程的统计量，以及转换回原始方差方程设定的系数估计。表格对象 tbdv1a 裁剪出方程组实际系数估计结果的部分，参见图 D.6 的上半部分：表头的 Covariance specification: Diagonal VECH 报告了方差方程的设定为对角 VECH，我们看到，均值方程的系数大多不显著，方差方程的系数都高度显著。然而，方差方程的系数 C(4) 到 C(15) 与式 (D.28) 的矩阵是如何对应的呢？事实上

$$\mathbf{C} = \mathbf{C}_{\cdot}\mathbf{C}_{\cdot}' \qquad \mathbf{A} = \mathbf{A}_{\cdot}\mathbf{A}_{\cdot}' = \mathbf{aa}' \qquad \mathbf{B} = \mathbf{B}_{\cdot}\mathbf{B}_{\cdot}' = \mathbf{bb}'$$

其中矩阵 $\mathbf{C}_{\cdot}$ 为满秩的下三角阵，矩阵 $\mathbf{A}_{\cdot}$ 和 $\mathbf{B}_{\cdot}$ 为除第一列以外都为零的矩阵

```
matrix(3,3) mm
mm(1,1) = c(4)
mm(2,1) = c(5)
mm(3,1) = c(6)
mm(2,2) = c(7)
mm(3,2) = c(8)
mm(3,3) = c(9)
matrix m = mm*@transpose(mm)

matrix(3,3) mA1
mA1(1,1) = c(10)
mA1(2,1) = c(11)
mA1(3,1) = c(12)
matrix A1 = mA1*@transpose(mA1)
```

得到 (mm→ $\mathbf{C}_{\cdot}$, m→ $\mathbf{C}$, mA1→ $\mathbf{A}_{\cdot}$, A1→ $\mathbf{A}$)

$$\mathbf{C}_{\cdot} = \begin{bmatrix} C(4) & & \\ C(5) & C(7) & \\ C(6) & C(8) & C(9) \end{bmatrix} \quad \mathbf{C} = \begin{bmatrix} 6.70\text{E-}06 & & \\ 5.12\text{E-}06 & 9.93\text{E-}06 & \\ -4.25\text{E-}06 & -8.34\text{E-}06 & 1.37\text{E-}05 \end{bmatrix}$$

图 D.6 对角 VECH 模型

```
System: SYS01
Estimation Method: ARCH Maximum Likelihood (Marquardt)
Covariance specification: Diagonal VECH
Date: 06/17/11   Time: 09:51
Sample: 12/31/1979 12/25/2000
Included observations: 1096
Total system (balanced) observations 3288
Presample covariance: backcast (parameter =0.7)
Convergence achieved after 53 iterations
```

	Coefficient	Std. Error	z-Statistic	Prob.
C(1)	−0.000862	0.000444	−1.941495	0.0522
C(2)	6.25E-05	0.000461	0.135758	0.8920
C(3)	−1.13E-05	0.000381	−0.029561	0.9764

Variance Equation Coefficients

	Coefficient	Std. Error	z-Statistic	Prob.
C(4)	0.002589	0.000229	11.32620	0.0000
C(5)	0.001977	0.000294	6.732575	0.0000
C(6)	−0.001643	0.000325	−5.059359	0.0000
C(7)	0.002453	0.000255	9.632024	0.0000
C(8)	−0.002076	0.000316	−6.572687	0.0000
C(9)	0.002580	0.000200	12.90590	0.0000
C(10)	0.244231	0.016634	14.68303	0.0000
C(11)	0.239397	0.014520	16.48722	0.0000
C(12)	0.317735	0.012054	26.36012	0.0000
C(13)	0.957638	0.006061	158.0061	0.0000
C(14)	0.954752	0.005959	160.2161	0.0000
C(15)	0.916530	0.006983	131.2567	0.0000

Log likelihood	9674.549	Schwarz criterion	−17.55849
Avg. log likelihood	2.942381	Hannan-Quinn criter.	−17.60103
Akaike info criterion	−17.62692		

```
Covariance specification: Diagonal VECH
GARCH = M + A1.*RESID(-1)*RESID(-1)' + B1.*GARCH(-1)
M is a full rank matrix
A1 is a rank one matrix
B1 is a rank one matrix
```

Transformed Variance Coefficients

	Coefficient	Std. Error	z-Statistic	Prob.
M(1,1)	6.70E-06	1.18E-06	5.663101	0.0000
M(1,2)	5.12E-06	9.57E-07	5.349421	0.0000
M(1,3)	−4.25E-06	9.02E-07	−4.714661	0.0000
M(2,2)	9.93E-06	2.18E-06	4.552141	0.0000
M(2,3)	−8.34E-06	1.55E-06	−5.376931	0.0000
M(3,3)	1.37E-05	2.44E-06	5.591738	0.0000
A1(1,1)	0.059649	0.008125	7.341513	0.0000
A1(1,2)	0.058468	0.006077	9.621052	0.0000
A1(1,3)	0.077601	0.006713	11.55983	0.0000
A1(2,2)	0.057311	0.006952	8.243611	0.0000
A1(2,3)	0.076065	0.006978	10.90068	0.0000
A1(3,3)	0.100955	0.007660	13.18006	0.0000
B1(1,1)	0.917071	0.011608	79.00306	0.0000
B1(1,2)	0.914308	0.009012	101.4511	0.0000
B1(1,3)	0.877704	0.009232	95.06998	0.0000
B1(2,2)	0.911552	0.011379	80.10805	0.0000
B1(2,3)	0.875059	0.010566	82.81829	0.0000
B1(3,3)	0.840026	0.012800	65.62833	0.0000

$$\mathbf{A}_: = \begin{bmatrix} C(10) & & \\ C(11) & 0 & \\ C(12) & 0 & 0 \end{bmatrix} \quad \mathbf{A} = \begin{bmatrix} 0.059649 & & \\ 0.058468 & 0.057311 & \\ 0.077601 & 0.076065 & 0.100955 \end{bmatrix}$$

为了方便估计结果的查看，EViews 报告了方差方程 (D.28) 设定形式的系数估计

```
table tbdv1b = tbdv1
tbdv1b.deleterow(a1) 55
tbdv1b.deleterow(a29) 1
```

得到图 D.6 的下半部分：先报告方差方程的设定形式

```
Covariance specification: Diagonal VECH
GARCH = M + A1.*RESID(-1)*RESID(-1)' + B1.*GARCH(-1)
M is a full rank matrix
A1 is a rank one matrix
B1 is a rank one matrix
```

表明对应关系为：M→ $\mathbf{C}$, A1→ $\mathbf{A}$, RESID(-1)→ $\mathbf{e}_{t-1}$, B1→ $\mathbf{B}$, GARCH(-1)→ $\mathbf{H}_{t-1}$，由于矩阵 M, A1 和 B1 都是对称的，系数只报告了下三角的部分。从以上分析我们看到，本例中 EViews 是使用式 (D.30) 进行估计的，但方差方程的结果报告采用的是式 (D.28) 的形式。

我们知道，对角 BEKK 模型等价于式 (D.30) 的设定

```
freeze(tbdb) sys01.arch @diagbekk c(fullrank) arch(1) garch(1)
table tbdb2 = tbdb
tbdb2.deleterow(a1) 55
tbdb2.deleterow(a23) 1
```

得到的对角 BEKK 模型估计结果，方程组实际系数估计结果中的均值和方差方程部分与图 D.6 的上半部分完全相同，而转换回原始方差方程设定时，报告的是式 (D.31) 的形式

```
Covariance specification: Diagonal BEKK
GARCH = M + A1*RESID(-1)*RESID(-1)'*A1 + B1*GARCH(-1)*B1
M is a full rank matrix
A1 is a diagonal matrix
B1 is a diagonal matrix
```

Transformed Variance Coefficients				
	Coefficient	Std. Error	z-Statistic	Prob.
M(1,1)	6.70E-06	1.18E-06	5.663101	0.0000
M(1,2)	5.12E-06	9.57E-07	5.349421	0.0000
M(1,3)	-4.25E-06	9.02E-07	-4.714661	0.0000
M(2,2)	9.93E-06	2.18E-06	4.552141	0.0000
M(2,3)	-8.34E-06	1.55E-06	-5.376931	0.0000
M(3,3)	1.37E-05	2.44E-06	5.591738	0.0000
A1(1,1)	0.244231	0.016634	14.68303	0.0000
A1(2,2)	0.239397	0.014520	16.48722	0.0000
A1(3,3)	0.317735	0.012054	26.36012	0.0000
B1(1,1)	0.957638	0.006061	158.0061	0.0000
B1(2,2)	0.954752	0.005959	160.2161	0.0000
B1(3,3)	0.916530	0.006983	131.2567	0.0000

我们看到：M→ $\mathbf{CC}'$, A1→ $\mathbf{A}$, B1→ $\mathbf{B}$，且

$$\mathbf{A} = \begin{bmatrix} C(10) & & \\ & C(11) & \\ & & C(12) \end{bmatrix} \quad \mathbf{B} = \begin{bmatrix} C(13) & & \\ & C(14) & \\ & & C(15) \end{bmatrix}$$

EViews 还支持估计 CCC 模型

```
freeze(tbcc) sys01.arch @ccc c arch(1) garch(1)
table tbcc1 = tbcc
```

图 D.7 CCC-GARCH 模型

```
System: SYS01
Estimation Method: ARCH Maximum Likelihood (Marquardt)
Covariance specification: Constant Conditional Correlation
Date: 06/17/11   Time: 09:51
Sample: 12/31/1979 12/25/2000
Included observations: 1096
Total system (balanced) observations 3288
Presample covariance: backcast (parameter =0.7)
Convergence achieved after 20 iterations
```

	Coefficient	Std. Error	z-Statistic	Prob.
C(1)	-0.000804	0.000450	-1.788858	0.0736
C(2)	-0.000232	0.000467	-0.496888	0.6193
C(3)	8.53E-05	0.000377	0.226000	0.8212

Variance Equation Coefficients				
C(4)	5.84E-06	1.30E-06	4.483119	0.0000
C(5)	0.062910	0.010083	6.239260	0.0000
C(6)	0.916955	0.013611	67.36719	0.0000
C(7)	4.89E-05	1.72E-05	2.835833	0.0046
C(8)	0.063159	0.012983	4.864666	0.0000
C(9)	0.772289	0.064004	12.06623	0.0000
C(10)	1.47E-05	3.11E-06	4.735675	0.0000
C(11)	0.104209	0.009251	11.26430	0.0000
C(12)	0.828722	0.017924	46.23552	0.0000
C(13)	0.571321	0.018238	31.32616	0.0000
C(14)	-0.403229	0.023633	-17.06246	0.0000
C(15)	-0.677351	0.014588	-46.43142	0.0000

Log likelihood	9593.125	Schwarz criterion	-17.40991
Avg. log likelihood	2.917617	Hannan-Quinn criter.	-17.45244
Akaike info criterion	-17.47833		

```
Covariance specification: Constant Conditional Correlation
GARCH(i) = M(i) + A1(i)*RESID(i)(-1)^2 + B1(i)*GARCH(i)(-1)
COV(i,j) = R(i,j)*@SQRT(GARCH(i)*GARCH(j))
```

Transformed Variance Coefficients				
	Coefficient	Std. Error	z-Statistic	Prob.
M(1)	5.84E-06	1.30E-06	4.483119	0.0000
A1(1)	0.062910	0.010083	6.239260	0.0000
B1(1)	0.916955	0.013611	67.36719	0.0000
M(2)	4.89E-05	1.72E-05	2.835833	0.0046
A1(2)	0.063159	0.012983	4.864666	0.0000
B1(2)	0.772289	0.064004	12.06623	0.0000
M(3)	1.47E-05	3.11E-06	4.735675	0.0000
A1(3)	0.104209	0.009251	11.26430	0.0000
B1(3)	0.828722	0.017924	46.23552	0.0000
R(1,2)	0.571321	0.018238	31.32616	0.0000
R(1,3)	-0.403229	0.023633	-17.06246	0.0000
R(2,3)	-0.677351	0.014588	-46.43142	0.0000

```
tbcc1.deleterow(a35) 100
table tbcc2 = tbcc
tbcc2.deleterow(a1) 55
tbcc2.deleterow(a21) 1
```

得到估计结果如图 D.7：下半部分的开头给出了方差方程的设定

```
Covariance specification: Constant Conditional Correlation
GARCH(i) = M(i) + A1(i)*RESID(i)(-1)^2 + B1(i)*GARCH(i)(-1)
COV(i,j) = R(i,j)*@SQRT(GARCH(i)*GARCH(j))
```

条件方差采用式 (D.33) 的单变量设定 (M→ ω, A1→ α, B1→ β)，协方差则由相关系数和标准差计算得到。关于这一点，可以查看模型的表述视图进行验证

```
sys01.representations
```

得到表述视图中的文本描述如下：

```
Variance and Covariance Representations:
====================
GARCH(i) = M(i) + A1(i)*RESID(i)(-1)^2 + B1(i)*GARCH(i)(-1)
COV(i,j) = R(i,j)*@SQRT(GARCH(i)*GARCH(j))
Variance and Covariance Equations:
====================
GARCH1 = C(4) + C(5)*RESID1(-1)^2 + C(6)*GARCH1(-1)
GARCH2 = C(7) + C(8)*RESID2(-1)^2 + C(9)*GARCH2(-1)
GARCH3 = C(10) + C(11)*RESID3(-1)^2 + C(12)*GARCH3(-1)
COV1_2 = C(13)*@SQRT(GARCH1*GARCH2)
COV1_3 = C(14)*@SQRT(GARCH1*GARCH3)
COV2_3 = C(15)*@SQRT(GARCH2*GARCH3)
```

CCC 模型系数 $\omega_n, \alpha_n, \beta_n$ 和 ρ_{ij} 与系数向量 C 的对应关系一目了然。

对比图 D.7 和图 D.6，对角 VECH 模型的似然值比较大，由于系数的实际估计个数相同，对角 VECH 模型的信息准则都比较小，因而就这两个模型而言，CCC 模型略逊一筹。

二、估计命令

EViews 7 支持三种 MGARCH 模型：对角 VECH，对角 BEKK 和 CCC 模型，尚不支持完整版 VECH，完整版 BEKK 以及 DCC 模型。

对角 VECH 模型 (D.28) 中，EViews 支持如下的矩阵形式 (以矩阵 **B** 为例)：

选项	PSD	式 (D.28) 中的矩阵 **B**
scalar		每个元素都为 b，$\mathbf{B} = b\mathbf{11}'$
diag		对角阵，$\mathbf{B} = \mathrm{diag}(\mathbf{b})$
rank1	✓	分解为单秩矩阵 (秩为 1)，$\mathbf{B} = \mathbf{B}_.\mathbf{B}'_. = \mathbf{bb}'$
fullrank	✓	Cholesky 分解为满秩下三角阵 $\mathbf{B}_.$，$\mathbf{B} = \mathbf{B}_.\mathbf{B}'_.$
indef		对称矩阵 **B** 无限制

只有在分解为单秩矩阵和满秩矩阵的情况下，即选项 {rank1, fullrank}，才能保证方差矩阵的正定性 (PSD 指半正定, positive semidefinite)：

1) 当 $\mathbf{B}_.$ 为单秩矩阵时，EViews 将第一列以外的元素都设定为 0。
2) 选项 {scalar, diag} 只是为了减少参数，不保证方差矩阵的正定性：EViews 直接限制式 (D.28) 中的矩阵 **B**，而不是分解式 (D.29) 中的 $\mathbf{B}_.$。对于式 (D.29) 中的 $\mathbf{B}_.$，如果进一步限制第一列为常数 ($\mathbf{b} = b\mathbf{1}$)，或者将 $\mathbf{B}_.$ 限制为对角阵，则可以确保正定性。
3) 选项 indef 不能确保正定性。

因此，出于正定性的考虑，建议只使用选项 {rank1, fullrank}。此外，对于式 (D.28) 中的矩阵 **C**，EViews 还提供选项 vt 以设定目标方差 (variance target) 形式，即

$$\mathbf{C} = \mathbf{V} \cdot (\mathbf{11}' - \mathbf{A} - \mathbf{B})$$

其中 **V** 为普通残差的样本方差矩阵 (无条件)。

方程组对象使用 arch 命令估计 MGARCH 模型：

1) 估计对角 VECH 模型时，命令的格式为

   arch(options) **@diagvech** c(arg) [arch(n, arg)]

   [tarch(n, arg)] [garch(n, arg)] [exog(ser, arg)]

   关键字 @diagvech 表示估计对角 VECH 模型。

   (a) 参数 c(arg) 中 arg 代表选项 {scalar, diag, rank1, fullrank, **indef**, vt}，设定式 (D.28) 中的矩阵 C 的形式。

   (b) 参数 arch(n, arg), garch(n, arg) 和 tarch(n, arg) 分别设定 ARCH 项、GARCH 项和非对称项，其中整数 n 用来设定相应项的滞后阶数，arg 代表选项 {scalar, diag, rank1, fullrank, **indef**}，用来设置相应系数矩阵的形式。

   (c) 参数 exog(ser, arg) 设置方差方程的外生解释变量，其中 ser 为序列对象名，arg 的设置同 arch(n, arg)。请注意，每个解释变量需要使用 exog(ser, arg) 单独进行设置。

2) 估计对角 BEKK 模型的命令格式为

   arch(options) **@diagbekk** c(arg) [arch(n[, arg])]

   [tarch(n[, arg])] [garch(n[, arg])] [exog(ser, arg)]

   关键字 @diagbekk 表示估计对角 BEKK 模型。

   (a) 参数 c(arg) 中 arg 代表选项 {scalar, diag, rank1, fullrank, **indef**}，设定式 (D.31) 中的矩阵 C 的形式 (其中选项 indef 对应于把 CC' 改成不定矩阵 M)。

   (b) 参数 arch(n[, arg]), garch(n[, arg]) 和 tarch(n[, arg]) 分别设定相关的 ARCH 项、GARCH 项和非对称项，其中整数 n 用来设定相应项的滞后阶数，arg 是可选的 (当前只支持 diag 选项)。

   (c) 参数 exog(ser, arg) 的设置方法同于对角 VECH 模型的 exog(ser, arg)。

   对角 BEKK 是对角 VECH 的特例，只是结果报告时采用式 (D.31) 的形式。

3) 至于 CCC 模型，估计的命令格式类似

   arch(options) **@ccc** c(arg) [arch(n[, arg])]

   [tarch(n[, arg])] [garch(n[, arg])] [exog(ser, arg)]

   关键字 @ccc 表示估计 CCC 模型。

   (a) 参数 c(arg) 中 arg 代表选项 {**scalar**, vt}，设定式 (D.33) 中 ω_n 的形式，分别表示 ω_n 为常数 (关于 n 可变) 和目标方差形式 (类似于第 259 页式 (6.6) 的形式)。

   $$\omega_n = \sigma_n (1 - \alpha_n - \beta_n)$$

   (b) 参数 arch(n[, arg]), garch(n[, arg]) 和 tarch(n[, arg]) 分别设定相关的 ARCH 项、GARCH 项和非对称项，其中整数 n 用来设定相应项的滞后阶数，arg 是可选的 (当前只支持 scalar 选项)。

   (c) 参数 exog(ser, arg) 的设置方法同于对角 VECH 模型的 exog(ser, arg)，但选项 arg 只能取为 {**indiv**, common}，分别表示各自取不同的系数和共同系数。

方程组对象的 arch 命令还提供如下的通用选项：

1) 标准化残差的分布：默认采用正态分布，选项 tdist 则使用 t 分布。
2) 方差估计：选项 h 得到 Bollerslev and Wooldridge (1992) 提供的稳健方差估计。
3) 迭代算法：默认采用 Marquardt 算法，使用选项 b 改为 BHHH 算法 (即 Gauss-Newton 算法)。
4) 迭代计算：如果有选项 s，表示初始值从系数向量 C 中取。迭代次数和收敛准则，对应选项 m=int 和 c=num，一般不作修改。选项 showopts 输出初始值和控制估计过程的设置。
5) 求导方法：选项 deriv={a, aa, an, f, fa, fn}，进一步的讨论请参考 §C.2 节 (第 959 页)。
6) 方差方程的系数默认使用系数向量 C，如果需要可以改变，例如

```
sys01.arch(coef=b) @diagbekk c(fullrank) arch(1) garch(1)
```

使用 coef=b 设置方差方程的系数使用系数对象 b。

7) 倒推算法：选项 backcast=num 设置倒推算法的参数，取值在 0 到 1 之间，默认值为 0.7。如果 backcast=1 等于不使用倒推算法，此时采用残差的无条件方差作为样本前的条件方差。

有必要指出的是，使用 arch 命令估计 MGARCH 模型时，ARCH 项、GARCH 项和非对称项的系数矩阵形式允许分开设置，例如

```
sys01.arch @diagvech c(fullrank) arch(1,fullrank) garch(1,diag)
freeze(tx10) sys01.representations
```

式 (D.28) 中的矩阵 **C** 和 **A** 设置为满秩分解的形式，而矩阵 **B** 限定为对角阵。表述视图中的相应文本描述如下：

```
Variance-Covariance Representation:
====================
GARCH = M + A1.*RESID(-1)*RESID(-1)' + B1.*GARCH(-1)
Variance and Covariance Equations:
====================
GARCH1 = M(1,1) + A1(1,1)*RESID1(-1)^2 + B1(1,1)*GARCH1(-1)
GARCH2 = M(2,2) + A1(2,2)*RESID2(-1)^2 + B1(2,2)*GARCH2(-1)
GARCH3 = M(3,3) + A1(3,3)*RESID3(-1)^2 + B1(3,3)*GARCH3(-1)
COV1_2 = M(1,2) + A1(1,2)*RESID1(-1)*RESID2(-1)
COV1_3 = M(1,3) + A1(1,3)*RESID1(-1)*RESID3(-1)
COV2_3 = M(2,3) + A1(2,3)*RESID2(-1)*RESID3(-1)
```

如果 GARCH 项的系数矩阵 **B** 不限制为对角阵的话，COV1_2 将有相应的 GARCH 项 COV1_2(-1)。

练习：估计对角 VECH 模型，限制其相关系数为 0。

提示：对角形式将协方差 (相关系数) 都设置为 0

```
sys01.arch @diagvech c(diag) arch(1,diag) garch(1,diag)
freeze(txdvd) sys01.representations
freeze(g_cov01) sys01.garch(cov)
```

最后，我们给出一个目标方差的例子，估计 CCC 模型

```
freeze(tbct) sys01.arch @ccc c(vt) arch(1) garch(1)
table tbct2 = tbct
tbct2.deleterow(a1) 53
```

估计结果输出的第一部分，表头 Variance target of constant term of ARCH 指出应用了目标方差结构，而 Failure to improve Likelihood after 3 iterations 告诉我们，也许需要修改估计的控制选项 (如初始值、迭代算法、求导方法或者倒推算法等)。原始方差方程的估计结果如下：

```
Covariance specification: Constant Conditional Correlation
GARCH(i) = M(i) + A1(i)*RESID(i)(-1)^2 + B1(i)*GARCH(i)(-1)
COV(i,j) = R(i,j)*@SQRT(GARCH(i)*GARCH(j))
M(i) = [uncond var(i)]*(1 - A1(i) - B1(i))
```

Transformed Variance Coefficients				
	Coefficient	Std. Error	z-Statistic	Prob.
M(1)	-6.49E-07	--	--	--
A1(1)	0.045934	0.003834	11.98179	0.0000
B1(1)	0.956535	0.003780	253.0277	0.0000
M(2)	6.32E-05	--	--	--
A1(2)	0.011449	0.007448	1.537189	0.1242
B1(2)	0.780925	0.217823	3.585130	0.0003
M(3)	3.61E-05	--	--	--
A1(3)	0.100643	0.009662	10.41626	0.0000
B1(3)	0.733196	0.039978	18.34006	0.0000
R(1,2)	0.615901	0.011333	54.34378	0.0000
R(1,3)	-0.436713	0.017549	-24.88478	0.0000
R(2,3)	-0.681539	0.009836	-69.29325	0.0000

Note: some SE and probabilities are not defined.

系数 ω_n (对应于 M(n)) 并没有报告标准差等估计，因为它是通过目标方差设定 $\omega_n = \sigma_n(1 - \alpha_n - \beta_n)$ 计算出来的。

§D.6.3 应用分析

EViews 为 MGARCH 模型的计量分析提供了多种视图和过程，如查看条件方差的图形或者保存条件方差序列，提取标准化残差以及进行检验等。

一、条件方差

条件方差是 MGARCH 模型关注的中心

```
sys01.arch @diagvech c(scalar) arch(1,diag) garch(1,diag)
sys01.garch(cov)
```

估计对角 VECH 模型，将协方差设置为相同值，命令 garch(cov) 产生条件协方差图形，得到图 D.8 的上半部分：对角线上的子图为条件方差，表现出明显的波动群集特性。非对角线上的子图为条件协方差，都为水平线。尽管不同变量间条件协方差相等，由于条件方差是时变的，条件相关系数将是时变的

```
sys01.garch(cor)
```

得到图 D.8 的下半部分：条件相关系数是时变的，但变化趋势大体上是同步的。

条件协方差还可以保存到矩阵和序列对象中

```
sys01.makegarch(mat, name=h, date="1980-01-07")
```

将条件方差矩阵保存到矩阵对象 h 中，每次只能提取一个观测点的。

```
sys01.makegarch(cov,name=h)
```

将产生以 h 开头的 6 个序列对象：其中 h01, h02 和 h03 保存条件方差 h_{tii} 序列，而 h01_02, h01_03 和 h02_03 保存条件协方差 h_{tij} 序列。

图 D.8 条件协方差

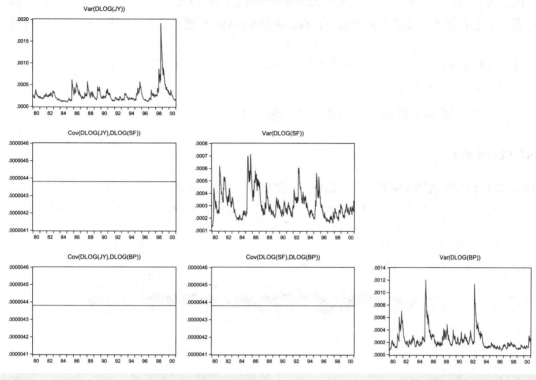

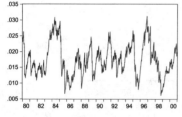

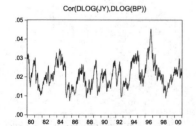
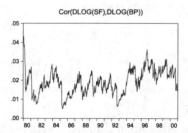

二、残差

MGARCH 模型包含了普通残差 e_t 和标准化残差 z_t

```
sys01.makeresids(n=ge,bn=e)    'ordinary resid
```

创建群对象 ge，成员为普通残差序列 e01, e02 和 e03。要得到标准化残差 z_t，需要使用选项 cov

```
sys01.makeresids(n=gz,cov,bn=z)    'std resid
```

得到群对象 gz，成员为标准化残差序列 z01, z02 和 z03。

需要说明的是，makeresids 提供了三种"标准化残差"，选项为 {chol, cor, cov}，分别表示变换矩阵采用 Cholesky 分解、相关矩阵的逆阵开方和方差矩阵的逆阵开方的方法，具体含义请参考式 (11.4)(第 510 页) 的讨论。显然，选项 cov 计算的才是 MGARCH 模型设定的标准化残差 $\mathbf{z}_t = \mathbf{H}_t^{-1/2} \mathbf{e}_t$。

练习：请验证命令 makeresids 产生的标准化残差序列 z01, z02 和 z03 与普通残差序列 e01, e02 和 e03 满足关系 $\mathbf{z}_t = \mathbf{H}_t^{-1/2} \mathbf{e}_t$。

提示：$\mathbf{H}_t^{-1/2}$ 采用谱分解(特征根和特征向量) 进行计算。

三、对数似然贡献值

MGARCH 模型采用最大似然估计，提供了对数似然贡献值的视图

```
sys01.arch @diagvech c(fullrank) arch(1,rank1) garch(1,rank1)
freeze(g_lk) sys01.loglike    'undocument
g_lk.legend -display
```

命令 loglike 得到对数似然贡献值的图形如下：

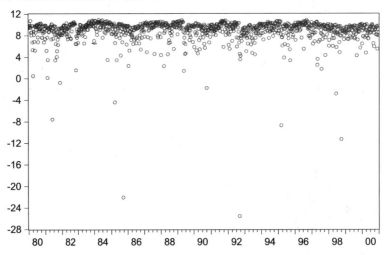

而命令 makeloglike 将对数似然贡献值保存到序列对象中

```
sys01.makeloglike slk
```

对数似然贡献值被保存到序列 slk 中。

四、检验

检验 MGARCH 模型的系数限制比较简单，如 Wald 检验(命令 wald) 和置信椭圆(命令 cellipse) 等，具体的讨论请参考 §4.2 节 (第 182 页)。

残差检验方面，EViews 为 MGARCH 模型提供了相关图(命令 correl)、自相关的混合检验 (命令 qstats) 以及正态性检验(命令 jbera)，其中正态性检验针对的是标准化残差。

```
sys01.arch @diagvech c(fullrank) arch(1,rank1) garch(1,rank1)
freeze(tb33) sys01.jbera(12,factor=cov)
```

无论是标准化残差的单个分量，还是整个向量，正态分布假设都被拒绝。因此，标准化残差采用正态分布可能是不恰当的。此外，标准化残差还存在自相关

```
freeze(tb32) sys01.qstats(12,cov)
```

自相关的混合检验结果表明，尽管考虑全部的 12 阶滞后，没有拒绝无自相关，但只考虑前两阶滞后的话，则拒绝了无自相关的假设 (p 值为 0.0231)。进一步，我们考察标准化残差的相关图

```
freeze(gf31) sys01.correl(12,factor=cov)
```

得到标准化残差的相关图如下：

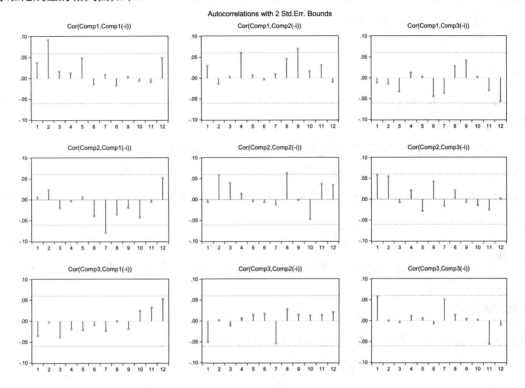

无论是自相关，还是互相关，都存在超过两倍标准差的情形。以上三种残差检验表明，对于该汇率数据，式 (D.30) 的设定是不合适的，有待改进。

五、预测

方程组对象的预测，只能通过样板对象实现。然而，从 MGARCH 模型的方程组对象建立样板对象，方差方程的设定丢失

```
sys01.makemodel(mod01)
```

样板对象 mod01 只链接了方程组对象 sys01 的均值方程信息，因此，使用样板对象预测条件方差矩阵，此路暂且不通。尽管类似于式 (6.12) (第 268 页) 的多步预测是比较麻烦的，单步预测则容易许多，可以参考 EViews 论坛中

```
http://forums.eviews.com/viewtopic.php?f=4&t=346&p=15184
```

的讨论，不失为应急的一种方法。

§D.7 GMM 方法

EViews 7 对单方程的 GMM 估计进行了彻底改造。本节首先介绍长期方差矩阵的估计；然后，结合 GMM 估计命令的选项，深入到 GMM 的计算过程中，讲解 GMM 加权矩阵和系数方差矩阵的估计方法；最后，讨论工具变量的诊断和检验。

§D.7.1 长期方差

长期方差矩阵 (long-run covariance matrix, LRCOV) 在现代经济计量分析中，占有重要的地位。例如，它是如下计量分析和计算的核心：

1) Hansen (1982) 的 GMM 有效加权矩阵计算，来自式 (14.11) (第 665 页)。
2) Newey and West (1987) 的 HAC 稳健方差估计，式 (3.10) (第 148 页) 中的 $\mathbf{C}$。
3) Phillips and Perron (1988) 提出的单位根 PP 检验，以及 Phillips and Hansen (1990) 和 Hansen (1992) 的协整分析的计算。

实际上，§7.2.2 节 (第 307 页) 也是在估计长期方差。基于长期方差矩阵的估计，EViews 7 扩充并统一了命令 ls,tsls 和 gmm 的方差估计选项，显然，理解长期方差的计算有助于选择合适的估计选项。

一、长期方差矩阵

考虑 $Z \times 1$ 的 $\{\mathbf{g}_t(\mathbf{b})\}$ 向量过程，其中参数 $\mathbf{b}$ 为 $P \times 1$ 向量，满足

$$\mathrm{E}\left(\mathbf{g}_t(\mathbf{b})\right) = 0 \qquad t = 1, 2, \cdots, T$$

并且真值 $\mathbf{b}_0$ 为唯一解。我们要估计长期方差矩阵

$$\mathbf{C} = \sum_{l=-\infty}^{+\infty} \mathbf{C}_l$$

其中 $\mathbf{C}_l$ 是 $\mathbf{g}_t$ 的 l 阶自协方差矩阵

$$\mathbf{C}_l = \mathbf{C}'_{-l} = \mathrm{E}\left(\mathbf{g}_t \mathbf{g}'_{t-l}\right) \qquad l \geqslant 0$$

当 $\mathbf{g}_t$ 是弱平稳时，长期方差矩阵 $\mathbf{C}$ 等于 $\mathbf{g}_t$ 的频谱矩阵在频率为零处的值乘以 2π。

EViews 提供了三种方法计算长期方差矩阵 $\mathbf{C}$:
1) 核估计：通过计算样本自协方差矩阵的加权和得到长期方差矩阵 $\mathbf{C}$。
2) VARHAC 方法：通过估计参数模型，尤其是 VAR 模型，基于估计结果计算滤波数据的长期方差矩阵，恢复出原始的长期方差矩阵 $\mathbf{C}$。
3) 预白化核估计：这是前两种方法的混合体。先通过参数模型对数据进行白化预处理 (prewhitening)，然后采用非参数的核估计方法计算白化数据的长期方差矩阵估计 $\mathbf{V}$，最后，对 $\mathbf{V}$ 重新着色 (recoloring)，得到长期方差矩阵 $\mathbf{C}$。

二、核估计

Newey and West (1987) 和 Andrews (1991) 提出的核估计方法中

$$\mathbf{C} = \frac{T}{T-P} \sum_{l=-\infty}^{+\infty} K\left(\frac{l}{h}\right) \mathbf{C}_l$$

表 D.1　核函数(频域)

名称	选项 covkern=	核函数
Bartlett	bart	$K(x) = \begin{cases} 1-|x| & |x| \leqslant 1 \\ 0 & \text{其他} \end{cases}$
Bohman	bohman	$K(x) = \begin{cases} (1-|x|)\cos(\pi x) + \frac{\sin(\pi|x|)}{\pi} & |x| \leqslant 1 \\ 0 & \text{其他} \end{cases}$
Daniell	daniell	$K(x) = \sin(\pi x)/(\pi x)$
Parzen	parzen	$K(x) = \begin{cases} 1-6x+6|x|^3 & |x| \leqslant \frac{1}{2} \\ 2(1-|x|)^3 & \frac{1}{2} < |x| \leqslant 1 \\ 0 & \text{其他} \end{cases}$
Parzen-Cauchy	parzcauchy	$K(x) = \begin{cases} \frac{1}{1+x^2} & |x| \leqslant 1 \\ 0 & \text{其他} \end{cases}$
Parzen-Geometric	parzgeo	$K(x) = \begin{cases} \frac{1}{1+|x|} & |x| \leqslant 1 \\ 0 & \text{其他} \end{cases}$
Parzen-Riesz	parzriesz	$K(x) = \begin{cases} 1-x^2 & |x| \leqslant 1 \\ 0 & \text{其他} \end{cases}$
Quadratic Spectral	quadspec	$K(x) = \frac{3}{X^2}\left(\frac{\sin(X)}{X} - \cos(X)\right) \quad X = \frac{6\pi}{5}x$
Truncated	trunc	$K(x) = \begin{cases} 1 & |x| \leqslant 1 \\ 0 & \text{其他} \end{cases}$
Tukey-Hamming	thamm	$K(x) = \begin{cases} 0.54+0.46\cos(\pi x) & |x| \leqslant 1 \\ 0 & \text{其他} \end{cases}$
Tukey-Hanning	thann	$K(x) = \begin{cases} 0.5+0.5\cos(\pi x) & |x| \leqslant 1 \\ 0 & \text{其他} \end{cases}$
Tukey-Parzen	tparz	$K(x) = \begin{cases} 0.436+0.564\cos(\pi x) & |x| \leqslant 1 \\ 0 & \text{其他} \end{cases}$

核函数是对称的，满足 $|K(x)| \leqslant 1$，核函数要求在原点连续，且 $K(0) = 1$。

其中 $K(\cdot)$ 是对称的核函数(参见表 D.1)，h 是带宽参数，$\frac{T}{T-P}$ 是自由度修正项，并且自协方差矩阵 $\mathbf{C}_l$ 的估计为

$$\mathbf{C}_l = \mathbf{C}'_{-l} = \frac{1}{T}\sum_{t=l+1}^{T} \mathbf{g}_t \mathbf{g}'_{t-l} \quad l = 0,1,2,\cdots,T-1$$

显然，核函数 $K(\cdot)$ 和带宽 h 的选择，完全确定了长期方差矩阵 $\mathbf{C}$ 的 HAC 估计[18]。

带宽：尽管不少人喜欢采用整数值带宽，EViews 支持 Andrews (1991) 提倡的实数值带宽。

- EViews 支持 Andrews (1991) 和 Newey and West (1994) 的自动带宽选择：Andrews (1991) 分别计算 g_{ti} 分量的自相关和方差估计，然后汇总成单一度量值。而 Newey and West (1994) 则先进行汇总，

---

[18] 经济计量文献中，由一致估计 $\mathbf{b}$ 及其相应的 $\mathbf{g}_t(\mathbf{b})$ 产生的一致估计 $\mathbf{C}$，通常称为 HAC (heteroskedasticity and autocorrelation consistent) 估计。

从 $\mathbf{g}_t$ 的自协方差矩阵的线性组合合成标量值，然后计算相应的平滑参数。具体的技术细节请参见 §14.2 节 (第 665 页) 的讨论。

- 当 $|l| > h$ 时，表 D.1 中绝大部分的核函数满足 $K(|l|/h) = 0$，因此，带宽间接起到了截断滞后项的作用。请注意带宽 h 和滞后截断参数 (lag-truncation parameter) L 的关系，Newey and West (1987) 使用 Bartlett 核函数，计算 L 阶滞后自协方差矩阵的加权和，实际的带宽 $h = L + 1$。而 Hansen (1982) 求前 L 阶自协方差矩阵的非加权和，则相当于使用 Truncated 核函数，且带宽 $h = L$。

三、VARHAC 方法

den Haan and Levin (1997) 提倡使用参数方法，尤其是通过 VAR 模型，来估计长期方差矩阵。他们提出了 VARHAC 方法，先对 $\mathbf{g}_t$ 建立 VAR 模型，计算残差的方差矩阵，然后使用估计的 VAR 参数，复原出原始数据的长期方差矩阵。记

$$\mathbf{v}_t = \mathbf{g}_t - \sum_{i=1}^{p} \mathbf{A}_i \mathbf{g}_{t-i} \qquad \mathbf{B} = \left(\mathbf{I} - \sum_{i=1}^{p} \mathbf{A}_i\right)^{-1} \tag{D.37}$$

那么

$$\mathbf{C} = \frac{T - p}{T - p - P} \mathbf{B} \mathbf{V} \mathbf{B} \tag{D.38}$$

其中 $\mathbf{V}$ 为 $\mathbf{v}_t$ 的长期方差矩阵估计

$$\mathbf{V} = \mathbf{V}_0 = \frac{1}{T - p} \sum_{t=p+1}^{T} \mathbf{v}_t \mathbf{v}_t'$$

显然，VARHAC 方法需要设定 VAR 的滞后阶数 p，den Haan and Levin (1997) 设定最大滞后阶数为 $T^{1/3}$，然后使用信息准则选择 p。

四、预白化核估计

Andrews and Monahan (1992) 计算了式 (D.37) 中 $\mathbf{v}_t$ 的长期方差矩阵 $\mathbf{V}$ 的 HAC 估计

$$\mathbf{V} = \sum_{l=-\infty}^{+\infty} K\left(\frac{l}{h}\right) \mathbf{V}_l$$

其中样本自协方差矩阵

$$\mathbf{V}_l = \mathbf{V}_{-l}' = \frac{1}{T - p} \sum_{t=l+p+1}^{T} \mathbf{v}_t \mathbf{v}_{t-l}' \qquad l = 0, 1, 2, \cdots, T - p - 1$$

再使用式 (D.38) 计算 $\mathbf{g}_t$ 的长期方差矩阵 $\mathbf{C}$。

预白化核估计与 VARHAC 估计的区别在于计算残差 $\mathbf{v}_t$ 的长期方差矩阵 $\mathbf{V}$ 上：VARHAC 估计认为 $\mathbf{v}_t$ 已经是白噪声，其长期方差矩阵 $\mathbf{V}$ 等于方差矩阵 $\mathbf{V}_0$。而预白化核估计采用 $\mathbf{V}$ 的 HAC 估计，允许 $\mathbf{v}_t$ 存在异方差和自相关。不难发现，VARHAC 估计是预白化核估计的特例，只需取带宽 $h = 1$，核函数选择 Bartlett, Parzen 或者 Parzen-Riesz (这些核函数 $K(0) = 1$，且整数 $i \geqslant 1$ 时，$K(i) = 0$) 即是。

Andrews and Monahan (1992) 和 Newey and West (1994) 的研究表明，预白化核估计的性质是人们所想望的：它减少偏差、缩小置信区间以及提高由它构造的统计量的检验水平。

五、选项说明

基于长期方差矩阵的估计，很容易理解命令 `ls`,`tsls` 和 `gmm` 的系数方差估计选项：

- **方差矩阵估计方法**：对于命令 ls 和 tsls，选项 cov={white, hac} 是可选的，分别代表 White HC 估计和 Newey-West HAC 估计。对于命令 gmm，选项 cov= 的讨论留到下一小节。
- **核函数**：选项 covkern={none, **bart**, bohman, daniell, parzen, parzcauchy, parzgeo, parzriesz, quadspec, trunc, thamm, thann, tparz} 的含义参见表 D.1。
- **带宽**：选项 covbw={**fixednw**, andrews, neweywest, num} 分别代表 Newey-West 固定带宽 ($h = \text{int}[4(T/100)^{2/9}] + 1$)、Andrews 自动带宽、Newey-West 自动带宽和用户给定带宽。当采用 Newey-West 自动带宽时 (covbw=neweywest)，默认使用基于观测数目设置滞后选择 (lag-selection) 的参数，必要时使用选项 instnwlag=int 设置滞后选择的参数值。
- **白化预处理**：使用 HAC 估计时 (cov=hac)，通过选项 covlag={a, num} 启用白化预处理，其中选项 covlag=num 直接设置式 (D.37) 中的滞后阶数 p 的值。而选项 covlag=a 自动设置滞后阶数 p，且必要时可以使用选项 covinfo={aic, **sic**, hqc} 选择信息准则，以及 covmaxlag=int 设置最大滞后阶数 (默认值为 $T^{1/3}$ 取整)。
- 默认进行自由度修正，选项 nodf 不进行自由度修正。
- 带宽取实数值，选项 covbwint 限制带宽只取整数部分。

我们在 EViews 7 下重新估计 §3.2.2 节 (第 149 页) 中的方程 eq02

```
eq027.ls(cov=hac,covlag=a) log(m1) c log(Realgdp) log(cpi_u)
```

系数方差采用 HAC 估计，并进行白化预处理，得到估计结果如下：

```
Dependent Variable: LOG(M1)
Method: Least Squares
Date: 07/01/11   Time: 21:50
Sample: 1950Q1 2000Q4
Included observations: 204
HAC standard errors & covariance (Prewhitening with lags = 2 from
    SIC maxlags = 5, Bartlett kernel, Newey-West fixed bandwidth
    = 5.0000)
```

Variable	Coefficient	Std. Error	t-Statistic	Prob.
C	-1.633057	0.512588	-3.185905	0.0017
LOG(REALGDP)	0.287051	0.147762	1.942657	0.0535
LOG(CPI_U)	0.971812	0.155680	6.242351	0.0000

R-squared	0.989520	Mean dependent var	5.797855
Adjusted R-squared	0.989415	S.D. dependent var	0.805567
S.E. of regression	0.082878	Akaike info criterion	-2.128286
Sum squared resid	1.380637	Schwarz criterion	-2.079491
Log likelihood	220.0852	Hannan-Quinn criter.	-2.108548
F-statistic	9488.775	Durbin-Watson stat	0.024767
Prob(F-statistic)	0.000000		

表头报告了预白化核估计的设置信息，白化预处理时 VAR 的滞后阶数自动取为 $p=2$，HAC 估计时采用 Newey-West 固定带宽 $h=5$。我们看到，系数的标准差估计都增大了，导致 p 值随之提高了。

§D.7.2 GMM 估计

EViews 7 对单方程的 GMM 估计进行了彻底翻修，GMM 估计的脉络得到梳理，更加系统和合理。清晰起见，我们把命令 gmm 的选项分为计算方法、GMM 加权矩阵估计、系数方差估计和基本选项等，分别进行介绍。由于功能的增强，EViews 7 中命令 gmm 启用了新的选项，为了方便源代码的迁移，我们整理出新旧选项的对照表。

一、迭代方法

首先，我们需要了解 GMM 估计的基本计算过程：

1) 用 2SLS 计算初始的参数估计 $\mathbf{b}(0)$，由式 (14.8) (第 657 页) 知，初始加权矩阵取 $(\mathbf{Z}'\mathbf{Z})^{-1}$。
2) 由参数估计 $\mathbf{b}(i)$ 计算出残差 $e_t(\mathbf{b}(i))$。
3) 计算 $\mathbf{g}_t(\mathbf{b}(i)) = \mathbf{z}_t e_t(\mathbf{b}(i))$ 的长期方差矩阵 $\mathbf{C}(\mathbf{b}(i))$，得到 GMM 最优加权矩阵 $\mathbf{W} = [\mathbf{C}(\mathbf{b}(i))]^{-1}$。
4) 最小化 GMM 估计的目标函数

$$J(\mathbf{b}(i+1), \mathbf{b}(i)) = \left[\sqrt{T}\bar{\mathbf{g}}(\mathbf{b}(i+1))\right]' \left[\mathbf{C}(\mathbf{b}(i))\right]^{-1} \left[\sqrt{T}\bar{\mathbf{g}}(\mathbf{b}(i+1))\right]$$

得到更新的系数估计 $\mathbf{b}(i+1)$，然后根据选择的算法，决定是否返回到第 2 步。

Hansen et al. (1996) 指出 GMM 最优加权矩阵依赖于参数 $\mathbf{b}$，因此将 GMM 估计的目标函数改写为

$$J(\mathbf{b}) = \left[\sqrt{T}\bar{\mathbf{g}}(\mathbf{b})\right]' \left[\mathbf{C}(\mathbf{b})\right]^{-1} \left[\sqrt{T}\bar{\mathbf{g}}(\mathbf{b})\right] \tag{D.39}$$

其中最优加权矩阵直接设定为参数 $\mathbf{b}$ 的函数。最小化式 (D.39) 得到的估计称为 CUE 估计 (Continuously Updated Estimator)。

如果方程是线性的，EViews 提供了如下的计算方法 (EViews 称为 Weight Updating)：

- N-step Iterative: 步骤 2 到步骤 4 重复 N 次 (N=1 时称作两步 GMM 法，第 1 步为初始的 2SLS 估计)。
- Iterate to Convergence: 步骤 2 到步骤 4 一直重复，直到收敛。
- Continuously Updating: 采用式 (D.39) 计算 CUE 估计。

相应的选项为 `method={nstep, converge, cue}`。如果方程是非线性的，则计算方法的选择有。

- Sequential N-Step Iterative: 与线性的 N-Step Iterative 方法相同，步骤 2 到步骤 4 重复 N 次，但是第 4 步的非线性优化每次都迭代到收敛。
- Sequential Iterate to Convergence: 步骤 2 到步骤 4 一直重复，直到收敛，其中第 4 步的非线性优化每次都迭代到收敛。
- Simultaneous Iterate to Convergence: 步骤 2 到步骤 4 一直重复，直到收敛，但第 4 步的非线性优化每次都只迭代一次 (与 Sequential Iterate to Convergence 区别在此)。
- 1-Step Weight Plus 1 Iteration: 初始的 2SLS 估计后，执行步骤 2 到步骤 4 一次，即权重矩阵只更新一次，并且第 4 步的非线性优化也只迭代一次。
- Continuously Updating: 采用式 (D.39) 计算 CUE 估计。

相应的选项为 `method={nstep, converge, simul, oneplusone, cue}`。如果选用 Sequential N-Step Iterative 方法 (`method=nstep`)，步数 N 使用选项 `gmmiter=int` 设定 (默认为 1)

清晰起见，我们整理出单方程 GMM 估计关于计算方法的新旧选项对照表如下：

旧选项	EViews 7 选项
c	method=oneplusone
i	method=simul
o	method=nstep, gmmiter=1
s	method=converge

旧选项的含义，请参见 §14.1.4 节 (第 664 页)。

二、GMM 加权矩阵

GMM 估计中，通常参数估计和方差估计采用相同的 GMM 加权矩阵，然而 EViews 7 中，参数估计和方差估计使用的 GMM 加权矩阵允许不同。

参数估计	方差估计	说明
instwgt=	cov=	加权方法
instlag=	covlag=	白化滞后阶数
instkern=	covkern=	核函数
instbw=	covbw=	带宽
instbwint	covbwint	使用整数带宽

我们先讨论参数估计方面的选项 (方差估计的选项参见下一子小节):

- 加权矩阵形式：选项 instwgt={tsls, white, **hac**, user} 分别代表 2SLS 加权矩阵、White 对角加权矩阵、Newey-West HAC 加权矩阵以及用户给定加权矩阵。由用户给定加权矩阵时 (instwgt=user)，加权矩阵通过 instwgtmat=mat 设定 (例子参见第 977 页中的 eq02b)。
- 核函数、带宽和白化预处理的选项，请参考前一小节关于方差估计的相应选项 (例如 instkern= 对应 covkern=) 的讨论。

对比第 667 页介绍的旧版本选项说明，我们得到如下对照表：

旧选项	EViews 7 选项	说明
e	instwgt=tsls	2SLS 加权矩阵
n	instlag=1	白化预处理
q	instkern=quadspec	QS 核函数
w	instwgt=white	White 对角线

EViews 5 不支持用户给定的权重矩阵，白化预处理采用 VAR(1) 模型，核函数只支持 Bartlett 和 Quadratic Spectral 两种核函数。此外，带宽选项的对应关系为

旧选项	EViews 7 选项	说明
b=a	instbw=andrews	Andrews 自动带宽
b=num	instbw=num	用户设定带宽
b=nw	instbw=fixednw	Newey-West 固定带宽
b=v	instbw=neweywest	Newey-West 自动带宽

三、系数方差估计

通过选项 cov={updated, tsls, white, hac, wind, user} 进行设定，该选项是可选的，默认采用参数估计的 GMM 加权矩阵

- 选项 cov={tsls, white, **hac**, user} 参见前一子小节中关于选项 instwgt= 的说明。
- 选项 cov=updated 表示得到最终参数估计后，再执行一次 GMM 估计基本计算过程的第 3 步取得加权矩阵，用以计算系数方差估计。
- 选项 cov=wind 计算 Windmeijer 修正方差估计。[19]

---

[19]在小样本下，有不少仿真研究发现系数方差估计是下偏的，Windmeijer (2005) 注意到下偏的部分原因是初始的加权矩阵 (基于一致参数估计得到) 引起的，针对这种情况，他提出了校正方法。

- 当采用自定义加权矩阵时 (cov=user)，加权矩阵由选项 covwgtmat=matName 给出。
- 默认进行自由度修正，选项 nodf 不进行自由度修正 (EViews 5 的 GMM 估计，系数方差矩阵没有进行自由度修正)。

核函数、带宽和白化预处理的选项，请参考前一小节关于长期方差估计选项的说明。

四、基本选项

命令 gmm 的基本选项更新不多：

- 新增选项 nocinst，表示不自动包含常数作为工具变量。
- 残差加权：权重作用到残差上，即矩条件的形式为

$$\mathrm{E}(\mathbf{g}_t) = \mathrm{E}(\mathbf{z}_t w_t e_t) = 0 \quad t=1,2,\cdots,T$$

选项 w=ser 设定加权序列。此外，选项 wtype={**istdev**, ivar, stdev, var} 提供加权方式的选择，选项 wscale={eviews, avg, none} 用以选择缩放权重的方式。

- 其他选项：如选项 deriv= 设置求导方法，选项 c=num 设置收敛准则，选项 m=int 设置最大迭代次数，选项 showopts 报告初始值和控制估计过程的信息。

五、例子

在 EViews 7 下复制第 §14.1 节中第 660 页 eq04 的输出

```
c = 0
equation eq047.gmm(method=converge,nodf) log(cs) c log(gdp) _
     @ c log(cs(-1)) log(gdp(-1))
```

由于 EView 5 中 GMM 估计的系数方差不进行自由度调整，我们匹配以选项 nodf，得到估计结果为

```
Dependent Variable: LOG(CS)
Method: Generalized Method of Moments
Date: 07/02/11   Time: 16:50
Sample (adjusted): 1947Q2 1995Q1
Included observations: 192 after adjustments
Linear estimation & iterate weights
Estimation weighting matrix: HAC (Bartlett kernel, Newey-West fixed
        bandwidth = 5.0000)
Standard errors & covariance computed using estimation weighting
        matrix
Convergence achieved after 7 weight iterations
No d.f. adjustment for standard errors & covariance
Instrument specification: C LOG(CS(-1)) LOG(GDP(-1))
```

Variable	Coefficient	Std. Error	t-Statistic	Prob.
C	-1.578883	0.062356	-25.32034	0.0000
LOG(GDP)	1.139566	0.007644	149.0893	0.0000

R-squared	0.993923	Mean dependent var	7.480286
Adjusted R-squared	0.993891	S.D. dependent var	0.462990
S.E. of regression	0.036187	Sum squared resid	0.248800
Durbin-Watson stat	0.069850	J-statistic	5.198491
Instrument rank	3	Prob(J-statistic)	0.022607

我们看到，对比第 660 页的结果，系数及其标准差估计完全一样。由于 EViews 7 进行了规范化，我们看到如下明显的区别：

- 表头报告的是带宽 bandwidth = 5.0000 而不是滞后截断阶数。
- 表底统计量部分报告的是 J 值，$J = 5.198491$，而不是 EViews 5 报告的 $J/T = 0.027075$。

有必要提醒的是，尽管 GMM 估计中，N-step Iterative 和 Iterate to Convergence 两种计算方法都是渐近有效的，然而有限样本下，可能存在明显的差别

```
c = 0
equation eq0471.gmm(method=nstep,nodf) log(cs) c log(gdp) _
    @ c log(cs(-1)) log(gdp(-1))
```

采用两步 GMM 法，得到估计结果为

```
Dependent Variable: LOG(CS)
Method: Generalized Method of Moments
Date: 07/02/11   Time: 16:50
Sample (adjusted): 1947Q2 1995Q1
Included observations: 192 after adjustments
Linear estimation with 1 weight update
Estimation weighting matrix: HAC (Bartlett kernel, Newey-West fixed
    bandwidth = 5.0000)
Standard errors & covariance computed using estimation weighting
    matrix
No d.f. adjustment for standard errors & covariance
Instrument specification: C LOG(CS(-1)) LOG(GDP(-1))
```

Variable	Coefficient	Std. Error	t-Statistic	Prob.
C	-1.400875	0.100607	-13.92429	0.0000
LOG(GDP)	1.117968	0.012283	91.02058	0.0000

R-squared	0.995615	Mean dependent var		7.480286
Adjusted R-squared	0.995592	S.D. dependent var		0.462990
S.E. of regression	0.030739	Sum squared resid		0.179523
Durbin-Watson stat	0.093325	J-statistic		10.40284
Instrument rank	3	Prob(J-statistic)		0.001258

由于只更新一次 GMM 加权矩阵，系数估计有明显差异，J 值更是翻了一倍有余。

EViews 7 对白化预处理进行了升级：我们尝试复制第 669 页中方程 eq0n 的输出

```
c = 1
equation eq0n7.gmm(method=converge,instwgt=hac,instlag=1,nodf) _
    m c y p @ c y p
```

选项 instlag=1 对应于 EViews 5 采用 VAR(1) 进行白化。得到估计结果如下

```
Dependent Variable: M
Method: Generalized Method of Moments
Date: 07/02/11   Time: 16:50
Sample: 1950Q1 2000Q4
Included observations: 204
Linear estimation & iterate weights
Estimation weighting matrix: HAC (Prewhitening with lags = 1,
    Bartlett kernel, Newey-West fixed bandwidth = 5.0000)
Standard errors & covariance computed using estimation weighting
    matrix
Convergence achieved after 1 weight iteration
No d.f. adjustment for standard errors & covariance
Instrument specification: C Y P
```

Variable	Coefficient	Std. Error	t-Statistic	Prob.
C	-1.633057	1.026460	-1.590960	0.1132
Y	0.287051	0.338685	0.847544	0.3977
P	0.971812	0.371957	2.612698	0.0097

R-squared	0.989520	Mean dependent var		5.797855
Adjusted R-squared	0.989415	S.D. dependent var		0.805567
S.E. of regression	0.082878	Sum squared resid		1.380637
Durbin-Watson stat	0.024767	J-statistic		0.000000
Instrument rank	3			

标准差估计有急剧的改变，因为 EViews 5 采用的是简陋的白化预处理方法。

练习：继续本小节 eq047 的讨论，查看如下方程的估计结果

```
equation eq017.tsls(cov=hac) log(cs) c log(gdp) _
        @ log(cs(-1)) log(gdp(-1))
equation eq057.gmm(instwgt=tsls,cov=hac,nodf) log(cs) c log(gdp) _
        @ log(cs(-1)) log(gdp(-1))
equation eq058.gmm(instwgt=hac,cov=tsls,nodf) log(cs) c log(gdp) _
        @ log(cs(-1)) log(gdp(-1))
```

提示：前两个方程分别复制第 660 页 eq04 之后的方程 eq01 和 eq05 的输出。至于方程 eq058，尽管 EViews 允许这种加权矩阵与系数方差矩阵选项的怪异组合，可惜没有经济意义。

练习：重新做 §14.2 节 (第 665 页) 的例子。

提示：注意带宽选项

```
equation eq0w7.gmm(instwgt=white,nodf) m c y p @ c y p
equation eq0b7.gmm(method=simul,instbw=1,nodf) m c y p @ c y p
```

§D.7.3 工具变量的诊断和检验

EViews 7 丰富了 GMM 估计的相关检验，特别是工具变量方面，提供了正交性检验、弱工具变量诊断和内生性检验等。

我们知道，某些设定下，EViews 自动添加必要的工具变量。为了方便，EViews 提供了视图以查看实际使用了哪些工具变量

```
%ex7 = "\Example Files\EV7 Manual Data\"
%ch20 = "Chapter 20 - Instrumental Variables and GMM"
%wf = @evpath + %ex7 +%ch20 +"\sw_cig.wf1"
pageload %wf

equation eq02.gmm(instwgt=tsls,cov=white) log(packpc) _
         c log(ravgprs) log(perinc) @ log(perinc) rtaxso rtaxs pop
freeze(tb02i) eq02.instsum
```

得到工具变量的总结表：

```
Instrument Summary
Equation: EQ02
Number of instruments specified: 5
Constant added to instrument list

Instrument specification:
LOG(PERINC) RTAXSO RTAXS POP

Instruments used (5):
C LOG(PERINC) RTAXSO RTAXS POP
```

表明常数被自动添加到工具变量列表里了。

一、正交性检验

工具变量的正交性检验，也称为 C 检验或者 EHS 检验 (Eichenbaum et al., 1988)，其零假设为

$$\mathbb{H}_0 : \mathrm{E}(\mathbf{z}_{1t} e_t) = 0, \quad \mathrm{E}(\mathbf{z}_{2t} e_t) \neq 0$$

其中工具变量 $\mathbf{z} = [\mathbf{z}_1; \mathbf{z}_2]$，$\mathbf{z}_2$ 包含 Z_2 个工具变量。检验统计量为原始方程与只使用 $\mathbf{z}_1$ 作为工具变量的 J 统计量之差，即

$$C_T = J(\mathbf{b}(\mathbf{z}), \mathbf{W}) - J(\mathbf{b}(\mathbf{z}_1), \mathbf{W}_1) \sim \chi^2(Z_2) \tag{D.40}$$

计算统计量时，加权矩阵 $\mathbf{W}_1$ 取 $\mathbf{W}$ 的相应分块。例如

```
freeze(tb02o) eq02.orthogtest pop
```

得到检验结果 (手工计算实现见第 977 页)

```
Instrument Orthogonality C-test Test
Equation: EQ02
Specification: LOG(PACKPC) C LOG(RAVGPRS) LOG(PERINC)
Instrument specification: LOG(PERINC) RTAXSO RTAXS POP
Test instruments: POP
```

	Value	df	Probability
Difference in J-stats	3.946637	1	0.0470

J-statistic summary:	Value
Restricted J-statistic	4.258346
Unrestricted J-statistic	0.311708

可以认为序列 pop 满足正交条件 (5% 显著水平)。然而

```
freeze(tb02o2) eq02.orthogtest log(perinc) pop
```

得到检验结果为

```
Instrument Orthogonality C-test Test
Equation: EQ02
Specification: LOG(PACKPC) C LOG(RAVGPRS) LOG(PERINC)
Instrument specification: LOG(PERINC) RTAXSO RTAXS POP
Test instruments: LOG(PERINC) POP
```

	Value	df	Probability
Difference in J-stats	4.258346	2	0.1189

J-statistic summary:	Value
Restricted J-statistic	4.258346
Unrestricted J-statistic	0.000000

没能拒绝 log(perinc) 和 pop 两个工具变量整体不满足正交条件的假设。(请注意这里样本量很小，而统计量则是渐近意义的。)

二、弱工具变量诊断

如果工具变量与内生变量的相关性较低，此时它对内生变量的解释能力很差，称为弱工具变量 (weak instruments)。弱工具变量将导致推断的偏误，因此，检验是否存在弱工具变量是 2SLS 和 GMM 估计的重要工作。

EViews 给出的弱工具变量诊断视图中报告了

- Cragg-Donald 统计量：Cragg and Donald (1993) 的统计量以及 Stock and Yogo (2005) 的临界值信息。Cragg-Donald 统计量只适用于 2SLS 估计和 K 类估计，为方便比较，EViews 的 GMM 估计也报告了该统计量。
- 矩选择准则 (Moment Selection Criteria, MSC)：是在不同工具变量集之间选择最佳工具变量集的信息准则。EViews 报告了三种 MSC，前两种来自 Andrews (1999)，分别基于 SIC 和 HQIC，第三种则为 Hall et al. (2007) 提出的相干 MSC (Relevant MSC)。

继续前面的例子

```
freeze(tb02w) eq02.weakinst
equation eq03.gmm(instwgt=tsls,cov=white) log(packpc) _
         c log(ravgprs) log(perinc) @ log(perinc) rtaxso rtaxs
freeze(tb03w) eq03.weakinst
```

图 D.9 弱工具变量诊断

```
Weak Instrument Diagnostics
Equation: EQ02

Cragg-Donald F-statistic:    155.8713

Stock-Yogo TSLS critical values (relative bias):
        5%              13.91
        10%              9.08
        20%              6.46
        30%              5.39

Stock-Yogo critical values (size):
        10%             22.30
        15%             12.83
        20%              9.54
        25%              7.80

Moment selection criteria:

SIC-based:                   -3.484056
HQIC-based:                  -1.182985
Relevant MSC:                -1.168060


Weak Instrument Diagnostics
Equation: EQ03

Cragg-Donald F-statistic:    244.7337

Stock-Yogo bias critical values not
        available for models with less than
        3 instruments.

Stock-Yogo critical values (size):
        10%             19.93
        15%             11.59
        20%              8.75
        25%              7.25

Moment selection criteria:

SIC-based:                   -3.559368
HQIC-based:                  -2.408832
Relevant MSC:                -1.441687
```

得到检验结果为图 D.9：对比 MSC，eq03 里三种准则的值都比 eq02 的对应值来得小，表明就他们所使用的这两组工具变量而言，应选用 eq03 里的那组工具变量。

三、内生性检验

所谓的内生性检验，也称为 Durbin-Wu-Hausman 检验，即 Hausman (1978) 检验。使用 EViews 进行 GMM 估计时，方程设定中的外生变量出现在解释变量和工具变量列表中，而内生变量不能出现在工具变量列表中。因此，内生性检验的零假设为

$$\mathbb{H}_0：模型中被当成内生的变量 \mathbf{x}_2 实际上是外生的$$

相应的检验统计量为工具变量包含 $\mathbf{x}_2$ 时的 J 值与原始 J 值之差

$$H_T = J(\mathbf{b}(\mathbf{z}_l), \mathbf{W}_l) - J(\mathbf{b}(\mathbf{z}), \mathbf{W}_*) \sim \chi^2(K_2)$$

其中 $\mathbf{z}_l = [\mathbf{z}; \mathbf{x}_2]$，$\mathbf{x}_2$ 包含了 K_2 个被怀疑是非内生的变量。计算统计量时，加权矩阵 $\mathbf{W}_*$ 取 $\mathbf{W}_l$ 的相应分块。例如

```
freeze(tb02e) eq02.endogtest log(ravgprs)
```

得到检验结果为

```
Endogeneity Test
Equation: EQ02
Specification: LOG(PACKPC) C LOG(RAVGPRS) LOG(PERINC)
Instrument specification: C LOG(PERINC) RTAXSO RTAXS POP
Endogenous variables to treat as exogenous: LOG(RAVGPRS)

                              Value       df     Probability
Difference in J-stats       3.137409       1       0.0765

J-statistic summary:
                              Value
Restricted J-statistic      7.422420
Unrestricted J-statistic    4.285012
```

表明 log(ravgprs) 可以视为外生变量 (5% 显著水平)。

四、GMM 断点检验

GMM 断点检验与 Chow 断点检验 (参见第 195 页 §4.4.1 节) 极其相似，只不过 GMM 断点检验为 GMM 估计做了专门的调整，允许子样本的方差是不同的。

EViews 报告了 GMM 断点检验的三种统计量，前两种是 Andrews and Fair (1988) 的 Wald 统计量和 LR 统计量，其零假设为

$$\mathbb{H}_0: 模型参数无结构变化$$

第三种是 Hall and Sen (1999) 的 O 统计量，检验假设

$$\mathbb{H}_0: 过度识别限制无结构变化$$

我们通过简单的例子来说明

```
%wf = @evpath + "\Example Files\Sample Programs\stats\demo"
pageload %wf

equation eq01.gmm log(m1) c log(gdp) rs dlog(pr) _
        @ log(gdp(-1)) rs(-1) dlog(pr(-1)) rs(-2)
freeze(tb01) eq01.breaktest 1981q1
```

得到检验结果为

```
Breakpoint Test: 1981Q1
Equation Sample: 1952Q3 1996Q4

Andrews-Fair Wald Stat.         113.2994    Prob. Chi-Square(4)    0.0000
Andrews-Fair LR-type D Stat.    174.3342    Prob. Chi-Square(4)    0.0000
Hall and Sen O Stat.              2.909455  Prob. Chi-Square(1)    0.2335
```

Andrews and Fair (1988) 的两种统计量都拒绝参数无结构变化的零假设，而 Hall and Sen (1999) 的检验认为过度识别限制不存在结构变化。

§D.8　COM 自动化

通用对象请求代理体系结构 (Common Object Request Broker Architecture, CORBA) 是计算机工业中的网络分布式对象整合框架，它允许应用程序调用被称为服务器的其他应用程序的方法或者操作，作为服务器的应用程序可能是不同语言编写的，可能运行于不同的机器。简而言之，CORBA 框架实现了软件层次的功能共享，无须知道源代码，即可直接调用现有二进制代码的内部功能。组件对象模型 (Component Object Model, COM) 是微软[20]视窗应用程序 (Microsoft Windows applications) 的二进制接口标准，其目标是提供与 CORBA 框架的相似功能。

自动化 (Automation) 是基于 COM 的进程间通信机制，一个应用程序可以存取或者操作 (如设置属性或者调用方法) 其他程序提供的共享对象，或者导出对象供其他程序使用。例如下面我们将详细介绍的，EViews 使用 Matlab[21] 提供的符号计算功能，求解 VAR 模型特征多项式的根——似乎 EViews 也具备符号计算功能，感觉上我们只使用单个程序。在 COM 自动化的框架中，提供共享对象的一方称为服务器 (server)，而基于 COM 接口使用共享对象实现特定功能的一方则称为客户端 (client)。EViews 从版本 7 开始，既可以作为 COM 服务器，也可以作为 COM 客户端。

§D.8.1　COM 服务器

EViews COM 服务器允许外部程序或者脚本语言启动和控制 EViews，使用 EViews 的功能，传入和传出数据。有关 VB 和 VB.NET 使用 EViews COM 服务器的方法，请参考 EViews COM 自动化服务器白皮书 (EViews COM Automation Server whitepaper，以下简称白皮书)，这里我们专心讨论如何通过 Matlab 使用 EViews COM 服务器。

一、接口

EViews COM 服务器包含了两个类 (class)：管理类 (Manager class) 和应用类 (Application class)。管理类用于管理和创建 EViews 应用类的实例，应用类则提供 EViews 的数据和功能的访问。应用类提供的方法有 (参见白皮书)

```
Show()
Hide()
ShowLog()
HideLog()
Run(commandString)
Lookup(patternString, typeString, returnType)
ListToArray(nameString)
ArrayToList(nameArray)
Get(objectName, naType, naString)
GetSeries(seriesName, sampleString, naType, naString)
GetGroup(seriesNames, sampleString, naType, naString)
GetGroupEx(seriesNames, sampleString, naType, naString, groupOptions)
Put(objectName, objectData, dataType, writeType)
```

---

[20]微软最突出的创新能力是创造新名词，基于 COM 这个技术名词，微软创造了 DDE (Dynamic Data Exchange)、OLE (Object Linking and Embedding)、Automation 和 ActiveX 等市场名词 (商标)。这些名字都只是个噱头，目的只是市场推广。

[21]最初，Matlab 被控制工程的理论研究者和工程师们广泛接受，随后迅速蔓延到工学、理学、生命科学和经济学等领域。当前，Matlab 已成为最优秀的数值计算软件之一，同时也提供符号计算。

```
PutSeries(seriesName, seriesData, sampleString, seriesType, writeType)
PutGroup(seriesNames, seriesData, sampleString, seriesType, writeType)
```

Matlab 作为 COM 客户端, 如何与 EViews COM 服务器进行数据交换呢? 下面是简单的例子: 在 Matlab 的命令窗口逐行运行如下命令 (或者保存成脚本文件, 在 Matlab 编辑器里逐行选择运行):

```
clear;
hm = actxserver('Eviews.Manager')
```

清理工作区 (workspace), 然后创建 EViews COM 服务器, 返回 EViews 管理类的句柄 (handle)

```
hm = COM.Eviews_Manager
```

要得到正确的 EViews 应用类的实例, 必须使用 EViews 管理类的 `GetApplication` 方法

```
h = hm.GetApplication(0)
```

创建新的 EViews 实例, 取得相应的句柄如下

```
h = Interface.EViews_1.0_Type_Library.IApplication
```

启动 EViews COM 服务器后, Matlab COM 客户端可以使用哪些方法呢?

```
h.invoke
```

显示出 EViews COM 服务器的方法

```
Show = void Show(handle)
Hide = void Hide(handle)
Lookup = Variant Lookup(handle, string, Variant(Optional))
Run = void Run(handle, string)
ListToArray = Variant ListToArray(handle, string)
ArrayToList = string ArrayToList(handle, Variant)
Get = Variant Get(handle, string, Variant(Optional))
Put = void Put(handle, string, Variant, Variant(Optional))
GetSeries = Variant GetSeries(handle, string, Variant(Optional))
PutSeries = void PutSeries(handle, string, Variant, Variant(Optional))
GetGroup = Variant GetGroup(handle, Variant, Variant(Optional))
PutGroup = void PutGroup(handle, Variant, Variant, Variant(Optional))
ShowLog = void ShowLog(handle)
HideLog = void HideLog(handle)
GetGroupEx = Variant GetGroupEx(handle, Variant, Variant(Optional))
```

请注意, 方法名 (method name) 是区分大小写的。例如调用 `Show` 方法

```
Show(h)
```

将显示 EViews COM 服务器的窗口图形界面。Matlab 作为 COM 客户端调用这些方法时, 通常采用点语法 (dot syntax)。例如

```
h.Show
```

即点语法中, 原先作为参数的句柄, 当成对象使用。点语法简洁清晰, 下面我们都使用点语法

```
h.Run('wfcreate comEV u 4')
h.Run('genr x = @obsid')
```

在 EViews COM 服务器里建立无结构工作文件 `comEV`, 并建立序列对象 x

```
m = magic(4);
h.Put('m2',m)
```

在 Matlab 中产生 4 阶幻方矩阵 m, 并使用 `Put` 方法将其值传送给 EViews。我们看到, EViews COM 服务器中工作文件 comEV 里增加了矩阵对象 m2

```
x = cell2mat(h.Get('x'))
m4 = cell2mat(h.Get('m2'))
```

使用 Get 方法将 EViews 中序列对象 x 和矩阵对象 m2 的取值传回 Matlab，得到单元 (cell) 类型的数据，通过函数 cell2mat 转为矩阵。Matlab 显示 m4 的值为

```
m4 =
    16    2    3   13
     5   11   10    8
     9    7    6   12
     4   14   15    1
```

最后，关闭 EViews COM 服务器并释放内存

```
h.Run('exit')  %exit EViews COM server
h.delete;
```

其中 h.Run('exit') 将关闭 EViews COM 服务器，否则仍然驻留在内存中。而 h.delete 释放接口，同时释放 h 和 hm 两句柄，即等价于

```
h.release
hm.release
```

有关 EViews COM 服务器使用方面的具体内容请参考白皮书，而 Matlab COM 客户端的使用请参考 Matlab 用户手册外部接口 (External Interfaces) 中的相关章节。[22]关于 Matlab 使用 EViews COM 服务器，如下几点值得注意：

- 请注意白皮书列出的 EViews COM 服务器提供的方法与 Matlab 命令 invoke 报告的方法在参数类型上的区别：比如 Get 方法，Matlab 客户端调用时，可选参数 Variant(Optional) 对应于 naType 和 naString 两参数 (用于处理缺省值 NA)。
- 使用点语法不仅突出对象方法的概念，而且与 VB 等脚本语言客户端的语法一致。此外，Matlab 客户端使用点语法还有一个好处，就是出错时报告的参数位置与点语法的一致。例如，方法 GetApplication 的如下两种调用语法

```
hm.GetApplication('ExistingOrNew')    %hm = COM.Eviews_Manager
GetApplication(hm,'ExistingOrNew')
```

参数 'ExistingOrNew' 错误，出错信息显示的都为第 1 个参数

```
???  Error:  Type mismatch, argument 1
```

因为方法名调用方式下第 1 个参数 hm 并没有传递给 EViews COM 服务器。

- 方法 GetApplication 的参数取整数值，含义如下：

参数值	含义
0	总是建立新的 EViews 实例
1 (默认)	已有 EViews 实例则连接，否则新建
2	已有 EViews 实例则连接，否则返回空值

- 任务完成后，务必关闭 EViews COM 服务器并释放接口，避免内存泄漏。

二、例子：ARCH 模型

尽管 Matlab 提供了经济计量分析工具箱 (Econometrics Toolbox)，然而使用起来可能不如 EViews 方便。例如 ARCH 模型估计

---

[22]如 COM Support for MATLAB Software 以及 MATLAB COM Client Support 等章节。

```
clear;
RandStream.setDefaultStream(RandStream('mt19937ar','seed',1937));
spec = garchset('C',0,'K',0.0001,'GARCH',0.9,'ARCH',0.05);
[e,s,y] = garchsim(spec,1000);
[Coeff,Errors,LLF,Innovations,Sigmas,Summary] = garchfit(spec,y);
garchdisp(Coeff,Errors)
```

先设定随机数的发生器和状态(`setDefaultStream`), 然后设定 GARCH(1,1) 模型(`garchset`)并仿真出数据(`garchsim`)。最后进行模型估计(`garchfit`), `garchdisp` 显示估计结果如下:

```
    Mean:   ARMAX(0,0,0); Variance:   GARCH(1,1)

    Conditional Probability Distribution: Gaussian
    Number of Model Parameters Estimated: 4

                              Standard    T
      Parameter   Value        Error    Statistic
      ---------   -----       --------  ---------
            C    -4.9837e-005  0.0014405  -0.0346
            K     0.000121     9.576e-005  1.2636
      GARCH(1)    0.90322      0.059658   15.1399
      ARCH(1)     0.039092     0.01875     2.0849
```

估计结果的其他信息, 如对数似然值和估计过程的算法和迭代信息, 分散在 `garchfit` 返回值的 `LLF` 和 `Summary` 等变量中。

下面我们使用 EViews COM 服务器来估计同样的模型

```
hm = actxserver('Eviews.Manager');
h = hm.GetApplication(0);
h.Show

h.Run('wfcreate u 1000')
h.Put('y',y)
h.Run('equation eq01.arch y c')
h.Run('equation eq02.arch(z) y c')
```

先启动并连接 EViews COM 服务器, 然后传送数据给 EViews 并估计 GARCH(1,1) 模型, 方程对象 `eq02` 的估计方法[23]与 Matlab 的匹配, 得到估计结果如图 D.10: 查看估计结果要比 Matlab 方便很多, 无论是估计过程信息, 还是诸如 p 值、对数似然值和信息准则等统计量信息, 都一目了然。两种软件的系数估计结果接近, 对数似然值也一致

```
llf2 = h.Get('= eq02.@logl');
[LLF, llf2]    %format long g
```

得到对数似然值分别为

```
1676.45518981478    1676.45521952647
```

最后, 请关闭 EViews COM 服务器并释放接口

```
h.Run('exit'); h.delete;
```

我们知道, Matlab 的强项在于数值计算, 应用于经济计量分析时, 除了算法的编程和调试方面, Matlab 显示不出优势。就 ARCH 模型而言, Matlab 下估计速度慢, 没有提供广义误差分布(GED)的设定。更一般地, GMM 估计, 或者离散和受限因变量模型等, 完整性和易用性与 EViews 不可同日而语。此外, 数据管理是经济计量分析的基础, 由于经济计量学有割不断的统计学血缘, 经济计量分析软件继承了统计分析软件结合电子表格和关系数据库技术的传统。然而, Matlab 缺乏经济数据管理的有效

---

[23] 方程 `eq01` 默认启用了倒推算法。有关 ARCH 模型的估计, 请参考第 6 讲 (第 253 页)。

图 D.10　EViews 的 GARCH(1,1) 估计

```
Dependent Variable: Y
Method: ML - ARCH (Marquardt) - Normal distribution
Date: 08/24/11   Time: 09:27
Sample: 1 1000
Included observations: 1000
Convergence achieved after 32 iterations
Presample variance: unconditional
GARCH = C(2) + C(3)*RESID(-1)^2 + C(4)*GARCH(-1)
```

Variable	Coefficient	Std. Error	z-Statistic	Prob.
C	-4.92E-05	0.001440	-0.034157	0.9728
Variance Equation				
C	0.000122	9.62E-05	1.264678	0.2060
RESID(-1)^2	0.039160	0.018796	2.083388	0.0372
GARCH(-1)	0.902863	0.059882	15.07741	0.0000
R-squared	-0.000007	Mean dependent var		7.53E-05
Adjusted R-squared	-0.000007	S.D. dependent var		0.045590
S.E. of regression	0.045590	Akaike info criterion		-3.344910
Sum squared resid	2.076405	Schwarz criterion		-3.325279
Log likelihood	1676.455	Hannan-Quinn criter.		-3.337449
Durbin-Watson stat	1.950212			

工具。因此，无论是进行科学计算还是经济计量分析，不要拘泥于某种软件，从效率方面看，可以考虑多种软件结合，通过 COM 接口，发挥各自的优势。

三、例子：随机波动率模型

使用 Run 方法时，如果需要提交的语句比较多，逐句提交的方式显然效率低下，更好的方式是整理成 prg 源程序文件，然后通过客户端启动 EViews 执行。给定 prg 文件，如何控制 EViews COM 服务器去执行呢？下面我们通过 EViews 中状态空间对象的例子源程序文件 svol.prg 进行介绍。

程序源代码文件 svol.prg 对比了波动率的估计，采用 GARCH(1,1) 模型和如下的简单随机波动率 (Stochastic Volatility) 模型

$$\log(r_t^2) = c_0 + h_t + v_t \tag{D.41}$$
$$h_t = c_1 + c_2 h_{t-1} + w_t$$

其中 r_t 为资产收益率，h_t 为条件方差。请注意，随机波动率模型 (D.41) 的均值方程和方差方程都有随机干扰项，分别为 v_t 和 w_t。而 ARCH 类模型 (6.1)（第 254 页）仅有一个随机干扰，由标准化误差项进行设定。Harvey and Shephard (1996) 指出，随机波动率模型 (D.41) 可以采用状态空间模型实现 QML 估计：如果把波动率 h_t 看成状态变量，对比状态空间模型 (12.1)（第 566 页）的设定形式，显然均值方程为信号方程，方差方程为状态方程。

下面的 Matlab 脚本文件，通过 COM 接口，控制 EViews COM 服务器执行 svol.prg 文件。然后将波动率的估计传回 Matlab，并作出图形

```
clear;
hm = actxserver('Eviews.Manager');
h = hm.GetApplication(0);
h.Show

prg = h.Get('@evpath');
prg = ['run "',prg,'\Example Files\Sample Programs\sspace\svol.prg"'];
h.Run(prg)
```

```
h.Run('graph1.legend -inbox')

gt = cell2mat(h.Get('gt'));
hf = cell2mat(h.Get('hf'));
hs = cell2mat(h.Get('hs'));

plot([log(gt),hf, hs])
hleg1 = legend('GARCH(1,1)','One-step ahead','Smoothed');
set(hleg1,'Location','NorthWest','Box','off')

h.Run('exit'); h.delete;
```

得到 Matlab 产生的图形如下：

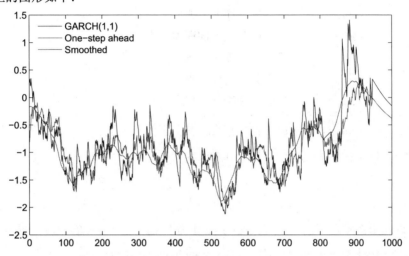

复制了 `svol.prg` 产生的 `graph1` 图形。

需要说明的是，如下两行保存成 prg 文件在 EViews 中运行时，将成功执行 `svol.prg` 文件

```
%prg = @evpath + "\Example Files\Sample Programs\sspace\svol.prg"
run %prg
```

但如果通过 COM 接口的 Run 方法，逐行提交给 EViews COM 服务器，将导致如下错误：

```
???  Invoke Error, Dispatch Exception:
Source:  EViews.Application.1.Run
Description:  E:\EV7\PRG.PRG not found on disk in "RUN PRG".
```

四、局限

EViews 作为 COM 服务器时，对于 Matlab 客户端

```
ha = actxGetRunningServer('EViews.Application');
```

取得的 EViews 实例可能是不可用的。最稳妥的方法是白皮书推荐的调用 `EViews.Manager` 类的 `GetApplication` 方法取得 EViews 实例。因为作为 COM 服务器时，EViews 有额外的安全检查机制。此外，还有如下限制：

- 不允许 Web 服务器通过 COM 接口存取 EViews。
- 通过 COM 接口时，不管是本地还是远程，EViews 只提供单个实例。

§D.8.2 COM 客户端

作为 COM 客户端，EViews 提供了相关的命令和函数，用于导出 EViews 数据到外部程序，在 COM 服务器中执行命令或者运行程序，以及将数据传回 EViews。运行 EViews 程序，通过 COM 接口就可以使用 Matlab 和 R 现有的工程计算和统计计算的大量数学库函数和图形处理功能，完成 EViews 尚未提供的功能。需要提醒的是，执行这些任务时，不仅需要熟悉 EViews，还需要掌握 Matlab 或者 R 软件。

EViews 提供了如下六个命令，以控制外部程序：

命令	说明
xclose	关闭外部连接
xget	从外部程序取数据
xlog	显示或隐藏外部程序日志的 EViews 子窗口
xopen	开启外部连接
xput	发送数据给外部程序
xrun	提交命令给外部程序

此外，还有函数 @xputnames，它返回字符串列表，其元素为上一次 xput 命令在外部程序创建的对象名称。EViews 作为 COM 客户端，当前仅支持 Matlab 和 R。

一、MATLAB

这里我们通过几个例子进行演示，有关 EViews 作为 Matlab 的 COM 客户端的更多例子和细节，请参考 EViews 7 命令和编程参考中关于外部接口 (External Interfaces) 的讨论。

要了解所用计算机的科学计算与图形性能，可以使用 Matlab 的 bench 函数 (详细的介绍，请在 Matlab 命令窗口输入 doc bench)

```
wfcreate u 4

'open a connection to Matlab with lower-case default output names
xopen(type=m, case=lower)

'run a Matlab m file, and get the result
xrun "b = bench(3);"
xget b

'close Matlab connection
xclose
```

矩阵对象 b 保存机器 (这里为 VirtualBox 虚拟机) 性能测试结果

$$\begin{bmatrix} 0.095539 & 0.114874 & 0.140429 & 0.293355 & 0.333140 & 0.658164 \\ 0.101548 & 0.110608 & 0.143016 & 0.314076 & 0.330189 & 0.576283 \\ 0.095171 & 0.123451 & 0.148270 & 0.300755 & 0.337025 & 0.594254 \end{bmatrix}$$

每行对应于一次测试，各列分别代表 LU (矩阵分解)、FFT (快速 Fourier 变换)、ODE (常微分方程求解)、Sparse (稀疏矩阵)、2-D 和 3-D 图形。

如果 Matlab 安装了符号计算工具箱 (Symbolic Math Toolbox)，我们可以通过 COM 接口，进行符号计算。例如求解 Gamma 分布对数似然函数式 (15.22) (第 749 页) 的梯度，EViews 代码为

```
        wfcreate u 4
        xopen(type=m, case=lower)

        'using Symbolic Math Toolbox
        xrun "syms y ld r"
        xrun "llf = r*log(ld) -log(gamma(r)) - ld*y +(r-1)*log(y)"
        xrun "f1 = diff(llf,ld)"
        xrun "f2 = diff(llf,r)"
```

在 EViews 中查看日志窗口，将看到如下信息

```
        >> syms y ld r
        >> llf = r*log(ld) -log(gamma(r)) - ld*y +(r-1)*log(y)
        llf =
        log(y)*(r - 1) - log(gamma(r)) - ld*y + r*log(ld)

        >> f1 = diff(llf,ld)
        f1 =
        r/ld - y

        >> f2 = diff(llf,r)
        f2 =
        log(ld) - psi(r) + log(y)
```

显然，与手工求导的结果一致。

如果不需要调试信息，建立 COM 连接时命令 `xopen` 使用选项 `nolog` 将不开启日志窗口，也不产生日志信息，减少运行时间。如果不再使用 Matlab COM 服务器，请在 EViews 命令窗口输入命令 `xclose` 以关闭连接。

在讨论 VAR 模型时，我们知道，对于特征多项式 (11.3) (第 501 页)，如果恰好有 $M-C$ 个根为 1，其它根都在单位圆外，则相应的 VEC 形式 (第 525 页 §11.3 节) 将存在 C 个协整关系。注意到式 (11.15) (第 527 页) 的 VAR(2) 可以写成包含单个协整关系的 VEC(1) 形式，那么模型 (11.15) 的特征多项式必有一个单位根，而其他根都在单位圆之外

```
        wfcreate u 4
        xopen(type=m, case=lower)

        xrun "syms z"
        xrun "A1 = [-0.2 0.1; 0.5 0.2];"
        xrun "A2 = [0.8 0.7; -0.4 0.6];"
        xrun "A = eye(2) -A1*z -A2*z^2;"
        xrun "vz = solve(det(A))"

        xrun "vz1 = double(abs(vz))"
        xrun "latex(vz)"
```

查看 EViews 的日志窗口，有如下信息：

```
        >> vz = solve(det(A))
        vz =
                                1
                               5/4
         -18/19 - (2*14^(1/2)*i)/19
         -18/19 + (2*14^(1/2)*i)/19

        >> vz1 = double(abs(vz))
        vz1 =
```

```
                1
              1.25
        1.02597835208515
        1.02597835208515

>> latex(vz)
ans =
    \left(\begin{array}{c} 1\\ \frac{5}{4}\\ -\frac{18}{19} -
\frac{2\,\sqrt{14}\,\mathrm{i}}{19}\\ -\frac{18}{19} +
\frac{2\,\sqrt{14}\,\mathrm{i}}{19} \end{array}\right)
```

其中 vz 是特征根 (有复数根), vz1 是特征根的模 (module), 显然只有一个单位根, 其他根都在单位圆外。latex(vz) 产生 vz 的 LaTeX 代码, 排版结果为

$$\begin{pmatrix} 1 \\ \frac{5}{4} \\ -\frac{18}{19} - \frac{2\sqrt{14}\,\mathrm{i}}{19} \\ -\frac{18}{19} + \frac{2\sqrt{14}\,\mathrm{i}}{19} \end{pmatrix}$$

事实上, 通过 COM 接口, 不仅可以使用 Matlab 的众多工具箱[24], 还可以利用 Matlab 的分布计算服务器 (MATLAB Distributed Computing Server), 进行分布式计算。

二、R

开源软件 R 是统计计算和图形的计算机语言, 是 GNU 项目的自由软件 (free software), 已经成为统计学家进行统计软件研发的事实上的标准 (de facto standard)。

Windows 平台的 R 软件作为 COM 服务器, 需要安装 statconnDCOM 套件 (Package)。由于套件 statconnDCOM 依赖于套件 rscproxy, 安装完 R (当前版本 2.13.1) 以后, 首先请安装 rscproxy 套件: 在 R 的命令窗口依次输入如下两行语句 (其中第一行设置软件 R 的 CRAN 服务器镜像[25]):

```
options(repos=c(CRAN = "http://mirrors.xmu.edu.cn/CRAN/"))
install.packages("rscproxy")
```

然后, 下载 statconnDCOM 套件

```
http://rcom.univie.ac.at/download/current/statconnDCOM.latest.exe
```

运行该可执行程序将在 R 中添加 statconnDCOM 套件 (当前版本为 3.1-2B7)。如何检查是否已安装成功呢？请运行该套件附带的测试程序 Server01 -- Basic Test (选择 Start/ All Programs/ statconn/ DCOM/ Server01 -- Basic Test), 点击 Start R 按钮, 将看到如下信息

```
Loading StatConnector Server...  Done
Initializing R...Done

Server information:
Name:  COM Statistics Interpreter Interface
Description:  Connector beetween a client application
(e.g.  a spread-sheet) and an interpreted language (e.g.  R)
Copyright:   (C) 1998-2009, Thomas Baier
License:  statconnDCOM public license (see file SC_PUBLIC)
Version:  3.1-2B7
```

---

[24]例如, 使用全局优化工具箱 (Global Optimization Toolbox) 的遗传算法 (genetic algorithm), 或者应用神经网络工具箱 (Neural Network Toolbox) 和小波分析工具箱 (Wavelet Toolbox) 分别进行神经网络计算和小波分析等。

[25]R 的函数 getCRANmirrors() 显示镜像站点, 函数 installed.packages() 报告已安装的套件及其版本信息。

```
Connector information:
Name:        R Statistics Interpreter Connector (rscproxy)
Description: Implements abstract connector interface to R
Copyright:   (C) 1999-2009, Thomas Baier
License:     GNU Library General Public License version 2
Version:     1.3-0

Interpreter information:
Name:        R
Description: A Computer Language for Statistical Data Analysis
Copyright:   (C) R Development Core Team
License:     GNU General Public License version 2
Version:     2.13.1

Testing Evaluate
creating variable... Done
Testing SetSymbol
setting integer i1... Done
   ⋮
   ⋮
Shutting down R...Done
Releasing StatConnector Server...Done
```

成功安装套件 statconnDCOM 后，EViews 客户端就可以通过 xopen 启动 R。EViews 7 命令和编程参考中外部接口 (External Interfaces) 部分给出了一个完整的例子：将 EViews 中的数据发送给 R，然后执行 R 命令进行广义线性模型估计，最后将估计结果从 R 中取回来。

通过 COM 接口，EViews 可以启动 R 直接运行 R 源程序

```
wfcreate u 4
'open a connection to R with upper-case default output names
xopen(type=r, case=upper)

xrun "set.seed(1)"
xrun "rh = R.home(component='home')"
xget(name=rh, type=string) rh
%r = "source(""" + rh + "/library/MASS/scripts/ch03.R" +""")"
xrun %r

xget(name=p, type=vector) p
xget(name=ds, type=string) d
```

EViews 中，字符串对象 ds 的值为 "Thu Aug 25 14:29:30 2011"，向量 p 的值为 [0.197531; 0.395062; 0.296296; 0.098765; 0.012346]。查看 EViews 的日志窗口，将看到如下信息：

```
COM Statistics Interpreter Interface
(C) 1998-2009, Thomas Baier
Version: 3.1-2B7
> set.seed(1)
OK
> rh = R.home(component='home')
OK
> xget(name=rh, type=string) rh
'rh' loaded into 'RH' successfully.
'rh' loaded successfully.
```

```
> source("C:/R/R-2.13.1/library/MASS/scripts/ch03.R")
Today's date is:  Thu Aug 25
a 1 2 3
b 4 5 6
0.10132 0.31831 1 3.1416 9.8696
0.10132 0.31831 1.00000 3.14159 9.86960
1 0.94632
2 0.82319
3 0.81073
4 0.81059
5 0.81059
OK
> xget(name=p, type=vector) p
'p' loaded into 'P' successfully.
'p' loaded successfully.
> xget(name=ds, type=string) d
'd' loaded into 'DS' successfully.
'd' loaded successfully.
```

如果不需要调试信息，建立 COM 连接时命令 `xopen` 使用选项 `nolog` 将不开启日志窗口，也不记录日志，提高执行速度。如果不再需要 R 的服务，请使用 `xclose` 命令关闭与 R 的连接。

最后，我们简单地讨论一个相对复杂的例子，EViews 通过 `aim_solve` 插件 (Add-in)，作为 R 的客户端，实现 Smets and Wouters (2007) 中 DSGE 模型的仿真分析。插件 `aim_solve` 提供了简洁的说明文件 `aim_solve.pdf` 以及例子文件 `aim_solve_example2.prg` 对 DSGE 模型进行仿真分析。由于 `aim_solve` 插件需要 R 的 AMA 套件，因此，要确保 R 中已安装该套件，否则请安装之

```
install.packages("AMA")
```

确认看到如下信息：

```
package 'rJava' successfully unpacked and MD5 sums checked
package 'AMA' successfully unpacked and MD5 sums checked
```

套件 AMA 依赖的套件 rJava 被自动安装。

回到 EViews，运行 `aim_solve_example2.prg`，将得到如下图形：

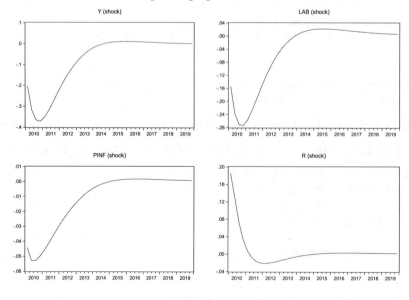

§D.9 小结

关键词

高频数据	日志	插件
筒对象	字符串列表	探索性因子分析
因子旋转	因子得分	广义线性模型
衔接函数	离散度	离偏度
分位数回归模型	LAD 估计	多元 GARCH 模型
对角 VECH 模型	对角 BEKK 模型	CCC 模型
长期方差	GMM 估计	CUE 估计
弱工具变量	COM 服务器	COM 客户端

命令

编程支持：

- EViews 7 开始支持程序的运行日志，提供了 `logclear`, `logmode`, `logmsg` 和 `logsave` 等命令，其中命令 `logmode` 设置并启动日志。
- EViews 7.1 增加执行程序的命令 `exec`，与命令 `run` 不同是，命令 `exec` 执行完 prg 文件后，并不终止程序，而是继续执行往下的语句。
- EViews 提供了 `xclose`, `xget`, `xlog`, `xopen`, `xput` 和 `xrun` 共六个命令，通过 COM 接口控制外部程序，具体参见 §D.8.2 节 (第 1072 页) 的讨论。

估计方法

- 命令 `glm` 估计广义线性模型，支持名单法和公式法，模型设定和计算方法的设置参见第 1018 页
- 命令 `qreg` 估计分位数回归模型，参见第 1033 页，命令 `qreg` 的选项比较多
- 方程组对象使用 `arch` 命令估计 MGARCH 模型，详细的命令语法参见第 1048 页。
- EViews 7 中命令 `gmm` 出现不兼容，单方程 GMM 估计的源代码迁移请参考 §D.7 节 (第 1054 页)。

新增的对象：

- 筒对象 (Spool)：进行输出管理，§D.2.1 节 (第 984 页) 给出了具体的例子。
- 字符串对象 (String) 和字符串向量对象 (Svector)：请参考 §D.2.2 节 (第 989 页)。
- 因子对象 (Factor)：进行因子分析，估计和评估因子模型，以及因子旋转和计算得分。因子对象的介绍请参考 §D.3.3 节 (第 1006 页)。

要点

1) EViews 从版本 6 开始，序列表达式求值被编译成本地机器码，加速了日常运算的计算速度。特殊表达式 `@expand` 被增强了，可以用到序列表达式中。

2) EViews 7 支持多处理器，支持高频日内数据，并重新设计了图形对象。EViews 7 可以作为 COM 服务器和客户端。

3) EViews 6 和 EViews 7 两个版本升级都带来兼容性的问题，具体请参考 §D.1.1 节和 §D.1.2 节中关于兼容性的讨论。

4) EViews 7 提供 5 个函数 (参见第 974 页) 以创建各类对话框，方便用户输入变量名或者设置选项，并返回用户操作的相应信息。

5) 方程对象的函数参见表 3.1 (第 146 页)，EViews 7 丰富了方程对象的函数，汇总在第 975 页。

6) EViews 7.1 提供了插件 (Add-in) 机制，无缝集成到 EViews 中，如同 EViews 的标准命令一样，通过自定义的命令或者菜单进行调用。

7) 筒对象 (Spool) 是文本、表格和图形的对象容器，方便管理各式各样的输出。筒对象的使用参见 §D.2.1 节 (第 984 页)。

8) 字符串列表 (string list) 支持以单词为单位进行字符串处理，极大地提高 EViews 处理字符串的能力，具体请参考 §D.2.2 节 (第 989 页)。

9) 因子对象 (Factor object) 实现一整套的因子分析方法，挖掘共性因子的经济含义。尽管因子分析的技术难度系数很高，但更具有艺术性。详细的讨论请参考 §D.3 节 (第 992 页)。

10) 广义线性模型 (generalized linear model, GLM) 是在条件均值函数形式和条件分布类型方面对线性回归模型进行了推广。广义线性模型由指数项、条件分布和衔接函数三部分组成。完整的讨论请参见 §D.4 节 (第 1012 页)。

11) 分位数回归模型使我们能细致地刻画完整的条件分布，进一步研究和对比各部分细节，参见 §D.5 节 (第 1030 页)。分位数回归模型的估计实际上是求解线性规划问题。

12) 多元 GARCH 模型 (MGARCH 模型) 实际上是对条件方差矩阵进行建模，需要关心方差和协方差。MGARCH 模型的估计是比较困难的，EViews 支持对角 VECH 模型、对角 BEKK 模型和 CCC 模型的估计，具体请参考 §D.6 节 (第 1038 页)。

13) 长期方差矩阵 (long-run covariance matrix, LRCOV) 在现代经济计量分析中，占有重要的地位。EViews 提供了核估计法、VARHAC 方法和预白化核估计法，计算长期方差矩阵。

14) EViews 7 对单方程的 GMM 估计进行了升级和梳理，我们在 §D.7 节 (第 1054 页) 给出了新旧选项的对照。请注意结果报告中，带宽是实际使用的带宽，J 统计量是实际值，而不是报告 J/T 的值。

15) EViews 从版本 7 开始，可以作为 COM 服务器，允许外部程序或者脚本语言启动和控制 EViews。也可以作为 COM 客户端，通过 COM 接口就可以调用 Matlab 和 R 的计算功能。完整的例子请参考 §D.8 节 (第 1066 页)。

参考文献

Agresti, Alan, 2007. *An Introduction to Categorical Data Analysis*, 2/e. John Wiley & Sons, New York

Andrews, Donald W. K., 1991. Heteroskedasticity and Autocorrelation Consistent Covariance Matrix Estimation. *Econometrica*, 59:817–858

Andrews, Donald W. K., 1993. Tests for Parameter Instability and Structural Change With Unknown Change Point. *Econometrica*, 61(4):821–856

Andrews, Donald W. K., 1999. Consistent Moment Selection Procedures for Generalized Method of Moments Estimation. *Econometrica*, 67(3):543–564

Andrews, Donald W. K. and Ray C. Fair, 1988. Inference in Nonlinear Econometric Models with Structural Change. *The Review of Economic Studies*, 55(4):615–639

Andrews, Donald W. K. and J. Christopher Monahan, 1992. An Improved Heteroskedasticity and Autocorrelation Consistent Covariance Matrix Estimator. *Econometrica*, 60:953–966

Andrews, Donald W. K. and Werner Ploberger, 1994. Optimal Tests when a Nuisance Parameter is Present Only Under the Alternative. *Econometrica*, 62(6):1383–1414

Bassett, Gilbert, Jr. and Roger Koenker, 1982. An Empirical Quantile Function for Linear Models with i.i.d. Errors. *Journal of the American Statistical Association*, 77(378):407–415

Belsley, David A., Edwin Kuh, and Roy E. Welsch, 2004. *Regression Diagnostics: Identifying Influential Data and Sources of Collinearity*. Wiley-Interscience, New York

Bernaards, Coen A. and Robert I. Jennrich, 2005. Gradient Projection Algorithms and Software for Arbitrary Rotation Criteria in Factor Analysis. *Educational and Psychological Measurement*, 65(5):676–696

Bofinger, Eve, 1975. Estimation of a Density Function Using Order Statistics. *Australian Journal of Statistics*, 17(1):1–7

Bollerslev, Tim, 1990. Modelling the Coherence in Short-run Nominal Exchange Rates: A Multivariate Generalized ARCH Model. *The Review of Economics and Statistics*, 72(3):498–505

Bollerslev, Tim and Jeffrey M. Wooldridge, 1992. Quasi-Maximum Likelihood Estimation and Inference in Dynamic Models with Time Varying Covariances. *Econometric Reviews*, 11:143–172

Bollerslev, Tim, Robert F. Engle, and Jeffrey M. Wooldridge, 1988. A Capital-Asset Pricing Model with Time-varying Covariances. *Journal of Political Economy*, 96(1):116–131

Breusch, T. S. and A. R. Pagan, 1979. A Simple Test for Heteroscedasticity and Random Coefficient Variation. *Econometrica*, 47(5):1287–1294

Brooks, Chris, Simon P. Burke, and Gita Persand, 2003. Multivariate GARCH Models: Software Choice and Estimation Issues. *Journal of Applied Econometrics*, 18(6):725–734

Brown, Lawrence D., T. Tony Cai, and Anirban DasGupta, 2001. Interval Estimation for a Binomial Proportion. *Statistical Science*, 16(2):101–117

Browne, Michael W., 2001. An Overview of Analytic Rotation in Exploratory Factor Analysis. *Multivariate Behavioral Research*, 36(1):111–150

Buchinsky, Moshe, 1995. Estimating the Asymptotic Covariance Matrix for Quantile Regression Models: A Monte Carlo Study. *Journal of Econometrics*, 68(2):303–338

Chamberlain, Gary, 1994. Quantile Regression, Censoring and the Structure of Wages. In Sims, Christopher A., (editor), *Advances in Econometrics*, pages 171–209. Elsevier, New York

Chow, K. Victor and Karen C. Denning, 1993. A Simple Multiple Variance Ratio Test. *Journal of Econometric*, 58(3):385–401

Cragg, John G. and Stephen G. Donald, 1993. Testing Identifiability and Specification in Instrumental Variable Models. *Econometric Theory*, 9(2):222–240

Cudeck, Robert, 1991. Noniterative Factor Analysis Estimators, with Algorithms for Subset and Instrumental Variable Selection. *Journal of Educational Statistics*, 16(1):35–52

den Haan, Wouter J. and Andrew Levin, 1997. A Practitioner's Guide to Robust Covariance Matrix Estimation. In Maddala, G. S. and C. R. Rao, (editors), *Handbook of Statistics*, Volume 15 (Robust Inference), Chapter 12, pages 291–341. North-Holland, Amsterdam

Dobson, Annette J. and Adrian Barnett, 2008. *An Introduction to Generalized Linear Models*, 3/e. Chapman & Hall/CRC, London

Eichenbaum, Martin S., Lars Peter Hansen, and Kenneth J. Singleton, 1988. A Time Series Analysis of Representative Agent Models of Consumption and Leisure Choice under Uncertainty. *The Quarterly Journal of Economics*, 103(1):51–78

Engle, Robert, 2002. Dynamic Conditional Correlation: A Simple Class of Multivariate Generalized Autoregressive Conditional Heteroskedasticity Models. *Journal of Business & Economic Statistics*, 20(3):339–350

Engle, Robert F., 1982. Autoregressive Conditional Heteroskedasticity with Estimates of the Variance of U.K. Inflation. *Econometrica*, 50:987–1008

Engle, Robert F. and Clive W. J. Granger, 1987. Co-integration and Error Correction: Representation, Estimation, and Testing. *Econometrica*, 55(2):251–276

Engle, Robert F. and Kenneth F. Kroner, 1995. Multivariate Simultaneous Generalized ARCH. *Econometric Theory*, 11(1):122–150

Glejser, H., 1969. A New Test for Heteroskedasticity. *Journal of the American Statistical Association*, 64(325):316–323

Godfrey, Leslie G., 1978. Testing for Multiplicative Heteroscedasticity. *Journal of Econometrics*, 8(2):227–236

Gorsuch, Richard L., 1983. *Factor Analysis*. Lawrence Erlbaum Associates, Inc., Hillsdale, New Jersey

Grice, James W., 2001. Computing and Evaluating Factor Scores. *Psychological Methods*, 6(4):430–450

Hall, Alastair R. and Amit Sen, 1999. Structural Stability Testing in Models Estimated by Generalized Method of Moments. *Journal of Business & Economic Statistics*, 17(3):335–348

Hall, Alastair R., Atsushi Inoue, Kalidas Jana, and Changmock Shin, 2007. Information in Generalized Method of Moments Estimation and Entropy-Based Moment Selection. *Journal of Econometrics*, 138(2):488–512

Hall, Peter and Simon J. Sheather, 1988. On the Distribution of the Studentized Quantile. *Journal of the Royal Statistical Society, Series B (Methodological)*, 50(3):381–391

Hansen, Bruce E., 1992. Tests for Parameter Instability in Regressions with I(1) Processes. *Journal of Business & Economic Statistics*, 10(3):321–335

Hansen, Lars Peter, 1982. Large Sample Properties of Generalized Method of Moments Estimators. *Econometrica*, 50:1029–1054

Hansen, Lars Peter, John Heaton, and Amir Yaron, 1996. Finite-Sample Properties of Some Alternative GMM Estimators. *Journal of Business & Economic Statistics*, 14(3):262–280

Hardin, James W. and Joseph M. Hilbe, 2007. *Generalized Linear Models and Extensions*, 2/e. Stata Press, Texas

Harman, Harry H., 1976. *Modern Factor Analysis*, 3/e. University of Chicago Press, Chicago

Harvey, A. C., 1976. Estimating Regression Models with Multiplicative Heteroscedasticity. *Econometrica*, 44(3):461–465

Harvey, Andrew C. and Neil Shephard, 1996. Estimation of an Asymmetric Stochastic Volatility Model for Asset Returns. *Journal of Business & Economic Statistics*, 14(4):429–434

Hausman, Jerry A., 1978. Specification Tests in Econometrics. *Econometrica*, 46:1251–1272

He, Xuming and Feifang Hu, 2002. Markov Chain Marginal Bootstrap. *Journal of the American Statistical Association*, 97(459):783–795

Hendricks, Wallace and Roger Koenker, 1992. Hierarchical Spline Models for Conditional Quantiles and the Demand for Electricity. *Journal of the American Statistical Association*, 87(417):58–68

Holzinger, Karl J. and Frances Swineford, 1939. *A Study in Factor Analysis: The Stability of a Bi-factor Solution*. Department of Education, University of Chicago, Chicago. Supplementary Educational Monographs, No. 48.

Hu, Li-tze and Peter M. Bentler, 1999. Cut-off Criteria for Fit Indexes in Covariance Structure Analysis: Conventional Criteria Versus New Alternatives. *Structural Equation Modeling*, 6(1):1–55

Huber, Peter J., 1967. The Behavior of the Maximum Likelihood Estimates under Nonstandard Conditions. In *Proceedings of the Fifth Berkeley Symposium on Mathematical Statistics and Probability*, Volume 1, pages 221–233. University of California Press, Berkeley

Ihara, Masamori and Yutaka Kano, 1986. A New Estimator of the Uniqueness in Factor Analysis. *Psychometrika*, 51(4):563–566

Jennrich, Robert I., 2001. A Simple General Procedure for Orthogonal Rotation. *Psychometrika*, 66(2):289–306

Jennrich, Robert I., 2002. A Simple General Method for Oblique Rotation. *Psychometrika*, 67(1):7–20

Johnson, Richard A. and Dean W. Wichern, 2007. *Applied Multivariate Statistical Analysis*, 6/e. Pearson Prentice-Hall, Upper Saddle River, NJ

Kaiser, Henry F. and John Rice, 1974. Little Jiffy, Mark IV. *Educational and Psychological Measurement*, 34:111–117

Kano, Yutaka, 1990. Noniterative Estimation and the Choice of the Number of Factors in Exploratory Factor Analysis. *Psychometrika*, 55(2):227–291

Kao, Chihwa, 1999. Spurious Regression and Residual-Based Tests for Cointegration in Panel Data. *Journal of Econometrics*, 90(1):1–44

Kawakatsu, Hiroyuki, 2006. Matrix Exponential GARCH. *Journal of Econometrics*, 134(1):95–128

Kennan, John, 1985. The Duration of Contract Strikes in U.S. Manufacturing. *Journal of Econometrics*, 28:5–28

Kim, Jae H., 2006. Wild Bootstrapping Variance Ratio Tests. *Economics Letters*, 92(1):38–43

Kocherginsky, Masha, Xuming He, and Yunming Mu, 2005. Practical Confidence Intervals for Regression Quantiles. *Journal of Computational and Graphical Statistics*, 14(1):41–55

Koenker, Roger, 1994. Confidence Intervals for Regression Quantiles. In Mandl, P. and M. Huskova, (editors), *Asymptotic Statistics*, pages 349–359. Springer-Verlag, New York

Koenker, Roger, 2005. *Quantile Regression*. Cambridge University Press, New York

Koenker, Roger and Gilbert Bassett, Jr., 1978. Regression Quantiles. *Econometrica*, 46(1):33–50

Koenker, Roger and Gilbert Bassett, Jr., 1982. Robust Tests for Heteroskedasticity Based on Regression Quantiles. *Econometrica*, 50(1):43–62

Koenker, Roger and Jose A. F. Machado, 1999. Goodness of Fit and Related Inference Processes for Quantile Regression. *Journal of the American Statistical Association*, 94(448):1296–1310

Koenker, Roger W. and Vasco D'Orey, 1987. Algorithm AS 229: Computing Regression Quantiles. *Journal of the Royal Statistical Society. Series C (Applied Statistics)*, 36(3):383–393

Lo, Andrew W. and A. Craig MacKinlay, 1988. Stock Market Prices Do Not Follow Random Walks: Evidence From a Simple Specification Test. *The Review of Financial Studies*, 1(1):41–66

Maddala, G.S. and Shaowen Wu, 1999. A Comparative Study of Unit Root Tests with Panel Data and A New Simple Test. *Oxford Bulletin of Economics and Statistics*, 61:631–52

McCullagh, Peter and J. A. Nelder, 1989. *Generalized Linear Models*, 2/e. Chapman & Hall, London

Müller, Marlene, 2004. Generalized Linear Models. In Gentle, James E., Wolfgang Härdle, and Yuichi Mori, (editors), *Handbook of Computational Statistics: Concepts and Methods*, pages 591–619. Springer. URL http://fedc.wiwi.hu-berlin.de/xplore/ebooks/html/csa/node163.html

Nelder, J. A. and R. W. M. Wedderburn, 1972. Generalized Linear Models. *Journal of the Royal Statistical Society. Series A (General)*, 135(3):370–384. URL http://www.jstor.org/stable/2344614

Nelson, Daniel B., 1991. Conditional Heteroskedasticity in Asset Returns: A New Approach. *Econometrica*, 59: 347–370

Newey, Whitney K. and James L. Powell, 1987. Asymmetric Least Squares Estimation. *Econometrica*, 55(4): 819–847

Newey, Whitney K. and Kenneth D. West, 1987. A simple positive semi-definite heteroskedasticity and autocorrelation consistent covariance matrix. *Econometrica*, 55:703–708

Newey, Whitney K. and Kenneth D. West, 1994. Automatic Lag Selection in Covariance Matrix Estimation. *Review of Economic Studies*, 61:631–653

Papke, Leslie E. and Jeffrey M. Wooldridge, 1996. Econometric Methods for Fractional Response Variables with an Application to 401(k) Plan Participation Rates. *Journal of Applied Econometrics*, 11(6):619–632

Park, Joon Y., 1992. Canonical Cointegrating Regressions. *Econometrica*, 60(1):119–143

Pedroni, Peter, 1999. Critical Values for Cointegration Tests in Heterogeneous Panels with Multiple Regressors. *Oxford Bulletin of Economics and Statistics*, 61(S1):653–670

Pedroni, Peter, 2004. Panel Cointegration; Asymptotic and Finite Sample Properties of Pooled Time Series Tests with an Application to the PPP Hypothesis. *Econometric Theory*, 20(3):597–625

Phillips, Peter C. B. and Bruce E. Hansen, 1990. Statistical Inference in Instrumental Variables Regression with I(1) Processes. *The Review of Economic Studies*, 57(1):99–125

Phillips, Peter C. B. and S. Ouliaris, 1990. Asymptotic Properties of Residual Based Tests for Cointegration. *Econometrica*, 58(1):165–193

Phillips, Peter C. B. and Pierre Perron, 1988. Testing for a Unit Root in Time Series Regression. *Biometrika*, 75: 335–346

Powell, James L., 1984. Least Absolute Deviations Estimation for the Censored Regression Model. *Journal of Econometrics*, 25:303–325

Powell, James L., 1991. Estimation of Monotonic Regression Models Under Quantile Restrictions. In Barnett, William A., James L. Powell, and George E. Tauchen, (editors), *Nonparametric and Semiparametric Methods in Econometrics and Statistics*. Cambridge University Press, Cambridge

Preacher, Kristopher J. and Robert C. MacCallum, 2003. Repairing Tom Swift's Electric Factor Analysis Machine. *Understanding Statistics*, 2(1):13–32

Richardson, Matthew and Tom Smith, 1991. Tests of Financial Models in the Presence of Overlapping Observations. *The Review of Financial Studies*, 4(2):227–254

Saikkonen, Pentti, 1992. Estimation and Testing of Cointegrated Systems by an Autoregressive Approximation. *Econometric Theory*, 8(1):1–27

Satterthwaite, F. E., 1946. An Approximate Distribution of Estimates of Variance Components. *Biometrics Bulletin*, 2(6):110–114

Silvennoinen, Annastiina and Timo Teräsvirta, 2009. Multivariate GARCH Models. In Andersen, Torben G., Richard A. Davis, Jens-Peter Kreiß, and Thomas Mikosch, (editors), *Handbook of Financial Time Series*, pages 201–229. Springer, New York

Smets, Frank and Rafael Wouters, 2007. Shocks and Frictions in US Business Cycles: A Bayesian DSGE Approach. *The American Economic Review*, 97(3):586–606. URL http://www.jstor.org/stable/30035013

Stock, James H. and Mark W. Watson, 1993. A Simple Estimator of Cointegrating Vectors in Higher Order Integrated Systems. *Econometrica*, 61(4):783–820

Stock, James H. and Motohiro Yogo, 2005. Testing for Weak Instruments in Linear IV Regression. In Andrews, Donald W. K. and James H. Stock, (editors), *Identification and Inference for Econometric Models*, Chapter 5, pages 80–108. Cambridge University Press, New York

Velicer, Wayne F., 1976. Determining the Number of Components from the Matrix of Partial Correlations. *Psychometrika*, 41(3):321–327

Wedderburn, R. W. M., 1974. Quasi-Likelihood Functions, Generalized Linear Models, and the Gauss-Newton Method. *Biometrika*, 61(3):439–447

Welch, B. L., 1951. On the Comparison of Several Mean Values: An Alternative Approach. *Biometrika*, 38(3/4):330–336

Welsh, A. H, 1988. Asymptotically Efficient Estimation of the Sparsity Function at a Point. *Statistics & Probability Letters*, 6(6):427–432

White, Halbert, 1980. A Heteroskedasticity-Consistent Covariance Matrix and a Direct Test for Heteroskedasticity. *Econometrica*, 48:817–838

Wilson, Edwin B., 1927. Probable Inference, the Law of Succession, and Statistical Inference. *Journal of the American Statistical Association*, 22(158):209–212

Windmeijer, Frank, 2005. A Finite Sample Correction for the Variance of Linear Efficient Two-Step GMM Estimators. *Journal of Econometrics*, 126(1):25–51

Wright, Jonathan H., 2000. Alternative Variance-Ratio Tests Using Ranks and Signs. *Journal of Business & Economic Statistics*, 18(1):1–9

Zwick, William R. and Wayne F. Velicer, 1986. Factors Influencing Five Rules for Determining the Number of Components to Retain. *Psychological Bulletin*, 99(3):432–442

英汉术语对照

在本讲义的整理过程中，经常感觉不知所措的并不是数学推导，而是英文术语的翻译。不少英文术语，似乎都能很好地感受和理解其含义，但受限于我的语文素养，一直在寻找合适的中文译名。例如 EViews 是 Econometric Views 的缩写，直译为经济计量视图，音译为伊游仕，总还是觉得有些距离。很担心翻译不好而对不起读者，但作为正式出版物，总不能出现 jargon 的时候都 as is 吧？因此，特将本讲义采用的译名对照整理出来，方便读者查找英文文献(姓名一般不翻译)。

A

ARCH   Autoregressive Conditional Heteroskedasticity   自回归条件异方差(模型)
ARMA   Autoregressive Moving Average   自回归移动平均(模型)
Add-in   插件
Alpha series   字符串序列
Auto-series   自动序列
Auto-updating series   自新序列
Auto-updating graphs   自新图形
a priori   事前
active   活动的，当前的
add factor   外加因子
additive effect   加法效应
additive seasonal variation   季节迭加变动
adjustment parameters   调整参数
aliasing   别名
alternative hypothesis   备择假设
alternative scenario   对照情景
analogy principle   类推原理
anchor   (直方图)锚点
annotation   (图或表)标注
anti-image correlation coefficient   反象相关系数
area graph   面积图
autocorrelation   自相关
automatic bandwidth   自动带宽
average shifted histogram   移位平均直方图

B

Bayesian method   贝叶斯方法
Between estimator   组间估计
backcast   倒推
band-pass filter   带通滤波器
bandwidth   带宽
bar plot   柱形图
behavioral equations   行为方程
bin   (直方图)柱子
bin width   (直方图)柱宽
binary choice   二元选择(模型)
binary variable   二值变量
binding   绑定；起作用的(限制)
binomial   二项的；二项式
biplot   双标图
block   块
bold   粗体
bootstrap   自举
boxplot   盒图
bracket bandwidth   带宽组
break in structure   结构断点
by formula   公式法(模型设定)
by list   名单法(模型设定)

C

CAN   Consistent and Asymptotically Normal   一致渐近正态(估计量)

CDF   Cumulative Distribution Function   累积分布函数
CFA   Confirmatory Factor Analysis   验证性因子分析
CML   Conditional Maximum Likelihood   条件最大似然 (估计)
COM   Component Object Model   组件对象模型
COM Automation   COM 自动化
CORBA   Common Object Request Broker Architecture   通用对象请求代理体系结构
canonical bandwidth-transformation   规范带宽转换
canonical   规范的, 典范的
cardinal spline   基样条
causality in mean   均值的因果关系
cell   (表格) 格子; 单元 (MATLAB 数据类型)
censored regression model   审查回归模型
chaos   混沌
characteristic polynomial   特征多项式
coarse coefficient   粗糙系数
coefficient of determination   可决系数
cointegrating vector   协整向量
cointegration   协整
cointegration test   协整检验
common factors   共性因子
comparison scenario   对照情景
concatenation   串接
confidence level   置信水平
confidence ellipses   置信椭圆
consistent   一致的
contraction   缩并
control variable   控制变量
correlation integral   相关积分
correlogram   相关图
count model   计数模型
count variable   计数变量
covariance analysis   协方差分析
cross correlograms   互相关图
cross-validation   交错校验
cumulative statistics functions   累积统计函数
current samples   当前样本集

D

DEA   Data Envelopment Analysis   数据包络分析
DGP   Data Generation Process   数据生成过程
DPD   Dynamic Panel Data   动态面板数据
DTP   Desk-top Publishing   桌面出版系统
data   数据
dataset   数据集
date number   日期编码
derivative free   不使用导数
deterministic   确定性的
deviance statistic   离偏统计量
diagnostics   诊断学
difference   差分
difference in difference   重差
dimension   维数
discrepancy function   失调函数
discrete choice models   离散选择模型
dispersion   离散 (度)
disturbance   干扰
dock   停泊 (到原先的角落)
dot syntax   点语法
dummy variables   哑变量, 虚拟变量
dynamic   动态的

E

EFA   Exploratory Factor Analysis   探索性因子分析
efficient   有效的
eigenvalue   特征值
eigenvector   特征向量
element   元素
endogenous variable   内生变量
equality   相等; 等式
equation   方程
ergodicity   遍历 (性)
error component model   误差成分模型 (面板数据模型的另一称呼)
error correction   误差修正
estimator   估计量
exclusion restrictions   除外限制
exogenous variable   外生变量
expansion   平展
expectation   (数学) 期望
exponential family   指数分布族
exponential regression   指数回归
external interfaces   外部接口
extrapolation algorithm   外插算法

F

FCLT   Functional Central Limit Theorem   泛函中心极限定理

FGLS   Feasible Generalized Least Squares   可行广义最小二乘 (估计)

FIML   Full Information Maximum Likelihood   完全信息最大似然 (估计)

FOC   First-order Condition   一阶条件

FRED   Federal Reserve Economic Data   美联储经济数据

Factor object   因子对象

factor analysis   因子分析

factor loadings   因子载荷

filter   滤波器

fixed effects   固定效应

forecast   预测

forecast error   预测误差

fortnight   双周

forward looking   前瞻

frame   图框

free software   自由软件

freeze   定格

frequency spectrum   频谱

frequency   频数；频率

G

GLM   Generalized Linear Models   广义线性模型

GLS   Generalized Least Squares   广义最小二乘 (估计)

GMM   Generalized Method of Moments   广义矩方法

GRT   Granger's Representation Theorem   Granger 表示定理

GUI   Graphical User Interface   图形用户接口

Group object   群对象

gain matrix   增益矩阵

general linear model   普通线性模型

generalized instrumental variables   广义工具变量

generalized residual   广义残差

generalized residual function   广义残差方程

geometric lag model   几何滞后模型

goodness-of-fit   拟合优度

gradient   梯度

gradient vector   梯度向量

graph theory   图论

group row functions   (横) 截面统计函数

H

HAC   Heteroskedasticity and Autocorrelation Consistent   异方差和自相关一致 (估计)

Hessian matrix   黑森矩阵，海森矩阵

handle   句柄

hatch   纹线

highfrequency intraday data   高频日内数据

histogram polygon   折线直方图

histogram edge polygon   边线直方图

histogram   直方图

I

IEEE   Institute of Electrical and Electronics Engineers, Inc.   电气和电子工程师学会 (美国非营利组织)

IQR   Interquartile Range   四分位差

IRF   Impulse Response Function   脉冲响应函数

IRLS   Iteratively Reweighted Least Squares   迭代重新加权最小二乘法

IV   Instrumental Variable   工具变量

identifier   标识符

identity   恒等式

idiosyncratic errors   特质误差

iid   independent and identically distributed   独立同分布

implicit assignment   隐式赋值

impulse response   脉冲响应

incremental fit   增量拟合

indeterminacy   不确定

indicator function   示性函数

individual heterogeneity   个体异质性

individual effect   个体效应

influence statistic   势力统计量

information matrix equality   信息矩阵等式

inid   independent but not identically distributed   独立但不同分布

initial   词首的，初始的

inline equation   内嵌方程

innovation   新息

integration order   单整阶数

interior point methods   内点法

interpolation   插值

inverted root, inverse root　倒数根

J
Jacobian　雅可比 (项、矩阵)
just-identified　恰好识别

K
K-class　K 类
kernel　核
kernel density estimate　核密度估计
kernel function　核函数
key　键
kurtosis　峰度

L
LAD　Least Absolute Deviations
　最小绝对离差
LEF　Linear Exponential Family
　线性指数分布族
LIML　Limited Information Maximum Likelihood
　有限信息最大似然 (估计)
LR　Likelihood Ratio　对数似然比
Link object　链接对象
Logl object　对数似然对象
lag　滞后
lag truncation　滞后截断 (阶数)
latent variable　潜在变量
law of total expectations　全期望公式
lead　超前
legend　图例
leptokurtic　尖顶
level　(检验的) 水平
level value　水平值，原始值 (相对于变换后的值，如取对数或者差分)
leverage effect　杠杆效应
leverage plot　杠杆图
likelihood equation　似然方程
likelihood function　似然函数
limit point　分界点
linear　线性的
linear binning　线性分箱法
linear in parameters　参数线性
linearly independent　线性独立
link function　衔接函数
linked equation　链接方程
links, linked　链接

local identification　局部识别
local linear approximation　局部线性逼近
local polynomial regression　局部多项式回归
log likelihood function　对数似然函数
long-run covariances　长期方差
long-run parameters　长期参数

M
MAE　Mean Absolute Error　平均绝对误差
MAPE　Mean Absolute Percentage Error
　平均百分比绝对误差
MCMB　Markov Chain Marginal Bootstrap
　马尔可夫链边际自举
MDS　Martingale Difference Sequence
　鞅差分序列
ML　Maximum Likelihood　最大似然 (估计)
MSE　Mean Squared Error
　均方差，均方误差
Markov chain　马尔可夫链
Model object　样板对象
Monte Carlo　蒙特卡洛 (仿真)
manipulation　操作
match merging　配对合并
maximum　最大值
mean　均值
mean blur　均值模糊
mean equality tests　齐性检验
median　中位数
minimum　最小值
missing value　缺失值，空缺值
mixture distribution　混合分布
moment conditions　矩条件
moving statistics functions　移动统计函数
multinomial model　多项选择模型
multiple comparison adjustments　多重比较调整
multiplicative seasonal variation　季节乘积变动
multiplicative　乘法；乘法的
multiplier　乘子

N
NLS　Nonlinear Least Square
　非线性最小二乘法
N-way tabulation　多维列联表
named error approach　定名误差法
nearest neighbor　近邻 (法)
noise　噪声

nonparametric 非参数 (方法)
nonsense regression 伪回归
normalized 标准化
not a number 非数
null 零，空
null hypothesis 零假设，原假设
null string 空串

O

OLS　　Ordinary Least Square
　　普通最小二乘法
object 对象
oblique rotation 斜交旋转
observation 观测
observation equations 观测方程
offset 偏移
ommitted 遗漏
on demand 按需
one way 单因素，单向 (效应)
one-sided finite difference 单边差分方法
one-way tabulation 单因素列联表
order condition 阶条件
ordered dependent variable model
　　排序因变量模型
ordered-response model 排序响应模型
orthogonal rotation 正交旋转
orthogonality conditions 正交条件
orthogonal deviations 正交离差
out of sample 样本外
outlier 异常值
overdispersion 过度离散
overidentification 过度识别
overridden variable 覆盖变量

P

PAC　　Partial Autocorrelation Coefficient
　　偏自相关系数
PACE　　Partitioned Covariance　　分块方差法
PCA　　Principal Components Analysis
　　主成分分析
PCSE　　Panel Corrected Standard Error
　　面板修正标准差
PDF　　Probability Density Function
　　概率密度函数
PDL　　Polynomial Distributed Lags
　　多项式分布滞后

PMF　　Probability Mass Function
　　概率质量函数
PML　　Pseudo-maximum Likelihood
　　伪最大似然 (估计)
PRF　　Population Regression Function
　　总体回归方程
Pool object 合伙对象
package 套件 (R 语言)；宏包 (LaTeX)
pane 窗格
panel data 面板数据
parameter space 参数空间
parsimony 简约性
partial correlation coefficient 偏相关系数
partial regression coefficients 偏回归系数
partitioned regression 分块回归
path 路径
pattern 线型
period effect 时期效应
platykurtosis 低峰态
pooled OLS 汇拢 OLS (估计)
pooled cross sections 混合截面
pooled data 合伙数据
population 总体
portable 便携的 (方便移植的)
portmanteau test 混合检验
power (检验的) 势，功效
predetermined variable 前定变量
presample 样本前
prewhitening 白化预处理
procedure 过程
projection matrix 投影矩阵
proportion 比例 (分数形式)，比率 (小数形式)

Q

QLR　　Quasi Likelihood Ratio　　准似然比
QML　　Quasi-maximum Likelihood
　　准最大似然 (估计)
quadratic hill climbing 二次爬坡 (算法)
quantile 分位数
quantile regression 分位数回归
quartile 四分位数
quasi-difference 准差分

R

RDBMS　　Relational Database Management System　　关系数据库系统

RMSE　　Root Mean Squared Error　均方根误差
RLS　　Recursive Least Square　递归最小二乘法
raw data　　原始数据
range　　范围；极差
rate　　比率
recursive　　递归的；递推
reduced covariance matrix　　精简方差矩阵
reduced form　　简化式
redundant　　冗余
regressand　　回归因变量
regression　　回归
regressor　　回归自变量
representation　　表述
residual　　残差
replacement variable　　置换变量
robust　　稳健，鲁棒
rank-score　　等级分
rank condition　　秩条件
random walk　　随机游走
random effects　　随机效应
reparameterization　　参数重构
regime switching model　　势态转换模型
reciprocal　　倒数

S

SOLS　　System Ordinary Least Squares　方程组最小二乘法
SRF　　Sample Regression Function　样本回归方程
SUR　　Seemingly Unrelated Regressions　似不相关回归 (模型)
SVAR　　Structural VAR　结构 VAR 模型
Sample object　　样本对象
Spool object　　筒对象
Sspace object　　状态空间对象
Stepwise Regression　　逐步回归
String object　　字符串对象
Svector object　　字符串向量对象
System object　　方程组对象
sandwich estimator　　夹心估计量
saturated model　　饱和模型
scalar　　标量
scale　　刻度；缩放
scale parameter　　缩放参数

scaling factor　　缩放因子
scenario analysis　　情景分析
score　　工分 (对数似然函数的导数)；得分
score residuals　　工分残差
score test　　工分检验
scree plot　　石坡图
semiparametric　　半参数 (方法)
serial correlation　　序列相关
serial dependence　　序列依赖
series　　序列
shade　　阴影，遮蔽
sharing violation　　共享冲突
signal equations　　信号方程
significance　　显著性
significance level　　显著水平
simplex algorithm　　单纯型法
simulation　　仿真
simultaneous　　同时发生的，联立的
simultaneous equations　　联立方程
singular value decomposition　　奇异值分解
size　　码 (即检验的显著水平)
size distortion　　码扭曲
skewness　　偏度
slanted　　(TeX 排版系统) 倾体 (*Slanted* 和 Roman 字体之间有一点倾斜，不同于 *Italic* 字体)
smoothed forecasting　　平滑预测
smoothing parameter　　平滑参数
smoothing　　平滑
solve　　求解
sparsity　　稀疏度
sparsity function　　稀疏函数
specific variances　　特有方差
spike plot　　耙图
spline　　样条
spreadsheet　　电子表格
spurious regression　　伪回归
stacked analysis　　堆叠分析
stacked data　　堆叠数据
stacked form　　堆叠形式
stagnation　　滞胀
standard deviation　　标准差
standard error of regression　　回归标准差
standardized residuals　　标准化残差
starting value　　初始值
state equations　　状态方程

state space model	状态空间模型
static	静态的
stationary	平稳的
step response	阶跃响应
stochastic volatility	随机波动率
stochastic trend	随机趋势
strikeout	删除线
string	字符串
string list	字符串列表
structural residuals	结构残差
structure	结构化
style	样式
stylized facts	模式事实
subsubsection	子小节
survivor function	生存函数
system of equations	方程组
system of dynamic simultaneous equations	动态联立方程

T

TIC Theil Inequality Coefficient	Theil 系数
Table object	表格对象
Text object	文本对象
tabulation	表格；列联表
terminal	终端
terminology	专门名词；术语
test	检验
text	文本
three-stage least squares	三阶段最小二乘法 (3SLS)
trace	(矩阵的) 迹
trace variable	踪迹变量
tracked variable	监测变量
trajectory variable	轨迹变量
transition matrix	转移矩阵
transition equations	转移方程
transitory component	短期成分
translog cost function	转对数成本函数
trimmed residual	裁剪残差
truncated regression model	截断回归模型
truncated	截断
two way effect	双向效应
two-limit truncated	双侧截断
two-stage least squares	两阶段最小二乘法 (2SLS)

U

unbiased estimator	无偏估计量
uncentered	非中心化
underdispersion	欠离散
undock	脱离 (成独立浮动窗口)
unique factors	个性因子
uniqueness	独特度
unit root	单位根
univocality	单义性
unobserved effect	不可观测效应
unstacked data	非堆叠数据
unstacking identifier	拆堆标识
utility	效用
utility commands	实用命令

V

VAR Vector Autoregressions	向量自回归 (模型)
VEC Vector Error Correction	向量误差修正 (模型)
Valmap object	值映射对象
Var object	向量自回归对象
validity	正当性
value map	值映射
variance components	方差成分 (随机效应)
variance decomposition	方差分解
variance ratio test	方差比检验
verbose	唠叨 (程序运行模式)
views	视图
virtual inch	虚拟英寸
volatility persistence	波动持续性
volatility clusting	波动群集
volatility	波动率

W

WLS Weighted Least Square	加权最小二乘法
weak exogeneity	弱外生性
weak instruments	弱工具变量
white noise	白噪声
whitening	白化处理
wild bootstrap	野生自举法
wildcard	通配符
within estimator	组内估计
workfile	工作文件
workfile page	工作页
workfile range	工作页观测范围
working paper	作文
workspace	工作区 (MATLAB 和 R)

索 引

符号

* (星号)
    数值运算
        乘法, 52
    通配符
        任意个字符, 126
? (问号)
    通配符
        单个任意字符, 126
        个体标识, 349, 357
2SLS 估计, 见 两阶段最小二乘估计
2SLS 加权矩阵, **655**, 682, 688, 689
3SLS 估计, 492
    对比其他估计方法, 494

A

ADF 检验, 301
    例子, 19, 310
AIC 准则, 144
Almon 滞后模型, 155
Anderson-Hsiao 估计, 704
Andrews 检验, 794
Andrews 自动带宽, 666
AR 项
    倒数根, 233, 246
    非线性最小二乘估计, 172
    工具变量法, 380
    估计输出说明, 233
    两阶段最小二乘估计, 168
    面板数据模型, 377
    设定方法, 237
    自回归, 232
AR(p) 过程, 232
    估计, 243
    平稳的, 233
ARCD 模型, 285
    非对称 t 分布, 286
    ML 估计实例, 732
ARCH LM 检验, 192
    辅助回归方程, 192
    例子, 18
ARCH 模型, 253
    ARCD 模型, 285
    ARMA 结构, 260, 269
    背景, 253
    标准化残差, 255, 288
    波动持续, 259
    波动群集, 259
    CGARCH 模型, 281
        估计命令, 288
    倒推算法, 263
    对数似然函数, 257
    EGARCH 模型, 275
        估计命令, 287
    FIGARCH 模型, 285
    方差方程, 258
    非对称项, 273
    GARCH 模型, 258
        估计命令, 287
    GARCH 效应, 261, 288
    GARCH-M 模型, 261, 271, 282
    估计, 262, 265
    估计命令, 287
    IGARCH 模型, 267, 284
    检验, 265
    例子
        汇率, 262
        S&P500, 264
    ML 估计, 256
    PGARCH 模型, 279
        估计命令, 288
    普通残差, 255
    强式 ARCH, 255
    R^2, 263
    弱式 ARCH, 255
    TGARCH 模型, 273
        估计命令, 287
    条件方差, 254, 265
    条件方差预测, 267
    条件均值, 254
    系数限制, 284
    一般设定, 254
ARCH 项, 258
ARCH 效应, 19, 192
ARCH 模型, 277
Arellano-Bond 估计, 696
    单步法, 699
    两步法, 699
Aremos 数据库, 979
ARMA 结构, 234
    ARMA-GARCH, 260, 269
    倒数根, 235, 245
    脉冲响应, 248
    频谱图, 977
    特征多项式, 234
ARMA 模型, 225

AR 项, 237
　　残差, 225
　　相关性检验, 248
　　差分算子, 236
　　初始值, 242
　　单整阶数, 236
　　干扰的相关图, 246
　　干扰项, 225
　　估计方法, 242
　　建模方法, 235
　　例子, 240
　　MA 项, 234, 237
　　模型设定, 235
　　模型诊断, 245
　　NLS 估计, 242
　　SAR 项, 238
　　SMA 项, 238
　　设定方法小结, 239
　　识别, 235
　　系数约定, 242
　　新息, 225
　　移动平均, 234
　　状态空间表示, 567–569
　　自回归, 232
阿尔法序列, 见 字符串序列
安静模式, 79

B

BDS 检验, 922
　　相关积分, 922
BEKK-GARCH 模型, 1040
　　对角 BEKK 模型, 1041, 1048
Between 估计, 340
BHHH 方法, 289, 964
BHHH 估计, 721, 733
Bollerslev-Wooldridge 稳健方差估计, 265
Box-Cox 变换, 178, 927
Breitung 检验, 439
Breusch-Godfrey LM 检验, 190
　　理论回顾, 190
　　例子, 15
Broyden 法, 962
白化预处理, 667

白噪声过程, 295
　　独立白噪声过程, 295
半参数方法, 709
　　GMM 估计, 651
绑定, 619
保存工作文件, 25
　　EViews 格式, 25
　　外部文件格式, 26
　　压缩方式, 25
备择假设, 180
边际显著水平, 181
编程方式, 见 EViews 编程, 5
　　demo.prg, 7
　　demo7s.prg, 986
　　N 个好处, 5
编辑窗口执行代码, 78
　　例子, 9
变量
　　定性变量, 151
　　工具变量, 163, 683
　　计数变量, 810
　　解释变量, 151
　　离散因变量, 785
　　内生变量, 163
　　前定变量, 163
　　潜在变量, 787
　　受限因变量, 785
　　外生变量, 163
　　哑变量, 151
　　因变量, 141
　　滞后因变量, 206
变量 编程, 48
　　标量, 48
　　程序变量, 52
　　控制变量, 49
　　置换变量, 50
　　字符串变量, 49
遍历的, 295
　　遍历平稳的, 296
标量, 48
　　1×1 矩阵, 58
标识, 21
标注, 855
　　位置坐标, 856
　　文本, 855

　　线条, 855
　　阴影, 855
标准差, 914
标准化残差, 162, **255**, 260, 270, 578, 788, 1016, 1038, 1052
　　广义误差分布, 256
　　t 分布, 255
　　正态分布, 255
标准化系数和弹性, 977
表达式, 54, 870
　　变量, 48
　　常量, 48
　　超前、滞后和差分, 59
　　矩阵表达式, 870
　　特殊的表达式, 55
　　序列表达式, 54
　　样本表达式, 117
　　运算符, 52
表达式 预测, 208
　　目标序列, 208
　　预测标准差, 210
　　滞后因变量, 209
　　自动序列, 208
　　自新序列, 210
表达式法, 139
表格, 860
　　背景, 863
　　边框, 863
　　对齐和缩进, 863
　　格式化, 861
　　行高, 862
　　行列范围, 861
　　合并, 864
　　例子, 865
　　列宽, 862
　　设置命令汇总, 866
　　数值格式, 862
　　填表, 860
　　注释, 864
　　字体设置, 863
表格对象, 860
　　创建, 860
　　打印和导出, 865

表述视图, **138**, 360, 454, 529, 970, 1047
别名, 619
　　对象, 908
　　情景分析, 619
　　数据库, 904
波动群集, 253, 259
泊松分布, 810
泊松回归模型, 810
不可观测成分, 336, **341**, 369
　　@effects 函数, 362, 371
　　effects 命令, 425
不可观测效应, 333
步长, 964
　　比例因子, 964
　　可行方向, 964

C

C-SUR, 376
CCC-GARCH 模型, **1041**, 1046, 1048
cell identifier, 394
CGARCH 模型, 281
　　长期成分, 281
　　短期成分, 281
Cholesky 分解, 159, 380, **510**, 521, 555, 722
Chow 检验, 195
　　Chow 预测检验, 196
　　理论回顾, 195
Chow 预测检验, 196
Cleveland 子样本法, 779
COM 自动化
　　EViews COM 服务器, 1066
　　EViews COM 客户端, 1066
Constant Probabiliy, 791
Cox 检验, 218
　　Cox 正态统计量, 218
　　计算方法, 219
　　子程序, 219
CSV 文件, 26, 35, 865
CUSUM 检验, 211
CUSUMSQ 检验, 211
裁剪残差, 834
参数重构, 717, **721**

参数的方差估计, 723
Delta 方法, 723
方差估计, 722
非负限制, 721
概率, 723
局限, 723
区间限制, 722
参数传递, 70–72
参数方法, 709
参数空间, 711
残差
　　标准化残差, 255, 788, 812, 821, 830, 1016
　　表格视图, 14
　　裁剪残差, 834
　　残差图, 13
　　递归残差, 211
　　工分残差, 1016
　　广义残差, 788, 801, 821, 830, 1016
　　结构残差, 225, 233, 260
　　Pearson 残差, 812, 1016
　　普通残差, 255, 788, 812, 821, 830, 1016
残差 检验, 190
　　ARCH LM 检验, 192
　　Breusch-Godfrey LM 检验, 190
　　Ljung-Box Q 统计量, 191
　　White 检验, 193
　　正态性检验, 190
残差平方的相关图, 191
插件, 6, **979**
　　ARMA 模型选择, 980
　　表格导出为 LaTeX, 980
　　方程估计结果汇总表, 979
　　股票数据下载, 980
　　萧条时期阴影标注, 981
插值, 972
差分, 60
差分算子, 236
　　对数差分, 236
　　季节差分, 236
拆堆, 363
拆堆标识, 364

观测标识, 364
常量, 48
　　空串, 48
　　NA, 48
　　双引号, 48
长记忆过程, 296
长期方差, 296, 653, **976**
　　长期方差矩阵, 1054
　　地位, 1054
　　核估计, 665, 1054
　　　　带宽, 1055
　　ls, tsls 和 gmm 命令的估计选项, 1056
　　VARHAC 方法, 1056
　　预白化核估计, 1056
长期限制, 557
超前, 59
　　关键字 to, 59
　　面板工作页, 414
程序变量, 52
　　工作文件, 81
　　样本表达式, 116
　　用于定义自新序列, 130
程序参数, 79
程序执行模式, 78
重差, 154
重定向打印输出, 33, 34, 987
初始值, 959
　　方程组, 479
　　非线性方程, 173
　　ML 估计, 764
　　设置, 959
除外限制, 486
窗宽, 见 带宽

D

DCC-GARCH 模型, 1041
Delta 方法, 723
demo.prg, 7
demo7s.prg, 986
DF 检验, 302
DF-GLS 检验, 304
　　例子, 312
DGP, 294
DGP 识别, 317

1096 索引

DGP 类型, 318
`DGPid` 子程序, 548
季节性, 322
例子, 319
面板单位根检验, 447
G7 集团, 449
IBM 公司, 447
DW 统计量, 144, **228**
假设前提, 228
打印, 33
重定向, 33
自动打印, 34
打印设置, 956
表格, 956
图形, 956
带宽, 308, **772**, 1055
Andrews 自动带宽, 666
Newey-West 固定带宽, 666
Newey-West 自动带宽, 666
带宽组, 773
带通滤波器, 937
对称滤波器, 937
非对称滤波器, 937
频率响应函数图, 938
单步预测, 203
单位根过程, 297
存在的原因, 293
单位根检验, 301
ADF 检验, 301
DF-GLS 检验, 304
DGP 类型, 318
DGP 识别, 317
评论, 320
ERS 检验, 305
季节性, 321
检验方法比较, 314
KPSS 检验, 303
例子, 310
联合检验, 320
零假设, 301
零频率频谱估计, 307, 315, 325
面板数据, 437
NP 检验, 306
PP 检验, 303

确定性外生变量, 314
三种设定, 301, 325
有限样本特性, 317
滞后阶数, 309, 316, 325
总结, 307
单位脉冲响应函数, 516
单因素列联表, 916
单整阶数, 236, 296
单指数平滑, 931
当前观测集, 110
当前样本集, 见 工作样本集, 110
比较 工作页的观测范围, 104
倒数根, 233, **235**, 504
AR 项, 246
不可逆的, 235
发散的, 235
MA 项, 246
倒推算法, 244
ARCH 模型, 263
多元 GARCH 模型, 1049
MA 项, 244
导数计算, 960
单边差分法, 960
对比解析求导和数值求导结果, 750
方程组, 479
非线性方程, 172
精确数值计算, 961
快速数值计算, 960
Richardson 外插法, 961
递归残差, 211
递归检验, 550
递归最小二乘估计, 211
CUSUM 检验, 211
CUSUMSQ 检验, 211
单步预测检验, 214
递归残差, 211
N 步预测检验, 214
递推系数, 586
定格, 33
定性变量, **151**, 786
动态赋值, 56
动态面板数据模型, 696
Anderson-Hsiao 估计, 704

Arellano-Bond 估计, 696
GMM 估计, 696
工具变量, 702
模型设定, 696
数据变换
差分法, 697
例子, 702
正交离差法, 698
动态预测, **204**, 598
有 AR 项, 208
有滞后因变量, 206
短期限制, 552
断点检验, 214, **968**
不等方差, 214
Chow 检验, 195
Chow 预测检验, 196
GMM 估计, 1065
Wald 统计量, 214
堆叠数据, 见 数据堆叠
按个体堆叠, 362
按时期堆叠, 362
结构化成面板结构, 396
堆叠形式, 337
面板数据模型
按个体堆叠, 337
按时期堆叠, 337
线性方程组
按方程堆叠, 461
按观测堆叠, 461
对称矩阵对象
单个元素赋值, 873
`fill` 赋值, 874
对话框, 974
对数似然对象
对数似然函数的设定, 759
过程, 766
函数, 766
局限性, 763
视图, 765
对数似然贡献值, **712**, 1014, 1038
对数似然函数, 257, **712**
参数, 760
导数设定
解析导数, 763
数值方法, 762

索引 1097

关键字, 760
设定, 759
诊断
　　查看梯度值, 765
　　对比解析求导和数值求导结果, 750
执行顺序, 761
对数似然值, 144, 468, 501, **712**
对象, 30
　　EViews 对象, 40
　　复制, 122
　　面向对象, 38
多步向前预测, 597
多步预测, **204**, 597
多维列联表, 941
多项式分布滞后, 155
　　多重共线性问题, 158
　　近端限制, 156
　　理论回顾, 155
　　pdl 表达式, 156
　　Wald 检验, 157
　　远端限制, 156
多项选择模型, 736
多页工作文件, 93
多元 GARCH 模型, 286, **1038**
　　arch 命令, 1047
　　BEKK-GARCH 模型, 1040
　　标准化残差, 1038, 1051
　　CCC-GARCH 模型, 1041
　　DCC-GARCH 模型, 1041
　　倒推算法, 1049
　　对数似然贡献值, 1038, 1052
　　非对称项, 1042
　　检验, 1052
　　MEGARCH 模型, 1042
　　MGARCH(p, q), 1042
　　模型设定, 1038
　　目标方差, 1041
　　条件相关系数, 1050
　　条件协方差建模, 1039
　　VECH-GARCH 模型, 1039
　　因子 GARCH 模型, 1038
　　预测, 1053
多元统计分析, 939
　　多维列联表, 941

多序列齐性检验, 942
分组齐性检验, 943
散点图, 939
数据汇总表, 940
协方差分析, 969
因子分析, 992
主成分分析, 944
多元线性回归, 141
多字符变量, xxv

E

EG 两步法, **307**, 538
EGARCH 模型, 275
ERS 检验, 305
　　例子, 313
Euler-Mascheroni 常数, 823
EViews, 4
　　编程方式, 5
　　编辑窗口执行代码, 9, 78
　　对象, 40
　　工作区, 4
　　获取帮助, 6
　　交互方式, 4
　　命令, 124
　　命令窗口, 4, 971
　　命令方式, 4
　　启动并执行程序文件, 5, 8, 78, 79
　　启动和退出, 5
　　实例体验, 7
　　是可编程的, 4
　　Twitter, 6
　　外观定制, 971
　　新版本介绍, 967
　　用户论坛, 6
　　状态栏, 4
EViews 编程, **47**, 134
　　表达式, 48, 54
　　表格, 128
　　插件, 6, 979, 981
　　对话框, 974
　　FOR 循环, 65
　　赋值, 55
　　高频数据, 972
　　工作样本集, 110

函数, 125, 969, 975, 976
IF 语句, 63
兼容问题, 970, 978
流程控制, 63
命令和函数, 81, 82
prg 文件, 76
日期, 87
日志, 973
随机数发生器, 124
随机数函数, 125
通配符, 126
图形, 129
WHILE 循环, 68
外部接口, 974
注释, 77
子程序, 69
自新序列, 129
字符串, 83
EViews COM 服务器, 1066
　　方法, 1067
　　接口, 1066
　　局限, 1071
　　Matlab 作为客户端
　　　　ARCH 模型, 1068
　　　　随机波动率模型, 1070
EViews COM 客户端, 1072
　　控制命令, 1072
　　MATLAB 作为服务器, 1072
　　　　机器性能测试, 1072
　　　　解析求导, 1072
　　　　特征多项式求解, 1073
　　R 作为服务器, 1074
　　　　DSGE 模型仿真, 1076
　　　　statconnDCOM 套件, 1074
　　　　运行 R 源程序, 1075
EViews 对象, **40**, 984
　　操作, 37
　　方法, 39
　　分类, 40
　　复制, 34
　　更名, 34
　　公用对象, 41
　　过程, 39
　　计量方法对象, 40
　　命名规则, 31

删除, 35
视图, 39
数据对象, 40
修改标签, 35
二次爬坡法, 963
二次无偏估计, 345
二项分布模型, 1024
二元选择模型, 786
  binary 估计命令, 796
  边际效应, 787
  残差, 788
  出错处理, 799
  对数似然函数, 786
  GLM 方差估计, 797
  概率响应曲线, 792
  估计结果输出说明, 788
  Huber/White 方差估计, 797
  理论回顾, 786
  NLS 估计, 798
  拟合优度检验, 793
  期望—预测表, 791
  潜在变量, 787
  条件概率, 786
  异方差检验, 795
  预测, 795
    指数项, 795
    指数项, 786

F

F 统计量, 145
  面板数据模型, 426
Fair-Taylor 方法, 637
FGLS 估计, 160, **375**, 465
  C-SUR, 376
  个体异方差, 375
  横截面似不相关, 376
  P-SUR, 375
  时期似不相关, 375
  时期异方差, 376
FIGARCH 模型, 285
fill 赋值, 873
  对称矩阵对象, 874
  矩阵对象, 873
  序列对象, 31
FIML 估计, 468

Fisher 信息矩阵, 716
Fisher-ADF 检验, 441
Fisher-PP 检验, 441
FOR 循环, 65
  嵌套, 66, 67
  数值循环变量, 65
  跳出循环, 69
  用途, 67
  字符串循环变量, 66
    多个字符串, 66
FPE 准则, 506
FRED 数据库, 972
反象相关系数, 995
方差比检验, 976
方差成分估计, 345
方差分解, 521
  Cholesky 顺序, 522, 524
  经济解释, 522
  正交分解, 521
方差估计
  BHHH 估计, 721
  参数重构, 722
  夹心估计量, 715
  OPG 估计, 721
  三种估计, 720, 1015
方差检验, 919
方差膨胀因子, 977
方差稳健估计, 148
  GLM 方差估计, 797, 1016
  HAC 估计, 148
  Huber/White 估计, 797, 1016
  面板数据模型, 383, 429
  PCSE 稳健估计, 384
    C-SUR, 384
    P-SUR, 384
  White 估计
    White 对角线方法, 383
    White 横截面法, 383
    White 时期法, 383
  White HC 估计, 148
方程对象, 145
  残差, 146
  创建, 147
  估计方法, 145
  过程, 146

函数, 146, 975
  视图, 145
  系数, 147
  协整回归, 977
方程设定
  表达式法, 139
  常数项, 139
  对数形式的好处, 178
  方程组, 472
  公式法, 139
  函数形式, 178
    双变量, 178, 179
  面板工作页, 434
  名单法, 139
  设定方法比较, 140
  使用群对象, 139
  数据变换, 178
  误差项, 139, 140
  系数约束, 140
方程组, 460
  导数视图, 479
  对比面板数据模型, 382, 461, 478
  FGLS 估计, 465
  FIML 估计, 468
  方程设定, 472
  非线性方程组, 469
  GMM 估计, 670
  工具变量设定, 473
  估计, 474
    初始值问题, 479
    估计结果比较, 477
    其他说明, 481
  奇异方程组, 473
  SOLS 估计, 463
  SUR 估计, 467
  梯度, 479
  系数限制, 469
  系统同方差假设, 466
  线性方程组, 460
方程组 方差结构, 462
  方程间异方差, 462
  方程间异方差且同期相关, 462
  经典模型, 462

索引 1099

组间异方差, 462
方程组对象, 471, **482**
 估计方法, 483
 过程, 483
 函数, 483
 视图, 483
非参数估计, 767
 核估计, 775
 局部多项式回归, 775, 777
 密度函数估计, 771
 直方图, 767
非对称 t 分布, 286
非对称项, 280, 281
非平衡面板数据
 例子, 353, 422
非嵌套模型检验, 217
非线性方程组求解, 961
 Broyden 法, 962
 方程组分块, 961
 Gauss-Seidel 法, 961
 牛顿法, 961
非线性模型, 169
 GMM 估计, 685
 面板数据, 433
非线性最小二乘估计, 169
 AR 项, 172
 初始值, 171
 导数视图, 172
 方程的设定, 170
 估计中的问题, 173
 理论回顾, 169
 两阶段, 170
 梯度视图, 172
分块回归, **335**, 370
分位数, 947
分位数回归, 1030
 单纯形法, 1033
 等斜率检验, 1037
 对称分位数检验, 1036
 方差矩阵估计, 1031, 1034
 分位数过程, 1035
 函数, 1035
 理论回顾, 1030
 内点法, 1033
 qreg 命令, 1033

稀疏函数, 1031
系数流程图, 1036
线性规划, 1031
分组齐性检验, 943
分组统计, 916
 多个分组标识, 918
 交叉分组, 917
 面板工作页, 415
 去均值, 415
峰度, 915
峰态, 915
覆盖变量, 619
赋值, 55
 动态赋值, 56
 目标序列, 56
 相容性, 57
 隐式赋值, 56
复合误差, 344
复制, 122
 工作页间, 122
 链接对象, 122
 配对合并, 122
 频率转换, 122
 群对象, 123
 自新序列, 122
负二项分布, 811
负二项回归模型, 811

G

GARCH 模型, 见 ARCH 模型
 多元 GARCH 模型, 1038
GARCH 项, 258
GARCH 效应, **261**, 271, 282
 检验, 272
GARCH(1,1) 模型, 258
 ARCH 项, 258
 GARCH 项, 258
 ML 估计实例, 729
 条件方差方程, 258
 条件方差预测, 267
Gauss-Markov 假设, 142
Gauss-Newton 法, 964
Gauss-Seidel 法, 961
GDP
 长期成分, 936, 938

周期成分, 936, 938
GIV 方法, 376
GJR-GARCH 模型, 273
GLM, 见 广义线性模型
GLM 方差估计, 797
GMM 3SLS 估计, 674
GMM 估计, 1057
 2SLS 加权矩阵, 655
 Arellano-Bond 估计, 696
 带宽影响, 669, 686
 迭代方法, 664, 1058
 动态面板数据模型, 696
 断点检验, 1065
 方差估计, 665, 1059
  白化预处理, 667
  带宽, 666
  核函数, 665
  选项设置, 667
 非线性模型, 685
 Gamma 分布, 684, 751
 GMM 加权矩阵, 655, 680, 1059
 广义残差方程, 681
 J 检验, 655
 基本思想, 651
 假设条件, 679
  单方程, 653
  方程组, 671
 检验, 681
 渐近方差, 680
 面板数据, 687
 目标函数, 654, 680
 内生性检验, 1064
 欧拉方程估计, 663
 弱工具变量诊断, 1063
 正交条件, 652, 670, 681
 正交性检验, 1062
 自定义 GMM 加权矩阵, 977
 最佳工具变量, 683
 最优加权矩阵, 655, 672
GMM 估计 单方程
 gmm 命令, 664
 GMM 与 2SLS, 657
 GMM 与 GLS, 656
 GMM 与 NLS, 657

1100 索引

GMM 与 OLS, 656
假设条件, 653
兼容问题, 978
系数估计, 654
线性方程, 652
GMM 估计 方程组, 670
gmm 命令, 677
GMM 与 3SLS, 673
GMM 与 FGLS, 672
GMM 与 S2SLS, 673
GMM 与 SOLS, 672
工具变量, 670
假设条件, 671
系数估计, 671
Goldfeld-Quandt 法, 963
Gompit 模型, 786
Granger 表示定理, 527
Granger 因果关系检验, 188
Granger 原因, 188
控制其他外生变量, 189
VAR 模型, 507
group identifier, 394
概率模型
二元选择模型, 786
概率预测, 795, 807
线性概率模型, 786
概率响应曲线, 792
干扰平滑
Kalman 滤波, 573
状态空间模型, 591
干扰项, 225, 584
杠杆效应, 273
比较 EGARCH 和 TGARCH 模型, 278
短期杠杆效应, 281
EGARCH 模型, 275
汇率, 278
PGARCH 模型, 280
TGARCH 模型, 273
高频数据, 972
格式设置, 121
个体标识, 349, 354, **355**, 394
个体效应, 336
个体序列, 354, **357**
个体异方差, 375

工分, 713
工具变量, **165**, 670
动态面板数据模型, 702–704
两个要求, 163
内生性检验, 1064
弱工具变量诊断, 1063
与内生变量偏相关, 166
正交性检验, 1062
最佳工具变量, 683
工具变量 设定, 167, 168
常数, 167
方程组, 473
面板数据模型, 381
工具变量法, 163
2SLS 估计, 163
面板数据模型, 378, 428
思想, 163
工作文件, 21
保存, 25
保存格式设置, 956
程序变量, 81
从外部数据创建, 26–28
打开, 21
多工作页, 93
高频数据, 972
工作页, 21
关闭, 22
观测范围, 104
规则日期, 23
函数, 100
基本概念, 21
兼容问题, 970, 978
建立, 22
开始日期和结束日期, 23
面板工作文件, 394
命令总结, 29
prg 文件, 81
频率类型, 23
无结构型, 24
在线数据, 28
工作文件 函数, 100, 102
基本信息, 100
例子, 103
面板工作页, 404
趋势序列, 101

日期序列, 100
工作样本集, 110
面板工作页, 409
非日期结构, 411
日期结构, 409
偏移量, 112
基础日期对, 112
计算规则, 114
日期对, 110
特殊问题, 115
样本 if 条件, 114
工作页, **21**, 93, 394
创建
使用标识序列, 98
当前样本集, 104
复制, 94
工作页信息, 99
观测范围, 104
管理, 95
函数, 100, 404
命令总结, 108
排序, 106
日期结构, 107
删除观测, 105
设置活动工作页, 95
外部数据建立, 94
修改观测范围, 103
页面结构, 96
直接建立, 93
追加观测, 105
工作页结构, 见 页面结构
公式法, 139
非线性方程的设定, 170
离散和受限因变量模型, 838
公用对象, 41
估计方法
半参数方法, 709
参数方法, 709
非参数方法, 709
简评, 709, 710
估计样本, 145
缺失值, 145
设定, 145
自动调整, 13, 16, 145
固定效应, 341

索引　1101

工具变量法, 379
假设条件, 342
例子
　　个体固定效应, 350, 422
　　时期固定效应, 351
　　系数估计, 341
　　一阶差分变换, 343
　　用哑变量进行估计, 425
固定效应和随机效应
　　Hausman 检验, 386, 432
　　模型选择, 341, 348
　　系数估计的关系, 347
固定效应检验, 386, 431
关系运算, 53
　　缺失值, 61
观测编号, 86, **100**, 112
观测标识, 96
　　区别观测编号, 112
观测点信息提示, 973
观测范围, 104
　　比较 当前样本集, 104
广义残差, **788**, 801, 812, 821, 830, 1016
广义残差方程, 681
广义矩估计, 见 GMM 估计, 651
广义脉冲响应函数, 517
广义误差分布, 256
广义线性模型, 1012
　　残差, 1016, 1027
　　典范参数, 1012
　　方差函数, 1013
　　方差矩阵估计, 1015, 1021
　　glm 命令, 1018
　　函数, 1027
　　加权, 1016
　　检验, 1028
　　　　LR 统计量, 1028
　　离偏度, 1014
　　离散度, 1012, 1014, 1020, 1021
　　理论回顾, 1012
　　ML 估计, 1014
　　偏移项, 1017
　　QML 估计, 1014
　　设定, 1013

文本表示, 1027
衔接函数, 1013, 1019
线性指数分布族, 1012
预测, 1027
　　指数项, 1028
规则日期, 23
过程, 39
过度离散, 797, 811
过度离散的设定检验, 816

H

HAC 估计, 148, **665**, 1057
　　滞后截断阶数, 149
Hadri 检验, 439
Hausman 检验, **215**, 386, 432
　　检验内生性, 216
Hodrick-Prescott 滤波器, 935
Holt-Winters 模型, 932, 933
　　季节乘法模型预测实例, 934
Hosmer-Lemeshow 检验, 793
Huber/White 方差估计, 797
核估计, 307, **771**, 775, 1054
　　长期方差, 665
　　带宽, 308, 1055
　　核函数, 308
　　局部多项式回归, 775
核函数, 308, 665, **771**
　　频域, 1055
核密度估计, 10, **771**
合伙对象, 359
　　创建, 355
　　导出合伙数据, 365
　　读入堆叠数据, 365
　　个体标识, 355
　　　　分组, 356
　　过程, 360
　　函数, 361
　　面板单位根检验, 446
　　视图, 359
　　小结, 366
合伙数据, 357
　　个体序列, 357
　　合伙序列, 357
合伙序列, 357
　　? (问号), 357

genr 命令, 357
　　隐含循环, 358
　　统计概要, 359
盒图, 951
　　四分位差, 951
黑森矩阵, 715, **749**, 963
　　Hessian.prg, 734
　　数值解与解析解, 738
宏, 48, 52
宏观经济模型, 608
　　残差检验, 609
　　系数估计, 608
　　样本内预测
　　　　动态预测, 611
　　　　静态预测, 611
　　　　内生变量, 614
　　　　随机仿真, 615
　　　　外加因子, 615
　　　　外生变量, 612
互相关, 231
互相关图, 231, 274
　　VAR 模型, 508
回归标准差, 144
回归方程, 141
　　残差, 146
　　DW 统计量, 144
　　对数似然值, 144
　　F 统计量, 145
　　方差稳健估计, 148
　　估计方法, 145
　　估计结果, 143
　　回归标准差, 144
　　回归统计量, 143
　　解释变量, 151
　　可决系数, 143
　　设定, 139
　　数据形式, 141
　　t 统计量, 143
　　调整的 R^2, 144
　　系数估计结果报告, 143
　　系数引用, 147
　　信息准则, 144
　　样本回归方程, 148
　　总体回归方程, 148
回归方程预测, 206

回归分析, 137
汇拢 OLS 估计, 见 POLS 估计
混合检验, 229, 507
混合截面数据, 366
活动样本集, 110

I
I(0) 过程, 296
I(1) 过程, 297
IF 条件表达式, 63
IF 语句, 63
 IF 条件表达式, 63
 块注释, 64
 嵌套, 63
IGARCH 模型, 267, 284
IPS 检验, 440

J
J 检验, 655
Jarque-Bera 统计量, 915
Johansen 协整检验, 见 协整检验, 538
基础观测集, 112
迹检验, 538
几何滞后模型, 569
季节调整, 925
 Tramo/Seats, 928
 Tramo/Seats vs. X12, 929
 X12 法, 927
 移动平均法, 925
季节性, 321
 DGP 识别, 322
 单位根检验
  忽略季节性, 323
  去季节趋势后, 322
 图形分析, 321
计量方法对象, 40
 面板工作页, 419
计数变量, 810
计数模型, 810
 泊松回归模型, 810
  `count` 估计命令, 814
  残差, 812
  负二项回归模型, 811
  过度离散的设定检验, 816

理论回顾, 810
QLR 统计量, 818
QML 估计, 813
条件均值, 810
预测, 815
 指数项, 816
夹心估计量, 715
加权最小二乘估计, 159
 残差, 162
 权重序列, 162
 R^2, 162
假设检验, xxv, 918
 Chow 检验, 195
 Cox 检验, 218
 残差检验, 190
 读取检验结果, 177
 方差检验, 919
 非嵌套模型检验, 217
 Hausman 检验, 215
 结构突变检验, 195, 214
 经验分布, 921
 均值检验, 919
 码扭曲, 300
 面板数据模型, 385
 RESET 检验, 197
 统计量报告, 181
 系数检验, 182
 中位数检验, 920
假设检验 概念, 180
 备择假设, 180
 第二类错误, 180
 第一类错误, 180
 零假设, 180
 码, 180
 p 值, 181, 919
 势, 180
 显著水平, 180
 显著性, 180
检验, 见 假设检验
简约性, 179
交互方式, 4
交互项, 153
 变斜率, 153
 重差, 154
截断分布, 819

截断回归模型, 819
 `censored(t)` 估计命令, 823
 残差, 821
 对数似然函数, 820
 检验, 825
 截断点, 820
 截断分布, 819
 理论回顾, 819
 缩放参数, 820
 条件均值, 821
 文本表示, 825
 预测, 825
  指数项, 827
结构残差, 225, **233**, 260, 270
 相关图, 246
结构断点, 见 断点检验, 195
结构分解, 558
结构干扰, 485
解释变量, 151
 交互项, 153
 内生变量, 163
 前定变量, 163
 群对象, 43, 139
 外生变量, 163
 哑变量, 151
近邻法, 777
 Cleveland 子样本法, 779
 局部多项式回归, 777
精确显著水平, 181
经验分布, 947
 保存到矩阵, 948
 检验, 921
 累积分布函数图, 948
静态预测, 203
 有 AR 项, 208
 有滞后因变量, 206
局部多项式回归, 775, 777
 Nadaraya-Watson 估计, 775
局部子程序, 72
矩条件, 见 正交条件
 ML 估计, 714
矩阵表达式, 870
 关系运算, 872
 矩阵运算, 870

矩阵操作, 876
    抽样, 877
    分块操作, 876
    向量化, 877
    转换到序列对象, 878
矩阵对象, 867
    1×1 矩阵, 58, 874
    重新定义大小, 868
    创建, 867
    导入导出, 870
    赋值, 872
    矩阵操作, 876
    命令和函数, 879
    视图和过程, 869
    特殊矩阵, 869
    统称, 867
    用于定义自新序列, 130
矩阵对象 赋值, 872
    单个元素, 872
    fill 赋值, 873
    随机值, 876
    总结, 874, 875
矩阵对象 命令和函数, 879
    矩阵代数函数, 880
    实用函数, 879
    数据复制, 879
    统计函数, 881
    子块填充, 879
矩阵运算, 见 矩阵表达式
    循环, 878
均方差, **201**, 521, 570
    方差比率, 201
    分解, 201
    偏差比率, 201
    协方差比率, 201
均方根误差, 200
均衡误差, 324, **526**, 530
均值检验, 919

K

K 类估计, 977
Kalman 滤波, 570
    变量表, 571
    初始条件, 571
    干扰同期相关, 573

    滤波, 572
    平滑
        干扰平滑, 573
        矩平滑算法, 573
        状态平滑, 572
    预测
        信号, 571
        状态, 572
    增益矩阵, 572
Kalman 增益, **572**, 591
KPSS 检验, 303
    例子, 312
Kullback-Leibler 条件信息不等式, 713
Kullback-Leibler 信息准则, 713
可决系数, 143
    调整的 R^2, 144
空串, 48, 84
    缺失值, 84
    字符串比较, 84
控制变量, 49
块结构视图, 631
    递推块, 632
    联立块, 632
扩散先验法, 579

L

Lagrange 乘子检验, **719**, 757
LIML 估计, 977
Ljung-Box Q 统计量, 229
    残差平方, 191
    例子, 230
LLC 检验, 437
Logit 模型, 786
LSDV 模型, **339**, 341
    例子, 350, 421
唠叨模式, 79
累积分布函数, 947
累积脉冲响应函数, 517
离差构造矩阵, 144, 334
离偏分析, 1028
离散度, 797, **1012**, 1014, 1020, 1021
联立方程模型, 485
    3SLS 估计, 492

    单方程估计, 490
    方程组形式, 490
    简化式, 486
    简史, 459
    结构式, 485
        规范化约束, 486
        完备性条件, 486
    S2SLS 估计, 490–492
    数据平稳性问题, 495
    数据形式, 489
联立方程模型 识别, 486
    除外限制, 486
    基于简化式, 487
    基于系数限制, 488
    阶条件, 489
    秩条件, 487, 488
联立内生性, 485
链接对象, 888
    标识序列, 897
    创建, 888
    断开, 900
    多对多, 895
    多个标识序列, 898, 903
    链接方法, 897
    面板工作页, 418, 900
    配对合并, 892
    频率转换, 889
    设定, 898
    使用, 899
    修改, 900
    用处, 888
    源序列, 897
链接方程, 618
两阶段最小二乘估计, 163
    AR 项, 168
    残差, 165
    常数作为工具变量, 167
    方差估计, 165
    工具变量设定, 167
    估计过程, 164
    加权, 167
    阶条件, 167
    结构化残差, 167
    联立方程, 491
    MA 项, 168

模型假设, 163
　　　系数估计, 165
　　　秩条件, 163
零假设, 180
零频率频谱估计, **307**, 325
　　　核估计, 307
　　　自回归频谱密度估计, 308
流程控制, 63
　　　FOR 循环, 65
　　　IF 语句, 63
　　　WHILE 循环, 68
　　　子程序, 69
滤波器, 935–938
　　　带通滤波器, 937
　　　Hodrick-Prescott, 935
逻辑运算, 53
　　　缺失值, 61

M
MA 项, **237**
　　　倒数根, 235, 246
　　　倒推算法, 244
　　　两阶段最小二乘估计, 168
　　　设定方法, 237
　　　样板对象模型求解, 638
MA(q) 过程, 234
　　　可逆的, 235
Magellan 数据库, 979
Marquardt 法, 964
MEGARCH 模型, 1042
MGARCH 模型, 见 多元 GARCH 模型
ML 估计, 711
　　　ARCH 模型, 256
　　　BHHH 估计, 721, 733
　　　参数重构, 721
　　　参数空间, 711
　　　初始值, 764
　　　出错处理, 765
　　　对数似然函数, 712
　　　方差矩阵估计, 720
　　　工分, 713
　　　估计样本, 764
　　　广义线性模型, 1014
　　　黑森矩阵, 715

　　　夹心估计量, 715
　　　假设条件, 716
　　　矩条件, 714
　　　Lagrange 乘子检验, 719, 757
　　　离散和受限因变量模型, 785
　　　`ml` 命令, 764
　　　QML 估计, 717
　　　似然比检验, 719, 756
　　　似然方程, 713
　　　似然函数, 711
　　　Wald 检验, 719, 756
　　　线性回归模型, 713
　　　信息矩阵, 716
　　　信息矩阵等式, 715
　　　原理, 711
　　　正确设定, 712
ML 估计 实例, 724
　　　AR(1) 模型, 724
　　　全样本估计, 727
　　　条件最大似然估计, 725
　　　状态空间法, 728
　　　ARCD 模型, 732
　　　BHHH 估计, 733
　　　黑森矩阵, 734
　　　多项选择模型, 736
　　　Gamma 分布, 748
　　　GMM 估计, 751
　　　GARCH(1,1) 模型, 729
　　　t 分布, 730
　　　正态分布, 729
　　　检验, 753
　　　方差估计, 756
　　　结果比较, 756
　　　势态转换模型, 739
码, 180
码扭曲, 300
脉冲响应, 515
　　　ARMA 结构, 248
　　　传统方法, 515
　　　单位脉冲响应, 516
　　　广义方法, 517
　　　广义脉冲响应, 517
　　　`impulse` 命令, 518
　　　累积脉冲响应, 517
　　　正交脉冲响应, 517

密度函数 估计, 771
　　　带宽, 772
　　　带宽组, 773
　　　核估计例子, 10, 774, 950
　　　核函数, 771
面板 GMM 估计, 687, 见 动态面板数据模型
　　　方差估计, 690
　　　GLS 加权, 691
　　　`gmm` 命令, 691
　　　基本过程, 688
　　　加权矩阵, 689
　　　随机效应, 695
　　　正交条件, 687
面板单位根检验, 437
　　　Breitung 检验, 439
　　　DGP 识别, 447
　　　G7 集团, 449
　　　IBM 公司, 447
　　　Fisher-ADF 检验, 441
　　　Fisher-PP 检验, 441
　　　Hadri 检验, 439
　　　IPS 检验, 440
　　　LLC 检验, 437
　　　使用合伙对象, 446
　　　使用群对象, 446
　　　使用序列对象, 443
　　　总结, 442
面板工作页, 394
　　　超前和滞后, 435
　　　方程设定, 434
　　　个体标识, 394
　　　个体顺序, 436
　　　工作样本集, 409
　　　计量方法对象, 419
　　　结构化成面板结构, 396
　　　链接对象, 418, 900
　　　群对象, 419
　　　时期标识, 394
　　　时期标识全集, 400
　　　使用标识序列建立, 397
　　　并集, 399
　　　交集, 399
　　　有序组, 399
　　　数据堆叠, 394

小结, 408
新建, 394
修改, 405
　　平衡和规则化, 401
修改观测范围, 405
　　偏移量计算规则, 407
　　同时平衡和规则化, 407
序列对象, 412
样本对象, 412
面板工作页 函数, 404
　　观测编号, 404
　　观测数目, 404
　　趋势序列, 404
　　日期序列, 405
面板结构, 400
　　类型, 400
　　平衡和规则化, 401–403
　　其他结构, 403
　　嵌套面板, 400, 401
面板数据, 331
　　拆堆, 363
　　　　pageunstack, 364
　　单位根检验, 437
　　导入导出, 365
　　堆叠分析, 413
　　堆叠数据, 362
　　　　按个体堆叠, 362
　　　　按时期堆叠, 362
　　发展历程, 332
　　非堆叠数据, 362
　　非平衡面板数据, 353
　　分块变换, 368
　　分块离差, 335
　　分块平均, 334
　　个体均值, 333
　　合伙对象, 354
　　合伙数据, 357
　　合伙序列, 357
　　缺点, 332
　　时期均值, 367
　　数据结构, 362
　　双向去均值, 369
　　信息更丰富, 331
　　优势, 331
面板数据模型

AR 项, 377
变斜率, 372, 427
　　例子, 374
　　随个体改变, 372
　　随时期改变, 373
不可观测效应, 333
F 统计量, 426
FGLS 估计, 375
方差稳健估计, 383, 429
　　PCSE 稳健估计, 384
　　White 估计, 383
非线性模型, 433
GMM 估计, 687
个体效应, 336
固定效应, 341
固定效应检验, 386, 431
Hausman 检验, 386, 432
LSDV 模型, 339
POLS 估计, 338
R^2, 426
时期效应, 337
随机效应, 344
特质误差, 336
系数检验, 385
线性模型, 333, 336
预测, 432
转化为方程组, 382
组间估计, 340
面板数据模型 方差结构, 375
　　C-SUR, 376
　　个体异方差, 375
　　横截面似不相关, 376
　　P-SUR, 375
　　时期似不相关, 375
　　时期异方差, 376
面板数据模型 工具变量法, 378
　　AR 项, 380
　　工具变量, 379, 428
　　固定效应, 379, 428
　　随机效应, 380
面板协整检验, 969
面向对象, 38
　　抽象, 38
　　多态性, 39
　　EViews, 39

封装性, 38
继承性, 38
思想, 39
消息传递机制, 39
描述性统计, 914
　　基本统计表, 916
　　统计概要, 914
　　直方图, 914
名单法, 139
命令方式, 4
　　对比编程方式, 20
命令语法, 44
命名规则, 31
模型设定, 见 方程设定, 178
模型选择, 179
　　简约性, 179
　　可识别性, 179
　　拟合优度, 179
　　选择标准, 180
　　　　AIC 准则, 180
　　　　拟合优度, 180
　　　　SC 准则, 180
　　一致性, 179
　　预测能力, 180
目标方差, 1041
目标路径控制, 641
　　轨迹变量, 642
　　控制变量, 642
　　目标变量, 642
目标序列, 56
　　表达式的预测, 208
　　隐式赋值, 56

N

n 步向前预测, 597
N2SLS, 170
NA, 见 缺失值, 60
Nadaraya-Watson 估计, 775
Newey-West 带宽
　　固定带宽, 666
　　自动带宽, 666
Newey-West HAC 估计, 148
Newton-Raphson 法, 963
NLS 估计, 见 非线性最小二乘估计

AR 模型, 243
ARMA 模型, 242
NP 检验, 306
 例子, 314
内生变量, 163
 样板对象, 614
拟合残差, 208
拟合优度检验
 Andrews 检验, 794
 Hosmer-Lemeshow 检验, 793
牛顿法, 961

O

OLS, 见 最小二乘估计
OPG 估计, 721

P

p 值, 143, **181**
 计算, 181
P-SUR, 375
Parks 估计, 376
PCSE 稳健估计, 384
PDL, 见 多项式分布滞后
Pearson 残差, 812, **1016**
PGARCH 模型, 279
POLS 估计, 338
 固定效应检验, 386
 例子, 349, 420
PP 检验, 303
 例子, 311
prg 文件, 76
 编辑, 77
 编辑器, 76
 多程序文件, 77
 工作文件, 81
 续行, 77
 注释, 77
Probit 模型, 786
排序, 106
排序选择模型, 800
 出错处理, 804
 等级, 801
 等级预测, 808
 对数似然函数, 800

分界点, 801, 804
概率预测, 807
广义残差, 801, 804
检验, 805
理论回顾, 800
`ordered` 估计命令, 802
条件概率, 800
文本表示, 806
系数, 801
预测, 806
 样板对象, 807
预测评估表, 805
配对合并, 892
 面板结构, 902
 普通匹配, 893, 902
 日期匹配, 892, 902
 缩并选项, 895
配置文件, 957
 `EViews32.ini`, 957, 982
 恢复, 958
批处理方式, 见 编程方式
偏度, 915
偏回归系数, 228
偏相关系数, **227**, 995
偏移项, 1017
偏自相关系数, 227
 区别 偏相关系数, 227
频谱图, 977
频率类型, 23
频率转换, 889
 倍频, 890
 降频, 889
 面板结构, 900
 选项设置, 891
平滑, 931–935
 Holt-Winters 方法, 932
 Kalman 滤波, 572
  固定区间平滑, 573
 例子, 933
 平滑方法对比, 933
 指数平滑, 931
平滑参数, 见 带宽
平均百分比绝对误差, 200
平均绝对误差, 200
平稳的, 294

普通残差, 225, **255**, 260, 270, 788, 812, 821, 830, 1016

Q

QLR 统计量, 818
QML 估计, 717
 广义线性模型, 1014
 计数模型, 813
QQ 图, 948
 经验 QQ 图, 949
 理论 QQ 图, 949
奇异方程组, 473
齐性检验, 942, **969**
 单个序列分组, 943
 多序列, 942
启动 EViews 并执行文件, 78
 例子, 5
前定变量, 163
潜在变量, **787**, 800, 820
嵌套面板, 401
情景, 619, **622**
 绑定, 619
 别名, 619
 当前情景, 623
 覆盖外生变量, 623
 管理, 623
 活动情景, 623
 排除内生变量, 623
 特殊情景, 623
  `Actuals` 情景, 623
  `Baseline` 情景, 623
情景分析
 例子, 620
 情景比较, 624
  对照情景, 624
  随机仿真, 625
  同时求解, 624
  图形, 627
趋势平稳过程, 294
趋势序列, 101
 面板工作页, 404
全局设置, 956
 打印设置, 956
 工作文件, 956
 配置文件, 957

图形输出, 956
执行模式, 956
字体设置, 956
缺失值, 60
　　估计样本, 145
　　关系和逻辑运算, 61
　　空串, 84
　　数值计算, 60
　　预测, 204
群对象, 41
　　成员的统计概要, 11
　　创建, 41
　　复制, 123
　　过程, 42
　　函数, 43
　　例子, 43
　　面板单位根检验, 446
　　面板工作页, 419
　　视图, 42
　　数据库, 909
　　通配符, 41
　　用于定义自新序列, 131
　　作为解释变量, 43, 139

R

R^2, 见 可决系数, 143
　　2SLS 估计, 167
　　ARCH 模型, 263
　　面板数据模型, 426
　　取负值, 144
　　WLS 估计, 162
　　伪回归, 300
RESET 检验, 197
　　拟合值的次方项, 198
Richardson 外插法, 961
RTF 文件, **26**, 33, 34, 865
日期, 87
　　函数, 88, 89
　　日期编码, 87
　　日期格式, 87
　　日期结构工作页, 102
　　日期运算, 89
　　日期转换, 89
　　日期字符串, 87
　　　　与日期编码相互转换, 90

日期编码, 87
日期格式, 87
日期结构工作页, 97
　　规则化, 107
　　偏移量计算规则, 104
　　日期函数, 102
日期序列, 882
　　面板工作页, 405
　　数值编码, 882
日期字符串, 87
日志, 973
容许误差, 960
冗余检验
　　变量, 188
　　VAR 滞后项, 506
弱平稳的, 294
弱外生性, 536
弱依赖的, 295

S

S2SLS 估计, 490
SAR 项, 238
Sargan 检验, 701
SC 准则, 144
SMA 项, 238
SOLS 估计, 463
SUR 估计, 467
SVAR 模型, 552
　　长期限制, 557
　　　　模式矩阵法, 557
　　　　文本法, 558
　　估计, 558
　　结构分解, 558
　　设定, 552
SVAR 模型 短期限制, 552
　　Cholesky 分解, 555
　　模式矩阵法, 553
　　识别条件, 556
　　文本法, 554
　　系数限制, 555
三次自然样条, 891
三阶段最小二乘估计, 492
散点图, 939
设定检验, 194
　　RESET 检验, 197

审查回归模型
　　边际效应, 830
　　censored 估计命令, 831, 832
　　残差, 830
　　对数似然函数, 829
　　理论回顾, 829
　　设定检验, 834
　　审查指示序列, 832
　　缩放参数, 829
　　条件期望, 830
　　文本表示, 836
　　系数检验, 833
　　预测, 835
　　　　潜在变量, 835
　　　　指数项, 835
生存函数, 947
时期标识, 363, **394**
时期标识全集, 400
时期效应, 337
时期异方差, 376
实例体验, 7–20
识别
　　ARMA 模型, 235
　　联立方程, 486
　　协整方程识别, 531
示性函数, xxiv
势, 180
势态转换模型, 739
　　对数似然函数, 741
　　仿真数据, 741
　　估计结果, 746
　　混合分布, 740
　　联合密度分布函数, 740
　　马尔可夫链, 739
　　转移矩阵, 739
视图, **32**, 39
收敛准则, 960
输出管理, 984
　　例子, 984
数据变换, 178
　　Box-Cox 变换, 178
　　对数变换, 178
数据查看, 9
　　数据表, 9

统计概要, 10
图形, 10
直方图, 10
数据点标记
 编码, 853
 标记符号, 853
数据堆叠, 394
 拆分序列, 395
 堆叠标识, 395
 堆叠序列的命名, 396
 交错方式, 396
数据对象, 40
数据汇总表, 940
数据集, 21
数据库, 904, 972
 保存 EViews 对象, 905
 别名, 904
 创建, 905
 存取, 906
 打开和关闭, 904
 对象别名, 908
 `evDB.ini` 文件, 906
 兼容问题, 978
 默认数据库, 906
 `obalias.ini` 文件, 908
 区别：工作文件, 904
 数据库注册, 906
 外部数据库, 911
 维护, 910
 小结, 911
数据库存取, 906
 查询, 906
 存储, 908
 读取, 907
 复制、改名和删除, 909
 群对象, 909
 自动序列, 910
数据库维护, 910
 别名, 910
 重建, 911
 文件操作, 910
 修复, 911
 压缩, 910
数据生成过程, 294
数学符号约定, xxiii

数值格式, 862
数值运算, 52
 缺失值, 60
双向效应, 367
 例子, 370, 424
 双向固定效应, 369
 双向随机效应, 370
 同时存在个体效应和时期效应, 370
 哑变量, 369
双指数平滑, 931
 预测销售额, 933
四分位差, 951
似然比检验, 719, 756
似然方程, 713
似然函数, 711
随机过程
 白噪声过程, 295
 遍历的, 295
 单位根过程, 297
 例子 非平稳但弱平稳, 295
 平稳的, 294
 弱平稳的, 294
 随机游走过程, 297
随机趋势, 297
 单位根过程, 297
 季节性, 322
 随机游走过程, 297
 伪回归, 297
随机数发生器, 124
随机数函数, 125
随机效应, 344
 方差成分估计, 345
 复合误差, 344
 工具变量法, 380
 Hausman 检验, 386, 432
 假设条件, 344
 例子, 351, 423
 随机效应结构, 344
 误差成分, 344
 系数估计, 344
随机游走过程, 297
 例子, 298

T
t 分布, 255
t 统计量, 143
 回归方程, 143
 伪回归, 299
TEDC 数据库, 979
TGARCH 模型, 273
Theil 系数, 200
Tobit 模型, 829
Tramo/Seats, 928
 对比 X12, 929
 模型设定, 929
Tricube 权重, 777
探索性因子分析, 992
特殊的表达式, 55
特殊矩阵, xxiv, 333, 869
特征多项式, 234
 AR(p), 234
 ARMA(p, q), 234
 倒数根, 235, 504
 MA(q), 234
 VAR 模型, 501
特征根, 945
特质误差, 336
梯度
 对数似然函数, 713, 765
 方程组, 479
 非线性方程, 172
梯度向量, 963
填充和纹线, 854
 灰度, 854
 预设, 855
调整的 R^2, 144
条件方差, 254
 预测, 267
条件方差方程, 258
 CGARCH 模型, 281
 长期成分, 281
 短期成分, 281
 EGARCH 模型, 275
 GARCH(1,1), 258
 GARCH(p, q), 259
 解释变量, 260
 PGARCH 模型, 280
 TGARCH 模型, 273

预测, 267
条件均值方程, 见 回归方程, 141
条件同方差, 142
条件相关系数, 1050
条件协方差建模, 1039
条件异方差检验, 968
条件最大似然估计, 725
通配符, 126
　　*（星号）
　　　　任意个字符, 126
　　?（问号）
　　　　单个任意字符, 126
　　　　个体标识, 349, 357
　　例子, 127
筒对象, 984, **987**
　　过程, 988
　　函数, 989
　　例子, 984
　　视图, 987
统计概要, **10**, 916
　　合伙序列, 359
统计图, 947
　　盒图, 951
　　经验分布图, 947
　　QQ 图, 948
　　散点图, 939
图框, 848
图例, 856
　　说明文字, 856
　　位置坐标, 857
图形, 846
　　标注, 855
　　定制, 848
　　观测点信息提示, 973
　　面板工作页, 416
　　命令总结, 859
　　填充和纹线, 854
　　图框, 848
　　图例, 856
　　图形分类, 846
　　椭圆, 129
　　线条图, 847
　　线型, 851
　　柱形图, 854
　　子图的排列, 847

自新图形, 973
坐标轴, 848
图形对象, 846
　　创建, 846
　　打印和导出, 858
　　合并, 847
　　兼容问题, 970
　　图形模板, 857
　　虚拟英寸, 846
图形模板, 857
图形文件, 858
　　矢量格式, 26, 858

V

Var 对象, 512
　　估计方法, 513
　　过程, 513
　　函数, 514
　　视图, 513
VAR 分析
　　方差分解, 521
　　Granger 因果关系, 507
　　脉冲响应, 515
VAR 模型, 500
　　残差自相关检验, 507
　　Granger 因果关系检验, 507
　　估计方法, 501
　　估计命令, 505
　　互相关图, 508
　　冗余检验, 506
　　弱点, 499
　　SVAR 模型, 552
　　设定, 500
　　使用方程组对象进行估计, 512, 533
　　特征多项式, 501
　　VEC 模型, 525
　　异方差检验, 512
　　预测, 512
　　　　样板对象, 512
　　正态性检验, 509
　　滞后阶数, 505
VEC 模型, 525
　　比较 coint 和 ec 命令, 560
　　表述视图, 529

Granger 表示定理, 527
　　设定, 526
　　协整方程, 527
　　协整方程识别, 531
VECH-GARCH 模型, 1039
　　对角 VECH 模型, 1039, 1044, 1048

W

Wald 检验, **184**, 719, 756
　　ARCH 模型, 267
　　多个限制条件, 185
　　多项式分布滞后, 157
　　非线性限制, 185
　　　　等价形式, 185
　　理论回顾, 186
　　例子, 14
WHILE 循环, 68
　　嵌套, 68
　　跳出循环, 69
White HC 估计, 148
White 检验, 193
　　辅助回归方程, 194
　　交叉项, 194
WLS 估计, 见 加权最小二乘估计, 161
外部接口, 974
　　EViews COM 服务器, 1066
　　EViews COM 客户端, 1066
外部数据库, 911
　　Aremos 数据库, 979
　　FRED 数据库, 972
　　Global Insight, 911
　　Haver Analytics, 911
　　Magellan 数据库, 979
外部文件类型, 26
外加因子, 615, **632**
　　初始化, 633
　　作用方式, 632
外生变量, 163
伪回归, 297
　　R^2, 300
　　t 统计量, 299
伪最大似然估计, 见 QML 估计, 717

文本表示, 14, **138**, 806, 1027
文本设定, 576, **631**, 1010
文本文件
    CSV 文件, 865
    HTML 文件, 865
    TXT 文件, 865
无结构工作文件, 24
无条件残差, 225, **233**, 246
误差成分模型, 见 面板数据模型, 336
误差修正模型, **324**, 525

X
X12 法, 927
    对比 Tramo/Seats, 929
    模型设定, 927
    数据转换, 927
XLSX 文件, 972
系数对象 C, **122**, 868
    区别 特殊序列对象 C, 139
系数方差分解, 977
系数估计结果报告, 143
系数检验, 182
    Granger 因果关系, 188
    面板数据模型, 385
    冗余变量, 188
    Wald 检验, 184
    遗漏变量, 187
    置信椭圆, 182
系统同方差假设, 466
衔接函数, **1013**, 1019
线条图, 847
线型, 851
    比较, 853
    数据点标记, 852
线性独立, 163
线性方程组, 460
    按方程堆叠, 461
    按观测堆叠, 461
    数据形式, 460
线性分箱法, **774**, 777
线性概率模型, 786
线性回归模型, 713
线性面板数据模型, 333
    基本设定, 336

    按个体堆叠, 337
    按时期堆叠, 337
线性相关, 见 序列相关, 226
线性指数分布族, 1012
相关图, 226
    残差平方, 191
    结构残差, 246
向量误差修正模型, 见 VEC 模型
消息反应曲线, 278
协方差, 940
协方差分析, 969
协方差平稳, 294
协相关, 940
协整, 525
    长期参数, 527
    检验, 538
    调整参数, 527
    协整阶数, 525
    协整向量, 527
协整方程, 527
协整方程 识别, **531**, 539
    起作用限制, 534
    弱外生性, 536
    系数限制, 531
    协整方程顺序, 534
协整回归, 977
协整检验, **538**, 977
    比较 coint 和 ec 命令, 560
    递归检验, 550
    EG 两步法, 538
    迹检验, 538
    面板数据, 969
    如何检验, 542
    三类 DGP, 543
    实例分析, 547–550
    五种模型, 545
    总结, 547
    最大特征根检验, 539
协整阶数, 525
新息, 225, **233**
信号方程
    设定方法, 582
信息份额, 522
信息矩阵, 716
信息矩阵等式, 715

信息准则, 17
    AIC, 144
    SC, 145
虚拟英寸, 846
序列表达式, 54
样本对象, 116
序列对象, **30**, 882
    保存, 35
    查看, 32
    初始化, 31
    创建, 30, 884
    打印, 33
    单个观测, 36
    定格, 33
    复制, 34
    更名, 34
    函数, 36
    链接对象, 888
    命名规则, 31
    日期序列, 882
    删除, 35
    小结, 37
    序列名, 30
    自动序列, 882
    自新序列, 882
    字符串序列, 883
序列对象 面板工作页, 412
    分组统计, 415
    面板单位根检验, 443
    趋势、超前和滞后, 414
    视图和过程, 413
    图形视图, 416
序列相关, 226
    对比 序列依赖, 226
    互相关, 231
    偏自相关系数, 227
    相关图, 226
    自相关, 226
    自相关系数, 226
序列相关 检验, 228
    Breusch-Godfrey LM 检验, 190, 229
    DW 统计量, 228
    混合检验, 229
    Ljung-Box Q 统计量, 229

索引 **1111**

VAR 模型, 507
序列依赖, 226
    对比 序列相关, 226

Y

雅可比矩阵, 962
雅可比项, 257
哑变量, 151
    单个哑变量, 151
    合伙序列, 358
    LSDV 模型, 339
    双向效应, 369
    用于固定效应模型, 425
    正交哑变量, 151
严平稳的, 294
颜色名, 852
样板对象
    查看模型, 631
    动态预测, 611
    覆盖变量, 619
    过程, 635
    宏观经济模型演示, 610
    监测变量, 644
    静态预测, 611
    块结构视图, 631
    模型求解, 618, 636
    模型诊断, 643
    目标路径控制, 641
    内生变量, 614
    排序选择模型预测, 807
    情景, 619, 622
    柔性设定, 629
    视图, 634
    随机仿真, 615, 625
        选项, 639
    图形, 627
    VAR 模型预测, 512
    外加因子, 615, 632
    外生变量, 612
    文本视图, 631
    踪迹变量, 630, 643
    踪迹视图, 644
样板对象 方程, 617
    干扰, 630
    恒等式, 617

链接方程, 618
    断开链接, 629
    更新, 629
    添加, 628
内嵌方程, 618
    设定, 628
内生变量, 617
随机方程, 617
样板对象 求解, 638
    动态预测, 618
    Fair-Taylor 方法, 637
    含有未来值, 637
    基本过程, 636
    基本选项, 638
    解算器选项, 639
    静态预测, 618
    MA 项, 638
    其他选项, 640
    确定方式, 618
    确定性求解, 636
    随机方式, 618
    随机仿真求解, 636
    随机仿真选项, 639
    一致预期建模, 637
样本表达式, 117
    程序变量, 116
    函数, 117
    偏移量, 118
    求值, 119
    日期对, 117
    序列对象, 119
    样本 if 条件, 118
样本对象, 115
    创建, 115
    当成序列对象使用, 116
    面板工作页, 412
    设定样本, 115
    使用, 116
軼差分序列, 254
页面结构, 96
    标识, 96
    标识序列, 98
    截面结构, 98
    结构化的好处, 96
    结构化方法, 97

面板结构, 99, 394, 400
    其他结构, 403
    去除结构, 99
    日期结构, 98
    直接建立, 97
遗漏变量检验, 187
    LR 统计量, 187
    零假设, 187
移动平均法, 925
    算法, 926
    调整因子, 926
异方差检验, 214
因变量, 141
    定性变量, 786
    计数变量, 810
    离散因变量, 785
    受限因变量, 785
    滞后因变量, 206
因子 GARCH 模型, 1038
因子对象, 1006
    函数, 1010
    模型估计, 1007
    视图和过程, 1009
因子分析, 992
    粗糙系数, 996
    个性因子, 992
    共性因子, 992
    估计方法, 994
    Heywood 情形, 1006
    建议, 997
    理论回顾, 992
    模型评估, 994
    探索性因子分析, 992
    特有方差, 992
    验证性因子分析, 992
    因子得分, 996, 1004, 1009
    双标图, 1005
    因子数目, 993
    石坡图, 999
    因子旋转, 995, 1001, 1008
    因子载荷, 992
    正交线性因子模型, 992
隐式赋值, 56
    目标序列, 56
用户论坛, 6

1112　索引

优化算法, 963, 964
　　BHHH 方法, 964
　　不使用导数, 963
　　步长, 964
　　二阶导数法, 963
　　Gauss-Newton 法, 964
　　Goldfeld-Quandt 法, 963
　　Marquardt 法, 964
　　Newton-Raphson 法, 963
　　网格法, 963
　　一阶导数法, 964
优先顺序, 53
预测, 199
　　表达式的预测, 208
　　单步预测, 203
　　点预测, 203
　　动态预测, 204
　　多步预测, 204
　　干扰的不确定性, 200
　　回归方程, 206
　　静态预测, 203
　　例子, 17
　　　　投资, 201
　　区别 静态预测与动态预测, 204
　　缺失值的调整, 204
　　系数不确定性, 200
　　有 ARMA 项, 207
　　　　AR 项, 208
　　　　MA 项, 208
　　有滞后因变量, 206
　　预测标准差, 199
　　预测命令的选项, 205
　　预测评价, 200
　　预测区间, 203
　　预测误差, 199
预测 模型
　　二元选择模型, 795
　　广义线性模型, 1027
　　计数模型, 815
　　截断回归模型, 825
　　面板数据模型, 432
　　排序选择模型, 806
　　审查回归模型, 835
　　状态空间模型, 596

预测标准差, 199, 203
预测能力, 180
预测评价, 200
　　均方根误差, 200
　　平均百分比绝对误差, 200
　　平均绝对误差, 200
　　Theil 系数, 200
　　指标, 200
预测误差, 199, 521
运算符, 52
　　关系运算, 53
　　逻辑运算, 53
　　数值运算, 52
　　优先顺序, 54

Z

在线数据, 28
增益矩阵, 572
正交补矩阵, 544
正交离差法, 698
正交脉冲响应函数, 517
正交条件, 141, **681**
　　单方程, 652, 681
　　方程组, 670, 681
　　面板数据, 687
　　其他说明, 682
正交线性因子模型, 992
正确设定, 712
正态分布, 255
正态性检验, 915
　　VAR 模型, 509
直方图, **767**, 914
　　边线直方图, 770
　　理论回顾, 768
　　例子, 10
　　锚点, 768
　　密度直方图, 769
　　频数直方图, 769
　　频率直方图, 769
　　折线直方图, 770
　　移位平均直方图, 770
　　柱宽, 768
执行 prg 文件, 78
　　安静模式, 79
　　编辑窗口执行代码, 78

程序变量, 81
程序参数, 79
出错处理, 80
工作文件, 81
唠叨模式, 79
启动 EViews 并执行文件, 78
停止执行, 79
执行模式, 78
　　安静模式, 79
　　唠叨模式, 79
　　设置, 956
值映射对象, 885
　　创建, 887
　　函数, 886
　　例子, 885
　　视图和过程, 887
　　映射关系, 887
指数回归, 1017
置换变量, 50
　　嵌套, 973
置信水平, 182
置信椭圆, 182
　　理论回顾, 183
　　限制条件, 183
　　置信水平, 182
秩条件, 163
滞后, 59
　　关键字 to, 59
　　面板工作页, 414, 435
中位数, 914
　　检验, 920
中位数回归, 1030
中位数检验, 920
逐步回归, 968
主成分分析, **944**, 969
　　特征根, 945
柱形图, 854
状态方程
　　设定方法, 583
状态空间对象, 587
　　过程, 587
　　函数, 588
　　视图, 587
状态空间模型, 565
　　ARMA 模型, 567

初始化
    初始条件, 579–581
    初始值, 579
    扩散先验法, 579
动态消费模型, 569
对数似然函数, 574
干扰平滑, 591
估计结果, 577
观测方程, 566
基本形式, 566
Kalman 滤波, 570
例子
    ARMA(2,1) 模型, 574–577
    随机系数的 CAPM, 567
    真实利率, 593–595
图形, 591
    客运量, 591
    命令总结, 595
    真实利率, 595
信号方程, 566
信号提取, 589
    makesignals 命令, 589
转移方程, 566
状态方程, 566
状态提取, 590
    makestates 命令, 590
状态空间模型 设定, 582
    递推系数, 586
    干扰项, 584
        定名误差法, 584
        方差法, 584
    例子
        ARMA(2,1) 模型, 586
        干扰相关, 586
        随机系数, 585
    信号方程, 582
    状态方程, 583
状态空间模型 预测, 596
    初始化方法, 601
    动态预测, 598
    多步向前预测, 597
    平滑预测, 599

样本外预测, 599
总结, 601
准差分, 304
准去均值, 347
准最大似然估计, 见 QML 估计, 717
子程序, 69
    变量的可见范围, 73
    Cox 检验, 219
    参数传递, 70
    DGPid 识别 DGP, 548
    定义子程序, 69
    Hessian.prg 计算黑森矩阵, 734
    iDummy 产生交互变量, 427
    局部子程序, 72
    例子, 69, 74
    全局子程序, 72
    优点, 69
自动序列, 882
    数据库, 910
自回归条件异方差模型, 见 ARCH 模型
自相关, 见 序列相关, 226
自相关系数, 226
自协方差, 226
自新图形, 973
自新序列, 129, **882**
    对比链接对象, 882
    复制, 132
    rnd 函数, 132
    样本范围, 883
自新序列 更新, 129
    程序变量, 130
    矩阵对象, 130
    链接对象, 131
    群对象, 131
    序列对象, 131
字符串, 83, 989
    比较, 83
    串接, 83
    函数, 86
    基本运算, 83

空串, 84
日期字符串, 87
    与日期编码相互转换, 90
字符串对象, 991
字符串列表, 989
字符串向量对象, 991
字符串转换, 86
字符串变量, 49
    程序参数, 49
    循环变量, 66
字符串对象, 991
字符串列表, 989
    元素, 989
字符串向量对象, 991
字符串序列, 883
    自新序列, 884
字体设置, 863, 956
踪迹变量, 630
组间估计, 340
    个体间估计, 340
    例子, 421
    时期间估计, 340
组间异方差, 462
组内估计, 342
最大似然估计, 见 ML 估计, 711
最大特征根检验, 539
最小二乘估计, 138
    FGLS 估计, 160
    非线性最小二乘估计, 169
    Gauss-Markov 假设, 142
    估计样本, 145
    广义最小二乘法, 159
    加权最小二乘法, 160
    假设条件, 142
    例子, 13, 138
    两阶段最小二乘估计, 163
    识别条件, 142
最小绝对离差估计, 1030
坐标轴, 848–851
    刻度和标度, 851
    时间标度, 850
    双坐标, 849
    选项, 859